河南省优势特色学科建设工程项目
Construction Project of Advantageous and Characteristic Disciplines in Henan Province

教育部国家双语教学示范课程项目
National Project of Bilingual Teaching Demonstration Course of the Ministry of Education

河南省高等教育教学改革研究与实践重点项目
Key Project of Research and Practice on Higher Education Teaching Reform in Henan Province

联合支持
Joint support

Web地理信息课程建设与服务模式研究

Research on Web Geographic Information Course Construction and Service Model

秦耀辰 Qin Yaochen　闫卫阳 Yan Weiyang　夏浩铭 Xia Haoming
付品德 Fu Pinde　秦　奋 Qin Fen　张喜旺 Zhang Xiwang
等著 et al

河南大学出版社
HENAN UNIVERSITY PRESS
·郑州·

图书在版编目（CIP）数据

Web地理信息课程建设与服务模式研究 / 秦耀辰等著
. -- 郑州 : 河南大学出版社, 2022.4
ISBN 978-7-5649-5098-9

Ⅰ.①W… Ⅱ.①秦… Ⅲ.①地理信息系统-应用-地理教学-教学研究-高等学校 Ⅳ.①K90-4 ②P208.2

中国版本图书馆CIP数据核字(2022)第065635号

责任编辑 董庆超

责任校对 郑 鑫 胡凤杰

封面设计 郭 灿

出版发行 河南大学出版社

地址：郑州市郑东新区商务外环中华大厦 2401 号　邮编：450046

电话：0371-86059701（营销部）　网址：hupress.henu.edu.cn

排　版 河南大学出版社设计排版部

印　刷 郑州印之星印务有限公司

版　次 2022 年 4 月第 1 版　**印　次** 2022 年 4 月第 1 次印刷

开　本 890 mm × 1240 mm　1/16　**印　张** 49.25

字　数 891 千字　**定　价** 195.00 元

前　言

随着中国科技与教育现代化进程的稳步推进，高等教育逐渐进入创建世界一流的加速时期。一流大学、一流学科、一流专业、一流课程的建设和一流人才的培育，有着外部一体的支撑环境和内在关联紧密的逻辑体系。课程是大学专业的基础要素和人才培养的基本载体，一流课程建设成为其他“四个一流”建设的关键和突破点。

河南大学地学专业创始于 1923 年，即将迎来百年华诞。20 世纪 50 年代全国院系调整成为国家在中南大区重点建设的地理人才培养基地。在新时代国家“双一流”建设中，地理学成为河南省政府打造“双航母”的一流学科。总结百年学术积淀，面向优势方向培养创新人才，一流课程建设面临着特殊任务和使命。如何集聚一流要素，协同教师、教材、平台、实践、创新和服务，成为一流课程建设面临的重大问题。打造与一流课程要素协同的课程团队，研发与一流课程要素协同的教材及教学内容，创建与一流课程要素协同的教学组织和研究平台，以及创新一流课程要素集成服务模式，成为当前一流课程建设实践的重大课题。

Web 地理信息课程是以 Web GIS 为核心的课程簇，涵盖网络 GIS、移动 GIS、志愿式 GIS、云 GIS、地理大数据处理、在线遥感数据分析等新型技术及应用课程，具有显著的前沿性、系统性和代表性。自 2010 年开始，我们在国家特色专业和一流专业、国家双语教学示范课程的基础上，在河南省政府优势特色学科建设工程项目及河南省教育厅重点教学改革项目的支持下，以 Web GIS 课程为抓手，统揽 Web 地理信息课程核心要素，面向国际一流课程建设，将队伍整合、教材研发、知识创新、平台打造与科教融合进行系统集成，开展“五位一体的”立体化教学研究与实践，取得系列重要成果，在全球主要地区高校人才培养及科研机构的创新应用中发挥着重要作用，产生了广泛影响。2021年该成果先后获得河南大学和河南省高等教育教学成果特等奖，成为进一步实践、探索和创新的基点。

为了进一步总结一流课程建设与服务模式的理论思维、科学方法和实践经验，加强不同高校、不同专业之间一流课程建设的交流合作，推动Web地理信息技术知识体系和方法体系持续完善和提升，也为我国世界一流地学课程建设提供一种可拓展的范式，河南大学地理信息科学专业师生精诚合作，总结、撰写了这本教学研究著作。全书包括：总体研究报告、“五位一体”课程建设与服务模式、科教融合创新实践，以及反映学生创新活动的专业竞赛实践案例、Web地理信息技术应用研究案例共五个部分，共计23章。另外，在长期课程教学实践中，指导学生开发了数百项的实际应用案例，限于篇幅，选取20个创新实践典型案例列入附录部分。全书形成了一个模块整合、内容递进、章节关联的逻辑体系。

本书各章撰写分工如下。第一部分　总体研究报告，秦耀辰、闫卫阳、付品德。第二部分　“五位一体”课程建设与服务模式：第1章，秦耀辰、闫卫阳；第2章，付品德、夏浩铭；第3章，闫卫阳；第4章，秦奋、杨雅萍、陈郁、李宁、朱筠；第5章，秦耀辰、闫卫阳、付品德；第6章，闫卫阳、秦耀辰。第三部分　科教融合创新实践：第7章，张喜旺、秦耀辰、付品德；第8章，杨东阳；第9章，田海峰，夏浩铭；第10章，张喜旺；第11章，翟石艳、王铮；第12章，付品德、秦奋、闫卫阳。第四部分　学生专业竞赛实践案例：第13章，闫卫阳、崔耀平、丁志伟、马晓哲；第14章，秦奋、宋宏权、王海鹰、夏浩铭；第15章，田海峰、宋宏权。第五部分　技术应用研究案例：第16章，李佳琪、夏浩铭、秦耀辰、郭暄；第17章，郭暄、夏浩铭、秦耀辰、闫卫阳；第18章，李佳琪、夏浩铭、付品德、郭暄；第19章，宁晓菊、秦耀辰、崔耀平、李旭、陈友民；第20章，宋宏权、李思杰；第21章，翟石艳、贺楠、刘欢、宋根鑫；第22章，郑智成、张丽君、张晶飞、王坤、李梦迪；第23章，谢志祥、秦耀辰、李阳、沈威、刘士锐。附录部分　学生创新实践典型案例由夏浩铭负责指导和撰写。各章作者相互之间做了互审修订，秦耀辰和闫卫阳对全书做了统筹和统稿。

本书是河南大学地理信息科学团队长期教学实践与研究的总结，是国内外多机构协同助力的结果，更是集成众多海内外专家和同人集体智慧的结晶。研究工作得到中国科学院地理科学与资源研究所国家地球系统科学数据中心、美国环境系统研究所在资源共享、平台共建、软件开发和应用方面的长期合作与支持。在前期研究和书稿撰写过程中，中国工程院院士孙九林研究员、王家耀教授一直以来给予指导、帮助和鼓励；得到武汉大学刘耀林教授、南京师范大学汤国安教授、同济大学童小华教授、中国地质大学（北京）郑新奇教授、美国德州州立大学达拉斯分校邱方教授、澳大利亚皇家理工大学刘钢军教授、美国滨州州立大学东斯特劳斯堡分校胡世雄教授、美国约翰霍普金斯大学 Geri Miller 教授、加拿大布洛克大学 Martin Chandler 教授、北京科博纳信息技术有限公司史斌总经理等的多方支持与帮助；河南大学孔云峰教授、美国环境系统研究所常捷高级软件工程师、中国科学院地理科学与资源研究所王卷乐研究员和诸云强研究员、美国德州州立大学达拉斯分校 Ron Briggs 教授、捷克马萨里克大学 Milan Konecny 教授、澳大利亚皇家理工大学 Willim Cartwright 教授等参与了前期的教育部双语教学示范课程和教材建设工作；河南大学地理学科团队的众多同事长期合作，共同创建了数字地理技术领域的教育部重点实验室、国际联合实验室、国家实验教学示范中心等系列创新实践平台；河南大学及相关部门领导、地理与环境学院几届党政领导持续给予关心和支持；还有近十多届毕业的大学生和博士、硕士研究生参与了课程创新实践、课程竞赛设计等，在文中未能全部一一列出。河南大学出版社对本书的出版给予大力支持，董庆超、郑鑫高级编辑付出了很多心血。在此，一并表示衷心的感谢！

高等地学教育创新人才培养一直在路上。高校作为创新的策源地要发挥引领作用；高校又是高端人才培养成长的摇篮还需要不断适应经济社会的变革。引领与适应交互递进，以优质教学资源和一流课程为抓手，推动高等教育地学人才培养质量的持续提升。

由于时间仓促和水平所限，本书不足之处在所难免，敬请读者批评指正。

作 者

2022 年 4 月

Foreword

With steady advancement in the modernization of science, technology and education, higher education in China has gradually entered an accelerating period in cultivating world first-class innovative talents, driven by the double first-class university plan. The construction of first-class universities, first-class disciplines, first-class majors, first-class curricula, and the cultivation of first-class talents have an integrated external supporting environment and close internal logical connections. Curriculum is the basic element of university majors and the basic carrier of talent training. The construction of first-class curriculum has become the key and breaks through point of other "four first-class" constructions.

The geoscience major of Henan University was founded in 1923, which is about to celebrate its centennial birthday. In the 1950s, after the national adjustments of faculties, it was constructed as the key national training base in Central and South China for geographical talents. In the era of "double first-class" construction, it is selected as an elite discipline, for the national first-class discipline construction. Summarizing the academic accumulation of one hundred years and cultivating innovative talents in the direction of advantages, the construction of first-class courses faces special tasks and missions. How to design and implement first-class courses in collaboration with teachers, textbooks, platforms, practices, innovations, and service modes has become a major issue in the construction of first-class courses. Other major issues in the current practice of first-class curriculum construction include building curriculum team, writing textbooks, developing teaching contents, creating teaching organization and research platform, integrating service modes, and achieving synergy of first-class curriculum elements.

Web Geographic Information Course is a course cluster, with Web GIS as the core. It covers web GIS, mobile GIS, volunteered GIS, cloud GIS, geographic big data processing, online remote sensing data analysis, and courses on other emerging technologies and applications, all with distinctive frontier, systematization and representativeness. Since 2010 and built on the basis of national characteristic specialty, first-class specialty, and national bilingual teaching demonstration course, supported by both the construction project of advantageous characteristic discipline of Henan provincial government and the key educational innovation project of Henan Provincial Department of Education, we have taken the web GIS course as the starting point, integrated the core elements of Web geographic information course, started to construct world first-class curriculum, through team integration, teaching material development, knowledge innovation, platform construction, and science and education integration. We also carried out the "five-in-one" three-dimensional teaching research and practice and achieved a series of important results. The web GIS course has played an important role in colleges and universities in major regions of the world for talent cultivation, and in scientific research institutions for innovative application, and has created a wide range of impacts. In 2021, this achievement has won the Henan University and Henan Province Higher Education Teaching Achievement Special Prize, which has become the basis for further practice, exploration and innovation.

The teachers and students of Geographic Information Science in Henan University have cooperated sincerely in writing this teaching research masterpiece, aiming to further synergize the theoretical thinking, scientific methods and practical experience of the first-class curriculum construction and service mode; strengthen the communication and cooperation of the first-class curriculum construction among different universities and different majors; promote the continuous improvement and enhancement of the knowledge system and method system of Web geographic information technology; and provide an expandable paradigm for the construction of the world-class geoscience curriculum in China.

The book presents a logical system of module integration, content progression and chapter association, with five parts, 23 chapters: the overall research report; the "five in one" curriculum construction and service mode; the integration of Science, Education and innovation practice; the professional competition practice case reflecting students' innovative activities; and the application research case of Web geographic information technology. In addition, during long-term teaching practice, and under academic guidance, students have developed hundreds of meaningful practical application cases. Of which, only 20 typical case are selected and included in the appendix, as permitted by the length of the book.

The chapters of this book and responsible authors are as follows. Part I the overall research report was written by Qin Yaochen, Yan Weiyang and Fu Pinde. In Part II the "five in one" curriculum construction and service mode, Chapter 1 was written by Qin Yaochen and Yan Weiyang; Chapter 2 by Fu Pinde and Xia Haoming; Chapter 3 by Yan Weiyang; Chapter 4 by Qin Fen, Yang Yaping, Chen Yu, Li Ning and Zhu Jun; Chapter 5 by Qin Yaochen, Yan Weiyang and Fu Pinde; Chapter 6 by Yan Weiyang and Qin Yaochen. In Part III the integration of Science, Education and innovation practice, Chapter 7 was written by Zhang Xiwang, Qin Yaochen and Fu Pinde; Chapter 8 by Yang Dongyang; Chapter 9 by Tian Haifeng and Xia Haoming; Chapter 10 by Zhang Xiwang; Chapter 11 by Zhai Shiyan and Wang Zheng; Chapter 12 by Fu Pinde, Qin Fen and Yan Weiyang. In Part IV the practice cases of student professional competition, Chapter 13 was written by Yan Weiyang, Cui Yaoping, Ding Zhiwei and Ma Xiaozhe; Chapter 14 by Qin Fen, Song Hongquan, Wang Haiying and Xia Haoming; Chapter 15 by Tian Haifeng and Song Hongquan. In Part V the case study of technology application, Chapter 16 was written by Li Jiaqi, Xia Haoming, Qin Yaochen and Guo Xuan; Chapter 17 by Guo Xuan, Xia Haoming, Qin Yaochen and Yan Weiyang; Chapter 18 by Li Jiaqi, Xia Haoming, Fu Pinde and Guo Xuan; Chapter 19 by Ning Xiaoju, Qin Yaochen, Cui Yaoping, Li Xu and Chen Youmin; Chapter 20 by Song Hongquan and Li Sijie; Chapter 21 by Zhai Shiyan, He Nan, Liu Huan and Song Genxin; Chapter 22 by Zheng Zhicheng, Zhang Lijun, Zhang Jingfei, Wang Kun and Li Mengdi; Chapter 23 by Xie Zhixiang, Qin Yaochen, Li Yang, Shen Wei and Liu Shirui. The typical cases in appendix section were selected, guided, and written by Xia Haoming. The authors of each chapter had made mutual revisions, and Qin Yaochen and Yan Weiyang had co-ordinated and unified the whole book.

This book is a summary of the long-term teaching practice and research of the geographic information science team of Henan University. It is the result of the collaboration among multiple agencies at home and abroad, and the crystallization of the collective wisdom of many experts and colleagues at home and abroad. The research work has received long-term cooperation and support from the National Earth System Science Data Center of the Chinese Academy of Science and the Environmental Systems Research Institute of the United States in terms of resource sharing, platform co-construction, software development and application. In the phases of preliminary research and manuscript writing, two academicians of the Chinese Academy of Engineering, Professor Sun Jiulin and Professor Wang Jiayao, have given their encouragement, guidance, and support. Professor Liu Yaolin from the Wuhan University, Professor Tang Guoan from the Nanjing Normal University, Professor Tong Xiaohua from the Tongji University, Professor Zheng Xinqi from the China University of Geosciences (Beijing), Professor Qiu Fang from the University of Texas at Dallas, Professor Liu Gangjun from RMIT University, Professor Hu Shixiong from the East Stroudsburg University of Pennsylvania, Professor Geri Miller from the Johns Hopkins University, Professor Martin Chandler from the Bullock University in Canada, and General Manager Shi Bin of Beijing Kobona Information Technology Co., Ltd. Professor Kong Yunfeng from Henan University, Senior Software Engineer Chang Jie from the Environmental Systems Research Institute of the United States, Professor Wang Juanle and Zhu Yunqiang from the Institute of Geographic Sciences and Natural Resources Research of the Chinese Academy of Sciences, Professor Ronald Briggs from the University of Texas at Dallas, Professor Milan Konecny from the Masaryk University in the Czech Republic, and Professor William Cartwright from RMIT University have participated in the construction of bilingual courses and teaching materials sponsored by the Ministry of Education. Many colleagues from the geography team of Henan University have worked together for a long time to create a series of innovative practice platforms in the field of digital geography technology, including the Ministry of Education sponsored Key Laboratory of Geospatial Technology for the Middle and Lower Yellow River Regions, the International Joint Laboratory, and the National Experimental Teaching Demonstration Center. Leaders of Henan University and related departments, and several party and government leaders of the College of Geography and Environment have given Continuous care and support. Undergraduates and postgraduates of the last ten plus years have also participated in curriculum innovation practice, curriculum competition design, and other related activities, but not all of their names are listed in the article. Henan University Press has given great support to the publication of this book, including the great efforts made by senior editors Dong Qingchao and Zheng Xin. Here, we would like to express our sincere thanks to them!

As the cradle of high-end talent training, universities have played leading role in the cultivation of innovative talents in geoscience. Universities are also powerhouse of innovation and should keep adapting to economic, social and technological changes, creating high-quality teaching and learning resources, delivering first-class courses and programs, leading continuous quality improvement in geoscience education, and cultivating more innovative geoscience talents for sustainable social and economic development.

Constrained by time and academic capacity, this book will inevitably have some inadequacies. Your valuable feedback will surely help its continuous improvement.

Authors

April 2022

目　录

Contents

第一部分　总体研究报告

第二部分　“五位一体”课程建设与服务模式

第1章　Web地理信息课程国际合作教师团队建设研究 017

1.1　地理学专业主干课程教学团队建设思路和创新实践 018

1.2　全国高校黄大年式地理学教师团队建设过程及成效 024

1.3　Web地理信息课程思政团队的设计思路与建设路径 028

第2章　Web GIS多语种教程建设研究 036

2.1　Web GIS Principles and Applications 2010英文版和俄文版 036

2.2　《Web GIS原理与应用》2012中文版 040

2.3　Getting to Know Web GIS 2015第一版 044

2.4　Getting to Know Web GIS 2016第二版 049

2.5　Getting to Know Web GIS 2018第三版 052

2.6　《Web GIS原理与技术》2018第一版 056

2.7　Getting to Know Web GIS 2020第四版 061

2.8　《Web GIS原理与技术》2022第二版 065

第3章　Web GIS精品在线开放课程建设研究 071

3.1　Web GIS精品在线开放课程建设背景 071

3.2　课程整体设计 074

3.3　教学大纲设计 077

3.4　教学方法研究 085

3.5　教学过程管理 092

3.6　Web GIS在线课程应用评价与持续建设 095

第4章 **地球系统科学数据共享中心建设与课程数据服务** 099
4.1 地球系统科学数据共享平台研发 100
4.2 地球系统科学数据资源建设 107
4.3 地球系统科学数据共享服务及应用案例 109
4.4 地球系统科学数据共享平台课程教学服务 116

第5章 **Web GIS国际联合虚拟教研室的组织模式与运行机制** 120
5.1 国际联合虚拟教研室的创设背景与组织模式 120
5.2 Web GIS国际联合虚拟教研室的建构基础与组织模式 123
5.3 Web GIS国际联合虚拟教研室的建设目标与任务 127
5.4 Web GIS国际联合虚拟教研室的运行效果 128

第6章 **Web地理信息课程服务模式研究** 133
6.1 Web地理信息课程服务模式构建方法 133
6.2 Web地理信息课程服务实践 136
6.3 Web地理信息课程服务效果 138
6.4 智慧教学环境下课程服务模式的升级 140

第三部分 科教融合创新实践

第7章 **基于ArcGIS Portal的科学数据云服务共享平台关键技术及应用研究** 147
7.1 研究背景与研究思路 148
7.2 中原经济区地理空间数据共享平台构建 153
7.3 特色与创新 201
7.4 研究成果在Web 地理信息课程教学中的应用价值 203

第8章 **基于Web GIS的黄河下游农业综合管理信息系统研究** 212
8.1 研究背景与研究进展 212
8.2 研究内容与技术方法 215
8.3 黄河下游农业生态综合管理系统的设计与实现 217
8.4 研究成果在Web 地理信息课程教学中的应用价值 221

第9章 **遥感大数据处理技术与应用研究** 223
9.1 GEE云平台技术概述 223
9.2 基于光学卫星影像的油菜种植地块遥感自动识别 224
9.3 基于耦合主被动遥感影像的大蒜作物识别 228
9.4 基于Sentinel-1微波卫星影像的陆表水自动识别 234
9.5 基于多源卫星图像与茶树物候期云平台融合的茶园自动识别 239

9.6 基于空谱联合超图嵌入的高光谱图像极限学习机......244
9.7 研成果在Web 地理信息课程教学中的应用价值......251

第10章 粮食生产风险评估关键技术及应用研究......254
10.1 研究背景与意义......255
10.2 研究内容与技术方法......256
10.3 研究特色与创新......264
10.4 研究成果在Web地理信息课程教学中的应用价值......265

第11章 气候变化下区域碳排放趋势建模与经济发展评估......268
11.1 研究背景与意义......268
11.2 研究内容与技术方法......269
11.3 研究特色与创新......277
11.4 研究成果在Web地理信息课程教学中的应用价值......278

第12章 Web GIS技术新进展......281
12.1 网络信息技术与GIS的结合......281
12.2 Web GIS中多尺度地图数据库构建......285
12.3 Web GIS技术发展趋势......287

第四部分 学生专业竞赛实践

第13章 中国高校地理科学展示与GIS技能大赛......293
13.1 基于Web GIS的社会志愿助老信息平台设计与开发......293
13.2 "一带一路"陆域生物地球化学及物理因子的正/负气候调节效应......308
13.3 基于GIS的中国中部镇域经济空间格局及区划研究......321
13.4 基于Web GIS的中国八大菜系时空分布故事地图......334

第14章 国家科技部"共享杯"科技资源共享服务创新大赛......346
14.1 基于观测数据空间化的北京市$PM_{2.5}$时空分异......346
14.2 2015年中国主要城市可吸入颗粒物浓度的时空变化规律......355
14.3 基于RS和GIS的河南省生态环境质量动态评价研究......365
14.4 基于地理探测器和POI 数据的城市边缘区判定......374
14.5 基于GEE云计算平台的1999~2019年小浪底水库水面积动态监测研究......387

第15章 国家大学生创新创业项目......406
15.1 基于GIS的河南大学生源地地理空间分析......406
15.2 基于Google Earth Engine云计算的鄱阳湖水域时空变化机制研究......411

15.3 大气污染物时空分布特征及跨区域扩散分析......422

第五部分 技术应用研究案例

第16章 Web GIS故事地图在初中区域地理中的应用......439
16.1 研究背景......439
16.2 Web GIS故事地图作为辅助地理教学工具的优点......441
16.3 ArcGIS Online故事地图的基本介绍......443
16.4 教学案例开发......445
16.5 教学反思......449

第17章 Web GIS在中学地理教学的应用——以ArcGIS Online为例......451
17.1 研究背景......451
17.2 ArcGIS Online介绍......453
17.3 ArcGIS Online在地理教学的应用......455
17.4 结 语......459

第18章 Web GIS for sustainable education: towards natural disaster education for high school students......461
18.1 Introduction......462
18.2 The functional types of Web GIS for high school geography teaching......467
18.3 Knowledge structure of compulsory geography course "Natural Disaster"......470
18.4 The teaching case design of Web GIS applied to high school students' natural disaster education......473
18.5 Discussion......482
18.6 Conclusions......483

第19章 中国10年平均水热条件公里网格数据集......487
19.1 研究背景......487
19.2 数据与方法......489
19.3 结果与分析......490
19.4 讨 论......499
19.5 结 论......501

第20章 融入红色思政元素的地理信息系统设计与开发......505
20.1 红军长征GIS研究背景......505
20.2 红军长征GIS思政课程设计......507
20.3 系统总体设计......508

20.4 基于WebGIS的系统开发 509

20.5 结 语......511

第21章 基于ArcGIS Pro和CityEngine的2D/3D一体化的农村社区管理系统的实现......513

21.1 研究背景......513

21.2 系统设计的目标......515

21.3 系统实现的关键技术......516

21.4 案例实现......520

21.5 研究总结......522

第22章 Exploring the influence of human mobility factors and spread prediction on early COVID-19 in the USA......524

22.1 Introduction......525

22.2 Materials and methods......529

22.3 Results......532

22.4 Conclusion and discussion......542

第23章 Spatial and temporal differentiation of COVID-19 epidemic spread in mainland China and its influencing factors......547

23.1 Introduction......548

23.2 Data and methods......551

23.3 Results and analysis......555

23.4 Discussions......565

23.5 Conclusions......567

附录 Web GIS课程学生创新实践典型案例

案例一 Web GIS定制开发......573

1.1 基于EditPlus Web的导航地图制作......573

1.2 基于ArcGIS API For JavaScript的多模式地震信息系统开发......582

1.3 基于Web技术的建筑数字化展示系统开发......608

1.4 基于ArcGIS API for JavaScript的旅游出行规划系统开发......614

1.5 基于Qt+gdal+openCV的遥感影像处理软件开发......628

案例二 人生与经济故事地图......633

2.1 求学之旅Web地图......633

2.2 深圳市经济发展时间史Web地图......645

2.3 第七次人口普查数据可视化分析Web地图......654

案例三　红色历史、文化与自然旅游故事地图 663

3.1　人类发展群星闪耀时Web地图 663

3.2　中国十大博物馆Web地图 674

3.3　“开封四月醉清明”主题活动巡回Web地图 679

3.4　重走长征路——中央红军行进路线Web地图 683

案例四　基于要素服务的数据可视化应用 693

4.1　“一带一路”沿线各国GDP变化图 693

4.2　中国年末人口流动图 707

4.3　中国各省人均水资源量图 719

4.4　中国省会城市GDP变化时空格局图 730

案例五　自然灾害故事地图 737

5.1　世界火山地震事件及空间分布 737

5.2　Hurricanes, Cyclones and Typhoons - Positions and Tracks 744

案例六　基于志愿式地理信息收集地理信息和实时GIS应用 752

6.1　允许公众报告嫌犯信息的Web应用 752

6.2　基于Web GIS 的中国新型冠状病毒肺炎疫情数据可视化面板 759

Contents

Part I Summary of the Research Report

Part II "Five in one" course construction and service mode

Chapter 1 Research on building an international collaborative teaching team for web geographic information courses 017

1.1 Constructive principles and innovative practices of the teaching team for the main courses of geography..... 018

1.2 Process and results of Huang Danian-style geography teacher team building 024

1.3 Principles and methodology for building an ideological team on web geographic information courses 028

Chapter 2 Research on multilingual Web GIS teaching material development 036

2.1 Web GIS Principles and Applications, 2010 in English and 2011 in Russian 036

2.2 Web GIS Principles and Applications, 2012 in Chinese 040

2.3 Getting to Know Web GIS, first edition 2015 044

2.4 Getting to Know Web GIS, second edition 2016 049

2.5 Getting to Know Web GIS, third edition 2018 052

2.6 Web GIS Principles and Technologies, first edition 2018 in Chinese 056

2.7 Getting to Know Web GIS, fourth edition 2020 061

2.8 Web GIS Principles and Technologies, second edition 2022 in Chinese 065

Chapter 3 Research on building the Web GIS online open course 071

3.1 Construction background 071

3.2 Overall course design 074

3.3 Syllabus design 077

3.4 Teaching methods 085

3.5 Teaching process management 092

3.6 Application evaluation and sustainable construction 095

Chapter 4 Construction of the Earth System Science Data Sharing Center and course data service 099

4.1 Research and development of the Earth System Science Data Sharing Platform 100

4.2 Building the resources of Earth system science data 107

4.3 Earth System Science Data Sharing service and application case studies 109

4.4 Course teaching service of the Earth System Science Data Sharing Platform 116

Chapter 5 Organization and operation of the Virtual Center of International Collaborative Teaching and Research (VCICTR) on Web GIS 120

5.1 Establishment background and organization of VCICTR 120

5.2 Construction and organization of VCICTR on Web GIS 123

5.3 Objectives and tasks of VCICTR on Web GIS 127

5.4 Operational outcomes of VCICTR on Web GIS 128

Chapter 6 Research on web geographic information course service model 133

6.1 Construction of web geographic information course service model 133

6.2 Practices of web geographic information courses service 136

6.3 Effect of web geographic informationcourse service 138

6.4 Course service upgrade in the intelligent teaching environment 140

Part III Innovative integration of science and education

Chapter 7 Research on key technologies and applications of scientific data cloud service-based sharing platform using ArcGIS Portal 147

7.1 Research background and methodology 148

7.2 Construction of geospatial data sharing platform forthe Central Plains Economic Region 153

7.3 Characteristics and innovation 201

7.4 Application value in the teaching of web geographic information courses 203

Chapter 8 Research on the agricultural integrated management information system for the lower Yellow River based on Web GIS 212

8.1 Research background and progress 212

8.2 Research content and technical methods 215

8.3 Design and implementation of agroecological integrated management system in the lower Yellow River 217

8.4 Application value in the teaching of web geographic information courses 221

Chapter 9 Research on processing technologies and applications of remote sensing big data 223

9.1 Overview of GEE cloud platform technology 223

9.2 Automated recognition of rape planting plots based on optical satellite images 224

9.3 Garlic recognition by coupling active and passive remote sensing images 228

9.4 Automated recognition of land surface water based on Sentinel-1 microwave satellite images 234

9.5 Automated recognition of tea garden by fusing multi-source satellite images and tea phenology on a cloud platform 239

9.6 Clustering method based on a limit learning machine by constructing a hypergraph combining spatial and spectral information from hyperspectral images 244

9.7 Application value in the teaching of web geographic information courses 251

Chapter 10 Research on key technologies and applications of grain production risk assessment 254

10.1 Research background and significance 255

10.2 Research content and technical methods 256

10.3 Research features and innovation 264

10.4 Application value in the web geographic information courses 265

Chapter 11 Modeling of regional carbon emission trend and assessment of economic development under climate change 268

11.1 Research background and significance 268

11.2 Research content and technical methods 269

11.3 Research features and innovation 277

11.4 Application valuein the teaching of web geographic information courses 278

Chapter 12 Recent advances in Web GIS technology 281

12.1 Combination of network information technology and GIS 281

12.2 Construction of a multi-scale map database in Web GIS 285

12.3 Development trends of Web GIS technologies 287

Part IV Professional competition practices of students

Chapter 13 Competitions in Geographic Science and GIS 293

13.1 Design and development of an information platform for volunteers and the elderly based on Web GIS 293

13.2 Positive and negative climate regulating effects of biogeochemical and physical factors of terrestrial in the "Belt and Road" 308

13.3 Study on the economic spatial pattern and regionalization of towns in Central China based on GIS 321

13.4 Spatiotemporal distribution story map of eight Chinese cuisines based on Web GIS 334

Chapter 14 "Sharing Cup" science and technology resource sharing service innovation competition by the Ministry of Science and Technology of China 346

14.1 Spatiotemporal differentiation of $PM_{2.5}$ in Beijing based on observational data 346

14.2 Spatiotemporal variation of inhalable particulate matter concentrations in major cities of China in 2015 355

14.3 Dynamic evaluation of the ecological environment quality in Henan Province based on remote sensing and GIS 365

14.4 Urban fringe determination based on Geodetector and POI data 374

14.5 Dynamic monitoring of the Xiaolangdi Reservoir area from 1999 to 2019 based on GEE 387

Chapter 15 National Undergraduate Innovation and Entrepreneurship Projects 406

15.1 Spatial analysis of Henan University students' hometowns based on GIS 406

15.2 Study on spatiotemporal changes of surface water in Poyang Lake based on GEE cloud computing 411

15.3 Spatiotemporal distribution of air pollutants and analysis of cross regional diffusion 422

Part V Technology application

Chapter 16 Application of Web GIS story maps in the regional geography teaching in junior middle school 439

16.1 Research background 439

16.2 Advantages of Web GIS story maps in geography teaching 441

16.3 Basic introduction to story maps in ArcGIS Online 443

16.4 Teaching case development 445

16.5 Teaching reflection 449

Chapter 17 Application of Web GIS in geography teaching in middle school--Taking ArcGIS Online as an example 451

17.1 Research background 451

17.2 Introduction to ArcGIS Online 453

17.3 Application of ArcGIS Online in geography teaching 455

17.4 Conclusion 459

Chapter 18 Web GIS for sustainable education: towards natural disaster education for high school students 461

18.1 Introduction 462

18.2 Functional types of Web GIS for high school geography teaching 467

18.3 Knowledge structure of the compulsory geography course "Natural Disaster" 470

18.4 Web GIS teaching design applied to high school students for natural disaster education 473

18.5 Discussion 482

18.6 Conclusion 483

Chapter 19 Data set based on kilometer grid for 10-year average hydrothermal conditions in China 487

19.1 Research background 487

19.2 Data and methods 489

19.3 Results 490

19.4 Discussion 499

19.5 Conclusion 501

Chapter 20 Design and development of GIS with ideological and political elements 505

20.1 Research background of GIS application for the Red Army's Long March 505

20.2 Ideological and political course design of GIS application for the Red Army's Long March 507

20.3 Overall system design 508

20.4 System development based on Web GIS 509

20.5 Conclusion 511

Chapter 21 Implementation of a 2D/3D integrated rural community management system based on ArcGIS Pro and CityEngine 513

21.1 Research background 513

21.2 System design objectives 515

21.3 Key technologies for system implementation 516

21.4 Case studies 520

21.5 Conclusion 522

Chapter 22 Exploring the influence of human mobility factors and spread prediction on early COVID-19 in the USA 524

22.1 Introduction 525

22.2 Materials and Methods 529

22.3 Results 532

22.4 Discussion and conclusion 542

Chapter 23 Spatial and temporal differentiation of COVID-19 spread in mainland China and its influencing factors 547

23.1 Introduction 548

23.2 Data and methods 551

23.3 Results and analysis 555

23.4 Discussion 565

23.5 Conclusion 567

Appendix Distinctive cases of student innovative practice using Web GIS

Case I Custom development of Web GIS 573

1.1 Creating a navigation map based on EditPlus Web 573

1.2 Development of a multi-mode seismic information system based on ArcGIS API for JavaScript 582

1.3 Development of a digital architecture display system based on Web technology 608

1.4 Development of a travel planning system based on ArcGIS API for JavaScript 614

1.5 Development of remote sensing image processing software based on QT+GDAL+openCV 628

Case II Story maps about life and economy 633

2.1 Web map of study trip 633

2.2 Web map of economic development history of Shenzhen 645

2.3 Web map for spatiotemporal analysis of the seventh census data 654

Case III Story maps for history, culture and nature tourism 663

3.1 Web map of important people in the human history 663

3.2 Web map of China's top ten museums 674

3.3 Web map of Qingming Festival in Kaifeng 679

3.4 Web map of working the Long March Road again 683

Case IV Data visualization based on feature services 693

4.1 Maps of changes in GDP of countries along the Belt and Road 693

4.2 Maps of population flows in China at the year end......707
4.3 Maps of water resources per capita in each province of China......719
4.4 Maps of the spatiotemporal pattern of GDP changes in China's provincial capitals......730
Case V Story maps of natural disasters......737
5.1 Volcanic and seismic events in the world and their spatial distribution......737
5.2 Positions and tracks of hurricanes, cyclones and typhoons......744
Case VI Collection of geographic information based on VGI and application of realtime GIS......752
6.1 Web application that allows the public to report suspicious information......752
6.2 Visualization dashboard of COVID-19 epidemic data in China based on Web GIS......759

第一部分

总体研究报告

1

从 2017 年开始，国家教育部等先后出台建设一流大学、一流学科、一流专业、一流课程和培养一流人才的重大战略举措。在“五个一流”的逻辑关系中，课程是专业的基本要素和人才培养的基本载体，是其他“四个一流”的关键和突破点。Web 地理信息课程是国家本科质量标准规定的地理类专业的核心课程，是信息时代 GIS 技术的新形式，涵盖了基于网络的地理信息的收集、存储、编辑、处理、管理、分析、共享和可视化等内容，可以说本门课程是地理信息科学其他专业课程的综合和集成。Web 地理信息课程涉及地图学、地理信息系统、测量学、遥感、卫星导航定位系统、计算机程序设计等地理信息专业基础课程，也涵盖移动 GIS、志愿式 GIS、云 GIS、地理大数据处理、网络虚拟地理环境、在线遥感数据分析等新型技术应用课程，是以 Web GIS 为核心的课程簇，具有先进性、典型性和代表性。

本研究在国家双语教学示范课程（2010）、河南大学和河南省重点教改项目（2018，2019）支持下，以培养国际一流地理信息科学人才为目标，以优质教学资源整合为核心，将队伍建设、教材研发、课程创新、平台打造与科教融合系统集成，开展“五位一体”教学研究与实践，构建全方位、立体化、网络化课程服务模式，旨在推动我国 Web 地理信息课程建设水平实现质的跃升，也为其他一流课程建设提供一种可供借鉴的范式。历经 10 余年的研究与实践，取得系列重要成果，发挥了显著的人才培养效益，产生了广泛影响。本研究成果先后获得 2021 年度河南大学和河南省高等教育教学成果特等奖。

一、面向国际一流课程建设，着力解决课程层面教学资源协同问题

河南大学地学专业创始于 1923 年，1950 年代院系调整成为国家在中南大区重点建设的地理人才培养基地。在新时代国家“双一流”建设中，地理学成为河南省政府打造“双航母”的一流学科，一流课程建设面临着特殊任务和使命。如何集聚一流要素，协同教师、教材、平台、实践、创新、服务，成为一流课程建设面临的重大问题。

1. 打造与一流课程要素协同的一流课程团队，解决队伍整合问题

Web GIS 是国家本科质量标准规定的地理类专业的核心课程，是信息时代 GIS 技术的新形式，涵盖了基于网络的地理信息技术和相关专业课程。如何建设以 Web GIS 为核心的一流的 Web 地理信息课程，需要打造具有国际视野、学术水平高、思想素质过硬的一流的课程团队。

2. 研发与一流课程要素协同的一流教材，解决教学内容创新问题

随着互联网与大数据信息技术的发展，Web GIS 技术与应用日新月异，教材及课程难以及时跟上；内容变化快，理论总结滞后；涉及面广，凝练和概括困难；技术性强，不易理解。这就需要融入最新成果，开发教材，创新课程，构建完整的 Web GIS 技术体系和知识体系。

3. 创建与一流课程要素协同的一流教学研究平台，解决教学组织创新问题

2020 年突发的全球新冠疫情，社会交往空间约束在网络信息技术的作用下，使大学的教学方式、基层教研组织模式面临重大转变。通过信息网络可以汇聚全球领域专家，开展学术研讨和教学研讨，国际联合虚拟教研室成为教学组织的新形式，其组织模式和运行机制尚需探索。

4. 创新一流课程要素集成服务模式，解决教学质量持续提升问题

优质教育资源的“开放共享”理念的实现，课程效益的发挥，有赖于科学有效的课程服务模式。Web 地理信息课程普遍存在课程内容与软件技术、数据资源及课程服务从课程层面难以协调统一问题，各教学要素的协同服务、教学质量的持续提升需要深入研究。

二、集成与创新并重，追踪国际前沿，打造一流课程团队，研发一流教学资源

在课程建设中，一流的教学研究与实践队伍既是提供课程服务的主体，又是教学资源当中起到决定性作用的因素，影响着其他教学资源供给的质量和水平。科学严谨、技术前沿、思想性强的教材研发，是课程教学的基本内容和重要参考，具有相对固定性。课程是在教材基础上的应用、拓展和深化，直接面向学生传播，具有相对实时性，影响着学生理解知识的全面性，掌握技能的灵活性。三者共同构成课程服务最重要的三大内容。

1. 国际合作，打造一流 Web GIS 教学队伍

由国家万人计划教学名师、全国“黄大年式”教师团队、国际华人地理信息科学协会骨干成员、《万维网 GIS》国家双语教学示范课程和教育部地理学国家级教师团队的核心成员参与，联合组建具有国际视野、学术水平高、思想素质过硬的 Web 地理信息课程教学团队。2021 年组建的河南省地理信息课程思政团队，对引导和培养学生的科学精神、家国情怀提供了有力保证。

2. 瞄准技术前沿，开发中外文多版本教材

自 2010 年以来，河南大学与美国环境系统研究所（Esri）合作，先后研发中英俄 9

个版本的 Web GIS 教材。注重紧跟技术前沿，融入云计算、大数据等最新信息技术。2020 年《Web GIS 原理与技术》被列入河南省“十四五”重点修订教材，并被评为河南省首届教材建设一等奖。2022 年中文版不仅完整地介绍了 Web GIS 的全新知识和技术谱系，而且在原理、方法和应用之间取得了良好的平衡，创造性地构建起 Web GIS 完整的知识体系和技术体系。

3. 课程和教材同步建设，创新课程内容体系

在教学实践中，不断优化教学内容、教学方法及课程评价方法。“地球系统科学数据共享关键技术与应用”项目获得 2013 年度河南省科技进步一等奖，其集成的地理数据为学生创新实践提供了数据支撑。“智能化地图综合与多尺度级联更新关键技术及应用”项目获 2021 年度国家科学技术进步二等奖，其提出的关键技术在 Web GIS 地图要素服务当中得到应用，推动了教材和课程内容创新。Web GIS 课程 2018 年被确定为河南省本科高校精品在线开放课程，2019 年在中国大学 MOOC 上线，2021 年被评为河南省线上一流本科课程，并推荐评选国家一流课程。目前已经开设 7 期。2022 年最新一期课程，拓展 Web GIS 的最佳实践、人工智能和深度学习等前沿内容，创造性地构建起 Web GIS 课程内容体系。

三、虚实结合，构建国际联合虚拟教研室，创新一流课程教学研究与实践平台

教学组织是开展教学研究和课程教学服务的重要载体。大学基层教学组织形式在新冠疫情全球蔓延与信息技术网络化的双重作用下，正在发生历史性的变革。国际联合虚拟教研室是跨学科、跨学校、跨平台，国际性教学研究工作者聚焦大学专业课程教学中的学术问题，充分利用网络信息技术和虚拟教学平台，开展人才培养创新的学术共同体。国际联合虚拟教研室的实质在于压缩空间、优化时间，利用网络信息技术，超越时空限制，最大限度的利用一流教学资源，成倍提升教学研究效率，创造人才培养效益。Arc GIS 软件技术平台、中国地球系统科学数据共享平台、中国大学 MOOC 课程服务平台为 Web GIS 国际联合虚拟教研室提供了重要信息技术支撑，共同构成 Web GIS 一流课程的综合服务平台。

1. 构筑特色，丰富国际领先的 Arc GIS 软件技术平台服务

美国环境系统研究所（Esri）是国际重要的 GIS 研发机构，其开发的 Arc GIS 系列软件产品市场占有率世界排名第一。Arc GIS Online 和 ArcGIS Enterprise 是本课程所使用的主要软件平台，基于该平台教师可以上传具有中国特色的实习数据，学生可以搜索

并自动获取，按照所提供的功能完成课程设计的60余个实习操作，并且基于平台提供的JavaScript API快速自主开发Web GIS应用程序。

2. 自主创新，建立国家地球系统科学数据备份中心，提供课程数据服务平台

2014年河南大学成立国家地球系统科学数据中心—黄河中下游分中心，并作为总中心的备份中心建设，不断完善和补充基础地理、土地利用/土地覆盖、资源、环境、社会经济、遥感以及典型区域等数据库内容，为科学研究和实验教学提供丰富数据内容，2020年信息化资源总量为11.3Tb。学生可以基于该平台自主获取相关地理专题数据，开展Web GIS实践创新。

3. 科学设计，融入中国大学MOOC课程共享平台

2019年《Web GIS原理与应用》作为精品在线开放课程在中国大学MOOC上线，按照课程板块，科学设计教学目标、教学内容和课件，每章附有测试题和作业题，针对疑难问题在讨论区展开师生互动和解答，受到学生的广泛好评。

4. 积极探索，成立Web GIS国际联合虚拟教研室新型教学组织平台

由河南大学牵头，联合国内外相关人才培养机构为成员单位，成立Web GIS国际联合虚拟教研室。2020年试运行，2021先后被河南大学和河南省教育厅批复，作为虚拟教研室建设试点，正式运行。探索出了以国际化、跨行业专业课程团队为核心，精品课程和立体化多语种教材为抓手，数据共享中心、虚拟教研网络和智慧教室为技术平台，虚实结合，以跨界优质资源整合和一流创新人才培养为目标，实现互联互通、协作共享、高效运行的教学组织模型和运行机制。

四、利用现代教育技术，采用系统综合思想，构建全方位立体化信息化课程服务模式

Web GIS一流课程建设不仅需要追踪国际前沿，而且还需要将零散的知识进行系统归纳，需要将相关课程的知识融入到Web GIS课程知识体系和技术体系当中，这就需要系统综合思想和方法。按照服务主体—服务资源—服务载体—服务客体—应用实践的整个环节，构建完整的反馈和改进闭合链条，这就需要现代教育技术支撑，需要理论联系实际，深入开展教学研究，实现课程建设的循环提升，服务水平的持续增强。

1. 采用系统化方法，创新Web地理信息课程知识技术体系

Web GIS课程是一门系统性很强的综合课程，既涉及地理信息专业基础课程，也涉及移动GIS、虚拟地理环境等新型技术应用课程，同时课程建设又涉及教师、学生及各种教

学资源，因此必须采用系统化的研究方法，把课程建设与课程服务看成一门系统工程，构建完整的 Web GIS 技术体系和知识体系。

2. 基于综合集成方法，实现 Web GIS 各类教学资源的有机融合

综合集成主要体现在以下几个方面：教学硬件与软件集成、各类教学板块的集成、教学人员和实验人员集成、传统教育技术与现代技术集成、教与学的线上线下集成、教学与科研的集成。集成的平台是基于信息网络的 Web GIS 国际联合虚拟教研室，整合各类优质教学资源，教、学、研、产一体化发展。

3. 理论与实践相结合，深化 Web GIS 教学研究与实践

在理论上，不仅研发了多语种多版本的 Web GIS 教材，而且还撰写了《高校 GIS 专业软件开发课程教学现状及革新》等 20 余篇教学研究论文；在实践上，建设一流线上课程、线上线下混合课程；投资 200 万元，开展智慧教室软件和硬件建设。2018 年完成河南省国际合作科研项目“基于 ArcGIS Portal 的科学数据云服务共享平台关键技术研究与应用”；开发“基于 Web GIS 的黄河下游景观动态监测系统”等系列软件，不仅推动了 Web GIS 技术与应用的发展，而且也增强了 Web GIS 课程的学术性、前沿性、思想性。

4. 构建应用—评价—反馈闭合链条，推动 Web GIS 教学质量持续提升

在课程教学中，动态掌握每章测试成绩、期末成绩、作业成绩及课后练习的成绩分布，分析课程教学当中的重点、难点。针对每章测试题和期末考试，根据课程内容更新，测试内容也相应变化；针对课后练习，充分发挥学生的创造力，实行非标准答案，2020 和 2021 年获得河南大学非标准答案和案例一等奖。课程与教材同步建设，课程内容实时更新；软件技术保持前沿，实验数据结合国情和公共安全事件，实现本地化、特色化；基于国家地球系统科学数据中心提供的丰富数据，优化实践项目，开展实践创新服务。始终坚持以学生为中心，提供全方位课程服务，在服务中持续提升教学水平。

五、线上线下结合，全球推广课程教材，应用效果显著，影响广泛

自 2010 年始，研发中英俄 9 个版本 Web GIS 教材，在中国大学 MOOC 建设在线开放课程和一流课程，在国家数据共享平台集成实验数据，通过网络向中国高校、包括哈佛大学在内的国外高校及社会专业人员提供服务。网络监测显示，教材、数据和课程使用遍布全球各地，得到国内外高校和专家的高度评价。

1. 线上线下结合，推广教材课程，注重服务效果

（1）举办全国性教学研讨会，开展新编教材服务。中文教材 2018 年出版后，河南大学举办了全国《Web GIS 原理与技术》课程培训班，包括清华大学、中国科学院大学等高校和科研机构的 100 余人参加，并建立“全国 Web GIS 教学与应用研讨群”。从教材出版发行情况和网络监控显示，国内有清华大学、浙江大学等 130 余所高校的地理类专业和网络工程专业的师生使用了本教材。

（2）线上线下结合，开展一流课程服务。《Web GIS 原理与应用》课程在河南大学线上、线下混合使用：河南大学地理科学类专业每年 80 人选修，网络工程（智慧城市）专业每年 108 人选修。在其他高校线上使用：据 2020 年底中国大学 MOOC 提供数据，使用慕课的其他高校据不完全统计，有中国地质大学（武汉）等 39 所高校，选课总人数 7800 人。使用 SPOC 的高校有安徽理工大学、河南理工大学等 17 所，选课人数 736 人。

（3）教师指导，开展学生实践创新服务。通过在线发布实验数据、课程内容、实践案例、教改成果等，提供数据—软件—教材—课程集成服务，引导学生开展国情认知、公共安全教育及红色旅游资源分布等相关题材创新实践。指导学生开发新冠疫情防控系统等课程实践项目 300 余项，获得河南大学“抗疫”课程思政一等奖（2020）。2018~2021 年指导学生连续获得全国 GIS 大赛获得一等奖，2017~2019 年指导学生连续获得全国高校地理科学展示大赛一等奖。

2. 研究成果引领国际前沿，丰富实用，得到国内外高校和专家高度评价

（1）国内高校综合成果应用评价。经中国石油大学、中国矿业大学、东北师范大学、西北大学、河南财经政法大学等高校的应用反馈，该研究成果具有鲜明特色。一是研发的多版本教材面向技术前沿，如云计算、大数据分析、无人机遥感、物联网、人工智能等最新信息技术，涵盖了 Web GIS 完整的知识体系和技术架构。二是一流在线课程讲授理论与技术原理，设置实习教程、问题解答、课程实践练习、课程作业等部分，设计科学。三是提供配套的 PPT 和数据服务，注重解决师生关心的基本问题和重难点问题。四是通过成果应用，教师在授课中感到得心应手，学生知识技能掌握扎实，科研创新能力显著提升。

（2）国内专家对教材、课程和数据应用效果评价。教育部地理学教指委委员刘耀林、童小华、郑新奇认为，教材成果具有显著特点及应用价值：作者团队前期基础扎实，具有国际视野；体系完备，兼具实践性、思想性和前瞻性。中国工程院院士王家耀和孙九林认为：在线课程理论联系实际，技术前沿；内容体系完整，逻辑清晰，设计合理；科教融合，学

思结合，注重学生实践创新和素质教育；循序渐进，讲解清楚，科学严谨。中国科学院院士、科技部原部长徐冠华对课程数据共享平台——地球系统科学数据共享中心给予高度评价，认为在科学数据共享研究与实践上取得开拓性进展，实现了他多年的愿望。

（3）国外专家和机构对教材和课程应用效果评价。美国环境系统研究所（Esri）统计，欧美有哈佛大学、加州州立大学等 61 所高校采用本教材和课程，受到广泛好评。哈佛大学地理系由地貌学大师 W. Davis 创建，因地理学部门分化而于 1948 年关闭，半个世纪培养学生空间思维的缺乏以及充满生机的 GIS 推动，地理学课程在哈佛获得重生，近 10 年来团队付品德教授应邀主讲的 Web GIS 成为广受欢迎的 GIS 课程。美国德州州立大学达拉斯分校地理信息系主任 Fang Qiu 教授和加拿大布洛克大学 Martin Chandler 教授认为，教材讲解原理，提供教程，易于阅读，功能丰富，是学习和使用网络 GIS 的绝佳资源。国际数据中心副主席 M. Diepenbroek，国际山地中心国际合作战略部主任 B. Shrestha 认为，地球系统科学数据共享推动了国际数据共享，发挥了示范带动作用。

六、开展“五位一体”教学研究与实践，形成鲜明特色，具有重要创新

本成果面向国际一流的 Web 地理信息课程建设和一流人才培养，开展队伍整合、教材研发、课程创新、平台构建、科教融合“五位一体”的教学研究与实践，不仅在各个方面取得标志性成果，也实现了多个教学要素的协同和集成创新。

（1）聚焦国际一流 Web 地理信息课程建设，以培养地理信息科学一流人才为目标，创建了“五位一体”教学实践模式。将队伍建设、教材研发、课程创新、平台打造与科教融合系统集成，打造出具有国际视野、学术水平高、政治素质过硬的 Web 地理信息课程团队；开发出追踪国际技术前沿的中外文多版本教材，创造性地建立起 Web GIS 学科技术体系和课程知识体系；创建 Web GIS 国际联合虚拟教研室，建构课程集成服务模式和新型教学组织模式；科教融合，学思结合，深化立体化教学创新实践。

（2）引领国际技术前沿，开发中外文多版本教材并交替更新，教材和课程同步建设，创建了 Web 地理信息课程完整的理论体系、知识模块和实践项目。自 2010 年开始，先后开发中英俄 9 个版本的 Web GIS 教材。追踪国际 Web 地理技术前沿，将大数据、云计算、人工智能、物联网、虚拟现实和增强现实引入教材课程内容，创建了 Web GIS 科学的技术逻辑和完整的知识模块。与 Web GIS 基本原理相结合，创新课程实验教学，设计 60 余个实验项目和 20 余个创新实践项目。

（3）集成国内外优质科研教学资源，创建 Web GIS 国际联合虚拟教研室，创新了教学组织与教学研究模式。率先创立具有显著的基础性、开放性、学术性、网络化和国际化特征的Web GIS国际联合虚拟教研室，构筑互联互通、协作共享、同步高效的教学组织模式，实现了压缩空间、优化时间、整合资源、创新培养的目标，使国内学生不出国门就能享受世界一流的教学资源，提升了学校教学水平和人才培养质量，为我国高校虚拟教研室建设提供了一种范式。

（4）基于国际领先的 GIS 技术软件平台和国家地球系统科学数据共享平台，通过中国大学 MOOC 课程平台，创建了 Web 地理信息课程全方位、立体化、信息化集成服务模式。以培养一流地理信息科学人才为服务目标，以一流教学队伍为服务主体，以一流教材、课程、实验数据、软件技术、创新项目等集成式教学资源为服务内容，以现代信息技术支撑的国际联合虚拟教研室为服务平台，以相关专业师生和社会技术人员为服务对象，探索应用—评价—反馈机制，实现课程教学质量在服务中持续提升。

七、结束语

本研究以国家本科质量标准规定的地理信息科学专业核心课程 Web GIS 课程为例，面向国际一流的 Web 地理信息课程建设和一流人才培养，开展教材研发、课程创新、队伍整合、平台构建、科教融合“五位一体”的教学研究与实践，打造学术水平高、政治素质过硬的课程教学团队；开发引领国际技术前沿的中外文多版本教材，创造性地建立起 Web GIS 技术体系和课程知识体系。通过 Web GIS 国际联合虚拟教研室新型教学组织和教学研究平台，构建了 Web GIS 地理信息课程全方位、立体化、网络化服务模式。在理论研究与实践探索方面具有重要创新，为我国地理信息科学一流课程、一流专业、一流人才培养和建设提供了可供借鉴的范式。研究成果被国家教育部网站、中国教育报、中国教育电视台等多家媒体报道，产生了广泛的影响。

Part I Summary of the Research Report

Web geographic information technology is the frontier of modern geo-science and technology. Web geographic information courses cover Mobile GIS, voluntary GIS, cloud GIS, geographic big data processing, online virtual geographic environment, and online remote sensing data analysis etc. They consist of a cluster of emerging courses with Web GIS as the core.

Supported by the National Bilingual Teaching Demonstration Course (2010) and the key Educational Reform Project of Henan University and Henan Province (2018-2019) and taking the Web GIS course as an example, we are committed to building a world-class web geographic information course and exploring a new paradigm for developing first-class courses in colleges and universities in the new era. We have integrated team building, textbook research and development, course innovation, platform building, systematic integration of science and education, conducted "five in one" teaching research and practice, and constructed a comprehensive three-dimensional network-based course service mode.

Built a first-class teaching team of Web GIS through international collaboration. Led by nationally renowned teachers and the former president of CPGIS, a Web GIS teaching team with an international vision, high academic level and excellent ideological quality was formed. The core members of the national bilingual teaching demonstration course "Web GIS" and the national geography teaching team of the Ministry of Education of China are also a part of the team. The team is dedicated to nurturing the scientific spirit, innovation ability and national feelings of students.

Aiming at international technological frontiers, developed textbooks in Chinese and foreign languages. Since 2010, Henan University has been collaborating with the Environmental Systems Research Institute (Esri) to develop nine versions of Web GIS textbooks in Chinese, English, and Russian languages. In 2021, Web GIS Principles and Technologies (2018 Chinese version) was awarded the first prize for the first textbook development in Henan Province. The 2022 Chinese version introduced artificial intelligence, machine learning, deep learning, augmented reality (AR), virtual reality (VR), and other cutting-edge technologies, comprehensively and systematically explained the principles, technologies and applications of Web GIS, and creatively constructed the complete body of knowledge and technology.

Built the course and teaching materials in sync, and innovated the content system. We launched a Web GIS course at the Chinese University MOOC in 2019. It is rated as a first-class online undergraduate course in Henan Province. This course has been offered in seven terms, and the number of students exceeded 10,000. The latest offer in 2022 further expanded the cutting-edge contents of Web GIS, such as best practices, artificial intelligence, and deep learning, and realized real-time content updating.

Established the Virtual Center of International Collaborative Teaching and Research (VCICTR) of Web GIS by integrating multiple platforms and institutions. In 2020, led by Henan University, the VCICTR of Web GIS was established with relevant institutions such as Esri and Royal Melbourne Institute of Technology (RMIT). With an international and multi-industry professional course team as the core, quality courses and multilingual teaching materials as the handle, ArcGIS Online technology platform, National Earth System Science Data Sharing Center and Chinese University MOOC as a technical carrier, and high-quality resource integration and first-class innovative talent training as the goal, a teaching organizational model has been built based on interconnection, collaboration, sharing and efficient operation.

Deepened the teaching research and practice of Web GIS by integrating science and education. The application projects based on Web GIS and related technologies have won the first prize of the Henan Provincial Science and Technology Progress Award in 2013 and the second prize of the National Science and Technology Progress Award in 2021. These studies have enriched the Web GIS teaching materials and course content. We have also written more than 20 teaching papers to explore the teaching methods of Web GIS, and guided students to do more than 300 curriculum practice projects, in order to improve students' ability for practical innovation. From 2017 to 2021, we guided students to win the first prize in the national GIS competition and the first prize at the Chinese University Geographic Science Exhibition Competition.

Promoted the continuous improvement of Web GIS teaching quality by constructing the closed chain of application-evaluation-feedback. While teaching the course, we dynamically analyzed the distribution of test results, extracurricular exercises in each chapter and final exams and analyzed the key points and challenges. In accordance with the course content update, we have updated the test questions of each chapter and the content of the final exam. We have encouraged students' creativity and diversity of solutions in after-school exercises. In combination with national conditions and public safety events, the experimental data are localized and characterized. Practical projects have been optimized and practical innovation services have been provided. We have always adhered to the focus on students, provided integrated services of teaching materials, courses, software, data and applications, and continuously improved the level of teaching in the services and feedbacks.

After more than 10 years of research and practice, we have obtained a number of important achievements. We have developed nine editions of Web GIS textbooks in Chinese, English and Russian languages. We have developed open online courses on the Chinese University MOOC, integrated experimental data with the national data sharing platform, and provided services to more than 130 Chinese universities, more than 60 foreign universities, including Harvard University, and professionals worldwide. Network monitoring has shown that the textbooks, data and courses are used worldwide and are widely rated. It is generally believed that these achievements are important innovations in the theoretical research and practical exploration, and provided a reference paradigm for developing first-class courses and first-class talent training in geographic information science.

第二部分

“五位一体”课程建设与服务模式

2

第1章

Web 地理信息课程国际合作教师团队建设研究

教师作为信息化时代教育过程的主导者、设计者和驱动者，在整个教学环节中发挥着重要作用。课程教学的首位资源要素是课程教师，一流课程需要一支优秀的教师团队。建设一流的课程教师团队应该从广阔的视域汇聚一支以课程教学与研究为主体、跨界融合、国际合作的优质师资队伍。

教学团队，是以教书育人为共同目标，围绕具体学科专业或者主干课程，由少数知识技能互补、意愿相同、分工明确、相互承担责任的教师所组成的学术共同体。其价值在于实现“教学”，属于既育人又育己的专业组织。具有共同目标、知识技能互补、分工协作、良好的沟通和有效的领导等特征（刘建凤等，2013；刘宝存，2007）。教师团队，严格意义上讲则是更加广泛地实现教师的教书育人、学术创新和社会服务职能的学术共同体。因此，教师团队与教学团队属于既有共通之处又有区别的两个概念。本章讨论涉及广义的教师团队，也聚焦狭义的教学团队。

河南大学的 Web 地理信息课程教师团队建设，从教育部地理学主干课程教学团队（教育部网站，2010）、全国高校黄大年式地理学教师团队（教育部网站，2018），到地理信息课程思政团队，团队建设走出了一条教师资源养育、集聚、融合与创新提升的道路，在服务地理学主干课程、地理信息专业课程，以及 Web 地理信息创新人才培养中发挥了决定性作用。总结这种团队建设的思路、内容、阶段和路径，对于 Web 地理信息课程“五位一体”的建设模式，起到立纲树干定位作用，同时在高等教育学科专业层面，也具有重要的学科意义和教育价值。

1.1 地理学专业主干课程教学团队建设思路和创新实践①

1.1.1 团队的组成与基础

河南大学地理学专业，源起于1923年创建的中州大学地质学专业，现为全国第二批高等学校特色专业、首批国家一流本科专业。围绕专业建设形成了经济地理学（国家级精品课程）、自然地理学（省级精品课程）、Web GIS（国家级双语教学示范课程）、地理模型与空间分析、人文地理学等一组在国内有重要影响而富有特色的主干课程，集聚了一支具有明确的发展目标，年龄、职称、知识和学缘结构合理，富于合作与创新精神的教学团队。

教学团队核心成员25人，其中教授17人（省、校特聘教授6人），副教授8人；博士生导师10人，博士20人。团队中有国家教学名师、国家有突出贡献的中青年专家2人，国务院政府津贴获得者3人，国家百千万人才工程一、二层次人选5人，国家“四个一批”人才1人，教育部高校地理学教学指导委员会委员2人，全国模范教师、优秀教师3人，河南省优秀专家4人；全国高校曾宪梓教育基金会优秀教师奖1人，霍英东教育基金会青年教师奖2人；50岁以上6人，40~49岁14人，39岁以下5人。

教学团队依托的优势学科专业平台主要有：地理学一级学科博士点（第四次教育部学位中心评估，学科排名并列第七位）、地理学博士后科研流动站、地理学省级优势学科，以及环境与规划国家级实验教学示范中心等；依托的创新发展平台主要有教育部人文社科重点研究基地“黄河文明与可持续发展研究中心”、教育部“黄河中下游数字地理技术重点实验室”、科技部地球系统科学数据共享工程“黄河流域数据中心”、中国科学技术协会首批科普教育基地等。

教学团队积极进行教学改革与科学研究，成效显著。先后承担“全国面向21世纪自然地理教学内容和体系的改革与实践”等国家和省部级教改项目十多项；主持编写《经济地理学》《现代自然地理学》《GIS分析、设计与管理》及《地球信息科学引论》等国家跨世纪课程教材和规划教材；“区域模型与信息系统学科整合与创新”“人文地理专业的

① “地理学专业主干课程国家教学团队”，见《财政部、教育部关于建设2010年国家级教学团队的通知》，教高函〔2010〕12号，2010-07-26；团队成员：秦耀辰（牵头人），李小建、苗长虹、孔云峰、梁留科、王发曾、丁圣彦、马建华、高建华、朱连奇、乔家君、秦明周、秦奋、徐晓霞、张桂宾、付品德、胡良民、刘玉振、闫卫阳、翟秋敏、陈德广、王喜、李爽、卢鹤立、鲁丰先。

建设与更新”“地方综合性院校新世纪创新人才培养的研究与实践”获国家级教学成果奖；《经济地理学》和《区域系统模型及其应用》获教育部普通高校优秀教材奖，获省部级教学奖励 16 项。主持国家自然科学基金重点项目、面上项目，国家科技部项目，国家社会科学基金项目等省部级以上科研项目数十项；出版学术专著 20 多部，发表有一大批高质量学术论文。

1.1.2 团队的教学改革特色与成效

（1）深化教学改革，培植团队特色

本教学团队在地理学主干课程建设方面处于全国先进地位。国家教育部地理学教学指导委员会相继确定了 6 门主干课程，其中本教学团队编写的《经济地理学》是全国面向 21 世纪课程教材和国家“十二五”“十三五”规划教材，《经济地理学》课程为国家级精品课程，《现代自然地理学》是全国面向 21 世纪课程教材，《自然地理学》为省级精品课程，《GIS 分析、设计与管理》是国家“十一五”规划教材。以本团队的创新性工作为基础建立起了地理学一级学科博士点和博士后科研流动站。

团队开设的主干课程具有创新性、开放性、前沿性和实践性。根据教育部颁布的本科专业目录和河南大学实际，本团队不断对专业课程做出调整，积极构建与专业教育、经济建设和社会发展相适应的学科主干课程体系。①开设与社会应用密切相关的实用性较强的专业课程，拓展学生技能的培养，如《GIS 应用与开发》提出面向对象的教学内容组织；②国家教育部地理学教学指导委员会确定的《经济地理学》主干课程，是本教学团队的重要特色，《经济地理学》教材一改过去“条条块块”等传统内容组织模式，从区域经济活动个体（企业等）的视角设计全新的思路（区位—区域发展—全球化），对中国经济地理学的教学与发展起到重要的推动作用，北京大学、南京大学等国内高校均使用该教材；③编写与出版《现代自然地理学》等系列国家级规划教材；④以海外留学归来的教师为骨干，开设“Web GIS”“Introduction to Geography”“Spatial Analysis”等双语教学课程。

（2）推动教学创新，凝聚团队力量

创新课程教学内容体系。根据地理学科发展趋势与特点，积极改革教学内容与教学体系，建立了既适应地理科学问题，又面向国民经济主战场的教学内容体系。地理信息小组率先建立了区域模型与信息系统学科体系，将现代信息技术和地理模型结合，通过“数据—

模型—模拟—管理—决策”这一知识体系解决地理学科和生产中的问题，教学改革成果获得国家教学成果奖。编写的一系列主干课程教材和配套教材具有明显创新性，被国内许多高校使用。

健全教学质量监控体系。进一步加强教学管理，强化质量意识，建立完善的教师听课制、教学督导制、学生评教制和教学奖励制，优化教学过程控制，特别是实践教学、毕业实习、教材与课程建设等环节的控制，建立健全科学规范的教学质量监督和保障体系。

完善团队自我更新机制。通过采取“传、帮、带”和“引进来、送出去”的方式，加强学科内部的交叉与融合，增强团队的自我更新机制和持续创新能力，全面推进团队的建设。如美国科学院院士许靖华教授，中国工程院院士孙九林教授、王家耀教授等受聘本学科，为团队的发展带来了新的学术思想，拓展了团队的发展领域，进一步增强了团队建设的动力。

（3）立足教学实践，发挥团队作用

地理科学是实践性很强的基础学科，实践教学在培养高素质地理人才方面有十分重要的作用和地位。团队采取多种措施，构建了多方位的产、学、研一体化的实践教学平台。

加强野外实习基地与实习教材建设，培养学生的实践能力。本学科在嵩山世界地质公园建立地质地貌野外实习基地，在江苏连云港、山东日照建立部门自然地理实习和人文经济地理实习基地和大别山、伏牛山等地建立了全方位、多层次的部门自然地理野外实习基地，学生每年都要进行20天左右的野外实地考察。此外还在北京、深圳、西安、郑州等地建立生产实习基地，让大四学生提前进入工作岗位，实际参加一些科研或中学教学工作，进一步提高学生的实践创新能力。同时，根据学科发展特点，创新实践性教学内容体系，编写系列地理实践课程教材。如《自然地理实习》《嵩山地区自然地理及其实习》等教材对指导野外实习具有重要作用，受到同行的高度评价。

认真组织课堂实验教学，增强学生的动手能力。按照学科特点和知识经济时代要求，建立和完善了自然地理综合实验室、数字区域模拟实验室、地理信息系统实验室和环境工程实验室等多个教学实验室，整合了地理诸要素和人地关系诸多内容，集成了多种技术手段，开设了基础性实验课、专业性实验课、综合性实验课及设计性实验课等，并编写课堂实习实验指导书，全面培养学生的动手能力。

加强对学生毕业论文写作指导，提高学生的创新能力。毕业论文是地理专业教学中极为重要的实践性教学环节，能够培养学生运用所学知识、技能解决实际问题的能力，并激发学生的创新意识。团队成员非常重视并结合专业教学需求和科研项目，积极参与本科毕业论文写作的指导工作，培养学生实践创新能力。

（4）厚植教学资源，提升团队能力

开发立体化教学资源。经过长期积累，尤其是近年来的大力建设，已经形成了融天、地、生于一体的多种形式的教学资源。设立天文与天象馆、地质与土壤标本馆、动植物标本馆，采集陈列各类标本达10300件。建立地球系统科学数据共享网黄河流域数据中心（http://henu.geodata.cn），整理与开发了包括自然、人文、环境和社会经济数据资源2000G，电子文献资源6万余篇，地理科学图书分馆藏书12万余册，其中3万册为团队成员多年积累的宝贵资料。

开展多方位网络教学。建立了集地学数据资源、课件资源、电子教案、音视频资源为一体的教学资源库，开发了课件生成系统、虚拟地理环境实验研讨系统等多种师生学习研讨的交互平台，形成了立体化全方位的网络教学平台。初步建立所有主干课程远程教学课件和课堂教学课件，学生可通过网络开展学习和下载学习资源，师生通过网络建立多种交流渠道，使用资源库和虚拟地理实验平台进行区域模拟实验，提高了学生的地理认知和科研创新能力。

1.1.3 团队的科研成果转化

通过搭建高层次的学术平台以及开展全方位的学术研究来提高成员的科学素养和专业水平，面向广大本科生，使学生充分享受团队拥有的各种优势科研资源，为开展高水平的教学活动奠定坚实的基础，科研与教学良性互动促进了学科建设和人才培养。主要体现在以下三个方面：

（1）加大资助力度，开展科研促进教学的各种活动

资助教师积极参加学术交流，不断提高教师的专业水平。团队先后参加了数百人次的学术交流，通过学术交流全方位、立体化培养教师的科学素养和专业技能，其中团队成员参加教学研究与教改交流实现常态化。

支持教师购买教学设备，完善教学设施。在学校投入大量资金购置有关教学设备的基础上，本教学团队还先后利用科研项目费购置了价值数百万元的教学设施和数据资源。

资助主办教学、科研讨论会，鼓励学生参加交流。主办系列教学和科研活动，比如，以本团队为主体举办“中原与中部崛起的理论、战略和政策研讨会”“中国地理学会大型学术年会”“海峡两岸城市地理信息系统论坛”“全国地理学专业联合野外实习论坛”等。这些活动为学生提供了更为广阔的学习机会。

加强高层次人才交流，扩大学术视野，提升教学能力。近年来本团队邀请了美国、德国、英国、澳大利亚、日本、俄罗斯等国和中科院、香港中文大学、北京大学、南京大学、武汉大学、兰州大学、中山大学、华东师范大学等多所高校和科研机构的专家讲学。团队成员也分别到美国、德国、日本、韩国、澳大利亚、俄罗斯等国和国内的高校交流。国内外学者的广泛交流，不仅扩大了师生的学术视野，也进一步增强了地理学科在国内外的影响力。

（2）加快科研成果转化，直接为教学服务

根据各类科研项目研究，将本学科领域最新学术观点与研究成果融入课堂教学。团队成员注重教学和科研的一体互动、彼此融合，在科研与教学活动中，深入研究相关理论和文献，认真总结教学经验和心得，及时把科技资源与成果转化为教学资源，把科研成果带入课堂，把最新的知识和信息传递给学生，丰富了教学内涵，促进了教学方法和手段的改进，提高了教学质量。

（3）以教师的科研项目为平台，培养学生的实践创新精神。

学生直接参与教学团队成员的科研项目。近年来先后有200多名本科生参与了本教学团队成员的科研课题，参与国家自然科学基金重点项目“农户与地理环境相互作用下中部农区社会经济协调发展研究”的近一个多月的农户综合调查，本科生参与教师科研项目发表论文26篇。

指导学生参加各级各类竞赛。结合科研项目，本科生获得各级奖励11项，如王竞、姚封、杨林赐、李恩红等人在“超图杯全国GIS大赛”中荣获两项三等奖；由团队教师指导的三名本科生在高教社杯全国大学生数学建模竞赛中获甲组二等奖；组织指导的学生辩论组在第十届青年地理学大会上荣获人文地理学组亚军。

1.1.4 团队的建设路径

（1）团队建设目标

充分发挥团队整体优势，改革教学内容和方法，开发教学资源，建设地理科学专业教学新平台；加强合作与交流，全面提高教学水平和教学质量，建成国际先进、国内一流的地理科学主干课程教学团队。

（2）建设任务及主要内容

深化教学改革和教学研究。深入探讨地理科学专业教学规律，依据科学发展观，调整培养模式，以地球信息科学与技术为支撑，增加面向国民经济建设的教学内容，建立地理科学专业各层次既自成体系又相互衔接的教学体系，同时设计适应公众教育的地理科学教学体系，广泛培养各类地理科学人才，加强培养学生创新能力。

开展高质量教材研发。修编、完善和翻译现有主干课程教材，引进国外优秀教材，建设 3~5 门双语教学课程；按照课程特点和教学要求，编写出版有关课程的实习和教学指导书；借助现代教育技术，编写各门课程多媒体网络教学课件，录制主干课程教学影像，建立立体化教学资源，给学生提供全方位的学习环境。

加快精品课程建设。团队成员讲授的每一门课程都按精品课程标准建设，力争 7~8 门主干课程进入校级精品课程建设行列，其中 4~5 门进入省级精品课程建设行列，2~3 门进入国家级精品课程建设行列。

提升各类教学平台信息化水平。以科学数据共享工程黄河流域数据中心和国家级实验教学示范中心为平台，加大专业教学信息化水平，整理、加工、开发各种教学资源，建立虚拟地理科学实验系统，进一步完善实现教学和实验演示多媒体课件，建立教学信息网上发布系统，使其成为学生的第二课堂。

注重青年教师培养。建立以团队成员传、帮、带为主，以外出攻读学位、访问为辅的培养机制，提高青年教师教学和科研水平。每年引进 10 名左右具有博士学位的高素质专业人才，并指定经验丰富的指导教师进行培养；选派 3~4 名中青年教师到国外访学，3~5 名在国内著名高校或科研机构访学。每年接收 3~5 名进修教师来团队培训。

（3）团队建设运行的制度保障

持续举办教学技能大奖赛，积极推广优秀的教学经验。为了整合教学改革的成果，使教学与科研紧密结合、互相促进，学校每年在全校遴选精品课程，从全校一线教师中评选“教学优秀奖”。为了客观掌握教师的教学质量，学校利用网络，让学生对任课教师进行课堂教学评估，以便教师及时调整和改进自己的教学。

重视教学改革立项，探索教学规律和约束因素。持续进行教学改革项目的立项、申报工作，并建立年度检查、经费审核、成果推广转化等一系列规范的管理制度与有效的工作机制。

制定完善相关制度，确保教学团队的有序运行。制定专门的教学管理制度、资料管理制度、师生定期合作交流制度、访学制度、科研奖励制度，并由相应的机构，如中澳地理信息分析与应用研究中心、河南省高校区域发展与规划研究中心、资源与环境研究所、学院研究生办公室等进行管理。以各项制度的高效率的执行，推动学科点发展与人才培养。

交流互鉴，推动教师教学能力的持续提升。坚持听课评课制度，通过互相听课，分析得失，检验教改效果，共同提高教学质量；严格执行导课制度，请本学科经验丰富、教学效果好、德高望重的名师上第一堂地理科学基础课，“抓”住学生；每年至少组织1次教学和学术研讨会，每学期选派4~10人次参加全国或国际性教学和学术会议，并建立会议汇报制度，向团队汇报参加会议的学习心得；奖励教学成果和科研成果有效转化为课程教学内容的教师；制定团队任课教师交流沟通制度，互通教学信息和心得；每年选派教师出国进修或深造，获取最新的专业信息，掌握学界动态；建立以老带新制度，使经验丰富的老教师的优秀传统在团队中得以继承和发扬。

1.2 全国高校黄大年式地理学教师团队建设过程及成效①

黄大年教授是一位出色的地球物理学家，新时期教育工作者教书育人的杰出榜样，留学归国人员爱国报国的先进模范，践行社会主义核心价值观的时代楷模。他用毕生努力实现了爱国之情、强国之志、报国之行的统一，把个人梦想融入到实现中华民族伟大复兴中国梦的壮阔篇章之中，展现出一名新时代教育工作者的奉献精神和崇高品格（新华社七论

① “全国高校黄大年式地理学教师团队”，见《教育部关于公布首批全国高校黄大年式教师团队的通知》，教师函〔2018〕1号，2018-01-05；团队成员：秦耀辰（牵头人），苗长虹、朱连奇、翟秋敏、李二玲、王家耀、孔云峰、秦奋、卢鹤立、傅声雷、丁圣彦、冯兆东、马建华、王发曾、乔家君、秦明周、廖顺宝、白秀玲、张鹏岩、丁志伟、张丽君、李从国。

黄大年精神，http://www.xinhuanet.com/nzzt/11/）。

教育部落实习近平总书记对黄大年先进事迹指示要求，引导全国高校教师队伍建设，开展了“全国高校黄大年式教师团队”创建活动（教育部高教司，2018）。河南大学地理学教师团队成为首批全国高校黄大年式教师团队，为地理学、地理信息科学教师团队扎根祖国大地，深度融入国家发展战略，注入了新的精神力量和发展动力。

1.2.1 团队的组成结构和主要支撑

团队主要成员有22人，其中教授17人、副教授3人、讲师2人，有中国工程院院士1人、长江学者特聘教授1人、国家杰青2人、万人计划领军人才2人，省校两级特聘教授9人次。

自主培养和外部引进相结合，团队快速发展为一支由院士领衔，“万人计划”领军人才、长江学者、国家杰青、国家教学名师和中科院“百人计划”等杰出人才组成，具有国际化视野、老中青结合的教师团队。中国工程院院士王家耀和“万人计划”领军人才秦耀辰带领的“数字地理技术国际联合实验室”和“河南省时空大数据产业技术研究院”，显著提升了地理信息学科创新和社会服务能力；“万人计划”领军人才苗长虹和河南省特聘教授乔家君带领的人文—经济地理学方向，优势进一步凸显；长江学者、国家杰青冯兆东和傅声雷创建野外观测网络和科技创新平台，集聚了环境地理学和土壤生态地理学方向创建一流的力量。

党的十八大以来，团队在教书育人方面，教授承担本科生、研究生课程平均课时210学时，担任班主任、辅导员6人次，培养硕士研究生145人、博士研究生52人，指导学生科研立项、创新创业项目23项，科研成果向课程教材、课堂教学、教学案例转化的数量达到95项。在获得表彰奖励方面，地球系统科学数据共享国家平台构建、关键技术与应用服务成果，获国家科技进步二等奖，2014；入选全国万人计划教学名师，2017；《新经济地理学》被评为国家“十二五”规划教材，2014；地球日系列活动，获第八届高校校园文化建设优秀成果二等奖，2015；“地球系统科学数据共享平台”被评为国家科技计划执行优秀团队，2012；地理学博士后流动站，被评为全国优秀博士后科研流动站，2015；地理与环境学院党委被中组部授予全国先进基层党组织，2006；团队教师成为全国万名优秀创新创业导师人才库首批入库导师，2017；等。

团队在学科和科研立项方面，地理学学科入选河南省国家重点培育学科项目，获得

6000万元的省政府财政支持，2012~2015；地理学科入选河南省优势学科建设工程，获得1亿元的省政府财政支持，2016~2020；新型农村社区信息服务关键技术集成与应用示范，河南省科技重大专项，2000万元，2013~2015；土壤多维空间序列调查，科技部重点研发计划，449万元，2017~2022；中部地区承接产业转移的驱动机制与环境效应，国家自然科学基金重点项目，320万元，2015~2019；黄河下游科学数据中心建设，科技部科技基础条件平台建设项目，280万元，2015~2020，以及30余项国家自然科学基金面上项目、青年项目。

1.2.2 团队的建设成效

河南大学地理学教师团队，根植中原大地，汇聚海内外英才，传承民族自立精神。团队承担着黄河文明与可持续发展、黄河中下游数字地理技术和秦巴山地自然地理过渡带科学研究、地球系统科学数据共享国家备份中心建设等方面的科技创新、社会服务与人才培养工作，先后受到中组部、教育部、科技部、人社部以及河南省委、省政府的表彰，是全国先进基层党组织、国家优秀教学团队、国家重大科技计划执行优秀团队，国家领导人习近平考察团队工作给予充分肯定。在师德师风、教育教学、科研创新、社会服务方面，成绩突出，效果显著。

（1）地理学教师团队的师德师风

团队坚持社会主义办学方向，以立德树人为根本，以科技创新为驱动，打造一流师资，培养一流人才，推动中原发展，凝聚复兴梦想。以黄河文明为文化特色、黄河流域为地域特色，紧跟新时代步伐，扎根中原大地，面向国家战略，服务国家与地方社会经济发展，充分发挥智库功能和决策支撑作用。坚持以德立身立学立教，老一代学者李润田教授、王家耀院士，耄耋之年依然笔耕不辍；秦耀辰教授呕心沥血育栋梁，学高身正，不断攀登学术高峰；还有长江学者、国家杰青等放弃优厚条件，毅然回国，带领团队奋力拼搏。正是在引领人的精心铸造、学者们的代代传承下，团队涌现出了一批黄大年式的高素质中青年教师，他们学识渊博、爱岗敬业，他们淡泊名利、至诚报国，他们躬身教育、成就卓著。从中共中央组织部命名为“全国先进基层党组织”到“河南省教育系统先进集体”再到地理学被遴选为河南省优势学科，一份份沉甸甸的荣誉背后都是地理学团队一段段矢志不移、拼搏不止的故事。

（2）地理学教师团队的教育教学

推进教育教学体制机制改革，人才培养质量显著提升。创建国家实验教学示范中心，建设国家地理学科特色专业，开办地理学实验班和本硕连读班，探索研究生招生“申请 + 考核”新模式，完善研究生创新培养新方案。完成各级教学改革研究项目 50 余项；“区域模型与信息系统学科的整合与创新”等 3 项成果获国家优秀教学成果奖；“基于黄河文化的高等学校地理学科特色专业建设”等 2 项成果获河南省教学成果特等奖。一批课程入选国家精品课程、国家精品资源共享课程和国家双语教学示范课程；《新经济地理学》等入选国家规划教材。秦耀辰被评为国家“万人计划”教学名师。团队指导的学生 120 多人次获得国家奖学金、省级优秀毕业生和优秀学位论文；地理学博士后科研流动站被评为全国优秀博士后科研流动站。

（3）地理学教师团队的科研创新

围绕经济地理学、人文地理学、地理信息科学、环境地理学和土壤生态地理学 5 大研究方向，在基础理论研究和技术应用上取得重要突破，建设有国家科技基础条件平台“地球系统科学数据共享备份中心”、教育部人文社科重点研究基地“黄河文明与可持续发展研究中心”、“黄河中下游数字地理技术教育部重点实验室”等科研创新平台；承担国家科技重点研发计划项目、国家科技基础条件平台项目和国家自然科学基金重点及一般项目等 40 余项；完成的“地球系统科学数据共享关键技术研究与应用”等 3 项成果，先后获得国家科技进步二等奖、河南省科技进步一等奖，并入选国家“十二五”科技创新成就展。学科综合排名稳居全国前列；2014 年在《地理学报》80 年、《地理研究》32 年发文总量全国高校排名中分列第 8 名第 7 名；2017 年中国科学评价研究中心学科评估排名第十，是地理学一级学科综合协调水平全国最高的 5 所大学之一。

（4）地理学教师团队的社会服务

团队利用学科优势服务国家与地方社会经济发展，致力于为国家和地方发展提供智库功能及决策支撑。在中原经济区与中原城市群国家区域发展战略、国家农村信息化示范省立项和国家大数据综合实验区建设等方面发挥了重要的支撑作用；推动中原城市群、中原经济区上升为国家战略。围绕“一带一路”倡议，开展国土空间区域协同与城乡统筹研究，完成的“2017 年国家精准扶贫工作成效河南省第三方评估”等成果，为国土空间结构优化、精准扶贫打赢脱贫攻坚战提供重要依据；完成信息系统与数据库建设和应用、土地利用与规划、城乡规划、遥感与GIS应用等多项成果，提供了重要决策支持，受到河南省委、省政府领导的高度赞誉。

1.2.3 团队的标志成果

（1）以立德树人为根本，着力培养具有社会责任感、创新精神和实践能力的高素质复合型人才。"区域模型与信息系统学科的整合与创新"等3项成果获国家教学成果奖；《经济地理学》等教材获全国高校优秀教材奖；《万维网 GIS》等课程为国家级双语教学示范及精品课程；地理科学专业为国家级特色专业和综合改革试点专业；获批国家大学生创新创业计划项目30多项；在第二届中国"互联网+"大学生创新创业大赛中获银奖，在"球"生之路活动获中全国高校校园文化建设成果二等奖。

（2）围绕经济地理、人文地理、地理信息、环境地理和土壤生态地理等研究方向，在基础研究和技术应用上取得重要突破。建成省部级以上科研、教学平台8个；完成国家科技重点研发计划项目和国家自然科学基金等国家项目100余项；地球系统科学数据共享关键技术研究与应用等成果获国家科技进步二等奖、河南省科技进步一等奖，并入选国家"十二五"科技创新成就展。2014年在《地理学报》80年、《地理研究》32年发文总量全国高校分列第8名、第7名；河南大学地理学科综合排名稳居全国前列。

（3）面向国家重大战略，服务地方经济社会发展。围绕"一带一路"、精准扶贫、粮食生产核心区、中原经济区与中原城市群、大数据综合试验区、国家农村信息化示范省等重大战略需求，充分发挥智库功能和决策支撑作用。完成遥感与信息系统应用、土地利用、城乡规划、旅游及生态保护规划、国家精准扶贫成效评估等项目500多项。

1.3 Web地理信息课程思政团队的设计思路与建设路径[①]

1.3.1 团队的主要优势和建设特色

团队讲授以Web GIS原理与应用为主的一组Web地理信息课程，集聚了一支地理信

① "地理信息课程思政教学团队"，见《河南省教育厅关于公布河南省2021年本科高校课程思政项目建设名单的通知》，教师〔2021〕432号，2021-11-24；团队成员：秦耀辰（牵头人）、夏浩铭、闫卫阳、付品德、宋宏权、翟石艳、张丽君、马晓哲、王海鹰、田海峰。

息课程思政力量，开展了系列相关工作，形成了自身的优势和特色。国家万人计划教学名师秦耀辰、国际华人地理信息科学协会前主席付品德、《万维网 GIS》国家双语教学示范课程和教育部地理科学专业教学团队的核心成员，联合组成一支高水平国际合作课程团队，团队所在党委是中共中央组织部授予的“全国先进基层党组织”（2006），这为课程建设、教学改革、教材研发和课程育人提供了强力支撑。

团队先后创建国家双语教学示范课程（2010），支撑国家一流本科专业建设点（2019），面向全球发行了中、英、俄多语种教材（2010~2022，9 个版次），开发的在线课程成为中国地理学会和教育部地理学教指委推荐的抗疫精品开放课程。在团队建设中，将教材研发与课程建设、资源集成与课程服务紧密结合，走出了一条地理信息课程团队建设的创新之路。

打造黄大年式地理学教师团队，培育铁塔牌地理信息人才，创建 Web GIS 课程思政样板。2021 年 9 月 8 日，习近平总书记给全国高校黄大年式教师团队代表回信，引发全国热议。作为首批全国高校黄大年式教师团队代表，课程团队负责人秦耀辰提出：河南大学地理学教师团队，应该脚踏祖国的中原大地，根植黄河文明的文化沃土，面向黄河流域国家重大战略需求，开展科学探索、创新实践，不断培育出服务国家战略需要的一流人才。对本团队的报道，在中国教育电视台播出，引起高校师生的广泛关注和好评。

课程团队近 5 年讲授 Web GIS、GIS 软件应用、数字高程模型和计量地理学等课程，其中，《Web GIS 原理与应用》线下课程主要面向河南大学地理科学类本科生和软件工程（智慧城市方向）的本科生；线上课程面向全国高校地理科学类、测绘工程专业师生及社会学习者。

开设了《Web GIS 原理与应用》线下课程。河南大学地理科学类专业每年 80 人选修，网络工程（智慧城市）专业每年 108 人选修。课程注重将知识学习、技能训练与思政教育、大学生创新创业相结合。①新冠疫情防控期间，指导学生运用 Web GIS Dashboards 技术制作“新型冠状病毒肺炎疫情实时分布面板”，激发学生的创新活力，通过疫情数据的全球对比，展现中国抗疫的伟大成就，增强制度自信和爱国情怀。②基于 ArcGIS Online 云 GIS 的故事地图，通过组合文本、交互式地图、其他多媒体内容创建拟真式故事地图，教育学生在新时代的长征路上坚定不移地继承和发扬长征精神。③综合运用 Web GIS 技术，指导学生开展大学生创新创业和挑战杯项目，开展基于 Web GIS 的应用研究，获全国高校地理科学展示大赛一等奖（2017~2019）、全国大学生 GIS 应用技能大赛一等奖（2018~2021）。

开设了《Web GIS 原理与应用》线上课程。截至 2020 年底，据不完全统计，使用慕课的其他高校共计 39 所，选课总人数 7013 人次。使用 SPOC 的高校共计 17 所，选课人数 736 人。

1.3.2 团队的教学理念和整体设计

课程思政建设是落实立德树人、教书育人的重大举措。Web GIS 是研究地理信息获取、管理、分析、应用、共享的一门新兴技术，可以开展地理国情教育、红色资源信息可视化表达、重大公共安全事件的时空分析等，进而将知识学习、技能掌握、思政教育相互融合。

教学目标在于让学生了解 Web GIS 的概念和发展；掌握 Web GIS 的技术和应用；了解 Web GIS 的前沿和未来趋势；通过经典案例的设计与教学对学生进行思想政治教育以及人生观、价值观教育。

围绕教学目标，通过开设课程，理论与实践相结合，提高学生综合知识应用和实践动手能力。围绕立德树人根本任务，紧紧抓住教师队伍“主力军”、课程建设“主战场”、课堂教学“主渠道”，解决好专业教育与思政教育“两张皮”问题，推动课程思政建设与地理教育不断取得新进展、新成效。

理论联系实际，做好教学设计。首先是通过课程学习，让学生全面掌握 Web GIS 的概念、原理和技术，并且结合生活实际情况进行案例制作，如新冠疫情的实时分布 Web 地图等，通过全球疫情数据的对比，展现中国抗疫的伟大成就，增强学生的制度自信；其次，引导学生通过对自己的家乡，对中国的传统文化、红色革命故事认知和了解，设计制作故事地图，培养家国情怀，树立正确的科学观、人生观和价值观；三是围绕 Web GIS 关键核心技术，把握教学当中的重点和难点，采用案例教学，既要体现课程技术特色，又要体现课程思政特色。

1.3.3 团队的课程思政教学资源整合

（1）Web GIS

国家双语教学示范课程、国家一流本科专业核心课程：万维网 GIS。中国大学 MOOC

精品资源共享课程、河南省一流本科线上课程：Web GIS 原理与应用。

课程育德目标：利用本课程的技术手段，开发红色旅游、疫情防控、历史文化、风景名胜和植被生长过程等资源，实现寓思政于课程学习过程之中。

思想政治教育的融入点：①家国情怀：通过故事地图再现“长征路线”，传承红色精神；②创新思维：利用 Web GIS 制作实时地图，帮助人们获取大范围的最新的疫情信息；③科学精神：设计地图时要体现认真、严谨、规范；④奉献意识：Web GIS 技术日新月异，发展迅猛。教育学生要有为科技进步、科技强国贡献力量；⑤灾害意识与生态观：通过“地震”“台风”“滑坡和泥石流”等时空分布的案例设计，让学生树立正确的自然灾害观；⑥大局意识：教育学生从大尺度到小尺度不同层次来看待社会和自然。

教育方法和载体途径：①案例教学法：利用 Web GIS 的技术手段，展示红色资源、疫情防控、国情教育和历史文化资源；②启发式教学法：设置多层次的问题，由表及里，拓展学生思维；③小组合作探究：就社会热点事件进行分析，将其与 Web GIS 结合，寻找切入点、合作完成实践创新项目；④研发教材《Web GIS 原理与技术》并及时更新。

教学成效：每个学生都根据所学的技术，开发制作了包含思政元素的在线故事地图，在实践操作中了解中国革命历史、地理国情、社会文化，实时展示课程蕴含的政治信仰、理想信念、价值理念、道德情操、精神追求、科学思维、工匠精神等七个方面的德育元素，增强“四个自信”。

（2）数字高程模型

专业技术课程：数字高程模型。

课程育德目标：利用本课程技术手段，构建黄河流域三维地形，进行生态要素提取，对兰考红色教育基地进行三维建模，实现寓思政于学习之中。

思想政治教育的融入点：①科学思维：黄河流域三维地形生成技术、黄河流域坡度、坡向分析、侵蚀指数、湿润指数计算；②灾害意识：兰考东坝头区域三维建模、特殊地段水库淹没区分析及综合影响；③红色教育：红色教育基地三维建模。

教育方法和载体途径：①实验教学；②课堂讨论；③现场考察等。

教学成效：加深对国家重大战略的认识，培养学生在国家社会经济发展中的责任担当意识；通过对兰考红色教育基地进行三维建模，开展焦裕禄精神的学习和传承，增强学生理想信念；通过综合性实验项目开发，培养学生的科学思维。

（3）GIS软件应用

专业技术实践课程：GIS 软件应用。

课程育德目标：熟知各种 GIS 软件，针对不同软件的不同特点解决地理研究过程中遇到的各种问题；展示 GIS 软件在国家安全、城市规划、土地管理和环境监测等方面的应用，使学生认识到国家与社会发展对地理技术人才的需求。

思想政治教育的融入点：①创新思维：针对同一款 GIS 软件、同一数据不同的学生会从不同的角度进行分析和制作，得到多样的结果；②科学精神：分析处理数据往往是枯燥的，要求学生戒骄戒躁，科学严谨对待课程学习；③工匠精神：引导学生探究 GIS 软件与其他技术的融合，开展创新实践研究，培养学生创新意识、动手能力和严谨求实的科学素养。

教育方法和载体途径：①案例教学法；②数据分析法；③构建模型法。

教学成效：通过软件的介绍和学习，学生学到了多种处理地理数据的方法，为开展地理研究打下了深厚的基础。

（4）数量地理学

专业方法课程：数量地理学。

课程育德目标：运用统计推理、数学分析、数学运算和数学模拟等数学工具，通过计算机技术，分析自然地理和人文地理的各种要素，教给学生进行地理学习的新武器，告诉学生认识世界的方法是多种多样的。

思想政治教育的融入点：①大局意识：学生认识世界的手段是多种多样的，不能被局限在一定范围内；②求知精神：统计推理、数学分析要求学生要有严谨的求学态度；③科学思维：从区域可持续发展模拟与分析视角出发，培养学生灵活运用“格局—过程—机理—调控”研究范式，训练、强化与提升科学思维能力。

教育方法和载体途径：①案例教学法：结合教学案例库，理解中国改革开放成果的重大意义，加深对中国特色社会主义的自豪感与成就感，坚定“四个自信”；②模型分析法：掌握并应用空间统计与空间运筹学方法；③小组讨论法：相同或不同问题多种解决办法的探讨。

教学成效：通过数量地理学的学习，教给学生学习地理学的新手段，引发学生深度思考，用科学的态度对待地理研究，认真治学，旨在构建服务中国特色社会主义建设的“经济可持续性、生态可持续性、社会可持续性”模式。

1.3.4 团队的运行方式和创新举措

（1）团队建设思路和目标任务

在全国黄大年式地理学教师团队建设的基础上，脚踏中原大地，根植黄河文明的文化沃土，面向黄河流域国家重大战略，着力培养勇于科学探索、创新实践、满足国家急需、具有家国情怀和社会主义核心价值观的“铁塔牌”地理信息创新人才，建成具有国际视野、学术水平高、思想素质过硬的地理信息课程思政样板教学团队。

加强队伍建设，构建课程思政教学的主体。目前包含专业教师13名，课程思政教师3名，专业教学将充分融入思政元素；建设期内进一步补充具有测绘、遥感科学、人文地理学和自然地理学学科背景的青年教师，老中青相结合，使团队成员平均年龄达到45岁，年龄结构、专业结构、职称结构、学缘结构更加合理。

追踪、引领国际技术前沿，实时更新课程和教材内容。2022年新版课程和教材将根据课程思政教学需要和Web GIS云平台技术进展，添加用户体验构建器、野外快速数据采集移动GIS、增强现实App、物联网和室内GIS技术、针对人群追踪监控、基于Web的交互式计算笔记本环境、拓展Web GIS最佳实践、人工智能和深度学习等前沿内容。随着Web GIS技术的发展，课程和教材计划每两年更新一次。

加强课程服务与推广，扩大教材课程的影响力。召开全国性和国际课程研讨会，探讨课程设计和教学实践改革；通过媒体和自媒体向全国相关高校宣传和推广；通过线上线下结合，让学生对相关理论和实践技能融会贯通。课程主要面向本科和研究生等专业学生，下一步将构建非专业学生的课程内容体系和面向社会的普及教育版。

做好数据资源服务，引导学生实践创新。通过国家科技部地球系统科学数据共享网，发放课程PPT和实验数据，对最新地理国情和突发事件案例进行更新；鼓励学生将实验数据上传共享，完善反馈互动机制。把课程技术体系与思政教育相结合，引导和设计红色革命相关题材实践练习，使思政和教学深度融合。支持学生根据所学知识和技能，开展技术创新，达到学研用相结合的目的。通过线上线下答疑，对学生理论学习、技能掌握、实践创新给予有效指导。

（2）团队教学研究和教学能力提升

紧跟技术前沿，开展地理信息课程技术内容研究。通过对最新技术进展的把握和教学反馈，动态优化 Web GIS 教材和课程教学内容；挖掘每项技术的最大应用潜力，设置不同应用主体，开展该技术应用的多样化；针对学生自主实践创新项目，设置非标准答案；针对重点难点问题，注重师生互动，探讨教学方法和解决问题的最佳路径。

认真探讨，深度挖掘知识学习与思政教育的融合点。通过和已经取得显著成果的优秀思政团队交流经验，汲取他们团队建设的做法和经验，与本团队的专业特色相结合，提升团队课程思政教学能力。关注社会热点问题，研究将其转化为本团队的优秀思政案例的技术可行性。采用听评课方法，提出意见，提升教学水平。

（3）团队教学方式和教学途径创新

结合课程技术特点，发挥信息技术在课程思政教学中的作用。通过 ArcGIS Online 软件操作，充分利用现代化信息技术开展爱国主义教育、安全教育、生态保护教育；利用启发式教学，将经典的重大国内公共安全事件（如郑州“7·20”特大暴雨等）作为案例引入课堂，在完成专业知识传授的同时，对学生进行自然灾害教育；注重课堂研讨、课后思考、实验实践，增强学生的保护自然、敬畏自然的意识；注重思想政治内容与相关课程实习内容的连贯与结合，开展地理国情教育、红色资源信息可视化表达。

注重课程上中下游设计，实行课程思政全过程教学。针对每节的概念、理论、技术方法，课前每个教师选定一个与思想政治教育相关的主题，查找课外资料，完善已有教案；课中针对重点难点问题，采用启发式教学方式，展开讨论，强化学生对关键问题的理解。课后引导学生根据所学知识和技能，引导和设计红色革命相关题材实践练习，巩固知识，提升技能，强化思想。通过校内线上线下混合、校外的线上教学，让课程惠及更多的学习者，实现课程思政教学效益的最大化。

参考文献

[1]胡保玲，2021.高校教学团队建设研究述评与展望[J].未来与发展，(5)：49-53.

[2]教育部教师司，2018.不忘初心砥砺前行——记“黄大年式教师团队”河南大学地理学教师团

队.http://www.moe.gov.cn/jyb_xwfb/xw_zt/moe_357/jyzt_2018n/2018_zt02/，2018-04-02.
[3]刘宝存，2007.建设高水平教学团队促进本科教学质量提高[J].中国高等教育，(5)：29-31.
[4]刘建凤，武宝林，2013.高校教学团队建设与管理探析[J].中国大学教学，(4)：80-82.
[5]宋永鹏，2018.河南大学地理学团队：铁塔牌地学人[N].中国教育报，2018-07.
[6]王正斌，汪涛.2011.高校教学团队的内涵及其建设策略探讨：西北大学教学团队建设的探索与思考[J]. 中国大学教学，(3)：75-77, 86.
[7]新华社，2017.七论黄大年精神. http://www.xinhuanet.com/nzzt/11/，2017.5.25-31

第2章
Web GIS 多语种教程建设研究

互联网深刻地改变了我们的工作和生活，也改变了地理信息系统，二者的融合产生了Web GIS。随着互联网的迅猛发展，Web GIS 也迅速发展，并愈发展示出其在各行各业的应用价值和潜力。目前社会对 Web GIS 专业人才的需求很旺盛，而且将持续增加。面对这些需求，一些高校已经开设或正在考虑开设 Web GIS 课程，需要 Web GIS 教学和学习指南。尽管这种需求很明确且紧迫，但目前合适的 Web GIS 教程较少，且面临一系列挑战：Web GIS 发展太快，教材难以及时跟上；涉及面广，难以凝练和总结；过于技术化，难以理解和操作。针对以上问题，自 2010 年开始，河南大学与美国环境系统研究所（Esri）合作，依托 Esri 国际领先的软件技术平台和中国国家地球系统科学数据共享平台，先后开发了中英俄 9 个版次的教材，并根据最新技术进展，持续更新，对 Web GIS 课程建设发挥了重要支撑作用，教材使用遍布全球各地。

2.1 Web GIS Principles and Applications 2010英文版和俄文版

2.1.1 写作背景

万维网地理信息系统（Web GIS）综合了 Web 和 GIS 的优点，让广大的互联网用户认识到了地理信息系统这一领域及其巨大的价值，为现代信息系统引入了一个灵活的架构，让地理信息系统可以更广泛的应用于电子政务、电子商务、电子科学以及人们的日常生活之中。从科研角度讲，有研究 Web GIS 的社会需求，从教学角度讲，有把 Web GIS 纳入专业教学体系的必要。

我们于 2008 年开始在河南大学地理与环境学院开设《Web GIS》课程，在授课过程中对课程内容不断深入、细化、提升，课程获得了学生们的喜爱和学校的肯定，我们决定把课程的内容整理成中文出版。因这个想法首先获得了 Esri 出版社的支持，所以我们先写了英文版，2011 年这本书被 Esri 出版社翻译为俄文出版。

2.1.2 相关书籍

① Plewe, B., 1997, GIS Online: Information Retrieval, Mapping, and the Internet. OnWard Press.

这是一本 Web GIS 方面的早期专著，在 Web GIS 理论与技术总结方面具有开创性的意义。它为普通读者编写，易于阅读，但没有提供足够的技术讨论或细节。此外，这本书从 1997 年后没有更新，其大部分内容已经过时。

② Peng Z. and M. Tsou., 2003, Internet GIS: Distributed Geographic Information Services for the Internet and Wireless Networks. John Wiley & Sons, Inc.

这本书内容丰富，涵盖了深入的技术细节。但是，它讲解了太多底层的技术细节（例如 TCP/IP 和网络层），大多数 Web GIS 读者对这些细节不感兴趣或者可以从其他书中更好的获得这类信息。此外，自本书出版以来，Web 和 Web GIS 已经发生了迅猛的变化，书中的很多内容过时。

③ Scharl A and K. Tochtermann (Eds.), 2007, The Geospatial Web: How Geobrowsers, Social Software and the Web 2.0 are Shaping the Network Society. Springer.

本书包含 25 篇已发表的与 Web GIS 相关的研究论文。它对 Web GIS 部分方向的科学研究很有价值，但其知识零碎，内容体系不完整。

2.1.3 本书特点

（1）着重于理论与技术原理的总结

Web GIS 是一个快速发展的领域。一本书如果涵盖太多的技术细节，它将很快过时，或者将需要随着软件版本的更新而更新。本书尽量着重于概念层次的探讨，注重方法论和原理。这些内容相对稳定，能在较长的时间内保持现势性。为此，本书不包含计算机实习部分，而是对实习内容的设置提供了一些建议，从而使读者和教师可以自由的选择最新的在线资源。

（2）逻辑清晰，内容系统完整

Web GIS 及其相关材料分散在书籍、刊物、产品网站、维基网站、博客和会议报告中。我们力图将这些零星的材料连贯一致地组织成起来，涵盖 Web GIS 的主要内容、系统架构、应用潜力、开发方案、对 GIS 学科的影响、带来的挑战与前景展望。

（3）紧跟技术前沿，知识新颖

我们争取囊括 Web GIS 的新现象和研究前沿，介绍它们会为何出现、如何演变、往哪里发展、对 GIS 科学和应用有何意义、面临哪些挑战。希望本书能扩大读者的视野，帮助读者站在 Web GIS 领域的前沿。

（4）循序渐进，易于理解

我们从事 Web GIS 应用和研究已十多年，并试图在本书中通过平实的语言和精心设计的插图来表达我们对该领域的理解。本书引用了一些真实的项目作为案例，介绍原理与实践的结合，帮助读者理解 Web GIS 在各行各业中的实际价值。

（5）适合多个领域人员学习参考

我们力求兼顾所有需要应用 Web GIS 的广泛读者群，不管他们的技术背景如何。管理人员可以从本书中学习 Web GIS 能为其单位带来的好处和应用潜力；开发人员能从本书了解到 Web GIS 应用开发的可选方案和最佳实践；政府雇员能学到如何使用 Web GIS 提升公共信息服务的效果和加强跨部门之间信息合作；商务人员能够学习 Web GIS 如何创造新的商业模式和重塑已有的商业模式；研究人员可以探索 Web GIS 所带来的新的研究领域和前沿。

作为教材，本书适合于作为地理信息系统、环境科学、计算机科学、电子商务、公共健康、新闻媒体等专业的大学和研究生教材

2.1.4 本书内容

本书内容体系见表 2-1-1。

表2-1-1 内容体系

章目录	理论原理与技术介绍	思考题
1.GIS IN THE WEB ERA	1.1The Web and GIS 1.2Web GIS origins and evolution 1.3Web GIS concept 1.4Web GIS applications	Web GIS概念、优势、与你生活和工作的关系； 个人Web GIS与企业Web GIS的区别
2.TECHNICAL BASICS	2.1Web fundamentals 2.2Web GIS basic architectureand components 2.3Thin versus thick client architecture 2.4User experience design	Web GIS的基本架构；Web GIS app的基本组成；胖瘦客户端；用户体验设计原则
3.GEOSPATIAL WEB SERVICES	3.1From Web sites to Web services 3.2Geospatial Web service functions 3.3Web service types 3.4Interoperability and geospatial Web service standards 3.5Optimizing Web services	Web服务的概念、功能分类、接口分类(SOAP, REST)、互操作、OGC规范、瓦块地图
4.GEOSPATIAL MASHUPS	4.1Evolution and impact 4.2Web contents, functions, and interfaces 4.3Mashup design and implementation 4.4Challenges and prospects	地理信息聚合的意义、步骤、挑战和未来展望
5.MOBILEGIS	5.1Uses and benefits 5.2Supporting technologies 5.3Solutions and products 5.4Application case studies 5.5Challenges and prospects	移动GIS的概念和优势；移动定位技术的种类和优缺点；移动应用开发的几种方式和优缺点；基于位置的服务与隐私
6.GEOPORTALS	6.1Concept and uses 6.2Functions and architectures 6.3Geoportal case studies 6.4Challenges and prospects	地理信息门户的概念、组成、挑战和前景；元数据的概念、作用和国际规范；本体论、语义搜索和语义网
7.NSDI INTHE WEB 2.0 ERA	7.1From data duplication to Web services 7.2Sharing Web services 7.3Assembling Web services 7.4Challenges and prospects	NSDI的概念、发展阶段(1.0, 2.0)和优缺点；软件加服务方式；机构如何共享Web服务
8.WEB GIS APPLICATIONS IN E-BUSINESS	8.1Introduction to e-business and geobusiness 8.2Types of applications 8.3Challenges and prospects	Web GIS在的电子商务中的作用；基于位置的精准广告；Web GIS本身如何通过SaaS作为商品；在线商务分析功能

续表

章目录	理论原理与技术介绍	思考题
9.WEB GIS APPLICATIONS IN E-GOVERNMENT	9.1Introduction to e-government and geogovernment 9.2Types of applications 9.3Challenges and prospects	Web GIS在电子政务应用的类型；如何提供公众信息服务；如何收集公众意见；如何支持应急等决策
10.HOT TOPICS AND NEW FRONTIERS	10.1Areas of research 10.2Future trends	Web GIS有哪些研究热点；VGI的概念和案例；协同GIS及其实现；地理标签及价值；地理解析及步骤；LBS；物联网；云计算与云GIS的概念和模式；语义网；Web GIS的发展趋势有哪些

2.2 《Web GIS原理与应用》2012中文版

2.2.1 主要更新

对英文版进行了翻译，并在此基础上进行了更新和提升，完善了原理部分的内容，增加了我国的应用案例，并根据英文版 2010 年出版以来技术的发展更新了书中的技术部分。

2.2.2 本书内容

本书内容体系见表 2-2-1。

表2-2-1 内容体系

章目录	理论原理与技术介绍	思考题
1.万维网时代的地理信息系统	1.1 万维网和地理信息系统 1.1.1 互联网、万维网和移动网 1.1.2 地理信息系统 1.2 Web GIS的起源和演化 1.2.1 起源和早期应用 1.2.2 近期发展 1.3 Web GIS的概念和优点 1.3.1 Web GIS的概念 1.3.2 优点 1.4 Web GIS的功能和应用 1.4.1 功能 1.4.2 应用简介 1.4.3 发展机遇	Web GIS概念、优势、与你生活和工作的关系；个人Web GIS与企业Web GIS的区别

续表

章目录	理论原理与技术介绍	思考题
2.Web GIS基础技术	2.1　Web的原理和基础技术 2.1.1　Web的基本原理 2.1.2　相关技术 2.2　Web GIS的基本架构与组成部分 2.2.1　Web GIS服务器 2.2.2　地理数据库 2.2.3　Web GIS客户端 2.2.4　面临的挑战 2.3　瘦客户端和胖客户端架构 2.3.1　瘦客户端架构 2.3.2　胖客户端架构 2.3.3　最佳模式 2.4　用户体验设计 2.4.1　易用性 2.4.2　趣味性	Web GIS的基本架构；Web GIS app的基本组成；胖瘦客户端；用户体验设计原则
3.地理Web服务	3.1　从Web站点到Web服务 3.1.1　Web服务的产生及优势 3.1.2　地理空间Web服务的影响 3.2　地理Web服务的功能 3.2.1　地图和要素服务 3.2.2　分析服务 3.2.3　元数据目录服务 3.3　Web服务的接口类型 3.3.1　SOAP风格的Web服务 3.3.2　REST风格的Web服务 3.3.3　SOAP和REST的比较 3.4　互操作和地理空间Web服务标准 3.4.1　基于Web服务的互操作 3.4.2　Web服务的标准 3.4.3　Web服务的相关标准 3.4.4　标准化机构面临的挑战 3.5　Web服务的优化 3.5.1　预处理（缓存） 3.5.2　算法和系统的优化 3.5.3　故障转移和负载平衡 3.5.4　降低对互联网带宽的压力 3.5.5　Web服务的安全保护	Web服务的概念、功能分类、接口分类(SOAP，REST)、互操作、OGC规范、瓦块地图

续表

章目录	理论原理与技术介绍	思考题
4.地理信息的聚合	4.1 演化与影响 4.1.1 Web资源的重组 4.1.2 服务器端的聚合与客户端的聚合 4.1.3 对GIS的重要影响 4.2 Web资源的类型 4.2.1 浏览器端API 4.2.2 移动平台的API 4.2.3 幕后英雄Web服务 4.2.4 无正式接口的Web资源 4.3 聚合应用的设计与开发 4.3.1 构建聚合的步骤 4.3.2 案例研究：事态感知聚合 4.4 挑战与前景 4.4.1 聚合中的注意事项 4.4.2 指数级增长的潜力	地理信息聚合的意义、步骤、挑战和未来展望
5.移动GIS	5.1 应用和优势 5.1.1 从有线到无线 5.1.2 功能与应用 5.1.3 移动GIS的优势 5.2 支撑技术 5.2.1 移动设备 5.2.2 无线通信 5.2.3 移动定位技术 5.2.4 技术挑战 5.3 解决方案和产品 5.3.1 本地应用程序方式 5.3.2 基于Web浏览器的开发方式 5.3.3 基于短信的方式 5.4 应用实例分析 5.4.1 测绘、检查和资产详查 5.4.2 应急响应 5.4.3 手机版校园地图 5.4.4 基于位置的服务 5.5 挑战与展望 5.5.1 挑战 5.5.2 走向普适GIS(Ubiquitous GIS)	移动GIS的概念和优势；移动定位技术的种类和优缺点；移动应用开发的几种方式和优缺点；基于位置的服务与隐私

续表

章目录	理论原理与技术介绍	思考题
6.地理信息门户	6.1 概念与应用 6.1.1 基本概念 6.1.2 地理空间信息基础设施的"门面" 6.2 功能和架构 6.2.1 门户的功能 6.2.2 元数据标准和元数据2.0 6.2.3 分布式与集中式元数据目录架构 6.2.4 案例介绍 6.3 挑战与展望 6.3.1 挑战和研究热点 6.3.2 展望	地理信息门户的概念、组成、挑战和前景；元数据的概念、作用和国际规范；本体论、语义搜索和语义网
7.新一代国家空间数据基础设施和云GIS	7.1 从数据复制到Web服务 7.1.1 信息共享是NSDI的重要内容 7.1.2 基于数据复制的NSDI1.0 7.1.3 基于Web服务的NSDI2.0 7.2 Web服务的共享 7.2.1 贡献地理空间数据 7.2.2 框架服务和专门服务 7.2.3 云GIS与Web服务的托管 7.2.4 当前地理空间Web服务存在的问题 7.3 Web服务的聚合与应用 7.4 挑战与展望 7.4.1 需要解决的问题 7.4.2 展望	NSDI的概念、发展阶段(1.0, 2.0)和优缺点；软件加服务方式；机构如何共享Web服务
8.Web GIS在电子商务中的应用	8.1 电子商务及其与地理的关系 8.1.1 电子商务的产生和发展 8.1.2 GIS在商业应用中的价值 8.2 主要应用模式 8.2.1 基于位置的精准在线广告 8.2.2 商业运营 8.2.3 商务分析 8.3 挑战与展望 8.3.1 面临的障碍和挑战 8.3.2 Web GIS在商务中应用的展望	Web GIS在的电子商务中的作用；基于位置的精准广告；Web GIS本身如何通过SaaS作为商品；在线商务分析功能

续表

章目录	理论原理与技术介绍	思考题
9.电子政务中的Web GIS应用	9.1 概述 9.1.1 电子政务的出现与发展 9.1.2 GIS对政府的价值 9.2 应用模式 9.2.1 公众信息服务 9.2.2 双向交流 9.2.3 政府运作与决策支持 9.3 挑战与展望 9.3.1 设计中需考虑的主要因素 9.3.2 应用展望	Web GIS在电子政务应用的类型；如何提供公众信息服务；如何收集公众意见；如何支持应急等决策
10.Web GIS的热点和前沿	10.1 研究热点 10.1.1 自发式地理信息 10.1.2 协同GIS 10.1.3 地理标签 10.1.4 地理解析 10.1.5 基于位置的服务 10.1.6 在线虚拟现实 10.1.7 传感器网和物联网 10.1.8 云计算和云GIS 10.2 未来展望 10.2.1 更快、更具移动性的互联网 10.2.2 更加社交化、更加智能的万维网 10.2.3 迈向社会化的GIS	Web GIS有哪些研究热点；VGI的概念和案例；协同GIS及其实现；地理标签及价值；地理解析及步骤；LBS；物联网；云计算与云GIS的概念和模式；语义网；Web GIS的发展趋势有哪些

2.3 Getting to Know Web GIS 2015第一版

2.3.1 写作背景

前面的三本书以原理和应用为主，没有安排实习教程。很多读者联系我们，咨询如何具体来构建 Web GIS 应用和解决方案。我们理解高校需要培养学生们的动手能力，学生希望学习 Web GIS 的具体技术，社会上在职的专业人员也需要一本具体的教程来进行自我培训。针对这种社会需求，我们编写了 Getting to Know Web GIS，在之前的书的内容上增加了教程。

2.3.2 相关书籍

① Davis, Scott, 2007, GIS for Web Developers: Adding 'Where' to your Web Applications, Pragmatic Bookshelf.

② Mitchell Tyler, 2005, Web Mapping Illustrated: Using Open Source GIS Toolkits, O'Reilly Media.

③ Brown, C. Martin, 2006, Hacking Google Maps and Google Earth (ExtremeTech), Wiley.

④ Wernecke, Josie, 2008, The KML Handbook: Geographic Visualization for the Web, Addison-Wesley Professional.

⑤ Gibson, Rich, and Erle Schuyler, 2006, Google Maps Hacks: Tips&Tools for Geographic Searching and Remixing, O'Reilly Media.

⑥ Udell, Sterling, 2008, Beginning Google Maps Mashups with Mapplets, KML, and GeoRSS: From Novice to Professional, Apress.

⑦ Sambells, Jeffrey, Michael Purvis, and Cameron Turner, 2006, Beginning Google Maps Applications with PHP and Ajax: From Novice to Professional, Apress.

⑧ Svennerberg, Gabriel, 2010, Beginning Google Maps API3.

⑨ DuVander, Adam, 2010, Map Scripting101: An Example-Driven Guide to Building Interactive Maps with Bing, Yahoo!, and Google Maps, No Starch Press.

⑩ Yee, Raymond, 2008, ProWeb2.0 Mashups: Remixing Data and Web Services (Expert's Voice in Web Development), Apress.

上面的书大多是介绍基于 Google 地图和开源软件编程接口的地图应用开发，要求读者有一定的编程开发基础，也主要培养读者的编程开发能力。它们有以下的欠缺：

①业界有一种 No-code/Low-code（无代码 / 低代码）的趋势，并不是所有的 Web GIS 从业人员都要成为程序员。在 Web GIS 软件越来越灵活的情况下，可以采用配置模板等方式来构建应用和实施解决方案，这种方式更灵活快捷、有更好的费效比。

②对 Web GIS 的功能介绍不全面。往往仅限于用谷歌或开源地图做个地图应用，没有介绍 Web GIS 具有执行复杂的查询、Web 编辑和高级分析功能。

③应用开发往往局限于把一些兴趣点显示在地图上，缺少对政府和商务机构负责应用

需求的介绍和解决方案的剖析。

2.3.3 本书特点

（1）兼顾理论和技术

本书一方面着重于概念层次的探讨，注重方法论和原理的介绍，这些内容相对稳定，能在较长的时间中保持现势性。另一方面，我们理解高校需要培养学生们的动手能力，学生希望学习 Web GIS 的具体技术，所以本书的每一章都配有技术路线介绍和精心设计的教程，通过详实的步骤让读者能够实实在在地掌握 Web GIS 技术。它涵盖 Esri 的 Web GIS 全平台技术，包括 ArcGIS Online 云平台、ArcGIS Enterprise 私有云平台、Web 应用程序模板、ArcGIS Web AppBuilder、ArcGIS JavaScript API、移动 GIS app、ArcGIS 移动平台开发接口 (IOS、Android 和 Windows Phone)、Esri CityEngine 和 3D web 场景。

（2）内容体系完整

Web GIS 及其相关材料分散在产品网站、刊物、博客、讨论区和会议报告中。我们将这些零星的材料连贯一致地组织起来，力图涵盖 Web GIS 的全部知识体系和系统架构。不同于那些介绍单一技术产品的书籍，本书讲解众多产品，覆盖 Web GIS 的全平台技术，包含要素服务、栅格瓦片和矢量瓦片服务，动态地图服务、地理处理服务、流服务、影像服务、三维场景服务等服务器端技术，也包括 Web 应用模板、移动应用和定制的客户端技术。

（3）技术新颖前沿

我们争取囊括 Web GIS 的新技术和研究前沿，包括云计算、大数据分析、虚拟现实、增强现实、无人机遥感、物联网、深度学习和人工智能等，介绍它们的原理、技术和应用，希望能扩大读者的视野。

（4）教程易学易用

我们从事 Web GIS 研究和应用开发已二十多年，本书尽量通过平实的语言和精心设计的插图来表达我们对该领域的理解。本书的教程部分配有实习和作业数据，每一章都创建一个或多个有趣有用的 Web 应用，大部分应用无需编程即可创建，个别应用需要编程。JavaScript 编程一章讲解如何通过修改和组合例子来定制开发，这种方法快速高效，简单易行。

2.3.4 本书内容

本书内容体系见表 2-3-1。

表2-3-1 内容体系

章目录	理论原理与技术介绍	实习教程	作业练习
1.Start with the cloud: Build web apps using ArcGIS Online	What is Web GIS? Start with ArcGIS Online, a cloud GIS Steps to create web GIS apps	1.Create an ArcGIS Online account 2.Prepare your data 3.Create a web map 4.Create a web app using a template 5.Configure your web app 6.Share your web app	1.Create a web app using Story MapTour
2.More on ArcGIS Online layers, maps, and apps	Thin/thick clients and best practices Apply best practices in ArcGIS Online User experience design principles Create and edit data in ArcGIS Online	1. Map CSV data using geocoding 2.Edit data in the map viewer 3.Change layer symbols 4.Configure layer pop-up 5.Add images and charts to pop-up windows 6.Add a layer by search 7.Create and configure your web app	2.Create a web app using a configurable template
3.Map services and time animation	Geospatial web services Dynamic map v.s. feature services Work flow to publish map services Data stores Time-enabled map services and time series animation	1.Connect to your GIS server 2.Author your map document 3.Enable time on your map layers 4.Publish your map as a service 5.Explore your service using Services Directory 6Add a map service to a web map and configure time 7.Build a time animation web app	3A .Create a web app to animate the population change of the main US cities 3B.Publish a map service, and use it to create a web app

续表

章目录	理论原理与技术介绍	实习教程	作业练习
4.Cached map services and comparison web apps	Cached map services: why and when? Tiling scheme Data stores ArcGIS Online comparison app template	1.Configure a data store 2.Author a map for tiling 3.Publish a tiled map service 4.Check the tiles and test your service 5.Create a side-by-side comparison web app 6.Administer your web services	4A.Create a web app that compares the spatial patterns of owner-occupied housing units with population density in the US 4B.Create a side-by-side web map that compares the performance of a dynamic map service with that of a tiled map service
5.Feature services and volunteered geographic information	VGI and web editing Feature services Feature templates Publish feature services with ArcGIS for Server and ArcGIS Online Editor tracking and ownership-based editing	1.Create an ArcGIS Online for Organizations publisher account 2.Prepare your data 3.Publish a hosted feature layer 4.Define feature templates 5.Create a web map and define editable fields 6.Create a web app for VGI collection	5A.Create a web app that allows citizens to report wanted suspects 5B.Create a web app to collect public comments on regional plans
6.Web AppBuilder for ArcGIS	Key features of Web AppBuilder Core widgets Steps to create apps using AppBuilder Extending AppBuilder to create custom widgets	1.Access Web AppBuilder 2.Create a basic web app 3.Configure additional widgets 4.Deploy your app	6.Build a web app using ArcGIS Web AppBuilder
7.Spatial analytics online and geoprocessing services	Geoprocessing services Use ArcGIS Online analytic tools Publishing your own GP services	1.Design a geoprocessing model 2.Run the model 3.Publish the results as a geoprocessing service 4.Explore your geoprocessing service in the Services Directory 5.Use your geoprocessing service in Web AppBuilder for ArcGIS	7.Publish a geoprocessing service and create a web app to clip, zip, and ship GIS data

续表

章目录	理论原理与技术介绍	实习教程	作业练习
8.Getting started with ArcGIS API for JavaScript	JavaScript ArcGIS API for JavaScript ArcGIS REST API Main classes and their properties, methods, and events Incorporating dijits and layers IDE and debugging	1.Build your first app 2.Adapt a sample 3.Deploy your app to your web server 4.Debug JavaScript, monitor HTTP traffic, and inspect elements 5.Add dijits to your web app 6.Select features from a feature layer	8A.Map and query hurricanes 8B.Adapt a JavaScript web app sample
9.Mobile GIS	Mobile GIS applications Development strategies Browser-based apps and ArcGIS API for JavaScript Native-based apps and ArcGIS Runtime SDKs for Mobile Hybrid approach	1.Prepare your web map 2.Collect data using Collector for ArcGIS 3.Monitor live data in Operations Dashboard 4.Create native apps using App Studio for ArcGIS 5.Install and test your native app	9A.Collect point, line, and polygon data using Collecor for ArcGIS 9B.Develop a native mobile app by modifying an ArcGIS Runtime SDK for Android sample
10. 3D web apps	3D GIS CityEngine Create3D models with CityEngine CityEngine web viewer	1.Build essential skills 2.Explore basic polygonal modeling 3.Publish web scenes	10.Create a 3D web map application to show a building or several buildings

2.4　Getting to Know Web GIS 2016第二版

2.4.1　主要更新

①把全书的内容根据最新的技术产品做了更新，包括更新了步骤和截屏；

②增添了实时 GIS 一章；把瓦块地图一章和其他的章节合并；

③把在线三维地图一章的教程产品从 CityEngine 换成了 ArcGIS Pro，能和 Web GIS 更好的集成；

④移动 GIS 一章把基于 ArcGIS Runtime SDK for Android 的开发换成了基于 ArcGIS AppStuio 的开发，简化的开发方法，而且可以把一个程序编译成多种平台的上的 app；

⑤在线空间分析一章增加了如何利用 ArcGIS Online 提供的在线分析工具和在线数据；

⑥增加了在线智能制图。

2.4.2 本书内容

本书内容体系见表 2-4-1。

表2-4-1 内容体系

章目录	理论原理与技术介绍	实习教程	作业练习
1.Start with the cloud: Build web apps using ArcGIS Online	What is web GIS? Basics of new generation Web GIS Workflow to create web apps	1.Create an ArcGIS Online trial account 2.Prepare your data 3.Create a web map 4.Create a web app using a configurable app template 5.Configure your web app 6.Share your web app	1.Create a web app using Story Map Tour
2.More on web GIS layers, maps, and apps	Components of a web GIS app Living Atlas of the World Smart mapping User experience design principles	1.Map CSV data using geocoding 2.Edit data in the map viewer 3.Configure layer style 4.Configure layer pop-up 5.Add images and charts to pop-up windows 6.Use layers from the Living Atlas 7.Create and configure your web app	2.Publish a layer and create a web app using a configurable template
3.Hosted feature layers and volunteered geographic information	Feature collections vs hosted feature layers VGI and web-based geospatial data editing Feature services and hosted feature layers Feature templates and editor tracking	1.Prepare your data 2.Publish a hosted feature layer 3.Define feature templates 4. Use your layer in a web map and defin editable fields 5.Create a web app for data collection	3A.Create a web app that allows citizens to report wanted suspects 3B.Create a web app to collect non-emergency incidents
4.Story Maps and more configurable apps	Apps, the face of web GIS ArcGIS configurable apps ArcGIS Story Maps ArcGIS solution apps	1.Explore ArcGIS Open Data 2.Map two variables with smart mapping 3. Use Compare Analysis to create your own apps 4.Use Story Map Swipe and Spy glass to create your own apps 5.Use StoryMap Journal to create your own apps	4.Build a story map to tell a story about your personal life or passion, a national or regional economic development strategy, the spread of a virus, or other topics

续表

章目录	理论原理与技术介绍	实习教程	作业练习
5.Web AppBuilder for ArcGIS	Basics of ArcGIS Web AppBuilder Steps to create apps using AppBuilder Widgets Themes	1.Explore the web map 2.Create a web app 3.Configure data-independent widgets 4.Configure data-dependent widgets 5.Preview and share your app	5.Build a web app using ArcGIS Web AppBuilder
6.Publish in map services with ArcGIS for Server	The need for on-premises servers Types of GIS web services Dynamic v.s. tiled map services Map v.s. feature services Workflow to publish map services Time-enabled map services	1.Connect to your GIS server 2.Author your map document 3.Enable time on your map layers 4.Publish your map as a service 5.Explore your service using Services Directory 6.Create a time-enabled web map and web app 7.Administer your web services 8.Manage and use services in Portal for ArcGIS	6A.Create a web app to animate the population change of the main US cities 6B.Publish a map service, and use the service in a web app
7.Spatial analytics and geoprocessing services	Spatial Analysis using ArcGIS Online versus ArcGIS for Server ArcGIS Online analysis capabilities and workflow Raster analysis and image services Geoprocessing services and publishing workflow	1.Create a web app with selected analysis tools 2.Perform analysis using the Web AppBuilder Analysis widget 3.Design a geoprocessing model 4.Run the model 5.Publish the execution path as a geoprocessing service 6.Explore your geoprocessing service in the Services Directory 7.Create an app using your geoprocessing service	7A.Use ArcGIS Online analysis to purchase your new home. 7B.Publish a geoprocessing service and create a web app to clip, zip, and ship GIS data

续表

章目录	理论原理与技术介绍	实习教程	作业练习
8.Mobile GIS and real-time GIS	Mobile GIS advantages and applications Location-based services and augmented reality Mobile app development strategies ArcGIS native apps Real-time GIS Deliver real-time data from servers to clients Operations Dashboard	1.Prepare your web map 2.Collect data using Collector for ArcGIS 3.Monitor live data in Operations Dashboard 4.Create native app susing AppStudio for ArcGIS 5.Install and test your native app	8A.Collect point, line, and polygon data using Collector for ArcGIS, and monitor your data collection using Operations Dashboard for ArcGIS 8B.Create a native app using AppStudio for ArcGIS
9. 3D web scenes	Why 3D GIS? Web scenes and scene services 3D across ArcGIS platform Create web scenes	1.Explore and create scenes in ArcGIS scene viewer 2.Create a scene in ArcGISPro 3.Share a web scene	9.Create a 3D web scene to show recent earthquakes or other point data layers
10.Getting started with ArcGIS API for JavaScript	JavaScript and JSON ArcGIS REST API ArcGIS API for JavaScript ArcGIS API for JavaScript main classes Incorporating widgets and layers IDE and debugging	1.Understand the basics of 2D views and 3D views 2.Adapt a 3D scene view sample 3.Debug JavaScript and monitor HTTP traffic 4.Combine a 2D view and a 3D view 5.Handle JavaScript events	10.Adapt a JavaScript sample or combine multiple JavaScript samples to develop a web app using ArcGIS API for JavaScript

2.5 Getting to Know Web GIS 2018第三版

2.5.1 主要更新

把全书的内容根据最新的技术产品做了更新，包括更新了步骤和截屏；

续表

①增添了影像服务和在线栅格分析一章，介绍了深度学习；

②矢量空间分析一章中增加大数据分析和人工智能的内容；

③把故事地图一章与 Web 图层 / 地图 /app 一章节合并；

④把所有采用 ArcMap 桌面 GIS 的内容更新为 ArcGIS Pro，能和 Web GIS 更好的集成；

⑤三维一章增加了虚拟现实 VR 的内容，把三维模型制作从 ArcGIS Pro 换为 Scene Viewer；

⑥移动 GIS 一章：增加 Survey123 智能表单和利用 Workforce 进行 Mobile GIS 工作分配的介绍；

⑦增加了对增强现实 AR 的介绍。

2.5.2 本书内容

本书内容体系见表 2-5-1。

表2-5-1 内容体系

章目录	理论原理与技术介绍	实习教程	作业练习
1. Web GIS introduction	What is web GIS? ArcGIS Web GIS platform and deployment models Web GIS evolution and trends ArcGIS Online information model Steps to create web apps Esri Story Map Tour template	1. Create an ArcGIS Online trial account 2. Prepare your data 3. Create a web map 4. Create a web app using a template 5. Configure your web app 6. Share your web app	1. Create a web app using Story Map Tour
2. Hosted feature layers and Esri Story Maps	Apps, the face of web GIS Components of a web GIS app Web services, foundation of Web GIS Feature services and hosted feature layer Living Atlas of the World Layer configuration User experience design principles	1. Create a feature layer using geocoding 2. Configure layer style 3. Configure a layer pop-up using ArcGIS Arcade 4. Add images and charts to pop-up windows 5. Use layers from the ArcGIS Living Atlas of the World 6. Create an Esri Story Map Journal web app	2. Create a hosted feature layer, and use it in a story map to tell a story

续表

章目录	理论原理与技术介绍	实习教程	作业练习
3. Web AppBuilder for ArcGIS	Basics of ArcGIS Web AppBuilder Using Web AppBuilder to create web apps Widgets Themes Web AppBuilder Developer Edition	1. Explore the web map 2. Create a web app 3. Configure data-independent widgets 4. Configure chart-type widgets 5. Configure filter-type widgets 6. Preview and share your app	3. Build a web app using ArcGIS Web AppBuilder
4. Mobile GIS	Concepts, advantages, and frontiers of application Editable feature layers and views Feature templates Mobile app development strategies ArcGIS native apps	1. Create an editable feature layer 2. Collect data using Collector for ArcGIS 3. Design a survey for Survey123 for ArcGIS 4. Use Survey123 to collect data and review the data collected 5. Create native apps using AppStudio for ArcGIS 6. Deploy and test your native app	4. Use Survey123 to engage citizens to report wanted suspects
5. Tile layers, map image layers, and on-premises Web GIS	The need for on-premises and hybrid Web GIS ArcGIS Enterprise components and deployment Portal collaboration Web layers and web services Interoperability and web service standards Workflow to share web layers from ArcGIS Pro Make your data accessible to ArcGIS Enterprise	1. Add a portal connection in ArcGIS Pro 2. Author your map document 3. Publish and use a vector tile layer 4. Publish and use a raster tile layer 5. Publish and use a map image layer 6. Compare map layers side by side	5. Publish a raster tile layer and a vector tile layer, and compare the layers side by side in a web app
6. Spatial temporal data and real-time GIS	Spatial temporal data and real-time GIS basics Internet o Things Web GIS technologies for real-time GIS Animate time-series data	1. Create a web map with real-time layers 2. Create an operations dashboard 3. Add actions and targets to your dashboard 4. Create a time-enabled feature layer 5. Animate time-series data in web maps and web apps	6. A Create a dashboard app to monitor the 311 incidents reported 6B Create a web app to animate time-series data

续表

章目录	理论原理与技术介绍	实习教程	作业练习
7. 3D web scenes	Basics of 3D GIS 3D across ArcGIS platform Web scenes and scene layers Create web scenes VR and AR Indoor 3D GIS	1. Explore web scenes using ArcGIS Scene Viewer 2. Create a thematic web scene 3. Create a web scene of feature layers with 3D object symbols 4. Enhance the web scene by editing 2D data and importing 3D object scene layers 5. Create a 3D web app using Web AppBuilder	7. Create a 3D web app of a fun community
8. Spatial analysis and geoprocessing	Standard analysis tools and workflow Big data analysis tools and workflow Custom web tools and geoprocessing services Creating web tools using ArcPy and ModelBuilder Perform analysis in Python API	1. Create a web app using AppBuilder Analysis widget 2. Perform analysis using AppBuilder Analysis widget 3. Design a geoprocessing tool 4. Run the geoprocessing tool 5. Publish a web tool and a geoprocessing service 6. Use your web tool in Web AppBuilder 7. Perform big data analysis using ArcGIS	8. A Use ArcGIS Online analysis to select your new home. 8B Publish a geoprocessing service and create a web app to clip, zip, and ship GIS data
9. Image service and online raster analysis	Raster and imagery Raster dataset and mosaic dataset Image service Image services available in the Living Atlas Workflow to publish image services Raster function and online analysis	1. Create a web map in ArcGIS Online using a Living Atlas image service 2. Create a web app using the Image Interpretation configurable app 3. Explore the multispectral image and create a raster function template file inArcGIS Pro 4. Share an image service to Portal for ArcGIS	9. A Create a web app to display high resolution terrain and perform terrain analysis 9B Publish an image service and use it in a web app for raster analysis

续表

章目录	理论原理与技术介绍	实习教程	作业练习
10 . Web GIS programming with ArcGIS API for JavaScript	Web GIS programming overview JavaScript, HTML, and CSS JSON ArcGIS REST API JavaScript API Develop apps using JavaScript API IDE and JavaScript debugging	1. Understand the basics of 2D views and 3D views 2. Load web maps and web scenes 3. Debug JavaScript and monitor HTTP traffic 4. Monitor property changes 5. Incorporate widgets in your app 6. Work with tasks and promises	10 . Develop a web app using JavaScript API

2.6 《Web GIS原理与技术》2018第一版

2.6.1 本书特点

（1）国际合作，基础扎实

作者付品德是国际华人地理信息科学协会前主席，秦耀辰是国家“万人计划”教学名师、全国高校黄大年式地理学教师团队牵头人，其他主要为国家地球系统科学数据共享服务团队和《万维网 GIS》国家双语教学示范课程的核心成员，团队合作出版中、英、俄多语种教材，交替更新，加速了教材内容更新。2018 年，本教材课程在中国大学 MOOC 上线，疫情期间被中国地理学会和教育部地理学教指委联合向全国推荐。英文版在北美和澳洲高校抗疫线上课程服务中也发挥重要作用。2012、2018 年版分别被列为河南省“十二五”“十四五”规划重点教材。

（2）科学设计，思想性强

一是追踪国际前沿技术，把最新信息技术融入 Web GIS，体现科学性、综合性、系统性、先进性思想；二是设计生动有趣实习案例，激发学生学习兴趣；实习步骤详细，容易上手；针对可能的疑问，给出问题解答，体现以人为本的思想；三是在实习教程、课后练习部分，设计并引导学生将地理国情、突发事件等与 Web GIS 在线分析、可视化相结合，体现思政融入教材的思想。本书在 2020 年全球“抗疫”中得到广泛应用，被评为河南大学“抗疫”思政一等奖。

（3）体系完整，技术前沿

教材全面系统阐述 Web GIS 原理、技术和应用，包括云端和服务器端的要素服务、动态地图服务、栅格瓦块和矢量瓦块服务、地理处理服务、流服务、三维场景服务、影像服务、云计算、大数据分析和人工智能工具；浏览器端的应用模板、故事地图、Web 应用构建器、实时监测、三维场景浏览器和 JavaScript 编程；移动 GIS、虚拟现实、增强现实和无人机技术，涵盖了 Web GIS 最新前沿技术。孙九林院士在教材《序》中评价：体系完备、兼具实践性和前瞻性。

（4）逻辑清晰，易学易用

按照总论—分项技术—开发集成等设计，全书共 14 章，每章设有概念、原理和技术、实习教程、问题解答和作业练习，逻辑清晰，循序渐进；克服信息类教材枯燥乏味，不易上手的难点，实习步骤清晰，并在线提供实习数据，可操作性强。Web GIS 定制开发，快速高效，易学易用。练习部分面向实际应用和国情教育，具有启发性、创新性、挑战性，有利于科教融合，锻炼学生科研创新能力。指导学生完成的《基于 Web GIS 的社会志愿助老信息平台研发》获第三届全国高校地理科学展示大赛一等奖。

2.6.2　主要更新

把《Web GIS 原理与应用》与 *Getting to Know Web GIS* 两本教材进行深度综合，并针对国内读者的需要和社会对 Web GIS 的应用需要，对内容做了大量的更新、扩充和改进。把内容从 10 章扩充到 14 章，包括拆分了部分章节以扩充内容，增加了志愿式地理信息和基于 Web 的数据编辑一章，增加了无人机遥感和 Web 应用一章。

2.6.3　本书内容

本书内容体系见表 2-6-1。

表2-6-1 内容体系

章目录	理论原理与介绍	实习教程	作业练习
1.Web GIS概述和云GIS起步	Web GIS的概念和优势 Web GIS的功能和应用 Web GIS的主要产品和技术基础 Web GIS的技术发展方向 ArcGIS Web GIS平台简介及其部署方式 ArcGIS Online云GIS的用户和内容 Web GIS应用程序的基本创建方法	利用ArcGIS Online创建景点游览Web应用程序： 1.创建ArcGIS Online试用账户政事加图 2.准备数据 3.创建Web地图 4.使用应用程序模板创建Web应用 5.配置Web应用程序 6.共享Web应用程序	1.使用Story Map Tour创建一个Web应用
2.要素服务和图层配置	Web服务的概念和优势 地理Web服务的功能分类 REST风格的Web服务 Web服务的互操作和开放标准 Web应用程序的基本组成 在ArcGIS Online中发布和使用托管要素图层 智能制图和弹出窗口	基于ArcGIS Online发布、配置和使用托管要素图层： 1.将CSV数据发布为托管要素图层 2.配置图层样式 3.配置弹出窗口 4.为弹出窗口添加图像和图表 5.创建和配置Web应用程序	2.发布、配置和使用要素图层创建Web应用
3.志愿式地理信息和基于Web的数据编辑	志愿式地理信息及众包的概念和意义 技术基础：可写的Web要素服务或要索图层 要索模板 编辑追踪和基于所有权的编辑	创建可以采集志愿式地理信息： 1.数据准备 2.发布托管要素图层 3.定义要素模板 4.在Web地图中使用要素图层并定义可编辑字段 5.创建托管要素图层视图 6.创建可采集数据的Web应用	3A：创建一个允许公众报告嫌犯信息的Web应用 3B：创建一个收集非紧急事件的Web应用
4.故事地图与Web GIS应用和开发的大众化	Web GIS应用和开发的大众化 GIS大众化的数据基础 大众化的应用程序模板 故事地图 使用ArcGIS可配置应用程序的步骤 Web GIS应用的基本设计原则	创建用于多图时空比较和叙事的故事地图应用： 1.使用智能制图功能符号化两个属性字段 2.使用对比分析应用模板创建Web应用 使用故事地图创建卷帘／望远镜应用程序 3.使用Story Map Journal创建Web应用	4.创建故事地图

续表

章目录	理论原理与介绍	实习教程	作业练习
5.地理信息的聚合与国家空间数据	地理信息聚合的概念和意义 NSDI与取合 信息共享和聚合的考虑因素 Web AppBuilder的功能和对聚合的支持	利用Web AppBuilder聚合和共享地理：浏览同络地图 1.创建一个Web应用程序 2.配置数据独立微件 3.配置数据依赖微件 4.预览和分享应用程序	5.使用Web AppBuilder构建一个Web应用
6.移动GIS	移动GIS的优势与应用 移动硬件与软件技术支撑 构建移动GIS应用程序的三种策略 移动GIS应用程序产品介绍 移动GIS开发工具和AppStudio	利用Collector和Survey123采集数据以及利用AppStudio开发移动应用： 1.准备Web地图 2.利用Collector收集数据 3.利用Survey123的Web设计器来设计智能调查表 4.利用Survey123收集数据并查看收集到的数据 5.利用AppStudio for ArcGIS创建本地应用程序 6.安装并测试创建的本地应用	6.使用移动GIS收集数据和创建本地移动GIS应用
7.私有云Web GIS和动态地图服务	构建私有云和混合云Web GIS的需求 私有云和混合云Web GIS的部署 Web GIS分布式协作 动态地图服务及其与要素服务的比较 动态地围服务的发布流程 启用时间的地图服务	发布和使用动态地图服务： 1.连接ArcGIS Server 2.设计地图 3.启用时间 4.发布服务 5.浏览服务目录 6.创建具有时间动画效果的Web应用 7.管理网络服务 8.在Portal for ArcGIS中管理和使用服务（可选）	7.创建一个展示城市人口动态变化的Web应用
8.栅格瓦块和矢量瓦块地图服务	Web app的性能和瓦块地图的作用 栅格瓦块和矢量瓦块概述 切片方案 发布流程	发布和使用栅格瓦块与矢量瓦块地图服务： 1.数据准备 2.发布托管册格瓦块地图服务 3.分享和使用栅格瓦块服务 4.使用ArcGISPro发布矢量瓦块 5.使用矢量瓦块服务和修改矢量瓦块样式 6.比较栅格瓦块和矢量瓦块地图服务	8.发布并比较栅格瓦块和矢量瓦块地图服务

续表

章目录	理论原理与介绍	实习教程	作业练习
9.三维Web场景	三维GIS基础 三维场景的元素构成 ArcGIS平台中的三维技术 Web场景和Web场景图层 创建Web场景 VR和AR技术 室内三维GIS	创建Web场景和三维Web应用： 1.使用ArcGIS Scene Viewer浏览Web场景 2.创建一个专题Web场景 3.用真实三维符号显示二维数据 4.编辑二维数据并添加三维对象场景图层以改进Web场景 5.使用Web AppBuilder创建3D Web应用	9.创建一个美丽社区的三维Web应用
10.时空数据与实时GIS	时空数据与实时GIS基础 物联网 用于实时GIS的Web GIS技术	利用Operations Dashboard创建实时GIS Web应用程序： 1.创建一个包含实时图层的Web地图 2.创建一个仪表盘应用	10.创建一个仪表盘应用来监控近实时数据
11.空间分析和地理处理	空间分析与ArcGIS Web工具概述 标准Web分析工具 大数据分析工具 自定义的Web工具和地理处理服务 使用Web工具	发布和使用地理处理服务及大数据分析： 1.设计一个桌面地理处理工具 2.运行桌面地图处理工具 3.发布Web工具和地理处理服务 4.在Web应用程序中使用Web工具 5.基于Web的大数据分析（可选）	11.创建一个用于载剪、压缩和传输GIS数据的Web
12.影像服务与在线栅格分析	栅格数据 影像服务	发布影像服务和基于栅格数据的快速分析： 1.合成多光谱影像以及生成栅格函数模板文件 2.发布影像服务 3.在Portal for ArcGIS中查看影像服务并进行在线栅格分析	12. 在ArcGISPro中发布数字高程模型并应用栅格函数进行在线栅格分析
13.无人机遥感图像和Web应用	无人机遥感简介 无人机遥感图像采集及处理 无人机遥感产品及服务发布	利用无人机遥感图像创建3D Web应用： 1.安装和授权Drone2Map for ArcGIS 2.浏览无人机遥感图像 3.配置参数和处理图像 4.发布纹理格网和创建Web应用 5.发布点云场景图层	13. 固定翼无人机采用格状飞行模式垂直摄影方式拍摄的12幅影像。主要用于生成2D产品。GPS数据存储在文本文件里面。

续表

章目录	理论原理与介绍	实习教程	作业练习
14.基于JavaScript的定制开发	Web GIS定制开发技术综述 HTML5(HTML、JavaScript和CSS3）简介 ArcGIS REST API ArcGIS API for JavaScript的功能和应用开发步骤 学习和利用示例程序 集成开发环境、代码调试和应用部署 ArcGIS API for JavaScript中的重要类 微件及其使用	利用ArcGIS API for JavaScript开发Web应用： 1.二维视图和三维视图入门基础 2.通过Web地图和Web场景加载图层 调试JavaScript 3.二三维视图联动 4.使用QueryTask进行要素查询 使用微件	14. 通过修改ArcGIS JavaScript示例来创建Web应用

2.7 Getting to Know Web GIS 2020第四版

2.7.1 主要更新

①把全书的内容根据最新的技术产品做了更新，包括更新了教程步骤和300多个插图；

② Web 应用构建器一章增加了 Experience Builder（体验构建器）；

③移动 GIS 一章：增加 QuickCapture（运动中进行快速数据采集）的教程；增加了增强现实的教程；介绍了实时定位追踪的内容。

④矢量空间分析和栅格分析章扩充了对人工智能和深度学习的介绍，增加了 PythonNotebook 的教程；

⑤实时 GIS 一章介绍了物联网和实时 GIS 产品 ArcGIS Analytics for IoT；

⑥三维一章增加了对室内 GIS 的介绍。

2.7.2 本书内容

本书内容体系见表 2-7-1。

表2-7-1

章目录	理论原理与技术介绍	实习教程	作业练习
1.Get started with Web GIS	Web GIS and the geospatial cloud New-generation Web GIS architecture and trends Web GIS information model: Users, web layers, maps, and apps Geotagged images — an increasingly popular GIS data source	1.Create an ArcGIS Online trial account 2.Create a hosted feature layer from geotagged photos 3.Add fields to your feature layer and edit the attributes 4.Create a web map 5.Create a web app using a template	1.Create a web app using Story Map Tour
2.Hosted feature layers and storytelling with GIS	Feature layers : The most common type of operational layers Smart mapping, pop-ups, and ArcGIS Arcade ArcGIS Living Atlas of the World Storytelling using Web GIS and principles of user experience design	1.Create a feature layer from a CSV file 2.Configure layer style 3.Configure layer pop-ups using ArcGIS Arcade 4.Add images and charts to your layer pop-ups 5.Use layers from ArcGIS Living Atlas of theWorld 6.Create a story map	2.Create a hosted feature layer and use it in a story map to tell a story
3.ArcGIS Experience Builder and ArcGIS Web AppBuilder	Basics of Web AppBuilder and Experience Builder Using the builders to create web apps Editions of Web AppBuilder and Experience Builder	1.Create a web app using Web AppBuilder 2.Configure chart-type widgets 3.Configure filter-type widgets 4.Use Experience Builder to create a web app 5.Configure actions and menus	3.Build a web app using Experience Builder or Web AppBuilder

续表

章目录	理论原理与技术介绍	实习教程	作业练习
4.Mobile GIS	Mobile GIS: Concepts and advantages Feature layer edit settings, views, and feature templates Mobile app development strategies ArcGIS native apps for field and indoor operations VR, AR, and other popular types of apps and frontiers	1.Design a survey for ArcGIS Survey123 2.Use Survey123 to collect data and review the data collected 3.Create editable feature layers, domains, and web maps for ArcGIS Collector 4.Collect data using Collector 5.Create an ArcGIS QuickCapture project 6.Collect data using QuickCapture 7.Prepare data for use with AuGeo 8.Explore your surroundings in AR	4A.Create a smart Survey123 form 4B.Use Collector or QuickCapture to collect data
5.Tile layers and on-premises Web GIS	The need for on-premises and hybrid Web GIS ArcGIS Enterprise components and deployment Raster tile, vector tile, map image layers, and publishing strategy Workflow to share web layers from ArcGIS Pro	1.Add a portal connection in ArcGIS Pro 2.Publish a vector tile layer 3.Publish a raster tile layer 4.Compare raster and vector tile layers in a web app 5.Edit vector tile layer styles	5.Publish a raster tile layer and a vector tile layer, and compare them in a web app
6.Spatiotemporal data and real-time GIS	Spatiotemporal data, IoT, and the demand for real-time GIS basics Cloud, server, and client-side technologies for real-time GIS Animate time-series data	1.Create a web map with real-time layers 2.Create a dashboard app 3.Add actions and targets to your dashboard 4.Create a time-enabled feature layer 5.Animate time-series data in web maps and web apps	6A.Create a dashboard app to monitor the311incidents reported 6B.Create a web app to animate time-series data

续表

章目录	理论原理与技术介绍	实习教程	作业练习
7.3D web scenes	Basics of 3D GIS Web scenes and web scene layers 3D technologies in VR, indoor GIS, and urban planning	1.Explore web scenes using ArcGIS Scene Viewer 2.Create a thematic web scene 3.Create a web scene using feature layers and 3D object symbols 4.Configure elevation to visualize underground and in-the-sky features 5.Enhance the web scene by editing 2D 6.Performing basic 3D analysis in Scene Viewer	7.Create a 3D web scene of a fun community
8.Spatial analysis and geoprocessing	Spatial analysis, spatial data science, and ArcGIS web tools overview ArcGIS web tools for standard analysis ArcGIS web tools for big data analysis Custom web tools and geoprocessing services Access to ArcGIS web tools using ArcGIS Insights SM and ArcGIS Notebooks Artificial intelligence in ArcGIS	1.Create a web app using the AppBuilder Analysis widget 2.Perform analysis using the AppBuilder Analysis widget 3.Design a geoprocessing tool 4.Publish a custom web tool 5.Use your custom web tool in Web AppBuilder 6.Perform big data analysis using ArcGIS Enterprise 7.Get started with Notebooks	8A.Use ArcGIS Online analysis to select your new home 8B.Create a web app to clip, zip, and ship GIS data 8C.Create a notebook by following an ArcGIS Notebook sample
9.Image service and online raster analysis	Raster and imagery Image service Raster function and online analysis Deep learning in image analysis	1.Create a web map in ArcGIS Online using a Living Atlas image service 2.Create a web app using the Image Mask configurable app 3.Explore a multispectral image and create a raster function template file in ArcGIS Pro 4.Share an image service to Portal for ArcGIS	9A. Create a web app to display high resolution terrain and perform terrain analysis 9B. Publish an image service and use it in a web app for raster analysis

续表

章目录	理论原理与技术介绍	实习教程	作业练习
10.Web GIS programming with ArcGIS API for JavaScript	Web GIS programming overview JavaScript, HTML, and CSS ArcGIS API for JavaScript Develop apps using JavaScript API	1.Explore the basics of 2D views and 3D views 2.Load web maps and web scenes 3.Debug JavaScript and monitor HTTP traffic 4.Incorporate widgets in 2D and 3D views 5.Handle mouse events to display Google Street View and pop-ups 6.Use layers, renderers, and symbols for drive-through simulation in 2D and 3D views	10.Develop a web app using JavaScript API

2.8 《Web GIS原理与技术》2022第二版

2.8.1 主要更新

从出版社反馈情况和网络监测情况来看，《Web GIS 原理与技术》是全球采用最广泛的 Web GIS 教材。在前几版的基础上，这一版是对 Web GIS 领域最新进展的系统融合和全面更新；本版将全书由 2018 年版的 14 章压缩为 12 章。在以下几个方面进行了大量和深入的更新：

①根据最新产品和技术，更新原理和已有的教程，包括最新的 ArcGIS Online 云 GIS 平台、ArcGIS Enterprise 私有云 GIS 平台、ArcGIS Pro 桌面 GIS、移动 GIS（Collector 和 Survey123）、三维场景、影像服务、地理处理服务、ArcGIS JavaScript API 等。

②增添最新技术，包括用户体验构建器（ArcGIS Experience Builder）、野外快速数据采集移动 GIS（Quick Capture）、新版地图浏览器（MapViewer）、新版故事地图和 AuGeo 增强现实 app 等。

③增添新技术介绍，包括针对物联网的 ArcGIS Analytics for IoT、室内 GIS （ArcGIS Indoors）、针对人群追踪监控的 ArcGIS Tracker 和基于 Web 的交互式 GIS 计算笔记本环境 ArcGIS Notebooks 等。

④拓展 Web GIS 最佳实践、人工智能、计算机学习、深度学习、增强现实及虚拟现实等前沿内容。

⑤增添和更新 300 多幅插图，能更清晰地表达 WebGIS 原理和最新技术。

全书除了个别可选的部分需要 ArcGIS Enterprise 和 ArcGIS Pro 外，读者使用 ArcGIS Online 和一个 Web 浏览器就足以完成大多数章节的教程。教师可以灵活安排教学，比如将一些较长的章节分成多个课时，或者根据可用的课时和所具有的软件来自由选择教授哪一部分。

2.8.2 本书内容

本书内容体系见表 2-8-1。

表2-8-1 内容体系

目录	概念原理与技术介绍	实习教程	作业
1.Web GIS概述和云GIS起步	Web GIS的概念和优势 Web GIS的功能和应用 Web GIS的主要产品和技术基础 Web GIS的技术发展方向 ArcGIS Web GIS平台简介及其部署方式 ArcGIS Online云GIS的用户和内容 应用程序—Web GIS的门面 Web GIS应用的基本组成部分 Web GIS应用程序的基本创建方法	利用ArcGIS Online创建景点游览Web应用程序： 1.创建ArcGIS Online试用帐号 2.准备数据 3.创建Web地图 4.使用应用程序模板创建Web应用 5.配置Web应用程序 6.共享Web应用程序	1.使用Story Map Tour创建一个Web应用
2.要素服务和图层配置	Web服务的概念和优势 地理Web服务的功能分类 REST风格的web服务 Web服务的互操作和开放标准 发布和使用托管要素图层 智能制图和弹出窗口	发布、配置和使用托管要素图层： 1.把CSV数据发布为托管要素图层 2.配置图层样式 3.利用Arcade配置弹出窗口 4.为弹出窗口添加图像和图表 5.创建和配置Web应用程序	2.发布、配置和使用要素图层创建Web应用

续表

目录	概念原理与技术介绍	实习教程	作业
3.故事地图与Web GIS应用和开发的大众化	Web GIS应用和开发的大众化 GIS大众化的数据基础 大众化的应用程序模板 故事地图 精简地图 使用ArcGIS可配置应用程序的步骤 Web GIS应用的基本设计原则	创建用于多图时空比较和叙事的故事地图应用： 1.使用智能制图功能符号化两个属性字段 2.使用Compare应用模板创建Web应用 3.使用故事地图创建卷帘/望远镜应用程序 4.创建新一代故事地图	3.创建故事地图
4.地理信息的聚合与Web应用和体验构建器	地理信息聚合的概念和意义 NSDI与聚合 信息共享和聚合的考虑因素 Web AppBuilder和Experience Builder的功能及对聚合的支持 使用构建器创建Web应用的基本步骤 微件、主题和模板 Web AppBuilder和Experience eBuilder开发人员版	利用Web AppBuilder和Experience Builder创建Web应用： 1.利用Web AppBuilder创建一个Web应用 2.配置数据独立微件 3.配置图表类型微件 4.配置筛选类型微件 5.使用Experience Builder创建Web应用程序 6.配置操作触发器和菜单	4.使用Experience Builder或Web AppBuilder创建Web应用程序
5.移动GIS	移动GIS的优势与应用 移动硬件与软件技术支撑 构建移动GIS应用程序的三种策略 可编辑要素图层 移动GIS应用程序产品介绍 LBS，VGI，AR和VR等应用热点	利用Survey123、Collector和QuickCapture采集数据以及利用AuGeo理解增强现实： 1.利用Survey123的Web设计器来设计智能调查表 2.利用Survey123收集数据并查看收集到的数据 3.为Collector创建可编辑要素图层、域(domains)和web地图 4.利用Collector收集数据 创建一个QuickCapture工程 5.使用QuickCapture野外移动应用程序收集数据 6.为增强现实应用AuGeo准备数据 7.用增强现实来探索周围环境	5.使用移动GIS收集数据和创建本地移动GIS应用

续表

目录	概念原理与技术介绍	实习教程	作业
6.私有云Web GIS和动态及瓦块地图服务	构建私有云和混合云Web GIS的需求 私有云和混合云Web GIS的部署 Web GIS分布式协作 Web app的性能与栅格瓦块、矢量瓦块和动态地图服务 地图相关服务的发布策略 Web服务的发布	发布与使用瓦块和动态地图服务： 1.在ArcGIS Pro中添加门户连接 2.发布矢量瓦块服务 3.发布栅格瓦块服务 4.发布动态地图服务 5.创建一个Web应用来比较矢量瓦块和栅格瓦块 6.修改矢量瓦块地图服务的风格	6.发布并比较栅格瓦块和矢量瓦块地图服务
7.三维Web场景	三维GIS基础 Web场景和Web场景图层 创建Web场景 虚拟现实技术 室内三维GIS ArcGIS Urban	创建Web场景和三维Web应用： 1.使用ArcGIS Scene Viewer浏览场景图层 2.创建一个专题Web场景 3.用真实三维符号来显示二维数据 4.配置高程可视化地下和天空中的要素 5.编辑二维数据改进Web场景 6.基本的三维分析	7.创建一个美丽社区的三维Web应用
8.时空数据与实时Web GIS	时空数据与实时GIS基础 物联网在GIS方面的应用和对GIS的需求 用于实时Web GIS技术 动态展示时间序列数据	创建实时仪表盘应用和动态展示时空数据： 1.创建一个包含实时图层的Web地图 2.创建一个Dashboard应用 3.在Dashboard中添加操作与目标 4.在Web地图和Web应用中动态显示时间序列数据	
9.空间分析和地理处理	空间分析与ArcGIS Web工具概述 标准Web分析工具 大数据分析工具 自定义的Web工具和地理处理服务 使用Web工具 ArcGIS与人工智能	1.设计一个桌面地理处理工具 2.运行桌面地图处理工具 3.发布Web工具和地理处理服务 4.在Web应用程序中使用Web工具 5.基于Web的大数据分析（可选） 6.利用ArcGIS Notebooks和ArcGIS Python API进行热点分析（可选）	9.创建一个用于裁剪、压缩和传输GIS数据Web应用程序

续表

目录	概念原理与技术介绍	实习教程	作业
10.影像服务与在线栅格分析	栅格数据 影像服务（Image Service）	发布影像服务和基于栅格数据的快速分析： 1.合成多光谱影像以及生成栅格函数模板文件 2.发布影像服务 3.在Portal for ArcGIS中查看影像服务并进行在线栅格分析	
11.无人机遥感图像和Web应用	无人机遥感简介 无人机遥感图像采集及处理 无人机遥感产品及服务发布	利用无人机遥感图像创建3D web app： 1.安装和授权Drone2Map for ArcGIS 2.浏览无人机遥感图像 3.配置参数和处理图像 4.发布场景图层和创建web app	
12.基于JavaScript的定制开发	Web GIS定制开发技术综述 HTML5(HTML、JavaScript和CSS3)简介 ArcGIS REST API ArcGIS API for JavaScript的功能和应用开发步骤 学习和利用示例程序 集成开发环境(IDE)、代码调试和应用部署	利用ArcGIS API for JavaScript开发web应用： 1.二维视图和三维视图入门基础 2.通过web地图和web场景加载图层 3.调试JavaScript并监控HTTP通讯 4.在2D和3D视图中集成widget 5.处理鼠标事件和弹出窗口 6.利用图层、渲染器和符号来模拟汽车在2D和3D视图中行驶	12. 通过修改ArcGIS JavaScript示例来创建web应用

参考文献

[1]付品德，秦耀辰，闫卫阳，等，2018.Web GIS原理与技术[M].北京：高等教育出版社.

[2]付品德，孙九林. 2012.Web GIS原理与应用[M]. 秦耀辰，王卷乐，等译，北京：高等教育出版社.

[3]Fu P D, Sun J L, 2010. Web GIS: Principles and Applications [M]. Redlands: ESRI Press.

[4]Fu P D, 2015. Getting to Know Web GIS[M]. (1st edition). Redlands: Esri Press.

[5]Fu P D, 2016. Getting to Know Web GIS[M]. (2nd edition). Redlands: Esri Press.

[6]Fu P D, 2018. Getting to Know Web GIS[M]. (1st edition). Redlands: Esri Press.

[7]Fu P D, 2020. Getting to Know Web GIS[M]. (1st edition). Redlands: Esri Press.

第3章
Web GIS 精品在线开放课程建设研究

在 2010 年国家双语教学示范课程《万维网 GIS》建设的基础上，随着 Web GIS 技术的迅猛发展以及 GIS 国际一流人才培养的需求，河南大学与美国 Esri 合作，先后开发 Web GIS 中英俄 9 个版次的教材，教材与课程同步建设，持续更新。2018 年 Web GIS 原理与应用被列入河南省精品在线开放课程，2019 年在中国大学 MOOC 上线，2021 年被评为河南省线上一流本科课程。截至 2021 年 12 月，已经开设 6 期，第 7 期正在进行，选修人数 9500 余人，产生了显著的人才培养效益，受到广泛好评。

3.1 Web GIS精品在线开放课程建设背景

3.1.1 从国家精品示范课程到国家一流本科课程

从 2017 年开始，国家教育部等先后出台建设一流大学、一流学科、一流专业、一流课程和培养一流人才的重大战略举措（教育部、财政部、国家发展和改革委员会，2017-01-24；教育部办公厅，2019-04-04）。在“五个一流”的逻辑关系中，课程是专业的基本要素和人才培养的基本载体（王静爱，苏筠，余瀚，2013），是其他“四个一流”的关键和突破点。国家教育部一直重视精品课程建设，2003 年就开始启动国家精品课程示范项目，至 2010 年本科教育共建设国家精品课程 3909 门（教育部，2013-12-17）。2012 年教育部对已有国家精品课程升级改造为精品资源共享课，从原国家精品课程以高校教师为服务主体转型为以高校师生和社会学习者为本，以提升教学和学习效果为目标，并通过统一平台爱课程网（http://www.icourses.cn）进行共享应用。至 2017 年认定 2886 门国家级精品资源共享课程（教育部办公厅，2016-07-01，2017-01-25）。2019 年教育部提出一流本科课程“双万计划”（教育部，2019-10-30）。2020 年在国家一流本科课程中首批认定 1875 门线上一流课程、868 门线上线下混合式一流课程和 728 门虚拟仿真实验教学一流课程，慕课数量和应用规模居世界第一（教育部，2021-12-14）。从精品课程到精品资源共享课程，再到一流课程，尤其是一流线上课程，是对课程建设和课程服务要求不断深化的过程。在建设内容上，要求一流教师队伍、一流教材、一流教学内容、一流教学方法、一流教学管理的进一步有效整合；在共享方式上，从课程建设单位自行建设课程服务平台，到教育部指定的爱课程服务平台，再到全国统一的在线开放课程平台（中国大学 MOOC），课程服务共享的广度、深度、精度不断提升，体现了从以课程建设示范为重点到以课程建设与共享服务并重的发展历程。

3.1.2 Web GIS课程在GIS人才培养中的核心地位

Web GIS 课程是国家本科质量标准规定的地理类专业的核心课程，是信息时代 GIS 技术的新形式，涵盖了基于网络的地理信息的收集、存储、编辑、处理、管理、分析、共享和可视化等内容（图 3-1-1），可以说本课程是地理信息科学其他专业课程的综合和集成。

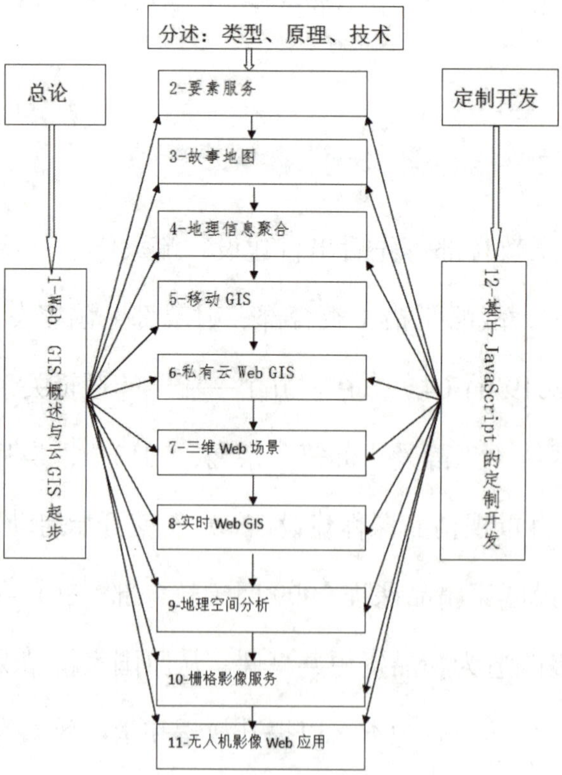

图3-1-1 Web GIS课程的内容体系

在河南大学地理信息科学专业培养方案中，提出了“理论扎实，技能突出，素质全面，具有国际视野和水准的GIS高级人才”的培养目标，“以人为本，科学管理，面向国家需求，支撑一流学科专业”的教学理念，以及“理论与实践相结合，室内与野外相结合，教师引导与学生自主创新相结合，现场实习与虚拟实习相结合，线上与线下相结合”的教学方法。围绕以上培养目标、教学理念、教学方法，设置了公共必修课、学科基础课、专业基础课、专业选修课、专项学分等课程模块（表3-1-1）。

表3-1-1　地理信息科学专业课程设置

课程模块	学时	学分	课程设置	课程作用	备注
公共必修课	866	38	思想道德修养与法律基础、马克思主义基本原理概论、毛泽东思想和中国特色社会主义理论体系概论（1，2）、中国近现代史纲要、形势与政策、大学英语（8门）、大学体育（1~4）、大学计算机基础	世界观、人生观、价值观塑造	学校统一开设，必修29门
学科基础课	846	35	高等数学（1，2）、线性代数、概率论与数理统计、自然地理学（1，2）、人文地理学、地图学、地理信息系统概论、遥感概论、地球概论	数学和地理学基础知识和素养教育	必修11门
专业基础课	558	25	计算机程序设计、GIS算法基础、空间数据库、数量地理学、测量学、GNSS原理与应用、空间分析、Web GIS原理与应用	计算机基础和3S理论与技术教育	必修8门
专业选修课	1980	55	数据结构、遥感图像处理、GIS软件应用、计算机网络技术、面向对象程序设计、网站设计与开发、GIS设计与开发、计算机图形学、摄影测量基础、设备与设施GIS、遥感地学分析与应用、数字高程模型、土地信息系统、城市信息系统、环境信息系统、虚拟地理环境、空间数据挖掘、云计算基础GIS行业应用、GIS讲座	突出GIS应用领域的深化了解	可选45学分
公共选修课	288	8	通识课程（5个模块）	科学精神、文化素养教育	选8学分

续表

课程模块	学时	学分	课程设置	课程作用	备注
集中性实践环节	—	22	自然地理实习（2周）、人文地理实习（2周）、地理信息系统软件综合实习（2周）、专项学分（1~8学期）、毕业论文设计（第8学期）	GIS综合实践创新教育	必修项目

随着信息技术的迅猛发展，Web GIS 日新月异，应用领域不断向纵深发展，成为地理信息技术最具潜力、最为新颖的发展方向。Web GIS 课程涉及地图学、地理信息系统、测量学、遥感、卫星导航定位系统、计算机程序设计等地理信息专业基础课程，也涵盖移动GIS、志愿式 GIS、云 GIS、地理大数据处理、网络虚拟地理环境、在线遥感数据分析等新型技术应用课程（如图 3-1-2）。该门课程的高质量建设，可以深化其他课程的内容，提高学生综合运用 GIS 理论与技术的水平和能力，也可以为其他课程建设提供示范。

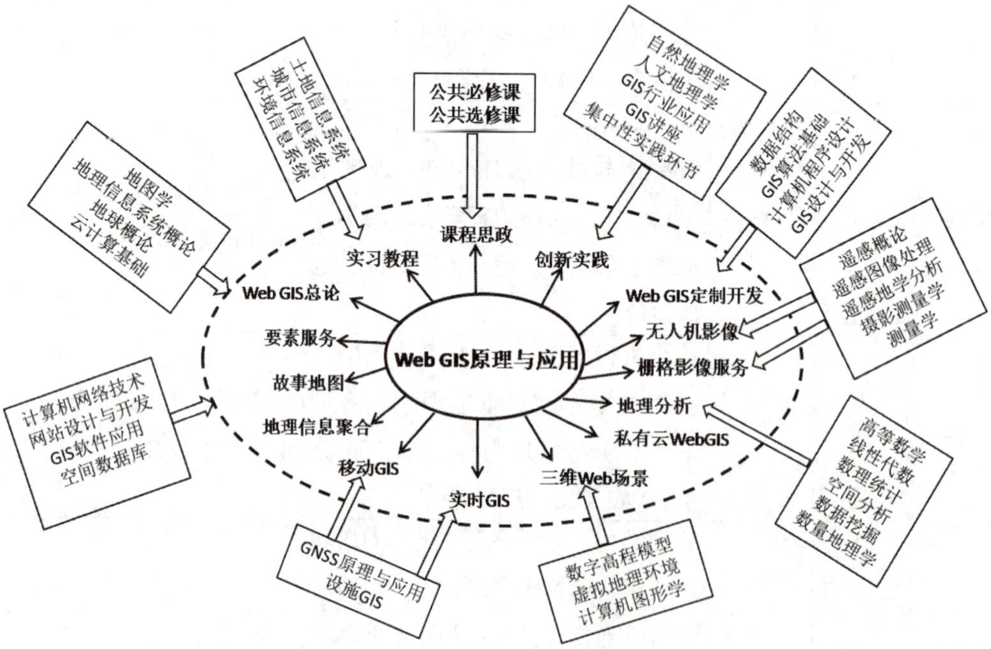

图3-1-2　Web GIS课程在地理信息课程体系当中的核心地位

3.2　课程整体设计

3.2.1　教学组织

在线课程由国家万人计划教学名师、全国“黄大年式”教师团队负责人秦耀辰主持，国际华人地理信息科学协会前主席付品德、万维网 GIS 国家双语教学示范课程和教育部地理科学专业教学团队的核心成员参与。在课程建设中分工合作，共同研讨，探索理论讲授、实习指导、课后练习、重点和难点分析等问题，确保课件制作规范、讲解清晰、答疑及时。具体分工见表 3-2-1。

表3-2-1　在线精品课程主讲教师任务分工

序号	姓名	出生年月	单位	职称	承担任务
1	秦耀辰	1959-08	河南大学	教授	课程与实验设计，教学改革，课程介绍，绪论
2	付品德	1968-11	Esri/河南大学	教授	中英文版教材主编，教学设计与内容更新，讲授基于JavaSript的定制开发
3	闫卫阳	1968-12	河南大学	副教授	中文教材副主编，课程管理与评价，实验设计，讲授三维Web场景
4	夏浩铭	1983-05	河南大学	副教授	讲授要素服务与图层配置和移动GIS，实验设计，问题答疑与课后练习
5	宋宏权	1986-05	河南大学	教授	讲授时空数据与实时GIS,空间分析和地理处理，实验设计，问题答疑与课后练习指导
6	常捷	1969-11	Esri	高级产品工程师	讲授无人机遥感图像和Web应用，实验设计，问题答疑与课后练习指导
7	陈郁	1981-05	河南大学	实验师	教材作者，讲授Web GIS，概述和云GIS起步，地理信息聚合，课后练习指导
8	马晓哲	1983-02	河南大学	讲师	教材作者，讲授志愿式地理信息，故事地图，课后练习指导
9	翟石艳	1983-05	河南大学	副教授	教材作者，讲授私有云Web GIS和动态地图服务
10	宋根鑫	1982-05	河南大学	讲师	教材作者，辅助讲授私有云Web GIS和动态地图服务，课后练习指导
11	李宁	1987-01	河南大学	实验师	教材作者，辅助第8讲教学
12	张丽君	1985-09	河南大学	副教授	2022版教材作者，讲授影像服务与在线栅格分析，课后练习指导
13	王海鹰	1980-10	河南大学	副教授	2022版教材作者，辅助讲授基于JavaSript的定制开发，课后练习指导

3.2.2　教学目标

如前所述，Web GIS 是地理信息课程的核心和内容综合，是地理信息技术发展的新形式，具有广泛的社会需求。主要体现在：Web GIS 在政府、商务、科学研究和日常生活中具有广泛的应用领域；学习者需要紧跟地理信息科学和技术的最新发展，如志愿式地理信息系统、云计算、大数据、物联网等；面向满足未来日益增加的就业市场需求，学习者应拥有 Web GIS 商业机构、政府部门等就业岗位技能。由此决定了学习本课程的三大目标：一是达到对 Web GIS 原理和概念的全面最新理解；二是通过 Web GIS 在现实生活中真实的应用案例，理解 Web GIS 的应用价值；三是通过讲授最新的技能，使其学会开发应用程序和管理项目。

3.2.3 教学理念

教材是课程的基本参考和教学内容，但由于教材的出版发行往往具有一定周期性、滞后性，而课程教学具有实时性、灵活性，可以融入最新的理论和技术进展，可以结合突发事件，设计实践案例，在解决实际问题中达到对知识与技术的融会贯通，在这方面，Web GIS 课程表现尤为明显。在 1~5 期的课程讲授中，主要依据 2018 版的教材，在最新完成的第 6 期课程中，教学内容做了较大调整。调整完善的内容及时补充到 2022 版教材当中，实现了教材与课程同步建设，持续更新。在课程内容讲授上，注重学术性、实践性、思想性，让学生在学习最新、最前沿的知识和技能的同时，培养家国情怀和科学精神。

3.2.4 教学内容

课程教学内容以教材为参考，根据技术的最新进展，实时更新。最新一期课程，全面系统讲授 Web GIS 原理、技术和应用，包括 ArcGIS Online、ArcGIS Enterprise、新地图查看器、新 ArcGIS 故事地图、ArcGIS Experience Builder、Web AppBuilder、ArcGIS 仪表盘、用于实时 GIS 的 ArcGIS Velocity、在线空间分析、ArcGIS 笔记本、图像服务、ArcGIS Indoors、三维 Web 场景、JavaScript API、移动 GIS 应用程序，如 ArcGIS Field Maps、Survey123、QuickCapture 和 AuGeo。课程还扩展了在 Web GIS 环境下对人工智能、机器学习、深度学习、增强现实（AR）、虚拟现实（VR）和物联网的理论和实现方式的探讨（付品德，秦耀辰，闫卫阳等，2022）。

3.3 教学大纲设计

本课程共分 12 讲，第一讲为总论，第二讲至第十一讲为 Web GIS 涵盖的各类技术，第十二讲为 Web GIS 的定制开发。总课时 72 学时，其中理论和实习各 36 学时。

3.3.1 第一讲：Web GIS概述和云GIS起步

（1）学习目标

①理解 Web GIS 的概念、优势、技术基础和应用类型；②了解近期 Web GIS 的技术走向和新一代 Web GIS 的特点；③理解云 GIS 的概念和 ArcGIS Online 的内容类别和用户级别；④了解构建 Web GIS 应用程序的不同方法；⑤学习 ArcGIS Online 创建 Web 应用程序的工作流程；⑥使用逗号分隔符（CSV）文件类型的 GIS 数据来发布要素服务；⑦理解故事地图中地图浏览模板的适用场景和使用方法。

（2）理论讲授

介绍 Web GIS 的概念、优点、技术基础和近些年的发展趋势，然后以 ArcGIS Online 为例介绍云 GIS 的基本功能、内容类型、基本操作和应用开发流程。

（3）实习教程

使用 ArcGIS Online 演示如何利用故事地图的地图浏览模板来快速构建 Web GIS 应用程序。包括：①创建 ArcGIS Online 试用帐号；②准备数据；③创建 Web 地图；④使用应用程序模板创建 Web 应用；⑤配置 Web 应用程序；⑥共享 Web 应用程序。

（4）课后练习

以自己的成长故事、家乡变迁、校园环境等为主题创建一个 Web 应用。

3.3.2 第二讲：要素服务和图层配置

（1）学习目标

①理解 Web 服务的概念和优势；②了解 Web 服务的接口类别和开放标准；③明确 Web 服务功能种类；④掌握使用 CSV 文件发布托管要素图层的方法；⑤使用智能制图配置图层样式；⑥基于多媒体和 Arcade 配置弹出窗口。

（2）理论讲授

介绍 Web 服务，包括它的概念、优势、接口类别和开放标准，并以 ArcGIS Online 和 ArcGIS Enterprise 为例，介绍它们能提供的 Web 服务或 Web 图层类型和基于 Web 服务的应用开发模式。

（3）实习教程

演示如何利用 ArcGIS Online 发布 Web 要素服务，配置要素服务的图层风格和弹出窗口，创建 Web 应用程序。包括：①把 CSV 数据发布为托管要素图层；②配置图层样式；③利用 Arcade 配置弹出窗口；④为弹出窗口添加图像和图表；⑤创建和配置 Web 应用程序。

（4）课后练习

发布、配置和使用要素图层创建 Web 应用，建议主题：①展示不同城市的气候变化（包括气温和降水）情况；②展示不同城市的汽车拥有量情况；③展示世界各地最近的地震情况；④不同省份粮食产量的变化情况；⑤“一带一路”上各个国家的 GDP 变化等。

3.3.3 第三讲：故事地图与Web GIS应用和开发的大众化

（1）学习目标

①认识世界动态地图集；②了解 ArcGIS 可配置应用程序；③了解故事地图的基本术语；④利用故事地图创建 Web 应用。

（2）理论讲授

介绍 Web GIS 的大众化及其数据基础，然后介绍故事地图、精简地图和 Web GIS 应用的设计步骤及原则。

（3）实习教程

展示如何使用故事地图模板创建 Web 应用，包括：①使用智能制图功能符号化两个属性字段；②使用 Compare 应用模板创建 Web 应用；③利用精简地图和卷帘模板创建故事地图；④利用边车模块和多媒体创建故事地图。

（4）课后练习

创建故事地图，建议主题：①个人生活；②国家或区域经济发展战略；③新冠病毒的传播动态；④历史上的战争或其他事件等。

3.3.4 第四讲：地理信息的聚合与Web应用和体验构建器

（1）学习目标

①了解聚合的概念和意义；②理解 NSDI 与聚合的关系；③了解 Web AppBuilder 和 Experience Builder 之间的差异；④学习使用 Web AppBuilder 和 Experience Builder 创建 Web 应用程序的基本流程；⑤配置和使用图表、筛选和其他多种微件。

（2）理论讲授

介绍地理信息聚合的基本概念及其对信息共享的意义，NSDI 的起源和发展，以及基于 Web 服务和聚合的新方式，分析其需要解决的问题和前景。

（3）实习教程

以 Web AppBuilder 和 ArcGIS Experience Builder 为例，演示如何聚合多源信息，创建聚合应用程序。包括：①利用 Web AppBuilder 创建一个 Web 应用；②配置数据独立微件；③配置图表类型微件；④配置筛选类型微件；⑤使用 Experience Builder 创建 Web 应用程序；⑥配置操作触发器和菜单。

（4）课后练习

利用前面发布的图层或者在 ArcGIS Online 中搜索到的图层，使用 Experience Builder 或 Web AppBuilder 创建 Web 应用程序。

3.3.5 第五讲：移动GIS开发与应用

（1）学习目标

①理解移动 GIS 的概念和优势；②了解移动 GIS 的支撑技术；③理解 LBS、VGI、VR 和 AR 等相关前沿技术；④理解构建移动 GIS 应用的三种方式；⑤了解 Esri 地理空间云提供的移动 App；⑥利用 Survey 123 创建智能表单并收集数据；⑦配置可编辑的要素图层和要素模板；⑧掌握 Field Maps 收集 GIS 数据方法；⑨设计 QuickCapture 工程并使用它快速采集数据；⑩通过 AuGeo 来学习和理解 AR。

（2）理论讲授

①移动 GIS 的概念、优势和应用；②移动 GIS 的硬件和软件技术支撑，包括移动设备、无线通讯和移动定位技术，以及它们对移动 GIS 应用开发带来的挑战；③构建移动 GIS

应用程序的三种策略对比分析，即基于移动浏览器方式、基于本地程序的方式和基于混合的方式；④常用的移动 GIS 应用程序（ArcGIS Field Maps、Survey123、QuickCapture、Workforce、AppStudio 和 AuGeo）；⑤移动 GIS 开发工具。

（3）实习教程

利用 Survey123、Collector 和 QuickCapture 采集数据以及利用 AuGeo 理解增强现实。包括：①利用 Survey123 的 Web 设计器来设计智能调查表；②利用 Survey123 收集数据并查看收集到的数据；③为 Collector 创建可编辑要素图层、域（domains）和 Web 地图；④利用 Collector 收集数据；⑤创建一个 QuickCapture 工程；⑥使用 QuickCapture 野外移动应用程序收集数据；⑦为增强现实应用 AuGeo 准备数据；⑧用增强现实来探索周围环境。

（4）课后练习

使用 ArcGIS Survey123 创建表单和收集数据。可选择如下场景：①执法部门支持公民举报可疑活动；②林业局支持公民报告被虫子危害的树木；③公共卫生部门希望公民报告新冠疫情。

3.3.6 第六讲：私有云Web GIS和动态及瓦块地图服务

（1）学习目标

①理解本地和混合 Web GIS 的需求；②了解 ArcGIS Enterprise 及其构成；③理解门户协作的概念；④了解矢量瓦块服务、栅格瓦块服务和地图影像服务的异同点；⑤理解不同服务类型的发布策略；⑥熟悉使用 ArcGIS Pro 发布 Web 服务的工作流程；⑦创建用于比较的 Web 应用程序。

（2）理论讲授

①私有云和混合云的 Web GIS 的作用；② ArcGIS Enterprise 的构成以及构建私有云 Web GIS 的基本部署模式；③比较 ArcGIS Online 和 ArcGIS Enterprise 之间的异同；④三种基本的地图服务类型：矢量瓦块、栅格瓦块和动态地图服务，并解释每种地图服务适用的场景；⑤地图相关服务的发布策略。

（3）实习教程

设置有 5 个实习：①发布矢量瓦块；②发布栅格瓦块；③发布动态地图服务；④比较矢量瓦块和栅格瓦块特点；⑤修改矢量瓦块地图服务风格。

（4）课后练习

利用国家地球系统科学数据中心—黄河中下游科学数据分中心提供的开封市基础数据和兴趣点数据，发布并比较栅格瓦块和矢量瓦块地图服务。

3.3.7　第七讲：三维Web场景

（1）学习目标

①理解 Web 场景的基本概念；②熟悉场景图层的主要类型；③利用 ArcGIS Scene Viewer 浏览 Web 场景；④利用 ArcGIS Scene Viewer 创建 Web 场景；⑤在 ArcGIS Scene Viewer 中配置三维符号；⑥展示地表、空中和地下三维要素；⑦掌握创建场景图层的相关技术。

（2）理论讲授

① Web 场景的基本概念，三维 Web 场景图层的类型；②利用 ArcGIS Pro、ArcGIS CityEngine 和 ArcGIS Drone2Map 来创建场景图层，以及利用 ArcGIS Scene Viewer 来创建 Web 场景；③三维相关领域如 VR、AR 和室内三维 GIS 的基本原理和应用。

（3）实习教程

①在已经创建的故事地图中浏览各种类型的场景图层；②创建一个专题制图场景，用三维专题符号来展示美国各州的人口和人口密度；③基于二维图层，用三维真实感符号配置创建一个公园场景；④通过高程设置，三维显示天空和地下场景要素；⑤通过编辑二维图层，改进三维 Web 场景；⑥在 ArcGIS Scene Viewer 中对三维 Web 场景进行三维分析。

（4）课后练习

选择一条街道，一个住宅区，一个海边公园或者其他区域类型，创建一个三维 Web 场景。

3.3.8　第八讲：时空数据与实时Web GIS

（1）学习目标

①了解时空数据的概念与术语；②学习有关物联网、传感器网、智慧城市及其他相关技术前沿；③了解流服务的优点；④学习 ArcGIS Velocity 及 GeoEvent Server 的功能；⑤利用 ArcGIS Dashboard 来监控实时数据；⑥创建能动画播放时空数据的 Web 应用。

（2）理论讲授

①时空数据的基本概念、物联网与智慧城市的价值及其对 GIS 平台的新要求；②可提供实时 GIS 服务的 ArcGIS 产品，包括 ArcGIS Velocity、ArcGIS GeoEvent Server 和 ArcGIS Dashboards。

（3）实习教程

①创建一个仪表盘应用程序，可以近实时地连续显示数据，应急管理人员可以快速掌握所有情况，并迅速作出决定。案例是为雷德兰兹市创建一个 Dashboard Web 应用程序，以协助该市的医疗、犯罪和消防部门的应急管理。②创建一个启用时间的要素图层。案例是创建一个 Web 应用程序动态可视化过去两个世纪美国主要城市人口变化的时空格局。

（4）课后练习

创建一个 Dashboard 应用来监控近实时数据。

3.3.9 第九讲：空间分析和地理处理

（1）学习目标

①了解 ArcGIS 提供的基于 Web 的分析工具；②使用 ArcGIS Enterprise 创建和发布地理处理服务；③在 Web 应用程序中使用 Web 工具；④了解大数据分析的工作流程；⑤理解 ArcGIS 中的人工智能工具；⑥使用 ArcGIS Notebooks 和 ArcGIS API for Python。

（2）理论讲授

发布和使用地理处理服务，进行大数据分析，利用 ArcGIS Notebooks 和 ArcGIS Python API 来分析数据热点。

（3）实习教程

创建一个 Web 工具和一个使用 ArcGIS Enterprise 来选择工厂位置的 Web 应用程序，帮助公司管理人员选择可能的工厂位置。分为两个实习：①设计一个桌面地理处理工具；②发布 Web 工具和地理处理服务。

（4）课后练习

某测绘地理信息局希望改进其数据分发工作流程。请创建一个 Web 应用程序，让用户能够在地图上勾勒出自己需要数据的范围，选择需要的图层和数据格式，由该 Web 应用自动地把用户选择区域的数据切割出来，转换格式，压缩打包，供用户在线下载。

3.3.10 第十讲：影像服务与在线栅格分析

（1）学习目标

①了解栅格数据；②掌握影像服务的概念；③掌握影像服务的准备和发布过程；④了解栅格函数以及在影像服务中的应用；⑤掌握通过 ArcGIS Pro 发布影像服务到 Portal for ArcGIS 的基本方法和步骤。

（2）理论讲授

①栅格数据的基本概念、常见类型以及在 ArcGIS 中的管理；②影像服务的基本概念、影像服务的准备以及发布；③栅格函数以及应用栅格函数进行在线栅格分析；④以美国陆地卫星 Landsat 8 影像为例，讲解通过 ArcGIS Pro 发布影像服务到 Portal for ArcGIS 的过程。

（3）实习教程

包括 4 个实习：①系统设置；②数据准备；③发布影像服务；④在线栅格分析。

（4）课后练习

在 ArcGIS Pro 发布数字高程模型并应用栅格函数进行在线栅格分析。

3.3.11 第十一讲：无人机遥感图像和Web应用

（1）学习目标

①掌握无人机遥感的基本概念；②了解摄影测量和激光雷达的基本原理；③了解无人机遥感的主要产品（正射影像、数字表面 / 地形模型、3D 纹理格网和点云）；④学习使用 Drone2Map 软件处理无人机遥感图像、生成 2D 和 3D 产品以及发布服务；⑤学习发布 3D 纹理格网场景图层和点云场景图层。

（2）理论讲授

无人机遥感的概念、无人机的分类、机载传感器以及无人机遥感的主要产品与服务发布。

（3）实习教程

利用无人机遥感图像创建 3D Web App。包括如下内容：①安装和授权 ArcGIS Drone2Map；②浏览无人机遥感图像；③配置参数和处理图像；④发布场景图层和创建 Web App。

（4）课后练习

①使用 Drone2Map 软件，处理无人机图像，生成正射影像、DSM、纹理格网和点云；②通过 Drone2Map 发布止射影像和 DSM 为瓦块地图服务到 ArcGIS Online；通过 Drone2Map 发布纹理格网场景图层和点云场景图层到 ArcGIS Online；③对比固定翼无人机格状飞行模式采集图像生成的 3D 产品和多旋翼无人机环绕飞行模式采集图像生成的 3D 产品的不同。

3.3.12 第十二讲：基于JavaScript的定制开发

（1）学习目标

①了解 Web GIS 定制开发的技术体系；②理解 ArcGIS API for JavaScript 基础、主要的类及其关系；③可以初步调试 JavaScript 代码；④学会修改和使用 ArcGIS API for JavaScript 示例代码；⑤学习通过 ArcGIS API for JavaScript 开发二维和三维应用；⑥能够使用微件、图形和要素图层。

（2）理论讲授

① Web GIS 定制开发的技术体系；② ArcGIS API for JavaScript 的功能、开发流程、主要的类及其属性、函数和事件；③ JavaScript 调试和微件使用。

（3）实习教程

①二维视图和三维视图入门基础；②通过 Web 地图和 Web 场景加载图层；③调试 JavaScript 并监控 HTTP 通讯。

（4）课后练习

在 ArcGIS API for JavaScript（https://developers.arcgis.com/javascript/）的示例中，选取一个作为基础，对其进行改进来创建一个新的 Web 应用。

3.4 教学方法研究

3.4.1 课程思政教学

将知识学习、技能掌握与思政教育融合，是课程思政的基本要求，也是培养合格的社会主义接班人的重大举措。结合国情教育、突发事件，在课程教学中引入生动案例。2020 年针对“新型冠状病毒感染肺炎”疫情防控的变化，教学过程中为同学展示 Web GIS Dashboards 技术制作的“新型冠状病毒肺炎疫情分析系统”（图 3-4-1）。一方面展示 Web GIS 技术在“疫情”期间应用潜力，激发学生学习这门课程的积极性和主动性。其次，展示病毒传播速度快、感染人数多，提醒学生在家做好防护、减少不必要的外出。最后，通过对比国内外感染人数增速、扩散范围的差异，展示我国政府“抗疫”手段的有效性，充分体现我国的制度优越性，增强同学们“四个自信”。在课后实践中，学生通过官方网站获取权威数据，先后开发了“新冠疫情防控数据面板”桌面版和手机版、“河大地理人重走长征路故事地图”（图 3-4-2）等实践项目，不仅提高学生的技术掌握和创新能力，还能够培养学生的家国情怀、科学素养，塑造正确的世界观、人生观、价值观。

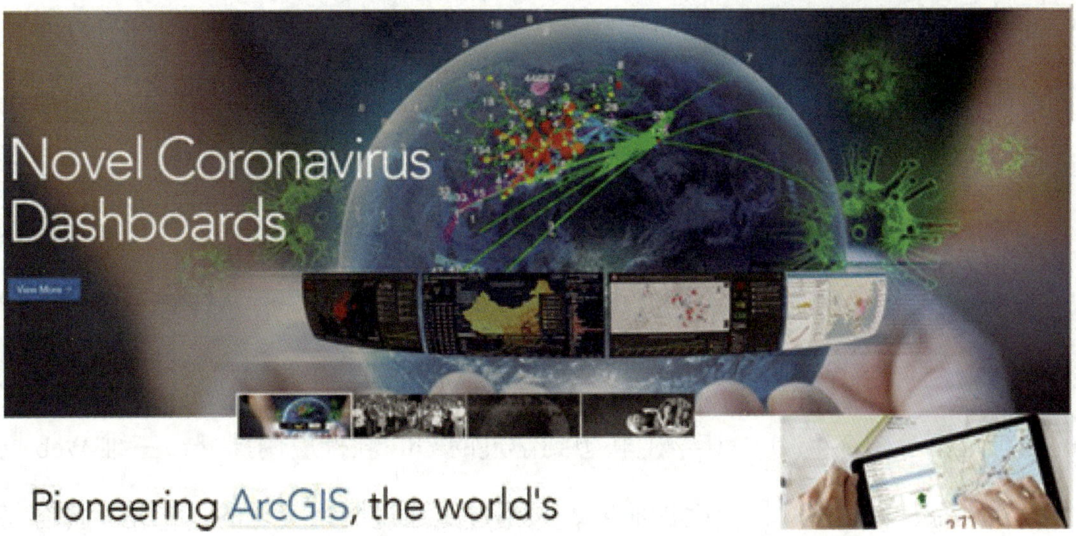

图3-4-1　利用Dashboads技术制作的新型冠状病毒肺炎疫情分析系统

图3-4-2　河大地理人重走长征路故事地图

3.4.2　启发式教学

Web GIS 作为地理信息技术的新进展，内容博大精深，不易理解。为了让学生快速准确地理解和把握 Web GIS 的基本原理，我们从几个方面开展启发式教学：一是结合所学过的课程知识，通过类比方法，让学生对技术原理有一个清晰的宏观把握。比如，在讲授三维 Web 场景一章时，开篇讲到：在 ArcGIS 当中，可以通过点、线、面图层的叠加，制作专题地图。三维 Web 场景生成的原理基本一样，就是通过网络平台对二维图层和三维图层叠加，图层样式配置，环境效果模拟，生成具有准确地理坐标，可以发布、共享、浏览、分析的三维地图（图 3-4-3）。让学生联想到学过的 GIS 软件应用课程，三维 Web 场景从原理上并不复杂，就是多个图层叠加而成，只不过是通过网络实现的。二是针对容易混淆的知识点，采取课堂提问方式，让学生先思考，然后再给出解释和回答。比如，场景图层包括点场景图层和点云场景图层，那么二者有什么区别？是点的数量不一样吗？点场景图层和点云场景图层虽然都是点图层，但二者是有区别的。首先，二者的来源不同：点云一般来自于激光扫描仪，也可以用 Drone2Map 基于重合的图像生成，往往点数密集，数据量大。点图层一般来自于点要素图层，可以用 ArcGIS Pro 创建，在此基础了做了三维缓存，以便快速显示。其次，二者的属性不同，点云一般有几个固定的属性：高程、类别、信号强度、自然色彩等。点图层在创建时可以设置任何的属性字段。三是二者的显示方法也不一样。比如点云可以用自然色来显示，而绝大部分点图层都没有自然色这一属性，也就不存在所谓的自然色显示。这类问题我们设置了 70 余个（图 3-4-4）。用启发引导学生思考，让思考加深知识理解。

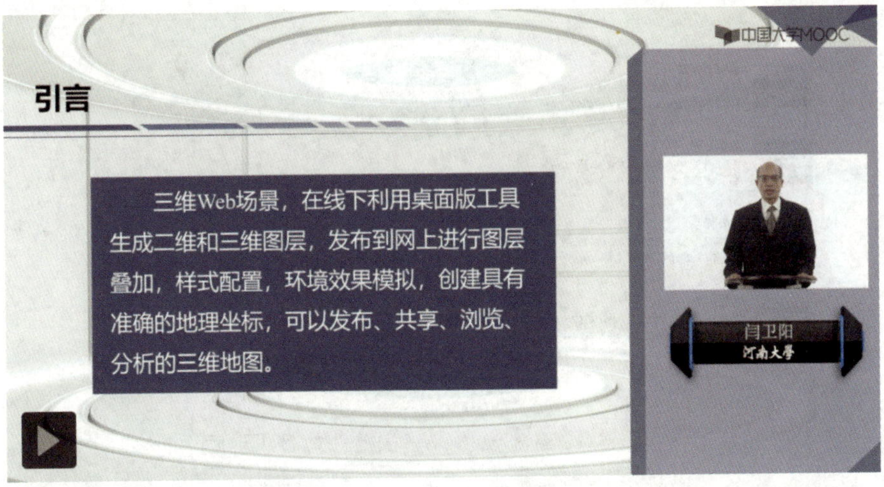

图3-4-3　三维Web场景课程引导

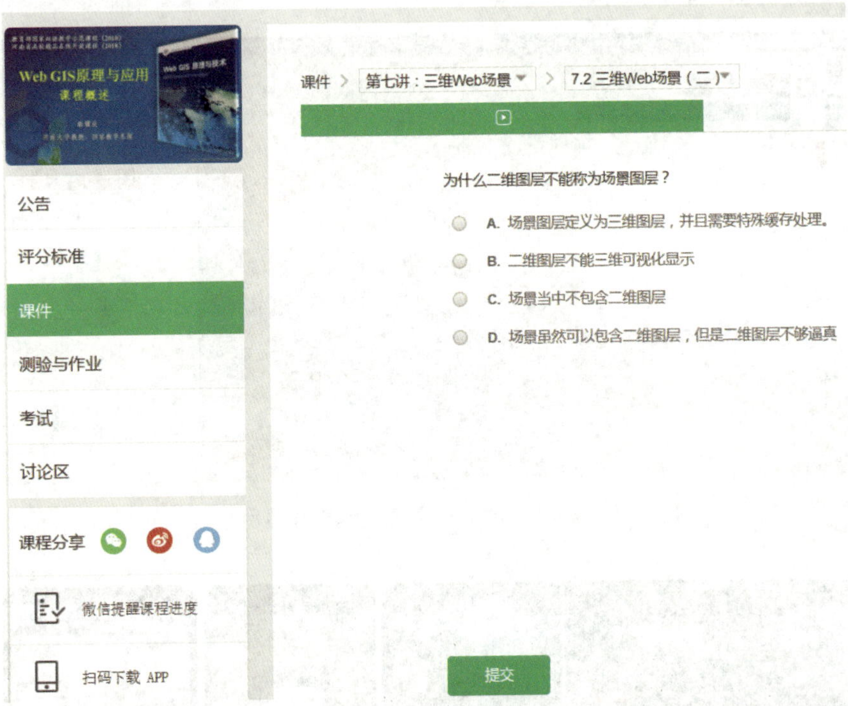

图3-4-4　针对疑难知识点的课堂提问与思考

3.4.3　实验案例教学

技术类课程往往具有这些特点：即使能够理解原理，但是技术实现困难；虽然技术能够实现，往往枯燥乏味。针对这些问题，我们在设置 Web GIS 实习教程时，一是采用屏幕录像，全程演示操作步骤，提供实习指导书，在线下课后可以反复操作。二是除考虑课程思政案例外，在实习教程中设计生动有趣的案例，激发学生的学习热情（图 3-4-5 至图 3-4-10），课后练习给出具有综合性、挑战性的题目，激发学生的创新活力。课程共设计实习项目 60 余项。

图3-4-5　故事地图实习案例

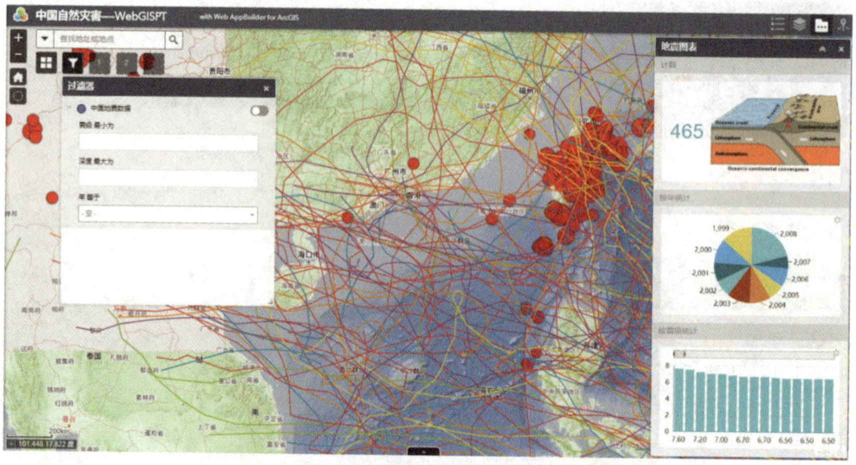

图3-4-6　地理信息聚合实习案例

图3-4-7　移动GIS实习案例

图3-4-8 三维Web场景实习案例

图3-4-9 无人机遥感影像实习案例

图3-4-10 Web GIS定制开发实习案例

3.4.4 信息化集成教学

依托中国大学 MOOC 平台，提前上传教学相关视频、课件、实习指导书、章节测验与作业等学习材料，为学生创建网上自主学习平台（图 3-4-11）。依托 ArcGIS Online 软件技术平台，提供 Web GIS 各项功能实现技术，同时教师上传数据到 ArcGIS Online，方便学生实习操作（图 3-4-12）。创建中国地球系统科学数据中心黄河中下游数据分中心，免费获取基础地理数据和专题数据，为学生实践创新提供数据服务（图 3-4-13）。同时，还充分利用腾讯会议、微信群、QQ 群提供参考文献和辅助指导（图 3-4-11）。

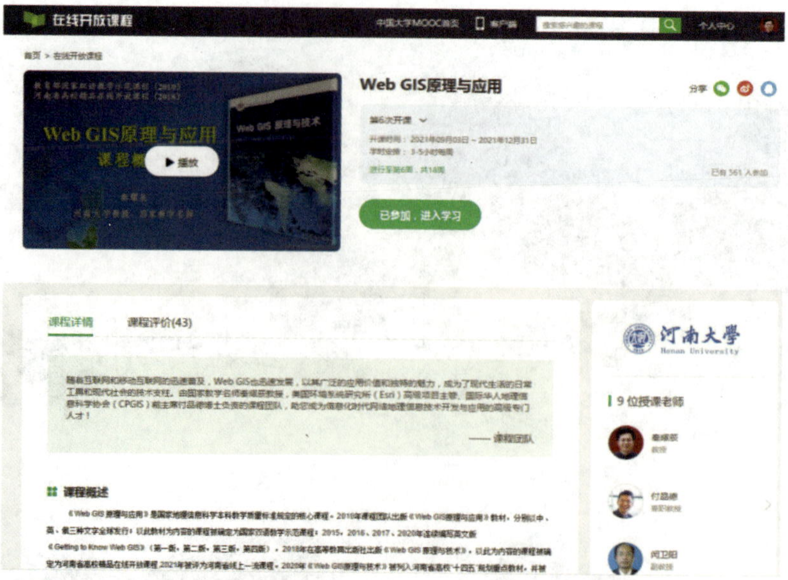

图3-4-11　中国大学MOOC课程在线平台

图3-4-12　ArcGIS Online在线技术平台

图3-4-13　国家地球系统科学数据中心黄河中下游数据分中心数据服务平台

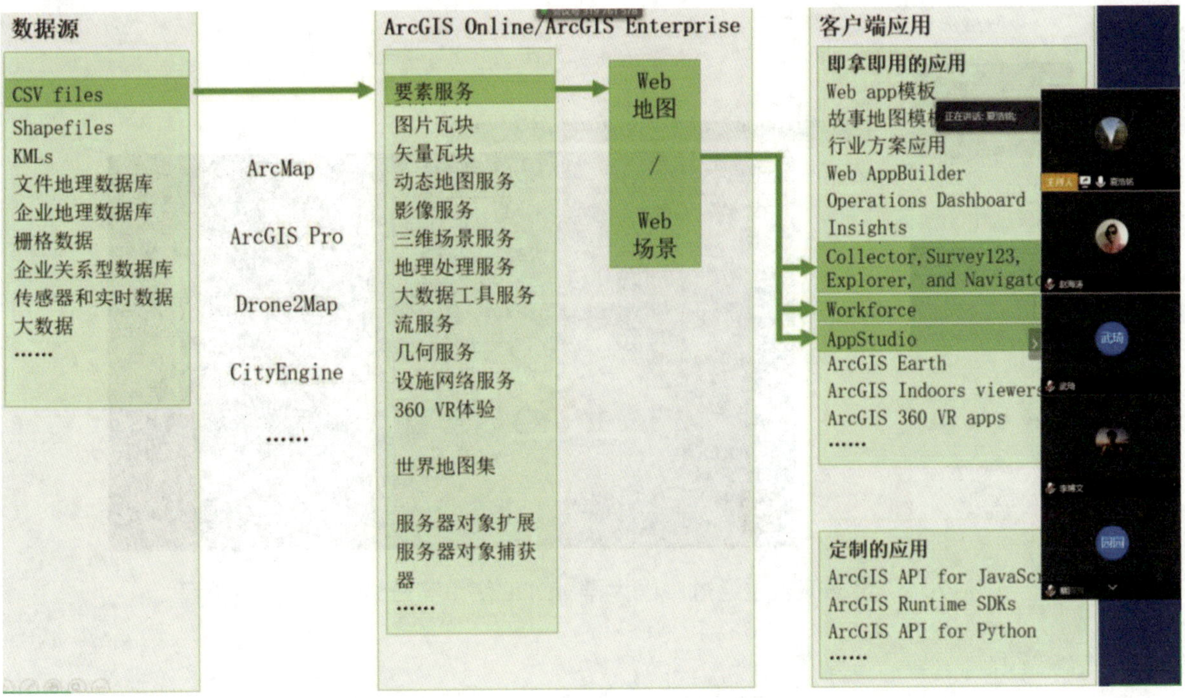

图3-4-14　腾讯会议直播与实时交流

3.4.5　双语示范教学

依托河南大学中美 ArcGIS 教学与应用研究中心，由付品德教授向美国哈佛大学、Redlands 大学英文讲授 Web GIS 课程（图 3-4-15），在中国大学 MOOC 平台中，上传英文视频和课件（图 3-4-16），让学生在学习知识和技能的同时，了解英语教学的特点，同时提升专业外语水平。

图3-4-15　付品德教授通过网络向美国高校讲授Web GIS课程

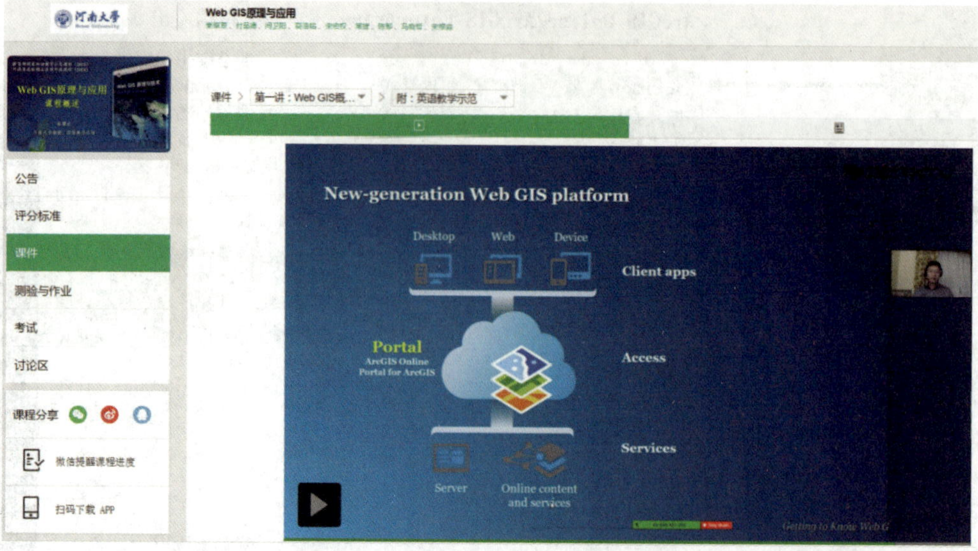

图3-4-16　付品德教授通过中国大学MOOC使用英语讲授Web GIS课程

3.5　教学过程管理

3.5.1　课程学习考核办法

本课程对学习者的考核包括：单元测验、单元作业、课堂讨论和期末考试（图 3-5-1 至图 3-5-3）。其中，60 分以上合格，85~100 分为优秀。具体评分标准如下：

（1）**单元测验**（20%）

均为客观题，每次测验允许尝试 3 次，30 分钟内完成，取最高成绩。

（2）**单元作业**（20%）

部分单元作业采用学生互评批改的方式，作业互评最少个数为 5 个。如果互评任务没有完成，系统会自动扣分。

（3）**课堂讨论**（10%）

要求在课程结束前，在“讨论活动”中发帖和回帖的数量总共达 10 条及以上，系统自动给分。

（4）**期末考试**（50%）

全部课程结束进行，题目来源为视频内容与配套教材《Web GIS 原理与技术》。

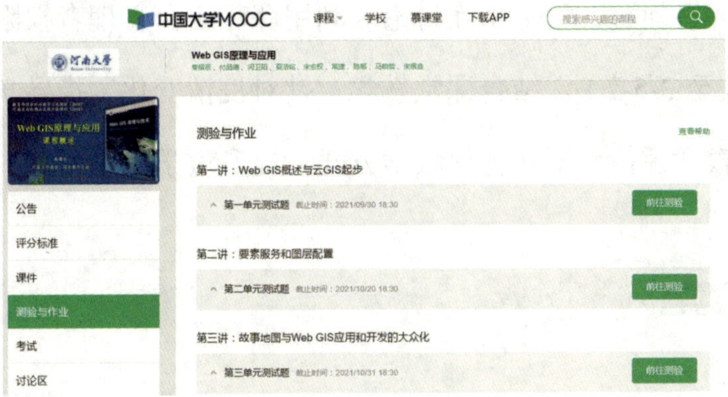

图3-5-1 测试与作业

图3-5-2 期末考试

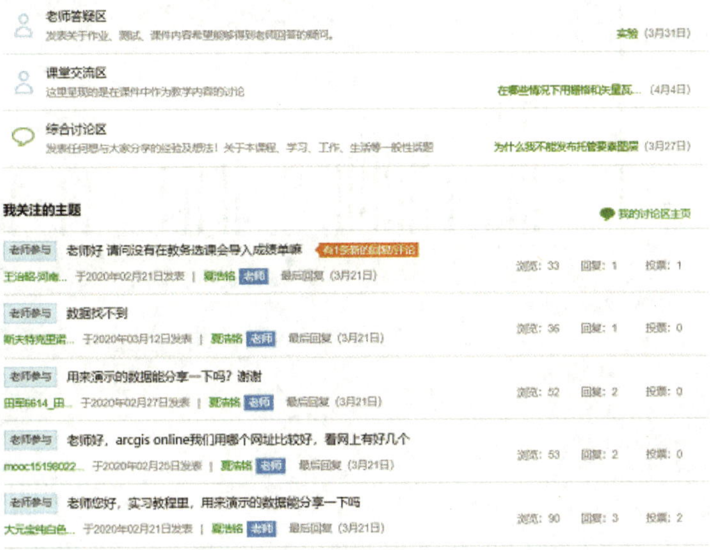

图3-5-3 课后讨论与答疑

3.5.2 全过程教学监测

通过把教学内容以及学习方法展现给学生，使学生通过网络平台能自主获取知识，根据自己的学习效果，合理安排时间在线预习和复习。设置老师答疑区、课堂交流区和综合讨论区，老师及时回答问题，学生相互讨论。利用课程后台管理者权限，对学生学习进程实时监测（图 3-5-4 至 3-5-7）。结合课堂教学，针对疫情变化，指导学生开展实践创新。通过全过程监控与教学评估，不断优化教学方式，提升教学质量。

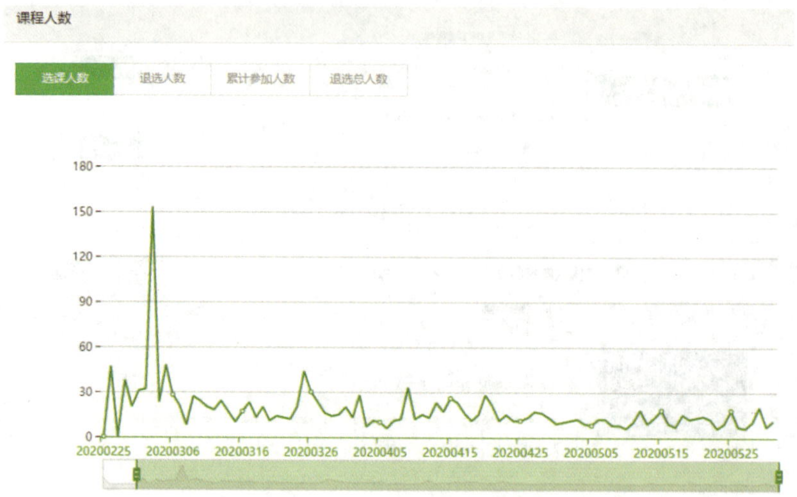

图3-5-4　选课人数监测

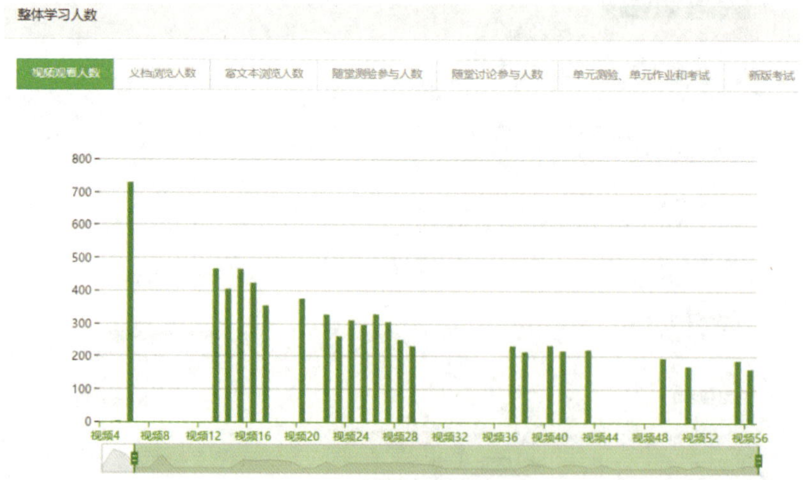

图3-5-5　实际学习人数监测

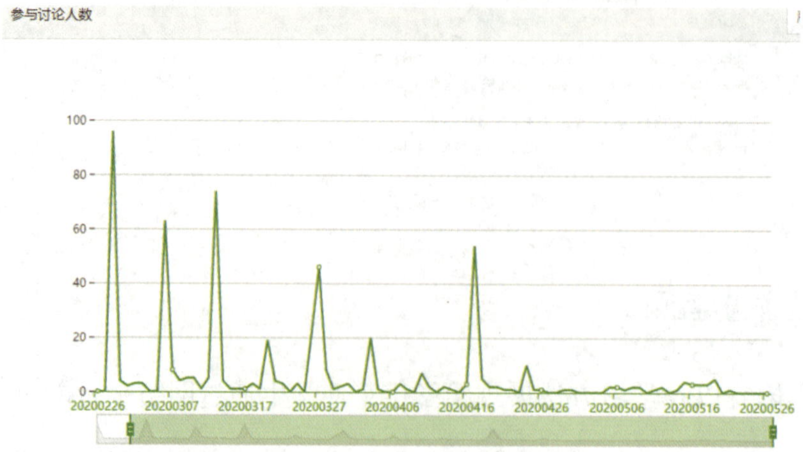

图3-5-6　课堂活跃度监测

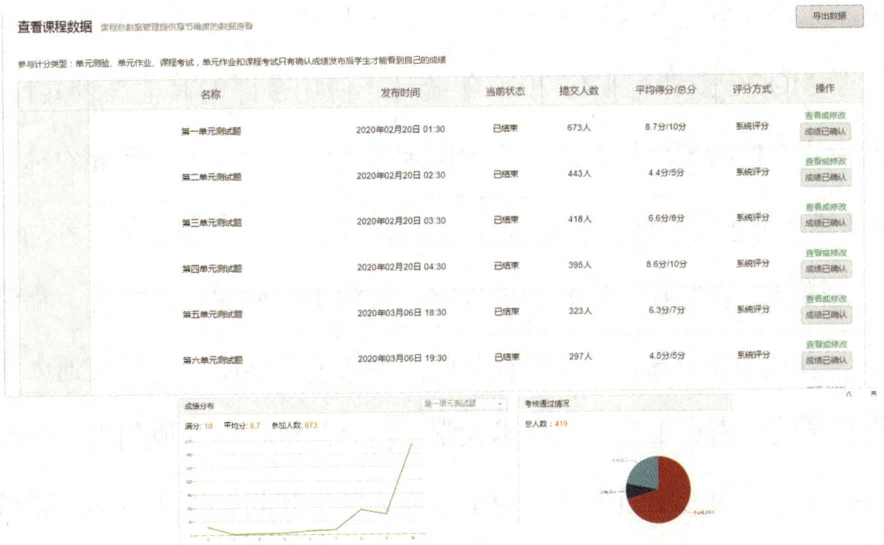

图3-5-7　课程考核情况监测

3.6　Web GIS在线课程应用评价与持续建设

3.6.1　使用分布与用户反馈

2019 年 4 月 20 日在中国大学 MOOC 正式上线，截至 2021 年 12 月，已开设 6 期，选修人数总计 8257 人（表 3-6-1）。2020 年新冠病毒肺炎抗疫期间，课程被中国地理学会、教育部高校地理教学指导委员会联合向全国推荐，产生广泛影响。

表3-6-1　Web GIS在线课程开课情况

学期	年度	开课时间	结束时间	选修人数	备注
1	2019	2019-04-20	2019-08-20	1154	已结课
2	2019	2019-10-09	2019-12-31	1470	已结课
3	2020	2020-02-20	2020-07-05	2042	已结课
4	2020	2020-09-03	2020-12-31	1533	已结课
5	2021	2021-03-10	2012-06-30	980	已结课
6	2021	2021-09-03	2021-12-31	1078	已结课

河南大学地理科学类专业每年 80 人选修，网络工程（智慧城市）专业课每年 108 人选。

课程注重将大学生创新创业与课程思政相结合、线上与线下授课相结合。

据中国大学 MOOC 爱课程平台 2020 年统计，使用慕课的其他高校共计 39 所，名单如下（用户没标注学校的未统计在内）：中国地质大学（武汉）、西北农林科技大学、重庆交通大学、南京林业大学、福建师范大学、云南师范大学、首都师范大学、浙江农林大学、华中农业大学、南昌工程学院、华北理工大学、常州工业职业技术学院、福建农林大学、湖南工商大学、湖南文理学院、华北科技学院、淮阴师范学院、兰州交通大学、辽宁工程技术大学、闽江学院、南京工业职业技术大学、南京邮电大学、厦门理工学院、山西农业大学、苏州科技大学、西南交通大学、西南石油大学、郑州轻工业大学、聊城大学、北部湾大学、安徽理工大学、西华师范大学，长春师范大学、合肥工业大学、内蒙古师范大学、湖南铁道职业技术学院、南宁师范大学、重庆工商职业学院、河南财经政法大学等。

至 2020 年使用 SPOC 的高校共计 17 所，名单如下：安徽理工大学、福建农林大学、甘肃林业职业技术学院、贵州师范大学、河南理工大学、湖南文理学院、淮阴师范学院、吉林建筑大学、江西农业大学、辽宁工程技术大学、内蒙古师范大学、南京邮电大学、南宁师范大学、南阳师范学院、山西农业大学、首都师范大学、苏州科技大学等。

据中国石油大学、中国矿业大学、东北师范大学、西北大学、河南财经政法大学等高校使用反馈，认为本课程以教材研发为基础，以内容创新为核心，以综合教学改革为关键，以人才培养为目标，理论联系实际，技术前沿；内容体系完整，逻辑清晰，设计合理；科教融合，学思结合，注重学生实践创新和素质教育；循序渐进，讲解清楚，科学严谨，是一门高校地理信息技术类的优秀课程。

3.6.2 建设特色与经验总结

根据众多高校的使用反馈，以及中国工程院院士王家耀教授和孙九林研究员等领域专家的评价意见，归纳起来，本课程具有以下鲜明特点：

（1）国际合作，基础扎实

国家“万人计划”教学名师秦耀辰、国际华人地理信息科学协会前主席付品德、《万维网 GIS》国家双语教学示范课程和教育部地理科学专业教学团队的核心成员，联合组成一支高水平国际合作课程团队。为教材研发、课程建设和教学改革提供了有力支撑。

（2）课程教材，交互提升

依托美国环境系统研究所一流技术平台和中国国家地球系统科学数据一流共享平台，开发中、英、俄多语种教材，支撑在线资源精品课程，教学实践丰富教材内容，教材和课程持续更新，交互提升。

（3）教学设计，思想性强

教学设计将科学性与思想性融合，理论与实践结合，引导学生将最新技术应用于新冠疫情监测、公共安全、自然灾害管理和地理国情教育等领域，培养学生的全球视野与家国情怀。

（4）技术前沿，体系完整

追踪国际 Web 地理技术前沿，将大数据、云计算、人工智能、物联网、虚拟现实和增强现实引入课程内容，与 Web GIS 基本原理相结合，创造性地建立起了 Web GIS 的技术和知识体系。

（5）教学改革，效果显著

在“Web 地理信息课程建设与服务模式研究”省重点教改项目支持下，教材获河南省首届教材建设一等奖（2021）；课程获学校“抗疫”课程思政一等奖（2020）、非标准答案及案例一等奖（2020，2021），河南省线上一流课程（2021）；学生实践获全国高校地理科学展示大赛一等奖（2017~2019），全国大学生 GIS 应用技能大赛一等奖等（2018~2021）。

3.6.3 建设更新与持续提升

（1）依托Web GIS国际联合虚拟教研室，开展教学研讨，进一步提升教师教学能力

河南大学牵头组建的虚拟教研室，联合了国内外重要教学和科研机构的高水平的领域专家参与。在课程后续建设中，加强技术交流和教学方法研讨，注重教学内容的优化设计，不断提升视频和课件质量。突出虚拟教室的职能定位和责任担当，不仅要提升在线课程任课教师的教学水平，而且通过线上线下全国性Web GIS课程研讨会，推动全国地理信息技术的发展和课程质量的整体提升。

（2）瞄准国际技术前沿，教材和课程互为借鉴，同步建设，持续更新

随着 Web GIS 技术与应用的迅猛发展，日新月异，让学生及时了解和掌握最新技术，是培养国际一流 GIS 人才的需要。课程以教材为参考，在授课过程中，把握学生学习中的重点、难点和薄弱环节，在应用实践中，科教融合，创新实践案例，并把这些内容融入新版教材，实现课程与教材的同步建设与提升。

（3）举办全国性课程竞赛，鼓励学生课程应用实践，调动学生学习积极性和创新活力

由于在线课程不再发放证书，有些高校不再将在线课程纳入学时学分，这在一定程度上影响了学生在线学习的积极性，参与学习过程中课程测试、问题讨论活跃度有所降低。这就要求，在课程理论讲授上更加清晰明了，在案例设计上更加生动有趣，贴近实际，在问题答疑上，更加及时，更有耐心，更具有针对性。尤其是，通过举办全国性的学生课程实践竞赛，不仅能起到推广在线课程的目的，而且也能调动学生的学习积极性和实践创新活力。

参考文献

[1]付品德，秦耀辰，闫卫阳，等，2022.Web GIS原理与应用[M]. 2版. 北京：高等教育出版社.

[2]教育部,财政部,国家发展和改革委员.统筹推进世界一流大学和一流学科建设实施办法（暂行）（教研[2017]2号）.2017-01-24[2022-10-04]http://www.gov.cn/xinwen/2017-01/27/content_5163903.htm

[3]教育部.关于国家精品课程的咨询.2013-12-17[2022-10-04].http://www.moe.gov.cn/jyb_hygq/hygq_zczx/moe_1346/moe_1354/201312/t20131227_161384.html

[4]教育部，2019-10-30.教育部关于一流本科课程建设的实施意见（教高〔2019〕8号）. [2022-10-04] http://www.moe.gov.cn/srcsite/A08/s7056/201910/t20191031_406269.html

[5]教育部，2021-12-14.新基建夯实高质量教育体系数字底座. [2022-10-04] http://www.moe.gov.cn/jyb_xwfb/s5147/202112/t20211214_587198.html

[6]教育部办公厅，2019-04-04.关于实施一流本科专业建设“双万计划”的通知（教高厅函[2019]18号）. [2022-10-04] http://www.moe.gov.cn/srcsite/A08/s7056/201904/t20190409_377216.html

[7]教育部办公厅，2017-01-25.教育部办公厅关于公布第二批“国家级精品资源共享课”名单的通知. [2022-10-04] http://www.moe.gov.cn/srcsite/A10/s7011/201702/t20170216_296448.html

[8]教育部办公厅，2016-07-01.教育部办公厅关于公布第一批“国家级精品资源共享课”名单的通知. [2022-10-04] http://www.moe.gov.cn/srcsite/A08/s5664/s7209/s6872/201607/t20160715_271959.html

[9]王静爱，苏筠，余瀚，2013.国家级精品资源共享课的建设与思考——以北京师范大学“中国地理”为例[J].中国大学教学，(11)：10-15.

第4章
地球系统科学数据共享中心建设与课程数据服务

地球系统是指由大气圈、水圈、冰冻圈、岩石圈、生物圈（包括人类）以及近地空间、地幔与地核组成的有机整体，系统内各圈层相互作用，物质和能量动态循环（姚建明，2015）。地球系统科学是以地球系统内部变化过程及其作用机制为研究对象的交叉科学，涵盖地质科学、地震科学、地球物理、地球化学、地理科学、资源科学、生态科学、环境科学、海洋科学、大气科学、地图学、水文学和地球科学其他学科（诸云强，2008）。

地球系统科学研究主要围绕长时间尺度全球环境变化问题，利用观测、理解、模拟和预测等方法和手段，揭示地球环境变化机理，并提出相应的解决办法和应对措施（陈泮勤，2003）。在数据科学和信息科学的支撑和推动下，地球系统科学作为前沿交叉学科在长期发展过程中积累了大量科学数据，作为国家创新与社会发展的战略资源，地球科学数据的长期分散和重复建设成为制约科技发展的主要瓶颈。我国著名资源学家孙九林院士指出，只有当科学数据进行交流和共享时才能充分发挥数据的价值和效益（孙九林，2002）。

在大数据时代，科技创新越来越依赖于科学数据的分析挖掘和综合利用，实现科学数据共享有利于促进创新、发挥数据价值、实现科学可持续发展（诸云强，2010）。地球系统科学数据是国家重要战略资源，加强数据资源规范化管理、有效推动数据共享对于促进人类对地球本身的科学认知、增强人类适应全球环境变化的能力、服务于区域和全球可持续发展具有重要意义。

在大数据时代，科学数据是重要的教学资源，科学数据共享平台是开展创新学习的重要基地。教师利用科学数据教学实验设计和科学创新活动，学生利用科学数据可以开展课堂教学实验和开展科技实践，借助科技创新平台既能开展大数据环境下创新学习，又能开展共享杯等具有挑战性的实践活动。

4.1 地球系统科学数据共享平台研发

4.1.1 地球系统科学数据共享中心发展历程

国家地球系统科学数据中心的发展最早可追溯到20世纪80年代我国国土资源信息系统的研究与建立。30多年前，时任中国科学院—国家计划委员会自然资源综合考察委员会副主任的孙九林院士高瞻远瞩，面向国家国土资源统一管理、综合研究、统筹规划的重大需求，率先提出并建成适合多层次国土区域规划和宏观管理的国土资源信息系统，并被推广到全国应用，解决了国土资源信息管理体系结构、信息分类编码、区域开发模型体系、统计型空间信息系统模式等科学和技术问题，推动了信息科学和技术在地理科学与资源环境研究中的开创性应用（孙九林，1986a；孙九林，1986b）。

1982年，中国科学院提出建设“科学数据库及其信息工程”专项，1987年，中国科学院-国家计委自然资源综合考察委员会加入中国科学院科学数据库与信息系统工程专项建设。1988年，可再生资源与环境数据中心加入世界数据中心（World Data Center， WDC），成为中国9个WDC学科中心之一（王卷乐，2007）。1999年，科技部启动科技基础数据库建设项目，中国地球科学数据中心得到了初步发展和建设。2003年，中国地球系统科学数据共享网作为首批科学数据共享项目试点工程，开始探索研究分散科学数据共享机制、标准规范、关键技术等（苏靖，2015）。2005年，科技部联合财政部设立平台建设专项，地球系统科学数据共享网进入全面建设阶段，扩充数据资源，培养人才队伍，建设形成了1个总中心、8个学科分中心（国家地理资源、天文、空间、地球物理、冰川冻土、湖泊—流域、土壤、全球变化）、7个区域分中心（东北黑土、黄土高原、青藏高原、黄河下游、长江三角洲、极地、南海及邻近海区）和5个数据资源点（大气成分、东亚古环境、流动人口、西南山地、物候），并于2010年开展对外服务。2011年，国家地球系统科学数据共享平台成为首批通过中华人民共和国科学技术部、中华人民共和国财政部（以下简称“科技部”“财政部”）认定的23家国家科技基础条件平台之一，纳入国家科技平台体系，持续开展地球系统科学数据共享服务工作（柏永青，2019）。2019年6月，科技部、财政部公布国家科技资源共享服务平台优化调整名单，国家地球系统科学数据中心通过国家认定，成为首批20个国家数据中心之一；同时，参与国家地球系统科学数据中心建设的原天文、空间、冰川冻土、青藏高原和极地分中心在优化整合之后分别被遴选为国家天文科学数据中心、国家空间科学数据中心、国家冰川冻土沙漠科学数据中心、国家青藏高原科学数据中心和国家极地科学数据中心。根据地球系统学科发展需要，国家地球系统科学数据中心进一步优化完善组织架构体系，新增京津冀地学分中心、HiGLASS 资源点、GLASS 资源点、水文水资源资源点和沙漠资源点，不断扩展数据资源的深度和广度。2019 年 8 月，国家地球系统科学数据中心建设运行实施方案（2020~2025 年）通过科技部评审，地球系统科学数据共享从此进入新纪元（图 4-1-1）。

长期以来，国家地球系统科学数据中心始终以集成整合与共享分散的地球系统科学研究数据为重点，服务科技创新，支撑国家需求。按照分阶段实施、独立自主创新、边研究、边建设、边服务、边完善的建设思路，旨在建成符合国情的、技术先进的地球系统科学数据共享国家平台，建成地球系统科学领域资源“产、学、研、用”相结合的数据共享可持续发展生态系统，实现长期、持续、无偿的数据共享服务，推动其他相关学科领域的数据共享，支撑科技创新与经济建设。目前国家地球系统科学数据中心由科技部牵头，由国家科技资源共享服务平台统一管理，依托中国科学院地理科学与资源研究所，联合中国科学院、中华人民共和国教育部、国家卫生健康委员会、国家海洋局等部委部门所属的 160 个科研院所、台站、高等院校等共同建设。

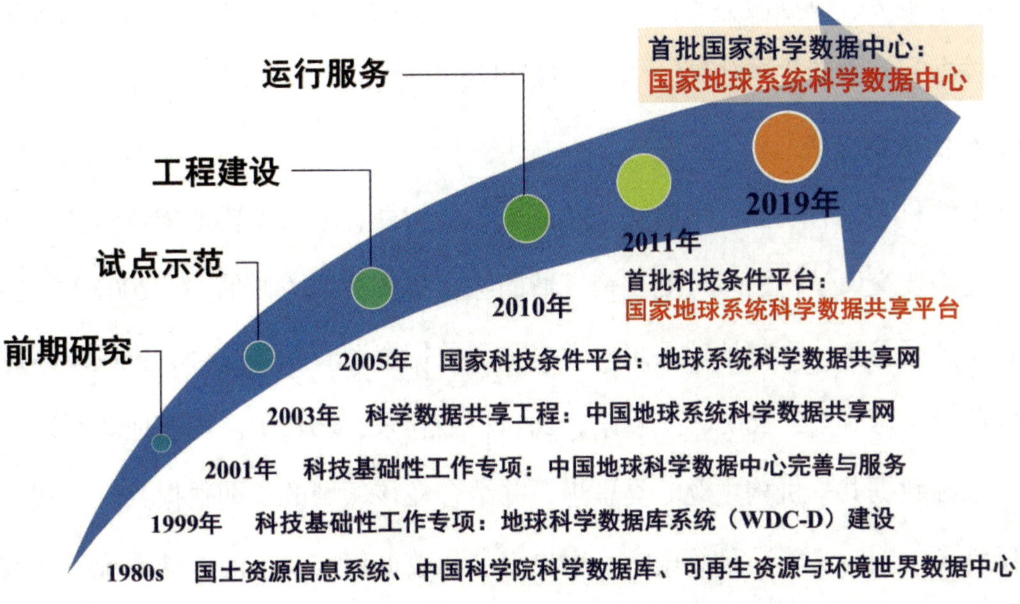

图4-1-1 国家地球系统科学数据中心发展历程

河南大学承建的黄河中下游分中心是国家地球系统科学数据中心的黄河中下游区域数据集成和综合信息服务平台，于 2003 年创立，目标是依据国家科学数据共享工程的数据共享规范、政策和地球系统科学数据共享网的标准，结合黄河流域地理单元特点，制定黄河流域数据共享的原则，完善黄河流域共享网络平台的数据服务功能；整理、抢救、挖掘黄河流域的文明演进与环境演变、水循环与环境效应、生态环境治理和经济与社会发展等方面的数据，针对黄河流域的重大科研项目和重大工程建设项目对数据的需求，加工生产系列化数据产品；丰富地球系统科学共享网的数据内容。定位是在国家科学数据共享工程的支持下形成一个拥有巨量信息资源的、地域特色突出的黄河流域地球系统科学数据中心和数据交换中心，为科学研究以及政府决策、经济活动、环境治理工程和公众咨询等提供数据服务。培养一批不同层次的数据融合、数据服务与数据共享的技术和管理的专门人才，推动共享工程持续、稳定、健康发展。黄河中下游分中心以中原为基地，以黄河为纽带，以科研和教学建设为动力，建设一个以黄河流域为特定地理单元的地球系统科学数据共享中心。

4.1.2 地球系统科学数据共享关键技术

结合地球系统科学数据时空尺度大、学科类型多、数据格式不一、综合性强等特点，国家地球系统科学数据中心在长期建设过程中勇于探索，不断攻克技术难关，解决了多源异构数据统一描述、查询检索、互操作、集成应用和在线共享等问题，实现了元数据、数据集成、目录服务、数据服务和网络服务等关键技术的突破，打通了地球系统科学数据全生命周期管理与共享技术价值链，为用户提供统一的数据共享服务（诸云强，2008）。

（1）科学数据分类

地球系统科学具有明显的学科交叉和区域集成特征，不仅需要地球科学各分支学科基础数据，更需要交叉学科、多尺度、跨区域的综合集成数据（傅伯杰，2007），构建科学合理的科学数据分类体系是地球系统科学多类型数据资源管理、整合、集成及高效共享利用的必要前提（廖顺宝，2005；王卷乐，2014；王卷乐，2015）。国家地球系统科学数据中心基于国际数据共享机构主题分类思想，并结合在该领域的长期数据共享实践，建立了具有我国特色、同时又能满足数据中心用户需求和数据集成要求的地球系统科学数据分类体系。

廖顺宝等（廖顺宝，2005）遵循科学性、系统性与完整性、层次性、可扩展性、实用性以及兼容性的原则，考虑中国地球系统科学数据资源的实际情况形成了地球系统科学的数据资源分类体系，该分类系统以地球为核心，首先向外划分为岩石圈、陆地表层、海洋、大气和外层空间五圈层系统；进一步划分为地质、地震、地球物理、地球化学、大地测量、地理、自然资源、生态、环境、对地观测、海洋、大气、空间和天文等 14 个一级学科分类；最后根据每个学科主要数据内容细分为 88 个数据类别。王卷乐等（王卷乐，2015）结合国家地球系统科学数据中心的用户服务特征，提出了数据目录分类和关键词表分类两种模式相结合的地球系统科学数据分类体系，既满足了数据共享服务过程中的用户需求又兼顾了数据分类的科学性和系统性。随着地球系统科学从深部到海洋和陆表的多圈层探索不断深入、多学科深层次互相渗透和融合、区域协同发展成为全球倡议、全球变化和可持续发展背景下的人地关系研究受到关注，国家地球系统科学数据中心不断优化调整数据资源分类体系，以“圈层 + 学科”为主线，结合国家发展战略和区域研究需求，形成了涵盖 5 大圈层、58 个三级学科的国家地球系统科学数据中心资源分类体系。

（2）数据共享服务关键技术

数据共享服务直接面向数据使用者，通过数据查询检索、资源共享等方式将数据（或挖掘产生的知识）提供给目标对象，涉及智能检索、目录服务、数据服务、数据安全等关键技术。

智能检索技术是数据服务的基础，构建地球系统科学数据基于时间、空间和主题内容特征的定量化精准语义关联网络（Chen Z， 2018），可实现数据高效检索及面向用户的数据智能推荐（陈祖刚，2018）。目录服务技术根据数据资源体系组织元数据集合，面向用户提供数据导航服务，面向计算机提供目录接口服务（诸云强， 2009），开放地理空间信息联盟（OGC）规定了地理空间信息目录服务接口规范，包含发布、发现和管理 3 类接口。数据服务技术，通过统一数据服务模型，屏蔽多源、异构数据的差异，实现数据统一访问、多层次服务；地球系统科学数据开放技术主要遵守 OGC 开放数据服务框架，提供多层次地理信息主题及领域内交叉性主题（如地球影像、遥感反演产品）数据服务。科学数据共享安全近年来受到高度重视，国家《科学数据管理办法》明确强调要保障科学数据安全（柏永青，2019；张洋，2019），现有数据服务平台多采用身份认证、访问控制、完整性校验、数据加密、安全审计等技术保障数据存储安全、传输安全以及保护数据版权（李善青，2019），最近受追捧的区块链技术也有望为数据共享安全提供新手段（郝世博，2018）。

（3）数据收集关键技术

数据收集阶段主要进行原始数据的采集和积累，其核心关键在于元数据处理。元数据技术包括对数据资源的内容、格式、范围、质量、来源、加工流程、使用方式等基本信息的描述和规定，是科学数据共享体系中连接数据生产者、使用者和管理者的纽带（王卷乐，2005）。地球系统科学学科覆盖面广、数据类型复杂多样，一种元数据标准通常很难描述所有类型数据资源；廖顺宝等（廖顺宝，2005）认为地球系统科学元数据技术必须支持标准框架下的个性化定制和扩展，覆盖核心元数据标准、元数据语义规则与元数据扩展机制等基础框架；学科或专题元数据标准可基于此面向学科或专题应用需要进行扩展。地球系统科学元数据需重点强调数据时间跨度、空间覆盖范围、获取尺度、空间参考和坐标、时空表达方式以及比例尺和时空分辨率等与时空要素相关的元数据信息，解决好多源、多时相、多尺度、多分辨率和多种类型数据的组织、管理、访问和获取问题，提升数据资源的学科覆盖面和时空完备性（诸云强，2008；诸云强，2010）。

科学数据汇交是科学数据收集的重要途径，需要从应用层、支撑平台层和数据层构建数据汇交流程体系，对成果登记、数据传输、元数据汇交、数据溯源等基础技术进行规范化（胡聪，2019；陈松景，2018）。保证数据的真实性和可靠性是数据汇交工作的基本要求，基于数据溯源的数据质量控制与可信管理至关重要；当前行业应用较为广泛的数据溯源框架包括信息描述模型、通用表达模型、领域应用模型、安全管理模型与区块链溯源管理模型等，针对关系数据库、科学工作流、大数据平台、云计算和区块链等典型应用环境的数据溯源计算方法已相对成熟（王芳，2019）。

（4）数据管理关键技术

数据管理是数据共享服务的基础，需重点突破分布式互操作技术。国内科学数据共享平台数据资源建设可分为专业化生产模式、联合共建共享模式和数据交换模式3类（刘润达，2010），专业化模式多满足国家层面数据资源保藏需求；联合共建共享模式和数据交换模式都涉及“物理上分布、逻辑上统一”的多节点数据资源的互操作。通过互操作技术，多个数据管理维护单位共同推进数据资源整合工作，为用户提供一站式的数据共享服务、支持个性化的专业数据定制服务，同时能有效解决单点服务带来的网络堵塞、系统负载过大等问题（诸云强，2009）。地球系统科学数据种类繁多，数据间具有时间相异、基准相异、结构相异、平台相异等多源异构性，需建立多级异构数据交换系统框架，采取中间件技术和动态投影技术等多源异构数据集成子系统，保证不同结构或不同格式数据互操作的协调一致（赵志明，2019）。

（5）数据分析关键技术

数据分析旨在从海量数据中获取有效信息，是传统数据服务转型“数据 + 知识”服务的关键（杨雅萍，2019）；在大数据时代，数据密集型科学成为科学研究第四范式（Hey T，2012），对数据分析技术提出了新的技术。大数据预处理更加关注多类型异构数据的辨析、抽取和清洗等操作，数据处理更趋向于分布式非关系型模式，数据融合需解决好异构数据、非结构化数据的整合问题，数据网络挖掘、特异群组挖掘、图挖掘等新数据挖掘技术成为重点。此外，数据密集型科学发现离不开智能软件系统的支撑，当前主流的趋势是基于云平台提供大数据智能分析服务，构建“机器学习即服务”的数据分析服务模式（钟华，2018）。结合地球系统科学数据特点，其云平台多关注以下功能特征：海量数据存储与管理，海量数据处理、挖掘和分析运算，复杂异构数据在线处理、分析与挖掘算法，第三方应用系统扩展接口，海量数据时间、空间、对象关联关系的交互可视化；当前较为热门的Google Earth Engine提供了很好的应用示范。

在关键技术研究方面，具有四个方面的创新：

①构建了新的科学数据共享技术体系，攻克了该体系下面向网络服务、分布与集中相结合的数据共享技术体系，分布式、多标准元数据统一管理、同步互操作、高效检索和优化排序，多源、异构数据资源统一访问和多层次服务和网络数据共享安全等4方面的关键技术，有效保障了多源、分散、异构科学数据高效、安全的“一站式”共享，自主研发了首套分布式科学数据共享基础软件。

②开拓性建成了我国唯一的地球系统科学数据共享国家平台（ESSDSP）以及黄河流域数据共享等区域分平台，创新分散科学数据资源共享的机制与模式，建立了多学科的地球系统科学数据库群，形成了完善的数据共享服务体系，持续开展了无偿的数据共享服务。

③自主发展了高精度的定位观测数据空间化、社会经济统计数据空间化方法以及基于栅格单元的矢量数据栅格化误差评价方法，为多学科、跨领域、不同类型的地球系统科学数据的集成分析、综合数据产品加工及其质量评价奠定了方法基础。

④制定了第1套系统的地球系统科学数据共享标准规范体系，填补了跨学科、跨领域地球系统科学数据共享标准规范的空白，为推动我国科学数据共享工程、重大科技计划项

目数据汇交做出了重要贡献。

4.1.3 地球系统科学数据共享服务系统平台建设

地球系统科学数据共享服务平台是支撑数据汇聚、开展数据管理和实现数据共享的重要纽带，为了能够有效整合集成多源分散数据资源，保障数据质量，为用户提供便捷“一站式”数据共享服务，国家地球系统科学数据中心共享服务平台采用面向服务（Service Oriented Architecture, SOA）的分布式软件体系（诸云强，2010），自主研发了一套“高效、开放、智能、便捷”全服务化的数据共享服务系统，建成了物理上分布、逻辑上统一的“总中心—分平台—数据资源点”三级架构系统框架，提供了跨平台、跨体系、跨语言的互操作能力，为分布式互操作提供了有效的解决途径（张洋，2019；贾文珏，2004）。

平台系统主要包括以下五个方面：

（1）门户服务系统

门户服务系统是平台对外服务的窗口，包含科学数据目录展示、平台特色应用报道、行业新闻资讯滚动、专题服务成效统计和资源网站导航、用户个人中心等主要模块，提供统一检索、统一认证、目录导航等基础服务以及个人中心数据订单、新闻资讯和资源推荐等个性化服务。

（2）专题数据系统

依据地球系统科学数据资源体系，专题数据系统主要提供跨学科、跨区域的数据资源可视分析功能和专题知识服务，实现对特色专题数据库及其数据资源的实时管控和更新维护。

（3）应用支撑系统

应用支撑系统对海量、多样化、异构的数据资源进行集中化管理，实现了科学数据汇聚、存储及传输的数据管理流程，以及数据汇聚—计算分析—知识应用的知识服务流程。应用支撑系统具有强大的扩展能力和容灾能力，既可以横向扩展以满足存储量的不断增加，又可以纵向扩展以满足不同信息分析、可视化表达、挖掘分析等对计算资源的不同需求。

（4）安全管理系统

基于《信息安全等级保护管理办法》和《信息安全技术信息系统安全保护等级定级指南》等国家标准的综合网络安全管理系统具备统一数据访问控制和大型网络异常流量控制功能，实现了异构数据资源的透明访问、用户及数据资源的权限管理、网络异常监控和数据灾备机制等，保障平台的安全运行。

（5）运行管理系统

具有运行监控管理、用户行为分析、资源一体化统计分析等功能，保障平台的稳定运行。实时监控平台数据资源状态特征，对资源类型、数据范围、数据时间等进行统计分析；实时监控平台用户访问及下载使用情况，对用户类型、数据申请用途、研究方向、申请的资源等进行综合分析，开展用户行为分析，基于用户画像分析技术，实现精准推送服务。

4.2 地球系统科学数据资源建设

4.2.1 地球系统科学数据标准建设

国家地球系统科学数据中心在长期数据整合汇聚、生产加工、挖掘分析、共享服务等探索实践过程中制定和完善了一套体系完整、可扩展、兼容性强的地学数据共享标准，内容涵盖数据共享联盟与平台章程、运行机制与管理条例、元数据标准、数据管理规范、平台开发与共享服务规范等各个方面。为保障数据质量和服务效率，国家地球系统科学数据中心在长期实践过程中创新性地提出了“六位一体”的数据管理理念，按照数据实体、数据样例、数据说明文档、数据缩略图、数据分类和元数据表的组织方式（柏永青，2019），严格把控每一条科学数据资源的完整性、准确性和可用性，在保证数据安全的前提下最大限度地为用户提供便捷共享服务。截至 2019 年 9 月，国家地球系统科学数据中心已制定 54 项管理章程、规章制度和标准规范，形成了较为完善和系统的地球系统科学数据共享标准规范体系，涵盖了数据的分类、集成、管理、分发、服务等各环节，保障了多源、异构地球系统科学数据整合集成和共享服务的标准化、规范化和制度化。

（1）数据管理类

共 19 项，包括地球系统科学学科分类体系、数据分类与标准、元数据标准、数据文档规范、数据质量管理办法、数据分级标准规范、矢量数据建库规范、栅格数据建库规范、属性数据建库规范、地球系统科学数据 DOI 注册规则、数据备份规范、数据迁移质量检查规范、国际数据资源引进与服务规定等。

（2）数据汇交类

共 13 项，包括国家重点基础研究发展计划资源环境领域项目数据汇交计划、汇交方式和格式说明、数据文档规范、元数据填报说明等，以及科技基础性工作专项项目科学数据汇交管理实施细则、数据汇交方案、数据文档规范、元数据规范、数据汇交方案审查规范、数据实体审查规范、数据编目规范、数据集成整编规程、数据汇交整编质量控制与评价规范等。

（3）平台研发类

共 2 项，包括地球系统科学数据共享软件平台编码规范和地球系统科学数据共享平台接口规范。

（4）共享服务类

共 2 项，包括平台共享服务规范和平台用户分级规范。

（5）专业数据管理规范

共 18 项，包括资源学科领域数据库建设与质量控制规范、资源学科领域数据整合技术规范、乡镇级人口数据空间化处理技术规范、湖泊调查技术规程、台站数据汇交标准、背景地区大气环境监测标准规范手册等。

4.2.2 地球系统科学数据资源库建设

国家地球系统科学数据中心致力于在整合集成分散在国内外数据中心群、科研院所、高等学校、野外台站和科学家个人手中历史的、现状的和未来的科学研究产生的数据资源，并接收国家重大科研项目数据汇交的基础上，二次加工和深度挖掘生成满足人地系统和地球各圈层相互关系研究的主题数据库和数据集（Chen Z，2018）。中心基于以圈层与学科并重的原则，以学科发展关键问题与国家重大战略需求为导向，依托长期稳定的国际资源镜像引进、科技项目数据汇交、野外站点观测与科学考察积累、历史资源深加工、科学家个人贡献等多层次数据汇聚渠道，按照“圈层系统—学科分类—主题要素—数据集”四级目录开展数据资源体系建设，目前已建成学科面广、多时空尺度的综合性国内规模最大的地球系统科学数据库群，涵盖大气圈、冰冻圈、岩石圈、陆地表层、海洋以及外层空间的 18 个一级学科、115 个主题要素的 24000 余个数据集，资源总量约 2.0 PB，在空间尺度上覆盖“站点—典型区域—全国—洲际—全球”，在时间尺度上跨越“百万年—万年—百年—

近现代—未来情景”。

随着国家《科学数据管理办法》的出台，国家科技项目数据汇交已成为数据共享应用的大势所趋。国家地球系统科学数据中心首创科技计划项目数据汇交与管理模式，自2000 年起先后参与并承担科技基础性工作专项项目与“973”计划资源环境领域数据汇交与管理，并成立了“973”计划资源环境领域数据汇交管理中心和科技基础性工作专项项目数据汇交管理中心，参与制定科技计划项目数据汇交管理办法及技术规范 13 项，开展数据汇交培训 50 多次，提供项目数据汇交与管理经验模式，推动国家科学数据汇交与共享应用示范。截至 2019 年 9 月，国家地球系统科学数据中心已接收 253 个 2014 年之前立项的科技基础性专项项目和 94 个 2014 年之前立项的“973”资源环境领域项目的数据汇交，汇交数据量超 31TB（刘润达，2009）。数据中心对已汇交科研项目成果进行汇聚、管理和挖掘，对于满足共享要求的项目成果数据，由国家科学数据中心向公众开展无偿共享服务，促进科研成果增值的同时，也为国家科技计划管理工作提供了支撑和指导。

4.3 地球系统科学数据共享服务及应用案例

4.3.1 地球系统科学数据共享服务

国家地球系统科学数据中心在长期发展过程中建立了一支稳定、专业、高效的服务队伍，拥有一批稳定的数据用户群。截止到 2019 年 9 月，数据中心实名注册用户超过 12.14 万人，网站访问量 3014 万人次，网站浏览量 3.04 亿次。无偿为 8000 余项国家和地方科技计划、国家重大专项 / 工程、民生科技、企业创新、科学普及及其他项目提供了有效的技术服务和数据支撑，产生了大量的经济效益。面对国家重大自然灾害，地球系统科学数据中心迅速响应，在第一时间开通救灾数据直通车服务，近年来先后为汶川、芦山、定西、九寨沟、宜宾、鲁甸、精河以及尼泊尔联邦民主共和国等国家和地区的地震灾情以及东北抗洪等自然灾害提供了灾区及周边地区基础地理、资源环境和社会经济类数据，为救灾和灾后重建工作提供了重大支撑。

自 2005 年起，国家地球系统科学数据中心团队在“一带一路”相关区域组织了 10 余次跨国综合科学考察和学术交流活动，与沿线多国科学家建立了深厚合作基础并签订了20余项合作协议，合作产出了众多具有国际影响力的科研成果。2014年中心主办“丝绸之路经济带生态环境与可持续发展国际研讨会”，首次提出科技支撑丝绸之路经济带建设的理念，促成了“一带一路”国际科学家联盟。建设了一批国内外合作平台与基地，稳步推进“一带一路”国际科学研究与交流，组织实施“一带一路”沿线发展中国家数据共享国际培训，培训人次达1000多人。2014年，地球系统科学数据共享国家平台构建、关键技术与应用服务项目获得“国家科技进步二等奖”，国家地球系统科学数据共享服务平台成为唯一一个获得国家科技奖励的数据平台。在支撑科技创新和服务科研信息化服务过程中，国家地球系统科学数据共享服务平台荣获2014~2015年中国科学院信息化十大应用案例。

《科学数据管理办法》发布之后，国家地球系统科学数据中心严格遵循办法规定的数据共享要求，积极借鉴国内外先进经验和成熟做法，加强科学数据全生命周期管理，不断重视数据安全，规范数据管理，无偿向全社会提供数据共享服务。近年来参与平台建设的各单位承担项目/课题636项，申请基金67个，总经费达12.03亿元；获得各类奖项130项，成功申请专利168个，累计发表文章1921篇，含SCI论文777篇，获得软件著作权259项，出版专著/图集82部。

4.3.2 地球系统科学共享平台支撑科技创新与经济社会发展案例

围绕国家重大战略、重大科研项目、重大民生工程、重大建设工程数据服务需求，形成了具有特色的典型服务案例，支撑了国家经济社会发展和科技创新。

（1）面向黄河流域生态保护和高质量发展专题服务

黄河流域生态保护和高质量发展，是习近平总书记提出的一项重大国家战略。2019年9月，习近平总书记在黄河流域生态保护和高质量发展座谈会上指出，“黄河流域生态保护和高质量发展，同京津冀协同发展、长江经济带发展、粤港澳大湾区建设、长三角一体化发展一样，是重大国家战略”。2020年1月，习近平总书记在中央财经委员会第六次会议上强调，黄河流域必须下大气力进行大保护、大治理，走生态保护和高质量发展的路子。2020年8月，中共中央政治局召开会议审议《黄河流域生态保护和高质量发展规划纲要》，并指出要把黄河流域生态保护和高质量发展作为事关中华民族伟大复兴的千秋大计，贯彻新发展理念，遵循自然规律和客观规律，统筹推进山水林田湖草沙综合治理、系统治理、源头治理，改善黄河流域生态环境，优化水资源配置，促进全流域高质量发展。2021 年 1 月，习近平总书记在十九届中央纪委五次全会上发表重要讲话，强调推动黄河流域生态保护和高质量发展，有利于发挥黄河流域在我国的重要生态屏障作用，有利于推动黄河流域重要经济地带作用的发挥，有利于积极支持流域省区打赢脱贫攻坚战，维护社会稳定、促进民族团结，对于实现“两个一百年”奋斗目标和中华民族伟大复兴的中国梦具有重要意义。

立足黄河流域生态保护和高质量发展国家战略，中心继续跟踪国家重点研发计划项目“河湖岸线和内河洲滩资源高效利用与保护关键技术研究”，为项目持续输送数据产品；对接和跟踪国家自然科学基金重点项目“黄河中下游滩涂生态保护关键技术体系研究”、国家自然科学基金面上项目“小浪底大坝对黄河下游农业景观生态系统系统服务的影响研究”“河南黄河供水去应对旱枯水的水资源保障关键技术”“黄河河南段高质量发展路径优选与调控”“黄河流域生态保护与高质量发展知识图谱构建与科学问题挖掘”等国家级、省部级黄河流域生态保护和高质量发展项目 / 课题，提供数据和技术服务（图 4-3-1）。

图4-3-1　黄河流域生态保护和高质量发展国家重大专项申报咨询会

（2）面向河南省暴雨洪涝灾害应急响应专题服务

2021 年 7 月下旬，河南省遭遇罕见持续强降雨，降雨持续时间长、累积雨量大、强降雨时段集中且范围广，省内多地国家级气象观测站突破建站以来日降雨量历史极值，引发了城市内涝和山洪地质灾害，造成多处基础设施损毁，造成了重大社会影响和生命财产损失。河南省委、省政府坚持人民至上、生命至上，高度重视防汛救灾工作，要求各级各部门深入贯彻落实习近平总书记关于防汛救灾工作的重要指示，立足防大汛、抗大灾，严格落实防汛责任制，抓实抓细各项工作，确保汛期人民生命财产安全。“科学救灾、全力应战”成为黄河中下游分中心义不容辞的责任。

面对史无前例的突发自然灾害险情，在国家地球系统科学数据中心的领导下，中心负责人组织工作人员迅速组织人员对相关数据进行梳理分析，基于多方面、多来源的数据和数字地理技术对河南省灾情进行综合分析，制定严密的数据收集和分析工作方案，对数据进行搜集和预处理，对土地利用 / 覆盖、城市地表水体变化、城市不透水层等开展高分遥感制图及安全隐患可视化工作，并以可视化数据直通车的形式及时向公众公布洪害应急数据集，包括河南省重点受灾区域动态、实时暴雨灾害数据，包括：河南暴雨灾害区空间分布数据；河南暴雨受灾人口数据；河南暴雨灾害转移人口数据；河南暴雨灾害死亡人口数据；河南暴雨灾害区暴雨时间数据；河南暴雨灾害区暴雨持续时间数据；河南暴雨灾害区最大小时雨强；河南暴雨灾害区最大 2 小时雨强；河南暴雨灾害泄洪区分布数据；河南暴雨灾害决堤口分布数据；河南暴雨灾害区临时取水点分布数据；郑州市暴雨塌方点空间分布数据；郑州市暴雨积水点空间分布数据；河南省重点受灾区交通数据；河南省重点受灾区河流数据；河南省重点受灾区居民点数据。以便为正确认知河南洪害提供更高精度的数据支撑，从而进一步为河南洪害贡献科学解决方案和决策建议（图 4-3-2）。

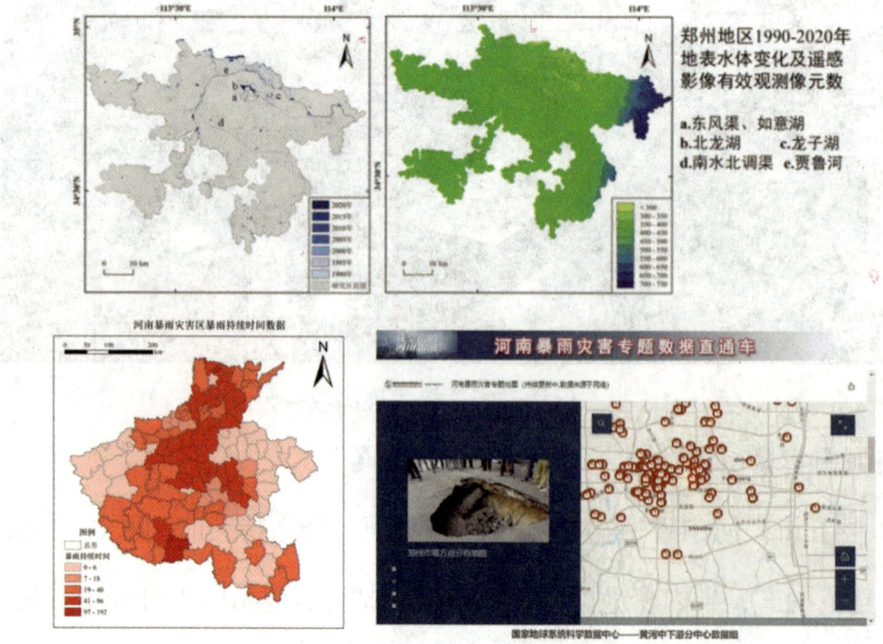

图4-3-2　黄河中下游分中心的专题服务资源

（3）面向大学生创新创业专题服务

早在 1990 年，我国就开展了基础教育阶段实施就业创业教育的项目研究，但我国大学生创业比例比较低。据有关调查显示，在我国的创业者群体中，“具有大学学历的创业者在全部创业群体中仅占 3.7%”，而发达国家一般占 20%~30%。这说明我国高校的创新创业教育尚处于起步阶段，其系统性、科学性和可操作性还不够完善。近几年，我国高校大学生创新创业教育虽取得了一定的成效，但整体上还存在着诸多问题，如大学生创新创业教育的师资建设不完善、大学生创新创业教育的理论体系不健全；大学生创业教育的文化氛围不浓厚；大学生创业教育的开展范围不广泛等等。目前，在我国一些高等院校，围绕“共享杯”“挑战杯”“创业计划”大赛，运用第二课堂的形式开展大学生创新创业教育已经成为较普遍的形式。

随着我国社会主义市场经济体制的发展，创新创业对经济发展的巨大作用越来越受到重视，同时，社会经济的发展对人才的素质提出了更高的要求。从我国目前经济发展和教育改革与发展的现状来看，迫切需要对学生开展创新创业教育，这是时代提出的要求，也是社会发展的必然趋势。目前各高校越来越重视开展创业教育，大力扶持那些掌握创新知识的大学生进行创业，成为国家基础研究和高科技领域原始创新的主力军，为建设创新型国家提供支持和保障。

黄河中下游分中心从 2013 年开始致力于大学生创新创业服务，9 年来，通过数据资源、软硬件技术支撑百余项大学生创新创业活动，支撑几十项大学生创新创业竞赛获奖，取得了丰硕的成果。2021 年，中心持续支持高校大学生自主创新创业，线上、线下共享数据资源推动十余所高等院校大学生参加各类大学生竞赛，包括：ESRI 杯中国大学生 GIS 软件开发竞赛、全国 GIS 开发大赛、第 19 届 SuperMap 杯高校 GIS 大赛、第六届地图制图与应用专业竞赛等。中心在多届“共享杯”科技资源共享服务创新大赛宣传阶段，组织和开展了河南赛区的宣传和动员，深入河南大学、郑州大学、河南工业大学、河南农业大学、洛阳师范学院、韩山师范学院等高等院校，以及相关学术会议过程中开展“共享杯”竞赛的宣传和动员，宣传效果显著（图 4-3-3）。

图4-3-3　第九届“共享杯”科技资源共享服务创新大赛宣传照片

（4）国家重大水利工程项目“古贤水利枢纽工程”专题服务

水沙调控体系是黄河治理开发与管理总体布局的关键。通过构建完善的水沙调控体系，可以对黄河洪水、泥沙、径流（包括南水北调西线工程调水量）进行有效调控，满足维持黄河健康生命和经济社会发展的要求。黄河水沙调控体系的主要工程布局为建设龙羊峡、刘家峡、黑山峡、碛口、古贤、三门峡、小浪底等骨干水利枢纽。

古贤水库蓄水后将会对黄河蛇曲国家地质公园、清涧无定河曲流群国家地质公园造成不同程度的淹没。本次可研设置古贤水利枢纽对黄河蛇曲地质公园、清涧无定河曲流群国家地质公园影响专题，作为可行性研究阶段的重大专题之一，其主要的目的是深入研究古贤水利枢纽淹没对蛇曲地质公园、清涧无定河曲流群国家地质的影响工作，全面、客观、科学评价工程建设对蛇曲地质公园、清涧无定河曲流群国家地质公园的影响，从环境角度为古贤水利枢纽工程的推进提供坚实的技术支撑和有力依据。中心提供服务主要有：

提供系列数据资源服务：采集和集成了古贤水利枢纽涉及山西永和黄河蛇曲地质公园、陕西延川黄河蛇曲地质公园、黄河壶口瀑布国家地质公园、陕西清涧无定河曲流群地质公园地形图数据、基础地理数据、交通旅游数据、无人机航测数据、控制点测量数据、地质公园景观 360 全景影像数据等。

提供数据信息技术服务：①采用无人机遥感技术、虚拟现实技术等先进的地面测量手段对研究区进行地质公园内基础地理数据的采集及数据库建设；②构建地质公园的三维地形模型；③古贤水利枢纽工程对地质公园淹没影响分析。

这些服务都取得了很好的效果，利用中心提供的服务，用户完成了地质公园景观三维可视化系统、古贤水利枢纽工程对黄河蛇曲国家地质公园与清涧无定河曲流群地质公园淹没影响分析、工程正常运用期库区泥沙淤积对地质公园影响及三维模拟。针对以上模拟和分析提出了科学建议：深入研究水库蓄水后水动力条件发生变化及沟道沉积变化；开展地质公园景观价值评价及同类景观淹没影响调查和评价；针对地质公园特点提出相应的保护措施等（图 4-3-4）。

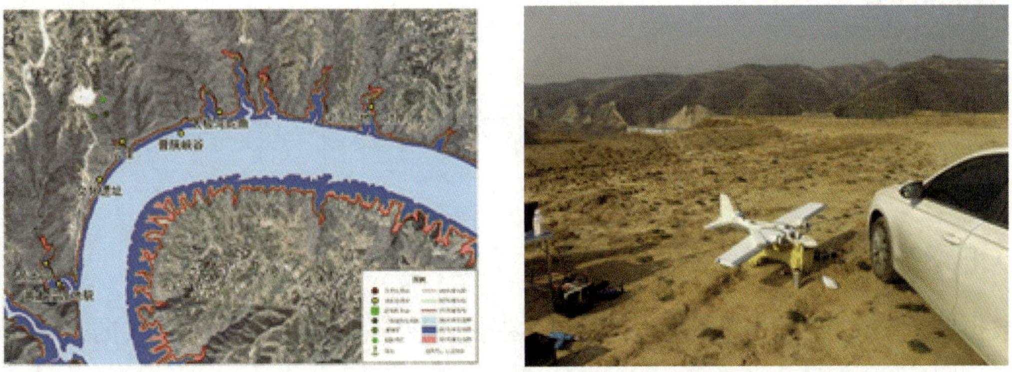

图4-3-4 服务数据采集和分析照片

（5）科技基础资源调查专项“中国南北过渡带综合科学考察”专题服务

秦岭—大巴山地是我国南北过渡带的主体，在地质、气候、生物、水系、土壤等多方面都呈现过渡性、敏感性、复杂性与多样性，蕴含着极为丰富的地学和生物学信息，是我国科学家在地理、生态、气候变化研究方面取得科学突破的关键地区之一，对于我国地域结构研究的深化、山地垂直带理论的构建以及地理要素变化对于全球气候变化的响应机理的研究都具有重大意义。

目前南北过渡带相关科学数据存在明显的“碎片化”和“局域化”问题，科学界对于暖温带与亚热带界限的具体位置缺乏共识，对秦巴山地的复杂性与异质性认识明显不足，对秦巴山地生物特有种的结构和机理还缺乏深入研究，对全球变暖背景下南北过渡带的响应方式和变化所知甚少。因此迫切需要开展多学科联合考察，提升对南北过渡带全面系统的认识。中心提供的服务主要有：

提供系列数据资源服务：南北过渡带东部重点区伏牛山地区基础地理数据、土壤类型数据、林业区划数据、农业资源数据、环境保护区数据、2015 年 Landsat 8 遥感影像数据、1995、2000、2005、2008、2010、2013、2015 年 7 期土地利用 / 土地覆被数据时间序列数据。

提供技术服务：中心在课题组野外调查过程中提供了多架次无人机影像数据，丰富南北过渡带土壤属性多维数据序列和数据库；对课题组参加野外调查人员进行技术指导，主要包括：野外调查路线设计、野外调查登记表设计、野外调查图件制作等。

取得的服务效果：①辅助课题组完成中部样带（西安—宁峡—万源）及重点采样区（米仓山）土壤的样地调查和样品采集；②提供数据和 GIS、RS 及无人机技术支持课题组完成研究区基础要素和资源的相关数据集和图件制作；③协助课题组完成相关规范并撰写《南北过渡带综合科学考察专题数据库建设规范》《南北过渡带综合科学考察土壤调查方法》《南北过渡带土壤考察报告》等报告。

4.4　地球系统科学数据共享平台课程教学服务

（1）科学数据是重要的教学资源

大数据时代，数据成为重要资源和生产要素，教学活动离不开科学数据，地球科学更是如此。地球科学课程教学内容具有极强时空特性、多维特性和动态变化等，地球系统科学数据共享平台的科学数据可以完整表达这些内容，比如利用平台提供上百年的气候小时变化数据，可以模拟地球的气候变化及环境变化，让同学很自然地了解气候变化过程。科学数据也是学生学习的重要资源，比如，WEB GIS 课程就用地球系统科学数据共享平台的数据资源，为课程实习提供服务。同时，学生们也可以用科学数据，开展更高层次的实践活动。

（2）地球系统科学数据共享平台是教学创新基地

地球系统科学数据共享平台创建了“黄河云”教学科研服务平台，利用这个平台，开展地球科学大数据分析挖掘、多维动态可视化设计等创新教学活动，组织多批次同学参加“共享杯”等竞赛教学活动。引导同学们利用平台科学数据资源开展学术论文撰写、科学数据共享平台技术研发等创新活动，培养学生的创新能力。依托平台在设立了科学数据共享硕士研究生培养方向，培养数据共享高级专业人才。

参考文献

[1]柏永青，杨雅萍，孙九林，2019.国内外科学数据管理办法研究进展[J].农业大数据学报，1(3)：5-20.

[2]陈泮勤，2003.地球系统科学的发展与展望[J].地球科学进展，18(6)：974-979.

[3]陈松景，钱庆，吴思竹，等，2018.精准医学大数据汇交管控模型与应用研究[J].中华医学书情报杂志，27(10)：14-19.

[4]陈祖刚，杨雅萍，2018.耦合尺度的地理实体空间相关度算法的建立与应用[J].地球信息科学学报，2018，20(1)：37-47.

[5]傅伯杰，牛栋，于贵瑞，2007.生态系统观测研究网络在地球系统科学中的作用[J].地理科学进展，26(1)：1-16.

[6]郝世博，徐文哲，唐正韵，2018.科学数据共享区块链模型及实现机理研究[J].情报理论与实践，41(11)：57-62.

[7]胡聪，2019.我国科学数据汇交管理现状、问题及对策研究[J].科技创业月刊，32(7)：81-84.

[8]贾文珏，陈玉敏，龚健雅，等，2004.基于WebService的OGC地图服务实现方法[J].测绘地理信息，29(4)：34-36.

[9]李善青，郑彦宁，邢晓昭，等，2019.科学数据共享的安全管理问题研究[J].中国科技资源导刊，51(3)：1-17.
[10]廖顺宝，蒋林，2005.地球系统科学数据分类体系研究[J].地理科学进展，24(6)：93-98.
[11]刘润达，赵辉，李大玲，2010.科学数据共享平台之数据联盟模式初探[J].中国基础科学，12(6)：27-32.
[12]刘润达，2009.科学数据门户及其构建实践研究:以地球系统科学数据共享网为例[D].中国科学院地理科学与资源研究所.
[13]苏靖，石蕾，王正，等，2015.推进科学数据与信息资源管理共享的思路与对策[J].中国科技资源导刊(5)：45-49.
[14]孙九林，李泽辉，1986.建立我国国土资源决策管理系统的初步探讨[J].自然资源学报，1(2)：75-86.
[15]孙九林，施慧中，2002.科学数据管理与共享[M].北京：中国科学技术出版社.
[16]孙九林，1986.国土资源信息系统的研究与建立[J].资源科学，8(1)：76-84.
[17]王芳，赵洪，马嘉悦，等，2019.数据科学视角下数据溯源研究与实践进展[J].中国图书馆学报，45(5)：79- 100.
[18]王卷乐，孙九林，2007.世界数据中心(WDC)中国学科中心数据共享进展[J].中国基础科学，9(2)：38-42.
[19]王卷乐，林海，冉盈盈，等，2014.面向数据共享的地球系统科学数据分类探讨[J].地球科学进展，29(2)：265-274.
[20]王卷乐，宋佳，卜坤，等，2015.国家地球系统科学数据共享平台数据分类编目与特征分析[J].中国科技资源导刊，47(6)：65-73.
[21]王卷乐，2005.科学数据交换中心元数据关键问题研究：以中国地球系统科学数据共享网为例[D].中国科学院地理科学与资源研究所博士学位论文.
[22]杨雅萍，王祎，白燕，等，2019.国家地球系统科学数据中心发展与实践[J].农业大数据学报，1(4)：5-13.
[23]姚建明，程雪苹，张凤，等，2015.科学技术概论[M].2版.北京：北京邮电大学出版社.
[24]张洋，肖燕珠，2019.生命周期视角下《科学数据管理办法》解读及其启示[J].图书馆学研究，(15)：37- 43.
[25]赵志明，2019.多源异构国土数据整合方法与云共享研究[J].测绘与空间地理信息，42(11)：173-176.
[26]中华人民共和国学科分类与代码国家标准GB/T13745-2009[S].北京：中国标准化研究院.
[27]钟华，刘杰，王伟，2018.科学大数据智能分析软件的现状与趋势[J].中国科学院院刊，33(8)：812-817.

[28]诸云强，刘润达，冯敏，等，2009.分布式地球系统科学数据共享平台研究[J].计算机工程与应用，45(1)：245-248.

[29]诸云强，孙九林，廖顺宝，等，2010.地球系统科学数据共享研究与实践[J].地球信息科学学报，12(1)：1-8.

[30]诸云强，2008.地球系统科学数据共享关键技术研究[M].北京：科学出版社.

[31]Chen Z, Song J, Yang Y, 2018. An approach to measuring se-mantic relatedness of geographic terminologies using a thesaurus and lexical database sources. ISPRS International Journal of Geo-Information, 7(3): 98.

[32]Hey T, 2012. The fourth Paradigm-Data-Intensive scientific Discovery. Berlin: E-Science and Information Management.

第5章
Web GIS 国际联合虚拟教研室的组织模式与运行机制

现代大学以课程为单元的教学研究组织是以系、所或教研室为基础进行的。然而大学基层教学组织形式在新冠疫情全球蔓延与信息技术网络化的双重作用下，正在发生历史性变革。国际联合虚拟教研室成为基层教研组织模式重构的新方向，其本质要义、组织模式、运行方式尚需探索。分析表明，这一新型教学组织具有显著的基础性、开放性、学术性和网络化特征，本质在于压缩空间、优化时间、整合资源，目的在于提升教学水平和人才培养质量。Web GIS 国际联合虚拟教研室，以国际一流课程团队为核心，精品课程和多语种教材为抓手，虚拟教研网络、数据共享中心和智慧教室为平台，以优质教学资源整合和一流 GIS 创新人才培养为目标，实现了互联互通、协作共享、高效运行的教学组织效果，为我国高校虚拟教室建设提供了一个范式。

5.1 国际联合虚拟教研室的创设背景与组织模式

5.1.1 国际联合虚拟教研室的创设背景

我国现代大学的基层教学组织形式，深受欧美的权威型讲座制、社团式学系制和苏俄的参与式教研室制三大典型基层组织模式影响（汤智，李小年，2015），经过百余年的历史演进，从引进、改造、虚化，正在走向重构（曾建潮等，2020；洪志忠，2016；刘小强，何齐宗，2010）。近 20 年来，我国高等教育的快速扩张与提质升级，使中国大学基层教学组织模式和运行机制逐渐展现出中国特色。针对基层教学组织在人才培养过程中教学组织功能发挥与缺失问题（王秀梅等，2020；陈晓琳，江珩，2013），需要创新基层教学组织的逻辑架构和运作模式。

2020年突发的全球新冠疫情，社会交往空间约束在网络信息技术的作用下，使大学的教学方式、教研形式和基层教研组织模式面临重大转变（陈琳，2020）。为了推动高校人才培养组织模式创新变革，教育部高教司已将“探索推进虚拟教研室项目建设”列入2021年工作要点（教育部高教司，2021）。国际联合虚拟教研室成为大学基础教研组织模式探索的一个新方向。这一新探索，在现实社会空间约束和网络技术支撑条件下，对于促进学科资源转化为课程资源，教师学术能力转换为教学能力，激发专业课程教学活力，提升学生综合实践与创新能力，具有重大意义。

河南大学与美国环境系统研究所（Esri）、澳大利亚墨尔本皇家理工大学（RMIT）、中国科学院地理科学与资源研究所、中国地质大学（北京）等机构联合，创建了Web GIS国际联合虚拟教研室。围绕Web GIS教学研究，将教研组织模式创新、立体化教材研发、教学资源集成、线上与线下课程建设及服务模式研究紧密结合，走出了一条地理信息技术课程的教研创新之路。总结Web GIS国际联合虚拟教研室创设之路，旨在探索国际化的虚拟教学研究组织创新模式。

5.1.2　国际联合虚拟教研室的核心要义和组织模式

国际联合虚拟教研室是跨学科、跨学校、跨平台，国际性教学研究工作者，聚焦大学专业课程教学中的学术问题，充分利用网络信息技术和虚拟教学平台，开展人才培养创新的学术共同体。国际联合虚拟教研室的实质在于压缩空间、优化时间，利用网络信息技术，超越时空限制，最大限度地利用一流教学资源，成倍提升教学研究效率，创造人才培养效益。

“国际联合”体现在更广泛的地域空间内、更广泛的专业课程领域的专家参与，发挥集体智慧优势。这就需要有效的组织管理模式，确保互联互通、协作共享、高效运行。“虚拟”体现在教师团队成员之间、教师与学生之间主要依靠网络联系、交流和互动。虚拟空间包括两种：一是基于网络信息技术，利用微信、微博、腾讯通讯、公众号、慕课堂等平台，开展教学研究和课程建设；二是基于数据共享平台，根据权限设置，教师可以上传教学资源，学生可以下载使用。另外，作为国际虚拟教研室的主导单位，还需要有与合作单位联系的实体空间和相应的配套设施，而智慧教室就是一种现代化的实体形式。虚拟空间、实体空间和共享空间的网络化信息平台成为支撑国际联合虚拟教研室运行的关键技术手段。“教研”是国际联合虚拟教研室建设和运行的主题，主要包括两大基本任务：一是立体化、多语种教材研发，包括教材内容设计、中外文教材编著和定期更新，教材推广，教材成果总结等；二是精品课程建设，包括课程内容设计、教学教法研究、课程培训、精品在线课程建设、课程评价、学生创新实践等。

国际联合虚拟教研室通过虚实结合、高效运行，其直接效果就是能够整合集成国际优质教学资源，高效率地转化为教学实践。包括中外文教学资源的整合，技术创新成果的引入和推广，实验数据库、实验项目库、课程思政项目库和试题库的建设，软件技术工具的集成，教学研究的合作和成果应用等。其最终目标在于，依托优质教学资源，培养具有国际视野、理论基础扎实、专业技能突出、具有家国情怀的一流创新人才。这也正是建设国际联合虚拟教研室的本质要义所在。

上述分析表明，国际联合虚拟教研室具有三大属性：基础性、开放性和学术性。基础性决定了其聚焦大学教学中的最基础单元——课程；开放性要求其面向国际、跨行业汇聚课程优质教学资源的特点；学术性则是课程教学研究特点决定的。第一属性与传统教研室并无差别，第二属性则完全区别于传统教研室，第三属性同于但更强于传统教研室。由三大属性决定了其相应的三大主要任务：建设、改革和创新。建设内容包括教材、课程、团队、实验条件和实践平台建设；改革则主要针对课程教学质量中的问题、约束和机制来展开；创新包括教材内容科学创新、实习实验应用技术创新、大学生技能竞赛创新等。三大属性与三大任务对应衔接，构成了基础教学建设、开放机制改革和教研学术创新的国际联合虚拟教研室三大宗旨。

根据国际联合虚拟教研室的本质要义和属性特征，其建构需要以国际化、跨行业专业课程团队为核心，以精品课程和立体化多语种教材为抓手，以数据共享中心、智慧教室和虚拟教研网络为技术平台，以跨界优质资源整合和一流创新人才培养为目标，实现互联互通、协作共享、高效运行的教学研究组织和运行机制。核心、抓手、平台、目标、运行，是国际联合虚拟教研室组成的 5 项基本要素，前 4 个有机关联和相互作用展示了其“组织模式”，在此基础上后 2 个要素的实现过程则完整体现出其“运行机制”（见图 5-1-1）。

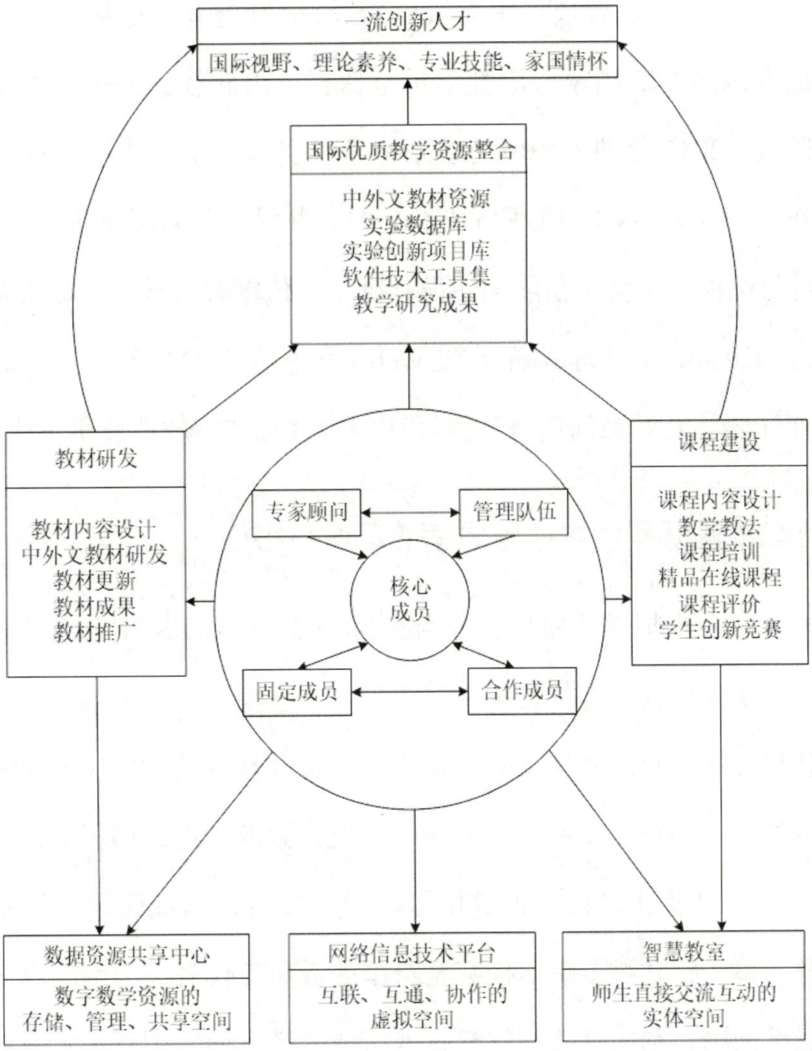

图5-1-1　国际联合虚拟教研室的组织模式与运行机制

5.2　Web GIS国际联合虚拟教研室的建构基础与组织模式

5.2.1　Web GIS国际联合虚拟教研室的建设历程

Web GIS 国际联合虚拟教研室经历了一个长期的历史积淀和建设过程。1983 年河南大学成立地理数据处理教研组，秦耀辰教授在地理专业开设计算机算法语言课程；1985 年成立地理数据处理实验室；1990 年中科院地理资源所孙九林研究员受聘河南大学兼职，与秦耀辰教授合作开设国内首个国土资源信息系统课程；1998 年与澳大利亚联合成立中澳地理信息分析与应用研究中心，以此为基础创办 GIS 本科专业方向；2003 年孙九林院士牵头主持创建国家地球系统科学数据共享中心，在河南大学设备份中心；2008 年与美国环境系统研究所（Esri）联合成立中美 ArcGIS 教学与应用研究中心，自 2010 年开始，联合申报教育部万维网 GIS 国家双语教学示范课程，由此教研团队开始了实质性的国际联合教学实践探索，2013 年纳入环境与规划国家级实验教学示范中心管理。2018 年河南大学与 Esri 合作开发《Web GIS 原理与技术》中文教材，并召开全国 40 多所高校和科研机构参加的教材与课程研讨会。在前期建设基础上，依据教育部关于新形势下建设新型教学组织的要求，2020 年河南大学率先筹建 Web GIS 国际联合实验室并在新冠疫情发生后试运行，2021 年正式运行并被河南省教育厅认定为首批省级虚拟教研室建设试点①。

5.2.2 Web GIS国际联合虚拟教研室的建设可行性

Web GIS 国际联合虚拟教研室作为整合国际一流 Web GIS 人才培养资源的基层教学组织，具备了进一步建设提升的优良条件。

①面向信息化时代和新冠疫情特殊时期需求，符合教育教学发展要求和发展导向。随着信息技术的迅猛发展和新冠疫情防控的特殊情况，为教学组织创新提供了技术支撑和迫切需求。2021 年教育部提出“探索推进虚拟教研室项目，以现代信息技术助推教学组织建设”。虚拟教研室是跨学科、跨学校甚至跨国的教研工作者，为解决高等教育课程教学中的共性、前瞻性问题，利用互联网信息技术组成的教学研究团队。Web GIS 国际联合虚拟教研室以更广阔的视野，顺势而为，应运而生。

②国家教学名师牵头，国家一流专业支撑，已经初步形成全球性教学研究网络。本教研室由国家教学名师牵头，联合国内外顶尖、知名领域专家，依托地理科学国家一流本科专业，前期开展了一系列教学研究活动。2018 年，由河南大学牵头，40 多所高校、科研院所合作的 Web GIS 教学研讨网络建成运行。“Web GIS 原理与应用”精品在线开放课程在中国大学 MOOC 上线，英文版同时在北美国家现场或者网络授课，全球性教学研究与实践网络初步形成。

③虚拟教研室较早正式运行，河南大学正式批复，具有良好的软硬件支持条件和运行效果。在中澳地理分析与应用研究中心、中美 ArcGIS 教学与应用研究中心等实体教研室建设基础上，2020 年虚拟教研室开始筹建并试运行，2021 年 6 月 18 日河南大学下发《关

① “Web GIS 国际联合虚拟教研室”，见《河南省教育厅关于公布 2021 年河南省本科高校虚拟教研室认定结果的通知》，教高〔2021〕347 号，2021-09-23；《河南大学关于成立 Web GIS 国际联合虚拟教研室的通知》，校发〔2021〕115 号，2021-06-18.

于成立 Web GIS 国际联合虚拟教研室的通知》（校发 [2021]115 号）批复文件，虚拟教研室正式运行。学校和所在的地理与环境学院给予了经费、场地、人员、设备、政策支持，前期运行效果良好。

5.2.3 Web GIS国际联合虚拟教研室的构建模式

Web GIS 国际联合虚拟教研室地域跨度大，参与人员多，要素关联复杂，为了确保组织有力、联系通畅、运行高效，从成员组织与分工、硬件支撑与建设、网络联通与交流等方面进行了全面整合和构建。

（1）成员构成

以河南大学为牵头单位，依托全国高校首批黄大年式地理学教师核心团队，联合美国 Esri、澳大利亚 RMIT、中国科学院地理科学与资源研究所及国家地球系统科学数据共享中心等国内外重要相关机构和平台，组建 Web GIS 国际联合虚拟教研室，合作创建、开放运行、共建共享。由河南大学提供建设与运行基本条件并直接领导。教研室按照五级架构组织：一是管理人员：由河南大学和美国 Esri 权威专家共同组成，负责把握专业课程学术方向，教研任务的安排、落实，重大事项决策。负责日常运行，并对教研室建设提供技术支持。二是核心成员：由《Web GIS 原理与技术》中英文教材作者，精品在线开放课程主讲教师，实习指导教师，教改项目参与人员组成。三是固定成员：由使用《Web GIS 原理与技术》教材的相关高校教师组成。四是合作成员：由开设 Web GIS 课程的相关高校教师组成。五是学术顾问：聘请合作机构的地理信息科学领域的专家，对学科发展方向、教育教学等重大问题，开展咨询和指导。

国际联合虚拟教研室主要成员 37 人，合作成员 105 人，共计 142 人。其中，“主要成员”，包括河南大学 22 人，美国 Esri 2 人，中国科学院地理与资源研究所 5 人，澳大利亚 RMIT 2 人，中国科学院空天信息创新研究院 1 人，中国地质大学（北京）1 人，捷克马萨里克大学 1 人，北京科博纳信息科技有限公司（北京工业大学）1 人，美国马里兰大学 1 人，长安大学 1 人。主要成员中，教授 19 人、副教授 13 人、中级 5 人；院士 4 人，国家教学名师 1 人，特聘教授与特聘研究员 13 人。“合作成员”集中于“全国 Web GIS 教学研讨”网络群：参加 2018 年全国《Web GIS 原理与技术》教材研讨会的清华大学、兰州大学、西北大学等 40 所高校，使用 2019 年 Web GIS 在线课程的 37 所高校，SPOC

的 17 所高校，共计 70 多所，参群教师 105 人，成为国际联合虚拟教研室的合作成员。国际联合虚拟教研室设有《Web GIS》教材研究与编写组，“Web GIS 原理与应用”精品在线开放课程教学组，“Web GIS”双语课程线下教学组，地理数据集成、共享与服务组，虚拟信息平台与智慧教室研究与建设组，地理信息课程建设组等合作教学研究小组①。

（2）硬件支撑

虚拟教研室涉及多地域、多机构和多行业的教研人员，需要有相对固定的空间场所和基础设施，作为交互联络中心。包括两部分：一是教学研究中心，内设电子大屏、全向麦克风、广角摄像头、计算机网络等。核心成员可以按照传统方式集中研讨，也可以通过网络全体成员进行交流，举行视频会议；二是智慧教室，配置网络教学软件、视频录制软件、Web GIS 软硬件，移动 GIS 所需要的平板、智能手机，虚拟现实头盔等。用于教学改革试验，录制精品课程等。

（3）网络连通

虚拟教研室成员之间互联、互通、协作、共享，是教研室运行的主要形式。包括：①以物理空间为基础，信息网络为通道，线上线下结合，针对某一重大研究专题，采用大中型视频会议形式。如：Web GIS 教材修订，Web GIS 课程培训，专题报告等。②基于通讯软件（QQ、微信、钉钉等）建立教学研究群，针对教学中某一特定问题或者活动信息，随时随地随机发布，展开讨论和解答。如：教材中疑难点的解答，课程实习操作步骤的解释，以及单人提出问题的讨论。③依托在线开放课程平台，共同完成视频、课件、作业、测试题目的设计和上传；在讨论板块提出讨论主题，共同探讨；对学生提出的问题共同解答。④建立在线公众信息平台（如微信公众号、Web GIS 国际联合虚拟教研室网站），对重要的教学研究成果予以发布，以更快的时间、更短的周期，展示研究进展，更加高效地推动 Web GIS

① 国际联合虚拟教研室主要组成人员及合作机构包括：国际联合虚拟教研室主任秦耀辰（河南大学教授），副主任付品德（美国 Esri 高级软件工程师），学术顾问孙九林（中国工程院院士、中国科学院地理科学与资源研究所研究员），学术顾问王家耀（中国工程院院士、河南大学教授），秘书长闫卫阳（河南大学副教授），副秘书长夏浩铭（河南大学副教授），刘钢军（澳大利亚 RMIT 高级讲师），郑新奇（中国地质大学教授），孔云峰（河南大学教授），秦奋（河南大学教授），宋宏权（河南大学教授），常捷（美国 Esri 高级软件工程师），William Cartwright（澳大利亚 RMIT 教授），杨雅萍（中国科学院地理科学与资源研究所高级工程师），王卷乐（中国科学院地理科学与资源研究所研究员），诸云强（中国科学院地理科学与资源研究所研究员），王喜（河南大学教授），张喜旺（河南大学教授），陈郁（河南大学实验师），马晓哲（河南大学讲师），翟石艳（河南大学副教授），宋根鑫（河南大学讲师），张丽君（河南大学副教授），王海鹰（河南大学副教授），李宁（河南大学实验师），Milan Konecny（国际欧亚科学院院士、捷克马萨里克大学教授），李强子（中国科学院空天研究院研究员、俄罗斯自然科学院院士），卢鹤立（河南大学教授），崔耀平（河南大学教授），韩志刚（河南大学教授），赵永（河南大学副教授），田海峰（河南大学讲师），杨东阳（河南大学讲师），史斌（北京工业大学 / 北京科博纳信息技术有限公司总经理），宋佳（中国科学院地理科学与资源研究所副研究员），冯敏（美国马里兰大学 / 中国科学院青藏高原研究所研究员），尹芳（长安大学副教授）。

技术发展和教学改革。

虚拟教研环境与虚拟教研网络结合，其上运行的是实体教研内容。虚拟教研网络上的“结点”是众多的教师和学生，结点有等级，教师的等级要高于学生，结点联网的类型、方式和强度多种多样，组织运行中还要考虑结网的这些方面。为推进产学研结合，“结点”还要考虑引入高新技术企业教师类型。

5.3 Web GIS国际联合虚拟教研室的建设目标与任务

5.3.1 Web GIS国际联合虚拟教研室的建设目标

（1）直接目标

整合集成 Web GIS 国际优质教学资源，并高效率地转化为教学实践。包括中外文教学资源的整合，技术创新成果的引入和推广，实验数据库、实验项目库、课程思政项目库和试题库的建设，软件技术工具的集成，教学研究的合作和成果应用等。

（2）间接目标

探索大学基层教学组织模式在新冠疫情全球蔓延与信息技术网络化的双重作用下重构的新方向，如何重铸实体空间、虚拟空间与资源共享空间，探索国际联合虚拟教研室的逻辑架构及运行模式。

（3）最终目标

依托优质教学资源，培养具有国际视野、理论基础扎实、专业技能突出、具有家国情怀的一流 Web GIS 创新人才。

5.3.2 Web GIS国际联合虚拟教研室的建设任务

围绕 Web GIS 教材编写、课程建设、平台建设、项目研究及创新人才培养，开展“五位一体”的系统化、立体化教学研究与实践，探索新时代教学组织的新形式、新模式，探索一流创新人才培养的新路径。

（1）教材更新与课程建设

2022 年新版教材和课程将根据国际最新 Web GIS 云平台技术进展，添加用户体验构建器、整合野外快速数据采集移动 GIS APP（FieldMaps）、增强现实 APP（AuGeo）、物联网和室内 GIS 技术、针对人群追踪监控、基于 Web 的交互式计算笔记本环境。拓展 Web GIS 最佳实践、人工智能和深度学习等前沿内容。随着 Web GIS 技术的发展，教材计划每两年更新一次，课程实时更新。

（2）课程服务与推广应用

召开全国性和国际课程研讨会，探讨课程设计和教学实践改革；通过媒体和自媒体向全国相关高校宣传和推广；通过线上线下结合，让学生对相关理论和实践技能融会贯通。本课程目前主要面向本科和研究生专业学生，下一步将构建非专业学生的课程体系和面向社会的科普教学体系。

（3）数据资源服务

通过国家科技部地球系统科学数据共享网，发放课程 PPT 和实验数据，对最新地理国情、应急管理和突发事件案例进行更新；鼓励学生将实验数据上传共享网，完善反馈互动机制。

（4）实验教学创新

进一步拓展实践创新，把课程技术体系与思政相结合，引导和设计红色革命相关题材实践练习，使思政和教学相融合。支持学生根据所学知识和技能，开展技术创新，达到学研用相结合的目的。通过线上线下答疑，对学生理论学习、技能掌握、实践创新给予及时有效指导。

5.4 Web GIS国际联合虚拟教研室的运行效果

5.4.1 Web GIS国际联合虚拟教研室催生中英俄多语种教材

随着互联网与大数据信息技术的发展，Web GIS 技术与应用日新月异，教材难以及时跟上。内容变化快，理论总结滞后；涉及面广，凝练和概括困难；技术性强，不易理解。针对以上问题，国际联合虚拟教研室基于美国 Esri 软件技术平台和中国国家地球系统科学数据共享服务平台，自 2010 年开始相继推出 Web GIS: Principles and Applications（英文版 2010，俄文版 2011），《Web GIS 原理与应用》（2012），Getting to Know Web GIS（2015，2016，2018，2020），《Web GIS 原理与技术》（2018；2022）等共 9 个版次的 Web GIS 系列教材（Pinde Fu, Jiulin Sun, 2010；付品德，2012；Pinde Fu，2015；Pinde Fu，2016；Pinde Fu，2018；付品德，秦耀辰，闫卫阳等，2018；Pinde Fu，2020），并建立起了中、外文教材交替更新机制，成为国际上地学类更新速度最快的教材之一。教材更新速度的加快，有效地保障了教学对新技术教材的现势性要求，并形成鲜明特色：

一是科学设计，思想性强。追踪国际前沿技术，把最新信息技术融入 Web GIS，体现科学性、综合性、系统性、先进性思想；设计生动实习案例，激发学生兴趣；实习步骤详细，容易上手；针对可能的疑问，给出问题解答，体现以人为本的思想。在实习教程、课后练习部分，设计并引导学生将地理国情、突发事件等与 Web GIS 在线分析、可视化相结合，体现思政教育融入教材的思想。

二是体系完整，技术前沿。教材全面系统阐述 Web GIS 原理、技术和应用，包括云端和服务器端的要素服务、动态地图服务、栅格瓦块和矢量瓦块服务、地理处理服务、流服务、三维场景服务、影像服务、云计算、大数据分析和人工智能工具；浏览器端的应用模板、故事地图、Web 应用构建器、实时监测、三维场景浏览器和 JavaScript 编程；移动 GIS、虚拟现实、增强现实和无人机技术，涵盖了 Web GIS 最新前沿技术。

三是逻辑清晰，易学易用。按照总论—分项技术—开发集成等设计，构建章节体系，每章设有概念、原理和技术、实习教程、问题解答和作业练习，逻辑清晰，循序渐进；克服信息类教材枯燥乏味，不易上手的难点，实习步骤清晰，并在线提供实习数据，可操作性强。Web GIS 定制开发，快速高效，易学易用。练习部分面向实际应用和国情教育，具有启发性、创新性、挑战性，有利于科教融合，锻炼学生科研创新能力。虚拟教研室学术顾问孙九林院士在教材《序》中评价该教材：体系完备、兼具实践性和前瞻性。

Web GIS 教材自 2010 年推出后，在国内外高校产生了持续、广泛的影响。英文版被哈佛大学、加州大学、纽约州立大学、霍普金斯大学在内的美、加、澳多国 100 余所高校选用。Web GIS 国际联合虚拟教研室在 2018 中文版出版后（付品德，秦耀辰，闫卫阳等，2018），从教材出版发行情况和实验实习网络监测显示，国内有清华大学、浙江大学、中国科学院大学、中国科学院地理科学与资源研究所、兰州大学、西北大学、东北师范大学、西北农林科技大学、中国矿业大学、中国地质大学、陕西师范大学、华中师范大学、中国石油大学、北京工业大学、中国人民解放军信息工程大学、南京农业大学等 130 余所高校的地理、测绘和网络工程专业的师生使用了本教材。

5.4.2 Web GIS国际联合虚拟教研室推动精品课程建设

跨机构国际联合教研活动的第一个成果是以 2010 版英文教材为内容创建“万维网 GIS”国家双语教学示范课程（Pinde Fu, Jiulin Sun, 2010），在此基础上又创建“Web GIS 原理与应用”精品在线开放课程（2018），并在中国大学 MOOC 上线（2019），支撑国家一流本科专业点建设（2019）。疫情期间在线课程被中国地理学会和教育部地理学教指委联合推荐为抗疫在线精品开放课程，英文课程在北美高校抗疫线上课程服务中也发挥积极作用。课程获河南大学“抗疫”课程思政一等奖、非标准答案及案例一等奖；学生实践获全国大学生 GIS 应用技能大赛一等奖等。

一是结合中英版教材，创新课程内容体系。在线课程系统讲授 Web GIS 原理、技术和应用，创造性地建立起了 Web GIS 的技术体系和知识体系。包括基于公有云和私有云的 Web 服务技术，例如三维地图服务、要素服务、矢量和栅格分析服务、推送服务、大数据分析和人工智能工具；浏览器端的应用模板、Web 应用构建器和定制开发；移动 GIS、虚拟现实、增强现实和无人机等最新技术及应用。面向地理、测绘、环境、规划、计算机等相关专业人员提供在线服务。

二是强化国际合作，打造精品课程鲜明特色。国际联合虚拟教研促进课程形成鲜明特色：基础扎实、国际合作的线上教师团队；交互提升、通用性强的多语种课程教材；思想性强、注重育人的教学设计；体系创新、技术前沿的课程内容体系；注重实践、培育创新的教学实践平台。

三是依托先进技术平台，整合优质教学资源。国际联合虚拟教研组织，集成了国际一流的丰富教学资源，为线上教学操作和实验实习提供了强有力的支撑。国际平台，依托联合教研单位美国 Esri 国际一流的 ArcGIS 软件技术平台和中国地球系统科学数据一流的国家资源共享平台，将数据—软件—教材有效集成，支撑在线资源精品实践教学环节，为国内外高校在校师生和社会学习者提供丰富、系统、实用的线上教学资源与实践平台。

国际联合虚拟教研室注重发挥团队优势，开展教学研究，产生了良好效果和影响。2018 年举办全国《Web GIS 原理与技术》课程培训班，建立了与国际联合虚拟教研组织呼应的“全国 Web GIS 教学与应用研讨群”，推动了 Web GIS 在中国高校的发展。自 2019 年在中国大学 MOOC 上线以后，目前已经开设 6 期。河南大学地理和网络工程类专业课线上线下选修。结合现实问题，教师指导，学生参与，开展知识学习、技能掌握与思政教学结合的教学实践创新，开发了新型冠状病毒肺炎疫情实时分布面板、基于 ArcGIS Online 云 GIS 的长征故事地图等实践项目。截至 2020 年底，使用慕课和 SPOC 的其他高校有中国地质大学（武汉）、西北农林科技大学、福建师范大学、兰州交通大学、南京邮电大学等 56 所。实验室通过网络向美国哈佛大学、加州大学讲授英文版课程，广受欢迎和好评。

“Web GIS 原理与应用”精品在线开放课程主要依据中文版教材授课，在美国等英语国家依据英文版教材授课。根据 Web GIS 学习者使用相关移动 GIS 实习数据的情况，通过手机所在地理位置识别，可以动态实时查看到本在线课程及多语种教材的使用分布情况（https:// learngis.maps.arcgis.com/home/webmap/viewer.html?webmap=272acf82a8a24be0b0453322130409b7），因为这里仅观测了使用课程和教材其中一章的使用情况，实际使用量会更多。可以看到，课程及教材的学习者遍布全球各地，在中、美两国分布密集（图 5-4-1）。

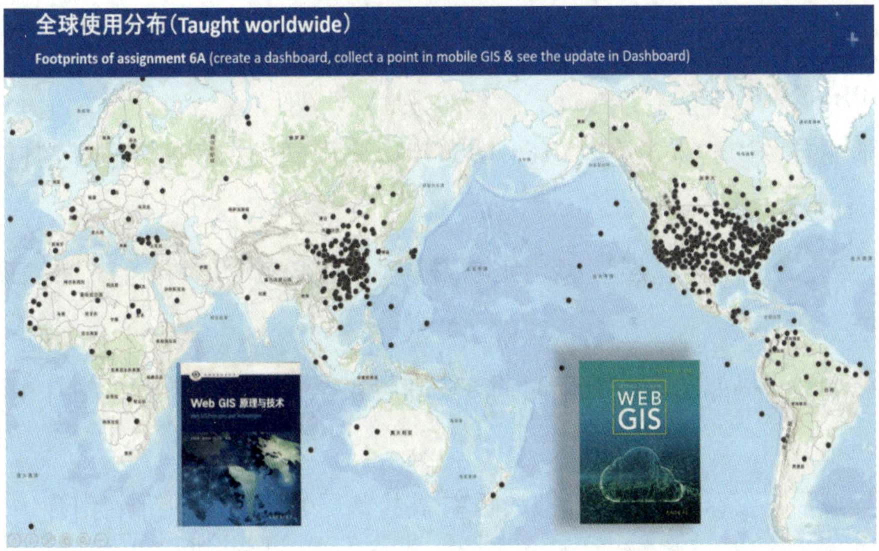

图5-4-1 Web GIS中英文教材及课程资源全球使用实时分布（2021.5.6-20:30）

新时期中国大学人才培养质量提升，需要加强基础教学组织建设与改革，重构基层教研组织模式。国际联合虚拟教研室是借助现代网络信息技术和虚拟教研平台，整合实体空间、虚拟空间与资源共享空间，聚焦大学专业课程建设，跨机构汇聚国际一流教学资源，高效率地开展教学研究的大学新型基层教研组织模式。这一组织模式具有显著的基础性、开放性、学术性和网络化特征。该模式的实质在于利用信息技术，压缩空间、优化时间、整合资源，提升人才培养的效率、效益和质量。

Web GIS 国际联合虚拟教研室的创新探索，推动了 Web GIS 的一流教学团队整合、一流专业课程创建、国际化特色教材培育、精品资源共享课程和双语教学示范课程建设，实现了国际一流教学资源要素的汇聚、互联、共享和协作的教研组织运行机制。实践表明，国际联合虚拟教研室已成为新时期我国重构大学基层教研组织模式的一个新方向。

参考文献

[1]陈琳，2020. 新冠疫情或催生新的大学教学形态及教学组织[J].高等理科教育，(3)：21-22.

[2]陈晓琳，江珩，2013. 新时期高校基层教学组织创新实践[J].中国大学教学，(8)：78-80.

[3]付品德，秦耀辰，闫卫阳，等，2018.Web GIS原理与技术[M].北京：高等教育出版社.

[4]付品德，孙九林，2012.Web GIS原理与应用[M].秦耀辰，王卷乐，等译.北京：高等教育出版社.

[5]洪志忠，2016.虚拟教研室：高校基层教研室的演化与重建[J].大学教育科学，(3)：86-92.

[6]教育部高等教育司，2021.关于印发《教育部高等教育司2021年工作要点》的通知：教高司函〔2021〕1号[Z].

[7]刘小强，何齐宗，2010.重建教研室：教学组织变革视野下的高校教学质量建设策略[J]. 高等教育研究，(10)：57-61.

[8]宁晓菊，张丽君，杨群涛，等，2015.1951年以来中国无霜期的变化趋势[J].地理学报，70(11):1811-1822

[9]汤智，李小年，2015.大学基层学术组织运行机制：国外模式及其借鉴[J].教育研究，36(6)：136-144.

[10]王秀梅，韩靖然，马海杰，2020.新时期高校基层教学组织的改革与发展[J].中国大学科学，(10)：62-68.

[11]曾建潮，吴淑琴，张春秀, 2020.虚拟教研室:高校基层教研组织创新探索[J].中国大学教学，(11)：64-69.

[12]Fu P D, Sun J L, 2010. Web GIS: Principles and Applications [M]. Redlands: ESRI Press.

[13]Fu P D, 2015. Getting to Know Web GIS[M]. (1st edition). Redlands: Esri Press.

[14]Fu P D, 2016. Getting to Know Web GIS[M]. (2nd edition). Redlands: Esri Press.

[15]Fu P D, 2018. Getting to Know Web GIS[M]. (1st edition). Redlands: Esri Press.

[16]Fu P D, 2020. Getting to Know Web GIS[M]. (1st edition). Redlands: Esri Press.

第6章 Web 地理信息课程服务模式研究

一流课程建设旨在通过优质课程资源共享，发挥课程的人才培养效益，对课程服务的广度、深度和精度提出了更高要求（王静爱，苏筠，余瀚，2013）。Web 地理信息课程服务体现在以下几个方面：一是教学资源的提供，不仅要面向线上、线下学习者，而且还要面向专业教师的辅助教学，提供全方位课程服务。二是利用在线课程平台、数据共享平台和技术服务平台，提供教材资源、在线课程、实验数据、软件技术等多种要素的系统化课程服务。三是依托国际联合虚拟教研室，利用智慧教室实体空间和网络虚拟空间，开展教学研讨，提供高质量课程服务。以 Web 地理信息课程为抓手，探讨有效的课程服务模式，充分发挥一流课程的建设效益，可以为其他地理信息课程建设提供示范，带动专业课程教学质量的整体提升。

本研究以培养一流地理信息科学人才为服务目标，以一流的教学队伍为服务主体，以一流的教材、课程、实验数据、软件技术、创新项目等集成式教学资源为服务内容，以现代信息技术支撑下的国际联合虚拟教研室为服务平台，以相关专业师生和社会技术人员为服务对象，基于现代教育技术、系统综合方法、评价与反馈机制，构建 Web 地理信息课程全方位、立体化、网络化的服务模式，可以为我国地理信息科学类在线课程教学和创新人才培养提供一种可供参考的范式。

6.1 Web地理信息课程服务模式构建方法

6.1.1 采用系统化方法构建Web GIS内容体系

Web 地理信息课程是系统性很强的一簇课程，涉及地图学、地理信息系统、测量学、遥感、卫星导航定位系统、计算机程序设计等地理信息专业基础课程，包含移动 GIS、数字高程模型、志愿式 GIS、云 GIS、大数据、物联网、虚拟地理环境等新型技术应用课程，而 Web GIS 是课程组的核心和总括。应当把课程建设看成一项系统工程，构建完整的 Web GIS 课程体系和知识体系（图 6-1-1，图 6-1-2）。

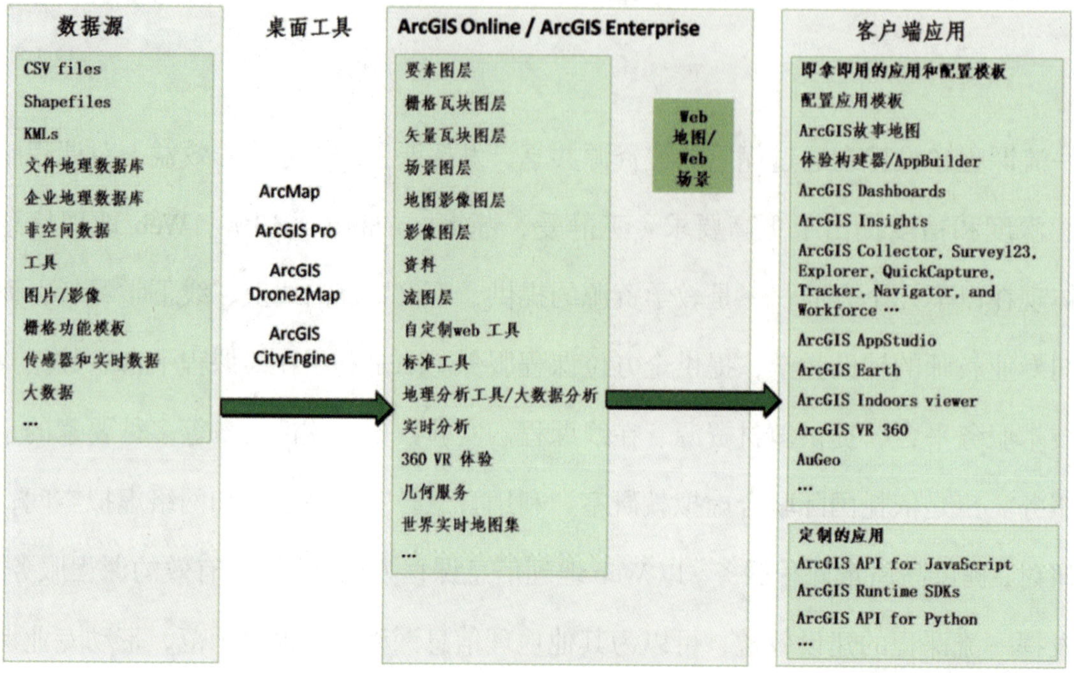

图6-1-1　Web GIS技术体系

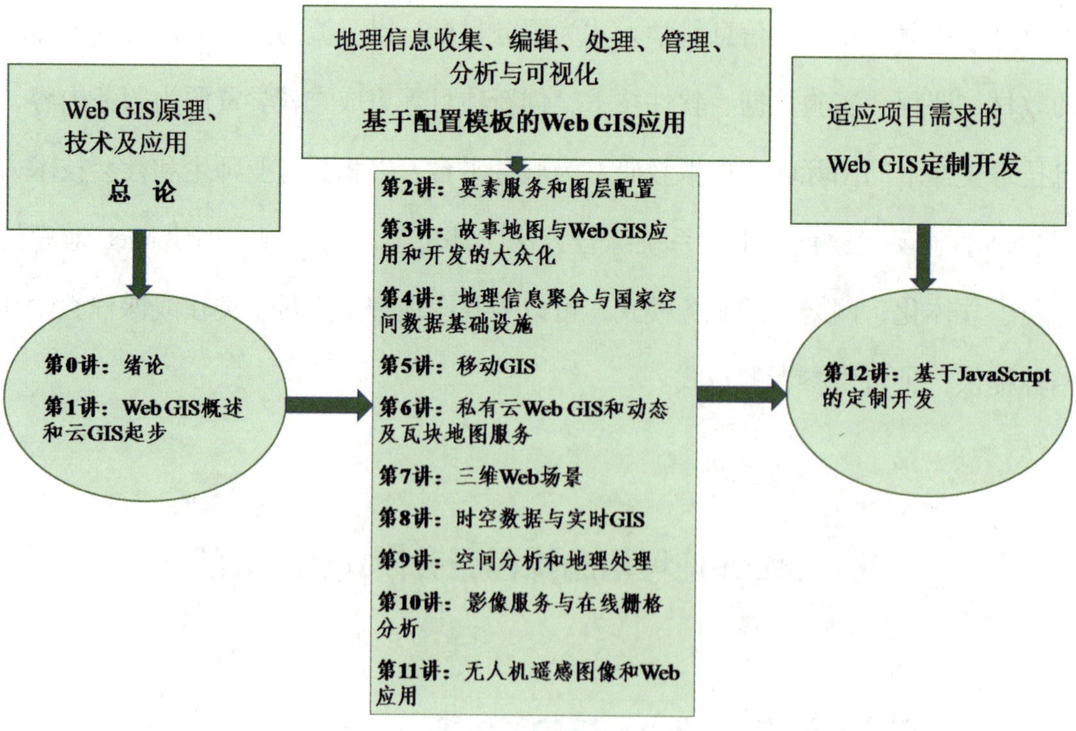

图6-1-2　Web GIS知识体系

6.1.2 采用综合集成方法整合优质教学资源

Web GIS 地理信息课程内容丰富，技术前沿，因此必须采用综合集成的方法，综合集成多种教育手段、教育技术和教育资源，使课程服务效果更有实效。综合集成主要体现在以下几个方面：教学硬件与软件集成、各类教学板块的集成、教学人员和实验人员集成、传统教育技术与现代技术集成、教与学的线上线下集成、教学与科研的集成。基于信息网络的 Web GIS 国际联合虚拟教研室，整合各类优质教学资源，教、学、研、产一体化发展，不仅提升教师的学术水平和教学效果，而且有利于学生对 Web GIS 的融会贯通。

6.1.3 理论与实践相结合深化教学研究

在理论上，瞄准现代信息科学与教育科学的前沿，在吸收、消化的同时，不仅研发了多语种多版本的 Web GIS 教材，而且还撰写了《综合思维培养视角下中国地理课程教学改革研究》《高校 GIS 专业软件开发课程教学现状及革新》等 20 余篇教学研究论文，完善 Web GIS 学术体系和教学体系；在实践上，建设一流线上课程、线上线下混合课程；投资 200 万元，建立智慧教室软件和硬件建设；围绕 Web GIS 课程建设，科教融合。2018 年完成河南省国际合作科研项目“基于 ArcGIS Portal 的科学数据云服务共享平台关键技术研究与应用”，开发“基于 Web GIS 的黄河下游景观动态监测系统”等系列软件。将教学研究、科学研究成果及时用于 Web GIS 的教学实践，不仅推动了 Web GIS 技术与应用的发展，而且也增强了 Web GIS 在课程服务当中的学术性、前沿性、思想性。

6.1.4 应用-评价-反馈推动教学质量持续提升

在课程教学中，不断探索课程考核内容、方式及评定标准，动态掌握每章测试成绩、期末成绩、作业成绩、课后练习的成绩分布，分析课程教学当中的重点、难点。针对每章测试题和期末考试，根据课程内容更新，测试内容相应变化；针对课后练习，充分发挥学生的创造力，实行非标准答案。根据课程使用人员的反馈和课程考核，每两年更新一次教材；课程与教材同步建设，课程内容实时更新；软件技术保持前沿，实验数据结合国情和公共安全事件，实现本地化、特色化；基于国家地球系统科学数据中心提供的丰富数据，优化实践项目，开展实践创新服务，从而构建全方位、立体化、网络化课程服务模式（图 6-1-3）。

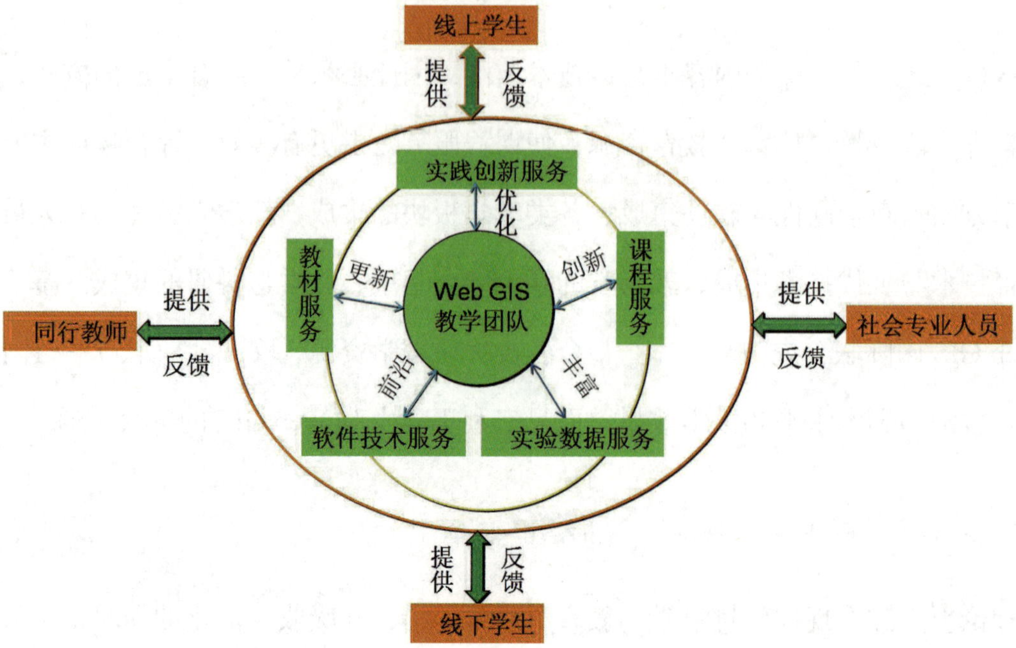

图6-1-3　Web 地理信息课程服务模式

6.2　Web地理信息课程服务实践

6.2.1　一流教学团队和教材课程服务

一是国际合作，提供一流 Web GIS 师资服务。由国家万人计划教学名师牵头，全国“黄大年式”教师团队、国际华人地理信息科学协会骨干成员、万维网 GIS 国家双语教学示范课程和教育部地理科学专业教学团队的核心成员参与，联合组建具有国际视野、技术水平高、思想素质过硬的 Web GIS 教学团队。在教学研究和课程建设中，分工合作，共同研讨，学术水平不断提升，教学效果日益显著。在保证课程先进性、学术性的基础上，对引导和培养学生的科学精神、家国情怀提供了有力保证。

二是追踪技术前沿，提供中外文多版本教材服务。自 2010 年以来，河南大学与美国 Esri 合作，先后研发英文版、俄文版、中文版 9 个版次的 Web GIS 教材（Pinde Fu, Jiulin Sun，2010；付品德，孙九林，2012；Pinde Fu，2015，2016，2018，2020；付品德，秦耀辰，闫卫阳等，2018，2022），支持了 Web GIS 相关课程教学以及专业技术人员的实践需要。2022 年修订版不仅完整地介绍了 Web GIS 的全新知识和技术谱系，而且在原理、方法和应用之间取得了良好的平衡，创造性构建起 Web GIS 知识体系。考虑到技术类内容生涩难懂的特点，修订教材时，在确保科学性、先进性、系统性、完整性、思想性的基础上，坚持以学习者为中心，力争做到易学易用、生动有趣。

三是科学设计，提供一流在线课程服务。在教材持续研发的基础上，以教材为内容的课程 2018 年被确定为河南省本科高校精品在线开放课程，2019 年 4 月在中国大学 MOOC 上线，目前已经开设 6 期。在此过程中，不断优化教学内容、教学方法、课程评价方法。根据国际最新 Web GIS 云平台技术进展，2022 年最新一期课程，添加用户体验构建器、野外快速数据采集移动 GIS、增强现实 App、物联网和室内 GIS 技术、针对人群追踪监控、基于 Web 的交互式计算笔记本环境。拓展 Web GIS 最佳实践、人工智能和深度学习等前沿内容，创造性构建 Web GIS 课程知识体系。

6.2.2 一流技术支撑和数据服务

一是引进吸收，丰富国际领先的 Arc GIS 软件技术服务平台。Web GIS 课程不仅需要理论讲授，还需要技术实现，从而达到理论与技术的融会贯通，而技术实现则要有先进软件平台支撑。美国 Esri 是国际重要的 GIS 研发机构，其开发的 Arc GIS 系列软件产品市场占有率世界排名第一。Web GIS 课程的技术实现可以基于 Esri 的系列产品。其中 Arc GIS Online 和 ArcGIS Enterprise 是本课程所使用的主要软件平台（www.arcgisonline.com），基于该平台教师可以上传具有中国特色的实习数据，学生可以搜索并自动获取，按照所提供的功能完成课程所有的 60 余个实习操作，并且基于平台提供的 JavaScript API 快速自主开发 Web GIS 应用程序。

二是自主创新，建立国家地球系统科学数据备份中心，提供课程数据服务平台。国家地球系统科学数据中心，围绕地球系统科学与全球变化领域科技创新、国家重大需求与区域可持续发展，形成国内规模最大的地球系统科学综合数据库群。2014 年河南大学成立国家地球系统科学数据中心—黄河中下游分中心，并作为总中心的备份中心建设（http://henu.geodata.cn/data/datadetails.html?dataguid=34511723532435&docId=0）。平台不断完善和补充基础地理、土地利用 / 土地覆盖、资源、环境、社会经济、遥感以及典型区域等数据库内容，为科学研究和实验教学提供丰富的数据内容，2020 年信息化资源总量为 11.3Tb。学生可以基于该平台自主获取相关地理专题数据，开展 Web GIS 实践创新活动。

6.2.3 新型教学组织创立与教学研究服务

教学组织是开展教学研究和课程教学服务的重要载体。由河南大学牵头，联合美国Esri、澳大利亚墨尔本皇家理工大学、中国科学院地理科学与资源研究所等国内外相关人才培养机构为成员单位，成立Web GIS国际联合虚拟教研室。探索出了以国际化、跨行业专业课程团队为核心，以精品课程和立体化多语种教材为抓手，以数据共享中心、虚拟教研网络和智慧教室为技术平台，虚实结合，以跨界优质资源整合和一流创新人才培养为目标，实现互联互通、协作共享、高效运行的教学组织效果。

6.3 Web地理信息课程服务效果

6.3.1 教材使用遍布全球各地

以信息网络为支撑，Web GIS国际联合虚拟教研室联合了中、美、澳等国一流教学科研机构的众多人员参与，作为课程服务的集成平台，有力支持了《Web GIS》中、英、俄版教材的全球推广和使用。

《Web GIS》中文版教材2018年出版后，河南大学举办全国《Web GIS原理与技术》课程培训班，包括清华大学、中国科学院大学等高校和科研机构的100余人参加，并建立“全国Web GIS教学与应用研讨群”，推动了Web GIS在中国高校的发展，同时也扩大了《Web GIS原理与技术》教材的影响。从教材出版发行情况和网络监控显示，国内有清华大学、浙江大学、中国科学院大学、兰州大学、西北大学等130余所高校的地理类和测绘类专业、网络工程专业的师生使用了本教材。

经对中国地质大学、中国石油大学等相关使用高校调查，普遍反映本教材兼顾理论和技术，体系完整，新颖前沿，易学易用。

6.3.2 一流课程用户广泛

Web GIS原理与应用课程在河南大学线上、线下混合使用：河南大学地理科学类专业每年80人选修，网络工程（智慧城市）专业课每年108人选。课程注重将大学生创新创业与课程思政相结合、线上与线下授课相结合。在其他高校线上使用：据 2020 年底中国大学 MOOC 提供数据，使用慕课的其他高校据不完全统计，有中国地质大学（武汉）、重庆交通大学、福建师范大学、首都师范大学等 39 所高校，选课总人数 7800 人次。使用 SPOC 的高校有安徽理工大学、河南理工大学等 17 所，选课人数 736 人。

课程使用人员及相关专家给与了高度评价，认为本课程以教材研发为基础，以课程建设为核心，以综合教学改革为关键，以人才培养为目标，理论联系实际，技术前沿；内容体系完整，逻辑清晰，设计合理；科教融合，学思结合，注重学生实践创新和素质教育；循序渐进，讲解清楚，科学严谨，是一门高校地理信息技术类的优秀课程。

6.3.3 学生实践创新能力显著提升

通过在线发布实验数据、课程内容、实践案例、教改成果等，提供数据—软件—教材—课程集成服务，引导学生开展国情认知、公共安全教育及红色旅游资源分布等相关题材创新实践，将思政和教学有效融合。指导学生开发新冠疫情防控系统（图 6-3-1，图 6-3-2）等 300 余项课程实践创新项目。2018~2020 年指导学生连续获得全国 GIS 大赛获得一等奖，2017~2019 年连续获得全国高校地理科学展示大赛一等奖等多种奖励。

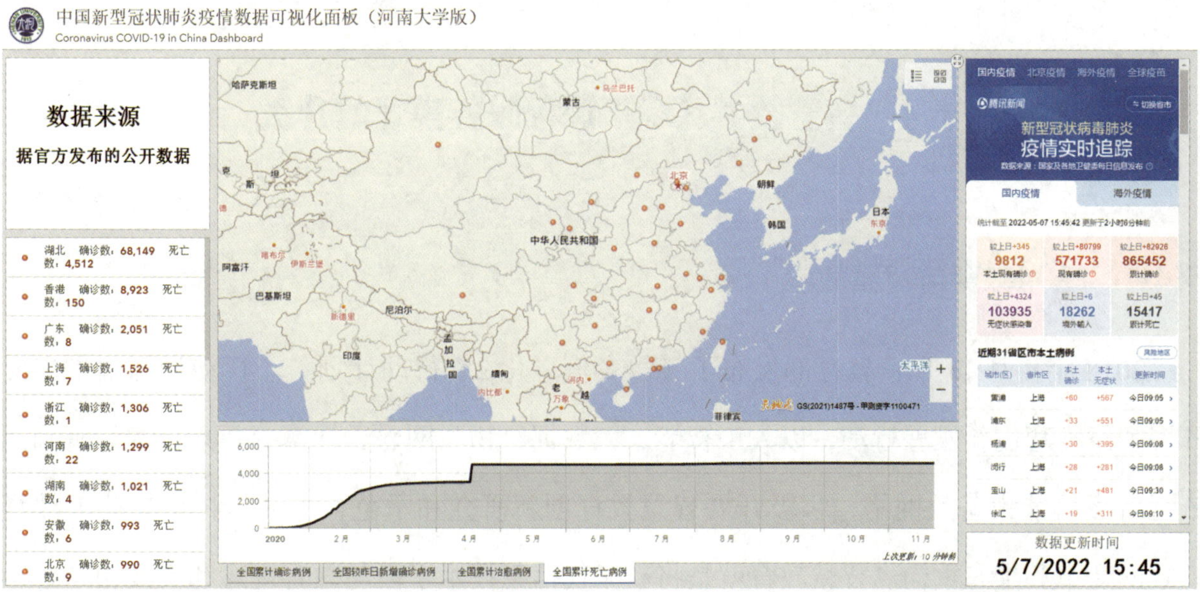

图6-3-1 指导学生开发基于Web GIS的中国新冠疫情数据可视化面板桌面版

（https://huixiaqingliu.maps.arcgis.com/apps/opsdashboard/index.html#/45adca943dbe43e1804068c8a8f8dc29）

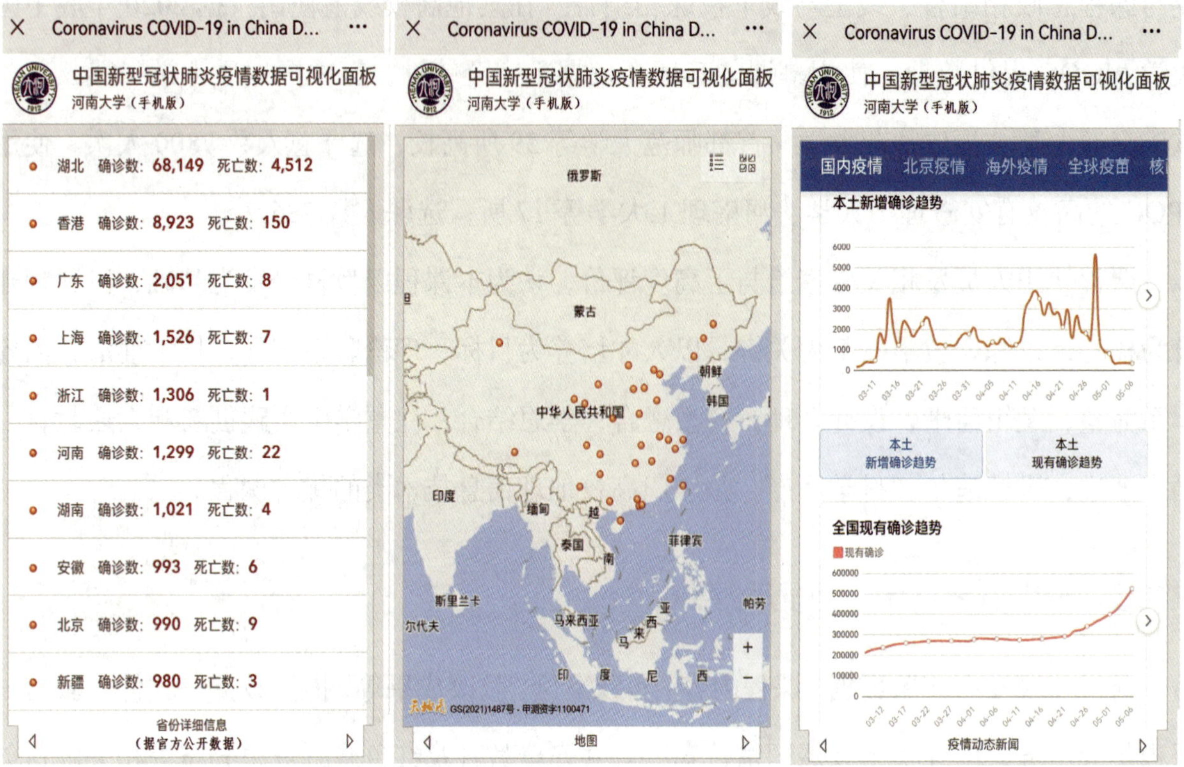

图6-3-2 指导学生开发基于Web GIS的中国新冠疫情数据可视化面板手机版

(https://huixiaqing-liu.maps.arcgis.com/apps/opsdashboard/ index.html#/0d478afff55640319e5091f5b9fd9d69)

6.4 智慧教学环境下课程服务模式的升级

6.4.1 智慧教育与智慧教学

2018 年 4 月 13 日，教育部发布了《教育信息化 2.0 行动计划》。行动计划中指出要开展智慧教育创新发展行动，以人工智能、大数据、物联网、云计算等新兴技术为基础，依托各类智能设备及网络，积极开展智慧教育创新研究和示范，推动新技术支持下教育模式的变革和生态重构。智慧教育就是将新一代信息技术手段与教育理念和实践相结合，构建网络化、数字化、智能化的学习空间、学习生态以及现代教育模式和系统，旨在促进教育利益相关者的智慧养成与可持续发展，推动教育的创新与改革（哈斯高娃，张菊芳，凌佩等，2017）。

课程教学是人才培养的主要形式。智慧教育最主要、最直观的表现为智慧课堂教学。

在智慧教学的目标上，除了传统的知识与技能传授之外，更加侧重对学生的思辨能力、批判能力、合作能力、创造能力等综合素质的培养。在智慧教学过程中，先进信息技术与课程深度融合，实现学习空间的重构与延伸、教学方式的变革、多种教学模式的实施等。在智慧教学的评价中，将整个学生学的过程以及教师教的过程全自动记录下来，可实现评价主体多元、评价内容多维、评价方式多样以及全过程评价（陆冷飞，唐伟方，王欣然，2020）。

6.4.2　智慧教学集成平台

Web GIS 课程主要基于 ArcGIS 在线软件平台提供技术服务，基于国家地球系统科学数据中心提供本地化数据服务，基于中国大学 MOOC 平台提供课程共享服务，这些平台的相互独立性一定程度上不能很好地体现智慧教学的特征。规划建设一套人性化、智能化、覆盖高校教学全周期、全过程的统一智慧教学管理与支撑平台，切实减轻教学改革过程中师生和管理人员的工作量，促进教学向以学生为中心的模式转变，十分必要。

根据智慧教学的特征，集成平台应该能够为高校教师、学生、质量监督者、教学管理者提供人性化的教学与管理服务；为课程教学中的课前、课中、课后、结课分析提供全过程支持、数据记录与统计分析；为实现教学资源共享、教师与学生的科学评价、师生的良性互动、学生的精准学业帮扶提供智能支持（陆冷飞，唐伟方，王欣然，2020）。

要实现这些功能，应集成如下几个平台：一是智慧教室录播资源平台：与教学网络连接，实现课程自动录制、上传、存储，学生课堂动态监控，教学管理者在线巡课等，打造现代化、智能化的教与学空间。二是网络教学资源平台：集成中国大学 MOOC 平台，软件技术平台、数据服务平台，学生能在课前、课中、课后进行线上学习和互动；能够利用大数据技术挖掘与分析学生学习行为数据，智能化收集和搜索与学生当前学习水平相当的课程学习资源，自动推送到学生的学习终端，实现学生的个性化学习。三是全过程教学评价平台：提供学生考勤、督导听课评价、同行评价、学生评价、教师自评等功能，并提供教学大数据分析工具，从不同角度评价教学效果。

6.4.3　课程服务模式创新升级

教育信息化与大数据分析技术的结合，促进了智慧教学的发展和应用。智慧教学成为重要的教育教学形式，并引领新教育范式的出现。智慧教学不仅是新一代信息技术的发展，同时也意味着教育理念的更迭（张静，程良伦，丁磊，2021）。学生个性化数据的获取和大数据分析技术，使“以教为中心”向“以学为中心”的过渡具备了更多的实施条件（陈映晖，2020；王燊，余辉，2021）。借助智慧教学环境、平台、工具提升课程教育教学质量，成为高校教师面临的新课题（李妍，2020；程钢，杨杰，王磊等，2021）。Web GIS 技术本身就融入了大数据、云计算、物联网、人工智能等新兴信息技术，对智慧教学平台的研究，不仅能够加深学生对 Web GIS 相关知识的深入认识和了解，而且也有利于课程教学的提质升级。

学生通过课前视频、PPT 及在线提问，能整体把握学习思路和方法。通过在线考勤，增加学生的课程参与度和活跃度。教师在课堂上与学生进行互动反馈，真正做到了覆盖所有学生，及时发现学生关心的难点、授课的重点。集成式智慧平台在辅助教师精细教学活动、增强学生课堂学习效果、提高团队协作和解决问题能力等方面将发挥巨大作用，使课程服务更全面、更深入，课程评价更智能、更精准。

本研究以国家本科质量标准规定的地理信息科学专业核心课程 Web GIS 课程为例，面向国际一流的 Web 地理信息课程建设和一流人才培养，基于现代教育技术、系统综合方法、评价与反馈机制，将研发的多种优质教学资源综合集成，构建了 Web GIS 课程全方位、立体化、网络化服务模式，在实践应用中取得了明显成效，可为地理信息课程服务模式创新提供借鉴。

参考文献

[1]陈映晖，2020.基于智慧教学平台数据分析的教学决策[D]，湖南师范大学博士学文论文.

[2]程钢，杨杰，王磊，等，2021.智慧教学环境下“地理信息系统原理与应用”课程教学综合改革与实践[J]. 测绘通报，(12)：158-162.

[3]付品德，秦耀辰，闫卫阳，等，2018.Web GIS原理与技术[M]. 北京：高等教育出版社.

[4]付品德，孙九林，2012.Web GIS原理与应用[M]. 秦耀辰，王卷乐，等译.北京：高等教育出版社，.

[5]哈斯高娃，张菊芳，凌佩，等，2017.智慧教育[M].北京：清华大学出版社，22-23.

[6]陆冷飞，唐伟方，王欣然，2020.教育信息化2.0视域下高校智慧教学平台的设计与研究[J].中国教育信息化，(5)：85-88

[7]王静爱，苏筠，余瀚，2013.国家级精品资源共享课的建设与思考——以北京师范大学“中国地理”为例[J].中国大学教学，(11)：10-15.

[8]王燊，余辉，2021.为一流课程建设做准备：引智慧教学工具入高等数学课程的教学改革及成效分析[J]. 大学教育，10(5)：105-108.

[9]张静，程良伦，丁磊，2021.智慧教学对预警学生的精准学习服务及教学效果探讨[J]. 高教学刊，(6)：112-115.

[10]Fu P D, Sun J L, 2010. Web GIS: Principles and Applications [M]. Redlands: ESRI Press.

[11]Fu P D, 2015. Getting to Know Web GIS[M]. (1st edition). Redlands: Esri Press.

[12]Fu P D, 2016. Getting to Know Web GIS[M]. (2nd edition). Redlands: Esri Press.

[13]Fu P D, 2018. Getting to Know Web GIS[M]. (1st edition). Redlands: Esri Press.

[14]Fu P D, 2020. Getting to Know Web GIS[M]. (1st edition). Redlands: Esri Press.

第三部分

科教融合创新实践

3

第7章
基于 ArcGIS Portal 的科学数据云服务共享平台关键技术及应用研究

河南大学与美国环境系统研究所（Esri 公司）通力合作，研究了基于 ArcGIS Portal 的地理空间信息服务共享框架和模型，地理空间信息服务的发现与集成方法；掌握了所依赖的 Internet 标准、公共接口与链接方式，以及与服务代理和服务请求者的交互方式；完成了基于 ArcGIS Portal 的地理空间信息云服务共享平台系统的部署与试运行。该系统与云 GIS 融合，以提供丰富的地理空间信息服务为核心，便于用户进行注册、查询和使用，使用户在信息爆炸时代可以方便地找到想要使用的地理空间信息，同时以提供服务而不是数据的方式，改变传统的以下载为核心的地理信息共享模式，从而可以很好保护数据拥有者的知识产权，促进更多的地理数据进行共享，避免重复建设，降低服务成本。该系统技术路线和关键技术具有国内领先水平。其中，基于 ArcGIS Portal 的地理空间信息服务门户构建模式，以地理空间信息服务为基础，针对门户不同角色，以目录服务、服务搜索等技术为核心，实现服务注册、服务发现、服务应用等；基于 ArcGIS Portal 的地理空间信息服务门户元数据描述体系，在 Web 2.0 时代，以自下而上的信息流动为基础，以简单实用为主要目标，便于贡献者创建和用户理解；基于 ArcGIS Portal 的地理空间信息服务门户服务集成，构建面向地理空间信息服务集成与贡献的一站式、统一的服务门户。整个平台系统既保护了数据发布者的知识产权，又使用户可以方便地使用数据，从而实现了新的地理空间数据共享模式。该平台以中原经济区的海量数据为基础，提供丰富的地理空间信息服务为核心，便于用户进行服务注册、查询和使用。项目的成功应用将在地理空间信息服务共享领域起到引领和示范作用。

7.1 研究背景与研究思路

7.1.1 研究背景

信息革命正在深刻改变着人们生活和社会面貌，其中，空间信息是自然、社会、经济等与空间位置有关的信息，作为信息技术组成部分，显得越来越重要。GIS 是采集、获取、管理、存储、分析、应用空间信息的核心技术，现代社会中被广泛应用，而不同部门的 GIS 系统在数据和技术上不统一，地理空间数据与 GIS 系统难以共享，导致重复投资和信息资源浪费，因此空间信息共享已经成为空间信息技术发展的趋势。

由于地理空间信息本质上具有分布式特性，实现共享以及共享的模式是人们不断探索的课题。在 20 世纪 50 年，空间数据共享思想即被提出，目的是适应全球性研究的需要，向国际化方向发展，以建立全球性的数据中心为主。比较典型的有 1957 年国际科联成立的世界数据中心——WDC。1990 年代以来，充分发挥计算机和通信网络的功能成为空间数据管理和应用的发展趋势，在共同遵守数据共享原则的前提下，建立全球性或区域性的数据网络，遵循一定的法规和统一标准，进行空间数据非商业、非盈利或无偿交换，或提供分级分类的数据服务。为此，许多国际组织和机构展开了大量的研究工作，提出了一系列的标准和政策，为数据共享奠定了理论基础，如国际标准化组织，欧洲标准化组织，美国联邦地理数据委员会等。自从提出 OGC（开放地理信息系统协会）的共享规范和 Web Services 的概念以来，基于 Web Services 的原则并遵循 OGC 规范的分布式地理信息共享和集成成为现实，使分布在不同位置的地理空间信息可以以 Web Services 的形式发布成服务，并提供给第三方使用，实现了分布式地理信息在逻辑上的集成共享，解决了数据所有权和使用权难以分离的矛盾。

近年来，随着计算机技术、网络通信技术以及地理信息技术的发展，结合 GIS 与网络等技术可以解决日益增多的全球化矛盾，实现空间信息共享。同时，从地理空间信息处理系统到地理空间信息基础设施、数字地球建设，地理空间信息共享作为其建设的核心内容，正发挥着约来越重要的作用。地理空间信息共享可以消除信息孤岛，避免重复建设：由于地理信息可以重复使用，共享方式可以避免重复建设和浪费。空间信息共享可以促进政府或企业综合决策：特别是网络空间信息共享可以在有限的时间内，对各种决策方案进行分析对比，展现最优的决策模式，从而可以辅助决策，进而改变传统的决策方式。多区域信息共享更便捷更及时：在全球、地区、国家和区域范围内畅通无阻地显示、查询、检索，使之得到最充分、最方便、最及时的共享。

随着越来越多的单位和个人接受地理空间信息共享的理念，网络上的各种地理空间信息服务也越来越多。如何有效地发现、集成和管理不同单位发布的服务将成为影响公共平台共享效果的关键。因此，研究出一种高效的地理空间信息服务集成、发现的方法对于更好地推进地理空间信息的共享，尤其在科学数据共享领域，优化区域生态环境，繁荣地方经济发展，辅助职能部门规划决策等具有重要的理论和现实意义。本研究提出建立基于 ArcGIS Portal 的中原经济区云服务共享平台，研发动态集成、管理、发现分布式的地理信息服务关键技术，解决公共平台空间数据共享问题，为政府、企业和个人提供方便实时地查询、搜索、应用所需的地理信息服务，有效地实现地理信息的共享、集成和交换。

7.1.2　国内外研究进展

20 世纪 90 年代以来，GIS 与 Internet 的融合形成了 Web GIS，使在 Internet 环境下实现地理空间信息的共享成为可能，并逐步发展成为实现地理空间信息共享的主要技术手段。结合网络环境中地理空间信息表达特点，为促进全球地理信息资源的共享使用，1994 年 3 月，国际标准化组织地理与地球信息标准化技术委员会（ISO/TC211）成立，主要负责地理空间信息标准化；同年 9 月，在美国成立了开放式地理空间信息联盟（OGC），一个国际行业组织机构，注重研究空间信息处理系统间和机构与组织间的信息共享与互操作规范。从地理信息系统的发展来看，空间信息共享也可以分成四个阶段：原始模式是通过数据拷贝的共享模式；初级模式是通过访问空间数据库的共享模式；中级模式是面向服务的数据共享方式；高级模式是面向服务的功能共享方式。原始模式及初级模式都存在数据转换、分发，共享的可靠性差，难以实现对数据的保护，数据更新能力得不到保证，数据维护成本高等问题，阻碍了空间地理数据共享的进一步发展。因此，随着大量的空间信息源与高速互联网相连，基于服务的地理信息系统聚合服务应运而生，即中级模式和高级模式。基于服务的地理信息系统聚合服务的优势主要在于：易于访问以成就共享效果；集中处理以屏蔽空间数据的处理难题；基于标准以支持多种客户端；信息发布以保障数据安全；开发简易以快速部署和应用。

基于服务型架构的地理信息系统。随着计算机技术和网络技术的不断发展，地理信息系统由单机版系统，以及随后的基于组件式 Web GIS，发展到现在的基于网络和在线服务的地理信息系统服务模式，地理信息系统也由封闭的孤立的计算机系统，发展为相互间可以共享功能和数据开放的、分布式的系统，实现了异构 GIS 和平台之间互操作。地理信息系统也越来越多地以在网络上提供空间信息服务的形式出现，从提供功能为主发展到提供服务上来。当前地理信息系统的发展极大地促进了空间信息在不同位置和不同平台间的共享，以及不同地理信息系统间的互操作，为国家空间基础设施的建设提供了坚实的技术支撑。随着社会对地理信息共享和服务的需求不断高涨，国际上也成立了许多促进地理信息共享的组织，其中 OGC 是国际最权威的定义地理信息服务规范的组织，该组织将地理信息服务分为下列几类核心服务：索引服务向用户提供服务的元数据，方便用户通过查询元数据来搜索所需的地理信息服务；数据服务向用户提供数据库中的数据，包括网络图层服务和网络地理特征服务等；数据处理流程服务提供数据处理流程，有网络坐标变换服务、缓冲服务以及地址匹配服务等；地图显示服务提供地理信息的可视化，包括制图图幅、地形显示和动态的时空变化显示，包含网络制图服务以及最近流行的瓦片地图服务等。

地理信息共享模式。随着地理信息服务时代的到来，传统的以文件和空间信息数据库为中心的共享模式逐步转变为以原有空间数据库为基础通过网络来提供空间信息服务的模式。在传统的以空间信息数据库为中心的共享模式中，更多的是将数据库连接的接口暴露给用户，用户通过网络远程连接基础空间数据库获得基础地理信息，再结合叠加专题信息来开发应用系统。由于面向服务的地理信息软件技术的成熟和推广应用，当前地理信息共享的方式主要是通过共享地理信息服务的方式来实现，基础地理信息和各部门的专题地理信息都可以通过服务的形式在网络上发布，应用部门可以通过调用网络上的基础和各种专题的地理信息服务获取基础地理信息和各种专题地理信息，结合本部门其他的专题信息开发各种应用系统。与传统的地理信息共享方式不同的是，共享的是地理信息服务，而不是数据。因此，在地理信息服务的模式下，用户更多关心的是在网络上如何去发现、获取以及集成各种满足自己需要的地理信息服务，目前研究较多的有通过元数据目录的方式实现地理信息服务的发现和集成；基于 UDDI（统一描述发现和集成）、WSDL（网络服务描述语言）的 OGC 目录服务规范的服务发现和集成；基于 Web 语义的地理空间信息服务发现和集成等；以及基于空间信息服务搜索引擎的服务发现和集成等。

Portal 思想在地理信息领域的应用。近年来，伴随着地理信息共享研究的深入，许多专家和学者提出 Portal 的思想，OGC 于在 2004 年 7 月提出了空间信息门户概念，著名 GIS 厂商 Esri 公司也于 2004 年提出了 GIS Portal 的概念，正式将“Portal”思想应用在 GIS 领域。关于 Portal 在 GIS 领域的应用最重要的有两点：关于 GIS 数据的分类、搜索门户，由此，数据使用者可以搜索查询需要的数据。通过 Metadata 获得数据的格式等信息，在其网站上直接显示或通过某种方式提供，还可以通过 Web Service 或其他方式获取数据提供者的数据，并且通过 Web 方式或者 Web Service 方式提供服务。由于技术的发展和进步，地理信息系统已经可以通过网络技术实现异构系统之间的互操作，能够以服务的形式共享数据和功能，地理信息系统由过去的以数据为中心，转变为以提供服务为中心上来，而且为了更好地实现地理信息的共享，引入了 Portal 思想构建了地理信息发现、集成以及共享的平台，正得到越来越多人的重视和研究。

本研究提出了 GIS Service Portal 的概念，在内容上专注于地理信息服务，尤其是科学数据的地理信息服务，促进地理信息共享，提供各种形式的地理信息服务；与 GIS 领域世界最大的地理信息系统技术提供商 ESRI 公司合作，基于 ArcGIS Portal 实现中原经济区地理空间数据的 Web 服务，使用户可以动态访问地理空间信息，自主定制地理空间信息，以支持科研、公众查询以及政府决策。

7.1.3 研究内容与思路

在上述背景下，通过开展基于 ArcGIS Portal 的地理空间信息云服务共享框架、地理空间信息服务的发现与集成方法、基于 ArcGIS Portal 的地理空间信息云服务共享系统的构建三个方面的研究，掌握地理信息云服务的关键技术和方法，基于单位长期积累的中原经济区数据，搭建中原经济区地理空间数据共享平台，开展地理空间信息服务。具体内容如下：

（1）基于ArcGIS Portal的地理空间信息云服务共享框架设计与模型研究

基于 ArcGIS Portal 的云服务共享平台的基本理念主要是在网络空间构建一个集成式的可视化窗口界面，对地理空间数据和地理空间信息服务提供一个动态展示的平台，为地理空间信息的查询、检索、发现、应用等提供一个统一的接口，用户可以直接查询、动态展示、自主定制感兴趣的地理空间信息服务，而无须下载地理空间数据，无须考虑地理空间数据的物理存储位置。

基于 ArcGIS Portal 的地理空间信息云服务共享平台提供的功能包括快速创建、组织、授权和管理组织内部的地理空间信息，构建地理信息共享云服务系统的总体框架和模型，包括数据集成、系统界面、功能模块、动态显示方式等，以及对应的数据服务、数据集成服务等。

（2）地理空间信息服务的发现与集成方法研究

基于 ArcGIS Portal 的云服务共享平台是一个基于 Web GIS 的地理空间数据分布式解决方案，是相对于传统的地理数据共享的一大飞跃。它依赖于网络标准，通过网络接口提供功能程序，使用户可以通过网络协议就可以很容易访问地理空间数据。其他处于网络的软件系统可以轻易发现这些接口，并根据接口的定义，通过网络协议进行交互。

研发内容主要包括共享平台系统依赖的 Internet 标准、公共接口与链接方式，以及与服务代理和服务请求者的交互方式，使服务提供者、服务代理和服务用户之间可以建立顺畅的地理空间数据服务架构。

（3）基于ArcGIS Portal的地理空间信息云服务共享系统的构建与应用

基于以上对基于ArcGIS Portal的云服务共享平台概念、结构和共享模式的探索和研究，以及对网络环境中对地理空间信息服务的发现、集成方法的探索，构建符合科学规范的云服务共享平台系统，使用户可以很好地对各种地理空间信息服务进行发现、集成、应用、定制和管理。

基于 ArcGIS Portal 的地理空间信息云服务共享平台系统的建设和应用，将为改变现有的地理空间数据的共享方式，实现以提供地理信息服务为核心的地理空间数据共享方式提供引领和示范作用。

（4）中原经济区数据与共享平台衔接与试运行

地理空间数据共享集成。地理空间数据具有不同的尺度、属性和时间特征，共享集成就是异构数据一体化整理的过程。依据现有中原经济区的数据，衔接科学数据云共享平台需要对数据异构性进行加工处理，打破异构的应用、数据库、操作和存储系统，研发可以对接 Arc GIS 云共享平台的数据类型和格式，有效实现元数据和数据实体在不同权限水平下的共享。

系统平台试测试行及应用推广。在上述基础上，开展平台试运行及应用工作。包括：

检验并调试空间元数据及数据实体的查询、显示、分析及调用等完整的语义协调和功能模块实现，完成数据共享全过程测试。在云共享平台研发初期，即实现原型系统的有限标准数据试运行，发现系统及功能模块问题。在改进后的正式运行系统中，设置不同分析领域，完成数据填装及运行，并开始针对不同服务领域提供基础、专题及综合的数据服务及云平台系统应用服务。

7.2 中原经济区地理空间数据共享平台构建

7.2.1 云服务平台构建技术方案

（1）基于ArcGIS Portal的地理空间信息云服务共享框架设计

共享平台 Portal 的作用及角色设计：帮助人们查找、发现地理空间信息，在互联网的海量信息中搜索到需要的信息，为各类角色提供相应的功能（图 7-2-1）。

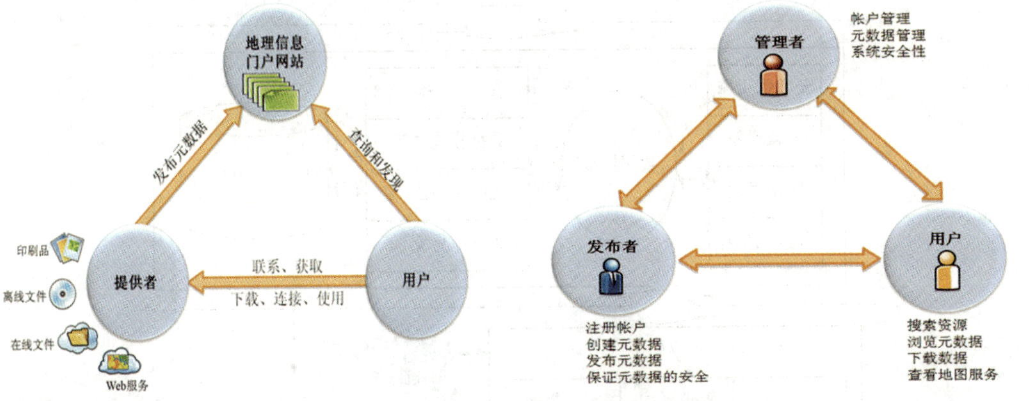

为地理空间信息提供者与使用者提供了通道　　地理空间信息发布者、管理者和用户及功能

图7-2-1 云服务共享平台功能及角色

（2）地理空间数据库设计与元数据设计

➢ 数据库设计

设计一种与元数据松散耦合的后台数据库结构，使共享平台系统具有良好的扩充性。采用“主体、谓语、客体”三元组的结构来描述数据对象，将该描述转化为关系数据库中的一条记录，使一个关系数据库即可以存储海量的地理空间数据。

➢ 元数据设计

地理元数据标准大都比较复杂，往往需要填写 60 多甚至 100 多项信息才能符合

FGDC 和 ISO 的最低标准。在 Web 2.0 时代，自下而上的信息流动已经是一种普遍现象。Goodchild（2008）等提出了“地理元数据 2.0”的概念，认为新的地理元数据应以用户为中心，以简单实用为主要目标，便于贡献者创建和用户理解。最近流行的标签（tag）和用户评论代表了元数据 2.0 的发展方向。

标签（tag）：很多视频、照片、博客网站都让发布者自由填写的一些关键词，可以是关于内容、主题、作者、时间、地点等的标签。从专业人士的角度讲，这些元数据往往是非正式的，不完整的。然而，这些标签可以让用户快速的评估这个资源是否是自己需要的。

用户评论（comment）或评分（rating）：例如在线商店提供的用户对产品的评论，这些评论站从用户所关心的角度评价产品的优缺点，这对于其他用户来说是一种很独特的、有具实用价值的元数据。

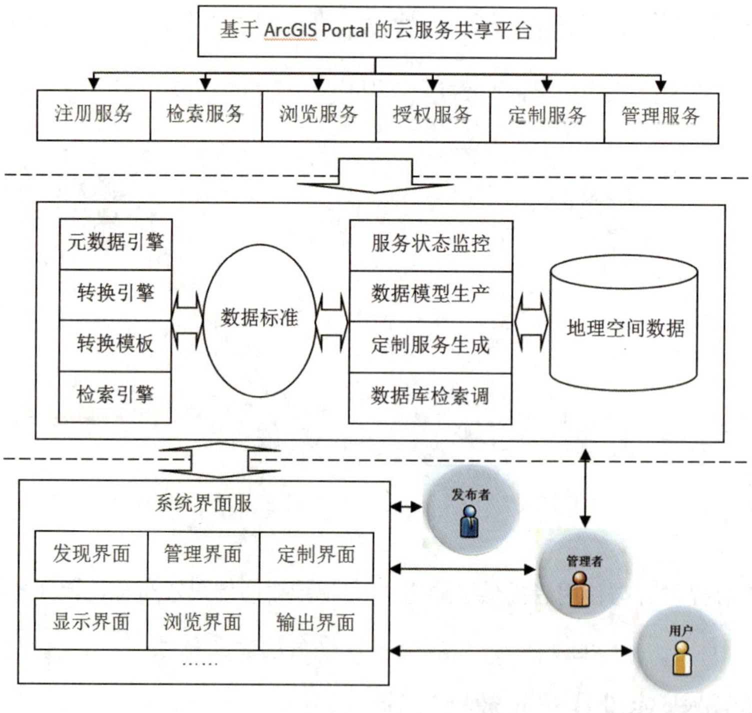

图7-2-2　基于ArcGIS Portal的地理空间信息云服务共享框架

（3）地理空间数据服务的交互方案设计

➢ 不同角色权限设计

针对不同的角色提供不同的权限。

管理员权限：具有最高的权限，维护服务门户的正常运行，查看当前所有服务资源，动态分配各种服务资源，对申请进行审核、批准，对指定地址进行批量注册等；

发布者权限：对自己发布的数据制定可执行的访问类型、指定可以访问的用户类型、设置该数据的访问口令、对自己提供的数据具有最高权限，访问其他地理空间信息服务等；

用户权限：向管理者提出注册申请，授权后可以查询、检索、浏览服务门户中的信息资源，根据需要定制空间信息显示方式、组合方式等，不具有管理数据的权限。

➢ 地理空间信息服务动态显示方案

提供丰富的地理空间信息显示方式、应用模板等；

用户可以容易地发现、检索、应用门户中的地理空间信息，按照提供的模板进行显示；

按照提供的工具进行处理，图层叠加和调用；不需要在本地安装支持专业的地理空间数据的软件进行地理空间信息的显示和调用；

对感兴趣的信息进行相应操作，如统计、网络分析、制图等工作，以满足大多数专业人士和非专业人士的需要。

➢ 地理空间信息服务动态定制方案

用户可以向管理员和信息提供者提出申请，管理员或提供者可以对专业的要求进行相应的处理并将服务提供给用户；

用户可以根据自己的需要，在不下载数据的情况下，调用数据库中可访问图层，进行显示、调用、叠加、应用、统计等操作，制作自己需要的各种专题图；

专业级的用具可以利用数据库中的已有的数据，并结合自己特有的数据进行叠加显示，制作专业地图。

用户可以按照自己的需要将制作的专题图以各种格式输出。

（4）地理空间信息服务的发现与集成方法

➢ 地理空间信息服务接口方案

REST（REpresentational State Transfer，表述性状态转移、或表象状态转移）是 Roy Fielding 于 2000 年提出的一种架构风格。Roy Fielding 曾经参与过 HTTP 规范的制定，认为 SOAP 没有充分利用 HTTP 的优势，他提出的这种 REST 风格的构架可以充分发挥 HTTP 的优点，降低开发的复杂性，提高系统的扩展性（Richardson，Ruby，2007）。REST 概念和准则比较抽象，不同人的解释也不尽相同，在现实应用中并没有被完全遵守或实现。REST 风格的 Web 服务通过 HTTP 发送数据，所发送的信息不采用 SOAP 信封包装。其最常见的实现方式是把请求的参数放在 URL 中，通过 URL 发送请求参数。REST 风格的 Web 服务经常以 JSON 和不经 SOAP 封装的 XML 向客户端返回结果。

在 REST 风格的 Web 服务中，每一个资源都对应一个 URI（统一资源标识符），在不严格的情况下，URI 可以理解为 URL。这些 URL 往往符合一个层次结构。REST 服务中 Web 资源支持特定的操作，例如一个地图服务可以进行制图和查询操作，地图服务中单个数据层可以进行查询操作。这些操作的结果可以 JSON 等格式返回给客户端。

➢ 地理空间 Web 服务标准

Web 地图服务（WMS — Web Map Service）是 OGC 制定的一种在互联网上制作地图的 Web 服务规范，WMS 生产的地图一般以图像格式呈现，如 PNG、 GIF、或 JPEG。符合 WMS 规范的 Web 服务都必须支持下面两个必要的请求：

GetCapabitities：能向客户端返回该 Web 服务的描述信息。返回结果的格式是 XML，它描述该服务的名称、简介、关键词、覆盖范围、包含那些数据层、每层是什么坐标体系、具有哪些属性，是否能被查询。这个元数据还包括该服务所能产生的地图图片文件格式、能支持的操作、每个操作的 URL 等。例如，利用下面的 URL 请求，可以得到 NOAA 发布的大地海洋气象 WMS 服务的描述信息。

GetMap：能根据客户端的 GetMap 请求参数来制作一个地图。GetMap 请求中需要的参数包括显示哪些图层、地图的长宽像素数和空间坐标体系等。有的 WMS 还支持风格层定义（Styled Layer Descriptor，SLD）的，允许用户在 URL 请求中动态的指定各个数据层的显示符号。返回结果一般是 PNG、GIF、JPEG 等栅格格式的图片。例如，下面的 GetMap 请求可以让上述 NOAA 气象 WMS 服务生成一幅 PNG 格式的地图。

WMS 规范的应用较广，被许多机构采用。例如，美国联邦地质调查局（USGS）就提供了一系列 WMS 服务，包括国家大地图 WMS 服务、国家地图集运输 WMS 服务、国家水文数据集 WMS 服务，以及美国实时火灾（主要是指山林野火）WMS 服务。

（5）基于ArcGIS Portal的地理空间信息云服务共享平台

基于 ArcGIS Portal 的地理空间信息云服务共享平台系统采用 B/S（浏览器 / 服务器）的整体架构，根据上述理念、标准和架构，对各个功能模块进行研发，使开发者只需要将注意力集中到 Web 服务器端后台应用的开发，用户只使用通用的多媒体浏览器即可进行信息的访问和交流，并使用户实现零安装和零维护，方便系统升级，节省开发费用，加快开发速度。

服务门户的开发主要实现界面的搭建，地理空间信息的展示、服务器端应用逻辑和数据库操作以及 GIS 服务的调用，使用户在多类型客户端，如电脑、平板、手机等，具有良好的体验。

借助 ArcGIS Portal，用户可以实现对云 GIS 当中资源服务的管理，并能直接使用这些资源服务实现地图浏览、专题图制作以及创建应用等功能。

图7-2-3 基于ArcGIS Portal体系架构

（6）中原经济区地理信息服务应用推广

数据集成的目标是实现多源、异构数据的有机一体化，在时间序列和区域上具有一定连续性，以提高数据的关联和挖掘能力。数据与云共享平台的有效衔接是及时高效分发数据，最终实现数据共享的关键环节。在具体实施过程中，遵循如下方案流程：

➢ 对不同地理空间数据（包括元数据）进行分析、规范和标准化，进行信息的分类、抽取和逻辑集中。在共享网中，按照数据资源的利用程度和面向的服务对象，划分：基础性数据和数据集、专题数据产品（集）、综合性数据和数据集；在此基础上，对元数据和数据实体进行整理：对元数据整理主要依据是 ISO/TC211 有关空间元数据的标准 ISO19115，以及我国空间数据委员会建议的元数据标准；对数据实体进行整理依据 ArcGIS 支持的数据格式，主要包括基于转换器 / 数据标准 / 公共接口的多源数据集成模式的格式统一和数据融合。

➢ 利用 Web GIS 技术、网络技术、数据仓储和信息安全技术，对地理空间数据进行链接、结构化、网络互连，建立新的面向共享平台系统的中原经济区数据体系。依据国家“地球系统科学数据共享网”的标准规范的云共享平台数据，使 Portal 端用户快速实现：科学数据的查询和浏览、数据访问和基本的在线分析，在元数据的统一调度下完成空间和非空间数据的共享服务。

➢ 建立统一的科学数据管理机制，设置不同的数据共享标准和分发权限。并定期维护数据，在平台的数据管理端实现数据的添加、删除、修改、扩充、更新等功能操作。在平台数据管理端，软件系统隔绝不同权限的数据存储，并以空间元数据组织数据权限标准，对数据的质量和数据本身定期检测、编辑及更新。

➢ 数据共享的运维管理。在平台系统评估和数据质量基础上，从管理层和用户对象的角度，在平台管理和 Portal 端分别制定操作和质量管理规范及数据发布和共享规则。规范人员操作、软硬件维护、数据录入、更新、容灾、备份、数据和系统整体评估等，保障科学数据云共享平台的有效运行。

➢ 对可公开的地理信息数据和平台资源通过 Web GIS 等技术进行发布，面向社会。并根据实际需要和客户需求，在 ArcGIS 扩展接口支持下，利用 GIS 空间分析、数据挖掘技术，建立以地理信息为核心的辅助应用系统，以扩充平台服务，实现更多社会和经济效益。

7.2.2 平台系统的实施结构

云 GIS 管理系统实施过程，更多内容是对底层基础设施资源的整理和规划，以下列出了产品实施过程的基本流程。从图中可以看出，系统实施主要由四步组成：

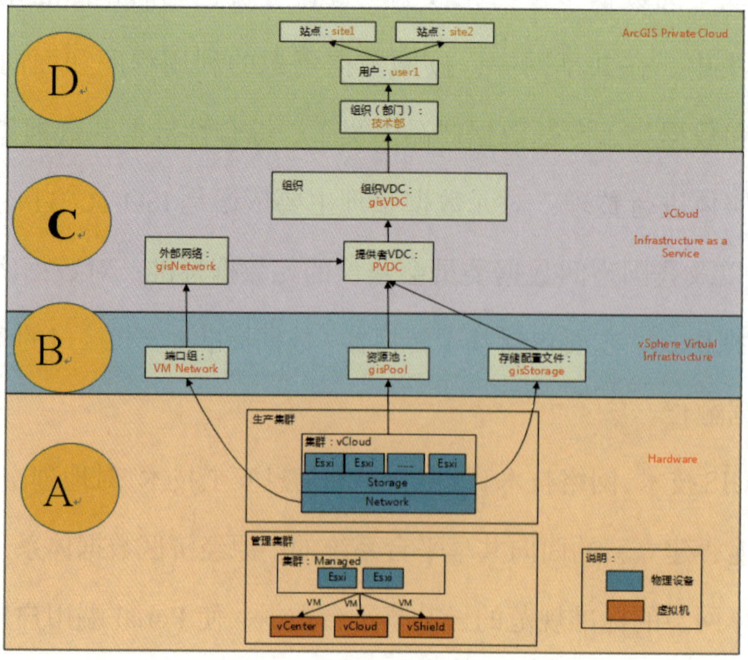

图7-2-4　系统实施结构图

（1）**硬件环境准备**

实际生产环境中，已经配置了物理主机、存储、网络等内容，在这一过程中，我们需要针对实际需求进行规划，要做到管理环境和生产环境相分离，生产环境为 GIS 服务以及应用系统提供资源，管理环境专门用来部署 vCenter Server、vCloud Director、vShield Manager 等管理软件。这样规划的目的是做到管理与生产相分离；

（2）**vSphere环境配置**

对于大多数用户环境，上一步的基础环境已经准备好，我们需要在虚拟化环境中进行一些基本配置，包括计算资源池创建，如 gisPool，存储配置文件创建，如 gisStorage，网络端口组创建，如 VM Network；

（3）**vCloud配置**

即基础设施服务层，在 vCloud 中进行提供者 VDC 和组织 VDC 配置，VDC 即虚拟数据中心，包含虚拟的计算、存储、网络资源；

（4）**云管理系统配置**

在云管理系统中，将会使用到组织 VDC 中的资源，来创建 ArcGIS for Server 站点。

7.2.3　系统部署环境

（1）**DNS配置**

ArcGIS for Server 站点中每个 GIS 服务器节点相互通信是通过完全限定域名实现的，因此要求环境中搭建 DNS 服务器。对于用户生产环境，通常已经有正在使用的 DNS，因此直接配置即可。如果没有现成的 DNS 可以使用，则需要手动搭建，具体搭建过程参见附录：DNS 服务器搭建。

在 DNS 服务器中，对 ArcGIS for Server 所在的网络段进行 DNS 正反向配置及解析。如 IP 段为：192.168.198.51-192.168.198.100，机器名后缀 arcgiscloud.com，配置完成以后利用 nslookup 测试并通过。

在搭建好的 DNS 服务器上（本例中采用 Linux 版），打开配置文件，配置 DNS；

配置正向解析，如图所示，在 DNS 配置文件中，添加如下信息，形式为：机器名 IN A IP

```
gisserver198060 IN      A       192.168.198.60
gisserver198061 IN      A       192.168.198.61
gisserver198062 IN      A       192.168.198.62
gisserver198063 IN      A       192.168.198.63
gisserver198064 IN      A       192.168.198.64
gisserver198065 IN      A       192.168.198.65
```

图7-2-5　配置正向解析

配置反向解析，形成 IP 地址和完全限定域名的映射：

```
60      IN      PTR     gisserver198060.arcgiscloud.com.
61      IN      PTR     gisserver198061.arcgiscloud.com.
62      IN      PTR     gisserver198062.arcgiscloud.com.
63      IN      PTR     gisserver198063.arcgiscloud.com.
```

图7-2-6　配置反向解析

验证测试：

```
[root@dns 桌面]# nslookup gisserver198062
Server:         192.168.198.3
Address:        192.168.198.3#53

Name:   gisserver198062.arcgiscloud.com
Address: 192.168.198.62
```

图7-2-7　配置验证测试

注意事项：对于 Windows 模板，ArcGIS Server 机器名的字符长度不大于 15 个字符，如 gisserver198062。

（2）模板准备

需要准备 ArcGIS for Server 和 ArcGIS Web Adaptor 两个模板，具体内容及要求如下：

表7-2-1　ArcGIS Portal应用模板要求

模板名称	大小	系统	安装内容	注意事项
ArcGIS Web Adaptor	30G	Windows Server 2008 R2	Jdk1.7; Tomcat7.0; wahelper.war Web Adaptor Mongodb	克隆干净的OS 关闭防火墙 禁用IPv6
ArcGIS for Server	30G	Windows Server 2008 R2	Jdk1.7; ArcGIS for Server 10.1 Oracle 11g R2 Client	克隆干净的OS 关闭防火墙 禁用IPv6 配置共享目录 保证ArcGIS账户具有访问共享目录权限

（3）**公共存储配置**

ArcGIS for Server 创建站点时会自动生成两个文件，即 config-store 和 directories，用来存放站点里集群、机器和服务等信息。对于一个站点来说，配置目录非常重要，一旦配置目录发生故障，整个站点将无法正常运行。

由于 ArcGIS Server 是运行在组织 vdc 中，即云环境中，而站点的配置目录可以是手动配置的公共存储或者共享磁盘。

创建的共享目录，需要配置 ArcGIS 账号的访问权限。保证 ArcGIS 账户对此目录有读写权限，同时可以利用模板手动生成一个站点并测试，测试成功以后，在 ArcGIS Server 的 admin 页面中，删除站点。

（4）**模板上传**

上传 ArcGIS for Server 和 ArcGIS Web Adator 模板到相应的组织 VDC 的目录中。

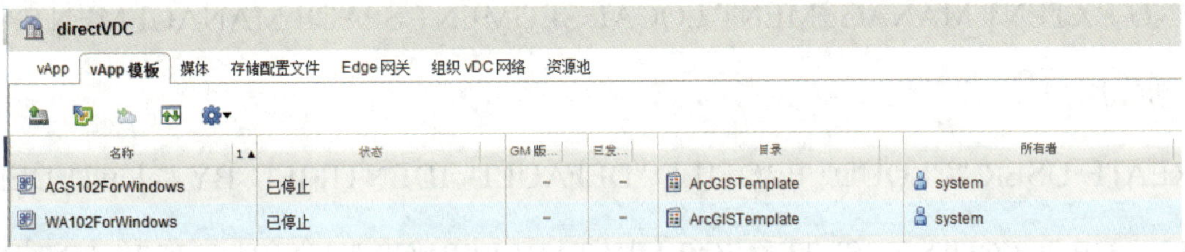

图7-2-8　VDC目录示例

至此，环境准备工作已完成，接下来需要进行云 GIS 管理系统的部署及测试过程。

7.2.4　系统部署过程

在基础环境（计算、存储、网络、组织等）准备完成以后，开始对云 GIS 管理系统进行部署。系统共分为两大部分：后台服务部署、前端应用部署。部署后台服务，实现与 vSphere 底层资源交互、与 vCloud 层业务逻辑调度、与 ArcGIS for Server 通信并进行 GIS Server 站点创建和管理等；前端应用包括用户端和管理端两个系统。

（1）**后台服务部署**

云 GIS 管理系统后台需要配置的服务共有三个：arcgiscloudmanager.war、iaasbasevSphere55.war、vclouddirectorwrapper55.war。其中：

iaasbasevSphere55：与 vSphere 进行资源交互，主要负责获取虚拟机的 CPU 使用状况；

vclouddirectorwrapper55：与 vCloud Director 进行交互，如数据中心资源获取、虚拟

机创建、删除、执行快照、克隆、资源度量等信息；

arcgiscloudmanager：进行逻辑层任务处理，与 vSphere 层资源交互及与 ArcGIS Server 层的站点管理，以及 vCloud 层面资源调度及监控。

注意：部署时要确保 arcgiscloudmanager 所在服务器可以访问到 iaasbasevSphere55、vclouddirectorwrapper 两个服务的地址！

① Oracle 数据库配置。云 GIS 管理系统从 V1.0 版本开始，支持 Oracle 数据库，具体配置信息参见以下详细介绍。

➢ Oracle 数据库安装

➢ Oracle 创建表空间

CREATE SMALLFILE TABLESPACE "CLOUD_TBS" DATAFILE 'C:\APP\ORADATA\ORCL\CLOUD.DBF' SIZE 100M AUTOEXTEND ON NEXT 10 M MAXSIZE UNLIMITED LOGGING EXTENT MANAGEMENT LOCAL SEGMENT SPACE MANAGEMENT AUTO;

➢ 创建用户

CREATE USER "CLOUD" PROFILE "DEFAULT" IDENTIFIED BY "cloud" DEFAULT TABLESPACE "CLOUD_TBS" TEMPORARY TABLESPACE "TEMP" QUOTA UNLIMITED ON "CLOUD_TBS" ACCOUNT UNLOCK;

➢ 给用户赋权限

GRANT CREATE PROCEDURE TO "CLOUD";

GRANT CREATE SEQUENCE TO "CLOUD";

GRANT CREATE SESSION TO "CLOUD";

GRANT CREATE TABLE TO "CLOUD";

GRANT CREATE TRIGGER TO "CLOUD";

GRANT CREATE TYPE TO "CLOUD";

GRANT "CONNECT" TO "CLOUD";

GRANT "RESOURCE" TO "CLOUD";

至此，云管理平台使用的表空间和用户已经创建完成，接下来需要进行数据库建库，具体建库脚本参见附录：Oracle 数据库建库脚本。

②应用环境配置。部署服务的应用服务器为 Windows 或 Linux 平台均可以，Web 服

务器目前采用 Tomcat。具体配置如下：

安装并配置 JDK 环境

检测 8080 端口是否被占用

安装并配置 Tomcat

③服务配置过程。

注：部署 arcgiscloudmanager 服务器环境需要安装 Oracle 客户端！

➢ 部署以上三个 war 包到 Tomcat 的 WebApp 下。

接下来，分别修改每个服务的配置文件：

➢ 修改 iaasbasevSphere55 目录下的 ../WEB-INF/config.json 配置文件，如图 7-2-9 所示，输入 vCenter 地址，以及部署 iaasbasevSphere55 服务器 IP 地址、用户名、密码。

```
{
    "identifier":"admin",
    "secret":"esri@123",
    "url":"https://192.168.190.91/sdk",
    "username":"root",
    "password":"vmware",
    "webserverport":"8080",
    "webserverip":"192.168.190.97",
    "datastorename":"",
    "vmfolder":""
}
```

图7-2-9 修改配置文件1

备注：关于参数“identitfier”和“secret”为 Tomcat 的用户名、密码；关于“datastorename”和“vmfolder”为空即可。

➢ 修改 vclouddirectorwrapper55 目录下的 ../WEB-INF/config.json 配置文件，如图 7-2-10 所示，修改 vCloud 地址、用户名、密码、所在服务器、端口号：

```
{
        "identifier":"admin",
        "secret":"esri@123",
        "vcloudurl":"https://192.168.190.93",
        "username":"administrator@System",
        "password":"esri@123",
        "webserverhost":"192.168.190.97",
        "webserverport":"8080"
}
```

图7-2-10 修改配置文件2

➢ 修改 arcgiscloudmanager 目录下的 ../WEB-INF/config.json 配置文件，具体参数信息：

Identifier/secret：Tomcat 中访问服务时的用户名、密码；

webserverhost/webserverport：部署 arcgiscloudmanager 服务器 IP、端口；

iaasbasevesphere55url：部署 iaasbasevesphere55 的 url 服务地址；

vClouddirectorwrapper55url：部署 vClouddirectorwrapper55 的 url 服务地址；

adminname/adminpassword：Tomcat 用户名、密码；

usecustomproxy：flase，不使用代理

linuxmountpath：部署 linux 版 ArcGIS Server 时，配置 Server 的共享目录；

linkedclone：true：使用链接克隆；

leasevalue：默认租约设置；

psausername/psapassword：ArcGIS Server 默认的管理员账号、密码；

rolename：ArcGIS Server 站点默认的为发布者角色；

usemqformail：默认没有开启邮件服务器；

vmimagetypeids：使用的模板编号

vminstancetypeids：创建的实例类型，设置高、中、低配

sitetypeids：站点类型，选择普通、还是高计算类型

sitedeploymodelids：站点部署模式，选择单点、还是高可用类型

sharedkey：

tokentimespan：token 过期时间设置

staticreportpath：默认的报表存放目录

vmnameprefix：gisserver，表示默认的虚机机器名前缀

supportdesktop：false，比支持创建 Desktop 类型的虚机

```
{
    "identifier":"admin",
    "secret":"esri@123",
    "webserverhost":"192.168.190.97",
    "webserverport":"8080",
    "iaasbasevsphere55url":"http://192.168.190.97:8080/iaasbasevsphere55/",
    "vclouddirectorwrapper55url":"http://192.168.190.97:8080/vclouddirectorwrapper55/",
    "adminname":"admin",
    "adminpassword":"esri@123",
    "linuxmountpath":"/usr/clouddata",
    "osadminpassword":"esri@123",
    "usecustomproxy":false,
    "customproxyurl":"http://192.168.190.136:9000",
    "updateproxyurl":"http://192.168.190.136:3000/reload",
    "interneturl":"http://124.205.245.98:9000",
    "linkedclone":true,
    "leasevalue":315360000,
    "psausername":"siteadmin",
    "psapassword":"esri@123",
    "rolename":"arcgiscloudpublishrole",
    "description":"Default ArcGIS Cloud Publish Role",
    "usemqformail":false,
    "mqhost":"192.168.190.178",
    "mqport":5672,
    "mqvirtualhost":"/",
    "mqusername":"arcgis",
    "mqpassword":"Esri@123",
    "exchangename":"arcgiscloudexchange",
    "queuename":"arcgiscloudqueue",
    "routingkey":"arcgiscloudroutingkey",
    "siteleasevalue":259200000,
    "siteleaseextravalue":86400,
    "vmimagetypeids":"16,17",
    "vminstancetypeids":"2,3,4",
    "sitetypeids":"1",
    "sitedeploymodelids":"2",
    "sharedkey":"abcdefghijklmnop",
    "tokentimespan":3000,
    "staticreportpath":"C:/reports/temp/",
    "vmnameprefix":"gisserver",
    "supportdesktop":false,
```


继续进行配置：

defaultorgname：默认的组织名称

defaultvdcname：默认组织 vdc 名称

cputhreshold：

memorythreshod：

storagethreshod：

networkthreshold：

jdbcconurl：数据库连接地址

jdbcconuser：数据库用户名

jdbcconpassword：数据库密码

```
"supportdesktop":false,
"defaultorgname":"testOrg",
"defaultvdcname":"orgVdc",
"cputhreshold":90,
"memorythreshold":90,
"storagethreshold":80,
"networkthreshold":90,
"jdbcconurl":"jdbc:oracle:thin:@192.168.190.97:1521:orcl",
"jdbcconuser":"CLOUD",
"jdbcconpassword":"cloud"
```

（2）前端应用部署

前端应用利用 Nginx 实现反向代理功能，部署前端的 admin 和 user 两个系统到 Nginx 的 html 目录，admin 是云端资源管理系统，user 是云端自服务门户系统。

① Nginx 配置。

部署 Nginx 服务器。

拷贝前端应用 user、admin 到 Nginx\html 目录：

在 Nginx\conf 目录下，配置 Nginx.conf 文件，如图 7-2-11 所示，配置后台服务地址、服务器 IP、及后台服务的访问地址：

listen：监听端口为 80

proxy_pass：后台服务地址

```
server {
    listen       80;
    server_name  192.168.190.97;

    #charset koi8-r;

    #access_log  logs/host.access.log  main;

    location / {
        root   html;
        index  index.html index.htm;
        if (!-f $request_filename) {
            break;
            proxy_pass http://192.168.190.97:8080;
        }
    }
```

图7-2-11 配置后台服务地址

②应用配置。

拷贝前端应用 user、admin 到 Nginx\html 目录：

配置 user/config.js 文件，配置服务地址、jsAPI 地址：

```
esrichina.geocloud.config={
    loginTitle:"ArcGIS云端自服务门户系统",
    headTitle:"ArcGIS云端自服务门户系统",//浏览器tab页显示的title
    headTitle:"ArcGIS云端自服务门户系统",//浏览器tab页显示的title
    systemTitle:"ArcGIS云端自服务门户系统",//系统顶部显示的title
    bottomContent:"易智瑞（中国）信息技术有限公司 版权所有",//浏览器底部说明
    serviceUrl:'http://192.168.190.97/arcgiscloudmanager/',//后台的管理地址: http://124.205.245.98:9000/arcgiscloudmana
    serviceUserAdmin:'admin',//后台授权凭证用户名
    serviceUserPwd:'esri@123',//后台授权凭证密码
    cookTime:20*60*1000,//20分钟之内无需输入密码，建议设置为0,
    jsApiUrl:"http://192.168.190.97/arcgis_js_api/library/3.9/3.9/",//http://tm.arcgisonline.cn:8038/App1/arcgis_js_v34
    extension:{
      desktop:false
    },
    version:"1.0"//版本号
}
```

图7-2-12 配置user/config.js文件

提示：输入的后台管理地址，是指经过反向代理以后的地址（即，不是实际的后台服务地址）

同样的方式，修改 /html/admin 目录下的 config.js 文件：

```
esrichina.geocloud.config={
    loginTitle:"ArcGIS云管理系统",
    loginLogoPath:"images/cloud-logo.png",
    headTitle:"ArcGIS云管理系统",//浏览器tab页显示的title
    systemTitle:"ArcGIS云管理系统",//系统顶部显示的title
    logoPath:"images/cloud-logo.png",//logo存放路径，最好设置为高46像素
    logoAlt:"ArcGIS云管理系统",//logo缺失时，显示的文字,chrome浏览器不支持
    logoTip:"ArcGIS云管理系统",//当鼠标放在logo上面显示的文字
    bottomContent:"CopyRight 2014  易智瑞（中国）信息技术有限公司  Esri China Information Technology Co.,
    serviceUrl:'http://192.168.190.97/arcgiscloudmanager/',//后台的管理地址: http://124.205.245.98:9000/a
    serviceUserAdmin:'admin',//后台授权凭证用户名
    serviceUserPwd:'esri@123',//后台授权凭证密码
    cookTime:20*60*1000,//20分钟之内无需输入密码，建议设置为0,
    extension:{
        desktop:false
    },
    forshow:false,
    version:"1.0"//版本号
}
```

图7-2-13 修改/html/admin目录下的config.js文件

7.2.5 相关软件的安装配置

（1）JDK安装配置

安装 java 环境以后，配置环境变量：

JAVA_HOME=C:\Program Files\Java\jdk1.7.0_21

PATH=;%JAVA_HOME%\bin; %JAVA_HOME%\jre\bin;

CLASS_PAT=.;%JAVA_HOME%\lib\dt.jar; %JAVA_HOME%\lib\tools.jar

（2）Tomcat安装配置

注意事项：

模板 WebAdaptor 中的 Tomcat 一定要设置为开机自动启动。

记得拷贝 webadaptor 的跨域文件（clientaccesspolicy 和 crossdomain）到 tomcat 的 webapp/root 下安装 ArcGIS Server 模板时，如果 ArcGIS 账号密码修改了，则 ArcGIS Server 服务无法正常启动，记得在 ArcGIS Server 的服务上，修改登录，输入新的 arcgis 账户密码，模板克隆时，记得选择生成新的 SID 号：

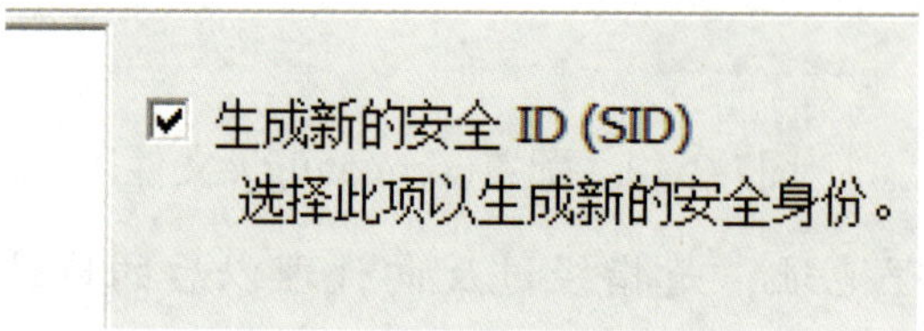

图7-2-14　生成新的SID号

① Tomcat 安装。

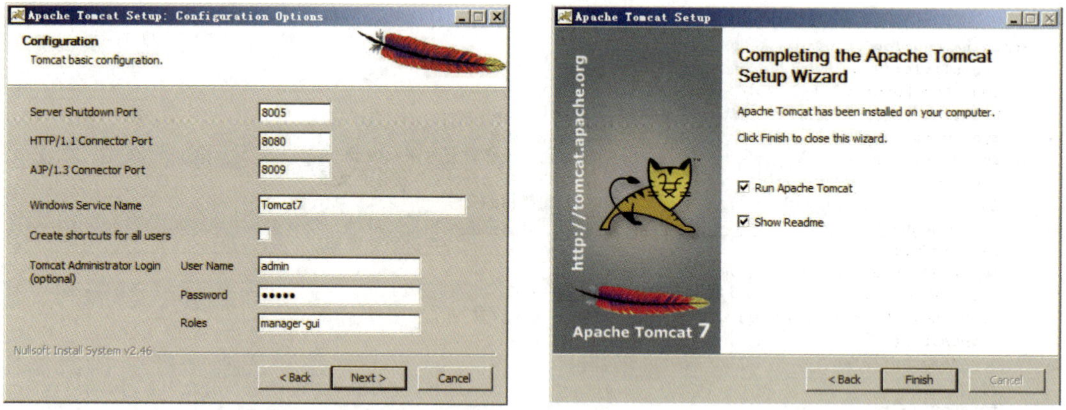

图7-2-15　安装Tomcat

② Tomcat 内存配置。

对于非安装版 Tomcat，修改 ../bin/catalina.sh，添加如下代码：

```
if [ $have_tty -eq 1 ]; then
JAVA_OPTS="-server -XX:PermSize=512M -XX:MaxPermSize=2048M"
  echo "Using CATALINA_BASE:   $CATALINA_BASE"
```

对于安装版：在 Tomcat 的配置界面中，添加如下内容：

-XX:PermSize=512m

-XX:MaxPermSize=1024m

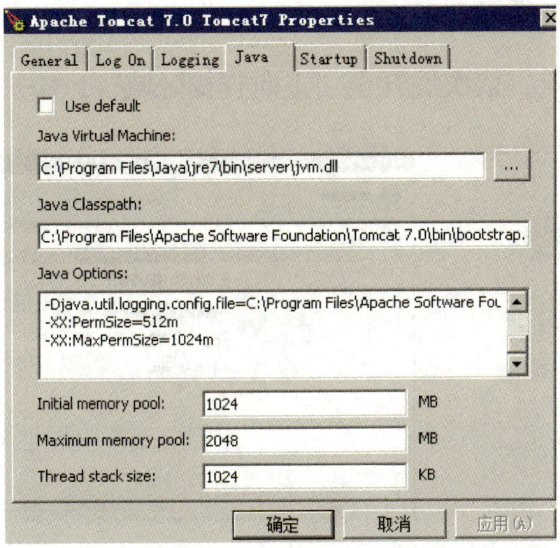

图7-2-16　配置Tomcat

（3）DNS服务器搭建

① Windows DNS 服务器搭建。

在 Windows Server 2008 R2 中，搭建 DNS 服务器步骤：

在“服务器管理器”中选择“角色”，点击下一步，选择“添加角色”，勾选“DNS”服务器，查看 DNS 服务器简介：

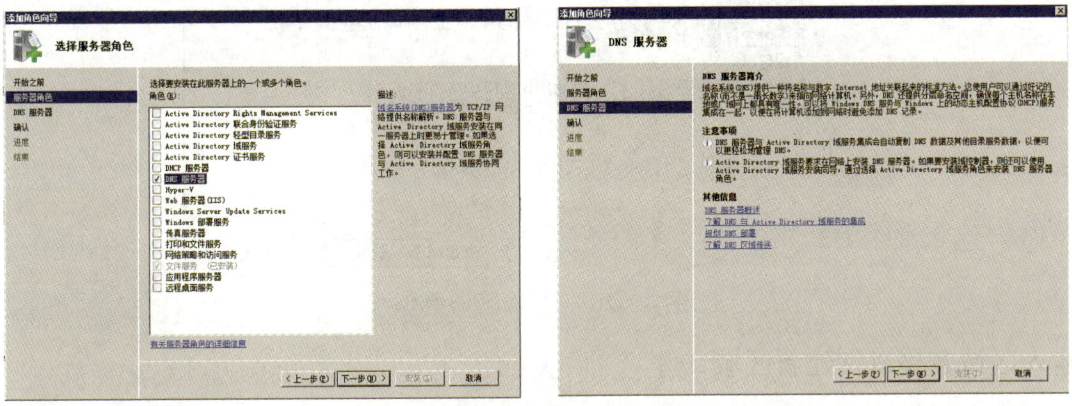

图5-17 配置DNS服务器

点击安装完成安装。

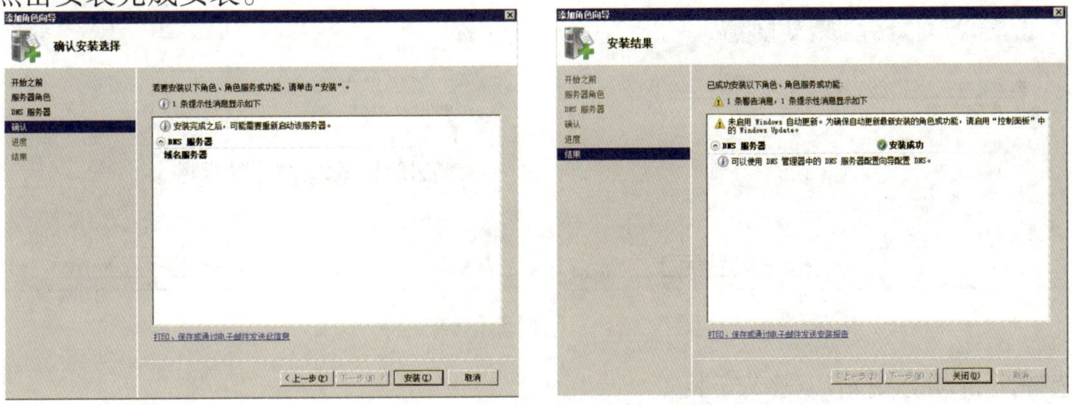

图7-2-18　安装DNS服务器

② Windows DNS 服务器配置。

选择 DNS 服务器节点，依次展开至“正向查找区域”，添加新区域：

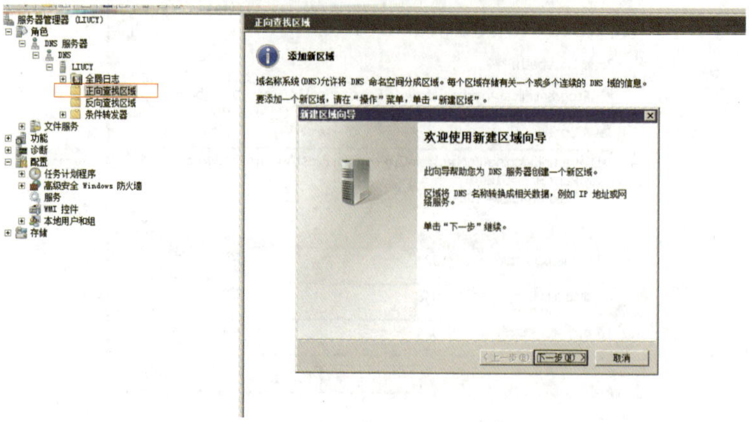

图7-2-19　添加新区域

选择区域类型：

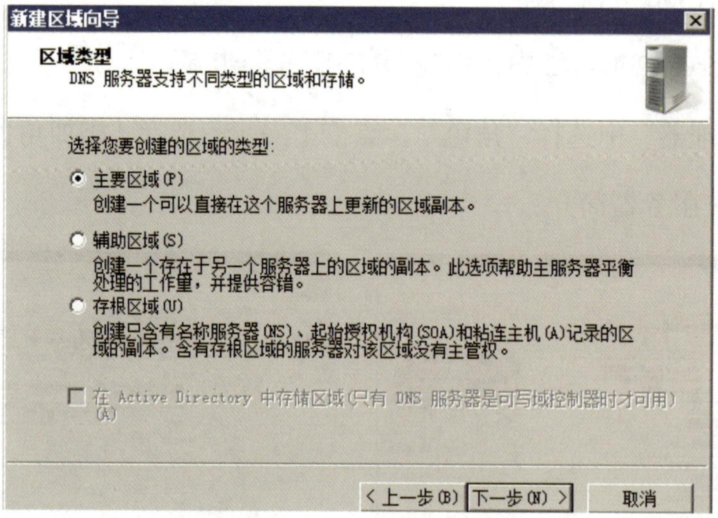

图7-2-20　选择区域类型

输入区域名称以创建新区域文件。

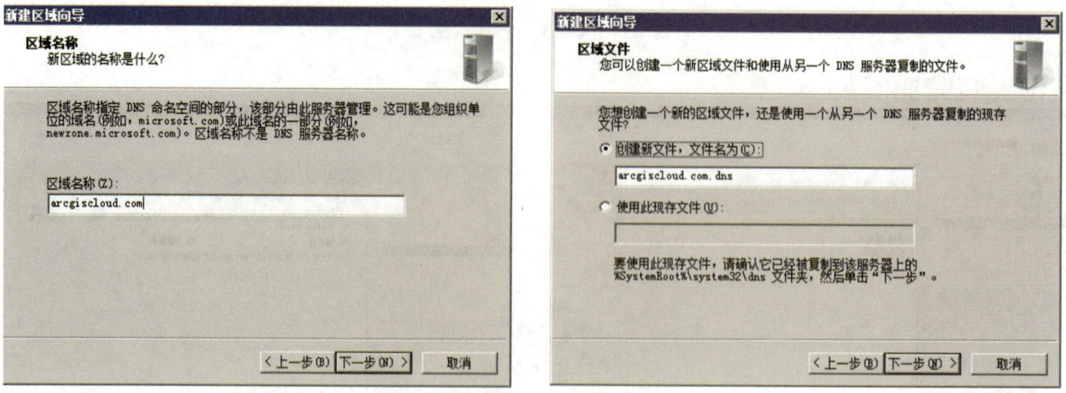

图7-2-21　创建新区域文件

选择是否动态更新以完成安装。

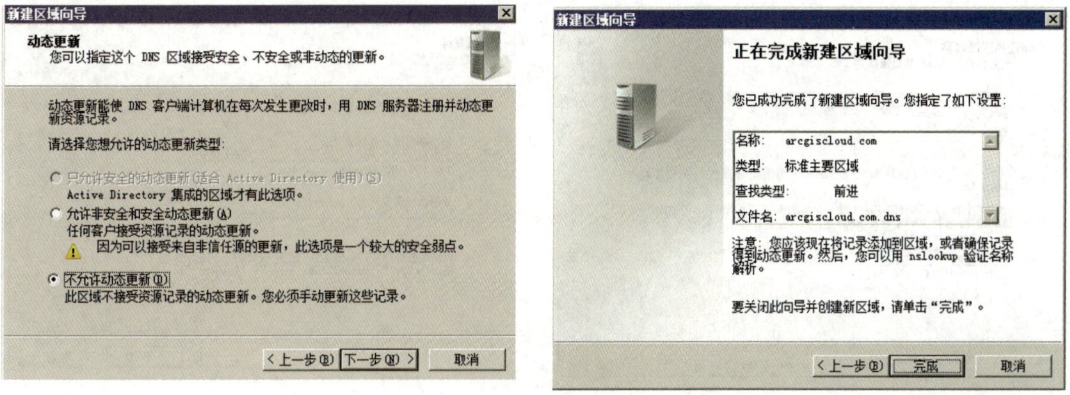

图7-2-22 选择动态更新以完成安装

新建反向查找区域：

点击新建：

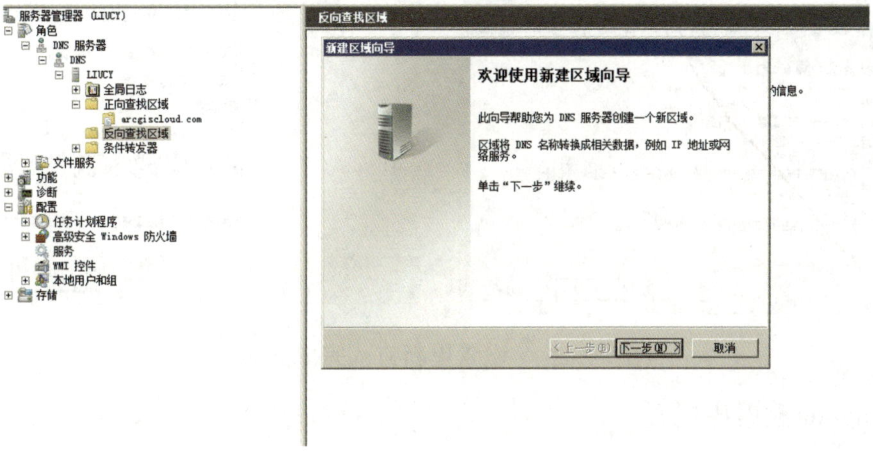

图7-2-23 新建反向查找区域

选择区域类型及反向查找区域名称。

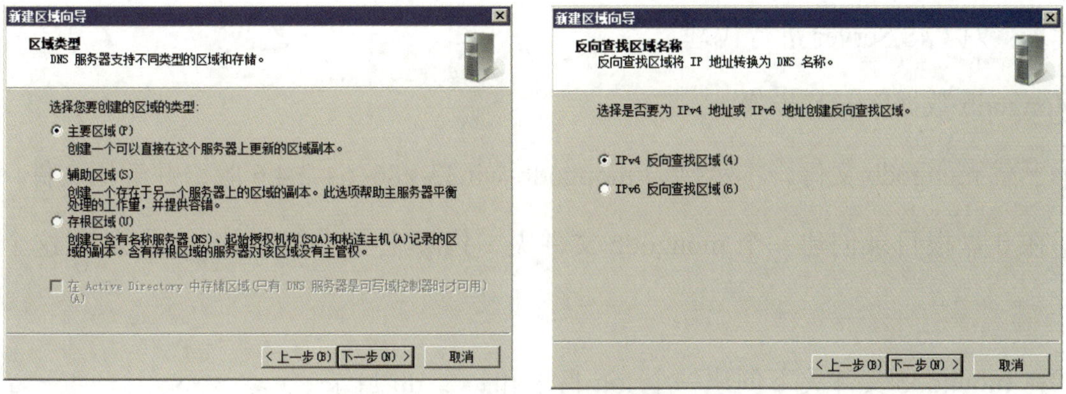

图7-2-24 设置区域类型及名称

输入反向区域名称，指定 IP 段以创建新区域文件。

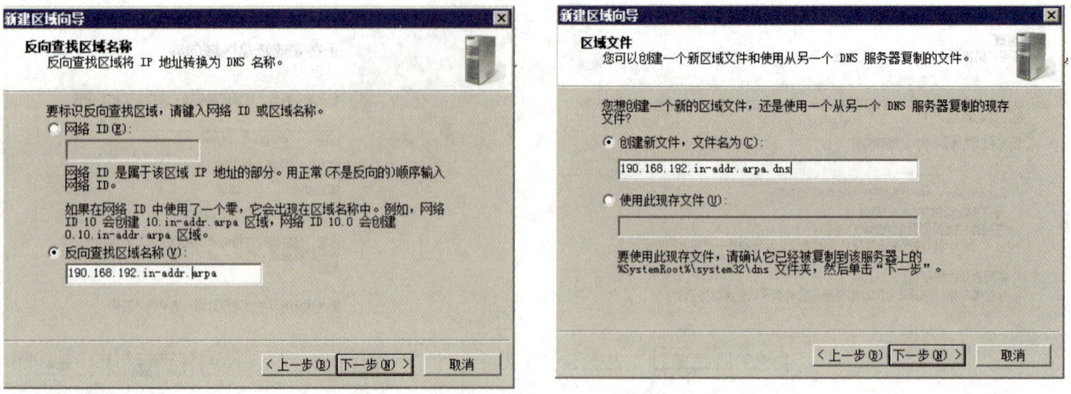

图7-2-25　设置IP区段以创建区域文件

不允许动态更新，以完成安装

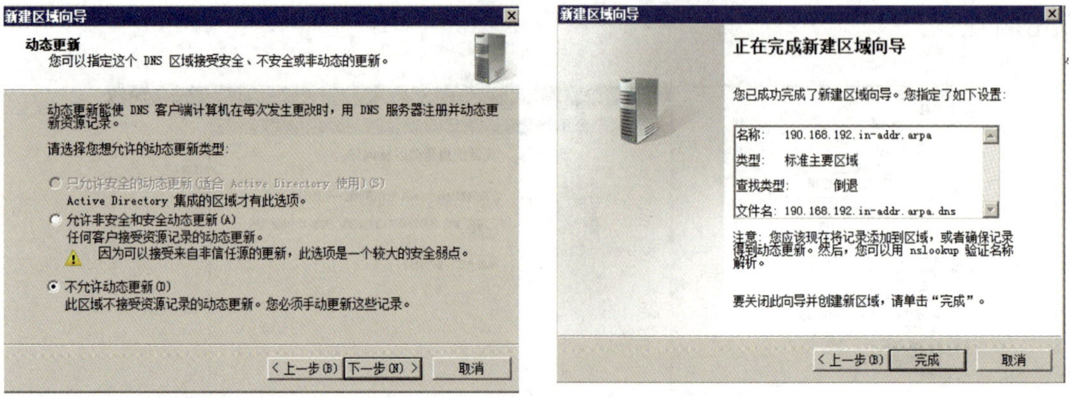

图7-2-26　设置更新方式完成安装

（4）Mongodb**数据库配置**

WebAdaptor 模板中，需要安装并配置 Mongodb 数据库，其主要作用如下：

监控：对站点和服务状态进行监控

代理：对 GIS Server 进行代理

Mongodb 数据库安装步骤：

①下载 mongodb 文件，本示例为 mongodb-win32-x86_64-2.4.6 版，并解压文件

②在 d 盘根目录创建一个 mongodb 文件夹，拷贝上一步解压的 bin 文件到这个目录下来

③在 mongodb 文件夹下创建一个 log 目录和一个 db 目录

④在 mongodb 目录下创建一个 mongod.cfg 文件

⑤编辑 mongod.cfg 文件，添加如下内容：

⑥ logpath=d:\mongodb\log\mongo.log

⑦ dbpath=d:\mongodb\db

⑧ auth=true

⑨注册为 windows 系统服务：

mongod --config “d:\mongodb\mongod.cfg” --install

⑩启动服务：net start mongodb

⑪卸载服务：sc delete mongodb

⑫卸载 MongoDB：mongod.exe --remove --serviceName “MongoDB”

Mongodb 客户端安装步骤：

①前提条件：首先安装 .Net Framework3.5；

②开始执行安装：

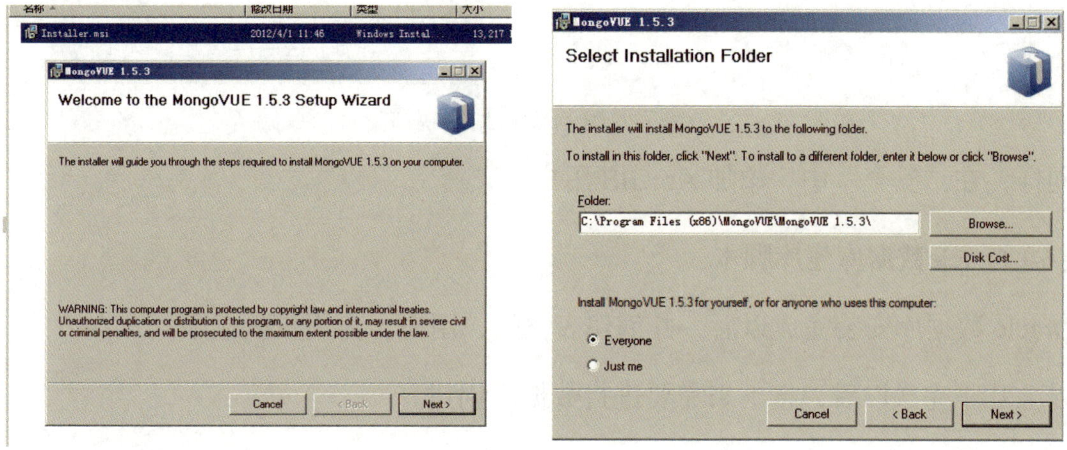

图7-2-27　安装.Net Framework3.5

③选择安装目录，点击 Next：

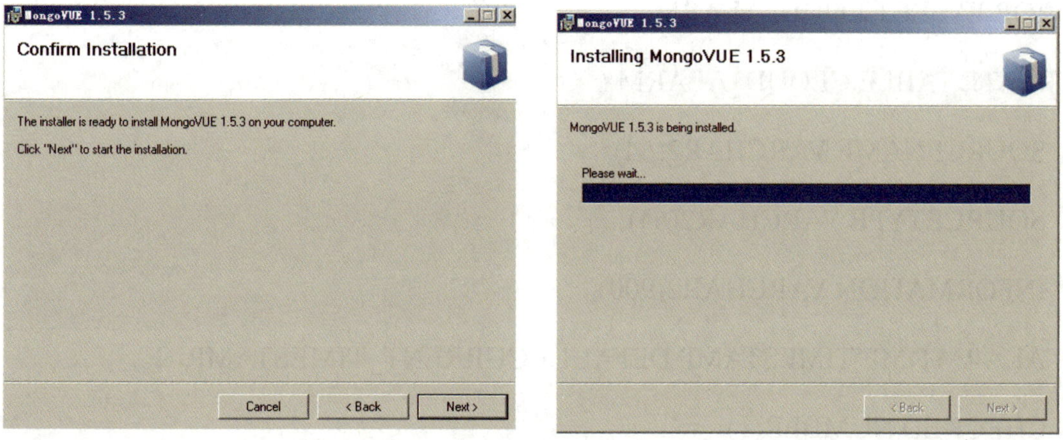

图7-2-28　安装MongoVUE

安装完成，利用 MongoVUE 连接数据库并测试。

（5）共享目录设置

Windows 共享目录设置；

使用 UNC 方式设置：

选择数据存放目录，右键选择共享；

用户权限设置，点击“高级共享”，选择 arcgis 用户，选择权限。

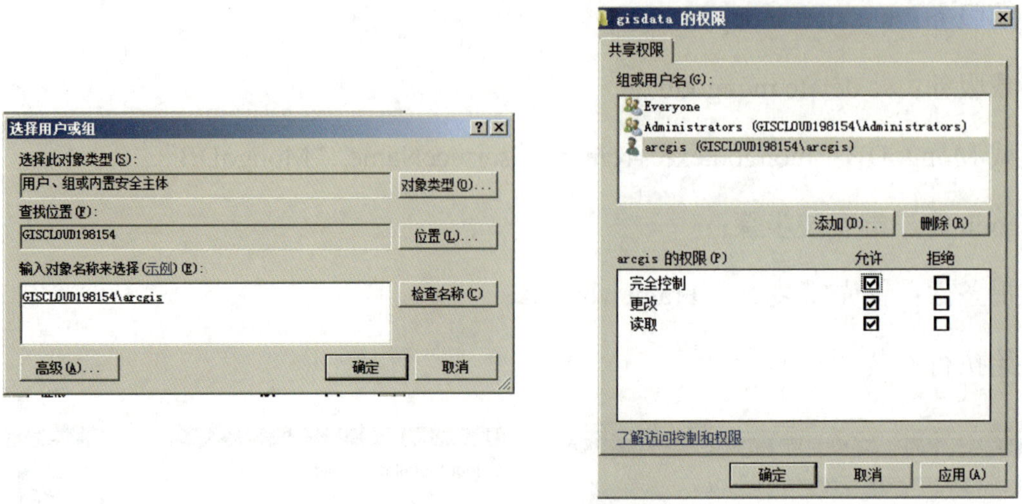

图7-2-29　设置用户权限

同样，在“安全”中，添加 ArcGIS 用户。

（6）Oracle**数据库建库脚本**

Oracle 数据库安装完成以后，并创建表空间、用户、为用户赋权限。

以上几步完成以后，接下来需要进行数据库创建。

可以直接执行以下 SQL 命令：

```
-- Alarm table --
DROP TABLE CLOUD_ALARM;
CREATE TABLE CLOUD_ALARM (
    SOURCENAME VARCHAR2(64),
    SOURCETYPE VARCHAR2(64),
    INFORMATION VARCHAR2(900),
    ALARMTIME TIMESTAMP DEFAULT CURRENT_TIMESTAMP,
    CHECKED NUMBER(1),
    CHECKEDTIME TIMESTAMP
);
```

```
COMMENT ON TABLE CLOUD_ALARM IS ' 警报 ';

COMMENT ON COLUMN CLOUD_ALARM.SOURCENAME IS ' 记录对象名称 ';
COMMENT ON COLUMN CLOUD_ALARM.SOURCETYPE IS ' 记录对象类型 ';
COMMENT ON COLUMN CLOUD_ALARM.INFORMATION IS ' 记录对象具体信息 ';
COMMENT ON COLUMN CLOUD_ALARM.ALARMTIME IS ' 记录时间 ';
COMMENT ON COLUMN CLOUD_ALARM.CHECKED IS ' 警报是否确认 ';
COMMENT ON COLUMN CLOUD_ALARM.CHECKEDTIME IS ' 警报确认时间 ';

-- DayStatistic table --
DROP TABLE CLOUD_DAYSTATISTIC;
CREATE TABLE CLOUD_DAYSTATISTIC (
   USERNAME VARCHAR2(64),
   SITENAME VARCHAR2(64),
   STATISTICVALUE NUMBER(32,16),
   STATISTICTIME TIMESTAMP,
   VMNUM NUMBER(32),
   SITEID VARCHAR2(64),
   USERID VARCHAR2(64)
);

COMMENT ON TABLE CLOUD_DAYSTATISTIC IS ' 日统计 ';

COMMENT ON COLUMN CLOUD_DAYSTATISTIC.USERNAME IS ' 用户名称 ';
COMMENT ON COLUMN CLOUD_DAYSTATISTIC.SITENAME IS ' 站点名称 ';
COMMENT ON COLUMN CLOUD_DAYSTATISTIC.STATISTICVALUE IS '统计值( 某
用户下某站点内的虚拟机数量 * 运行小时数 ) ';
COMMENT ON COLUMN CLOUD_DAYSTATISTIC.STATISTICTIME IS ' 统计时间 ';
```

```
COMMENT ON COLUMN CLOUD_DAYSTATISTIC.VMNUM IS ' 虚拟机数量 ';
COMMENT ON COLUMN CLOUD_DAYSTATISTIC.SITEID IS ' 站点标识 ';
COMMENT ON COLUMN CLOUD_DAYSTATISTIC.USERID IS ' 用户标识 ';

-- Department table --
DROP TABLE CLOUD_DEPARTMENT;
CREATE TABLE CLOUD_DEPARTMENT (
  NAME VARCHAR2(64),
  DESCRIPTION VARCHAR2(255),
  ORGNAME VARCHAR2(64),
  SITECONFIGPATH VARCHAR2(255),
  REGISTERMANAGEDDB NUMBER(1),
  MANAGEDDBCONNECTIONSTRING VARCHAR2(900),
  BUSINESSID VARCHAR2(64),
  SITETYPEIDS VARCHAR2(64),
  VMINSTANCETYPEIDS VARCHAR2(64),
  VMIMAGETYPEIDS VARCHAR2(64),
  DEPARTMENTSTATUS VARCHAR2(64),
  SITEDEPLOYMODELIDS VARCHAR2(64)
);

COMMENT ON TABLE CLOUD_DEPARTMENT IS ' 组织部门 ';

-- Desktop table --
-- SITETYPE==TYPE --
DROP TABLE CLOUD_DESKTOP;
CREATE TABLE CLOUD_DESKTOP (
  NAME VARCHAR2(64),
```

```
  DESCRIPTION VARCHAR2(255),
  OWNER VARCHAR2(64),
  OSADMINPASSWORD VARCHAR2(64),
  IP VARCHAR2(64),
  DESKTOPSTATUS VARCHAR2(64),
  CREATEDTIME TIMESTAMP,
  CREATEDTIME2 TIMESTAMP,
  VAPPTEMPLATENAME_DESKTOP VARCHAR2(64),
  OSTYPE VARCHAR2(64),
  VERSION VARCHAR2(64),
  BUSINESSID VARCHAR2(64),
  DESKTOPVAPPNAME VARCHAR2(64),
  VDCNAME VARCHAR2(64),
  ORGNAME VARCHAR2(64),
  VMINSTANCETYPENAME VARCHAR2(64),
  LEASEVALUE NUMBER(32),
  SITETYPE VARCHAR2(64),
  EMAILNOTIFICATION NUMBER(1),
  LINKEDCLONE NUMBER(1),
  HAVENEWLEASE NUMBER(1)
);

COMMENT ON TABLE CLOUD_DESKTOP IS ' 桌面 ';

-- Log table --
-- LOGTYPE==TYPE --
DROP TABLE CLOUD_LOG;
CREATE TABLE CLOUD_LOG (
```

```
    SOURCENAME VARCHAR2(64),
    SOURCETYPE VARCHAR2(64),
    INFORMATION VARCHAR2(900),
    LOGTIME TIMESTAMP DEFAULT CURRENT_TIMESTAMP,
    LOGTYPE VARCHAR2(64),
    ISTASK NUMBER(1),
    ISEVENT NUMBER(1)
);

COMMENT ON TABLE CLOUD_LOG IS ' 日志 ';

-- ManagedDBConnection table --
--DROP TABLE CLOUD_MANAGEDDBCONNECTION;
--CREATE TABLE CLOUD_MANAGEDDBCONNECTION (
-- NAME VARCHAR2(64),
-- DESCRIPTION VARCHAR2(255),
-- CONNSTRING VARCHAR2(900),
-- BUSINESSID VARCHAR2(64)
--);

-- NewDesktopLease table --
DROP TABLE CLOUD_NEWDESKTOPLEASE;
CREATE TABLE CLOUD_NEWDESKTOPLEASE (
    DESKTOPID VARCHAR2(64),
    DESKTOPNAME VARCHAR2(64),
    DESKTOPOWNER VARCHAR2(64),
    NEWLEASEVALUE NUMBER(32),
    NEWLEASEREASON VARCHAR2(255),
```

```
  ISCHECKED NUMBER(1),
  REQUESTTIME TIMESTAMP,
  CHECKTIME TIMESTAMP
);

COMMENT ON TABLE CLOUD_NEWDESKTOPLEASE IS ' 桌面续租申请 ';

-- NewSiteLease table --
DROP TABLE CLOUD_NEWSITELEASE;
CREATE TABLE CLOUD_NEWSITELEASE (
  SITEID VARCHAR2(64),
  SITENAME VARCHAR2(64),
  SITEOWNER VARCHAR2(64),
  NEWLEASEVALUE NUMBER(32),
  NEWLEASEREASON VARCHAR2(255),
  ISCHECKED NUMBER(1),
  REQUESTTIME TIMESTAMP,
  CHECKTIME TIMESTAMP
);

COMMENT ON TABLE CLOUD_NEWSITELEASE IS ' 站点续租申请 ';

-- Overview table --
-- DEPARTMENTID==DEPARTMENT --
DROP TABLE CLOUD_OVERVIEW;
CREATE TABLE CLOUD_OVERVIEW (
  USERNUM NUMBER(32),
  SITENUM NUMBER(32),
```

```
    TRANSACTIONS NUMBER(32),
    DEPARTMENTID VARCHAR2(64),
    LOGTIME TIMESTAMP,
    DESKTOPNUM NUMBER(32)
);

COMMENT ON TABLE CLOUD_OVERVIEW IS ' 系统汇总信息 ';

-- Site table --
-- SITETYPE==TYPE --
DROP TABLE CLOUD_SITE;
CREATE TABLE CLOUD_SITE (
    NAME VARCHAR2(64),
    DESCRIPTION VARCHAR2(255),
    OWNER VARCHAR2(64),
    USERNAME VARCHAR2(64),
    PASSWORD VARCHAR2(64),
    CONFIGPATH VARCHAR2(900),
    MINVMNUM NUMBER(32),
    AUTOSCALE NUMBER(1),
    MAXVMNUM NUMBER(32),
    MAXCPU NUMBER(32,16),
    MAXTIME NUMBER(32),
    MINCPU NUMBER(32,16),
    MINTIME NUMBER(32),
    URL VARCHAR2(255),
    SITESTATUS VARCHAR2(64),
    CREATEDTIME TIMESTAMP,
```

```
  CREATEDTIME2 TIMESTAMP,
  VAPPTEMPLATENAME_AGS VARCHAR2(64),
  VAPPTEMPLATENAME_WA VARCHAR2(64),
  REGISTERMANAGEDDB NUMBER(1),
  MANAGEDDBCONNECTIONSTRING VARCHAR2(900),
  OSTYPE VARCHAR2(64),
  VERSION VARCHAR2(64),
  PROXYURL VARCHAR2(255),
  BUSINESSID VARCHAR2(64),
  INTERNETURL VARCHAR2(255),
  SITEVAPPNAME VARCHAR2(64),
  VDCNAME VARCHAR2(64),
  ORGNAME VARCHAR2(64),
  VMINSTANCETYPENAME VARCHAR2(64),
  LEASEVALUE NUMBER(32),
  SITETYPE VARCHAR2(64),
  EMAILNOTIFICATION NUMBER(1),
  HAVENEWLEASE NUMBER(1),
  SITEDEPLOYMODEL VARCHAR2(64),
  NATIP VARCHAR2(64),
  LBIP VARCHAR2(64)
);

COMMENT ON TABLE CLOUD_SITE IS ' 站点 ';

-- SiteArchive table --
DROP TABLE CLOUD_SITEARCHIVE;
CREATE TABLE CLOUD_SITEARCHIVE (
```

```
    NAME VARCHAR2(64),
    OWNER VARCHAR2(64),
    SITEID VARCHAR2(64),
    LASTARCHIVETIME TIMESTAMP,
    TRANSACTIONSBYINTERVAL NUMBER(32),
    TOTALBUSYTIMEBYINTERVAL NUMBER(32)
);

COMMENT ON TABLE CLOUD_SITEARCHIVE IS ' 站点归档 ';

-- Tenants table --
DROP TABLE CLOUD_TENANTS;
CREATE TABLE CLOUD_TENANTS (
    NAME VARCHAR2(64) NOT NULL,
    PASSWORD VARCHAR2(64),
    LASTLOGIN TIMESTAMP,
    LASTLOGINIP VARCHAR2(64),
    MAXSITENUM NUMBER(32),
    REGISTERTIME TIMESTAMP,
    EMAIL VARCHAR2(255),
    GISSERVERMINNUMPERSITE NUMBER(32),
    GISSERVERMAXNUMPERSITE NUMBER(32),
    ACCOUNTSTATUS VARCHAR2(64),
    CURRENTSITENUM NUMBER(32),
    ADVANCED NUMBER(1),
    FULLNAME VARCHAR2(255),
    DEPARTMENTNAME VARCHAR2(64),
    DEPARTMENTID VARCHAR2(64),
```

```
  DESCRIPTION VARCHAR2(255),
  BUSINESSID VARCHAR2(64) NOT NULL,
  SITELEASEVALUE NUMBER(32),
  VMIMAGETYPEIDS VARCHAR2(64),
  VMINSTANCETYPEIDS VARCHAR2(64),
  SITETYPEIDS VARCHAR2(64),
  DESKTOPLEASEVALUE NUMBER(32),
  MAXDESKTOPNUM NUMBER(32),
  CURRENTDESKTOPNUM NUMBER(32),
  SITEDEPLOYMODELIDS VARCHAR2(64),
  CONSTRAINT CLOUD_TENANTS_PK PRIMARY KEY (NAME)
);

CREATE INDEX CLOUD_TENANTS_IDX1 ON CLOUD_TENANTS(BUSINESSID);

COMMENT ON TABLE CLOUD_TENANTS IS ' 系统用户 ';

-- UsedIP table --
DROP TABLE CLOUD_USEDIP;
CREATE TABLE CLOUD_USEDIP (
   IP VARCHAR2(64),
   IPTYPE VARCHAR2(64),
   CONSTRAINT CLOUD_USEDIP_PK PRIMARY KEY (IP)
);

COMMENT ON TABLE CLOUD_USEDIP IS ' 已经被使用的 IP';

-- UserHistoryBean table --
```

```
DROP TABLE CLOUD_USERHISTORYBEAN;
CREATE TABLE CLOUD_USERHISTORYBEAN (
    USERNAME VARCHAR2(64),
    USERID VARCHAR2(64),
    TRANSACTIONSBYINTERVAL NUMBER(32),
    TOTALBUSYTIMEBYINTERVAL NUMBER(32),
    HISTORYTIME TIMESTAMP
);

COMMENT ON TABLE CLOUD_USERHISTORYBEAN IS '用户历史记录';

-- VMImage table --
-- VMIMAGETYPE==TYPE --
DROP TABLE CLOUD_VMIMAGE;
CREATE TABLE CLOUD_VMIMAGE (
    VMIMAGETYPE VARCHAR2(255),
    VAPPTEMPLATENAME VARCHAR2(64),
    CREATEDTIME TIMESTAMP
);

COMMENT ON TABLE CLOUD_VMIMAGE IS '虚拟机镜像类型比照';

-- VMforDesktop table --
DROP TABLE CLOUD_VMFORDESKTOP;
CREATE TABLE CLOUD_VMFORDESKTOP (
    NAME VARCHAR2(64),
    DESKTOPNAME VARCHAR2(64),
    VAPPTEMPLATENAME VARCHAR2(64),
```

```
  HOSTNAME VARCHAR2(64),
  IP VARCHAR2(64),
  REALHOSTNAME VARCHAR2(64),
  REALIP VARCHAR2(64),
  OWNER VARCHAR2(64),
  CREATEDTIME TIMESTAMP,
  VMSTATUS VARCHAR2(64),
  VMMOREF VARCHAR2(64),
  VMREALNAME VARCHAR2(64),
  CREATEDTIME2 TIMESTAMP,
  CONSTRAINT CLOUD_VMFORDESKTOP_PK PRIMARY KEY (NAME)
);

COMMENT ON TABLE CLOUD_VMFORDESKTOP IS ' 桌面中的虚拟机 ';

-- VMinSite table --
DROP TABLE CLOUD_VMINSITE;
CREATE TABLE CLOUD_VMINSITE (
  NAME VARCHAR2(64),
  SITENAME VARCHAR2(64),
  VAPPTEMPLATENAME VARCHAR2(64),
  HOSTNAME VARCHAR2(64),
  IP VARCHAR2(64),
  INSITE NUMBER(1),
  REALHOSTNAME VARCHAR2(64),
  REALIP VARCHAR2(64),
  ENABLED NUMBER(1),
  OWNER VARCHAR2(64),
```

```
    CREATEDTIME TIMESTAMP,
    VMSTATUS VARCHAR2(64),
    VMMOREF VARCHAR2(64),
    VMREALNAME VARCHAR2(64),
    CREATEDTIME2 TIMESTAMP,
    CONSTRAINT CLOUD_VMINSITE_PK PRIMARY KEY (NAME)
);

COMMENT ON TABLE CLOUD_VMINSITE IS '站点中虚拟机';



-- VirtalDataCenter table --
-- VMNAMEPREFIX VARCHAR2(64), --
-- AGSADMINWRAPPERURL VARCHAR2(64), --
DROP TABLE CLOUD_VIRTUALDATACENTER;
CREATE TABLE CLOUD_VIRTUALDATACENTER (
    GISRPNAME VARCHAR2(64),
    ORGNAME VARCHAR2(64),
    VDCNAME VARCHAR2(64),
    VDCSTATUS VARCHAR2(64),
    ENABLED NUMBER(1),
    ALLOCATIONMODEL VARCHAR2(64),
    VAPPINVDCNUM NUMBER(32),
    SITEINVDCNUM NUMBER(32),
    USEDNETWORKNAME VARCHAR2(64),
    DESCRIPTION VARCHAR2(255),
    CPUPERCENTAGE NUMBER(32,16),
    CPUALLOCATED NUMBER(32),
```

```
    CPULIMIT NUMBER(32),
    CPUOVERHEAD NUMBER(32),
    CPURESERVED NUMBER(32),
    CPUUSED NUMBER(32),
    CPUUNITS VARCHAR2(64),
    MEMORYPERCENTAGE NUMBER(32,16),
    MEMORYALLOCATED NUMBER(32),
    MEMORYLIMIT NUMBER(32),
    MEMORYOVERHEAD NUMBER(32),
    MEMORYRESERVED NUMBER(32),
    MEMORYUSED NUMBER(32),
    MEMORYUNITS VARCHAR2(64),
    NETWORKQUOTA NUMBER(32),
    NICQUOTA NUMBER(32),
    VMQUOTA NUMBER(32),
    SITETYPE VARCHAR2(64),
    USEDNETWORKTYPE VARCHAR2(64),
    USEDIPNUM NUMBER(32),
    ALLIPNUM NUMBER(32),
    DEFAULTSTORAGEFILENAME VARCHAR2(64),
    STORAGEPERCENTAGE NUMBER(32,16),
    STORAGETOTAL NUMBER(32,16),
    STORAGEUSED NUMBER(32,16),
    STORAGELIMIT NUMBER(32),
    STORAGEUNITS VARCHAR2(64)
);

COMMENT ON TABLE CLOUD_VIRTUALDATACENTER IS 'GIS 资源池，封装
```

```
vCloud 中组织虚拟数据中心 ';

    -- AGSMonitorInfo table --
    -- SERVICETYPE==TYPE --
    -- MAXINSTANCENUM==MAX
    --DROP TABLE CLOUD_AGSMONITORINFO;
    --CREATE TABLE CLOUD_AGSMONITORINFO (
    -- SITENAME VARCHAR2(64),
    -- SITEOWNER VARCHAR2(64),
    -- FOLDERNAME VARCHAR2(64),
    -- SERVICENAME VARCHAR2(64),
    -- SERVICETYPE VARCHAR2(64),
    -- MACHINENAME VARCHAR2(64),
    -- MAXINSTANCENUM NUMBER(32),
    -- BUSY NUMBER(32),
    -- FREE NUMBER(32),
    -- INITIALIZING NUMBER(32),
    -- NOTCREATED NUMBER(32),
    -- TRANSACTIONS NUMBER(32),
    -- TOTALBUSYTIME NUMBER(32),
    -- LASTTRANSACTIONS NUMBER(32),
    -- LASTTOTALBUSYTIME NUMBER(32),
    -- LASTMONITORTIME TIMESTAMP,
    -- LASTMONITORTIMEVALUE NUMBER(32),
    -- MONITORTIME TIMESTAMP,
    -- MONITORTIMEVALUE NUMBER(32),
    -- DIFFTRANSACTIONS NUMBER(32),
    -- DIFFTOTALBUSYTIME NUMBER(32),
```

```
-- DIFFMONITORTIMEPERMS NUMBER(32),
-- DIFFMONITORTIMEPERS NUMBER(32),
-- AVGTRANSACTIONSPERS NUMBER(16,2),
-- BUSYVALUE NUMBER(16,2)
--);


-- AdminConfig table --
DROP TABLE CLOUD_ADMINCONFIG;
CREATE TABLE CLOUD_ADMINCONFIG (
  ADMINNAME VARCHAR2(64),
  ADMINPASSWORD VARCHAR2(64),
  CONSTRAINT CLOUD_ADMINCONFIG_PK PRIMARY KEY (ADMINNAME)
);

COMMENT ON TABLE CLOUD_ADMINCONFIG IS ' 系统管理员 ';

-- CommonConfig table --
DROP TABLE CLOUD_COMMONCONFIG;
CREATE TABLE CLOUD_COMMONCONFIG (
  SYSTEMINITIALIZED NUMBER(1)
);

COMMENT ON TABLE CLOUD_COMMONCONFIG IS ' 系统初始化配置 ';

-- CommonConfig2 table --
-- MONITORINTERVAL NUMBER(32),--
-- VMNAMEPREFIX VARCHAR2(64), --
```

```
DROP TABLE CLOUD_COMMONCONFIG2;
CREATE TABLE CLOUD_COMMONCONFIG2 (
   SITEAUTOSCALE NUMBER(1),
   SITEMAXNUMPERTENANTS NUMBER(32),
   GISSERVERMINNUMPERSITE NUMBER(32),
   GISSERVERMAXNUMPERSITE NUMBER(32),
   MAXCPU NUMBER(5,2),
   MAXTIME NUMBER(32),
   MINCPU NUMBER(5,2),
   MINTIME NUMBER(32),
   DESKTOPMAXNUMPERTENANTS NUMBER(32)
);

COMMENT ON TABLE CLOUD_COMMONCONFIG2 IS ' 系统默认参数配置 ';

-- LicenseConfig table --
DROP TABLE CLOUD_LICENSECONFIG;
CREATE TABLE CLOUD_LICENSECONFIG (
   LICENSE VARCHAR2(900),
   VCPUNUM NUMBER(32),
   LICENSELEVEL VARCHAR2(64),
   LICENSETERM VARCHAR2(64)
);

COMMENT ON TABLE CLOUD_LICENSECONFIG IS ' 系统授权许可 ';

-- MonitorInfo table --
DROP TABLE CLOUD_MONITORINFO;
```

```
CREATE TABLE CLOUD_MONITORINFO (
  SITENAME VARCHAR2(64),
  SITEOWNER VARCHAR2(64),
  CPUUSAGEBYPERCENTAGE NUMBER(32,16),
  MONITORTIME TIMESTAMP
);

COMMENT ON TABLE CLOUD_MONITORINFO IS ' 系统监控 ';

-- Organization table --
DROP TABLE CLOUD_ORGANIZATION;
CREATE TABLE CLOUD_ORGANIZATION (
  ORGNAME VARCHAR2(64),
  USERNAME VARCHAR2(64),
  PASSWORD VARCHAR2(64),
  CONSTRAINT CLOUD_ORGANIZATION_PK PRIMARY KEY (ORGNAME)
);

COMMENT ON TABLE CLOUD_ORGANIZATION IS 'vCloud 中组织 ';
```

（7）创建SDE连接串

① SDE 账户及表空间创建。

首先创建 SDE 需要的表空间、用户，并进行赋权：

a. 创建 SDE 需要的表空间，表空间为 CLOUDSDE_TBS，存放在 Oracle 数据库安装的相关目录下：

```
CREATE SMALLFILE TABLESPACE "CLOUDSDE_TBS" DATAFILE 'C:\APP\ADMINISTRATOR\ORADATA\ORCL\ CLOUDSDE.DBF' SIZE 100M AUTOEXTEND ON NEXT 10 M MAXSIZE UNLIMITED LOGGING EXTENT MANAGEMENT LOCAL SEGMENT SPACE MANAGEMENT AUTO
```

b. 创建 SDE 用户：用户名：CLOUDSDE，密码：cloud，使用的表空间：CLOUDSDE_TBS

CREATE USER "CLOUDSDE" PROFILE "DEFAULT" IDENTIFIED BY "cloud" DEFAULT TABLESPACE "CLOUDSDE_TBS" TEMPORARY TABLESPACE "TEMP" QUOTA UNLIMITED ON "CLOUDSDE_TBS" ACCOUNT UNLOCK

c. 给 SDE 账户授权：

GRANT CREATE SEQUENCE TO "CLOUDSDE";

GRANT CREATE SESSION TO "CLOUDSDE";

GRANT CREATE TABLE TO "CLOUDSDE";

GRANT CREATE TRIGGER TO "CLOUDSDE";

GRANT CREATE VIEW TO "CLOUDSDE";

GRANT SELECT ON "SYS"."DBA_ROLES" TO "CLOUDSDE";

GRANT "CONNECT" TO "CLOUDSDE";

至此，SDE 账户及表空间和授权工作已完成，接下来需要生成 SDE 连接串，便于创建托管空间数据库的 GIS 站点。

② SDE 连接串生成。

首先在 Desktop 中，进行空间数据库连接，输入如下信息：

选择数据库平台：Oracle

输入 instance 实例：172.16.102.126:1521/orcl

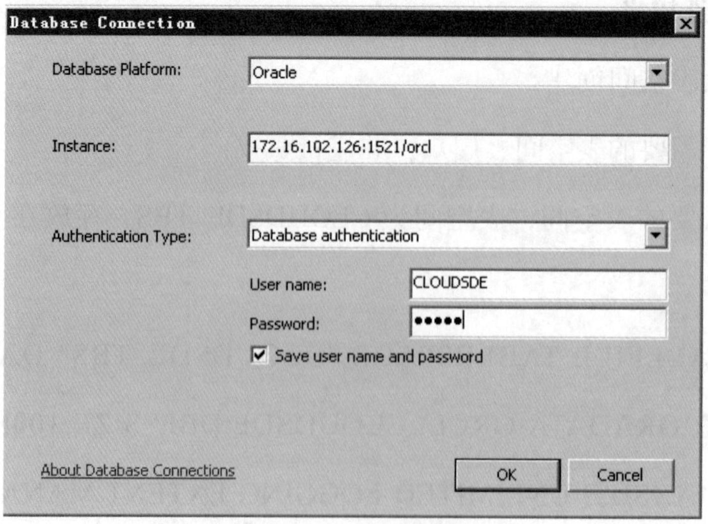

图7-2-30 创建SDE连接

输入完成以后，点击 OK 生成连接串。

在云端管理系统中，创建组织时，需要输入 SDE 连接串。

7.2.6　中原经济区地理空间数据共享平台

由河南大学环境与规划学院投资，在河南大学计算机大楼建设了云服务共享平台系统。并以河南省国际科技合作计划项目为基础，与美国环境系统研究所公司（ESRI）合作开展地理空间信息云服务相关研究工作。

图7-2-31　河南大学云服务共享平台硬件设备

图7-2-32　河南大学云服务共享平台系统界面

（1）云平台系统组织架构

地理空间云服务共享平台是一个高效的云 GIS 管理平台，通过构建基础设施层 GIS 资源池实现资源的空间化管理；同时实现了 GIS 资源池的智能化、自动化管理，可以进行弹性管理；实现多租户的资源隔离，保护用户知识产权。

图7-2-33　云GIS管理平台系统

平台系统物理层面包括服务器、数据库等，采用 REST 风格的地理信息服务风格的接口类型；三个核心模块：业务运营管理模块、地理信息平台运维管理模块、基础设施辅助运维管理模块；具备服务目录、资源申请、资源调整和成本核算的云端自服务系统；资源监控、资源管理、身份认证、访问控制、镜像管理、多用户隔离等管理子系统。

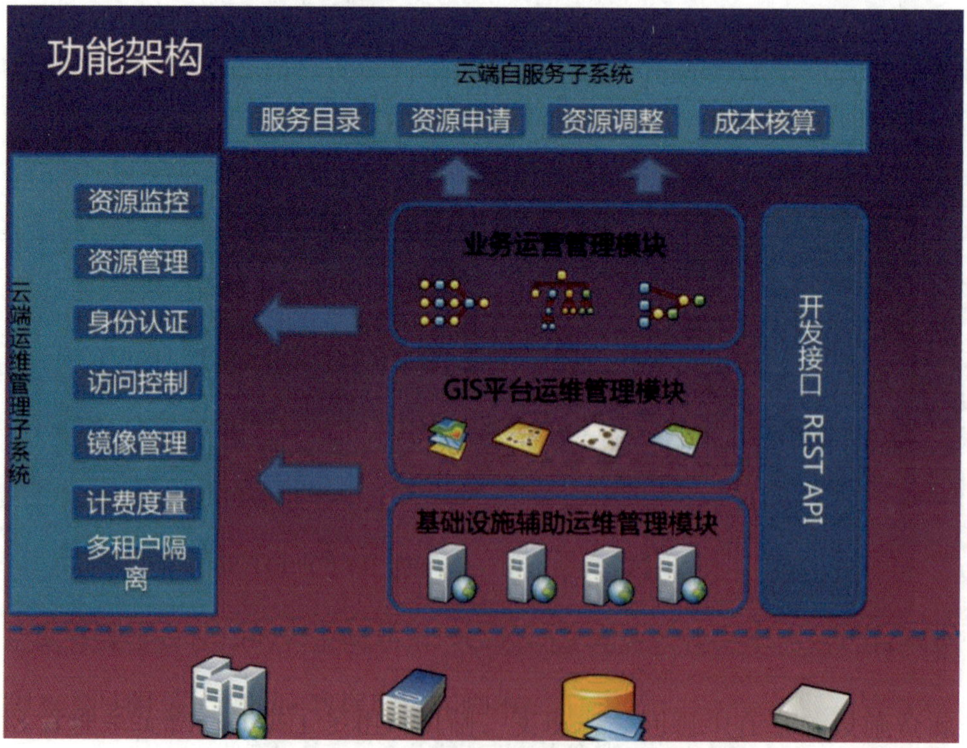

图7-2-34　云平台系统功能架构

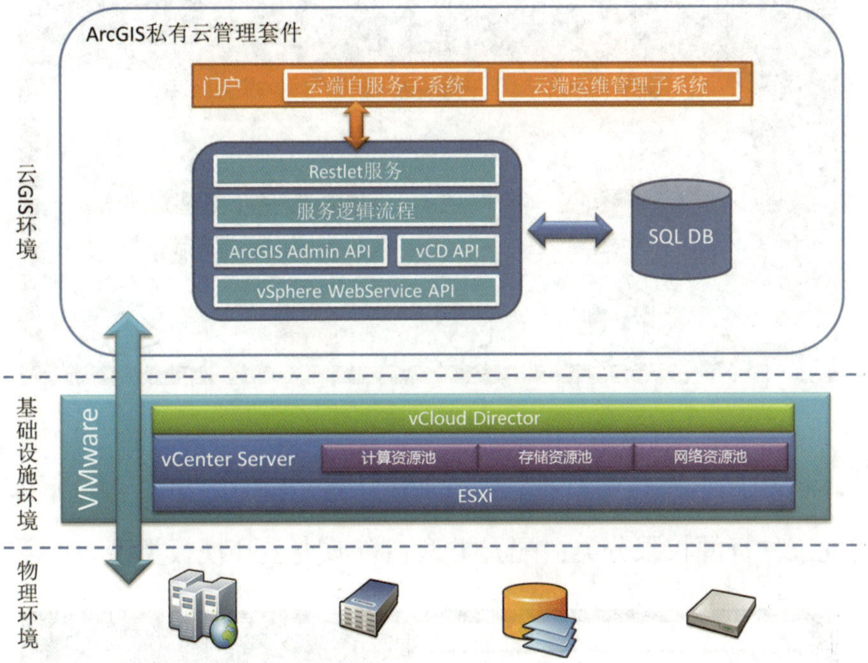

图7-2-35　云平台技术架构

（2）云平台的运维管理

云服务共享平台系统实现了云端的运维管理，面向数据中心管理人员，具有零花的资源规划机制、全方位的资源监控策略、零花的租约控制机制。

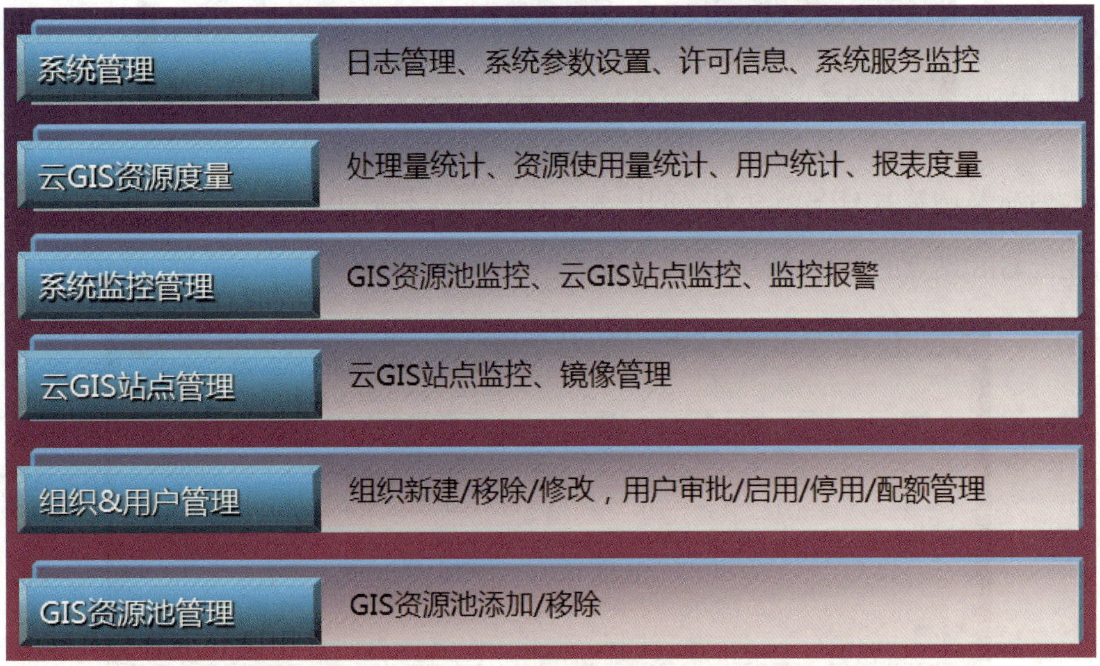

图7-2-36　云端运维管理架构

地理空间信息资源池具有灵活的资源规划机制，根据不同的资源池的需要提供不同的性能，根据资源池的特点将其进行分组管理，从而将逻辑相关的资源池归属同一组织。

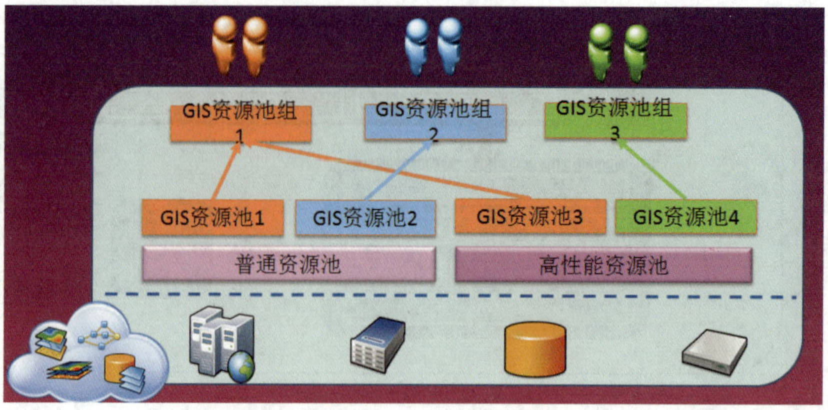

图7-2-37　灵活的资源规划机制

实现了强大的用户资源权限管理，对不同的用户分配不同的云GIS站点数量和节点调整范围；实现三种资源权限分类：配置类型、资源类型和模板类型。

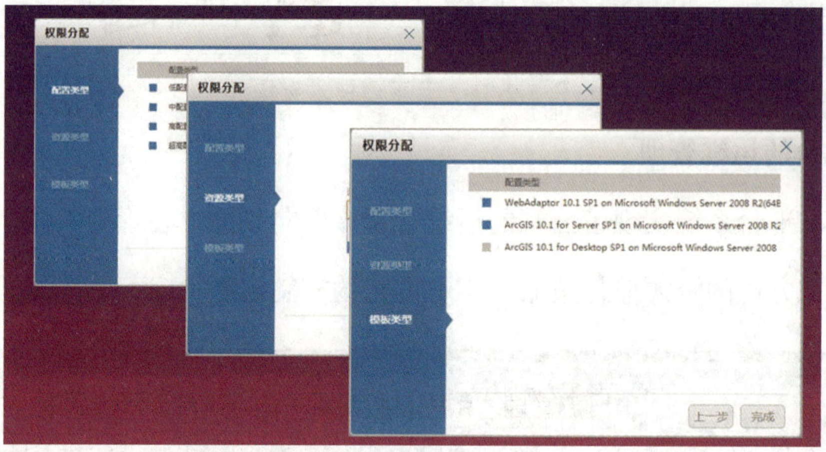

图7-2-38　资源权限分配

根据需要调整云GIS站点资源的配额，设置最大和最小的GIS节点数量；同时全方位监控云GIS站点的运行状况和工作状态。

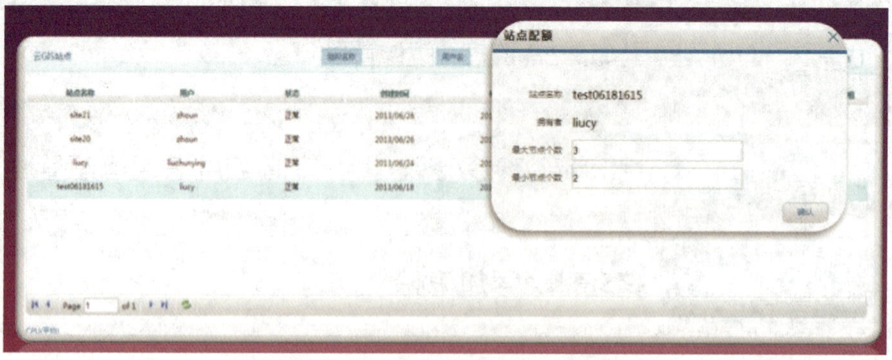

图7-2-39　资源站点配额和监控

系统监控管理实现全方位的资源监控，对GIS资源池和云GIS站点数进行监控，对CPU、内存、存储和网络等进行监控；实现高效的系统异常监控，及时报告系统级别的错误以及门户网页异常提示。

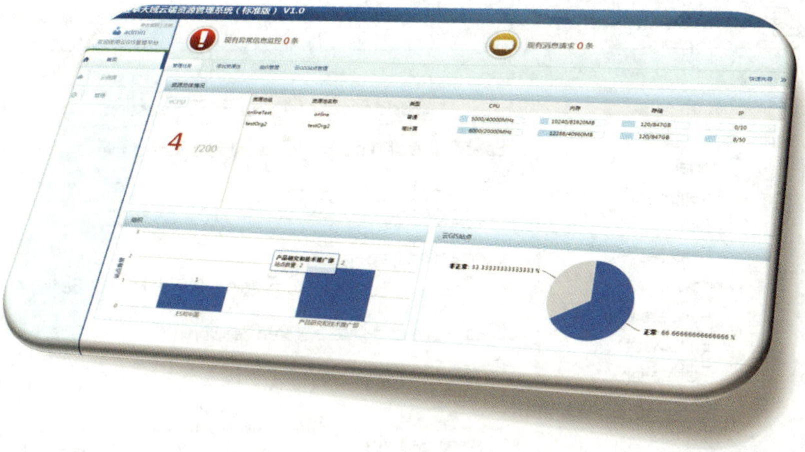

图7-2-40 系统监控管理

系统管理方面实现资源智能调整规则设定，以及生成详细的日志信息，对监控、警告和错误等进行详细的记录，方便管理人员对平台系统的运营进行维护和管理。

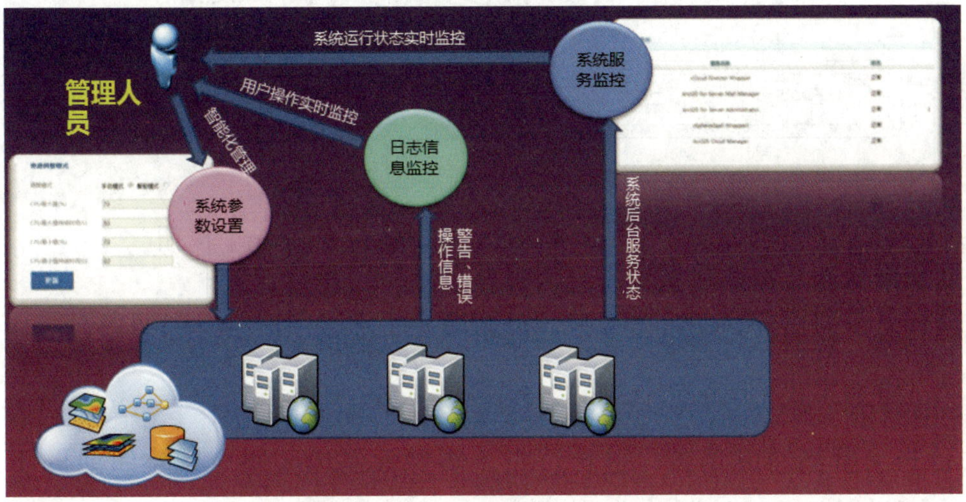

图7-2-41 系统管理模式

（3）云平台的准备与检查

云平台的开启与运行按照既定的方法和步骤，首先需要按硬件资源顺序开启硬件服务器。然后依次如下步骤：

①打开 Oracle 服务。

打开远程软件

打开【软件】文件夹中【PuTTYPortable】中的 PuTTYPortable.exe

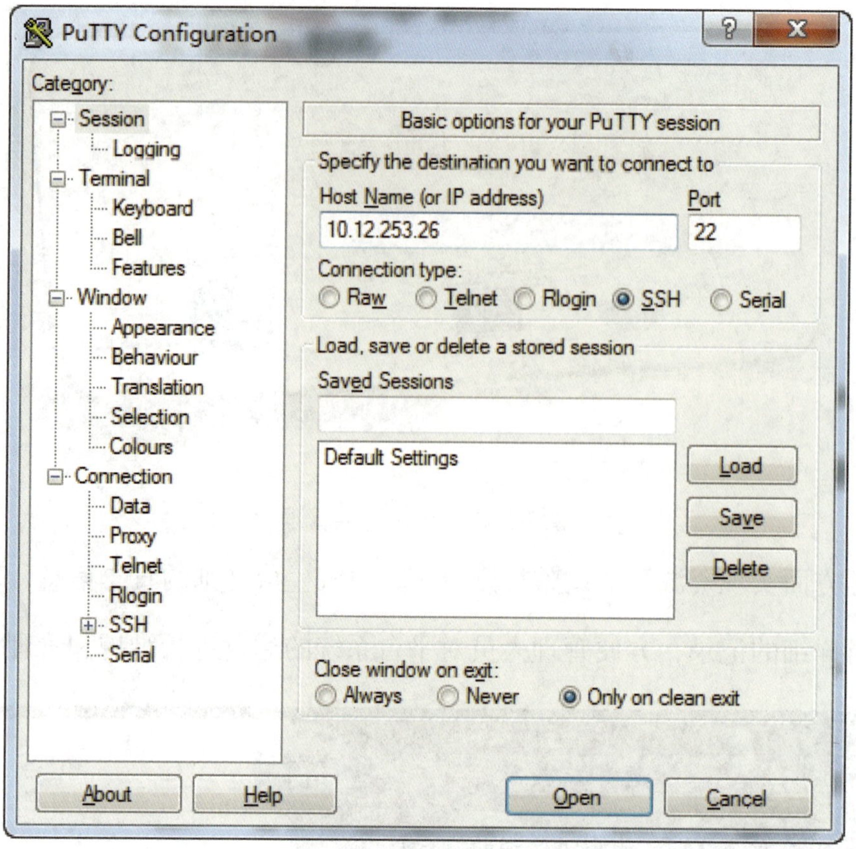

图7-2-42　打开远程软件

在 Host Name(or IP address) 中输入地址，然后点击【Open】按钮。

输入用户名和密码。

登录 Oracle 数据库

登录切换到 oracle 用户，输入 su – oracle

输入 sqlplus “/as sysdba”

启动数据库，输入 startup

退出，输入 exit

启动监听，输入 lsnrctl start

到此 Oracle 启动完毕。

②登录 vSphere Client。

具体添加步骤如下：

打开 vSphere Client，登录，进入并访问站点。

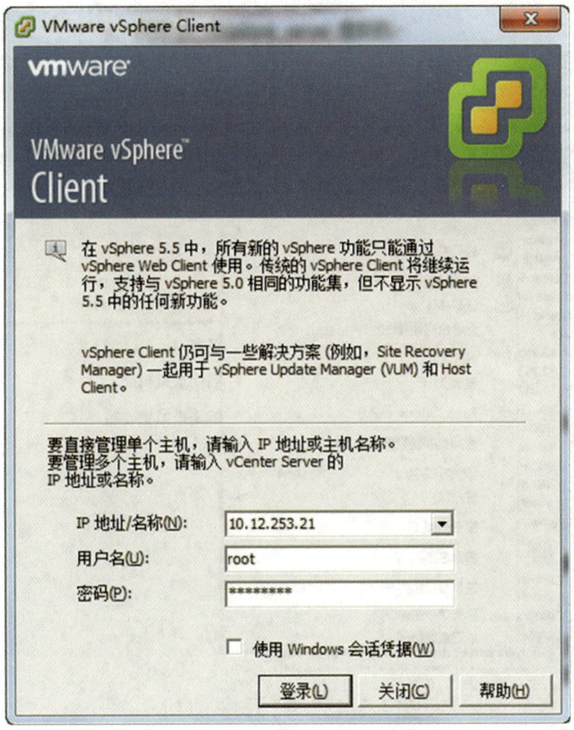

图7-2-43　vSphere Client登录界面

图7-2-44　vSphere Client进入界面

③打开虚拟机。

在左侧 vCenter-hgxy-Manager 中找到 gis_dns_server；

右键“电源”，选择“打开电源”；

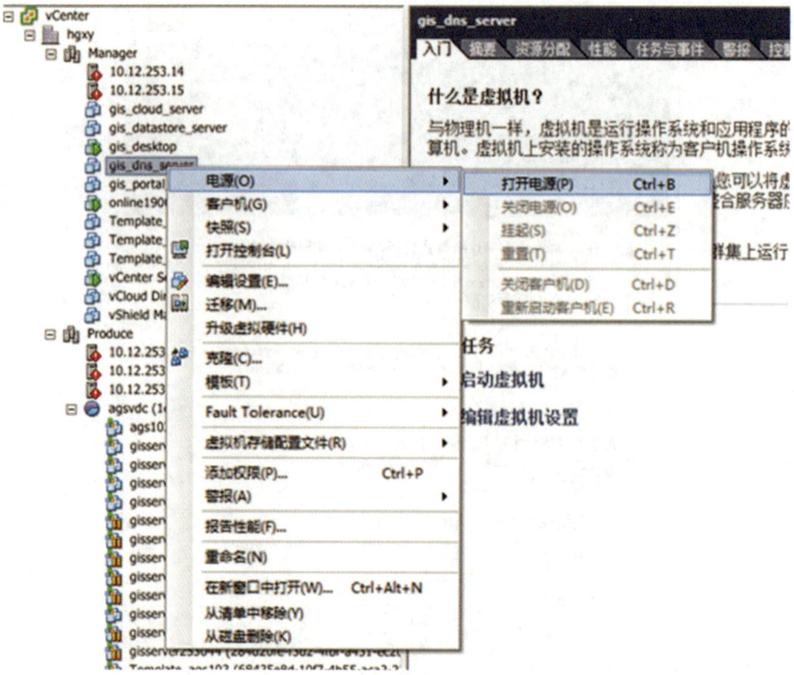

图7-2-45　打开虚拟机

打开 vCloud 虚拟机：在左侧 vCenter-hgxy-Manager 中找到 vShield Manager，右键单击“电源”，选择“打开电源”。

打开 gis_cloud_server 虚拟机，登陆进去，启动 ngnix 服务：在左侧 vCenter-hgxy-Manager 中找到 gis_cloud_server，右键单击“电源”，选择“打开电源”；启动 ngnix 服务。

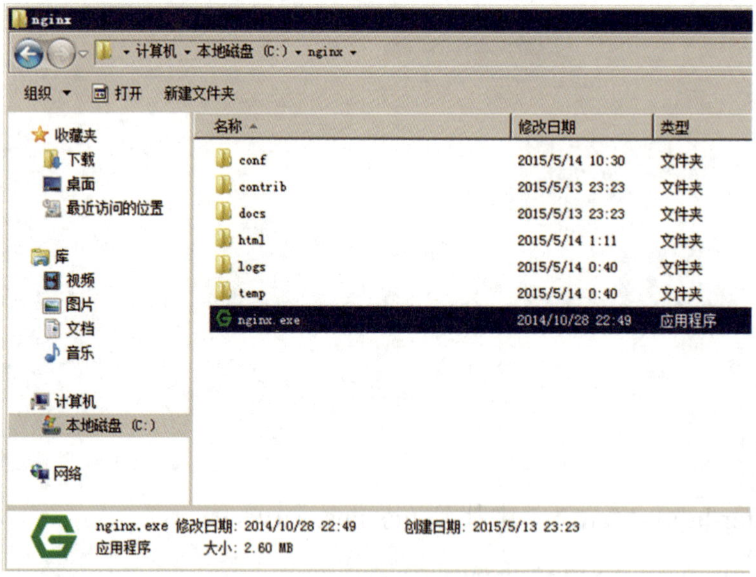

图7-2-46　启动ngnix服务

打开 Desktop 虚拟机：在左侧 vCenter-hgxy-Manager 中找到 gis_desktop，右键“电源”，选择“打开电源”。

④网页登录 vCloud。

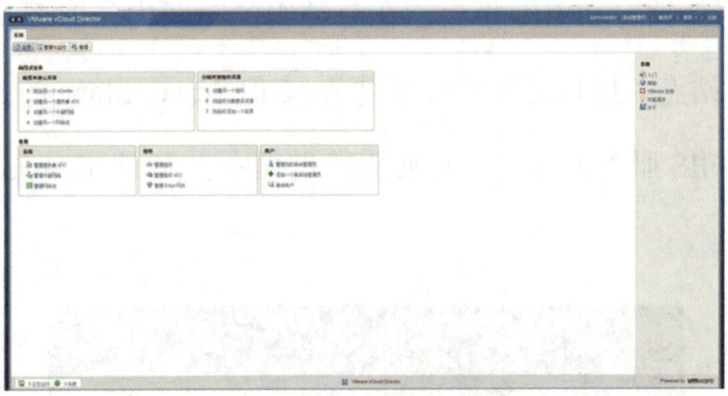

图7-2-47 网页登录vCloud

打开 vCloud 虚拟机，选择“管理与监控”：在默认页面右侧，hgxy 上右键，点击打开；在 lining_portal_site 上点击打开；点击启动图标；等待，直到所有的机器启动，显示“正在运行”。

⑤打开 Portal 虚拟机。

进入 vSphere Client 中，在左侧 vCenter-hgxy-Manager 中找到 gis_portal_server，右键“电源”，选择“打开电源”。

⑥检查。

7.3 特色与创新

云 GIS 管理系统实现了 ArcGIS for Server 站点在云环境中的智能化、自动化管理。无需管理人员手动操作，即可按策略，自动实现 ArcGIS for Server 站点的创建、删除、GIS 节点添加、GIS 节点移除等操作，大大降低了管理人员管理云端资源的工作复杂度和难度。

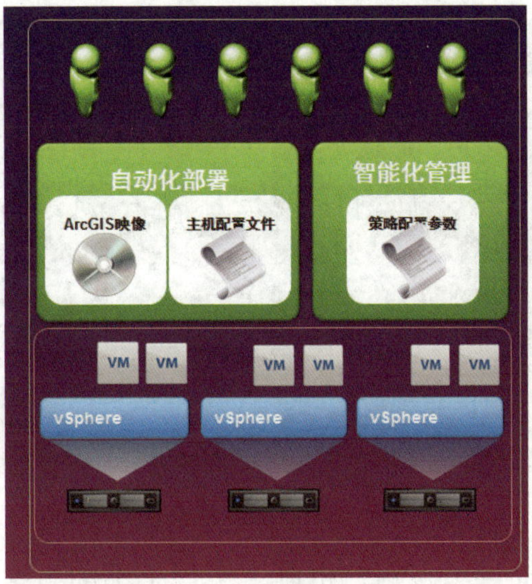

图7-3-1 自动化管理

云 GIS 管理系统软件能够快速的向用户交付 ArcGIS for Server 站点资源。业务部门的用户，无需自建服务器、和 GIS 平台，在分钟级的时间内，即可获得一个已经配置好的 ArcGIS for Server 站点，用户可以直接通过 ArcGIS Server Manager 或本地的 ArcGIS for Desktop 向云端发布 GIS 服务并使用。在使用的过程中，无需对 ArcGIS for Server 站点资源进行管理、维护。

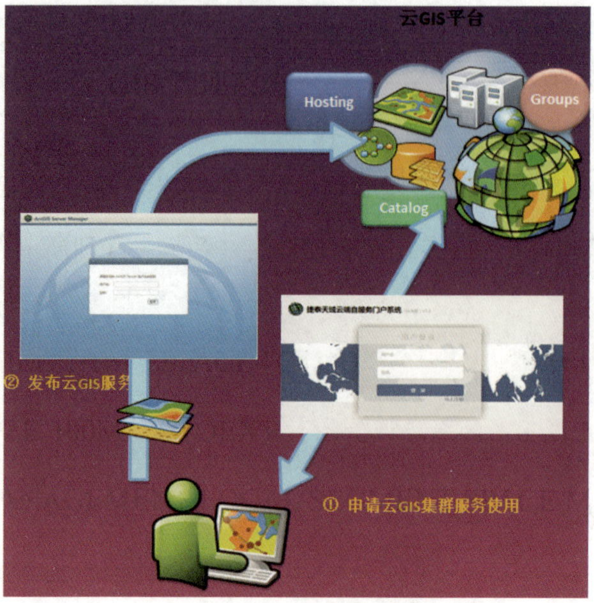

图7-3-2　快速交付站点资源

云 GIS 管理系统软件为用户交付的 ArcGIS for Server 站点是云端化的，能够根据用户访问 GIS 服务的情况，灵活地进行 GIS Server 节点的调整。当 GIS 服务有较多用户并发访问时，云 GIS 站点能够自动增加 GIS Server 节点，满足用户的访问需求；当 GIS 服务访问的用户数下降，云 GIS 站点能够自动回收多余的 GIS Server 节点，共享给其他有访问需求的云 GIS 站点使用。

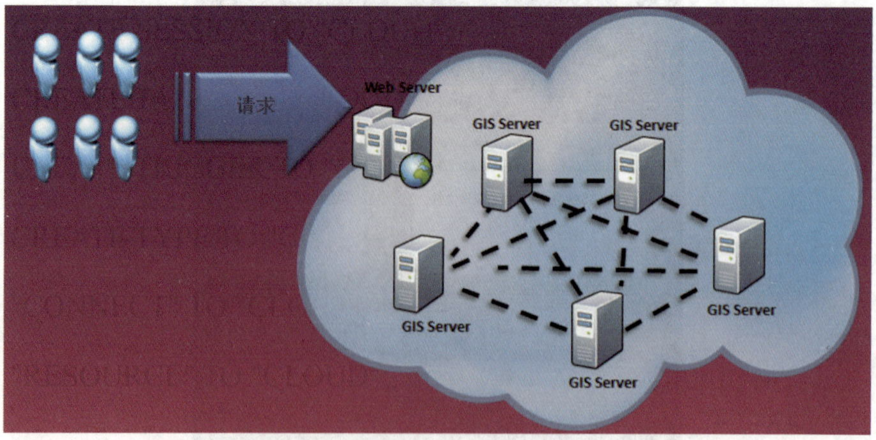

图7-3-3　弹性的资源调整策略

云 GIS 管理系统软件提供了多租户机制，实现了不同组织在基础设施资源层上的逻辑隔离，每个组织的用户只能够通过权限控制，访问到分配给该组织的资源。保证了不同用户使用资源的安全性。

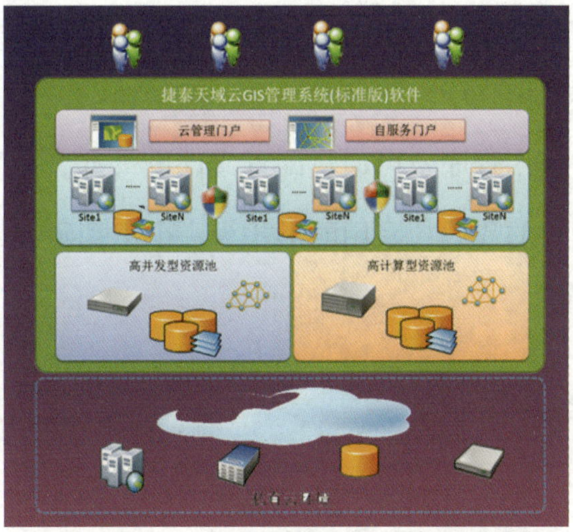

图7-3-4　多租户资源隔离机制

7.4　研究成果在Web 地理信息课程教学中的应用价值

研究成果可以在 Web 地理信息课程教学提供应用程序、应用模板，应用模板开发等，具有广阔的教学推广应用价值。

7.4.1　ArcGIS Portal应用程序

ArcGIS Portal 应用可以分为：Web 制图、移动应用和应用程序。

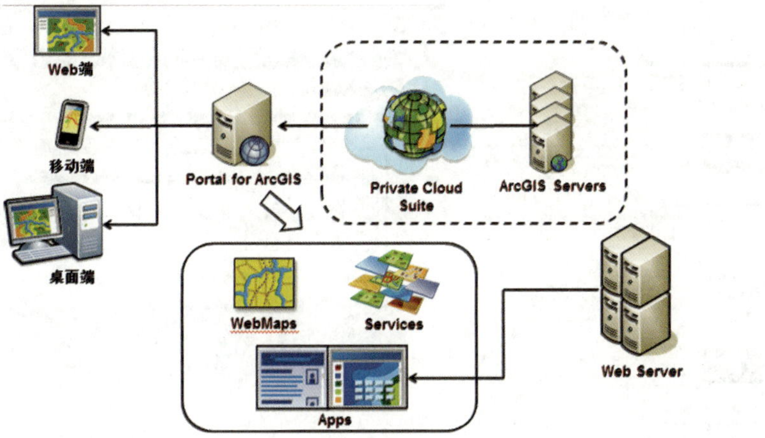

图7-4-1　ArcGIS Portal应用

Web 制图：具有独立 URL 的外部站点，通过如 JavaScript 的 Web API 构建。

移动应用：可下载应用程序，适用于通过如 iOS 的 SDK 构建的设备。

应用程序：桌面应用程序或任何类型的通用应用程序。

而 Web 制图应用用途又可分为：

即用型：功能全面的应用程序；

可配置：功能全面的应用程序，可通过配置文件进行部署；

代码示例：特定功能块的代码，采用的形式为一个生动示例或如何在应用程序中使用示例的描述。

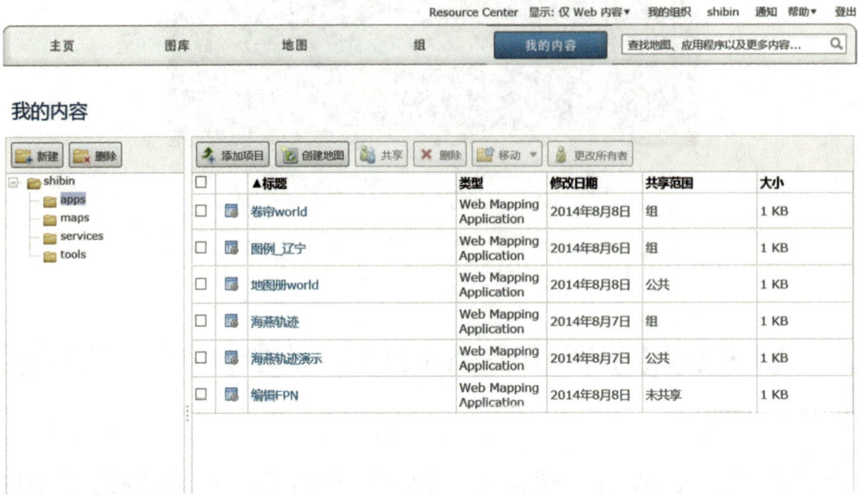

图7-4-2　ArcGIS Portal应用程序示例

7.4.2　应用程序模板

Web 应用程序模板可用于创建包含一个或多个 Web 地图的应用程序。可以分为即用型和可配置型。

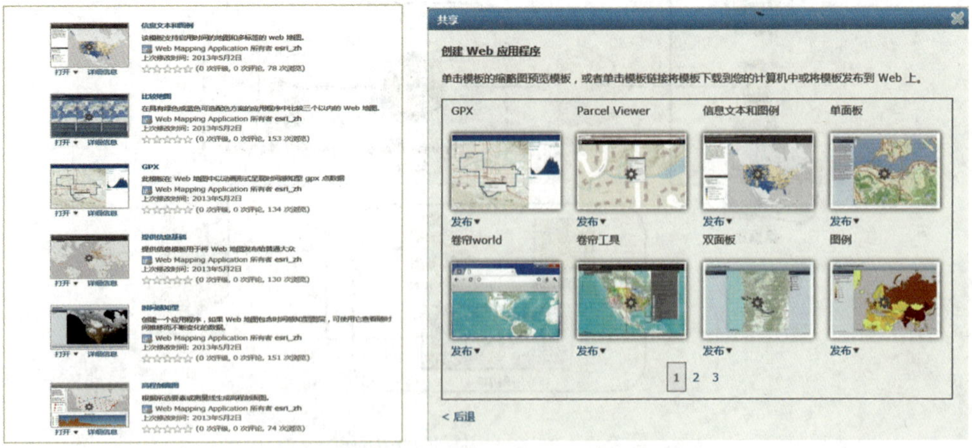

图7-4-3　ArcGIS Portal中提供的模板

ArcGIS Portal 提供了大量的应用程序模板，用户可以根据使用流程定制自己的地图服务。

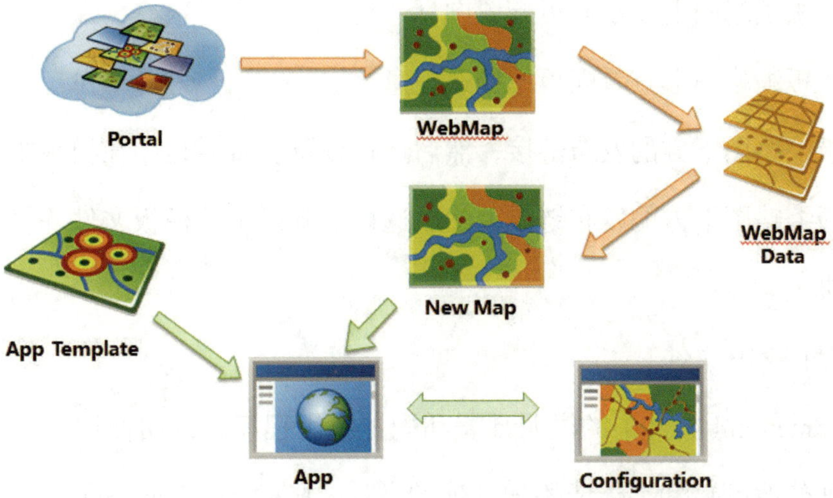

图7-4-4　ArcGIS Portal模板使用流程

7.4.3　应用模板开发

通过扩展应用模板，丰富强大的 API，与 web 端、移动端、桌面端无缝集成；通过开放的 API 实现业务数据的整合。

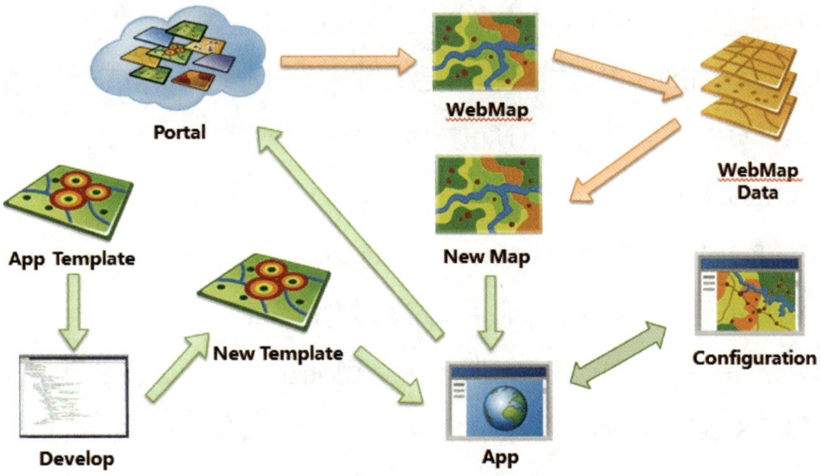

图7-4-5　应用模板开发流程

步骤：

①在地图查看器中打开保存的 Web 地图。有关 web 地图的详细信息，请参阅关于创作 web 地图。

②单击共享按钮。只能对共享的地图创建 Web 应用程序。如果您是地图的所有者，请在共享窗口中指定共享选项将其共享。如果您不是地图的所有者，可根据需要与所有者联系，使其将地图共享。

③单击创建 Web 应用程序按钮。将打开创建 Web 应用程序窗口，可使用其中的模板库。可配置模板在模板缩略图上显示有可配置图标 。

④悬停在模板缩略图上查看模板的描述信息。

⑤单击模板缩略图下方的发布链接，然后选择预览以查看地图在模板中的外观。

⑥单击模板缩略图下方的发布链接，然后选择下载以下载模板文件并将该应用程序部署到本地计算机上。

⑦打开或保存 ZIP 文件。

⑧按照 readme.html 文件中的说明部署和配置应用程序。开始使用时，您可以只进行细微的更改，如修改颜色和字体或添加其他的微件。随着您对 JavaScript、CSS 和 HTML 的逐渐熟悉，您可以对应用程序进行其他修改。

参考文献

[1]陈述彭，鲁学军，周成虎，2000.空间信息系统导论[M].北京：科学出版社.

[2]陈毅龙，2010.基于ArcGIS的空间信息共享平台关键技术的研究[D].南京农业大学博士学位论文.

[3]戴元顺，2010.云计算技术简述[J].信息通信技术，(2)：29-35.

[4]ESRI，2008. ArcGIS9.3技术白皮书[OL].

[5]ESRI中国.ArcGIS Portal简介. http://www.esrichina-bj.cn/

[6]付品德，2012.WebGIS原理与应用[M].北京：高等教育出版社.

[7]黄晓斌，2002.基于GeoAgent 的空间信息服务与应用集成研究.北京大学博士学位论文.

[8]洪志远，2011.基于Service Portal的地理信息共享模式探索及实现[D].中国测绘科学研究院博士学位论文.

[9]ISO/TC211国内技术归口办公室，2009.全国地理信息标准化技术委员会，地理信息国际标准译文集[OL].

[10]李爱霞，2005.基于Web Service 的空间信息服务的注册与查找[D].武汉大学硕士学位论文.

[11]李芳芳，2006.发达国家空间信息共享与服务及启示[J].国土资源信息化，(4)：45-48.

[12]李学东，2009.基于WEB的地学数据集成与发布技术研究[D].中国地质大学博士学位论文.

[13]孟令奎，史文中，张鹏林，2005.网络地理信息系统原理与技术[M].北京：科学出版社.

[14]屈可敏，2014.基于REST的信息系统云服务平台的设计与实现[D].华南理工大学硕士学位论文.

[15]曲晓慧，2014.基于云服务的区域医疗信息共享协同平台的研究[D].中国海洋大学硕士学位论

文.

[16]孙九林，施慧忠，2002.科学数据管理与共享，北京：中国科学技术出版社.

[17]汤焱彬，2005.面向服务的空间信息门户研究[D].武汉大学硕士学位论文.

[18]王家耀，孙庆辉，吴明光，等，2009.面向智能空间信息服务的网络GIS节点构建[J].武汉大学学报-信息科学版，34(1)：1–5.

[19]王建涛，2005.基于Web的地理信息服务的研究与实践[D].解放军信息工程大学硕士学位论文.

[20]王卷乐，2005.科学数据交换中心中的元数据关键问题研究[D].中国科学院博士学位论文.

[21]杨春林，2008.基于Portal技术的Web应用集成研究与实现[D].西北大学硕士学位论文.

[22]叶嘉安，2004.设立“地理信息数据开放特区”的建议—如何让地理信息系统(GIS)更好地为社会经济发展服.http://www.casad.cas.cn/yslt/200503/t20050323_43 (accessed December 1, 2011)

[23]余真，2012.基于ArcGIS Server的城市空间信息共享平台框架研究[D].中南大学硕士学位论文.

[24]张峰，2012.云计算应用服务模式探讨[J].信息技术与信息化，(2)：81–83.

[25]张鹏，2013.云Portal的关键技术研究及应用[D].苏州大学硕士学位论文.

[26]中国21世纪议程管理中心，1999.中国地理信息元数据标准研究[M]. 北京：科学出版社.

[27]周柏贾，2006.GIS在空间信息门户中的研究与应用[D].中国地质大学硕士学位论文.

[28]Bastiaan V L, Jaap B, Jaap Z, et al., The Netherlands: Optima Graphic Communication.

[29]Budak Arpinar I, Sheth A, Ramakrishnan C, et al., 2006. Geospatial ontology development and semantic analytics. Transactions in GIS, 10(4), 551-575.

[30]Bacharach, Sam, 2005. Standards drive progress in geospatial technology. GIS Professional, January/February.

[31]Beaumont P, Longley P A, Maguire D J, 2005. Geographic information portals—a UK perspective. Computers, environment and urban systems, 29(1), 49-69.

[32]Bernard L, Kanellopoulos I, Annoni A, et al., 2005. The European geoportal—one step towards the establishment of a European Spatial Data Infrastructure. Computers, environment and urban systems, 29(1), 15-31.

[33]Binns A, 2007. Reengineering SDI development to support a spatially enabled society. In Towards a spatially enabled society, ed. Abbas Rajabifard. Melbourne, Australia: University of Melbourne.

[34]Bishr Y, 1998. Overcoming the semantic and other barriers to GIS interoperability. International Journal of Geographical Information Science, 12(4), 299-314.

[35]Box P, Rajabifard A, 2009. SDI governance: Bridging the gap between people and geospatial resources. In Proceedings of the 11th GSDI Conference. Rotterdam, Ther Netherlands, GSDI.

[36]Campbell L, Curlander J, Hagan S R, et al., 2009. A proposal for reinvigorating the American

economy through investment in the US National Spatial Data Infrastructure (NSDI).

[37]Cappelaere P, Linda D, John M, et al., 2007. RESTful OGC Services, user-centric resource-oriented architecture (ROA) approach.

[38]Chong F, Alejandro M, Jason H, et al., 2009. Design considerations for S+S and cloud computing. Architecture Journal, September. http://msdn.microsoft.com/en-us/architecture/ aa699439.aspx (accessed November 28, 2009).

[39]Clinton W, 1994. Executive Order 12906: Coordinating geographic data acquisition and access: The National Spatial Data Infrastructure. Federal Register, 59(71), 17671-674. http://govinfo.library.unt.edu/npr/library/direct/orders/20fa.html (accessed November 11, 2009).

[40]Craig W, 2009. Governance of the NSDI. ArcNews 31(3). http://www.esri.com/news/arcnews/fall09articles/governance-of-nsdi.html (accessed November 15, 2009).

[41]Cusumano M, 2010. Cloud computing and SaaS as new computing platforms. Communications of the ACM, 53(4), 27-29.

[42]Dangermond J, 2008. GIS and the GeoWeb. ArcNews 30(2), http://www.esri.com/news/arcnews/summer08articles/gis-and-geoweb.html (accessed May 11, 2009).

[43]Dangermond J, Anne H M, 2009. An investment in geospatial information infrastructure: Building a national GIS. http://www.nysgis.org/Docs/National_GIS_proposal_1-09.pdf (accessed November 28, 2009).

[44]Donker F W, 2009. Public sector GeoWeb services: Which business models will pay for a free lunch? In SDI convergence, research, emerging trends, and critical assessment, ed.

[45]FGDC, 2006. Framework frequently asked questions (FAQs). http://www.fgdc.gov/framework/frameworkfaq#q4 (accessed December 1, 2009).

[46]Fielding R T, 2000. Architectural styles and the design of network-based software architectures. University of California, Irvine. http://www.ics.uci.edu/~fielding/pubs/dissertation/top.htm (accessed May 20, 2009).

[47]Fu P, Al P, Sarah O, et al., 2008. The best of REST: Using REST in ArcGIS Server 9.3, ed. Carolyn Schatz. Redlands, Calif.: ESRI Press.

[48]Gall N, 2008. WOA: Putting the Web back in Web services. Stamford, Conn.: Gartner. http://blogs.gartner.com/nick_gall/2008/11/19/woa-putting-the-web-back-in-web-services (accessed November 19, 2009).

[49]Goodchild M F, 2004. The Alexandria Digital Library Project: Review, assessment, and prospects. D-Lib Magazine 10(5). http://www.dlib.org/dlib/may04/goodchild/05goodchild.html (accessed

September 2, 2009).

[50]Goodchild M F, Zhou J, 2003. Finding geographic information: Collection-level metadata. GeoInformatica, 7 (2), 95-112.

[51]Goodchild M F, Fu P, Rich P M, 2007. Geographic information sharing: The case of the Geospatial OneStop portal. Annals of Association of American Geographers, 97 (2), 249-65.

[52]Haas H, 2003. Designing the architecture for Web services. WWW2003, Budapest, Hungary. http://www.w3.org/2003/Talks/0521-hh-wsa/slide5-0.html.

[53]Hinchcliffe D, 2008. What is WOA? It' s the future of service-oriented architecture (SOA). http://hinchcliffe.org/archive/2008/02/27/16617.aspx (accessed November 19, 2009).

[54]Hogeweg M, 2009a. Spatial data infrastructures. ESRI International User Conference, San Diego, Calif., July 13–17.

[55]Kash W, 2009. GCN interview of Jack Dangermond: The next step for agency GIS; Shared services. Government Computer News, November 5. http://gcn.com/Articles/2009/11/09/Interview-Esri-Jack-Dangermond.aspx?Page=1(accessed November 15, 2009).

[56]Kralidis A T, 2007. Geospatial Web services: The evolution of geospatial data infrastructure. In The Geospatial Web: How geobrowsers, social software, and the Web 2.0 are shaping the network society, ed. A. Scharl and K. Tochtermann. London: Springer.

[57]Longley P A, Goodchild M F, Maguire D J, et al., 2005. Geographic information systems and science. 2nd ed. San Francisco: John Wiley & Sons.

[58]Lutz M, Einspanier U, Klien E, et al., 2004. An architecture for ontology-based discovery of geographic information. Proceedings of the 7th AGILE Conference on Geographic Information Science, Herkalion, Greece, April 29–May 1.

[59]Maguire D J, Paul A L, 2005. Te emergence of geoportals and their role in spatial data infrastructures. Computers, Environment and Urban Systems, 29, 3-14.

[60]Mapping S C, National R C, 1993. Toward a coordinated spatial data infrastructure for the nation. Washington, D.C.: National Academies Press.

[61]Masser I, 2007. Building European spatial data infrastructures. Redlands, Calif.: ESRI Press.National Research Council. 1993. Toward a coordinated spatial data infrastructure of the nation. Washington, D.C.: National Academies Press.

[62]Miller C C, Stone B, 2009. Hacker Exposes Private Twitter Documents. New York Times. http://bits.blogs.nytimes.com/2009/07/15/hacker-exposes-private-twitter-documents/?hp (accessed November 30, 2009).

[63]Morehouse S, Dirk G, Brenda W, 2009. Web GIS taking advantage of the cloud. Esri International User Conference, San Diego, Calif., July 13–7.

[64]National R C, 1993. Toward a coordinated spatial data infrastructure of the nation. Washington, D.C.: National Academies Press.

[65]Nebert D D, 2004. Developing spatial data infrastructures: The SDI cookbook. http://www.gsdi.org/docs2004/Cookbook/cookbookV2.0.pdf (accessed September 16, 2009).

[66]Onsrud H J, 1995. Te role of law in impeding and facilitating the sharing of geographic information. In Sharing geographic information, ed. H. J. Onsrud and G. Rushton, 292–306. Rutgers, N.J.: CUPR Press.

[67]Ryerson R A, Stan A, 2009. Geospatial framework data: Definitions, benefits, and recommended data sources for equatorial regions. http://www.geosar.com/downloads/WhitePaper_GeospatialFramework_10-2009.pdf (accessed December 3, 2009).

[68]Schulte R W, Yefim V N, 1996. Service-oriented architectures, SSA Research Note SPA-401-068.

[69]SDI for everyone. http://martenhogeweg.blogspot.com/2009/10/sdi-for-everyone.html (accessed October 4, 2022).

[70]Smith T R, James F, 1995. Alexandria Digital Library. Communications of the ACM Archive, 38(4).

[71]Sun J, Shi H, 2002. Science data management and sharing. Beijing: China Science and Technology Press. Spatial Data Infrastructure. http://govinfo.library.unt.edu/npr/library/direct/orders/20fa.html (accessed November 11, 2009).

[72]Tait M G, 2005. Implementing geoportals: Applications of distributed GIS. Computers, Environment and Urban Systems, 29, 33–47.

[73]Tang W, Jan S, 2005. Spatial portals: Gateways to geographic information. Redlands, Calif.: ESRI Press.

[74]Thies G, Gottfried V, 2008. Web-oriented architectures: On the impact of Web 2.0 on service-orientedarchitectures. IEEE Asia-Pacific Services Computing Conference, 1075-82.

[75]Van O, Peter S Z, 2008. Creating spatial information infrastructures: Towards the spatial Semantic Web. Boca Raton, Fla.: CRC Press, Taylor & Francis Group.

[76]W3C, 2001. W3C Semantic Web frequently asked questions. http://www.w3.org/2001/sw/SW-FAQ (accessed October 11, 2022).

[77]Wagner R M, 2005. Open Geospatial Consortium GeoDRM. 2nd ODRL workshop, Lisbon, Portugal, July 7-8.

[78]Wu L, Tong Q, 2008. Framework and development of digital China. Science in China Series E,

Technological Sciences 51: 1-5.

[79]Yang, C., Li, W., Xie, J., et al., 2008. Distributed geospatial information processing: sharing distributed geospatial resources to support Digital Earth. International Journal of Digital Earth, 1(3), 259-278.

[80]Zhao, P, Yu, G, Di, L, 2007. Geospatial web services. In Emerging spatial information systems and applications. IGI Global. 1-3.

第 8 章
基于 Web GIS 的黄河下游农业综合管理信息系统研究

WebGIS 已广泛应用于农业资源的科学管理，在提高农业信息资源利用率和管理效率方面发挥了重要作用。黄河下游农业面临乡村振兴和高质量发展的双重战略目标任务。当前，我省黄河下游农区面临着农产品供需矛盾长存、农民市场应对能力差、农业信息化建设滞后等诸多问题，严重制约了乡村振兴和高质量发展的战略任务。利用 WebGIS 技术，开发集土地确权、农产品、涉农商企和政府政策信息与一体的，融合基础地理信息数据、高分辨率遥感数据的综合农业管理信息系统，实现土地流转、农产品供需、政府管理的实时化、精准化集成和共享，及政府、商企和农户的交互，可进一步提高政府管理效率，推动农业数字化、信息化水平，为政府管理、农民与企业有效融合、农民参与市场等提供科技支撑，有效推动我省黄河下游农区乡村振兴和高质量发展战略的实施。同时，将 WebGIS 实践融入课堂教学，也可巩固学生基础理论知识，提升设计思维能力和开发能力，给学生树立将科学知识与社会服务相结合的理念，这既是当代大学生综合素质培养的需求，也是地理信息科学学科特色和发展的需求，值得在本科教学中推广应用。

8.1 研究背景与研究进展

8.1.1 研究背景

农业、农村、农民问题是关系国计民生的根本性问题。但我国农村地区发展不平衡不充分问题明显，对此，《中共中央国务院关于实施乡村振兴战略的意见》提出了农业综合生产能力稳步提升，农业供给体系质量明显提高，农村一、二、三产业融合发展水平进一步提升，农民增收渠道进一步拓宽及农业农村现代化等一系列目标任务。农业农村部办公厅关于印发《2020年农业农村部网络安全和信息化工作要点》的通知要求，紧紧围绕实施乡村振兴战略、数字乡村战略总体要求，大力实施数字农业农村建设，深入推进农业数字化转型，扎实推动农业农村大数据建设，全面提升农业农村信息化水平，用信息化引领驱动农业农村现代化，为全面建成小康社会提供有力支撑。2019年9月18日，习近平主席提出了黄河流域生态保护和高质量发展是重大国家战略，并指出黄河流域是打赢脱贫攻坚战的重要区域。我省是全国典型的农业、农村、农民大省，但我省面临着农产品供需矛盾长存、农民市场应对能力差、农业信息化建设滞后及乡村发展整体水平有待提升等诸多问题，并且我省黄河下游滩区贫困人口仍然较多，是脱贫攻坚的重点区域。因而，利用新型WebGIS技术开发农业信息综合管理平台，为政府管理、农民与企业有效融合、农民参与市场等提供科技支撑，是乡村振兴和黄河流域生态保护和高质量发展重大战略的需求。

现阶段，地理信息与遥感等技术的发展日趋成熟，在国民经济发展中发挥越来越重要的作用。在地理信息技术的支持下，我国已实施多期土地利用调查，构建了土地利用数据库（刘耀林等，2020）；高分辨率遥感与无人机遥感等为农作物类型识别、产量估算提供了精细的海量数据（李晓慧等，2019）。同时，为提高政府管理和服务效率、促进农产品市场化与价格稳定等，我省相关部门和企业已建立相应的管理系统和农业信息化平台，如农业信息采集系统、农业产业化系统、中原三农网等，农业管理现代化、农业信息化已得到初步发展，一定程度上提高了农产品的流通效率，增加了农民收入。但现有农业管理系统和信息化平台多存在内容单一，不考虑涉农商户、企业和农产品的空间信息，显示不直观等问题（陈旭等，2013）。尤其是现有农业信息化平台未能与已有土地利用规划和遥感产品等空间数据相结合，其在提高政府管理效率、农业生产水平、农企深度融合和农业现代化方面的能力有限。

因此，整合现有国土信息化建设、土地确权等成果，通过政府、商企和农户需求分析，进行系统设计，运用WebGIS技术开发一个综合政府、商企和农户的管理与需求信息于一体的黄河下游农业管理系统，为政府农业管理服务、涉农商企和农户的农业生产经营及农产品流通搭建统一的大数据平台，有望提高政府管理效率，推动农业数字化、信息化水平，可为我省黄河下游农区乡村振兴和农业高质量发展提供科学支撑。

8.1.2 研究进展

计算机技术和信息技术的支持下，使得农业信息资源的可以被快速收集、便捷管理和高效利用，实现农业信息资源的共享和集成。目前，我国农业信息化建设得到了快速发展，各地各部门已普遍建有农业信息服务、农业资源管理、农业发展决策支持等信息平台或管理系统，如河南省农业农村厅的河南省农业产业化统计系统、河南省农业信息采集系统和河南日报的中原三农网等。这些信息平台或系统的建立带动了农业现代化、市场化，在农业资源的科学管理中发挥了重要作用。但农业信息资源通常具有空间位置信息，传统农业管理系统和信息化平台多不考虑农业信息资源的空间信息，其在提高农业信息资源的利用率和管理效率方面有一定局限。

WebGIS 是在 Internet/Intranet 环境下基于 HTTP 协议的一种存储、处理、分析、发布和共享地理信息的计算机系统，其基本思想是提供互联网上的地理信息服务，使用户通过浏览器获取地理数据和功能服务（李治洪，2009）。近年来，WebGIS 技术日趋成熟，其具有传统 GIS 的功能，如地理空间数据获取、处理与分析、显示、存储与管理、决策支持等，且兼有一般信息平台数据获取的时效性和共享能力。目前，已有较多的基于 WebGIS 的农业信息平台或系统，涉及农产品信息管理、施肥决策支持、农业数据可视化、土地管理等多个方面（张学利等，2019；徐艳等，2016；陈柳阳等，2019）。但多数农业信息化平台和管理系统多信息内容单一或用户类型单一，如单个品种农产品信息平台、某种农作物生产的决策支持系统、仅供农户或政府管理部门使用的系统等。对我省农区而言，农作物生产类型有季节性变化，也有区域差异，农户需求类型多样，且需要依据市场需求调整农作物种植类型。现有系统或平台不能将政府管理部门，涉农商户和企业、农民、农业有效地结合，不能提供多样化信息和决策服务。当前，城镇化的发展也导致农村劳动人口流失、适龄务农人口大幅度减少、农村土地流转问题凸显等复杂问题（苗长虹等，2018；郭远智等，2019）。这些问题及政府、商企和农户多方面、综合的需求都有待深入调查，并运用 WebGIS 技术，进行系统设计，开发综合信息管理平台，以提供综合信息服务和决策支持，助力农业农村现代化和乡村振兴。

8.2 研究内容与技术方法

8.2.1 研究内容

本项目主要从政府、商企和农户的角度，结合当前新技术、农区发展新形势，探讨基于 WebGIS 的黄河下游农区农业信息管理平台建设的基本框架、关键技术和主要功能模块的技术实现，在此基础上开发一套功能多样，政府、商企和农户的管理与需求可交互的新型综合农业信息管理系统，实现政府服务、商企和农户需求信息的实时化、精准化、可持续更新，并为后期决策支持功能的开发保留开放接口。

（1）基础数据库构建与需求分析

在现有基础地理信息数据、土地利用数据、遥感数据、土地确权信息等的基础上，进行实地调查，收集涉农商企、特色农业等相关数据，构建基础数据库；对农业经营、农业产业化、土地流转等现状进行分析，并通过访谈和问卷调查的方式，了解政府、涉农商企和农户的多方面需求，进而探讨 WebGIS 系统建设的初步需求和系统建设的基本框架。

（2）模块设计与功能分析

首先，设置政府、商企和农户不同的用户界面。纵向上从数据采集、数据查询、数据管理、数据可视化及统计分析等功能模块制定总体设计方案，包括专题地图的可视化、符号化等设计方案。横向上，针对政府、涉农商企和农户需求，设计农业政策、技术服务、土地流转管理、耕地补偿、农产品市场供求信息及相关数据与信息实时上报等专题信息发布与管理功能模块，并设计政府、涉农商企与农户的交互界面，使三者能够互通、互动，实现多方位农业信息的实时化、精准化、可持续更新。

（3）系统开发与实现

基于上述设计的功能模块，研究系统实现的关键技术方法，主要有实现 Web 地图服务的标准化和互操作的地图服务技术、便于系统开发与代码管理的模块化开发技术、对地图进行渲染绘制的图形渲染技术、缓存地图数据的客户端缓存技术及用户权限管理的系统配置化技术等。进而通过编码对系统各功能模块进行开发并实现其所对应的功能，最终开发实现一个综合农业信息高效共享的集成管理平台，并为系统功能扩展，如决策支持功能的开发保留开放接口。

8.2.2 关键技术

（1）地图服务技术

地图服务技术是 WebGIS 系统构建与开发的基础。地图服务主要依赖于 OGC（Open Geospatial Consortium，开放地理空间信息联盟）推出的基于 Web 服务的空间数据互操作实现规范：Web 地图服务（Web Map Service，WMS）、Web 要素服务（Web Feature Service，WFS）、Web 地图瓦片服务（Web Map Tile Service，WMTS），以实现 Web 地图服务的标准化和互操作。其中，WMS 是一种利用具有地理空间位置信息的数据来制作地图的 Web 服务规范，该服务将地图定义为数据的可视化描述，而地图本身并不是数据。WFS 是返回的是要素级的 GML 编码，允许用户通过 HTTP 对空间数据进行增、删、改、查等操作，从而实现客户端和服务器在要素层面的通信。WMTS 是一种缓存技术标准，地图数据在服务器端进行缓存或处理，并按行和列分割成的一定大小的瓦片地图，对客户端只提供这些预先定义的瓦片地图的服务。

（2）模块化技术

该 WebGIS 系统将采用模块化设计模式进行构建。模块化设计是指将系统整体划分为多个细小的模块进行开发，通过模块间的组合调用便可以构建一个完整的系统。模块的划分可以根据业务逻辑或功能模块进行划分，每个模块都遵循一定的构建规则，模块内部的数据和函数是私有化的，但是每个模块对外会提供多个不同的接口，从而与其他模块进行通信。

（3）图形渲染技术

图形渲染技术是指在客户端浏览器中对地图进行渲染绘制的过程。对于系统中地图切片数据，其渲染过程较为简单，客户端主要接收服务器端传来的 JPEG、PNG 等格式的图片数据，在浏览器中直接进行图片显示即可。而对于系统中的矢量要素数据，客户端主要接收服务器端传来的图形要素 shape（形状）信息，客户端需要在浏览器中将这些 shape 信息中的地理坐标转化为电脑屏幕坐标进行实时绘制。矢量要素图形的展示与编辑是 WebGIS 系统中重要的组成部分，目前在客户端浏览器中，矢量图形绘制主要依赖于浏览器中的 canvas 技术和 svg 技术。

（4）客户端缓存技术

在 WebGIS 系统的客户端中，缓存技术对改善系统响应效率、减少资源浪费有着至关重要的作用。WebGIS 系统客户端的缓存技术主要依赖于浏览器中 sessionStorage、localStorage、IndexDB 等技术。sessionStorage 中存储的数据只在当前窗口中有效，因此可以用来存储基本的用户信息。localStorage 中存储的数据在没有人为清理的情况下，会永久存在，对于需要频繁提交到服务器端的数据，可以在 localStorage 中暂时进行保存，然后一次性提交到服务器端，既减少了 HTTP 请求资源的浪费，同时又避免了用户误操作时数据遗失等问题的产生。IndexDB 是通过 Web 技术在浏览器端建立的一种本地数据库，IndexDB 可以存储大量的复杂结构数据。IndexDB 支持数据索引的建立和数据库事务操作，并通过一套类似 NoSQL 语法的 Web API 对数据库进行高性能的读写操作。

（5）系统配置化技术

该系统主要为政府、商企和农户等多种类型的用户提供服务，对于不同的用户设置不同的角色，不同的角色具有不同的权限；根据角色和权限的不同，对系统中展示的数据信息类别和数据信息详细程度进行精细的控制，使得在同一系统中，不同用户看到的系统界面有所差别。为了使这一设计能够更加灵活高效，系统将对各个业务逻辑功能进行权限控制，通过系统配置界面，使得系统管理员可以实时、动态地修改用户角色和权限，从而在无需修改系统代码的前提下，快捷高效地对系统界面和用户操作权限进行有效控制。

8.3　黄河下游农业生态综合管理系统的设计与实现

8.3.1　系统设计原则与目标

（1）设计原则

为了实现综合农业信息管理的科学化、精准化、规范化，建立一个以地块为核心的管理信息系统。以地块为核心，实现对每一地块农作物类型、面积、地块所有权、承包权、经营权、地块参保信息等数据的采集、查询、管理、统计、可视化及流转业务办理等，提高农业信息管理的质量、效率和水平。依据农村农业部办公厅关于“大力实施数字农业农村建设，深入推进农业数字化转型，扎实推动农业农村大数据建设，全面提升农业农村信息化水平”的要求，本系统总体设计和功能分解遵循以下原则：

■ 规范性：系统中涉及的控制协议、地图服务协议、接口协议、媒体文件格式、传输协议等符合国家、地方标准和行业技术规范。

■ 实用性：功能要简单实用，切实考虑政府、农户和涉农商企的实际需求，并提供简洁、友好的人机交互界面，操作灵活、便捷，简单易学，既满足专业人员和具备一定系统操作管理人员使用，也最大可能满足一般农户、农村基层管理人员操作，实现多角色操作人员能够简单使用、有效交互和农业信息实时更新。

■ 可维护性：采用相互独立的模块化设计，在总体设计、开发语言、数据库系统使用上，注重规范化、标准化，便于系统维护和技术更新，在出现故障时，也能得到及时、快速维护。

■ 可扩展性与开放性：切实考虑农业发展变化和政府、涉农商企、农户需求变化，系统设计遵循开放性原则，能够支持多种硬件设备和网络系统，软硬件支持二次开发，使系统具有较强的可扩展性，确保各功能模块可以通过二次开发进行升级。采用标准数据接口，确保与第三方信息系统可以进行数据交换和数据共享。

（2）设计目标

实现基于地块的农作物信息、土地流转信息填报、采集、管理、查询与分析、可视化、统计分析等，以及涉农商企位置信息、农产品需求信息的发布、查询，满足政府、涉农商企和农户的多方面需求，提高农业信息管理的现代化、农业信息化和市场化。

8.3.2 总体框架设计

本系统基于基础地理信息数据库（包括行政区划、交通、地形、河流水系等数据）、农户信息数据库、土地流转信息数据库、农业保险信息数据库、涉农商企信息数据库，建设一套集登记、管理、流转为一体的系统。基于 Web GIS 的黄河下游农业综合管理信息系统采用 BS 架构进行设计。相比于 C/S 架构，B/S 架构在扩展性、共享性、可维护性、易用性等方面更具优势。用户无需安装专业的 GIS 客户端软件，只需要安装通用的浏览器软件，即可通过网址快捷地访问 WebGIS 系统，通过网页便可以对地理信息数据进行浏览、查询、统计、编辑等操作。

系统的整体架构分为三层，分别是数据层、服务层和表示层。系统的数据层主要负责提供空间数据、业务数据、文件数据的存储和管理；服务层主要包含地图服务和应用服务，地图服务分为两种：一种是通过 GeoServer 自主发布符合 OGC 规范的 WMS、WCS 、WFS 等服务，一种是调用第三方提供的地图服务，如天地图、百度地图等；应用服务则主要负责数据处理和业务逻辑处理。表示层又称表现层 UI，位于三层构架的最上层，与用户直接接触，主要是 B/S 信息系统中的 Web 浏览页面，基于 HTML、CSS、JavaScript 前端语言和 OpenLayers 开源库进行构建。表示层的主要功能是将用户交互命令传送到服务层，服务层从数据层查询数据后，进行数据处理并将结果反馈给表示层，表示层进行相应的展示。根据上述系统设计的原则，立足于农业现代化、信息化、市场化建设的长远目标，提出总体框架如图 8-3-1 所示。

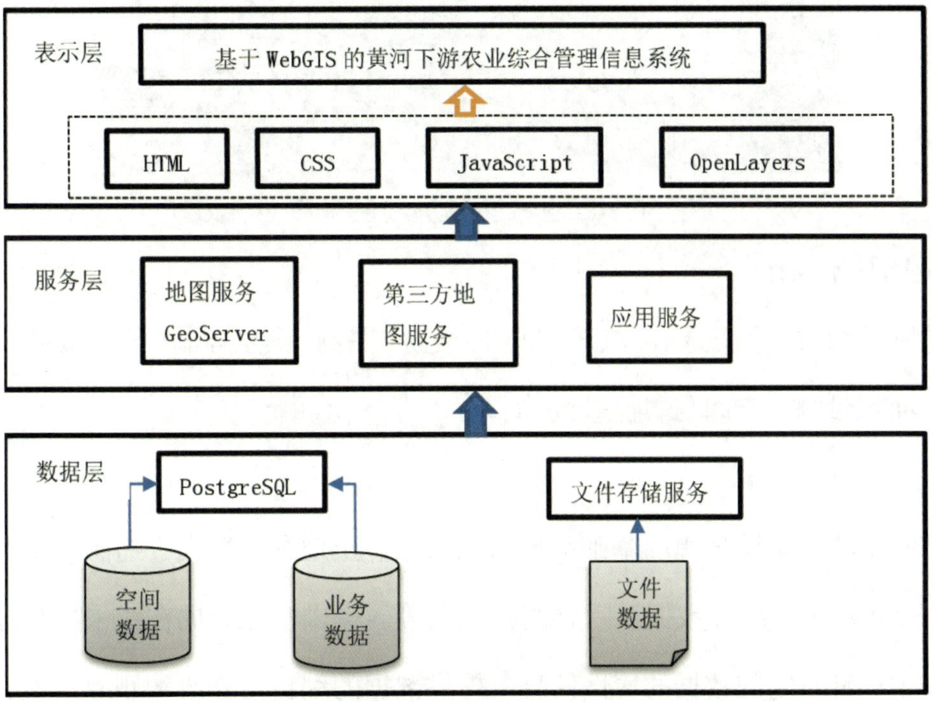

图8-3-1　系统设计框架图

8.3.3　数据库与存储服务设计

本系统数据按类型分空间数据、业务数据、文件数据进行存储和管理。空间数据如基础地理信息数据库（包括行政区划、交通、地形、河流水系等数据）、地块与农户信息数据库、涉农商企信息数据库，这些包含空间矢量数据和属性信息，业务数据包含土地流转信息数据库、农业保险信息数据库，采用 PostgreSQL 数据存储服务即 PostgreSQL 中空间扩展模块——PostGIS 进行统一管理。其中，空间矢量信息采用 Geometry 空间字段存储，属性信息以数值或字符类型存储。土地承包合同、审批申请表、档案资料、图片数据、各类报表类等数据，采用文档存储服务统一管理。最后对所有数据建立对应的元数据。

8.3.4 功能模块设计

本系统应用功能的设计（主界面如图 8-3-2 所示）主要包括以下几个方面：

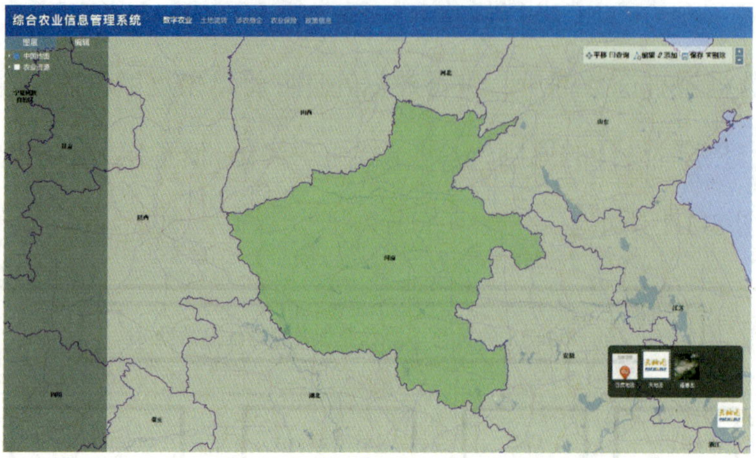

图8-3-2 系统（功能）主界面

（1）地图基本操作

包括地图的缩放、全图显示、点选、框选、漫游、图例、图层控制、地图裁剪、图片输出、距离量测、面积量测、空间与属性查询等。

（2）数据采集与编辑

针对不同格式、不同来源的基础地理信息数据、土地利用数据、遥感影像数据、土地确权数据、POI 数据、统计数据及问卷调查数据等，提供多源数据在线采集功能，导入到空间数据库中；针对空间数据的属性信息，提供数据的编辑、修改和删除功能，实现不同农业数据实体的分布式采集。

（3）可视化查询与分析

实现对地块农作物信息、涉农商企信息的可视化浏览，显示相关信息的空间分布、属性信息；实现通过框选查询、多边形查询等空间查询方式及基于属性的条件查询。

（4）统计分析

统计分析功能，针对农业经济数据。其以图表、图形的形式，提供针对农业经济数据的各种统计图、分布图。如可利用洪泽湖地区不同县市分布情况，提供基于空间地图的柱状统计图等。

（5）开发共享服务

为第三方政务管理系统和农业保险系统保留开放接口，为政府管理和商业保险提供数据与分析服务，有条件为科研用户提供数据共享服务，支撑相关研究任务开展。

8.4 研究成果在Web地理信息课程教学中的应用价值

WebGIS 系统设计与开发是地理信息科学专业的重要课程，通过学习 WebGIS 原理、系统设计和开发，并结合课堂实习，对于建立、巩固学生地理信息科学理论知识、拓展设计开发思维和提高开发实践技能至关重要，也是学生日后进行相关毕业论文设计和从事 WebGIS 系统设计与开发工作的基础。当前，国内地理科学、地理信息科学和测绘科学等专业普遍开设有 WebGIS 相关课程，这可以让学生系统地学习 WebGIS 基础理论和方法。但对于设计与开发实践经验，学生普遍缺乏，以至于学生在毕业设计时困难重重，毕业后也无法在短时间内直接参与开发工作。因此，如何使学生在课堂学习过程中牢固掌握 WebGIS 基础理论知识，提升设计思维能力，积累开发实践经验，通过理论知识学习与开发实践相结合，从而实现大学毕业与未来工作岗位间的有效衔接，以尽快胜任工作岗位，是地理信息科学教学面临的重要问题。

本章“基于 Web GIS 的黄河下游农业综合管理信息系统研究”为河南省高等学校重点科研项目应用研究计划支持项目，该项目综合考虑当前新农业问题和发展趋势、WebGIS 技术与应用进展，从农业数据采集入手，实现对综合农业信息的管理、可视化和统计分析，旨在提高农业管理的现代化、信息化和农产品市场化水平。政府、涉农商企与农户的多用户交互界面和权限管理确保农业信息的实时化、精准化流通，以及多用户协同在线操作、实时共享，是本项目的主要特点。因此，通过本章的学习，学生可以加深对专业理论知识的理解，认识专业知识如何与应用实践相结合，了解科研项目的论证与实施，尤其是通过了解 WebGIS 技术与方法对综合农业信息整合、管理、可视化与分析过程，实现对 WebGIS 理论知识从感性认识到理性认识的升华。

相对于传统以理论知识、技术、方法为主教学方式，以针对社会发展问题的系统设计和开发案例进行课堂教学，可让学生对 WebGIS 的基础理论知识、技术和方法拥有更加系统、全面的了解及认识，对培养学生逻辑与形象思维，及综合系统设计能力具有重要意义，这是地理信息科学学科特色和发展的需求，值得在本科教学中推广应用。

参考文献

[1]陈柳阳，季民，刘江，2019.基于WebGIS的农村集体土地确权登记发证系统设计与实现.测绘与空间地理信息[J]，42(4)：83-85.

[2]陈旭，毕军芳，仇天月，等，2013.基于共享服务模式的农业资源管理WebGIS系统构建[J].中国农学通报，29(11)：115-120.

[3]郭远智，周扬，韩越，2019.中国农村人口老龄化的时空演化及乡村振兴对策[J]. 地理研究，38(3)：667-683.

[4]李晓慧，王宏，李晓兵，等，2019.基于多时相Landsat 8 OLI影像的农作物遥感分类研究[J].遥感技术与应用，34(2)：389-397.

[5]李治洪，2009.WebGIS原理与实践[M].北京：高等教育出版社.

[6]刘耀林，何建华，2020.科技创新推动下“智慧土地”发展的机遇与挑战[J].科技与社会，35(5)：645-652.

[7]苗长虹，赵建吉，2018-03-15. 做好乡村振兴这篇大文章.河南日报.

[8]徐艳，沈新华，马玉银，等，2016.基于WebGIS的攀枝花“互联网+西瓜”现代化产销体系设计[J].现代农业科技，（16）：297-297，300.

[9]张学利，马娜，朱瑜馨，等，2019.基于云平台的农业综合信息应用系统的设计与开发[J].地理空间信息，17(2)：27-30.

第 9 章 遥感大数据处理技术与应用研究

时空大数据是时空数据与大数据的融合，“时空大数据时代”的到来，日益改变了人们的工作、生活和思维方式，进而对传统数据的科学范式、时空信息传输和数据处理模型带来挑战。遥感大数据是时空大数据中的一种，针对遥感大数据的处理，作者开发了一系列处理技术，并进行了应用，为 Web GIS 遥感大数据处理提供有益补充。

9.1 GEE云平台技术概述

随着遥感技术的快速发展，遥感数据的时空分辨率不断提高。遥感数据处理面临着海量大数据处理困难的问题。遥感大数据的数据处理需求已经远远超出个人计算机的数据计算能力。Google Earth Engine（GEE）云计算平台为遥感大数据处理提供了有效解决方案。

GEE 是世界上最先进的、专门处理卫星图像和其他地球观测数据的云端运算平台，由谷歌、卡内基梅隆大学、美国地质调查局联合开发。该平台存储了公开可用的全球尺度上的近 40 年的遥感影像（Landsat、MODIS、Sentinel 等）和其他数据的 PB 级存档，并且数据不断更新，优化了用于地理空间数据并行处理的 Google 计算基础架构。GEE 云平台中存储的遥感数据包括多种级别的数据产品，用户可根据自身需求直接调用相关数据产品，免去了各自数据预处理工作。

GEE 的各项主要功能通过 JavaScript 和 Python 中提供的应用编程接口 (Application ProgrammingInterface，API) 实现，该 API 支持复杂的地理空间分析，包括叠加、地图代数、数组运算、影像处理、分类、变化检测、时间序列分析、影像拼接、栅格矢量转换、基于矢量的图像统计提取等，算法可以不断被添加、增强和更新。通过 API，用户可以自由地编写更复杂的分析，并创造性地重组现有算法，通过图表导出结果报告。计算方式上采用即时分布式并行化计算模型，即在 Google 数据中心的许多计算机上的许多 CPU 上同时运行，极大地提高了运算效率。

谷歌地球引擎云平台这种结合大数据和先进技术的特点使其具有以下优势：

①前所未有的速度。在顶级的台式计算机上，可能需要几天或几周的时间才能完成的影像计算与分析，但在谷歌地球引擎云平台上几个小时就可以完成。

②易于使用和降低成本。通过任何 Web 浏览器就可以轻松访问数据，具备科学算法和超强计算能力的在线云平台可以显著降低地理空间数据分析的成本和复杂性。

③全球尺度。谷歌地球引擎具备全球尺度的空间计算分析能力。

其他具体介绍见谷歌地球引擎官方网站（https://developers.google.com/earth-engine/）。GEE 云计算平台如图 9-1-1 所示：

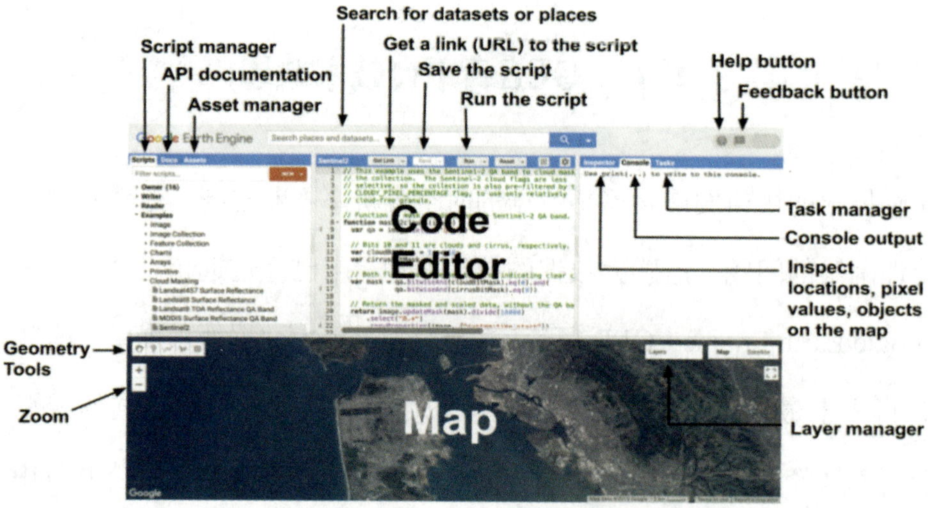

图9-1-1　GEE工作界面

9.2　基于光学卫星影像的油菜种植地块遥感自动识别

本研究提出一种基于光学卫星影像的油菜种植地块遥感自动识别方法，首先，对油菜开花期的光学影像进行预处理得到地表反射率图像，并利用光谱采集软件采集油菜地块和其他地物的光谱；其次，分析油菜地块的光谱与其他地物光谱的差异，确定油菜地块的有效光谱波段及其阈值；然后，构建油菜花遥感指数模型，并确定油菜花指数的阈值；再采集油菜出苗至开花期内的时序光学卫星影像的植被指数图像，并计算植被指数中值图像，确定植被指数中值图像的阈值；最后，利用油菜地块的有效光谱波段及其阈值、油菜花指数的阈值和植被指数中值图像的阈值对光学影像进行识别得到油菜种植地块。本研究提出油菜花遥感指数，实现了油菜种植地块遥感精准、自动识别。

9.2.1 背景技术

农作物遥感识别技术是农业遥感的重要发展方向，在农作物面积普查方面具有十分重要的应用价值，相比人工抽样调查方法，具有客观、有效的显著优势（Guo,2022；Tong,2012；Drusch,2012）。在某些地区，油菜和冬小麦都属于冬播作物，具有相似的生长期，生长期内油菜和冬小麦的光谱特征也十分相似。由于油菜和冬小麦的混种现象十分普遍，现有的遥感指数方法难以实现油菜和冬小麦的准确区分。因此，油菜种植地块遥感识别是农业遥感领域的难点之一（Labib,2018；Zheng,2019；Griffiths,2019）。

9.2.2 研究内容

针对上述背景技术中存在的不足，本研究提出了一种基于光学卫星影像的油菜种植地块遥感自动识别方法，解决了现有遥感指数方法难以准确区分油菜和冬小麦的技术问题。

本技术方案能产生的有益效果：

①本研究提出了一种基于光学卫星影像的油菜花指数，即 CFI（Canola Flower Index）指数，为油菜种植地块遥感识别提供了理论基础；

②本研究创建的油菜种植地块遥感自动识别模型，充分利用了油菜生长期内的植株特征，能够准确自动识别油菜种植地块信息，为相关部门、行业提供精准的油菜种植信息。

具体研究内容如下：

一种基于光学卫星影像的油菜种植地块遥感自动识别方法，其特征在于，其步骤如下：

S1. 在油菜开花期内利用光学卫星采集若干幅光学卫星影像，并分别对光学卫星影像进行预处理，得到地表反射率图像；

S2. 利用手持 GPS 获取油菜种植地块和其他地物的地理位置信息，利用光谱采集软件采集地表反射率图像中的油菜种植地块和其他地物的像元光谱样本，并将油菜种植地块样本随机分为两组：油菜种植地块 I 和油菜种植地块 II；

S3. 利用抽样统计方法分析油菜种植地块I的像元光谱与其他地物的像元光谱的差异，确定用于识别油菜种植地块的有效光谱波段及其阈值，其中，有效光谱波段包括绿色波段和近红外波段，且绿色波段对应的阈值为 α，近红外波段对应的阈值为 β；

S4. 构建油菜花遥感指数模型，利用油菜花遥感指数模型计算油菜种植地块 II 的油菜花指数图像，统计油菜种植地块 II 的油菜花指数图像中的像元值分布区间，取区间最小值作为识别油菜种植地块的阈值 γ；

S5. 采集油菜种植地块II上油菜出苗至开花期内的时序光学卫星影像的植被指数图像，利用中值合成技术计算油菜出苗至开花期内的植被指数中值图像；

S6. 统计油菜种植地块 II 的植被指数中值图像中的像元值分布区间，取区间最小值作为识别油菜种植地块的阈值 δ；

S7. 利用光学卫星采集待识别的光学卫星影像，并对待识别的光学卫星影像进行预处理，得到待识别的地表反射率图像；

S8. 判断步骤 S7 中待识别的地表反射率图像中像元 i 的绿色波段的地表反射率是否大于阈值 α，若是，执行步骤 S9，否则，像元 i 所在位置为非油菜种植地块；

S9. 判断像元 i 的近红外波段的地表反射率是否大于阈值 β，若是，执行步骤 S10，否则，像元 i 所在位置为非油菜种植地块；

S10. 计算像元 i 的油菜花遥感指数 CFI，并判断油菜花遥感指数 CFI 是否大于阈值 γ，若是，执行步骤 S11，否则，像元 i 所在位置为非油菜种植地块；

S11. 计算油菜出苗至开花期内像元 i 的植被指数中值，并判断植被指数中值是否大于阈值 δ，若是，像元 i 所在位置为油菜种植地块，否则，像元 i 所在位置为非油菜种植地块；

S12. 循环执行步骤 S8 至步骤 S11，直至遍历完待识别的地表反射率图像中的所有像元，完成油菜种植地块的识别。

根据本研究所述的基于光学卫星影像的油菜种植地块遥感自动识别方法，其特征在于，所述对光学卫星影像进行预处理得到地表反射率图像的方法为：首先利用 FLAASH 大气校正法对光学卫星影像进行大气校正处理，再利用地形校正法对大气校正处理后的光学卫星影像进行地形校正处理，得到光学卫星影像的地表反射率图像。

根据本研究所述的基于光学卫星影像的油菜种植地块遥感自动识别方法，其特征在于，所述步骤 S4 中的油菜花遥感指数模型为：

$$CFI_i = \left(e^{\xi_{green,i}} - e^{-\xi_{blue,i}}\right) / \xi_{blue,i} \qquad (9\text{-}2\text{-}1)$$

其中，CFI_i 表示油菜花遥感指数图像中像元 i 的油菜花遥感指数，$\xi_{green,i}$ 表示地表反射率图像中像元 i 的绿色波段的地表反射率，$\xi_{blue,i}$ 表示地表反射率图像中像元 i 的蓝色波段的地表反射率，i=1,2,⋯,n，n 为地表反射率图像中像元的总数量。

根据本研究所述的基于光学卫星影像的油菜种植地块遥感自动识别方法，其特征在于，所述步骤 S5 中植被指数中值图像的获得方法为：首先，利用光学卫星采集油菜种植地块 II 上油菜出苗至开花期内的时序光学卫星影像，并分别对每幅影像进行预处理得到地表反射率图像；其次，利用归一化差异植被指数分别对地表反射率图像进行计算得到植被指数图像；最后，在像元尺度上对比油菜出苗至开花期内的相同像元位置上的一组植被指数，保留其中值，依次对比直至遍历所有位置的像元值，即得到植被指数中值图像。

9.2.3　附图说明

为了更清楚地说明本研究实施例或现有技术中的技术方案，下面将对实施例或现有技术描述中所需要使用的附图作简单地介绍，显而易见地，下面描述中的附图仅仅是本研究的一些实施例，对于本领域普通技术人员来讲，在不付出创造性劳动的前提下，还可以根据这些附图获得其他的附图。

图 9-2-1 为本研究的流程图；

图 9-2-2 为本研究的油菜种植地块别结果。

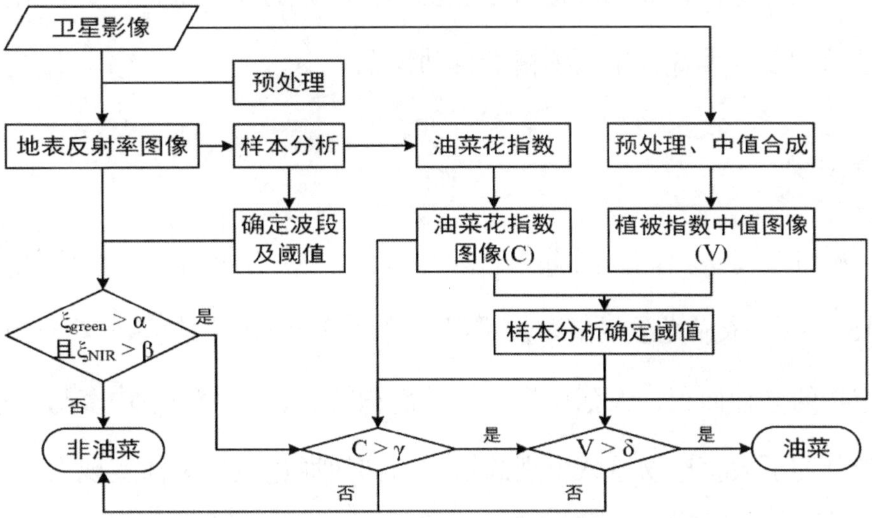

图9-2-1　本研究的流程图

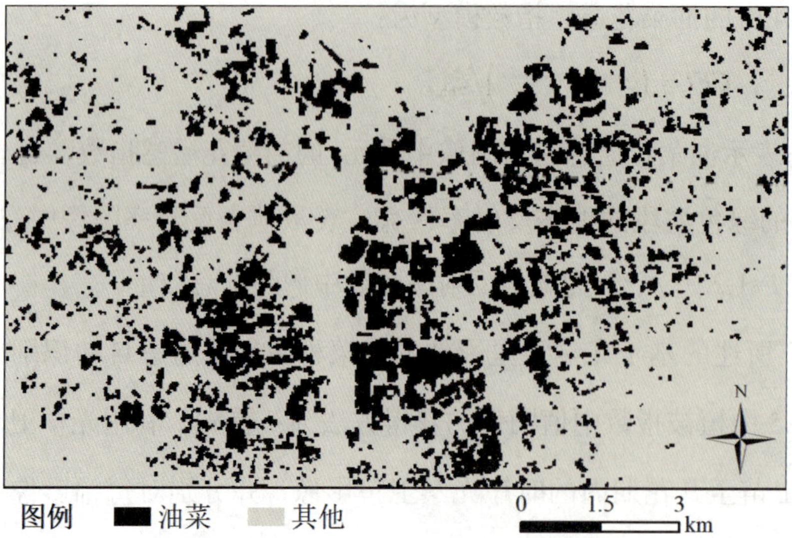

图9-2-2　本研究的油菜种植地块别结果

9.3　基于耦合主被动遥感影像的大蒜作物识别

本研究提出了一种基于云平台的耦合主被动遥感影像的大蒜作物识别方法，其步骤为：首先，基于大蒜物候特征获得光学卫星遥感影像，并结合大蒜的地理坐标信息构建大蒜光学影像识别决策树模型，进而得到大蒜光学分布图；其次，基于合成孔径雷达卫星获得大蒜、冬小麦的雷达影像特征，并结合大蒜的地理坐标信息构建大蒜雷达影像识别决策树模型，进而得到大蒜雷达分布图；最后，对大蒜光学分布图、大蒜雷达分布图进行耦合，即选取两种分布图的交集，完成大蒜遥感识别制图。本研究综合利用了光学卫星影像和合成孔径雷达影像的优势，解决了大蒜与冬小麦不易区分的技术难题，实现了基于云平台的地理空间大区域尺度上大蒜分布遥感精准自动识别。

9.3.1　背景技术

大蒜作物和冬小麦作物同属于越冬作物，具有相似的生长期和光谱特征（Belward,2015）。单一依靠光学卫星影像难以准确区分大蒜作物与冬小麦作物（Tian,2020）。相对冬小麦作物的播种面积，大蒜作物的播种面积较少，且大蒜地块多与冬小麦地块交错分布，进一步制约了大蒜作物遥感识别的精度。如何通过卫星影像实现大蒜作物与冬小麦作物的准确区分，是作物遥感识别领域的难点之一（Gomez,2021）。

遥感大数据的处理过程复杂，数据计算量巨大，远远超出个人计算机的数据处理能力。Google Earth Engine 云计算平台集成了全球公开的遥感数据，并且提供个性化的数据处理服务，用户只需将相关数据处理算法以 Google Earth Engine 语言的方式编程运行，Google Earth Engine 在后台就会自动调用 Google 的数以万计的服务器以并行运算的方式快速完成数据处理任务，并将结果反馈给用户。Google Earth Engine 解决了遥感大数据处理的难题，为作物遥感识别的自动化、业务化运行提供了机遇和平台（Woodcock,2008；Wulder,2019；Gorelick,2017）。

9.3.2 研究内容

针对上述背景技术中存在的不足，本研究提出了一种基于云平台的耦合主被动遥感影像的大蒜作物识别方法，解决了现有遥感识别技术中无法准确识别大蒜作物的技术问题。

具体研究内容如下：

①一种基于云平台的耦合主被动遥感影像的大蒜作物识别方法，其特征在于，其步骤如下：

S1. 在 Google Earth Engine 云计算平台上通过调取目标年份大蒜作物主产区的 MODIS-NDVI 时序影像，根据 MODIS-NDVI 时序影像获取大蒜作物和其他林草植被的物候信息；

S2. 在 Google Earth Engine 云计算平台上通过调取目标年份大蒜作物主产区的 Sentinel-2 时序影像及 Landsat-8 时序卫星影像，并结合大蒜作物的物候信息获得光学合成影像数据集；

S3. 使用手持 GPS 获取、记录大蒜作物主产区的大蒜作物和冬小麦作物的地理坐标信息；

S4. 基于步骤 S2 中得到的光学合成影像数据集和步骤 S3 中得到的大蒜作物的地理坐标信息，构建大蒜作物光学影像识别决策树模型；

S5. 根据步骤 S4 中得到的大蒜作物光学影像识别决策树模型对步骤 S2 中得到的光学合成影像数据集进行分类，得到大蒜作物光学分布图；

S6. 在 Google Earth Engine 云计算平台上通过调取目标年份大蒜作物主产区的 Sentinel-1 时序合成孔径雷达卫星影像，结合步骤 S3 中得到的大蒜作物、冬小麦作物的地理坐标信息获取大蒜作物和冬小麦作物的雷达图像特征；

S7. 根据步骤 S6 中大蒜作物和冬小麦作物的图像特征获得雷达合成影像数据集；

S8. 根据步骤 S7 中得到的雷达合成影像数据集和步骤 S3 中得到的大蒜作物的地理坐标信息，构建大蒜作物雷达影像识别决策树模型；

S9. 根据步骤 S8 中得到的大蒜作物雷达影像识别决策树模型对步骤 S7 中得到的雷达合成影像数据集进行分类，得到大蒜作物雷达分布图；

S10. 在 Google Earth Engine 云计算平台上将步骤 S9 中的大蒜作物雷达分布图和步骤 S5 中的大蒜作物光学分布图进行耦合，得到大蒜作物遥感识别结果。

②根据本研究所述的基于云平台的耦合主被动遥感影像的大蒜作物识别方法，其特征在于，所述光学合成影像数据集的获得方法为：在大蒜作物的时序 MODIS-NDVI 高于其他林草植被的时序 MODIS-NDVI 的时期内，提取像元 i 位置上的 Sentinel-2 时序影像的 NDVI 的最大值作为像元 i 的像元值，依次遍历 Sentinel-2 时序影像的所有像元位置，得到 NDVI 最大值合成影像，记为 $NDVI_{max}$；在大蒜作物的时序 MODIS-NDVI 小于其他林草植被的时序 MODIS-NDVI 的时期内，提取像元 i 位置上的 Sentinel-2 和 Landsat-8 时序影像的 NDVI 的最小值作为像元 i 的像元值，依次遍历 Sentinel-2 和 Landsat-8 时序影像的所有像元位置，得到 NDVI 最小值合成影像，记为 $NDVI_{min}$；在大蒜作物的时序 MODIS-NDVI 小于其他林草植被的时序 MODIS-NDVI 的时期内，提取像元 i 位置上的 Sentinel-2 和 Landsat-8 时序卫星影像的 NDVI 的中值作为像元 i 的像元值，依次遍历 Sentinel-2 和 Landsat-8 时序卫星影像的所有像元位置，得到 NDVI 中值合成影像，记为 $NDVI_{med}$；将 NDVI 最大值合成影像 $NDVI_{max}$、NDVI 最小值合成影像 $NDVI_{min}$ 和 NDVI 中值合成影像 $NDVI_{med}$ 组合为光学合成影像数据集。

③根据本研究所述的基于云平台的耦合主被动遥感影像的大蒜作物识别方法，其特征在于，所述大蒜作物光学影像识别决策树模型的构建方法为：根据 NDVI 中值合成影像 $NDVI_{med}$ 在大蒜作物的地理坐标位置上的分布获得像元中值阈值 α；根据 NDVI 最大值合成影像 $NDVI_{max}$ 在大蒜作物的地理坐标位置上的分布获得像元最大值第一阈值 γ 和像元最大值第二阈值 β；根据 NDVI 最小值合成影像 $NDVI_{min}$ 在大蒜作物的地理坐标位置上的分布获得像元最小值阈值 δ；根据像元中值阈值 α、像元最大值第一阈值 γ、像元最大值第二阈值 β 和像元最小值阈值 δ 得到大蒜作物光学影像识别决策树模型。

④根据本研究所述的基于云平台的耦合主被动遥感影像的大蒜作物识别方法，其特征在于，所述大蒜作物光学分布图的获得方法为：根据大蒜作物光学影像识别决策树模型构建大蒜作物的第一约束条件： $\begin{cases} NDVI_{med,i} < \alpha \\ NDVI_{max,i} > \beta \\ NDVI_{min,i} < \frac{1}{2} NDVI_{max,i} \end{cases}$ 或 $\begin{cases} NDVI_{med,i} < \alpha \\ \gamma < NDVI_{max,i} \le \beta \\ NDVI_{min,i} < \delta \end{cases}$ ；根据大蒜作物的第一约束条件分别对 NDVI 最大值合成影像 $NDVI_{max}$、NDVI 中值合成影像 $NDVI_{med}$ 和 NDVI 最小值合成影像 $NDVI_{min}$ 中的像元进行筛选，得到大蒜作物光学分布图，其中，$NDVI_{max,i}$ 表示 NDVI 最大值合成影像 $NDVI_{max}$ 中第 i 个像元的像元值，$NDVI_{med,i}$ 表示 NDVI 中值合成影像 $NDVI_{med}$ 中第 i 个像元的像元值，$NDVI_{min,i}$ 表示 NDVI 最小值合成影像 $NDVI_{min}$ 中第 i 个像元的像元值。

⑤根据本研究或（4）中所述的基于云平台的耦合主被动遥感影像的大蒜作物识别方法，其特征在于，所述雷达合成影像数据集的获得方法为：在冬小麦越冬期内合成 Sentinel-1 合成孔径雷达卫星影像的中值影像，记为 $SVV1_{med}$ 合成影像；在冬小麦分蘖至孕穗期内合成 Sentinel-1 合成孔径雷达卫星影像的中值影像，记为 $SVV2_{med}$ 合成影像；将 $SVV1_{med}$ 合成影像和 $SVV2_{med}$ 合成影像组合为雷达合成影像数据集。

⑥根据本研究所述的基于云平台的耦合主被动遥感影像的大蒜作物识别方法，其特征在于，所述大蒜作物雷达影像识别决策树模型的构建方法为：根据 $SVV1_{med}$ 合成影像和 $SVV2_{med}$ 合成影像在大蒜作物的地理坐标位置上的分布获得差值阈值 ε 和阈值 ζ；根据差值阈值 ε 和阈值 ζ 得到大蒜作物雷达影像识别决策树模型。

⑦根据本研究所述的基于云平台的耦合主被动遥感影像的大蒜作物识别方法，其特征在于，所述大蒜作物雷达分布图的获得方法为：根据大蒜作物雷达影像识别决策树模型构建大蒜作物的第二约束条件， $\begin{cases} SVV1_{med,i} - SVV2_{med,i} < \varepsilon \\ SVV2_{med,i} > \zeta \end{cases}$ ；根据大蒜作物的第二约束条件对 $SVV1_{med}$ 合成影像和 $SVV2_{med}$ 合成影像中的像元进行筛选，得到大蒜作物雷达分布图，其中，$SVV1_{med,i}$ 表示 $SVV1_{med}$ 合成影像中第 i 个像元的像元值，$SVV2_{med,i}$ 表示 $SVV2_{med}$ 合成影像中第 i 个像元的像元值。

⑧根据本研究所述的基于云平台的耦合主被动遥感影像的大蒜作物识别方法，其特征在于，所述大蒜作物最终遥感识别结果的获得方法为：当像元 i 在大蒜作物雷达分布图和大蒜作物光学分布图中均为大蒜作物时，判断像元 i 为大蒜作物，否则，像元 i 不是大蒜

作物；依次遍历大蒜作物雷达分布图和大蒜作物光学分布图中的所有像元，完成大蒜作物的最终遥感识别。

9.3.3 附图说明

为了更清楚地说明本研究实施例或现有技术中的技术方案，下面将对实施例或现有技术描述中所需要使用的附图作简单地介绍，显而易见地，下面描述中的附图仅仅是本研究的一些实施例，对于本领域普通技术人员来讲，在不付出创造性劳动的前提下，还可以根据这些附图获得其他的附图。

图 9-3-1 为本研究的流程图；

图 9-3-2 为本研究的大蒜作物光学影像识别决策树模型；

图 9-3-3 为本研究的大蒜作物雷达影像识别决策树模型；

图 9-3-4 为本研究的大蒜分布遥感识别结果。

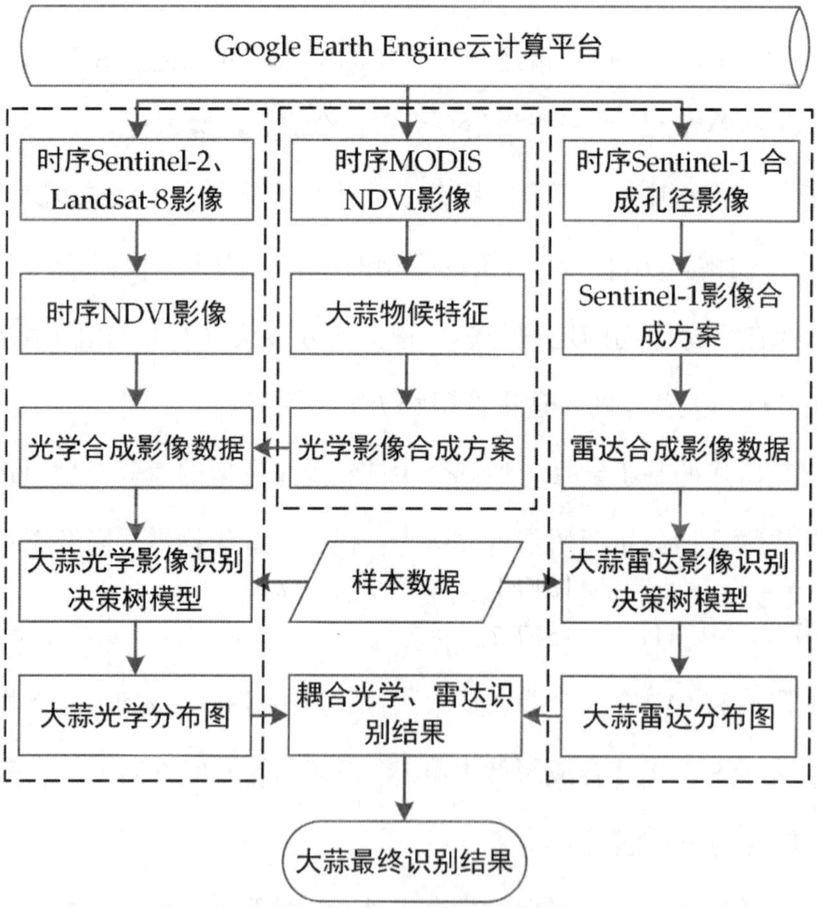

图9-3-1 本研究的流程图

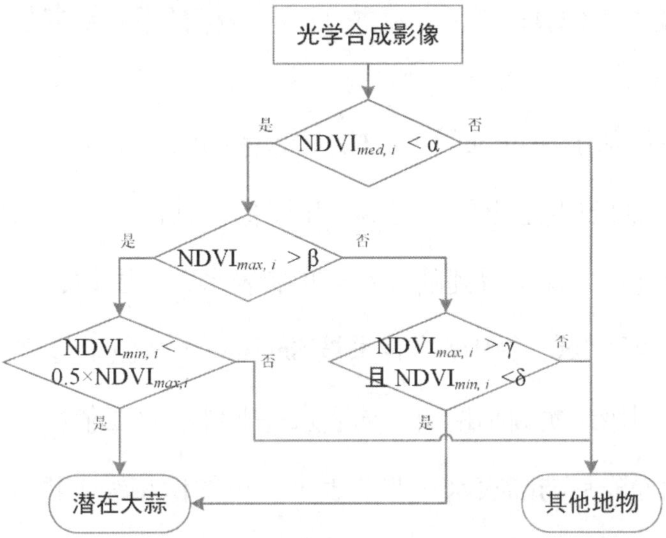

图9-3-2 本研究的大蒜作物光学影像识别决策树模型

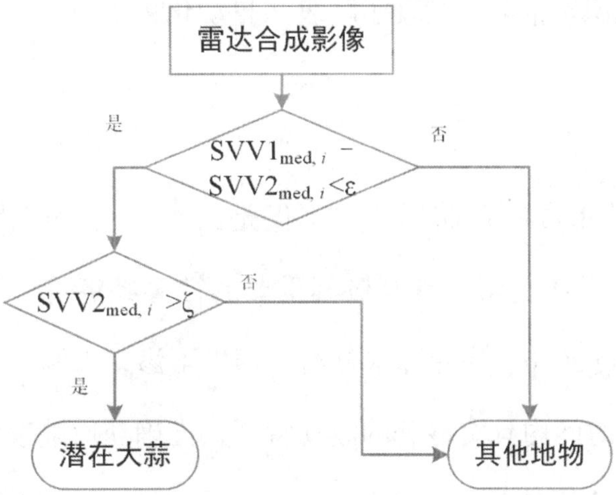

图9-3-3 本研究的大蒜作物雷达影像识别决策树模型

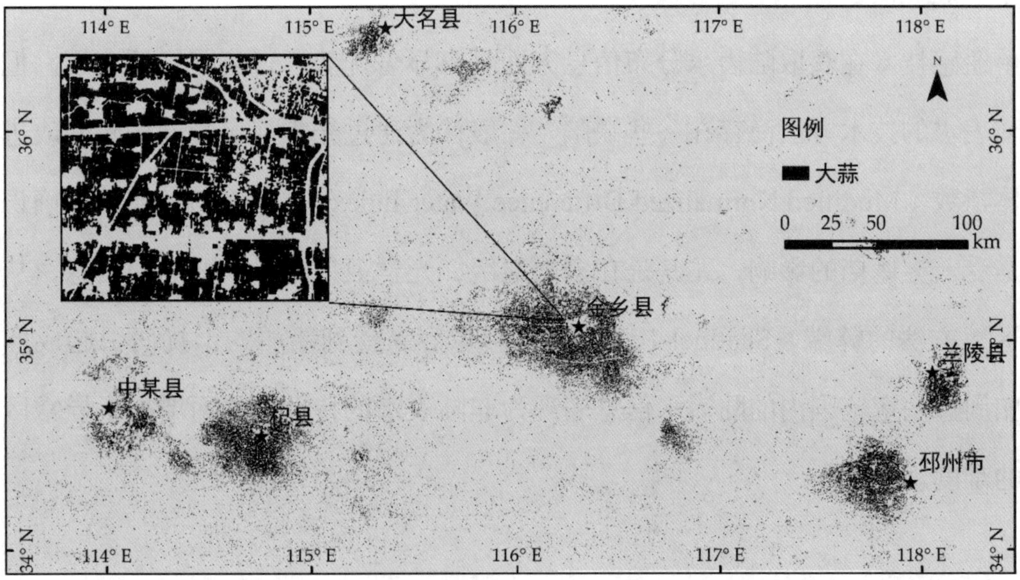

图9-3-4 本研究的大蒜分布遥感识别结果

9.4 基于Sentinel-1微波卫星影像的陆表水自动识别

本研究提出了一种基于 Sentinel-1 微波卫星影像的陆表水自动识别方法，其步骤为：首先，利用 Sentinel-1 微波卫星影像获得 SSWI 图像；其次，利用构建的 SSWI 陆表水识别模型对 SSWI 图像进行处理，得到陆表水 - 非陆表水二值图像；然后，获取历史数天的陆表水 - 非陆表水二值图像，并计算陆表水被 Sentinel-1 微波卫星观测的概率，根据概率获得正掩膜图像；再利用二次判别模型对陆表水—非陆表水二值图像进行修正；最后，对正掩膜图像进行取反操作后与陆表水—非陆表水二值图像相乘，再与修正后的陆表水 - 非陆表水二值图像进行拼接，得到陆表水的空间分布。本研究在船舶及云雨天气干扰背景下，能够有效提高陆表水的识别精度，实现了陆表水自动化识别。

9.4.1 背景技术

陆表水作为重要的水资源存储形式，不仅是人类社会生产生活用水的主要来源，而且是重要的自然生态系统要素，具有极其重要的社会经济价值和生态服务功能（Han, 2018；Liang,2020；Yang,2020）。受降水补给、蒸发下渗，以及人类用水等多要素的综合影响，陆表水面积在短时间内具有显著的波动特征。准确获取陆表水面积及分布信息，对于水资源开发管理、生态系统研究等领域具有重要的现实意义和科学价值（Chen,2016；Ye,2011；Feng,2012）。

卫星遥感技术在获取陆表水分布信息方面具有显著优势，得到了广泛应用。但是，目前提取陆表水的技术方法尚存在一些缺陷。一般认为通过光学卫星影像构建的改进归一化差异水体指数（Modified Normalized Difference Water Index，MNDWI）能够准确识别陆表水，但是受云雾遮挡的影响，尤其是在多雨地区，光学卫星难以获取陆表信息，从而暴露了光学遥感方法的弊端。Sentinel-1 微波卫星影像容易受到船舶的干扰而引起成像异常，造成船舶周边一定范围内的陆表水信息表现为非陆表水的特性，从而增加了异常区域陆表水识别的难度。

9.4.2 研究内容

针对上述微波影像受船舶干扰引起的成像异常，造成陆表水识别率低的技术问题，本研究提出了一种基于 Sentinel-1 微波卫星影像的陆表水自动识别方法，以不受云雨天气影响的 Sentinel-1 微波卫星影像为数据，通过构建陆表水识别模型实现陆表水的高效识别，提高了陆表水的识别精度。具体研究内容如下：

①一种基于 Sentinel-1 微波卫星影像的陆表水自动识别方法，其特征在于，其步骤如下：

S1. 利用 Sentinel-1 微波卫星和 Landsat-8 光学卫星分别采集同天成像的 N 幅 Sentinel-1 微波卫星影像和 Landsat-8 光学卫星影像，并利用线性逐步回归法构建 Sentinel-1 微波卫星影像和改进归一化差异水体指数之间的线性关系函数；

S2. 将 Sentinel-1 微波卫星采集到的影像输入步骤 S1 中的线性关系函数中获得 Sentinel-1 陆表水指数图像；

S3. 构建 SSWI 陆表水识别模型，利用 SSWI 陆表水识别模型对步骤 S2 中的 Sentinel-1 陆表水指数图像进行处理，得到陆表水—非陆表水二值图像；

S4. 按照步骤 S1 至步骤 S3 的方法获取历史数天的陆表水—非陆表水二值图像，并计算陆表水被 Sentinel-1 微波卫星观测的概率；

S5. 将步骤 S4 中概率大于 70% 的像元的属性值均设置为 1，其余像元的属性值均设置为 0，得到正掩膜图像；

S6. 利用二次判别模型对步骤 S3 中得到的陆表水—非陆表水二值图像进行修正，得到修正后的陆表水—非陆表水二值图像；

S7. 对步骤 S5 中的正掩膜图像进行取反运算，得到反掩膜图像，并将反掩膜图像与步骤 S3 中的陆表水—非陆表水二值图像相乘后再与步骤 S6 中修正后的陆表水—非陆表水二值图像进行拼接，得到陆表水的空间分布。

②根据本研究所述的基于 Sentinel-1 微波卫星影像的陆表水自动识别方法，其特征在于，所述步骤 S1 中 Sentinel-1 微波卫星影像和改进归一化差异水体指数的线性关系函数为：

$$SSWI_i = \alpha + \beta \times \zeta_{vv,i} + \gamma \times \zeta_{vh,i} \times \zeta_{vv,i} + \delta \times \zeta_{vh,i}{}^2 + \eta \times \zeta_{vv,i}{}^2 \quad (9\text{-}4\text{-}1)$$

其中，$SSWI_i$ 为像元 i 的 Sentinel-1 陆表水指数属性值，α、β、γ、δ、η 均为线性回归参数，$\zeta_{vv,i}$ 为 Sentinel-1 微波卫星影像中 VV 极化影像中像元 i 的后向散射系数，$\zeta_{vh,i}$ 为 Sentinel-1 微波卫星影像中 VH 极化影像中像元 i 的后向散射系数，$i = 1,2,\cdots,n$，n 为 Sentinel-1 微波卫星影像中像元的数量。

③根据本研究所述的基于 Sentinel-1 微波卫星影像的陆表水自动识别方法，其特征在

于，所述步骤 S3 中构建的 SSWI 陆表水识别模型为三层判别层，判别层 I 的范围为 [a,b]，判别层 II 的阈值为 c，判别层 III 的阈值为 d 和 e。

④根据本研究或（2）或（3）中所述的基于 Sentinel-1 微波卫星影像的陆表水自动识别方法，其特征在于，所述利用 SSWI 陆表水识别模型对步骤 S2 中的 Sentinel-1 陆表水指数图像进行处理，得到陆表水 - 非陆表水二值图像的方法为：

S1. 判断像元i的 Sentinel-1 陆表水指数属性值$SSWI_i$是否位于判别层 I 的范围 [a,b] 内，若是，执行步骤 S32，否则，将像元i的属性值设置为 1；

S2. 判断 VH 极化影像中像元i的后向散射系数$\zeta_{vh,i}$是否小于判别层 II 的阈值 c，若是，将像元i的属性值设置为 1，否则，执行步骤 S33；

S3. 判断 VH 极化影像中像元i的后向散射系数$\zeta_{vh,i}$是否小于判别层 III 的阈值为 d，若是，执行步骤 S34，否则，将像元i的属性值设置为 0；

S4. 判断 VV 极化影像中像元i的后向散射系数$\zeta_{vv,i}$是否大于判别层 III 的阈值为 e，若是，将像元i的属性值设置为 1，否则，将像元i的属性值设置为 0；

S5. 循环执行步骤 S31 至步骤 S34 直至遍历完 SSWI 图像中所有像元，得到陆表水 - 非陆表水二值图像。

⑤根据本研究所述的基于 Sentinel-1 微波卫星影像的陆表水自动识别方法，其特征在于，所述陆表水被 Sentinel-1 微波卫星观测的概率的计算方法为：计算历史数天内的所有陆表水 - 非陆表水二值图像中属性值为 1 的像元的概率。

⑥根据本研究所述的基于 Sentinel-1 微波卫星影像的陆表水自动识别方法，其特征在于，所述采用二次判别模型对步骤 S3 中得到的陆表水—非陆表水二值图像进行修正的方法为：

S1. 将步骤 S3 中得到的当前时相的陆表水—非陆表水二值图像作为时相为 T 的图像DN_T，时相为 T-1 的陆表水 - 非陆表水二值图像为图像DN_{T-1}，时相为 T+1 的陆表水 - 非陆表水二值图像为图像DN_{T+1}；

S2. 利用$(DN_{T-1}+DN_{T+1})/2+DN_T$对步骤 S61 中的图像$DN_T$、$DN_{T-1}$、$DN_{T+1}$进行处理后与正掩膜图像相乘，得到图像$DN'_T$；

S3. 判断图像DN'_T中像元的属性值是否小于 1，若是，将像元的属性值设置为 0，否则，将像元的属性值设置为 1，得到修正后的陆表水—非陆表水二值图像。

9.4.3 附图说明

为了更清楚地说明本研究实施例或现有技术中的技术方案，下面将对实施例或现有技术描述中所需要使用的附图作简单地介绍，显而易见地，下面描述中的附图仅仅是本研究的一些实施例，对于本领域普通技术人员来讲，在不付出创造性劳动的前提下，还可以根据这些附图获得其他的附图。

图 9-4-1 为本研究的流程图；

图 9-4-2 为本研究的陆表水自动识别模型的技术参数图；

图 9-4-3 为本研究实施例中由船舶引起的 Sentinel-1 卫星成像异常示意图。其中，(a) 为 Landsat-8 地表反射率影像；（b）为 Sentinel-1 微波卫星影像中 VV 极化影像；（c）为 Sentinel-1 微波卫星影像中 VH 极化影像；（d）为 SSWI 模型识别结果。

图 9.4.4 为本研究与其他文献的陆表水识别结果对比。其中，（a）为 Landsat-8 地表反射率影像；（b）为其他文献识别结果；（c）为本研究的识别结果。

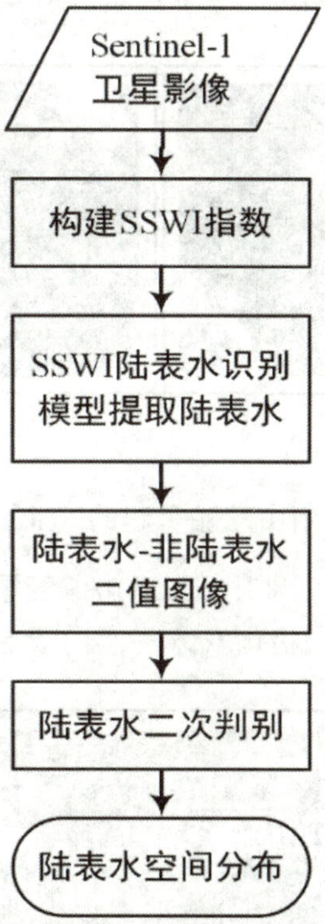

图9-4-1 本研究的流程图

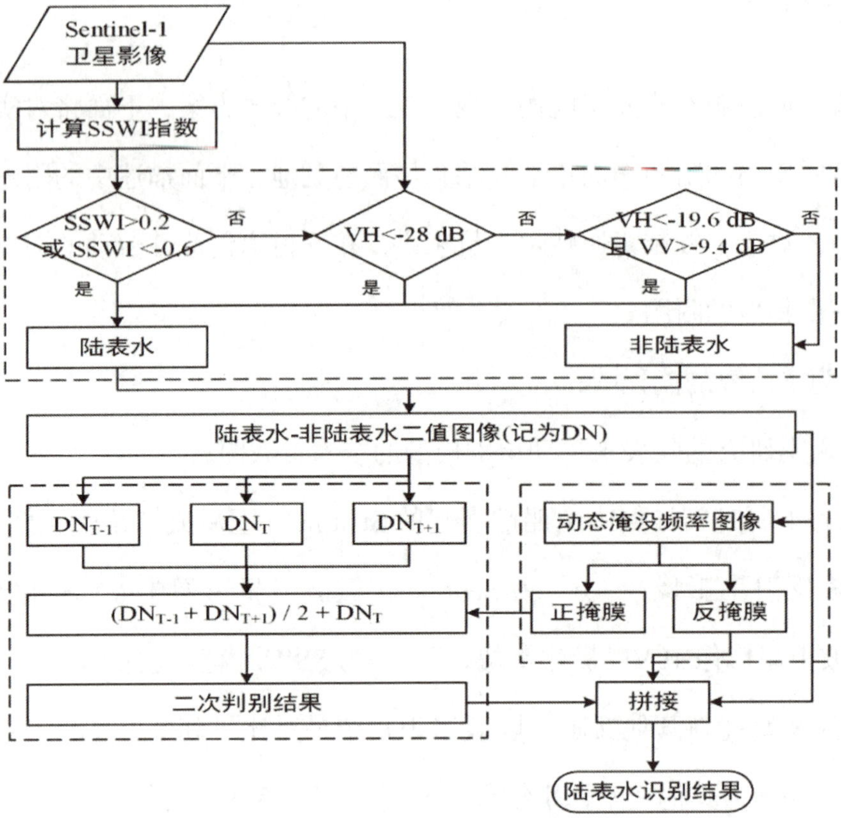

图9-4-2　本研究的陆表水自动识别模型的技术参数图

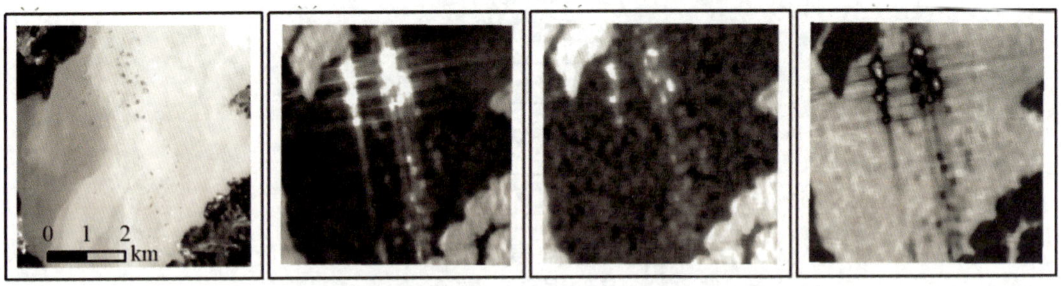

（a）　（b）　（c）　（d）

图9-4-3　本研究实施例中由船舶引起的Sentinel-1卫星成像异常示意图

（a）为Landsat-8地表反射率影像；（b）为Sentinel-1微波卫星影像中VV极化影像；（c）为Sentinel-1微波卫星影像中VH极化影像；（d）为SSWI模型识别结果

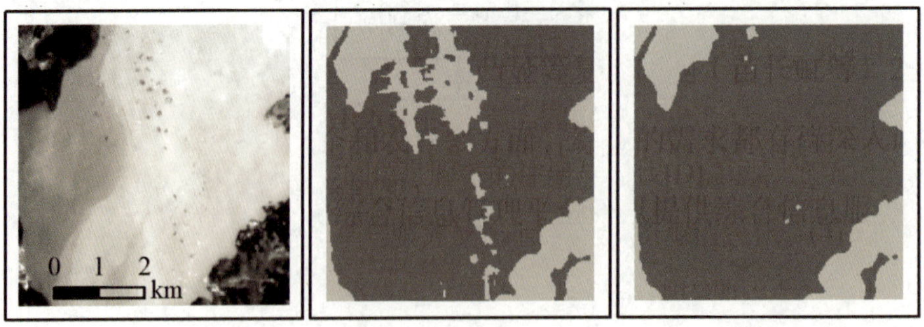

（a）　（b）　（c）

图9-4-4　本研究与其他文献的陆表水识别结果对比

其中，（a）为Landsat-8地表反射率影像，（b）为其他文献识别结果，（c）为本研究的识别结果

9.5　基于多源卫星图像与茶树物候期云平台融合的茶园自动识别

本研究属于遥感目标识别技术领域，提出一种基于云平台融合多源卫星影像和茶树物候期的茶园自动识别方法，该方法结合研究期内研究区域中所有 Landsat 7/8 和 Sentinel-2A/B 卫星影像，通过提取茶在不同时期与其他地类的物候差异进行茶园自动识别；首先，生成了常绿植被掩膜；其次，将茶树的生命周期分为七个时期，并根据高质量的时间序列曲线提取用于分类的物候指标；最后，再逐像素对研究区茶园进行提取。本研究充分利用了茶园的人工管理方式和人工种植模式导致的独特物候指标，更符合茶园的真实生长规律；融合了研究区和研究期内所有卫星影像，有利于捕捉茶园的关键物候期，有效提高了茶园识别的精度。

9.5.1　背景技术

中国作为世界上主要的茶叶生产国，茶园种植面积和茶叶产量均居世界第一（Xu，2016）。茶树的种植和生产对农业经济和农业发展起着很大的作用（Xue, 2013），准确获取茶园种植面积和空间分布可以为政府部门进行茶园规划管理、茶叶估产和灾害预防等处理提供科学支撑。

茶树是常绿阔叶多年生灌木，其在光谱特征上与其他常绿植被十分类似，因此难以将其区分开。目前最常用的茶树提取方法为机器学习法（Chuang, 2016; Xu et al.,2018; Zhu et al., 2019; Ozen, 2020.），通过不同特征组合和算法对茶园进行分类。这类方法的缺陷在于需要大量的本地训练样本，难以制作出一个适用于大区域的精准模型，并且复杂的特征组合和指标可能会出现过拟合的现象，在一定程度上降低结果的准确性，并且这种分类算法，操作复杂，难以推广应用。

9.5.2　研究内容

本研究针对现有遥感识别技术中难以准确区分茶树和常绿植被的技术问题，提出一种基于云平台融合多源卫星影像和茶树物候期的茶园自动识别方法。

为了实现上述目的，本研究采用以下技术方案：

①一种基于云平台融合多源卫星影像和茶树物候期的茶园自动识别方法，其特征在

于，包括：

步骤 1，基于 Google Earth Engine 云计算平台获取研究期内研究区域中所有 Landsat 7/8 和 Sentinel-2A/B 卫星影像，分别对 Landsat 7/8 和 Sentinel-2A/B 卫星影像进行预处理，包括：去云处理和波段协调，得到卫星影像数据集；

步骤 2，基于所述卫星影像数据集，获取归一化植被指数和地表水分指数时间序列，即获取 NDVI 和 LSWI 时间序列；

步骤 3，根据步骤 2 中得到的 NDVI 和 LSWI 时间序列，提取常绿植被区域 EVA，得到 EVA 分布图；

步骤 4，结合纯茶园、混合茶园和其他常绿植被的参考样本数据，利用卫星影像数据集，分别创建纯茶园区域 MCTA、混合茶园区域 PCTA 和其他常绿植被区域 OEVA 的 NDVI 时间序列数据集；

步骤 5，对步骤 4 得到的 MCTA、PCTA 和 OEVA 的 NDVI 时间序列数据集进行处理，得到 MCTA、PCTA 和 OEVA 的平均 NDVI 时间序列数据集；

步骤 6，基于步骤 5 中得到的平均 NDVI 时间序列数据集，根据茶树存在人为采摘和修剪的人工管理方式导致的物候特征，提取 MCTA 与 PCTA、OEVA 的分类物候指标，生成分类物候指标直方图；

步骤 7，根据步骤 6 中得到的分类物候直方图构建 MCTA 识别模型；

步骤 8，根据步骤 7 中构建的 MCTA 识别模型对步骤 3 中得到的 EVA 分布图进行分类，得到 MCTA 分布图；

步骤 9，利用步骤 8 中得到的 MCTA 分布图对步骤 3 中得到的 EVA 分布图进行掩膜处理，得到非 MCTA 的常绿植被分布图；

步骤 10，根据步骤 5 中得到的平均 NDVI 时间序列数据集，根据 PCTA 区存在落叶林和茶树共存特征的种植模式，提取 PCTA 与 OEVA 的分类物候指标，生成 PCTA 与 OEVA 分类的物候指标直方图；

步骤 11，根据步骤 10 中得到的 PCTA 与 OEVA 分类的物候指标直方图构建 PCTA 识别模型；

步骤 12，根据步骤 11 中构建的 PCTA 识别模型对步骤 9 中得到的非 MCTA 的常绿植被分布图进行分类，得到 PCTA 分布图；

步骤 13，利用步骤 8 中得到的 MCTA 分布图和步骤 S11 中得到的 PCTA 分布图对步骤 3 中得到的 EVA 分布图进行掩膜处理，得到 OEVA 分布图。

②根据研究 1 所述的一种基于云平台融合多源卫星影像和茶树物候期的茶园自动识别方法，其特征在于，对所述卫星影像进行预处理包括：

利用 FMask 算法对所述卫星影像进行观测值提取，去除云、云阴影、卷云和冰 / 雪覆盖的观测值；再利用最小二乘法将 Landsat7 和 Sentinel-2A/B 的波段反射率协调至 Landsat8 标准，获得可相互比对的卫星影像数据集。

③根据本研究所述的一种基于云平台融合多源卫星影像和茶树物候期的茶园自动识别方法，其特征在于，所述步骤 5 中，按照如下方式对 NDVI 时间序列数据集进行处理：计算每 10 天 NDVI 的最大值作为该时间段的 NDVI 值，获得等时间间隔时间序列 NDVI 数据集；在缺失 10 天观测值的地区，根据 10 天前、后的观测值进行线性插值；使用 Savitzky-Golay 滤波器对 NDVI 数据集进行平滑处理。

④根据本研究所述的一种基于云平台融合多源卫星影像和茶树物候期的茶园自动识别方法，其特征在于，所述步骤 3 包括：

按照如下方式提取常绿植被区域 EVA：

$$\mathrm{LSWI} > 0\ and\ Freq > 90\%$$

$$\mathrm{NDVI}_{\mathrm{max1}} > 0.4\ and\ NDVI_{\mathrm{max2}} > 0.4$$

其中 Freq为 LSWI 大于 0 的观测频率，$\mathrm{NDVI}_{\mathrm{max1}}$和 $\mathrm{NDVI}_{\mathrm{max2}}$分别为 1 月 1 日至 2 月 1 日、12 月 1 日至次年 1 月 1 日 NDVI 的最大值。

⑤根据本研究所述的一种基于云平台融合多源卫星影像和茶树物候期的茶园自动识别方法，其特征在于，所述步骤 6 包括：

根据茶树的生命周期，将一年分为 7 个时期，分别为 1 年的第 0-50 天，第 50-120 天，第 120-180 天，第 180-240 天，第 240-290 天，第 290-330 天和第 330-360 天，按照时间顺序分别命名为 TW1~TW7，根据 TW1~TW7 来提取用于分类的物候指标。

⑥根据本研究所述的一种基于云平台融合多源卫星影像和茶树物候期的茶园自动识别方法，其特征在于，所述步骤 6 中，MCTA 与 PCTA、OEVA 的分类物候指标包括：TW2 时期识别到的第一个峰值 SDP1，TW3 时期识别到的第一个低谷 SDV，TW4 时期识别到的第一个峰值 SDP2，TW1~TW7 时期识别到的峰值个数 NP。

⑦根据本研究所述的一种基于云平台融合多源卫星影像和茶树物候期的茶园自动识别方法，其特征在于，所述步骤 7 中，MCTA 识别模型为：

50<SDP1<120 & 120<SDV<180 & 180< SDP2<240 & NP≥2。

⑧根据本研究所述的一种基于云平台融合多源卫星影像和茶树物候期的茶园自动识别方法，其特征在于，所述步骤 10 中，PCTA 与 OEVA 的分类物候指标包括：TW5 时期的绿色衰退速率 GAS；TW6 时期识别到的第一个峰值 SDP3；TW7 时期的 NDVI 中位数 NDVI_median。

⑨根据本研究所述的一种基于云平台融合多源卫星影像和茶树物候期的茶园自动识别方法，其特征在于，所述绿色衰退速率 GAS 的计算方式如下：

TW5 时期第一个 NDVI 值和 TW5 时期低谷的 NDVI 值的差值与二者日期跨度的比值，如果没有识别到 TW5 时期低谷则将 TW5 时期最后一个 NDVI 值进行替换。

⑩根据本研究所述的一种基于云平台融合多源卫星影像和茶树物候期的茶园自动识别方法，其特征在于，所述步骤 11 中，PCTA 识别模型为：

GAS>0.001 & 270< SDP3<330 & NDVI_median<0.6。

9.5.3 附图说明

图 9-5-1 为本研究实施例一种基于云平台融合多源卫星影像和茶树物候期的茶园自动识别方法的流程图；

图 9-5-2 为本研究实施例生成的 EVA 分布图；

图 9-5-3 为本研究实施例生成的 MCTA、PCTA、OEVA 分布图；

图 9-5-4 为本研究实施例生成的分类物候指标直方图。

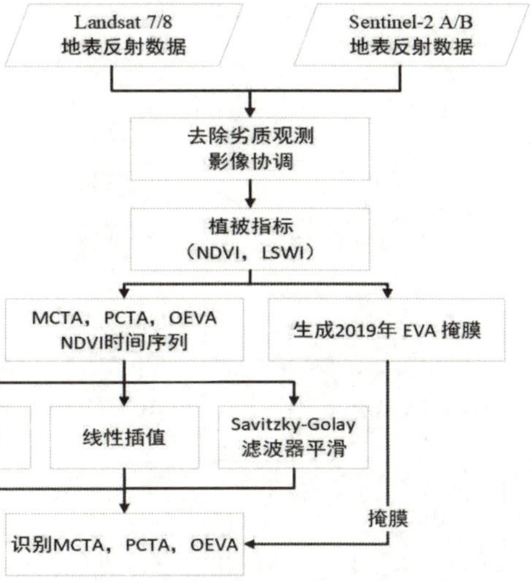

图9-5-1　一种基于云平台融合多源卫星影像和茶树物候期的茶园自动识别方法的流程

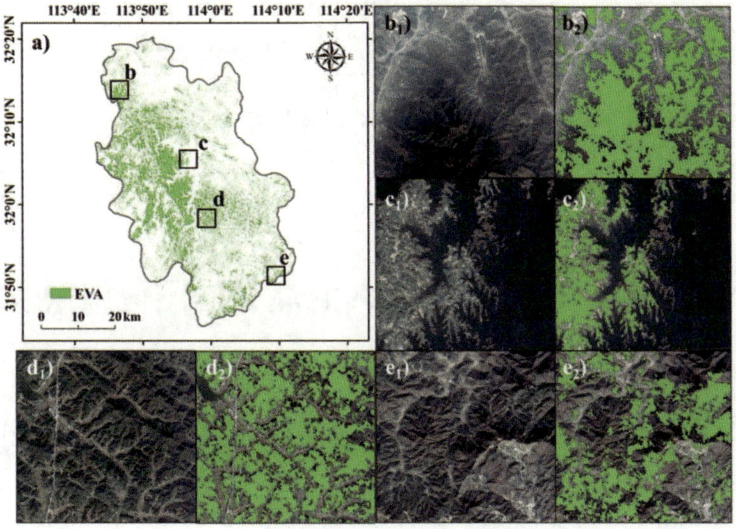

图9-5-2　EVA分布图

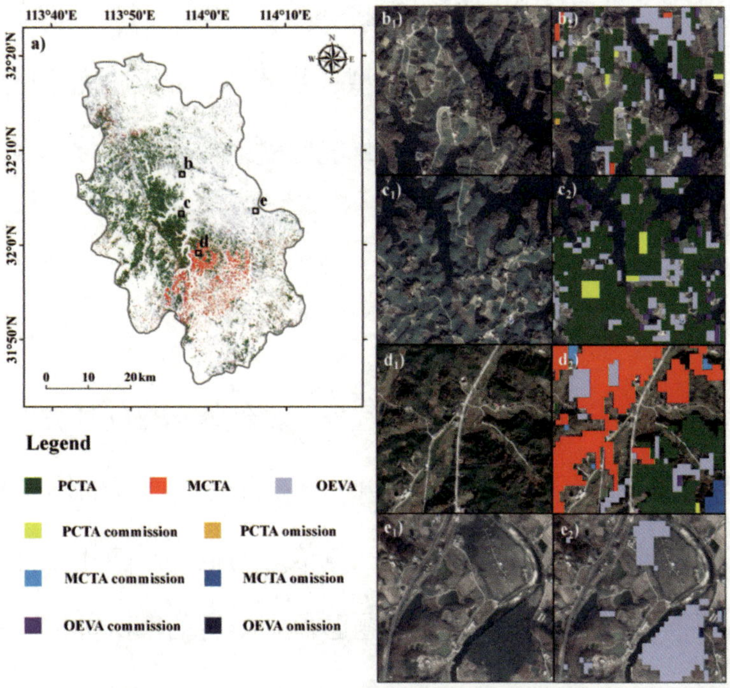

图9-5-3　MCTA、PCTA、OEVA分布图

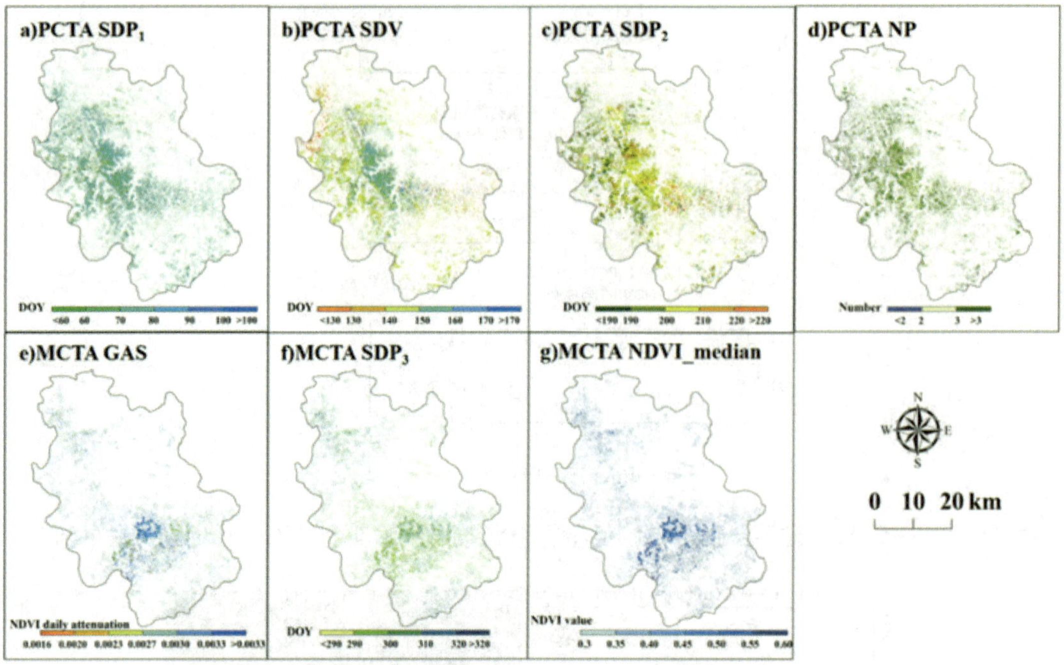

图9-5-4 分类物候指标直方图

9.6 基于空谱联合超图嵌入的高光谱图像极限学习机

本研究属于图像处理技术领域，提出一种空谱联合超图嵌入的高光谱图像极限学习机聚类方法，包括：步骤 1，高光谱数据预处理；步骤 2，计算预处理后的高光谱数据的空谱联合信息；步骤 3，通过构造空谱联合超图；步骤 4，通过所述空谱联合超图计算超图拉普拉斯矩阵；步骤 5，设定隐含层网络权重参数；步骤 6，计算隐含层特征；步骤 7，构造空谱联合超图拉普拉斯正则项及优化模型；步骤 8，对所述优化模型进行求解，得出空谱联合超图结构的相似性保持投影特征，并进行谱聚类得到最终的聚类标签。本研究聚类精度高、对噪声的鲁棒性高。

9.6.1 背景技术

高光谱遥感是在电磁波谱的可见光、近红外、中红外和热红外波段范围内，利用成像光谱仪获取几十至几百个非常窄（通常为 2-10nm）且光谱连续的影像数据的技术。高光谱遥感图像由于其丰富的空间、辐射和光谱三重信息而被广泛应用于深空探测、对地观测和定量遥感领域。目前，高光谱图像聚类问题已得到学者的广泛关注，并取得了很好的应用。高光谱图像聚类的基本原理是在图像聚类的基础上，结合高光谱图像的空谱特性将相似的像元分配到同一类别中。其理论依据是相同的像元间具有相同或相似的光谱和空间特征，反之，不同的像元对应的光谱和空间特征不同。

目前，已经有许多针对高光谱图像的聚类算法被提出，其中最为有效的包括 K 均值聚类、谱聚类和子空间聚类，但由于高光谱图像波段数多及光谱分辨率高等特性给上述聚类算法带来计算复杂度的难题。极限学习机凭借随机分配输入权重和求解最小二乘，即可有效获得网络输出权重的解析解的快速学习过程被广泛应用到了遥感图像识别中。2014 年，Huang 等人在基于图的流形正则化的基础上提出半监督和无监督的极限学习机方法 [Huang G, Song S, Gupta J N, et al. Semi-supervised and unsupervised extreme learning machines[J]. IEEE Transactions on Cybernetics, 2014, 44(12):2405]，取得了良好的聚类效果。然而，上述方法仅仅利用了高光谱的逐像素的光谱信息，没有有效联合空间 - 光谱信息，聚类精度较低，而且当数据存在噪声时算法性能下降。

9.6.2 研究内容

本研究针对现有高光谱图像的聚类算法没有有效联合空间—光谱信息、聚类精度较低的问题，提出一种空谱联合超图嵌入的高光谱图像极限学习机聚类方法。为了实现上述目的，本研究采用以下技术方案：

①一种空谱联合超图嵌入的高光谱图像极限学习机聚类方法，其步骤包括：

步骤 1，高光谱数据预处理：输入高光谱图像 $\boldsymbol{X}_0 \in R^{D\times W\times H}$，D、W、H 分别表示该高光谱图像的特征维数及空间维的宽度、高度，将所述高光谱数据 $\boldsymbol{X}_0$ 按行逐像素排列形成预处理后的高光谱数据 $\boldsymbol{X}=\{\boldsymbol{x}_i\}_{i=1}^N$ 作为极限学习机模型的输入，其中，$N=W\times H$ 表示高光谱像元的个数，$\boldsymbol{x}_i \in R^D$ 表示一个高光谱像元；

步骤 2，计算预处理后的高光谱数据的空谱联合信息：对任意高光谱像元 $\boldsymbol{x}_i$ 通过双边滤波计算其空谱联合信息 $\boldsymbol{x}_i^s$，得到新的包含空谱联合信息的高光谱数据 $\boldsymbol{X}^S=\left[\boldsymbol{x}_1^s,\boldsymbol{x}_2^s,\mathrm{K},\boldsymbol{x}_N^s\right]\in R^{D\times N}$；

步骤 3，通过 $\boldsymbol{X}^S$ 构造空谱联合超图：以 $\boldsymbol{X}^S$ 表示超图的顶点的集合，$\boldsymbol{E}$ 表示超图的超边的集合，$\boldsymbol{W}$ 表示超图的超边的权重的集合构造空谱联合超图 $\boldsymbol{G}^S=\left(\boldsymbol{X}^S,\boldsymbol{E},\boldsymbol{W}\right)$；

步骤 4，通过所述空谱联合超图计算超图拉普拉斯矩阵 $\boldsymbol{L}_h$；

步骤 5，设定隐含层网络权重参数：设定初始隐含层的节点数 M，随机选择隐含层节点输入连接权重 $\boldsymbol{w}_j \in R^D$ 和隐含层节点偏移值 $\boldsymbol{b}_j \in R^D$，$\boldsymbol{j} \in [1, \boldsymbol{M}]$，选择激活函数为 sigmoid 函数；

步骤 6，计算隐含层特征：按照公式 $\boldsymbol{h}_i = [g(\boldsymbol{w}_1\boldsymbol{x}_i + \boldsymbol{b}_1) \cdots g(\boldsymbol{w}_M\boldsymbol{x}_i + \boldsymbol{b}_M)]^T$ 计算像元 $\boldsymbol{x}_i$ 的隐层输出，其中，$g(\cdot)$ 表示激活函数，$\boldsymbol{i} \in [1, \boldsymbol{N}]$；则 X 对应的隐含层特征为 $\boldsymbol{H} = [\boldsymbol{h}_1, \boldsymbol{h}_2, \ldots, \boldsymbol{h}_N] \in R^{M \times N}$；

步骤 7，构造空谱联合超图拉普拉斯正则项及优化模型：基于空谱联合超图结构的相似性保持方法建立空谱联合超图拉普拉斯正则项 $\mathrm{Tr}(\boldsymbol{A}^T\boldsymbol{H}\boldsymbol{L}_h\boldsymbol{H}^T\boldsymbol{A})$ 及优化模型，其中，$\mathrm{Tr}(.)$ 表示矩阵的迹，$\boldsymbol{A}$ 为空谱联合超图结构的相似性保持投影特征矩阵；

步骤 8，对所述优化模型进行求解，得出空谱联合超图结构的相似性保持投影特征，并进行谱聚类得到最终的聚类标签。

②根据本研究所述的空谱联合超图嵌入的高光谱图像极限学习机聚类方法，其特征在于，所述步骤 2 中计算预处理后的高光谱数据的空谱联合信息包括：

步骤 1：对 (m_i, n_i) 位置的高光谱像元 $\boldsymbol{x}_i$ 进行相邻像元的选择处理，得到 $\boldsymbol{x}_i$ 的相邻像元集合 $\boldsymbol{x}_j \in \mathrm{N}_w(\boldsymbol{x}_i)$，$w$ 是窗口的大小，(m_j, n_j) 是像元 $\boldsymbol{x}_j$ 的位置；

步骤 2：求解 $\boldsymbol{x}_i$ 和 $\boldsymbol{x}_j$ 的光谱相似性权重 $\boldsymbol{f}_{ij}^{spe}$，计算公式为：

$$\boldsymbol{f}_{ij}^{spe} = exp\left(-\frac{\left\|\boldsymbol{x}_i - \boldsymbol{x}_j\right\|^2}{2\sigma_r^2}\right) \tag{9-6-1}$$

其中，σ_r 是 $\boldsymbol{f}_{ij}^{spe}$ 的高斯核的方差；

步骤 3，求解 $\boldsymbol{x}_i$ 和 $\boldsymbol{x}_j$ 的空间相似性权重 f_{ij}^{spa}，计算公式为：

$$f_{ij}^{spa} = exp\left(-\frac{(m_i - m_j)^2 + (n_i - n_j)^2}{2\sigma_d^2}\right) \tag{9-6-2}$$

其中，σ_d 是 f_{ij}^{spa} 的高斯核的方差；

步骤 4，通过所述 $\boldsymbol{f}_{ij}^{spe}$ 及 f_{ij}^{spa} 计算归一化空谱联合相似性权重 f_{ij}，计算公式为：

$$f_{ij}=\frac{f_{ij}^{spe}f_{ij}^{spa}}{\sum_{x_j\in N_w(x_i)}f_{ij}^{spe}f_{ij}^{spa}}=\frac{exp\left(-\frac{\|x_i-x_j\|^2}{2\sigma_r^2}-\frac{(m_i-m_j)^2+(n_i-n_j)^2}{2\sigma_d^2}\right)}{\sum_{x_j\in N_w(x_i)}exp\left(-\frac{\|x_i-x_j\|^2}{2\sigma_r^2}-\frac{(m_i-m_j)^2+(n_i-n_j)^2}{2\sigma_d^2}\right)} \tag{9-6-3}$$

步骤 5，计算x_i的空谱联合信息x_i^s，其计算公式为：

$$x_i^s=f(x_i)=\sum_{x_j\in N_w(x_i)}f_{ij}x_j \tag{9-6-4}$$

其中，$f(x_i)$是x_i空谱联合信息的表示函数。

③根据本研究所述的空谱联合超图嵌入的高光谱图像极限学习机聚类方法，其特征在于，所述步骤 3 中通过X^S构造空谱联合超图包括：

步骤 1，空谱联合超图表示为：

$$G^S=(X^S,E,W) \tag{9-6-5}$$

步骤 2，构造超图的超边：

根据光谱联合信息计算原始数据的相似性权重矩阵$S\in R^{N\times N}$，计算公式为：

$$S_{ij}=e^{-\|x_i-x_j\|^2/\sigma^2}\quad s.t\quad i,j=1,2,\ldots,N\text{and }i\neq j \tag{9-6-6}$$

其中，$S=[S_{ij}]_{i,j=1}^N$是求得的相似性权重矩阵，$\sigma>0$表示尺度参数；

根据所得的相似性权重矩阵S，对x_i根据所得的对应相似性权重$S_i\in R^N$选取最相关的 K+1 个像元$\{x_{i,1},\ldots,x_{i,K+1}\}$，其中$x_{i,K+1}=x_i$，对$\{x_{i,1},\ldots,x_{i,K}\}$中每个像元按照步骤 2 计算其对应的空谱联合信息$\{x_{i1}^s,\ldots,x_{i,K}^s\}$，将$\{x_{i1}^s,\ldots,x_{i,K}^s\}$作为$x_i$的空谱联合超边$e_i$，则$X$对应的超边集合为$E=[e_1,e_2,\cdots,e_N]$；

步骤 3，构造空谱联合超边权重，其计算公式为：

$$w(e_i)=\sum_{x_j\in e_i}\exp\left(-\frac{\|f(x_i)-f(x_j)\|^2}{2(t_i)^2}\right)=\sum_{x_j\in N(x_i)}\exp\left(-\frac{\|x_i^S-x_j^S\|}{2(t_i)^2}\right) \tag{9-6-7}$$

其中，$w(\boldsymbol{e}_i)$是空谱联合超边$\boldsymbol{e}_i$对应的权重，$(t_i)^2=(1/K)\sum_{x_j\in N(x_i)}\left\|\boldsymbol{x}_i^S-\boldsymbol{x}_j^S\right\|^2$是高斯核参数，$N(x_i)$表示$\boldsymbol{x}_i$最相关的K个近邻。

④根据本研究所述的空谱联合超图嵌入的高光谱图像极限学习机聚类方法，其特征在于，所述步骤4包括：

步骤1，构造指示矩阵$O=\left[h(\boldsymbol{x}_i^s,\boldsymbol{e}_j)\right]_{i,j}$：

$$\boldsymbol{o}(\boldsymbol{x}_i^s,\boldsymbol{e}_j)=\begin{cases}1, & \text{if } \boldsymbol{x}_i^s\in\boldsymbol{e}_j\\ 0, & \text{otherwise}\end{cases}$$

步骤2，计算顶点$\boldsymbol{x}_i^s$的度，其计算公式为：

$$d(\boldsymbol{x}_i^s)=\sum_{x_i^s\in e_j,e_j\in E}w(\boldsymbol{e}_j)=\sum_{e_j\in E}w(\boldsymbol{e}_j)\boldsymbol{o}(\boldsymbol{x}_i^s,\boldsymbol{e}_j)=\sum_{j=1}^{N}w(\boldsymbol{e}_j)\boldsymbol{o}(\boldsymbol{x}_i^s,\boldsymbol{e}_j) \tag{9-6-8}$$

其中，$d(\boldsymbol{x}_i^s)$表示顶点$\boldsymbol{x}_i^s$的度，$\boldsymbol{x}_i^s\in\boldsymbol{e}_j$表示顶点$\boldsymbol{x}_i^s$在超边$\boldsymbol{e}_j$内，$w(\boldsymbol{e}_j)$表示超边$\boldsymbol{e}_j$的权重；

步骤3，计算超边的度，其计算公式为：

$$\delta(\boldsymbol{e}_j)=\sum_{x_i^s\in X^s}\boldsymbol{o}(\boldsymbol{x}_i^s,\boldsymbol{e}_j)=\sum_{i=1}^{N}\boldsymbol{o}(\boldsymbol{x}_i^s,\boldsymbol{e}_j) \tag{9-6-9}$$

其中，$\delta(\boldsymbol{e}_j)$表示超边$\boldsymbol{e}_j$的度；

步骤4，计算空谱联合超图的超图拉普拉斯矩阵：

$$\boldsymbol{L}_h=\boldsymbol{I}-\boldsymbol{D}_v^{-\frac{1}{2}}\boldsymbol{O}\boldsymbol{W}\boldsymbol{D}_e^{-1}\boldsymbol{O}^T\boldsymbol{D}_v^{-\frac{1}{2}} \tag{9-6-10}$$

其中，$\boldsymbol{D}_v=\mathrm{diag}\left(\left[d(\boldsymbol{e}_1),d(\boldsymbol{e}_2),\mathrm{K},d(\boldsymbol{e}_N)\right]\right)$是顶点的度的对角矩阵，

$\boldsymbol{D}_e=\mathrm{diag}\left(\left[\delta(\boldsymbol{e}_1),\delta(\boldsymbol{e}_2),\mathrm{K},\delta(\boldsymbol{e}_N)\right]\right)$是超边的度的对角矩阵，

$\boldsymbol{W}=\mathrm{diag}\left(\left[w(\boldsymbol{e}_1),w(\boldsymbol{e}_2),\mathrm{K},w(\boldsymbol{e}_N)\right]\right)$是超边的权重矩阵。

⑤根据本研究所述的空谱联合超图嵌入的高光谱图像极限学习机聚类方法，其特征在于，下述步骤中构造空谱联合超图拉普拉斯正则项及优化模型，包括：

步骤1，基于空谱联合超图结构的相似性保持方法，建立空谱联合超图拉普拉斯正则项：

$$\sum_{e_i\in E}\frac{w(e_i)}{d(e_i)}\sum_{(x_j,x_k)\in e_i}\left\|\boldsymbol{h}_j^T A-\boldsymbol{h}_k^T A\right\|^2$$
$$=Tr\left(A^T H L_h H^T A\right)$$

步骤 2，建立空谱联合超图结构的相似性保持的优化模型：

$$\arg\min_{A}\|A\|^2+\lambda\mathrm{Tr}\left(A^T HL_h H^T A\right)$$
$$s.t.\left(H^T A\right)^T\left(H^T A\right)=I_C$$

其中，λ是正则化参数，I_C是$C\times C$的单位矩阵。

⑥根据本研究所述的空谱联合超图嵌入的高光谱图像极限学习机聚类方法，其步骤包括：

步骤 1，利用拉格朗日乘子法得出优化模型的解为：

$$A=\left[\tilde{\beta}_2,\tilde{\beta}_3,\ldots,\tilde{\beta}_{C+1}\right]$$

其中，$\beta_1,\beta_2,\ldots,\beta_{C+1}$ 是 $\left(I_M+\lambda HL_h H^T\right)\beta_i=\gamma HH^T\beta_i$ 求解的前 $C+1$ 个最小特征值 $\gamma_1,\gamma_2,\ldots,\gamma_{C+1}$ 对应的特征向量，$\gamma_1\leq\gamma_2\leq\ldots\leq\gamma_{C+1}$，$\tilde{\beta}_i=\beta_i/\|H\beta_i\|,i=2,\ldots,C+1$是标准化的特征向量，$C$表示输出特征的维度，$I_M$表示 $M\times M$ 的单位矩阵；

步骤 2，对于输入的高光谱数据最终的输出特征为$H^T A$，将$H^T A$的每一行看作一个高光谱像元的空谱联合超图结构的相似性保持投影特征向量，用谱聚类的方法将N个高光谱像元聚成 k 类，得到最终类别标签向量$\boldsymbol{y}$。

9.6.3 附图说明

图 9-6-1 是本研究实施例一种空谱联合超图嵌入的高光谱图像极限学习机聚类方法流程图；图 9-6-2 是本研究实施例另一种空谱联合超图嵌入的高光谱图像极限学习机聚类方法的空谱联合相似性权重求解过程示意图；图 9-6-3 为本研究实施例另一种空谱联合超图嵌入的高光谱图像极限学习机聚类方法的实验数据示例及对应实验结果图；其中，（a）为 Pavia University 数据集的真实地物分布图；（b）为 Pavia University 数据集采用 K-means 的聚类效果图；（c）为 Pavia University 数据集采用 Fuzzy C- 均值聚类方法的聚类效果图；（d）为 Pavia University 数据集采用谱聚类方法的聚类效果图；（e）为 Pavia University 数据集采用拉普拉斯特征映射聚类方法的聚类效果图；（f）为 Pavia University 数据集采用稀疏子空间聚类方法的聚类效果图；（g）为 Pavia University 数据集采用低秩子空间聚类方法的聚类效果图；(h) 为 Pavia University 数据集采用无监督极限学习机算法的聚类效果图；(i) 为 Pavia University 数据集采用普通超图嵌入的极限学习机算法的聚类效果图；(j) 为

Pavia University 数据集采用本研究所提的空谱联合超图嵌入的高光谱图像极限学习机聚类方法的聚类效果图。

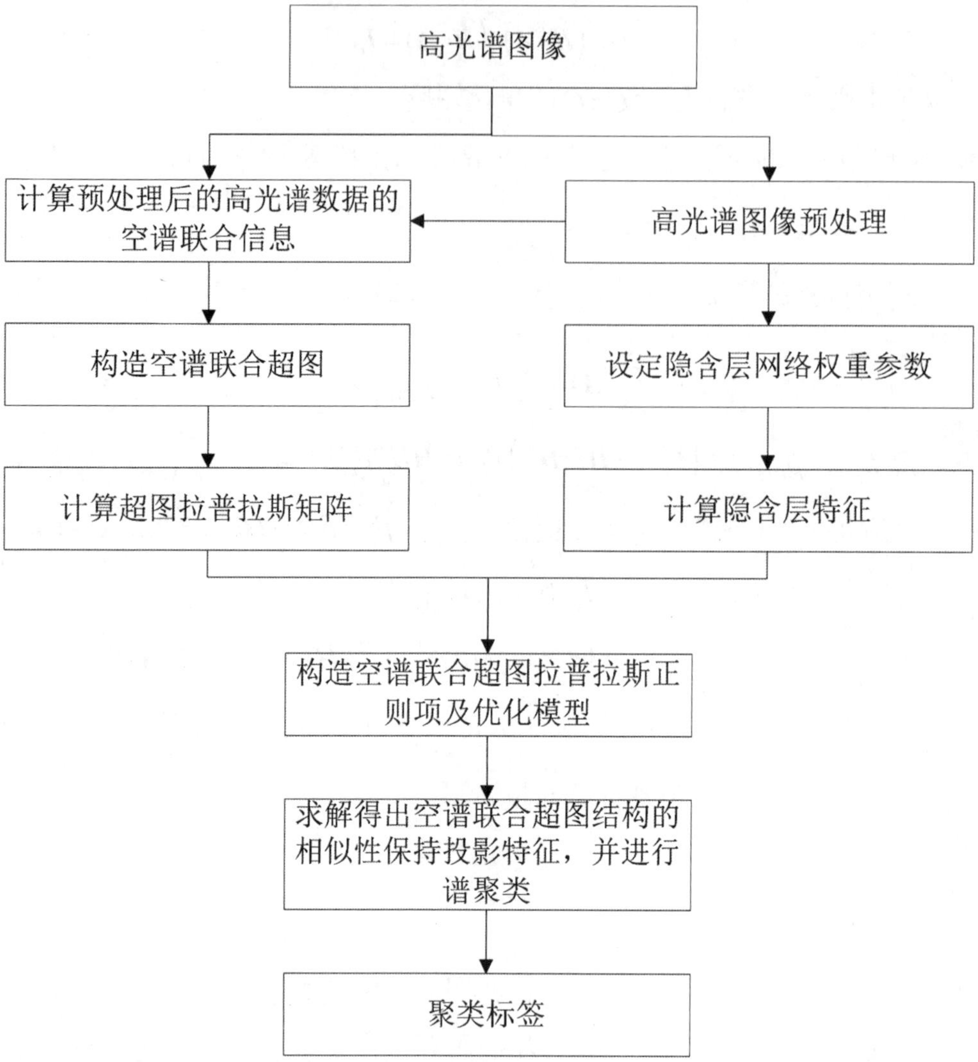

图9-6-1 空谱联合超图嵌入的高光谱图像极限学习机聚类方法流程

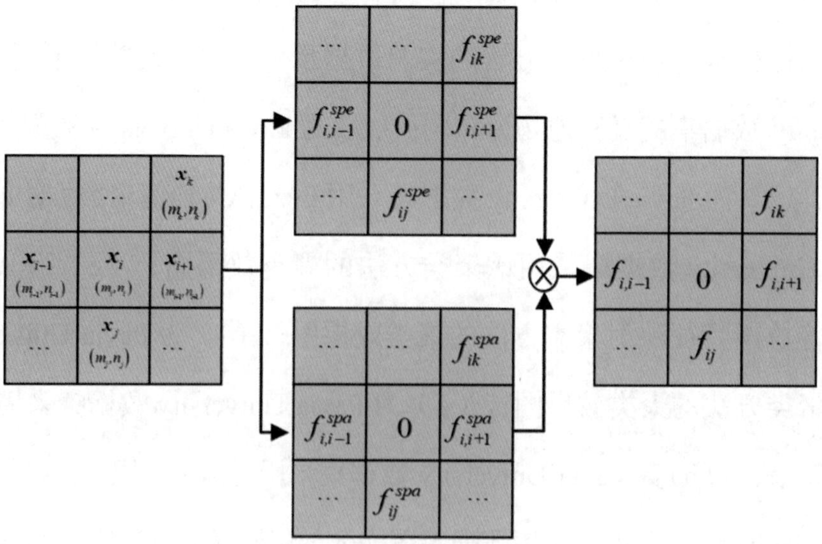

图9-6-2 另一种空谱联合超图嵌入的高光谱图像极限学习机聚类方法的空谱联合相似性权重求解过程示意

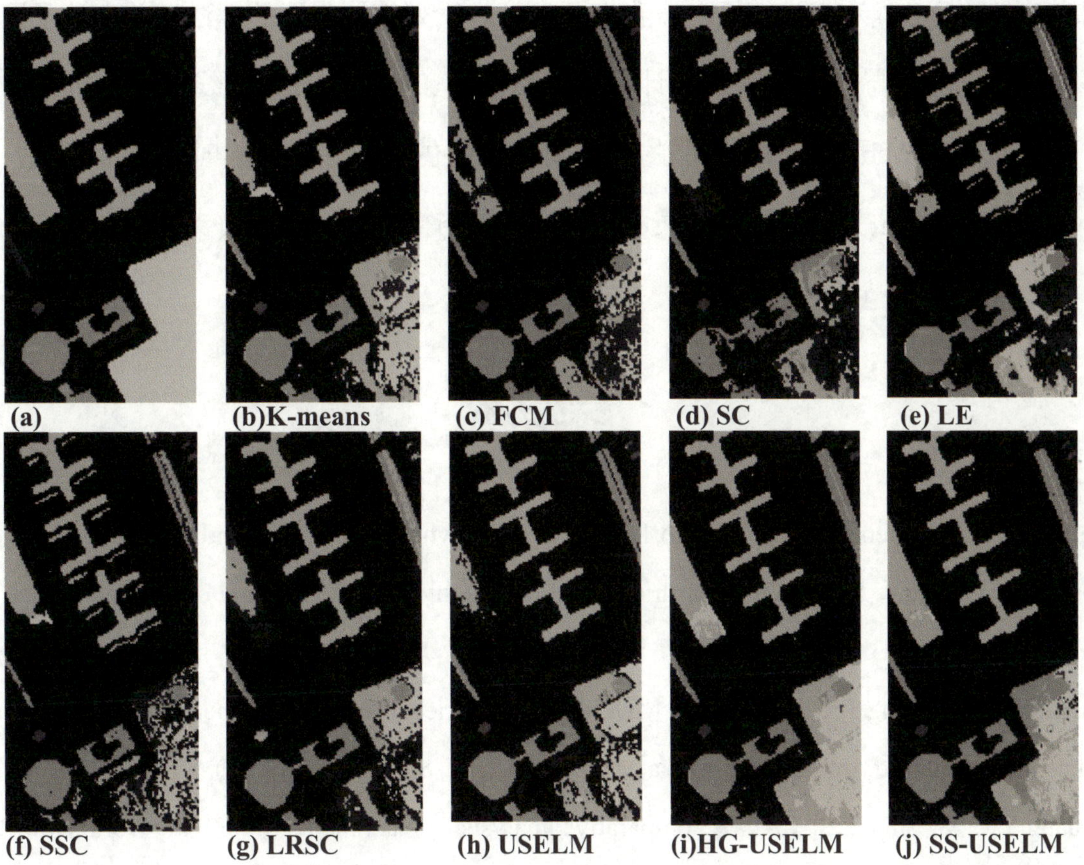

图9-6-3　另一种空谱联合超图嵌入的高光谱图像极限学习机聚类方法的实验数据示例及对应实验结果图

9.7　研成果在Web 地理信息课程教学中的应用价值

目前我国耕地异质性强，比较破碎，作物种植类型较为复杂，不同作物类型物候差异较大，频繁的云层覆盖，影像质量差，导致可用的影像数量较少，如何进行有效的遥感监测面临着较大的挑战。伴随着航空航天技术的发展，天上的卫星数量与日俱增，从 1960 年第一颗美国气象卫星成功发射至今，截至 2020 年 9 月底，地球轨道上已有 558 颗对地观测卫星，人类已有半个多世纪全球尺度的历史遥感数据积累。卫星的种类也日益增多，影像的时间分辨率、空间分辨率以及光谱分辨率都得到了较大的提升。海量的遥感数据逐渐共享，美国的 Landsat（2008 年开始），欧洲的 Sentinel-1/2 A/B，我国的资源卫星、环境星、高分卫星等，针对海量数据，近年出现了一些了云计算平台（GEE\Pie-Engine 等），能够将数 PB 级的卫星影像、地理空间数据集和行星尺度（planetaryscale）分析功能相结合，为海量数据的处理提供了便利。

基于海量的数据和云计算平台，我们开发了一系列植被制图的算法，并申请了国家发明专利。这些成果与 Web GIS 的云计算、空间分析、地理处理、在线栅格分析和影像服务密切相关，为 Web GIS 相关功能的开发与应用提供有益参考。同时，海量数据、云计算平台、高性能算法为教师教学与演示、学生学习与操作提供了有力支撑。

参考文献

[1]Belward A S, Skøien J O, 2015. Who launched what, when and why; trends in global land-cover observation capacity from civilian earth observation satellites. ISPRS Journal of Photogrammetry and Remote Sensing, 103, 115-128.

[2]Chen F, Wu G, Wang J, et al., 2016. A MODIS-based retrieval model of suspended particulate matter concentration for the two largest freshwater lakes in China. Sustainability, 8(8), 832.

[3]Chuang Y C M, Shiu Y S, 2016. A comparative analysis of machine learning with WorldView-2 pan-sharpened imagery for tea crop mapping. Sensors, 16(5), 594.

[4]Drusch M, Del Bello U, Carlier S, et al., 2012. Sentinel-2: ESA's optical high-resolution mission for GMES operational services. Remote sensing of Environment, 120, 25-36.

[5]Feng L, Hu C, Chen X, et al., 2012. Human induced turbidity changes in Poyang Lake between 2000 and 2010: Observations from MODIS. Journal of Geophysical Research: Oceans, 117(C7).

[6]Gómez D, Salvador P, Sanz J, et al., 2021. Regional estimation of garlic yield using crop, satellite and climate data in mexico. Computers and Electronics in Agriculture, 181, 105943.

[7]Gorelick N, Hancher M, Dixon M, et al., 2017. Google Earth Engine: Planetary-scale geospatial analysis for everyone. Remote sensing of Environment, 202, 18-27.

[8]Griffiths P, Nendel C, Hostert P, 2019. Intra-annual reflectance composites from Sentinel-2 and Landsat for national-scale crop and land cover mapping. Remote sensing of environment, 220, 135-151.

[9]Guo Y, Xia H, Pan L, et al., 2022. Mapping the northern limit of double cropping using a phenology-based algorithm and Google Earth Engine. Remote Sensing, 14(4), 1004.

[10]Han X, Feng L, Hu C, et al., 2018. Wetland changes of China's largest freshwater lake and their linkage with the Three Gorges Dam. Remote Sensing of Environment, 204, 799-811.

[11]Liang X, Guan F, Chen B, et al., 2020. Spatial and seasonal variations of antibiotic resistance genes and antibiotics in the surface waters of Poyang Lake in China. Ecotoxicology and environmental safety, 196, 110543.

[12]Labib S M, Harris A, 2018. The potentials of Sentinel-2 and Landsat-8 data in green infrastructure extraction, using object based image analysis (OBIA) method. European Journal of Remote Sensing, 51(1), 231-240.

[13]Liang Y, Wan J, 2012. Application of HJ-1A/B-CCD images in extracting the distribution of winter wheat and rape in Hubei Province. Chin. J. Agrometeorol, 33, 573-578.

[14]Özen B, 2020. Identification of tea plantation areas using Google cloud based random forest and deep learning (Doctoral dissertation, Institute of Science And Technology).

[15]Tian H, Pei J, Huang J, et al., 2020. Garlic and winter wheat identification based on active and passive satellite imagery and the google earth engine in northern china. Remote Sensing, 12(21)，3539.

[16]Wulder M A, Loveland T R, Roy D P, et al., 2019. Current status of Landsat program, science, and applications. Remote sensing of environment, 225, 127-147.

[17]Xu W, Qin Y, Xiao X, et al., 2018. Quantifying spatial-temporal changes of tea plantations in complex landscapes through integrative analyses of optical and microwave imagery. International journal of applied earth observation and geoinformation, 73, 697-711.

[18]Xu W, Sun R, Jin Z, 2016. Extracting tea plantations based on ZY-3 satellite data. Transactions of the Chinese Society of Agricultural Engineering, 32(1), 161-168.

[19]Xue H, Ren X, Li S, et al., 2013. Assessment of private economic benefits and positive environmental externalities of tea plantation in China. Environmental monitoring and assessment, 185(10), 8501-8516.

[20]Yang M., Xia S, Liu G., et al., 2020. Effect of hydrological variation on vegetation dynamics for wintering waterfowl in China’s Poyang Lake Wetland. Global Ecology and Conservation, 22, e01020.

[21]Ye X, Zhang Q, Bai L, et al., 2011. A modeling study of catchment discharge to Poyang Lake under future climate in China. Quaternary International, 244(2), 221-229.

[22]Zheng Y, Wu B, Zhang M, 2017. Estimating the above ground biomass of winter wheat using the Sentinel-2 data. Journal of Remote Sensing, 21, 318-328.

[23]Zhu J, Pan Z, Wang H, et al., 2019. An improved multi-temporal and multi-feature tea plantation identification method using Sentinel-2 imagery. Sensors, 19(9), 2087.

第10章
粮食生产风险评估关键技术及应用研究

粮食安全是国家始终关注的重要问题，也是国家安全的重要基础。及时准确地掌握粮食生产过程的各种信息，开展粮食生产风险评估具有重要的应用价值和潜力。2010年以来，河南大学与中国科学院遥感与数字地球研究所、北京师范大学经过多年的合作研究，在遥感数据处理、大宗粮食作物精细化识别、长势监测、关键物候信息提取、生物量和产量预测以及在此基础上的粮食生产风险评估等方面取得了一系列创新性成果，实现了农业遥感技术的更新换代，主要包括：集成多尺度遥感数据，综合季相节律和特征光谱信息，创新发展了作物种植区空间分布遥感精细化监测以及种植面积统计方法，实现了作物类型识别遥感监测技术的飞跃；攻克了在开展农情遥感监测中数据缺失的难题，提出了创新性解决方案，构建了针对时相错位遥感监测参数的拟合方法和缺失气温数据的重建方法，显著提高了开展作物监测的便利性；解决了基于遥感的大区域作物长势监测中由于物候差异带来的影响，提出了个体与群体相结合的长势评价方法，综合时序遥感数据和农学指标参数，研制了消除物候空间差异的作物长势监测方法，增强了遥感监测的区域适应性；提出了利用作物模型与时间序列遥感数据相结合实现耕层土壤速效养分反演的新思路，以养分缺失引起的作物长势参数的变化为切入点，在数据同化算法设计和养分模块优化改造的基础上，利用作物长势参数遥感监测结果与模型模拟结果的差异设计实现速效养分含量信息的有效获取；利用长时间序列遥感、气象、以及环境要素数据，完成农作物生长要素长时间序列反演与波动分析，并建立了典型环境要素与作物单产敏感性知识库，实现了粮食生产风险的定量评价。

10.1 研究背景与意义

及时准确掌握大宗农作物农情信息，监测农作物生长各环节的生理状况，动态评估粮食生产过程中生产潜力和潜在风险，对国家农业政策的制定、农产品供需平衡分析以及农业供给侧结构改革具有重要意义。通常的农业遥感研究多从单一的维度对农作物生长进行监测或评估，忽视农作物生长过程的各个环节的变化，以及与气象环境要素的变化不匹配导致的潜在风险。监测作物生长各环节的状况需要精确的技术手段，而传统的监测和评估方法技术落后、效率低、成本高、周期长，越来越不适应市场经济体制和党政各级部门的宏观决策与管理要求，已经成为制约我国农业信息化，以及保障粮食安全与农业可持续发展的关键问题之一，更是关系到河南的粮食生产，农业和农村经济兴衰的重要问题。

古往今来，粮食安全都是治国安邦的首要之务，既是经济问题，也是政治问题，是国家发展的“定海神针”。粮价关系物价稳定，是稳增长、保就业的重要支撑，事关国运民生，是维系社会稳定的“压舱石”，是国家安全的重要基础。作为一个拥有 14 亿人口的大国，确保自身的粮食安全本身对世界粮食安全具有最大意义。

我国粮食安全新战略发轫于 2013 年，党的十八大以来，习近平总书记提出了国家粮食安全新战略，始终把粮食安全作为治国理政的头等大事，高屋建瓴地提出了新时期国家粮食安全的新战略，形成了一系列具有重要意义的粮食安全理论创新与实践创新，走出了一条中国特色的粮食安全之路，反复强调，保障国家粮食安全是一个永恒课题。

因此，实施粮食生产风险评估具有重要意义。粮食生产风险动态评估涉及农作物生长的各个环节和各个阶段，是在作物生长周期内利用遥感监测结果结合农业气象信息的连续监测和实时动态评估，而遥感技术作为监测农情信息的利器，被广泛采用。如美国很早就通过 LACIE、AGRISTARS、FEWS NET 等计划开展美国及全球粮食生产监测，欧盟通过 MARS 计划将监测范围扩展至全球，应用于欧盟农业对外援助与国际合作。国际组织 G20 也发起全球农业监测计划 GeoGLAM，整合多国和国际组织开展数据与信息共享。国内的典型代表有中国农科院的 CHARMS 系统和中科院遥感所的 Crop Watch 系统。可见，利用遥感技术开展粮食生产风险研究，对于及时掌握农情信息，评估农业生产风险是粮食安全研究的重要支柱。

10.2 研究内容与技术方法

10.2.1 研究内容

粮食生产风险遥感动态评估（如图 10-2-1）是对作物生长过程各个环节（面积监测、长势监测、理化参数监测、产量估算等）和各个阶段（不同的发育期）进行定期的监测和评估，以实时获取作物生长状态信息，及时同化粮食生产评价模型，动态估算粮食生产潜力和降低生产风险。

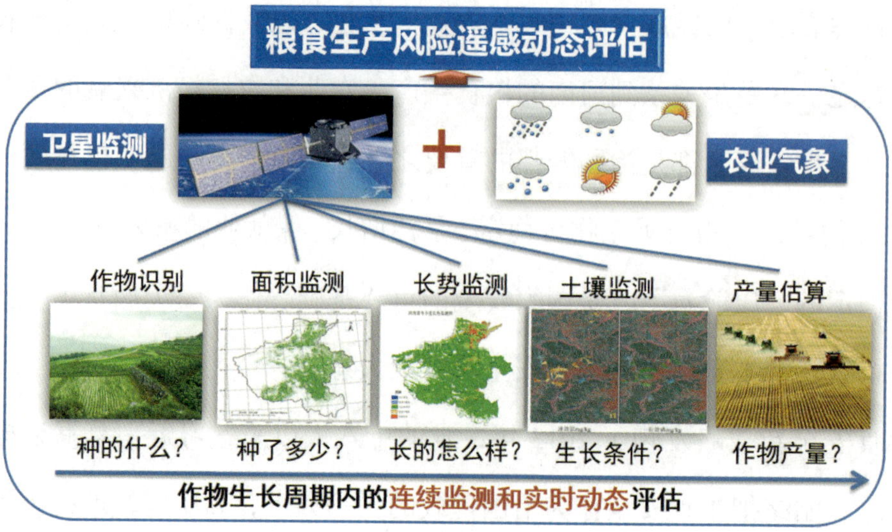

图10-2-1　粮食生产风险遥感监测框架结构

①遥感作为新一代的信息技术，具有大面积重复观测的优势。然而，常常由于云雾等天气条件的影响，即使有卫星过境也无法获得数据，从而造成特定时相的无云数据的缺失。同样，气象记录缺失也普遍存在，错误的测量、仪器故障、人为以及自然因素等都会导致记录的不连续。因此，非常有必要开展缺失遥感参数的拟合方法和缺失气温数据的重建方法研究。

②粮食种植面积是产量估算和国家粮食安全的重要因素之一，也是满足国家宏观调控决策信息需求和有关粮食企业贸易决策需求的重要支撑。在国家农作物遥感监测业务中，一般要求在限定时间内完成农作物种植面积和空间分布信息的监测调查。因此，研究综合利用粗分辨率遥感的时间优势和中高分辨率遥感的空间优势的方法，集成多分辨率遥感数据开展作物种植面积监测，解决作物生长季内不依赖于最佳时间窗口的实时有效监测问题。

③对于大区域的农作物长势监测可以为粮食生产风险评估和农业政策的制订以及粮食贸易提供决策依据，也是农作物产量估测的必要前提。然而，同种作物在不同区域由于纬度或地形等因素的影响，物候差异达到十几天甚至更多，简单利用同期对比不能完全反映作物长势的真实情况。针对该问题，开展考虑物候差异的作物长势监测方法研究，为更精确监测长势信息提供了可靠的技术保障。

④土壤速效养分是作物生长的必要条件，合理控制土壤速效养分对粮食增产、农民增收以及环境保护都具有重要意义，也可以为精准农田管理和粮食生产风险评估提供依据。在精准农业的框架下，要求通过变量施肥将土壤速效养分含量控制在最佳状态，因此精确监测成为关键。

⑤及时准确掌握大宗作物农情信息，监测农作物生长各个阶段的生理状况，动态评估粮食生产过程中生产潜力和可能存在的风险，对国家农业政策的制定、农产品供需平衡分析以及农业供给侧结构改革具有重要意义。通常的农业遥感研究多从单一的维度对农作物生长进行监测或评估，忽视农作物生长过程的各个环节的变化，以及与气象环境要素的变化不匹配导致的潜在风险。基于该问题开展有针对性的研究。

10.2.2 技术方法

（1）针对时相错位的中高分辨率遥感的植被参数拟合技术

利用中高分辨率光学遥感的研究中，影像获取时间与实际需要的时间往往不一致，针对该问题提出了一种植被参数拟合方法（如图 10-2-2），利用易获得的粗分辨率遥感数据构建时间序列，分析不同植被类型的生长发育规律的差异，以及同一类型植被内部的生长发育规律及其差异，掌握每种植被不同状态下的发育规律，进而将该规律应用到中高分辨率的遥感数据上，从而实现对所需时相上植被参数的模拟。进而可以将覆盖大区域尺度上的不同时相的遥感数据统一到研究所需要的时间上，消除时相错位的影响，为粮食生产风险评估提供技术支撑。

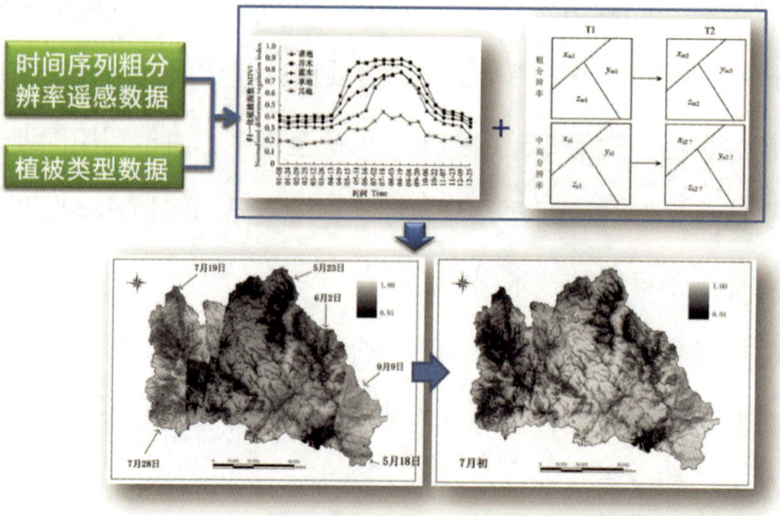

图10-2-2　植被参数拟合方法流程图

（2）融合时空信息的气温缺失记录重建方法

针对气象数据中经常存在缺失气温记录的现象，创造性地提出了融合时空信息的重建方法，通过分析气温的时空特性构建气温分布模型，分别记录与时间和空间紧密相关的趋势项和残差项；利用时间序列分析方法估计缺失记录的气温趋势项；进而利用空间插值技术估计缺失记录的残差项；最终通过提出的气温分布模型实现缺失气温记录的重建（如图10-2-3）。本方法综合考虑了气温的时空分布特性，并把它们融合在统一的模型中，不仅可以大幅度提高缺失气温记录的重建精度，而且具有计算量小，容易实现等特点。

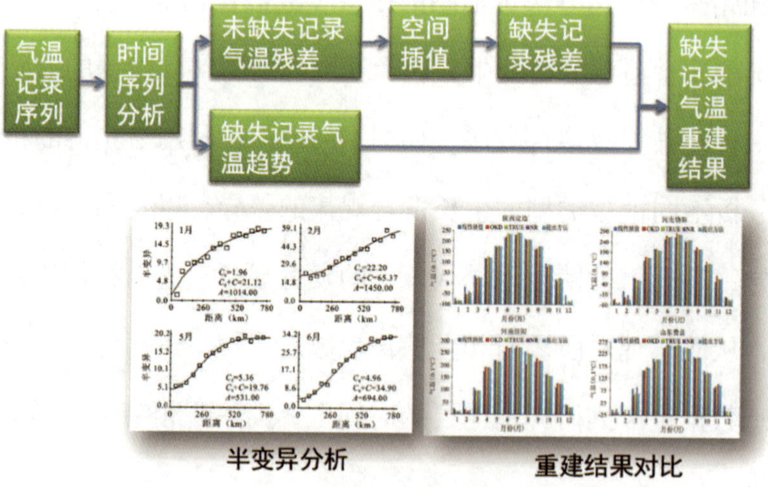

图10-2-3　气温缺失数据重建流程

（3）融合时间信息的时序精分辨率遥感数据分类方法

遥感技术的进步使得空间分辨率不断提高的同时时间分辨率会降低，从而不能保证所获得的影像在区分作物类型时光谱差异最大，降低了识别精度。针对该问题，提出了一种融合时间信息的精分辨率遥感数据分类方法（如图 10-2-4），将来源于时间序列粗分辨率遥感数据的信息与所获得的精分辨率遥感影像进行融合处理，得到时间序列精分辨率遥感数据，从中提取时间特征并结合空间特征进行分类，从而大幅度提高作物类型识别精度。为作物类型的精细化识别提供技术支持。

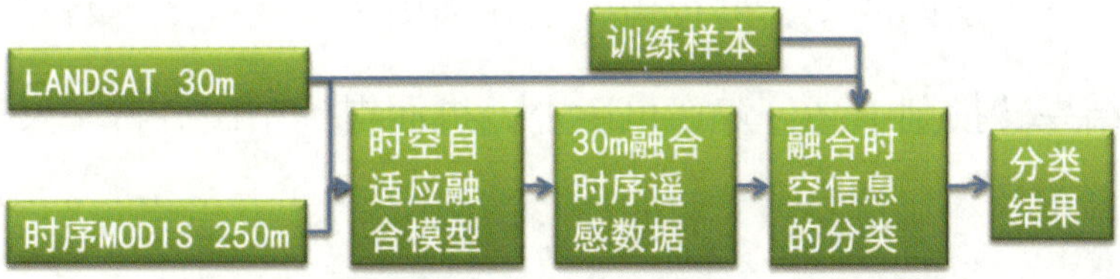

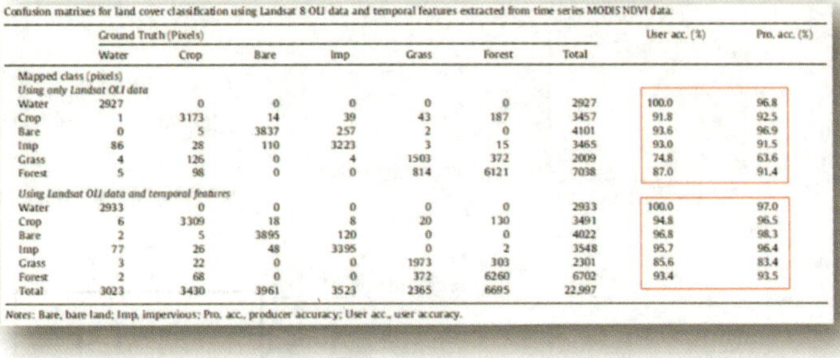

Confusion matrixes for land cover classification using Landsat 8 OLI data and temporal features extracted from time series MODIS NDVI data.

	Ground Truth (Pixels)							User acc. (%)	Pro. acc. (%)
	Water	Crop	Bare	Imp	Grass	Forest	Total		
Mapped class (pixels)									
Using only Landsat OLI data									
Water	2927	0	0	0	0	0	2927	100.0	96.8
Crop	1	3173	14	39	43	187	3457	91.8	92.5
Bare	0	5	3837	257	2	0	4101	93.6	96.9
Imp	86	28	110	3223	3	15	3465	93.0	91.5
Grass	4	126	0	4	1503	372	2009	74.8	63.6
Forest	5	98	0	0	814	6121	7038	87.0	91.4
Using Landsat OLI data and temporal features									
Water	2933	0	0	0	0	0	2933	100.0	97.0
Crop	6	3309	18	8	20	130	3491	94.8	96.5
Bare	2	5	3895	120	0	0	4022	96.8	98.3
Imp	77	26	48	3395	0	2	3548	95.7	96.4
Grass	3	22	0	0	1973	303	2301	85.6	83.4
Forest	2	68	0	0	372	6260	6702	93.4	93.5
Total	3023	3430	3961	3523	2365	6695	22,997		

Notes: Bare, bare land; Imp, impervious; Pro. acc., producer accuracy; User acc., user accuracy.

图10-2-4　融合时序信息的精分类流程

（4）综合关键季相特征和模糊分类技术的作物类型精细化识别方法

解决了作物类型遥感识别中，识别精度通常依赖于最佳时间窗口的难题。即在最佳时相上无法获取中高分辨率遥感数据时，利用粗分辨率时间序列的时相信息进行补充，进而提高识别精度，最终既可以实时得到作物种植面积数据，也同时得到了中高分辨率尺度的种植区空间分布数据。本方案既解决了模糊分类技术在像元归属于各类的概率相当时的不确定问题，又解决了利用季相特征得到的丰度图无法展示作物确切的空间分布问题，为作物类型遥感识别提供了新的监测和评估手段（如图 10-2-5）。

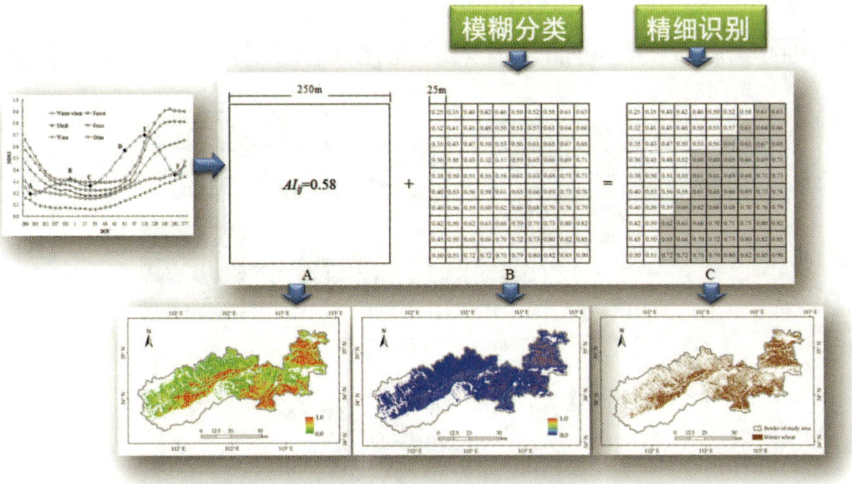

图10-2-5　综合关键季相特征和模糊分类技术的作物类型精细化识别流程

（5）逆向像元分解与时序特征相结合的作物类型识别技术

解决了不完全依赖中高分辨率遥感数据即可得到中高分辨率尺度作物种植区识别结果的难题，所使用的数据仅为粗分辨率时间序列遥感数据和常用的土地利用数据。通过提出的逆向像元分解方法获取耕地组分的时间序列信息，从而使之与像元一样可以基于作物生长变化规律与其他植被之间的差异进行识别，并利用不同尺度遥感数据像元在空间上的对应关系，将识别结果转换到中高分辨率尺度上，进而得到中高分辨率尺度上的识别结果（如图 10-2-6）。

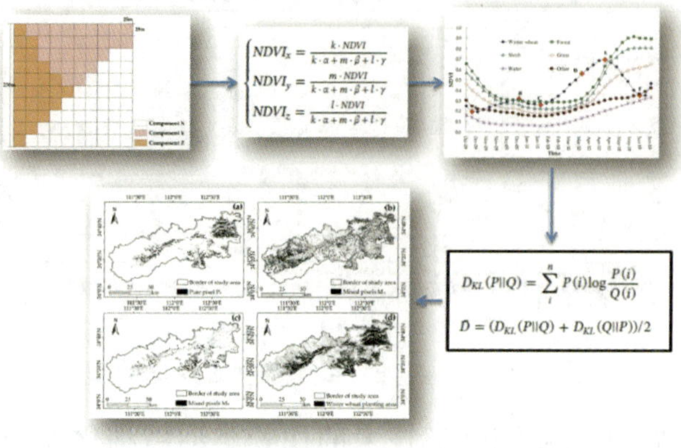

图10-2-6　逆向像元分解作物类型识别流程

（6）农作物种植面积遥感监测中空间抽样方案的优化方法

空间抽样技术是作物种植面积遥感监测的理论指导和精度控制工具。针对当前研究中忽视抽样样本之间的空间关联性及异质性的问题，提出了一种作物种植面积监测空间抽样方案优化方法，即通过空间分层重复抽样模拟，找出基于空间抽样的面积估算过程中抽样率、格网大小、样本空间分布对农作物种植面积抽样监测误差的影响规律，以及影响因素与抽样精度的敏感性与影响机制，从而建立农作物种植面积抽样调查的优化策略与控制措施，为农作物种植面积调查的空间抽样方案的优化提供依据（如图 10-2-7）。

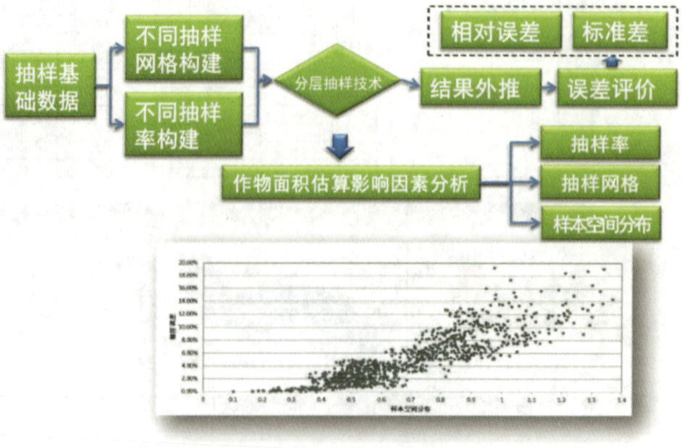

图10-2-7　空间抽样方案优化方法

（7）**消除物候空间差异的作物长势遥感监测新技术**

针对大区域农作物遥感监测中农作物存在较大的物候差异问题，首先利用粗空间分辨率的时间序列遥感数据制作所监测时间的物候期空间格局；结合农学知识，基于监测指标为不同的物候期制作作物长势标准；再利用遥感反演该时间的监测指标，基于每一个像元结合其实际所处的物候期判定其长势情况，从而可以更真实地反映现实状态（如图 10-2-8）。由于充分考虑了物候空间差异，与国内外现行的主要监测方法相比更能真实获取农情信息，服务于粮食生产风险评估。

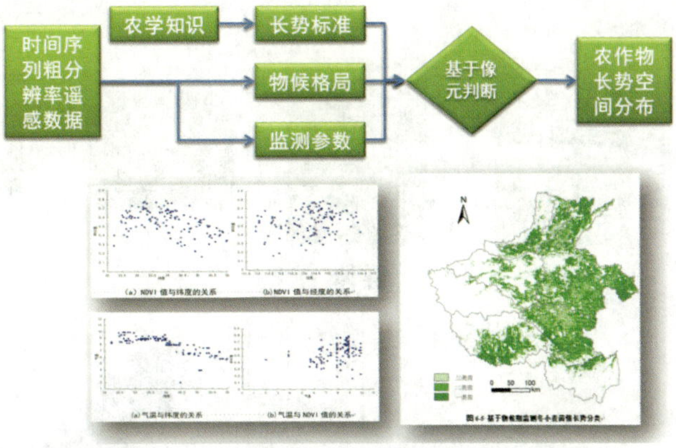

图10-2-8　消除物候差异的长势监测流程

（8）**大范围作物长势监测中评价参数的物候调整方法**

遥感获取的数据是瞬时成像的结果，因此在大范围内开展作物长势监测时，遥感反演的参数因物候的空间差异而导致在空间上不具可比性，不能让人直观地判断不同区域作物长势好坏。本项目通过构建不同物候期与实时遥感监测参数之间的关系模型，预测每个像元处于所监测的物候期状态下的参数值，从而对所监测时间的遥感参数进行调整，使调整后更能直观地反映大范围内的长势状况（如图 10-2-9）。该方法为利用单时相的遥感参数反映作物长势提供了解决方案。

图10-2-9　物候调整方法

（9）个体特征与群体特征相结合的农作物长势遥感评价方法

利用遥感技术，基于红边光谱特征估算作物冠层氮素浓度，用于表示作物个体的长势；基于光合作用累计方法估算作物生物量，用于表示作物群体长势好坏；利用时间序列粗分辨率遥感数据提取物候信息，并用于生物量的回归校正；基于二维表的形式将生物量和氮素含量指标一起判定作物长势（如图 10-2-10）。本方法避免了对历史数据的依赖，以及传统人工调查方法的主观性和以点带面的不确定性，消除了物候差异的影响，适合大范围开展作业，降低了监测成本，提高了监测结果的客观性。

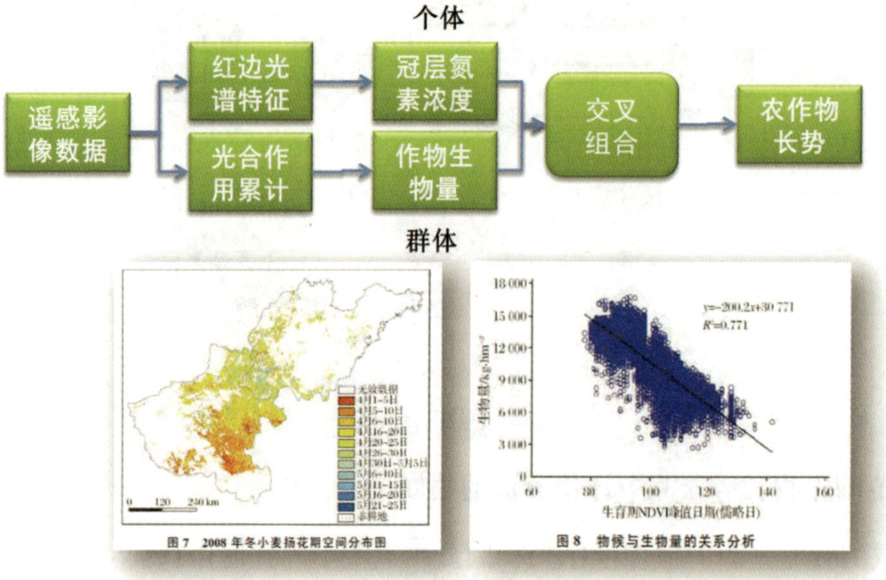

图10-2-10 个体与群体结合的长势评价

（10）土壤速效养分的遥感反演方法

目前，基于遥感技术的土壤养分含量反演中，缺乏对速效养分的研究，且少有对深层养分的研究。针对现有技术的不足，提出了一种土壤速效养分的遥感反演方法，基于预设作物模型，标定除速效养分外的所有参数，模拟作物不同生长阶段的状态参数，同时利用遥感数据同化的方法进行校正，利用作物状态参数的最终模拟结果与实际状态参数之间的偏差反演土壤速效养分含量。因此该技术方案是作物模型模拟作物生长与遥感数据同化相结合的反演方案，解决了现有技术难以利用遥感数据全面而精确地计算土壤速效养分含量的难题（如图 10-2-11）。本技术优势在于：反向模拟土壤速效养分，避免了光谱特征不明显的问题，拓展了研究思路；克服了经验统计方法普适性和稳定性差的问题；作物模型对光谱分辨率的低要求，从而摆脱了对高光谱的依赖，以及作物和作物残茬覆盖为土壤样方的估算带来不确定性。

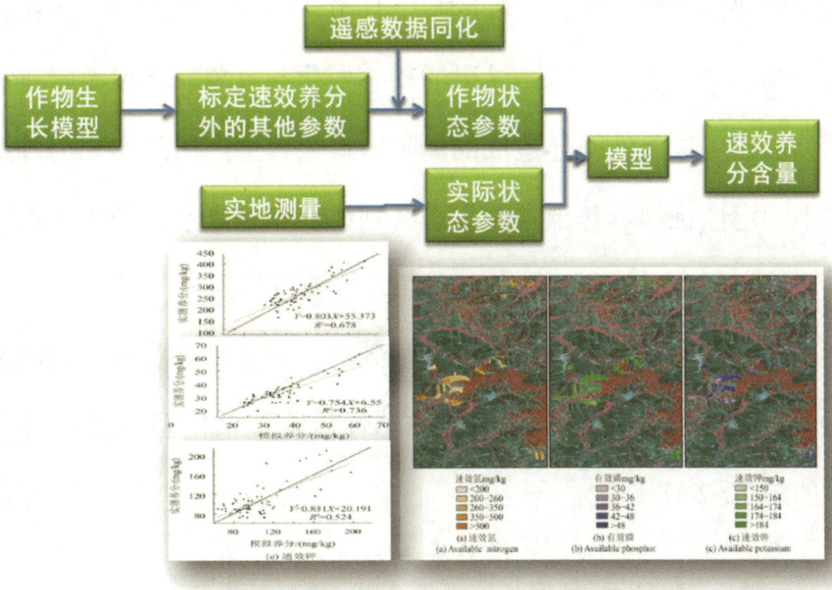

图10-2-11　土壤速效养分反演流程

（11）**粮食生产潜力优化模型**

立足于建立全球粮食生产要素潜力，主要考虑在目前的光温水土条件下的粮食生产能力，重点考虑光温水土在最优的、现实可实现的资源状态下，所能达到的最大粮食产量。将粮食生产要素潜力定义为综合考虑近年来最大单产生产能力及现有耕地资源与后备耕地资源的可利用比例的粮食生产能力。在最优的、现实可实现的单产生产能力及耕地资源状态综合分析基础上，提出在农业生态区划基础上，通过光温水肥条件的分层逐级寻优，建立了粮食作物产量的气象条件最优化估算模型，并结合现有和后备耕地资源数据，评估粮食产量生产潜力（如图 10-2-12）。

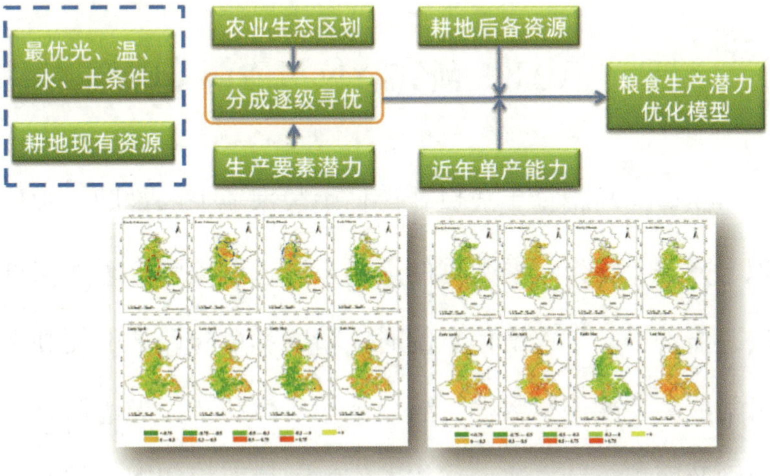

图10-2-12　粮食生产潜力评价

（12）**粮食产量风险的定量评估的关键技术**

粮食生产风险的评估需要对作物生长的各个环节，包括种植面积、种植格局、长势、土壤养分等进行监测，对遥感实时监测结果的动态变化与气象、环境要素进行整合，重点考虑粮食生产面临农业气象条件差异造成的风险，将粮食生产风险定义为预期可达产量和实际产量之间的不确定性扰动。基于农业生态区划，首先建立水分胁迫和温度胁迫指数，以及粮食作物单产偏离历史时间序列趋势的程度（粮食风险损失产量），在开展水分胁迫、温度胁迫与粮食风险损失产量的敏感性分析的基础上，利用水分胁迫、温度胁迫强度与风险产量的关系分别构建粮食生产的水分胁迫敏感性风险评估模型和温度胁迫风险敏感性评估分析模型（如图 10-2-13）。

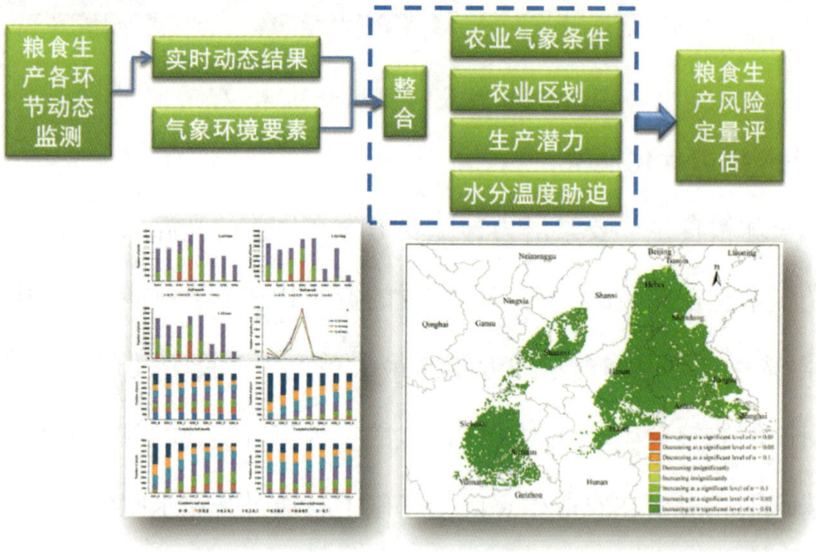

图10-2-13　粮食生产风险定量评估

10.3　研究特色与创新

①攻克了农情遥感监测与粮食生成风险评估中数据缺失的难题，构建了针对时相错位遥感监测参数的拟合方法，缺失气温数据的重建方法，以及融合时间信息的时序精分辨率遥感数据分类方法，显著提高了农情信息的时空精度和风险评估的便利性和时效性。

②创新发展了集成多尺度遥感数据、综合季相节律和特征光谱信息的作物种植区空间分布精细化遥感识别及面积统计方法，优化了作物种植面积调查中的空间抽样技术，实现了作物类型识别遥感监测技术的更新换代，为在大数据环境下的粮食生产风险评估提供技

术和数据基础。

③解决了基于遥感的大区域作物长势监测和风险评估中由于物候差异带来的影响，提出了个体特征与群体特征相结合的长势评价方法，以及综合时序遥感数据和农学指标参数，消除物候空间差异的作物长势监测方法，大大增强了遥感监测的区域适应性。

④发明了利用作物模型与遥感数据同化相结合实现耕层土壤速效养分反演的新技术，以养分缺失引起的作物长势参数的变化为切入点，在数据同化算法设计和养分模块优化改造的基础上，利用作物长势参数遥感监测结果与模型模拟结果的差异设计实现速效养分含量信息的有效获取，解决了该领域的技术难题，弥补了现有的技术缺陷。

⑤解决了整合作物生长各阶段生长状态和气象、环境要素对粮食生产风险进行定量评价的关键技术，建立了典型环境要素与作物单产敏感性知识库，完成农作物生长要素长时间序列反演与波动分析，进一步对作物生长状态及环境影响因子进行动态监测分析，对作物产量的影响进行评估和预警，实现了对粮食生产风险的定量评估。

10.4　研究成果在Web地理信息课程教学中的应用价值

粮食生产风险评估作为国家重点关注的安全领域，也是教科研工作的重要内容，与Web 地理信息课程教学更是息息相关。本研究成果在全国多个省市得到了广泛应用，取得了良好的社会效益，也在教学工作中得到了很好的应用。目前，遥感与 Web 技术的结合形成遥感云服务平台（如图 10-4-1，图 10-4-2），成为当前的发展趋势之一，共享了海量的遥感影像、公共数据集和算法，同时可以在线提供各种遥感数据处理和信息提取等服务，得到了广大学者以及应用人员的支持，已经形成了一个完整的应用体系。因此，基于Web 的地理信息云服务共享平台具有巨大的应用潜力和价值，并在当前的 Web 地理信息课程教学中也具有巨大的应用价值。

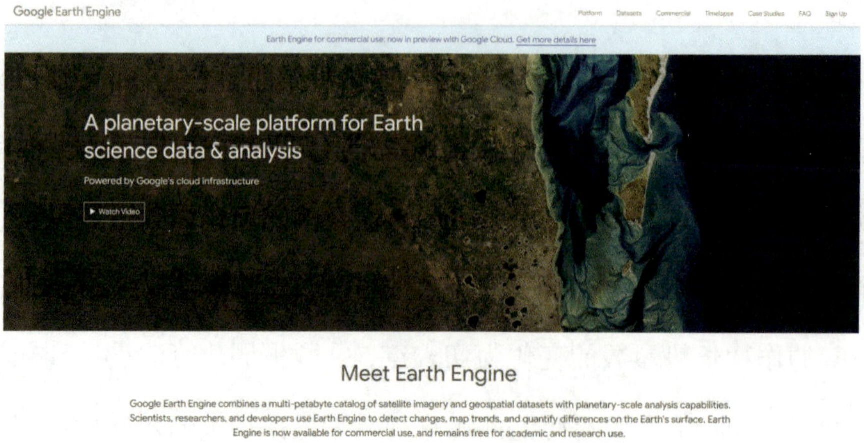

图10-4-1　Google Earth Engine平台界面

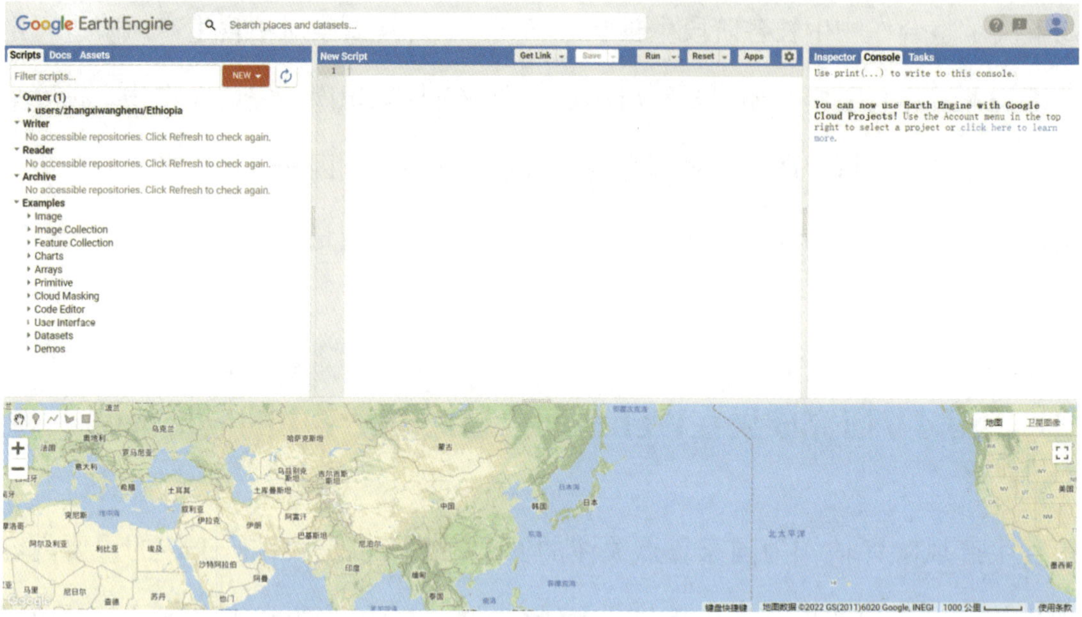

图10-4-2　Google Earth Engine开发者界面

参考文献

[1]陈锋锐，秦奋，刘宇，等，2016.一种融合时空信息的气温缺失记录重建方法[P].中国，201310397382.1.

[2]李强子，杜鑫，张焕雪，等，2017.用于地市及县两级粮食补贴核算的种植面积遥感确定方法[P].中国，201410054798.8.

[3]李强子，杜鑫，张焕雪，等，2017.农作物种植面积监测空间抽样方案优化方法[P].中国，201410151352.7.

[4]李强子，杜鑫，张焕雪，等，2017.在作物识别和面积估算中选择遥感数据和分类算法的方法

[P].中国，201410129471.2.

[5]蒙继华，程志强，2018.土壤速效养分反演方法及装置[P].中国，201510565793.6.

[6]蒙继华，吴炳方，2016.一种个体与群体特征相结合的农作物长势遥感评价方法[P].中国，201310219169.1.

[7]张喜旺，刘剑锋，刘鹏飞，等，2016.一种基于中高分辨率遥感的植被参数拟合方法[P].中国，201310742772.8.

[8]张喜旺，刘剑锋，张传才，等，2018.综合关键季相特征和模糊分类技术的冬小麦遥感识别方法[P].中国，201510037425.4.

[9]Chen F, Li X, 2016. Evaluation of IMERG and TRMM 3B43 monthly precipitation products over mainland China. Remote Sensing, 8(6), 472.

[10]Chen F, Liu Y, Liu Q, et al., 2014. Spatial downscaling of TRMM 3B43 precipitation considering spatial heterogeneity. International Journal of Remote Sensing, 35(9), 3074-3093.

[11]Jia K, Liang S, Zhang N, et al., 2014. Land cover classification of finer resolution remote sensing data integrating temporal features from time series coarser resolution data. ISPRS Journal of Photogrammetry and Remote Sensing, 93, 49-55.

[12]Meng J, Du X, Wu B, 2013. Generation of high spatial and temporal resolution NDVI and its application in crop biomass estimation. International Journal of Digital Earth, 6(3), 203-218.

[13]Wang H, Qin F, Zhang X, 2019. A spatial exploring model for urban land ecological security based on a modified artificial bee colony algorithm. Ecological Informatics, 50, 51-61.

[14]Xu J, Meng J, Quackenbush L J, 2019. Use of remote sensing to predict the optimal harvest date of corn. Field Crops Research, 236, 1-13.

[15]You X, Meng J, Zhang M, et al., 2013. Remote sensing based detection of crop phenology for agricultural zones in China using a new threshold method. Remote Sensing, 5(7), 3190-3211.

[16]Zhang X, Qiu F, Qin F, 2019. Identification and mapping of winter wheat by integrating temporal change information and Kullback–Leibler divergence. International Journal of Applied Earth Observation and Geoinformation, 76, 26-39.

第 11 章 气候变化下区域碳排放趋势建模与经济发展评估

本章将 WebGIS 的前沿技术应用于气候变化下区域碳排放趋势建模与经济发展评估热点问题的研究。结合相关研究成果，在 Web 地理信息课程教学中进行案例应用。主要体现在两个方面，一是基于 Web 信息技术开展数据集成与共享服务。构建了城市居民碳排放数据资源云服务及共享平台，研发动态集成、管理、分布式的地理信息服务技术，无偿提供数据服务，有效地实现地理信息的共享、集成和交换。二是基于 WebGIS 构建碳排放决策支持系统。开发了中国区域碳排放配额控制政策模拟的空间决策支持系统，以 WebGIS 为基础，以省市自治区为数据单元构成数据库，实现了经济平稳增长下的配额分配政策模拟模型的可计算化。

11.1 研究背景与意义

按照 IPCC（2007）的报告，气候变化已经成为不争的事实。在哥本哈根会议上，中国作为一个负责任的大国，承诺了减排义务，世界上众多的国家也接受了控制本世纪升温不超过 2° C 的目标。然而，在如何实施减排的问题上，世界发生了纷争。纷争的关键是，在存在气候保护不确定性的条件下，如何保护各国的利益。这就涉及到对气候变化情景特别是气候保护策略的经济学综合评估。在最近的 10 年中，对气候变化与气候保护的经济学综合评估，成为气候谈判的基础，也成为科学研究的热点（Nordhaus，Boyer，1999，Stern,2006; 王铮，吴静等，2010）。正如秦大河（2004）指出的，气象事业关系国家利益。而气候变化与气候保护的经济学综合评估，直接关系着国家的经济运行安全。我国众多的学者也在10年前认识到：气候变化与气候保护的经济学综合评估关系国家经济安全（胡秀莲，姜克隽，2002，王铮，胡倩立，2002，蒋金荷，姚愉芳，2002）。不幸的是，由于种种原因，我国关于世界范围内气候变化与气候保护的集成评估模型（IAM）的研究相对落后，直到2007年，我国才公开报道了中国学者提出的全球气候保护的IAM—MRICES（LRICES）（王铮，吴静，等，2009）。这种缺乏全球视角的研究，使得我们在气候谈判和制定适应气候变化战略，实行气候保护政策时，显得被动。

过去年观测到的变暖事实主要由人类活动引起，其中燃烧化石燃料是气候变暖的主要原因。由此，减少排放成为全球节能减排、保护地球环境的共同责任。为了遏制大气中浓度快速升高的趋势，国际社会采取了一系列积极的措施，试图减少化石燃料的碳排放。对中国而言，中国正处于经济高速发展的阶段，排放二氧化碳较多的煤炭在能源结构中依然占据主要地位。随着中国经济的进一步发展，中国消耗能源将日益增多，碳排放空间将成为中国经济发展的约束。因此，估测气候变化下我国区域碳排放趋势与评估其对未来经济发展的影响具有重要的现实意义。

11.2 研究内容与技术方法

11.2.1 中国碳高峰与控制路线

（1）中国控制碳排放的可行日程

2007年，面对哥本哈根气候谈判，时任国务院总理温家宝要求中科院组织研究力量回答：①中国有没有碳排放高峰，如果有，需要定量回答碳高峰时间在哪里？②中国能不能接受欧盟提出的控制本世纪升温不超过2℃，如果接受，对我国的影响会怎么样？项目组赶在中央要求的时间——哥本哈根会议之前的2008年7月7日给国家气候变化领导小组成员白春礼院长做了汇报（如图11-2-1），发表中文稿《基于经济模拟的中国能源消费与碳排放高峰预测》，回答了相关问题：“我国分别在2043和2040年将达到能源消费和碳排放高峰”，解决了存在性问题后，并在《地理学报》2010年12期发表《最优增长路径下的中国碳排放估计》，计算了更可行的时间日程。考虑到国际谈判时间节点，SCI

检索文 Carbon emissions trends with optimal balanced economic growth of China and the USA and some abatement options for China，发表于 J. Geogr. Sci. 2013, 23(6): 991-1004，即地理学报英文版。此文结论上报中央，应该是我们国家能够承诺 2030 年达峰的基础，是国家支撑国际气候谈判的基础文件。

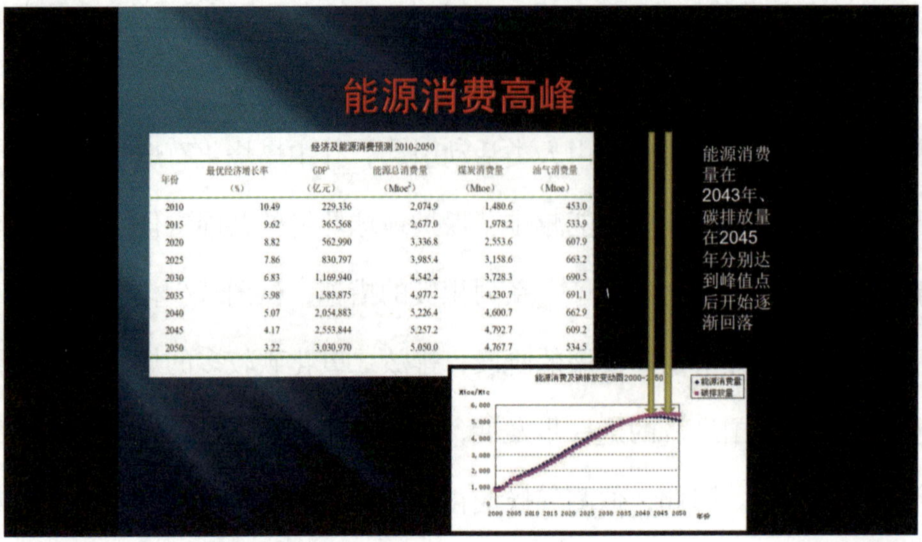

图11-2-1　2008年7月汇报用的PPT关键页

（2）确定中国实行碳排放高峰承诺的最终时间

从 2013 年开始，在国家“973”项目支持下，继续探讨尽快实现碳排放高峰的路线，2014 年，朱永彬、史雅娟、王铮，在国际权威期刊发表《中国如何通过产业结构变革减少二氧化碳排放及可能引起的国内而不是国际福利变化》，探讨了能源结构变化的最优化途径（How much CO_2 emissions will be reduced through industrial structure change if China focuses on domestic rather than international welfare）。2015 年王铮提出了一个产业结构进化带动碳排放降低的技术创新模型，2016 年最终由吴静、龚轶、刘昌新实现了这一可计算的核心算法，发表于 Sustainability，得到中国产业碳高峰出现的最可能时间为 2029 年和最早的可能时间为 2023 年，其中技术创新模型是一个国内外尚没有实现的创新。王铮、朱艳硕最终在保持经济可持续发展情况下，发现中国实行技术提升，可以在 2025 年实现碳高峰，发表于权威刊物 Energy 上，证明中国有可能提前实现。这一结果使得我国引领碳排放的可行性得到国际承认。

（3）制定中国地区实现能源消费和碳排放控制路线

2012 年，王铮，刘晓等在《中国科学院院刊》发表《平稳增长条件下中国各省市自治区的碳排放需求估算》，对实现哥本哈根会议上中国做出的承诺实现的可行性路线开展研究。其中采用的平稳增长条件下估算碳峰值的模型为王铮在国内外首次提出，并由朱永彬、刘晓实现可计算模型。为了实现各省市自治区的平稳目标，邓吉祥、刘晓、王铮等对中国碳排放的区域差异及演变特征与因素作了分析，结果发现：①八大区域碳排放量和人均碳排放量均呈逐年上升趋势；②东北、京津和东部沿海地区碳排放比重逐年下降，其他地区正好相反或维持不变；③经济发展效应对碳排放有最强正影响，能源强度效应对碳排放有最强负影响；④人口规模效应对包含直辖市的区域碳排放有较大的正影响，经济发展效应对经济发达地区的碳排放正效应弱于其他地区，能源强度效应对经济结构调整活跃地区的碳排放有较强的抑制作用，能源结构效应受宏观经济形式与能源政策影响，对碳排放的影响有较大波动。

朱永彬对除台湾以外的各省市自治区碳排放趋势作了分析，最后建立了中国区域碳排放控制的辅助决策支持系统，完成了中国大陆能源消费和碳排放峰值的控制政策分析系统，向有关部门提供了决策控制的分区分时期的可行减排目标。项目组计算分析了我国分区域碳排放趋势。根据课题组的计算，中国的碳排放量由 1990 年的 6.1 亿吨碳上升到 2005 年的 14.1 亿吨碳，上升了 131.153%，明显低于同期我国 GDP 的增长（325.52%），说明我国通过各种手段较有效地抑制了二氧化碳的排放。这期间，碳排放上升最快的是 2002 年以后的年份。回击了当时某些国家对我国的误解，最后吴静、马晓哲提出了一个实现中国各省市自治区减排公平的政策方案，上报中央。不仅如此，刘晓、王铮、吴静还研究了在减排任务目标下，各省市自治区减排的最优控制路线图。根据这个研究国家发布了各省市自治区能源使用与碳排放权的目标控制标准。

作为“863”课题的成果之一，项目组通过中国科学院上报的给中共中央办公厅、国务院办公厅的专报信息，根据中国科学院的 2010 年的回函，关于碳排放权上报信息专报，得到中共中央办公厅和国务院办公厅的《信息综合专报》采用，指导了全国各省市的碳减排。2010 年 12 月通过中科院上报的《中科院专家关于 2020 年我国各省市自治区实现碳排放强度降低 40-50% 可能性的分析》为中央办公厅和国务院办公厅所采用（如图 11-2-2）。

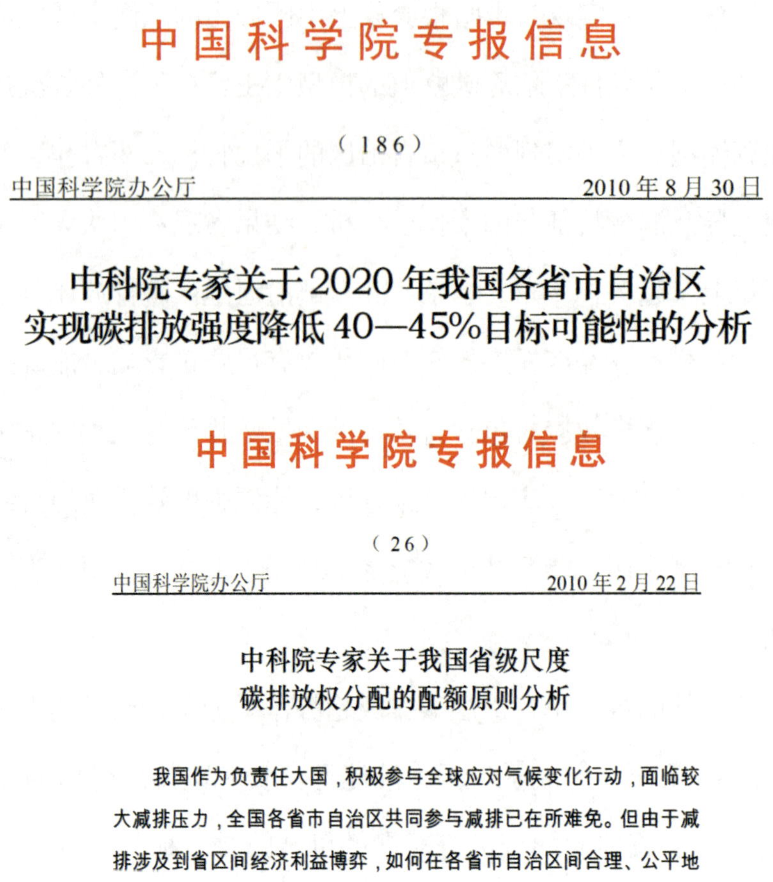

中国科学院专报信息

（186）

中国科学院办公厅　　2010年8月30日

中科院专家关于2020年我国各省市自治区
实现碳排放强度降低40—45%目标可能性的分析

中国科学院专报信息

（26）

中国科学院办公厅　　2010年2月22日

中科院专家关于我国省级尺度
碳排放权分配的配额原则分析

我国作为负责任大国，积极参与全球应对气候变化行动，面临较大减排压力，全国各省市自治区共同参与减排已在所难免。但由于减排涉及到省区间经济利益博弈，如何在各省市自治区间合理、公平地

图 11-2-2　项目组通过中科院渠道给国家建议的我国省市自治区碳排放控制政策建议

（4）河南省及其他省区的碳排放控制政策

2007年，翟石艳对中国高速发展的广东省和正在崛起的河南省碳排放趋势作了分析，预测了能源需求量，提出了维持发展的经济对策。2011年，刘晓、熊文、王铮等，对湖南省碳排放趋势作了分析，发展了可计算模型。2012年黄蕊对中国中部九省（含河南）的碳排放作了分析。刘慧亚、乐群对植被丰富的云南省、黑龙江省和福建省碳排放趋势作了分析。更为重要的是王铮、翟石艳、马晓哲2010年发表《河南省能源消费碳排放的历史特征及趋势预测》，计算了河南省2007~2050 年在经济平稳增长路径下的能源消费与碳排放总量以及人均量。预测2007~ 2050年的能源结构，提出河南省煤炭资源在能源消费总量中所占的比重有较大幅度的下降，石油与其他清洁能源的比重不断上升；另外，河南省分别在2036年和2034年达到能源消费和碳排放总量高峰；人均能源消费量和碳排放量的高峰则出现在2033年和2032年。这对于指导河南省的碳排放工作有重要意义。

另一方面，吴乐英、王铮等2016年在《地理研究》上发表《省区碳经济分析的CGE模型及其应用：以河南省为例》一文，发现如果中国征收碳税达到美国水平，则农村居民的日均收入为负值，并在国际区域科学的华盛顿会议与美国学者发生争论，说服他们理解中国。这个结果，对于中国征收碳税产生了国际影响。

11.2.2 气候变化下农业的适应性与河南省的低碳发展

（1）发现气候变化下中国农业生产潜力与胡焕庸线的稳定性

本项目的一个研究重点是研究气候变化下农业适应性问题，王铮、乐群、夏海斌、顾春香、王远飞等模拟研究了气候变化下农业生产潜力的变化及胡焕庸线的变化，试图回答李克强总理提出的胡焕庸线的问题，在《中国科学》发表了《气候变化下中国农业生产潜力与胡焕庸线的稳定性》，在国际期刊《Asia-Pacific Journal of Regional Science》发表了《Migration impact on Chinas population dividing line driven by hybrid features: perspectives of climate change and wage gap》，在《中国科学》发表了《中国 2050: 气候情景与胡焕庸线的稳定性》，对 2050 年代 中国可能的农业生产潜力作了预测（如图 11-2-3）。上述成果为国家第四次气候变化评估报告所引用。本项目进而对未来气候变化引起的中国人口分布作了模拟分析，供国家决策，初步解决李克强总理提出的问题。

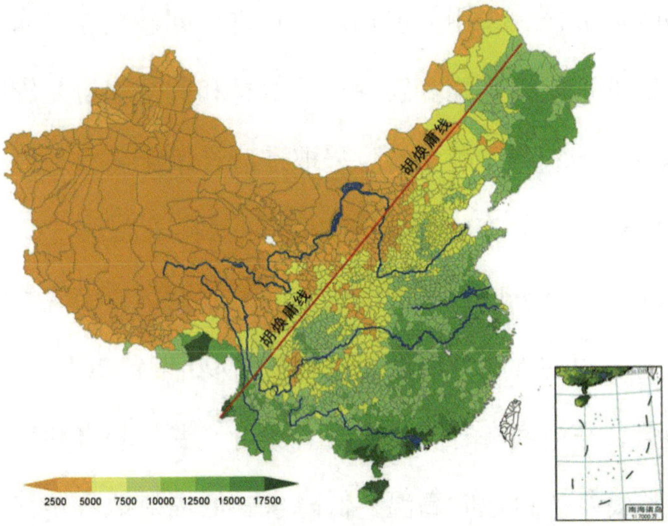

图11-2-3 中国2050年代农业生产潜力模拟预测

2015 年，宁晓菊、秦耀辰(2015a) 发现，在全国尺度上，1951~2010 年，我国年平均气温、0℃积温和最冷月平均气温等值线均在不同程度上向北迁移，三者在全国大部分区域表现为显著增加趋势；最热月平均气温分成明显的下降区和上升区，显著上升区集中在东北地区、内蒙古高原与东南沿海，黄河与长江中下游地区成为下降区；在降水方面，对中国农业分布格局至关重要的 400mm 等降水量线南段和 800mm 等降水量线在整体上相对稳定，但是黄河与长江中下游地区最热月平均气温的下降趋势和最冷月平均气温等值线尤其是

0℃等值线逐渐从秦岭—淮河一带北移到黄河一线。项目组成员在《地理学报》上发表题为《1951 年以来中国无霜期的变化趋势》的文章。研究发现：中国无霜期随纬度增加或海拔升高而减少，无霜期的年际波动幅度随纬度增加或随海拔降低而减少。中国 80% 以上区域呈现初霜日推后，终霜日提前和无霜期延长的趋势，且三者的变化幅度均是北方大于南方，东部大于西部。中国及河南省多数农区无霜期延长是因初霜日推后和终霜日提前共同影响的，而西南区和长江中下游区部分地区无霜期延长是因初霜日的推后幅度大于终霜日的推后幅度或终霜日的提前幅度大于初霜日的提前幅度。中国过半区域无霜期在 1980s 和 1990s 发生突变，不过河南省变化不明显。在突变时间上，东部农区和西部农区无霜期分别在 1980s 和 1990s 突变。

（2）气候变化下河南省农业问题

针对河南省是我国的重要粮食生产基地，为了积极应对气候变化，2018 年，翟石艳、秦耀辰等在《Journal of integrative agriculture》上发表题为《Farmers' Perceptions of Climate Change Impact and Determinants of Farmers' Adaptation Strategies in China》的文章，以河南省的典型县域为研究区，采用分层抽样方式进行问卷调查，研究了农户对气候变化的认知、态度、和采取的适应性措施。发现缺乏信息和资金支持是影响农户适应性的主要障碍。家庭收入来源越广的农户，越不愿意采取适应性措施。

付一鸣、崔耀平等 2019 年在《sustainability》上发表题为《Continued Hydrothermal and Radiative Pressure on Changed Cropland in China》的文章，结合气温、降水和太阳辐射数据，研究气候变化对农田的影响。研究发现，从 1990 年到 2015 年，中国的农田呈现出明显的向北迁移的趋势，在河南省有明显表现。随着气温、降水和辐射的增加，我国耕地面积呈现出一定的位移特征。耕地向高温、低降水、低辐射地区转移。农田可能面临严重的干旱和辐射压力，需要更多的灌溉等资源，这无疑会加剧北方及我国重要农作区——河南省的农业用水问题，对粮食安全的潜在影响将在未来进一步显现。

（3）构建了城市居民碳排放数据集成与共享服务平台

为有效保障科学数据高效、安全的“一站式”共享，实现了地理信息的共享、集成和交换。建立了包括无人机、自动气象站、遥感数据以及住户调查数据在内的多维动态居民碳排放数据采集与处理系统；构建了面向服务、分布与集中相结合的城市居民碳排放数据共享体系架构；研建了典型城市居民碳排放多源数据库，开发了土地利用碳核定信息系统。

建立了基于 ArcGIS Portal 的城市居民碳排放数据资源云服务共享平台，为政府、企业和个人提供方便实时地查询、搜索、应用所需的碳排放地理信息服务，有效地实现地理信息的共享、集成和交换。

考虑到河南省的特殊需要，在中国城市区域缺乏碳减排管理规范与纲要的情况下，该模型系统的操作步骤可视为城市规划领域编制低碳规划的指南。并编制完成了国内第一部《低碳城市研究的模型与方法》专著，在科学出版社出版，该书是关于低碳城市研究的基础性方法论著作，又兼顾理论与实证研究的结合，可促使我国低碳城市研究方法体系的形成，并推动低碳城市研究与实践的深入。该书是国内第一部低碳城市模型方法著作，曾获河南省第三届自然科学学术奖一等奖。

此外，提出了将气候变化要素与特色人文经济要素数据集成，研发了一个人地关系地域系统与农业适应性一体化分析的政策模拟平台。构建了拥有自主知识产权的新型土地利用气候变化模拟软件和中国农业气候要素变化的时空数据地理信息系统。

11.2.3　国际碳排放合作预测与博弈

（1）提出合作优于对抗的观点

2007 年 8 月，王铮等根据中国的碳排放压力提交《中科院专家关于我国分区域碳排放趋势及参与减排的基本形势分析》报告上报中共中央办公厅，发现了中国目前的 CO_2 排放增加率与 GDP 增长率并非简单的成线性正比关系，而是呈对数正比，这就意味着中国排放量增加速度没有国际估计的快，因此中国可以在国际碳减排问题上更积极，提倡中国对待全球气候变化，应该奉行“合作优于对抗”的原则，对国家确定气候变化战略制定起了作用。实际上，2010 年王铮、黎华群、吴静等发表文章《Policy modeling on the GDP spillovers of carbon abatement policies between China and the United States》，发现在合作减排 $C0_2$ 问题上，中美从经济相互作用角度考虑，需要合作。以此文为基础，王铮访问了国际气候变化经济学权威、诺贝尔经济学奖得主 Nordhaus，开始了合作研究，争取到他在气候问题上对中国的友好态度。双方团队实现多次互访。2012 年，王铮，张帅，建立第一个包含国际合作的碳排放模型中国版的 RICE，2014 年，吴静将 RICE 发展为 LRICE，分析了全球减排中的金融转移。2016 年，朱潜艇发展 LRICE 为 LMRICE, 这个系统可以在全球分析中分析碳贸易的作用。2013 年，吴静等就在《中国科学院院刊》上发表题为《国际气候谈判中的国家集团分析》的文章，论证了国际减排中，国家的利益划分。同年吴静在芬兰赫尔辛基的世界发展大会上发言后得到一个黑人女学者的当场称赞，称她为发展中国家争得了利益。2014 年，翟石艳利用王铮提出的平稳增长路线下的碳排放需求模型，计算给出另一个大国印度的碳排放趋势，求出为保持平稳增长，印度可能在 2042 年到达碳排放高峰。这一分析也起到团结印度的作用。

2014 年课题组最终建成名为 CIECIA 的 IAM 系统，2016 年，王铮、顾高翔等在《中国科学》发表题为《CIECIA: 一个新的气候变化集成评估模型及其对全球合作减排方案的评估》, 研究了在全球经济一体化条件下，国际合作减排的各种前途 2015 年，推荐给世界保障国际公平的减排方案。朱潜艇、吴静、王铮等在《环境科学学报》发表《后京都时代全球碳排放权配额分配模拟研究》文章，提出了一个合作减排的碳排放权构建方案，作为在碳排放权国际合作方案基础。顾高翔、王铮以 CIECIA 的研究为基础, 2018 在《ENERGY》发表题为《Research on global carbon abatement driven by R&D investment in the context of INDCs》的论文研究了不同研发投入水平下可能导致的减排趋势, 鼓励开展全球研发合作，推进气候保护（如图 11-2-4）。

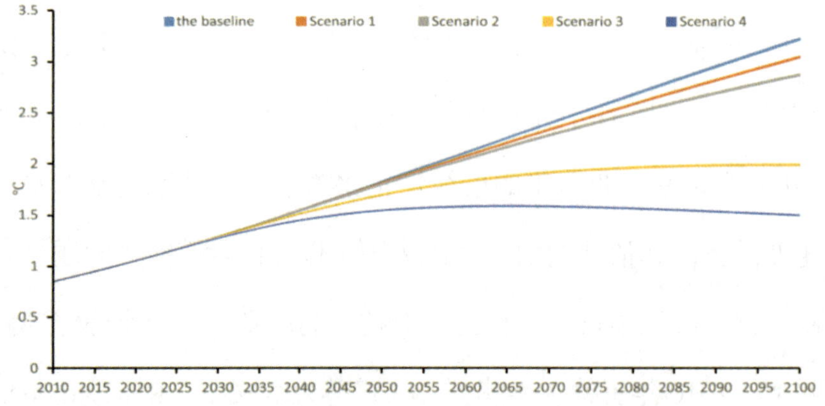

Figure 1. Global warming in the baseline and the four R&D scenarios. The range represents 95% scenario uncertainty.

图11-2-4　不同研发投入水平下全球合作减排的后果

（2）面对特朗普退约的分析

2016 年, 特朗普退出气候变化协议, 破坏了全球经济一体化的气氛, 项目组以刘昌新、吴乐英、黄蕊为主体，紧急建成名为 EMRICE 的 IAM 政策模拟器，研究在经济联系松弛，各国自主减排情况下的碳排放趋势。在《Journal of Cleaner Production》 224 (2019) 卷发表题为《Global Carbon Reduction And Economic Growth Under Autonomous Economies 》的文章，用 EMRICES 对特朗普退出气候变化的全球长期气候经济影响进行了分析预测，研究发现气候变化将对经济生产产生负面效应；提出全球碳排放控制趋势，其中中国碳排放高峰仍然控制在 2030 年左右，如果全世界停止碳减排措施，中国、美国、日本的经济将会出现下降现象，且美国将因技术进步停留在目前水平上，经济下降时间要早于中国，碳排放将在 2040 年代再次超过中国。该结论直接反驳了特朗普气候变化阴谋论，为巴黎气候协议的科学性提供了依据（Global carbon reduction and economic growth under autonomous economies[J]. Journal of Cleaner Production, 2019, 224(JUL.1):719-728. JCP,224:719-728），这是一个重要的创新。

11.2.4　中国气候变化集成评估模型研发

根据 EMRICE 的模拟，刘昌新、田园、王铮发展了一个博弈论模型，分析全球合作减排的可行性，根据这个博弈分析，项目组找到了一个帕累托改进的合作减排方案基于博弈论的全球减排合作方案并将该成果发表在《科学通报》。并且在《中国科学》上发文，论证在气候变化伦理学，论证提出“万物各得其生以和”是当前气候变化应对碳减排伦理学原则。这一原则为习近平主席在巴黎气候会议所提倡。

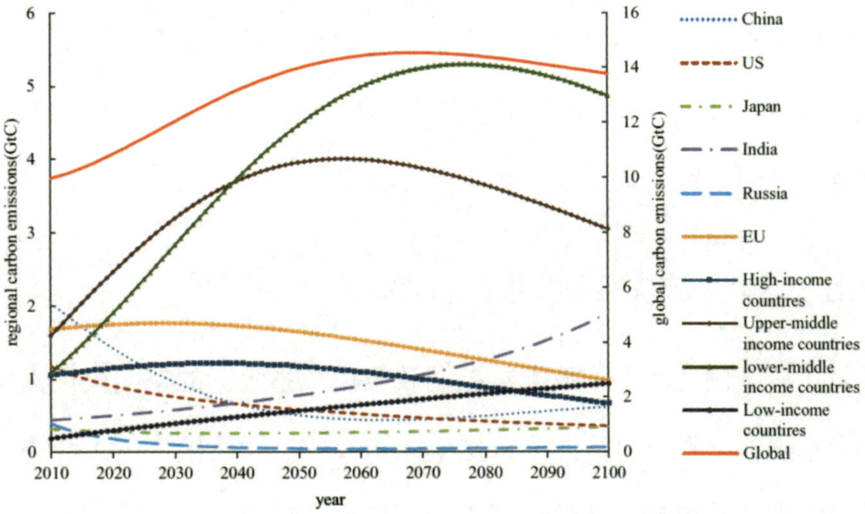

图11-2-5　全球碳排放的需求趋势预测

11.3　研究特色与创新

在技术方法上，以大规模数值模拟和非数值模拟为基本技术，通过模拟计算不确定性高的减碳和全球产业结构演化、中国人口经济和重要区域大都市圈的可持续发展、粮食供应安全及分区域农业适应性问题，评估全球创新、技术进步的作用和全球气候变化的社会经济代价，最终形成全球气候治理DSS基础。

在学科理论上，一方面，通过经济动力学与自主创新发展气候经济学模型的结合，集成地球科学与管理科学优势，构建全球气候治理思想的可计算模型，推动气候变化经济治理政策模拟的发展。另一方面，将气候变化农业适应性科学、可持续发展理论、实验经济学理论和新经济增长理论相结合，发展成为反映农业经济系统复杂性的IAM，将丰富政策模拟学科的研究领域和理论方法，为自然科学与社会科学深入结合开辟新的途径。

11.4 研究成果在Web地理信息课程教学中的应用价值

11.4.1 数据集成与共享服务

基于ArcGIS Portal的城市居民碳排放数据资源云服务及共享平台，研发动态集成、管理、分布式的地理信息服务技术，解决了公共平台空间数据共享问题，为政府、企业和个人提供方便实时地查询、搜索、应用所需的碳排放地理信息服务，有效地实现地理信息的共享、集成和交换。平台为6816名实名注册用户，多项科研项目与民生工程等提供了无偿的数据服务，并可持续开展无偿的数据共享服务。

11.4.2 WebGIS碳排放决策支持系统构建

本项目开发了“中国区域碳排放配额控制政策模拟系统”的空间决策支持系统，该系统以WebGIS为基础，以省市自治区为数据单元构成数据库，模块包含经济平稳增长率计算模型、碳排放需求估算模型、配额分配原则评估和减排控制率计算模型，对经济平稳增长下的配额分配政策模拟模型实现了可计算化。另外，本项目构建了“CIECIA: 一个新的气候变化集成评估模型及其对全球合作减排方案的评估”系统，研究了在全球经济一体化条件下，国际合作减排的各种前途2015年，推荐给世界保障国际公平的减排方案。

参考文献

[1]胡秀莲，姜克隽，2003.ERI-AIM/中国能源排放模型及应用[C].第二次全国气候变化学术讨论会.中国气象局.

[2]蒋金荷，姚愉芳，2002.气候变化政策研究中经济—能源系统模型的构建[J].数量经济技术经济研究，(7)：41-45

[3]刘昌新，王铮，田园，2016.基于博弈论的全球减排合作方案[J].科学通报，61(7)：771-781.

[4]秦大河，2004.进入21世纪的气候变化科学—气候变化的事实、影响与对策[J].科技导报，(7)：4-7.

[5]秦耀辰，2013.低碳城市研究的模型与方法[M].科学出版社.

[6]王铮，顾高翔，吴静，等，2015.CIECIA：一个新的气候变化集成评估模型及其对全球合作减排方案的评估[J].中国科学：地球科学，45(10)：1575-1596，1-4.

[7]王铮，乐群，夏海斌，等，2016.中国2050：气候情景与胡焕庸线的稳定性[J].中国科学：地球科学，46(11)：1505-1514，1-6.

[8]王铮，翟石艳，马晓哲，2010.河南省能源消费碳排放的历史特征及趋势预测[J].地域研究与开发，29(6)：69-74.

[9]王铮，郑一萍，冯皓洁，等，2000.中国发展中的环境与经济安全问题透视[J].科学与社会，(03)：19-21.

[10]王铮，朱永彬，刘昌新，等，2010.最优增长路径下的中国碳排放估计[J].地理学报，65(12)：1559-1568.

[11]王铮，刘晓，黄蕊，等，2013.平稳增长条件下中国各省市自治区的排放需求估算[J].中国科学院院刊，28(01)：85-93.

[12]王铮，吴静，朱永彬，2010.气候保护的经济学研究[J].北京：科学出版社王铮，

[13]王铮，2015.胡焕庸线的稳定性及其突破和打破[C].中国地理学会，中国人口学会.

[14]吴静，王铮，2009.全球减排：方案剖析与关键问题[J].中国科学院院刊，24 (5)：475-485.

[15]吴乐英，王铮，徐程瑾，等，2016.省区碳经济分析的CGE模型及其应用——以河南省为例[J].地理研究，35(5)：941-952.

[16]朱潜挺，吴静，洪海地，等，2015.后京都时代全球碳排放权配额分配模拟研究[J].环境科学学报，35(1)：329-336.

[17]Fu Y, Cui Y, Qin Y, et al., 2019. Continued Hydrothermal and Radiative Pressure on Changed Cropland in China. Sustainability, 11（14），3762.

[18]Gu G, Wang Z, 2018. Research on global carbon abatement driven by R&D investment in the context

of INDCs. Energy, 148, 662-675.

[19]Nordhaus W D, Boyer J, 1999. Roll the DICE again: Economic models of global warming. Yale University, manuscript edition.

[20]Stern N, 2006. Stern Review: The economics of climate change.

[21]Sun Y, Xu C J, Zhang H L, et al., 2019. Migration impact on China's population dividing line driven by hybrid features: perspectives of climate change and wage gap. Asia Pacific Journal of Regional Science, 3，431–464

[22]Wang Z, Li H Q, Wu J, et al., 2010. Policy modeling on the GDP spillovers of carbon abatement policies between China and the United States. Economic Modelling, 27(1)，40-45.

[23]Wang Z, Zhu Y, Zhu Y, et al., 2016. Energy structure change and carbon emission trends in China. Energy, 115，369-377.

[24]Wu L, Liu C, Ma X, et al., 2019. Global carbon reduction and economic growth under autonomous economies. Journal of Cleaner Production, 224)，719-728.

[25]Zhai S Y, Song H Q, 2018. Climate change and Chinese farmers: Perceptions and determinants of adaptive strategies. Journal of Integrative Agriculture, 17(4), 949-963.

[26]Zhu Y, Shi Y, Wang Z, 2014. How much CO2 emissions will bc reduced through industrial structure change if China focuses on domestic rather than international welfare? Energy, 72,168-179.

第 12 章 Web GIS 技术新进展

互联网与 GIS 融合产生了 Web GIS，广泛应用于国家与区域经济建设、生产实践、政府决策与管理，以及人们的日常生活，发挥了重大作用，推动了地理信息系统（GISy）到地理信息科学（GISc），再到地理信息服务（GISe）的转变（杜清运，2021）。恩格斯说，“社会一旦有技术上的需要，则这种需要就会比十所大学更能把科学推向前进。”正是这种广泛的需要，推动了 Web 地理信息技术的迅猛发展，也吸引更多的人员从事这一领域。针对不同的应用，不断探索解决问题的具体路径，创新技术方法。在教学实践中，将应用案例及时引入教材和课程教学，强化学习者对 Web 地理信息技术的融会贯通和实践创新。在理论—实践—理论的循环过程中，推动技术不断进步。

12.1　网络信息技术与GIS的结合

12.1.1　从GIS到Web GIS

地理信息系统（Geographic Information System，GISy）是在信息技术支持下，对地理空间数据进行采集、管理、分析、表达的技术。地理信息系统遵循数据、信息、知识、智慧的递进层次体系，构建了地理空间模拟、预测、优化等一系列方法。这些方法有助于研究揭示地理现象和要素的分布形态、相互作用、动态演化和驱动机理，从而服务于空间决策支持（李新，袁林旺，裴韬等，2021；刘瑜，2022）。地理信息科学（Geographic Information Science，GISc) 在信息系统的语境下，研究地理学基本概念和规律的抽象和形式化表达，从而为地理信息系统的实现和应用奠定理论基础（Mark, 2004）。但是，无论是称为地理信息系统还是称为地理信息科学，其本质和核心仍是技术，尤其是计算机技术的发展是主要动力（龚健雅，杜道生，李清泉等，2004）。

1950 年代末和 1960 年代初，计算机获得广泛应用，计算机存储地图信息成为可能，并开始应用于自然资源管理和土地利用规划，在此基础上诞生了由罗杰·汤姆林森（Roger Tomlinson）开发的加拿大地理信息系统（CGIS）（黄杏元，马劲松，汤勤，2001）。1989 年英国物理学家蒂姆·伯纳斯·李（Tim Berners-Lee）发明了 WWW 超文本传输，给互联网焕发了活力（杨书卷，2013）。万维网改变了人类社会的方方面面，也改变了地理信息系统。万维网与地理信息系统的融合产生了万维网地理信息系统（Web GIS）这一新兴领域。使得地理信息系统从基于本地文件的单个计算机系统不断发展，经历了基于中央数据库和局域网的客户端 / 服务器架构（Client/Server, C/S），发展到基于万维网的浏览器 / 服务器架构（Browser/Server, B/S）。1993 年，施乐公司帕洛阿尔托研究中心（Palo Alto Research Center, PARC）开发了一个交互式的地图网页，这标志着 Web GIS 的起源（图 12-1-1）。这个网页首创了在 Web 浏览器中运行 GIS 的方法，展示了用户不必在本地安装地理信息系统数据和软件，就可以在任何有互联网的地方使用地理信息系统。随后，Web GIS 不断发展，展现出比传统的桌面地理信息系统无法比拟的优势：传播的广远性、用户的众多性、较好的跨平台性、平均费用的低廉性、对最终用户的易用性、更新的统一性和应用的广泛性等诸多方面（付品德，秦耀辰，闫卫阳等，2018）。

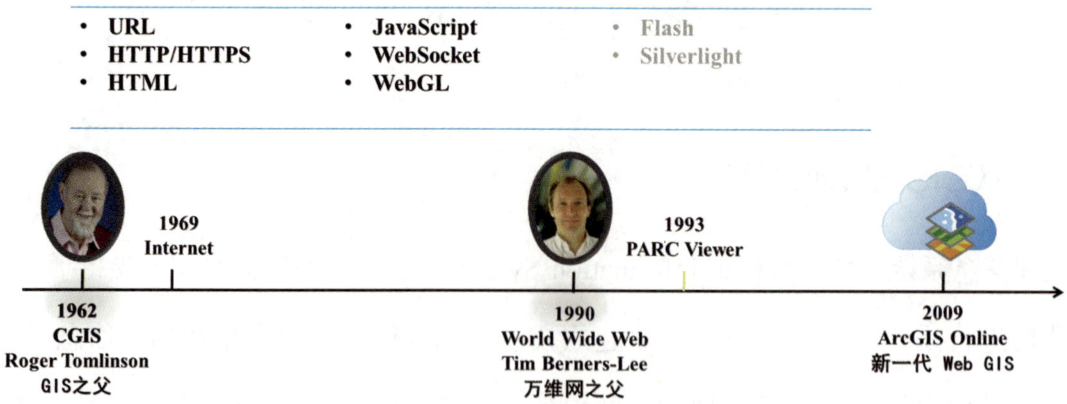

图12-1-1　从GIS到Web GIS

从理论上讲 Web GIS 可以实现 GIS 的全部功能，在互联网上实现地理信息的收集、存储、编辑、处理、管理，分析、共享和可视化等。但是，由于 Web GIS 是一门新兴技术，与桌面版 GIS 相比，功能相对较弱。现阶段应用较多的主要功能有：地图和查询、数据采集、地理信息的分发和传播、地理空间分析等，而且仍在不断完善。

12.1.2 Web GIS的技术架构

Web GIS 作为 GIS 新的发展方向和研究热点，国内外主要的 GIS 厂商都在积极开发 Web GIS 产品，提出自己的解决方案。国内外的主要 Web GIS 产品包括：Esri 公司的 ArcGIS Online 和 ArcGIS Enterprise；易智瑞公司的 GeoScene; 超图公司的 SuperMap IS；武汉吉奥公司的 GeoSurf；开源软件 GeoServer、CartoDB 和 Mapbox；大众化地图应用如 Google Maps、Google Earth、 Apple Maps、百度地图和天地图等。其中 Esri 公司的 ArcGIS Online 和 ArcGIS Enterprise 是世界上应用最广泛的产品。

Web GIS 所采用的 Web 技术，包括但不限于超文本传输协议 (Hypertext Transfer Protocol，HTTP)、超文本标记语言 (Hypertext Markup Language，HTML)、统一资源定位器 (Uniform Resource Locator，URL)、JavaScript、WebGL（Web Graphics Library）、SVG（Scalable Vector Graphics）、Canvas 2D 和 WebSocket 等。其中，HTTP、URL 和 HTML 是 WWW 技术的三大基石，也是 Web GIS 的技术基础。HTTP 定义了一套 Web 服务器与客户端进行请求和应答时所应遵守的规范。URL 是描述 Internet 上网页和其他资源地址的一种标识方法。HTML 是标准通用标记语言下的一种规范，它通过标记符号来标记显示网页中的各个部分。

与 Web 应用相似，Web GIS 的基本工作流程是用户使用 Web 客户端（可以是 Web 浏览器、移动客户端或桌面应用程序），向 Web 服务器发送 HTTP 请求；Web 服务器将有关 GIS 功能的请求转发到 GIS 服务器，GIS 服务器从 GIS 数据库中读取所需要的数据，对请求进行相应处理，如生成地图、执行查询或相关分析，将数据、地图或其他操作结果通过 HTTP 响应返回到客户端中显示（图 12-1-2）。

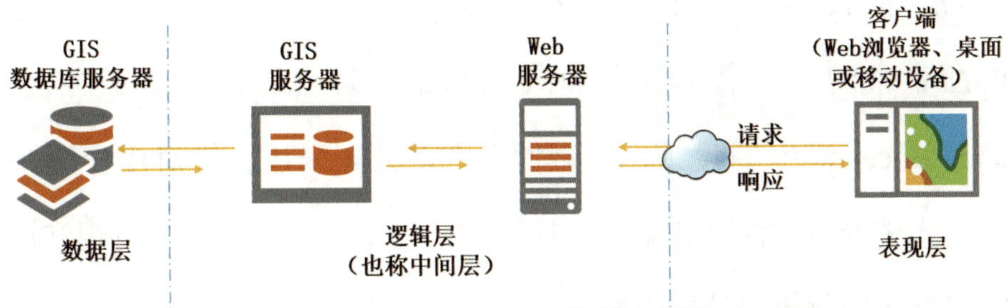

图12-1-2　Web GIS的基本架构

Web GIS 服务器是 Web GIS 架构中最重要的部分。Esri 从上世纪的 ArcIMS 到 2004

年发布的 ArcGIS Server，到现在新一代 Web GIS，包括基于公有云的 ArcGIS Online 和可用于私有云的 ArcGIS Enterprise，产品性能和功能有飞跃式提升。数据库是 Web GIS 应用的基础支撑。地理数据可以从简单的 CSV 文件、单幅的遥感影像到小型的和大型的企业级数据库。近些年地理大数据的存储和分析促进了大数据数据库如 Hadoop、Hive 的发展和使用。Web GIS 客户端在 Web GIS 应用中扮演着两种角色。一方面它代表整个系统的最终用户界面，负责与用户交互；另一方面，客户端日益强大，可以快速进行较多数据的渲染可视化，并能进行一些分析运算等处理任务。现在的 Web GIS 客户端早已经不限于 B/S（浏览器 / 服务器）架构下的浏览器客户端。就 Esri 的 Web GIS 产品来说，Web 浏览器客户端基于 HTML5 技术，包括 ArcGIS Online 和 ArcGIS Enterprise 提供的大量的 Web 应用模板。桌面应用程序客户端是基于操作系统的软件，不受浏览器插件影响，ArcGIS Pro 就是一个桌面客户端，它是一个 64 位原生程序，支持多线程，在使用更大内存的同时还可以更充分的利用 CPU 计算资源，可以灵活地使用互联网或云中的多种地图和分析服务，并且可以与本地数据相结合，提供多种 Web 浏览器客户端不能完成的复杂分析操作。移动客户端日益普及，其用户量已经超过了其他客户端。这类客户端的典型代表包括 ArcGIS Survey123、ArcGIS Field Maps, 以及 ArcGIS QuickCapture。用户可以线下创建数据，发布到 Arc GIS Online 或 ArcGIS Enterprise，或者直接使用线上数据，利用在线工具和应用模板，创建丰富的 Web GIS 应用，也可以利用 API 和 SDK 开发接口，定制开发独特的 Web GIS 应用。

12.1.3 Web GIS应用模式

Web GIS 克服了地理信息的时空羁绊，展示了其对于政府、商业、科学和日常生活的巨大价值（付品德，秦耀辰，闫卫阳等，2018）。

（1）Web GIS作为新的商业模式和新的商品

Web GIS 所带来的最显著的商业模式是基于地理位置的广告服务，这种模式被 Google、Apple、Facebook、百度地图、微博等众多公司采用，针对用户所搜索的关键字和位置来显示广告赞助商的商品和服务。这种广告发布方式比传统的电视和广播等广告模式更精准，有更高的回报率。从广告赞助商的角度来看，这种按点击量来付费的模式能让他们更好地了解广告的实际效果，更好的控制在广告上的投资。

（2）Web GIS作为电子政务的一种强大并具有亲和力的工具

很多政府事务与位置相关，地理位置也就成为政府业务的基本要素。易于理解的在线地图，使 Web GIS 成为一种极具亲和力的沟通渠道。凭借其分析能力，Web GIS 能为决策者提供广泛的地理智能和辅助决策方案。许多政府部门已经在转向 Web GIS，以便充分利用 Web GIS 在交流和协作方面的优势。智慧社区 (Smart Community) 就是 Web GIS 在政务方面应用的热点之一。利用 Web GIS 来提供城市施工、垃圾回收甚至每一棵树的信息，为公民提供方便，增加公民的知情权，提高政府的透明度。结合“众包”(crowd sourcing) 模式，提供自下而上的信息通道，吸引公众参与，收集公众建议，吸纳集体智慧，籍此来提高政府的工作质量。

（3）Web GIS作为数字化科研（e-Science）的基础平台

现代科研往往涉及大数据和密集计算。Web GIS 及其背后的云平台和并行运算为数字化科研提供了计算能力强大、数据丰富、成本低廉、容易使用的基础设施。目前，万维网已经日益成为一个巨大的分布式数据库、强大的计算平台和协同实验室。越来越多的机构把他们的地图服务、空间分析服务发布到了“云”中。Web GIS 在大数据分析方面、与人工智能软件的融合方面为科学家们提供了从数据技术到前沿分析的全方位平台。

（4）Web GIS作为人们日常生活中的重要工具

在人们日常生活中，经常会遇到诸如到哪里吃饭、在哪里入住、去哪里购物，如何从这里到那里去等问题，它们都与 GIS 有关。传统上，教育界认为，一个人在社会上生存需要学会三项基本技能，即读、写、算术。近年来，空间认知能力被认为是人类基本的地理能力，在素质培养中日益重视（丁生军，2016）。而 Web GIS，特别是在线和手机地图，是人们了解自己的生活空间、获得空间认知能力的重要手段。

12.2　Web GIS中多尺度地图数据库构建

12.2.1　Web GIS的数据支撑

在 Web GIS 中，操作的主要数据就是地图，数据库的构建是 Web GIS 重要基础。地理数据库是某区域内关于一定地理要素特征的数据集合。它可以存储不同类型的地理数据，如矢量数据（如点、线、多边形）和栅格数据（数字高程、卫星与航空影像）；一些GIS数据库还支持CAD、三维、交通和管线网络、三角测量、激光雷达（LIDAR，Light Detection And Ranging）、影像镶嵌数据集等数据类型的存储。

作为空间现象可视化表达的地图，通常被誉为地学研究的第二语言，它在探索地学特征规律、揭示地理过程机理、挖掘空间分布模式等方面承担着分析表达与交流传输两大工具作用。随着科学技术的高速发展和社会信息化程度的加深，地图以多尺度地图空间数据库的方式表达，经过测绘工作者的不懈努力，当前已建成全国1:5万框架数据库、1:25万基础地理空间数据库、1:50万交通数据库和1:100万、1:300万数据库等，各省市也陆续建立了1:10000、1:5000、1:1000甚至局部地区1:500的各种数据库，我国基础地理空间数据的建库工作初见成效。

多尺度地图数据库是国民经济建设各级行政决策规划的重要依据，也在国防建设的战略、战役、战术决策中发挥关键作用（图12-2-1）。传统的多尺度地图数据库建设采用重复建库的方式，导致建库周期长、数据冗余大且一致性差、数据库更新困难等问题，严重影响了我国地理信息产业的现代化进程。为突破重复建库导致的质量低、效益差等卡脖子问题，引入智能化技术来实现地图自动综合与尺度变换，是本学科技术发展的必然方向。但是，地图自动综合一直是地图学与地理信息学界的“国际难题”，让机器理解地图图形语义并执行尺度变换的空间推理，在人工智能与地理信息科学领域均属于技术前沿。

图12-2-1　多尺度地图数据库构成及应用场景

12.2.2　多尺度地图数据库技术创新

由中国工程院院士王家耀教授牵头，河南大学等教学科研机构人员参与，面向地理信息产业的国家重大需求迎难而上，围绕人工智能与地图综合的结合，突破了地图自动综合基础理论和实现方法上的一系列难题，取得了多项创新型成果。完成的“智能化地图综合与多尺度级联更新关键技术及应用研究”获得 2021 年度国家科学技术进步二等奖。

①在国际上首次提出了多尺度地图空间相似关系计算方法，率先建立了空间方向关系的定量计算和定性描述模型，发展了具有普适性和统计意义的广义 Hausdorff 距离度量模型。

②创建了地图空间信息度量的特征信息熵模型，系统发展了多源、多尺度空间变化信息的自动识别和提取方法，揭示了地图信息载负量与地图尺度的变化规律，为地图自动综合算法设计、算法性能分析和地图综合结果的质量评价奠定了理论基础。

③发现了地图自动综合过程控制规律和地图自动综合质量控制中的回溯性规律，首创了地图自动综合链理论体系，提出了地图自动综合算法和综合结果的评价模型，突破了地图综合过程自动控制和地图自动综合全过程质量评价两大难题。

④系统发展了地形图全要素自动综合和更新算法，自主研发了我国首套地形图自动综合软件系统，为多尺度矢量地形图数据库建设树立了样板。

地图数据库建设与多维动态可视化是地理信息教学的重要内容，多尺度地图数据库既能使 Web GIS 用小比例尺地图快速宏观地表达地理世界，又能使之用大比例地图来精细地显示地理事物，且不影响地图浏览的速度。因此，项目成果丰富了 Web 地理信息课程的教学内容，为 Web GIS 技术发展提供了理论和方法。

12.3　Web GIS技术发展趋势

近些年来信息技术迅猛发展，Web GIS 与并行运算、云计算、移动互联网、物联网、无人机、语音界面、计算机学习、人工智能等信息技术融合，深化了在大数据、智慧城市、智慧社区、商业智能、无人驾驶、虚拟现实、增强现实等前沿领域的应用，Web GIS 在技术融合和实践应用中呈现出明显特点和趋势（付品德，秦耀辰，闫卫阳等，2018）。

12.3.1 网站架构和服务模式更加开放友好

早期的 Web GIS 软件产品和应用系统大都是作为“独立解决方案”来开发的，各自是孤立和封闭的网站，各系统之间不易进行信息和功能的共享。Web 服务作为一种运行于 Web 服务器上的程序模块，可以被客户端灵活的调用和重新组合，近些年来已经成为 Web GIS 的技术基础。现在的 Web GIS 产品和应用架构主要就是服务器端发布 Web 服务，客户端调用和展现 Web 服务的结果。

门户网站作为进入其他网站或网络资源的门户的网站，已成为 Web GIS 技术的核心组件，例如，ArcGIS Online 和 Portal for ArcGIS 具有地理门户功能。它们有助于 GIS 数据层和服务的管理、搜索、发现、配置、安全和聚合。如今，门户协作允许不同的组织将所选内容复制为主机和用户，从而创建 a portal of portals（一种分布式 Web GIS 模式）。ArcGIS Hub 和 ArcGIS Enterprise Sites 是基于某一主题或目标的门户。它们提供了一个易于配置的社区参与平台，通过信息驱动的工作目标来组织人员、数据和工具。组织可以创建现代的新式网站，以共享特定主题的数据、文档、视频、Web 地图和应用。

近几年来，云计算和云 GIS 已经完成了从概念到普及应用的转变。相对于本地复杂的海量数据处理、频繁的软硬件更新，云 GIS 显得更为“轻盈”。使用云 GIS 为桌面和移动等应用提供数据和功能支持，这种模式已经被业界广泛的接受和应用。现在流行的 Web GIS 产品不仅提供了功能，而且提供了众多的底图服务和专题图层，以 Web 服务的形式提供给用户，大大简化了应用开发的工作量。对很多开发者来说，很难想象以前那种连基础底图都需要自己采集或购买的年代。

12.3.2 新型Web GIS成为技术和应用主体

早期的 Web GIS 产品和应用主要是支持地理信息从服务器端到客户端的单向流动。本世纪以来，互联网用户创建的内容越来越多，自客户端到服务器的信息流迅速发展，自发式地理信息也随之出现，基于这种模式的地理信息众包研究和应用蓬勃发展，是诸如全民科学、社区反馈、预警、突发性事件的监控和过程分析、国家空间数据基础设施建设等方面的重要支撑技术之一。

现代社会已经进入后 PC 时代，智能手机、平板电脑和各种便携式数码设备极其流行，智能移动设备的数量早已超越了台式和笔记本式计算机。移动 GIS 正成为 Web GIS 最主要的客户端平台，越来越多的 Web GIS 采用自适应技术和本地应用技术来支持大小迥异的屏幕，把 Web GIS 送到每个人的手机上，让 Web GIS 的应用更紧密的融合到人们的办公和生活中。增强现实是移动 GIS 中的一个研究热点，它根据手机的位置及角度，把地理信息叠加在手机的图像或视频上，将虚拟的信息应用到真实世界，从而达到超越现实的感官体验。

Web GIS 中的许多组成部分都具有实时和近实时的特性，例如由野外工作人员收集的数据，由公众使用手机报告的事件，由智慧城市和物联网所布设的传感器网所监测到的海量数据，对 Web GIS 提出了挑战和新的需求。现代的 Web GIS 具有巨大的实时数据吞吐能力、大数据存储能力和实时分析能力，以适应物联网时代的需求。栅格数据是 GIS 的一种重要数据源，在这方面，航空航天和无人机遥感影像的时空分辨率也越来越高，数据量爆炸式增长。对栅格大数据的动态拼接、及时发布和高速处理也是现代 Web GIS 需要具备的重要功能。

12.3.3 网络智能分析和三维可视化成为研究热点

三维地图更为直观、便于理解，但在 Web 上提供三维地图曾受限于很多技术瓶颈。而今，WebGL 日益普及，缓存技术日益完善，许多 Web GIS 产品已经能在浏览器和手机中平滑、逼真地展示三维地图。虚拟现实（Virtual Reality，VR），特别是带上 VR 眼镜或头盔的浸入式 VR，能给用户带来身临其境的视觉和其他感觉效果，并让用户能与周围的环境进行动态交互。VR 给用户带来了全方位的、比三维地图更有冲击力的用户体验，在众多的 GIS 应用领域中都具有极大的潜力。

Web GIS 从为互联网用户提供简单的地图开始，一直在逐渐增加分析功能，例如为大众提供的最佳路径计算和为企业提供的专业商业分析功能。近期快速发展的大数据分析能挖掘出以前所不能发现的规律和现象，为政府、企业等机构提供更深入的决策支持。目前的计算机学习和人工智能等热点也在和 Web GIS 融合，例如，计算机学习能让在线遥感分析和影像识别更为准确，人工智能可以让 Web GIS 能够从众多的设施图片中识别出破损的设施，以便安排定位维修。智能化分析日益融入 Web GIS 的地理分析工具之中。

参考文献

[1]丁生军，2016.空间认知能力及其养成[J].地理教学，(21)：7-10.

[2]杜清运，2021.新时代的地理信息科学[J].地理信息世界，28(1)：1.

[3]付品德，秦耀辰，闫卫阳，等，2018.Web GIS原理与技术[M].北京：高等教育出版社.

[4]龚健雅，杜道生，李清泉，等，2004.当代地理信息技术[M].北京：科学出版社.

[5]黄杏元，马劲松，汤勤，2001.地理信息系统概论（修订版）[M].北京：高等教育出版社.

[6]李新，袁林旺，裴韬，等，2021.信息地理学学科体系与发展战略要点[J].地理学报，(76)：2094–2103.

[7]刘瑜，2022.地理信息科学：地理学的核心或是外缘？[J].中国科学:地球科学，52(2)：377-380.

[8]杨书卷，2013.互联网开放20年[J].科技导报，31(14)：7.

[9]中共中央马克思恩格斯列宁斯大林著作编译局，2009.马克思恩格斯文集（第十卷）[M]. 北京：人民出版社.

[10]Mark D, 2004. Geographical information science: Defining the field. In: Duckham M, Goodchild M F, Worboys M, eds. Foundations of Geographical Information Science. London: CRC Press.

第四部分

学生专业竞赛实践

4

第13章
中国高校地理科学展示与GIS技能大赛

中国高校地理科学展示大赛通过高校地理学科学生科研交流，提高学生的实践创新能力、团队协作能力、口头表达能力，增强学生的综合素质。全国高校GIS技能大赛的目的是激发高校学生对GIS技术学习、交流和应用的热情，拓宽学生的思维，锻炼学生的实际动手能力，推广GIS技术在中国普及等，并为中国GIS事业储备和选拔更多的优秀人才。地理信息课程团队积极组织学生参赛，2017~2019年获得地理科学展示大赛一等奖；2018~2021年获得GIS应用技能大赛一等奖。

13.1 基于Web GIS的社会志愿助老信息平台设计与开发

13.1.1 研究背景

2015年我国60岁及以上人口达到2.22亿人，占总人口的16.15%，已经成为世界上老年人口最多的国家，也是人口老龄化发展速度最快的国家之一。预计到2025年，我国60岁以上人口将达到3亿人，将成为超老年型国家。到2040年我国人口老龄化进程达到顶峰（张维炜，2017；产业信息网，2016）。人口老龄化是一个无法回避的社会问题，而计划生育政策在为经济发展发挥作用的同时也产生了一定负面影响，国家和家庭的养老负担双双加重。作为政府，在运用政策解决这一问题的同时也同样期盼着更多社会组织的出现，关爱老人，回馈社会；作为子女，在有着现实无奈的情况下，也同样期盼可以得到社会帮助，让独居在家的父母得到关怀。

在中国老龄化问题日益严峻及当代年轻人大多离家工作的背景下，传统的线下志愿服务站和养老院已经无法满足以老年群体为主的特殊弱势群体迫切的物质需求和精神需求。同时，广大社会志愿服务热情高涨，蓬勃发展，但面临志愿者与需要服务的老年人的信息对接问题，建立一种高效整合、处理运用多源信息的新型志愿服务平台势在必行。利用Web GIS结合Internet/Intranet技术，以蕴含海量信息的网络电子地图为载体，可以实现智能化、个性化、交互式的信息管理、分析和服务，构建基于Web GIS技术的社会志愿助老信息服务平台。目前，国内外基于Web GIS技术已在土地管理、旅游规划、公共设施等领域做了许多理论研究及应用开发，提高了政府相关职能部门办事效率。在运用信息技术研究老年健康和关爱问题上，国外主要研究医疗服务，如疾病监测与追踪等的信息化。国内则主要集中在居家养老服务领域，如基于老年群体的网络信息无障碍服务平台研究（程君青，潘晓红，2011）；基于Java EE和Web GIS的养老社区环境信息与健康生活指导系统研究（王满意，2015）；基于医疗信息技术的区域协同医养一体化居家养老服务平台构建（宋应诺，2015）；基于信息融合居家养老服务平台的构建（章冰冰，吴韶波，2017）等。但是，目前基于Web GIS建立老年人和志愿者关系的相关研究较少。向老年群体和志愿者提供及时有效的信息，使二者在现实生活中能够有机结合，是一个亟待解决的技术问题和社会问题。

13.1.2 平台总体设计

（1）设计目标

通过在网上建立一个基于Web GIS技术和动态网页技术的完整的信息平台，以网页的形式向用户提供关于志愿助老的所有详细内容，用户可以在网上进行登录与注册、浏览传统意义上的文字信息和图片信息，发布活动征集志愿者或是发布文章等。其中，最重要的功能就是利用Web GIS在客户端实现地图的交互式访问，实现智能化、远程化的志愿者和老年群体的空间定位和查询检索。

（2）技术路线

以城市社区和农村村委员会为研究单元，以高校青协组织、社会公益组织、企业和在网站上注册登记的社会志愿者以及有服务需求的老年人为服务对象，在老年群体需求现状调查与分析、志愿服务实例调研、查阅国内外相关文献、数据采集基础上，搭建地图服务的门户网站，综合采用ASP动态网页设计、Oracle与ArcSDE相结合的数据库管理、信息发布与访问、ArcGIS Server 服务等技术，实现在线地图的显示浏览、空间属性查询、图层管理、空间分析、导航服务、图表汇总等功能，最终实现老年人服务需求与社会志愿者的信息对接（图 13-1-1）。

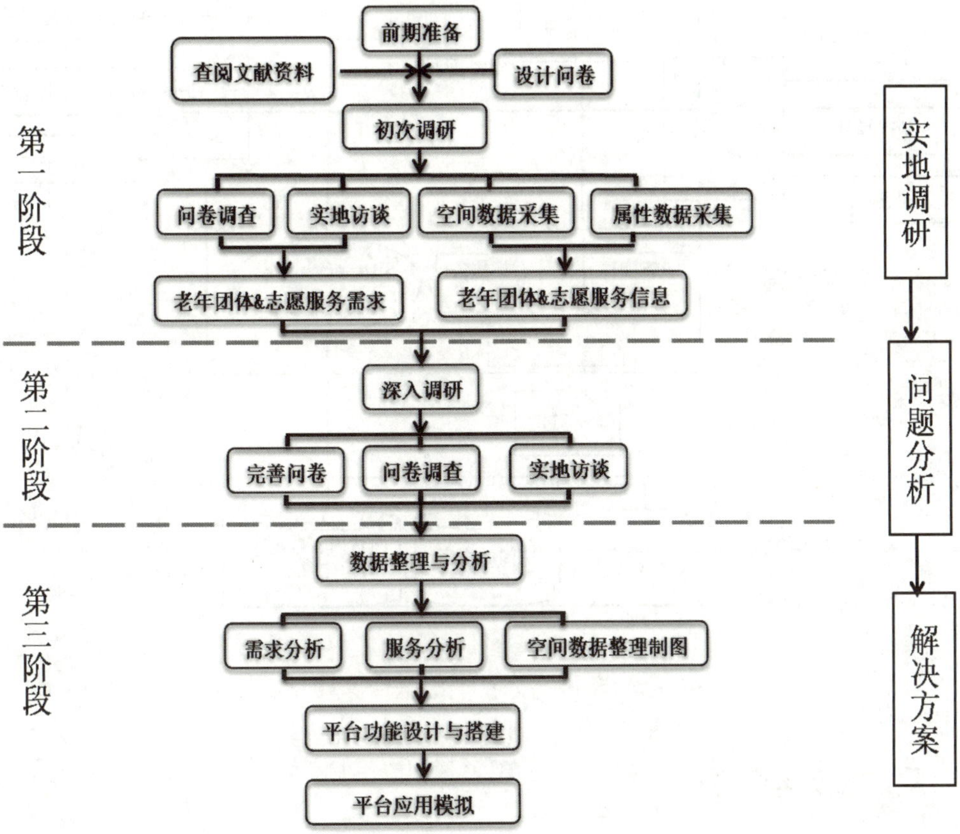

图13-1-1 技术路线

（3）**平台架构**

结合 ArcGIS Server10.0 平台提供的 Silverlight 二次开发框架，调用各种 GIS 服务和 .Net 框架开发的 WCF RIA Service，实现对志愿者与老年人的属性数据和空间数据的查询检索和交互访问，构建 Web GIS 系统。将该系统嵌入志愿助老信息平台网站，作为其中一个主题栏目。网站不仅向用户提供传统意义上的文字信息和图片信息，还可以交互访问 Web GIS 系统提供的属性信息和空间信息（图 13-1-2）。

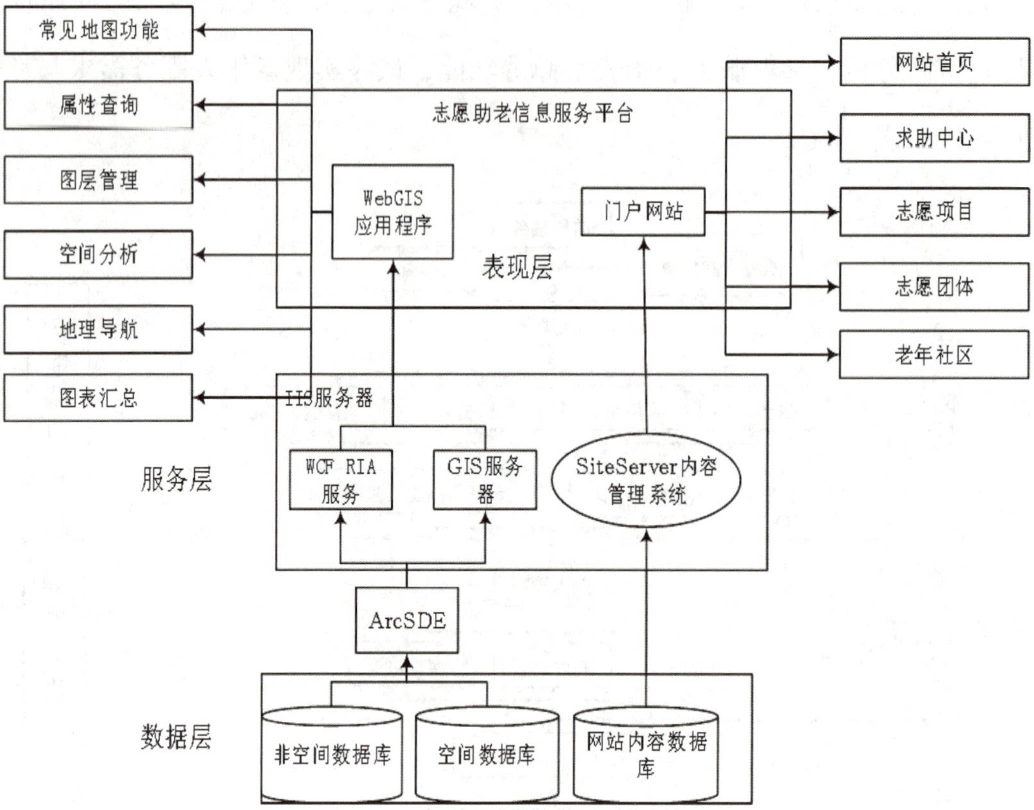

图13-1-2　平台架构设计

13.1.3　网站设计与开发

（1）板块设计

网站设置求助中心、志愿项目、志愿团体、老年社区等栏目（图 13-1-3）。

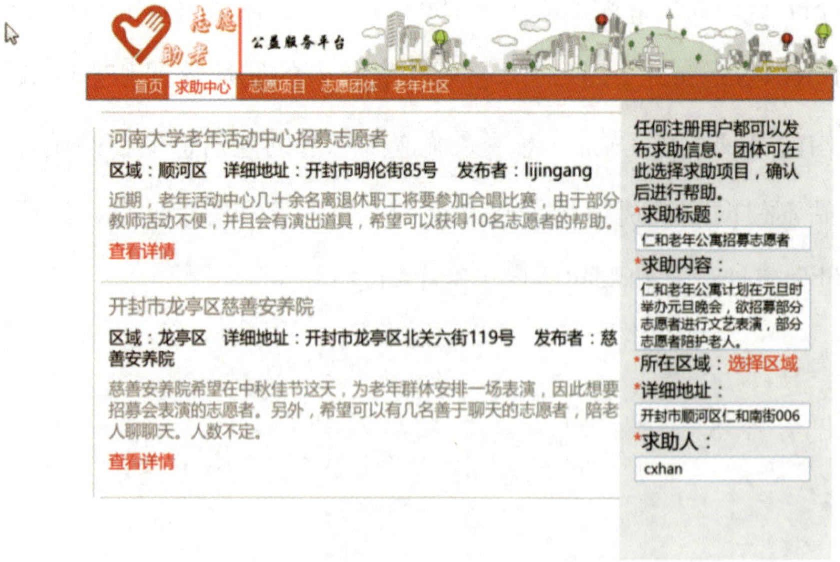

图13-1-3　网站首页

（2）注册登录

注册登录便于用户具有对系统数据进行查询、分析和下载的权限。当用户进入门户网站时，左上角用户可选择登陆或注册，可选择注册志愿团体或者注册志愿者个人（图13-1-4，图13-1-5）。用户数据存储在服务器端的数据库中，管理人员可以随时调用查看用户记录的合法性。

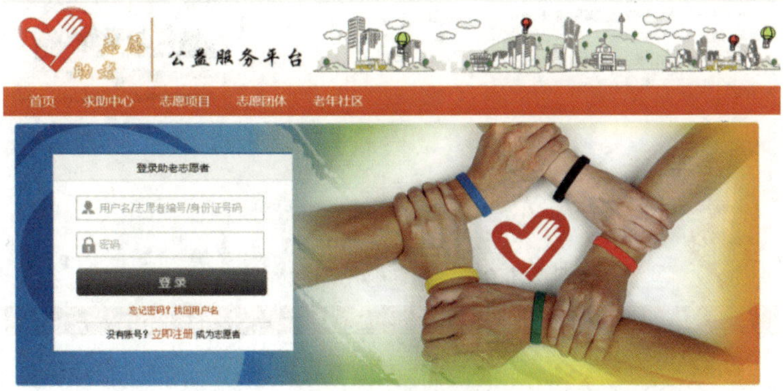

图13-1-4　用户登录

图13-1-5　用户注册

（3）活动宣传

该模块位于首页中心位置，利用Flash循环动态播报新闻内容和活动图片，包括最新志愿者资讯、先进志愿人物、志愿团体动态、热点新闻、热点项目等一系列文字和图片展示（图13-1-6至图13-1-8）。

图13-1-6　滚动图片报道

图13-1-7　志愿服务新闻报道

图13-1-8　先进志愿者报道

（4）社会合作

主要包括志愿团体和志愿项目两个模块。志愿团体模块是一系列已经注册成功并且经过实名验证的志愿团体的展示。平台设有筛选功能，对志愿团体的归属地（具体详细到某区县）、服务类别（如消防宣传、义务理发、老人陪护、文艺演出等）、团体人数（1~100人、101~200人、201~500人等）、团体种类（党群机关、教育事业单位、文化事业单位、社会团体、社会公益组织、国有企业、私人企业等）都可以进行需求筛选。根据平台右边导航输入所需要的服务信息，筛选器会为受助者进行合适的项目推荐以及志愿团体推荐（图13-1-9）。

志愿项目模块是在平台上进行的所有的志愿助老服务活动的汇总。志愿团体负责人可以选定项目区域、服务类别，以及招募志愿者的人数来发布志愿项目。志愿者个人也可以看到志愿项目招募状态以及自己所感兴趣的服务类别和就近服务地点加入志愿项目。筛选器可筛选出项目归属地（具体详细到某区县）、项目类别（如消防宣传、义务理发、老人陪护、文艺演出等）、项目状态（招募待启动、招募中、招募结束、已结项）、报名范围

（公开招募、仅招募实名志愿者、志愿者团体招募等）、服务对象（老年社区、养老院、疗养院、老年干部活动中心等）、招募项目人数（1~100 人、101~200 人、201~500 人等）等一系列属性（图 13-1-10）。

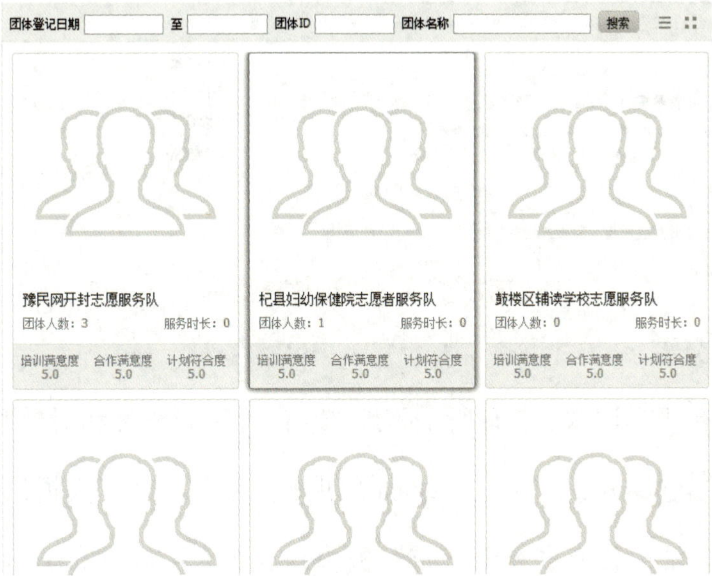

图13-1-9 志愿团体信息

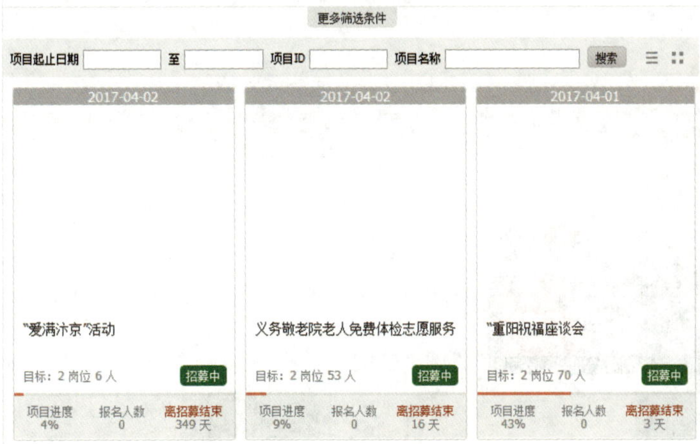

图13-1-10 志愿项目信息

（5）求助信息发布

求助发布功能模块为任何用户提供发布求助信息的功能，用户可对求助标题、求助内容、求助者所在区域、详细地址、求助人和联系电话详细描述，并将求助内容发布。其他用户如志愿者可通过访问本功能模块查询近期及以往发布的求助信息，结合所处区域、服务意向等因素选择符合自身服务能力范围之内的求助内容并与求助者进行联系沟通，自助开展志愿助老活动（图 13-1-11）。

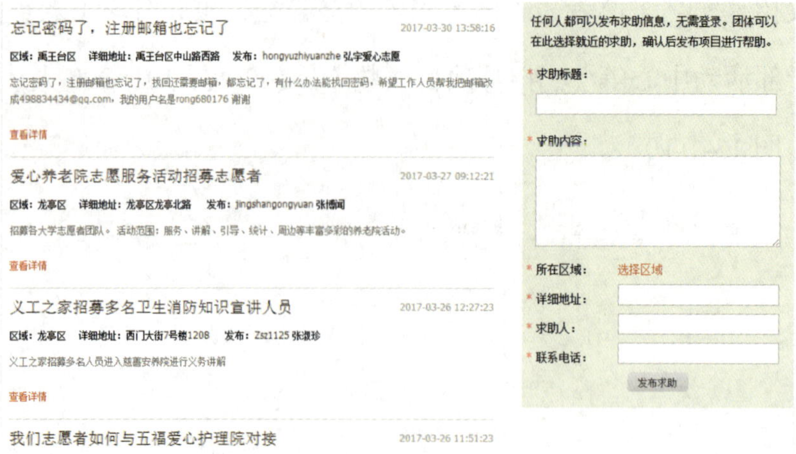

图13-1-11　求助信息发布

（6）老年社区交流

该模块包括老有所学课堂、老有所乐阵地、老有所为的桥梁和对外联系的窗口等模块，面向辖区老年人开展健康知识、书法、培训等讲座；免费向老年人提供阅览、学习服务，丰富老年人的精神生活。设有“夕阳交友”板块，老年人可以发布学习、生活感悟，增进交流。

图13-1-12　老年网上社区

（7）疑难解答

包括志愿者和老年团体进行网站使用相关问题解答、志愿者和志愿团体常见问题解答（图13-1-13）。同时，网站管理人员在本模块中对平台数据库进行管理，对系统数据增加、修改或删除；进行功能补充，使用户能够得到最佳的浏览和使用体验。

图13-1-13　疑难问题解答

（8）志愿者信息查询

提供已注册的志愿者相关信息查询功能，数据链接全国志愿者云。只要在全国范围内注册过的志愿者，都可以在本平台进行登录。老年团体可以通过志愿者信息查询对志愿者进行身份验证，确认其身份的真实性、合法性。志愿者可以在此查询志愿者编号、证书及其参与过的志愿活动，并对新近志愿活动进行真实记录（图 13-1-14）。

图13-1-14　志愿者信息查询

（9）志愿者培训

汇总志愿助老服务的主要流程、服务过程中常见问题及相关注意事项，管理员定期发布与志愿活动、礼仪、规章制度等相关的视频（图 13-1-15）。志愿者个人可根据自己的需要进行相应课程学习，提高志愿助老服务能力和服务质量。

图13-1-15　志愿者培训

13.1.4 在线地图分析系统设计与开发

在线地图分析系统基于 Web GIS 技术实现，以链接形式嵌入网站首页，作为网站的重要组成部分。该系统功能结构如图 13-1-16 所示。

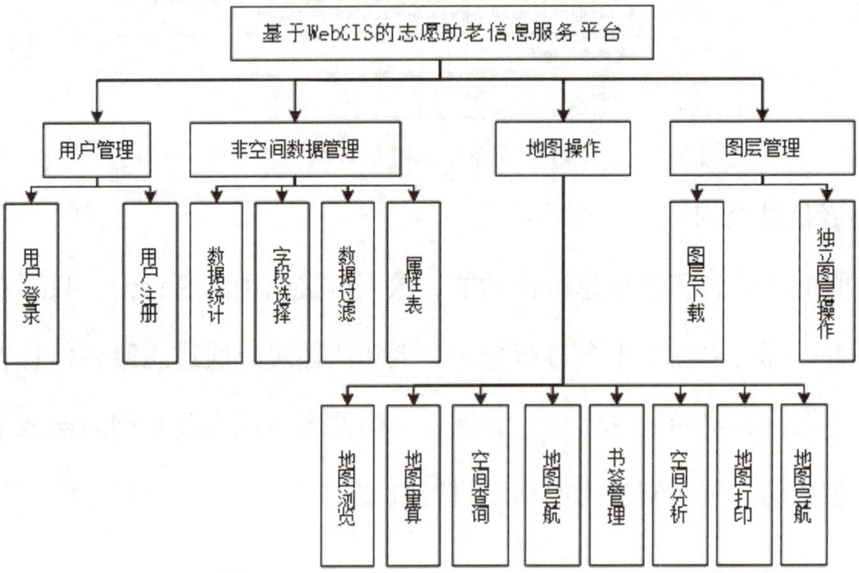

图13-1-16 在线地图分析系统功能结构

（1）属性数据与空间数据集成管理

对于地图的非空间数据信息，根据 Silverlight 客户端，利用 WCF RIA Service 服务的形式，对基于 ArcSDE 的 Oracle 数据库进行访问，并返回相关数据。同时还提供对所展示的数据进行数据统计、数据过滤、图表分析和数据导出等功能，使 Web 用户能更全面、直观地了解数据内容（图 13-1-17，图 14-1-18）。

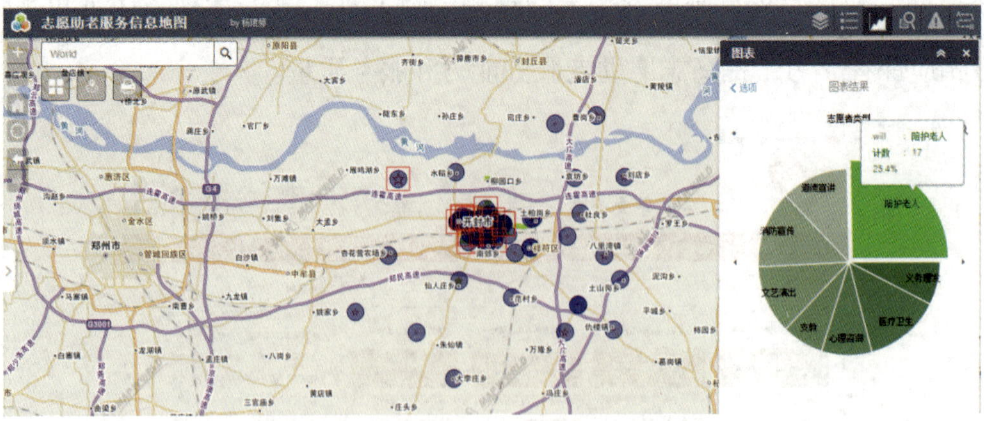

图13-1-17 图表汇总

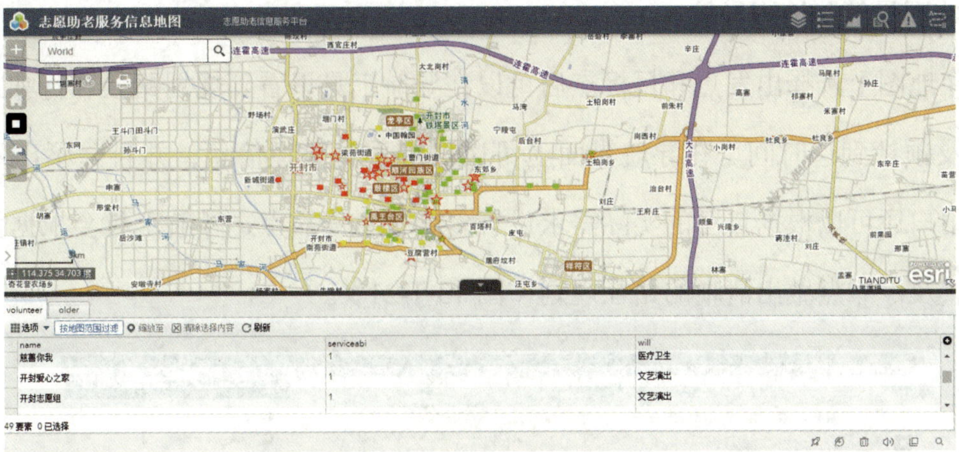

图13-1-18　数据管理

（2）地图浏览与空间查询

利用 ArcGIS API for Silverlight、ArcGIS Server 发布基于 REST 接口的各种数据服务和地理处理服务，以实现地图操作的各种功能。如地图缩放、平移、前后视图切换、地图底图切换、鹰眼观察以及空间数据查询。对于属性查询，主要分为按名称搜索和按属性搜索等方式；对于空间查询，可在地图界面通过点、线、面等空间图形，将用户检索到的要素以列表的方式展示（图 13-1-19 至图 13-1-20）。

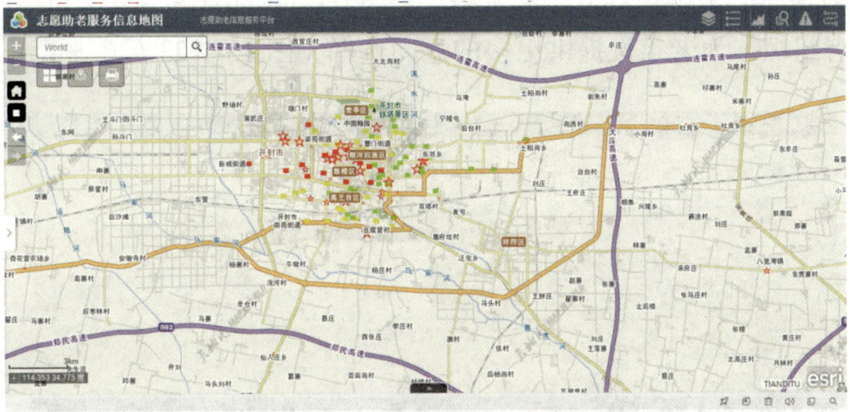

图13-1-19　鹰眼视图

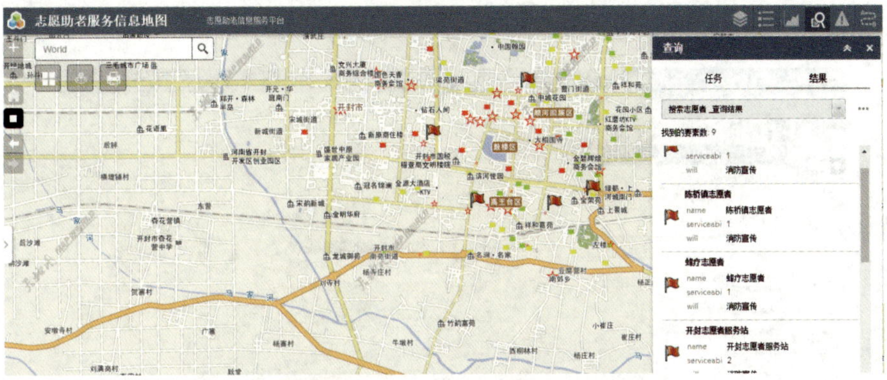

图13-1-20　查询结果列表

（3）地图量算与地图导航

用户在地图上选择出发点和目标点后可以在导航工具里看到规划路径和行驶距离、行驶时间以及预计到达时间。在导航界面上可以详细看到路径信息，并且除了出发点和目标地之外用户还可以根据自己的实际需求设置多个任意停靠点，导航工具会根据你的出发点、目标点及停靠点做出清晰的路径规划（图 13-1-21）。

图13-1-21　地图量算与导航

（4）邻近分析与缓冲区分析

对目标点进行最短路径分析、对比选出距离最近的志愿者站点，有利于老年人查询并快速得到最近点的服务（图 13-1-22）。通过设置中心点和搜索半径，即可得到一定距离内的所有志愿者组织，为老年人提供更多的意向选择（图 13-1-23）。

图13-1-22　最近点查询

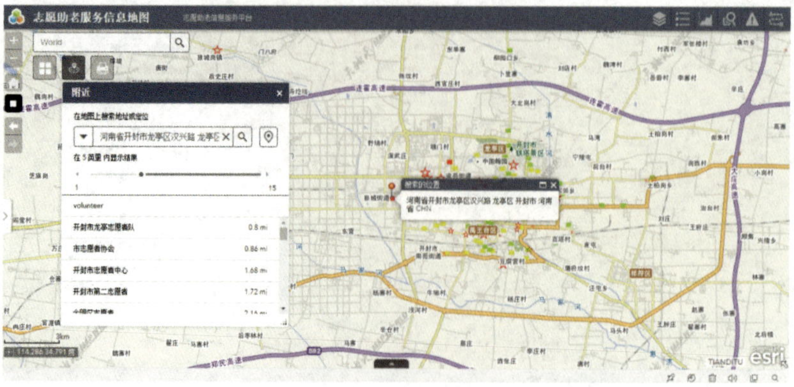

图13-1-23　缓冲区分析

（5）图层管理及其他功能

通过调用 ArcGIS Server 发布的图层服务来进行管理。用户可切换至图层管理页面，选择只显示一个或几个图层（图 13-1-24）。用户还可选择感兴趣的图层，设置打印的格式、大小、图幅等进行下载打印，便于地图信息的线下使用（图 13-1-25）。

图13-1-24　图层管理

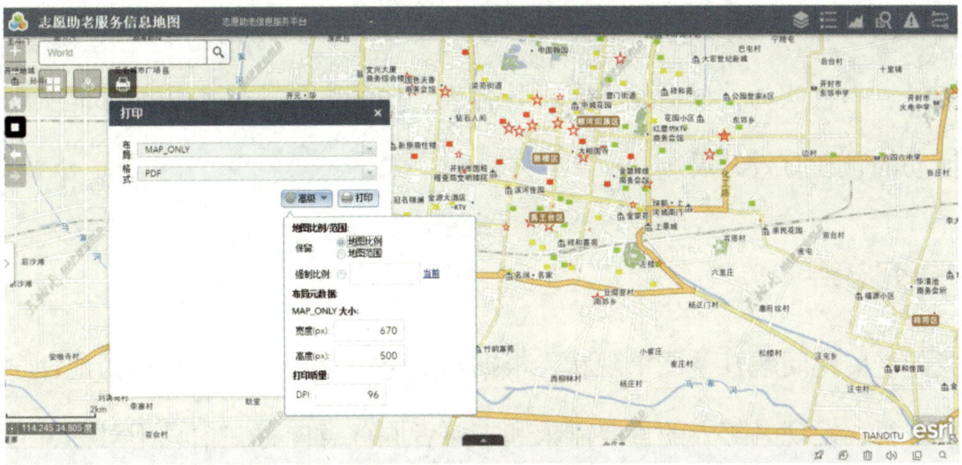

图13-1-25　图层打印

13.1.5　实证研究与平台模拟测试

选择开封市作为典型区域，通过对比开封市和河南省的 2010 年和 2014 年的老龄化水平，发现开封市明显高于河南省平均水平，老龄化形势严峻。分别设计了老年人需求和志愿者助老服务调查表，在开封五大市区内的 51 个养老院或老年活动中心与 21 个志愿团体展开调研，共计发放 600 份调查问卷，涵盖开封市不同区域和不同层次的老年人和志愿者。

通过对以上数据的归纳分析，发现老年人对于便民维修服务信息、公益活动信息，以及陪伴聊天这类信息的需求达到 70% 以上。同时，92.7% 的老年人表示愿意接受志愿服务。另外，老年人的重要需求基本上能够被志愿者可提供的服务涵盖。但问题是，志愿者和老年人空间分布零散，互不相识。调查发现，84% 的志愿者通过团队招募、征集公示、传单横幅等传统形式获取助老信息，通过网上招募的仅占 8.5%。同时，43.4% 的老人只知道来帮助过自己的志愿者来自哪里，51.7% 的志愿者不知道老年人的空间分布情况。以上说明，志愿者与老年人之间获取信息途径单一，对于互联网的应用较少，难以快速有效对接。

通过邀请河南大学老年干部活动中心 50 名老年人与环境与规划学院 50 名志愿者进行平台模拟测试。仁和老年公寓的老人想举办元旦晚会，希望能有一些志愿者帮助他们一起筹办。老人们登陆了门户网站，在求助中心输入了自己需要的志愿者数量、希望得到的志愿者服务、时间和地点，然后志愿者们通过志愿招募模块报名参加了这次活动。还有老人打开 Web 地图使用最近点查询功能输入自己的当前的位置后查找离自己最近的志愿者，选择了一个志愿团体直接与其联系，寻求帮助，志愿团体再通过路径导航获取驾驶时间、路线来安排自己的志愿工作，使得元旦晚会成功举办，顺利完成了志愿助老信息的对接。通过模拟测试，一致认为，该信息平台设计合理，使用方便，基本功能都能实现，有利于志愿助老活动的顺利有效开展。

13.1.6 研究总结

针对我国老龄化问题日益严重现状，根据马斯洛需求层次理论和行为地理学理论，通过大量调查分析，发现老年人的重要需求和志愿者服务意向存在信息不对称、对接不通畅等问题。通过网络与 Web GIS 技术，构建了社会公益助老信息平台，实现了老年人和志愿者有效对接的诸多功能，探讨了地理信息服务融入社会志愿助老事业的技术方案。

（本项目获得 2016 年度国家大学生创新创业项目资助，并获得 2017 年第三届中国高校地理科学展示大赛一等奖。指导教师：闫卫阳、陈郁；参与学生：杨君婷、贝相宜、李元君、张帝、刘璐、李虹良、韩昌序。）

河南大学大学生创新创业训练计划项目结项证书

<table>
<tr><td>项目名称</td><td colspan="3">基于Web GIS的志愿助老信息服务平台设计与开发</td><td>项目编号</td><td>16NA008</td></tr>
<tr><td>项目负责人</td><td>杨珺婷</td><td>指导教师</td><td>闫卫阳</td><td>结项等级</td><td>优秀</td></tr>
<tr><td rowspan="6">项目完成人（共5人）</td><td>姓名</td><td colspan="2">学号</td><td colspan="2">学院(部)</td></tr>
<tr><td>杨珺婷</td><td colspan="2">1426151014</td><td colspan="2">环境与规划学院</td></tr>
<tr><td>贝相宜</td><td colspan="2">1435101006</td><td colspan="2">环境与规划学院</td></tr>
<tr><td>李元君</td><td colspan="2">1426151017</td><td colspan="2">环境与规划学院</td></tr>
<tr><td>张奇</td><td colspan="2">1326010191</td><td colspan="2">环境与规划学院</td></tr>
<tr><td>刘璐</td><td colspan="2">1326010154</td><td colspan="2">环境与规划学院</td></tr>
</table>

河南大学

2017年4月21日

荣誉证书

河南大学环境与规划学院：

杨珺婷、贝相宜、司璐璐、李虹良、韩昌序（同学）

闫卫阳、陈郁（指导老师）

基于地理信息服务的社会志愿助老问题分析与解决方案

荣获第三届中国高校地理科学展示大赛

一等奖

中国地理学会　中山大学地理科学与规划学院　河南大学环境与规划学院

二〇一七年十二月

13.2 “一带一路”陆域生物地球化学及物理因子的正/负气候调节效应

13.2.1 研究背景

气候变化广泛作用于自然环境与社会经济系统，与人类生产生活息息相关。当前，全球变暖日趋加剧，20世纪中叶以来，温度陡增现象前所未有。同时，极端天气现象频频发生，包括高温极端事件以及区域强降水事件等（王琼，2013；翟盘茂，2003），这些极端天气现象对生态系统的稳定造成了威胁。人类活动和自然因素共同影响着气候变化，但其相对贡献量难以量化（方精云，2011）。近百年来，人类活动极有可能（>95%）是导致全球变暖的最明确因素（IPCC，2013）。受耕作、建筑、排污等人为影响，大气中 CO_2 浓度升高，地表反照率状况发生变化，将分别以生物地球化学和生物地球物理两种机制作用于气候系统（毛慧琴，2011），从而产生气候调节效应。因此，针对特定区域不同因子的气候效应进行系统评估，可以更好地理解气候变化的内在机制，进一步量化各因子对升降温的现实贡献程度，对科学调控人类活动具有重要意义。

辐射强迫是气候系统受外部强迫影响，从而引起的对流层顶垂直方向上的辐射变化，可以作为评估气候变化的有效工具（Forster，2000；IPCC，2007）。有研究表明，CO_2、反照率等外部因子，可分别依照改变大气成分或地表状况，划分为生物地球化学及物理因子进行探究（Devaraju，2015；Bathiany，2010；Pongratz J，2010），且其对应产生的气候效应是可以叠加或抵消的，Schwaab 等将其应用于研究生物地球物理（主要为反照率）与大范围森林覆盖率改变产生的生物地球化学效应之间的平衡（Schwaab J，2015）。并且，国内外学者不乏针对各因子增降温效应的具体探究。CO_2 等温室气体作为受人为影响最为显著的因子之一，近期浓度明显上升，被认为是全球变暖的主要因素（IPCC，2013；Feldman D R，2015）。而在其他因素不变的情况下，单纯增加地表反照率会带来负的气候效应（Devaraju N， 2015；Kirschbaum，2013）。除此之外，刘维等发现陡增 4 倍的 CO_2 浓度和增加 4% 的太阳辐射造成的长期全球表面平均温度变化基本相同（刘维，2017），表明气温对物理因子具有较高的敏感度。

目前，针对外部强迫因子对气候系统的扰动，前人大多选取不同气候模式以及假设的情景数据（苗娟，2000），模拟几年至千年尺度上的升降温效应。Cao 等通过定量增加太

阳辐射和 CO_2 浓度，进行了一系列的理想化模拟试验，揭示了短时间尺度内气候系统对不同外部强迫存在着响应差异（Cao L，2012）。在综合多个模式对全球平均地表气温的模拟中可发现，初始年份波动往往较剧烈，而推移至百年甚至千年尺度则趋向平稳（Joos F，2013），表明对现阶段短时间序列的气温研究很有必要。大多数学者对于气候效应的研究只考虑单方面的人为碳排放或陆地生态系统碳循环，而未结合两者。由于生态系统对 CO_2 的调节与人为排放相比存在量级上的差异，因而更为敏感，将二者综合可以更加真实的反映出 CO_2 的辐射强迫效应。同时，反照率也是对于气候调节的重要影响因子，它通过影响地表太阳辐射的净辐射量从而参与气候的调节。结合 CO_2 和反照率的辐射强迫效应可以对区域内的气候调节效应有更加贴切的解释。

"一带一路"陆域作为全球热点区域，地表格局变化巨大，在各种机制作用下的气候效应不容忽视。因而从生物地球化学及物理因子的正 / 负气候调节效应入手，研究其下垫面变化对人为碳排放的消减作用具有重要意义。所以本研究选取"一带一路"陆域作为研究区，选取与人类活动及地表状况密切相关的 CO_2、反照率等强迫因子，将 2000 年作为评估基准本底年份，依据 2001~2015 年 CO_2 和反照率等现实数据，从两种不同影响机制入手，分别计算生物地球化学及物理因子的辐射强迫，并系统探讨两种机制影响下的综合气候效应，以求对区域气候变化获得更直观的认识。

13.2.2 总体研究设计

（1）研究区概况

"一带一路"是"丝绸之路经济带"和"21 世纪海上丝绸之路"的简称，主要参与国家位于亚洲、欧洲、非洲以及大洋洲，将四大洲整合作为"一带一路"陆域的辐射范围。"一带一路"陆域横跨热带、温带及寒带几大气候带，地表状况复杂多样，自然及人类活动十分丰富，在本世纪以来发展迅速，可以有效反映出自然及人为因素影响下的变化情况。同时该区域还具有范围广大的优点，适宜研究具有全球飘散特性的 CO_2 分布及辐射强迫，可使研究结果更加准确。同时，在分析研究区"一带一路"陆域整体情况的基础之上，借鉴联合国经济社会事务部统计司的地理方案，对一些地区进行划分，从而进一步将研究区整体划分为 13 个分区，继续细化探索（表 13-2-1）。

表13-2-1 “一带一路”陆域地理分区

序号	地理分区
1	俄罗斯
2	澳大利亚及新西兰
3	欧洲
4	中亚
5	东南亚
6	东亚
7	南亚
8	西亚
9	东非
10	中非
11	北非
12	南非
13	西非

（2）数据来源

本研究选取的主要为CO_2、反照率和太阳辐射数据（表 13-2-2）。

CO_2数据（http://www.esrl.noaa.gov/gmd/ccgg/carbontracker/index.html）来源于美国国家海洋与大气局（NOAA）的同化数据。CO_2的增加主要是人为活动引起的，而生态系统碳循环会给大气中CO_2浓度带来一定程度的调节与改变，所以本研究的CO_2数据综合了人为碳排放、自然野火以及生态系统三种因素的共同作用，其空间分辨率为 1°，时间间隔为月。

反照率数据（http://news.sciencenet.cn/htmlnews/2011/1/242713.shtm）来源于北京师范大学全球变化数据处理与分析中心的陆表遥感反演数据，空间分辨率为 0.05°，时间间隔为 8 天。

太阳辐射数据为国立首尔大学环境生态实验室的全球陆地短波辐射与总光合有效辐射产品（Forster P，1998），空间分辨率为 0.05°，时间间隔为月。

气温数据（https://www.esrl.noaa.gov/psd/data/gridded/data.ghcncams.html）来源于NOAA，是平均地面 2m 处的气温数据。将其作为分析本研究的整体气温背景，本研究选取了 2000 至 2015 年的数据进行分析，空间分辨率为 0.5°，时间间隔为月。

为方便在年际尺度上进行分析，本研究在具体应用时处理为年均值。

表13-2-2　各数据具体信息

类型	来源	时间序列	空间分辨率	时间分辨率
CO_2	美国国家海洋与大气局的CO_2同化数据	2000~2015年	1°× 1°	月
反照率	北京师范大学全球变化数据处理与分析中心的陆表遥感反演数据	2000~2015年	0.05°× 0.05°	8天
太阳辐射	国立首尔大学环境生态实验室的全球陆地短波辐射产品	2000~2015年	0.05°× 0.05°	月
气温	美国国家海洋和大气局的月平均地面2m处气温数据	2000~2015年	0.5°× 0.5°	月

（3）研究方法

单一模式的模拟往往存在很大的差异性。因此，本研究采用多模式集合模拟的参数化方案对生物地球化学及物理因子的辐射强迫进行量化，进而探讨它们的增降温效应。

对于化学因子 CO_2 而言，本研究考虑到当年 CO_2 排放后，将参与到全球碳循环中，在碳汇的作用下逐年衰减并累计至下一年，这一段过程可以用脉冲响应函数来表示（Forster P, 2007）。

$$IRF(t)=a_0+\sum_{i=1}^{3} a_i \cdot exp\left(\frac{-t}{\tau_i}\right) \tag{13-2-1}$$

式中，IRF(t) 为脉冲响应函数，表示 CO_2 随着时间t在大气中逐渐衰减的函数；a_i和τ_i为临界常数，可依据全球环流模式得出。

脉冲响应函数可应用于负脉冲，若大气中 CO_2 浓度降低，陆地生物圈和海洋吸收的 CO_2 量将会减少。为进一步估计在大气中的持续的 CO_2 脉冲在 t 年时的 CO_2 量，可广泛应用以下的卷积函数来表示：

$$CO_2=\int_{t_0}^{t} e(t')\cdot IRF_{CO_2}(t-t')dt'+CO_2(t') \tag{13-2-2}$$

式中，$CO_2(t')$ 为 t' 年 CO_2 的浓度；e(t') 为第 t' 年的 CO_2 的衰减量；$2001\le t'\le 2015$（取整数）。

综合以上过程，对化学因子的辐射强迫进行计算。可在辐射转移方案的基础上，运用一种与大气 CO_2 浓度变化相关的参数来推导辐射强迫（Myhre G, 1998）：

$$\Delta RF_{CO_2}(t')=\alpha\ln[(CO_2/C_0)] \quad (13\text{-}2\text{-}3)$$

式中，$\Delta RF_{CO_2}(t')$为辐射强迫，α 为 5.35，CO_2 表示 t'年受扰动后大气的 CO_2 浓度，C_0表示本底年份（2000 年）的 CO_2 浓度。

本研究对于物理因子辐射强迫的量化主要参照的是 IPCC 的研究方法。研究中的太阳辐射考虑的是下行短波辐射，对应每年地表反照率的变化，当年的辐射强迫可用下式计算（Saggar S，2013）：

$$RF_{Alb}=-Q_s\downarrow T_a\Delta Alb \quad (13\text{-}2\text{-}4)$$

其中，RF_{Alb}表示物理因子的辐射强迫；Q_S 为每年的下行短波辐射值；T_a是一种大气透射率因子，表示从到达大气层顶表面反射的辐射分数；ΔAlb表示地表反照率的变化。

（4）技术路线

本研究以“一带一路”陆域为研究区，在以上的数据基础与研究方法之外，结合 ArcGIS 软件与统计工具，分析 2000~2015 年“一带一路”陆域的强迫因子的时空变化、重心变化。将计算得到生物地球化学与物理因子的辐射强迫进行综合分析，并从分区、整体陆域等不同尺度来探讨这些强迫因子的气候效益（图 13-2-1）。

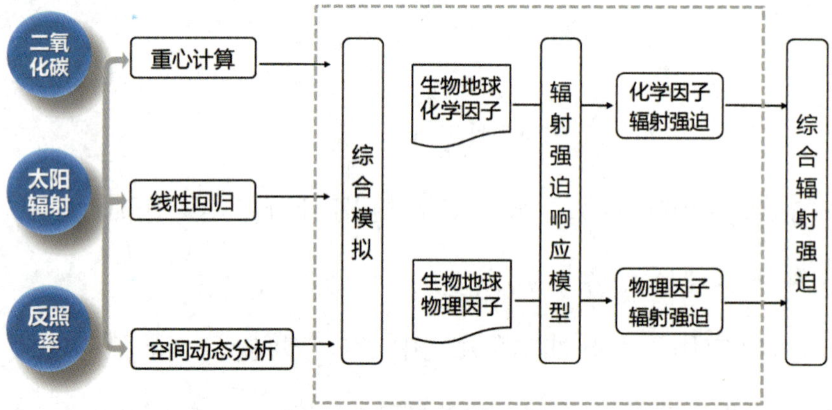

图13-2-1　本研究技术路线

13.2.3　主要的研究结果

（1）时空动态分析

2000~2015 年“一带一路”陆域及各地区（除南非地区）温度变化呈显著上升趋势，但较 1980~2017 年整个时间段内温度上升趋势有所减缓（图 13-2-2）。2000~2015 年 CO_2 浓度显著上升了 2.57mol/m^2，反照率显著下降了 0.035，而太阳辐射变化不大，较为稳定（图 13-2-3）。从重心图来看，与三个强迫因子相比，气温重心移动距离较小，向东北移动，与二氧化碳移动方向相同，与太阳辐射及反照率移动方向不一致（图 13-2-4）。从空间格局上看，CO_2 呈现出明显增加的态势，反照率有所下降，太阳辐射几乎无变化，与时间分析趋势一致（图 13-2-5）。

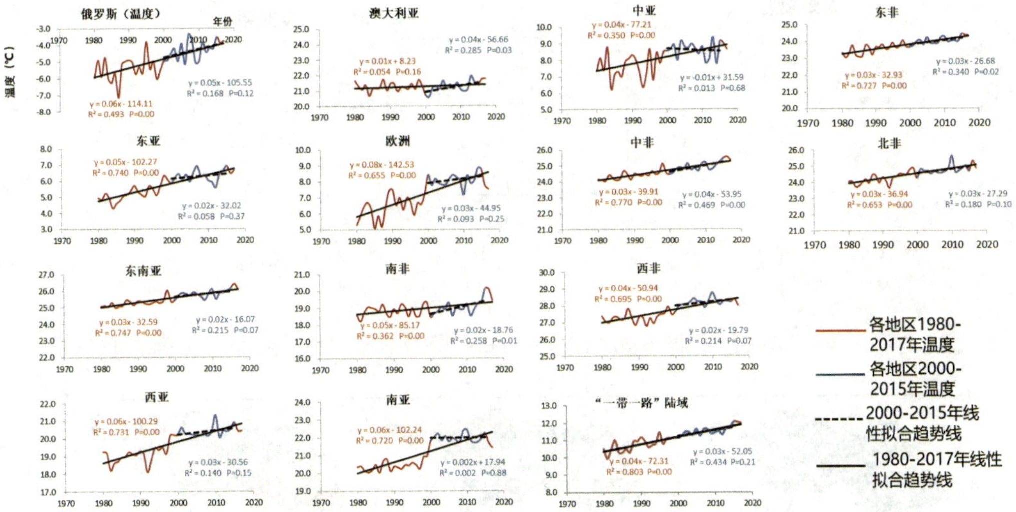

图13-2-2　各分区及陆域1980~2017年温度变化

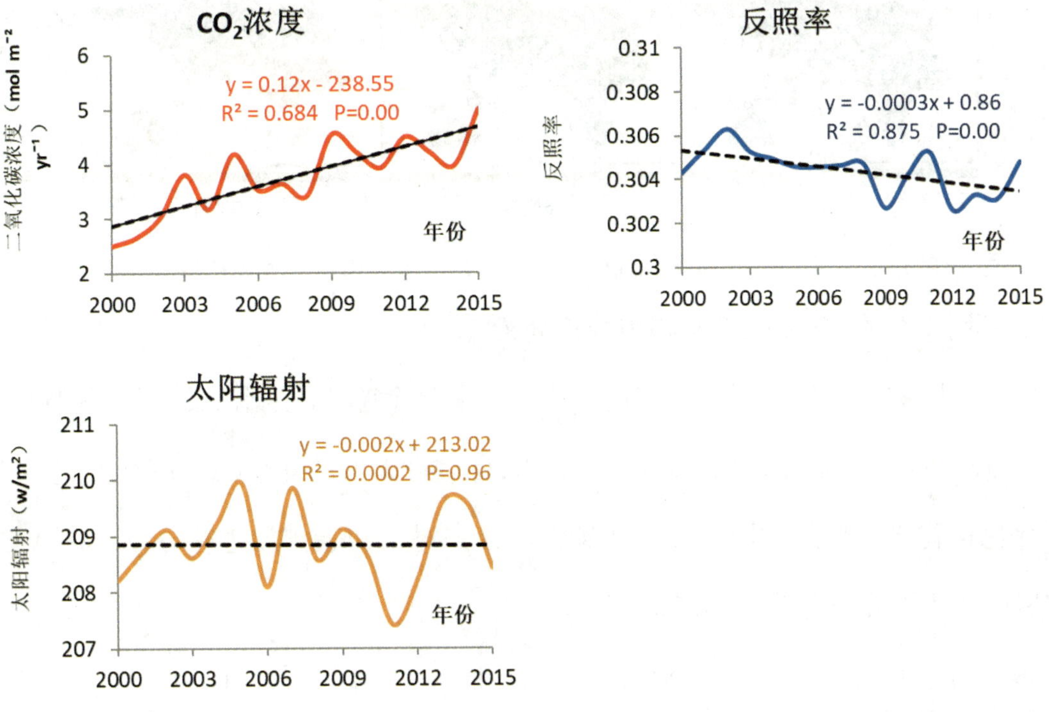

图13-2-3　“一带一路”陆域1980~2017年CO_2浓度、反照率及太阳辐射量变化

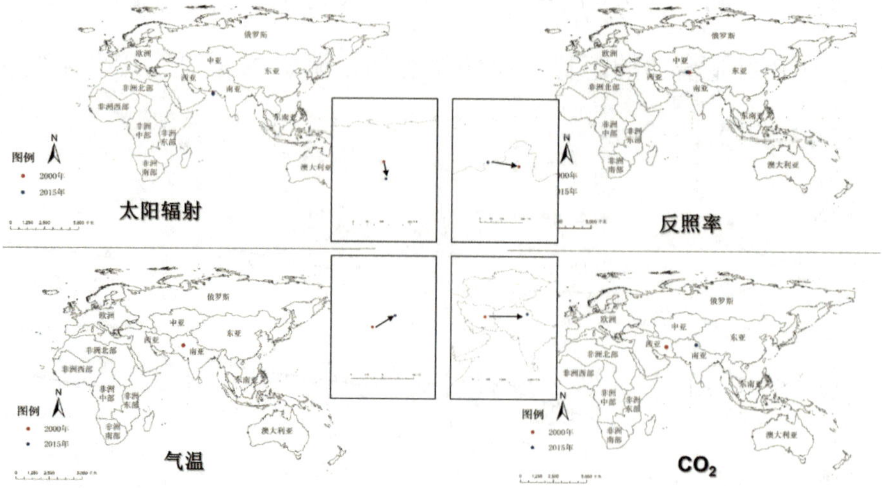

图13-2-4　“一带一路”陆域2000~2015年气温及各强迫因子的空间重心变化

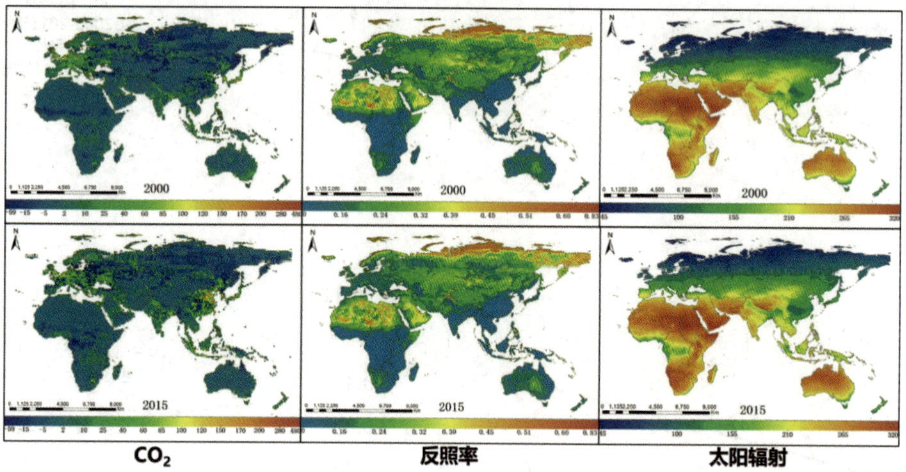

图13-2-5　“一带一路”陆域2000~2015年各强迫因子的空间格局变化

（2）不同来源的CO_2变化及其辐射强迫分析

CO_2作为温室气体的重要组成部分，可依照其来源途径进行划分，其中化石燃料（fossil）及野火（fire）向外界排放CO_2，属碳源；而除自然野火外的净生态系统交换量（NEE）则衡量绿色植物光合作用的固碳量，属碳汇。首先对人为碳排放进行分析，将从CO_2浓度年均值以及产生的辐射强迫两方面入手。

2000~2015年研究区整体人为碳排放上升趋势明显，16年来的年均值为$4.83mol·m^{-2}·yr^{-1}$。空间图显示，年均值高值栅格集中出现在东亚、欧洲、南亚及西亚的部分地区。“一带一路”陆域整体之间CO_2浓度并不相同，大面积区域在$2mol·m^{-2}·yr^{-1}$以内，而上述地区则多有超过$20mol·m^{-2}·yr^{-1}$的栅格，表明由于地区之间的发展程度不同，化石燃料碳排放对大气中CO_2浓度的影响差异巨大（图13-2-6a）。进一步计算得到这部分CO_2逐年累积至2015年的辐射强迫为$0.38W/m^2$，表现为增温效应。求出研究区2015年人为碳排放辐射强迫数值后，继续依据脉冲响应函数，在栅格尺度上基于 2000 年对 CO_2 浓度进行累积，从而计算出每个像元内对应碳通量所产生的辐射强迫，以分析其 2015 年空间分布状况。人为碳排放的气候效应在陆域大部分地区处于 1W/m^2 以下，亚欧大陆中部、西北部等地出现少数条状分布的较高值区域，与浓度分布图非常相似。在欧洲西部、东亚、南亚等人类活动频繁的地区增温效应明显，其中中国东部及日本出现超过 10W/m^2 的栅格，表明这些区域化石燃料碳排放对增温起主要贡献作用（图 13-2-6b）。

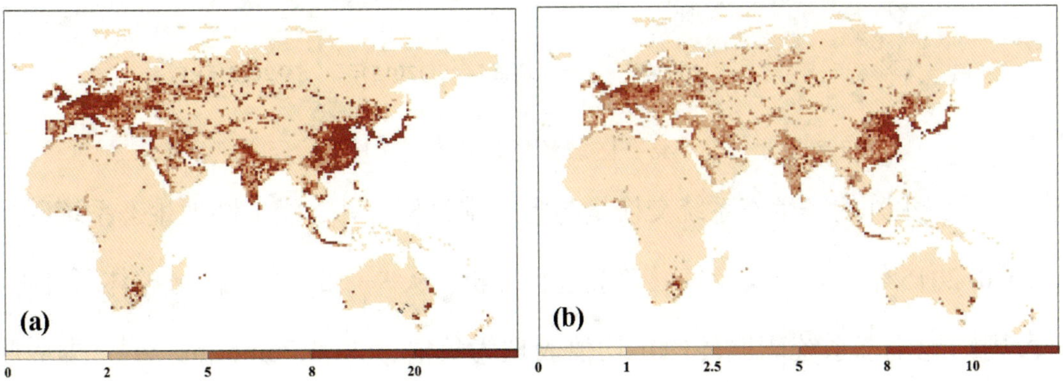

图13-2-6 “一带一路”陆域人为碳排放空间图

(a) 2000~2015年CO_2浓度均值；(b) 2015年CO_2辐射强迫

经过对研究区整体情况的分析后，继续比较其 13 个分区 2000~2015 年 CO_2 浓度变化及 2015 年辐射强迫。研究时段内 16 年来的年均值反映出欧洲、东亚与东南亚地区的化石燃料碳排放更多，最大值为东亚地区的 16.05mol·m^{-2}·yr^{-1}，亚洲其他地区如东南亚、西亚的年均值也超过了 5mol·m^{-2}·yr^{-1}；而非洲除南非外的区域人类活动影响不明显，CO_2 浓度非常低。在变化程度方面，这些地区中澳洲及俄罗斯的截止年份相较于初始变化量不明显，欧洲甚至下降了 2.2mol·m^{-2}·yr^{-1}，亚洲的各个地区均有不同程度升高，其中东亚变化量达到 12.53mol·m^{-2}·yr^{-1}，可见研究时段内该地区化石燃料使用量大，增长也最为明显。人为碳排放 2015 年的辐射强迫与各分区浓度情况基本一致。东亚的辐射强迫达到 0.17W/m^2，是增温效应最强劲的地区，除此之外欧洲及南亚、西亚也属于前列；其他地区如非洲则未超过 0.01W/m^2，人为碳排放气候效应不明显（图 13-2-7）。

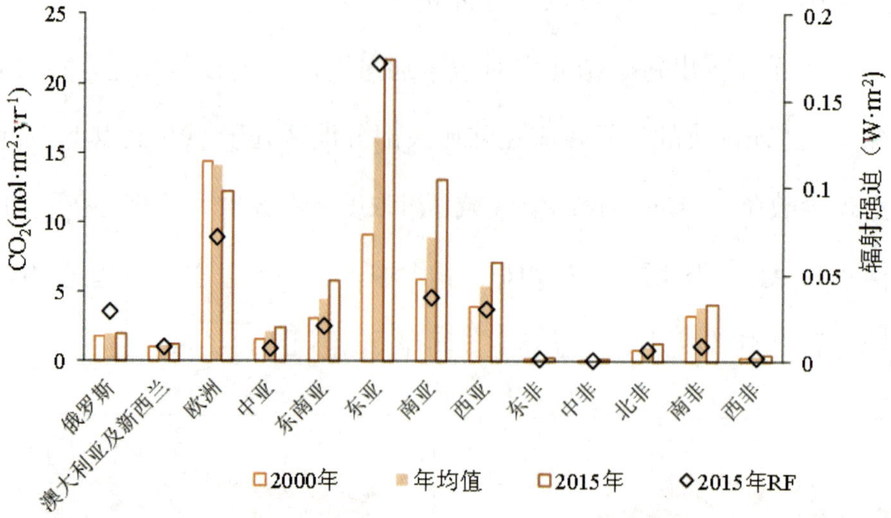

图13-2-7　“一带一路”陆域各分区人为碳排放浓度及辐射强迫

将除自然野火外的净生态系统交换量与野火排放相合并，组成陆地生态系统碳循环，对其在2000~2015年的碳收支及气候效应进行分析。从“一带一路”陆域整体尺度上出发，研究时段内陆地生态系统碳循环的年均值表现为负值，为-1.76mol·m^{-2}·yr^{-1}，即吸收CO_2的碳汇。浓度空间图中的负值表示该栅格呈现碳汇，这些栅格主要分布在亚欧大陆以及非洲赤道两侧地区，而欧洲地中海沿岸及印度尼西亚等地碳排放较多，部分栅格浓度为高值极端值。具体对区域差异较大的欧洲进行分析，自高纬至低纬度可以看到在北部半岛的排放多在3~8mol·m^{-2}·yr^{-1}区间，南侧则呈现带状区域的碳吸收，再到欧洲南部又出现红色碳源区域，甚至超过8mol·m^{-2}·yr^{-1}，其空间分异原因有待于对具体地表状况的进一步探索（图13-2-8）。

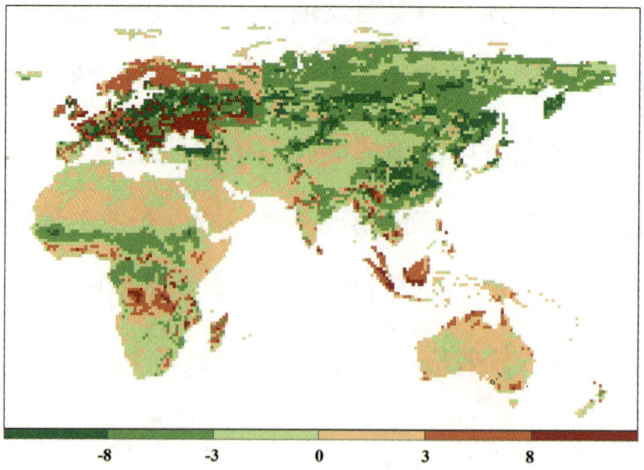

图13-2-8　2000~2015年“一带一路”陆域生态系统CO_2浓度均值

在计算辐射强迫的过程中，由于这里为负值的CO_2实际上并非如碳排放一般以气体形式存在于大气中，因此计算中转化为释放相同量 CO_2 所产生的气候效应。结果得到以 2000 年为初始年份，经过逐年累积后研究区 2015 年的生态系统辐射强迫为 -0.12W/m^2，产生一定降温效应。同时，对其除自然野火外 NEE 及生态系统碳循环气候效应的空间特征分别进行分析。结果显示，除野火外 NEE 产生的辐射强迫在"一带一路"陆域大部分地区处于 -5.0~2.0W/m^2 区间内，欧洲西部及南部是增温效应最显著的区域，除此之外北非、澳大利亚和中亚的沙漠区域同样表现为正值；小于 -10W/m^2 的极端负值零星分布于亚欧大陆北部以及中国南方，在非洲也有块状区域出现（图 13-2-9a）。将自然野火纳入考虑后，非洲大陆赤道南侧的块状地区由未考虑自然野火的极端负值（（a）图中呈深蓝色），改变为增温效应，可以发现该区域受野火影响程度较明显，使得整体气候效应发生了飞跃。除此之外其他地区陆地生态系统辐射强迫在空间上变化不明显，与图 13-2-9a 相类似，这是研究区出现自然野火的区域相对较少导致的（图 13-2-9b）。

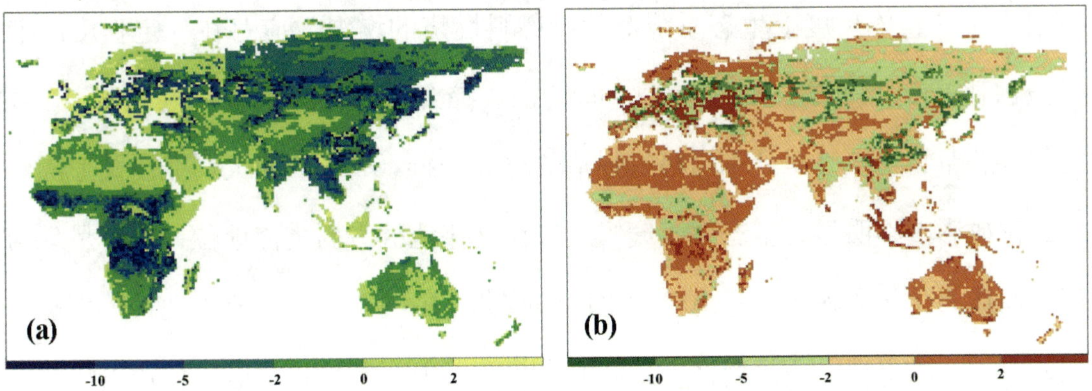

图13-2-9　2015年"一带一路"陆域CO_2辐射强迫空间分布

(a) 除自然野火外的NEE；(b)陆地生态系统碳循环

在 $CO_2$16 年来变化方面，俄罗斯、中亚及东亚的碳汇程度一直较高，年均值在 -3mol·m^{-2}·yr^{-1} 左右，同样在初始及末尾年份均呈负值的地区还有西亚、北非、南非与西非。澳洲、南亚及中非的陆地生态系统碳循环在 2000~2015 年由碳源转化为碳汇。CO_2 增加最多的是东南亚地区，上升 4.57mol·m^{-2}·yr^{-1}，欧洲浓度变化不大，基本在年均值 1.5mol·m^{-2}·yr^{-1} 左右。从 2015 年辐射强迫数值上分析，研究区内大多数分区的辐射强迫小于 0.01W/m^2，对气候的影响非常微弱。除此以外的俄罗斯及东亚均呈现负值，其中俄罗斯 -0.06W/m^2，是 13 个地区中降温效应的绝对值最大值，与空间图中碳汇情况相符，东亚辐射强迫为 -0.03W/m^2；增温效应相对明显的东南亚地区为 0.011W/m^2（图 13-2-10）。

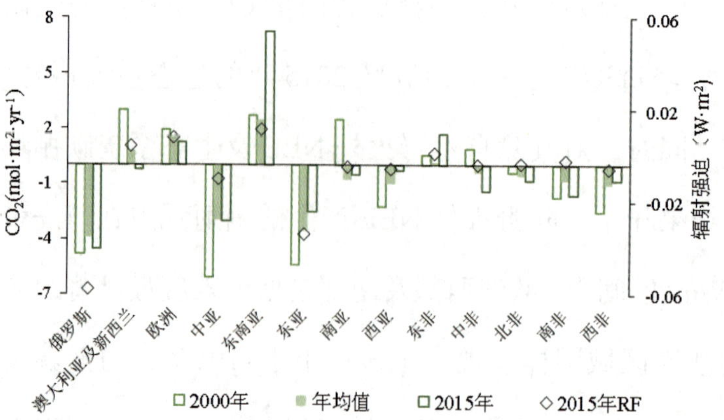

图13-2-10　“一带一路”陆域各分区陆地生态系统碳循环浓度及辐射强迫

在辐射强迫角度，本研究以2000年为本底，分别计算出研究区自然及人为因素影响下CO_2累积至2015年的辐射强迫，对两者进行加和得到2015年CO_2综合辐射强迫的情况。数值显示，“一带一路”陆域人为碳排放产生的气候效应为0.38W/m^2，结合生态系统碳循环产生的负效应-0.12W/m^2，得到研究区2015年CO_2综合辐射强迫为0.26W/m^2，可以看出当年在整体尺度上生态系统对化石燃料燃烧的增温效应存在一定程度的消减作用，消减占比达到了32%。继续观察空间特征，综合生态系统与化石燃料的CO_2排放/吸收得到其总量，代入公式计算出辐射强迫的空间分布。非洲、澳大利亚以及亚洲中部北部人为碳排放影响不明显，生态系统气候效应在这些地区占据主体地位，整体呈现与自然的相似。而作为化石燃料辐射强迫较大地区的欧洲、中国东部及南亚等地，在生态系统降温效应的作用下均出现了负值栅格。具体而言，欧洲中部条带状深蓝区域代表辐射强迫小于-3.5W/m^2，由人为作用下增温变为明显降温效应，中国南方综合CO_2辐射强迫同样有极端负值出现，而印度的综合CO_2辐射强迫存在-1~0W/m^{2}的值，抵消程度相对较小（图13-2-11）。

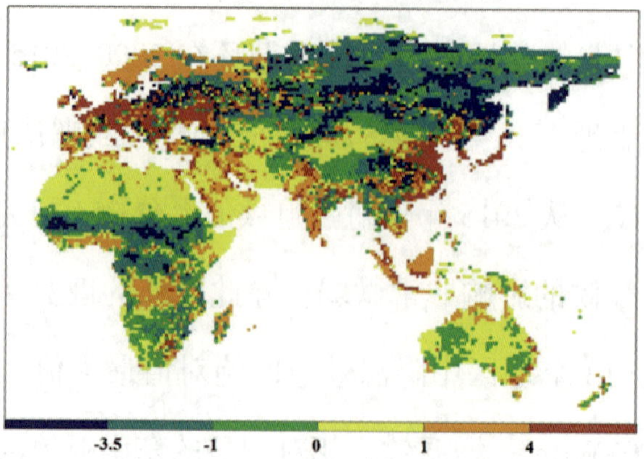

图13-2-11　2015年“一带一路”陆域综合CO_2辐射强迫空间图

各分区的气候效应与 2015 年 CO_2 浓度分区图基本一致。如图可以看到欧洲及东南亚的生态系统碳循环对人为的增温效应有小幅增加效果，使得综合气候效应更明显，而非洲及南亚、西亚则出现对化石燃料辐射强迫的微弱消减。这种自然对人为的影响在东亚与俄罗斯表现的更加显著，东亚的综合辐射强迫为 0.14W/m^2，生态系统消减比接近 20%，俄罗斯的自然气候效应甚至抵消了人为所产生的，使得综合 CO_2 出现降温效应（图 13-2-12）。

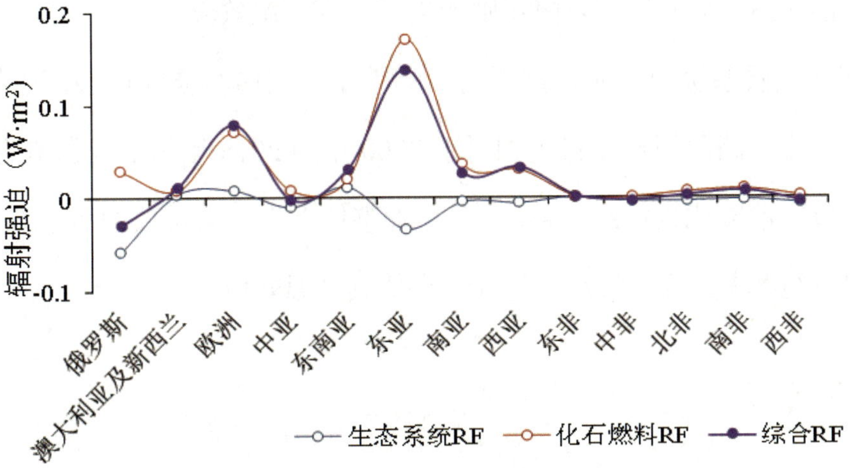

图13-2-12　2015年“一带一路”陆域各分区CO_2辐射强迫

（3）反照率变化及其辐射强迫分析

以 2000 年作为本底年份，量化研究时段 2001 至 2015 年每年相比于 2000 年的差值得到辐射强迫值。“一带一路”的反照率均值分布在 0.193~0.200。最终量化得到的辐射强迫为 -0.03W/m^2。由于自然因素及土地覆被的不断变化，影响着地表的能量收支，而在其他因素不变的情况下，单纯增加地表反照率会带来负的气候效应。

13.2.4　主要结论

①本研究综合考虑生物地球化学 / 物理两个机制，剖析下垫面变化对人为碳排放的消减作用。整体而言，化学因子表现为增温效应 (RF=0.26w/m^2)；而物理因子辐射强迫表现为降温效应 (RF=-0.03w/m^2)。

②从人为碳排放角度，研究区均为碳源，整体年均值为 4.83 mol·m^{-2}yr^{-1}，辐射强迫为 0.38 W/m^2，表现为增温效应；而具体到分区状况可发现浓度及气候效应的高值区均位于欧洲、东亚及南亚，其他地区受人为影响程度相对较小。从陆地生态系统角度，研究区在研究时

段内吸收 CO_2，这部分 CO_2 产生的气候效应为 -0.12 W/m^2；俄罗斯、东亚及中亚表现为较高碳汇，东南亚16年来的浓度增长程度最大，所排放的 CO_2 浓度均值是各分区中的最大值。进一步分析生态系统对人为碳排放的影响，在浓度方面，研究区自然对人为碳排放有抵消部分，在生态系统的碳汇影响下，“一带一路”陆域16年的综合 CO_2 均值为 3.2 mol·m^{-2}·yr^{-1}，相比于化石燃料有明显减少；在辐射强迫方面，综合自然及人为来源的综合气候效应是 0.26 W/m^2，生态系统对人为的消减占比达到了32%，分区中俄罗斯与东亚的自然因素对人为起抵消作用，而欧洲与东南亚则加剧了人为增温效应。

③反照率在气候系统中是非常重要的影响因子，其微小波动便会产生极强的气候效应。反照率在一带一路陆域量化得到相对于2000年的2015年的辐射强迫为 -0.03W/m^2，其对人为碳排放的消减比也达到了 -8.0%。尽管整体上人为碳排放的增温效应仍占主导，但本研究发现单纯考虑人为碳排放，将远远高估其升温效应。

13.2.5 研究总结

本研究选取真实数据进行气候效应评估，并量化生物地球化学及物理因子对气温的贡献度。本研究还具有全球视野，既可以和国际研究进行对比，又可以有效把控区域的研究结果。此外气候系统高度复杂，受诸多因素影响，后续工作将进一步考虑其他因子的气候效应。数据原始、客观、真实，进一步会考虑多源数据的影响，并进行更深机制的探讨。

（本项目获得2018年第四届中国高校地理科学展示大赛一等奖。指导教师：崔耀平、翟秋敏；参与学生：李小播、司静宜、唐希颖、崔璐璐、徐振。）

13.3 基于GIS的中国中部镇域经济空间格局及区划研究

13.3.1 研究背景

镇域经济作为我国底层区域经济的重要组成部分，对支撑城镇经济兴旺发展、城乡经济的串联发展以及农村经济的繁荣发展具有重要的过渡作用。因此中国政府对于镇域经济的发展十分重视，不仅在每年的政府工作会议、“三农”（农业、农民、农村）政府文件里面提出了发展乡镇经济的具体方略，而且在国家新型城镇化、乡村振兴等重大战略中提出要发挥底层经济尤其是镇域经济的过渡作用以助推乡村振兴，推动城乡一体化、融合发展。2019 年党中央一号文件也明确指出：发展壮大县域经济，引导产业有序梯度转移，支持适宜产业向小城镇集聚发展，扶持发展吸纳就业能力强的乡村企业，支持企业在乡村兴办生产车间、就业基地，增加农民就地就近就业岗位。可以说，这些政策文件为城乡融合发展、新型工农城乡关系建立以及乡镇经济的实力提升提供了有力的战略引导。

镇域经济的重要性毋庸置疑，但由于其尺度的问题，学者对镇域经济研究的维度、侧重点不同。从学科分布来看，不仅有侧重于经济社会发展的实践性学科，而且也有从时空维度研究其发展规律的区域学科，两者相辅相成，从实践与理论两个方面进行了行之有效的论证。其中经济社会发展学科为镇域经济的发展提供了实践引导，为镇域经济的具体实施方案的推进提供了支撑（Shen L，2018；Li Y，2019；Pritchard B，2012；Tonts M，2012；Zou Y，2018）。而时空维度研究的学科，尤其是人文—经济地理学、区域经济学等学科则提供时空过程规律的解读，为解析区域经济的演化进程提供了理论支撑。在研究时空差异的学科中，人文—经济地理学科作为一个重要的分支，其核心主旨就是利用空间分析的方法来探讨地理现象空间规律及其影响因素，从而为地区经济的持续、健康、高质量发展提供重要的支撑。乡村兴则国家兴，中部崛起则挺起中华腹地振兴的脊梁。因此，本研究基于镇域经济视角来研究中部经济空间格局的分布规律，进而提出其空间区划方案，对于促进中部地区的振兴发展，实现整个中部城乡地域系统的优化具有重要的现实意义，也有利于促进全国过渡板块的振兴发展。

根据《2017年中国县域统计年鉴（乡镇卷）》，截至2016年底，中部六省一共有10036个镇域单元（镇5357个，乡2753个，其中含民族乡112个，街道办1926个）。根据数据的可获取性、研究单元的匹配性等，考虑到虽然市区、县城的街道在行政级别上与乡镇属于同一个管理级别，但其管理方式、组织架构、经济来源等多方面与普通乡镇不同，再加上市区街道的实体经济数据难以获取，最终确定8682个研究单元（镇5451个，乡3231个，其中含民族乡108个）。虽然各级政府出台了关于乡村乡镇振兴发展的指导意见、规划文件与推进措施，然而由于乡镇种类繁多且面临着各种各样的问题，造成在具体操作实施层面尤其是空间整合方面依然面临着诸多难题。而在以往的研究中，更注重于市域、县域经济的研究，忽视镇域、村域经济的研究，因而相关可供参考的文献并不多见，对中国镇域经济的时空格局以及未来时空整合的研究也并不深入。基于此，本研究克服多重困难获取数据，基于乡镇农民人均纯收入为测度指标，运用GIS空间插值与探索性空间数据分析方法分析中国中部镇域经济发展水平的空间差异特征，运用GWR模型分析其影响因素，从更细化的角度研究区域经济差异现象，以期为中国区域经济结构的优化尤其是空间整合等方面提出一些理论支撑，从而为我国乡村振兴战略实现提供实践支撑。

13.3.2　研究总体设计

（1）数据来源

由于普通统计年鉴很少统计乡镇农民人均纯收入数据，只能通过县、县级市、地级市年鉴和零星的地级市统计年鉴获取，因此团队花费大量时间进行年鉴的下载与整理。历时两个月，才完成基础数据的搜集。除此之外，对于仍未获取到的数据，团队成员通过各镇政府官网以及地方志办公室等多途径搜索数据（13-3-1）。

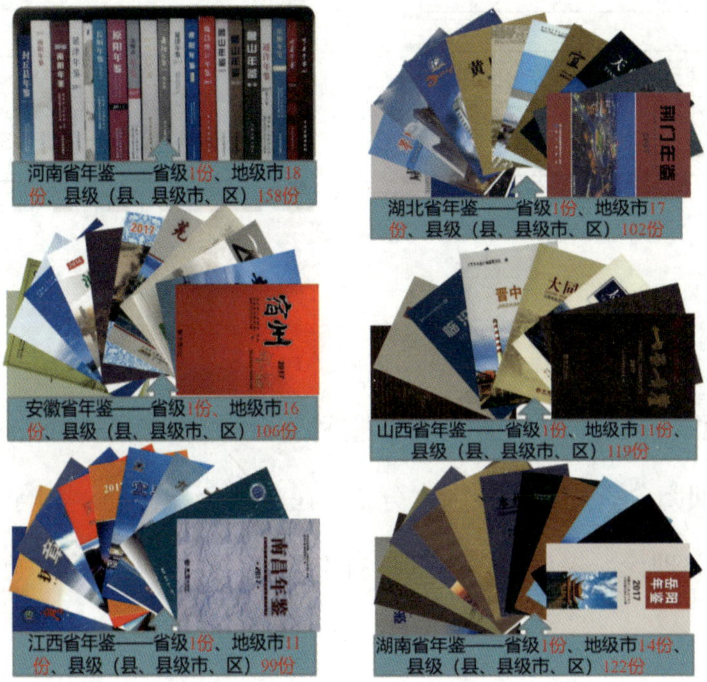

图13-3-1　数据来源情况

（2）可视化矢量图获取

由于镇域尺度下的矢量化地图获取较难，不能通过常用的地图矢量化网站进行直接获取，团队通过多种方法比较，最终选择 91 卫图。但是 91 卫图在进行下载的时候不能全部下载，需要逐一下载每一个县的矢量化地图，因而本研究对中部 1953 个县域的矢量化地图进行拼接，最终得到整个中部镇域的 shapefile 矢量图。

（3）解决的核心问题

根据以往研究进行如下突破（图 13-3-2），能不能获取大范围镇域尺度的空间的数据？能不能分析镇域经济的微观特征并对其他尺度对比？分析镇域空间分异规律后能不能进行区划，以服务乡村振兴战略？

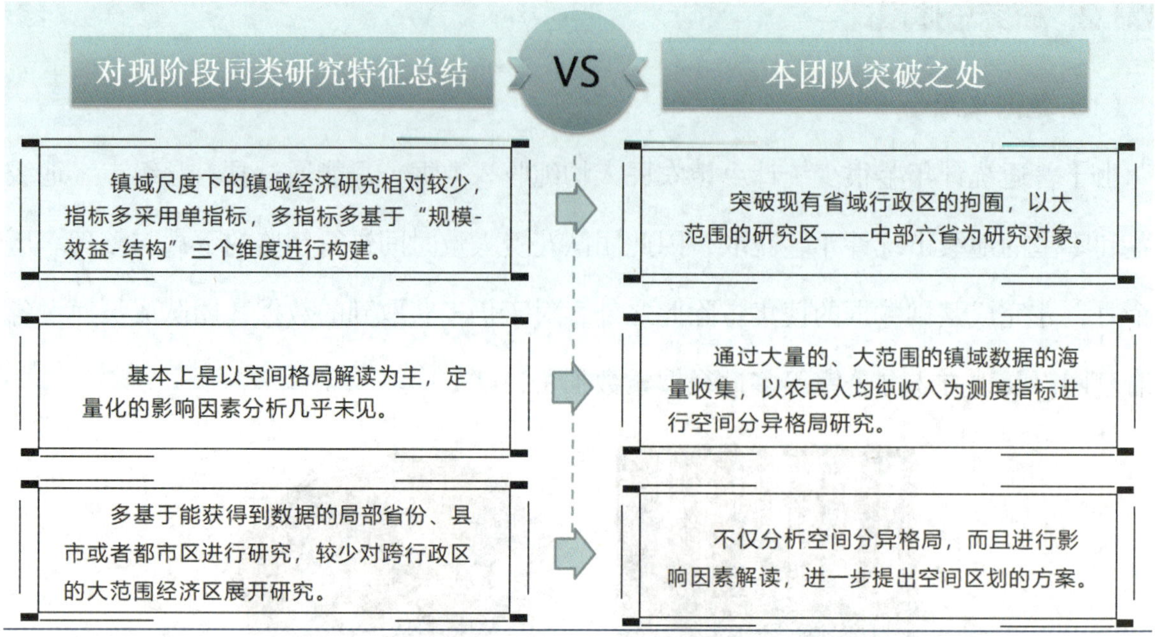

图13-3-2　本研究突破之处

（4）技术路线

以获取的镇域研究单元数据为数据元，以 ArcGIS 软件和相关在线可视化工具为技术支撑，重点分析中国镇域经济的空间分布、空间差异和空间关联特征，基于普通回归的线性归因解释、空间回归分析进行影响因素分析。在空间分异格局、影响因素分析的基础上，结合空间区划的相关理论，提出未来中部六省空间区划的整理路径和重点打造的乡村类型（图 13-3-3）。

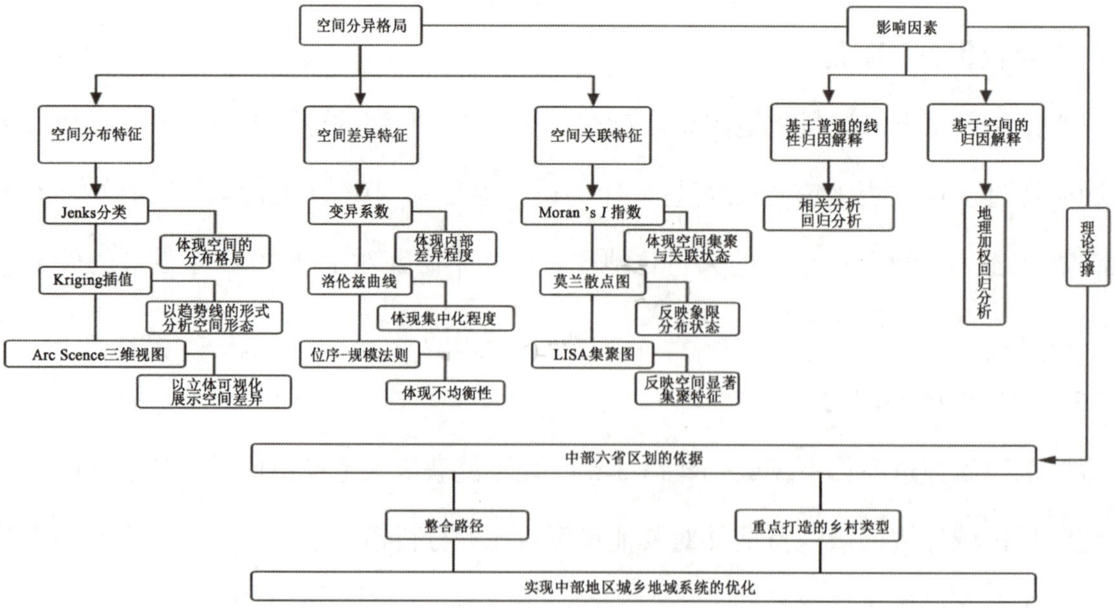

图13-3-3　技术路线

13.3.3 主要的研究结果

（1）空间分异格局

镇域经济的空间集聚分布与低值外围分布现象明显。其中，高值区主要沿长江经济带中下游地区分布，特别是分布在长株潭城市群、鄱阳湖生态经济区、南昌大都市区、江汉平原等经济较发达地区或城市周围；低值区连绵分布在中部地区边缘。同时，随着尺度的增大，农民人均纯收入的高低值分布范围愈加清晰低值区占据山西省大部分地区及各省欠发达地区，高值区主要分布在长株潭城市群、武汉城市圈及安徽东部（图 13-3-4 至图 13-3-6）。

值得一说的是，整个山西省的平均收入相对较低，在北部形成大范围的低值的连绵区。

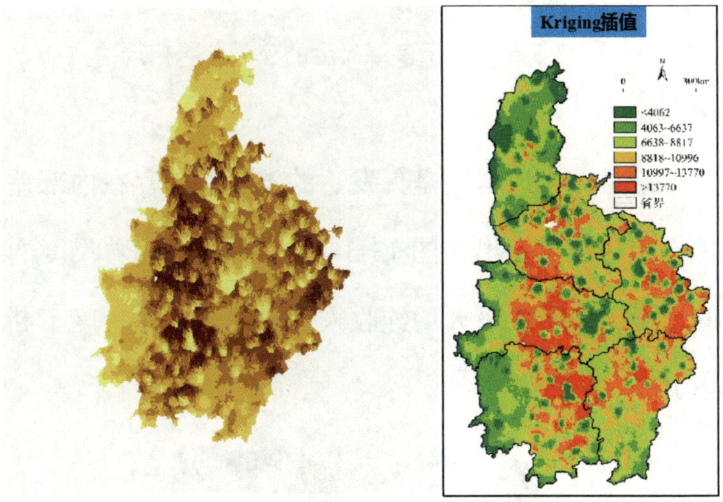

图13-3-4 中部整体的分异格局

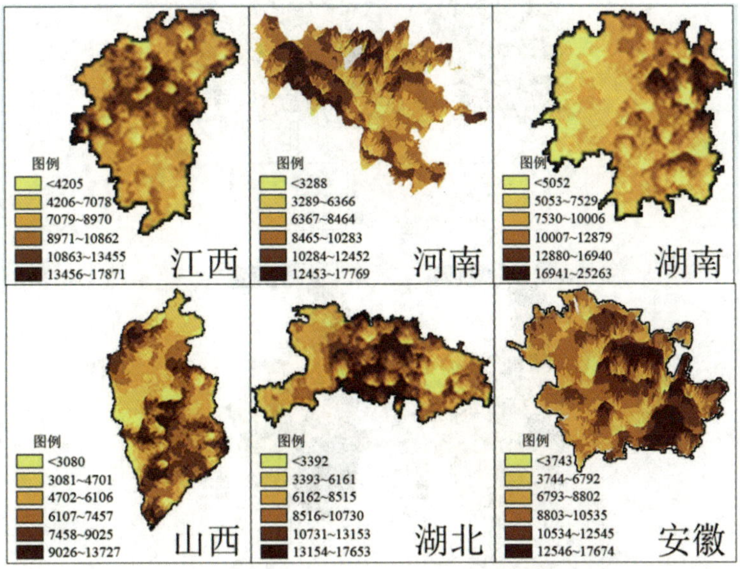

图13-3-5 中部分省的镇域空间格局

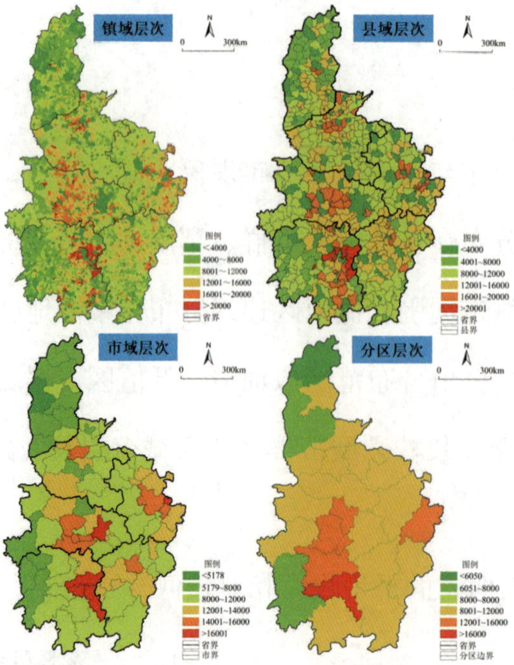

图13-3-6　基于多维尺度的空间分异格局

（2）空间内部差异

从整体层面看，无论是发达地区还是欠发达的省份，均存在内部差异较大的地区，但南部和北部地区的内部差异相对突出（图 13-3-7）。同时，随着尺度的细化，计算的洛伦兹曲线上凸程度不断增大，表明农民人均纯收入分布的集中化程度不断增强，在镇域层次达到最强（图 13-3-8）。

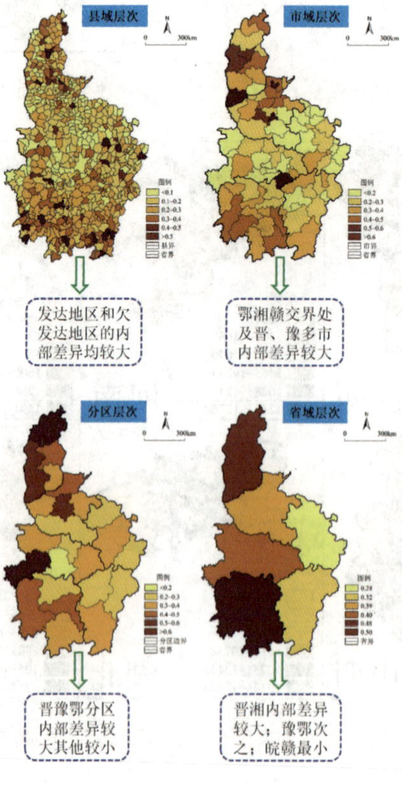

图13-3-7　空间内部差异程度

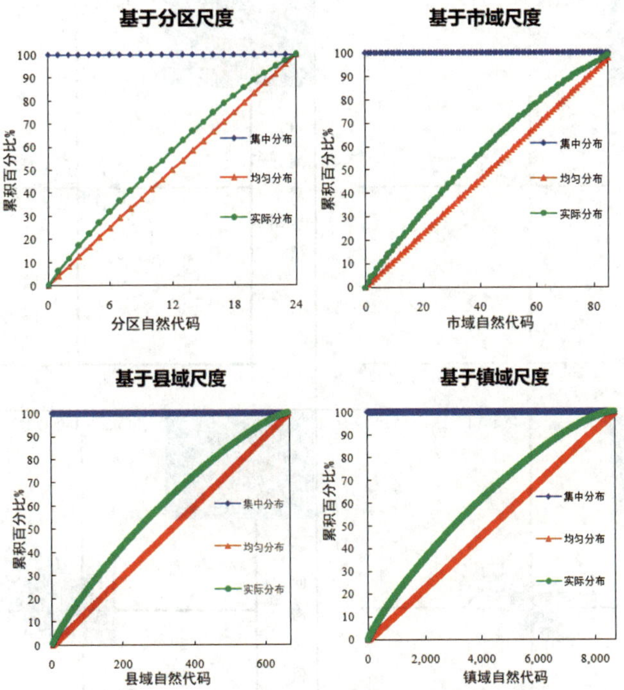

图13-3-8　基于洛伦兹的空间集中程度

（3）位序—规模特征

基于分形维的位序—规模法则计算结果显示，高规模实力的乡镇数量少且散布在曲线左端，存在明显的“翘首”现象；大多数乡镇的实际值均小于模型的拟合值，说明乡镇规模仍不够发育，其整体实力有待进一步提升（图 13-3-9）。

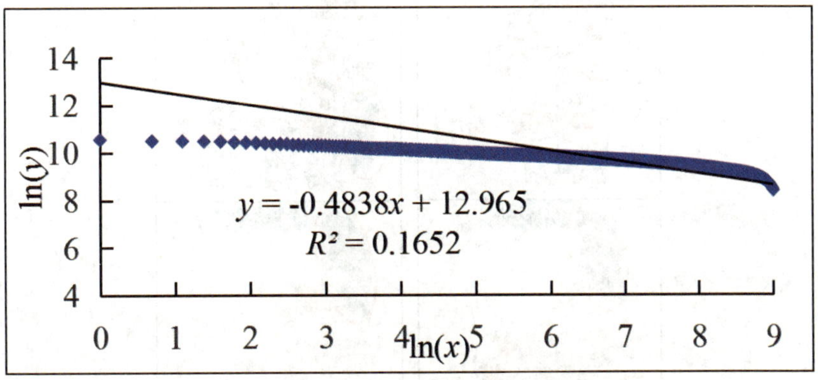

图13-3-9　基于位序-规模法则的曲线拟合

（4）空间关联特征

从 Moran’ s *I* 的值看，随着尺度的细化，莫兰指数逐渐增大，空间集聚性逐渐增强。但在镇域层次，莫兰指数有所下降，空间集聚性有所减弱（图 13-3-10）。从象限的分布看，多数镇域单元集中分布在第一、三象限，集聚态势明显，空间正向关联性不断增强（图 13-3-11）。

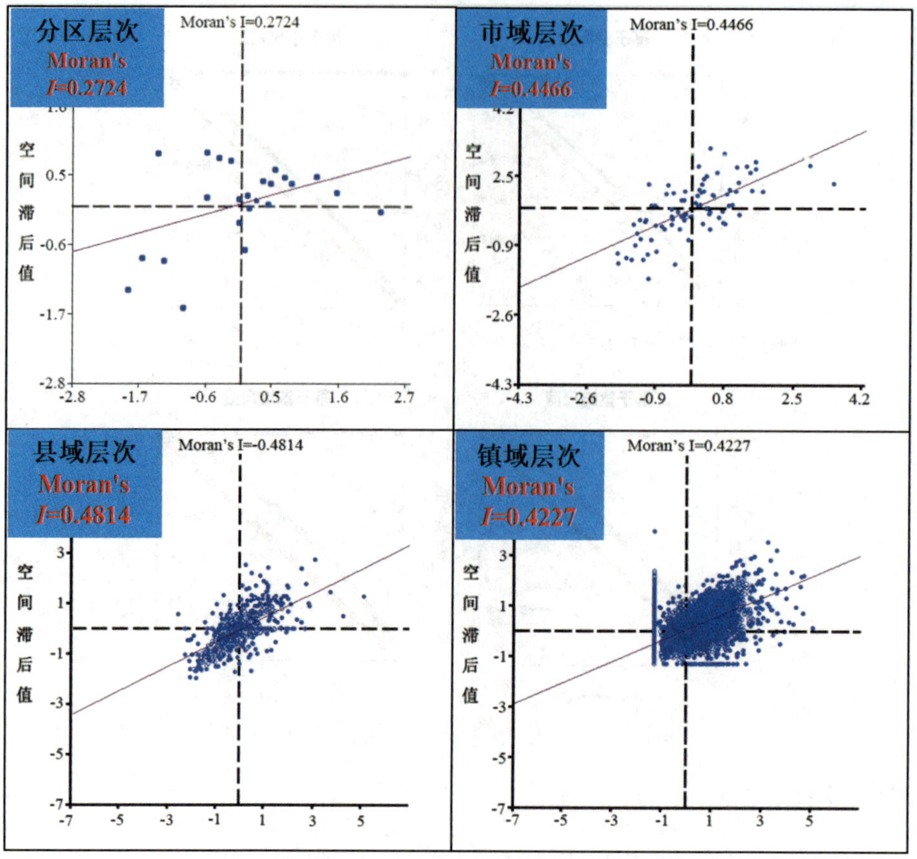

图13-3-10　基于空间自相关的空间关联指数

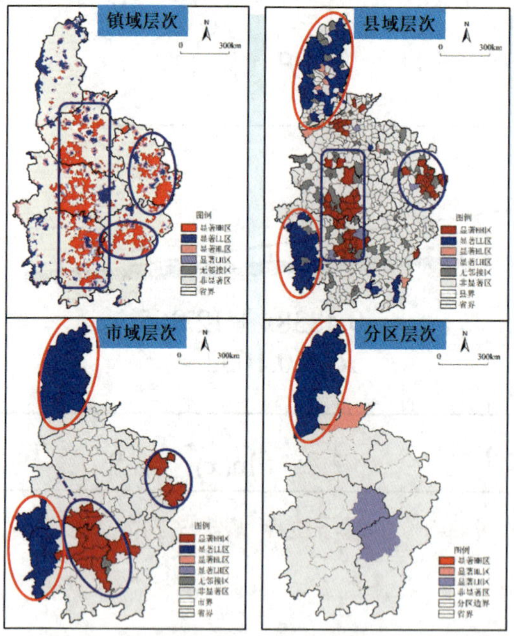

图13-3-11　基于空间自相关的局部LISA集聚图

（5）影响因素分析

通过对现有学者关于镇域经济空间分布影响因素的总结，同时考虑到数据的可获取性和科学性，从工业产值、乡村城镇化进程、乡村工业化进程、地形4个方面一共选取了8个自变量来探讨中国镇域经济空间分异的影响因素。为避免各指标的多重共线性，首先对各项指标进行标准差标准化处理，然后利用逐步回归分析方法对标准化后的所有变量进行共线性检验，由于膨胀因子均小于4.4，因此没有剔除变量，选取工业产值、人均工业产值、镇域高程、二三产业从业人员、二三产业从业人员占比、建成区常住人口、建成区面积/行政区域面积、人口密度8个指标作为相关、回归模型的自变量，结果见图13-3-12和图13-3-13。

相关分析

相关性	工业产值	人均工业产值	地均工业产值	二三从业人员	二三产业从业人员/从业人员	建镇区面积比例	城镇建镇区常住人口	人口密度	高程
农民人均纯收入	0.441	0.38	0.445	0.359	0.266	0.19	0.235	0.306	-0.433

以上相关系数在0.01水平（双侧）上显著相关。

通过相关分析，可得中部地区农民人均纯收入和工业实力之间呈现较强正相关，与二三产业从业人员及其占比、人口密度呈较好的正相关关系，和建镇区面积、建镇区人口等指标关系微弱，和乡镇高程呈现较强负相关，反映出与工业实力最密切，与乡村城镇化工业化进程较为相关，与基础规模性指标关系不大，与山地丘陵等不利地形呈逆向关系。

回归分析

	平方和	df	均方	F	Sig.
回归	33879398633	9	3764377626	300.61	.000b
残差	95546503511	7630	12522477.52		
总计	1.29426E+11	7639			

该回归分析，是以农民人均纯收入为因变量，其他九个影响因素作为预测变量。其回归方程为$Y=10868.042+0.001x_1+81.252x_2-2.622x_3+0.024x_4+554.160x_5+2422.149x_6+0.004x_7-5.943x_8-3.831x_9$。可得与相关分析结果相似，农民人均纯收入和工业发展水平最相关。

图13-3-12　基于相关和普通线性回归的影响因素分析

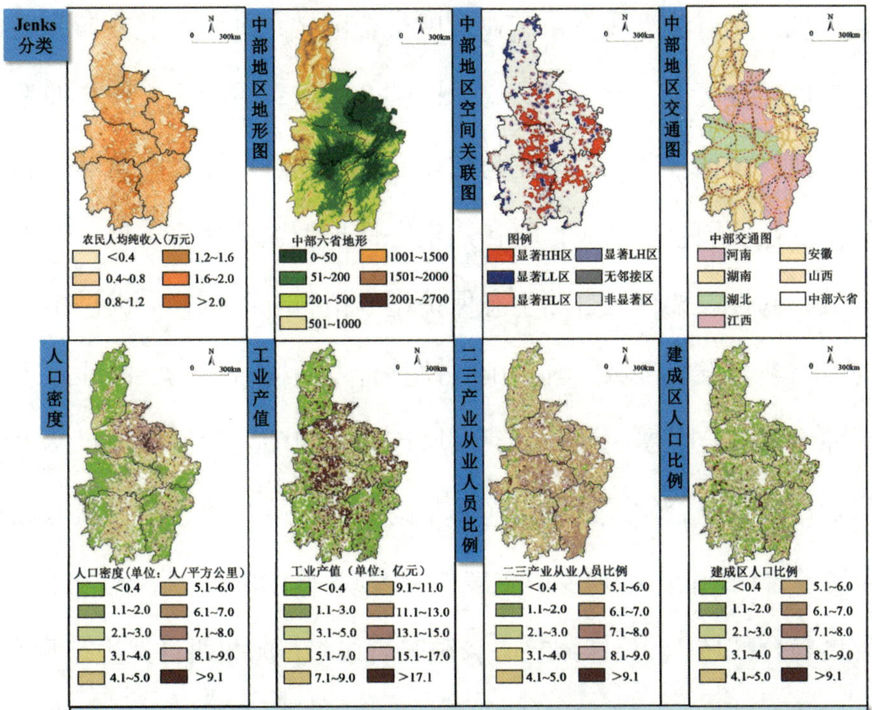

在进行空间整合的时候，一方面要考虑中部镇域经济空间格局的特点，空间关联的特征，另一方面要考虑地区所处的地理环境（地形、高程），地区经济发展现状（工业化进程，城镇化进程），此外还要考虑行政区划的完整性，团队基于这些方面进行空间整合的基础因子的分析。

图13-3-13　基于GWR回归的影响因素分析

（6）空间区划研究

根据空间分异的格局分析、影响因素分析，结合空间区划的整合理论，参考地形、行政区划等进行实际因素的考虑，提出了75个分区的规划设计（图13-3-14，图13-3-15）。具体包括：①大同矿区乡镇工业发展整合区域；②铁路沿线发展整合区域；③晋北乡镇发展整合区域；④自然生态保护型乡镇整合区域；⑤宁武矿区乡镇工业发展整合区域；⑥晋西北乡镇产业发展整合区域；⑦太原核心乡镇整合区域；⑧自然生态保护型乡镇整合区域；⑨晋西乡镇产业发展整合区域；⑩晋东北乡镇产业发展整合区域；⑪晋东乡镇产业发展整合区域；⑫霍西矿区乡镇工业发展整合区域；⑬晋南乡镇发展整合区域；⑭晋东南乡镇发展整合区域；⑮铁路沿线发展整合区域；⑯太行山自然生态保护型乡村聚落振兴区；⑰沿京港澳高速发展乡村聚落振兴区；⑱郑洛辐射发展乡村聚落振兴区；⑲沿连霍高速发展乡村聚落振兴区；⑳郑洛核心轴乡村聚落振兴区；㉑豫西自然生态保护型乡村聚落振兴区；㉒郑洛辐射发展乡村聚落振兴区；㉓沿京港澳高速发展乡村聚落振兴区；㉔豫东乡村聚落振兴区；㉕伏牛山自然生态保护型乡村聚落振兴区；㉖南阳盆地乡村聚落整合区；㉗豫南山前平原乡村聚落振兴区；㉘豫南大别山“生态文旅”型乡村聚落振兴区；㉙皖西北乡镇发展整合区域；㉚京沪沿线乡镇产业发展整合区域；㉛皖东北乡镇发展整合区域；㉜皖西乡镇产业发展整合区域；㉝合肥核心乡镇整合区域；㉞皖东乡镇产业发展整合区域；㉟皖东南乡镇产业发展整合区域；㊱芜马次核心乡镇整合区域；㊲自然生态保护型乡镇整合区域；㊳皖南乡镇发展整合区域；㊴自然生态保护型乡镇整合区域；㊵鄂西北武当山乡镇整合发展区域；㊶神农架林区自然生态保护型乡镇整合区域；㊷大洪山乡镇整合发展区域；㊸鄂东北乡镇整合发展区域；㊹荆山乡镇整合发展区域；㊺江汉北岸乡镇整合发展区域；㊻江汉平原乡镇整合发展区域；㊼武汉城市圈乡镇整合发展区域；㊽巫山乡镇整合发展区域；㊾鄂西南乡镇整合发展区域；㊿鄂东南低山丘陵乡镇整合发展区域；51湘北自然生态保护型乡镇整合区域；52湘西乡镇发展整合区域；53岳阳乡镇产业发展整合区域；54中部乡镇产业发展整合区域；55长株潭核心乡镇整合区域；56湘西自然生态型乡镇整合区域；57沪昆沿线发展整合区域；58京广沿线发展整合区域；59衡阳乡镇产业发展整合区域；60湘南乡镇发展慧合区域；61湘南自然生态保护型乡镇整合区域；62湘东南自然生态保护型乡镇整合区域；63长江南岸乡镇发展整合区域；64赣东北乡镇发展整合区域；65鄱阳湖自然生态保护型乡镇整合区域；66慕阜山乡镇发展整合区域；67赣东怀玉山乡镇发展整合区域；⑥⑧南新宜萍核心发展轴乡镇发展整合区域；⑥⑨九岭山自然生态保护型乡镇整合区域；⑦⓪武夷山乡镇发展整合区域；⑦①赣西乡镇发展整合区域；⑦②赣中乡镇发展整合区域；⑦③井冈山自然生态保护型乡镇整合区域；⑦④南岭乡镇发展整合区域；⑦⑤赣南乡镇发展整合区域。

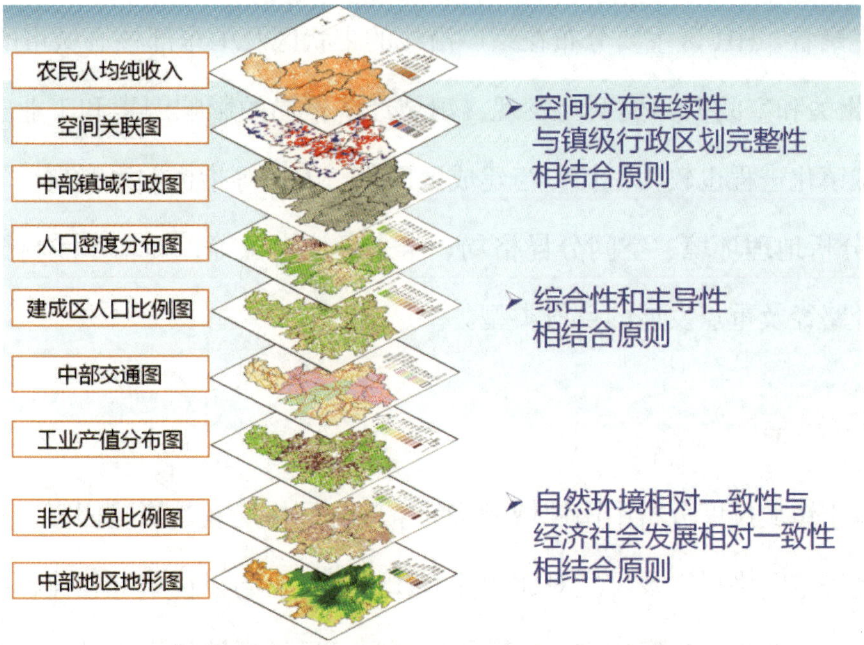

图13-3-14　区划的整合基础和规划原则

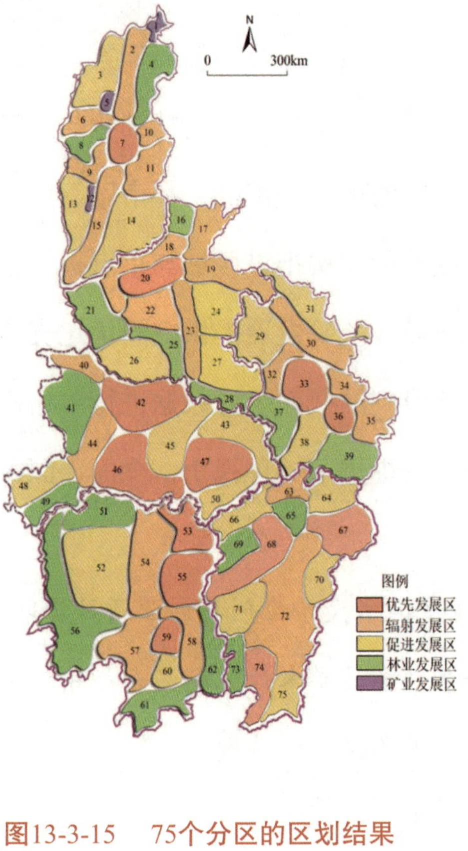

图13-3-15　75个分区的区划结果

13.3.4 主要结论

① 从空间分异格局看，中部地区镇域经济的高值区主要沿长江经济带中下游地区分布，而低值区则在中部地区边缘连绵分布。但发达地区与欠发达地区局部不均衡性都很明显。从空间集聚看，HH 区主要分布在京广沿线的带状区及中东部核心城市的周边。

② 通过相关和空间回归模型均发现，镇域经济格局的影响因素和工业实力最密切，和工业化、城镇化进程也较为密切，与建成区面积、人口等指标关系微弱。

③ 综合分析地理环境、空间分异格局、未来经济定位等，提出了乡村振兴背景下镇域经济的整合路径及重点发展的乡村类型。

13.3.5 研究总结

本研究基于镇域尺度分析中国镇域经济的空间分异格局及其影响因素，对认识尺度细化后的区域经济空间格局以及尺度对比规律有积极意义。与以往研究相比，本研究基于农民人均收益的获得感指标进行研究，发现了镇域尺度区域经济格局零散性、局部特征突显性、空间集聚特征多样化等现象，尤其是基于 GWR 回归解释的空间的不同组合特点和空间复杂性，有助于深入尺度细化后的区域经济规律。令人遗憾的是，限于数据获取、方法选择等问题，仅仅基于全国宏观格局进行解释与探索性总结，对局部省区、经济区、城市群、都市区等地域空间的影响分析不深入，更精细化的定量解释还远远不够。因此，在今后研究中，细化不同省区、经济区、城市群、都市区等地域单元内部的镇域经济格局，基于镇域视角识别乡村振兴战略的梯次推进区域与重点提升区，可为中国不同类型乡镇经济振兴区的新型城镇化推进、城乡统筹发展提供空间优化支撑与推进引导。此外，还需要指出的是，本研究仅仅从能获取到的截面统计数据进行单指标分析，未构建综合指标体系，对全面认知中国镇域经济仅仅提供了一种视角，全面、深入、长时间段对比等研究需要进一步跟进。

（本项目获得 2018 年度国家大学生创新创业项目资助，并获得 2019 年第五届中国高校地理科学展示大赛一等奖、最具学术性主题奖。指导教师：丁志伟、赵威；参与学生：刘盈盈、吴小妮、乔晓凡、卫雅馨、张浩鹏。）

项目级别：校级

河南大学大学生创新创业训练计划项目结项证书

<table>
<tr><td>项目名称</td><td colspan="3">乡村振兴背景下中国镇域经济发展水平的空间分异及其影响因素--基于32420个乡镇的百度检索量数据分析</td><td>项目编号</td><td>2019101311</td></tr>
<tr><td>项目负责人</td><td>吴小妮</td><td>指导教师</td><td>丁志伟</td><td>结项等级</td><td>优秀</td></tr>
<tr><td rowspan="5">项目完成人（共4人）</td><td>姓名</td><td colspan="2">学号</td><td colspan="2">学院(部)</td></tr>
<tr><td>吴小妮</td><td colspan="2">1710131102</td><td colspan="2">环境与规划学院</td></tr>
<tr><td>刘盈盈</td><td colspan="2">1710131178</td><td colspan="2">环境与规划学院</td></tr>
<tr><td>张璐瑶</td><td colspan="2">1710131141</td><td colspan="2">环境与规划学院</td></tr>
<tr><td>乔晓凡</td><td colspan="2">1710131170</td><td colspan="2">环境与规划学院</td></tr>
</table>

河南大学教务处

2020年6月12日

中国高校地理科学展示大赛

获奖证书

作品名称：乡村振兴战略下我国中部镇域经济的空间分异及其空间整合

——基于中部六省8682个镇域研究单元的农民人均纯收入数据

参赛队员：刘盈盈、吴小妮、乔晓凡、卫雅馨、张浩鹏

指导老师：丁志伟、赵威

参赛院校：河南大学环境与规划学院

荣获“新蚁族杯”第五届中国高校地理科学展示大赛

全国总决赛人文地理组

一等奖

中国高校地理科学展示大赛组织委员会

（中国地理学会代章）

二〇一九年十一月

中国高校地理科学展示大赛

获奖证书

作品名称：乡村振兴战略下我国中部镇域经济的空间分异及其空间整合

——基于中部六省8682个镇域研究单元的农民人均纯收入数据

参赛队员：刘盈盈、吴小妮、乔晓凡、卫雅馨、张浩鹏

指导老师：丁志伟、赵威

参赛院校：河南大学环境与规划学院

荣获“新蚁族杯”第五届中国高校地理科学展示大赛

全国总决赛人文地理组

最具学术性主题奖

中国高校地理科学展示大赛组织委员会

（中国地理学会代章）

二〇一九年十一月

13.4 基于Web GIS的中国八大菜系时空分布故事地图

13.4.1 背景与意义

中国饮食文化的菜系，是指在一定区域内，由于气候、地形、历史、物产及饮食风俗的不同，在选料、切配、烹饪等技艺方面经过漫长历史演变而形成的一整套自成体系的烹饪技艺和风味，具有鲜明的地方风味特色，并为社会所公认的中国饮食的菜肴流派。早在商周时期中国的膳食文化已有雏形，以太公望最为代表。再到春秋战国的齐桓公时期，饮食文化中南北菜肴风味就表现出差异。到唐宋时，南食、北食各自形成体系。到了南宋时期，南甜北咸的格局形成。发展到清代初期时，鲁菜、川菜、粤菜、苏菜成为当时最有影响的地方菜，被称作“四大菜系”。到清末时，浙菜、闽菜、湘菜、徽菜四大新地方菜系分化形成，共同构成中国传统饮食的“八大菜系”。

作为中国传统文化瑰宝之一的菜系文化，历经五千年的沉淀和升华，成为中国文化的重要组成成分。现如今“八大菜系”的精品菜肴仍然被广大群众所钟爱，但这些菜系的历史变迁和其背后珍贵的文化传承却鲜有人能够系统了解。现如今互联网上有关八大菜系文化的文献和系统介绍少之又少，许多对中国传统菜系文化有浓厚兴趣的青少年无法完整了解相关的内容。我们问卷调查的结果显示（图 13-4-1），各类年龄段的人群中均有 75% 以上的人对八大菜系文化抱有浓厚的兴趣，但 85% 以上的人却表示不了解八大菜系的相关文化。90% 以上的人是通过日常生活中琐碎的信息来断断续续的了解八大菜系文化，还有 80% 以上的人没有获取八大菜系相关文化信息的途径。为此我们希望能够创建一个系统、全面地介绍中国八大菜系历史变迁及文化传承的 Web 应用程序，来满足对八大菜系文化抱有浓厚兴趣的广大人群。

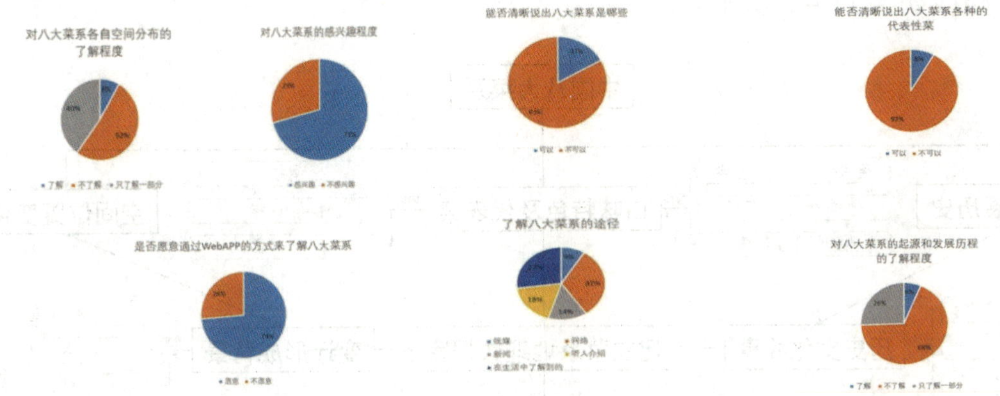

图13-4-1　需求调查

ArcGIS Online 和故事地图为该 Web 应用程序的实现提供了技术支撑。故事地图是 Web GIS 应用的一种，它基于地理位置来组织和呈现信息，把交互式地图与多媒体内容（文本、照片、视频、音频）结合起来，更为直观地阐述故事内容，能激发用户的参与感和兴趣。基于故事地图在线制图平台，用户通过空间视角来记录身边发生的故事，例如真实的社会故事、难忘的旅行故事等。ArcGIS 平台提供了诸多的故事地图应用模板。这些模板的用户接受度高，很快成为最受用户欢迎的应用模板。ArcGIS Online 是 Esri 建设的公有云平台。它为用户提供了一个基于云的、完整的协作式地理信息内容管理与分享的工作平台。它让用户能够把自己的业务数据简易快捷地发布为图层、制作二维 Web 地图和三维 Web 场景，拥有丰富的地理分析功能，并提供模板支持用户快速构建新的 app 应用，在浏览器、桌面和移动平台上随时随地的访问。

鉴于此，本项目基于 ArcGIS Online 和 StoryMap 故事地图构建一个 Web 应用。该应用展示了八大菜系在唐、宋、元、明、清、民国各个时代的空间分布，并附带有全面的关于文化、口味特色等方面的文字描述。该 Web 应用最终通过链接的形式分享给用户，可以让用户了解八大菜系的历史形成以及和八大菜系有关的故事，可以让人们更多地了解中国八大菜系的相关知识，深刻体会中国传统饮食文化的交融以及饮食文化的传承。

13.4.2 内容与技术方法

中国八大菜系历史变迁及文化传承 Web 应用的构建首先是菜系地理数据库的构建，其次是将八大菜系数据库结合天地图等基础底图发布在 ArcGIS Online 平台上，最后通过故事地图应用模板搭建用户访问界面，展示中国八大菜系的空间分布和文化内涵。构建该应用的技术路线如图 13-4-2 所示。

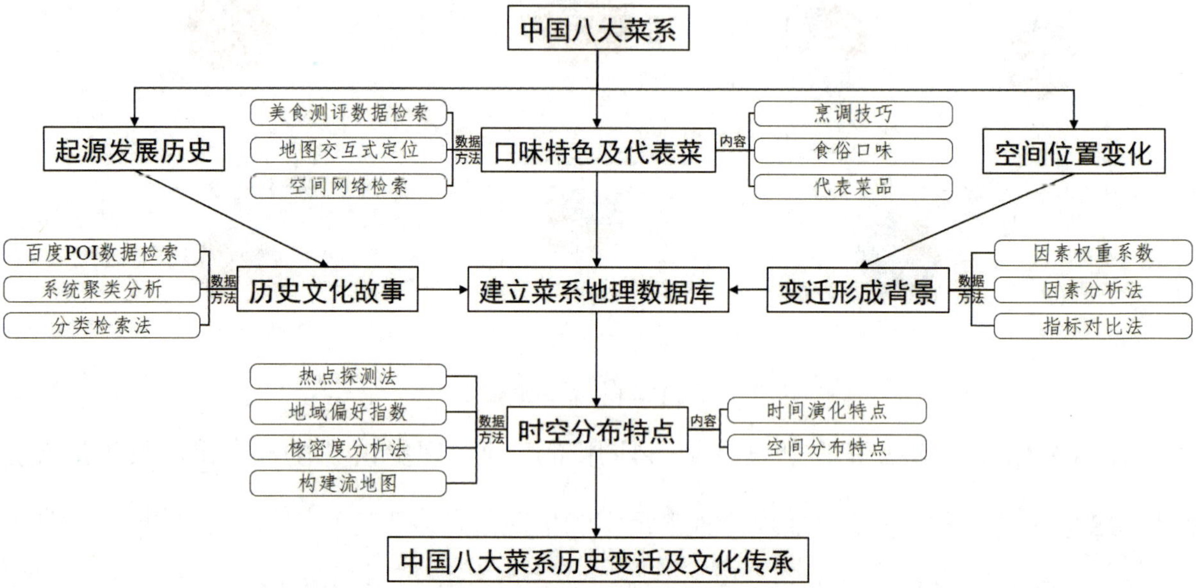

图13-4-2 技术路线

首先通过文献整理、矢量数据绘制、地理配准等方法，利用 ArcMap 软件构建中国八大菜系地理数据库（图 13-4-3）。收集和梳理各个菜系在唐、宋、元、明、清、民国这些不同历史阶段空间分布的相关资料，然后根据这些资料绘制他们在各个历史阶段的空间分布，做出以时间为轴线的八大菜系空间分布演化图，展示八大菜系的时空分布特点，给观看者直观的视觉感受。

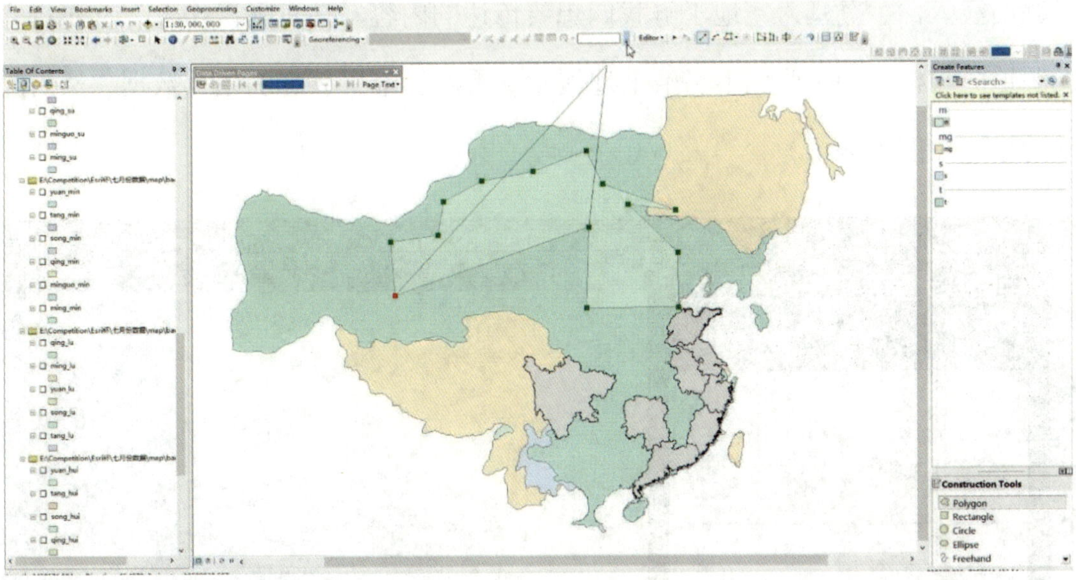

图13-4-3 空间矢量化

在此基础上，收集并整理了八大菜系背后的历史典故，并将它们与时空演化图相结合，生动形象地展示中华传统饮食文化的传承历程。接着收集整理各个菜系形成的影响因素，主要与菜系悠久的历史和独到的烹饪特色、地理环境、资源物产、文化传统、经济条件以及民族习俗等因素有关，分析相关因素对菜系的形成与发展的影响，让人们深刻地了解到历史上中华饮食文化之间的相互交融以及传承。最后，收集相关资料并绘制了作为各个菜系组成流派的分布图，使观看者能够有一个整体的了解。然后将这些数据发布到 ArcGIS Online 平台上（图 13-4-4），为故事地图的构建提供数据基础。

图13-4-4 在ArcGIS Online上发布地图

最后选择 Story Map Series 模板创建中国八大菜系 Web 应用。为了直观生动全面地展示中国传统八大菜系文化，在故事地图中，我们首先介绍中国八大菜系的整体概况，使观看者能够由浅入深、登堂入室地了解我们想要传达的内容。在实际操作上，首先将八大菜系的发源地分布汇聚到一张图上，清晰地展示观看者们最感兴趣的图片数据，然后配上八大菜系的简述（图 13-4-5）。

图13-4-5　Web应用封面页

接着就是关于鲁菜、川菜、粤菜、苏菜、闽菜、浙菜、湘菜、徽菜这些菜系的描述，分别绘制这些菜系在历史进程中的影响范围，然后整合起来成一个系统，以便清晰地向观看者展示八大菜系的历史变迁过程（图 13-4-6）。

图13-4-6　鲁菜简介

其次，中国是一个历史悠久、地大物博、人口众多的多民族国家。历史上不同地区形成了自己独特的烹调技艺、传统食物、食俗和饮食风格，形成了中国饮食文化的区域性。菜系是中国饮食文化区域性的特征性体现，菜系的形成和发展是不同地区饮食史的积淀过程（图 13-4-7）。

图13-4-7　鲁菜文化历史变迁

最后，各大菜系的组成流派也是不得不介绍的内容之一（图 13-4-8）。整体相似下的局部不同也就形成了不同的流派，它们也是中国传统菜系文化不可分割的部分，因此我们希望通过介绍这些流派的分布和相关的文字描述来使这部分文化呈现在观看者眼前，并且结合大家最为熟知的各个菜品进行介绍，将这些耳熟能详的菜品置于它们所对应的流派下，给观看者更好的观看体验，并且能够使观看者更好地了解想关的文化介绍。每道菜品还配有相应的图片、口味特色、起始朝代，以及非常有趣且广泛传播的菜品典故供观看者了解，甚至还配有各个菜品的详细制作过程，使观看者不仅能够从精神层面欣赏和了解菜系文化，还能从物质层面实际接触和制作。

图13-4-8　川菜流派

我们通过整体分布范围介绍加分块局部文化介绍，将中国八大菜系的历史变迁和文化传承清晰地呈现在想要了解它们的观看者眼前，使他们不用自己费力搜集菜系文化相关的信息，就能清晰地了解我国八大菜系的历史变迁和文化传承。

13.4.3 特色与创新

本作品以中国传统的八大菜系（川、鲁、粤、苏、浙、闽、湘、徽）为对象，以各菜系随时间变化情况为轴线，以八大菜系的时空分布为基础，在地图上展示不同时期不同菜系的变迁特点。本作品的数据来自于书籍文字记载、百度 POI 数据、美食测评数据等，结合中国八大菜系的产生背景，旨在用地图的形式展现各时期菜系中的历史文化故事及时空分布特点，分析菜系形成的影响因素，展现各大菜系的口味特色及代表菜，通过地图表达隐含在八大菜系文化后的故事经典，让中国传统的菜系饮食文化在地图上表现得惟妙惟肖。

本作品利用地图故事模板，将地图和数据发布到 ArcGIS Online 上，对中国八大菜系历史变迁及文化传承进行分析研究。本作品特点如下：

（1）完整地介绍了八大菜系的起源发展历程

中国传统菜系饮食文化博大精深。在中华大地上孕育产生的传统八大菜系，每个菜系都浓缩了一个区域的饮食文化，而每个菜系的形成都源于一道道特色菜品的产生。每道菜品的背后承载了不同环境气候、不同历史风格，都浓缩了一个地方的风土人情，都有属于自己的故事。我们采用百度 POI 检索数据、历史文献记载数据等多种渠道获取每个菜系后的历史文化故事，并根据历史文化故事的内容，其所代表的菜系和故事背后蕴含的饮食文化信息进行分类，观看者可以便捷、直观、全面地浏览这些信息。

（2）直观地展示了八大菜系的空间位置随时代的变化

据现有资料显示，早在春秋战国时期，八大菜系中的部分菜系就有出现，随着时间的变化，菜系文化不断变迁演化；中华大地的疆域逐渐变化，菜系的分布区域也随之改变，各大菜系在空间上的分布特点随历史变化而不断变迁。菜系形成的影响因素与其悠久的历史及独到的烹饪特色有着密切的关系，但同时也受到地理环境、资源物产、文化传统、经济条件以及民族习俗等因素的共同影响。

13.4.4 案例总结

本项目通过 ArcGIS Online 和故事地图构建了中国八大菜系历史变迁和文化传承的

Web 应用。该应用可以让用户了解八大菜系的空间分布特征以及组成各大菜系的风味菜的分布，使人们能够方便、快捷、系统、全面地了解有关中国八大菜系历史变迁及文化传承方面的知识，深刻体会中国传统饮食文化的交融以及饮食文化的传承。

（本项目获得 2020 易智瑞杯中国大学生 GIS 软件开发竞赛地图故事组优胜奖。指导教师：马晓哲、赵芳；参与学生：闫姝婉、齐铭辉、王盼。）

荣誉证书

河南大学环境与规划学院 闫姝婉 同学：

在“2020 易智瑞杯中国大学生 GIS 软件开发竞赛”作品评选中，

您提交的作品 A614《中国八大菜系历史变迁及文化传承》被评为：

地图故事组 **优胜奖**，以资鼓励。

中国测绘学会 易智瑞信息技术有限公司

二〇二〇年十一月

电子证书编号：S2020010162

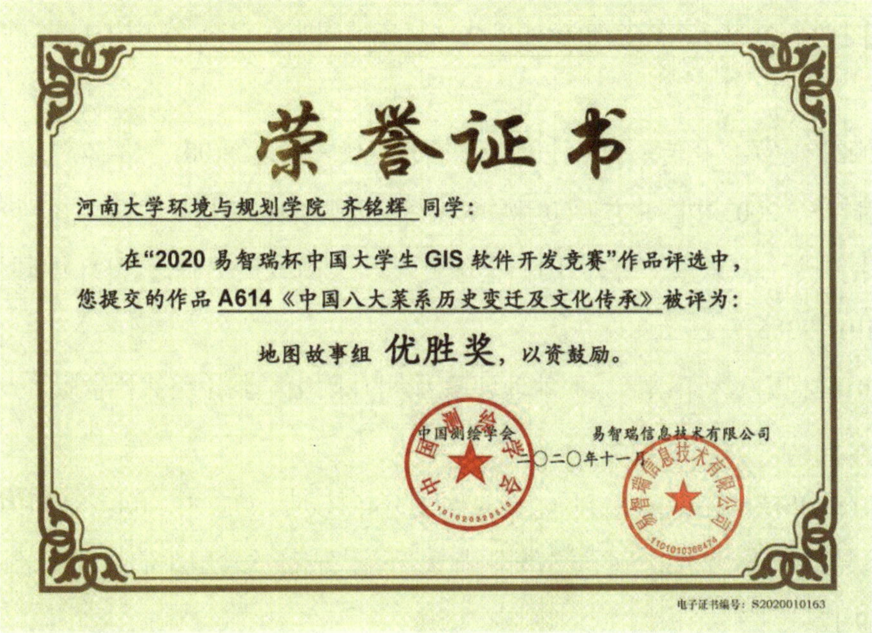

荣誉证书

河南大学环境与规划学院 齐铭辉 同学：

在“2020 易智瑞杯中国大学生 GIS 软件开发竞赛”作品评选中，

您提交的作品 A614《中国八大菜系历史变迁及文化传承》被评为：

地图故事组 **优胜奖**，以资鼓励。

中国测绘学会 易智瑞信息技术有限公司

二〇二〇年十一月

电子证书编号：S2020010163

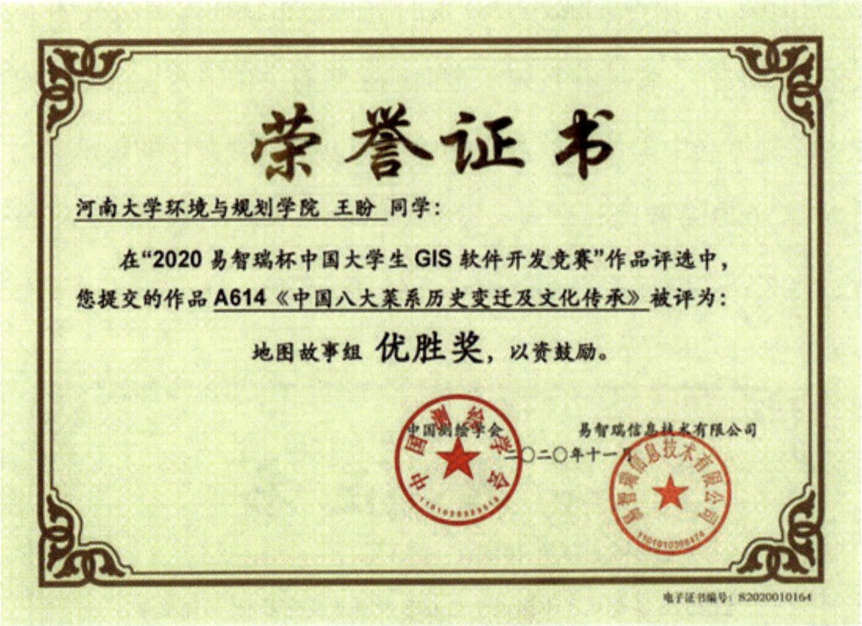
荣誉证书

河南大学环境与规划学院 王盼 同学：

在"2020易智瑞杯中国大学生GIS软件开发竞赛"作品评选中，您提交的作品A614《中国八大菜系历史变迁及文化传承》被评为：

地图故事组 优胜奖，以资鼓励。

中国测绘学会 易智瑞信息技术有限公司

二〇二〇年十一月

电子证书编号：S2020010164

参考文献

[1]产业信息网，2017.年中国人口老龄化现状分析、老龄化带来的问题及应对措施[DB/OL]，2016-09-21[2020-02-10] https://www.chyxx.com/industry/201609/450544.html

[2]陈梦奇，韩娅红，2022.地理环境对中华饮食文化及风味的影响[J].中国食品，(09)：117-120.

[3]程君青，潘晓红，2011.基于老年群体的网络信息无障碍服务平台的研究[J].计算机时代，(10)：64-68.

[4]戴春平，2022.客家菜文化传承的路径创新研究[J].现代食品，28(08)：54-57.

[5]翟盘茂，潘晓华，2003.中国北方近50年温度和降水极端事件变化[J].地理学报，58(S1)：1-10.

[6]方精云，朱江玲，王少鹏，等，2011.全球变暖、碳排放及不确定性[J].中国科学（地球科学），41(10)：1385.

[7]郭佳悦，2016.中国八大菜系形成的地理环境因素[J].阴山学刊（自然科学版），30(04)：104-107.

[8]韩立伟，2018.GIS技术在水文水资源领域的运用[J].科技创新与应用，(08)：160-161.

[9]郝毅然，翁喆，李瑶，2022."西学东渐"背景下近代成都饮食卫生的变迁[J].四川旅游学院学报，(03)：9-12.

[10]胡宗华，2020.大数据背景下环境监测信息系统的设计与实现[J].信息记录材料，21(04)：95-96.

[11]蒋英志，2013.中国八大菜系及第九菜系[J].文史精华，(05)：64-68.

[12]金晖，2018."八大菜系"谁最受欢迎哪里人最舍得吃[J].烹调知识，(05)：28-30.

[13]林美泳，张翀，吴家铭，2009.八大菜系之闽菜[J].青年文学家，(14)：63.

[14]刘刚，2020.遥感技术在资源环境监测中的应用探讨[J].环境与发展，32(09)：102-103.

[15]刘美芳，殷晨，2016.计算机图形技术在环境监测中的运用[J].电子技术与软件工程，(18)：174.

[16]刘维，曹龙，2017.气候系统对CO2强迫和太阳辐射强迫在不同时间尺度的响应[J].气候.变化研究进展，13(3)：231-242.

[17]吕晓敏，丁骁，代养勇，2009.中国八大菜系的形成历程和背景[J].中国食物与营养，(10)：62-64.

[18]旅时，2010.八大菜系,八家代表[J].美食，(05)：8-9.

[19]毛慧琴，延晓冬，熊喆，2011.土地利用变化对气候影响的研究进展[J].气候与环境研究，16(4)：513-524.

[20]苗娟，林振山，2000.多参数非线性零维气候系统的研究[J].热带气象学报，(4)：345-352

[21]莫阿莫，2015.八大菜系中的费时之菜[J].课堂内外（初中版），(Z2)：64.

[22]沈军霞，2007.八大菜系的渊源[J].今日南国，(12)：74-75.

[23]舒丽红，2019.试论遥感技术在环境监测中的应用[J].江西化工，(04)：132-134.

[24]宋应诺，2015.基于医疗信息技术构建区域协同医养一体化居家养老服务平台的探索[D].南方医科大学硕士学位论文.

[25]王闯，姚永峰，刘合建，2021.环境检测技术和生态可持续发展分析[J].新型工业化，11(08)：51-52.

[26]王笏，王倩滢，2017.地理信息系统在城市环境管理中的应用[J].信息系统工程，(07)：52.

[27]王满意，2015.基于Java EE和Web GIS的养老社区环境信息与健康生活指导系统研究[D].华东师范大学硕士学位论文.

[28]王琦，2022.论当代文学中的饮食文化[J].文化产业，(13)：92-94.

[29]王琼，张明军，王圣杰，等，2013.1962-2011年长江流域极端气温事件分析[J].地理学报，68(5)：611-625.

[30]魏朝卿，2003.中国菜肴的八系十六帮[J].中国保健营养，(04)：48.

[31]谢世琦，李佳楠，2022.空间视阈下的饮食文化内涵——以《可以给你做顿饭吗》为例[J].今传媒，30(04)：51-54.

[32]徐开平，杨元媛，朱红霞，等，2008.云南食尚——从八大菜系到云南美食[J].风光(空港商旅)，(09)：84-86.

[33]张维炜，2017.“空巢时代”，中国养老服务如何加速？[J].中国人大，3(5)：48-49.

[34]章冰冰，吴韶波，2017.基于信息融合居家养老服务平台的构建[J].物联网技术，(8)：87-89，91.

[35]中共中央国务院，2018.乡村振兴战略规划（2018-2022年）[M].北京：人民出版社.

[36]中共中央国务院，2019.关于坚持农业农村优先发展做好“三农”工作的若干意见[M].北京：人民出版社.

[37]中国共产党中央委员会，中华人民共和国国务院，2014.国家新型城镇化规划（2014-2020年）[M].北京：人民出版社.

[38]Bathiany S, Claussen M, Brovkin V, et al., 2010. Combined biogeophysical and biogeochemical effects of large-scale forest cover changes in the MPI earth system model. Biogeosciences, 7(5), 1383-1399.

[39]Cao L, Bala G, Caldeira K, 2012. Climate response to changes in atmospheric carbon dioxide and solar irradiance on the time scale of days to weeks. Environmental Research Letters, 7(3), 034015.

[40]Feldman D R, Collins W D, Gero P J, et al., 2015. Observational determination of surface radiative forcing by CO2 from 2000 to 2010. Nature, 519(7543), 339-343.

[41]Forster de F, Blackburn P M,Glover M, et al., 2000. An examination of climate sensitivity for idealised climate change experiments in an intermediate general circulation model. Climate Dynamics, 16(10), 833-849.

[42]IPCC, 2007. Climate change 2007: The physical science basis[M]. Cambridge: Cambridge University Press.

[43]IPCC, 2013. Climate change 2013: the physical science basis [M]. Cambridge: Cambridge University Press.

[44]Joos F, Roth R, Fuglestvedt, et al., 2013. Carbon dioxide and climate impulse response functions for the computation of greenhouse gas metrics: a multi-model analysis. Atmospheric Chemistry and Physics, 13(5), 2793-2825.

[45]Kirschbaum M U, Saggar S, Tate K R, et al., 2013. Quantifying the climate-change consequences of shifting land use between forest and agriculture. Science of the Total Environment, 465, 314-324.

[46]Li Y, Fan P, Liu Y., 2019. What makes better village development in traditional agricultural areas of China? Evidence from long-term observation of typical villages. Habitat international, 83, 111-124.

[47]Modelling the influence of land - use changes on biophysical and biochemical interactions at regional and global scales

[48]Myhre G, Highwood E J, Shine K P, et al., 1998. New estimates of radiative forcing due to well mixed greenhouse gases. Geophysical research letters, 25(14), 2715-2718.

[49]Pongratz J, Reick C H, Raddatz T, et al., 2010. Biogeophysical versus biogeochemical climate response to historical anthropogenic land cover change. Geophysical Research Letters, 37(8).

[50]Pritchard B, Argent N, Baum S, et al., 2012. Local–if possible: how the spatial networking of economic relations amongst farm enterprises aids small town survival in rural Australia. Regional Studies, 46(4), 539-557.

[51]Shen L, Chen Y, Li H, et al., 2018. Development orientations for attracting investments–A perspective of less-developed townships in China. Cities, 76, 84-95.

[52]Solomon S, Qin D, Manning M, et al., 2007. Climate change 2007: the physical science basis. Contribution of Working Group I to the Fourth Assessment Report of the Intergovernmental Panel on Climate ChangeCambridge, United Kingdom and New York, NY, USA: Cambridge University Press.

[53]Solomon S, Qin D, Manning M, et al., 2007. Climate change 2007-the physical science basis: Working group I contribution to the fourth assessment report of the IPCC (Vol. 4). Cambridge university press.

[54]Stocker T (Ed.), 2014. Climate change 2013: the physical science basis: Working Group I contribution to the Fifth assessment report of the Intergovernmental Panel on Climate Change. Cambridge university press.

[55]Stocker T, 2014. Climate change 2013: the physical science basis: Working Group I contribution to the Fifth assessment report of the Intergovernmental Panel on Climate Change. Cambridge university press.

[56]Tonts M, Plummer P, Lawrie M, 2012. Socio-economic wellbeing in Australian mining towns: A comparative analysis. Journal of Rural Studies, 28(3), 288-301.

[57]Zou Y, Zhao W, 2018. Searching for a new dynamic of industrialization and urbanization: anatomy of China’ s characteristic town program. Urban Geography, 39(7), 1060-1069.

第 14 章
国家科技部“共享杯”科技资源共享服务创新大赛

“共享杯”科技资源共享服务创新大赛（以下简称“共享杯”大赛）是科技部批准并指导，由国家科技基础条件平台中心主办、国家科技资源共享服务工程技术研究中心承办，面向全国在校大学生、科研人员和创新企业开展的一项创新创业实践活动，旨在促进科技资源开放共享、助力国家科技创新发展，培养在校大学生及各类创新群体利用科技资源创新创业的能力和水平。地理信息科学专业团队教师积极组织学生参赛，并获得了一系列成果。

14.1　基于观测数据空间化的北京市$PM_{2.5}$时空分异

14.1.1　研究背景

随我国社会经济的快速发展和物质文化水平不断提高，生活环境质量越来越受到人们的重视，北京的空气质量更是社会关注的重要环境问题（张霖琳，2104；卢亚灵，2014）。其中颗粒物是北京市的首要污染物（徐小娟，2012；任阵海，2004；Chak K，2008）。大气环境质量，尤其是大气细颗粒物 $PM_{2.5}$ 污染组成、时空分异和防控，受到社会各界的高度关注（Jinxia Gu，2011；Yu-Fen Zhang，2011；黄鹤，2011；孟晓艳，2012；Eeftens M，2012）。

$PM_{2.5}$ 指环境空气中空气动力学当量直径 ≤2.5 μm 的颗粒物，2013 年 2 月，全国科学技术名词审定委员会将 $PM_{2.5}$ 的中文名称命名为细颗粒物（GB，2012；魏星，2013）。在 $PM_{2.5}$ 污染分布与时节、地理、气象条件等有很大的关系，取决于自然环境、气候因素（Jie

Liu，2014；秦良伟，2014）和社会经济条件（Lin G，2014）等各种因素的综合作用。

研究发现：北京市 $PM_{2.5}$ 分布中存在着多维度上的不均匀现象（吴正旺，2014），$PM_{2.5}$ 城区一次颗粒物（EC，OC）的浓度要高于周围农村地区（Aniket A Sawant，2004），$PM_{2.5}$ 浓度城区比较高，夏天的浓度和变化量都比其他季节高（Robinson P Khosah，2000），秋冬两季浓度随高度增加呈对数递减（杨龙，2005）；$PM_{2.5}$ 可以通过水平输送传输到其他地区（尹洧，2012）。不同季节，颗粒物中的元素种类和浓度都会发生变化（闫向阳，2007），$PM_{2.5}$ 的浓度具有周期性的日变化且随季节不同而有所不同（Rinehart L R，2006），$PM_{2.5}$ 时均浓度具有明显的 24 h 周期性变化（李松，2014），表现为上午浓度最高，夜间次之，下午浓度最低（张海霞，2009），白天的变化规律呈现凹型，夜间的变化规律呈现拱型（郑晓霞，2014）。气象条件对空气质量状况起主导作用（周兆媛，2014；邓利群，2012），$PM_{2.5}$ 与总云量和湿度呈正相关性，而与气压、气温、日照时数、辐射量、风速和能见度都呈现负相关性（李凯，2009），$PM_{2.5}$ 小时质量浓度与能见度呈负相关性较高的幂函数关系（张歌，2014）。

$PM_{2.5}$ 的浓度取决于多种因素的综合作用，时间上存在年季变化、季节性规律、日变化等，空间上与气象状况、地理条件和人类活动有关。但对于空间分布的研究，目前多运用直接内插的方法，而精度较低，因此，运用多元回归加残差内插方法进行 $PM_{2.5}$ 空气污染空间格局研究，为决策分析政策制定提供依据，很有必要。

14.1.2研究数据与方法

（1）研究区域

北京市位于华北平原的北端，地理位置如图 15-1-1 所示，西以太行山与山西高原毗连，北以燕山山地与内蒙古高原接壤（孙立，2008）。地理坐标为 39° 28' N~41° 05' N、115° 25'E~117° 30'E，总面积 16 410.54 km^2，共辖 16 个区、2 个县（李洪，2012）。年平均降水量达 638.8 mm，主要集中在 7~9 月（刘萌萌，2012），研究区域及监测站点分布见图 14-1-1。

图14-1-1　北京市$PM_{2.5}$监测站点分布图

（2）**数据来源**

$PM_{2.5}$ 数据来源于北京市环境保护检测中心网站（www.bjmemc.com.cn），气象数据来源于美国国家气候数据中心（National Climatic Data Centre，NCDC），DMSP / OLS 及 GDP 数据来源于美国国家海洋和大气管理局网站（ngdc. noaa. gov）。数据包含北京市环境监测站进行实时监测的 35 个站点 2015 年 1 月逐时的 $PM_{2.5}$ 数据，2015 年 1 月每 3h 的温度、大气压、相对湿度、风速、能见度和露点温度。

（3）**研究方法**

以现代对地观测技术和地理信息空间分析与模拟技术为支撑，“社会数据空间化”（Pixelizing the Social）成为学界关注的焦点（Jacqueline G，1998）。多元线性回归属于非精确插值法，站点估测值通常与观测值有一定偏差，称为残差（Ninyerola M，2000），残差处理一般选用局部插值法进行二次插值，进一步减小模拟误差，这将非精确的全局插值方法转变成一种精确插值方法（Vicente Serrano S M，2003）。

多元回归 + 残差内插模型表达式为：

$$PMReg+ = PMReg + \varepsilon = a \times Lng + b \times Lat + c \times DEM + d \times Lig + e \times GDP + I + \varepsilon \tag{14-1-1}$$

式中：PMReg+ 为待估栅格点 $PM_{2.5}$ 值；PMReg 为多元回归得出的 $PM_{2.5}$ 趋势项；Lng、Lat 分别为经纬度值;DEM 为高程值；Lig 为 DMSP / OLS 为灯光数据；GDP 为国内生产总值；a ~ e 为回归系数；I 为回归方程常数项；ε 为残差，是实际 $PM_{2.5}$ 与趋势 $PM_{2.5}$ 之差，可视为回归因子之外的其他难以定量化因子对 $PM_{2.5}$ 分布的影响和随机误差。

探索性空间数据分析（Exploratory Spatial Data Analysis，ESDA）通过对事物或现象空间分布格局的描述与可视化，发现空间集聚和空间异常，解释研究对象之间的空间相互作用机制（邱灵,2008）。局部空间自相关（Local Indicators of Spatial Association，LISA）以局部各个单元作为考察对象，来分析每个空间单元的空间自相关性质，用于判定观测值高值或低值的局部空间集聚。文章通过 Moran 散点图和 LISA 集聚图，反映 $PM_{2.5}$ 的空间异质性。

（4）分析步骤

利用多元回归进行 $PM_{2.5}$ 数据空间化的基本思想，是将 $PM_{2.5}$ 数据分解为受可量化环境回归因子（如经度、纬度、海拔高度等）影响的规律性成分，用回归方程表示和计算；和受难以定量化因子（如局地地形、大气环流等）影响的非规律成分，表现为残差。多元回归得出的 $PM_{2.5}$ 趋势项 PMReg 加上残差 ε 即为估算的实际 $PM_{2.5}$ 值 PMReg+。

该案例中相关系数 R = 0.8658 表明自变量与因变量之间有很大的相关性，决定系数 $R^2 = 0.7496$，表明用自变量可解释因变量变差的 74.964% 。Significance F（F 显著性统计量）的 P 值为 5.99E－08，远小于显著性水平 0.05，将回归系数代入式（14-1-1），最后得到的方程为：

$$PMReg = -7.20427 \times Lng - 84.4909 \times Lat - 0.0532 \times DEM - 0.13003 \times Lig - 0.06567 \times GDP + 4341.951 \quad (14\text{-}1\text{-}2)$$

反距离权重（Inverse Distance Weighted，IDW）、克里金（Kriging）、经验贝叶斯克里金法（Empirical Bayesian Kriging，EBK）、多元回归 + 残差内插（Multiple Regression Analysis combining with Residual Interpolation method，MRA-RI）插值结果如图 14-1-2 所示。

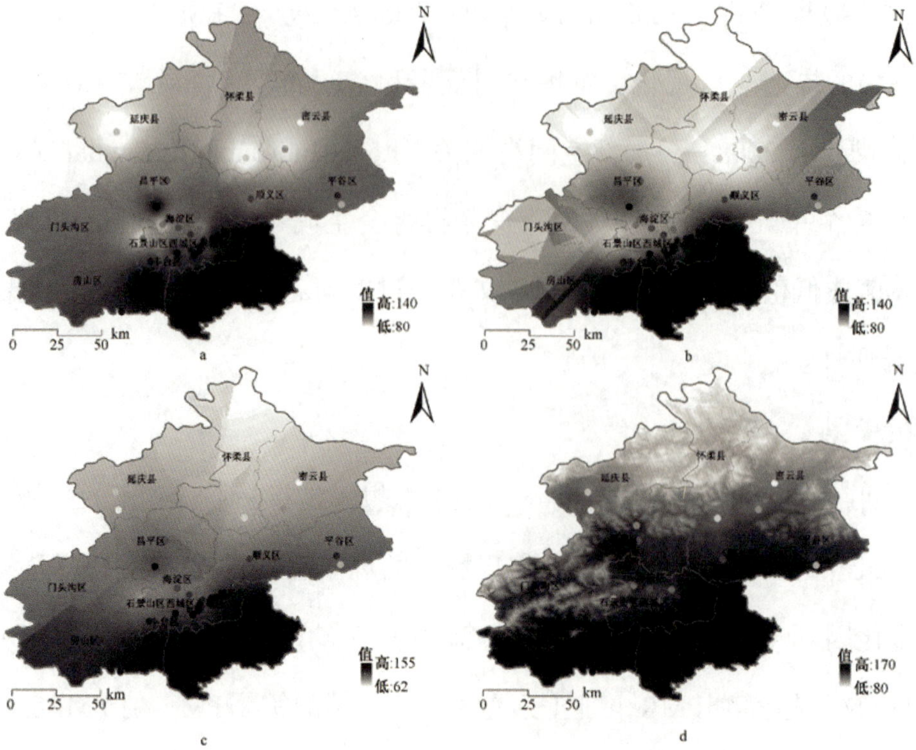

a—PM_IDW; b—PM_Kriging; c—PM_EBK; d—PM_MRA-B。

图 14-1-2　北京市 $PM_{2.5}$ 质量浓度 4 种插值结果(单位: μg / m³)

利用多元回归 + 残差内插方法进行 $PM_{2.5}$ 数据的空间化，尽管在操作上比直接内插方法要复杂一些，但这种方法在实际的空间化过程中，较好地反映了影响研究区污染物空间分布的环境回归因子及其影响程度；较多的微地形因子能够更好地表现空间细节，站点稀疏，也能取得相对较好的效果；保留了多元线性回归使用灵活的特点，能够根据需要引入空气污染相关因子。因此，从理论上说，用多元回归方法进行 $PM_{2.5}$ 数据的空间化更加接近实际陆地表面的 $PM_{2.5}$，图 14-1-2 结果也表明了上述观点。

14.1.3　研究结果

（1）空间分异

①模型拟合。通过对比发现，观测数据经过多元回归 + 残差内插方法（图 14-1-2）的拟合效果，明显优于直接插值的结果，而对照点及区域参照点的皮尔森相关矩阵（表 14-1-1），显示了各种方法的相关系数：多元回归 + 残差内插 0.949 ＞ 克里金方法 0.933 ＞ 经验贝叶斯克里金法 0.897 ＞ 反距离权重 0.870，也印证了上述结果。

表14-1-1　相关矩阵

类别	PM_avg	PM_MRA-RI	PM_IDW	PM_Kriging	PM_EBK
PM_avg Pearson 相关性	1	0.949**	0.870*	0.933**	0.897**
显著性（双侧）		0.001	0.011	0.002	0.006
N	7	7	7	7	7

注：*在0.05水平（双侧）上显著相关；**在0.01水平（双侧）上显著相关。

尽管 $PM_{2.5}$ 在地球表面上的变化是连续的，但由于北京市周边地区地面海拔剧烈起伏和站点分布的相对稀疏，直接内插法很难顾及这种地形和 $PM_{2.5}$ 剧烈变化的情况，因此其精度自然就较低。

②空间分布。根据 HJ633—2012《环境空气质量指数 AQI 技术规定（试行）》，北京市各区县 $PM_{2.5}$ 占面积分布如图 14-1-3 所示。

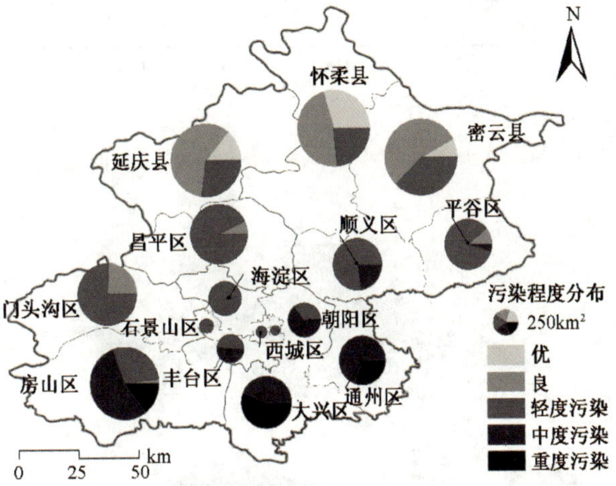

图 14-1-3　北京市 $PM_{2.5}$ 不同等级面积图

由图 14-1-3 可以看出，全区 2015 年 1 月 $PM_{2.5}$ 月均值未出现严重污染，重度污染出现在东南部的通州区、大兴区和西南部的房山区；中度污染出现在通州区、大兴区、房山区和市六区的丰台区、朝阳区及东北部的顺义区和平谷区的部分地区；优良则主要集中在东北部的怀柔区、密云县和西北部的延庆县。这表明，南部靠近工业区域的平原地区，具有较高的 $PM_{2.5}$ 污染。

③空间集聚性。通过空间自相关分析，得到 Moran 散点图（图 14-1-4）和 LISA 集聚图（图 14-1-5）。可以看出：Moran' s I =0.988837，$PM_{2.5}$ 存在显著的正局部空间自相关，“高－高”和“低－低”位置典型，$PM_{2.5}$ 具有空间集聚。$PM_{2.5}$ 浓度主要分布在第一象限和第三象限，对应为“高－高”集聚和“低－低”集聚现象，即污染物浓度较高的区域相

对地趋于和污染物浓度较高的区域相邻，或者较低污染物浓度的区域相对地趋于和较低污染物浓度的区域相邻。“高－高”集聚出现在北京市东南部的通州区、大兴区和西南部的房山区，“高－高”集聚的污染地区，多为广阔的平原地区，不利于污染物扩散。“低－低”集聚则出现在北京市东北部的密云县、怀柔区和延庆县的北部，多为山区，且在距离城市等人类活动较远的北部地区，使得低值集聚。

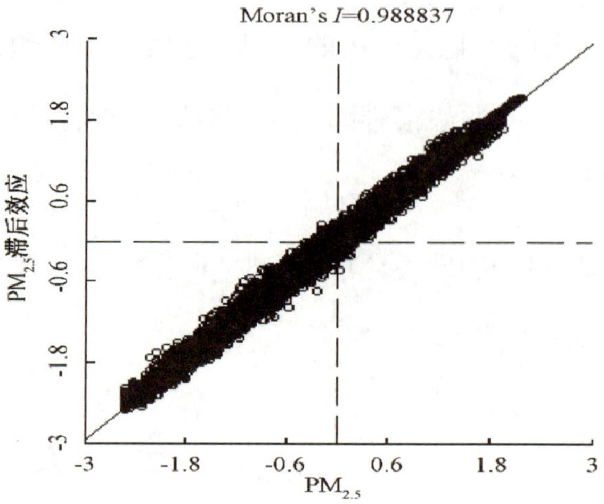

图 14-1-4　$PM_{2.5}$ 浓度的 Moran 散点图

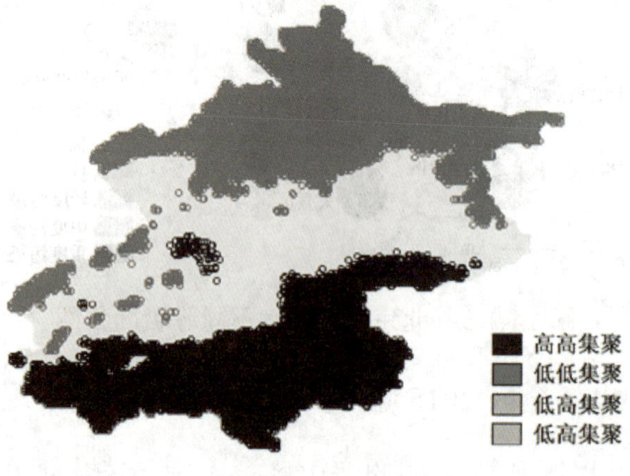

图 14-1-5　$PM_{2.5}$ 浓度的 LISA 集聚图

（2）**时间分异**

① 逐时分异。分析逐时均值数据，图 14-1-6 为 35 个站点的 1 月份逐时均值 (PM_tavg) 和 6 个对照点 $PM_{2.5}$ 质量浓度的 1 月份逐时均值随时间变化曲线。

发现 35 个站点均值 24h 内 $PM_{2.5}$ 质量浓度表现为一定的昼夜变化，具有明显周期性，浓度逐时均值呈“W”型。白天 (6:00 ~ 18:00) 浓度变化相对较平稳，10 时左右达到极大值，夜间则浓度先升后降，上升的速率较快的是 18:00 ~ 20:00，浓度极小值出现在 7 时和 15 时。

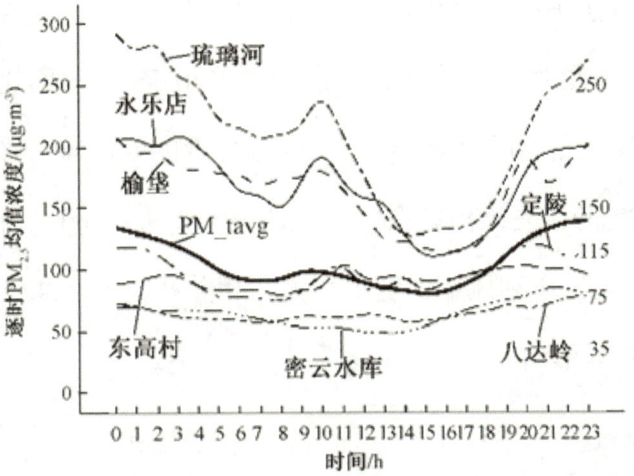

图 14-1-6　北京市逐时 $PM_{2.5}$ 均值浓度

② 与气象要素相关性。图 14-1-7 为北京市 $PM_{2.5}$ 与各气象要素的 3h 变化，气象要素有：温度 T(℃)、气象站水平的大气压 Po(mmHg)、地面高度 2m 处的相对湿度 U(%)、观测前 10min 内地面高度 10~12m 处的平均风速 Ff(m/s)、水平能见度 VV(km)、地面高度 2m 处的露点温度 Td(℃)。整体来看，$PM_{2.5}$ 和温度之间没有明显的相关性；即便在某一较短时间内呈现出正相关，但是在另一些时间内则呈现出负相关。$PM_{2.5}$ 和风速呈负相关关系，即：高 $PM_{2.5}$ 浓度时伴随着弱风，低 $PM_{2.5}$ 浓度时伴随着强风。忽略大气压的日变化情况下，$PM_{2.5}$ 和整体大气压呈负相关关系，即：大气压高时 $PM_{2.5}$ 浓度低，大气压低时 $PM_{2.5}$ 浓度高。$PM_{2.5}$ 与露点温度和相对湿度呈正相关关系，较高的相对湿度利于大气颗粒物在水汽上附着，使得 $PM_{2.5}$ 浓度增加。另外，$PM_{2.5}$ 和水平能见度呈负相关关系。

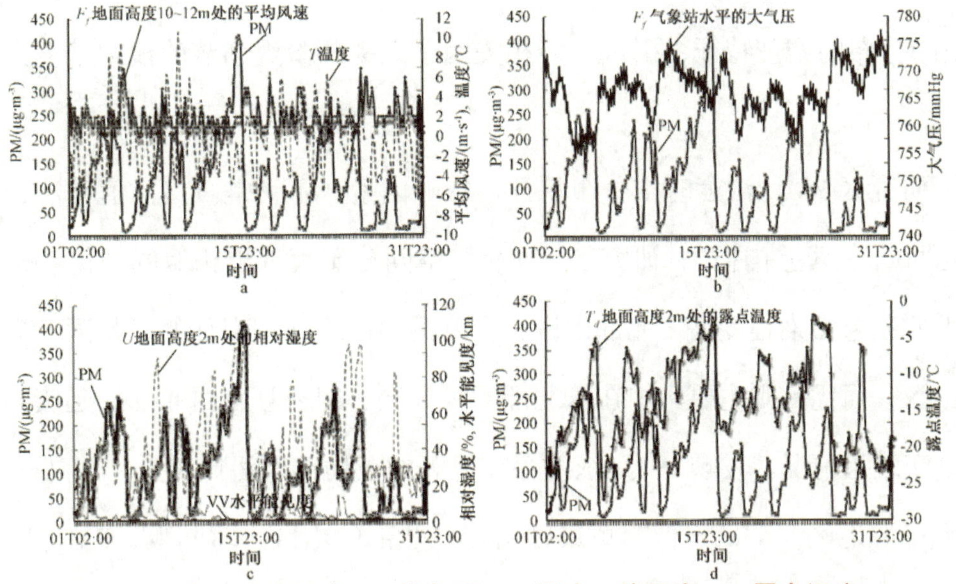

a—温度、平均风速；b—大气压；c—湿度、能见度；d—露点温度

图 14-1-7　$PM_{2.5}$ 与温度、大气压、相对湿度、风速、能见度和露点温度的日变化

采用回归分析的方法进一步分析得出 :3 种影响因子回归的复相关系数 R=0.818 表明气象要素与 $PM_{2.5}$ 之间有很强的相关性 ; 决定系数 R^2=0.668，表明用温度、大气压、相对湿度、风速、能见度和露点温度可解释 $PM_{2.5}$ 变差程度的 66.8%; 研究区的 $PM_{2.5}$ 浓度与相对湿度和露点温度中度正相关，相关系数分别为 0.672 和 0.706，与能见度中度负相关，相关系数为 -0.752，与大气压和风速低度负相关，相关系数为 -0.421 和 -0.451，$PM_{2.5}$ 浓度与温度相关程度弱，基本不相关。各相关系数见表 14-1-2。

表14-1-2　Pearson 相关系数表

类别	温度	气压	相对湿度	风速	能见度	露点温度
PM_avg Pearson 相关性	-0.149*	-0.421**	0.672**	-0.451**	-0.752**	0.706**
显著性（双侧）	0.019	0.000	0.000	0.000	0.000	0.000
N	247	247	247	248	238	248

注：*在0.05水平（双侧）上显著相关；**在0.01水平（双侧）上显著相关。

14.1.4　主要创新点

改进了 $PM_{2.5}$ 空间分布的插值方法。用任何一种空间化方法进行空间化，都是对真实物理分布的模拟，存在理论上的假设和应用条件的限制。随着科学研究及生产过程中对 $PM_{2.5}$ 空间分布模拟精度要求越来越高，多元线性回归 + 残差内插的方法将不断完善。基于 $PM_{2.5}$ 空间分布的物理特征，引进更多相关因子以提高微观细节的模拟精度是一个发展趋势。

发现了研究区 $PM_{2.5}$ 浓度时空分布特征及影响因素。不管是直接插值方法，还是综合方法 (多元回归 + 残差内插)，研究区域 $PM_{2.5}$ 空间分布表现出相似的规律。整体上，研究区南部平原普遍污染程度高于北部山区，重度污染出现在东南部的通州区、大兴区和西南部的房山区，而优良则主要集中在东北部的怀柔区、密云县和西北部的延庆县。分析综合法空间分布结果情况，发现 $PM_{2.5}$ 浓度存在显著的正局部空间自相关，“高－高”集聚出现在南部平原地区，“低－低”集聚则出现在北部的山区。时间上，$PM_{2.5}$ 质量浓度表现为一定的昼夜变化，逐时均值呈“W”型。气象要素与 $PM_{2.5}$ 质量浓度之间有很强的相关性，$PM_{2.5}$ 质量浓度与相对湿度和露点温度正相关，与能见度、大气压和风速负相关，与温度不相关。

（本项目获得 2015 年第三届“共享杯”大学生科技资源共享服务创新大赛二等奖。指导教师：秦奋；参与学生：刘志丹、樊鹏飞、段朋辉、孟蝶。）

荣誉证书

刘志丹、樊鹏飞、段朋辉、孟蝶：

你们的作品《基于观测数据空间化的北京市 PM2.5 时空分异》荣获第三届“共享杯”大学生科技资源共享服务创新大赛

二等奖

特发此证，以资表彰

国家科技基础条件平台中心

二〇一五年十二月

14.2　2015年中国主要城市可吸入颗粒物浓度的时空变化规律

14.2.1　研究背景

近年来，工业化与城镇化进程的加快导致颗粒物成为我国首要的大气污染物，严重影响了人体健康与生态环境（娄彩荣，2016）。研究我国主要城市大气颗粒物（$PM_{2.5}$、PM_{10}）浓度的时空变化特征及其成因，可为大气污染防治提供决策依据。

在排放源强度、地形、气象等因素影响下，大气颗粒物具有显著的时空差异特征（熊欢欢，2017）。国内外有关大气颗粒物时空变化特征的研究，主要包括监测与遥感数据分析以及模型模拟等方法（Ma Z，2016；Lin G，2013；Zheng J，2013）。在城市与区域尺度，相关学者基于颗粒物监测数据研究了单一城市或特定区域颗粒物的时空变化规律（赵晨曦，2014）。在全国尺度，利用监测数据【空气污染指数 API（Qu W J， 2010）及颗粒物浓度（李名升，2013）】对颗粒物时空变化特征研究，主要集中在省会（Wang Y，2014）与较发达城市（王振波，2015）。目前对全国大气颗粒物浓度的研究主要侧重于$PM_{2.5}$或PM_{10}中的一种且所涉站点较少，对于有关全国$PM_{2.5}$、PM_{10}及$PM_{2.5}/PM_{10}$比值时空特征的综合研究较少涉及。

本研究基于2015年中国311个城市的$PM_{2.5}$与PM_{10}监测资料，利用GIS与空间数据统计分析等技术与方法，研究了中国主要城市$PM_{2.5}$、PM_{10}及$PM_{2.5}/PM_{10}$比值的时空变化特征，以期为我国大气颗粒物污染防治提供科学依据与数据支撑。

14.2.2 数据与方法

本研究区域为中国大陆的31个省、市、自治区，$PM_{2.5}$与PM_{10}监测数据为中国环境监测总站发布的2015年311个主要城市的颗粒物浓度数据。数据计算方法和空气质量评价均依据《GB3095-2012环境空气质量标准》（环境保护部，2012），并对此数据进行了如下质量控制：①去除"$PM_{2.5}$和PM_{10}浓度倒挂"（谢祖欣，2017）的数据；②文中所指月均值至少需要有27 d的日均值（2月至少需要有25 d的日均值），否则视为无效。年均值有效性规定为当年日均值数据至少需达到324个，否则视为无效。

首先对各个城市的$PM_{2.5}$、PM_{10}的数据进行数学统计分析，得出可吸入颗粒物的时空分布特征，同时计算得到$PM_{2.5}$与PM_{10}的比值，观察各地区的比值情况，从而推测其污染类型。比值一方面体现细颗粒物占可吸入颗粒物的比例，从而也可以反映粗颗粒物所占的份额；另一方面在一定程度上可以反映区域受二次污染的影响程度（李名升，2016）。利用热点分析统计识别具有统计显著性的热点与冷点区域，若高值聚集则表现为热点，低值聚集则表现为冷点，据此可判断可吸入颗粒物的聚类程度，以及显著特征。本文通过ArcGIS 10.3 Desktop的Hot Spot Analysis (Getis-Ord Gi*)工具，分别对2015年中国311个城市$PM_{2.5}$、PM_{10}浓度的年度、季度和月度数据进行热点分析。

14.2.3 结果与分析

（1）2015年中国城市颗粒物浓度的时间变化趋势

①$PM_{2.5}$浓度的时间变化特征。2015年中国311个城市$PM_{2.5}$年均浓度为54.01 $\mu g\ m^{-3}$，有150个城市的年均浓度值大于54.01 $\mu g\ m^{-3}$，最高的10座城市为保定（114.95 $\mu g\ m^{-3}$）、

邢台（106.81 μg m^{-3}）、衡水（106.50 μg m^{-3}）、聊城（103.69 μg m^{-3}）、新乡（101.10 μg m^{-3}）、郑州（99.26 μg m^{-3}）、菏泽（98.25 μg m^{-3}）、邯郸（97.66 μg m^{-3}）、安阳（97.20 μg m^{-3}）、平顶山（93.63 μg m^{-3}）。

本研究以二级浓度限值为标准进行分析，将超过该标准的视为超标。所有城市 $PM_{2.5}$ 日超标率（75 μg m^{-3}）范围为 0.00%~59.45%，超标率最多的城市为德州（59.45%），超标天数为 217。超标率前 10 的其他 9 个城市依次为：聊城（58.08%）、菏泽（57.26%）、平顶山（56.16%）、保定（55.89%）、邢台（55.89%）、郑州（55.34%）、新乡（55.07%）、衡水（54.52%）、济南（52.88%）。

$PM_{2.5}$ 浓度存在明显的季节性特征，$PM_{2.5}$ 季节平均浓度呈现明显的冬高夏低，春秋居中的季节变化特征（图 14-2-1）。冬季全国 $PM_{2.5}$ 平均浓度最高（75.23 μg m^{-3}），主要原因是中国北方地区冬季燃煤取暖，再加上气温低，风力小等静稳气象条件，易造成颗粒物积蓄不散，导致全国 $PM_{2.5}$ 平均浓度普遍升高和长时间的颗粒物污染。春秋季 $PM_{2.5}$ 平均浓度相对较低，分别为 47.42 μg m^{-3} 和 49.31 μg m^{-3}，夏季全国 $PM_{2.5}$ 平均浓度最低（36.13 μg m^{-3}）。

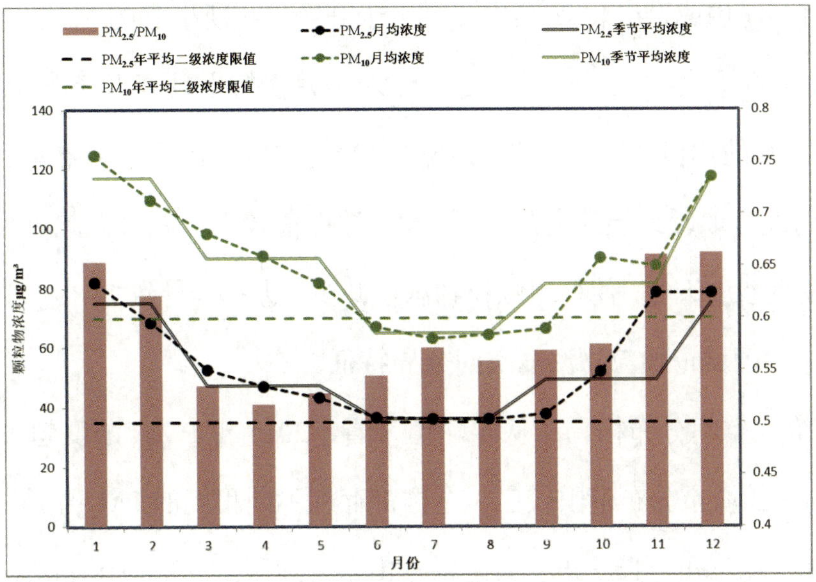

图14-2-1　2015年$PM_{2.5}$、PM_{10}浓度及$PM_{2.5}$/PM_{10}月际变化

$PM_{2.5}$ 浓度的月际变化呈先减少后上升的趋势（图 14-2-1）。1~5 月份呈现下降趋势，6~9 月份无明显变化，10~12 月份呈现上升趋势。其中 1 月份 $PM_{2.5}$ 平均浓度最高（81.99 μg m^{-3}），6 月份平均浓度下降至最低（36.47 μg m^{-3}）；6~9 月份 $PM_{2.5}$ 浓度基本稳定在 36 μg m^{-3}，是全年中空气质量较好的时间段；9 月份之后 $PM_{2.5}$ 浓度开始逐渐上升，12 月

月均浓度高达 78.48 μg m^{-3}，月度变化大致呈现为“U”形。

② PM_{10} 浓度的时间变化特征。PM_{10} 年均浓度为 88.44 μg m^{-3}，有 138 个城市的年均浓度值大于 88.44 μg m^{-3}，最高的 10 座城市为保定（175.43 μg m^{-3}）、衡水（174.42 μg m^{-3}）、邢台（172.24 μg m^{-3}）、邯郸（167.30 μg m^{-3}）、郑州（166.87 μg m^{-3}）、济南（162.71 μg m^{-3}）、聊城（160.20 μg m^{-3}）、淄博（159.84 μg m^{-3}）、新乡（159.23 μg m^{-3}）、菏泽（154.43 μg m^{-3}）。PM_{10} 的日超标率（150 μg m^{-3}）范围为 0.00%~52.33%，仅 18 个城市无超标情况。

PM_{10} 与 $PM_{2.5}$ 均存在相似的季节性变化特征（图 14-2-1），冬季 PM_{10} 浓度最高（117.14 μg m^{-3}），夏季最低（64.78 μg m^{-3}）。原因是春、冬季北方降水偏少，气候干燥，植被干枯，西北风强劲，易引发起沙、扬尘天气或沙尘暴现象。多发生于西北的沙尘暴借强劲的西北风可长距离输送影响其下游城市（安俊岭，2000）。

PM_{10} 浓度的月际变化大致呈“U”形（图 14-2-1），1 月 PM_{10} 浓度最高（124.66 μg m^{-3}），在 1~6 月呈持续下降趋势，6~9 月 PM_{10} 浓度保持稳定且为全年最低，9~12 月 PM_{10} 浓度持续上升，到 12 月 PM_{10} 浓度可达 117.59 μg m^{-3}。

③ $PM_{2.5}/PM_{10}$ 比值时间变化特征。2015 年月均 $PM_{2.5}/PM_{10}$ 值都维持在 0.5 以上，说明 PM_{10} 主要是由 $PM_{2.5}$ 构成，PM_{10} 污染主要是由于细颗粒物所引起的。

$PM_{2.5}/PM_{10}$ 值春季最小，冬季最大，夏季与 9~10 月份持平且高于春季（图 14-2-1）。1 月、2 月、11 月及 12 月的比值均在 0.6 以上，说明 $PM_{2.5}$ 占较大比重，主要原因是可能是由于 11 月份至 2 月份北方取暖，导致全国尺度 $PM_{2.5}$ 浓度值较高，同时在此时段内我国西北部干旱地区不易发生沙尘天气，使得粗颗粒物浓度减少，进一步导致了 $PM_{2.5}/PM_{10}$ 值的升高。

（2）2015年中国城市颗粒物浓度空间分异特征

① 颗粒物浓度空间分布格局。从年均值来看，2015 年 $PM_{2.5}$ 浓度超过年均二级浓度限值（35 μg m^{-3}）的城市分布范围较广，全国都存在不同程度的 $PM_{2.5}$ 污染，$PM_{2.5}$ 污染主要集中在京津冀、珠三角、长三角、河南以及山东等地区。北部地区 PM_{10} 污染较为严重，以京津冀为中心的周围城市 PM_{10} 浓度均高于年均二级浓度限值 (70 μg m^{-3})，其中京津冀、河南与山东地区的 PM_{10} 污染最为严重，部分城市的 PM_{10} 浓度值可达 150 μg m^{-3}，而南部地区尤其是东南沿海 PM_{10} 浓度较低。

2015 年我国东南部与西北部城市的 $PM_{2.5}/PM_{10}$ 比值具有显著的区域分异特征，呈现东南地区高西北地区低的特点。西北地区 $PM_{2.5}/PM_{10}$ 较低，与该地区易发生沙尘天气，大气中主要是粗颗粒物，以及该区域工业化程度低，$PM_{2.5}$ 前体物排放量少有一定关系。在我国东南部城市的该比值基本都大于 0.5，即细颗粒物为主要污染成分，主要原因是该地区较具有高的城市化与工业化程度，其工业、机动车以及其他人为源排放的细颗粒物占较大比重。

② 颗粒物浓度季节性空间变化趋势。全国城市 $PM_{2.5}$ 污染主要集中在冬春两季，夏季污染范围最小，秋季居中。冬季 $PM_{2.5}$ 平均浓度低于二级限值的城市有 15 个，春季有 64 个，秋季有 68 个，夏季有 168 个。在冬春两季，$PM_{2.5}$ 污染范围主要集中分布在京津冀地区和晋鲁豫地区，受极端厄尔尼诺气象不利条件影响（江磊，2017），采暖季期间静稳天气频发与污染物排放量大相互叠加，导致我国中东部地区尤其是京津冀及周边地区多次发生空气重污染过程。江苏、浙江、湖南以及四川盆地次之，东北及华南部分地区存在轻微污染。夏季 $PM_{2.5}$ 浓度较低，秋季 $PM_{2.5}$ 污染主要分布在京津冀及周边地区，可能与河北省发达的工业有关，以京津冀为中心向外围污染程度逐渐减低。

冬季 PM_{10} 污染范围最大，主要集中在京津冀、河南、山东、湖北及四川盆地等地区。春秋两季 PM_{10} 污染集中分布在京津冀、山东及河南等地，京津冀地区可吸入颗粒物浓度持续较高可能由于该区域的特殊地形，导致了气流停滞区的形成（吴兑，2014），加上周边地区污染物向本区域的输送，使得粗颗粒物在此聚集。另外，在春季受沙尘天气的影响，导致河西走廊及新疆部分城市的 PM_{10} 浓度值偏高。夏季只有河南、山东和河北的部分城市 PM_{10} 浓度较高，全国绝大部分范围内 PM_{10} 均低于年均二级浓度限值（70 $\mu g\ m^{-3}$）。各季节 $PM_{2.5}$ 与 PM_{10} 浓度比值总体呈东南高、西北低的空间分异特征，其中冬季的比值最大且分布范围最广，其次分别为秋季、夏季和春季。其原因主要是西北地区尤其是春季多发生沙尘天气，大气中粗颗粒物比重较大，而东南地区以城市机动车、工业及其他人为原因排放的细颗粒物为主，造成我国东南部地区大气颗粒物中的 $PM_{2.5}$ 占较大比重。

③ 颗粒物浓度月度空间变化趋势。从 $PM_{2.5}$ 月平均浓度空间分布变化分析可知，1 月份 $PM_{2.5}$ 浓度最高，空间范围最大，超过环境空气 $PM_{2.5}$ 浓度二级限值的城市有 298 个，污染范围遍布长江流域地区及其以北区域，其中以京津冀和河南大部最为严重，江浙和四川东南部污染程度次之，东南沿海和云藏蒙细颗粒物浓度较小。2 月污染范围仅次于 1 月，其中污染城市集中在京津冀、长三角、华北平原、长江中游和东北地区。4 月到 9 月期间污染城市分布范围从中部地区向京津冀地区持续缩小。10~12 月 $PM_{2.5}$ 污染范围逐渐扩大

且其浓度逐步增大，向北扩张至东北地区，向南依次扩张至华北平原及长江流域。

从总体上看，PM_{10}浓度的月空间分布特征以京津冀地区为中心扩展或缩小，同时具有明显的南北差异特征。南方、北方地区PM_{10}污染差异较大的月份主要发生在1~3月及10~12月。在4~10月，虽然北方地区PM_{10}污染重于南方地区，但两者相差不大。1~3月份河南省、山东省、河北省、湖北省的主要地级市PM_{10}浓度较高，西南地区和西北地区次之，东南沿海PM_{10}浓度较低。在1~3月，华北平原、甘肃、内蒙古、河南、山东等地区污染严重，4~5月份京津冀地区PM_{10}污染程度相对缓解，甘肃、宁夏、新疆地区PM_{10}浓度升高。6~9月中国城市整体PM_{10}浓度较小，但河北、河南、山东等地区的PM_{10}平均月浓度超过国家年均二级标准（70 μg m^{-3}）。10~12月份长江以北地区污染情况加重，京津冀地区污染情况尤为明显，月平均浓度达到150 μg m^{-3}以上。

月度$PM_{2.5}/PM_{10}$值的空间分布表现为高比值范围从1月到12月先缩小，后扩大的特征，与季节性空间分布格局相似，但月际间有微小差异。刚入冬的12月，全国基本所有区域的比值都大于0.5，仅内蒙古西南部小部分区域的比值较小。1月到6月，从内蒙古西南部开始，小比值区域逐渐向东南部扩展，7、8、9月高值范围基本不变，从10月开始高值范围又开始向全国区域蔓延。因此，长江以南的南方区域$PM_{2.5}/PM_{10}$值一直处于较高的状态，说明南方的颗粒物污染主要是由细颗粒物污染造成的。

（3）2015年中国城市颗粒物浓度的空间集聚特征

① 颗粒物浓度的年空间集聚特征。2015年$PM_{2.5}$浓度、PM_{10}浓度和$PM_{2.5}/PM_{10}$在空间上具有显著的集聚特征。$PM_{2.5}$与PM_{10}的热点分布在京津冀、河南及其周围地区以及东部沿海地区，冷点集中分布在中国南部及西南部地区，东北和新疆一些分散的监测城市$PM_{2.5}$浓度、PM_{10}浓度空间聚集性不显著。$PM_{2.5}/PM_{10}$值的聚集特征为东南部为热点区，西北部为冷点区，热点区和冷点区之间有一小部分区域聚集性不显著。由此表明，京津冀地区、河南省及其周围邻接省份地区、东部沿海地区已经形成了较为稳定的$PM_{2.5}$和PM_{10}污染城市群，且京津冀地区以PM_{10}污染为主，河南省及其周围地区以$PM_{2.5}$污染为主。

② 颗粒物浓度的季节性空间集聚特征。细颗粒物的人为源是其主要来源，如工业燃料燃烧、汽车尾气排放、烧煤采暖等，因此这些因素在不同季节发生的程度对该季节$PM_{2.5}$浓度的空间分布模式有很大影响，造成$PM_{2.5}$浓度聚集性具有明显的季节差异。春季和夏季热点城市范围大致相同，均集中在京津冀地区、河南省及其邻接省份地区以及东

部沿海地区；秋季热点城市范围向东北进一步扩大，覆盖东北三省区域；冬季热点城市范围较秋季有所缩小，在春季热点区范围的基础上向西、向南有小范围扩展。各季节冷点城市范围有较大不同，其中海南省一直处于冷点区，为较为稳定的 $PM_{2.5}$ 低值区；春季冷点城市主要集中在南部的云南、江西、广州和福建地区；夏季冷点城市范围向北扩张至长江流域；秋季冷点区与夏季大致相同；冬季冷点区较秋季急剧缩小，集中在江西和广东地区。

春季热点城市主要分布在华北地区、东北地区南部、长江北部、内蒙古南部地区及新疆地区。夏季热点集中区范围与春季热点范围大致相同，但新疆地区由热点变为冷点。秋季甘肃西北部由热点变为无特征点，热点城市主要集中在华北地区、内蒙古南部、东北南部地区。冬季热点城市仍然集中在长江以北、内蒙古以南的中部地区，冷点范围向南有较大程度缩小，主要集中在东南沿海地区。其中新疆地区只有春季处于热点区，可能与 2015 年 4 月新疆一次强沙尘暴天气密切相关。四季的冷点主要集中在西南、华南和长江以南地区，华北地区一直处于热点区域的中心，是 PM_{10} 污染的主要区域。

$PM_{2.5}/PM_{10}$ 值空间聚集具有明显的季节分异特征。春季热点城市主要分布在华南地区、西南地区、长江以南地区。夏季热点城市范围缩小，主要分布在华南地区和华北地区，其中云南城市由热点区变为无特征点。秋季热点城市分布范围扩展到东北地区，广西、贵州等地区由热点区变为冷点。冬季热点城市与春季大致相同，山东、辽宁、吉林、黑龙江等地区由热点变为冷点，低值范围向南扩大。四季的冷点城市主要集中在甘肃、宁夏、陕西等区域，华南地区一直是热点区域的中心，是 $PM_{2.5}/PM_{10}$ 高值聚集区。

③ 颗粒物浓度的月度空间集聚特征。从月份来看，中国城市 $PM_{2.5}$ 浓度聚集特性明显。新疆地区、四川西部、广西、湖南及福建一带几乎全年为无特征点，热点和冷点以此为界聚集分布，海南地区全年为冷点区。1 月热点城市主要集中分布在长江流域以北、内蒙古以南的中东部地区，而在东北及华南地区冷点占主导地位；2 月至 4 月热点城市扩展至东北的辽宁，但 2 月冷点区没有太大变化，3 月至 4 月冷点区向北扩展至广西、湖南一带；5 月热点城市与 1 月热点城市聚集特征相似，但其冷点区范围较大，主要为东北地区、华南地区以及西南地区；6 月至 10 月全国形成较为稳定的热点区，主要为京津冀及其周围地区和河南省及其周围地区，冷点区依然在华南地区，范围表现为先北上扩大，后南下缩小；11 月热点区和冷点区范围均向北移动，热点区域范围在华北平原及东北地区，冷点集中在长江以南全部地区；12 月聚集情况以长江流域地区为分界线，以北除黑龙江和吉

林外均是热点区，以南是冷点聚集区。

中国城市月际 PM_{10} 浓度的空间集聚性呈现显著的周期性变化规律。1 月至 4 月的热点城市主要集中在长江以北、内蒙古以南的中部地区以及新疆地区；冷点城市集中在长江以南地区，向西至云南、四川地区；5 月至 7 月，新疆地区由热点变为无特征点，同时热点区范围向南微移，黑龙江地区由无特征点变为冷点，冷点区范围向北逐渐扩展，且 7 月黑龙江地区由冷点变为无特征点；8 月至 10 月，热点城市仍主要集中在长江以北、内蒙古及其以南地区，宁夏地区由热点变为无特征点，热点城市范围微向北移，冷点区主要集中在长江以南地区及东北地区，范围逐渐向南缩小，除江西省、安徽省的聚集程度有所降低，其他地区的聚集都比较显著；11 月热点城市范围向北扩展至东北地区，上海、江苏、安徽、浙江等地由热点变为无特征点，冷点区向南扩展至长江以南地区。12 月热点区再次北移，范围与 10 月相似，冷点区范围稍向南退，且聚集显著。

从月份来看，中国城市 $PM_{2.5}/PM_{10}$ 的空间集聚性呈现更显著的周期性变化规律。1 月冷点区和热点区呈现出明显的西北—东南分布格局，西北部为冷点区，东南地区为热点区，中间夹的狭长区域为无特征点；2 月至 5 月空间聚集格局有所变化，呈明显的南—北格局，东北地区变为冷点区，此时长江流域以北为冷点区，以南为热点区，可能是由此段时间北方的沙尘天气导致大气中粗颗粒物浓度增大；6 月聚集格局有较大变化，热点区集中在东北地区、中东部地区、华中地区以及东南沿海地区，冷点城市分布在西北地区，西南地区为无特征点区；7 月东北地区由热点区变为无特征点区；8 月聚集性特征与 1 月相同，再次呈西北—东南分布；9 月热点城市主要集中在黄河流域以南，黄河流域以北为冷点区；10 月长江流域以南为热点城市聚集，长江流域以北除东部沿海地区和东北地区外都为冷点区；11 月热点区主要为东北地区和东部沿海地区，冷点区主要在西部地区；12 月全国超过一半城市为无特征点，热点城市集中在东部沿海及东北地区，冷点集中在西北地区。因此，以内蒙古为代表的北方城市由于风沙天气多，全年均为冷点区，即以 PM_{10} 污染为主。

14.2.4 结论

通过以上分析，可得出以下结论：

① 2015 年中国 311 个城市 $PM_{2.5}$ 污染较为严重，污染范围广泛；PM_{10} 污染主要分布在以京津冀为中心的区域内，另外新疆地区也存在较重污染；$PM_{2.5}/PM_{10}$ 值在空间上呈西

北—东南格局或南—北格局，东南（南）部区域比值较高，西北（北）部比值较低。

② 中国城市 $PM_{2.5}$ 浓度、PM_{10} 浓度及 $PM_{2.5}/PM_{10}$ 值均具有显著的时间变化规律。2015 年中国 311 个监测城市 $PM_{2.5}$ 年均浓度为 52.29 $\mu g\ m^{-3}$，超过国家空气质量标准 0.49 倍。在季节上呈现冬高夏低，春秋居中的变化特征；超标天数春冬多，夏秋少。由于中国北方地区冬季燃煤取暖及气象因素影响，$PM_{2.5}$24 小时平均浓度超标时段主要集中在 2 月份和 4 月份，严重污染天气集中在 1 月和 2 月。PM_{10} 年均浓度为 88.43 $\mu g\ m^{-3}$ 超标 0.26 倍，呈现冬春季浓度高，夏秋季浓度低的特征，PM_{10} 月平均浓度呈现呈现“U”型起伏。PM_{10} 月均浓度最高的四个月份为 12 月、1 月份、2 月份、3 月份，超过 PM_{10}24 小时平均浓度二级限值的共有 33 天，主要集中在夏季的 3~6 月份。主要受西北主导风向和西北地区干旱、植被稀疏等自然条件影响。$PM_{2.5}/PM_{10}$ 值呈现夏低冬高的趋势，高峰值出现在 11 月，12 月，1 月和 2 月，平均比值达到 0.787，说明全国发生的颗粒物污染主要为复合型大气污染，且其中细颗粒物为主要污染物。由于 5 月份前后为中国沙尘天气多发季节，且风速较大，温度较高，因此 3~7 月 $PM_{2.5}/PM_{10}$ 值有所降低。8~10 月 $PM_{2.5}/PM_{10}$ 值相对稳定。在空间上，整体呈东高西低的趋势，高值主要集中在中部地区、沿海地区，低值则主要分布在新疆、甘肃、蒙古、云南等地。

③ 中国城市颗粒物污染具有显著的空间分异规律。2015 年全国大部分城市都存在不同程度地 $PM_{2.5}$ 污染，20% 的城市超标天数在百天以上，PM_{10} 的高污染城市主要集中在中东部地区河南省、山东省等省市以及京津冀地区，而长江以南地区、东南沿海地区的 PM_{10} 年均值处于较低水平。中国 $PM_{2.5}$ 污染、PM_{10} 污染及 $PM_{2.5}/PM_{10}$ 值具有季节性和月度空间变化规律，$PM_{2.5}$ 与 PM_{10} 都表现为冬季污染范围最广，主要集中在中东部地区的京津冀、河南省、山东省、长三角地区和西北地区，秋季污染范围次之，污染范围集中在中部地区和西北地区，夏季污染最小，集中在华北平原地区的河南省和京津冀地区，但 $PM_{2.5}$ 春季污染状况较 PM_{10} 严重，污染范围更广。$PM_{2.5}$ 与 PM_{10} 污染范围在月份之间都存在着从 1 月到 12 月的周期性变化规律，即 1 月和 12 月污染范围最广，7、8 月份污染范围最小；$PM_{2.5}$ 污染范围在 1 月和 12 月几乎遍布中国，然后以长江流域为界，1 月份之后南方污染范围缩小，污染逐渐集中在北方，9 月份之后污染范围跨过长江流域再次扩大，PM_{10} 污染范围始终以京津冀地区为中心向外围扩张或缩小。$PM_{2.5}/PM_{10}$ 在季节和月度上的空间分布始终是东南地区为高值，西北地区为低值，表现为冬季高值范围广，夏季低值范

围广。

④ 2015 年中国城市 $PM_{2.5}$ 浓度、PM_{10} 浓度及 $PM_{2.5}/PM_{10}$ 值均具有显著的空间集聚特征，$PM_{2.5}$ 与 PM_{10} 污染热点区域都集中在以京津冀和中原地区为中心的区域内，该区域已基本形成稳定的污染区；长江流域以南地区通常为冷点区，为较稳定的颗粒物浓度低值区；$PM_{2.5}/PM_{10}$ 空间聚集特征大致呈西北—东南分布格局，风沙天气多发区西北地区全年为冷点区，主要为粗颗粒物污染；湿度较大且工业较为发达的东南部地区多为热点区，主要为细颗粒物污染。

（本项目获得 2017 年第四届“共享杯”大学生科技资源共享服务创新大赛二等奖。指导教师：宋宏权；参与学生：李东璞、李倩楠、郭珍珍、李思杰。）

14.3 基于RS和GIS的河南省生态环境质量动态评价研究

14.3.1 研究背景

生态环境是人类赖以生存发展的物质基础，人类活动影响其所在的生态环境变化，反过来生态环境状况的好坏直接关系着人类福祉和区域可持续发展的能力。目前，人口增长和经济发展在全球或国家尺度范围内产生各种生态环境问题，如森林退化、水污染和水资源短缺等，阻碍了经济发展，威胁着人类健康。因此，准确评价生态环境的质量、把握其演化规律逐步成为改善目前生态环境状况，建设生态文明所关注的热点（颜梅春,2012），国内外学者围绕生态环境质量评价构建了一系列模型方法。国外研究主要从理论出发构建各种模型和环境指数，代表性的有“压力—状态—响应” 模型（Berger A R, 1998）、环境可持续指数 （Environmental sustainability Index，ESI）（Esty D C, 2005）、复合环境指数（Compositeen Environment Index, CEI）（HopeC,1995；KangSM, 2002）、环境绩效指数（Environment Performance Index，EPI）（Esty D C, 2006）和环境健康指数（Environment Health Index，EHI）（Jong-TaeL2010；HeoS,2013）等。国内研究主要集中在构建综合指数，对不同行政单元的生态环境状况进行评价（傅伯杰 1992；叶亚平，2000；欧阳志云，2000；万本太 2004）。目前生态环境评价的类型（蔡海生，2009；万本太，2009）、方法（宋静，2013；丁彩霞，2015）和对象（王瑞燕，2009）已经涉及到各个方面，生态环境评价已经从静态到动态、从单一指标体系到综合指标体系、从单一空间尺度向多空间尺度方向发展，这些模型和方法为生态环境质量评价研究提供了科学指导。但是，由于生态环境系统的复杂性和多变性，整合多源信息进行综合评价仍存在一定的困难（Wang Xiaodan，2012）。在指标构建上大多研究虽涉及到各种生态环境因子，但普遍接受的标准理论框架、指标体系和评价方法需要进一步深入研究（Cui Erqian，2015），此外当评价区域或时间尺度发生变化时，评价方法的适用性受到质疑，不便于同一地区不同时段或不同地区之间进行比较。鉴于此，国家环境保护总局 2006 年发布并于 2015 年修订《生态环境状况评价技术规范（HJ192-2015）》， 明确指出采用统一的标准进行生态环境质量评价。以此为基础，国内学者在各个方面开展了大量的实证研究（孙东琪，2012；姚尧，2012；王宏伟，2008）。然而，目前关于河南省生态环境状况的研究，一方面基于规范的综合评价分析较少，研究内容主要侧重于生态安全、生态承载力等单一生态环境要素（李玲，2014；卢艳，2011），部分综合研究主要偏重农村、矿区等方面（蔺芳，2011；李钢，2014）；另一方面对河南省生态环境的动态评价研究也少有涉及。

河南省自然条件具有明显的过渡特征，地貌类型多、气候变化复杂，使得其自然生态环境比较脆弱、生态承载能力比较低。随着国家“中原崛起”和“中原经济区”战略的实施及工业化进程的推进，河南省经济发展和城镇化水平迅速提高的同时，也造成了资源开发利用方式粗放及环境污染等问题，这给本就脆弱的生态环境带来了更加严峻的挑战。基于此，本文以生态环境状况评价技术规范为评价模型，采用 1 Km 网格作为评价单元，对河南省 2000~2013 年生态环境质量进行动态评价，旨在揭示生态环境质量时空变化特征，及时、准确地掌握河南省生态环境质量状况及其变化态势，为生态环境的监测、保护和管理提供科学依据和技术支持，从而促进经济、社会、资源和环境的可持续发展。

14.3.2 研究数据和方法

（1）研究区概况

河南省位于中国中东部、黄河中下游，地理坐标介于北纬 31° 23'~36° 22' 、东经 110° 21'~116° 39'，处于我国第二级阶梯和第三级阶梯的过渡地带。地貌类型分为豫西、南部山地丘陵盆地区和豫东平原区，地势自西向东由中山、低山、丘陵过渡到平原，呈阶梯状下降，山地、丘陵、平原分别占 26%，18% 和 56%。河南省属于大陆性季风气候，降水在季节、年际、空间上分布很不均匀，年降水量空间分布自南向北递减，全省由南向北年均降水量为 1 380.6~532.5 mm，年均温度为 15.7~12.1 ° C。土地利用以耕地为主，占全省面积的 60% 以上，其次为林地和建设用地。在全国生态区划中，河南省属于东部湿润、半湿润生态大区。

（2）数据来源

所用数据分为 2000，2005，2010 和 2013 年 4 个时期，主要包括：河南省 1:10 万土地利用数据集，来源于国家地球系统数据共享平台——黄河下游科学数据中心 (http://henu.data.ac.cn)；250 m 分辨率 MODIS NDVI 16 d 合成数据，来源于 NASALAADS 网站；水资源量统计数据，来源于河南省水利厅公布的水资源公报；站点月值降雨数据，来源于中国气象数据网；90 m 分辨率 SRTM DEM 数据，来源于中科院计算机网络信息中心地理空间数据云网站；环境污染统计数据，来源于河南省环境保护厅公布的环境统计年报。

（3）研究方法

①评价指标体系。生态环境质量是指生态环境的优劣程度，从适宜人类生存和发展的角度，可以把生 态环境分为生物资源、水资源、土地资源、气候资源等。在构建评价指标体系时，以自然条件为基础，同时考虑人类活动对生态环境的影响。在自然条件方面，生态系统多样性为人类提供基本的环境，直接影响生态系统的稳定性和可持续性，使用植被覆盖指数反映区域的生态生产能力，生物丰度指数反映区域生态功能的支撑能力。在人类对生态环境影响方面，使用土地胁迫指数和污染负荷指数衡量人类发展导致的生态系统退化过程，是区域生态系统受外界胁迫程度的整体反映。生态环境质量评价标准参考《生态环境状况评价技术规范（HJ192-2015）》，通过构建一个综合指数（生态环境状况指数，EI）来反映区域生态环境的整 体状态，指标体系由生物丰度、植被覆盖、水网密度、土地胁迫和污染负荷 5 个分指数加权而得（表 14-3-1）。

表14-3-1 各项指标权重表

指标	生物丰度	植被覆盖	水网密度	土地胁迫	污染负荷
权重	0.35	0.25	0.15	0.15	0.10

$$IE = 0.35IB + 0.25IV + 0.15IW + 0.15\times(100-IL) + 0.10\times(100-IP) \quad (14\text{-}3\text{-}1)$$

式中：IE 为生态环境状况指数；IB 为生物丰度指数；IV 为植被覆盖指数；IW 为水网密度指数；IL 为土地胁迫指数；IP 为污染负荷指数。

生物丰度指数用来评价研究区域内生物的丰贫程度，利用土地利用数据求得：

$$I\,B = A\,bio(0.35S1 + 0.21Sc + 0.28Ss + 0.11Sg + 0.04Sj + 0.01Sw)/S \quad (14\text{-}3\text{-}2)$$

式中：I B 为生物丰度指数；Abio 为归一化系数；Sl, Sc, Ss, Sg, Sj, Sw 为林地、草地、水域、耕地、建设用地和未利用地面积（km^2）；S 为区域面积（km^2）。植被覆盖指数用来评价研究区域内植被覆盖的程度，利用 MODISNDVI 数据求得：

$$I_V = A_{veg*}\left[\frac{\sum_{i=1}^{n} P_i}{n}\right] \quad (14\text{-}3\text{-}3)$$

式中：I_V 为植被覆盖指数；A_{veg} 为归一化系数；P_i 为 5~9 月象元 NDVI 月最大值均值；n 为区域象元数。

$$I_W = (Ariv \cdot Sriv + Alak \cdot Slak + Ares \cdot Sres)/S/3 \qquad (14\text{-}3\text{-}4)$$

水网密度指数用来评价研究区域内水的丰富程度，利用河流长度、水域面积和水资源量求得：

式中：I_W 为水网密度指数；Ariv,Alak,Ares 为归一化系数；Sriv, Slak, Sres 为河流长度（m）、水域面积（km^2）和水资源量（107 m^3）；S 为区域面积（km^2）。

土地胁迫指数用来评价研究区内土地质量遭受胁迫的程度，利用土壤侵蚀和建设用地面积等数据求得：

$$I_L = Aero \times (0.4Sero1 + 0.2Sero2 + 0.2Scons + 0.2Setc)/S \qquad (14\text{-}3\text{-}5)$$

式中：I_L 为地胁迫指数；Aero 为归一化系数；Sero, Sero2, Scons, Setc 为重度侵蚀、中度侵蚀、建设用地和其他土地胁迫面积（km^2）；S 为区域面积（km^2）。污染负荷指数用来评价研究区域内所承受的环境污染压力，使用化学需氧量、二氧化硫和烟粉尘数据进行计算：

$$IP = 0.4ACOD \cdot ECOD/P + 0.4ASO2 \cdot ESO2/S + 0.2AYFC \cdot EYFC/S \qquad (14\text{-}3\text{-}6)$$

式中：IP 为污染负荷指数；ACOD, ASO2, AYFC 为归一化系数；ECOD, ESO2, EYFC 为化学需氧量（t）、二氧化硫排放量（t）和烟粉尘排放量（t）；P 为区域年降水量（mm）；S 为区域面积（km^2）。

②评价单元与归一化系数。生态环境质量的评价多以省级、县级行政区划为单元，由于生态环境系统的复杂性、地域性，这种以大中尺度地理区域为单元的评价存在一定局限，无法反映行政区划内部的空间差异。随着 GIS 与 RS 技术的发展，使得生态环境质量评价的技术方法和数据来源不断得到进步，评价的效率和精度也不断提高。本文借助于 GIS 和 RS 技术，考虑到数据精度和数据量问题，以 1 km 格网为基本评价单元，对河南省生态环境质量的动态变化进行定量评价。

由于各分指数原始数据单位上存在差异，不便于进行综合计算来获取总指数值，因此需要对各分指数进行归一化处理。评价单元的改变，使得原规范中的归一化系数不再适用，为便于生态环境质量指数年际间比较，对各指数的归一化系数进行修正。根据 2000~2013 年河南省归一化处理之前的各指数值，计算 2000~2013 年度归一化系数的平均值作为各指数归一化系数的参考值。

③数据预处理。获取到的多源数据包括栅格矢量和统计多种格式和尺度，必须进行数

据的精度评价和标准化处理。对于土地利用数据，在内业建立解译标志库的基础上，依靠高分影像与野外实地验证相结合的方式，对未达到抽样精度 90% 的数据进行重新修正。为保证计算结果的准确性，在计算各分指数时，对土地利用数据采用矢量数据属性信息无损栅格化方法进行处理，对统计数据采用层次分析法进行格网化，对 NDVI 和土壤侵蚀数据进行重采样，最终形成 1km 格网数据集。

土地利用等数据为矢量格式，直接将其转换为栅格格式会造成精度的损失。为保证评价结果的精确性，借鉴矢量数据属性信息无损栅格化的方法，在计算生物丰度、土地胁迫等分指数时，将土地利用数据与 1 km 格网进行叠加分析，统计 1 km 格网的指数值，将其转换为 1 km 栅格数据。

水资源量为地市级统计数据，无法反映行政区划内部的空间分布差异，需要对其进行空间化处理。由于水资源量的分布受到气候、地形、土地利用等因子的影响，参考雷莹等人（2007）的研究成果，选择影响水资源分布的因素：一是距水系的距离；二是土地利用类型，三是地形坡度。然后使用层次分析法确定各个因子的影响权重，最后通过模型计算得到格网化的水资源数据

$$Wi=0.320Wl+0.166Ws+0.514Ww \tag{14-3-7}$$

式中: Wi 为综合权重; Wl 为土地利用权重; Ws 为坡度权重; Ww 为水系距离权重。

河南省土壤侵蚀类型主要为水力侵蚀，采用修正的通用土壤流失方程 (revised universal soil loss equation, RUSLE) 来获取生态环境质量评估中各个时期的土壤侵蚀数据，然后按照水利部颁布的土壤侵蚀分类分级标准对其分级，其计算方式为：

$$A=R\cdot K\cdot LS\cdot C\cdot P \tag{14-3-8}$$

式中：A 为土壤侵蚀模数〔$t/(hm^2\cdot a)$〕；R 为降雨侵蚀力因子〔$MJ\cdot mm/(hm^2\cdot h\cdot a)$〕；K 为土壤可蚀性因子〔$t\cdot hm^2\cdot h/(MJ\cdot hm^2\cdot mm)$〕；LS 为坡长、坡度因子，无量纲；C 为植被覆盖与管理因子，无量纲；P 为水土保持因子，无量纲。

14.3.3 研究结果

（1）生态环境质量指数

根据生态环境质量评价模型，得到河南省 4 个时期的生态环境状况指数，然后将其分为 5 个级别，即优（$EI\geq 75$）、良（$55\leq EI<75$）、一般（$35\leq EI<55$）、较差（$20\leq EI$

＜35）和差（EI＜20），得到生态环境质量指数分级图（图 14-3-1），并对各个级别进行统计分析（表 14-3-2）。

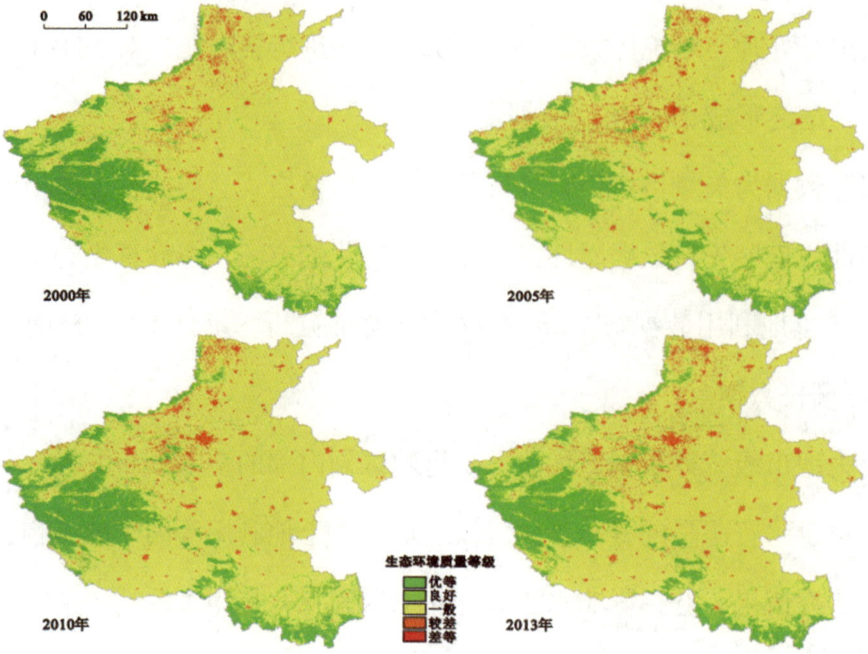

图14-3-1　2000~2013年河南省生态环境质量指数分级图

2000~2013 年河南省生态环境质量总体为一般，4 个时期所占比例分别为 79.29%，77.25%,76.61% 和 76.53%，这部分区域主要分布在黄淮海平原和南阳盆地，其土地利用类型主要为耕地。生态环境质量为差和较差的面积所占比例分别为 2.61%，3.20%，3.26% 和 4.02%，其空间分布大体与城镇分布相一致，且以郑州为中心，在京广线沿线分布比较集中。这些区域受城镇扩张、经济发展等人为因素影响较大，城市建设导致环境污染问题突出，绿化程度较低、人为干预严重，部分自然生态功能丧失，其生物丰度、植被覆盖状况较差，土地胁迫、污染负荷状况较为严重。生态环境质量为优、良的面积所占比例分别为 18.10%，19.55%，20.13% 和 19.44%，这部分区域主要分布在豫西山地丘陵区，此外在西北部的太行山山地和南部的桐柏山、大别山山地均有分布，其土地利用类型主要为林地和草地，受人为因素干扰较小。

表14-3-2　生态环境质量分级统计

年份	统计参数	差	较差	一般	良	优
2000	面积/km^2	6	4 234	128 800	14 428	14 969
	比例/%	0.00	2.61	79.29	8.88	9.22
2005	面积/km^2	39	5 161	125 480	17 068	14 689
	比例/%	0.02	3.18	77.25	10.51	9.04

续表

年份	统计参数	差	较差	一般	良	优
2010	面积/km^2	11	5 280	124 445	16 911	15 790
	比例/%	0.01	3.25	76.61	10.41	9.72
2013	面积/km^2	10	6 528	124 320	15 659	15 920
	比例/%	0.01	4.02	76.53	9.64	9.80

总体来看，近 13 年来河南省生态环境质量空间分布格局整体上变化不大，呈现出向两个相反方向变 化的趋势。一是生态环境质量为较差的区域呈现增加趋势，2000~2013 年面积增加 2294km^2，其比例也由 2.61% 上升到 4.02%。这部分变化主要出现在城镇扩张区域，尤其以郑州为中心变化最明显。二是生态环境质量为优、良的区域也出现增加趋势，2000~2013 年面积分别增加 951，1231km^2，其构成比例分别上升 0.58%，0.76%，这部分变化主要分布在山地丘陵区，主要受这一时期林地面积增加影响较大。2000 年时生态环境质量指数介于 16.06~90.06，到 2013 年生态环境质量指数略微下降到 15.88~87.60 之间。

（2）生态环境质量变化

为更好地分析河南省生态环境质量变化趋势，将其变化幅度分为 7 个级别，即无明显变化（$|\triangle EI|<1$）、略微变好 / 差（$1 \leqslant |\triangle EI|<3$）、明显变好 / 差（$3 \leqslant |\triangle EI|<8$）、显著变好 / 差（$|\triangle EI| \geqslant 8$），得到 4 个时期生态环境质量变化度分级图（图 14-3-2），并对各个级别进行统计分析（表 14-3-3）。

表14-3-3 河南省生态环境质量变化度统计

变化度	2000~2005年		2005~2010年		2010~2013年	
	面积/km^2	比例/%	面积/km^2	比例/%	面积/km^2	比例/%
显著变差	1 080	0.66	1 877	1.16	1 036	0.64
明显变差	9 321	5.74	17 546	10.80	9 020	5.55
略微变差	31 216	19.22	38 901	23.95	39 757	24.48
无明显变化	49 222	30.30	56 220	34.61	81 205	49.99
略微变好	48 076	29.60	31 526	19.41	24 255	14.93
明显变好	21 198	13.05	12 489	7.69	6 129	3.77
显著变好	2 323	1.43	3 877	2.39	1 035	0.64

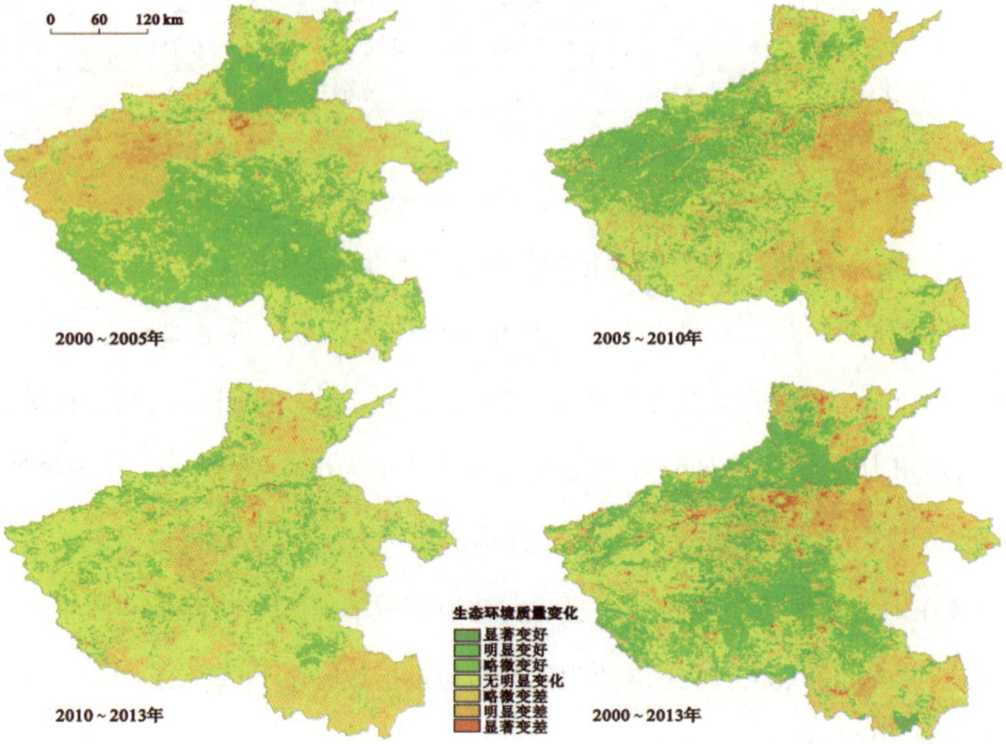

图14-3-2 2000-2013河南省生态环境质量变化度分级图

对比来看，3 个时期生态环境质量无明显变化的面积一直处于增加趋势，其所占比例由30.30%增加到49.99%，说明河南省生态环境质量变化逐渐趋于稳定状态。2000~2013 年，河南省生态环境质量变化呈现出单峰型分布，即无明显变化所占比例最高，向两侧略微变好（差）、明显变好（差）依次递减，显著变好（差）所占比例最低，全省各区域发生显著变好（差）所占比例一直低于 5%。

河南省生态环境质量变化在空间分布上存在迁移，生态环境质量变差的区域在2000~2005 年主要分布在豫西及豫中郑州地区，2005~2010 年主要分布在开封及黄淮四市地区，到 2010~2013 年除南部地区信阳存在较大比例略微变差外，其他区域主要特征为无明显变化。

生态环境质量改善的区域在 2000~2005 年主要分布在豫北新乡和漯河、平顶山及驻马店地区，2005~2010 年主要分布在豫西和豫北焦作、鹤壁地区，到 2010~2013 年变好区域在各地市所占比例都低于 30%，无明显变化特征更为显著。近 13 年来河南省生态环境质量总体上存在变差趋势，但变化不明显，变差区域在空间上由中西部向东南部迁移，同时变化趋势也逐渐趋于稳定状态。

生态环境质量与区域发展关系密切，区域发展影响生态环境质量变化，而生态环境变化对区域发展表现出滞后效应（李汝资，2013）。工业化作为推动河南省经济增长的主导力量，城镇化建设、工业污染、工矿开发等对生态环境产生胁迫作用。2000~2005 年，河南省提出以郑汴洛为核心区的中原城市群建设计划，中西部地区工业化进程加快，形成经济发展的高水平集聚区。与之相对应，此阶段豫西和豫中郑州地区生态环境呈现变差趋势。2005~2010 年，河南省经济发展开始向豫东南倾斜，支持黄淮 4 市加快工业化和城镇化进程，此阶段生态环境变差区域迁移到开封及黄淮 4 市地区。2005 年以后，河南省先后提出生态省建设规划，采取退耕还林、天然林保护、重点地区防护林体系建设等一系列措施，实施生态保护工程，构建以“四区两带”为重点的生态功能格局。2010~2013 年，河南省经济发展达到一定水平，加之生态保护工程的实施，使得生态环境变差趋势得到有效控制，全省生态环境变化趋于稳定。总体来看，生态环境变差区域与区域发展重心迁移相一致，生态保护工程的实施和经济发展水平的提高是生态环境改善的主要原因，生态环境变差趋势的控制和改善具有相对更长时间的滞后效应。

14.3.4 主要创新

建立了基于网格单元和行政单元相匹配的的生态环境质量评价方法。基于 1 km 格网的生态环境质量评价方法能够监测行政区域单元内部的空间分布及变化特征，更能反映区域生态环境的影响因素。

评价了河南省生态环境质量时空变化。2000~2013 年，河南省生态环境质量总体为一般，其所占比例一直超过 75%，其他类型所占比例不足 25%，生态环境质量的空间分布受地形地貌、土地利用及区域发展战略影响比较明显。近 13 年来河南省生态环境质量年际间变化不大，呈现出“单峰型”的变化特征，即无明显变化所占比例最高，向两侧依次递减。生态环境质量为较差和优、良的区域都呈增加趋势，分别出现在城镇扩张区和山地丘陵区。总体来看，全省生态环境质量存在略微变差的趋势，变差区域在空间上由中西部向东南部迁移。

分析了城镇化对河南省生态环境质量的影响。中原城市群建设过程中城镇建设用地扩张等导致生态环境略微变差，变差区域与区域发展重心的转移相一致，而国家退耕还林等生态保护工程的实施是生态环境改善的主要原因。

（本项目获得 2017 年第四届“共享杯”大学生科技资源共享服务创新大赛优秀奖。

指导教师：秦奋；参与学生：余玉洋、刘晏男、孟蝶、孟琪、周雨石。）

荣誉证书

余玉洋、刘晏男、孟蝶、孟琪、周雨石：

你们的作品《基于RS和GIS的河南省生态环境质量动态评价研究》荣获第四届“共享杯”大学生科技资源共享服务创新大赛

优秀奖

特发此证，以资表彰！

国家科技基础条件平台中心

二〇一七年三月

14.4 基于地理探测器和POI数据的城市边缘区判定

14.4.1 研究背景

城市边缘区是城市与乡村系统间客观存在的一个空间及其要素相互交织而成的独立系统，是城市发展到特定阶段所形成的社会、经济等要素激烈转换的地带（马玉玲，2017；顾朝林，1993；周婕，2014）。不同学科背景下，城市边缘区的概念有城市边缘带、城乡边缘区、城乡过渡区、城乡过渡带等（周婕，2014）。随着城镇化的速率加快，城市与乡村的问题越来越多，城市边缘区的研究也就更加重要，其边界判定是进行深入研究的前提。将城市边缘区引入到城市学、生态学、规划学等研究领域，有助于进一步认识城乡地理空间结构和格局，为城市全面、协调、可持续发展提供理论基础，制定城市未来的发展战略，又有利于统筹城乡发展，加快城乡一体化建设，解决城市边缘区发展演变过程中各种自然、经济、社会问题。

针对以上问题，研究基于 2013 年 POI 数据、人口密度、GDP 等数据，构建城市边缘区影响因子指标体系，利用主成分分析方法和逻辑回归模型确定郑州市城市边缘区范围，并通过地理探测器评价分区效果。研究结果将有助于提高城市土地管理与规划部门科学管理水平，同时也为控制城镇化、合理利用和科学管理城市土地提供参考依据。

14.4.2 研究进展

城市边缘区具有独立性、过渡性、多样性等特征，其范围界定要遵循客观性、可操作性、可比性原则（于伟，2011；彭建， 2014），通过总结国内外相关研究，可将城市边缘区的研究方法大体分为：①定性方法。弗里德曼依据经验将城市周围约 50km 的区域划定为城市边缘区，内边缘区半径为 10~15km，外边缘区半径为 25~50km（李世峰，2006）；顾朝林采用“五流分析法”对广州城市内缘区和城市外边缘区进行了划分（李世峰，2006）。该类识别方法多依据经验进行假设判断，划定的城市边缘区范围比较模糊，为了更加精确界定城市边缘区，边缘区的识别方法逐渐由定性分析向定量分析转变。②定量方法。章文波从影像中提取城市用地信息，应用“突变检测方法”划分北京市城市边缘区（章文波，1999）；程连生等基于信息熵原理计算北京市城市土地利用景观紊乱度，确定划分阈值区间并划分出城市边缘区的内外边界（程连生，1995）；王海鹰等基于多准则判断，利用累积频率图和 K Means 空间聚类法确定了城市边缘区界定标准，对广州市城市边缘区进行划分（王海鹰， 2011）。其他识别方法还有小波变换法、不透水表面指数（ISA）与连续小波变换（SCWT）相结合方法、小波变换和核密度估计相结合方法、断点法等（章文波，1999；马晶， 2016；Peng J，2018；吕思思， 2017；王海鹰， 2010；钱建平，2007；Nan Cui S Z L G，2018；Peng J， 2016；乔贤贤， 2017；Chang S， 2018）。综上所述，这些方法常利用各种遥感图像或统计指标，结合数学模型进行城市边缘区界定，其界定结果比较精确，但建立的统计指标彼此之间往往存在一定程度、甚至是相当高的相关性，这就使观测数据信息有一定的重叠。

14.4.3 数据与方法

郑州市，河南省省会，介于东经 112° 42'~114° 14'、北纬 34° 16'~34° 58' 之间，是我国重要的中心城市、全国的综合交通枢纽、中原经济区核心城市。郑州市面向黄河，与开封市、洛阳市、许昌市、新乡市、焦作市相邻接。城市东西长 135-143 km，南北宽 70-78 km，版图总面积 7446 km^2，市区面积 1010 km^2，建成面积 456.6 km^2，城镇化率 71%，下辖 6 个市辖区、1 个县，5 个县级市，人口约 956.9 万人。郑州市位于华北平原南部、黄河下游，温带季风气候，冬暖夏凉，位于中国地貌第二级阶梯与第三级阶梯的交接过渡地带，地势从西南向东北呈阶梯状降低。

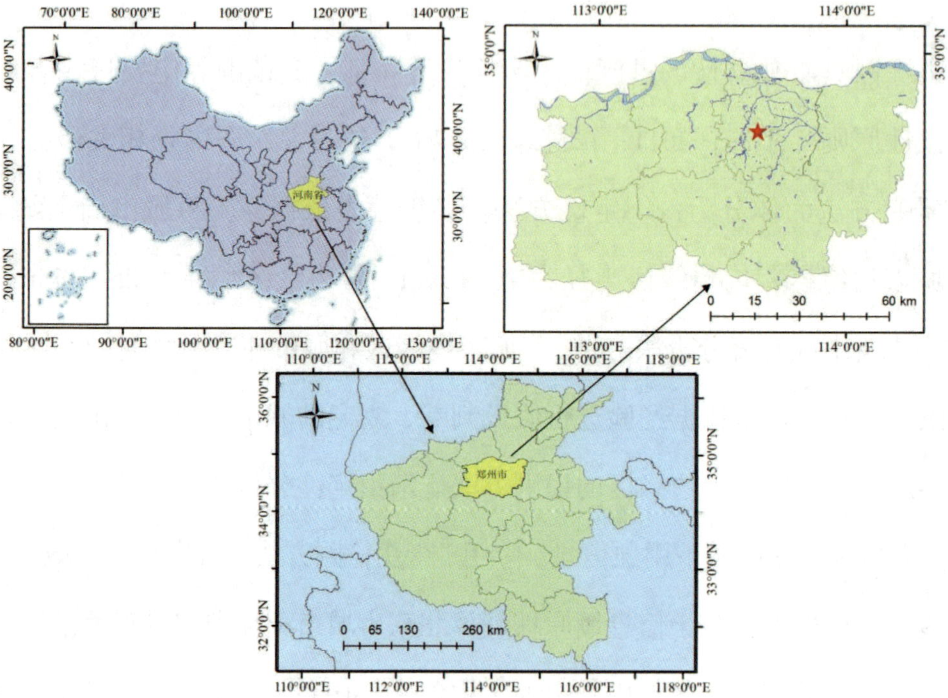

图14-4-1　研究区地理位置

（1）**数据准备与处理**

研究采用的数据有：

2013 年郑州市 POI（Points of Interest）数据，来源于互联网电子地图。POI 数据是局部范围内具有地理标志作用的地物数据集合，包含空间信息和属性信息，支持空间和分类查询等操作，例如医疗机构、科研教育机构等地物的经纬度、地址等空间信息和属性信息（池娇，2016）。本文从 2013 年郑州市 POI 数据中选取医疗设施、旅游景点、行政机关、购物地点等点状数据以及国道、省道、高速铁路等线状数据。

2013 年郑州市土地利用类型矢量图。根据郑州市土地利用类型数据提取郑州市建设与非建设用地数据。

2010~2013 年统计年鉴数据，根据年鉴数据获得 2010~2013 年的人口增长率。

2010 年人口密度、GDP 栅格数据图，数据来源于网络。利用 2010 年数据进行栅格计算获得 2013 年人口密度、GDP 图层。

郑州市行政边界矢量图。

（2）研究方法

①指标体系的建立。建立城市边缘区的划分指标体系，要考虑研究区的空间范围及总体特征。根据 POI 数据的种类和特征，本文建立了由 5 类共 14 个影响因子构成的指标体系，分别为交通线路、公共管理与服务设施、人口密度、GDP、建设与非建设用地五个方面来反映边缘区的综合特征（表 14-4-1）。

表14-4-1　指标体系

影响因子		数据获取方法
交通路线	距国道距离 距省道距离 距铁路距离 距高速距离	欧氏距离
公共管理与设施	距旅游景点距离 距行政机关距离 距购物地点距离 距医疗服务设施距离 距休闲娱乐设施距离 距科研教育机构距离 距金融服务设施距离	欧氏距离
人口密度	2013年人口密度	栅格计算
GDP	2013年GDP	栅格计算
土地利用类型	建设与非建设用地的空间分布	土地利用分类、栅格计算

对相关数据进行投影变换，转化 Xian_1980_3_Degree_GK_CM_114E 坐标系及栅格大小 30m 的栅格图层，以保持投影坐标系及研究范围的一致性 (图 14-4-2)。

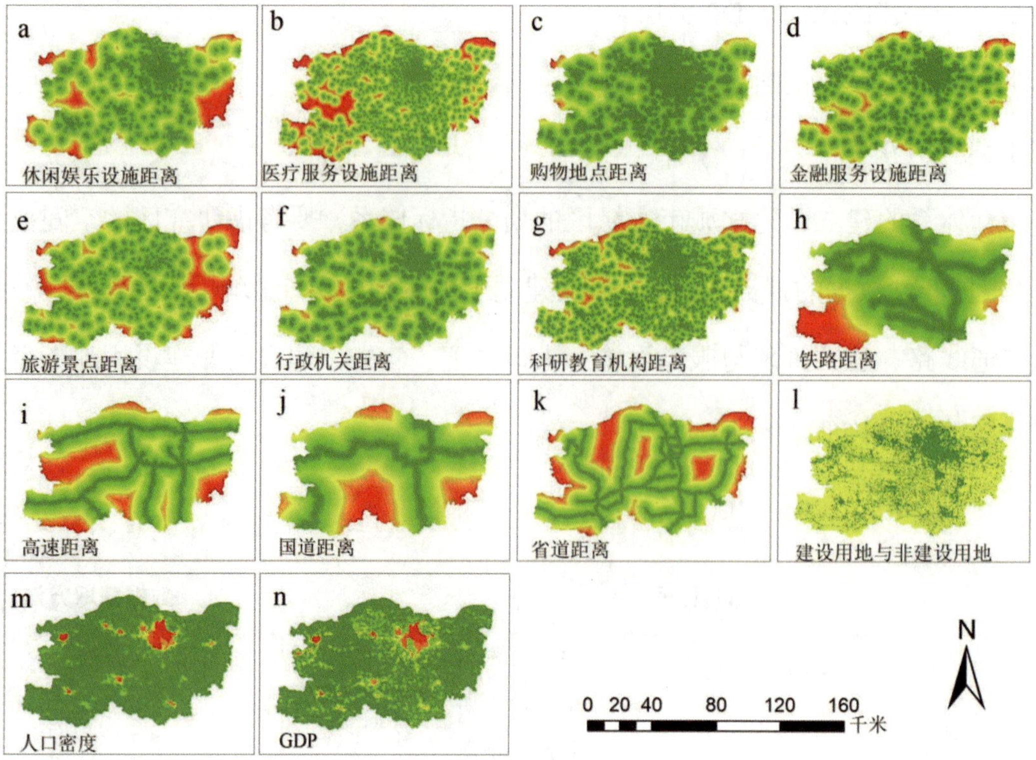

图14-4-2　2013年郑州市城市特征影响因子

②主成分分析法。主成分分析是一种将原始多个指标转化为少数几个相互独立的包含原始指标绝大部分信息的综合指标的统计学方法（顾绍红，2007；聂婷，2010；王景雷，2009）。由于数据进行分析处理时，往往需要建立综合指标体系，这些指标彼此之间一般存在一定程度的相关性，使得观测数据信息有一定的重叠，使研究问题更为复杂。因此，本文利用主成分分析对影响因子进行融合、降维，在不影响各类因子表达的前提下，减少因子数量，减少了数据间信息的交叉，使分析评价结果更加具有客观性，有助于提高逻辑回归模型的计算精度和计算效率。

③逻辑回归模型。Logistic 模型的因变量是二元或多项变量，自变量为定性或定量数据假设，变量可以是连续变量或离散变量，不必满足正态分布（王海鹰，2010；姜文亮，2008）。本研究采用的二元逻辑回归模型，该模型适合于受多个协变量或自变量影响的因变量，其因变量的值是二值变量（用 0 和 1 表示）。本文将城镇用地与非城镇用地作为因变量，模型的表达式为：

$$Z = a_0 + a_1x_1 + a_2x_2 + ... + a_nx_n \quad (14\text{-}4\text{-}1)$$

式中，a_0为常数项，$a_1, a_2, ..., a_n$为自变量的回归系数。

$$P = \frac{\exp(Z)}{1+ecp(z)} \quad (14\text{-}4\text{-}2)$$

式中，P 为城市特征属性，其取值范围为 [0,1]。

④地理探测器。地理探测器（GeoDetector）是一种新型空间分析模型，用于探测空间分异性以及揭示其背后驱动因子（王劲峰，2017；Wang J，2016；董玉祥，2017）。其基本思想是：假设研究区分为若干个区域，如果子区域的方差之和小于区域总方差，则存在空间分异性；如果两变量的空间分布趋于一致，则两者存在统计关联性。该方法最大的优势在于没有过多的假设条件与约束，具有普适性，能有效地克服传统统计分析方法处理类别变量的局限性，具有优雅的形式和明确的物理含义，目前已应用于自然科学、社会科学、环境科学和人类健康等多个研究领域。

其中，地理探测器的因子探测模块可用于揭示被解释变量 Y 的空间分异性。用 q 统计度量：

$$q = 1 - \frac{\sum_{h-1}^{L} N_h {\sigma_h}^2}{N\sigma^2} = 1 - \frac{SSW}{SST} \tag{14-4-3}$$

式中，σ_h^2 和 σ^2 分别是层 h 和全区的 Y 值的方差。$SSW = \sum_{h=1}^{L} N_h \sigma_h^2$ 和 $SST = N\sigma^2$ 分别表示层内方差之和（the Within Sum of Squares）及全区总方差（the Total of Sum of Squares）。其中，h = 1, …, L 为变量 Y 的分层（Strata），即分类或分区；N_h 和 N 分别是层 h 和全区的单元数。q 的值域为 [0,1]，值越大说明 Y 的空间分异性越明显。极端情况下，q 值为 1 表明因子 Y 存在完全的空间分异性，q 值为 0 则表明 Y 为空间随机分布。

q 值满足非中心 F 分布，其中 λ 是非中心参数，$\overline{Y_h}$ 是层 h 的均值。

$$F = \frac{N-1}{L-1}\frac{q}{1-q} \sim F(L-1, N-L; \lambda) \tag{14-4-4}$$

$$\lambda = \frac{1}{\sigma^2}\left[\sum_{h=1}^{L} \overline{Y}_h^{\,2} - \frac{1}{N}\left(\sum_{h=1}^{L} \sqrt{N_h}\,\overline{Y}_h\right)^2\right] \tag{14-4-5}$$

根据以上公式，q 统计的统计显著性检验可以计算得到。此方法的软件来自于 www.geodetector.cn。

本研究中，将城市特征属性作为属性 Y，利用地理探测器（GeoDetector）方法对数据进行空间异质性分析，从而判断城市边缘区分区的合理性。

⑤紧凑度和分维数。本文利用紧凑度指数和边界维数对郑州市各地域进行空间形态分析，从而掌握城市结构类型的形态特征（苏伟忠，2007；李江，2004；郭洁，2015）。公式如下：

$$U = \frac{2\sqrt{\pi a_i}}{p_i} \tag{14-4-6}$$

式中，P_i 为城市各地域周长，a_i 为城市各地域面积，U 为城市地域的紧凑度，其值在 0~1。U 值越大，形态越紧凑，反之越破碎。

$$D=\frac{2\ln\left(\frac{p_i}{4}\right)}{\ln(a_i)} \tag{14-4-7}$$

式中 P_i 为城市各地域周长，a_i 为城市各地域面积，D 值为分维数。D 值的理论值介于 1 到 2 之间，分形维数值的高低代表城市地域边界的复杂程度，分形维数值越高，边界线的复杂程度越大，空间结构越复杂。当 D=2 时，表示斑块形状最复杂；D 值越小，表示空间结构越简单；当 D=1 时，表示地类斑块为正方形；当 D=1.50 时，表示处于一种类似于布朗运动的随机运动状态，即空间结构最不稳定（赵永平，1995）。

14.4.4 结果与分析

（1）主成分分析

对影响因子栅格图像进行统一归一化处理，并进行随机采样，删除异常数据值。对归一化处理后的 13 个影响因子进行主成分分析计算，生成主成分分析图层。由主成分分析结果可知，前 7 个主成分的累计贡献率达 90%（表 14-4-2），因此选取 7 个主成分代替影响因子图层，实现指标体系的降维。第一主成分的贡献率最大，其中 GDP 和人口密度特征值为负，分别为 -0.3096，-0.2390，距金融服务设施距离、距行政机关距离和距省道距离的特征值最大，分别为 0.3595、0.3320、0.3046。栅格图像归一化公式如下：

$$X=\frac{x-x_{min}}{x_{max}-x_{min}} \tag{14-4-8}$$

表14-4-2　主成分贡献率、累积贡献率

主成分	特征值	贡献率/%	累积贡献率/%
Princip_1	0.0922	38.4485	38.4485
Princip_2	0.0302	12.5832	51.0317
Princip_3	0.0242	10.0837	61.1154
Princip_4	0.0231	9.6404	70.7558
Princip_5	0.0178	7.4384	78.1941
Princip_6	0.0162	6.7631	84.9572
Princip_7	0.0133	5.5614	90.5186
Princip_8	0.0061	2.5582	93.0768
Princip_9	0.0048	1.9915	95.0683

续表

主成分	特征值	贡献率/%	累积贡献率/%
Princip_10	0.0034	1.4198	96.4881
Princip_11	0.0032	1.3304	97.8185
Princip_12	0.0028	1.1693	98.9878
Princip_13	0.0024	1.0122	100.0000

（2）城市特征属性

提取主成分与郑州市建设用地与非建设用地图层的栅格值生成样本数据，进行逻辑回归分析，进行栅格计算后得到城市特征属性图层。

表14-4-3　回归参数

x	系数	S.E.	Wald	df	显著性	Exp(B)
Princip_1	-3.564	0.071	2516.834	1	0.000	0.028
Princip_2	-0.267	0.089	8.960	1	0.003	0.765
Princip_3	2.242	0.125	321.647	1	0.000	9.415
Princip_4	1.312	0.110	142.071	1	0.000	3.714
Princip_5	0.959	0.142	45.638	1	0.000	2.609
Princip_6	0.863	0.132	42.483	1	0.000	2.371
Princip_7	-0.677	0.148	20.833	1	0.000	0.508
常数	0.236	0.173	1.867	1	0.172	1.266

根据逻辑回归模型系数检验结果，其中常数项的系数值为 -0.068，其伴随概率为 0，常数项显著。5% 置信度下，所有的影响因子的显著性小于 0.05，因此影响因子均通过检验，变量显著。其中 Princip_1 的 Wald 统计量最大，说明该变量在模型中起重要作用，得到逻辑回归函数式如下：

$$Z=0.236-3.564X_1-0.267X_2+2.242X_3+1.312X_4+0.959X_5+0.863X_6-0.677X_7 \quad (14\text{-}4\text{-}8)$$

式中：X_1 表示 Princip_1；X_2 表示 Princip_2；X_3 表示 Princip_3；X_4 表示 Princip_4；X_5 表示 Princip_5；X_6 距 Princip_6；X_7 距 Princip_7。将 7 个主成分带入公式（14-4-1）和（14-4-2），得到城市特征属性（图 14-4-3）。

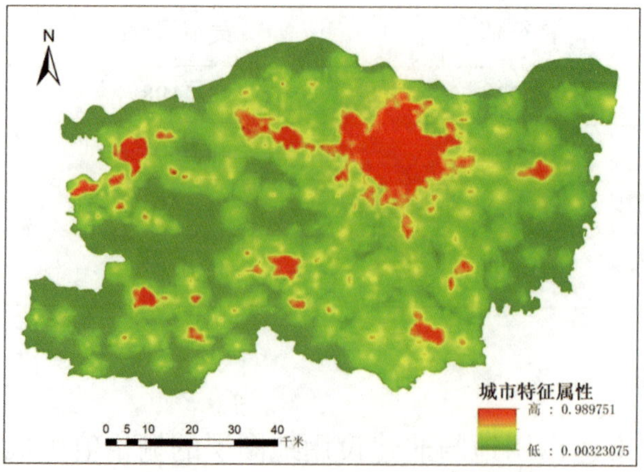

图14-4-3　2013年郑州市城市特征属性

（3）**城市边缘区范围界定**

本文将城市地域分为城市核心区、城市边缘区和城市影响区三类。对城市特征属性图像进行随机采样并去除异常数据，生成城市特征属性频率累计直方图，结合 K-Means 空间聚类法进行聚类分析，确定各城市地域分区的范围，从而界定城市边缘区。

经统计，郑州市城市特征属性的平均值为 0.2553、标准差为 0.2204、偏度 1.675、峰度 2.471 等，说明郑州市城市特征属性呈正偏态分布，数据比较分散，两侧数据较少，在右边更为分散。城市特征属性值对应频率呈先升高后降低趋势，当城市特征属性为 0.2 时，累计频率相对较低频数相对较高，当城市特征属性为 0.6 时，累积频率达到 91.08%，在 [0.2,0.6] 区间内累计频率曲线为匀速递增后逐渐平缓。所以将 0.2 和 0.6 作为城市边缘区分区的分界点，分成三个区间 [0,0.2]，[0.2,0.6]，[0.6,1]，用这三个区间的中值为 K-Means 空间聚类的初始聚类中心进行聚类分析，经过迭代计算，得到城市界定标准如下：

表14-4-4　城市边缘区界定标准

城市地域划分	初始聚类中心	最终聚类中心	聚类点数	城市特征属性值范围
城市核心区	0.80	0.813	1883	[0.579,0.989]
城市边缘区	0.40	0.345	6017	[0.245,0.579]
城市影响区	0.10	0.124	12087	[0.000,0.245]

据表 14-4-4 的城市边缘区界定标准，得到 2013 年郑州市边缘区划定图，如图 14-4-4 所示。

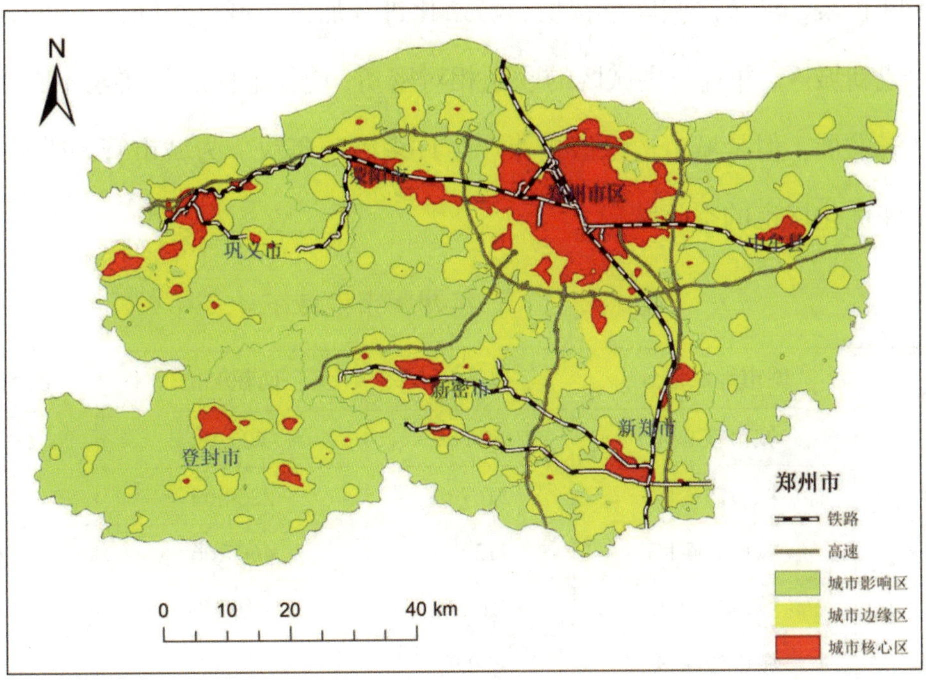

图14-4-4　郑州市城市边缘区划定

利用地理探测器（GeoDetector）对城市边缘区分区结果进行评价检验。各因子的 q 统计值为 0.867，说明城市地域分区对城市特征属性的解释力强，各城市地域间存在显著性差异，证明了本研究方法识别城市边缘区具有较高的合理性。

（4）城市空间形态分析

结合表 14-4-5 和图 14-4-4，可以看出，郑州市城市核心区主要分布在郑州市区，城市规模大，城市化水平最高。城市边缘区主要分布在市区和新郑市，这些地区具有发展空间大，发展速度快。城市影响区主要分布在登封市和中牟县，特别是登封市由于地形等因素影响，开发成本大，城市的扩张与发展受到限制，城市规模较小。郑州市城市边缘区处于若干城市核心区的外围，在形态上呈不规则的环状分布或团状分布，其中市区城市边缘区的范围最广，在东西方向上与上街区、荥阳市、中牟县相连接，在南部上与新郑市和新密市存在相连接的部分，各区城市核心区存在向郑州市区方向发展的趋势。另外在新郑市存在分别以新郑市区和新郑机场为中心的两个比较明显的不规则环状分布地带。这种空间格局符合《郑州市城市总体规划（2010—2020 年）》中提出的“一主一城、两轴多心”空间布局结构以及“一主一城三区四组团”的城镇布局结构，逐步形成以主城区、航空城和新城区为主体、外围组团为支撑、新市镇为节点、其他小城镇拱卫的层级分明、结构合理、互动发展的网络化城镇体系。随着“郑汴一体化”“中原城市群”等战略的提出，郑州城市不断扩展，城市之间联系密切，城市化进程加快。城市边缘区之间有相连接的部分会逐渐形成新城区，并且与主城区的联系相对密切，使得地区之间要素不断流通和发展，带动区域经济发展，但是城市边缘区扩张产生许多破碎斑块，为城市管理带来负担，需要进一步调整和优化城市的空间结构。

表14-4-5 2013年郑州市地域统计

地区	城市地域划分	边长/km	面积/km²	面积百分比/%
郑州市	城市核心区	576.09	705.38	9.32
	城市边缘区	2167.68	2254.69	29.80
	城市影响区	2122.23	4607.06	60.88
郑州市区	城市核心区	216.74	419.12	42.85
	城市边缘区	420.94	411.12	42.03
	城市影响区	224.17	147.87	15.12
新郑市	城市核心区	69.55	52.55	5.94
	城市边缘区	384.03	430.39	48.65
	城市影响区	413.81	401.67	45.41
新密市	城市核心区	55.81	39.09	3.92
	城市边缘区	357.08	322.42	32.35
	城市影响区	441.53	635.05	63.72
登封市	城市核心区	49.13	32.16	2.64
	城市边缘区	267.85	168.63	13.85
	城市影响区	407.68	1016.74	83.51
中牟县	城市核心区	28.94	21.90	1.55
	城市边缘区	310.47	301.19	21.26
	城市影响区	446.54	1093.64	77.19
荥阳市	城市核心区	79.73	66.22	6.57
	城市边缘区	325.18	332.12	32.98
	城市影响区	379.68	608.84	60.45
巩义市	城市核心区	93.38	74.33	7.17
	城市边缘区	308.85	258.80	24.98
	城市影响区	392.88	702.87	67.84

用公式14-4-6、14-4-7对郑州市的城市空间形态进行统计计算（表14-4-6）。从郑州市整体来看，郑州市城市核心区的紧凑度和分维数分别为0.16、1.52，城市边缘区的紧凑

度和分维数分别为0.08、1.63，城市影响区的紧凑度和分维数分别为0.11、1.49。整个城市城市核心区的空间形态比较紧凑，城市边缘区比较破碎，各地域的城市边界都比较复杂，其中边缘区的边界复杂性最强，说明郑州市城市土地利用率高，各功能区集聚，城市扩张力度大。

郑州市市区、新郑、新密、登封、中牟、荥阳、巩义的紧凑度分别为0.33、0.37、0.40、0.41、0.57、0.36、0.33，分维数分别为1.32、1.44、1.44、1.45、1.28、1.43、1.46，其中中牟县的城市核心区最为紧凑，空间结构比较简单，说明城市发展比较集中且比较缓慢，城市扩张力度较弱。郑州市区、新郑市、荥阳市的紧凑度较低，城市核心区破碎，边界比较复杂，说明这些区域城市发展水平较高，城市扩张力度较强。

郑州市各区城市边缘区的紧凑度为0.17、0.19、0.18、0.17、0.20、0.20、0.18，分维数为1.55、1.51、1.56、1.64、1.52、1.52、1.56。郑州市市区及各县区的城市边缘区都比较破碎，边缘区边界的空间结构比较复杂，稳定性低，随着城市的扩张，城市边缘区产生许多破碎斑块，不利于城乡一体化管理。

表14-4-6　2013年郑州市空间形态指标

地区	城市地域划分	紧凑度	分维数
郑州市	城市核心区	0.16	1.52
	城市边缘区	0.08	1.63
	城市影响区	0.11	1.49
郑州市区	城市核心区	0.33	1.32
	城市边缘区	0.17	1.55
	城市影响区	0.19	1.61
新郑市	城市核心区	0.37	1.44
	城市边缘区	0.19	1.51
	城市影响区	0.17	1.55
新密市	城市核心区	0.40	1.44
	城市边缘区	0.18	1.56
	城市影响区	0.20	1.46
登封市	城市核心区	0.41	1.45
	城市边缘区	0.17	1.64
	城市影响区	0.28	1.34
中牟县	城市核心区	0.57	1.28
	城市边缘区	0.20	1.52
	城市影响区	0.26	1.35

续表

地区	城市地域划分	紧凑度	分维数
荥阳市	城市核心区	0.36	1.43
	城市边缘区	0.20	1.52
	城市影响区	0.23	1.42
巩义市	城市核心区	0.33	1.46
	城市边缘区	0.18	1.56
	城市影响区	0.24	1.40

14.4.5 研究总结

（1）研究特色

本研究利用主成分分析方法对指标因子进行融合，减少了数据之间的冗余度和相关性，使得数据分析更加客观。创新地利用地理探测器评价城市分区结果进行评价，证明城市边缘区划分的合理性。利用将 POI 数据和其他数据进行融合，一方面为城市边缘区边界的划定提供更精确的尺度，另一方面充分发挥了 POI 数据样本量大、涵盖信息细致等优势。

（2）应用前景

本项目对于城市边缘区边界的识别具有即时性。通过本项目的方法和模型，可以继续研究不同时间点上的城市边缘区识别，研究某一城市长时间序列边缘区空间动态分析，从而明晰研究区城市扩展的主导方向，为认识城市化这一动态过程提供思路。

（本项目获得 2020 年第七届“共享杯”大学生科技资源共享服务创新大赛优秀奖。指导教师：王海鹰；参与学生：郭淋萍。）

14.5　基于GEE云计算平台的1999~2019年小浪底水库水面积动态监测研究

14.5.1　研究背景

小浪底水利枢纽处于控制黄河下游水沙的关键部位，是三门峡以下唯一能取得较大库容的控制性工程，也是下游防洪、防凌、减淤、调节径流、供水和发电等功能的综合性水利枢纽，具有优越的自然条件和重要的战略地位（Dwyer John L.，2018）。及时准确地掌握水库蓄水状况对发挥水库功能至关重要。卫星遥感具有覆盖范围广、重访频率高、信息量丰富、成本低等特点，为水库水域面积长时间序列的定量监测提供可能（Foga Steve，2017）。目前，SPOT（Systeme Probatoire d' Observation de la Terre）（Hai Liu， 2020），Landsat（Hall J W， 2014；Haoming Xia， 2019；Harvey K R， 2001），MODIS（Moderate Resolution Imaging Spectroradiometer）（Gorelick Noel，2017；Hansen M.C.，2013），Sentinel（Jianwei Dong，2018），HJ-A/B（Environment Disaster Monitoring-Forecasting A/B）（Jun Chen，2014）等多源遥感数据应用到水域面积提取和变化监测。小浪底水库中水范围和面积变化可以反映气候和人类活动在水循环和生态系统的综合作用，本研究利用 1999~2019 年的 Landsat 卫星数据，研究近 21 年小浪底水库水体面积变化及影响水库水面积变化因素具有重要的科学意义。

Google Earth Engine（GEE）遥感云计算平台由谷歌公司研发，提供 SPOT、Landsat、MODIS、Sentinel 等多源遥感数据集，基于 Web 端的 JavaScript 或 Python 算法开发工具，可实现遥感数据的在线可视化计算和分析处理，是开展大空间尺度和长时间序列研究的有效技术支撑（Liang Chen， 2016；Lifan Chen， 2014；Mueller N， 2106）。本研究选择小浪底水库为研究区，基于 GEE 平台，通过 JavaScript 编程运算获取 1999~2019 年内 Landsat TM（Thematic Mapper），Landsat ETM+（Enhanced Thematic Mapper）和 Landsat OLI（Operational Land Imager）共 789 景遥感影像，采用修正的归一化差异水分指数 MNDWI（Modified Normalized Difference Water Index）、增强植被指数 EVI（Enhanced Vegetation Index）和归一化差异植被指数 NDVI（Normalized Difference Vegetation Index）提取小浪底水库地表水体面积，根据水体频率将其分为最大水体、季节性水体和永久性水体。通过对小浪底水库的三类水体面积与转化类型进行年际与年内变化特征的分析，为小浪底库区生态保护、水资源管理、经济活动与决策规划提供科学依据。

14.5.2 研究区

小浪底水库是黄河中游最后一个峡谷段水库（Pekel Jean-François，2106），位于洛阳市以北 40 km，上距三门峡水利枢纽 130 km，下距河南省郑州花园口站 128 km。小浪底水利枢纽工程是一座以防洪、防凌、减淤为主，兼有供水、灌溉、发电、除害兴利等为一体的大型综合水利工程（Dwyer John L.，2108）。小浪底水库主体工程于 1991 年 9 月开工，1999 年 10 月开始蓄水运行，2001 年底主体工程全部完工。小浪底水库总库容为 126.5 亿 m^3，长期有效库容为 51 亿 m^3，控制流域面积为 69.4 万 km^2，占黄河流域面积的 92.3%（Dwyer John L.， 2108）。小浪底水库 1999~2019 年的年平均累积降水量为 613 mm，年平均气温为 14.14℃。

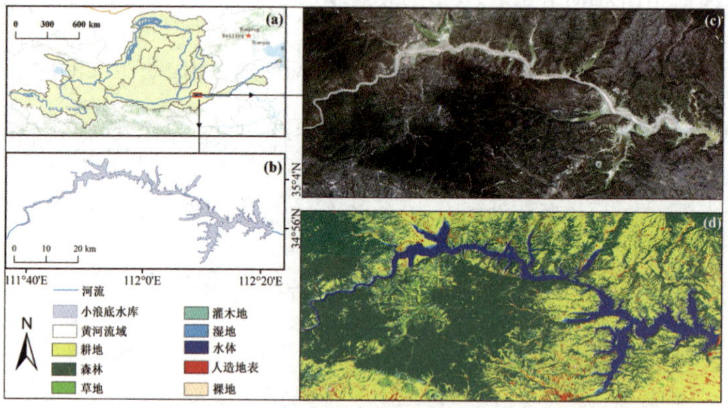

图14-5-1 1999~2019年小浪底水库水面积动态监测图

（a）黄河流域地图；（b）小浪底水库位置；（c）小浪底水库陆地卫星真彩色图像；（d）小浪底水库GlobeLand 30

14.5.3 数据与方法

（1）数据来源

① Landsat 数据。本研究基于 GEE 平台（https://earthengine.google.org/）通过 JavaScript 编程运算获取 1999 年至 2019 年小浪底水库地区的 Landsat TM、Landsat ETM+ 和 Landsat OLI 表面反射率影像。Landsat TM、Landsat ETM+ 地表反射率数据采用陆地卫星生态系统干扰自适应处理系统（LEDAPS）算法进行大气校正，而 Landsat OLI 地表反射率数据采用 Landsat 表面反射率产品（LASRC）算法进行大气校正（Rodell M，2004；

Sanmei Li， 2013）。对每景影像，采用掩膜算法（CFmask）将数据中含有云、云阴影和雪像素进行掩膜处理，经过掩膜后的高质量影像数据效果良好，适合于陆地卫星数据的变化检测（Wulder Michael A.，2016）。影像总数为 789 景，其中 1999~2013 年的 Landsat TM 影像数量为 224 景，1999~2019 年的 Landsat ETM+ 影像数量为 326 景，2013~2019 年的 Landsat OLI 影像数量为 239 景。图 14-5-2 显示了小浪底水库 1999~2019 年观测影像的高质量（图 b）与全部影像分布（图 a）、分布（图 c）和季节分布（图 d）。

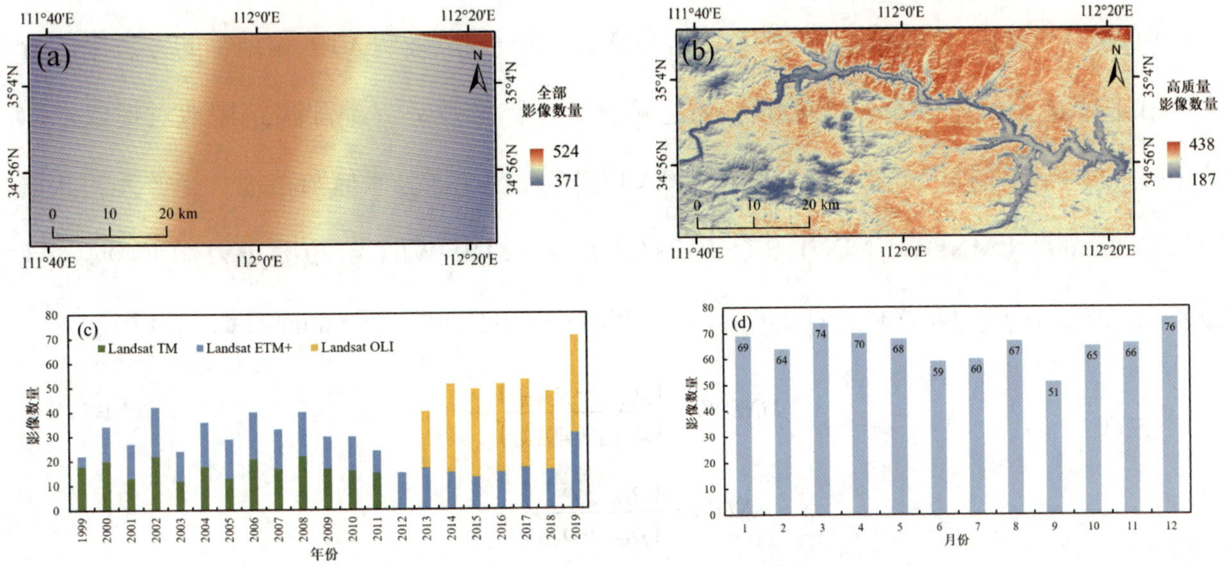

图14-5-2 1999~2019年研究区域的Landsat影像

（a）所有Landsat影像数量的空间分布；（b）高质量Landsat影像数量的空间分布；（c）Landsat影像的年际分布；（d）Landsat影像的季节性分布

②其他数据。年平均气温、累积降水量是根据 3 小时全球陆面数据同化系统（GLDAS）产品计算得出的。GLDAS-2 包括 GLDAS-2.0（1989~1999 年）和 GLDAS-2.1（2000~2019 年）两个数据集，空间分辨率为 0.25°（Xiucheng Yang， 2017）。

Sentinel-2 MSI 是执行哥白尼土地监测研究的一个宽扫描、高分辨率、多光谱对地观测传感器。已成功应用于植被、土壤和水体覆盖等制图和监测研究。本文选用 2019 年的 Sentinel-2 MSI 影像，验证基于 Landsat 系列卫星影像提取的地表水体精度，覆盖小浪底水库的 Sentinel-2 MSI 影像共 219 景 。年气温、年平均累积降水量、GRACE 和 Sentinel-2 MSI 数据都是基于 GEE 平台上获取。

2010 年全球 30 m 地表覆盖遥感数据产品（GlobeLand30）（http://www.globallandcover.com/）进行水体和非水体的分类。该数据集覆盖南北纬 80°的陆地范围，包括耕地、森林、草地、灌木地、湿地、水体、苔原、人造地表、裸地、冰川和永久积雪等 10 种地表覆盖类型（Xinxin Wang， Xiangming Xiao，2020）。

对基于 Landsat 系列卫星影像提取的地表水体精度进行验证，并且保证验证点在水体和非水体中均匀分布。本研究将地表覆盖分成水体和非水体，随机生成 5000 个验证点，包括 1072 个水体和 3928 个非水体验证点。

（2）研究方法

①地表水提取算法。本研究采用的水体指数包括改进的归一化差异水体指数（MNDWI）、归一化植被指数（NDVI）和增强型植被指数（EVI）相结合的方法来区分水体和非水体。其中 MNDWI 能够加强建筑物与水体的反差，消除建筑用地对提取水体的干扰，提高水体提取的精度；NDVI 和 EVI 能够有效地区分水体与植被。当像元的光谱指数取值满足（MNDWI-NDVI>0 且 EVI<0.1）或（MNDWI-EVI>0 且 EVI<0.1）时，该像元为水体，否则为非水体（Harvey K R， 2001；Yue Deng；Zhenhua Zou，2017）。

$$MNDWI=\frac{(\rho_{Green}-\rho_{SWIR1})}{(\rho_{Green}+\rho_{SWIR1})} \qquad (14\text{-}5\text{-}1)$$

$$NDVI=\frac{(\rho_{NIR}\quad \rho_{Red})}{(\rho_{NIR}+\rho_{Red})} \qquad (14\text{-}5\text{-}2)$$

$$EVI=2.5\times\frac{\rho_{NIR}-\rho_{Red}}{\rho_{NIR}+6\times\rho_{Red}-7.5\times\rho_{Blue}+1} \qquad (14\text{-}5\text{-}3)$$

式中：ρ_{Red}、ρ_{Green}、ρ_{Blue}、ρ_{NIR}、ρ_{SWIR1} 分别为红光波段（0.63 ~ 0.69μm）、绿光波段（0.52 ~0.6μm）、蓝光波段（0.45 ~0.52μm ）、近红外波段 1（0.77 ~0.9μm）和短波红外波段 1（1.55 ~1.75μm）的反射率。

②地表水体变化分析。水体频率（*WF*），将地表水体分为三类：第一类，一年中最大水体范围称为最大水体（*WF* ⩾ 25%）；第二类，水体面积的季节性变化，即最大和永久性水体面积之差为季节性水体（25% ⩽ *WF*<75%）；第三类，持续一年的水体范围称为永久性水体（*WF* ⩾ 75%）（Harvey K R， 2001；Zhenhua Zou，2017；Zurqani Hamdi A，2018）。

$$WF=\frac{N_{Water}}{N_{Good}}\times 100\% \qquad (14\text{-}5\text{-}4)$$

其中 *WF* 为水体频率，表示年内所有影像被识别为水体的影像数量，表示年内所有高质量的影像数量。

14.5.4　结果分析

（1）小浪底水库地表水精度研究

本研究采用 10 m 空间分辨率的 Sentinel-2 MSI 影像对 30 m 空间分辨率的水体提取结果进行验证。以 2019 年 Landsat 小浪底水库水域范围的 2 km 缓冲区作为验证区，验证了从 Landsat 图像提取的最大水面积的准确性，确保了验证点在水和非水体中的均匀分布。我们使用 2010 年全球 30 m 土地覆盖数据（GlobeLand30）（http://www.globallandcover.com）。将地表分为水体和非水体，随机生成 5000 个验证点，包括 1072 个水体和 3928 个非水体验证点。表 14-5-1 显示了小浪底水库水体提取的精度。总体精度为 98.86%，生产者精度为 95.20%，Kappa 系数为 0.96，表明水体提取结果准确度较高，可进一步进行分析。

表14-5-1　小浪底水库水体提取度评价

	Sentinel-2 MSI			
Landsat	水体	非水体	总数	生产者精度 /%
水体	972	8	980	99.18
非水体	49	3971	4020	98.78
总数	1021	3979	5000	总体精度=98.86
生产者精度	95.20	99.80		Kappa系数=0.96

（2）小浪底水库最大水体的时空分布

① 最大水体面积的年际变化。1999~2019 年小浪底水库最大水体面积变化较大。图 14-5-3 表示 1999~2019 年小浪底水库最大水体面积的最小值为 29.14 km^2（1999 年），最大值为 241.41 km^2（2017 年），面积比为 1:8.28，相差 212.27 km^2。在 1999~2001 年，最大水体面积呈现 40.15 km^2/ 年的上升趋势，2002~2019 年，最大水体面积变化较为平缓，呈现 3.18 km^2/ 年的上升趋势。因小浪底水库 2001 年底修建完成，2002 年前后的最大水体面积差异较大，将平均水体面积分为 1999~2019 年和 2002~2019 年两阶段进行说明，1999~2019 年平均水体面积为 183.14 km^2，2002~2019 年平均水体面积为 201.03 km^2。

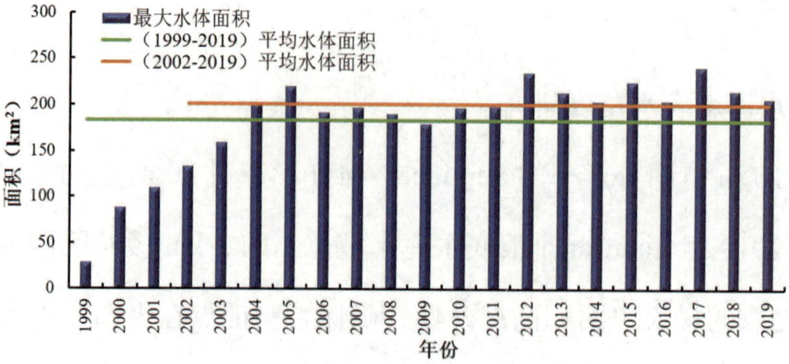

图14-5-3　最大水体面积年际变化图

②最大水体面积的年内变化。图 14-5-4 显示了 2002~2019 年 2~7 月和 8 月至次年 1 月的月平均最大水体面积年内分布图，小浪底水库的最大水体面积的最小值为 8 月（106.72 km^2），最大值为 3 月（230.52 km^2），面积比为 1:2.16，相差 123.8 km^2，表明最大水体面积年内变化波动大。

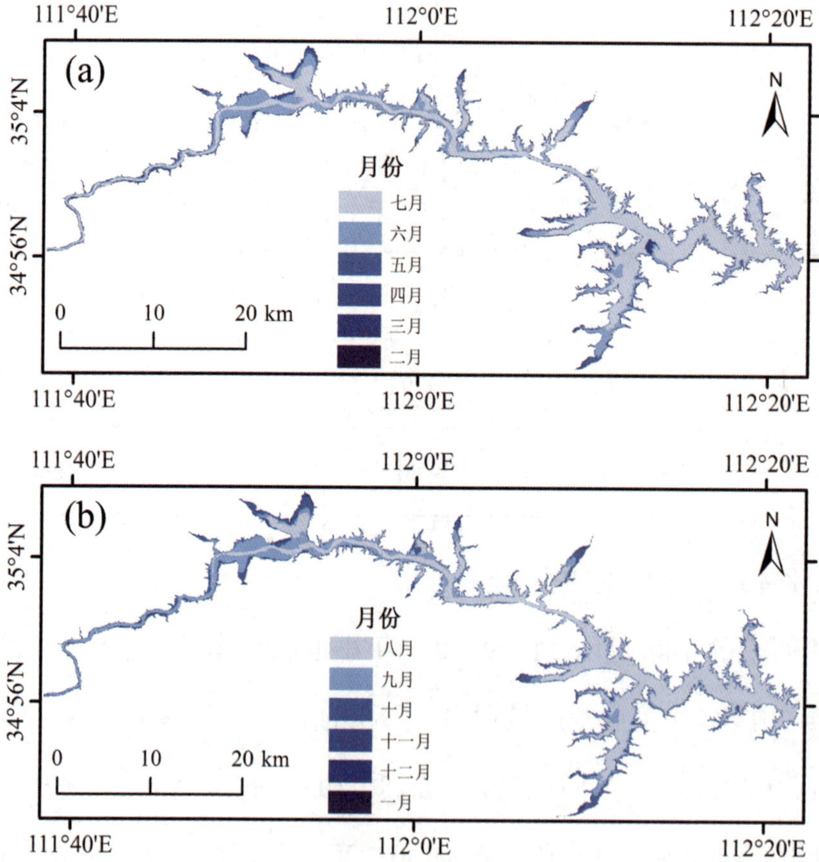

图14-5-4　最大水体面积年内变化图

（3）小浪底水库季节性与永久性水体的时空分布

小浪底水利枢纽工程修建完成前后，季节性与永久性水体发生较大变化，1999 年为小浪底水库完工之前，季节性和永久性水体面积最小，分别为 10.51 km^2 和 18.64 km^2。

2019 年为小浪底水库完工之后，季节性和永久性水体面积分别为 61.39km^2 和 145.76 km^2。1999~2019 年季节性和永久性水体的平均面积分别为 31.29 km^2 和 151.84 km^2。表 14-5-2 显示了本研究对 1999~2004 年、2005~2009 年、2010~2014 年和 2015~2019 年的四个时期小浪底水库水体面积变化进行比较。季节性和永久性水体面积的最大值为 2015~2019 年，季节性和永久性水体面积的最小值为 1999~2004 年。总体上，1999~2019 年的季节性和永久性水体面积呈现上升趋势，增幅分别为 41.32% 和 85.35%，其永久性水体面积增幅较大，小浪底水库水体总面积呈现上升趋势，增幅为 74.29%。

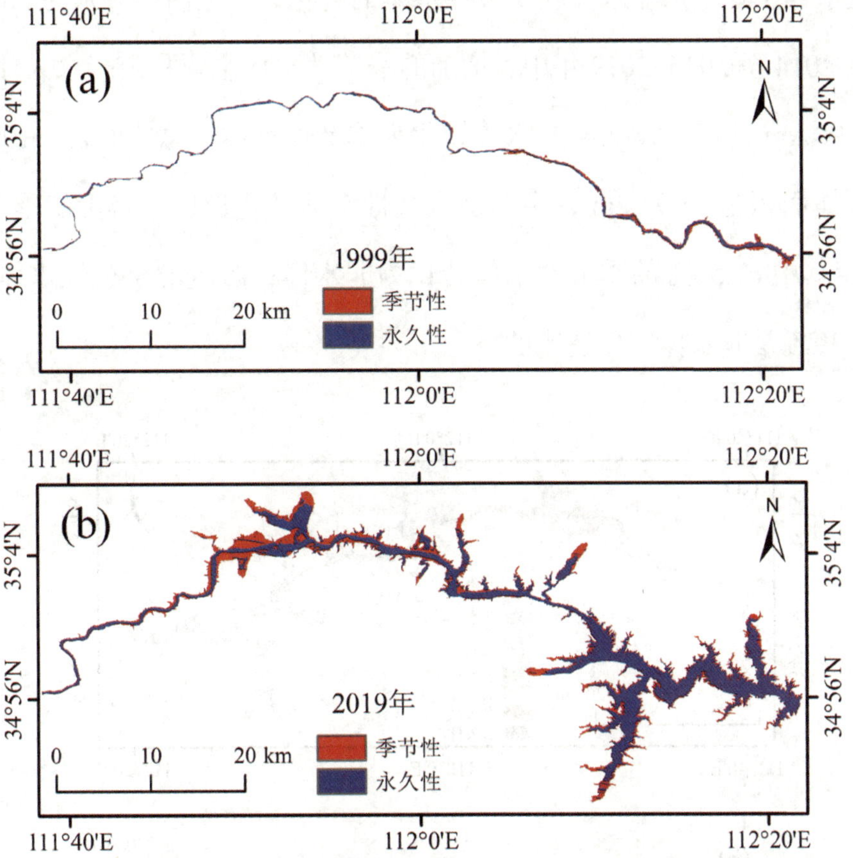

图14-5-5　季节性与永久性水体的时空分布

表14-5-2　小浪底水库四个时期的水体面积

类型	面积/km^2				变化百分比/%
	1999~2004年	2005~2009年	2010~2014年	2015~2019年	1999~2019年
季节性水体	26.21	29.02	32.41	38.54	41.32
永久性水体	94.09	166.90	177.55	180.36	85.35
总数	120.30	195.92	209.97	218.91	74.29

（4）**小浪底水库季节性与永久性水体的时空分布**

图 14-5-6 显示了小浪底水库的非水体、季节性水体和永久性水体之间的转化，将 1999~2019 年分为 4 个阶段分别为：1999~2004 至 2005~2009 年、2005~2009 至 2010~2014 年、2010~2014 至 2015~2019 年和 1999~2004 至 2015~2019 年。在 1999~2004 至 2005~2009 年中，增加的季节性水体主要是由永久性水体的转化，转化面积为 7.29 km^2，其中 10.42 km^2 的季节性水体转换为非水体。在 2005~2009 至 2010~2014 年中，增加的季节性水体主要是由永久性水体的转化，转化面积为 6.70 km^2，仅 3.29 km^2 非水体转化为季节性水体；增加的永久性水体主要是由非水体和季节性水体的转化，转化面积分别为 2.69 km^2 和 2.27 km^2。在 2010~2014 至 2015~2019 年中，增加的季节性水体主要是由于永久性水体的转化，转化面积为 1.98 km^2，仅 0.96 km^2 非水体转化为季节性水体。总体而言，1999~2019 年增加的季节性水体面积为 15.97 km^2，主要由永久性水体转化形成。减少的季节性水体面积为 14.80 km^2，其中 67.56% 的季节性水体转化为非水体；减少的永久性水体面积为 19.53 km^2，其中 75.39% 是非水体转化造成的。

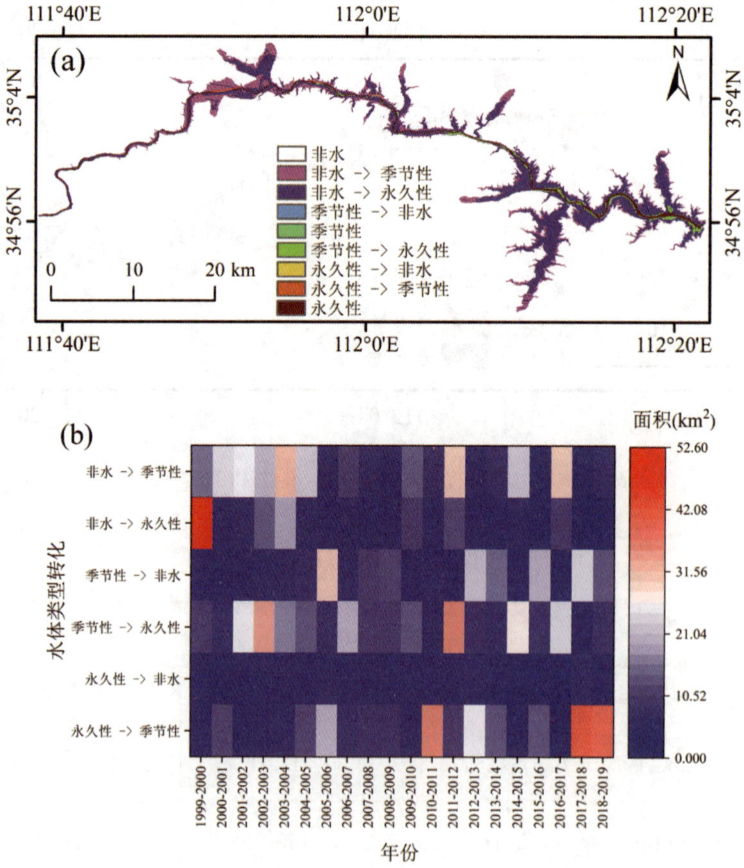

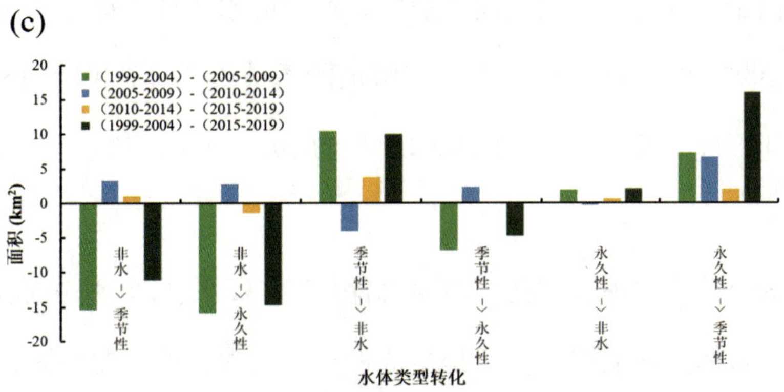

图14-5-6　小浪底水库水体转换

（a）小浪底水库1999~2019年水体转化空间格局　（b）小浪底水库1999~2019年水体转换矩阵　（c）不同时期小浪底水库水体转换

14.5.5　主要结论

本研究以小浪底水库为研究区，基于 Google Earth Engine（GEE）平台，通过编程运算获取 1999~2019 年内 Landsat TM、Landsat ETM+ 和 Landsat OLI 共 789 景遥感影像，采用（MNDWI-NDVI>0 且 EVI<0.1）或（MNDWI-EVI>0 且 EVI<0.1）进行地表水提取，获得近 21 年小浪底水库地区地表水体的年内和年际的时空变化特征，得出以下结论：

①小浪底水库水体提取的总体精度为 98.86%，生产者精度为 95.20%，Kappa 系数为 0.96，表明水体提取结果准确度较高，适合于小浪底水库水体提取。

②小浪底水库的最大水体面积年际和年内变化较大。1999~2019 年际变化中，水体面积总体呈现上升趋势，面积最小值为 1999 年（29.14 km^2），面积最大值为 2017 年（241.41 km^2），面积之比为 1:8.28。2002~2019 年小浪底水库的年内变化中，面积最小值为 8 月（106.72 km^2），面积最大值为 3 月（230.52 km^2），面积之比为 1:2.16 倍，相差 123.8 km^2。表明其年际年内最大水体面积变化大。

③小浪底水库季节性与永久性水体的时空分布不均匀，年际变化较大。小浪底水库建成前后季节性与永久性地表水体面积差异大，1999 年（建成前）与 2019 年（建成后）季节性与永久性水体之间相差分别为 50.88 km^2 和 127.12 km^2。总体上，1999~2019 年季节性和永久性水体面积呈现上升趋势，增幅分别为 41.32% 和 85.35%，永久性水体面积增幅较大，小浪底水库地表水体总面积呈现上升趋势，增幅为 74.29%。

④小浪底水库地区非水体、季节性水体和永久性水体的转化。在四个时期中，增加的

季节性水体都是由于永久性水体转化而形成的，增加的永久性水体主要是由非水体转化而形成。总体上，1999~2019 年，小浪底水库增加的季节性水体面积为 15.97 km²，主要是由永久性水体转化形成。减少的永久性水体面积为 19.53 km²，其中 75.39% 是非水体转化造成的。

本研究结果为小浪底水库在黄河流域生态保护、水资源管理、决策规划提供科学依据。但存在一些不足，水体边缘的混合像元是造成像元分类误差的主要原因，下一步可结合深度学习、神经网络等算法进行水体研究。后期可结合高分辨率卫星（GF）和测高卫星（SAR、ICESat 等）对水库体积进行遥感监测，能够更全面的估测小浪底水库面积和容积的变化特征。

〔本项目获得 2021 年第七届“共享杯”大学生科技资源共享服务创新大赛优秀奖。指导教师：夏浩铭；参与学生：王瑞萌。感谢黄河文明省部共建协同创新中心重大项目（2020M19）的支持。〕

参考文献

[1]安俊岭，张仁健，韩志伟，2000.北方15个大型城市总悬浮颗粒物的季节变化[J].气候与环境变化，5(1)：25-29.

[2]蔡海生，刘木生，陈美球，等，2009.基于GIS的江西省生态环境脆弱性动态评价[J].水土保持通报，(5)：190-196.

[3]程连生，赵红英，1995.北京城市边缘带探讨[J].北京师范大学学报（自然科学版），(01)：127-133.

[4]池娇，焦利民，董婷，等，2016.基于POI数据的城市功能区定量识别及其可视化[J].测绘地理信息，(02)：68-73.

[5]邓利群，钱骏，2012.2009年8-9月成都市颗粒物污染及其与气象条件的关系[J].中国环境科学，32(8)：1433-1438.

[6]丁彩霞，延军平，2015.基于PSR模型的宁夏地区生态环境变化特征研究[J].水土保持通报，35(3)：191-196.

[7]董玉祥，徐茜，杨忍，等，2017.基于地理探测器的中国陆地热带北界探讨[J].地理学报，(1)：135-147.

[8]凡宸，夏北成，秦建桥，2013.基于RS和GIS的县域生态环境质量综合评价模型:以惠东县为例[J].生态学杂志，32(3)：719-725.

[9]傅伯杰，1992.中国各省区生态环境质量评价与排序[J].中国人口•资源与环境，2(2)：48-54.

[10]傅伯杰，刘国华，欧阳志云，等，2013.中国生态区划研究[M].北京：科学出版社，135-139.

[11]顾朝林，陈田，丁金宏，等，1993.中国大城市边缘区特性研究[J].地理学报，(04)：317-328.

[12]顾绍红，王永生，王光霞，2007.主成分分析模型在数据处理中的应用[J].测绘科学技术学报，(05)：387-390.

[13]郭洁，吕永强，沈体雁，2015.基于点模式分析的城市空间结构研究——以北京都市区为例[J].经济地理，(08)：68-74.

[14]环境保护部，国建质量监督检验检疫总局，2012.GB 3095—2012环境空气质量标准[S].北京：中国环境科学出版社.

[15]黄鹤，蔡子颖，韩素芹，等，2011.天津市PM10 ,PM2.5 和PM1 连续在线观测分析[J]. 环境科学研究，24(8)：897-903.

[16]江磊，李珊珊，杨文静，等，2017.2015年12月北京市一次重污染过程中PM2.5特征分析[J].环境工程，(9).

[17]姜文亮，张晓通，李霖，等，2008.基于GIS和空间逻辑回归模型的城市空间扩展预测——以深圳市龙岗区为例[J].测绘科学，(04)：172-174.

[18]雷莹，江东，杨小唤，等，2007.水资源空间分布模型及GIS分析应用[J].地球信息科学，9(5)：64-69.

[19]李钢，王萌，吴烨，等，2014.矿区生态环境评价体系建立与评价:以河南部分矿区为例[J].环境工程，(10)：125-128.

[20]李洪，宫兆宁，赵文吉，等，2012.基于Logistic回归模型的北京市水库湿地演变驱动力分析[J].地理学报，67(3)：357-367.

[21]李江，2004.武汉市外部空间形态分形特征演变规律研究[J].长江流域资源与环境，(03)：208-211.

[22]李凯，2009.西安市南郊空气中 PM2.5 及其重金属污染特征研究[D].西安：西安建筑科技大学，

[23]李玲，侯淑涛，赵悦，等，2014.基于PSR模型的河南省土地生态安全评价及预测[J].水土保持研究，21(1)：188-192.

[24]李名升，任晓霞，于洋，等，2016.中国大陆城市PM 2.5污染时空分布规律[J].中国环境科学，36(3)：641-650.

[25]李名升，张建辉，张殷俊，等，2013.近10年中国大气PM 10污染时空格局演变[J].地理学报，68(11)：1504-1512.

[26]李汝资，宋玉祥，李雨停，等，2013.近10年来东北地区生态环境演变及其特征研究[J].地理科学，33(8)：935-941.

[27]李世峰，2006.大城市边缘区地域特征属性界定方法[J].经济地理，(03)：478-481.

[28]李松，邓宝昆，邵技新，等，2014.基于 GIS 的贵阳 PM2.5 质量浓度城乡过渡特征及影响因素研究[J].生态环境学报，23(8)：1298-1304.

[29]蔺芳，张家洋，王书丽，等，2011.河南农村生态环境保护与建设研究[J].中国农学通报，27(4)：406-409.

[30]刘萌萌，张振明，刘佳凯，等，2012.北京市自然保护区景观格局分析[J].广东农业科学，(11)：168-170.

[31]娄彩荣，刘红玉，李玉玲，等，2016.大气颗粒物(PM2.5、PM10)对地表15-3-景观结构的响应研究进展[J].生态学报，36(21)：6719-6729.

[32]卢亚灵，蒋洪强，黄季夏，等，2014.基于GWR的中国地级城市SO2年均质量浓度模拟[J].生态环境学报，23(8)：1305- 1310.

[33]卢艳，于鲁冀，王燕鹏，等，2011.河南省水资源生态足迹和生态承载力分析[J].中 国农学通报，27(1)：182-186.

[34]吕思思，赵卫权，苏维词，等，2017.喀斯特山区城镇边缘带界定及特征研究[J].测绘科学，(08)：157-163.

[35]马晶，李全，应玮，2016.基于小波变换的武汉市城乡边缘带识别[J].武汉大学学报(信息科学版)，(02)：235-241.

[36]马玉玲，乔家君，2017.基于数理视角的空间界面存在性研究——以河南省城乡界面为例[J].地域研究与开发，(05)：11-16.

[37]孟晓艳，王瑞斌，张欣，等，2012.2006-2010年环保重点城市主要污染物浓度变化特征[J].环

境科学研究，25(6)：622-627.

[38]聂婷，肖荣波，王国恩，等，2010.基于Logistic回归的CA模型改进方法——以广州市为例[J].地理研究，(10)：1909-1919.

[39]欧阳志云，王效科，苗鸿，2000.中国生态环境敏感性及其区域差异规律研究[J].生态学报，20(1):9-12.

[40]彭建，马晶，袁媛，2014.城市边缘带识别研究进展与展望[J]. 地理科学进展，(08)：1068-1077.

[41]钱建平，周勇，杨信廷，2007.基于遥感和信息熵的城乡结合部范围界定——以荆州市为例[J].长江流域资源与环境，(04)：451-455.

[42]乔贤贤，杨玲，段琳琳，等，2017.基于landsat8序列影像的郑州市城市边缘带提取[J].计算机时代，(06)：47-50.

[43]秦良伟，许影，2014.基于地统计学的江苏PM2.5空间变异性分析[J].环境工程，32(1)：73-76，91.

[44]邱灵，申玉铭，任旺兵，2008.北京生产性服务业与制造业的关联及空间分布[J].地理学报，63(12)：1299-1310.

[45]任阵海，万本太，苏福庆，2004.当前我国大气环境质量的几个特征[J].环境科学研究，17(1)：1-6.

[46]宋静，王会肖，王飞，2013.生态环境质量评价研究进展及方法评述[J].环境科学与技术，36(12)：448-454.

[47]苏伟忠，杨英宝，2007.基于景观生态学的城市空间结构研究[M].北京：科学出版社.

[48]孙东琪，张京祥，朱传耿，等，2012.中国生态环境质量变化态势及其空间分异分析[J].地 理学报，67(12)：1599-1610.

[49]孙立，李俊清，2008.北京市自然保护区空间布局与三区二带理念[J].生态学报，28(12)：6379-6384.

[50]万本太，2004.中国生态环境质量评价研究[M].北京：中国环境科学出版社，5-12.

[51]万本太，王文杰，崔书红，等，2009.城市生态环境质量评价方法[J].生态学报，29(3)：1068-1073.

[52]王海鹰，张新长，康停军，等，2011.基于多准则判断的城市边缘区界定及其特征分析[J].自然资源学报，26(4)：703-713.

[53]王海鹰，张新长，赵元，2010.基于逻辑回归模型的城市边缘区界定方法研究[J].测绘通报，(10)：7-10.

[54]王宏伟，张小雷，乔木，等，2008.基于GIS的伊犁河流域生态环境质量评价与动态分析[J].干旱区地理，31(2)：215-221.

[55]王劲峰，徐成东，2017.地理探测器：原理与展望[J].地理学报，(01)：116-134.

[56]王景雷，孙景生，宋妮，等，2009.基于GIS和PCA的冬小麦需水量影响因子分析[J].武汉大学学报（工学版），(05)：640-643.

[57]王瑞燕，赵庚星，周伟，等，2009.县域生态环境脆弱性评价及其动态分析：以黄河三角洲垦利县为例[J].生态学报，29(7)：3790-3799.

[58]王淑兰，柴发合，张远航，等，2004.成都市大气颗粒物污染特征及其来源分析[J].地理科学，24(4)：488-492.

[59]王振波，方创琳，许光，等，2015.2014年中国城市PM2.5浓度的时空变化规律[J].地理学报，70(11)：1720-1734.

[60]魏星，刘金婷，2013.PM2.5中文定名经过[J].中国科技术语，(2)：20-21.

[61]吴兑，廖碧婷，吴蒙，等，2014.环首都圈雾和霾的长期变化特征与典型个例的近地层输送条件[J].环境科学学报，34(1)：1-11.

[62]吴正旺，王岩慧，单海楠，2014.北京市PM2.5分布的不均匀现象[J].环境科学与技术，37(6)：87-91.

[63]谢祖欣，王宏，郑秋萍，等，2017.2015年福州市大气颗粒物污染特征[J].环境科学研究，30(6)：864-873.

[64]熊欢欢，梁龙武，曾赠，等，2017.中国城市PM2.5时空分布的动态比较分析[J].资源科学，(1)：136-146.

[65]徐伟嘉，何芳芳，李红霞，等，2014.珠三角区域PM2.5时空变异特征[J].环境科学研究，27(9)：951-957.

[66]徐小娟，李杏茹，王跃思，等，2012.北京及周边城市一元脂肪酸大气颗粒物干沉降通量及来源分析研究[J].环境科学，33(5)：1425-1430.

[67]闫向阳，杜刚，2007.沈阳市环境空气颗粒物分布特征及重金属污染状况分析[J].环境保护科学，33(3)：20-22.

[68]颜梅春，王元超，2012.区域生态环境质量评价研究进展与展望[J].生态环境学报，21(10)：1781-1788.

[69]杨龙，贺克斌，张强，等，2005.北京秋冬季近地层PM2.5质量浓度垂直分布特征[J].环境科学研究，18(2)：23-28.

[70]杨冕，王银，2017.长江经济带PM ,时空特征及影响因素研究[J].中国人口·资源与环境，(1)：91-100.

[71]姚尧，王世新，周艺，等，2012.生态环境状况指数模型在全国生态环境质量评价中的应用[J].遥感信息，27(3)：93-98.

[72]叶亚平，刘鲁君，2000.中国省域生态环境质量评价指标体系研究[J].环境科学研究，13(3)：

33-36.
[73]尹洧，2012.大气颗粒物及其组成研究进展[J].现代仪器，18(2)：1-5.
[74]于伟，宋金平，毛小岗，2011.城市边缘区内涵与范围界定述评[J].地域研究与开发，(05)：55-59.
[75]张歌，陈义珍，刘厚凤，等，2014.北京地区灰霾污染特征[J].生态环境学报，23(12)：1946-1952.
[76]张海霞，董占强，杨玲珠，等，2009.邯郸市可吸入颗粒物的污染现状及相关气象条件分析[J].气象与环境科学，(32)：134-137.
[77]张霖琳，高愈霄，刀谞，等，2014.京津冀典型城市采暖季颗粒物浓度与元素分布特征[J].中国环境监测，30(6)：53-61.
[78]章文波，方修琦，张兰生，1999.利用遥感影像划分城乡过渡带方法的研究[J].遥感学报，(03)：199-202.
[79]赵晨曦，王云琦，王玉杰，等，2014.北京地区冬春PM2.5和PM10污染水平时空分布及其与气象条件的关系[J].环境科学，35(2)：418-427.
[80]赵永平，王一谋，1995.图形分形理论在沙漠化定量研究中的应用[J].中国沙漠，(02)：175-180.
[81]郑晓霞，赵文吉，晏星，等，2014.降雨过程后北京城区PM2.5日时空变化研究[J].气象与环境科学，23(5)：797-805.
[82]周婕，谢波，2014.中外城市边缘区相关概念辨析与学科发展趋势[J].国际城市规划，(04)：14-20.
[83]周兆媛，张时煌，高庆先，等，2014.京津翼地区气象要素对空气质量的影响及未来变化趋势分析[J].资源科学，36(1)：191-199.
[84]Berger A R, Hodge R A, 1998. Natural change in the environment: a challenge to the pressure-state-response concept. Social Indicators Research, 44(2), 255-265.
[85]Chan C K, Yao X, 2008. Air pollution in mega cities in China. Atmospheric environment, 42(1), 1-42.
[86]Chan C K, Yao X., 2008. Air pollution in mega cities in China. Atmospheric environment, 42(1), 1-42.
[87]Chang S, Jiang Q, Wang Z, et al., 2018. Extraction and spatial–temporal evolution of urban fringes: A case study of changchun in jilin province, china. ISPRS International Journal of Geo-Information, 7(7), 241.
[88]Chen L, Michishita R, Xu B, 2014. Abrupt spatiotemporal land and water changes and their potential drivers in Poyang Lake, 2000-2012. ISPRS Journal of Photogrammetry and Remote Sensing, 98, 85-93.
[89]Chen T, He J, Lu X, et al., 2016. Spatial and temporal variations of PM2.5 and its relation to meteorological factors in the urban area of Nanjing, China. International journal of environmental

research and public health, 13(9), 921.

[90]Cui E, Ren L, Sun H, 2015. Evaluation of variations and affecting factors of eco-environmental quality during urbanization. Environmental Science and Pollution Research, 22(5), 3958-3968.

[91]Cui N, Zhou S, Guo L, 2018. Analysis of the division of the urban-rural ecotone in the city of Zhuhai. In IOP Conference Series: Earth and Environmental Science, 113(1), 012221.

[92]D Dwyer J L, Roy D P, Sauer B, et al., 2018. Analysis ready data: enabling analysis of the Landsat archive. Remote Sensing, 10(9), 1363.

[93]Deng Y, Jiang W, Tang Z, et al., 2019. Long-term changes of open-surface water bodi-es in the Yangtze River basin based on the Google Earth Engine cloud platform. Remote Sensing, 11(19), 2213.

[94]Dong J, Xia X, Zhang Z, et al., 2018. Variations in concentrations and bioavailability of heavy metals in rivers caused by water conservancy projects: Insights from water regulation of the Xiaolangdi Reservoir in the Yellow River. Journal of Environmental Sciences, 74, 79-87.

[95]Eeftens M, Tsai M Y, Ampe C, et al., 2012. Spatial variation of PM2.5, PM10, PM2.5 absorbance and PMcoarse concentrations between and within 20 European study areas and the relationship with NO2–Results of the ESCAPE project. Atmospheric environment, 62, 303-317.

[96]Esty D C, Levy M A, Srebotnjak T, et al., 2006. Pilot 2006 Environmental Performance Index [M]. New Haven: Yale Center for Environmental Law & Policy.

[97]Esty D C, Levy M, Srebotnjak T, et al., 2005. Environmental Sustainability Index: Benchmarking National Environ- mental Stewardship[M]. New Haven: YaleCenterfor Environmental Law & Policy, 47-60.

[98]Foga S, Scaramuzza P L, Guo S, et al., 2017. Cloud detection algorithm comparison and validation for operational Landsat data products. Remote sensing of environment, 194, 379-390.

[99]Geoghegan J, Pritchard L, Ogneva H Y, et al., 1998. "Socializing the pixel" and "Pixelizing the social" in land-use and land-cover change. In People and pixels. Washington, DC: National Academy Press.

[100]Gorelick N, Hancher M, Dixon M, et al., 2017. Google Earth Engine: Planetaryscale geospatial analysis for everyone. Remote sensing of Environment, 202, 18-27.

[101]Gu J, Bai Z, Li W, et al., 2011. Chemical composition of PM2.5 during winter in Tianjin, China. Particuology, 9(3), 215-221.

[102]Hall J W, Grey D, Garrick D, et al., 2014. Coping with the curse of freshwater variability. Science, 346(6208), 429-430.

[103]Hansen M C, Potapov P V, Moore R, et al., 2013. High-resolution global maps of 21st-century forest

cover change. science, 342(6160), 850-853.

[104]Harvey K R, Hill G J E, 2001. Vegetation mapping of a tropical freshwater swamp in the Northern Territory, Australia: a comparison of aerial photography, Landsat TM and SPOT satellite imagery. International journal of remote sensing, 22(15), 2911-2925.

[105]Heo S, Lee J T, 2013. Study of environmental health problems in Korea using integrated environmental health indicators. International journal of environmental research and public health, 10(8), 3140-3156.

[106]Hope C, Parker J, 1995. Environmental indices for France, Italy and the UK. European Environment, 5(1), 13-19.

[107]Hu J, Wang Y, Ying Q, et al., 2014. Spatial and temporal variability of PM2.5 and PM10 over the North China Plain and the Yangtze River Delta, China. Atmospheric Environment, 95, 598-609.

[108]Jong-Tae L, 2010. A Study of Review and Development Environmental Health Indicators.

[109]Jun C, Ban Y, Li S, 2014. Open access to Earth land-cover map. Nature, 514(7523), 434-434.

[110]Kang S M, 2002. A sensitivity analysis of the Korean composite environmental index. Ecological Economics, 43(2-3), 159-174.

[111]Li S, Sun D, Goldberg M, et al., 2013. Derivation of 30-m resolution water maps from TERRA/MODIS and SRTM. Remote Sensing of Environment, 134, 417-430.

[112]Liang C, Xin S, Dongsheng W, et al., 2016. The ecological benefit–loss evaluation in a riverine wetland for hydropower projects–A case study of Xiaolangdi reservoir in the Yellow River, China. Ecological Engineering, 96, 34-44.

[113]Lin G, Fu J, Jiang D, et al., 2014. Spatio-temporal variation of PM2.5 concentrations and their relationship with geographic and socioeconomic factors in China. International journal of environmental research and public health, 11(1), 173-186.

[114]Lin G, Fu J, Jiang D, et al., 2014. Spatio-temporal variation of PM2.5 concentrations and their relationship with geographic and socioeconomic factors in China. International journal of environmental research and public health, 11(1), 173-186.

[115]Liu H, Zheng L, Jiang L, et al., 2020. Forty-year water body changes in Poyang Lake and the ecological impacts based on Landsat and HJ-1 A/B observations. Journal of Hydrology, 589, 125161.

[116]Liu J, Li Y, Sadiq R, et al., 2014. Quantifying influence of weather indices on PM2.5 based on relation map. Stochastic environmental research and risk assessment, 28(6), 1323-1331.

[117]Ma Z, Hu X, Sayer A M, et al., 2016. Satellite-based spatiotemporal trends in PM2.5 concentrations: China, 2004–2013. Environmental health perspectives, 124(2), 184-192.

[118]Mueller N, Lewis A, Roberts D, et al., 2016. Water observations from space: Mapping surface water from 25 years of Landsat imagery across Australia. Remote Sensing of Environment, 174, 341-352.

[119]Ninyerola M, Pons X, Roure J M, 2000. A methodological approach of climatological modelling of air temperature and precipitation through GIS techniques. International Journal of Climatology: A Journal of the Royal Meteorological Society, 20(14), 1823-1841.

[120]Pekel J F, Cottam A, Gorelick N, et al., 2016. High-resolution mapping of global surface water and its long-term changes. Nature, 540(7633), 418-422.

[121]Peng J, Liu Y, Ma J, et al., 2018. A new approach for urban-rural fringe identification: Integrating impervious surface area and spatial continuous wavelet transform. Landscape and Urban Planning, 175, 72-79.

[122]Peng J, Zhao S, Liu Y, et al., 2016. Identifying the urban-rural fringe using wavelet transform and kernel density estimation: A case study in Beijing City, China. Environmental Modelling & Software, 83, 286-302.

[123]Qu W J, Arimoto R, Zhang X Y, et al., 2010. Spatial distribution and interannual variation of surface PM10 concentrations over eighty-six Chinese cities. Atmospheric Chemistry and Physics, 10(12), 5641-5662.

[124]Renard K G, Foster R G, Weesies G A, et al., 1991. C" RUSLE: Revised universal soil loss equation,". Journal of soil and Water Conservation, 46, 30-33.

[125]Rinehart L R, Fujita E M, Chow J C, et al., 2006. Spatial distribution of PM2.5 associated organic compounds in central California. Atmospheric Environment, 40(2), 290-303.

[126]Rodell M, Houser P R, Jambor U E A, et al., 2004. The global land data assimilation system. Bulletin of the American Meteorological society, 85(3), 381-394.

[127]Sawant A A, Na K, Zhu X, et al., 2004. Chemical characterization of outdoor PM2.5 and gas-phase compounds in Mira Loma, California. Atmospheric Environment, 38(33), 5517-5528.

[128]Sawant A A, Na K, Zhu X, et al., 2004. Chemical characterization of outdoor PM2. 5 and gas-phase compounds in Mira Loma, California. Atmospheric Environment, 38(33), 5517-5528.

[129]Vicente-Serrano S M, Saz-Sánchez M A, Cuadrat J M, 2003. Comparative analysis of interpolation methods in the middle Ebro Valley (Spain): application to annual precipitation and temperature. Climate research, 24(2), 161-180.

[130]Wang J F, Zhang T L, Fu B J, 2016. A measure of spatial stratified heterogeneity. Ecological Indicators, 67, 250-256.

[131]Wang S, Li G, Gong Z, et al., 2015. Spatial distribution, seasonal variation and regionalization of

PM2.5 concentrations in China. Science China Chemistry, 58(9), 1435-1443.

[132]Wang X, Cao Y, Zhong X, et al., 2012. A New Method of Regional Eco-Environmental Quality Assessment and Its Application. Journal of environmental quality, 41(5), 1393-1401.

[133]Wang X, Xiao X, Zou Z, et al., 2020. Gainers and losers of surface and terrestrial water resources in China during 1989–2016. Nature communications, 11(1), 1-12.

[134]Wang Y Q, Zhang X Y, Sun J Y, et al., 2015. Spatial and temporal variations of the concentrations of PM10, PM2.5 and PM1 in China. Atmospheric Chemistry and Physics, 15(23), 13585-13598.

[135]Wang Y, Ying Q, Hu J, et al., 2014. Spatial and temporal variations of six criteria air pollutants in 31 provincial capital cities in China during 2013-2014. Environment international, 73, 413-422.

[136]Wulder M A, White J C, Loveland T R, et al., 2016. The global Landsat archive: Status, consolidation, and direction. Remote Sensing of Environment, 185, 271-283.

[137]Xia H, Zhao J, Qin Y, et al., 2019. Changes in water surface area during 1989-2017 in the Huai River Basin using Landsat data and Google earth engine. Remote Sensing, 11(15), 1824.

[138]Xu G, Jiao L, Zhang B, et al., 2017. Spatial and temporal variability of the PM2.5/PM10 ratio in Wuhan, Central China, Aerosol Air Qual. Res., 17, 741-751.

[139]Xu G, Jiao L, Zhao S, et al., 2016. Spatial and temporal variability of PM2.5 concentrations in China. Wuhan University Journal of Natural Sciences, 21(4), 358-368.

[140]Yang X, Zhao S, Qin X, et al., 2017. Mapping of urban surface water bodies from Sentinel-2 MSI imagery at 10 m resolution via NDWI-based image sharpening. Remote Sensing, 9(6), 596.

[141]Zhang Y F, Xu H, Tian Y Z, et al., 2011. The study on vertical variability of PM10 and the possible sources on a 220m tower, in Tianjin, China. Atmospheric Environment, 45(34), 6133-6140.

[142]Zheng J, Che W, Zheng Z, et al., 2013. Analysis of spatial and temporal variability of PM10 concentrations using MODIS aerosol optical thickness in the Pearl River Delta Region, China. Aerosol and Air Quality Research, 13(3), 862-876.

[143]Zou Z, Dong J, Menarguez M A, et al., 2017. Continued decrease of open surface water body area in Oklahoma during 1984-2015. Science of the Total Environment, 595, 451-460.

[144]Zurqani H A, Post C J, Mikhailova E A, et al., 2019. Geospatial analysis of land use change in the Savannah River Basin using Google Earth Engine. International Journal of Applied Earth Observation and Geoinformation, 69, 175-185.

第 15 章 国家大学生创新创业项目

教育部通过实施国家级大学生创新创业训练计划，促进高等学校转变教育思想观念，改革人才培养模式，强化创新创业能力训练，增强高校学生的创新能力和在创新基础上的创业能力，培养适应创新型国家建设需要的高水平创新人才。在地理信息课程教学团队教师指导下，学生个人或团队自主完成一系列创新研究项目，并撰写研究报告，发表学术论文。

15.1 基于GIS的河南大学生源地地理空间分析

15.1.1 研究背景

在教育市场化的背景下，高校生源竞争日趋激烈，高等学校招生已经不是“酒香不怕巷子深”的时代了（阎朝阳，2002；吴剑锋，2008；冯典，2006；柳清秀等，2006）。因此要做好新时期的高校招生工作，必须针对高校之间的生源竞争形势，合理利用新闻媒体广泛开展招生宣传，建立高校和各种媒介的广泛联系，正确理解招生宣传广告的媒介选用、组合原则（贾永堂，2010；罗家国等，2011；李娜等，2009；李宝斌等，2011）。同时还要根据考生及其家长的信息接受心理特性，科学地选择具体的宣传媒介，确定行之有效的招生宣传策略，才能扩大学校在社会公众中的影响（潘娟华，2011；牛庆玮等，2005；阎朝阳，2002；刘晓峰等，2007）。近年来河南大学生源总数基本稳定，波动幅度在 1% 左右。河南省是河南大学的主要生源地，但其生源呈减少趋势，河南大学省内生源占总生源数的比重由 2008 年的 92.1% 下降到 2012 年的 83.2%，平均每年减少 200 人，主要原因可能与省内高中毕业生人数大幅减少有关；其他有招生计划的各省份生源均呈增加趋势，2008 年至 2012 年增长幅度超过或达到 100% 的省份有 22 个（河南大学在全国有招生计划的省份共 30 个），但河南大学在这些省份的生源数占其总生源数的比重多在 1% 以下。结合 GIS 深入分析河南大学本科生源的时空分布，可为河南大学招生政策的优化提供基础依据，助力河南大学本科教育发展。

15.1.2　数据与方法

采用的河南大学 2008~2012 年生源地信息来自河南大学（简称河大）教务处，各市高中毕业生人数来自河南省统计年鉴。在 GIS 缓冲区分析、叠置分析、插值分析和地理统计分析的基础上，借助 ArcGIS9.3 软件制作河大生源的相关地图。

15.1.3　结果与分析

（1）市域尺度的空间分异

将地理信息可视化显示是 GIS 的一个重要应用。通过 GIS 缓冲区分析和地理统计分析发现，在距离河大 150 km 和 200 km 范围内的生源分别占省内生源的 54% 和 71%，该范围内地域面积分别占河南省总面积的 36% 和 54%，随着缓冲区距离的增加，生源增加速率与缓冲区范围增加速率呈负相关。依据单位面积上的生源数，确定 150 km 是其最优服务半径。当生源地超过最优服务半径时，河大的竞争力优势明显受到抑制。信阳地区距离河大的平均直线距离在 300 km，相对而言信阳地区距离武汉较近，武汉高校对信阳考生的吸引力会大于河大，这可能是近几年信阳向河大输送生源锐减的主要原因。根据 Kriging 插值和趋势面分析发现，河南省高中毕业生分布有自东南向西北递减的趋势，河大的生源空间分布与此趋势不太吻合，说明河大在教育生源大市的知名度和竞争力优势不明显，是未来招生宣传的重点地区。

（2）主要市域年际分析

记省内各市高中毕业生数占省当年高中毕业生数的比重为各市的生源指数，记省内各市向河大输送生源数占河大省内生源总数的比重为各市输送指数。郑州市的河大生源数在千人以上，居全省第一位，且呈增加趋势。郑州市生源指数在 8.3%~9.3% 之间波动，输送指数则从 11.2% 持续增长至 15.1%，说明河大在郑州市高考考生及家长中印象良好，知名度不断提高，具有明显的生源竞争优势。周口市是河大生源的第二大市，生源规模在900人左右，呈波动增加趋势。近5年周口市生源指数稳定在10.8%，输送指数自2009年的8.7%持续增长至11.1%。驻马店市的输送规模在600人左右，呈波动增加趋势，输送指数自2009年的6.3%持续增长至8.1%，但低于生源指数0.9个百分点。说明两市是河大的重要生源地，但还有待制定有针对性的招生政策，提升输送指数，挖掘潜在优质生源的可能性较大，是招生宣传的重点区域。

商丘市生源指数自9.3%增长至10.1%，输送指数在8.4%上下0.3个百分点波动，且呈递减趋势。自2009年信阳市生源指数稳定在8.8%，输送指数则从10.5%降至7.8%。说明河大在这两市的招生影响力有下降趋势。商丘、信阳两市是重要的教育生源大市，拥有丰富的优质生源，河大急需做好在这两市的招生宣传工作。开封市是河大驻地，输送生源规模在640人左右，输送指数在7%左右，生源指数在5%左右，说明河大在开封市具备较强的招生竞争优势，但生源有减少趋势。

（3）生源变化趋势分析

根据各市生源的时空分布特征，河大生源在省内呈现3大变化趋势区，即生源增长地区、生源平稳地区和生源减少地区，利用GIS分类统计功能在ArcGIS9.3软件平台上制作生源变化趋势分区图（图15-1-1）。

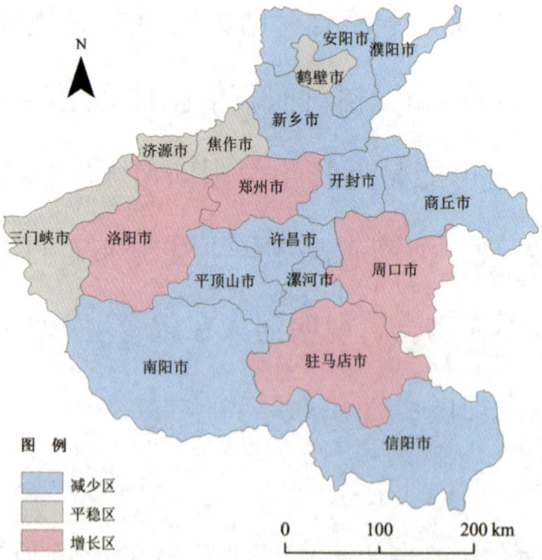

图15-1-1 河南大学省内生源3大变化趋势分区（2008~2012）

①增长区。郑州市、洛阳市、周口市、驻马店市为河大生源增长区，每年输送生源总数占河大省内总生源的比重不断增加，由2008年的32%增加到2012年的41%，平均每年增长154人。2015年增长区生源数占河南省生源的比重将达到49%，成为河大省内的

重要生源基地。

②减少区。减少区包括 10 市，生源变化幅度大于增长区变化幅度，平均每年减少 332 人，是河大生源在省内递减的主要直接因素。虽然减少区有明显的生源减少现象，但生源规模目前还较大，其生源占河大省内生源的比重在 50% 以上。

③平稳区。鹤壁市、焦作市、济源市、三门峡市为生源平稳区。受该区人口基数的影响，总生源占河大省内总生源的比重在 7% 左右。

（4）河南大学招生宣传策略建议

综合各市的高中毕业生规模、河大生源规模及其变化趋势，基于 GIS 分级统计功能绘制河南大学省内生源地分级图（图 15-1-2）。据此可因地制宜制定招生宣传策略。

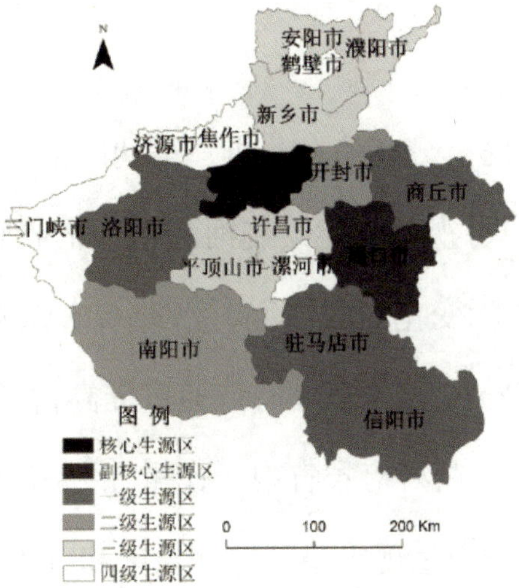

图15-1-2　河南大学省内生源地分级图（2008~2012）

①巩固和提升核心生源区。郑州市作为河南省的省会城市，无论生源数量还是质量都具优势，又与河南大学毗邻，位于最优服务半径内，将郑州市作为河南大学生源的核心区（见图 15-1-2）具有客观可行性和现实意义。河南大学在郑州市的未来招生宣传中应在原有基础上进一步加强，使其生源竞争优势得到进一步提升。

高校争夺生源的主要阵地逐渐从原先的高考自愿填报转为深入挖掘高中优质生源，深入中学一线和不同层次的中学共建长期稳定的协作关系，培养优质生源。郑州、周口两市生源占河大省内总生源的 26%，应成为河大未来努力打造的重要生源基地。

②吸引和挖掘其他各级生源区。一级生源区拥有充足的优质高等教育生源，其每年输送的河大生源规模在 600 人以上，是招生宣传的重点地区。洛阳市、驻马店市、信阳市距离河大较远，在招生宣传中应特别强调其与河大的交通便利性，特别是信阳市临近武汉一

大批高等院校，河大在竞争时要突出学校特色以吸引考生。商丘市高中毕业生人数巨大，但河大在该市的招生竞争力很弱，值得相关部门深入调查研究其原因，以制定准确的招生宣传政策。

③强化宣传效果。高校的招生宣传就是高等学校通过各种方式及媒体向广大考生及相关群体推介高校，吸引优秀考生报考本校的一种目的性和针对性极强的活动。空间距离对考生及家长择校时的影响较大，招生宣传可适当强调生源地与河大的交通优势，以解除考生及家长对空间距离的顾虑。在宣传方式上可采用多种形式，充分利用各类媒介，深入中学一线，和考生面对面，让社会充分了解河大，认识河大，提高其社会影响力，以推动其招生竞争力。

15.1.4 特色与创新

通过不同空间尺度生源时空分布信息分析，得到以下主要结论：

①利用 GIS 强大的空间可视化功能绘制河大生源的各种时空信息图，有助于直观了解河大生源的空间分布和年际变化趋势情况，借助 GIS 缓冲区分析和地统计分析功能确定河大最优服务半径为 150 km，这一范围有待通过提高自身知名度和竞争力得以扩大。

②河南大学生源主要分布在河南省省内，比重在 83% 以上，其他各省份生源比重均在 1% 以下。河南省内生源分布呈现平稳区、增长区和减少区三大明显的趋势区域。预计 2015 年增长区生源占河南省内生源的比重达到 49%，是河大未来生源的重要基地。

③郑州市、周口市毗邻河南大学驻地，将其打造为河大生源核心基地是河大取得长远发展的重要工作之一。商丘市、信阳市和驻马店市每年向河大输送的生源规模都在 700 人以上，但 3 市要么是生源减少区，要么是竞争力弱势区，应作为一级生源区进一步巩固和提升。

④河南大学在郑州市、开封市的影响力和知名度较强，其他地区招生宣传政策的制定可借鉴这两市的经验。

（项目负责人：田海峰；指导教师：秦耀辰；参与学生：肖耀飞、辛向阳、丁艳霞。）

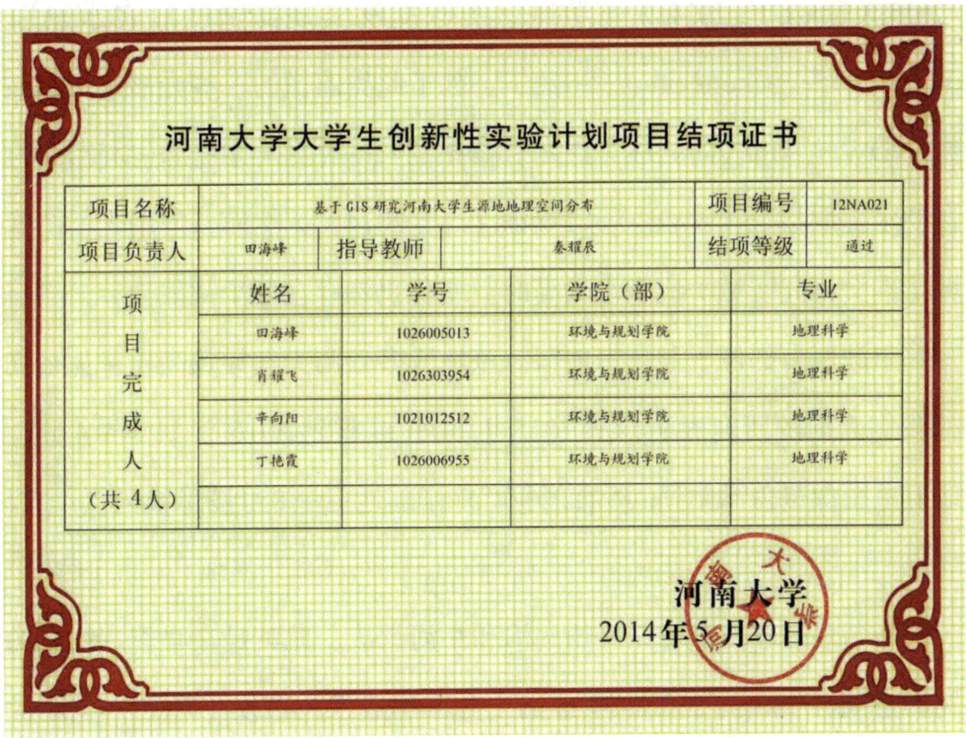

河南大学大学生创新性实验计划项目结项证书

项目名称	基于GIS研究河南大学生源地地理空间分布			项目编号	12NA021
项目负责人	田海峰	指导教师	秦耀辰	结项等级	通过
项目完成人（共4人）	姓名	学号	学院（部）	专业	
	田海峰	1026005013	环境与规划学院	地理科学	
	肖耀飞	1026303954	环境与规划学院	地理科学	
	辛向阳	1021012512	环境与规划学院	地理科学	
	丁艳霞	1026006955	环境与规划学院	地理科学	

河南大学

2014年5月20日

15.2 基于Google Earth Engine云计算的鄱阳湖水域时空变化机制研究

15.2.1 研究背景

湖泊是最重要的陆地水资源之一。关于湖泊地表水的信息对于支持生态系统服务（Dronova, I., 2011）至关重要，尤其是湿地（Sica, Y.V., 2016）和生物多样性评估（Feng, L., 2016），是评估附近湖泊当地生态系统变化的关键指标（Tian H.F., 2017）。此外，洪水是造成最大经济损失和人员伤亡的自然灾害。为了快速响应和管理灾害，需要及时观察洪水的范围（Martinez J.M., 2007）。有一些现有的水图产品用于描述全球水的范围，如欧盟委员会联合研究中心（JRC）全球地表水图（Pekel J.F., 2016）、全球开放永久水体（Santoro M., 2015）和分辨率为250米的全球光栅水幕（Carroll M.L., 2009）。然而，由于缺乏足够的空间和时间分辨率，这些产品无法快速表征地表水的变化（Hu S.S., 2020）。因此开展高时空分辨率的湖泊面积制图研究具有重要意义。

15.2.2 研究进展

鄱阳湖以其生态和经济重要性以及湖泊淹没区的快速变化而闻名（Feng L., 2012；

Han X.X., 2015; Chen L.F., 2014)。光学遥感图像能够实现高精度地表水识别(Xu H.Q., 2006; Li W.B., 2013; Sekertekin A., 2020)。基于此类图像的一些光谱水指数包括归一化差异水指数(NDWI)(Mcfeeters S.K., 1996)、修正的归一化差异水指数(MNDWI)(Xu H.Q., 2006)和自动水提取指数(AWEI)(Feyisa G.L., 2014)。然而，使用光学图像测量鄱阳湖西南区域(本文研究区域)地表水的高时空变化仍然存在两个挑战。

首先，鄱阳湖西南部位于亚热带地区。该地区多云雨天气导致高质量无云光学图像受限。例如，我们之前的研究表明，从2015年5月24日到2016年11月14日，仅有8张可用的陆地卫星图像覆盖鄱阳湖；然而，另有27张陆地卫星8号图像被云层严重污染(Tian H.F., 2017)。

其次，鄱阳湖西南部由众多孤立的湖泊和小河组成，尤其是在旱季。粗略的空间分辨率图像，例如空间分辨率为250/1000 m的中分辨率成像光谱仪(MODIS)图像，由于混合了水和非水像素，分类精度不够令人满意(Tian H.F., 2017; Zeng L.F., 2017; Zhao D.H., 2014)。此外，即使MODIS图像具有每日时间分辨率，在很多月份中也只有一到两张无云MODIS图像(Feng L., 2012; Zhang P., 2015)。因此，由于缺乏可用的高质量数据，光学遥感卫星在监测鄱阳湖西南部地表水范围的快速变化方面具有很大的局限性。

合成孔径雷达(SAR)特别适用于洪水测绘，因为无论天气条件如何，合成孔径雷达都能提供全天观测(Liang J.Y., 2014; Li N., 2014; Hyde P., 2006)。Sentinel-1的重复时间为6至12天，具体取决于区域，并从2015年开始采用开放访问机制。越来越多的证据表明，Sentinel-1可用于识别水体和量化地表水范围(Hu S.S., 2020; Liang J.Y., 2020; Martinis S., 2018; DeVries B., 2020)。例如，Zeng等人(Zeng L.F., 2017)使用-117.2.35 dB的阈值和Sentinel-1 VV偏振图像来提取鄱阳湖水域范围，但没有评估分类精度。Hu等人(Hu S.S., 2020)提出了一种启发式和自动水提取方法，从Sentinel-1数据中提取水地图，总体准确率在94.32%~96.7%。Vickers等人(DeVries B., 2020)使用非监督K均值聚类算法以及Sentinel-1和RADARSAT-2图像来创建水域的二元地图。此外，在之前的研究中，一些使用机器学习算法的数据驱动方法被广泛使用(Bangira T., 2019)。例如，Huang等人(Huang W., 2018)提出了一种全自动分类树方法，使用Sentinel-1数据对地表水范围进行分类，总体准确率为82%~93%。

在以前基于Sentinel-1图像识别地表水范围的方法中，基于阈值的方法得到了最广泛的应用，部分原因是它们计算成本较低，并且可以产生与更复杂的分割方法相当的精度（Liang J.Y., 2020）。阈值通常通过分析 SAR 后向散射强度的直方图，然后估计水和非水像素的概率分布来确定。Tian 等人（Tian H.F., 2017）提出了基于 VV- 和 VH- 极化图像线性组合的 Sentinel-1 水指数（SWI），并说明与直接使用 VV- 和 / 或 VH- 极化图像的传统阈值方法相比，SWI 可以更可靠地识别水体。因此，我们采用了基于 SWI 阈值的方法，使用谷歌地球引擎（Google Earth Engine，GEE）云计算平台绘制了鄱阳湖西南部地表水，该平台具有快速处理遥感大数据的优势，已在学术界得到广泛认可和应用（Gorelick N.;, 2017；Liu X., 2018；Xiong J., 2017；Inman V.L，2020；Xie Z.Y., 2020；Pei J., 2019）。

虽然地表水面积的剧烈波动是多种因素综合影响的结果，但一些学者认为，大气降水是驱动鄱阳湖地表水面积变化的主导因素。例如，Zeng 等人（Zeng L.F., 2017）指出，在月尺度上，鄱阳湖地表水面积与降水数据之间的相关系数为 0.64（$p<0.05$）。众所周知，由于地表径流汇入湖泊的过程，降水对湖泊含水量存在滞后效应。很少有研究考虑到鄱阳湖西南部的累积降水天数与地表水最相关。

15.2.3　数据与方法

（1）研究区

如图 15-2-1 所示，鄱阳湖西南部被选为研究区域，因为这里的水动力学更不稳定。在旱季期间，研究区域被划分为许多孤立的子湖泊。研究区域的东部和南部边界分别为康山河和赣江南支。西界沿赣江北支和鄱阳湖西岸，北界为中湖岛。研究区域总面积约为 1059 平方公里，约为鄱阳湖总面积的三分之一。

鄱阳湖西南部是鄱阳湖湿地的重要组成部分（Wu G.P., 2015）。研究区气候类型属于亚热带季风气候。4 月至 9 月为雨季，10 月至次年 3 月为旱季。年总降水量约为 1600 mm，年平均温度为 25° C（Li Y., 2013）。

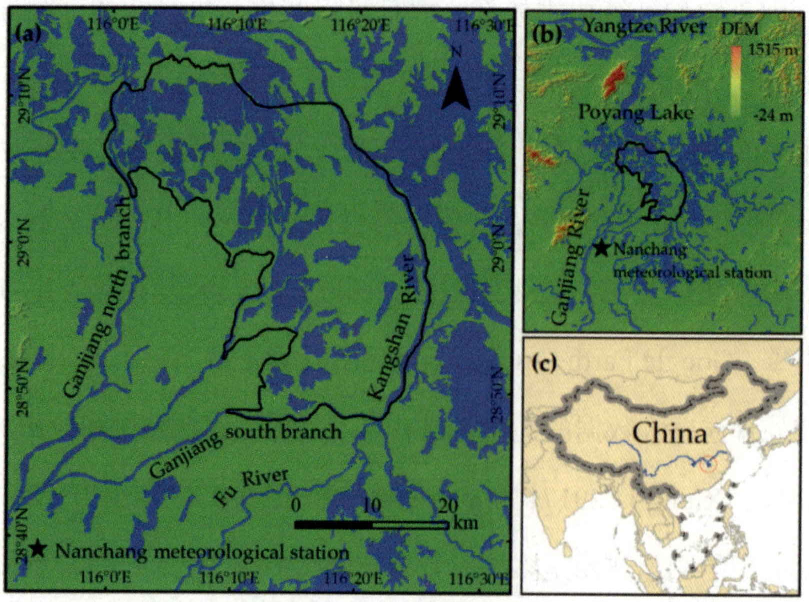

图15-2-1 研究区位置

（2）数据集和预处理

① Sentinel-1 图像。Sentinel-1 是由欧洲航天局（ESA）管理的双星极轨星座（Sentinel-1 A 和 B）（Plank S.，2014）。单颗卫星的重访时间为 12 天（Torres R., 2012），在某些地区，双星星座可以提供 6 天的重访时间（Jung H.S., 2013）。Sentinel-1 任务提供 C 波段（中心频率为 5.405 GHz）的双极化数据（VH 和 VV）作为 SAR 仪器（Cazals C., 2014）。GEE 中存储的 Sentinel-1 数据收集是“哥白尼 /S1_GRD”该集合包括使用 Sentinel-1 工具箱处理的 Sentinel-1 地面距离探测（GRD）场景，以生成校准的正交校正产品，其后向散射系数小于 0 dB。本研究中使用的这些 Sentinel-1 图像的覆盖宽度为 250 km，空间间隔为 10 m。为了减少相干斑点噪声的影响，使用了中值滤波器，窗口大小为 3 像素 ×3 像素。此外，在本研究中，Sentinel-1 图像的空间分辨率降低到 30m×30m。在本研究中，从 2015 年 5 月 24 日到 2020 年 6 月 2 日，共采集了 255 张图像，用于识别鄱阳湖西南部的地表水。从 2015 年 5 月 24 日到 2016 年 9 月 15 日，只有 36 张 Sentinel-1A 图像，间隔 12 天，不包括 5 张缺失的图像。从 2016 年 9 月 27 日到 2020 年 6 月 2 日，共有 219 张 Sentinel-1A/B 图像，间隔 6 天，不包括 6 张缺失的图像。

②陆地卫星 8 号图像。GEE 云平台中存储的 Landsat-8 数据采集为“Landsat/LC08/C01/T1_SR”，这是 Landsat-8 OLI/TIRS 传感器的大气校正表面反射率。这些图像由五个可见光和近红外波段、两个短波红外波段和两个热红外波段组成，前者处理为正射表面反射率，后者处理为正射亮度温度，空间分辨率为 30 m。在本研究中，Landsat-8 图像用

于建立精度验证样本，因为 Landsat-8 图像在识别水面方面表现出良好的性能（Pekel J.F., 2016；Long S., 2014；Zhang F.F., 2018）。在研究期间，共使用了 6 幅没有云层的陆地卫星 8 号图像，其成像日期与 2015 年 9 月 9 日、2016 年 9 月 27 日、2017 年 5 月 25 日、2019 年 7 月 2 日、2019 年 8 月 19 日和 2020 年 4 月 15 日的哨兵图像相同。改进的归一化差分水指数（MNDWI）是提取水体的有效方法（Xu H.Q., 2006；Tao S.L., 2015；Qiao C., 2012）。在本研究中，MNDWI 图像来自（Xu H.Q., 2006）：

$$MNDWI=(\beta_{green}-\beta_{SWIR})/(\beta_{green}+\beta_{SWIR}) \quad (15\text{-}2\text{-}1)$$

其中，βgreen 和 βSWIR 分别代表绿色波段（Landsat-8 图像的 B3）和第一个短波红外波段（Landsat-8 图像的 B6）的表面反射率。此外，归一化差异植被指数（NDVI）图像由 Landsat-8 图像得出（Huete A., 2002；Liao L.M., 2016）：

$$NDVI=(\beta_{NIR}-\beta_{red})/(\beta_{NIR}+\beta_{red}) \quad (15\text{-}2\text{-}2)$$

其中，βNIR 和 βred 分别代表近红外（NIR）波段（Landsat-8 图像的 B5）和红色波段（Landsat-8 图像的 B4）的表面反射率。

基于 MN Landsat-8 图像，我们使用集成到 ENVI 软件中的无监督 k 均值分类来识别鄱阳湖西南部地表水。

③气象数据。之前的研究认为降水是决定鄱阳湖地表水变化的最主要因素之一（Feng L., 2012；Zeng L.F., 2017）。因此，我们使用 Pearson 相关分析（Feng W.L., 2019; Sedgwick P., 2012）考虑了鄱阳湖西南部地表水面积与气象站每日降水数据之间的相关性。使用了南昌气象站的日降水量数据（图 15-2-1a），这些数据来自中国国家气象科学数据中心 http://data.cma.cn/data/cdcindex.html.。南昌气象站位于研究区域的上游，距离该区域最近的距离为 30km。因此，我们认为，对该站的降水数据与地表水域进行相关性分析是合适的。由于降水对水文的影响是滞后的，我们分析了 1~80 天的累积降水量与鄱阳湖西南部水面面积之间的关系，以探索累积降水量的多少天与鄱阳湖西南部水面面积最相关。例如，2020 年 1 月 15 日的 10 天累计降水量是指该日之前 10 天内，即 2020 年 1 月 5 日至 2020 年 1 月 15 日期间的降水总量。

南昌气象站每天有三次降水记录。第一次是从前一天晚上 8 点到当天上午 8 点。第二次是当天上午 8 点到晚上 8 点。第三次是从前一天晚上 8 点到当天晚上 8 点。Sentinel-1 卫星的成像时间约为当地时间上午 10 点，成像后的降水不会影响从图像得出的水分布。

因此，我们使用第一类每日降水记录来表示 Sentinel-1 图像成像日的每日降水量。我们使用第三种类型的降水记录来表示其他日子的每日降水量。例如，对于 2015 年 5 月 24 日的地表水域，1 天的累积降水量为 2015 年 5 月 23 日晚 8 点至 2015 年 5 月 24 日上午 8 点，2 天的累积降水量为 2015 年 5 月 22 日晚 8 点至 2015 年 5 月 24 日上午 8 点，3 天的累积降水量为 2015 年 5 月 21 日晚 8 点至 2015 年 5 月 24 日上午 8 点。因此，获得了 1~80 天时段的累积降水数据，然后与 2015 年 5 月 24 日的地表水面积进行了关联。

（3）Sentinel-1 水提取模型

我们之前的研究提出了一个简单但稳健的基于 SWI 的水提取模型（SWIM），该模型源自 Sentinel-1 图像，用于提取水域的空间分布。SWI 的计算如下：

$$SWI = 0.1747 \times \beta_{vv} + 0.0082 \times \beta_{vh} \times \beta_{vv} + 0.0023 \times \beta_{vv}^{2} - 0.0015 \times \beta_{vh}^{2} + 0.1904 \tag{15-2-3}$$

其中，βvh 和 βvv 分别代表 vh 和 vv 偏振的后向散射系数 in。根据我们之前的结果，如果一个像素的 SWI 值大于 0.2，则将其视为水体（Tian H.F., 2017）。

（4）准确性验证

从 Landsat-8 图像中提取的水域范围被视为地面真实值，以检验之前研究中提到的分类精度（Tian H.F., 2017；Long S., 2014）。因此，在我们的研究中，从 Landsat-8 图像中提取的地表水被选为参考数据，以使用混淆矩阵方法验证分类精度（Olofsson P., 2013；Tian H., 2018）。混淆矩阵准确度验证的主要参数是总体准确度、用户准确度、生产者准确度和 kappa 系数。具体方法请参考文献（Olofsson P., 2013；Tian H., 2018）。

15.2.4 结果与分析

（1）识别精度

如图 15-2-2 所示，六个阶段的准确度验证结果的平均总体准确度为 91.92%，平均 Kappa 系数为 0.82。对于每个评估结果，用户和生产者的准确度非常相似，平均值分别为 92.76% 和 92.22%。总体准确率较低的（89.93%）为 2019 年 7 月 2 日，这是因为存在许多错分误差。2020 年 4 月 15 日的总体准确率最高，为 93.00%。大多数误差分布在水陆边界，尽管存在一些面积约为 $4km^2$ 的大误差斑块。

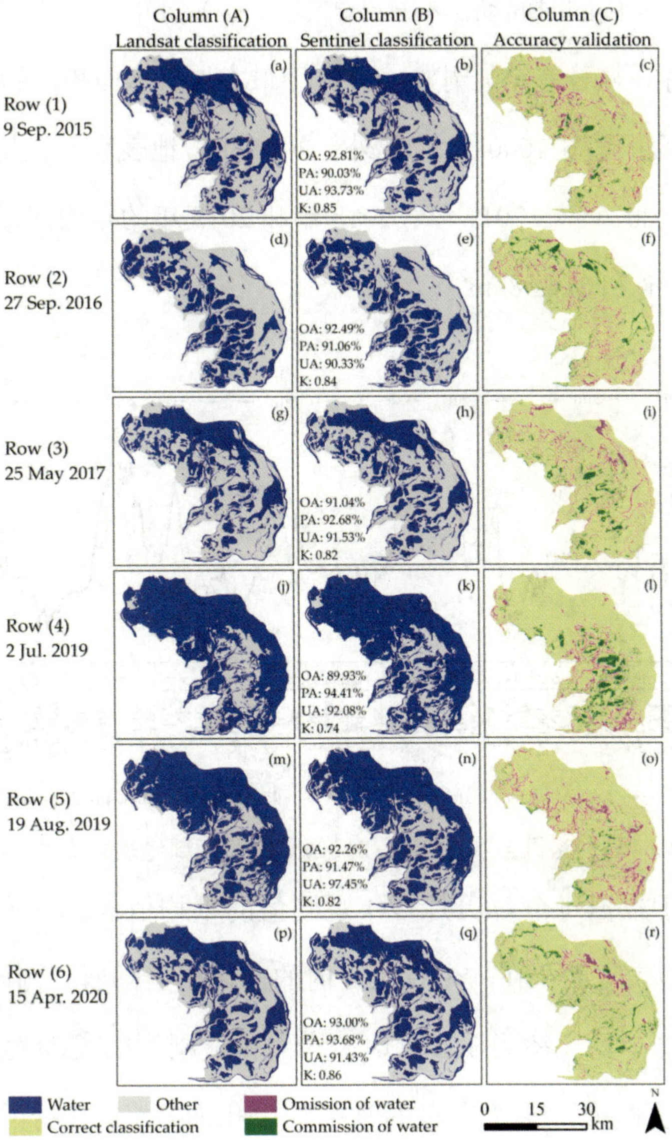

图15-2-2 精度结果

OA=总体准确度，UA=用户准确度，PA=生产者准确度，K=kappa系数

（2）地表水波动

图 15-2-3 绘制了 2015 年 5 月 24 日至 2020 年 6 月 2 日期间鄱阳湖西南部地表水面积的时间序列，图中显示了该区域在月和年尺度上的显著变化。在研究期间，2016 年 7 月 17 日的最大地表水面积为 1042.57km^2，比 2017 年 3 月 2 日的最小地表水面积 129.06km^2 大七倍。平均面积为 500.61km^2，标准差为 214.38km^2。

在 6 天内，最大变化面积为 233.42km^2，从 2017 年 3 月 20 日的 474.70km^2 增加到 2017 年 3 月 26 日的 708.12km^2，变化率达到 49.17%。平均变化面积 55.81km^2，变化率 13.21%。12 天内的水面变化更具聚集性。例如，最大变化面积为 382.88km^2，从 2016 年 4 月 12 日的 547.63km^2 增加到 2016 年 4 月 24 日的 930.51km^2，变化率达到 69.92%。

地表水区域在一年内的时间动态有多个峰值(1~3),每年 7 月定期出现(即一次)。此外，峰值和持续时间也存在显著差异。例如，2018 年最大地表水面积不到 800km^2。相比之下，2016 年最大地表水面积超过 1000km^2。此外，2016 年，地表水面积超过 800km^2 的天数至少为 160 天。因此，2016 年、2017 年、2018 年和 2019 年的年均面积分别为 568.62km^2、549.06km^2、428.24km^2 和 514.08km^2。

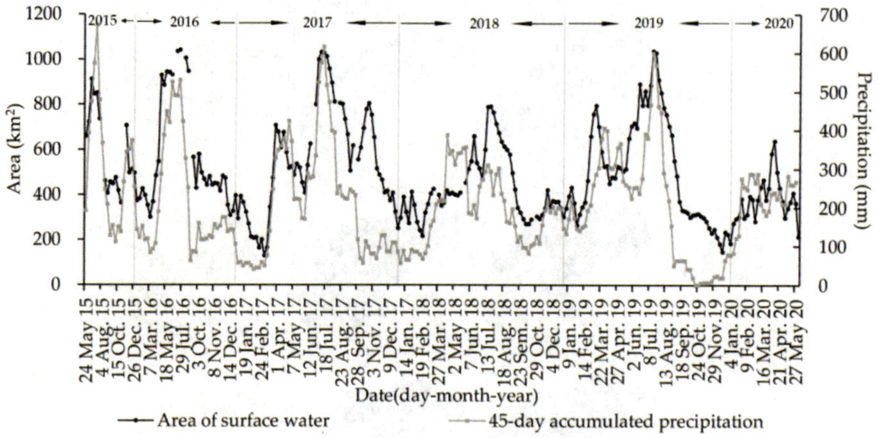

图15-2-3　2015年5月24日至2020年6月2日鄱阳湖西南部地表水面积变化的时间序列

图 15-2-4 显示了根据每个日历月多年观测值的平均值计算的鄱阳湖西南部地表水面积的月度分析。地表水面积在一个日历月内的变化相当剧烈。例如，一个日历月内最大面积与最小面积的平均比率为 3.29。地表水面积最剧烈的波动发生在 3 月份，最大 / 最小比值为 17.2.17。此外，就地表水的月平均面积而言，7 月份的最大月平均面积为 869.85km^2，2 月份的最小月平均面积为 322.78km^2。2 月至 7 月也有上升趋势，7 月至次年 2 月则有下降趋势。

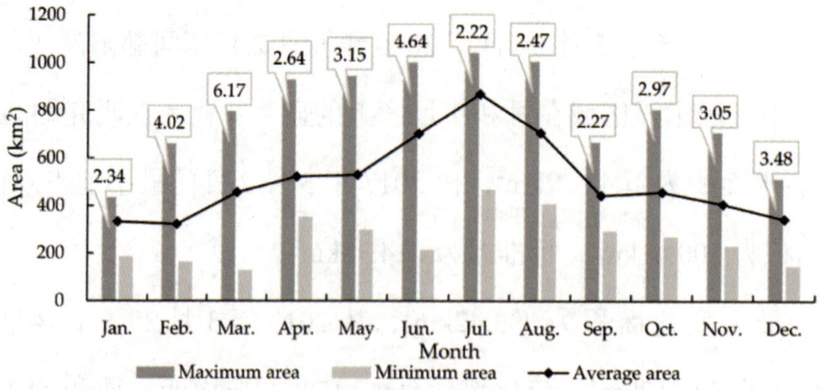

图15-2-4　根据多年观测计算的鄱阳湖西南部每月地表水的最大、最小和平均面积

（标记的数字是最大面积与最小面积之比）

（3）空间分布

如图 15-2-5 所示，水的出现频率是水在特定时期存在的概率。我们将出现频率超过 80% 的水体定义为特定时期的永久性水体。图 15-2-5a 显示，永久水域面积达到 272.55km^2，占研究期间研究区域总面积的 25.74%。整个夏季，一半以上的区域被永久性水覆盖，主要分布在研究区域的北部和东部，如图 15-2-5c 所示。冬季，与其他季节相比，永久水域面积最小，占研究区域总面积的 17.91%。

如图 15-2-5 所示，永久水呈现出孤立的子湖泊或河流的空间形式，这些子湖泊或河流可在汛期连接。统计数据表明，在研究期间，面积超过 0.1km^2 的子湖泊的平均数量为 129 个，标准差为 43。此外，面积超过 1 平方公里的子湖泊平均数量为 37 个，平均面积为 54km^2。

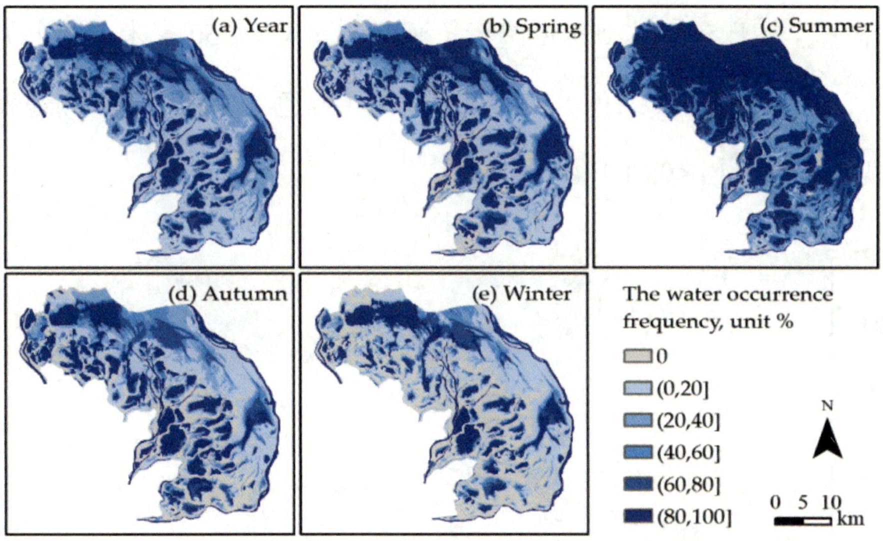

图15-2-5　2015年5月24日至2020年6月2日研究期间水出现频率

（a）年；（b）春季；（c）夏季；（d）秋季；（e）冬季

（4）气候影响

本研究共有 255 对地表水面积、蒸发和降水数据。相关分析结果显示，地表水面积与 4 天内累积蒸发量之间的相关系数为 0.22（$p<0.01$），为最高观测值，如图 15-2-6a 所示。累积降水量和地表水面积之间的相关系数通常随着累积天数的增加而增加，并在第 45 天附近达到峰值，如图 15-2-6a 所示。因此，我们认为，45 天内的累积降水量与地表水面积具有良好的相关性，相关系数为 0.75（$p<0.001$），如图 15-2-6b 所示。回归方程如下所示：

$$y = 1.1994 \times x + 252.48 \tag{15-2-4}$$

其中 y 是地表水面积（km^2），x 是 45 天累积降水量（mm）。

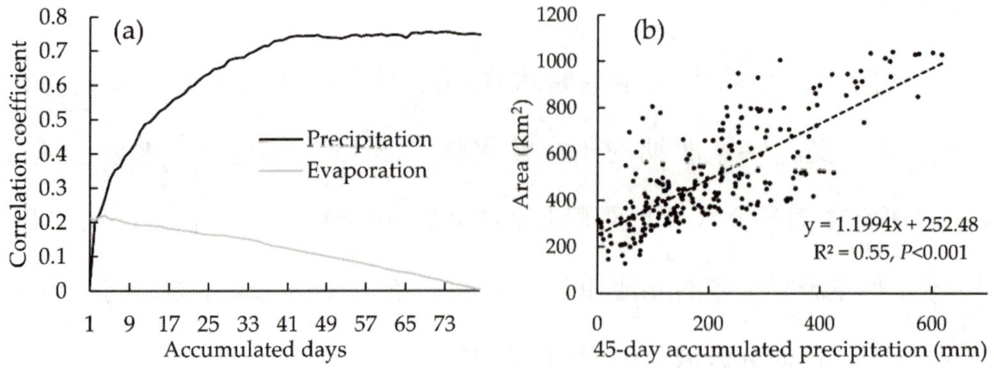

图15-2-6 降水量与其影响因素的关系

（a）不同天数的累积降水量与蒸发量之间的相关系数；（b）45天累积降水量与地表水面积的散点图

为了更好地预测地表水面积，我们根据 45 天累积降水量将这 255 对数据分为 3 组，建立了三个分段预测模型。图 15-2-7 所示的三个预测模型是地表水面积（因变量）和 45 天累积降水量（自变量）之间一个变量的二次方程。表达式如等式 5 所示。当自变量小于 50 毫米（干旱）、介于 50 毫米到 350 毫米（潮湿）和大于 350 毫米（洪水）时，第一个模型（蓝色）、第二个模型（绿色）和第三个模型（红色）分别用于预测地表水面积。各模型均具有显著性差异（p<0.01）。

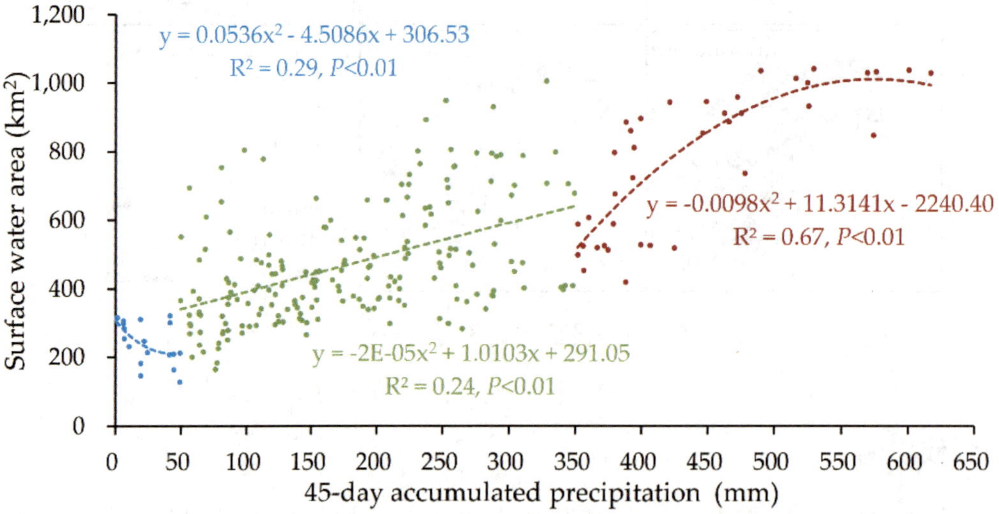

图15-2-7 基于45天累积降水量的地表水面积预测模型

$$y=\begin{cases} if\ x<50mm, & 0.0536x^2-4.5086x+306.53 \\ if\ 50\le x<350mm, & -2E-05x^2+1.0103x+291.05 \\ if\ x\ge 350mm, & -0.0098x^2+11.3141x-2240.40 \end{cases} \tag{15-2-5}$$

其中 y 是地表水面积（km^2），x 是 45 天累积降水量（mm）。

为了验证预测模型的可靠性，我们收集了 2015 年 1 月至 2020 年 7 月期间的所有自由云 Landsat-8 图像，提取地表水面积，并将其视为地面真值，与相应的预测值进行比较。结果如图 15-2-8 所示。根据 24 对地面真值和预测值，平均绝对误差（MAE）为 92.62km²，占地面真值平均值的 18.33%，均方根误差（RMSE）为 119.32km²。

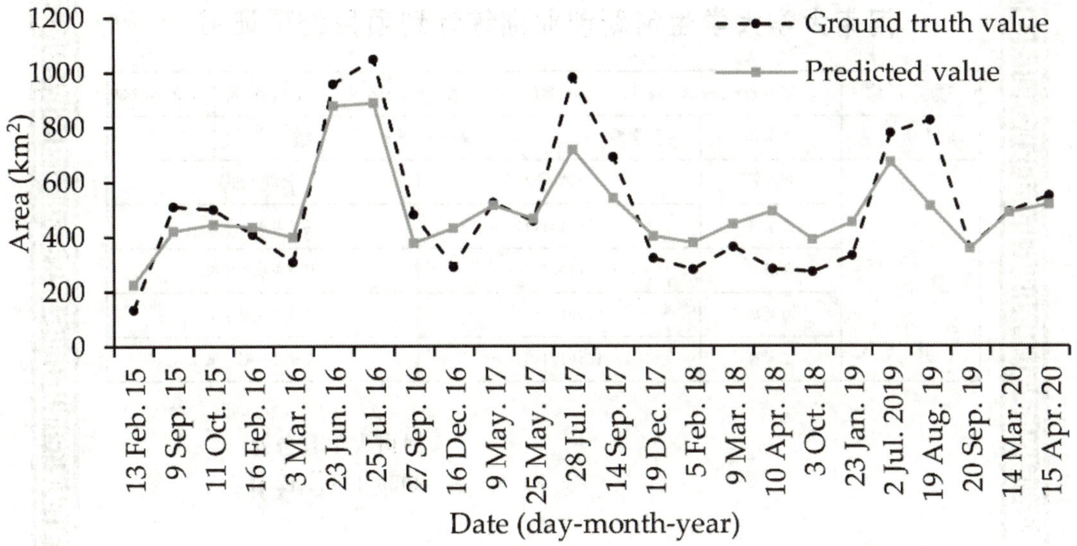

图15-2-8　预测模型的验证

（地面真值来自未受云层影响的陆地卫星8号图像）

验证结果表明，该模型在 7 月和 8 月被严重低估。在不同季节，春季、夏季、秋季和冬季的 MAE 分别为 62.75、148.28、87.03 和 817.2.69km²。春季、夏季、秋季和冬季的 RMSE 分别为 93.14、183.31、98.91 和 95.09km²。

15.2.5　特色与创新

SWI 在地表水识别方面有很大的潜力。我们的研究表明，在鄱阳湖西南部，基于 SWI 的水提取模型的水分类平均总体准确率达到 91.92%。鄱阳湖西南部的地表水面积在月内和月间都有显著的波动。例如，在 6 天的时间间隔内，最大变化面积为 233.42km²，从 2017 年 3 月 20 日的 474.70km² 增加到 2017 年 3 月 26 日的 708.12km²。在一年中的大部分时间里，鄱阳湖西南部被划分为许多孤立的子湖，这些子湖仅在洪水期间连通。基于 45 天累积降水量建立的预测模型，根据陆地卫星地面真实数据的验证结果，对鄱阳湖西南部地表水域进行了较好的预测。

（项目负责人：王家辉；指导教师：田海峰、秦耀辰；参与学生：师明照、刘笑琼、王紫恒。）

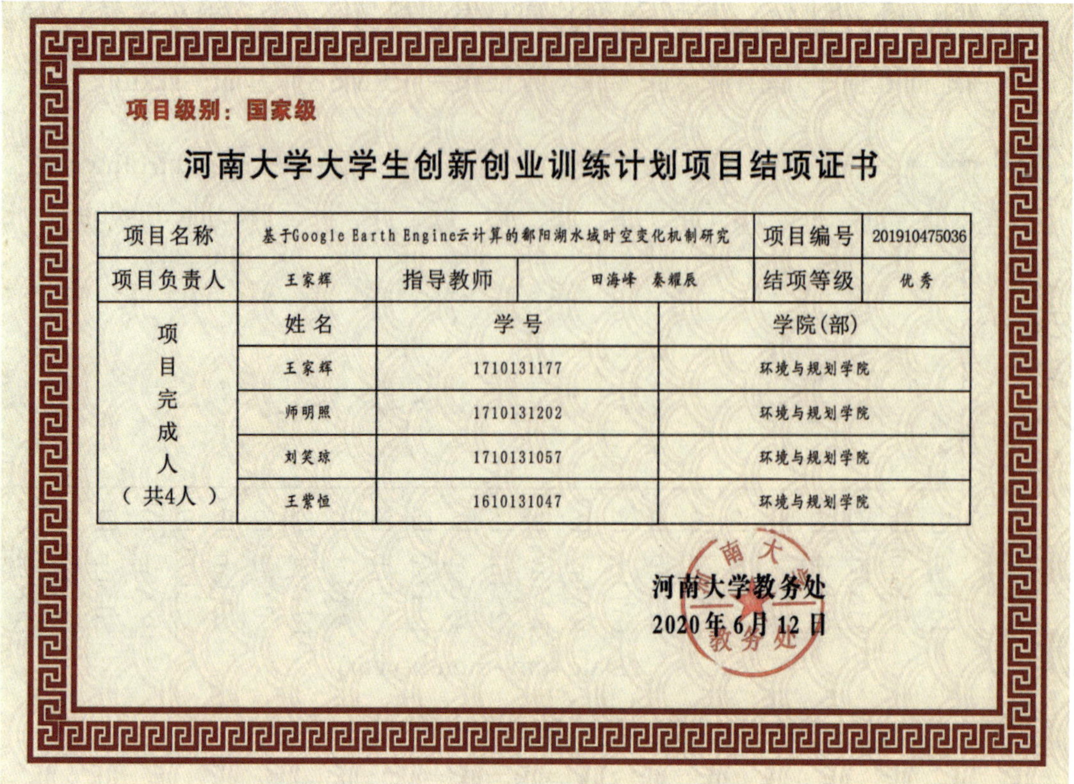

项目级别：国家级

河南大学大学生创新创业训练计划项目结项证书

项目名称	基于Google Earth Engine云计算的鄱阳湖水域时空变化机制研究			项目编号	201910475036
项目负责人	王家辉	指导教师	田海峰 秦耀辰	结项等级	优秀
项目完成人（共4人）	姓名	学号		学院(部)	
	王家辉	1710131177		环境与规划学院	
	师明照	1710131202		环境与规划学院	
	刘笑琼	1710131057		环境与规划学院	
	王紫恒	1610131047		环境与规划学院	

河南大学教务处

2020年6月12日

15.3 大气污染物时空分布特征及跨区域扩散分析

15.3.1 背景与意义

随着我国经济飞速发展，大气环境也遭到了严重的破坏。对大气造成污染的主要原因是由于大气中有害物质严重超标，大气环境已经无法依靠自身的净化能力对污染进行处理，超标的有毒物质会严重破坏生态系统以及空气条件。日益突出的大气污染问题严重损害了现有的生态系统和人类的身体健康，特别是在重污染天气易发的季节里，研究污染物的来源及输送路径（赵晨曦，2014；沈楠驰，2020），不仅有助于认清重污染天气过程形成的机制，还能够提前预判天气形势为减排防控提供预警信息（赵丽芳，2018）。

15.3.2 研究进展

HYSPLIT-4 模式是由美国国家海洋大气局 (NOAA) 开发的污染扩散模式混合单粒子拉格朗日综合轨迹模式 HYsplit4 (Hybrid Single-Particle Lagrangian integrated Trajectory)，该模式具有向前计算和向后回算的能力，能够对污染物的运动轨迹、扩散和干湿沉降进行很好的模拟和预测，不但可以用来作为污染物来源的评估之用，还可以对污染物排放进行实时模拟和预测（雷正翠，2010）。因此广泛用于模拟大气传输和扩散路径，以及污染物和有害物质的沉积过程。在大气污染严重的城市和地区的污染物传输问题研究中，南少杰等发现太原市研究时段污染物的出现，主要受偏南方向污染气团的影响，尤其偏南风时外来输送的污染物在市区造成大量堆积而难以扩散（南少杰，2018）。祝禄祺等基于HYSPLIT-4 模式对河谷型城市武威市天祝藏族自治县城污染物来源进行了判断发现不同来源方向的气团过境时会导致不同污染物浓度的提升（祝禄祺，2019）。Wang Y Q 等（2009）证实了 PSCF 分析和 CWT 分析能较好的确定污染物的潜在源区及污染程度。Wang L 发现将污染物轨迹聚类与潜在源区相结合，可以很好理解区域间对污染物输送的影响（Wang L，2015）。王芳等发现珠江三角洲地区低层大气输送季节差异明显。严重污染时，广州受到周边城市大气污染输送的影响（王芳，2009）。赵子菁等研究南京霾天气与气象因素的相关分析，利用 HYSPLIT-4 模式分析气团输送，结合气象因素对污染物扩散输送和来源进行探讨（赵子菁，2015）。

本文利用 HYSPLIT-4 模式对以郑州为中心的中原城市，结合空气污染监测数据和NCEP（National Centers for Environmental Prediction）再分析数据，研究了郑州市 2019 年各季节气团的主要来源方向，并且通过聚类分析，分析了 $PM_{2.5}$、PM_{10}、SO_2、NO_2、CO、O_3 主要来源方向及百分比。利用潜在源贡献因子法（PSCF）和浓度权重轨迹法 (CWT) 详细分析 $PM_{2.5}$ 的潜在源地，计算出潜在源对各城市的污染物日贡献浓度百分比。同时对郑州市污染物的去向也进行了分析研究。对于郑州周围的城市，本文选取了鹤壁市、商丘市和洛阳市为代表。用相同的方法分析了三个城市 2016~2019 年污染最严重的冬季的污染物来源，并计算出对应的 $PM_{2.5}$ 的 PSCF 和 CWT。最后结合四个城市的结果，分析中原城市群大气污染物时空分布特征及跨区域扩散。

15.3.3 数据与方法

本研究主要以中原城市群中的郑州、商丘、鹤壁、洛阳和漯河为研究对象，以郑州为中心的中原城市群拥有全国重要交通枢纽，交通发达，覆盖范围广，人口基数大。该区域大气污染现象时常发生，冬季尤为严重，对生产、发展都有很大的影响。本研究选取中原城市群是为了在更大尺度上控制、预测、防治大气污染物的扩散。以城市群为研究对象能更有效地跟踪大气污染物的扩散，找出其来源，并且预测其扩散区域。

本研究采用的大气污染监测数据来源于中国空气质量在线监测分析平台。数据包括郑州市逐日的 AQI、空气质量等级、$PM_{2.5}$、PM_{10}、SO_2、NO_2、O_3、CO 等指标。后向轨迹模式采用数据的是 NCEP 全球资料同化系统 GDAS（Global Data Assimilation System）提供的 FNL 全球分析资料，经过 ARL（NOAA-Air Resources Laboratory）的预处理模块转化成模式所需要的格式。本研究采用的是每日更新四次，即世界时 00、06、12 和 18 时，水平分辨率为 1°×1°的气象数据。

HYSPLIT 模型为混合粒子拉格朗日积分轨迹模型，又称为后向轨迹模型。该模型的开发者是美国大气海洋局（National Oceanic and Atmospheric Administration），最初开发于 1982 年，所使用的气象资料也仅限于探空观测数据，目前最新版本为 HYSPLIT-4.9。HYSPLIT 在处理不同气象条件、物理过程和不同类型污染物排放源功能方面具有优势，并已得到国内外的广泛验证。另外，该模式具有向前、向后计算能力，不仅可以用于对污染物来源的评估，也可以对污染物排放进行实时模拟和预测

聚类分析是定量研究样本自身属性，按照相似性或差异性指标，确定样本之间的亲疏关系，并按照该亲疏关系对样本进行聚类。本研究利用 TrajStat 插件中的欧氏距离（Euclidean distance）聚类算法，对到达郑州市的气流轨迹进行聚类分析，采用的是系统聚类方法中的 Word' s 最小方差法，得到不同季节郑州市气流输送类型。

潜在源贡献因子法（PSCF：Potential Source Contribution Function）利用后向轨迹来计算潜在源区位置，反映一定空间覆盖率的气团在到达研究区之前的滞留时间。PSCF 值是所选研究区域内经过网格的污染轨迹数(nit)与该网格上经过的所有轨迹数(nit)的比值。

15.3.4 结果与分析

（1）后向72小时轨迹分析

根据欧式距离的计算，将 2019 年春季气团 500 米后向轨迹分为四类（图 15-3-1）。其中第二、三、四、类轨迹是远距离输送，气团移动速度较快。第一类轨迹是短距离输送，气团移动速度较慢；第一类轨迹来自于河南，占比为 44.17% 对郑州市污染的贡献较大，其中 $PM_{2.5}$、PM_{10}、SO_2、NO_2、O_3、CO 的浓度分别为 64.49μg/m³、116.36μg/m³、11.09μg/m³、45.68μg/m³、80.72μg/m³、0.88mg/m³。第二类来自蒙古国，途经内蒙古、河

北，从郑州东北方向进入，占比为 24.17%；第三类是来内蒙古，途经辽宁、山东，占比为 24.16%；第四类是来自俄罗斯，途经蒙古国，我国的内蒙古、河北、山东等省区，占比为 7.50%。由此可得 2019 年春季郑州市受大陆地区高压系统的影响，使得河南内部对郑州市污染物浓度贡献较大。

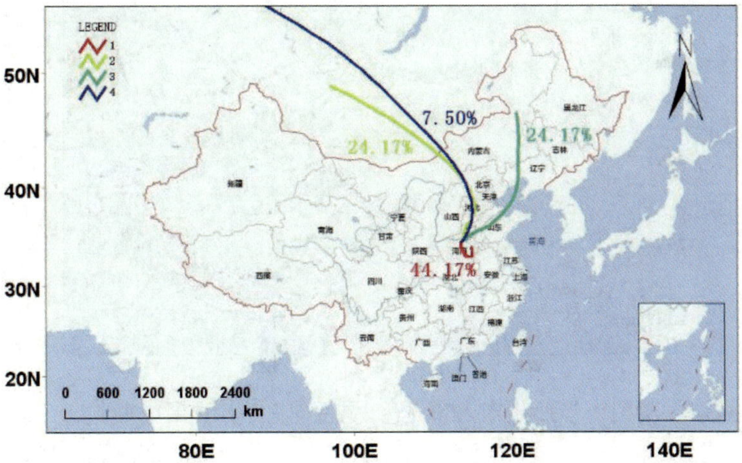

图15-3-1 2019 年郑州市 500 米春季后向 72 小时聚类轨迹

根据欧式距离将夏季气团来源轨迹分为三类（图 15-3-2）: 第一类气团来源于河南省南部（河南省与湖北省交界处），到达河南省郑州市，占比 24.45%。第二类气团来源于内蒙古中部，途径河北省，山西省，到达河南省郑州市，占比 28.30%。第三类气团来源于黄海，途径江苏省，山东省和安徽省交接地区，到达河南省郑州市，占比 47.25%。三类气团各项污染物浓度均趋于正常值，且浓度近似。此外，第二类气团扩散高度较高，为 1900m，其他气团高度较低，为 1000m。

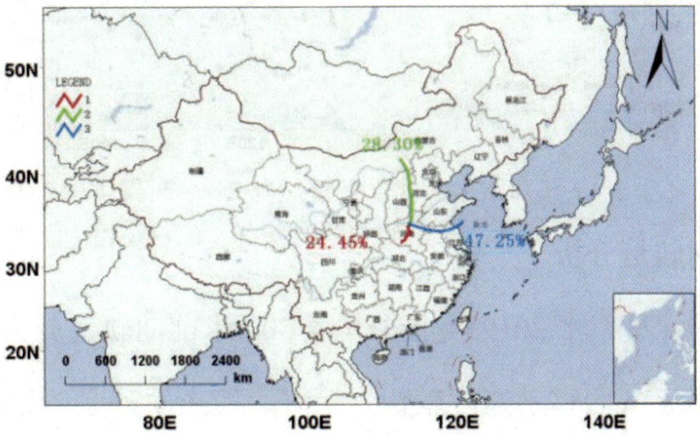

图15-3-2 2019 年郑州市 500 米夏季后向 72 小时聚类轨迹

2019 年秋季后向 72 小时聚类分析可分为六类（图 15-3-3）。第一类轨迹来自于山西，途经黄海，从东北方向进入郑州，占比最大为 43.06%。第二、四类轨迹都从郑州西北方向进入，途经宁夏、山西、山西、内蒙古、蒙古等地，占比分别为11.94%、4.72%。第三类轨迹来自于蒙古东部地区，从郑州市东北部进入，占比为16.94%。第五类轨迹来自于山东南部，从郑州市东部进入，占比为22.22%。第六类轨迹来自于黄海地区，从郑州东部进入，占比最小为1.11%。

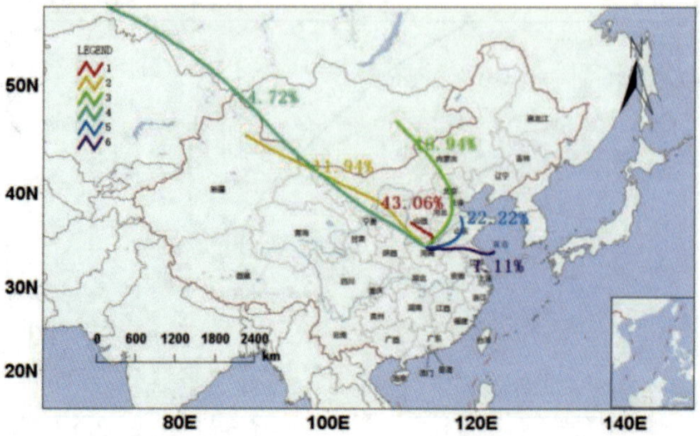

图15-3-3　2019年郑州市500米秋季后向72小时聚类轨迹及三维图

2019年郑州市500米冬季后向72小时聚类轨迹分为三类。第一类来自山西省，占比最大为54.44%。气团中PM颗粒物平均含量为三类中最多。第二类来自哈萨克斯坦，途经新疆、内蒙古、宁夏、陕西、山西、河南，占比15.28%。第三类来自蒙古国中部，途经内蒙古、山西、河南，占比为30.28%。

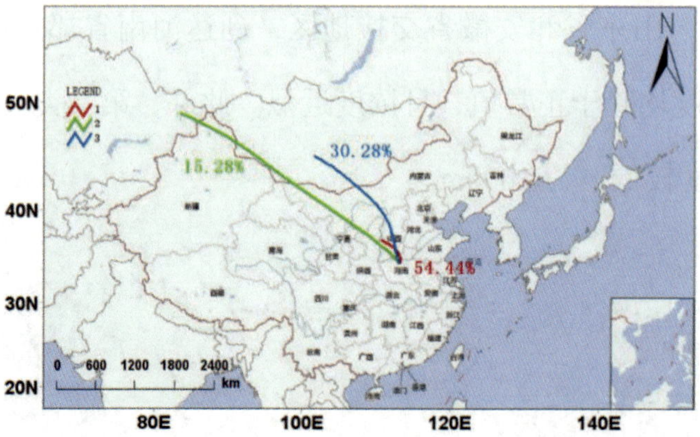

图15-3-4　2019年郑州市500米冬季后向72小时聚类轨迹及三维图

（2）前向72小时轨迹分析

根据欧式距离的计算，将2019年春季气团500米前向轨迹分为四类。其中第二、三类轨迹是远距离输送，气团移动速度较快。第一、四类轨迹是短距离输送，气团移动速度较慢；第一类轨迹输送到河南，占比为54.31%郑州市污染的贡献较大，其中$PM_{2.5}$、PM_{10}、SO_2、NO_2、O_3、CO的浓度分别为55.94μg/m³、120.37μg/m³、9.34μg/m³、40.90μg/m³、62.60μg/m³、0.82mg/m³；第二类输送到日本、朝鲜及我国的辽宁、河北等省，从郑州东北方向输出，占比为 14.66%；第三类输送到辽宁、山东，占比为 3.45%；第四类输送到山东、河北，占比为 2.59%。由此可得 2019 年春季郑州市受大陆地区高压系统的影响，使得郑州市对河南内部污染物浓度积累贡献较大。

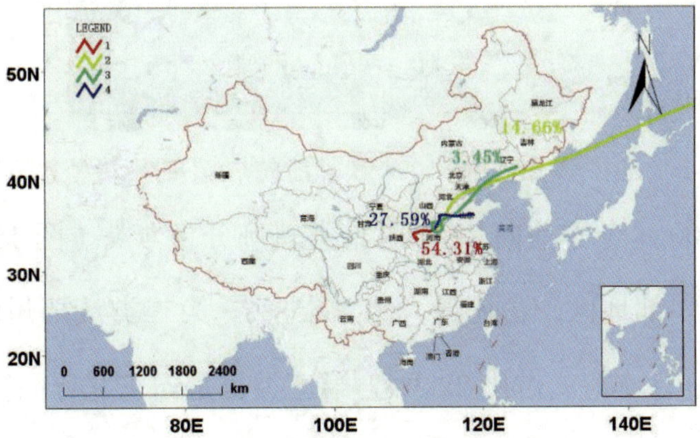

图15-3-5　2019 年郑州市 500 米春季前向 72 小时聚类轨迹及三维图

根据欧式距离将夏季气团扩散轨迹分为四类（图 15-3-6）。第一类气团与第二类气团扩散轨迹相同，第一类气团沿山西省南部扩散至河北，第二类气团扩散至更远处，到达北京市，占比分别为 75.00% 和 1.10%，第三类和第四类气团分别向河南省东北部，河南省南部扩散。各类气团所含的污染物浓度普遍接近于正常值。其中第二类、第三类气团扩散高度较高为 2000m，第一类气团为 1200m，第四类气团沿着近地面扩散。

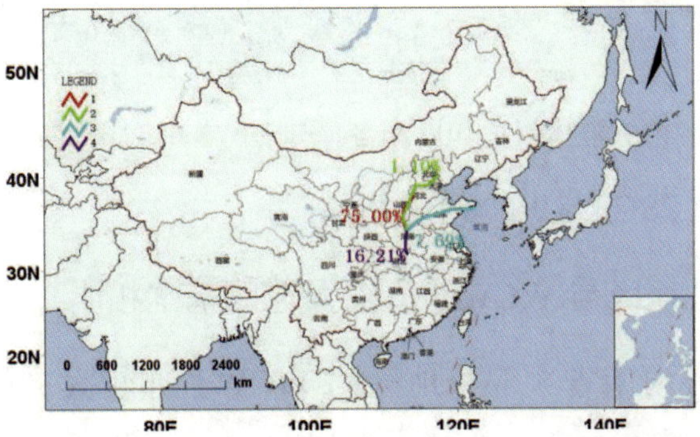

图15-3-6　2019 年郑州市500米夏季前向72小时聚类轨迹及三维图

2019 年秋季前向 72 小时聚类分析可分为三类（图 15-3-7）。第一类轨迹到达了山西南部地区，从郑州西北方向出发，占比最大为 48.35%。第二类轨迹到达了日本海区域，途经河北、山东、渤海、朝鲜半岛，占比为 2.47%。第三类轨迹到达了湖南中部地区，途经湖北地区，占比为 24.18%。

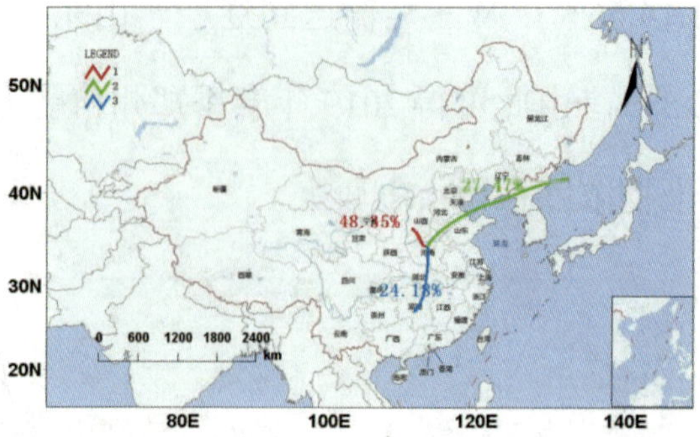

图15-3-7　2019 年郑州市 500 米秋季前向 72 小时聚类轨迹及三维图

2019 年郑州市 500 米冬季前向 72 小时聚类轨迹分为 4 类（图 15-3-8）。第一类从郑州南下，到达湖北省中部地区，占比最大为 42.58%。第二类从郑州向东北方向输送，途经山东、渤海至朝鲜、日本海，占比 22.2%。第三类也是向东北方向输送，途经我国山东、辽宁、吉林等省市及朝鲜、日本，占比为 5.77%。第四类从郑州北部扩散，途经山西、河北，占比为 29.4%。

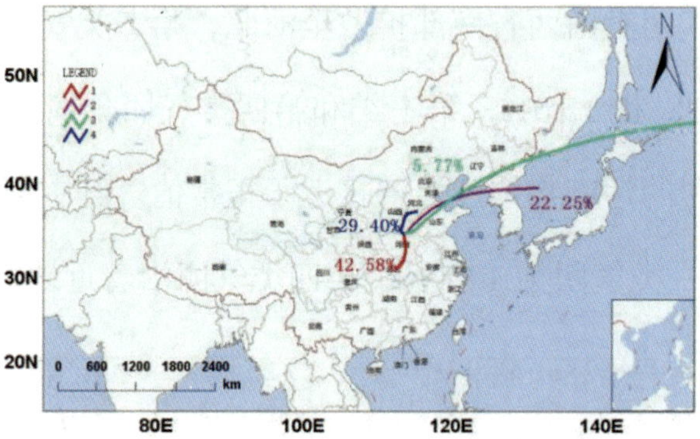

图15-3-8　2019 年郑州市 500 米冬季前向 72 小时聚类轨迹及三维图

（3）**郑州市PM2.5 WPSCF与WCWT分析**

春季 WPSCF 值较大地区与 WCWT 值较大地区基本相同，为湖北省西部和北部，安徽省北部周围地区；此外河南省大部分地区的 WCWT 亦较大；综合两图，春季 $PM_{2.5}$ 潜在源区主要集中在河南省与湖北省交界处及河南山东安徽江苏四省交界处。

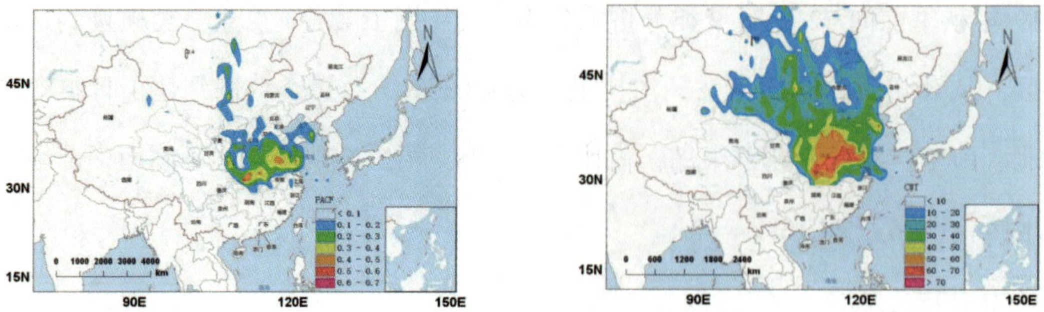

图15-3-9　2019 年郑州市春季 PM2.5 的 WPSCF（左）和 WCWT（右）分析

夏季 WPSCF 值和 CWT 值较大的地区位于山东省沿海地区及黄海地区，此外 CWT

值较大的地区还有江苏省南部沿海和河南省。综合两图，夏季 PM2.5 污染物潜在源主要集中在河南省、江苏省、山东省以及黄海等地。

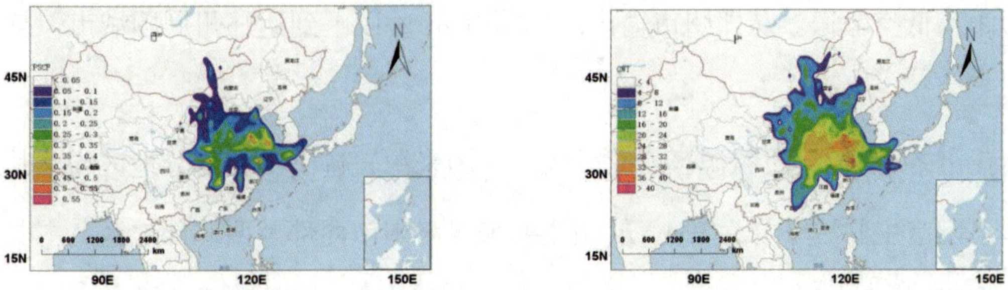

图15-3-10　2019 年郑州市夏季 PM2.5 的WPSCF（左）和WCWT（右）分析

秋季 WPSCF 值与 CWT 值较大地区都为湖北省与江西省交界处，此外河南省南部与河北省中部的 WCWT 值亦较大。综上所述，秋季郑州市 $PM_{2.5}$ 潜在源区主要集中在湖北省与江西省交界处和河南省南部。

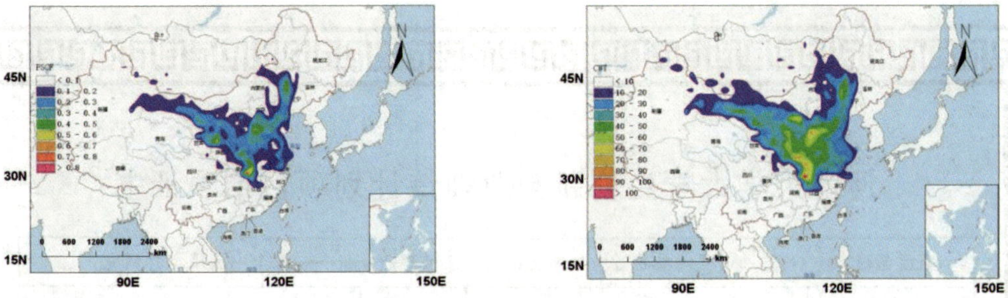

图15-3-11　2019 年郑州市秋季PM2.5的WPSCF（左）和WCWT（右）分析

冬季 WPSCF 值较大地区在山东省、河南省与江苏省三省交界处，此外河南省南部、北部与河北省中东部的 WPSCF 值亦较大。WCWT 最大值出现在山东省与江苏省交界。处综上所述，冬季郑州市 $PM_{2.5}$ 潜在源区主要集中在山东省与江苏省交界处。

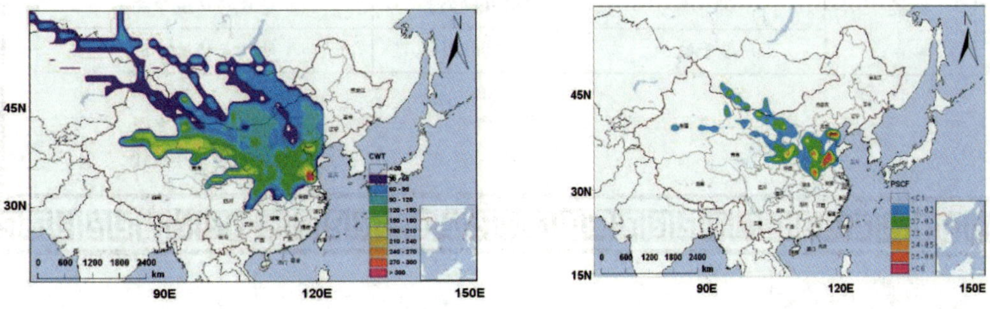

图15-3-12　2019年郑州市冬季PM2.5的WPSCF（左）和WCWT（右）分析

15.3.5　研究结论

① 2019 年春季郑州市受大陆地区高压系统的影响，河南省内部对郑州市污染物浓度贡献较大。夏季由于受到来自海洋季风的影响，郑州市气团有 4.25% 来自其东部地区，

且夏季 O_3 的浓度占明显的主导地位。秋季气团轨迹来源逐渐西移，O_3 的影响力开始下降，颗粒物的浓度逐渐上升。冬季郑州市 PM 颗粒物浓度达到全年最高水平，主要来源为周围省市的短距离低空输送。从郑州市输出的气团有 40% 以上到达郑州周围城市。夏季更是达到 75%。

②商丘市冬季 $PM_{2.5}$ 贡献源区变化较大，气团来源轨迹上的大部分地区均对其有所贡献。冬季洛阳市主要污染物为 $PM_{2.5}$ 气团主要来自洛阳市西部及西北部地区。主要来源地为新疆、内蒙古、陕西、宁夏等地鹤壁市冬季空气污染物主要来源我省西北方向，可更细分为两类：一类为短距离输送，占比较大，维持在 40% 左右；另一类为长距离输送，冬季 $PM_{2.5}$ 潜在源区主要集中在河北、河南、山东地区。

（项目负责人：张世龙；指导教师：宋宏权、周生辉；参与学生：马献昆、张鹏、廖子航。）

河南大学大学生创新创业训练计划项目结项证书

项目名称	大气污染物时空分布特征及跨区域扩散分析——基于中原城市群研究		
项目编号	202010475129	项目级别	国家级
项目类型	创新训练项目	项目等级	良好
项目负责人	张世龙	指导老师	宋宏权、周生辉
项目组成员	姓名	学号	学院
	张世龙	1813060146	地理与环境学院
	马献昆	1813060160	地理与环境学院
	张　鹏	1813060057	地理与环境学院
	廖子航	1813060056	地理与环境学院

河南大学教务处

2021年7月5日

参考文献

[1]冯典，2006. WTO 框架下中国高等教育生源市场发展探析[J].国家教育行政学院学报，(1)：65-69.

[2]贾永堂，2010.试析我国弱势高校的生源困境及出路[J].现代大学教育，(5)：32-38.

[3]雷正翠，张备，臧晓钟，等，2010.基于HYSPLIT4.8的常州市大气污染扩散应急响应系统研究[J].安徽农业科学，38(24)：13527-13530.

[4]李宝斌，许晓东，宋银玲，2011.专科“生源荒”折射高校扩张的潜在危机[J].江苏高教，(3)：42-44.

[5]李娜，解建红，万鹰昕，2009.中国高等教育大众化所面临的合格生源问题[J].河北学刊，29(1)：243-246.

[6]刘晓峰，2007.河南省未来人口发展趋势[J].河南教育学院学报：哲学社会科学版，26(4)：43-48.

[7]柳清秀，代艳艳，2006.中国高等教育生源可持续发展的趋势探讨[J].辽宁教育研究，(5)：12-15.

[8]罗家国，邱庚香，刘立刚，2011.高考生源减少对高校教育改革的影响与对策[J].河北师范大学学报：教育科学版，13(12)：56-60.

[9]南少杰，梁美生，施建华，2018.基于Hysplit后向轨迹模式分析太原市重污染天气影响[J].山西科技，33(06)：131-133.

[10]牛庆玮，刘臻，2005.高校招生生源波动现象的研究[J].石油大学学报：社会科学版，21(2)：106-109.

[11]潘娟华，2006.高校优质生源争夺的对策性思考[J].黑龙江高教研究，(7)：22-24.

[12]沈楠驰，周丙锋，李珊珊，等，2020.2015-2019年天津市大气污染物时空变化特征及成因分析[J].生态环境学报，29(09)：1862-1873.

[13]王芳，陈东升，程水源，等，2009.基于气流轨迹聚类的大气污染输送影响[J].环境科学研究，22(6)：637-642.

[14]吴剑锋，2008.高校生源激烈竞争的原因和对策[J].莆田学院学报，15(1)：37-40.

[15]阎朝阳，2002.高校生源竞争与招生宣传策略[J].华中农业大学学报：社会科学版，(1)：92-95.

[16]阎朝阳，2002.高校生源竞争与招生宣传的策略[J].理工高教研究，28(1)：69-71.

[17]赵晨曦，王云琦，王玉杰，等，2014.北京地区冬春PM2.5和PM10污染水平时空分布及其与气象条件的关系[J].环境科学，35(2)：418-4217.3.

[18]赵丽芳，2018.长三角地区冬季PM2.5时空分布特征及大气复合污染物间关联性分析[D].浙江大学.

[19]赵子菁，魏永杰，张祥志，等，2015.南京市霾天气与主要气象条件的相关分析[J].中国环境科

学，35(12)：3570-3580.

[20]祝禄祺，全纪龙，潘峰，等，2019.基于HYSPLIT后向轨迹模式判断河谷型城市大气污染物来源[J].环境科技，32(5)：43-47，53.

[21]Bangira T, Alfieri S M, Menenti M, et al., 2019. Comparing thresholding with machine learning classifiers for mapping complex water. Remote Sensing, 11(11), 1351.

[22]Carroll M L, Townshend J R, DiMiceli C M, et al., 2009. A new global raster water mask at 250 m resolution. International Journal of Digital Earth, 2(4), 291-308.

[23]Cazals C, Rapinel S, Frison P L, et al., 2016. Mapping and characterization of hydrological dynamics in a coastal marsh using high temporal resolution Sentinel-1A images. Remote Sensing, 8(7), 570.

[24]Chen L, Michishita R, Xu B, 2014. Abrupt spatiotemporal land and water changes and their potential drivers in Poyang Lake, 2000–2012. ISPRS Journal of Photogrammetry and Remote Sensing, 98, 85-93.

[25]DeVries B, Huang C, Armston J, et al., 2020. Rapid and robust monitoring of flood events using Sentinel-1 and Landsat data on the Google Earth Engine. Remote Sensing of Environment, 240, 111664.

[26]Draxler R R, Hess G D, 1997. Description of the HYSPLIT4 modeling system.

[27]Dronova I, Gong P, Wang L, 2011. Object-based analysis and change detection of major wetland cover types and their classification uncertainty during the low water period at Poyang Lake, China. Remote sensing of Environment, 115(12), 3220-3236.

[28]Feng L, Han X, Hu C, et al., 2016. Four decades of wetland changes of the largest freshwater lake in China: Possible linkage to the Three Gorges Dam? Remote Sensing of Environment, 176, 43-55.

[29]Feng L, Hu C, Chen X, et al., 2012. Assessment of inundation changes of Poyang Lake using MODIS observations between 2000 and 2010. Remote Sensing of Environment, 121, 80-92.

[30]Feng W, Zhu Q, Zhuang J, et al., 2019. An expert recommendation algorithm based on Pearson correlation coefficient and FP-growth. Cluster Computing, 22(3), 7401-7412.

[31]Feyisa G L, Meilby H, Fensholt R, et al., 2014. Automated Water Extraction Index: A new technique for surface water mapping using Landsat imagery. Remote Sensing of Environment, 140, 23-35.

[32]Gorelick N, Hancher M, Dixon M, et al., 2017. Google Earth Engine: Planetary-scale geospatial analysis for everyone. Remote sensing of Environment, 202, 18-27.

[33]Han X, Chen X, Feng L, 2015. Four decades of winter wetland changes in Poyang Lake based on Landsat observations between 1973 and 2013. Remote Sensing of Environment, 156, 426-437.

[34]Hu S, Qin J, Ren J, et al., 2020. Automatic extraction of water inundation areas using Sentinel-1 data for large plain areas. Remote Sensing, 12(2), 243.

[35]Huang W, DeVries B, Huang C, et al., 2018. Automated extraction of surface water extent from Sentinel-1 data. Remote Sensing, 10(5), 797.

[36]Huete A, Didan K, Miura T, et al., 2002. Overview of the radiometric and biophysical performance of the MODIS vegetation indices. Remote sensing of environment, 83(1-2), 195-213.

[37]Hyde P, Dubayah R, Walker W, et al., 2006. Mapping forest structure for wildlife habitat analysis using multi-sensor (LiDAR, SAR/InSAR, ETM+, Quickbird) synergy. Remote Sensing of Environment, 102(1-2), 63-73.

[38]Inman V L, Lyons M B, 2020. Automated inundation mapping over large areas using landsat data and google earth engine. Remote Sensing, 12(8), 1348.

[39]Jung H S, Lu Z, Zhang L, 2012. Feasibility of along-track displacement measurement from Sentinel-1 interferometric wide-swath mode. IEEE Transactions on Geoscience and Remote Sensing, 51(1), 573-578.

[40]Li N, Wang R, Liu Y, et al., 2014. Robust river boundaries extraction of dammed lakes in mountain areas after Wenchuan Earthquake from high resolution SAR images combining local connectivity and ACM. ISPRS journal of photogrammetry and remote sensing, 94, 91-101.

[41]Li W, Du Z, Ling F, et al., 2013. A comparison of land surface water mapping using the normalized difference water index from TM, ETM+ and ALI. Remote Sensing, 5(11), 5530-5549.

[42]Li Y, Zhang Q, Li X, et al., 2013. Hydrolgical effects of Poyang Lake catchment in response to climate changes. Resour. Environ. Yangtze Basin, 22, 1339-1347.

[43]Liang J, Liu D, 2020. A local thresholding approach to flood water delineation using Sentinel-1 SAR imagery. ISPRS journal of photogrammetry and remote sensing, 159, 53-62.

[44]Liao L M, Song J L, Wang J D, et al. 2016.Bayesian method for building frequent Landsat-like NDVI datasets by integrating MODIS and Landsat NDVI. Remote Sensing, 8(6)， 452.

[45]Liu X, Hu G, Chen Y, et al., 2018. High-resolution multi-temporal mapping of global urban land using Landsat images based on the Google Earth Engine Platform. Remote sensing of environment, 209, 227-239.

[46]Long S, Fatoyinbo T E, et al., 2014. Flood extent mapping for Namibia using change detection and thresholding with SAR. Environmental Research Letters, 9(3), 035002.

[47]Mananze S, Pôças I, Cunha M, 2020. Mapping and assessing the dynamics of shifting agricultural landscapes using google earth engine cloud computing, a case study in Mozambique. Remote Sensing, 12(8), 1279.

[48]Martinez J M, Le Toan T, 2007. Mapping of flood dynamics and spatial distribution of vegetation in

the Amazon floodplain using multitemporal SAR data. Remote sensing of Environment, 108(3), 209-223.

[49]Martinis S, Plank S, Ćwik K, 2018. The use of Sentinel-1 time-series data to improve flood monitoring in arid areas. Remote Sensing, 10(4), 583.

[50]McFeeters S K, 1996. The use of the Normalized Difference Water Index (NDWI) in the delineation of open water features. International journal of remote sensing, 17(7), 1425-1432.

[51]Olofsson P, Foody G M, Stehman S V, et al., 2013. Making better use of accuracy data in land change studies: Estimating accuracy and area and quantifying uncertainty using stratified estimation. Remote Sensing of Environment, 129, 122-131.

[52]Pei J, Wang L, Wang X, et al., 2019. Time series of Landsat imagery shows vegetation recovery in two fragile karst watersheds in southwest China from 1988 to 2016. Remote Sensing, 11(17), 2044.

[53]Pekel J F, Cottam A, Gorelic N, et al., 2016. High-resolution mapping of global surface water and its long-term changes. Nature, 540(7633), 418-422.

[54]Plank S, 2014. Rapid damage assessment by means of multi-temporal SAR—A comprehensive review and outlook to Sentinel-1. Remote Sensing, 6(6), 4870-4906.

[55]Qiao C, Luo J, Sheng Y, et al., 2012. An adaptive water extraction method from remote sensing image based on NDWI. Journal of the Indian Society of Remote Sensing, 40(3), 421-433.

[56]Santoro M, Wegmüller U, Lamarche C, et al., 2015. Strengths and weaknesses of multi-year Envisat ASAR backscatter measurements to map permanent open water bodies at global scale. Remote Sensing of Environment, 171, 185-201.

[57]Sedgwick P, 2012. Pearson's correlation coefficient. British Medical Journal, 344.

[58]Sekertekin A, 2021. A survey on global thresholding methods for mapping open water body using Sentinel-2 satellite imagery and normalized difference water index. Archives of Computational Methods in Engineering, 28(3), 1335-1347.

[59]Sica Y V, Quintana R D, Radeloff V C, et al., 2016. Wetland loss due to land use change in the Lower Paraná River Delta, Argentina. Science of the Total Environment, 568, 967-978.

[60]Tao S, Fang J, Zhao X, et al., 2015. Rapid loss of lakes on the Mongolian Plateau. Proceedings of the National Academy of Sciences, 112(7), 2281-2286.

[61]Tian H, Li W, Wu M, et al., 2017. Dynamic monitoring of the largest freshwater lake in China using a new water index derived from high spatiotemporal resolution Sentinel-1A data. Remote Sensing, 9(6), 521.

[62]Tian H, Wu M, Wang L, et al., 2018. Mapping early, middle and late rice extent using Sentinel-1A and

Landsat-8 data in the poyang lake plain, China. Sensors, 18(1), 185.

[63]Torres R, Snoeij P, Geudtner D, et al., 2012. GMES Sentinel-1 mission. Remote sensing of environment, 120, 9-24.

[64]Vickers H, Malnes E, Høgda K A, 2019. Long-term water surface area monitoring and derived water level using synthetic aperture radar (SAR) at altevatn, a medium-sized arctic lake. Remote Sensing, 11(23), 2780.

[65]Wan R, Wang P, Wang X, et al., 2019. Mapping aboveground biomass of four typical vegetation types in the Poyang Lake wetlands based on random forest modelling and landsat images. Frontiers in Plant Science, 10, 1281.

[66]Wang L, Liu Z, Sun Y, et al., 2015. Long-range transport and regional sources of PM2. 5 in Beijing based on long-term observations from 2005 to 2010. Atmospheric Research, 157, 37-48.

[67]Wang Y Q, Zhang X Y, Draxler R R, 2009. TrajStat: GIS-based software that uses various trajectory statistical analysis methods to identify potential sources from long-term air pollution measurement data. Environmental Modelling & Software, 24(8), 938-939.

[68]Wu G, Liu Y, 2015. Capturing variations in inundation with satellite remote sensing in a morphologically complex, large lake. Journal of Hydrology, 523, 14-23.

[69]Xie Z, Phinn S R, Game E T, et al., 2019. Using Landsat observations (1988–2017) and Google Earth Engine to detect vegetation cover changes in rangelands-A first step towards identifying degraded lands for conservation. Remote Sensing of Environment, 232, 111317.

[70]Xiong J, Thenkabail P S, Gumma M K, et al., 2017. Automated cropland mapping of continental Africa using Google Earth Engine cloud computing. ISPRS Journal of Photogrammetry and Remote Sensing, 126, 225-244.

[71]Xu H, 2006. Modification of normalised difference water index (NDWI) to enhance open water features in remotely sensed imagery. International journal of remote sensing, 27(14), 3025-3033.

[72]Zeng L, Schmitt M, Li L, et al., 2017. Analysing changes of the Poyang Lake water area using Sentinel-1 synthetic aperture radar imagery. International Journal of Remote Sensing, 38(23), 7041-7069.

[73]Zhang F, Li J, Zhang B, et al., 2018. A simple automated dynamic threshold extraction method for the classification of large water bodies from landsat-8 OLI water index images. International Journal of Remote Sensing, 39(11), 3429-3451.

[74]Zhang P, Lu J, Feng L, et al., 2015. Hydrodynamic and inundation modeling of China’s largest freshwater lake aided by remote sensing data. Remote Sensing, 7(4), 4858-4879.

[75]Zhao D, Lv M, Zou X, et al., 2014. What is the minimum river width for the estimation of water clarity using medium - resolution remote sensing images?. Water Resources Research, 50(5), 3764-3775.

第五部分

技术应用研究案例

5

第 16 章
Web GIS 故事地图在初中区域地理中的应用

通过运用比较成熟的 Web GIS 云平台（ArcGIS Online）的故事地图（Story Map）应用程序模板，开展人教版七年级下册区域地理“欧洲西部”第一课时的教学设计研究，带领中学地理教师认识和学习 Web GIS 故事地图的主要功能，以帮助其更好的进行地理课程资源开发，开展更加有趣多样的地理教学活动。

16.1　研究背景

当今世界是一个现代信息技术高速发展的时代，以互联网普及应用为标志的信息化浪潮席卷全球，现代信息技术的发展已经渗透到社会各个领域，教育领域也不例外（赵希宁，2021）。百年大计，教育为本。习近平总书记指出：“建设教育强国是中华民族伟大复兴的基础工程，必须把教育事业放在优先位置，深化教育改革，加快教育现代化，办好人民满意的教育（黄百炼，2020）”。2016 年教育部关于印发《教育信息化“十三五”规划》的通知中，提到要坚持促进信息技术和教育教学深度融合的核心理念。地理学的学科属性决定了地理课堂与信息技术有着密不可分的联系（杨榆昭，2020）。2016 年第 33 届国际地理大会上正式颁布了《2016 地理教育国际宪章》，新宪章更加强调空间意识和空间技术，强调地理信息系统等技术手段的作用，尤其是以地理空间技术为媒介学习地理知识和技能，为理解现代世界开辟了独特的道路（朱雪梅，2020）。

因地理信息系统可以帮助学生和地理教育工作者提高地理学习和地理教研的能力，从而引起世界各国的广泛关注。地理信息系统教育最初始于发达国家，目前正日益向发展中国家渗透（Aphiwe Mkhongi，2020）。2003年我国首次在地理课程标准中引入地理信息系统，推进在地理学科中使用信息技术。新版《普通高中地理课程标准（2017年版）》对深化地理信息技术在高中地理教学中的应用提出了更加全面和深入的要求（陈丹，2020），把地理信息技术教育的内容分别渗透在地理1和地理2中，通过探讨有关自然地理问题和有关人文地理问题让学生学习、使用和掌握地理信息技术（教育部基础教育课程教材专家工作委员会，2020）。由此可见，我国教育管理者和教育工作者对地理信息技术的重视程度正不断上升，在中学地理教学过程中，地理信息技术不仅是重要的地理教学内容，还是重要的地理教学辅助工具。地理信息技术对于中学地理课堂教学就好比维生素对于人身体的重要性而言，维生素的摄入可以让我们的身体变得健康。同理，地理信息技术可以让整个地理课堂更加丰满完整。合理利用地理信息技术进行地理课程资源开发，为一线地理教师设计更加多样的课堂开辟了新方向，提供了更加便捷的新工具。

GIS，即地理信息系统（Geographic Information System）或地理信息科学（Geographic Information Science），是一门处理与地理位置有关问题的，能够对地理数据进行采集、存储、管理、分析、表达和共享、帮助人们做出正确决策的技术和科学（付品德，2018）。Web GIS是指采用了Web技术的GIS。从20世纪90年代中后期起，GLOBE、Kan CRN和Journey North等开始利用Web GIS收集分析数据，并将其地图化，以此为标志，Web GIS开始用于教学活动（侯璐，2019）。Web GIS以其可以摆脱时间和地点的优势，可以随时随地利用web对所需要的地理数据进行采集和处理，极大地缓解了教学过程中软件安装和使用的困难性以及教学环境中基础多媒体设施不完善的问题。Web GIS具有较好的时效性，将其引入地理教育中，恰恰体现了信息时代的特征，同时也有助于地理教学实践水平的提升。它可以及时更新地理数据和地理资源，让使用者获取最新和直观的地理数据资源。

区域地理作为中学地理课程的重要内容，任何地理事物都有其区域背景，地理教学中遇到的自然与人文地理问题都需要落实到一定区域范围内去解决（李佳宬，2018）。区域地理教学内容具有综合性和复杂性，七年级的中学生正处于逻辑思维发展的关键时期，教师应该顺应学生的身心发展规律，借用Web GIS进行教学设计，用故事地图把区域地理教学内容有规律的组织起来，降低学生的学习难度，增加课堂的趣味性。授人以鱼不如授人以渔，学生在学习某一区域基本知识的同时，也掌握了学习某一区域的基本方法，学会用辩证、联系和发展的视角去看待地理问题，拥有基本的地理思维，为今后扎实的掌握地理知识打下坚实的基础。

16.2 Web GIS故事地图作为辅助地理教学工具的优点

16.2.1 实现地理学习的交互性

传统的电子地图只能向学生展示基本的地理信息，界面单一，功能简单，缺乏动态性和交互性，比较专业的电子地图收费高且需要经过专门的学习才能掌握（苏仰娜，2011）。另外，电子地图更注重生活场景的应用，比较适合人文地理知识的学习（黄振新，2018），在教学过程中很难真正的满足地理教师的需要，不利于学生对地理知识的获取，更不利于学生地理空间思维能力的培养。当前比较常用的多媒体教学很大程度上提升了利用电子地图进行授课时的交互性，但是从网上获取电子地图的途径多样，地图质量参差不齐，教师的信息素养也存在较大差别，因此很难达到更好的教学效果。

当今使用广泛的多媒体教学平台，如PowerPoint、Flash等，虽然可以添加文字、图片、视频等教学素材，但它们都不能体现出地理学科的特色（张雪松，2012）。故事地图作为数字地图的最新表达形式正在慢慢兴起，它借助地理位置来组织和提供信息，在地理的背景下结合了交互式地图、多媒体内容和直观的用户体验，直观形象的讲述各个领域的故事（付品德，2018）。故事地图能将地理位置与学生熟悉的地方生态、文化和社会经济环境结合起来，让学生用全球视角看待地理问题，具有很强的地理特色和直观性。

ArcGIS Online平台存储海量地理信息图层，能够满足教师教学需求，教师只需选择适合的故事地图模板，融合地理教学内容，就可以设计一个富有情境的故事地图。这样一个融合了地图、照片、文字批注等的故事地图，能轻松的表达出教师的教学意图。它不同于传统的教学模式，能帮助教师打造真正的“别样”课堂，从而极大地调动学生学习的积极性，提高学生学习新知识的效率，同时学生对新地理知识的掌握也会更加牢固。

16.2.2 培养学生区域认知能力的有效手段

区域认知作为中学生必备的地理学科素养之一，对学生地理思维的培养至关重要。在区域地理教学模块，教师在授课过程中要突出区域地理的特点即区域性和综合性。Web

GIS 中的应用程序——故事地图（Story Map）可以帮助中学地理教师把这两方面完美的结合起来，在故事地图中添加的地图图层可以随意的放大和缩小，使学生对某一区域的位置感知更加清晰。如在讲授“亚洲”的位置时，缩小地图的比例尺，把地图放到适合的位置，学生就能直观地判断出亚洲的半球位置和海陆位置（图 16-2-1）；放大地图的比例尺，学生就可以清晰的看到亚洲的轮廓和山脉分布。在故事地图中添加图层——世界行政区划图，还可以向学生展示亚洲各个国家的具体位置。这种交互式地图对学生空间感知能力的培养十分有利，学生“只闻其名不知其在何处的情况”会大大减少。

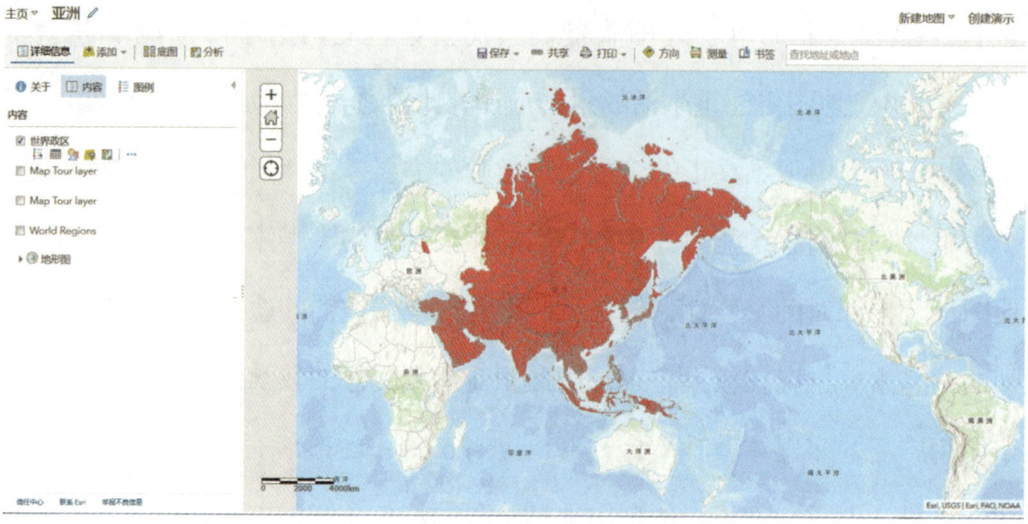

图16-2-1　利用Web地图讲解亚洲的位置

16.2.3　提供地理教学资源共享的便捷途径

制作完成的故事地图在进行共享时会生成一个网址（图 16-2-2），打开该网址，接通网络，其他人就能看到已经发布好的故事地图，不占用任何空间，使用者也不需要下载相应的应用程序（APP），也不需要额外存储在U盘和电脑上。已经发布的故事地图上传之后，使用者可以通过故事地图的名称，标签来搜索自己所需要的故事地图，也可以直接浏览其他人上传的故事地图，同时也能分享给其他人观看。教师一方面可以在 ArcGIS Online 上浏览和使用其他人发布的优秀的故事地图，另一方面可以搜索自己所需要的 Web 地图，对地图进行编辑加工并保存，自己制作自己想要的故事地图，共享生成网址，并与学生共享。

图16-2-2　已创建故事地图的共享界面

16.3　ArcGIS Online故事地图的基本介绍

ArcGIS Online 为用户提供了多种多样的故事地图应用模板，用户可以自己进行配置和应用。打开 ArcGIS Online 网站，在 Map Viewer 中共享 Web 地图，单击创建 Web 应用程序，选择需要的故事地图模板。本文选择 Story Map Journal 模板进行创作，该模板有两种布局，即侧面板和浮动面板（图 16-3-1）。本文选择的案例“欧洲西部”更适合第一种“侧面板”布局，即在滚动的侧面板中创建以章节呈现的深度故事。

图16-3-1　Story Map Journal的两种布局模式

点击“应用”，主题命名为“第八章 第二节 欧洲西部”，按需要设置字体大小。故事地图编辑面板的主面板部分不仅可以添加地图还可以添加图像、视频和 Web 页面（图 16-3-2）。本文选择的“欧洲西部”案例主要以添加地图为主，也比较符合区域地理教学的需要。

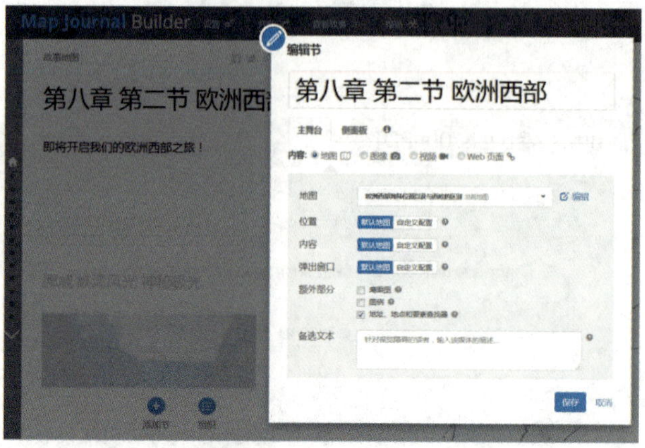

图16-3-2　第一节故事地图的主面板页面

编辑“侧面板”（图 16-3-3），加入自己所需要的文字和图片，对主面板的内容加以说明，丰富第一节的内容。

图16-3-3　侧面板展示

根据自己的需要“添加节”，直至使自己的故事地图丰富起来。本案例一共创建了15个节，点击“组织”，根据本节课的教学进程可以调换这些节的顺序（图 16-3-4）需要。

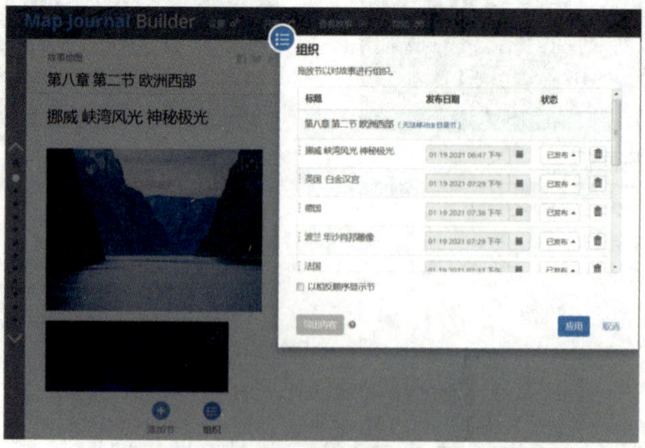

图16-3-4　对故事地图的节进行组织

在编辑故事地图的过程中，要及时点击“保存”，以免做好的地图丢失；同时，在“保存”选项的旁边，会对故事地图存在的问题进行定位，点击“定位”选项，会对故事地图中存在的问题进行甄别，用户可以修正自己创建故事地图中存在的问题（图 16-3-5）。

图16-3-5 定位所创作的故事地图存在的问题

16.4 教学案例开发

地理教学设计是促进学生地理深度学习、提高地理教学质量的关键环节，也是地理课堂必不可少的一部分（张德举，2019）。提升地理教师 TPACK 能力是指提升地理教师“整合技术的学科教学知识”的能力，利用 Web GIS 设计教学案例就需要教师具有整合技术的能力，能将地理信息技术整合到地理教学设计中（宋晓东，2020）。教师在授课过程中使用故事地图，通过增加地图出现的频率，用读图代替课本上枯燥的文字，潜移默化间增强学生的空间概念，从而培养学生的地理空间感知力，落实区域认知素养的培养。本文将制作完成的“欧洲西部”故事地图与课本内容结合，通过该教学设计展示 ArcGIS Online 故事地图辅助教学的各种功能。

本文选取人教版七年级下册区域地理“欧洲西部”的第一课时作为本研究的案例。七年级学生初次深入学习地理，正是养成良好地理学习习惯的重要时期。区域地理课程旨在培养学生的地理空间定位能力，培养学生比较、分析和综合的能力，教材选取了几个比较典型的大洲和地区，旨在让学生感知不同地区的风土人情，学会用地理思维分析地理事物及现象，在学好一个区域之后，能举一反三。

表16-4-1 欧洲西部教学案例设计

<table>
<tr><th>教学过程</th><th>故事地图的功能</th></tr>
<tr><td>

（一）“欧洲西部”故事地图，旅行游记导入

课前准备：打开班级的班班通，测试好网络，电脑打开制作完成的“欧洲西部”故事地图的共享链接（https://arcg.is/0uvPDT）。

开始授课：利用准备好的故事地图，翻页向学生展示挪威（图16-4-1）、英国、德国、波兰、法国、瑞士、意大利、西班牙、希腊的故事地图内容。

图16-4-1 欧洲西部故事地图—挪威

展示挪威的故事地图时（放大缩小地图的比例尺，橘红色部分就是挪威），侧面板的文字是对挪威的补充说明，峡谷独特，十分动人（点击侧面板的图片，可以放大观看其他国家的故事地图讲解参考挪威部分。）（图16-4-2）

图16-4-2 欧洲西部故事地图—挪威侧面板放大截图

</td><td>

1. 方便即时。

教师只要准备好所要使用的故事地图网址，连通网络，就能立即使用。

2. 交互性、生动性。

(1) 可以对挪威、英国、德国、波兰等国家的主面板的地图放大和缩小，让学生对某一国家分别从全球的位置和在欧洲西部的位置两个不同的尺度进行感知。

(2) 侧面板部分的旅游照片可以点击放大和缩小，方便学生观看大图，加深印象。

3. 充分吸引学生的注意力。学生对故事地图有极大的好奇心，使他们自愿且有耐心跟随老师的步调，完成本节课的课前导入。

</td></tr>
</table>

续表

<table>
<tr><td>（二）欧洲西部的位置及范围
海陆位置的判读：世界地图上，把矢量化的橘黄色部分放在合适的位置，并为学生指图（橘黄色代表的是欧洲），缩小比例尺，让学生自己判读欧洲西部的半球位置；放大比例尺，让学生找到欧洲西部的临海和所在的大陆。（图 16-4-3）
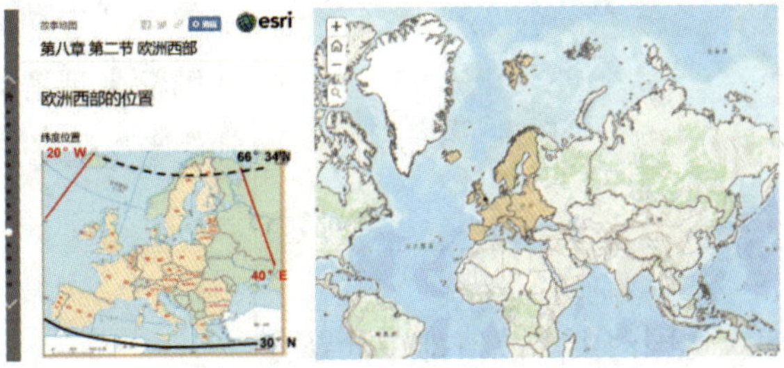

图 16-4-3 欧洲西部故事地图—欧洲西部的位置
纬度位置的判读：观察侧面板的图片，邀请一位同学来描述欧洲西部的纬度位置。（图 16-4-4）

图 16-4-4 欧洲西部故事地图—欧洲的纬度位置侧面板放大截图
范围：同学们参考课本 52 页的课本正文部分以及课本图片图 8.16，让同学们齐声说出欧洲西部的范围（欧洲西部位于欧洲的西半部，以波罗的海的东岸和黑海的西岸为界的以西的欧洲部分），并让同学们做好笔记。</td><td>1. 首先利用 ArcGIS Online 中的地图编辑器对所需要的区域进行矢量化选择，即欧洲部分，选用一种颜色填充；在视觉上与底图形成对比，让学生加深对欧洲西部范围的认识。
2. 在主面板一侧通过移动和缩放把地图放在合适的位置，找出波罗的海和黑海，辅助学生在课本的地图上找到相应的地理位置。</td></tr>
<tr><td>（三）欧洲西部与非洲的海岸线轮廓对比
先把主面板的地图放在合适位置（图 16-4-5），使欧洲西部和非洲的海岸线轮廓看起来比较清晰，邀请一位同学回答，通过读图总结两个地区的海岸线区别。
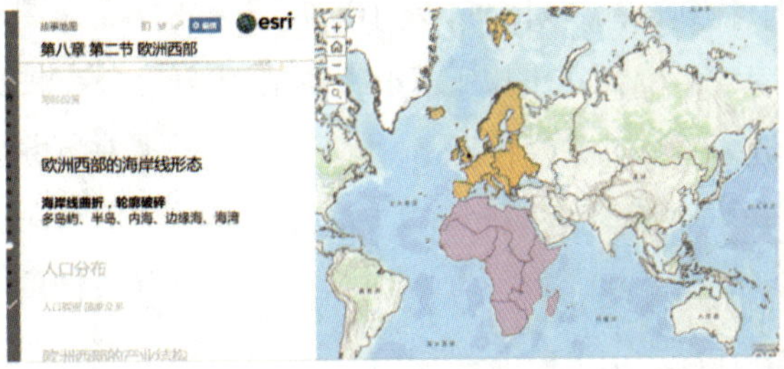

图 16-4-5 欧洲西部故事地图—欧洲西部的海岸线形态</td><td>利用地图编辑器对欧洲和非洲进行矢量化选择，把欧洲和非洲凸显出来，让学生站在全球视角对欧洲西部的地理位置有更深刻的认识，对学生地理空间能力的提升十分有帮助。</td></tr>
</table>

续表

<table>
<tr><td>

（四）欧洲西部的人口

继续翻页故事地图，主面板上显示的是叠加了世界人口分布图的Web地图（16-4-6），让学生通过读图判断欧洲西部的人口状况（注意把主面板的地图放在合适的位置）。

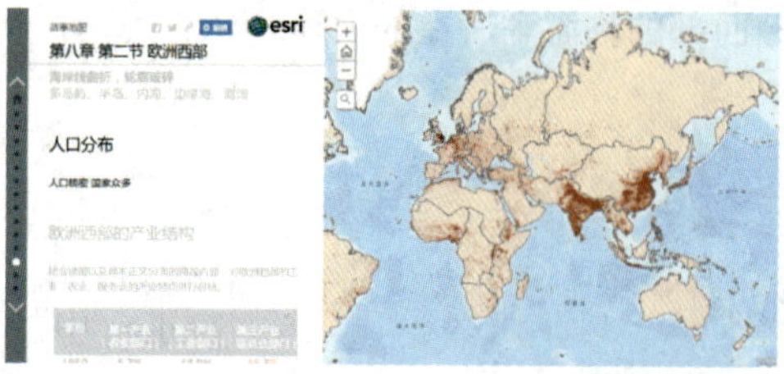

图 16-4-6　欧洲西部故事地图 -- 人口分布

</td><td>

教师可以在故事地图中对所选中的地图进行直接编辑，在 ArcGIS Online 中搜索所需要的图层—世界人口分布图进行叠加，呈现给学生最直观生动的视觉效果，帮助学生理解新的知识点，加深学生记忆。

</td></tr>
<tr><td>

（五）欧洲西部的产业结构

教师指导学生看主面板，数数欧洲西部人均国内生产总值排在世界前10位，前20位的分别有几个？并邀请一位同学来回答。

带领学生细读侧面板的表格（可放大）（16-4-7），分析英国1950到1984年的国内生产总值的产业构成，从表格中找出英国国内生产总值主要是由哪两个部门组成，哪个部门的比例一直在增大。引发学生思考：为什么服务业部门的比例在逐年增加，最后在英国生产总值中所占的比重最大？最后让学生参考课本52页的两段正文内容，对欧洲西部的工业、农业、服务业的产业特点进行总结。

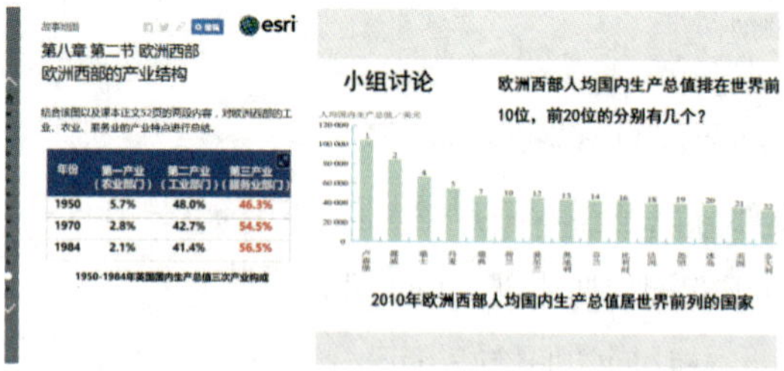

图 16-4-7　欧洲西部故事地图—欧洲西部的产业结构

学生作答，教师对学生的总结进行点评和指正。

</td><td>

不同于该故事地图的其他节，该节在主面板上添加了图片，合适填充好图片，编辑好侧面板。同样我们也可以添加视频，音频等，使教师所设计的故事地图更加丰满。

</td></tr>
<tr><td>

（六）活动题“找首都

趣味活动：找“首都”分组PK（图16-4-8）。教师分别说出五个国家首都的名称，让学生在欧洲西部行政区划图上找到首都所对应国家的位置，小组代表作答并且在主面板的地图上找到该国家的位置，让其他小组验证无误后，对其所在的小组进行积分，最后积分最多的小组获得胜利。

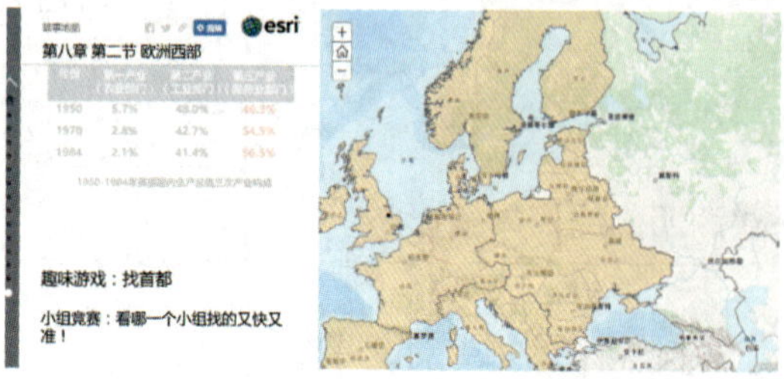

图 16-4-8　欧洲西部故事地图—趣味游戏“找首都”

课堂小结：教师结合板书对本节课的内容进行回顾，同时要向学生点明本节课的重难点。

</td><td>

不仅仅是教师可以使用故事地图来辅助教学，也可以由学生亲身操作，引发学生好奇心，激发学生求知欲，活跃课堂气氛，同时也充分体现学生地理学习的主体性。

有条件的学校，教师也可以直接让学生利用平板电脑打开教师所发布的欧洲西部故事地图，跟随老师的节奏，在主面板地图上寻找首都和所对应国家的位置，这样更能体现故事地图的交互性。

</td></tr>
</table>

16.5　教学反思

随着 5G 技术逐渐推广应用，为 Web GIS 提供良好的网络通信基础，因此故事地图的使用前景十分广阔。在进行课前准备时，教师要参透课标要求和教材，注意所设计的故事地图与课堂内容的高度契合，如在制作欧洲西部故事地图时，要考虑清楚哪些知识点适合采用故事地图教学，以及制作好故事地图的可行性。教师要有高度的专业精神来做好自己所需要的故事地图。在整个教学过程中，学生对故事地图有很大的好奇心，全程注意力十分集中，尤其是在学生自主操作故事地图时，绝大部分学生都能很好地融入课堂，课堂氛围融洽。由此可见，改善教学模式，开展别样课堂对于中学生来说至关重要。课后，要及时对课堂上存在的问题进行反思，如在讲解过程中学生可能会出现倦怠感，要积极请教其他教师，合理安排教学环节，提供解决方案，完善自己的教学设计。

地理信息技术融入地理教学，是一线地理教师开展教学教研活动的机遇和挑战。地理教师要紧跟地理学发展的大趋势，打造属于自己的信息化课堂，让所有学生搭上地理教育信息化的快车，学习最科学、有用、前沿的地理知识。

参考文献

[1]陈丹，2020.地理信息技术在高中地理教学中的应用[D].河北师范大学硕士学位论文.

[2]付品德，秦耀辰，闫卫阳，2018.WebGIS 原理与技术[M].1版.北京：高等教育出版社.

[3]黄百炼，2020.建设社会主义现代化教育强国的思想指南——读《习近平总书记教育重要论述讲义》有感[J].中国编辑，(11)：4-23.

[4]黄振新，李立新，2018.运用地理信息技术软件辅助地理教学—以LocaSpace Viewer的应用为例[J].中学地理教学参考，(22)：42-44.

[5]侯璐，2019.WebGIS培育区域认知的教学模式构建研究[D].华东师范大学硕士学位论文.

[6]教育部基础教育课程教材专家工作委员会，2020.普通高中地理课程标准解读(2017年版2020年修订)[M].北京：高等教育出版社.

[7]李佳宬，2018.GIS辅助中学区域地理教学研究[D].河北师范大学硕士学位论文.

[8]宋晓东，王锦杰，张琦，等，2020.WebGIS在线数据平台探究式地理教学案例设计与思考—以气象灾害台风为例[J].地理教学，(06)：57-60.

[9]苏仰娜，2011.基于Flash+XML的多媒体电子教学地图的设计[J].中国电化教育，(03)：127-130.

[10]杨榆昭，阳兆卫，2020. “等高线地形图的判读与应用”教学设计[J].中学地理教学参考，(24)：57-59.

[11]赵希宁，2021.现代信息技术环境下中学地理在线教学设计探究[J].地理教学，(01)：49-50.

[12]张雪松，钟小辉，李家清，等，2012.Google Earth在中学地理课堂教学中的应用研究—以“长江”为例[J].地理教学，(14)：46-423.

[13]张德举，2019.基于深度学习的地理教学设计—以人教版教材“大气受热过程”为例[J].中学地理教学参考，(23)：37-39.

[14]朱雪梅，姚慧，2020.从《地理教育国际宪章》看地理基础教育的改革发展[J].中国教育学刊，(03)：93-97.

[15]Mkhongi F A, Musakwa W, 2020. Perspectives of GIS education in high schools: An evaluation of uMgungundlovu district, KwaZulu-Natal, South Africa. Education Sciences, 10(5),56-59.

第 17 章 Web GIS 在中学地理教学的应用——以 ArcGIS Online 为例

Web GIS 是互联网技术与地理信息技术融合而产生的新技术，以其开放、共享的优势为地理信息技术在地理教学的应用注入新的要素。本文在分析美国 Esri 公司 ArcGIS Online 云平台服务和特点基础上，依据新课改对地理教学的要求，建构该云平台在中学地理教学的应用模式，并以初中《地理》“澳大利亚”一节为例，探究 ArcGIS Online 在地理教学中的应用，进而发掘 Web GIS 在地理教学中应用的潜力，对拓展课程资源、革新教学手段和培养学生地理核心素养具有重大意义，有助于推动“互联网 + 教育”时代下地理教学改革。

17.1 研究背景

地理学是研究地理环境以及人类活动与地理环境关系的科学，注重宏观的空间概念，关注空间格局、时空关系及其相关性，强调人与自然环境的相互关系，这是其他学科不具备的特点（韦志榕，2018）。中学地理课程内容涉及土壤地理学、气象学、经济地理学和城市地理学等方面的知识，但中学生知识储备量少，生活阅历浅，仅靠教材中的文字和图像很难理解抽象的地理知识和时空跨度大的地理现象。地理信息技术是地理学与现代信息技术结合的产物，它在计算机系统的支持下，采集、存储、管理、处理、分析和显示空间信息（郭丽敏，2013）。将地理信息技术应用在地理教学中可引导学生从地理学的视角学习知识，使教材和课堂得到延伸，有着传统教学手段无可比拟的优势。随着地理新课程标准的颁布和实行，地理信息技术在中学地理教学中的相关教学内容及其应用相继得到重视，同时也要求学生能够使用地理信息技术分析地理问题（徐薇，2019）。因此，在地理教学中，教师要根据实际情况选择合适的地理信息技术，创造性利用地理信息技术达到丰富课程内容、改革教学手段并培养学生地理核心素养的目标。

目前，应用在地理教学中的地理信息技术根据运行的平台主要分为三类，分别是传统 APP、桌面 GIS 和 Web GIS。APP 为 Application 的缩写，是指安装在移动智能设备上的应用程序，例如 MeteoEarth、太阳测量师和奥维互动地图等。桌面 GIS 软件是基于计算机进行地理信息处理和分析的软件系统，例如美国 Esri 公司的 ArcMap、北京超图公司的 Super GIS 等。Web GIS(网络地理信息系统) 是采用 Web 技术的 GIS、即利用 Web 技术实现和扩展 GIS 的功能。目前国内外的 Web GIS 云平台主要有美国 Esri 公司的 ArcGIS Online、武汉吉奥公司的 GeoSurf 和超图公司的 SuperMap IS 等。桌面 GIS 软件处理数据的步骤复杂且数据量大，而 Web GIS 将这些复杂的过程打包封装在工具箱中以服务的形式发布在云平台，以其简洁友好的界面克服了桌面 GIS 软件对硬件设备和技术要求较高的缺点（杨宏健，2015）。在地理数据资源方面，Web GIS 提供了大量实时、动态的地理数据，教师无需安装桌面 GIS 软件或移动端 APP 就可以在云平台中搜索到地理数据资源。除此之外，Internet/Intranet 所特有的优势使 Web GIS 具有更广泛的访问范围，师生可以同时访问不同服务器上的最新数据，实现教学资源跨区域共享（孟丽，2007）。

Web GIS 通过数字交互环境增强地理事物的可视化，打破传统教学模式和教学手段的禁锢，拓展了地理教学的深度和广度，为地理信息技术在地理教学的应用开辟新方向（Fargher M，2018）。因此有必要在地理教学中引入 Web GIS，突破传统地理信息技术的局限性，为地理课程的实施提供便捷可行的平台，使地理教学具备网络化教学和地理信息技术辅助教学的双重优势。本文主要以美国 Esri 公司的 ArcGIS Online 为例来探讨 Web GIS 在地理教学中的应用。

17.2　ArcGIS Online介绍

ArcGIS Online（www.arcgisonline.com）是美国 Esri 公司建设的基于云的地图和数据分析平台，该平台提供数据图层服务、智能制图服务和应用程序服务，教师可以在线免费访问全球范围内高质量的地理数据图库，轻松实现地图的制作、共享和协助，以满足日常教学需求（朱亚亚，2016）。

17.2.1　ArcGIS Online的服务功能

（1）数据图层服务

ArcGIS Online 提供的世界动态地图集涵盖了多种类型的地图数据，其中包括反映翔实地物信息的影像地图、反映多种空间尺度的边界和位置数据、新冠肺炎疫情统计数据和反映地球自然灾害的观测数据等（付品德，2018）。教师可以对这些数据重复使用、任意组合来展示地理事物的时空特征，例如展示台风路径的变化、新冠疫情的发展趋势和各国人口数量的空间分布等。

（2）智能地图服务

ArcGIS Online 的智能地图可以在线制作二维地图和三维场景，其主要服务功能体现在智能制图、地图注释和地理空间分析三个方面。首先如图 17-2-1 所示，在制作地图时，该平台会自动进行数据分析并推荐最优的可视化方式，帮助师生简易、直观、快速地配置图层符号，不需要师生具有专业的制图知识和软件技能（付品德，2018）。其次，教师可以通过添加“点、线、面”图层符号突出显示地图上某一要素，也可以通过“设置弹出窗口”展示地图要素的具体信息，帮助学生更深刻、更快速地理解地图内容；最后，ArcGIS Online 还提供一系列即用型地理空间分析工具来丰富地图的功能与用途，例如，学生可以利用“测量”工具获取某一地理位置的经纬度坐标，也可以利用“创建缓冲区”工具计算某一城市的辐射范围，等等。

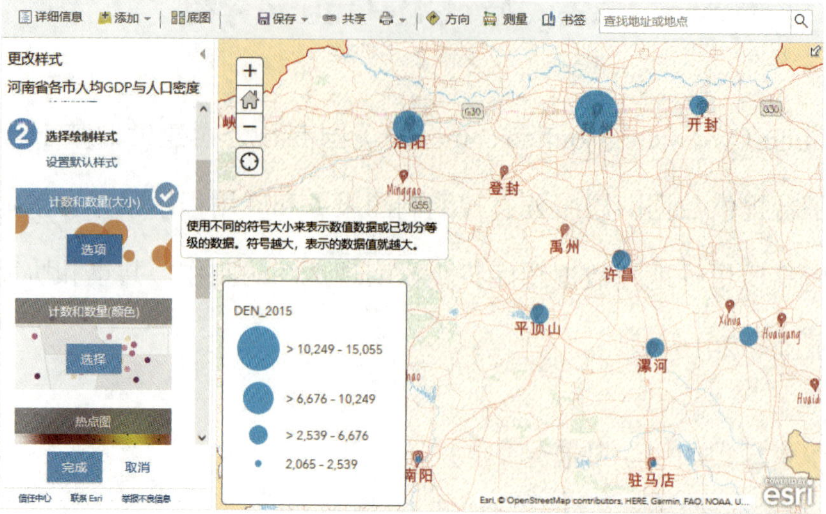

图17-2-1　智能地图服务在制作人口密度图的应用

（3）应用程序服务

ArcGIS Online 应用程序实现了随时随地展示、查询和分析 Web 地图或场景中的数据图层，师生不需要任何编程基础就可以制作。该云平台提供了多种类型的应用程序模供师生选择使用，主要包括“故事地图”“展示地图”“收集和编辑数据”和“比较地图和图层”等模板。

17.2.2　ArcGIS Online的优势特点

ArcGIS Online 云平台（www.arcgisonline.com）集数据图层、智能地图、和应用程序服务于一身，其自主性、交互性的特点与新课改背景下的地理教学相契合。

（1）自主性

ArcGIS Online 世界动态地图集会以适当的频率更新，具有一定的时效性和权威性，教师可以随时选取合适的教学素材，将其应用到不同的专题教学中。ArcGIS Online 智能地图服务支持地图与数据图表、文字和视频等资源的结合，教师建立“全球场景”或者“局部场景”用仿真的方式模拟地理情景，增强学生对地理空间的视觉感受，帮助学生理解教材中呆板的地理图表和抽象的地理概念，提高学生学习的积极性和主动性。

（2）交互性

ArcGIS Online 支持在线共享数据、地图和应用程序，教师可以创建课程资源群组实现教师间的交流研讨、学生间的互动探究，也可以将地图或应用程序共享给所有人，他人在已联网设备的浏览器中输入地图或应用程序的 URL 就可查看、操作地图。ArcGIS

Online 的智能制图、空间分析和定位导航等工具页面简单，操作难度低，利用这些工具把地理实践活动穿插在地理教学之中，让学生在人机交互的过程中实现理论知识的迁移应用，进而锻炼学生的综合思维和地理实践力。

17.3　ArcGIS Online在地理教学的应用

17.3.1　应用模式构建

新课改中提到："改变课程实施过程中过于强调接受学习的现状，倡导学生主动参与、乐于探究、勤于动手，培养学生搜集和处理信息的能力、获取新知识能力、分析和解决问题的能力以及交流的能力（郭丽敏，2013）"。从课程资源来看，新课改提倡教师要突破教材的束缚，有创造性地使用教材，利用多元化的教学资源传授地理知识。从教学方式来看，依托信息技术的地理教学应以学生为中心，在教师的指导下，通过"自主、探究、合作"为特征的教学方法树立学生在地理课堂活动中的主体性，以小组讨论的形式实现学习成员间的合作交流和智慧共享（杨青卓，2021）。从学习方式来看，应拓展学生获取知识的渠道，增强学生自主学习的意识，转变学生学习方式由"被动式接受"到"主动探究"。本文基于新课改的内容和 ArcGIS Online 的优势服务功能，构建 ArcGIS Online 在地理教学中的应用模式（图 17-3-1）。

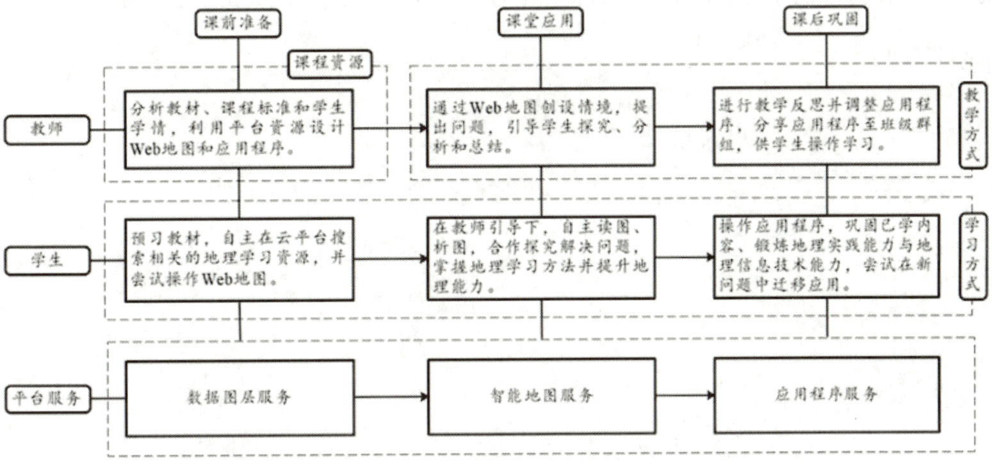

图17-3-1　ArcGIS Online在地理教学的应用模式

17.3.2 案例应用：澳大利亚

“澳大利亚”作为世界区域地理的一节课，其知识的综合性、复杂性和多元化对学生来说是难以消化的（宋玮娴，2018），本案例按照 ArcGIS Online 在地理教学的应用模式，将“澳大利亚”教学内容与 ArcGIS Online 的服务结合起来，为学生创造出信息化、开放性的地理学习环境。

（1）课前准备

澳大利亚地处南半球，其独特的地形条件对其气候、人口和城市的分布产生着一定的影响，但初中生地理空间能力和综合思维能力较弱，对教材中独立的、静态的地图难以产生空间关系上的联想。因此，本案例通过二维地图和三维场景将抽象内容形象化，将难点内容通俗化，将陌生情境熟悉化，降低学生学习的难度，提高学生学习的主动性和趣味性（王刚，2020）。案例的制作分为三步：首先从 ArcGIS Online 世界动态地图集中获取世界经纬网数据以及澳大利亚的国家分区、地形、降水、气温和人口等地理数据，然后通过智能地图服务制作展示澳大利亚地理环境特征的二维地图和三维场景，并基于“比较地图和图层”模板将二维地图制作成同步展示澳大利亚的地形与城市、人口分布的应用程序，最后将制作完成的 Web 地图和应用程序共享至班级群组。

（2）课堂应用

ArcGIS Online 在地理课堂的具体应用（表 17-3-1）中，教师注重并利用该平台丰富地理课堂活动，锻炼学生的地理实践能力；采用多元化的教学方式帮助学生建立地理事物的空间概念，引导学生学会分析区域地理的方法，培养学生的地理空间素养、区域认知素养和人地协调观。

表17-3-1　ArcGIS Online在地理课堂的应用

<table>
<tr><th>教学内容</th><th>学生活动</th></tr>
<tr><td>澳大利亚的位置和范围</td><td>活动一：找一找，在3D地球模型上找出澳大利亚的位置和范围，建立区域的地理空间概念。
学生在平板中打开“澳大利亚”场景，拖动3D地球模型观察澳大利亚在世界上的位置和范围，形成初步的感性认识，知道澳大利亚是世界上唯一一个独占一块大陆的国家。在场景中打开“经纬线”图层（图17-3-2），学生观察穿过澳大利亚的经纬线和澳大利亚四周濒临的海洋，从纬度位置、海陆位置和半球位置描述澳大利亚的地理位置；在场景中打开“澳大利亚国家边界”图层，学生通过拖动和放大场景找出澳大利亚的首都及其领土组成。

图17-3-2　澳大利亚在世界的位置</td></tr>
<tr><td>澳大利亚的地形特征</td><td>活动二：测一测，测量澳大利亚的地形，认识区域的地形特征。
将场景底图设置为“带标注的terrain图”，选中“Australia_DEM”图层，在教师的引导下，学生观察和分析澳大利亚地形的总体特征。小组分工合作，利用Elevation Profile(高程剖面)分析工具分别测量澳大利亚重要地形单元的高程剖面数据（图17-3-3），观察地形的起伏变化，并结合课本示意图讨论分析澳大利亚的三大地形区。
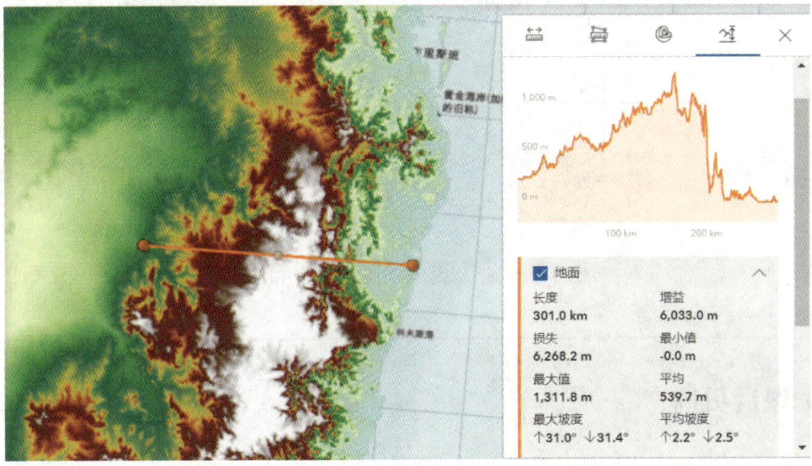

图17-3-3　大分水岭高程剖面示意图</td></tr>
</table>

续表

教学内容	学生活动
澳大利亚地形的影响	活动三：探一探，探索澳大利亚地形的影响，锻炼学生的综合思维。 学生通过观察气温和降水等值线图来分析澳大利亚气温和降水的规律，并利用地图的图层叠加功能分别将澳大利亚降水和气温的等值线与地形图叠加起来，探讨澳大利亚地形对其气温和降水的影响（图17-3-4）。 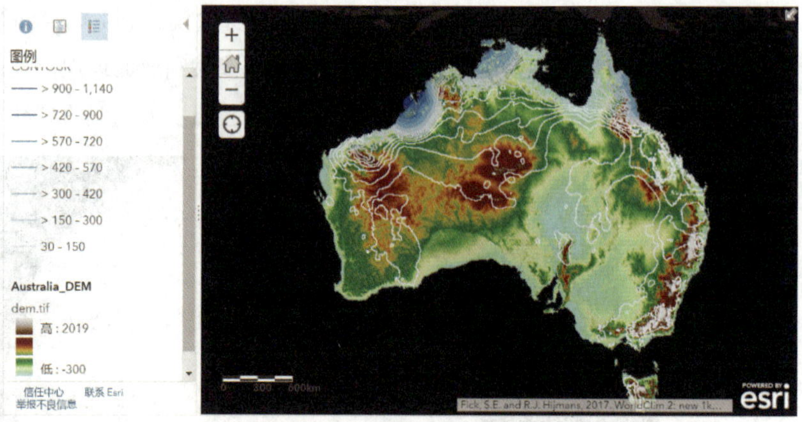 图17-3-4　澳大利亚的地形与降水等值线的叠加图 学生打开“澳大利亚地形对人口、城市的影响”应用程序，如图17-3-5所示，页面出现澳大利亚的高程数据和城市、人口分布数据。将中间拖杆移动到最左侧，视图中显示澳大利亚2020年人口分布的情况，学生可以通过颜色深浅分辨人口的多少，也可以通过弹出窗口了解城市的具体人口数量，自主分析澳大利亚人口分布的特征；将拖杆向右移动，拖杆左侧会逐渐出现被遮挡区域的高程数据，学生通过移动拖杆来对比分析澳大利亚地形对城市、人口分布的影响，探究澳大利亚的人地关系。 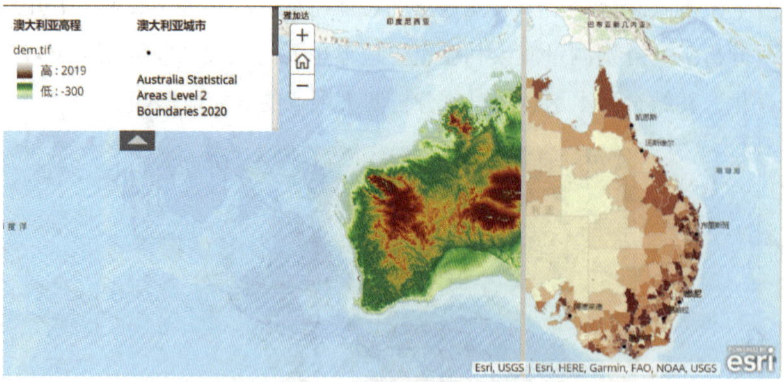 图17-3-5　澳大利亚地形与城市、人口空间分布的对比图

（3）课后巩固

基于 ArcGIS Online 从三维立体场景到二维平面地图多角度地开展地理读图活动，学生对澳大利亚的地理环境特征也有一定的认识，但学生的记忆容量是有限的，对于众多地理知识只是处于短时记忆的状态，若想达到长期记忆还需在课后进行复习。课后教师搜集澳大利亚其他地理数据丰富地图内容，基于“展示地图”应用程序模板将地图制作成应用程序，并在该应用程序中添加“测量”“底图库”等工具插件丰富应用程序的功能（图17-3-6为“澳大利亚”应用程序主页面）。相对于传统的纸质版地图，WEB应用程序上的地图可操作性强，可以让学生在类似游戏的氛围中进行复习，有能力的学生也可以通过更换底图和数据图层继续探寻澳大利亚。

图17-3-6　“澳大利亚”应用程序主页面

17.4　结　语

Web GIS是地理信息技术在新时代下的产物，它实现了GIS在互联网上的延伸和发展，推动了地理信息技术和互联网技术在教育领域的应用普及。以ArcGIS Online为例，一方面其云平台地理数据库为地理教学提供丰富多样的素材，可以生动、直观地展示地理事物的空间性、区域性和综合性等特点，激发学生探究地理知识的兴趣，提高学生在信息环境下的学习能力；另一方面，以其作为地理教学手段的技术支撑，改革传统的地理教学模式，推动“互联网＋教育”时代下的地理教学活动面向信息化的开展。作为教师要响应新课改的号召，积极面对网络化教育带来的机遇与挑战，从实际出发，因地制宜，充分挖掘Web GIS的教育价值，将Web GIS与地理教学有机地结合在一起，以发挥Web GIS在教育领域的最大优势。

参考文献

[1]付品德，秦耀辰，闫卫阳，等，2018.Web GIS原理与技术[M].北京：高等教育出版社.

[2]郭丽敏，李鹏，苏迎春，2013.GIS在辅助高中地理教学中的应用[J].中学教学参考，(09)：54-56.

[3]孟丽，杨伟铭，2007.Web GIS在地理网络教学中的应用研究[J].中国远程教育，(08)：71-74.

[4]宋玮娴，单良，秦趣，2018.MeteoEarth在初中地理课堂教学中的应用探究[J].中学地理教学参考，(24)：43-45.

[5]王刚，2020.高中地理“3S”简约化教学模式探索[J].现代中小学教育，36(7)：39-43.

[6]韦志榕，朱翔，等，2018.普通高中地理课程标准 (2017年版) 解读[M].北京：高等教育出版社，24.

[7]徐薇，谢达明，王欣，2019.“地理信息技术”教学内容在地理教材中的纵向演变[J].中学地理教学参考，(12)：64-67.

[8]杨宏健，杨晓霞，李少达，等，2015.基于ArcGIS云平台的地理处理服务的构建与共享[J].科技创新导报，12(16)：3-4.

[9]杨青卓，梁家伟，陈实，2021.Free Rivers软件在地理课堂活动中的应用——以新人教版“河流地貌的发育”一节为例[J].地理教学，(02)：38-41.

[10]Fargher M, 2018. WebGIS for geography education: Towards a GeoCapabilities approach. ISPRS International Journal of Geo-Information, 7(3), 111.

第18章

Web GIS for sustainable education: towards natural disaster education for high school students

The rapid development of the web geographic information system (Web GIS) has promoted new vitality in high school geography education, relieved the stress of geography teachers caused by software and technical problems, and made it possible for teachers to devote more energy to geography teaching and research activities. Natural disaster education is not only an important part of the geography curriculum, but also an indispensable aspect of education for sustainable development (ESD) for high school students. The application of Web GIS in the dynamic monitoring, forecast, and early warning of natural disasters is becoming more experienced. Therefore, the application of Web GIS in natural disaster education is quite feasible. How to build a bridge between them is the purpose of this paper. Thus, the paper selects ArcGIS Online, which is not limited by time and space, and analyzes several functions that apply it to geography teaching. These include smart mapping, story maps, 3D web maps, and mobile GIS. Meanwhile, it analyzes the knowledge structure of "natural disasters" in Chinese geography textbooks to guide the subsequent case design. Then, the Web GIS inquiry-based teaching case is formed based on "7.20 Zhengzhou Torrential Rain". It contains knowledge about natural disasters and designs from many aspects, such as the causes, manifestations, and prevention and control of disasters. The discussion identifies a range of specific educational benefits of applying Web GIS to natural disaster education for teachers and schools. Ultimately, it can provide some reference values for geography teachers and other developers to explore curriculum resources and create quality educational models.

18.1 Introduction

In 2015, the United Nations Sustainable Development Summit was held in New York, the conference formally adopted the United Nations Sustainable Development Goals (SDGs), which continue to guide global development efforts from 2015 to 2030. In 2016, the Commission on Geographical Education of the International Geographical Union, supported by SDGs and other development principles, promulgated 2016 International Charter on Geographical Education. The charter articulates the importance of the concept of sustainable development in geography education: citizens who have received geography education can understand the principle of harmonious coexistence between human and environment CGE （CGE,2016）. Education for sustainable development (ESD) can indeed impact on student outcomes in terms of their sustainability consciousness（Pauw, J，2015）.

The knowledge system of geography involves the whole natural environment and mankind society. The human-environment interaction is the core perspective of geography research. In 2018, the High School Geography Curriculum Standards (2017) was officially published, mentioning that the geography curriculum aims to equip students with geographical core literacy such as human-environment coordination view, comprehensive thinking, regional cognition and geographical practice ability. It requires high school students to learn to recognize and appreciate the natural and human environment from a geographical perspective , to understand the harmonious coexistence between human development and the protection of environment and to have the concept of sustainable development（China,2018）. This shows that geography education bears the burden of education for sustainable development (ESD).

The cultivation of human-environment coordination view is progressive. Natural disaster education is an important aspect of the cultivation of geographical core literacy, which also is consistent with the need for sustainable social development. It helps students establish a scientific concept of disaster, master the proper methods of disaster reduction and prevention, and safeguard their own life and property safety.

18.1.1 Progress on integration of Web GIS and geography education

Web GIS is a pattern, or architectural approach, for implementing a modern GIS. It' s powered by web services—standard services that deliver data and capabilities, and connect components. Web service is the technical core and important symbol of modern Web GIS. The strong combination of GIS and Internet makes it possible to run geographic information system wherever there is Internet. Web GIS increases the audience of geographic information, disseminates and simplifies the exchange of geographic data, provides specific structured information, and enables users to access geographic information system applications without using any specific desktop software（Pessina, V，2009）. Web GIS emerged in 1993 and then quickly stood out for its unparalleled advantages of resource sharing, interoperability, decision support, ease of use, and low cost. Web GIS has been applied in natural disaster monitoring, precipitation monitoring, mapping, environmental protection, urban and rural planning, and regional management. Furthermore, Web GIS is widely used in mega data, smart city, smart community, artificial intelligence (AI) and other emerging frontier fields, and is playing an increasingly influential role （FU, P，2018）. Web GIS lets geographic information get rid of the fetters of distance, greatly expands the user group of GPS, and makes GIS move from System and Science to Service.

In the 1970s, the United States began to do research on GIS and develop GIS majors and curriculum in universities. However, at the beginning of the 21st century, awareness and education in GIS was low at all educational levels in the United States（Audet, R.H.，1997）. More and more scholars are noticing the necessity of GIS education and conducting research on GIS education at different educational levels (university, high school, middle school)（Yu, J.，2011）. GIS education, especially in geography, has become so pervasive that it is envisioned as a strategy that can facilitate new ways of teaching, learning, and understanding spatial features

（Mkhongi, F.A.， 2020）. The emphasis of GIS education is not only on how to integrate GIS into geography curriculum, but also on the value of GIS in contributing to the realization of curriculum objectives（Kerski, J.J.， 2003）. At the beginning of the 21st century, the research on the integration of GIS and education began to emerge and achieved certain results. For example, Goldstein and Alibrandi（Goldstein, D.， 2013）found a correlation between GIS teaching and the increase of standardized test scores through a controlled experiment. Favier and van der Schee （Favier, T.T.， 2012）discussed how to optimize exploratory geography education in GIS. Subsequently, Web GIS came into people' s vision, and the integration with education became more and more close. Since the introduction of citizen science Networks in the mid-1990s, Web GIS has made an appearance in K-12 Education (K-12: from kindergarten to 12th grade, indicating the number of years of publicly supported elementary and middle school education in the United States). Its representatives include GLOBE, Kan CRN, Journey North, et al（Baker, T.R.， 2015）. Their organizations lead the development of Web GIS in the field of education, support interactive websites, and allow students to collect, analyze and plot their data. Fargher （Fargher, M.， 2018）, believes that the method of using geographical ability can improve teachers' use of Web GIS and students' ability of thinking and reasoning with geographical knowledge and ideas. De Miguel González and De Lázaro Torres（De Miguel González, R.， 2020）made school digital story atlas based on Web GIS, and analyzed its powerful role in school geography education and its influence on geography teacher education. Bodzin and Anastasio （Bodzin, A.M.， 2006）pointed out that GIS maps provide a framework for integrating environmental data across temporal and spatial scales, and using the inquiry education module in Web GIS maps is an ideal choice for earth and environment education. The research of these experts shows that Web GIS, as a unique technical tools in the field of education, has an excellent development trend.

GIS education in China started relatively backward.Since the 21st century, the attention of educational scholars to geographic information technology has been relatively stable, showing a weak upward trend, but the impact of related research on geographic information technology is generally low. Subsequently, the integration of GIS and geography education became more and more tight, and there were more and more relevant researches and papers. Huang, et al. (Huang, Y., 2020) analyzed the essential educational functions of GIS in geography teaching the status quo of geography teachers' map capabilities, and put forward an optimization strategy for the sustainable development of GIS geography teaching. This paper focus on natural disaster education in basic geography education, and makes full use of the unique information advantages of Web GIS to provide more detailed and intuitive reference for other educators.

Nelson Mandela said that "education is the most powerful weapon for changing the world" in one of his classic speeches. This reflects the importance of acquiring knowledge, capabilities, skills, and attitudes in transforming an ever-changing world (Álvarez-Otero, J., 2018) . As a product of the rapid development of Information Technology Revolution, Web GIS should be closely integrated with basic geography education. It is not only for high school students to learn the relevant knowledge of Web GIS, but also for geography teachers to develop curriculum resources with effective technical tools. The research on the integration of GIS and geography education has become mature, and it is imperative to seek the strong integration of Web GIS and basic geography education. Web GIS can effectively improve the efficiency of geography teaching, and has been integrated into the new educational tendency. Its success in geographic curriculum has been noticed by many scholars.

18.1.2 Natural disaster education in geography curriculum

Natural environment is always changeable. When the natural environment abnormal changes and it harms people' s life and property safety, natural disaster comes into being. Because of the frequent natural disasters, Japan is one of the earliest countries in the world to offer safety education. Disaster education is the initial stage of safety education, and it is a natural science dedicated to mastering the ability to prevent harm from natural disasters. Shaw, et al. (Shaw, R., 2021) analyzed the case of " Response to the COVID-19 Outbreak in Omuta City, Japan" and concluded that health education and disaster mitigation education are complementary, but there is still a necessity to promote more synergy in order to maximize safety education. At present, the safety problems of primary and middle school students in China present a diversified characteristic. The natural environment of China is complex and variable with frequent natural disasters in the world. Natural disaster has randomness and uncertainty, natural disaster education is of great significance to primary and middle school students. In the 22.12 Wenchuan earthquake, all the teachers and students of a middle school in Sichuan province were evacuated in an extremely short period of time. The incident benefited from an in-depth knowledge of disaster preparedness among the school' s teachers and students. With frequent emergency evacuation drills, teachers and students have mastered the escape route.

Before the new curriculum reform in China, the teaching method of Natural disaster education for high school teachers was relatively simple, and mainly relied on multimedia and lecture method. Teachers haven' t the energy and time to design disaster education courses attentively. Therefore, students do not master the disaster prevention and mitigation knowledge properly, and the effectiveness of natural disaster education is weak. The new compulsory geography curriculum of high school has a new chapter on "Natural disasters". Through the study of this chapter, students can take advantage of theoretical knowledge to explain the causes of common natural disasters, understand measures to avoid and prevent disasters, and become familiar with the application of geographic information technology.

18.1.3 Advantages of Web GIS in natural disaster education

The application of Web GIS in the dynamic monitoring, forecast, and early warning of natural disasters is becoming more experienced. Many scholars have applied it in the monitoring of natural disasters（Dong, S.，2013）], including debris flow, landslide, typhoon, earthquake, tsunami, hurricane,（Huang, J.，2015；Zhishan, Y.，2012；Zhang, G.，2011；Fago, P.，2014；Perugini, S.，2020）etc. Some scholars have also established an effective EWS (Early Warning System), which can quickly determine the extent of the damage and the damage situation, and provide a basis for formulating disaster mitigation plans and assessing disaster losses. As shown in Figure 18-1, a week of unprecedented rainfall in Forest Ridge, Colorado, caused floods and mudslides that killed 10 people and caused $2 billion in damage in September 2013. Joseph（Kerski, J.，2021）analyzed the areas which are prone to flood and debris flow in

Boulder to determine the location of vulnerable people. He used the working principle of ArcGIS Online "buffer zone" to predict the areas and impact regions prone to floods and mudslides. The red area represents the geological hazard area, and the blue area represents the potential landslide risk area. We overlay the "Population of Boulder County" layer and the yellow area is the landslide risk area, which is protected to minimize the loss of life and property if a similar disaster occurs again.

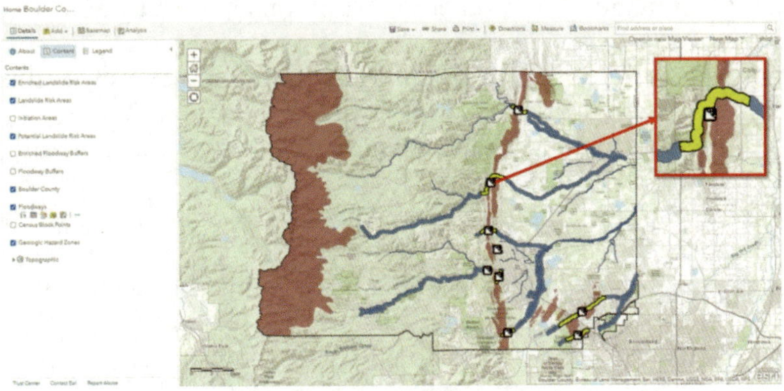

Figure18-1-1 Flood and mudslide prone areas in Boulder

18.2 The functional types of Web GIS for high school geography teaching

ESRI' s ArcGIS Online is a free and opensource GIS with web functions. It has many users and has complete functions, which can meet the needs of high school geography curriculum resource development and curriculum design.

18.2.1 Smart Mapping

The smart mapping tool of ArcGIS Online Map Viewer can automatically analyze users' data Online and provide the most "suitable" options for their selected maps, analyses, or presentations (Fargher, M., 2018). Maps and base maps are available via the Web, and the completed atlases create flexible, portable educational modules for science education (Bodzin, A.M., 2006).This educational module can help geography teachers set layer symbols quickly and intuitively, and easily generate high-quality professional maps without professional cartographic knowledge and software skills.

18.2.2 Story Map

Education is a potentially important application area for story maps. ArcGIS Online provides a web-based story map creation and hosting tool that distributes free accounts to universities to promote the dissemination range of web maps and story maps in education （Berendsen, M.E., 2018）. The designers used the map to organically combine several intrinsically connected locations with text descriptions and video images, resulting in a dynamic, interesting, and visually insightful story map. Antoniou, et al. （Antoniou, V., 2018） used the salient features of the methane peninsula as an example, enabling users to interact with maps, text, and images, and to inform professional and non-professional users about specific aspects of the volcanic area. Students are able to zoom in to explore familiar local environments or zoom out to explore larger regional or even global environments, maximizing the usefulness of the interactive maps embedded in the story maps. Students learn by "doing", carry out corresponding operations and take the initiative to acquire the new geographical knowledge they need, which is conducive to cultivating students' exploratory thinking. For example, Figure 18-2-1 shows story map to enhance people' s knowledge of the geographical location of a region while telling a story.

(https://arcg.is/14Ke23u0)

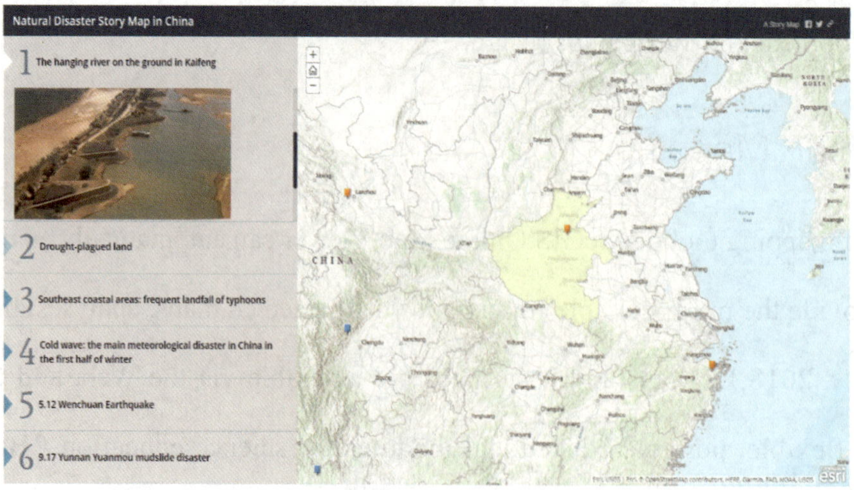

Figure 18-2-1 Natural Disaster Story Map in China

18.2.3 3D Web Map

Compared with traditional 2D maps, 3D Web maps has obvious advantages in data visualization, spatial analysis, and Human-computer interaction. The purpose of any visualization system is to improve users' understanding of the visual information so that users can interact with the visual data and improve their insight （Thöny, M.， 2018）. Geospatial technologies such as 3D maps provide a good opportunity to stimulate students' geospatial thinking（Favier, T.T.， 2018）,so the application of 3D maps is indispensable to geographic visualization education.

The "scene" analysis tool of ArcGIS Online is used to view the topography from the perspective of the world. As shown in Figure 18-2-2, the North America western region is mountainous, while the eastern region is relatively flat with high vegetation coverage. Using the profile tool, selecting the desired point can automatically generate the profile line chart and elevation profile data.

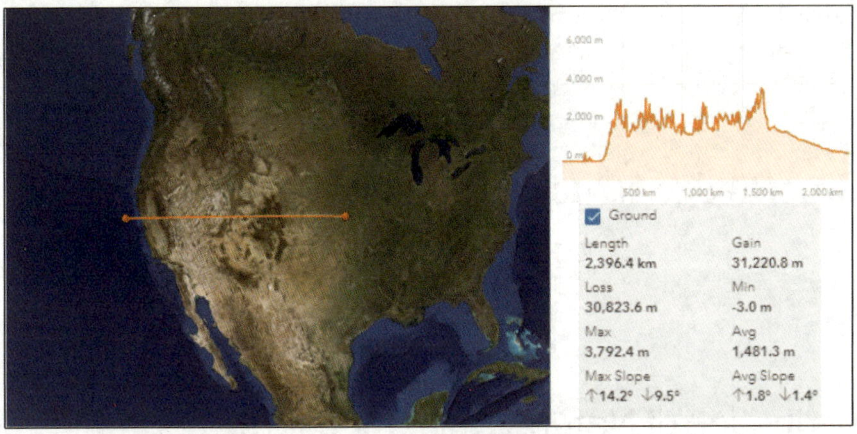

Figure 18-2-2 ArcGIS Online' s "scene" analysis tool – Profile

18.2.4 Mobile GIS

With the popularization and application of mobile smart devices, the number of users of smartphones and tablets has far exceeded the number of desktop computer users. Meanwhile, mobile communication is developing rapidly, and the number of 5G base stations is also increasing. Mobile GIS has become an important client of Web GIS. Survey 18 for ArcGIS is a forms-centered data collection solution for mobile GIS applications. With its simple interface and easy operation, geography teachers can quickly design questionnaires and share them in the form of QR code or URL. At the same time, geography teachers can analyze the collected questionnaire information on the platform. This paper will design a questionnaire (https://arcg.is/1yqvKn1) to obtain students' cognition of natural disasters. Teachers analyze the learning situation based on the questionnaire results to adjust the teaching plan, make up for the shortcomings and improve their teaching design.

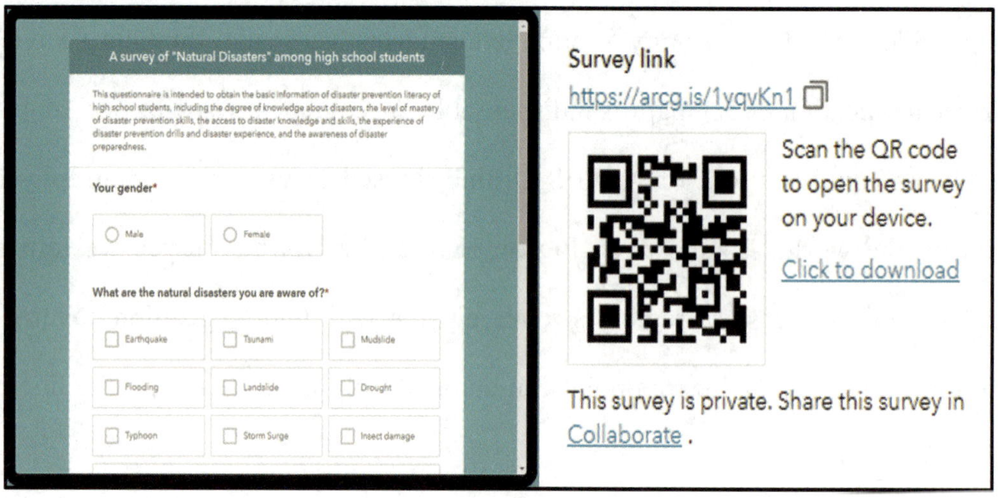

Figure18-2-3　A survey of "Natural disaster " among high school students

18.3　Knowledge structure of compulsory geography course "Natural Disaster"

18.3.1　Distribution of Natural Disaster course content

With the promulgations of the new curriculum standards for high school geography in China, the corresponding high school geography textbooks are also published. Guo, et al.（Guo, F., 2018）pointed out that Chinese middle school textbooks lack sound content and knowledge about sustainable development, and geography teachers lack systematic knowledge support in the process of implementing sustainable development. The fresh geography textbooks emphasize more on "ability oriented and lifelong development". Teachers should expand the vision of geography curriculum construction and pay attention to the progress of students' innovation consciousness and practical ability. Gong, et al.（Gong, Q., 2021）used the method of local individual content analysis. The content related to Disaster Risk Reduction in the geography curriculum standard has undergone continuous changes and finally reached a relatively stable state.

The new geography textbook focuses on "the cultivation of students' geographical core literacy", emphasizes the comprehensive application of geography knowledge points in the content, and makes subtle adjustments in the arrangement order and structure of the textbook. The new textbook devotes entire chapters to the detailed introduction of meteorological and geological hazards and disaster prevention and mitigation. It highlights the necessity of understanding the relationship between natural disasters and human activities and the important role of geographic information technology in disaster prevention and mitigation.

Table 18-3-1 Distribution of "Natural disaster " knowledge in geography textbooks before and after the new curriculum reform

	Before	After
Geography compulsory course	No introduction to the system: (i)"Weather systems" -meteorological disasters; (ii)"Rational Use of Water Resources" - Drought and Water Scarcity.	Systematic introduction: the whole chapter 6 of Compulsory 1 - "Natural disasters".
Geography optional course	Systematic Explanation: Elective5-Natural hazards and prevention.	Not mentioned

18.3.2 Classification of "Natural disasters"

High school is a critical period for students to construct their critical thinking and logical thinking. Students need to understand the types of natural disasters (Figure18-3-1), analyze the causes of natural disasters, learn the main skills for disaster prevention and mitigation, and cultivate their geographical core literacy.

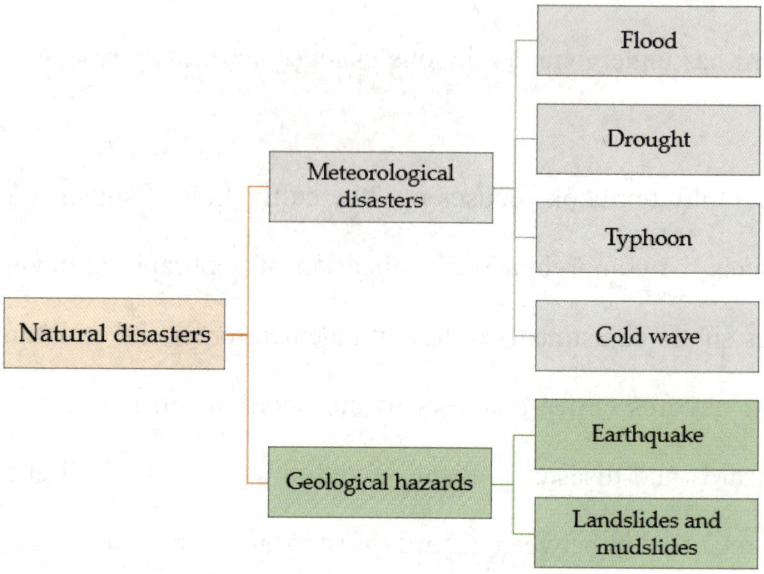

Figure18-3-1 Classification of Natural disasters

18.3.3 The cultivation of geographical core literacy in natural disaster curriculum content

Under the guidance of the new education philosophy, the setting of geography teaching tasks is student-oriented. It should rely on the real-life situation, take task-driven as the guidance, take group cooperative exploration as the standard, and take the penetration of geographical core literacy as the goal. The following aspects are analyzed in the geographical core literacy of natural disaster education.

It can be analyzed in the following aspects:

● Regional cognition: there are pretty differences in topography and climate in different regions, and the categories of natural disasters are also different. The causes of natural disasters in different regions are investigated and the differences between regions are analyzed. Meanwhile, it explores how human and environment interact with each other and influence the regional ecological environment.

● Comprehensive thinking: the interaction between human society and the natural environment forms the geographical environment, and there are various factors affecting the nature. Therefore, students' research and investigation of geography should be comprehensive. Students will develop dialectical thinking by treating a certain type of natural disaster area as a whole, exploring its causes and mechanisms.

● Human-environment coordination view: basic theoretical research of geography is always inseparable from the purpose of the relationship between human and the geographical environment. The knowledge of "Natural disaster" and the cultivation of disaster prevention and mitigation ability are effective ways to cultivate students' human-environment coordination view. Therefore, students could form an attitude of respecting nature and harmonious development.

● Geographical practice ability: teachers guide students to conduct field investigations at natural disaster sites, such as Tangshan Earthquake Memorial Park in Hebei province and Laomao Mountain debris flow site in Liaoning Province. The teacher guides the students to look up the relevant information and collect the local climate characteristics, climate types, historical backgrounds, etc. Teachers are able to work with students to discover, explore and solve meaningful problems, to develop students' sense of independence and responsibility.

18.4 The teaching case design of Web GIS applied to high school students' natural disaster education

"Learning geography in life" and "Study useful geography knowledge" are the concepts that geography education always carries out. Life is a lesson; disaster is the best textbook. The disaster will provide an educational opportunity to enhance students' awareness of disaster prevention and resistance, and to improve students' scientific literacy and feelings.

In this paper, "7.20 Zhengzhou Torrential Rain" was introduced into geography course, which combined theoretical knowledge with life education, science education, and moral education. It is undoubtedly the best first lesson of the fall semester in high school. Based on the mutual penetration of natural disaster education and geographical core literacy, supplemented by major social security events, the teaching ideas of this case are designed.

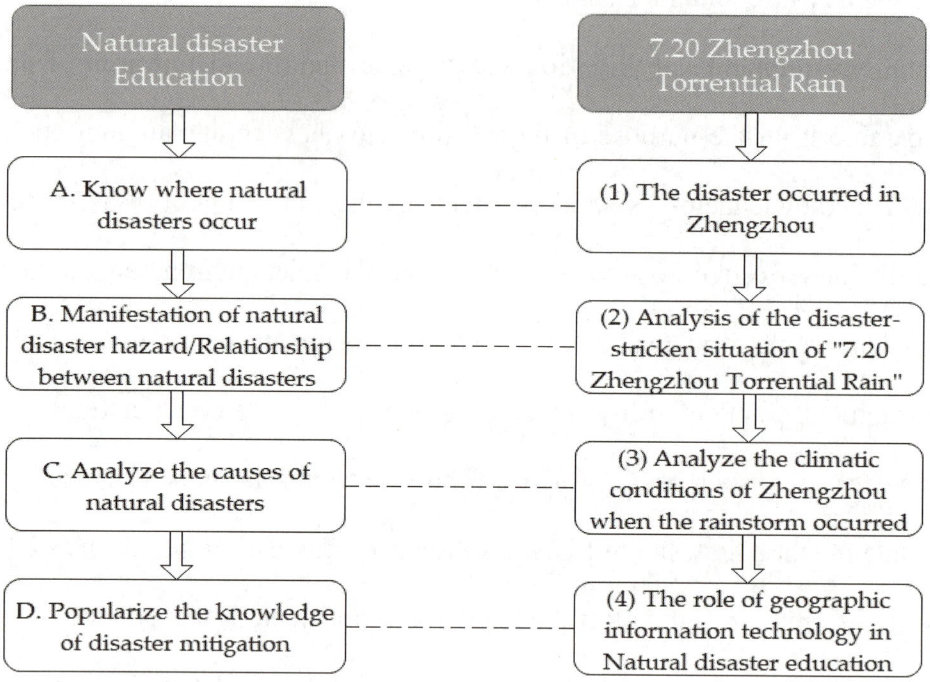

Figure 18-4-1 "7.20 Zhengzhou Torrential Rain" frame structure

18.4.1 The disaster occurred in Zhengzhou

- Data source:National Earth System Science Data Center
- Technical route:

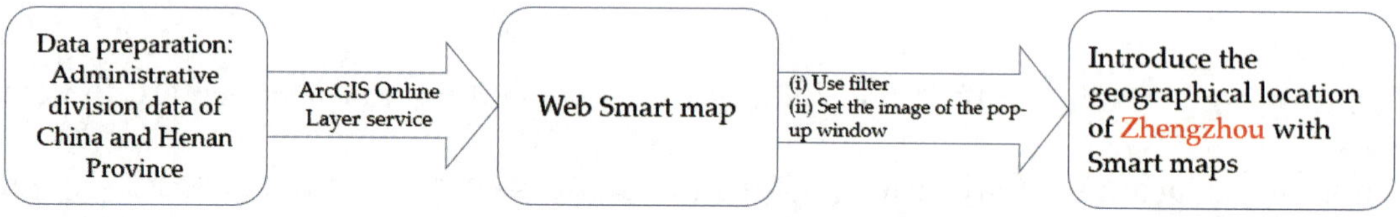

The administrative boundary data of China and Henan Province were obtained from National Earth System Science Data Center (2015). The layer of the Chinese administrative boundary map was firstly added based on the layer service of ArcGIS Online to make an Online map. Then, the smart map is shown in Figure 21-7 using Map Viewer's filters and configuration popup capabilities (https://arcg.is/11S234O). Geography teachers can use the map to guide students to understand the geographical location of Zhengzhou, from large scale to small scale, from shallow to deep.

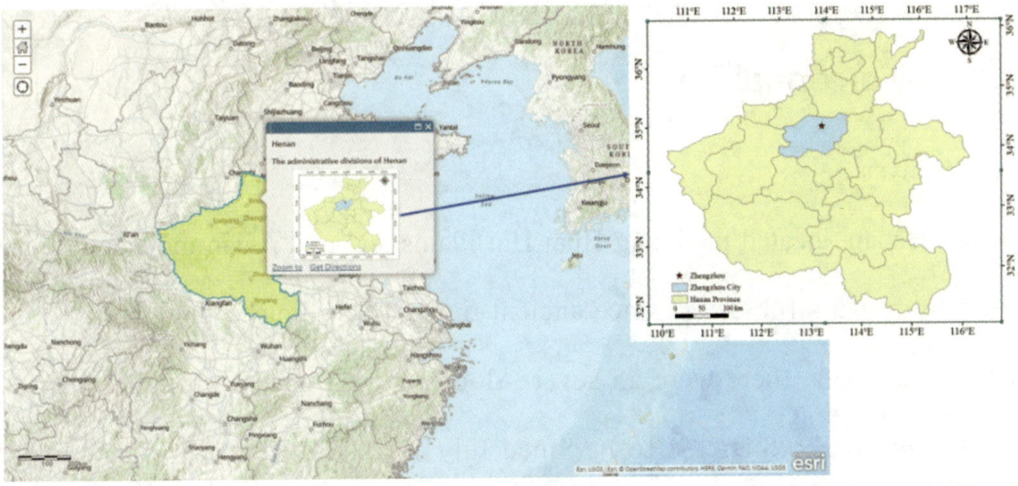

Figure 18-4-2　The geographical location of Zhengzhou

- Design Intention

(1)Cultivation of regional cognition of high school students;

Kitchin（Kitchin, R.M.，1994）has shown through research that cognitive maps play an important role in spatial behavior, spatial decision-making, learning and acquisition theories, and real-world applications (such as planning, teaching, and map-making). "To study a region in a regional perspective" is an essential method of geography learning. Students can understand "Zhengzhou" from different spatial scales, which is easy to create a more profound impression. On this basis, students can develop their regional cognitive ability and establish a correct global outlook and world outlook.

(2)Interactive maps can exercise high school students' spatial thinking.

The design of the Web Smart map can adjust the size of the scale, from the world to see China, from China to see Henan, Henan to see Zhengzhou. Schools equipped with smart classrooms allow teachers to use tablets to deliver instruction. Meanwhile, students can log onto the Internet to analyze and process maps offered by teachers. If you search "Zhengzhou" in the search box, the location of "Zhengzhou" will be presented in an appropriate proportion, which can get rid of the inherent pattern of reading pictures of students and make them interpret pictures logically. Finally, students' geospatial thinking ability to be raised.

18.4.2 Analysis of the disaster-stricken situation of "7.20 Zhengzhou Torrential Rain"

● Case analysis

Material: Henan, located in Huang Huai Hai Plains and east Asian monsoon climate zone, has suffered from natural disasters since ancient times. According to the historic drought and flood hydrological data, there were 25 severe floods and 21 severe droughts from 2297 BC to 19723（Center, N.E.S.S.D., 2016）. Since July 17, 2021, Henan Province experience a rare extreme heavy rainfall. On July 20th, Zhengzhou was hit by a heavy rainstorm once, with rainfall of 201.9 mm in one hour from 17:00 to 18:00(Figure 18-4-3), setting a new record for hourly rainfall at a national meteorological station in a thousand (Data source: Zhengzhou Meteorological Station). The precipitation lasted for a long time, accumulated rainfall is large, heavy precipitation region is wide, heavy precipitation period is concentrated.

Under such rare and extreme rainfall, Zhengzhou suffered from severe flooding, including large-scale urban waterlogging, road collapse, culvert and tunnel flooding, subway and train shutdown, traffic blockage, and citizens trapped (Figure18-4-4). As the precipitation lasted for a long time and heavy precipitation occurred in a relatively concentrated area, mountain floods in the western and northwestern parts of Henan Province and the risk of geological disasters increased significantly. Different degrees of landslides occurred in the Gongyi City of Zhengzhou, trapping villagers and flooding farmland. Five stations, Songshan, Yanshi, Xinmi, Yichuan, and Dengfeng, broke the historical maximum of daily precipitation since the establishment of the station. In the Yellow River basin and the Huaihe River basin, the water level of reservoirs rose rapidly. The continuous heavy rainfall has caused great losses to people's life and property safety and seriously affected production and life in the province.

As of 12 o 'clock on July 23, according to preliminary statistics, 395,9239 people have been relocated to Zhengzhou, Henan Province, the affected area of crops is 44209.73 hectares, and the direct economic loss is 622.5 billion Yuan. Floods and secondary disasters caused by torrential rain have led to 51 deaths（http://www.chinanews.com/.2021）.

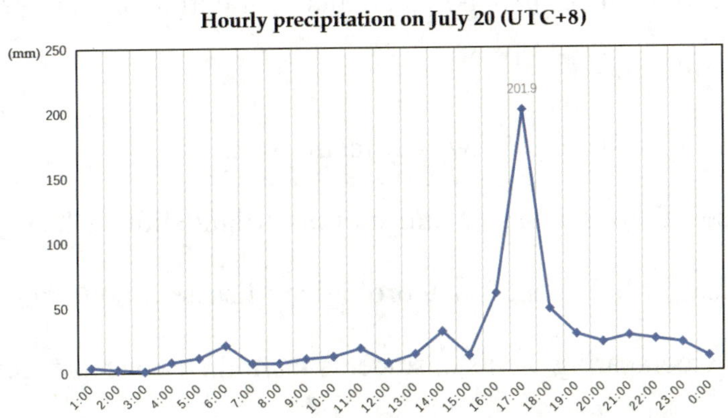

Figure 18-4-3　Hourly precipitation on July 20 (UTC +23)

Picture information:

Figure18-4-4　Landslides and road collapses

Video materials: CCTV-13 "24 hours" directly to Henan flood control and relief, rain intensified, three orange alerts.

（URL:https://tv.cctv.com/2021/07/21/VIDEnaO2SIqSXwqnqniGNJvQ210721.shtml?spm=C53156045404.P4yTQKr09uhz.0.0）

● Student Inquiry activity:

(1) Direct causes of floods and landslides;

(2) What are the similarities and differences between floods and landslides?

(3) In what aspects do floods and landslides threaten human society?

● Design Intention

(1)Cultivate students' geographical comprehensive thinking;

Large-scale influential social events often have great educational effects. Students extract useful geographic knowledge from geographic statistics and social news, process it, and integrate it with their current geographical knowledge. Obviously, this incident has a huge influence on China. Taking it as an example, natural disaster-related discipline knowledge is injected into life safety education, which increases students ' attention and significantly improves the effectiveness of learning.

(2)Contrast learning is an effective way of memorizing.

The direct cause of flood disaster and mountain landslide is heavy rain, but there are differences, flood disaster belongs to meteorological disaster, mountain landslide belongs to geological disaster. By comparing the lists, students learn their concepts, generation mechanisms and manifestations of disasters. Students can subtly distinguish them clearly and grasp the ontology more insightfully.

18.4.3 Analyze the climatic conditions of Zhengzhou when the rainstorm occurred

- Data source:Typhoon Network of the Central Meteorological Observatory
- Technical route:

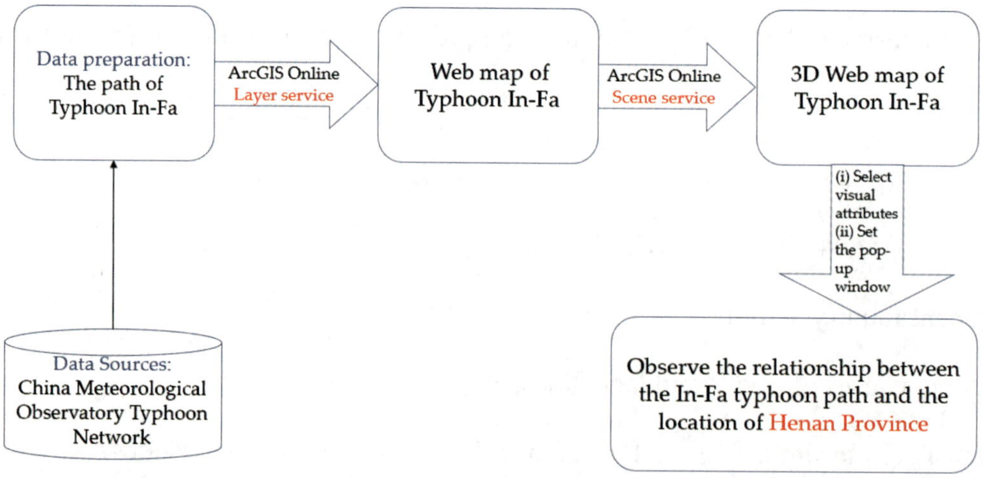

The typhoon "In-Fa" path data as of noon on July 24, 2021 was obtained, and Comma Separated Value text file schema (Table 18-4-1) were generated by sorting out the data. Web maps were generated in ArcGIS Online and feature layers were saved. Open the scene viewer, add the required feature layers (typhoon path, Chinese borders, and provinces, etc.), select the main attributes to be visualized, select the drawing style "3D Count and Amounts", and finally generate the intuitive and vivid 3D scene as shown in the picture (https://arcg.is/1z4Wer0).

Table 18-4-1 Comma Separated Value text file schema

Feature	Feature description
Beijing Time	Take Beijing Time as the reference
Typhoon Class	Tropical Storm/Severe Tropical Storm/typhoon/Strong typhoon
Longitude	Longitude position of typhoon center
Latitude	Latitudinal position of typhoon center
Central Air Pressure (hPA)	Pressure at the center of the typhoon, in hPA
Max. wind speed (m/s)	Maximum wind speed at the center of the typhoon in m/s
Wind direction	Wind direction at the center of the typhoon

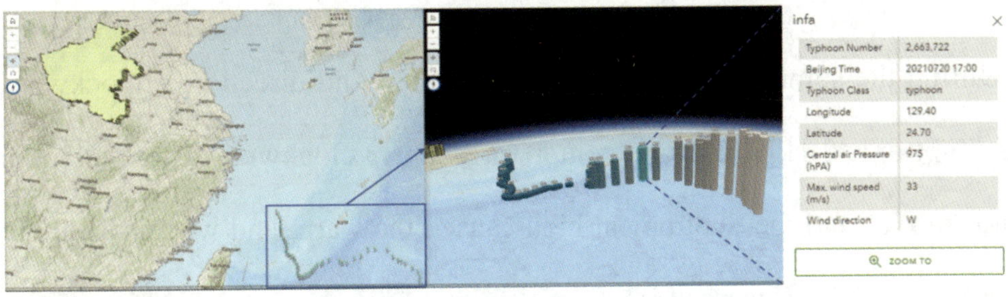

Figure 18-4-5 The moving path of typhoon "In-Fa" as of noon on July 24, 2021

● Inquiry activity:

There are three reasons of "7.20 Zhengzhou Torrential Rain". One is the typhoon "In-Fa", which cooperates closely with the subtropical high airflow, and a large amount of water vapor is transported from the sea to the mainland through easterly winds, thus producing a large amount of precipitation. Second, when the easterly wind blows to Henan, it meets Taihang Mountain and the Funiu Mountain, and the mountain front converging and uplifting so that the scope of the rainstorm is locked in Henan again. Third, the atmospheric circulation situation is stable, increasing the duration of heavy rain.

(1) Henan is located in the inland area. How far away is the culprit of this rainstorm-" In-Fa " from us?

(2) Why is the airflow of water vapor transported by typhoon "In-Fa" from an easterly direction?

● Demonstration operation:

(1)First, select the column in the 3D scene at a specific time; then use the analysis-ranging tool to derive the center of the typhoon fireworks at this moment is nearly 2000 kilometers away from Zhengzhou.

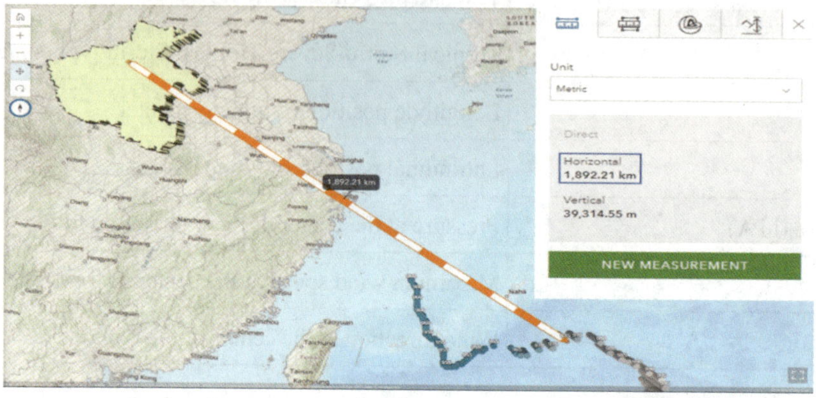

Figure 18-4-6 Analysis-ranging tool in ArcGIS Online 3D scene

（2）During the summer, Typhoon "In-Fa" of the wind direction is clockwise, Northern Hemisphere Subtropical High cyclone center for counter clockwise. The interaction between the typhoon, "In-Fa" and the Subtropical high caused the warm and wet air from the Pacific to move eastward, directly to Henan.

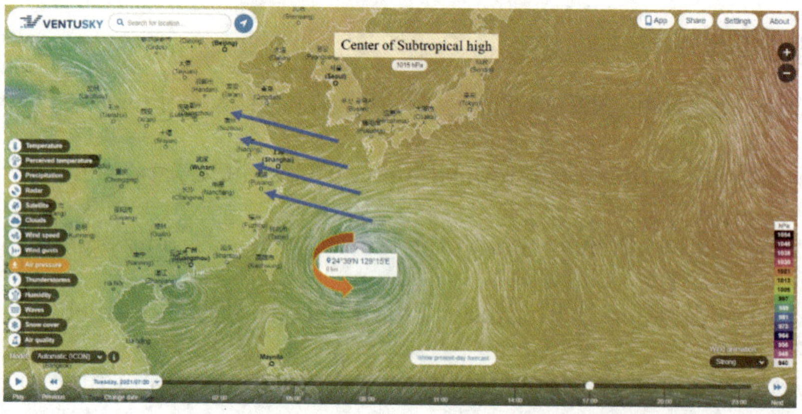

Figure 18-4-7 Real-time pressure map of VENTUSKY at 5pm July 20, 2021

● Design Intention: Improve the spatial perception of high school students.

Due to the limitations of its naturalness and regional characteristics, geography is difficult to make natural phenomena on-site and real. 3D Mapping is a convenient way to assist students with a profound impression of a particular area and the relative position between different areas. Typhoon is unfamiliar to high school students living in mainland China. Because of the complexity of the earth environment and the close connection between ecological environments, geography teachers are required to choose the theme of Natural disaster education according to local conditions. Contrast learning is an efficient way of memorizing.

18.4.4 The role of geographic information technology in natural disaster education

Students observed the formation process of flood and typhoon disasters through the Internet (China Meteorological Network, Zhengzhou Meteorological Bureau, etc.). For disaster rescue, Gaode Map released a real-time rainstorm mutual aid layer. The trapped people only need to click the "water" button, which can automatically obtain the real-time location and send the road condition information, so that the firefighters can carry out rescue at the fastest speed.

After the rainstorm fades, firefighters and sanitation workers need to check and repair urban public facilities in Zhengzhou, and then they can use the Quick Capture for ArcGIS (Mobile APP) to collect information on the state of urban public facilities after the rainstorm (Figure 18-4-8). Students can also serve as volunteers to collect information on the condition of public facilities in the city after a rainstorm. The minimalist user interface makes it easy to quickly capture field data such as location, field conditions, and even photos without interrupting the work at hand. Meanwhile, the data will be sent back to relevant government departments in real-time for analysis. Major maintenance workers will be selected for particular areas to increase the restoration efficiency of the city. (https://arcg.is/yv4rT0)

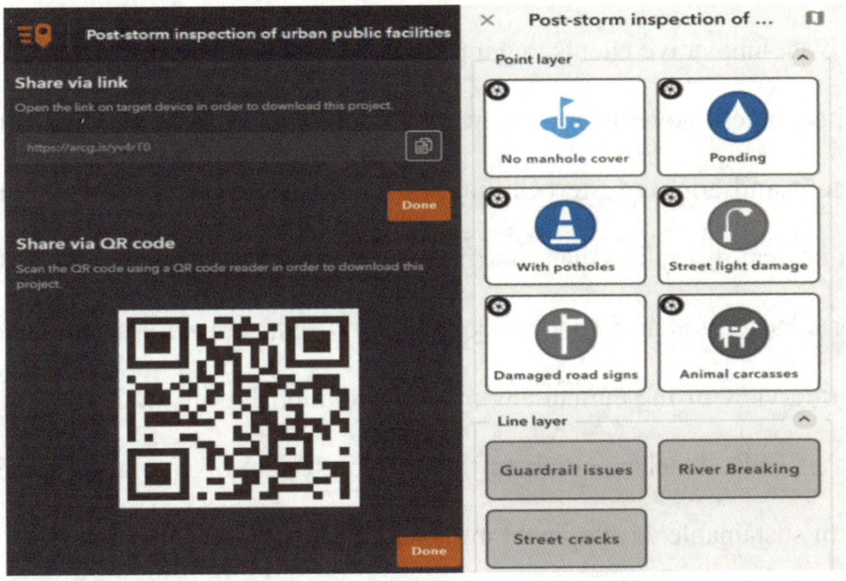

Figure18-4-8　Quick Capture's information collection and sharing interface

18.5 Discussion

Web GIS brings opportunities and challenges to the whole educational field. Maria de Lázaro Torres, et al. （de Lázaro Torres, M.L，2017）pointed out that Web GIS is an indispensable supplementary element to improve the quality of education and teaching, so that teaching activities can be carried out in an orderly manner and students can learn meaningfully. Web GIS can be used in wide-range fields. In addition to the natural disaster education mentioned in this paper, urban landscape, topography, and geomorphology of a certain region and regional geography in fundamental geography courses can be well integrated with a particular function of Web GIS. The use of story maps has become quite widespread, and many schools in the United States are equipped with unique story collections of maps, which shows that the prospects for Web GIS are very positive.

Due to the lagging economic development, some developing countries lack systematic teacher training related to information technology and the information literacy of geography teachers is poor. Web GIS does not require complicated software installation steps, and teachers can use it to carry out teaching and research activities. In information era, developing countries should determinedly grasp the "information technology weapon", improve the quality of the people and cultivate innovative talents to gain a stable foothold in the world development tide.

In 1994, the Chinese government followed the United Nations Conference on Environment and Development and adopted the "China 21st Century Agenda", which emphasized that geography is a critical discipline that contributes to sustainable development（China,1994）. Natural disaster education is an important component of education for sustainable development (ESD). A scientific view of the human-environment relationship by students is the basis for the implementation of ESD. Teachers combine the content system of natural disasters and infiltrate the philosophy of sustainable development into Geography Fundamental Course.

18.6 Conclusions

Teachers have a big role to develop a good character in information era（Umamah,2012）. Information technology is growing rapidly, more and more Web GIS platforms are established. Geography teachers can use more Web GIS tools in the process of information teaching and research. According to the school's hardware and software basis, and different teaching course, teachers choose the most appropriate functions and teaching tools. Disaster awareness is very necessary for the development of students. Natural disaster education is not accomplished immediately in high school, it is progressively learned and mastered by students in the process of growing up. Natural disaster education requires multi-discipline teachers at different grades to educate students about natural disasters with the corresponding curriculum. Students ultimately have an objective and positive understanding of natural disasters. Moreover, students can master the primary knowledge of disaster mitigation and prevention, and learn its fundamental operations. Students will benefit for a lifetime though school education.

Natural disaster education is not only the responsibility of geography curriculum alone, each discipline has its different division of labor. Breaking disciplinary boundaries and integrating disaster education with multi-disciplinary ideas will enhance the learning effectiveness of disaster education and play its full active function. The geography teaching team should organize educational seminars with teachers from other disciplines to create a multi-grade, multi-disciplinary integration of natural disaster education.

It is worth emphasizing that this research has laid a foundation for Web GIS to better guide the teaching of geography and emphasized the importance of natural disaster education in Geography Fundamental Course. In the future, the research on the integration of Web GIS and geography education will continue to help geography teachers break information barriers and promote the professional development of information technology for geography teachers. These are all effective explorations of geography education in the information era.

References

[1]Álvarez-Otero J, De Lázaro Y, Torres M L, 2018. Education in Sustainable Development Goals Using the Spatial Data Infrastructures and the TPACK Model. Education Sciences, 8(4), 171.

[2]Antoniou V, Ragi L, Nomikou P, et al., 2018. Creating a story map using geographic information systems to explore geomorphology and history of Methana peninsula. ISPRS International Journal of Geo-Information, 7(12), 484.

[3]Audet R H, Paris J, 1997. GIS implementation model for schools: Assessing the critical concerns. Journal of Geography, 96(6), 293-300.

[4]Baker T R, White S H, 2003. The effects of GIS on students' attitudes, self-efficacy, and achievement in middle school science classrooms. Journal of geography, 102(6), 243-254.

[5]Baker T R, 2015. WebGIS in education. In Geospatial technologies and geography education in a changing world. Springer, 8， 105-115.

[6]Berendsen M E, Hamerlinck J D, Webster G R, 2018. Digital story mapping to advance educational atlas design and enable student engagement. ISPRS International Journal of Geo-Information, 7(3), 125.

[7]Bodzin A M, Anastasio D, 2006. Using web-based GIS for earth and environmental systems education. Journal of Geoscience education, 54(3), 295-300.

[8]Boon H J, Pagliano P J, 2014. Disaster education in Australian schools. Australian Journal of Environmental Education, 30(2), 187-197.

[9]Boeve-de Pauw J, Gericke N, Olsson D, et al., 2015. The effectiveness of education for sustainable development. Sustainability, 7(11), 15693-15717.

[10]Center N E S S D, 2016. Hydro-climatic data of drought and flood disasters in the Yellow River Basin in the past 2000 years [DS].

[11]CGE I, 1992. International charter on geographical education. International Geographical Union, Commission on Geographical Education.

[12]Chen X, Qi W, 2021. How "technology" is reshaping education? [J]. Educational Research, 42， 45-61.

[13]de Lázaro Torres M L, De Miguel González R, et al., 2017. WebGIS and geospatial technologies for landscape education on personalized learning contexts. ISPRS International Journal of Geo-Information, 6(11), 350.

[14]De Miguel González R, De Lázaro Torres M L, 2020. WebGIS implementation and effectiveness in secondary education using the digital atlas for schools. Journal of Geography, 119(2), 74-85.

[15]Dong S, Wang X, Yin H, et al., 2013. Semantic enhanced WebGIS approach to visualize Chinese historical natural hazards. Journal of Cultural Heritage, 14(3)， 181-9.

[16]Fago P, Pignatelli C, Piscitelli A, et al., 2014. WebGIS for Italian tsunami: A useful tool for coastal planners. Marine Geology, 355, 369-376.

[17]Fargher M, 2018. WebGIS for geography education: Towards a GeoCapabilities approach. ISPRS International Journal of Geo-Information, 7(3), 111.

[18]Favier T T, Van der Schee J A, 2012. Exploring the characteristics of an optimal design for inquiry-based geography education with Geographic Information Systems. Computers & Education, 58(1), 666-677.

[19]Favier T T, van der Schee J A, 2014. The effects of geography lessons with geospatial technologies on the development of high school students' relational thinking. Computers & Education, 76, 225-236.

[20]Fu P, Qin Y, Yan W, et al., 2018. Web GIS Principles and Technologies. Beijing: Higher Education Press.

[21]Goldstein D, Alibrandi M, 2013. Integrating GIS in the middle school curriculum: Impacts on diverse students’ standardized test scores. Journal of Geography, 112(2), 68-74.

[22]Gong Q, Duan Y, Guo F, 2021. Disaster risk reduction education in school geography curriculum: Review and outlook from a perspective of China. Sustainability, 13(7), 3963.

[23]Guo F, Lane J, Duan Y, et al., 2018. Sustainable development in geography education for middle school in China. Sustainability, 10(11), 3896.

[24]Guo Y, Xia H, Pan L, et al., 2022. Mapping the northern limit of double cropping using a phenology-based algorithm and Google Earth Engine. Remote Sensing, 14(4), 1004.

[25]Healy G, Walshe N, 2020. Real-world geographers and geography students using GIS: relevance, everyday applications and the development of geographical knowledge. International Research in Geographical and Environmental Education, 29(2), 178-196.

[26]Hong J E, 2017. Designing GIS learning materials for K–12 teachers. Technology, Pedagogy and Education, 26(3), 323-345.

[27]Huang J, Huang R, Ju N, et al., 2015. 3D WebGIS-based platform for debris flow early warning: A case study. Engineering Geology, 197, 57-66.

[28]Huang Y, Qu Y, Chen Y, 2020. Research on sustainable science development education of Chinese geography textbook based on GIS visualization system. In IOP Conference Series: Earth and Environmental Science, 440(5), 052034.

[29]Kay K, Greenhill V, 2011. Twenty-first century students need 21st century skills. In Bringing schools into the 21st century. Springer, Dordrecht, 9， 41-65.

[30]Kerski J J, 2003. The implementation and effectiveness of geographic information systems technology and methods in secondary education. Journal of Geography, 102(3), 128-137.

[31]Kitchin R M, 1994. Cognitive maps: What are they and why study them. Journal of environmental psychology, 14(1), 1-19.

[32]Larson L C, Miller T N, 2011. 21st century skills: Prepare students for the future. Kappa Delta Pi Record, 47(3), 121-123.

[33]Mkhongi F A, Musakwa W, 2020. Perspectives of GIS education in high schools: An evaluation of uMgungundlovu district, KwaZulu-Natal, South Africa. Education Sciences, 10(5), 131.

[34]Pan L, Xia H, Zhao X, et al., 2021. Mapping winter crops using a phenology algorithm, time-series Sentinel-2 and Landsat-7/8 images, and Google Earth Engine. Remote sensing, 13(13), 2510.

[35]Perugini S, Bodzin A M, 2020. Using web-based GIS to assess students' geospatial knowledge of hurricanes and spatial habits of mind. Journal of Geography, 119(2), 63-73.

[36]Pessina V, Meroni F, 2009. A WebGis tool for seismic hazard scenarios and risk analysis. Soil Dynamics and Earthquake Engineering, 29(9), 1274-1281.

[37]Shaw R, Sakurai A, Oikawa Y, 2021. New realization of disaster risk reduction education in the context of a global pandemic: Lessons from Japan. International Journal of Disaster Risk Science, 12(4), 568-580.

[38]Thöny M, Schnürer R, Sieber R, et al., 2018. Storytelling in interactive 3D geographic visualization systems. ISPRS International Journal of Geo-Information, 7(3), 123.

[39]Umamah N, 2015. Teachers, innovative instructional design and a good character in information era.

[40]Walshe N, 2018. Geographical information systems for school geography. Geography, 103(1), 46-49.

[41]Wilen-Daugenti T., 2012. Society 3.0: How Technology Is Reshaping Education, Work and Society. Peter Lang New York. 29 Broadway 18th Floor, New York, NY 10006.

[42]Yu J, Huynh N T, McGehee T L, 2011. Vertical integration of geographic information sciences: A recruitment model for GIS education. Journal of Geography, 110(5), 191-199.

[43]Yu Z, Liang R, Wang Y, et al., 2012. The research on landslide disaster information publishing system based on WebGIS. Energy Procedia, 16, 1199-1205.

[44]Zhang G, Chen L, Dong Z, 2011. Real-time warning system of regional landslides supported by WEBGIS and its application in Zhejiang Province, China. Procedia Earth and Planetary Science, 2, 247-254.

第19章 中国10年平均水热条件公里网格数据集

根据1951~2010年全国824个气象站点逐日观测数据选取与农作物生长密切相关的农业气候指标，按照年代将各指标站点数据空间化，求取前后期数据变化差值，分析中国农业水热气候条件的时空变化；进而对农业水热气候条件进行线性拟合，分析农业气候变化倾向。研究发现：60年来全国年平均气温、0℃积温和最冷月平均气温等值线均在不同程度上向北迁移，三者在全国大部分区域均表现为显著增加趋势；全国最热月平均气温分成明显的下降和上升区，显著上升区集中在东北地区、内蒙古高原与东南沿海，黄河与长江中下游地区多为显著下降区；全国年降水量的增加趋势并没有通过显著检验。虽然对我国农业分布格局至关重要的400mm、800mm等降水量线在60年间比较稳定，但是黄河与长江中下游地区最热月平均气温的下降趋势和最冷月平均气温等值线尤其是0℃等值线逐渐从秦岭—淮河一带北移到黄河一线，这对我国作物的分布、耕作制度等会产生重要影响。因此，高温、低温与农作物生长期热量供应以及水分的复杂变化对农业的影响将因区域差异与作物种类而变化，后续的研究可以考虑更多因素来分析农作物的适宜种植范围及区域农业对气候变化的适应。

19.1 研究背景

以温度增加和降水变动为特征的全球气候变化使得自然系统、生物系统、人类健康等多方面发生振荡，严重依赖自然资源的领域，如农业生产在气候变化下表现出明显的脆弱性和易损性（Burton I，2002；Ragab R，2002；Fernanda M S，2009；Alam M M，2013）。这源于气候决定着农作物的生产潜力和产量，温度上升将提高全球大部分区域和大多数作物的热胁迫，加之降水变动下水胁迫的不稳定将对农作物生产构成威胁（Ramirez-Villegas J, 2013）。Edmar 等模拟发现在 A1B 排放情景下受热胁迫变化的影响，2071~2100 年全球作物适生区面积均会发生变动，其中玉米和小麦的适生区面积变动会远大于水稻与大豆（Edmar I T，2013），但是综合水热胁迫威胁后，未来水稻种植将面临更高风险（Ramirez-Villegas J，2013）。在具体区域上，未来 40° N~60° N 的大陆地区农业种植面临更多风险，高纬度地区农业生产也会受益，如气候变化使北欧作物适生区面积扩大和生长期延长（Olesen J E，2002；Falloon P，2010），2040~2069 年加拿大西部春小麦和冬小麦分别增产 37% 和 70%，东部玉米增产 70%（SmithaW N，2013）。

在全球气候变化背景下，近百年中国年平均气温增加了 0.4℃ ~0.5℃（Ding Yihui，2003），降水呈现明显的区域化特征（ Piao S L，2010）。具体而言，华南地区总体表现为暖湿趋势（Li Yong，2010），汉江流域大部分地区在 1951~2003 年气温呈上升趋势（Chen Hua，2006），整个南方地区出现西北方向越干旱、东南方向越湿润的趋势（Ren Zhengguo，2014）。1961 年后山东省近 50 年降水日数和强度存在明显的年代际振荡，降水日数总体呈极显著减少趋势（Dong Xuguang，2014）。西北地区冬季升温幅度大于夏季，该区域的西部和东部分别呈暖湿化和暖干化趋势（Liu Dexiang，2005）。气温和降水的变动对中国农业生产活动产生深远影响：一方面，10℃积温在云南中部、广东南部和海南岛等地区的增加使得热带作物种植北界可以向北和高海拔地区扩张（Dai Shengpei，2014）。气候变化下我国水稻主产区水稻生长季可用水量整体增加，空间分布更加均匀，利于缓解季节性干旱的发生（Ma Xin，2012）。Tao 等分析认为气候变化改变了我国小麦的物候期（Tao F L，2012）。山西省负积温显著减少、最冷月平均气温和年极端最低气温升高带来冬小麦可种植区面积扩大（Qian Jinxia，2014）。整个海河流域冬季温度显著上升，使冬小麦种植北界在 50 年间向北移动约 70km（Hu Shi，2014）。西北部分绿洲地区增加的光热资源可以提高棉花等喜温作物的光温生产潜力（Yusuf Mamat，2014）；另一方面气温和降水的变动给农业生产带来更多风险。韩兰英等认为温度升高是造成我国西南地区近 60 年干旱灾害范围、程度、频次均呈增加趋势的主因（Han Lanying，2014）。黄淮海地区近 20 年在冬小麦生长季内存在干旱加重趋势（Xu Jianwen，2014），夏玉米的气候适宜度也会下降（Xu Lingling，2014）。

显然全球气候变化背景下中国各地区都在经历气候变化，不过同时期气候变化在各区域的具体特征是什么，各区域农业水热气候条件是如何变化的尚不明晰。因此本研究选取与农业生产紧密相关的气候指标，根据60年来逐日气象观测数据分析我国农业水热气候条件在时空上的变化，比较各区域农作物生长所需热量资源、水分供应和越冬条件的变化趋势，为下一步探讨气候变化下我国农业生产的适应性研究提供前提。

19.2 数据与方法

19.2.1 指标介绍

本研究考虑与农作物生长密切相关的温度和降水指标分析中国大陆地区农业水热气候条件的时空变化：以年平均气温反映总的温度变化趋势，最热月平均气温和最冷月平均气温反映温度的极端变化。同时最热月平均气温也表征农业生产对高温的需求，0℃积温象征着大田农事活动持续期间热量资源变化，二者共同决定了农作物的生长期和生长期热量供应。最冷月平均气温反映农作物越冬条件的变化，年降水量代表气候变化下降水的变动及农作物生长所需水分根本来源。

19.2.2 数据与处理

本研究根据中国气象科学数据共享服务网提供的1951~2010年我国824个气象站逐日观测资料，根据该数据集的说明文档，使用SQL语言剔除日平均气温、20~20时降水缺测值，将冰雪雾等转换成降水量后，计算出月平均气温与月降水量，进而求得年平均气温、最热月平均气温、最冷月平均气温与年降水量。最后依据日平均气温连续5日≥0℃确定0℃积温起止时间获得年0℃积温值。

Kriging基于地统计原理，以空间自相关为基础，利用样本数据和变异函数的结构性，对区域化变量的未知样本点进行线性无偏、最优估计（LiYuechen，2014）。根据以往的研究发现基于DEM对温度进行空间插值可以较好模拟气温数据的空间分布（Ji Qing，2010），故本文以海拔作为协变量对区域化温度指标进行普通Kriging插值，将温度点数据空间化。考虑到降水会受到经度、纬度、高程、坡度、坡向等多因素的影响，何红艳等认为建立一个通用的降水插值模型比较难，应根据研究区的自然地理特征选择不同的插值方法建立插值模型（He Hongyan，2005）。因此综合考虑研究区域的复杂性、Kriging 方法的优点与本研究方法的一致性选择普通 Kriging 插值将降水数据空间化。

在实际处理中按年代将农业水热气候条件指标分成六期数据求取平均值，对温度、降水在 ArcGIS9.3 中进行普通 Kriging 插值，输出为 1km×1km 栅格，随后将前后期栅格数据交错相减求取差值，比较农业水热气候条件随年代在空间上的变化特征。参考魏凤英的研究（魏凤英，2007），并考虑自由度的影响，以 5 年为阶段求取平均值对农业水热气候条件各指标进行线性倾向估计，根据倾向值 b 判断气候的变化趋势，即如果 $b>0$，说明是上升趋势，如果 $b<0$，说明是下降趋势。对气候倾向值 b 进行普通 Kriging 插值得到整个研究区域的气候倾向值，分析农业水热气候倾向值在空间上的差异，结合 F 值在 0.1 置信水平上检验倾向值的显著程度。为便于表述本研究在下文分析时将六期数据年分别称为 1950s、1960s、1970s、1980s、1990s、2000s。

19.3 结果与分析

19.3.1 点数据空间化精度评估

根据已有研究对半变异函数模型特点的比较以及对数据进行探索性分析后（Ji Qing，2010），采用球状模型对农业水热气候条件进行空间插值，选取预测误差均值（mean error）和标准均方根预测误差（root-mean-square error）对插值精度进行全交叉检验。在进行交叉检验时，如果预测误差均值和标准均方根预测误差分别接近 0 和 1，说明模型较优，插值效果较好（Tang Guoan，2012）。从表 19-3-1 发现，相对于其他时期，1950s 农业水热气候条件的插值精度基本上是最差的，这源于 1950s 我国的气象观测站较少，站点分布较为稀疏。随着时间的推移，气象观测站快速增加，站点分布密度增大，带来插值精度的提高。从指标间精度的差异看，最冷月平均气温六期数据的预测误差均值和标准均方根预测误差均值最接近 0 和 1，插值精度最高。虽然 0℃积温和年降水量的标准均方根预测误差与 1 比较接近，然而二者的预测误差均值却偏离 0 较多。这一部分源于 0℃积温和年降水量值远大于气温值，带来预测误差均值的增大；另外在于积温和降水的空间变化受到地形、植被、坡向等下垫面的影响，积温和降水较气温随位置的空间变化更为复杂。

对农业水热气候倾向值空间化结果进行全交叉检验发现（表 19-3-2），年平均气温、最热月平均气温、0°C积温、最冷月平均气温和年降水量的倾向值的预测误差均值和标准均方根预测误差均是分别接近 0 和 1，表明农业水热气候条件倾向值的空间化拟合效果较好。

表19-3-1　农业水热气候条件插值结果的交叉检验精度表

变量	检验标准	1950s	1960s	1970s	1980s	1990s	2000s
年平均气温	预测误差均值	0.025	0.027	0.023	0.023	0.028	0.027
	标准均方根预测误差	1.864	1.284	1.382	1.433	1.376	1.405
最热月平均气温	预测误差均值	0.016	0.021	0.019	0.020	0.016	0.017
	标准均方根预测误差	1.293	1.486	1.378	1.505	1.225	1.306
最冷月平均气温	预测误差均值	0.023	0.026	0.021	0.026	0.036	0.036
	标准均方根预测误差	1.283	0.938	0.095	0.982	1.088	1.085
0°C积温	预测误差均值	4.586	5.184	4.589	4.692	3.896	4.104
	标准均方根预测误差	1.92	1.2923	1.37	1.412	1.372	1.421
年降水量	预测误差均值	3.679	1.726	0.704	2.4	2.0023	2.07
	标准均方根预测误差	1.834	1.44	1.406	1.496	1.341	1.266

表19-3-2　农业水热条件气候倾向值插值结果的交叉检验精度表

倾向值	年平均气温	最热月平均气温	0°C积温	最冷月平均气温	年降水量
预测误差均值	0.003	-0.011	0.000	-0.001	-0.002
标准均方根预测误差	0.936	1.05	0.979	0.955	0.9323

19.3.2　农业水热气候条件时间变化

比较农业水热气候条件各年代值与60年平均值的差值发现（图 19-3-1），年平均气温、最冷月平均气温和 0°C积温在 1950s~1970s 均低于平均值，1980s 最冷月平均气温开始高于平均值，1990s 三者均大于平均值，最近 20 年 0°C积温增加的速度最快。最热月平均气温呈现两端高、中间低的特征，即 1950s 先高于平均值，然后逐渐下降并在 1970s 下降到最低，随之开始上升并再次高于平均值。年降水量则表现出明显的随时间围绕平均值上下波动的趋势。继而分析农业水热气候条件的变动幅度（表 19-3-3），气温指标中最热月平均气温的标准差和变异系数绝对值最小，年平均气温次之，最冷月平均气温的标准差和变异系数绝对值最大。最热月平均气温与最冷月平均气温标准差的差异源于我国夏季最热月南北温差远小于冬季最冷月平均气温的南北温差，二者变异系数的区别表明最热月平均气温随时间的波动幅度要远小于最冷月平均气温。因 0°C积温和年降水量的数值较大及二者分布的区域性特征显著，致使二者的标准差较大，不过 0°C积温各年代的变异系数稳定在 0.4，年降水量各年代的变异系数也基本稳定在 0.6~0.7，表明全国 0°C积温和年降水量随年代波动的频率是比较稳定的。

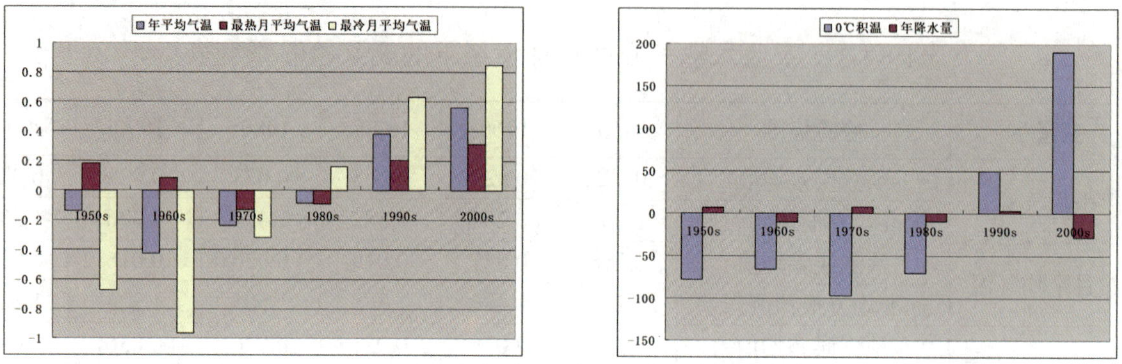

图19-3-1 农业水热气候条件的年代变化

表19-3-3 农业水热气候条件的变动幅度统计

变量	变动幅度	1950s	1960s	1970s	1980s	1990s	2000s
年平均气温	标准差	6.7	6.7	6.7	6.6	6.5	6.5
	变异系数	0.6	0.6	0.6	0.6	0.5	0.5
最热月平均气温	标准差	4.9	5.1	5.1	5.0	4.9	4.8
	变异系数	0.2	0.2	0.2	0.2	0.2	0.2
最冷月平均气温	标准差	10.6	10.1	10.2	10.2	10.1	10.1
	变异系数	-3.1	2.7	-3.3	-3.9	-4.7	-5.2
0℃积温	标准差	1798	1795	1825	1814	1824	1831
	变异系数	0.4	0.4	0.4	0.4	0.4	0.4
年降水量	标准差	545.5	527	550	541	572.3	529
	变异系数	0.6	0.6	0.6	0.6	0.7	0.6

19.3.3 温度指标多年空间变化

（1）年平均气温的变化

根据年平均气温的空间分布（图 19-3-2），首先是华南地区 20°C等值线向北有所移动，华南地区 >20°C影响范围略微扩大；其次，15°C等值线从淮河地区逐渐向北推接近黄河一线，而 10℃等值线相对稳定，东部地区 10℃ ~15℃影响区面积略微缩小；最后，东北地区年平均气温 <0℃低温区缩小明显。虽然青藏高原 <0℃低温区在 60 年内经历了先增加后减小的过程，不过从时间序列看 0℃低温区面积是在减小，同时柴达木盆地出现年平均气温 5℃ ~10℃的斑块。另外西北地区的东北部 0℃ ~5℃影响范围也在逐渐缩小。总体上看来，全国多数区域年平均气温等值线在逐渐向北迁移。

比较前后期数据变化程度及其变化趋势（图 19-3-3），相较于 1950s，1960s 全国大部分区域年平均气温下降 0℃ ~2.5℃，且有 2.5℃以上的下降区分布在青藏高原，上升区位于西北地区北部和内蒙古东部高原。1970s 以来，除局部地区表现为下降特征外，全国年平均气温总体呈上升态势，尤其是 1990s 整个中国大陆地区几乎是年平均气温上升区。具体而言，1970s 全国年平均气温基本是上升特征，上升区面积占全国面积比例的 236.5%，斑块状下降区主要保留在青藏高原和西北地区；进入 1980s，全国依旧是年平均气温上升为主要特征，不过上升区面积比例缩小到 72.3%，年平均气温下降区集中分布在四川盆地、关中平原和黄淮海平原；1990s 年平均气温下降区面积缩小为零星的斑点，全国 92.3% 的区域成为年平均气温的上升区。2000s 年平均气温上升区面积比例减小到 70.7%，年平均气温下降区出现在华北北部和东北地区。分析年平均气温的变化趋势，60 年来全国年平均气温的气候倾向值 *b* 多大于 0，全国年平均气温总体呈现上升态势，不过在四川盆地东部地带年平均气温的上升态势没有通过显著检验。

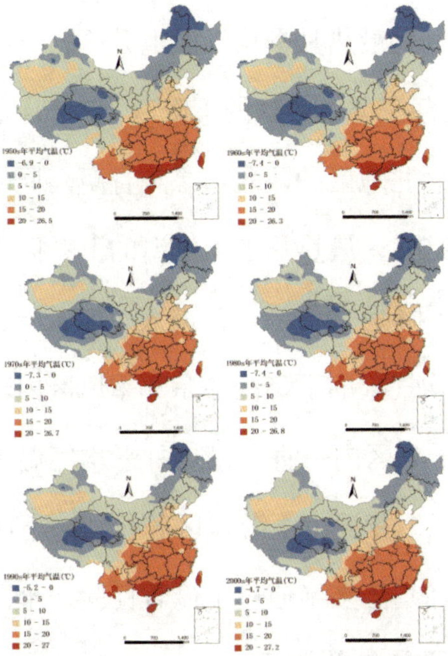

图19-3-2　1951~2010年平均气温插值

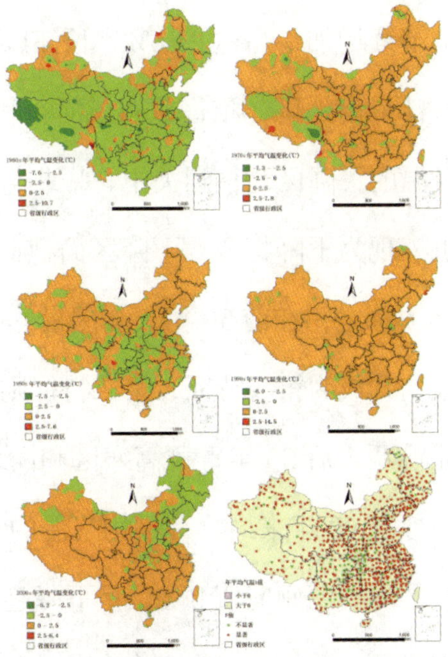

图19-3-3　60年来年平均气温的空间变化趋势

（2）最热月平均气温的变化

考虑到季风气候影响下我国夏季南北温差较小，本研究以 2.5℃间隔比较最热月平均气温随时间推移在空间上的分布（图 19-3-4）。首先，27.5℃等温线基本从黄河一线向南撤退到淮河一线，并且在 1980s、1990s 退出四川盆地；其次，最热月平均气温 <20℃区域在青藏高原及周边比较稳定，只是在横断山脉地区略微北移，不过东部地区最热月平均气温 <20℃影响范围向东北方向收缩明显，60 年间几乎退出了内蒙古东部高原，只保留在东北地区北部；随着东北地区最热月平均气温 <20℃区域的退缩和 22.5℃ ~25℃影响面积的扩大，东北地区最热月平均气温呈现逐渐增加特征。最后，最热月平均气温 >22.5℃影响区在天山北部和内蒙古高原的扩大带来这两个区域夏季温度的上升。

从 60 年来最热月平均气温空间变化趋势看（图 19-3-5），1960s 最热月平均气温的下降区面积比例高出上升区面积比例 14%，最热月平均气温的上升区分布在南方地区、华北平原与内蒙古东部高原，但是上升区内部存在较多的斑点形状下降区，在空间上整个最热月平均气温的上升区比较破碎。1970s 最热月平均气温下降依旧占据主导地位，但是所占面积比例缩小到 52%，最热月平均气温的上升区分布在内蒙古东部高原和东北地区以及其他区域破碎的斑块。进入 1980s 最热月平均气温上升区面积比例增加到 60.9%，成为主要特征，在空间上分布在青藏高寒区、西北干旱半干旱地区和南方地区，黄土高原、黄淮海平原与东北地区最热月平均气温表现为下降特征。1990s 最热月平均气温上升区面积比例继续增加，高达 23.6%，长江以北区域基本上是最热月平均气温上升区，下降区南移到长江以南地区，雅鲁藏布江河谷和天山两侧也存在斑块形状的下降区。2000s 最热月平均气温的下降区北移到关中、华北与东北地区，西北地区的西北边缘和青藏高原的东南边缘也表现为下降特征，下降区面积比例增加到 29.3%，最热月平均气温的上升区面积比例减小。总之，在前 30 年，全国最热月平均气温下降是主要特征，进入 1980s 最热月平均气温上升成为第一特征，第二特征则是最热月平均气温的下降区在东部季风区内部随年代南北跳跃，后 30 年青藏高寒区和西北干旱、半干旱区内一直有最热月平均气温下降区存在。拟合 60 年来最热月平均气温的线性倾向发现，黄河中下游地区和长江中下游地区最热月平均气温倾向值 b<0，呈下降趋势，这种下降趋势多半通过了显著检验，全国最热月平均气温上升的区域集中在东北地区、内蒙古高原与东南沿海。

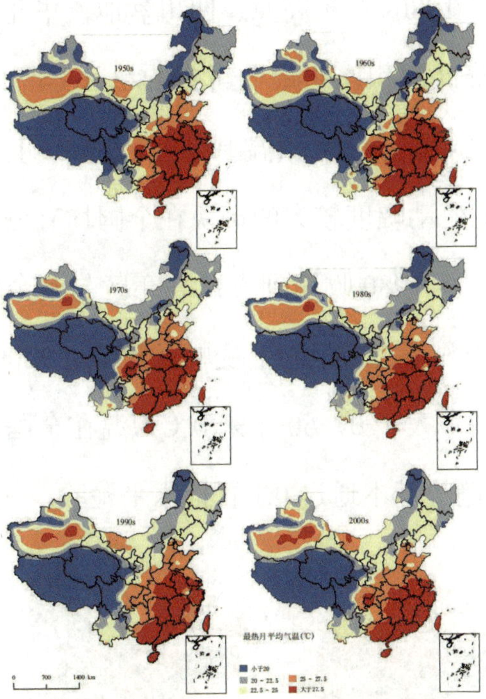

图19-3-4　1951~2010年最热月平均气温插值

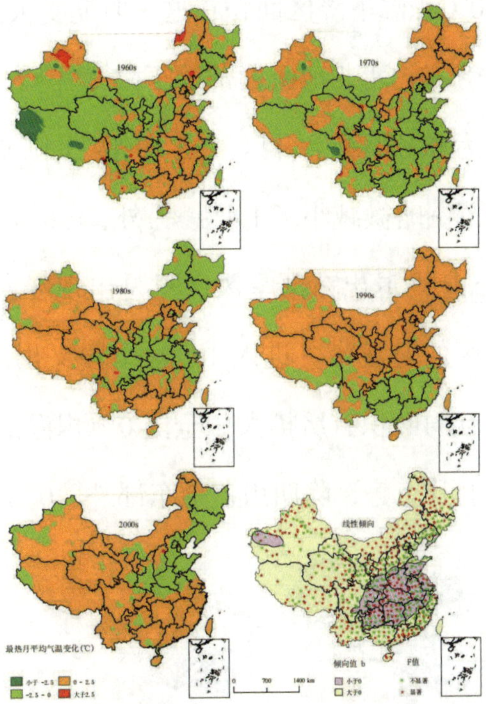

图19-3-5　60年最热月平均气温的空间变化趋势

（3）0℃积温的变化

比较0℃积温六期数据的空间变化发现（图19-3-6），0℃积温8000℃等值线在华南地区分布范围明显扩大，6000℃等值线也在逐渐北移，从长江以南越到了长江以北，基本接近秦岭—淮河一带，并在西端逐渐与四川盆地6000℃积温区相连；4000℃等值线变化相对稳定，只是在黄土高原地区向北方略微偏移；内蒙古高原西部0℃积温4000℃~6000℃区域面积在60年内明显扩大；青藏高原地区2000℃以下积温区覆盖面积逐渐缩小，变成2000℃~4000℃积温区。因此，60年来全国大部分地区0℃积温等值线在向北移动。

0℃积温值随年代变动幅度多在0℃~250℃，不过每个年代均会出现250℃以上幅度的变化区（图19-3-7）。1960s~1980s0℃积温值的增加和减少区均大范围存在，但各自所属的空间位置变动较大，1990s及以后，除零星的下降区外全国几乎0℃积温为增加区。换言之，1960s西北干旱半干旱区、东北地区和华北地区为空间上比较连续的0℃积温上升区，青藏高原的西藏地区和横断山脉地区为0℃积温下降区，其余地区0℃积温表现为上升和下降相间分布，不过上升区面积比例是58.7%，大于下降区影响范围。除西北部、西部和东南边缘和四川盆地为0℃积温上升区外，1970s全国其他区域多为0℃积温下降区，0℃积温下降区面积在这一时期扩大到44.7%。1980s黄土高原、四川盆地、华北平原的中南部、西北地区西部等下降0℃~250℃，下降区面积比例减小到36.6%，63.4%的区域变为0℃积温上升区。至1990s全国98.4%的区域成为0℃积温上升区，2000s上升区影响范围略微减小了1.4%。另外，1960s 250℃以上变动幅度较大的斑块在全国均有分布，1970s基本退出东部季风区只是出现在西部地区，至1980收缩到青藏高寒区与其余两个自然区的过渡带。进入1990s全国又出现大量0℃积温250℃以上变幅的斑点，2000s这些斑点的面积有所扩大。全国0℃积温的倾向值基本大于0，60年来0℃积温在全国多表现为上升态势，除四川盆地东部外，0℃积温上升趋势基本通过0.1置信水平检验。

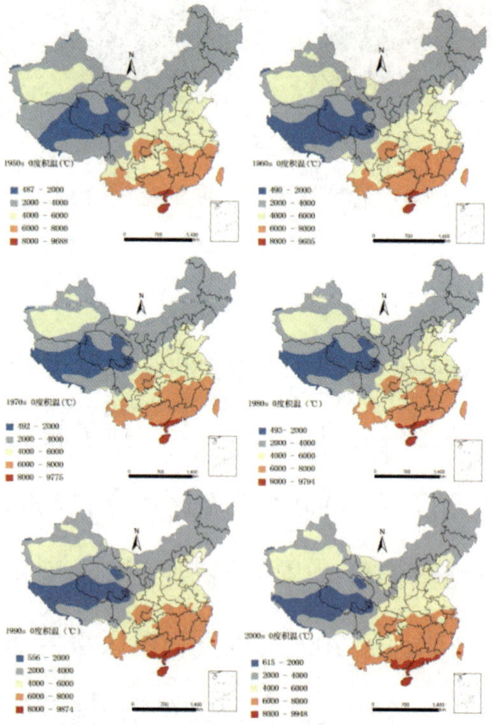

图19-3-6　1951~2010年0℃积温插值

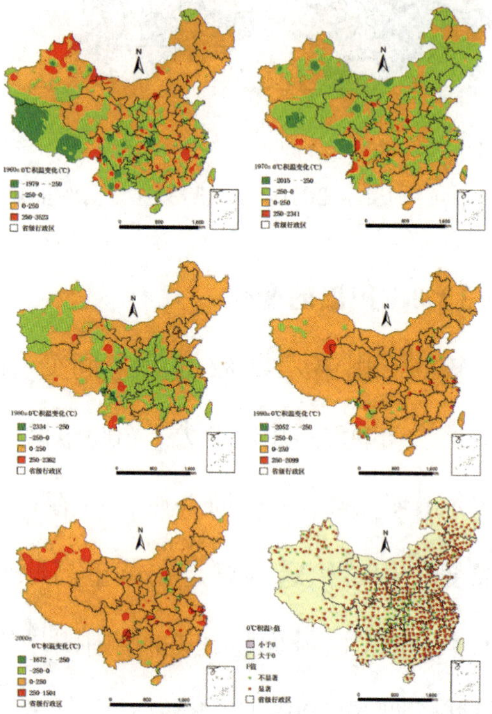

图19-3-7　60年来0℃积温的空间变化趋势

（4）最冷月平均气温的变化

对比六期最冷月平均气温在空间上的分布（图19-3-8），相对于1950s，1960s华南地区最冷月平均气温>10℃以上区域的范围有所减小，随后又逐渐扩大。其次，0℃等值线逐渐从秦岭—淮河一带向北推进到黄河一线，但是在藏东南地区的影响范围略微减小。随着北方地区-10℃~0℃影响区向西北方向扩展和西北地区-10℃~0℃影响区向东扩展，使得青藏高寒区<-10℃区域面积缩小，并在1980s、1990s几乎与蒙古高原<-10℃区域分离。最冷月平均气温≤-20℃区域随年代缩小明显，在蒙古高原东部影响范围越来越小。故60

年来全国最冷月平均气温关键等值线基本在逐渐北移。

分析 60 年来最冷月平均气温在空间上的变幅（图 19-3-9），1960s 最冷月平均气温开始自西北地区经河西走廊、黄土高原向东北地区延伸的弧形地带上升，全国其他区域多表现为最冷月平均气温的下降，上升和下降面积各自所占比例为 46.6% 和 53.4%。1970s 最冷月平均气温的上升区扩展到全国，同时在内蒙古高原和青藏高原内部出现 2.5℃以上的增温区，上升区面积比例增加到 80.3%，下降区以斑块形状出现在青藏高原的西北、东部和新疆的中东部及东北地区。进入 1980s 全国最冷月平均气温继续表现为上升优势，上升区面积比例保持在 79.6%，下降区出现在内蒙古东部高原和东北地区南部、山东半岛和青藏高原。1990s 全国大部分区域依旧是最冷月平均气温上升区，不过影响范围面积比例减小了 2.2%，下降区移动到西北地区，青藏高原、云贵地区和东北地区内部也出现了小范围的下降。2000s 最冷月平均气温的上升区面积继续减小，下降区面积比例扩大到 41.5%，下降区分布在整个西北干旱半干旱区和华北地区向南延伸到两湖地区的“T”字区域。虽然每个年代均有最冷月平均气温下降区出现，不过每个时期上升区面积比例多大于下降区面积比例，故 60 年来全国最冷月平均气温倾向值多为正值，最冷月平均气温的上升态势多数通过了显著性检验。

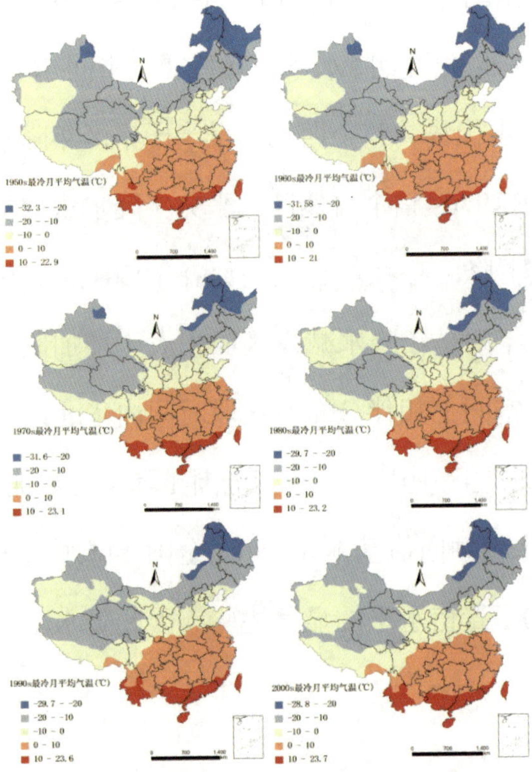

图19-3-8　1951~2010年最冷月平均气温插值

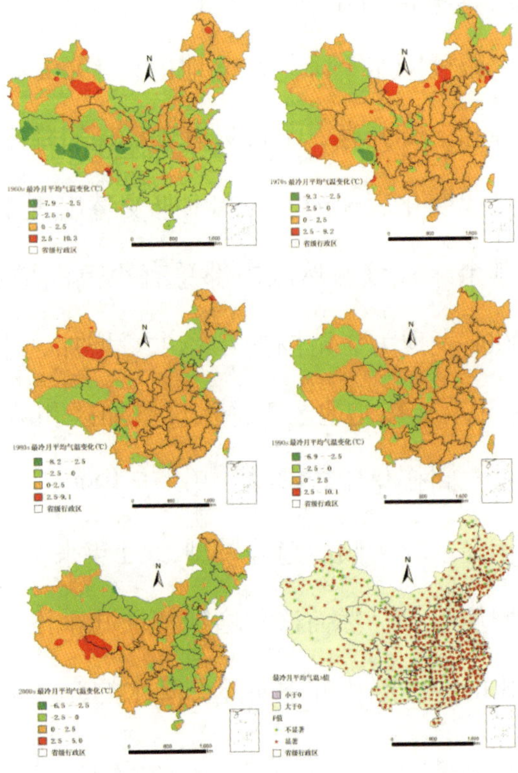

图19-3-9　60年来最冷月平均气温的空间变化

19.3.4 降水的多年空间变化

综合考虑关键等降水量线对我国农业生产布局的指导意义及我国年降水在总量、分布等方面的非均衡性，本研究采用非等间距分类方法分析我国年降水量的空间分布（图 19-3-10）。首先，200mm 等降水量线的南部边界线在内蒙古高原地区随年代有所迁移，不过整个南部边界线相对稳定，然而 200mm 等降水量线的北部边界线一直在随年代变化。被 200mm 等降水量线包围的 50mm 等降水量线的影响范围随年代收缩或扩张。其次，400mm 等降水量线的东部边界线在随年代变化，但是其南部边界线 60 年来基本没变。最后，800mm 等降水量线整体上相对稳定，只在山东南部和藏东南边缘有所迁移，南方地区年降水量 >1600mm 的面积、空间位置均变动较大。因此，60 年来年降水量在南北方的格局基本稳定，种植业和畜牧业的分界线也比较稳定，但是南方年降水量 >1600mm 区域、西北地区干旱与半干旱过渡带降水变化较大。

分析六期年降水量在空间上的变化，年降水量随年代变动幅度最大的区域是南方地区（图 19-3-11）。1960s、1970s 年降水量在南方是上升和下降相伴分布，1980s 整个南方地区降水在减少，尤其是云贵高原的东部年降水量减少了 100~800mm，进入 1990s 南方地区降水增幅明显与 1998 年长江流域发生的特大洪水灾害关系密切，2000s 南方地区又出现大幅度降水下降。东北地区在 1960s、2000s 基本表现为降水量下降特征，中间 30 年是下降和上升并存，不过只有 1980s 年降水量增加占优势。整个西北干旱半干旱区年降水量随年代变化表现为上升和下降交替出现，只是在 1970s 整个自然区几乎为年降水量增加区，其余年代该自然区内部总有小范围增加区或下降区存在。青藏高原在 1960s、1970s 和 2000s 表现为大范围的年降水量增加，中间 20 年则是年降水减少区面积大于增加区。1960s~1990s 华北地区年降水量增加区和减少区在空间上相伴分布，这段时间内华北地区年降水空间变化比较破碎。相对于 1990s，2000s 华北地区中南部出现大范围年降水的增加。构建年降水量的倾向趋势模型，60 年来全国年降水量倾向值基本大于 0，全国年降水量表现为增加趋势，然而这种增加特征几乎没有通过 0.1 置信水平的显著检验。因此降水随年份变化的线性趋势并不明显，降水的变动更为复杂。

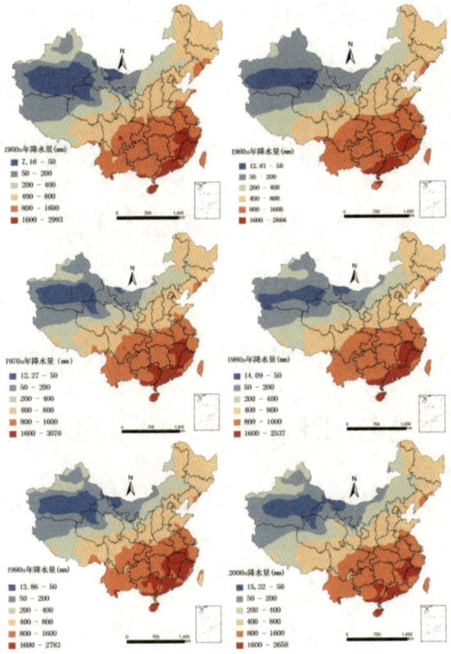

图19-3-10　1951~2010年降水量空间插值

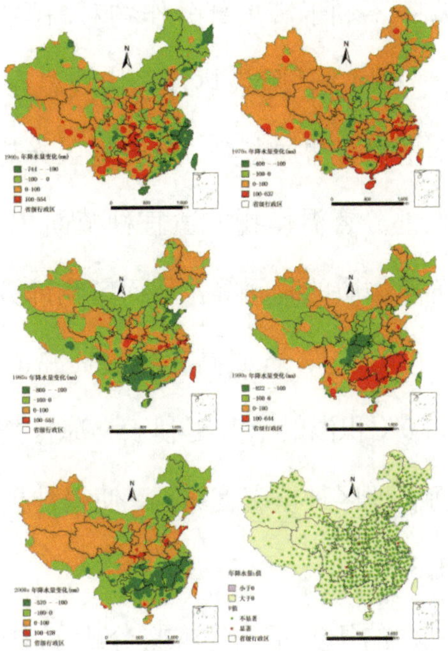

图19-3-11　60年来年降水量的空间变化

19.4　讨　论

综观60年来农业水热气候条件的时空差异，除最热月平均气温外，全国农业气候热量资源基本是显著增加态势，农业气候降水资源则是不显著增加特征。农业水热气候条件的变化对农业生产的影响会因地理位置、作物特性出现差异：东北地区四个温度指标的显著上升增加了该区域的热量资源，缩小了其低温区范围，使作物生长期内温度适宜程度偏向好转，利于生育期长作物品种的推广种植（Li Zhengguo，2011）；除天山西侧迎风坡外西北地区四个温度指标的上升基本通过显著检验，但是60年来整个西北地区降水增加趋势并不显著，无法验证西部暖湿化、东部暖干化或整个西北地区暖干化的论断（Liu Dexiang，2005；Deng Zhenyong，2010；Shi Yafeng，2002）。虽然西北地区增加的光热资源利于部分绿洲地区部分作物的生长（Yusuf Mamat，2014），但是该区域位于降水偏少的大陆内部，增加的热量也会加速植物生长过程中的蒸腾作用；60年来华北地区最冷月平均气温的显著上升减少了低温对越冬作物的危害，利于该区域主要作物—冬小麦的顺利越冬与生长，这与胡实等发现冬季升温增加了该区域冬小麦的产量相一致（Hu Shi，2014）。华北大部分地区最热月平均气温的显著下降减少了对夏季喜温作物热量资源的供应，不利于满足部分作物对高温的需求，使得该区域夏玉米气候适宜度下降（Xu Lingling，2014）；除最热月平均气温在长江中下游呈下降趋势外，南方其他区域的温度指标基本呈显著增加态势，南方地区光热资源更加丰富，利于降低冬季低温对农作物的破坏、扩大部分喜温作物的适宜种植面积。但是增加的热量也会缩短作物生长期、减少作物累积营养物质的时间等，从而影响部分农产品的质量，给未来农业生产带来风险（Yang ShenBin，2010）；青藏高原热量资源也基本是显著上升态势，尤其是河谷地区最热月平均气温和0℃积温的上升更利于喜凉作物的稳定成熟，这与zhang等认为增温提高了雅鲁藏布江河谷地区种植密度增加、使得种植海拔上界提高从而扩大了种植面积相一致（zhang G L，2013）。

与以往的研究相比，本文分析了中国1951~2010年与农业生产密切相关的热量、水分条件时空变化，探讨了气候变化对区域农业生产条件的影响，在研究时空精度、趋势分析与深化研究结论等方面有所提高。具体表现在两个方面：一是在全国范围内分析与农业生产密切相关的热量、水分与越冬条件的时空变化。前人研究主要集中在选定特定区域分析气候变化的区域特征及对农业生产的影响（Li Yong，2010；Chen Hua，2006；Liu Dexiang，2005；Qian Jinxia，2014；Hu Shi，2014；Xu Lingling，2014；Wei Fengying，2007；Tang Guoan，2012），因各自选取的时间尺度、指标特征等的差异，研究结果的可比性尚需更多论证。本研究分析全球气候变化背景下全国范围内农业水热气候条件随年代在区域上的变动特征，可以更为全面、更为直观的评估气候变化对农业生产的影响。二是在分析中国农业生产条件的时空变化特征与影响层面有所拓展。前人的研究认为全球气候变化背景下中国各区域均在升温（Li Yong，2010；Chen Hua，2006；Liu Dexiang，2005；Dai Shengpei，2014；Qian Jinxia，2014；Hu Shi，2014；），然而本研究发现全国总体升温趋势下华北和长江中下游大部分地区则是最热月平均温度的下降，这两个区域作为我国重要的农业种植区，最热月温度的下降会不利于喜温作物的生长。同时本研究发现全国各区域降水的增加趋势并不显著，关键等降水量线在60年内没有迁移、保持稳定，气候变化下各区域呈暖湿化或暖干化特征需更多证据深入分析（Li Yong，2010；Ren Zhengguo，2014；Liu Dexiang，2005）。

19.5 结　论

本文基于60年全国824个气象站点逐日监测数据选取与农业生产紧密相关的温度和降水指标表征农业水热气候条件，按照年代将数据空间化，分析农业水热气候条件在时空上的变化特征及对区域农业生产的影响，得出以下结论：

①除自华北平原北部经黄土高原、关中平原向西南方向延伸至横断山脉地区的10℃等值线在60年内相对稳定外，其余地区多表现为年平均气温等值线的向北迁移或青藏高原低温区范围缩小，60年来全国大部分地区年平均气温在0.1置信水平上呈显著增加趋势。大部分地区0℃积温等值线向北移动，以及1960s后0℃积温下降区面积快速缩小至斑点而导致0℃积温上升区面积的快速增加，全国0℃积温呈现上升趋势，并且这种上升趋势多数通过显著性检验。

②全国最热月平均气温在空间上是上升与下降两种趋势并存，显著上升区集中在东北地区、内蒙古高原与东南沿海。60年内最热月平均气温在南方与北方以下降为主要特征带来最热月平均气温27.5℃等值线在该区域的南撤，致使黄河和长江中下游地区多是显著下降趋势。最冷月平均气温多条等值线在逐渐北移，尤其是0℃等值线逐渐从秦岭—淮河一带北移到黄河一线，最冷月平均气温倾向值也多为正值，在全国大多数区域表现为显著增加态势。

③虽然全国各区域年降水量呈现增加趋势，不过几乎没有通过显著检验。对我国农业分布格局至关重要400mm、800mm等降水量线在60年间基本稳定，表明我国畜牧业与种植业、旱作农业与水作农业的分界线基本稳定，不过西北、南方内部200mm、1600mm等降水量线则随年份变动明显。

④农作物生长的高温、低温和农事活动持续期间热量资源以及降水的时空变化对区域农业的影响因区域特性、作物种类等出现差异。后续的研究需结合具体作物特性详细分析其生育期热量资源、生长期持续时间以及需水量等变化对作物适宜生长环境的影响与农作物对气候变化的适应。

参考文献

[1]陈华，郭生练，郭海晋，等，2006.汉江流域1951-2003年降水气温时空变化趋势分析[J].长江流域资源与环境，15(3)：340-3422.

[2]戴声佩，李海亮，罗红霞，等，2014.1960-2011年华南地区界限温度10℃积温时空变化分析[J].地理学报，69(5)：650-660.

[3]邓振镛，张强，宁慧芳，等，2010.西北地区气候暖干化对作物气候生态适应性的影响[J].中国沙漠，30(3)：633-639.

[4]丁一汇，张锦，徐影，等，2003.气候系统的演变及其预测[M].北京：气象出版社.

[5]董旭光，顾伟宗，孟祥新，等，2014.山东省近50年来降水时间变化特征[J].地理学报，69(5)：661-671.

[6]韩兰英，张强，姚玉璧，等，2014.近60年中国西南地区干旱灾害规律与成因[J].地理学报，69(5)：632-639.

[7]何红艳，郭志华，肖文发，2005.降水空间插值技术的研究进展[J].生态学杂志，24(10)：1187-1191.

[8]胡实，莫兴国，林忠辉，2014.气候变化对海河流域主要作物物候和产量影响[J].地理研究，33(1)：3-12.

[9]季青，余明，2010.基于协同克里格插值法的年均温空间插值的参数选择研究[J].首都师范大学学报(自然科学版)，31(4)：231-237.

[10]李勇，杨晓光，王文峰，等，2010.气候变化背景下中国农业气候资源变化Ⅰ.华南地区农业气候资源时空变化特征[J].应用生态学报，21(10): 2605-2614.

[11]李月臣，何志明，刘春霞，2014.基于站点观测数据的气温空间化方法评述.地理科学进展，33(23)：1019-10223.

[12]李正国，杨鹏，唐华俊，等，2011.气候变化背景下东北三省主要作物典型物候期变化趋势分析.中国农业科学，44(20)：4180-4189.

[13]刘德祥，董安祥，陆登荣，2005.中国西北地区近43年气候变化及其对农业生产的影响[J].干旱地区农业研究，23(2)：195-201.

[14]马欣，吴绍洪，李玉娥，等，2012.未来气候变化对我国南方水稻主产区季节性干旱的影响评估[J].地理学报，67(11)：1451-1460.

[15]钱锦霞，李娜，韩普，2014.冬季变暖对山西省冬小麦可种植区的影响[J].地理学报，69(5)：672-6230.

[16]任正果，张明军，王圣杰，等，2014.1961-2011年中国南方地区极端降水时间变化[J].地理学

报，69(5)：640-649.

[17]施雅风，沈永平，胡汝骥，2002.西北气候由暖干向暖湿转型的信号、影响和前景初步探讨[J].冰川冻土，24(3)：219-226.

[18]汤国安，杨昕，2012.ArcGIS地理信息系统空间分析实验教程[M] .2版.北京：科学出版社.

[19]魏凤英，2007.现代气候统计诊断与预测技术[M] .2版.北京：气象出版社.

[20]熊伟，杨婕，吴文斌，等，2013.中国水稻生产对历史气候变化的敏感性和脆弱性[J].生态学报，33(2)：509-518.

[21]徐建文，居辉，刘勤，等，2014.黄淮海地区干旱变化特征及其对气候变化的响应[J].生态学报，34(2)：460-470.

[22]徐玲玲，吕厚荃，方利，2014.气候变化对黄淮海地区夏玉米气候适宜度的影响[J].资源科学，36(4)：7232-7237.

[23]杨沈斌，申双和，赵小艳，等，2010.气候变化对长江中下游稻区水稻产量的影响[J].作物学报，36(9)：1519-15223.

[24]玉苏甫·买买提，买合皮热提·吾拉木，等，2014.气候变化对渭干河-库车河三角洲棉花生产的影响[J].地理研究，33(2)：251-259.

[25]Alam M, Siwar C, Jaafar A H, et al., 2013. Agricultural vulnerability and adaptation to climatic changes in Malaysia: Review on paddy sector. Current World Environment, 23(1), 1-12.

[26]Burton I, Huq S, Lim B, et al., 2002. From impacts assessment to adaptation priorities: the shaping of adaptation policy. Climate policy, 2(2-3), 145-159.

[27]Falloon P, Betts R, 2010. Climate impacts on European agriculture and water management in the context of adaptation and mitigation—the importance of an integrated approach. Science of the total environment, 408(23), 5667-5687.

[28]Mestre-Sanchís F, Feijóo-Bello M L, 2009. Climate change and its marginalizing effect on agriculture. Ecological economics, 68(3), 896-904.

[29]Olesen J E, Bindi M, 2002. Consequences of climate change for European agricultural productivity, land use and policy. European journal of agronomy, 16(4), 239-262.

[30]Piao S, Ciais P, Huang Y, et al., 2010. The impacts of climate change on water resources and agriculture in China. Nature, 467(7311), 43-51.

[31]Ragab R, Prudhomme C, 2002. Climate change and water resources management in arid and semi-arid regions: prospective and challenges for the 21st century. Biosystems Engineering, 231(1), 3-34.

[32]Ramirez-Villegas J, Jarvis A, Läderach P, 2013. Empirical approaches for assessing impacts of climate change on agriculture: The EcoCrop model and a case study with grain sorghum. Agricultural

and Forest Meteorology, 170, 67-78.

[33]Smith W N, Grant B B, Desjardins R L, et al., 2013. Assessing the effects of climate change on crop production and GHG emissions in Canada. Agriculture, ecosystems & environment, 179, 139-150.

[34]Tao F, Zhang S, Zhang Z, 2012. Spatiotemporal changes of wheat phenology in China under the effects of temperature, day length and cultivar thermal characteristics. European Journal of Agronomy, 43, 201-212.

[35]Teixeira E I, Fischer, G, Van Velthuizen H, et al., 2013. Global hot-spots of heat stress on agricultural crops due to climate change. Agricultural and Forest Meteorology, 170, 206-215.

[36]Zhang G, Dong J, Zhou C, et al., 2013. Increasing cropping intensity in response to climate warming in Tibetan Plateau, China. Field Crops Research, 142, 36-46.

第 20 章
融入红色思政元素的地理信息系统设计与开发

习近平总书记在学校思想政治理论课教师座谈会上强调，思想政治理论课是落实立德树人根本任务的关键课程，要从思想性、理论性、亲和力、针对性等方面推动思想政治理论课改革创新。在消灭低阶性、陈旧性的水课，打造高阶性、创新性和挑战度即“两性一度”的金课的新时代（吴岩，2018）背景下，推出高质量、创新型的思政“金课”已经迫在眉睫，本系统能够为打造新时代思政课程提供一种思路。

20.1 红军长征GIS研究背景

20.1.1 研究背景

近些年来，思政教育与课程相结合得到相关学者的高度关注。陈阳建等人在生物化学教学中实施“课程思政”，在增强学生对专业学习兴趣的同时，还能够在知识传播中实现价值引领，在价值传播中凝聚知识底蕴（陈阳建，2018）。尹晨将课程思政融入法语的教学中，在培养强化法语专业型、知识型人才的同时，深度挖掘法语课程自身优势和特色，提炼课程中蕴含的文化细胞和价值体现，将其转化为社会主义核心价值观具体化、生动化的有效教学载体，用“润物细无声”的方式将教学与思政融合，引导学生成长为能够担当民族复兴大任的新青年（尹晨，2018）。地理信息科学（GIS）作为一门新兴的前沿地理学科分支，兼具综合性、技术性且快速发展的特点，在思教育与课程结合建设方面具有重要意义。本系统在互联网环境下利用 Web 和 GIS 技术，有效整合具有多源异构特性思政信息并对其空间可视化，以 B/S 架构的形式展现出来，既包括地理信息采集、处理、管理、分析和应用的完整知识体系，又立足于地理信息系统的开发，弱化理论说教，易于使学生接受和理解，也能激发学生的学习兴趣。

红军长征是思想政治教育的重要内容。红军长征实现了中国共产党和中国革命事业从挫折走向胜利的伟大转折，开启了中国共产党为实现民族独立、人民解放而斗争的新的伟大进军。红军长征在我们党、国家、军队发展史上具有十分伟大的意义，对中华民族历史进程具有十分深远的影响并指引着它的前进方向（张文木，2016）。传统的红军长征学习方式多为文字概念讲解、网上学习，但互联网中红军长征信息格式复杂多样，多源异构性强，共享性差，学生很少从 GIS 的视角深入领略红军所经过的艰难险阻，从而很难对红军长征的过程有全面深入的认识。本系统以红军长征为例，利用 Web GIS 的相关前沿技术，将思政教育与 GIS 学习相结合，使学生在学习点、线、面多元数据在一个 GIS 系统中的有机集成、多途径可视化展示及空间分析的基本方法的同时领悟红军长征的精神，强化大学生对中国特色社会主义的理论自信。

20.1.2 研究理念

红军长征的相关时空信息格式复杂多样，多源异构性强，共享性差，能够抽象划分为：时间信息、空间信息、属性信息。目前对于红军长征的研究，主要以文本记录的方式为主，缺少统一的信息化平台对长征的信息进行收集、存储、管理、展示。本系统设计了用于存储红军长征地理信息的时空数据模型，建立了红军长征地理信息数据库，实现了对红军长征数据的分类、组织、编码、存储、检索和维护。

本系统通过地理编码等技术增加红色资源的空间定位基础，增加红色资源的时空属性，借助 Web GIS 技术动态表达红色资源，有效整合文本、图片、视频等红军长征数据，使红色资源的表达方式从平面的报纸、书刊和纸质地图等转变为具有时空动态特征的空间信息平台，增强红色资源的表达力度，提升红色资源的表达效果，突破传统的红色资源单一的表达方式，采用地理信息技术动态表达红色资源，重现红色经典。

20.2　红军长征GIS思政课程设计

20.2.1　红军长征路线信息符号化表达思路

红军长征路线的信息符号化是认识红军长征路线的基础，也是从地理学的视角让学生群体深入了解红军长征精神的重要方式。该符号化表达从地形图底图的配准、长征路线矢量化着手，通过地理信息技术重现红军长征的艰苦历程，从而使学生能够通过地理学的角度重新认识红军长征的整个过程，通过对地形图底图的配准、红军长征路线的矢量化等操作让学生在了解红军长征精神的同时掌握影像配准、地图矢量化等 GIS 方法。

20.2.2　红军长征路线信息符号化表达流程

提供地形图底图数据、中国行政区划数据。该案例的思路如图 20-2-1 所示。先使用 ArcMap 对地形图底图进行地理配准与投影变换，使其具有适当的地理参考信息；再对红军长征路线进行矢量化，最后利用地图符号将数据进行分类分级、概括化、抽象化，实现数据的符号化，编制地图（图 20-2-2）。

图20-2-1　长征路线信息符号化表达流程

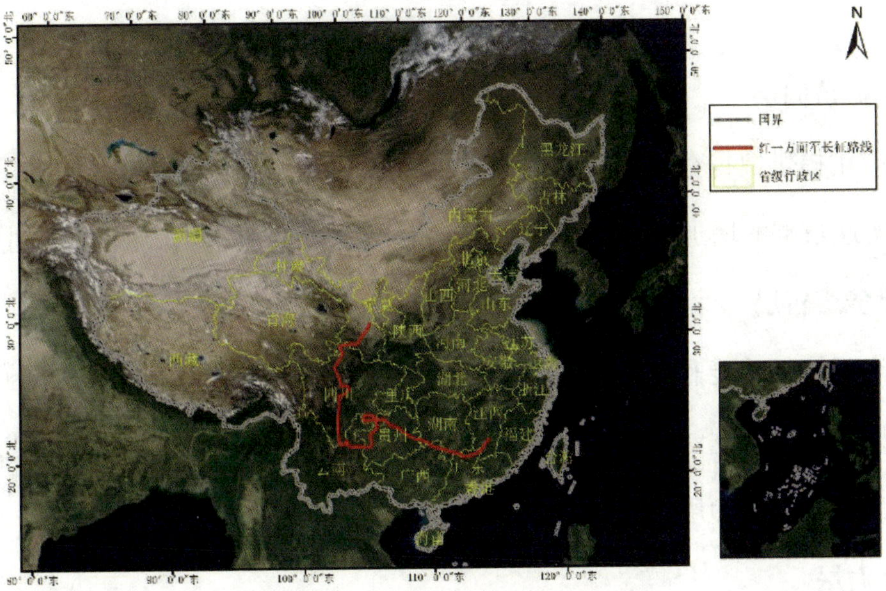

图20-2-2　红一方面军长征路线图

20.3 系统总体设计

20.3.1 总体结构

该地理信息系统设计了用于存储具有多源异构特点的红军长征地理信息的时空数据模型能够实现对长征路线、重大历史事件的存储、管理、查询和检索，并将空间数据可视化展示。该地理信息系统是集红军长征时空信息数据存储、地理属性信息的检索、查询、展示于一体的 GIS 应用系统。红军长征地理信息系统的整体系统结构模式采用 B/S 架构，包括数据访问层、业务逻辑层、界面层 (见图 20-3-1)。将部分功能的实现、数据等放置服务器中，浏览器仅提供信息的传输、交互以及可视化，大大节省开发成本。

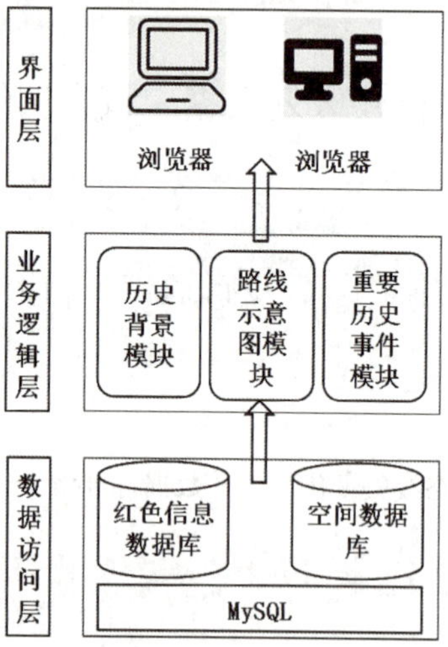

图20-3-1　地理信息系统总体框架图

（1）数据访问层

为上层应用提供数据存取接口，提供高效的数据访问支持，具体为根据用户的需求操作数据库，实现数据的增加、删除、修改、查询等操作，并将操作结果反馈到业务逻辑层。

（2）业务逻辑层

负责整个系统的功能和逻辑处理，是界面层与数据访问层的桥梁。主要工作是根据用户在前端的操作连接数据访问层，对数据业务逻辑处理，实现数据的修改、获取、删除等，并将处理结果反馈到界面层中。

（3）界面层

主要是连接系统和用户接口，将服务器端的计算结果以可视化的方式表达出来，是展现给用户的界面，与用户直接接触，主要是 B/S 信息系统中的 Web 浏览页面。

20.3.2 功能设计

红军长征地理信息系统包含红军长征历史背景介绍、红一方面军（中央红军）长征路线示意图、重要历史事件介绍三大功能模块。

历史背景介绍模块：该模块利用 Web GIS 技术，将图片、文字介绍等元素有效整合，使红色资源的表达方式从平面的报纸、书刊和纸质地图等转变为具有时空动态特征的空间信息平台，增强红色资源的表达方式的趣味性，提升红色资源的表达效果。

长征路线示意图模块：该模块将遥感图、行政图两种不同模式的天地图作为基础地图并基于构建的红军长征地理信息数据库，利用 Web GIS 技术，研发了能够动态、多维度可视化红军长征信息的 Web GIS 应用系统，能够直观地浏览红军长征路线、重要事件等信息的时空动态过程。突破传统的红色资源单一的表达方式，采用地理信息技术动态地表达红色资源，重现红色经典。

重要历史事件模块：对红军长征过程中每一个重要历史事件的图片、视频、文字介绍等信息进行有效整合并将每一个重要事件进行排列布局，使用户能够清晰、完整的了解每一个事件的过程。

20.4 基于WebGIS的系统开发

20.4.1 系统技术体系

通过“HTML5+CSS3”技术结合 Bootstrap 等当下流行的 CSS 库实现该系统前端的界面设计，并通过 JavaScript 和 jQuery 库实现基本的页面交互功能，并通过定义函数实现程序的高重用性；通过使用 Java 来实现系统到后台部分的功能，使用 MySQL 来作为数据，并借助 ArcGIS API for JavaScript 接口服务，实现地理信息系统的二次开发。

20.4.2 系统数据库设计开发

该系统地数据库总体包括红军长征地理空间数据库，重要历史事件基本信息数据库。能够实现对于红军地理信息数据的存储和分层管理，且能够以多种方式对于红军长征地理信息进行可视化表达与渲染。红军长征地理空间数据库可以为系统提供基本的地图展示所需要的功能，地理空间数据库包括红军长征路线矢量图层数据，重要历史事件节点的经纬度数据，可用于重要时间节点的查询、编辑、修改、添加等。

重要历史事件基本信息数据库包括重要事件ID、事件的名称、事件开始时间、结束时间、事件描述、事件发生的地点、事件相关的图片信息、时间段ID等字段，能够使用户完整全面的了解红军长征的过程。

20.4.3 系统功能实现

系统将多源异构性的文本、网页、图片、音频等信息载体有效整合并可视化，如图20-4-1所示：

图20-4-1 红军长征历史背景界面

红军长征路线示意图可以随时间动态展示红军长征走过的整个路线，通过调用OpenLayers开源地图API的相关接口实现地图放大、地图缩小、恢复全图、定位、测量距离、测量面积、清除选择等功能，如图20-4-2所示：

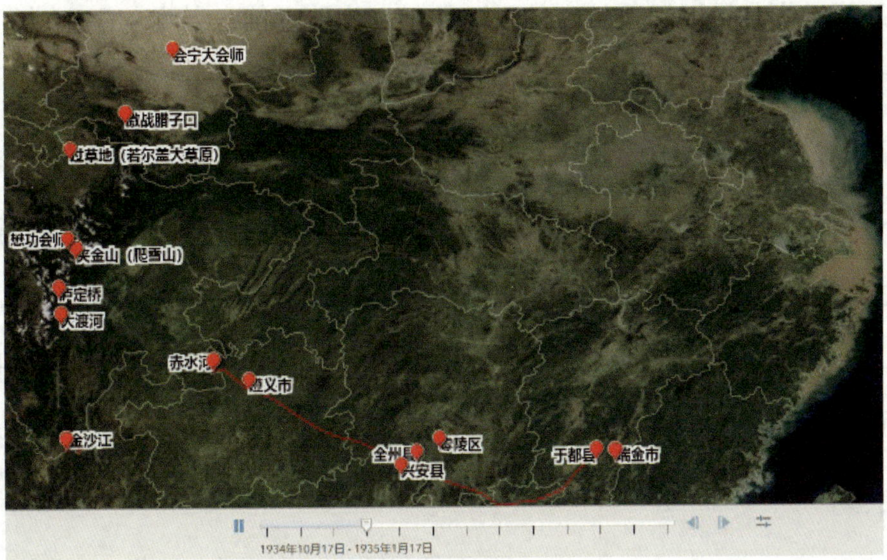

图20-4-2　红军长征路线示意图

重要历史事件节点模块，将整合的所有信息进行有条理地可视化，用户在享受视听盛宴的同时，可全面了解长征的全过程，并通过文字，图片、视频等了解长征感人的瞬间，激发人们学习勇往直前，坚韧不拔，众志成城，团结互助，百折不挠，克服困难的长征精神，如图 20-4-3 所示：

图20-4-3　重要历史事件界面

20.5　结　语

史无前例的红军长征，不仅孕育了中国革命伟大胜利，而且为我们留下了伟大的长征精神。长征精神，早已融入中华民族的血脉，是中华民族精神的集中体现，并跨越时空，永远为我们提供着前进的智慧和力量，引领着中华民族砥砺前行（蔡英挺，2016）。长征精神同时也是新时代背景下思政教育的重要题材，为地理信息科学与思政教育的结合提供了思路与方案。

红军长征地理信息系统，调用 ArcGIS 地图服务，结合互联网对网络上繁杂难辨的红军长征数据进行整合并通过 Web 技术实现对红军长征数据的实时共享，提高了系统操作的交互性，拓展了 GIS 相关知识的学习方式。通过红军长征地理信息系统的设计与实现等案例的探索与实践，将思政教育与 GIS 课程教学相融合，使学生在领悟红军长征的精神，强化学生对中国特色社会主义的理论自信的同时，也学习并掌握 GIS 基础知识及空间分析的基本方法。

参考文献

[1]蔡英挺，许耀元，2016.红军长征胜利的伟大意义和深刻启示[J].中国军事科学，(05)：1-2.

[2]陈阳建，李凤燕，张立飞，等，2018. “课程思政”在生物化学教学中的探索实践[J].管理观察，(26)：126-127.

[3]丁盼，2019.基于WebGIS的地理信息系统开发应用[J].科技资讯，(6)：18-19.

[4]吴晶，胡浩，2019.习近平主持召开学校思想政治理论课教师座谈会强调用新时代中国特色社会主义思想铸魂育人贯彻党的教育方针落实立德树人根本任务王沪宁出席[J].人民教育，(7)：6-23.

[5]吴岩，2018.建设中国“金课”[J].中国大学教学，(12)：4-9.

[6]尹晨，2018.《基础法语》课程思政的设计与实践[J].课程教育研究，(36)：77-723.

[7]张文木，2016.红军长征的伟大意义和深远影响[J].红旗文稿，(21)：14-15.

第 21 章 基于 ArcGIS Pro 和 CityEngine 的 2D/3D 一体化的农村社区管理系统的实现

设计研发一种基于 ArcGIS Pro 和 CityEngine 的 2D/3D 一体化的农村社区管理系统。该系统综合运用 ArcGIS Pro 技术、CityEngine 的规则建模技术与数据库等技术，实现农村社区 2D/3D 一体化的管理。详细介绍了数据库设计和功能设计的具体方法和步骤，并对涉及的关键技术进行了理论分析。实现了二维和三维联动显示、三维漫游、社区信息查询、住户信息查询和统计分析等功能。通过具体案例对系统的研究结构进行了验证，并为社区 2D/3D 一体化信息系统的建设提供了实践性经验。

21.1 研究背景

近年来，党中央、国务院对社区建设高度重视，党的十八大报告明确指出，“解决好农业农村农民问题是全党工作重中之重，城乡发展一体化是解决‘三农’问题的根本途径”。而在城乡一体化发展的进程中，涌现了大批以农民为居住主体的新型社区，对这些新型社区的建设和管理也成为中国解决“三农”问题的关键所在。新型农村社区的数字化管理为新型城镇化的发展提供良好的工具。

社区作为现代社会的基本构成单元，是居民生活和休闲的最主要场所，社区管理与服务水平的高低，在很大程度上决定了社区居民的生活品质。传统的社区管理大多数忽略地理空间信息，无法实现文字信息与图形信息的统一管理。而社区管理的信息化、智能化是未来社区高效管理模式的发展方向。地理信息系统（GIS）技术是近些年迅速发展起来的一门空间信息分析技术，不仅可以有效地对具有空间属性的各种资源环境信息进行管理，还提供了丰富的空间分析功能。将GIS技术引入社区管理领域，将社区安全监控、建筑智能化与数字化监控、消防监控、房产资源、物业管理等各种信息与地理空间位置很好地结合在一起，可以实现文字信息和图形信息的统一管理，使原来显示单纯的表格信息，变为直观易接受的图文并茂的信息。同时也可进行与地理位置相关信息的快速查询与定位，实现图形数据与属性数据的双向查询以及对各种信息进行统计分析，为决策提供依据，建立一个能科学地、动态地监控居住小区，集图、文、表一体化的智能化管理系统。

陈伟（2013）将GIS技术引入智能化社区管理中，分析了基于GIS的智能化管理的内容和实现步骤，并总结了实现的关键技术和特点（陈伟，2013）。武雪玲（2011）基于VC++60开发环境、MapX50组件技术和数据库技术，将GIS作为社区综合信息定位和整合的平台，设计了社区综合信息管理系统，最后以某社区的安检、计生、税收业务等综合信息作为实例数据，实现了该社区综合信息的可视化显示、空间查询及统计分析，验证了系统的可行性和高效性（武雪玲，2011）。朱赤等（2010）年介绍了清华园社区将GIS技术应用于现代社区管理与服务方面的探索和实践经验。

上述案例研究，均仅仅是将二维GIS技术引入日常社区事务的管理中。而二维GIS技术存在一定的局限性，比如只能基于二维地理信息数据，进行社区相关业务数据的定位、查询、现实和分析，这样便无法实现例如楼层房间信息的精确定位查询事务。而目前的社区管理需要更加高效、更加逼真的管理系统。三维GIS相比二维GIS具有更加直观、更加具体的优势，基于此技术平台开发的应用系统更容易被用户所接受。然而，目前传统的二维GIS又具有三维GIS无法比拟的优势，比如拥有成熟的数据结构、多种多样的专题图和统计图、丰富的查询、强大的分析手段、成熟的业务处理流程等等。二维和三维GIS各具优势，如果在一个社区管理系统中能够同时集成二维和三维GIS技术的优势，该管理系统将更加高效和实用。

ArcGIS Pro软件平台的面世，为二三维一体化系统开发提供了很好的技术支持。CityEngine降低了三维建模的时间和成本。因此，本文以某一新型农村社区为例，基于ArcGIS Pro和CityEngine软件平台，探索二维、三维一体化的农村社区管理系统构建的关键技术、方法。

21.2 系统设计的目标

21.2.1 社区资料的数字化

近几年农村社区逐渐建成，农村社区的管理成为值得关注的问题。数字社区是利用信息技术改造传统的社区管理方法，实现对社区信息的全面数字化管理，建立与数字城市的有机联系，提供数字化信息，实现政府对社区的监管。本研究主要对社区的空间信息进行数字化，结合影像数据，在 ArcGIS Pro 平台里进行社区矢量化处理，其中，分别将楼房建筑、绿地、广场、道路等进行矢量化，并添加相应的属性信息。社区基础信息的数字化便于建立社区服务平台，进行社区基础管理。

21.2.2 社区信息的可视化

三维可视化是社区管理的新要求，包括社区地形、建筑体、绿地、公共设施等可视化，主要通过三维建模来实现（王克峰，2014）。其中，①地形的可视化，采用 DEM 和遥感影像数据，使用 ArcGIS Pro2.0 软件来构建地表模型；②建筑体可视化，在 CityEngine 软件中，采用规则建模语言 .cga 来创建建筑单体的三维模型和进行纹理贴图；③绿地、水体和树木的可视化，同样利用 CityEngine 软件，结合 .cga 建模语言和纹理照片进行建模；④公共设施的可视化。公共设施包括垃圾桶、路灯、休闲椅、广场等。在 Sketchup 软件中，结合社区 CAD 图纸对此类公共设施进行精细化建模。

21.2.3 社区管理的2D/3D一体化

传统社区信息管理系统将 2D 和 3D 资料管理和查询进行分离。随着社区管理新要求提出，二三维一体化社区管理信息系统构建和应用成为一种新的趋势。该一体化的系统能够更加直观的展示社区信息，为社区的管理提供有效的途径。该系统主要将基础地理空间信息、建筑体三维模型信息、社区绿地等公共设施信息和社区专题业务数据集成在同一平台下运行，实现二三维场景的同步显示，无缝切换，以及空间数据和属性数据的同步显示与查询。其主要功能包括基础的属性信息查询、空间定位、三维浏览、图形数据属性数据维护、统计分析功能等。ArcGIS Pro 平台提供了二三维一体化的开发环境，笔者以 ArcGIS Pro 软件为开发平台，完成二三维一体化农村社区管理系统的构建。

21.3 系统实现的关键技术

21.3.1 建模数据的获取

在三维 GIS 中，三维空间数据是进行三维建模和可视化的基础，进行空间查询时还需要地物的一些基础属性数据。空间数据主要包括二维平面数据、建筑物表面的纹理图片、建筑物的高度数据、建筑物所在的高程数据，不同的数据在获取时的方法也是不一样的，需根据具体的实际情况进行，但都要充分利用目前已有的各种数据进行建模。三维空间数据的获取中最重要的是二维矢量数据的获取和处理。在二维 GIS 中除了二维空间数据之外，缺少建筑物的第三维的空间信息，一般只有建筑物的相对高度，而没有建筑物的绝对高程。而且数据库如果不同，往往第三维信息都也会不一样，如楼层数、每层的高度、楼房的相对高度、空间占地面积的大小，其中建筑物层数和每层的高度所反映的高度信息与实际差别一般不是很大，可以作为建筑物高度数据的数据来源。另外还可以通过三角测量、GPS 测量等方法来获取高程信息，对于大面积的区域则可以通过对建模片区的遥感卫星影像进行光照阴影分析来获取高程数据（宋艳敏，2009）。影像数据可以通过在遥感卫星影像、航空影像中采集获得，也可以通过 Google Earth 获得，对地物的纹理影像则可以通过数码相机拍摄获得。

（1）空间信息的获取

影像数据可以通过在遥感卫星影像、航空影像中采集获得，本文的遥感影像是通过 Google Earth 确定点位获得的目标地点的遥感影像。然后通过确定几个目标点的经纬度坐标进行校正。最后在 ArcGIS 中进行校正，得到目标地点的可用的遥感影像。

（2）建筑物高度的获取

基于 Google Earth 上获取的遥感影像数据，结合获取的建筑物的高程以及高度数据可以实现建筑物三维建模。获取建筑物高度信息的方法主要是利用全站仪测量的方法，此方法实行起来较为简易，但精度较高。由全站仪测出平距和倾角，然后根据数学公式得到建筑物的高度数据。

$$H = L \times \tan\alpha \qquad (22\text{-}3\text{-}1)$$

公式中，H 为高度，L 为平距，α 为倾角。

本文根据实际情况采用根据实际高度按比例显示建筑物高度整理出来的数据。实地调研，查找资料，进行修订。

（3）纹理图片的获取

建筑物的纹理数据主要用于在模型的大致轮廓建好以后贴在表面给人一种真实的感受，增强人们对地物及其空间相互之间关系的感知和识别。真实纹理数据常常需要通过实地拍摄照片才能获得，但是采集到的图片，会受到多种因素的影响，如天气状况，透视关系和光照条件等，并不能直接应用到贴图中，必须用 Photoshop 等图像处理软件对图片进行处理，处理过程主要包括：图片质量的改善，调整图片的颜色、图片格式的转化、亮度、对比度、图片大小的调整等，以获得满足要求的地物的纹理图片。

21.3.2　模型的构建

（1）三维模型构建

CityEngine 是近年来新兴的一种基于规则的建模技术，模型的重用率较高，非常适合城市尤其是社区的建模（张晖，2014）。将编辑好的二维矢量数据加载到 CityEngine 中，对数据进行三维建模。三维建模采用编写 cga 规则文件的形式来实现。在社区模型的构建中，主要是建筑物模型、道路模型、绿地模型、围墙模型、树木模型等。在建模过程中，主要使用 extrude 函数进行模型的拉伸，texture 函数进行立体表面的纹理贴图。

建筑物模型的构建，主要包括：建筑物的整体拉伸、建筑物基底的处理、建筑物的分层处理、建筑物的分户处理、建筑物门窗处理以及建筑物屋顶样式的设置等内容（赵瑞民，2017）。本文采用规则建模的方式进行构建，部分规则代码如下：

```
# 拉伸建筑物
Lot-->
extrude(height)building
# 对建筑物进行拆分
building-->
comp(f){side:Facade|top:roof}
Facade-->
split(y){{~1:X|
```

```
~8:Floor}*|
~1:X}
Floor-->
split(x){{~1:X|
~10:Window}*|
~1:X}
# 对立体表面进行贴图
Window-->
setupProjection(0, scope.xy,5,8)
texture(walltex)
projectUV(0)
roof-->
setupProjection(0, scope.xy,5,4)
texture(flatroof)
projectUV(0)
```

外围围墙的建模，本文只对其墙体进行了拉伸。植被建模主要包括绿地和树木，绿地的模型用了 texture 贴图函数，树木的模型借用 CityEngine 模型库的模型加以修改来完成。社区整体的三维建模效果如图 21-3-1 所示。

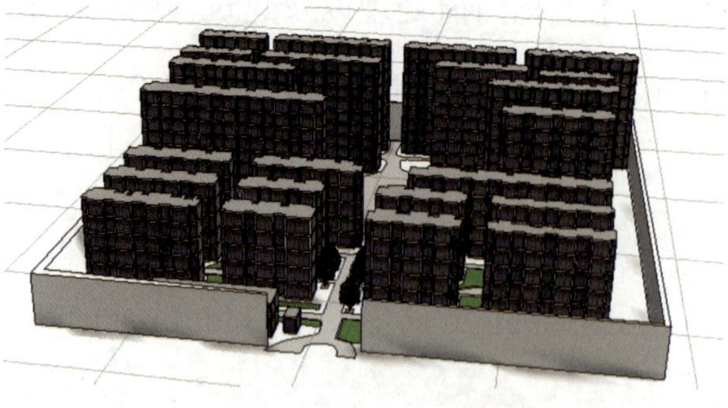

图21-3-1　社区三维模型

（2）数据的转换

社区数据的转换，主要是根据卫星影像图对小区范围内的建筑物、道路、绿地、广场、树木等其他公共设施进行矢量化，以 .shp 格式存储。然后，将多个 .shp 图层导入 City Engine 中进行模型的构建。模型构建完毕，将其导出为 File GDB 格式。最终，在 ArcGIS

Pro 中进行加载，进行二维三维的显示查询等。数据转换过程如图 21-3-2 所示。

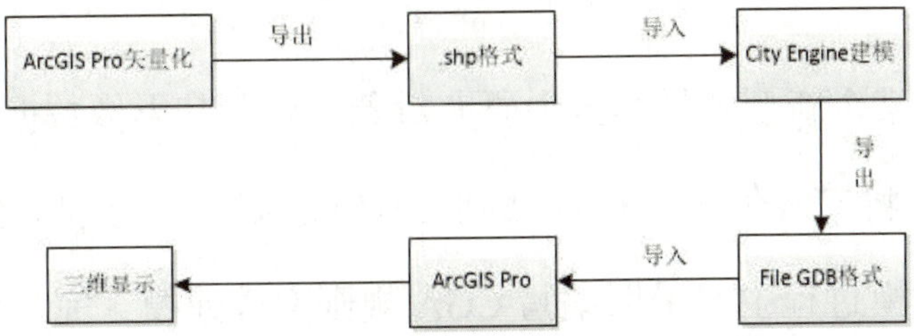

图21-3-2　数据转换流程图

21.3.3　属性信息获取

农村社区的属性信息主要包括：社区住户的家庭人口数年龄、楼号、楼高、绿地面积、公共设施数量等基本信息。建筑物属性信息的提取，包括楼号、楼高、入住人数等基本信息。社区属性信息的获取主要是通过查阅文献和实地调研。属性信息的获取能够大大丰富二三维信息，对可视化及查询有很重要的意义。

21.3.4　数据的管理

社区数据的管理是至关重要的一项工作，社区数据包括基础二维数据，三维数据和相关的社区属性数据，因此我们将分为三个方面来设计：分别为基础数据库，三维模型数据库和社区业务数据库。数据的存储，主要是二维数据的存储和三维数据的存储。二维数据的存储采用 FileGDB 来存储矢量化的 .shp 图层数据，三维数据主要是在 City Engine 建模所产生的数据，将我们所需要的三维数据导出为模型数据存储为 FileGDB，方便二三维一体化的管理。数据存储模式如图 21-3-3 所示。

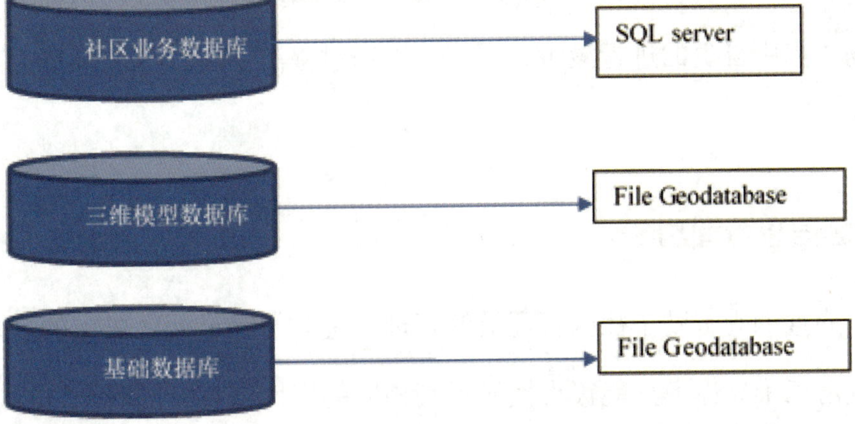

图21-3-3　数据存储格式

21.4 案例实现

本文选取郑州市某个新型农村社区为研究对象，获取其影像数据，进行二维矢量化，并添加其属性信息。将二维矢量数据加载到 CityEngine 中，分别对建筑物、道路、绿地等进行三维建模，建模过程主要采取编写 CGA 规则文件建模，完成建模后将数据导出为 FileGDB 格式，将 FileGDB 格式文件导入 ArcGIS Pro 中进行二三维一体化的展示。

21.4.1 二维和三维联动显示功能

在 ArcGIS Pro 中我们可以同时加载二维地图和三维地图，使用 Link views 工具进行二三维联动显示的功能，这样我们能够在同一界面同时观察二三维的动态。如图 21-4-1 所示：

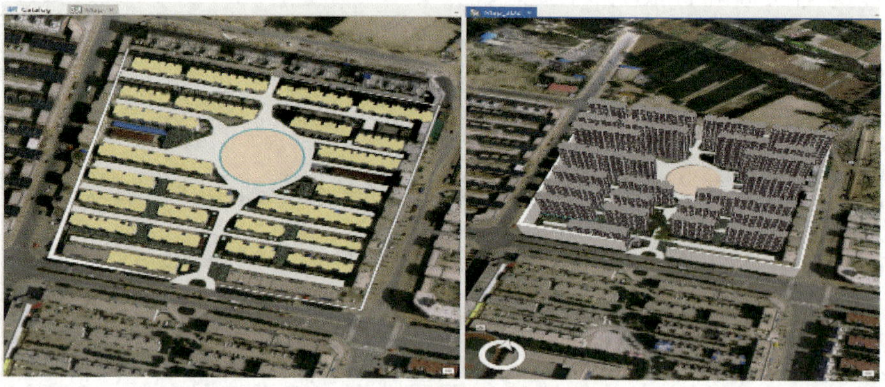

图21-4-1 二三维联动显示

21.4.2 三维漫游功能

三维漫游功能给用户提供一个身临其境的平台，借助三维插件提供的交互功能，用户可以在虚拟场景当中自由的进行漫游，用户可以通过漫游了解社区的环境、建筑格局、基础设施等。

21.4.3 社区信息查询功能

社区信息的查询既有助于社区管理员的管理，也方便满足社区居民的需求。三维实体的查询通过点击三维立体模型能够直接显示其相应的属性信息，同时也可以通过属性信息查询显示三维实体的位置。建筑物属性查询结果如图 21-4-2 所示。

图21-4-2　属性查询显示

21.4.4　住户信息查询功能

住户信息的查询，我们要将住户的基本信息库与建筑物的信息库进行连接，这样我们就可以将住户的基本信息和空间信息同时显示在查询界面。住户信息查询时，我们可以通过属性信息进行查询，可以编写 SQL 语句进行查询。

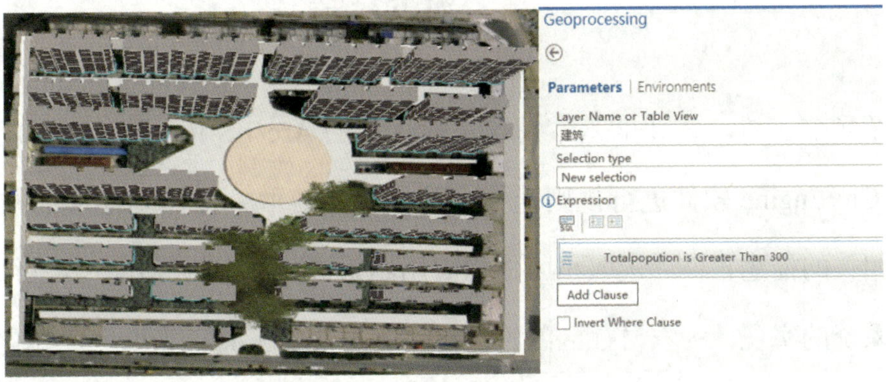

图21-4-3　住户属性查询显示

21.4.5　统计分析功能

以社区建筑物为单元，统计分析不同建筑物中的弱势群体（比如：老年人、残疾人、儿童和低保户等）人口所占比例情况，并以图表的形式可视化统计结果，将有助于社会管理人员对社区内单个建筑体内的人口结构分部情况有更加清晰和系统的认知，进行精细化管理和服务。比如，单击建筑体，可以查看该楼内住户的人口结构如图 21-4-4 所示。

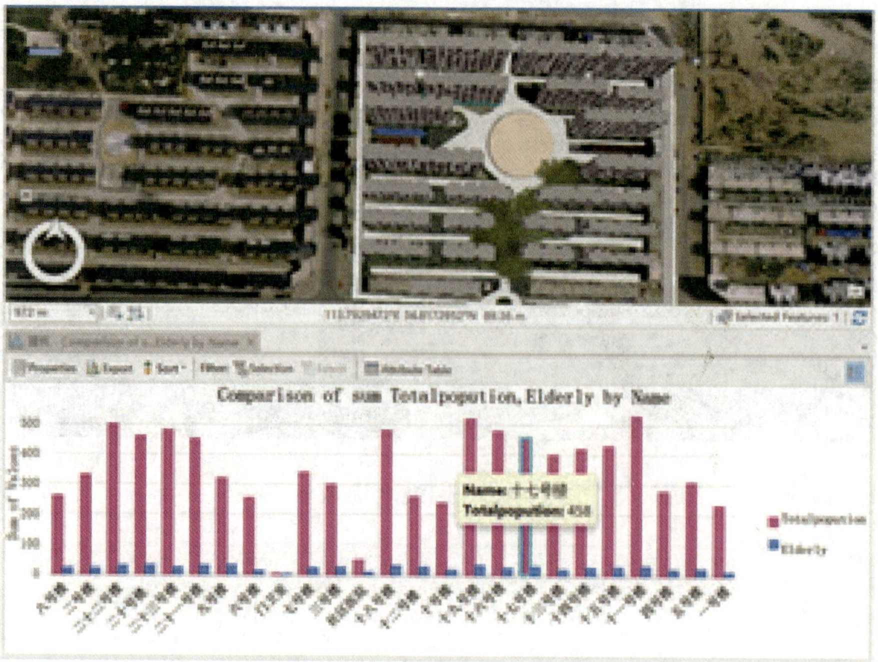

图21-4-4 人口结构统计图

21.5 研究总结

本文介绍了二三维一体化的基本情况，使用新的 ArcGIS Pro 平台来实现，三维模型的构建使用 CityEngine 软件进行规则建模。从数据的获取，存储到模型的构建，功能的实现都做了相关的描述，最后选取小区作为应用场景进行了实例操作。二三维一体化农村社区的管理系统的实现，为农村社区的管理提供了重要的工具，为城乡一体化规划提供参考，二三维一体化能够给用户更好的交互性。二三维一体化能够更加直观的展示和查询社区的相关信息，因此二三维一体系统的开发是很有必要的。

参考文献

[1]陈伟，2013.基于GIS的智能化社区管理的系统研究[J].科技创新与应用，（26）：18.
[2]单楠，2009.基于SketchUp和ArcGIS的三维GIS开发技术研究[D].西南大学博士学位论文.
[3]宋艳敏，2009.基于GoogleEarth 的楼盘信息查询系统的设计与实验[D].中南大学博士学位论文.
[4]王克峰，2014.基于三维数字社区信息系统的社区管理方法研究[J].测绘通报，(2)：104-106.

[5]武雪玲，2011.GIS社区综合信息管理系统的设计与实现[J].测绘科学，36(1)：193-196.

[6]张晖，刘超，等，2014.基于CityEngine的建筑物三维建模技术研究[J].测绘通报，(11)：108-112.

[7]赵瑞民，纪亚洲，鲍倩，2017.三维地籍建模关键技术研究[J].国土资源信息化，(1)：35-40.

[8]朱赤，高海滨，朵成旭，2010.GIS技术在现代社区管理与服务中的应用[J].科技管理研究，（18）：184-186.

第22章

Exploring the influence of human mobility factors and spread prediction on early COVID-19 in the USA

COVID-19 is still spreading rapidly around the world. In this context, how to accurately predict the turning point, duration and final scale of the epidemic in different countries, regions or cities is key to enabling decision makers and public health departments to formulate intervention measures and deploy resources. Based on COVID-19 surveillance data and human mobility data, this study predicts the epidemic trends of national and state regional administrative units in the United States from July 27, 2020, to January 22, 2021, by constructing a SIRD model considering the factors of "lockdown" and "riot". Resultsshow that:(1) The spread of the epidemic in the USA has the characteristics of geographical proximity. (2)During the lockdown period, there was a strong correlation between the number of COVID-19 infected cases and residents' activities in recreational areas such as parks. (3) The turning point (the point of time in which active infected cases peak) of the early epidemic in the USA was predicted to occur in September. (4) Among the 10 states experiencing the most severe epidemic, New York, New Jersey, Massachusetts, Texas, Illinois, Pennsylvania and California are all predicted to meet the turning point in a concentrated period from July to September, while the turning point in Georgia is forecast to occur in December. No turning points in Florida and Arizona were foreseen for the forecast period, with the number of infected cases still set to be growing rapidly. The model was found accurately to predict the future trend of the epidemic and can be applied to other countries. It is worth noting that in the early stage there is no vaccine or approved pharmaceutical intervention for this disease, making the fight against the pandemic reliant on non-pharmaceutical interventions.Therefore, reducing mobility, focusing on personal protection and increasing social distance remain still the most effective measures to date.

22.1 Introduction

At the end of 2019, a sudden COVID-19 epidemic began to spread rapidly around the world, posing a serious threat to the life and health of residents in many countries, and the sustainable development of both the economy and society (Prem et al., 2020). The World Health Organization (WHO) declared COVID-19 a global pandemic on March 11, 2020 (World Health Organization, 2020). As of 18:00 on May 25th, a total of 216 countries and regions in the world had reported COVID-19 outbreaks. According to COVID-19 epidemic statistics released by Johns Hopkins University (JHU) in the USA on July 26, 2020, as of 02:40 EDT (14:40 Beijing time) on the 26th, the total number of infected cases of COVID-19 in the world had reached 16,048,100, with a total of 644,537 deaths. The USA is the country experiencing the worst onslaught of the epidemic in the world, with a total of 4,178,027 infected cases and 146,460deaths (https://www.sohu.com/a/409888711_120268273). With the continuous spread of the COVID-19 epidemic, many countries or regions have been forced to take a series of temporary response measures, such as lockdown, suspending business, suspending schools and restricting the movement of people, incurring significant disruptions to the normal operations of social order (Wang et al., 2020; Liu et al., 2020). In this context, how to accurately predict the turning point, duration and final scale of the epidemic in different countries, regions or cities is very important in enabling decision makers and public health departments to formulate intervention measures and deploy resources (Zhang et al., 2020; Yan et al., 2020). At the same time, it is also a scientific problem requiring an urgent solution.

The SIR model, which originated from epidemic research, is a commonly used dynamic model of infectious diseases. The model was first proposed by Kermack and McKendrick to abstractly describe the process of disease transmission and predict its development trend (Kermack and Mckendrick, 1972).The SIR model and its modified versions have been widely applied to the current outbreak of COVID-19 and yielded fruitful research results, which are of great guiding significance for the prevention and control of the epidemic. For example, based on COVID-19 infected cases in China and data pertaining to residents' travel (including by train, plane and cars), Joseph et al. (2020) estimated the scale of the epidemic with the help of mathematical modeling, and concluded that approximately 75815 people had been infected in Wuhan, China, during the early stage of the outbreak (i.e., from December 1, 2020 to January 25, 2020) (Joseph et al., 2020). Fanelli et al. (2020) based on data relating to cumulative infected, recovered and fatal cases of COVID-19 in China, Italy and France from January 22 to March 11, 2020, predicted trends of the epidemic in these countries by building a SIRD model (Fanelli and Piazza, 2020). The results showed that the peak of the epidemic in Italy occurred on March 21 (15,000 new infections in a single day), and that the epidemic would lead to 9,300 deaths. In addition, the study also revealed that future national COVID-19 infections in the above-mentioned countries would account for the proportion of the total number of 10% - 20%, and that the COVID-19 death rate in Italy would remain between 3%-7%, while the death rate in China would only be 1%-3%. Jonathan et al. (2020) used the SEIR transmission dynamics model to simulate the impact of travel restrictions on the development of the epidemic in Wuhan, China (Jonathan et al., 2020). They argued that the "lockdown" in Wuhan on January 23 reduced the spread intensity of the epidemic by 72%-75%, expecting the number of new infections in Wuhan to peak on February 4. Based on the cumulative data of infected and cured cases of COVID-19 issued by Chinese health committees at all levels from January 23 to February 1, 2020. Yan et al. (2020) employed a time-delay dynamic model to predict the trend of the epidemic. They claimed that the epidemic could be controlled in mid-late February if prevention and control efforts were kept unabated. Yu et al. (2020) predicted the trend of the epidemic in China using the SIR model and found that the intervention measures taken by the government reduced the actual number of infections by 1/2 compared with the estimated number. Based on the epidemic data released by

Chinese officials from January 25 to February 22, and with the help of an improved SEIR model to simulate the epidemic trend, Lin et al. (2020)argued that China would usher in the "turning point" of the epidemic in mid-March, that residents would essentially be able to return to normal production and life by the end of April, and that the cumulative number of COVID-19 infected cases would remain at about 100,000.

A review of the literature found that research by both current domestic and foreign scholars regarding the COVID-19 pandemic has the following deficiencies. First of all, from the disciplinary point of view, most existing studies explore the gene sequence, source, intermediate host and key factors of COVID-19 virus transmission from the perspectives of pathology, epidemiology, genomics and clinical medicine. They then analyze the potential harm, transmission path and risk factors of COVID-19 epidemic through these factors (Liu et al., 2020; Zhou et al., 2020; Huang et al., 2020). Although some scholars try to predict the development trend of the epidemic in the future with the help of traditional econometric analysis methods or by constructing mathematical models, there exist certain limitations, such as too short time series and low goodness of fit (Fanelli and Piazza, 2020). Second, from the perspective of spatial scale, scholars have focused on the epidemic trend of COVID-19 in a city or an area of larger scale in China, but with few comparative studies on the epidemic trend in other countries or regions (Yu et al., 2020; Lin et al., 2002; Xie et al.,2020). In fact, China's quick and effective epidemic control measures have greatly reduced the transmission rate, which will inevitably cause an outbreak with different degrees of deviation between the traditional epidemic trend prediction model and the actual situation.

Third, the effect of "social distance" on the infection rate should be taken into account in prediction models (Lalwani et al., 2020; Caccavo, 2020). Early studies have shown that human mobility has played an important role in the dispersal of infection, given that COVID-19 can spread by human-to-human transmission via direct contact or droplets (Kraemer et al.,2020; Chan et al., 2020; Zhu et al., 2020). For example, Zhang et al. (2020a) took into account government intervention factors (staying at home, lockdown, isolation and social distance) in their study on the turning point and duration of the COVID-19 epidemic in 6 countries. Zhang et al.

(2020b) suggests that the contact rate will affect the dynamics of COVID-19 outbreaks, and that increasing social distance can effectively curb the novel spread of the coronavirus. Their research also shows that China has adopted strong non-drug interventions, including rapid isolation of cases, tracking of close contacts of cases, strict restrictions on the movement and contact of people, and raising awareness of disease and prevention among the population, effectively cutting off the spread of the virus at the community level and making an important contribution to blocking local transmission and spread outside Hubei Province. At present, the introduction of various levels of lockdown requires an adaptation of the typical epidemic measures to this new situation. Some examples relating to the Chinese outbreak can be found in the study of (Joseph et al., 2020; Tang et al., 2020). An Italian study also pointed out that according to the current evolving situation in Italy, restrictions can be measured by introducing a non-constant infection rate (Fanelli and Piazza, 2020).In addition, most existing prediction models use estimated parameters or fixed parameters, which affect the accuracy of evaluation results. It could be argued that the epidemic simulation parameters in different regions and different periods should be a dynamic process.

In response to COVID-19, although the USA government adopted measures such as "lockdown", "home isolation" and "shelter" in March, due to citizens' broadly weak awareness of prevention and control, it was difficulty for prevention and control measures to be effective. In June, due to the influence of "riot" factors, the epidemic in the USA entered into its second large-scale outbreak. Therefore, when forecasting and modeling the USA’ s COVID-19 epidemic trend, the impact of the policy of social distance and riot outbreak factors on the infection rate should be taken into account.

In view of this, and based on the COVID-19 data and human mobility data of national and state regional administration units in the USA, this paper divides the early change process of COVID-19 in the USA into three stages: initial stage, lockdown period, and riot period. On this basis, a SIRD model was constructed to predict the trend of the epidemic, in order to provide a reference point for clarifying the epidemic spread rule of COVID-19 and promoting the resumption of work and production.

22.2 Materials and methods

22.2.1 Data source

This study focuses on the epidemic trend of COVID-19 in the national and state regional administration units of the USA (including the District of Columbia, Guam, the Northern Mariana Islands, Puerto Rico and the Virgin Islands). The selected epidemic data are mainly composed of infected cases, recovered cases, and deaths. The data used to observe the spatial transmission of infected cases were taken from the global epidemic real-time monitoring system released by John Hopkins University (https://github.com/CSSEGISandData/COVID-19), which selected period is from January 22 to July 26, 2020. The data for future simulation prediction are based on the real-time dynamic data of COVID-19 cases in American states provided by 1Point3Acres (https://coronavirus.1point3acres.com/en), which covers the relatively complete data pertaining to infected, recovered and fatal cases since March 13, 2020. These data have been cited by a number of authoritative organizations, including the USA Centers for Disease Control and Prevention (CDC), the United Nations (UN) and John Hopkins University (JHU), and thus have a high degree of credibility. The selected data period in this case is March 13 to July 26, 2020.

The human mobility data were obtained from the Google community mobility report (https://www.google.com/covid19/mobility/), which covers more than 120 countries and shows the changes that have taken place in policies aimed at fighting COVID-19. Specifically, the reports charts movement trends over time by geography, across different categories of places such as retail and recreation, groceries and pharmacies, parks, transit stations, workplaces, and residential areas. These individual reports aim to provide insights into what has changed in response to policies aimed at combating COVID-19, and may help to understand how human mobility has impacted on infection rates.

22.2.2 Model building

The SIR model divides the population undergoing the epidemic into three categories (Yu et al., 2020; Lin et al., 2020): Susceptible (refers to a group of residents who are not infected with the disease but lack immunity to the disease), infected (refers to a group of residents who have been infected with the disease and have the ability to spread it), and removed (refers to groups of residents who are immune or who are no longer involved in the spread of the disease due to death, etc.). On the basis of the SIR model, we adjusted the removed (R) population, and increased the death population (D), to form the SIRD model(Lalwani et al., 2020; Caccavo, 2020). The SIRD model is an extension of the SIR model. The difference between the two is that the SIRD model subdivides the removed population in the SIR model into the recovered group and the fatality group. This means that the SIRD model divides the resident group into four categories: Susceptible, Infected, Recovered and Deceased. The numbers of susceptible, infected, convalescent and deceased people were expressed by: S(t), I(t), R(t), D(t) at t moment. Assuming that the total population N remains stable (regardless of birth, death, migration, etc.), then: S(t) + 1(t) + R(t) + D(t) = N, where N is constant. The structural diagram of COVID-19's SIRD epidemic chamber is shown in Figure 22-2-1.

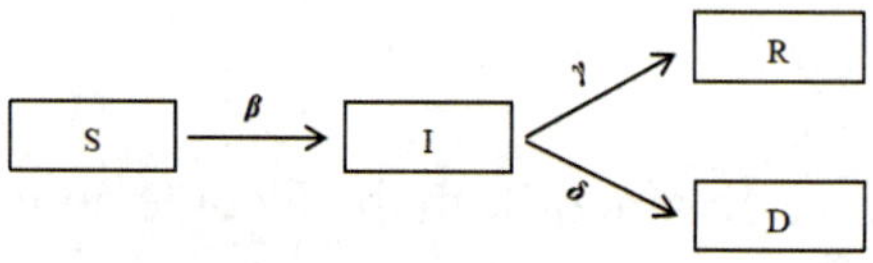

Figure 22-2-1 COVID-19 's SIRD epidemic warehouse structure chart

The ordinary differential equations (ODEs) of the SIRD model are as follows (Lalwani et al., 2020; Caccavo, 2020):

$$\frac{\mathrm{d}S}{\mathrm{d}t} = \frac{-\beta IS}{N} \tag{22-2-1}$$

$$\frac{\mathrm{d}I}{\mathrm{d}t} = \frac{\beta IS}{N} - \gamma I - \delta I \tag{22-2-2}$$

$$\frac{\mathrm{d}R}{\mathrm{d}t} = \gamma I \tag{22-2-3}$$

$$\frac{\mathrm{d}D}{\mathrm{d}t} = \delta I \tag{22-2-4}$$

In the formula, the initial condition is set at t0 time, [S(t0), I(t0), R(t0), D(t0)] = [S0, I0, R0, D0]. The parameter β is the infection rate, i.e., the probability per unit of time that a susceptible individual will contract the disease when entering into contact with an infected person. The parameters γ and δ respectively denote the recovery and death rates.

When modeling the epidemic trend of COVID-19, it is necessary to consider the influence of human mobility and social distancing on the infection rate. In line with the current development stage of COVID-19 in the USA, this study also adds in the "lockdown" and "riot" factors. The current epidemic situation of COVID-19 in the USA is divided into three stages (initial period, lockdown period and riot period). The influence of human mobility at different stages of the spread of COVID-19 was subsequently observed based on these divisions, where β corresponds to the infection rate in each period (Lalwani et al., 2020). As shown in formula (22-2-5):

$$\beta(\mathrm{t}) = \begin{cases} \beta_0 \ (\text{when } \mathrm{t} < \mathrm{t}_{lockdown}) \\ \beta_0 \exp\left[-\dfrac{(\mathrm{t} - \mathrm{t}_{lockdown})}{\tau_\beta}\right] \ (\text{when } \mathrm{t}_{lockdown} \leq \mathrm{t} < \mathrm{t}_{riot}) \\ \beta_0 \exp\left[-\dfrac{(\mathrm{t} - \mathrm{t}_{lockdown})}{\tau_\beta \times f_{riot}}\right] \ (\text{when } \mathrm{t} \geq \mathrm{t}_{riot}) \end{cases} \qquad (22\text{-}2\text{-}5)$$

In this formula, β_0 represents the initial infection rate, and τ_β represents the decay period; t is the time node, and $t_{lockdown}$ is the time node of the lockdown; t_{riot} is the time point of the riot, and f_{riot} indicates the spread index caused by the riot.

In order to improve the accuracy of the prediction results, the SIRD model was used to fit the COVID-19 epidemic situation forecast data and the actual data. Regarding ordinary differential equations similar to the SIRD model, this study used a using a bounded trust region (TRF) algorithm to perform non-linear least-squares regression using Python, and determined a 95% confidence interval to optimize the parameters of the ordinary differential equations. In order to verify the accuracy of the model, this study employed the MSLE (Mean Squared Log Error). This index corresponds to the expectation of the square logarithm (quadratic) difference and is applicable to the type of exponential growth examined here. The specific formula is as follows:

$$MSLE = \frac{1}{n}\sum_{i=1}^{n}\left[\log(Y_{true}+1)-\log(Y_{predict}+1)\right]^2 \quad (22\text{-}2\text{-}6)$$

Here, MSLE represents the root mean square logarithmic error between the actual and predicted data of the epidemic, and n represents the number of observations; Y_{ture} indicates actual epidemic data and $Y_{predict}$ indicates forecast epidemic data.

22.3 Results

22.3.1 General epidemic trend of COVID-19 in the USA

(1) COVID-19 spatio-temporal differentiation characteristics

Based on the collected data pertaining to cumulative infected cases of COVID-19 in the USA, the spatial and temporal evolution trends of COVID-19 from January 22 to July 26, 2020, were drawn using Python (Figure 22-3-1), and the spatio-temporal pattern and evolution characteristics of the early epidemic situation in the USA were analyzed.

As can be seen from Figure 22-3-1, the infected cases of COVID-19 in the USA first appeared in Washington State on January 22nd, while no COVID-19 outbreak was found in other parts of the USA, indicating that this was the beginning of the epidemic in the USA. On 22 February, infected cases of COVID-19 were reported in Washington, Illinois, California, Arizona, Massachusetts, Wisconsin and Texas, and the number of epidemic areas increased from 1-7, indicating an expansion of the spatial scope of the epidemic in the USA compared with January 21. It is worth noting that among the seven epidemic states, California announced the largest number of cumulative infected cases, reaching 10, while the other six states reported only 1-2 infected cases, during which period the USA was still in the early epidemic stage. In addition, over time, the spatial spread process of the epidemic shows the characteristics of "geographical proximity", gradually spreading to neighboring areas with the initial infection areas as the center. On March 22nd, COVID-19 outbreaks occurred to varying degrees in all parts of the USA, especially in New York State. Even though, at this point, USA states successively adopted emergency response measures such as "maintaining social distance" policies to curb the spread of the epidemic, on the whole these measures have not achieved the desired results.

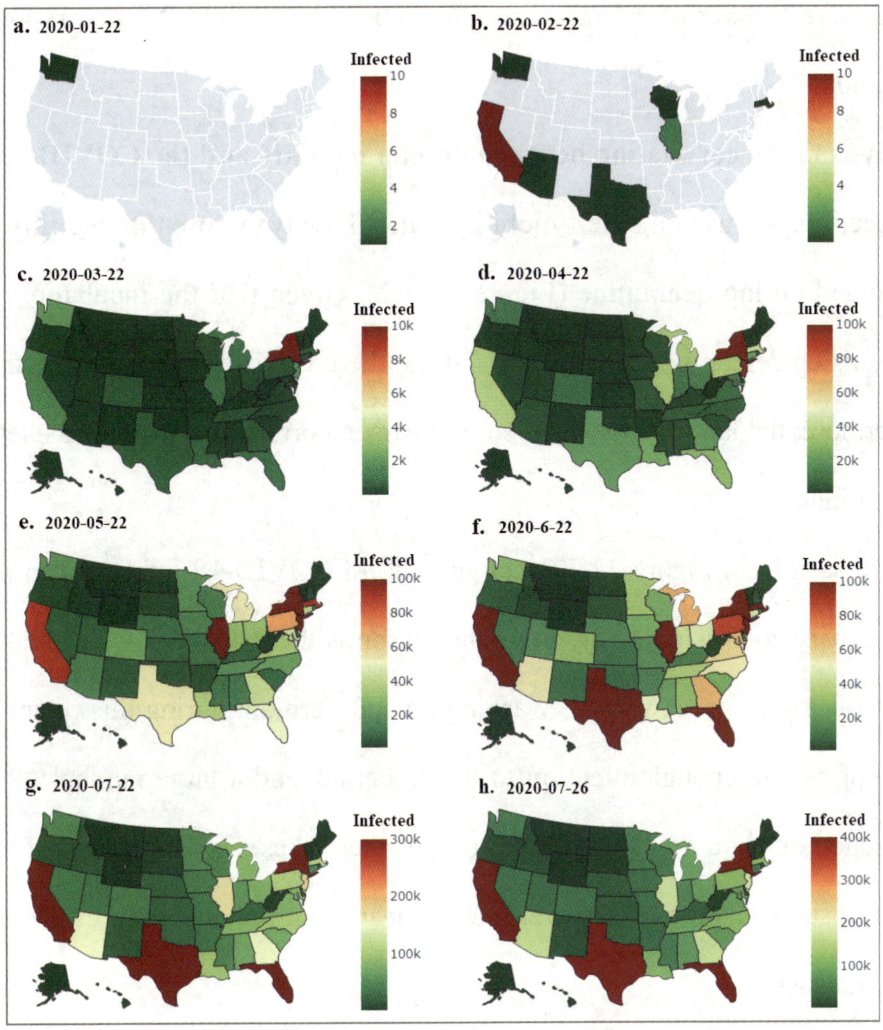

Figure 22-3-1　Spatial distribution of cumulative infected cases of COVID-19 in the USA

The COVID-19 epidemic situation in the USA continued to deteriorate on April 22nd, with the cumulative number of infected cases exceeding 830,000. The cumulative number of infected cases recorded in New York alone reached 260,000. The reason for this situation may be due to the frequent population movement between different regions, the long latent cycle of COVID-19, and the lack of government screening and testing capacity. On May 22nd, the cumulative infected cases of COVID-19 in various states of the USA further increased, with the number of infected cases exceeding 1.6 million, including more than 100,000 in New York, New Jersey and Illinois, and more than 350,000 in New York. On June 22nd, the epidemic worsened most significantly in Texas and Florida, with an increase of 50,000 infected cases and a cumulative total of more than 100,000 cases in one month. As of July 26, there were more than 4 million infected cases and

140,000 deaths in the USA. The cumulative number of infected cases in California and Florida surpassed that of New York, with California becoming the region with the worst epidemic, and the cumulative number of infected cases in California, Florida, New York and Texas each exceeded 400,000.

(2) Analysis of the correlation between human mobility and the COVID-19 epidemic

In this section, we use Google's mobility data to analyze how the mobility of American residents changed during quarantine (Figure 22-3-2). Given that the incubation period of the virus driving this epidemic is between 1 to 14 days, there is a certain time lag in the data (et al., 2020). Furthermore, the lag time is observed by Pearson correlation, which was here used as the real correlation index.

As can be seen from Figure 22-3-2, the number of COVID-19 infections in the USA from January to February 2020 is relatively low. The reason is that COVID-19 outbreaks were found in only a few areas such as New York, Washington and Vermont during this period. At the time, people were not paying enough attention to the epidemic, and a large number of virus carriers were not screened out in a timely and effective manner. These aspects, coupled with the weak intervention measures taken by the government, meant that the epidemic evolved to a state of free spread (First stage).

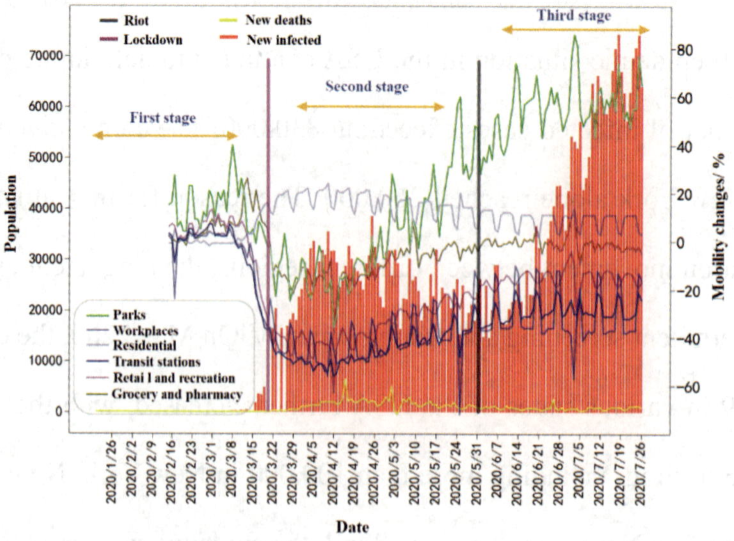

Figure 22-3-2　Daily trends in human mobility and COVID-19 cases

(residential mobility of 15% represents a 15% change in visits to places of residence compared to baseline)

Since the USA government adopted measures such as "lockdown", "home isolation" and "shelter" in March 2020, the number of residents' home activities increased, while other outbound activities showed a significant downward trend. Unfortunately, due to citizens' generally weak awareness of prevention and control, the effectiveness of the latter measures was limited. On the one hand, with the improvement of testing ability, increasing numbers of people were diagnosed as positive. On the other hand, American citizens' pursuit of "individuality" and "yearning for freedom", not wanting to be "bound", makes them resistant to the policy of maintaining a social distance. In addition, the government encouraged "restart" and "return to work and production" as soon as possible, and even permitted open bars and other places of mass entertainment to remain open. Around the same time, with the warming of the weather, residents' outdoor activities increased significantly in May, and the number of stays in the resident began to decrease. For example, during the lockdown, many residents still engaged in recreational activities without wearing masks. They thought the epidemic was just a common flu, and that news reports had exaggerated the spread and death rates of the epidemic

(https://www.foxnews.Com/health/coronavirus-parties-washington-state-county-rise-in-cases). During this period, the epidemic in the USA actually entered the stage of large-scale outbreak and, in a sense, acquired a state of semi-free transmission (Second stage).

On May 25, a black man in Minnesota was suffocated to death by the violent law enforcement of white police, which shocked the USA. On that day, demonstrations began in Minnesota and gradually developed into riots (https://www.sohu.com/subject/320511). Since the beginning of June, as the "riots" have continued to escalate (https://www.sohu.com), large-scale protests have been held in 22 states and 140 cities in the USA, leading to the USA’s second outbreak of COVID-19 (Third stage) .

Figure 22-3-3 highlights the Pearson correlation between the COVID-19 pandemic and the related indicators of human mobility. Among the many outdoor activities, a significant positive correlation can be seen between the number of new infected cases and the number of residents visiting parks, there is a particularly strong positive correlation between the daily cumulative number of infected cases and such park visits, as high as 0.79 ($p < 0.01$). Therefore, when forecasting and modeling the USA' s COVID-19 epidemic trend, the impact of social policy, social distancing and riot outbreak factors on the infection rate should be taken into account.

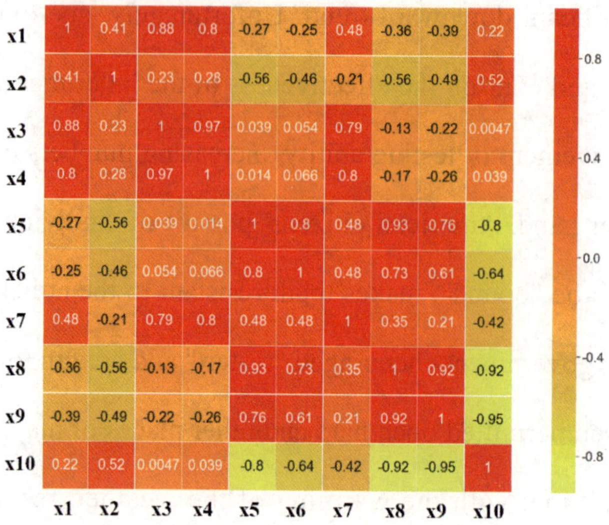

Figure 22-3-3 Heat map of the correlation between human mobility and COVID-19

(X1: New confirmed, X2: New deceased, X3: Total confirmed, X4: Total deceased, X5: Retail and recreation, X6: Grocery and pharmacy, X7: Parks, X8: Transit stations, X9: Workplaces, X10: Residential areas)

22.3.2 Prediction and analysis of the future trend of COVID-19 in the USA

Based on the above analysis, it can be seen that in the first stage, there was insufficient understanding of the epidemic, when its spread was in the stage of free growth. The second stage is that of blockade due to the lockdown measures taken by the government, which greatly reduced human mobility. Given that the per capita contact rate per unit of time will show an exponential downward trend, the infection rate β in the study is described by an exponential function. The third stage encompasses the large-scale demonstrations triggered by the "riots" in the USA, which makes the contact rate rise sharply over a short period of time and marks the second growth stage; thus, here, increasing riot factors are considered in order to adjust the infection rate β. The transmission index f_{riot} caused by the riots is assumed to have a great impact on the spread of the epidemic in the USA. After repeated verification of the model, the value of f_{riot} is: $1 \leqslant f_{riot} \leqslant 3$. On this basis, the f_{riot} in formula (24-5) was adjusted in order to better predict the future trends.

(1) Prediction and analysis of future trends at national level

This study is based on 1Point3Acres data on infected, recovered and fatal cases of COVID-19 at the national and state scales of the USA from March 13 to July 26, 2020. After constructing the dynamic model of SIRD infectious diseases, we used Python software to simulate the trend of the epidemic in the USA as a whole within a certain future time period. The predicted results are shown in Figure 22-3-4.

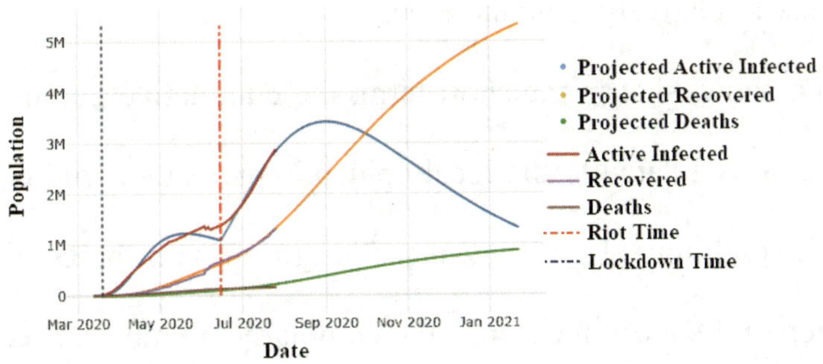

Figure 22-3-4　Predicted evolution of the COVID-19 outbreak in the USA

Observing the change curve of the number of simulated infections, it was found that the turning point of the epidemic appeared on September (Figure 22-3-4). At the moment of this turning point, our model predicts that the cumulative number of infected cases in the USA will reach 6,144,748, the stock of active infected cases will reach 3,419,974, the cumulative number of recovered cases will reach 2341461, and the cumulative number of deaths will reach 383,313(Table 22-3-1). From the turning point moment to the end of the model forecast (January 22, 2021), the number of COVID-19 infections in the USA will continue to decline; in October, the cumulative number of cured people will exceed the stock of active infected cases, and the number of cured people will usher in a large increase. At the end of the forecast period, the final total number of infected cases will reach 7,511,775, the stock of active infected cases will remain at 1,314,529, the cumulative number of recovered cases will remain at 5,325,488, and the cumulative number of deaths will remain at 871,758. The cumulative number of infected cases is set to be huge, exceeding 7.51 million, which is bound to have a great impact on the social economy of the USA. The government of the USA should thus prepare for a long-term response to the epidemic and take strict control measures to reduce the number of residents going out as much as possible.

Based on the MSLE error of the model (Table 22-3-1), the MSLE error of the stock of active infected cases in the USA is only 0.0145, the MSLE error of cumulative recovered cases is 0.0716, and the MSLE error of cumulative death cases is 0.5293, indicating that the SIRD model constructed in this study can well fit the change curve of cumulative recovered cases in the USA. In addition, by observing Figure 22-3-2, it emerges that the change curve of the actual number of recovered cases in the study period shows a fluctuating and rising trend, and that the number of recovered cases will see a relatively large increase.

The latter finding shows that in the short term, the cumulative number of recovered cases in a certain place is closely related to the local epidemic prevention and control measures, and to medical and health conditions. However, in the long run, with the continuous improvement of epidemic prevention and control measures, the cumulative number of recovered cases shows momentum in terms of rapid growth, especially in late May. The intersection of the fitting curve between the number of infected and the number of recovered cases appears in early October, implying that the COVID-19 epidemic in the USA is expected to be brought under control from this time period.

(2) Prediction and analysis of future trends at state level

For convenience of analysis, this study selected 10 states with a serious number of infected cases in the USA on July 26, 2020 (including California, Florida, New York, Texas, New Jersey, Illinois, Georgia, Arizona, Massachusetts and Pennsylvania), on which to focus the analysis (Figure 22-3-5). The forecast period t is 180 days (January 22, 2021), based on which the epidemic trend of the regional administrative unit at the state level is discussed. It should be noted that due to the COVID-19 data of various states having been repeated or not being recorded for several consecutive days, this may have led to large errors in the prediction results. In order to ensure the smooth implementation of the study, for those states with large fluctuations in a certain period of data in the study, such as New York, the data after April 14 were selected as the observation data. For states with large fluctuations in recovered cases data, such as Illinois and Massachusetts, only infected and fatal cases were simulated. The predicted future trend is shown in Figure 22-3-5, and the scale of the epidemic at the turning point and the end of the forecast period are shown in Table 22-3-1.

Table 22-3-1 Case size at turning points and projected end period

	Turning point					Prediction end (2021/1/22)				
	Date	Infected	Active	Recovered	Deaths	Date	Infected	Active	Recovered	Deaths
USA	2020/9/01	6,144,748	3,419,974	2,341,461	383,313	2021/1/22	7,511,775	1,314,529	5,325,488	871,758
CA	2020/9/21	873,409	438,786	385,440	49,183	2021/1/22	1,153,455	195,246	849,780	108,429
FL	-	-	-	-	-	2021/1/22	2,703,855	2,519,370	182,977	1,508
NY	2020/6/30	404,622	317,700	54,227	32,695	2021/1/22	419,225	218,496	123,759	76,970
TX	2020/8/28	772,034	224,670	20,412	526,952	2021/1/22	1,189,513	8,770	45,561	1,176,187
NJ	2020/7/07	176,512	155,455	4,492	16,565	2021/1/22	669,051	112,960	14,681	541,410
IL	2020/8/10	162,055	150,185	-	11,870	2021/1/22	460,436	132,583	-	327,853
GA	2020/12/18	595,363	477,029	60,980	112,236	2021/1/22	687,319	466,026	77,905	143,388
AZ	-	-	-	-		2021/1/22	548,245	482,318	58,993	6,934
MA	2020/7/15	113,565	103,278	-	10,287	2021/1/22	116,428	82,783	-	33,645
PA	2020/8/06	108,062	94,315	2,504	11,243	2021/1/22	112,056	74,588	6,824	30,644

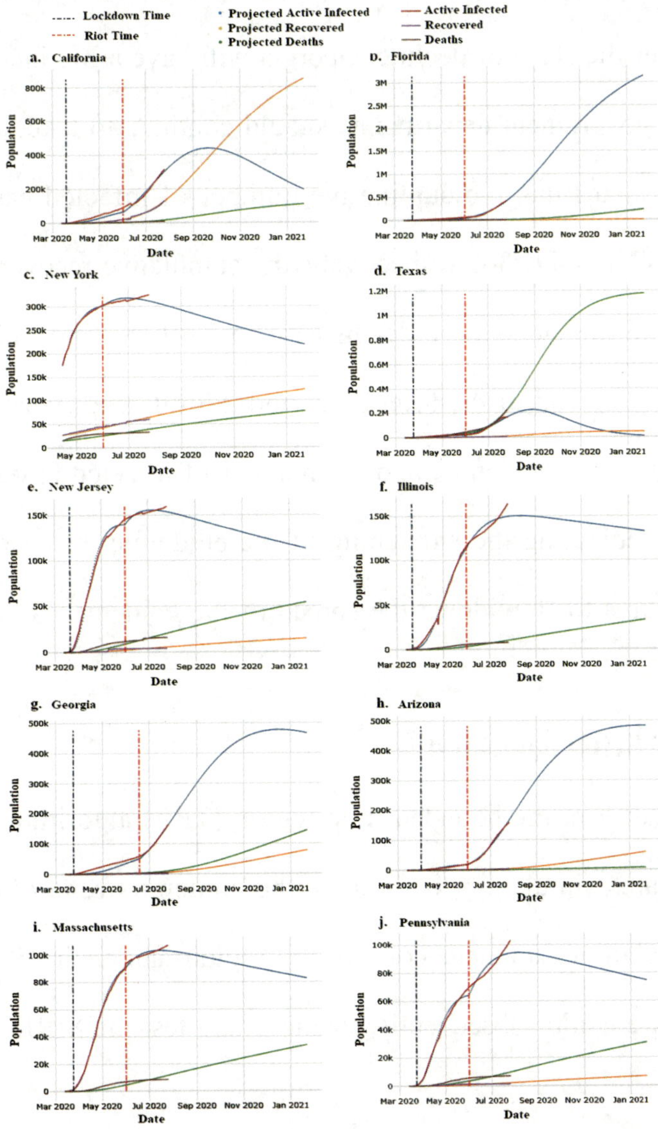

Figure 22-3-5 Forecast curve of COVID-19 epidemic in severely affected areas of the USA

As can be seen from Figure22-3-5, New York, New Jersey and Massachusetts reached the epidemic turning point in July during the 180-day prediction process. By then, the cumulative number of infected cases in New York, New Jersey and Massachusetts were 404,622, 176,512 and 113,565, respectively, and the cumulative number of deaths was 32,695, 16,565 and 10,287, respectively. Texas, Illinois and Pennsylvania are predicted to reach the turning point of the epidemic in August, when the cumulative number of infected cases in Texas, Illinois and Pennsylvania will be 772,034, 162,055 and 108,062, respectively, and the cumulative number of deaths 526,952, 11,870 and 11,243, respectively. California and Georgia are forecast to hit the turning point in late September and mid-December, respectively. In October, the cumulative number of recovered cases in California will exceed the number of active infected cases, and the number of recovered cases will enter the stage of rapid growth, while the number of active infected cases will enter the stage of decline. Georgia will have a big increase before it reaches the turning point, and government departments should continue to take strict control measures during this period. At that time, the cumulative number of infected cases in California and Georgia will be 873,409 and 595,363 respectively, the cumulative recovered cases 385,440 and 60,980 respectively, and the cumulative deaths cases are 49,183 and 112,236, respectively. It should be noted that by the end of the forecast period, Florida and Arizona will have failed to reach the turning point of the epidemic, and the number of infected cases there will still show a rapid growth trend, indicating the worsening of the epidemic in these states. Taking more stringent control measures to slow down the spread of the epidemic is thus an urgent task for these areas.

(3) Diagnosis and SIRD model test

On the Python platform, the bounded trust region (TRF) algorithm was used to perform a non-linear least-squares simulation to simulate the epidemic trend of different states. This enabled us to obtain the fitting parameters of different regions and their 95% confidence intervals (CI), based on which we could subsequently diagnose and test the SIRD model in each region (Table 22-3-2).

Table 22-3-2　Partial parameter settings and MSLE error results

	β_0	$\tau\beta$	γ	δ	Active MSLE	Recovered MSLE	Deaths MSLE
USA	0.2965 (0.2952, 02978)	18.2532 (18.1289, 18.3776)	0.0085 (0.0083, 0.0088)	0.0014 (0.0012, 0.0016)	0.0145	0.0716	0.5293
CA	0.1408 (0.1378, 0.1438)	52.4868 (51.1321, 53.8414)	0.0135 (0.0128, 0.0143)	0.0021 (0.0015, 0.0027)	0.4805	1.0055	0.8436
FL	0.1457 (0.1369, 0.1404)	45.5202 (44.0674, 46.973)	0.0000 (0.0000, 0.0005)	0.0006 (0.0000, 0.0011)	1.3653	12.1147	3.9553
NY	0.1450 (0.1377, 0.1523)	18.0593 (17.6187, 18.4999)	0.0013 (0.0012, 0.0013)	0.0008 (0.0007, 0.0008)	0.0002	0.0024	0.0291
TX	0.2252 (0.2236, 0.2269)	38.2234 (37.2958, 39151)	0.0022 (0.0017, 0.0028)	0.0469 (0.0457, 0.0481)	0.3292	0.5997	0.7387
NJ	0.3336 (0.3278, 0.3394)	16.5512 (16.0440, 17.058)	0.0010 (0.0007, 0.0012)	0.0022 (0.0019, 0.0024)	0.1107	0.8469	0.5487
IL	0.2649 (0.2622, 0.2660)	22.8471 (22.5580, 23.1362)	-	0.0009 (0.0008, 0.0010)	0.0646	-	1.1597
GA	0.1576 (0.1549, 0.1602)	41.2431 (40.1865, 42.2998)	0.0012 (0.0006, 0.0019)	0.0020 (0.0014, 0.0027)	0.8875	2.9482	1.9281
AZ	0.2092 (0.2082, 0.2103)	18.1688 (18.0336, 18.3040)	0.0008 (0.0006, 0.0010)	0.0001 (0.0000, 0.0002)	0.1260	1.1917	0.8466
MA	0.2332 (0.2325, 0.2340)	18.2453 (18.1355, 18.3550)	-	0.0013 (0.0013, 0.0014)	0.0118	-	0.4421
PA	0.2976 (0.2964, 0.2987)	15.4270 (15.3304, 15.5235)	0.0003 (0.0002, 0.0004)	0.0013 (0.0012, 0.0015)	0.0053	1.0329	0.3800

In order to effectively contain the spread of the COVID-19 epidemic, the states of the USA have taken a series of emergency prevention and control measures. However, as the infected, recovered and death cases in each state remain in a dynamic process, significant differences have also emerged in the epidemic prevention and control measures taken by the different states, and the conditions of local medical and health facilities. All of these mean that if the unified threshold parameters (including infection rate, recovery rate, death rate, etc.) are used in the construction of SIRD model, this is bound to increase the cumulative error to some extent, thus affecting the accuracy of the SRD model' s prediction results.

In view of this, the parameters adopted in this study were not fixed, but adaptive dynamic parameters in the process of epidemic trend prediction. According to Table 22-3-1, the initial infection rate β_0 value, decay period τ_β value, recovery rate γ value and death rate δ value of the USA were 0.2965, 18.2532, 0.0085 and 0.0014, respectively.

Among the 10 regions seriously affected by the COVID-19 epidemic in the USA, California can be seen to have the highest recovery rate, with a γ value of 0.0135. The recovery rates in Texas, New York and Georgia are 0.0022, 0.0013 and 0.0012, respectively. The recovery rates in Arizona and Pennsylvania are in the medium level, with γ values of 0.0008 and 0.0003, respectively. Florida and New Jersey have the lowest recovery rates. In terms of the death rate, Texas can be seen to have the highest value, with a of 0.0469. New Jersey, California and Georgia also have high death rates, with respective

By observing the MSLE error between the predicted and actual active infected cases change curve, it can be seen that Florida and Georgia have the largest MSLE error, while New York, Massachusetts, Pennsylvania, Illinois, New Jersey and Arizona have relatively small MSLE errors. The key factor causing the deviation between the simulated value and the actual value may be due to the repeatability and lag of data reporting, resulting in a substantial increase or decrease in the number of cases within a certain day.

22.4 Conclusion and discussion

Based on COVID-19 epidemic data and human mobility data in the USA from January 22 to July 26, this study uses the improved SIRD model to predict early epidemic trends in national and state regional administration units in the USA from July 27, 2020 to January 22, 2021. The conclusions are as follows.

There are spatio-temporal differences in the COVID-19 epidemic across the USA. In terms of temporal changes, the current spread process of the epidemic in the USA can be divided into early outbreaks, large-scale outbreaks and slow recession stages, with the implication that the epidemic will not end in a short period of time. In terms of spatial distribution, the worst-hit areas are mainly located in the northeastern USA and areas along the Great Lakes, with sporadic distribution in the southwest, southeast and south of the country.

The epidemic situation in various states of the USA shows similar characteristics of phased changes, while the epidemic trajectory in other areas shows certain peculiarities. The development of the epidemic in the 10 most seriously affected regions can be divided into three stages: early outbreak, large-scale outbreak and slow recession; however, the turning point of the epidemic will be different in different regions.

There is a strong correlation between the number of infected COVID-19 cases and the activities of residents visiting parks. Due to the impact of riots, the frequency of residents visiting parks greatly increased the infection rate of the epidemic, resulting in varying degrees of postponement of the turning points in the USA as a whole, and also in specific states.

The turning points of the epidemic in the USA at the national and state levels show a high degree of consistency. Specifically, the turning point of the epidemic in the USA as a whole is predicted to occur on September and among the 10 states with experiencing the most severe epidemic, New York, New Jersey, Massachusetts, Texas, Illinois, Pennsylvania and California are all to meet this point in a concentrated period from July to September.

Based on the above conclusions, it is suggested that the USA government should adopt the lessons learned from the epidemic prevention and control measures applied in some areas, scientifically divide risk prevention and control areas, implement hierarchical management and control, and promote the resumption of work and production in an orderly manner, so as to avoid the negative impact of excessive epidemic prevention on society and people's livelihood. At the same time, measures such as quarantine, isolation and psychological counseling should be taken to encourage people to maintain social distancing and avoid group activities. With regard to individual residents, it is recommended that they enhance their awareness of relevant precautions, avoid taking public transportation, and avoid going to closed places where crowds gather. In addition, when symptoms such as fever, cough and vomiting occur, they should self-isolate and report their symptoms, and pay attention to developing good personal hygiene habits, such as more ventilation, washing their hands frequently, wearing masks and not facing others while sneezing, etc. Autumn and winter are high seasons for the spread of epidemics and, as no vaccination for COVID-19 has yet been developed, apart from personal hygiene, the only way to control the spread is for every citizen to strictly abide by lockdown to prevent the virus from rebounding again in the USA before reaching the turning point.

This study predicts the epidemic trends of COVID-19 in the USA by constructing a SIRD model and considering "social factors". The aim here is to provide a reference for clarifying the epidemic spread rule, scientifically formulating an epidemic prevention and control plan, and for promoting the resumption of work and production in an orderly manner. However, this study has the following shortcomings. First of all, due to the large fluctuations or absence in the recovered case data of residents in some states, there will inevitably be a big deviation between the predicted results and the actual data. Second, the spread in the early outbreak stage of the epidemic was more of a state of free transmission. With the increasing attention of the government, society and residents paid to the epidemic, many temporary control measures have been introduced; in this scenario, the free spread of the virus is difficult to maintain. Although the study divides the spread process of the epidemic in the USA into stages according to government intervention measures and social emergencies, it is necessary to acknowledge the complexity of real social activities, which complicates the positing of accurate mathematical expressions and predictions. Therefore, there is uncertainty in using this model to predict the epidemic trend in the future under different intervention intensities and emergencies. How to extend the prediction period while ensuring the accuracy of prediction is a key direction for future research. Third, due to the limitations of objective factors such as virus incubation period, detection capability, and medical and health facilities, the current official epidemic data may be lower than the actual infection data, which will also lead to uncertainty in the final evaluation results. Finally, this study only predicts the future epidemic trend at the national level and in some state administrative units in the USA, and does not put forward effective prevention and control measures, thus restricting the research depth and application value of this paper.

References

[1]Badr H S, Du H, Marshall M, et al., 2020. Association between mobility patterns and COVID-19 transmission in the USA: a mathematical modelling study. The Lancet Infectious Diseases, 20(11), 1247-1254.

[2]Caccavo D, 2020. Chinese and Italian COVID-19 outbreaks can be correctly described by a modified SIRD model. MedRxiv.

[3]Chan J F, Yuan S, Kok K H, et al., 2020. A familial cluster of pneumonia associated with the 2019 novel coronavirus indicating person-to-person transmission: a study of a family cluster. The lancet, 395(10223), 514-523.

[4]Fanelli D, Piazza F, 2020. Analysis and forecast of COVID-19 spreading in China, Italy and France. Chaos, Solitons & Fractals, 134, 109761.

[5]Huang C, Wang Y, Li X, et al., 2020. Clinical features of patients infected with 2019 novel coronavirus in Wuhan, China. The lancet, 395(10223), 497-506.

[6]Kermack W O, McKendrick A G, 1927. A contribution to the mathematical theory of epidemics. Proceedings of the royal society of london. Series A, Containing papers of a mathematical and physical character, 115(772), 700-721.

[7]Kraemer M U, Yang C H, Gutierrez B, et al., 2020. The effect of human mobility and control measures on the COVID-19 epidemic in China. Science, 368(6490), 493-497.

[8]Lalwani S, Sahni G, Mewara B, et al., 2020. Predicting optimal lockdown period with parametric approach using three-phase maturation SIRD model for COVID-19 pandemic. Chaos, Solitons & Fractals, 138, 109939.

[9]Lin J F, 2020. Assessment and prediction of COVID-19 based on SEIR model with undiscovered people. Dianzi Keji Daxue Xuebao/Journal of the University of Electronic Science and Technology of China, 49, 375-382.

[10]Liu W, 2020. The impacts of COVID-19 pandemic on the development of economic globalization.

Geographical Research, 39, 1439-1449.

[11]Liu Z, Ye Y, Zhang H, et al., 2020. Spatio-Temporal Characteristics and Transmission Path of COVID-19 Cluster Cases in Zhuhai. Singapore Journal of tropical geography, 40:422-431.

[12]Prem K, Liu Y, Russell T W, et al., 2020. The effect of control strategies to reduce social mixing on outcomes of the COVID-19 epidemic in Wuhan, China: a modelling study. The Lancet Public Health, 5(5), e261-e270.

[13]Read J M, Bridgen J R, Cummings D A, et al., 2020. Novel coronavirus 2019-nCoV: early estimation of epidemiological parameters and epidemic predictions. medrxiv.

[14]Tang Z, Li X, Li H, 2020. Prediction of new coronavirus infection based on a modified SEIR model. medRxiv, DOI: 25.1101/2020.03.03.20030858.

[15]World Health Organization, 2020. Director-general’ s opening remarks.

[16]Wu J T, Leung K, Leung G M, 2020. Nowcasting and forecasting the potential domestic and international spread of the 2019-nCoV outbreak originating in Wuhan, China: a modelling study. The Lancet, 395(10225), 689-697.

[17]Xia W, Sanyi T, Yong C, et al., 2020. When will be the resumption of work in Wuhan and its surrounding areas during COVID-19 epidemic? A data-driven network modeling analysis. Scientia Sinica Mathematica, 0, 1-25.

[18]Xie Z, Qin Y, Li Y, et al., 2020. Spatial and temporal differentiation of COVID-19 epidemic spread in mainland China and its influencing factors. Science of The Total Environment, 20(744), 140929.

[19]Yan Y, Chen, Y, Liu K, et al., 2020. Modeling and prediction for the trend of outbreak of NCP based on a time-delay dynamic system. Scientia Sinica Mathematica, 50(3), 385.

[20]Yu Z, Zhang G, Liu Q, et al., 2020. The outbreak assessment and prediction of 2019-nCoV based on time-varying SIR model. Dianzi Keji Daxue Xuebao/Journal of the University of Electronic Science and Technology of China, 49, 357-361.

[21]Zhang X, Ma R, Wang L, 2020. Predicting turning point, duration and attack rate of COVID-19 outbreaks in major Western countries. Chaos, Solitons & Fractals, 135, 109829.

[22]Zhang J, Litvinova M, Liang Y, et al., 2020. Changes in contact patterns shape the dynamics of the COVID-19 outbreak in China. Science, 368(6498), 1481-1486.

[23]Zhou P, Yang X L, Wang X G, et al., 2020. A pneumonia outbreak associated with a new coronavirus of probable bat origin. nature, 579(7798), 270-273.

[24]Zhu Y, Xie J., Huang F, et al., 2020. The mediating effect of air quality on the association between human mobility and COVID-19 infection in China. Environmental research, 189, 109911.

第23章

Spatial and temporal differentiation of COVID-19 epidemic spread in mainland China and its influencing factors

This paper uses the exploratory spatial data analysis and the geodetector method to analyze the spatial and temporal differentiation characteristics and the influencing factors of the COVID-19 (corona virus disease 2019) epidemic spread in mainland China based on the cumulative confirmed cases, average temperature, and socio-economic data. The results show that: (1) the epidemic spread rapidly from January 24 to February 20, 2020, and the distribution of the epidemic areastended to be stable over time. The epidemic spread rate in Hubei province, in its surrounding, and in some economically developed cities was higher, while that in western part of China and in remote areas of central and eastern China was lower. (2) The global and local spatial correlation characteristics of the epidemic distribution present a positive correlation. Specifically, the global spatial correlation characteristics experienced a change process from agglomeration to decentralization. The local spatial correlation characteristics were mainly composed of the 'high-high' and 'low-low' clustering types, and the situation of the contiguous layout was very significant. (3) The population inflow from Wuhan and the strength of economic connection were the main factors affecting the epidemic spread, together with the population distribution, transport accessibility, average temperature, and medical facilities, which affected the epidemic spread to varying degrees. (4) The detection factors interacted mainly through the mutual enhancement and nonlinear enhancement, and their influence on the epidemic spread rate exceeded that of single factors. Besides, each detection factor has an interval range that is conducive to the epidemic spread.

23.1 Introduction

On December 30, 2019, the Wuhan Municipal Health Commission issued an urgent notice on the treatment of pneumonia due to unknown causes, claiming that in the previous days some medical institutions have seen patients with unknown etiology, and requiring medical institutions to make statistics and report on the treatment on time (http://wjw.wuhan.gov.cn/). On January 8, 2020, the expert group of China Health Commission initially determined the cause of the outbreak as a novel coronavirus, which was identified by gene sequencing and named as COVID-19. This virus has a similar transmission route with the SARS (Severe Acute Respiratory Syndrome) virus, and may have been originally circulating in wild animals (Zhao, et al., 2020). On January 12, the World Health Organization (WHO) officially named the novel coronavirus "2019-ncov" (2019 novel coronavirus), and estimated its incubation period to be about 2 to 10 days. Since then, the novel coronavirus gradually entered into the public view, and became the hot topic of the whole society. According to the novel coronavirus pneumonia protocol (4th edition) published by the National Health Commission of the People's Republic of China, the symptoms of COVID-19 include mainly fever, fatigue and dry cough, accompanied by nasal congestion, runny nose, and diarrhea in some patients. By the end of the March 13, a total of 116 countries or regions in the world appeared to be hit by the COVID-19 epidemic, and more than 130,000 people have been diagnosed. With the continuous spread of the COVID-19 epidemic, several countries or regions of the world have been forced to take emergency measures such as closing cities, stopping production, suspending school classes, and restricting population movement, causing great harm to economic development and residents' health (An and Jia, 2020). Therefore, it has become an urgent scientific problem to grasp the spatial and temporal changes of the COVID-19 epidemic spread, and clarify the driving mechanism.

Since the outbreak of COVID-19 epidemic, scholars have carried out abundant studies on the epidemic spread and achieved fruitful research results, which are of great guiding significance for the prevention and control of the epidemic. Joseph et al. (2020) estimated the size of the epidemic by using a mathematical model based on the data of confirmed cases of COVID-19 and residents' travel (including via trains, planes, and roads), and concluded that about 75,815 people were infected in the Wuhan city during the early outbreak stage of the epidemic. David et al. (2020) compared COVID-19 with other viruses, claiming that a sustained epidemic would pose a serious threat to global health, and proposing that the goal of sustainable development could be achieved by building a human-environment-animal health alliance. Liu et al. (2020a) used the exponential growth and maximum likelihood estimation method to determine the transmission dynamics of COVID-19 in Wuhan, and found that the average incubation period of the virus was 4.8 days, and the basic regeneration index reached 2.90 (95% Confidence Interval (CI): 2.32-3.63) and 2.92 (95% CI: 2.28-3.67). Ai et al. (2020) used the statistical analysis method to investigate the impact of lockdown measures in Wuhan (January 23, 2020) on the COVID-19 epidemic spread in other parts of China. They claim that if the closure measures were implemented 2 days in advance, it could have been possible to effectively prevent from being infected of 1,420 people, if the city was closed 2 days later, there would have been 1,462 more infections. Bai et al. (2020) used the transmission dynamics model to describe the evolution rule of the epidemic based on the data of confirmed COVID-19 cases in the Shaanxi province, revealed that the high incidence areas were mainly located in Xi 'an, Ankang, and Hanzhong, and that the outbreak peak period was in early February 2020, with the basic regeneration index of the epidemic spread reaching 2.95. Wang et al. (2020a) used the Spearman correlation analysis method to find the relationship between the incidence of COVID-19 and the Baidu migration index in Guangdong province, and found that there was a positive correlation between the daily incidence and the 3-day migration index. Wang et al. (2020b) used the complex network model to explore the impact of resuming work in surrounding cities on the epidemic situation in Hubei province on February 17, February 24, and March 2, and came to a conclusion that resuming work on March 2 would not cause a second outbreak of the epidemic. Yan et al. (2020) predicted the trend of the COVID-19 epidemic by building a time-delay dynamics model, and claimed that the epidemic could be controlled in the short period if the prevention and control efforts were kept unchanged. Chen and Cao (2020) made an epidemiological analysis of the daily confirmed cases in China, affirming that the situation of epidemic prevention and control in China was severe, and that targeted control measures should be formulated for the returning of enterprises and personnel in the future. Liu et al. (2020b) analyzed the spatial and temporal characteristics of the epidemic spread in Guangdong province, and found that the prevention and control measures adopted were effective, and high-risk areas were located in economically developed areas. Liu et al. (2020c) used the statistical analysis method to analyze the temporal and spatial characteristics and the transmission path of the COVID-19 epidemic in Zhuhai, revealing that the input from the epidemic area and family gatherings were the causes of epidemic spread. The research report published by the Yellow River Civilization and Sustainable Development Research Center of the Henan University presented detailed statistics on single case in Henan province, summarizing the epidemic spread into four modes, and providing control strategies (http://skc.henu.edu.cn/info/1047/4673.htm).

By combing the relevant literature, it was found that current studies on the COVID-19 epidemic spread have the following deficiencies: (1) The majority of existing studies explore the changes of the virus regeneration index from the perspectives of pathology, epidemiology, clinical medicine, molecular biology, and mathematics, so as to determine the epidemic stage of the disease and predict the development trend of the epidemic (Ai et al., 2020; Wang et al., 2020b). Although some scholars try to reveal the epidemic spread rules from a geographical perspective, they mainly focus on the spatial and temporal evolution characteristics of the epidemic, and seldom discuss the driving causes of the epidemic spread (Liu et al., 2020c). (2) In terms of research methods, current studies employ mainly the correlation analyses and regression analyses method, while the application of modern information technology and spatial analysis method are relatively limited (Wang et al., 2020a). (3) In terms of research scale, scholars generally investigate the epidemic spread characteristics at the city or regional scale, and there are few studies at the national level (Liu et al., 2020b; Liu et al., 2020b). (4) In relation to data sources, the data of COVID-19 cases can be obtained very easily; however, there are great difficulties in obtaining environmental and socio-economic data related to the epidemic spread, which is why current researches lag behind in the driving mechanism of epidemic spread. In this paper, the number of confirmed COVID-19 cases in mainland China was taken as the measurement index, and the spatial and temporal differentiation of the epidemic spread were described by the exploratory spatial data analysis method. Then, the key factors affecting the COVID-19 epidemic spread were identified by using the geodetector method, so as to provide references for clarifying the epidemic spread rule, formulating some protection policies, and promoting the resumption of work and production.

23.2 Data and methods

23.2.1 Data sources

The basic research objects of this paper are the administrative units at prefecture-level and above in mainland China, excluding Hong Kong, Macao, and Taiwan, and including Jiyuan, Tianmen, Xiantao, Qianjiang, the Shennongjia forest district, counties, and cities directly administered by the Hainan province and Xinjiang Uygur autonomous region. In order to maintain the integrity of the data, 366 units (excluding Sansha) were finally selected. The cumulative number of COVID-19 cases on January 24, February 6, and February 20, 2020 comes from the epidemic announcements issued by each provincial (province-level municipality or autonomous region) health commission, while the first confirmation of COVID-19 in each region is taken from news reports. The spatial and temporal distance of each geographical unit arriving in Wuhan comes from the travel navigation service provided by Baidu map (http://lbsyun.baidu.com). Through the data interface, developers can calculate the route planning distance and driving time under different travel modes according to the starting and destination points. This paper took Wuhan as the starting point and other regions as the destination point to calculate the

OD (Origination Destination) driving distance and time in self-driving mode. The proportion of inflow population from Wuhan is taken from the migration big data of Baidu map (http://qianxi.baidu.com/). These data allow to analyze the location information of mobile phone users through an LBS (Location Based Services) open platform, and to map their migration trajectory, so as to observe the population migration status. The acquisition period of Baidu migration data in the paper is from January 11 to 23, 2020, specifically referring to the top 100 cities toward which people move out of Wuhan every day. The winter average temperature data for each unit are from the weather network (https://www.tianqi.com). In addition, since it is impossible to obtain data on the population, gross domestic product, and number of beds in medical institutions for each region during the COVID-19 epidemic period, this paper employs the corresponding data in 2018, which is derived from the 2019 provincial statistical yearbooks or the 2018 statistical bulletins.

23.2.2 Research methods

(1) Formula of epidemic spread rate

Using the cumulative number of COVID-19 cases as an indicator to measure the epidemic spread rate is biased due to the large differences in base population for different regions of mainland China. Therefore, the cumulative number of COVID-19 cases was divided by the number of days to calculate the epidemic spread rate, using the following formula:

$$V_i = \frac{S_i}{M-N_i} \tag{23-2-1}$$

Where V_i represents the epidemic spread rate in region i; S_i represents the cumulative number of COVID-19 cases in region i by February 20; M represents February 20; and Ni represents the date of the first confirmed case in region i.

(2) Exploratory spatial data analysis method

The exploratory spatial data analysis method was used to verify whether the observed value of a unit has spatial correlation with the observed values of its neighboring units (Li et al., 2018). The global Moran's I index is used to measure the global spatial correlation, while the local

Moran's I index in LISA (local indicators of spatial association) was used to measure the local spatial correlation (Rong et al., 2016). Their formulas (Anselin, 1995; Gallo and Ertur, 2003) are as follows:

$$\begin{cases} I = \dfrac{\sum_{i=1}^{K}\sum_{j=1}^{K}\left(X_i - \bar{x}\right)\left(X_j - \bar{x}\right)}{S^2\sum_{i=1}^{K}\sum_{j=1}^{K}W_{ij}} \\ I^* = \sum_{p \neq q}^{m} W_{pq}Z_pZ_q \end{cases} \quad (23\text{-}2\text{-}2)$$

Where I is the global Moran' s I index; Xi and X_j are the observed values of unit i and j; W_{ij} is the spatial weight matrix (with 1 as adjacent, and 0 as non-adjacent), S^2 represents the variance; K represents the number of observation units; I^* is the local Moran' s I index; W_{pq} is the normalized form of the spatial weight matrix; and Z_p, Z_q are the normalized forms of the observed values in unit p and q.

(3) Geodetector method

Spatial differentiation is a basic characteristic of geographical phenomena, the Geodetector method can measure the degree of spatial stratified heterogeneity and test its significance, through the within-strata variance less than the between strata variance (Xu et al., 2018). The Geodetector method comprises four modules: factor detection, interaction detection, risk detection and ecological detection. The factor detection is expressed by q value (Wang and Xu, 2017), its formulas are as follows:

$$q = 1 - \frac{\sum_{h=1}^{L} N_h \sigma_h{}^2}{N\sigma^2} = 1 - \frac{SSW}{SST} \quad (23\text{-}2\text{-}3)$$

$$SSW = \sum_{h=1}^{L} N_h \sigma_h{}^2, \; SST = N\sigma^2 \quad (23\text{-}2\text{-}4)$$

$$SSW = \sum_{h=1}^{L} N_h \sigma_h{}^2; \; SST = N\sigma^2$$

Where q represents the explanatory power of detect factor X on the spatial distribution of detected factor Y, the value of q ranges from 0 to 1; h=1,···, L, which represents the stratification of the detect factor X and detected factor Y; N_h and N are the number of samples for the layer h and the whole study area; σ_h^2 and σ^2 are the variance of Y value for the layer h and the whole study area; SSW and SST are the sum of intra-layer variances and the total variance of the whole study area.

The interaction detection can identify the explanatory power of the detect factors *X1* and *X2* to the detected factor *Y*, whose operation steps are as follows: first, we calculate the *q* values of *X1* and *X2*, respectively. Second, a new layer *X1*∩*X2* can be obtained by stacking the layer *X1* and *X2*, on this basis, the *q* (*X1*∩*X2*) value can be calculated. Third, the interaction type between *X1* and *X2* can be determined by comparing *q (X1)*, *q (X2)*, and *q (X1∩X2)* values.

The risk detection is used to determine whether there exists a significant difference in the mean value of an attribute between the two sub-regions, which is tested by the t-statistic. Its formula is as follows (Yang et al., 2018):

$$t_{\bar{Y}_{h=1}-\bar{Y}_{h=2}}=\frac{\bar{Y}_{h=1}-\bar{Y}_{h=2}}{\left[\frac{Var(\bar{Y}_{h=1})}{N_{h=1}}+\frac{Var(\bar{Y}_{h=2})}{N_{h=2}}\right]^{1/2}} \tag{23-2-5}$$

Where Y_h represents the average value of epidemic spread rate in the layer *h*, N_h is the number of samples in the layer h, *Var* represents the variance.

We can compare whether there are significant differences in the influence of any detect factors *X1* and *X2* on the spatial distribution of the detected factor *Y* by using the ecological detection, which is measured by the F-statistic.

$$F=\frac{N_{X_1}(N_{X_2}-1)\times SSW_{X_1}}{N_{X_2}(N_{X_1}-1)\times SSW_{X_2}} \tag{23-2-6}$$

$$SSW_{X_1}=\sum_{h=1}^{L_1}N_h\sigma_h{}^2 \tag{23-2-7}$$

$$SSW_{X_2}=\sum_{h=1}^{L_2}N_h\sigma_h{}^2 \tag{23-2-8}$$

Where N_{X_1} and N_{X_2} represent the sample sizes of the detect factors *X1* and *X2*; SSW_{X_1} and SSW_{X_2} are the sum of the variances in the layers formed by X_1 and X_2; and L_1 and L_2 are the number of layers of X_1 and X_2. The null hypothesis H_0 is: $SSW_{X_1}=SSW_{X_2}$. If H_0 is rejected at the significance level of α , which indicates that *X1* and *X2* have significantly different effects on the spatial distribution of *Y*.

23.3 Results and analysis

23.3.1 Spatial and temporal differentiation of epidemic spread

(1)Spatial distribution characteristics

The ArcGIS software was used to classify the cumulative number of COVID-19 cases in the following categories: 0; 1~50; 51~100; 101~300; and >300 persons. The epidemic spread rate was classified into the following categories: <1; 1~3; 3~5; 5~7; and >7 persons/day (Figure 23-3-1).

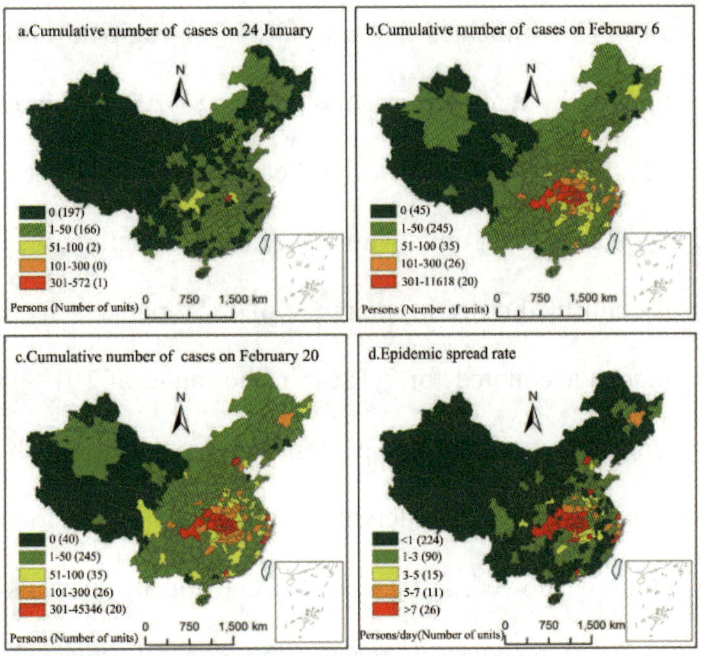

Figure 23-3-1　Spatial distribution of the cumulative number of COVID-19 cases and epidemic spread rate

As can be seen from Figure 23-3-1, the number of administrative units with a cumulative number of COVID-19 cases in the range of 0, 1~50, 51~100, 101~300 and >300 persons on January 24 were 197, 166, 2, 0, and 1, respectively. This indicated that there were 169 regional units hit by the COVID-19 epidemic by that date in mainland China, accounting for 46.17% of the total number of research units, and which reflected the wide spread of the epidemic. More into detail, the cities or regions with a cumulative number of confirmed cases in the range of 1~50 persons accounted for 98.22% of the total of regional units affected, and the number of cities with a cumulative number of confirmed cases of more than 50 persons was only 3, indicating that as of January 24, the epidemic was in the primary development stage. Several infected people could not be identified in a timely and effective way, because the COVID-19 has the incubation period. In terms of the cumulative number of confirmed cases in the epidemic areas, the largest number of confirmed cases (572) was recorded in Wuhan, while other regions recorded a number of confirmed cases of only 1 person, indicating that the COVID-19 epidemic had a significantly different spread across the various regions of China. In terms of spatial distribution, the areas with a high number of confirmed cases were scattered in a few cities such as Wuhan, Chongqing, and Huanggang. On February 6, there were 45 regional administrative units with 0 cases, 263 with 1~50 cases, 24 with 51~100 cases, 18 with 101~300 cases, and 16 with more than 300 cases. This indicates that a total of 321 regional units in mainland China were by COVID-19 epidemic by that date, accounting for 87.70%, with an increase of 41.53% compared with January 24, thereby reflecting a significant expansion of the geographical range of the epidemic. Among the 321 regional units with an epidemic situation, the cities or regions with a cumulative number of confirmed cases in the range of 1~50 persons accounted for 81.93%, in the range of 51~100 persons accounted for 7.48%, in the range of 101~300 persons accounted for 5.61%, and in the range of more than 300 persons accounted for 4.98%. Compared with the number of regional units included in each interval on January 24, it was found that the proportion of cities in the other intervals showed an increasing trend for all intervals except for the 1~50 persons interval, indicating that the epidemic reached the outbreak stage. The cumulative number of confirmed cases was still the highest in Wuhan city, reaching 11618, while the lowest numbers of confirmed cases in some areas were still 1, indicating that the difference across regions was increasing. In terms of spatial distribution, there was an evident trend of continuous distribution in the areas with the highest cumulative number of confirmed patients, while the areas with a low number of patients continued to narrow, and were mainly located in some parts of Inner Mongolia, Qinghai, Tibet and Xinjiang Uygur. On February 20, the number of regions with a total cumulative number of COVID-19 cases in the range of 0, 1~50, 51~100, 101~300, and >300 persons were 40, 245, 35, 26 and 20, respectively, indicating that by that date there were 326 administrative units hit by the COVID-19 epidemic, accounting for 89.07% of the total number of research units. As such, there was an increase of only 1.37% compared with February

6, indicating a slowdown from previous increases, and implying that the diffusion trend of the epidemic spread has been initially contained. Among the 326 regional units with an epidemic situation, the cities or regions with a cumulative number of confirmed cases in the range of 1~50 persons accounted for 75.15%, in the range of 51~100 persons accounted for 10.74%, in the range of 101~300 persons accounted for 7.98%, and in the range of more than 300 persons accounted for 6.13%. The variation trend of the number of regional units in each interval was the same as that from January 24 to February 6; this means that the epidemic situation in a few cities has deteriorated rapidly during this period, while the areas affected by the epidemic were basically unchanged. In terms of spatial distribution, the coverage of the areas with a high cumulative number of confirmed cases continued to expand, being located mainly around Wuhan and economically developed cities, while the coverage of the areas with a low cumulative number of confirmed cases remained relatively stable. In terms of epidemic spread rate, there were 26 administrative units with an epidemic spread rate greater than 7 persons/day, 11 within the range of 5~7 persons/day, 15 within the range of 3~5 persons/day, and 90 within the range of 1~3 persons/day, while the remaining units had an epidemic spread rate lower than 1 person/day. In summary, the COVID-19 epidemic spread rate generally decreased toward the periphery with the city of Wuhan as the center, with high values in some economically developed cities, while the areas with lower values were located in the northwest, southwest, and northeast of China.

(2) Spatial correlation characteristics

①Global spatial correlation characteristics. In this paper, the cumulative number of confirmed COVID-19 cases and the epidemic spread rate were taken as variables, the spatial weight matrix based on geographical adjacency was selected, and the global Moran's I index, the P test value and the Z statistic score of the cumulative number of confirmed COVID-19 cases and the epidemic spread rate were calculated by using the GeoDa software, so as to clarify the global spatial correlation characteristics (Table 23-3-1).

Table 23-3-1 Global Moran's I index of the cumulative number of cases and epidemic spread rate

Variable	January 24	February 6	February 20	Spread rate
Moran's *I*	0.05	0.18	0.08	0.15
P value	<0.01	<0.01	<0.01	<0.01
Z-Score	7.57	21.08	19.61	22.81

Table 23-3-1 shows that the global Moran's I indexes of the cumulative number of cases on January 24, February 6, and February 20 were 0.05, 0.18, and 0.08, respectively, passing the significance test at the 1% threshold level. Above values reflect the positive correlation, indicating that the spatial distribution of the cumulative number of confirmed COVID-19 cases in China at three time nodes shows an agglomeration trend. By observing the global Moran's I indexes at different time nodes, we can also find that this index first increased and then decreased. This indicates that the clustering development trend of the cumulative number of confirmed COVID-19 cases increased from January 24 to February 6. The global Moran's I index decreased by 0.10 units on February 20 compared with February 6, meaning that the global spatial correlation during this period was still dominated by clustering characteristics, although the clustering degree was lower than before, and the spatial distribution of the cumulative number of confirmed COVID-19 cases showed a decentralized development trend. The global Moran's I index, P test value and Z statistic score of the epidemic spread rate were 0.15, 0.01, and 22.81 respectively, passing the significance test at the 1% level, implying that the spatial pattern of the epidemic spread rate was also characterized by a clustering distribution.

②Local spatial correlation characteristics. The Global Moran's I index has the defect of ignoring the instability of local spatial processes. Therefore, it is necessary to draw a LISA cluster map to analyze the local spatial correlation characteristics of COVID-19 epidemic (Figure 23-3-2).

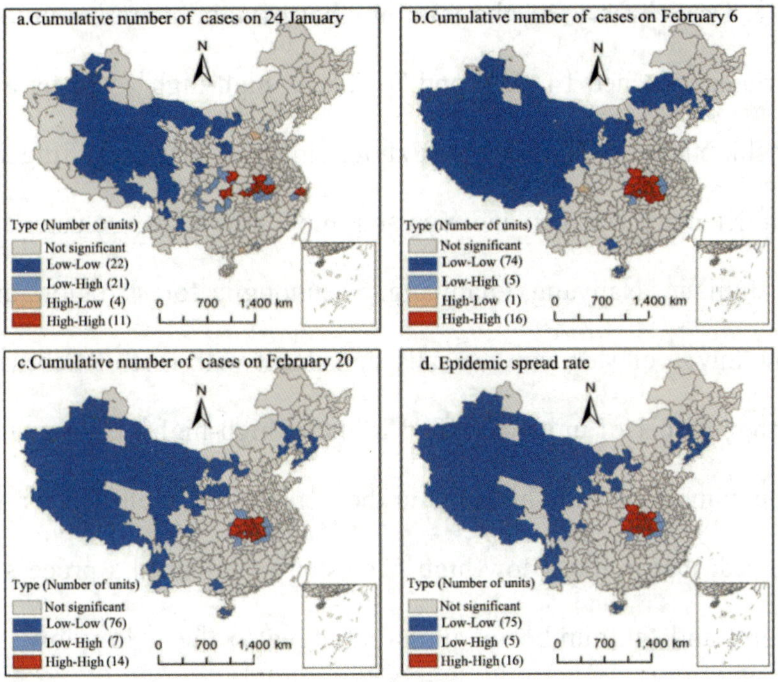

Figure 23-3-2　Local spatial correlation characteristics of the cumulative number of cases and epidemic spread rate

According to Figure 23-3-2, the total number of administrative units belonged to the high-high, high-low, low-high and low-low cluster areas on January 24 were 11, 4, 21, and 22. Specifically, the ‘high-high’ cluster areas were located in Wuhan, Shiyan, Xiaogan, Jingzhou, Huanggang, Enshi, Xiantao, Xinyang, Anqing, Ningbo, and Shaoxing; the ‘high-low’ cluster areas were located in Shijiazhuang, Yangjiang, Sanya, and Wanning; the ‘low-high’ cluster areas were located in Langfang, Jinhua, Lu'an, Jiujiang, Huangshi, Ezhou, Xianning, Qianjiang, Tianmen, Shennongjia forest area, Xiangxi, Dongguan, Zhongshan, Luzhou, Suining, Neijiang, Guang'an, Dazhou, Ziyang, and Tongren; and the ‘low-low’ cluster areas were located in Hohhot, Ordos, Alxa, Ganzi, Kunming, Lijiang, Linzhi, Nagqu, Yan'an, Jiuquan, Longnan, Guoluo, Yushu, Haixi, Bayingoleng, Aksu, Yili, Tacheng, Alar, Tiemenguan, and Kirkdala. On February 6, the number of administrative units in four clusters was 16, 1, 5 and 74. The ‘high-high’ cluster areas were located in Wuhan, Huangshi, Yichang, Xiangyang, Ezhou, Jingmen, Xiaogan, Jingzhou, Huanggang, Xianning, Suizhou, Xiantao, Tianmen, Xinyang, Nanyang, and Jiujiang; the ‘high-low’ cluster area was only located in Chengdu; and the ‘low-high’ cluster areas were located in Anqing, Lu'an, Qianjiang, Shennongjia forest region, and Changde. The ‘low-low’ cluster areas were mainly located in Inner Mongolia, Gansu, Ningxia, Qinghai,

Tibet and Xinjiang. On February 20, the total number of administrative units belonged to the each of the cluster areas reached 14, 0, 7, and 76. The ‘high-high’ cluster areas were located in Wuhan, Huangshi, Yichang, Xiangyang, Ezhou, Jingmen, Xiaogan, Jingzhou, Huanggang, Xianning, Suizhou, Xiantao, Tianmen and Xinyang; the ‘low-high’ cluster areas were located in Anqing, Lu'an, Jiujiang, Nanyang, Qianjiang, Shennongjia forest region, and Changde; and the range of ‘low-low’ cluster was basically consistent with that of February 6. In terms of quantity change, the number of units classified in the ‘high-high’ cluster first increased and then decreased; the number of units included in the ‘high-low’ cluster continued to decrease until they disappeared; that in the ‘low-high’ cluster experienced a process of initial decline and then rose again; and the number of units belonged to the ‘low-low’ cluster showed an increasing trend. Therefore, it is not difficult to see that the layout trend of the cumulative number of confirmed COVID-19 cases at the time nodes has not changed fundamentally, and was dominated by the ‘high-high’ and ‘low-low’ type. This indicates that the local spatial correlation characteristics of the confirmed COVID-19 cases were also dominated by a positive correlation, although the clustering trend was weakened. Overall, the ‘high-high’ cluster areas showed a layout trend from centralization to decentralization, which tended to be stable over time, especially for Wuhan and its surrounding areas. There was a contiguous layout trend of the ‘low-low’ cluster areas, which were mainly located in Inner Mongolia, Gansu, Ningxia, Qinghai, Tibet, and Xinjiang. As for the epidemic spread rate, there were 16 administrative units in the ‘high-high’ cluster, 0 in the ‘high-low’ cluster, 5 in the ‘low-high’ cluster, and 75 in the ‘low-low’ cluster. The high-high cluster areas were located in Wuhan, Huangshi, Yichang, Xiangyang, Ezhou, Jingmen, Xiaogan, Jingzhou, Huanggang, Xianning, Suizhou, Xiantao, Qianjiang, Tianmen, Nanyang, and Xinyang; the ‘low-high’ cluster areas were located in Anqing, Lu'an, Jiujiang, Shennongjia forest region, and Changde; and the ‘low-low’ cluster areas were located in western China.

23.3.2 Influencing factors of the epidemic spread

(1) Selection of evaluation indicators

The COVID-19 epidemic first occurred in Wuhan, and then spread to other parts of China. Therefore, people have been the carrier, the transportation network has been the channel, and the social and economic connections have been the internal driving force in the process of the epidemic spread. Thus, we selected the indicators reflecting the population distribution, population inflow from Wuhan, traffic accessibility, economic connection intensity, average temperature, and medical facilities conditions as the detection factors (Table 23-3-2), and the epidemic spread rate as the detected factor to assess the formation mechanism for the spatial pattern of COVID-19 epidemic.

Table 23-3-2　Detection indicator of the COVID-19 epidemic spread

Factor code	Detection factor	Specific indicator	Treatment method
X1	Population distribution	Population density(persons/ km^2)	Total population/land area
X2	Population inflow from Wuhan	Proportion of incoming population in Wuhan (%)	Map migration data
X3	Traffic accessibility	Distance from Wuhan (km)	Determined by means of map navigation
X4	Economic connection intensity	Strength of economic connection with Wuhan	Using the gravity model
X5	Average temperature	Average temperature in winter (℃)	(mean maximum temperature in winter + mean minimum temperature in winter) /2
X6	Medical facilities conditions	Number of hospital beds per 1000 persons	Using statistical yearbooks or bulletins

Note: The gravity model was used to calculate the intensity of economic contact between each region and Wuhan, and the distance was the time reachable distance (Meng and Lu, 2011).

Firstly, the classification method of natural discontinuities in ArcGIS10.2 software was used to divide detection factors into 6 categories, the classified maps of the detection factors were drawn (Figure23-3-3). According to formulas (3)~(8), the determination ability of detection factors was calculated by using the geodetector software to analyze the influencing factors of epidemic spread.

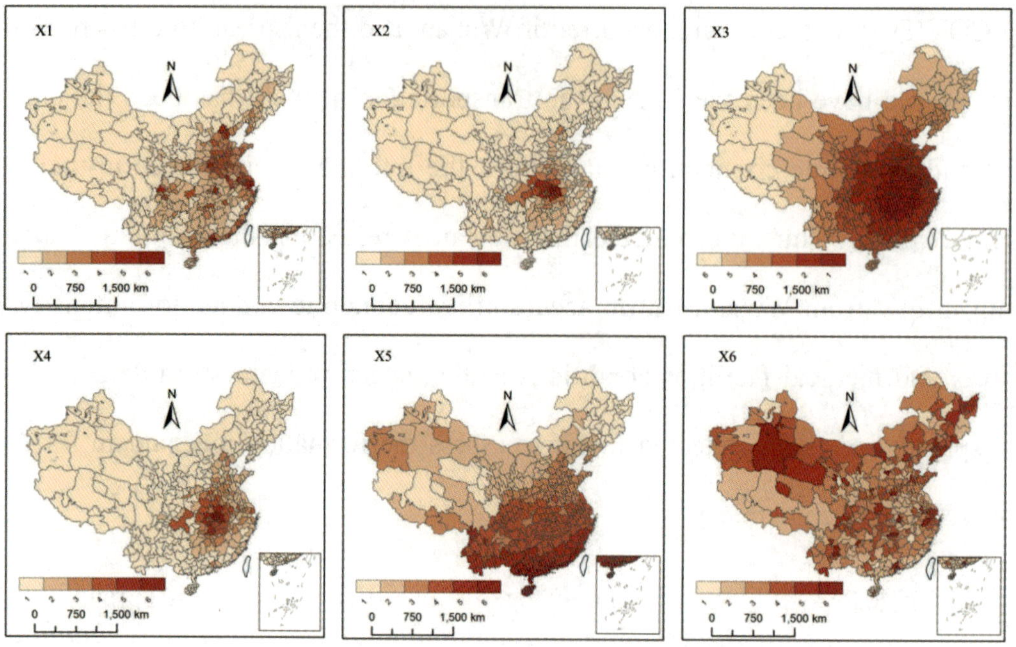

Figure 23-3-3 Categorized spatial distribution of the detection factors

(2) Analysis of the influencing factors

① Factor detection analysis. The q values of all the detection factors passed the significance test at the 5% level, indicating that these factors have a significant determination ability of the spatial distribution of the COVID-19 epidemic spread. Specifically, the q (p) values of X1, X2, X3, X4, X5 and X6 were equal to 0.060 (0.003), 0.504 (0.000), 0.041 (0.000), 0.404 (0.000), 0.021 (0.028) and 0.078 (0.000), respectively. According to the size of *q* value, the inflow of population from Wuhan was the primary factor affecting the epidemic spread, and its explanatory power reached 50.4%. The economic connection intensity was the secondary determinant factor, and its explanatory power was 40.4%. The availability of medical facilities was the third determinant factor, which accounted for a 7.8% of explanation power. The determination ability of population distribution was 6%, while the traffic accessibility and average temperature were both relatively weak, below 5%. It is worth noting that the differentiation and factor detection analysis discussed only the determination ability of single factor on the epidemic spread rate, and did not consider the interaction effect of factors.

②Interaction detection analysis. The interaction detector analysis is used to identify the interactions between any two factors. Table 23-3-3 shows the interactions detection results between factors.

Table 23-3-3 Interactive detection results

A∩B	A+B	Interaction probes	A∩B	A+B	Interaction probes
X1∩X2=0.998	>0.564=X1+X2	↑	X2∩X6=0.999	>0.581=X2+X6	↑
X1∩X3=0.199	>0.101=X1+X3	↑	X3∩X4=0.406	<0.445=X3+X4	↑↑
X1∩X4=0.993	<0.464=X1+X4	↑	X3∩X5=0.054	<0.061=X3+X5	↑↑
X1∩X5=0.124	>0.080=X1+X5	↑	X3∩X6=0.332	<0.524=X3+X6	↑
X1∩X6=0.329	>0.138=X1+X6	↑	X4∩X5=0.406	<0.424=X4+X5	↑↑
X2∩X3=0.505	<0.541=X2+X3	↑↑	X4∩X6=0.993	>0.482=X4+X6	↑
X2∩X4=0.506	<0.908=X2+X4	↑↑	X5∩X6=0.247	>0.098=X5+X6	↑
X2∩X5=0.505	<0.524=X2+X5	↑↑			

Note: " ↑ " means that factors A and B reinforce each other; " ↑ " indicates the nonlinear enhancement of factors A and B.

It can be seen from Table 23-3-3 that the *q* values of X1 ∩ X2, X1 ∩ X3, X1 ∩ X5, X1 ∩ X6, X2 ∩ X6, X2 ∩ X6, X4 ∩ X6 and X5 ∩ X6 were greater than the q values of single factors, indicating that the interaction probe of detection factors had a significant impact on the epidemic spread rate. More detail, the population inflow from Wuhan and traffic accessibility, economic connection intensity, and average temperature interacted with each other, and produced mutually reinforcing effects. The traffic accessibility interacted with the economic connection intensity and average temperature to produce mutual reinforcing effects. The economic connection intensity interacted with the average temperature, which produced mutual reinforcing effects. The interaction between the population distribution and the traffic accessibility, population inflow from Wuhan, economic connection intensity, average temperature and medical facilities conditions produced a nonlinear enhancement effect. The interaction between the population inflow from Wuhan and medical facility conditions produced a nonlinear enhancement effect. The interaction between the medical facilities conditions and the traffic accessibility, economic connection intensity and average temperature produced a nonlinear enhancement effect. In summary, the influence of detection factors on the epidemic spread rate was not independent, but showed a type of mutual or nonlinear enhancement.

③Ecological detection analysis. According to Table 23-3-4, it could be found that the differences among the detection factors were statistically significant. Specifically, the influence of the population distribution (X1) on the spatial distribution of the epidemic spread rate was significantly different from the population inflow from Wuhan (X2), economic connection intensity (X4), and average temperature (X5), but not different from the traffic accessibility (X3) and medical facility conditions (X6). The influence of the population inflow from Wuhan (X2) was significantly different from that of the traffic accessibility (X3), economic connection intensity (X4), average temperature (X5), and medical facilities conditions (X6). There was a significant difference between the influence of traffic accessibility (X3) and that of economic connection intensity (X4), but there were no significant difference with the average temperature (X5) and medical facilities conditions (X6). The influence of economic connection intensity (X4) was different from that of the average temperature (X5) and medical facility condition (X6). There was no significant difference between the average temperature (X5) and the medical facilities conditions (X6). Generally speaking, the detection factors selected in this paper are reasonable, and the differences among them are statistically significant.

Table 23-3-4　Ecological detector results (95% confidence level)

Factor code	X1	X2	X3	X4	X5	X6
X1						
X2	Y					
X3	N	Y				
X4	Y	Y	Y			
X5	Y	Y	N	Y		
X6	N	Y	N	Y	N	

Note: Y means the difference of the influence of the two factors is significant with the confidence of 95%, while N means no significant difference.

④Risk detection analysis. Table 23-3-5 showed that the epidemic had the fastest spread rate when the population density was 1,162~2,564 persons/km^2. When the proportion of population inflow from Wuhan was maintained at 6.94~14.25%, the epidemic spread rate was fastest. When the economic contact intensity with Wuhan was kept in the range of 598,158.64~1,524,023.05, the epidemic spread rate was fastest. When the geographical distance from Wuhan was 68.38~540.98 km, the spread rate was fastest. When the average temperature in winter was maintained at 11~16℃, the epidemic spread rate was higher. The epidemic spread rate was higher when there were between 9.58 and 14.49 beds for 1,000 persons. It can also be found that the population distribution, population inflow from Wuhan, economic connection intensity, medical facilities, and the epidemic spread rate were significantly positively correlated, while the traffic accessibility was negatively correlated with the epidemic spread rate.

Table 23-3-5 Most favorable range of epidemic spread (95% confidence level)

Factor code	Favorable range	Factor code	Favorable range
X1	1162~2564(persons/km^2)	X4	598,158.64~1,524,023.05
X2	6.94~14.25(%)	X5	11~16(℃)
X3	68.38~540.98(km)	X6	9.58~14.49(beds/1000 persons)

23.4 Discussions

This paper studied the spatial and temporal variation and the influencing factors of the COVID-19 epidemic spread in mainland China, which can provide references for formulating the public health policies and promoting the resumption of production. However, there exist the following problems. In terms of data sources, although many countries or regions have published the epidemic announcements of COVID-19 in real time, and the epidemic data was very convenient, virtually most of countries or regions had more people infected than registered, which could affect the accuracy of the evaluation results. Then, the population density data in 2018 was used as a replacement due to a fact that the population density for the each administrative unit in mainland China during the epidemic period was unavailable. The treatment method hid the drastic changes in the data because the COVID-19 epidemic happened during the Chinese Spring Festival period, which had a characteristic that the scale and frequency of population movements were intensified. It's worth noting that the population density is an important indicator to explain the epidemic spread rate, so the alternative data inevitably weakened the explanatory power of current research from this perspective. In addition, the factors affecting the epidemic spread were complex, and involved both the quantitative and the non-quantitative indicators. This paper constructed an indicator system of the multiple factors influencing the epidemic spread based on the principle of data availability; the other non-quantitative indicators might be ignored, which increased the uncertainty of evaluation results.

For the research method, the formula of epidemic spread rate was applicable to compare the epidemic spread rate of different administrative units at three time nodes, which actually did not conform to the exponential growth rule of infectious diseases (such as the COVID-19, SARS, and MERS (Middle East Respiratory Syndrome)) in the exposed population. How to accurately measure the actual spread rate of the epidemic in each region was the direction of future research. Second, the exploratory spatial data analysis method investigated the spatial clustering characteristics of COVID-19 epidemic in administrative units at prefectural level and above, and did not consider the agglomeration development situation at a finer spatial scale, which inevitably weakened the application value of the research results. Third, the geodetector method was adopted to obtain the most favorable range of the COVID-19 epidemic spread in this paper, which was developed from the perspective of statistics. The sample data directly affected the final evaluation result, and no epidemiological investigation on the residents' health status was implemented, so the conclusions drawn from current research were uncertain to some extent. Finally, there might have multicollinearity between the strength of economic connection economic and other factors in this paper, and the geodetector method was not used to deal with it, which would weaken the persuasiveness of the research results.

23.5 Conclusions

(1)The temporal changes of the COVID-19 epidemic in mainland China are clear, and the epidemic spread rate has an evident spatial variation. In terms of temporal change, the epidemic quickly spread to most regions from January 24 to February 6. The epidemic spread rate slowed down from February 6 to February 20, although the epidemic situation in some cities worsened sharply. The areas where the epidemic spread quickly were mainly located in the Hubei province, its surrounding areas, and some economically developed cities. The western part of China, as well as the remote areas of central and eastern China experienced a slow epidemic spread.

(2)The global and local spatial correlation characteristics of the COVID-19 epidemic were dominated by clustering situations. Specifically, the global spatial correlation characteristics initially increased and then decreased, while the local spatial correlation characteristics tended to be stable with the passage of time, and were mainly composed of the ‘high-high’ and ‘low-low’ cluster types. The ‘high-high’ cluster areas were located in Wuhan, Huangshi, Yichang, Xiangyang, Ezhou, Jingmen, Xiaogan, Jingzhou, Huanggang, Xianning, Suizhou, Xiantao, Qianjiang, Tianmen, Nanyang and Xinyang. The ‘low-low’ cluster areas were located in parts of Inner Mongolia, Gansu, Ningxia, Qinghai, Tibet, and Xinjiang.

(3)The population distribution, population inflow from Wuhan, traffic accessibility, economic connection intensity, average temperature and medical facilities conditions had significant effects on the epidemic spread rate. The population inflow from Wuhan was the primary factor affecting the epidemic spread, followed by the economic connection intensity, and the medical facilities conditions. The population distribution, traffic accessibility, and average temperature also had different degrees of influence on the epidemic spread. From the perspective of action direction, the population distribution, population inflow from Wuhan, economic connection intensity and medical facilities conditions played a positive role in the process of epidemic spread, while the traffic accessibility played a negative role.

(4)Detection factors interacted through mutual enhancement and nonlinear enhancement, and their influence on the epidemic spread rate exceeded that of single detection factors. The interaction between the population inflow from Wuhan and medical facilities conditions, as well as that between the population distribution and population inflow from Wuhan, that between the population distribution and economic connection intensity, and that between the economic connection intensity and medical facilities conditions had a great influence on the epidemic spread. The interaction between the population distribution and traffic accessibility, as well as that between the population distribution and average temperature, that between the traffic accessibility and average temperature, and that between the average temperature and medical facilities conditions had little impact on the epidemic spread.

References

[1]Ai S, Zhu G, Tian F, et al., 2020. Population movement, city closure and spatial transmission of the 2019-nCoV infection in China. MedRxiv, DOI: https://doi.org/10.1101/2020.02.04. 20020339.

[2]An G, Jia F, 2020. Analysis of the economic impact of the NCP and countermeasure study. Financial Theory and Practice, 3, 45-51.

[3]Anselin L, 1995. Local indicators of spatial association—LISA. Geographical analysis, 27(2), 93-115.

[4]Bai Y, Liu K, Chen Z, et al., 2020. Early transmission dynamics of novel coronavirus pneumonia epidemic in Shaanxi province. Chinese Journal of Nosocomiology, 30(6)，834-838.

[5]Chen Y, Cao G, 2020. Incidence trend of novel coronavirus (SARS-CoV-2)-infected pneumonia in China. Shanghai Journal of Preventive Medicine, 32(2)，1-6.

[6]Hui D S, Azhar E I, Madani T A, et al., 2020. The continuing 2019-nCoV epidemic threat of novel coronaviruses to global health—The latest 2019 novel coronavirus outbreak in Wuhan, China. International Journal of Infectious Diseases, 91, 264-266.

[7]Le Gallo J, Ertur C, 2003. Exploratory spatial data analysis of the distribution of regional per capita GDP in Europe, 1980–1995. Papers in regional science, 82(2), 175-201.

[8]Li C, Wang X, Xie Z, et al., 2018. Evolution of Patterns in the Ratio of Gender at Birth in Henan

province, China. Problemy Ekorozwoju, 13(1), 59-67.

[9]Liu T, Hu J, Kang M, et al., 2020a. Transmission dynamics of 2019 novel coronavirus (2019-nCoV). BioRxiv, DOI: https://doi.org/10.1101/2020.01.25.919787.

[10]Liu Y, Li Y, Li Z, et al., 2020b. The diffusion characteristics of an outbreak of 2019 novel coronavirus diseases (COVID-19) in Guangdong province. Tropical Geogrphy, 40(3), 367-374.

[11]Liu Z, Ye Y, Zhang H, et al., 2020c. Analysis of the spatio-temporal characteristics and transmission path of COVID-19 cluster cases in Zhuhai.Tropical Geogrphy, 40(3), 422-431.

[12]Meng D, Lu Y, 2011. Impact of high-speed railway on accessibility and economic linkage of cities along the railway in Henan province, China. Scientia Geographica Sinica, 31(5), 537-543.

[13]Rong P, Zhang L, Yang Q, et al., 2016. Spatial differentiation patterns of carbon emissions from residential energy consumption in small and medium-sized cities: A case study of Kaifeng. Geographical Research, 35(8), 1495-1509.

[14]Wang J, Xu C, 2017. Geodetector: Principle and prospective. Acta Geographica Sinica, 72(1), 116-134.

[15]Wang X, Liao C, Li Z, et al., 2020a. Preliminary analysis on the early epidemic and spatiotemporal distribution of new coronavirus pneumonia in Guangdong province. Journal of Tropical Medicine, 20(4), 427-430.

[16]Wang X, Tang S, Chen Y, et al., 2020b. When will be the resumption of work in Wuhan and its surrounding areas during COVID-19 epidemic? A data-driven network modeling analysis. Scientia Sinica (Mathematica), DOI: 10.1360/SSM-2020-0037.

[17]Wu JT, Leung K, Leung G M, 2020. Nowcasting and forecasting the potential domestic and international spread of the 2019-nCoV outbreak originating in Wuhan, China: a modelling study. The Lancet, 395(10225), 689-697.

[18]Xu Q, Dong Y, Wang Y, et al., 2018. Determinants and identification of the northern boundary of China’s tropical zone. Journal of Geographical Sciences, 28(1), 31-45.

[19]Yan Y, Chen Y, Liu K, et al., 2020. Modeling and prediction for the trend of outbreak of NCP based on a time-delay dynamic system. Scientia Sinica Mathematica, 50(3), 385.

[20]Yang D, Wang X, Xu J, et al., 2018. Quantifying the influence of natural and socioeconomic factors and their interactive impact on PM2.5 pollutions in China. Environmental Pollution, 241, 475-483.

[21]Zhao X, Li X, Nie C, 2020. Backtracking transmission of COVID-19 in China based on big data source, and effect of strict pandemic control policy. Bulletin of Chinese Academy of Sciences, 35(3), 248-255.

附　录

Web GIS课程学生创新实践典型案例

案例一
Web GIS 定制开发

根据不同产品和项目需求，Web GIS 定制开发可以改进已有产品，创造新产品，把创新思维变为实际产品。当原有的 app 模板不能满足其需要时，就可以通过代码开发来定制应用从而满足项目的需求。以下是学生根据自己的兴趣所进行的导航地图制作、多模式地震信息系统、数字化建筑展示系统、旅游出行规划系统以及遥感影像处理软件的开发和利用。

1.1　基于EditPlus Web的导航地图制作

本项目所用软件为 EditPlus，制作一个 Web 导航地图，内容展示形式为 Html 文件。通过该地图可以检索洛阳市内的旅游景点、饭店和酒店的地址和电话等信息，游客能够快速地查询各景点的位置及其周边的饭店和酒店。此外，该 Web 地图还支持位置查询和地图导航功能，为游客出行提供便利，提高游客在洛阳市旅游的舒适度与好感度。

1.1.1　功能展示

（1）主页面

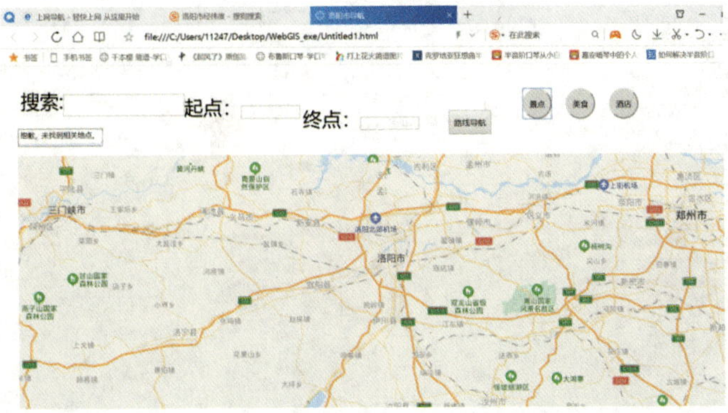

可将地图切换为地球影像模式，如下图所示：

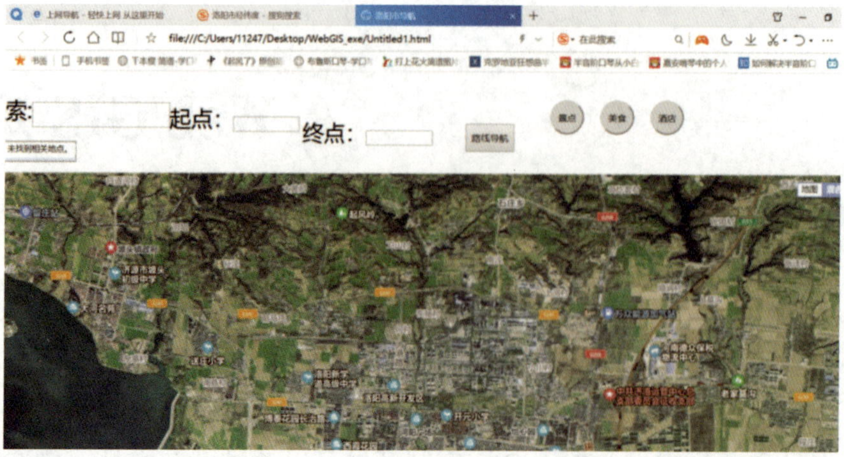

（2）地图导航

在页面输入起点和终点，点击“路线导航”，页面会显示多条出行路线供用户选择。

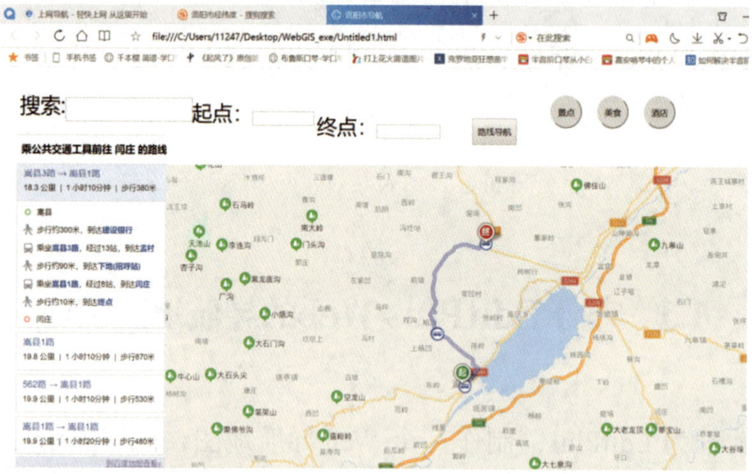

（3）景点信息查询

点击页面“景点”按钮，地图将展示出洛阳市所有景点的位置，同时，页面左侧还显示各景点的地址和电话等信息。

（4）美食信息查询

点击页面“美食”按钮，地图会显示出所有饭店位置，页面左侧会显示各个饭店的地址和电话等信息。

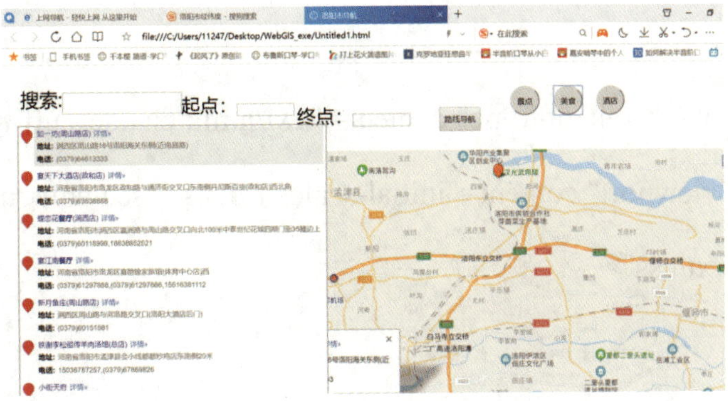

（5）住宿酒店信息查询

点击页面“酒店”按钮，地图会显示出所有酒店的位置，页面左侧将显示每个酒店的地址和电话等信息。

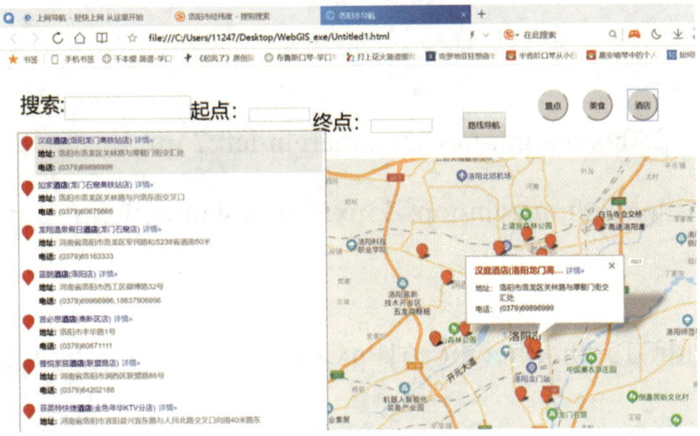

（6）位置查询与定位

在搜索框内输入地点，地图会自动定位至该位置。

1.1.2 实现代码

```
<!DOCTYPE html>
<html>
<head>
    <meta http-equiv="Content-Type" content="text/html; charset=utf-8" />
    <meta name="viewport" content="initial-scale=1.0, user-scalable=no" />
    <style type="text/css">
    body{
    background-image: url(111.jpg);
    margin-top: 0px;
    margin-right: 400px;
}

    #r-result{width:280px;margin-top:35px;margin-left:25px;}
     #routePanel p{float:left;margin-top:-35px;margin-left:600px;}

    #allmap {width: 1300px;height: 610px;overflow: hidden;margin-top:10px;margin-left:20px;}
#r-result1{position:absolute;left:28px;top:102px;
    }
     #r-result1 table{width:100%; clear:both;
    }
 #r-result2{position:absolute;left:28px;top:102px; }
    </style>
    <script type="text/javascript" src="http://api.map.baidu.com/api?v=2.0&ak=SblYF22poWEsfWuGaBufXm3Mh5xabGdH"></script>
    <script src="http://libs.baidu.com/jquery/1.9.0/jquery.js"></script>
```

```
<title> 洛阳市导航 </title>
</head>
<body>
<div id="r-result"><font size="+3"> 搜 索 :<input type="text" id="suggestId" size="50" value=" 百度 " style="width:200px;height:30px" /></div>
<div id="searchResultPanel" style="border:1px solid #C0C0C0;width:150px;height:auto; display:none;"></div>
<div id="routePanel">
<p style="margin-left:300px;float:left;"> 起 点：<span><input name="text" type="text"size="10" id="start"></span></p><p style="float:left;margin-left:500px;margin-top:-55px;"> 终 点：<span id="B_PointName1"><input name="text2" type="text" size="10" id="end"></span><button onClick="search()" style="margin-left:50px;height:40px;width:70px;"> 路线导航 </button></div>
<button onClick="search1()" style="position: absolute;left: 876px;top: 40px;width: 50px;height: 50px;border-radius: 50%;"> 景点 </button>
</div>
<button onClick="search2()" style="position: absolute;left:950px;top: 40px;width: 50px;height: 50px;border-radius: 50%;"> 美食 </button>
</div>
<button onClick="search3()" style="position: absolute;left:1024px;top: 40px;width: 50px;height: 50px;border-radius: 50%;"> 酒店 </button>
</div>
   <div id="allmap"></div>
   <div id="r-result1"></div>
   <div id="r-result2"></div>
</body>
</html>
<script type="text/javascript"> // 百度地图 API 功能
```

```
function G(id) {
    return document.getElementById(id);
}
var map = new BMap.Map("allmap");  // 导入全球地图
map.centerAndZoom(new BMap.Point(112.162909,34.339406), 11); // 用洛阳市经纬度
来定并作为位默认页显示。
map.addControl(new BMap.MapTypeControl({
    mapTypes:[
BMAP_NORMAL_MAP,
BMAP_HYBRID_MAP
]}));
map.setCurrentCity(" 郑州 ");       // 设置城市为洛阳
map.enableScrollWheelZoom(true);    // 初始化地图，设置城市和地图级别。
/* var geolocation = new BMap.Geolocation();
geolocation.getCurrentPosition(function(r){
if(this.getStatus() == BMAP_STATUS_SUCCESS){
  var mk = new BMap.Marker(r.point);
map.addOverlay(mk);
map.panTo(r.point);
  alert(' 您的位置：'+r.point.lng+','+r.point.lat);
}
else {
  alert('failed'+this.getStatus());
}
},{enableHighAccuracy: true})*/

  var ac = new BMap.Autocomplete(  // 建立一个自动完成的对象
      {"input" : "suggestId"
```

```
            ,"location" : map
    });

    ac.addEventListener("onhighlight", function(e) { // 鼠标放在下拉列表上的事件
    var str = "";
            var _value = e.fromitem.value;
            var value = "";
            if (e.fromitem.index > -1) {
                    value = _value.province +  _value.city +  _value.district +  _value.street +
_value.business;
            }
            str = "FromItem<br />index = " + e.fromitem.index + "<br />value = " + value;
            value = "";
            if (e.toitem.index > -1) {
                    _value = e.toitem.value;
                    value = _value.province +  _value.city +  _value.district +  _value.street +
_value.business;
            }
            str += "<br />ToItem<br />index = " + e.toitem.index + "<br />value = " + value;
            G("searchResultPanel").innerHTML = str;
    });

    var myValue;
    ac.addEventListener("onconfirm", function(e) { // 鼠标点击下拉列表后的事件
    var _value = e.item.value;
            myValue = _value.province +  _value.city +  _value.district +  _value.street +  _
value.business;
            G("searchResultPanel").innerHTML ="onconfirm<br />index = " + e.item.index +
```

```
"<br />myValue = " + myValue;


            setPlace();
        });


        function setPlace(){
            map.clearOverlays();    // 清除地图上所有覆盖物
            function myFun(){
                var pp = local.getResults().getPoi(0).point; // 获取第一个智能搜索结果
                map.centerAndZoom(pp, 18);
                map.addOverlay(new BMap.Marker(pp));    // 添加标注
            }
            var local = new BMap.LocalSearch(map, { // 智能搜索
             onSearchComplete: myFun
            });
            local.search(myValue);
        }
        var transit = new BMap.TransitRoute(map, {
    renderOptions: {map: map, panel: "r-result1"},
    onResultsHtmlSet : function(){$("#r-result1").show()}
  });

  function search()
  {

    /*var start = $("#start").val() ,*/end = $("#suggestId").val();
    transit.search(" 合肥工业大学 ",end);
            document.getElementById("suggestId").value="";// 清除搜索框结构
```

```
            var start = $("#start").val() ,end = $("#end").val();

                    document.getElementById("start").value="";// 清除搜索框结构
            document.getElementById("end").value="";// 清除搜索框结构
    transit.search(start,end);

}

    function search1()
     {
    map.clearOverlays();
            /*var local = new BMap.LocalSearch(map, {
            renderOptions:{map: map}});*/
            var local = new BMap.LocalSearch(map, {
            renderOptions:{map: map, panel:"r-result2"},
            pageCapacity:5
     });
     map.clearOverlays();
     var myKeys = [" 景点 "," 风景区 "," 公园 "," 植物园 "];
     local.search(myKeys);
}
     function search2()
      {
            var local = new BMap.LocalSearch(map, {
            renderOptions:{map: map, panel:"r-result2"},
            pageCapacity:5
            });
     map.clearOverlays();
```

```
        var myKeys = [" 餐饮 "," 美食 "," 火锅 "," 餐馆 "," 餐厅 "];
        local.search(myKeys);
    }
    function search3()
      {
            var local = new BMap.LocalSearch(map, {
            renderOptions:{map: map, panel:"r-result2"},
            pageCapacity:5
            });
        map.clearOverlays();
        var myKeys = [" 酒店 "," 宾馆 "," 旅社 "," 旅馆 "];
        local.search(myKeys);
    }
   </script>
```

（河南大学 2017 级网络工程专业智慧城市方向　万俊华）

1.2　基于ArcGIS API For JavaScript的多模式地震信息系统开发

对于 API 访问，使用 CDN（托管版本），从 EsriCDN 中直接调用 API 十分方便，可参考官方文档；开发工具使用 ArcGIS 官方推荐工具 CodePen：一个完全免费的前端代码托管服务（框架比较大时需要缴纳费用开通会员），项目无需发布，可通过 CodePen 托管服务直接访问。

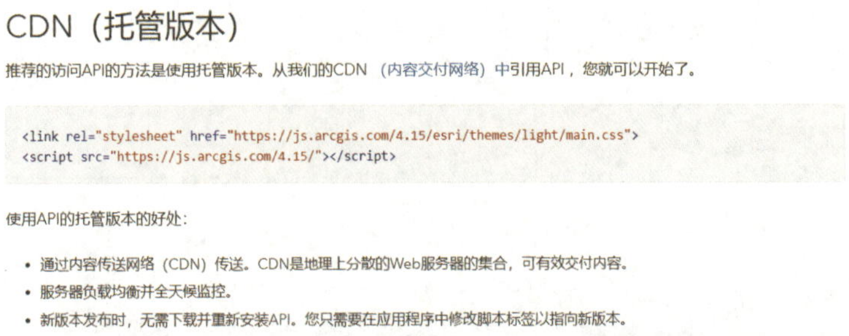
CDN（托管版本）

推荐的访问API的方法是使用托管版本。从我们的CDN（内容交付网络）中引用API，您就可以开始了。

```
<link rel="stylesheet" href="https://js.arcgis.com/4.15/esri/themes/light/main.css">
<script src="https://js.arcgis.com/4.15/"></script>
```

使用API的托管版本的好处：

- 通过内容传送网络（CDN）传送。CDN是地理上分散的Web服务器的集合，可有效交付内容。
- 服务器负载均衡并全天候监控。
- 新版本发布时，无需下载并重新安装API。您只需要在应用程序中修改脚本标签以指向新版本。

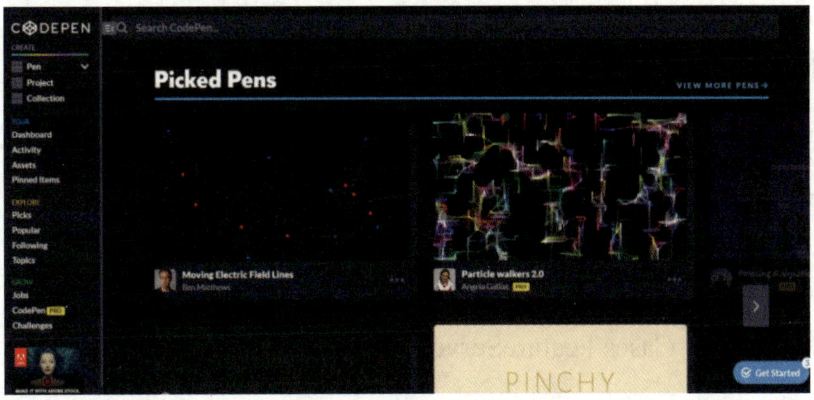

1.2.1 功能展示

项目 URL：https://codepen.io/Liam_Yu/full/gOPmgrq（建议使用谷歌或 IE 浏览器打开）

（1）项目主界面

总体有 5 个模块：普通地图、3D 地图、多功能地图、疫情模式、天气模式。普通地图和 3D 地图是最基本地图，无其他功能，打开地图默认普通地图。

（2）多功能地图

下图中，1 是视角调整部分；2 是切换底图；3 是显示坐标，可以转换显示形式；4 是搜索功能；5 是编辑图层（可以绘制点、线、面），编辑的图层会保存在个人 ArcGIS Online 里的 Feature Layer 图层中（相当于一个承载数据库），每次加载都会显示，不会因刷新而消失（可以手动删除）；6 是 ArcGIS API 的路线选择与显示，可以手动输入也可以用鼠标点击，显示出两点位置间的最佳路线，其中 ArcGIS 高级功能（如行车路径查询）每使用一次会消耗开发者账号不等的账户积分（例如，路径查询会消耗 0.005）。

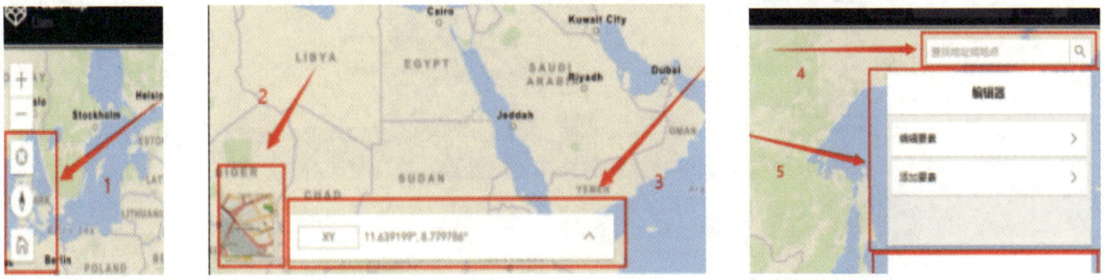

（3）疫情模式

延续了多功能地图的1~5项功能，去除了路径服务，在此基础上，添加疫情数据。数据来源：霍普金斯大学疫情地图数据。

（https://services1.arcgis.com/0MSEUqKaxRlEPj5g/arcgis/rest/services/Coronavirus_2019_nCoV_Cases/FeatureServer）

（4）天气模式

延续多功能地图的1~5个功能，增加了气象站数据，数据来源于IBM全球每日气象台数据。

（https://services1.arcgis.com/qYqXGubbNLHN3cEI/arcgis/rest/services/Global_Daily_Almanac_Data_1/FeatureServer）

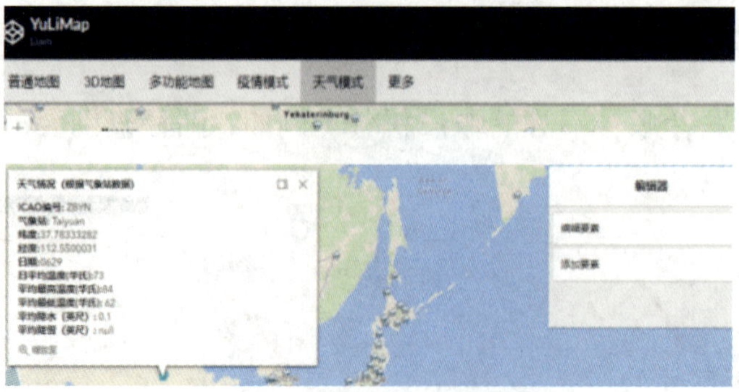

1.2.2 实现代码

（1）登录权限设置

ArcGIS 文档中写到高级服务一般会消耗开发者账户积分，所以要想使用该类 API，需要有身份验证，如果不想进行身份验证，可以在 ArcGIS for Developers 网站上配置 ArcGIS Online 托管代理服务。

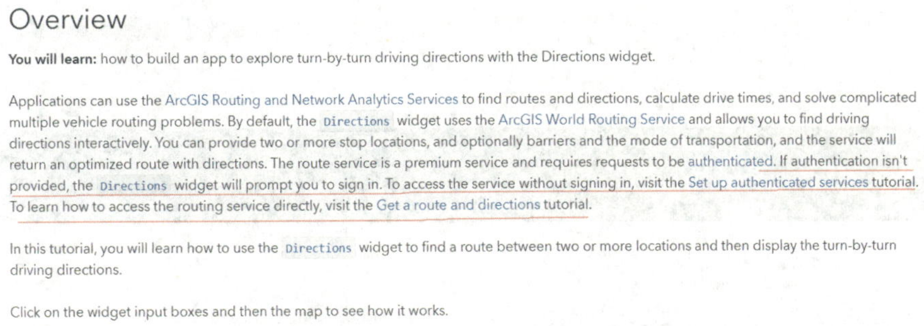

Overview

You will learn: how to build an app to explore turn-by-turn driving directions with the Directions widget.

Applications can use the ArcGIS Routing and Network Analytics Services to find routes and directions, calculate drive times, and solve complicated multiple vehicle routing problems. By default, the `Directions` widget uses the ArcGIS World Routing Service and allows you to find driving directions interactively. You can provide two or more stop locations, and optionally barriers and the mode of transportation, and the service will return an optimized route with directions. The route service is a premium service and requires requests to be authenticated. If authentication isn't provided, the `Directions` widget will prompt you to sign in. To access the service without signing in, visit the Set up authenticated services tutorial. To learn how to access the routing service directly, visit the Get a route and directions tutorial.

In this tutorial, you will learn how to use the `Directions` widget to find a route between two or more locations and then display the turn-by-turn driving directions.

Click on the widget input boxes and then the map to see how it works.

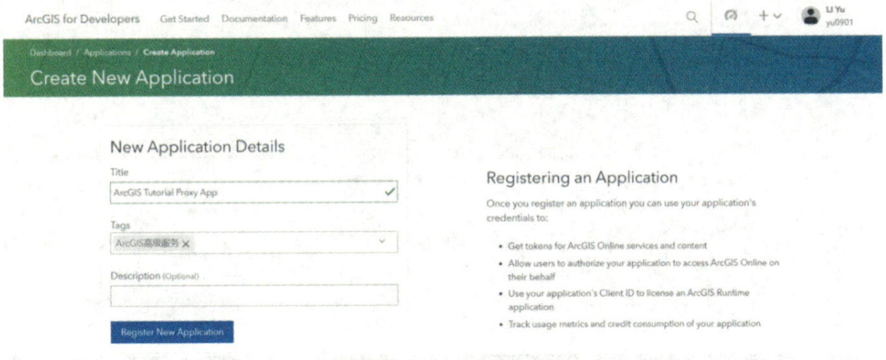

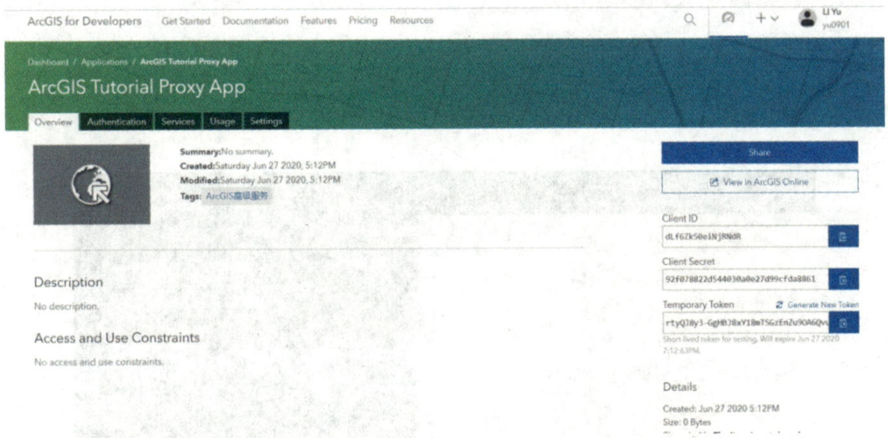

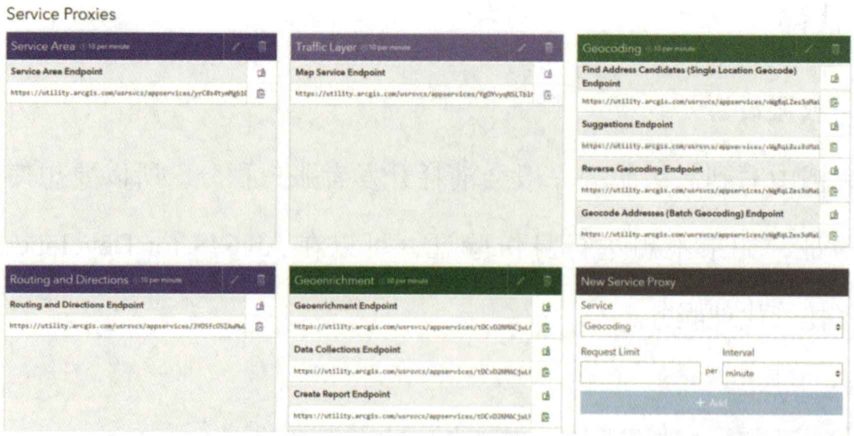
Service Proxies
Service Area
Service Area Endpoint
Traffic Layer
Map Service Endpoint
Geocoding
Find Address Candidates (Single Location Geocode) Endpoint
Suggestions Endpoint
Reverse Geocoding Endpoint
Geocode Addresses (Batch Geocoding) Endpoint
Routing and Directions
Routing and Directions Endpoint
Geoenrichment
Geoenrichment Endpoint
Data Collections Endpoint
Create Report Endpoint
New Service Proxy
Service
Geocoding
Request Limit
Interval
per
minute
+ Add

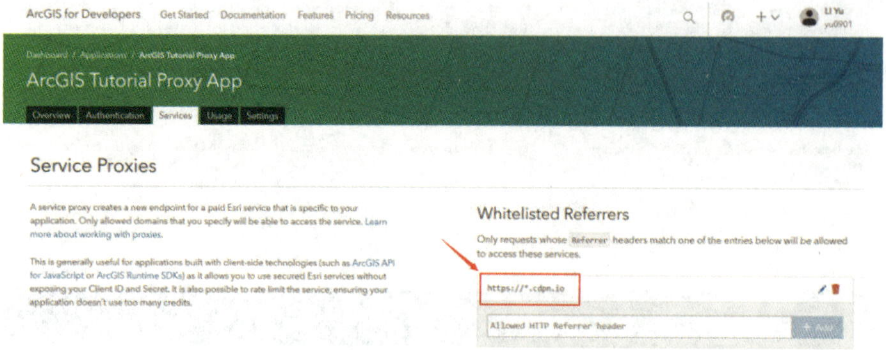
ArcGIS for Developers
Get Started
Documentation
Features
Pricing
Resources
ArcGIS Tutorial Proxy App
Overview
Authentication
Services
Usage
Settings
Service Proxies
Whitelisted Referrers
https://*.cdpn.io
Allowed HTTP Referrer header
+ Add

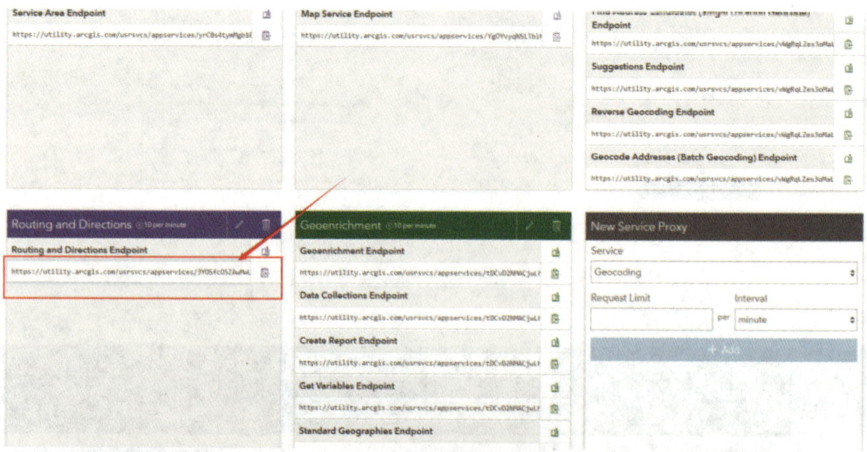
Service Area Endpoint
Map Service Endpoint
Endpoint
Suggestions Endpoint
Reverse Geocoding Endpoint
Geocode Addresses (Batch Geocoding) Endpoint
Routing and Directions
Routing and Directions Endpoint
Geoenrichment
Geoenrichment Endpoint
Data Collections Endpoint
Create Report Endpoint
Get Variables Endpoint
Standard Geographies Endpoint
New Service Proxy
Service
Geocoding
Request Limit
Interval
per
minute
+ Add

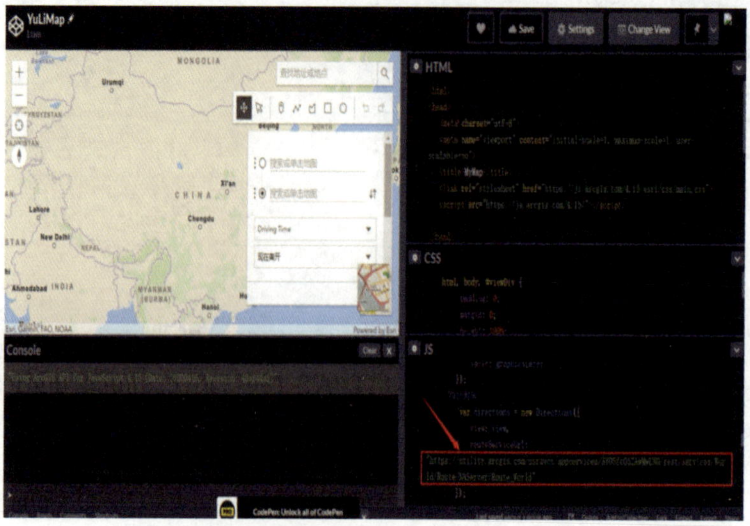
YuLiMap
Save
Settings
Change View
HTML
CSS
JS
Console

（2）编辑器保存编辑图层

ArcGIS 编辑器 API 提供保存编辑图层的功能，但是需要开发者提供图层存储编辑的数据，通过接口，保证编辑内容可以一直存在。具体步骤如下图所示。

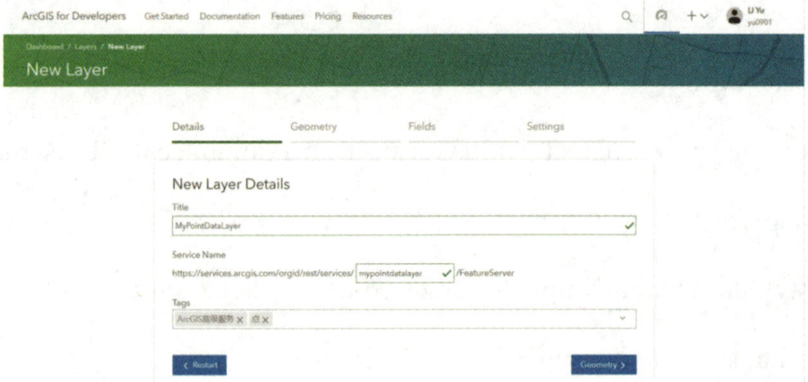

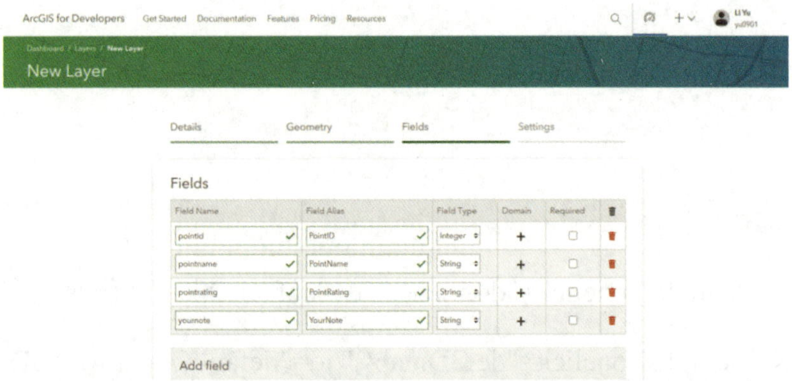

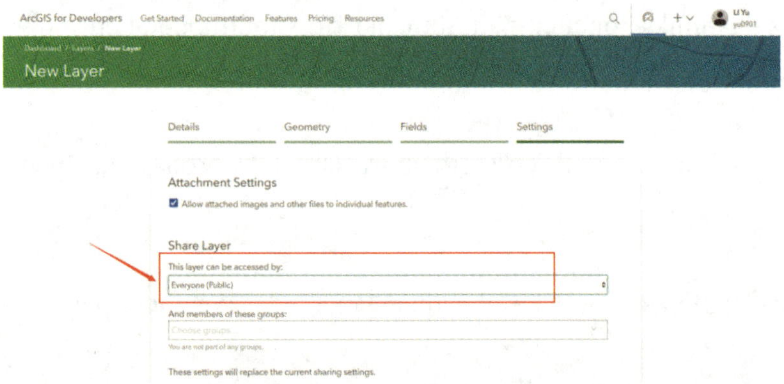

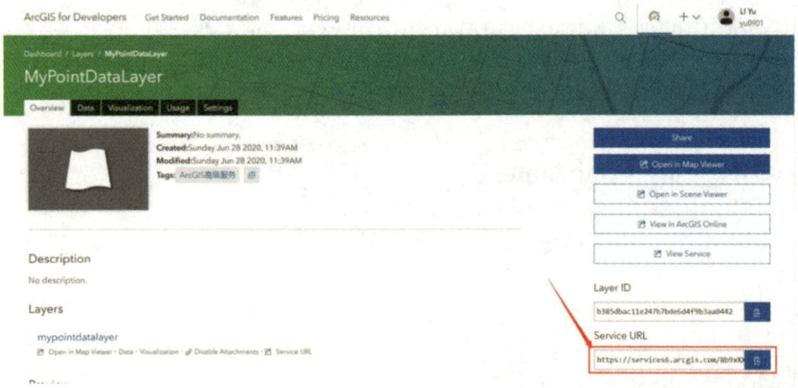

（3）代码

HTML:

```
<html>
<head>
<meta charset="utf-8">
<meta name="viewport" content="initial-scale=1, maximum-scale=1, user-scalable=no">
<title>MyMap</title>
<link rel="stylesheet" href="https://js.arcgis.com/4.15/esri/css/main.css">
<script src="https://js.arcgis.com/4.15/"></script>

</head>
<body>
<div class="tab">
<button class="tablinks" onclick="defmap()" id="defaultOpen"> 普通地图 </button>
<button class="tablinks" onclick="def3Dmap()" id="defaultOpentow">3D 地图 </button>
<button class="tablinks" onclick="multimap()" id="multimapOpen"> 多 功 能 地 图 </
button>
<button class="tablinks" onclick="Coronavirus()" id="CoronavirusOpen"> 疫 情 模 式 </
button>
<button class="tablinks" onclick="WeatherMap()" id="WeatherOpen"> 天 气 模 式 </
button>
<button class="tablinks" onclick="More()" id="MoreOpen"> 更多 </button>
</div>
<div id="viewDiv" class="tabcontent">
</div>
<!-- 弹窗 -->
<div id="myModal" class="modal">
<!-- 弹窗内容 -->
```

```
    <div class="modal-content">
    <span class="close">&times;</span>
    <p><a href="https://www.arcgis.com/home/index.html" target="_blank"> 敬 请 关 注 ...</
a></p>
    <p> 微信（Liam_Yu_）： </p>
    <img src="https://i.loli.net/2020/06/29/Asec51wZpUFOXxr.jpg"  width=100%
height=100% >
    </div>
    </div>
    </body>
    </html>
    CSS:
    html, body, #but1 {
 float: right;
 font-size: 9px;
 width: 100%;
}
    html, body, #but2 {
 float: right;
 width: 100%;
}

    body {font-family: "Lato", sans-serif;}

    /* tab 样式 */
    div.tab {
  overflow: hidden;
  border: 1px solid #ccc;
```

```
background-color: #f1f1f1;
    }

    /* buton 样式 */
    div.tab button {
background-color: inherit;
float: left;
border: none;
outline: none;
cursor: pointer;
padding: 14px 16px;
transition: 0.3s;
font-size: 17px;
    }

    /* 鼠标悬浮时颜色 */
    div.tab button:hover {
background-color: #ddd;
    }

    /*  tab content 样式 */
    .tabcontent {
display: none;
padding: 6px 12px;
-webkit-animation: fadeEffect 1s;
animation: fadeEffect 1s;
    }
```

```
  @-webkit-keyframes fadeEffect {
from {opacity: 0;}
to {opacity: 1;}
  }

  @keyframes fadeEffect {
from {opacity: 0;}
to {opacity: 1;}
  }

  html, body, #viewDiv {
 padding: 0;
 margin: 0;
 height: 100%;
 width: 100%;
}
  /* 弹窗 (background) */
  .modal {
display: none; /* 默认隐藏 */
position: fixed; /* 固定定位 */
z-index: 1; /* 设置在顶层 */
left: 0;
top: 0;
width: 100%;
height: 100%;
overflow: auto;
background-color: rgb(0,0,0);
background-color: rgba(0,0,0,0.4);
```

```
    }

    /* 弹窗内容 */
    .modal-content {
background-color: #fefefe;
margin: 15% auto;
padding: 20px;
border: 1px solid #888;
width: 30%;
    }

    /* 关闭按钮 */
    .close {
color: #aaa;
float: right;
font-size: 28px;
font-weight: bold;
    }

    .close:hover,
    .close:focus {
color: black;
text-decoration: none;
cursor: pointer;
    }
    JS:
    // 加载页面首先加载默认地图
    document.getElementById("defaultOpen").click();
```

```
//////////////////////////////// 选择默认地图 //////////////////////////////////
function defmap(){
require([
"esri/Map",
"esri/views/MapView",
], function(Map, MapView) {
// 地图
var map = new Map({
basemap: "streets-navigation-vector",
});
var view = new MapView({
container: "viewDiv",
map: map,
center: [104.21,34.11],// 经纬度，将中心设置为中国
zoom: 2 // 缩放等级
});
});
defaultOpen.style.backgroundColor = "#ccc";
defaultOpentow.style.backgroundColor = "";
multimapOpen.style.backgroundColor = "";
CoronavirusOpen.style.backgroundColor = "";
WeatherOpen.style.backgroundColor = "";
}
/////////////////////////////////3d 地图事件 //////////////////
function def3Dmap(){
require([
"esri/Map",
"esri/views/SceneView",
```

```
    "esri/widgets/BasemapToggle"
  ], function(Map, SceneView,BasemapToggle) {


  var map = new Map({
    basemap: "satellite",
    ground: "world-elevation"
  });


  var view = new SceneView({
    container: "viewDiv",
    map: map,
    camera: {
      position: {
        x: 104.21,
        y: 34.11,
        z: 25000
      },
      tilt: 20
    }
  });
  var basemapToggle = new BasemapToggle({
    view: view,
    nextBasemap: "osm"
  });
    view.ui.add(basemapToggle, "bottom-left");
});
    defaultOpen.style.backgroundColor = "";
    defaultOpentow.style.backgroundColor = "#ccc";
```

```
    multimapOpen.style.backgroundColor = "";
    CoronavirusOpen.style.backgroundColor = "";
    WeatherOpen.style.backgroundColor = "";
    }
    ////////////////////////////////////// 多功能地图事件 ////////////////////
  function multimap(){
    require([
    "esri/Map",
    "esri/views/MapView",
    "esri/widgets/BasemapToggle",
    "esri/widgets/BasemapGallery",
    "esri/widgets/Search",// 地图位置搜索
    "esri/widgets/Locate",//find 位置
    "esri/Graphic",// 图形处理
    "esri/widgets/Compass",// 指南针
    "esri/layers/GraphicsLayer",// 绘图 API
    "esri/widgets/Directions",// 检测路径
    "esri/symbols/SimpleMarkerSymbol",// 路径装饰
    "esri/layers/FeatureLayer",//FeatureLayer 接口
    "esri/widgets/Editor",// 编辑器
    "esri/widgets/CoordinateConversion",// 坐标 API
    "esri/widgets/Home"
   ], function(Map, MapView, BasemapToggle, BasemapGallery,Search,Locate,Graphic,Compas
s,GraphicsLayer,Directions,SimpleMarkerSymbol,FeatureLayer,Editor,CoordinateConversion,H
ome) {

   var graphicsLayer = new GraphicsLayer();// 实例化绘图接口
  // 编辑图层（点）
```

```
var myPointsFeatureLayer = new FeatureLayer({
  url: "https://services6.arcgis.com/8b9xXX7flT3cx9El/arcgis/rest/services/mypointdatalayer/
FeatureServer"
});
// 编辑图层（线）
var myLinesFeatureLayer = new FeatureLayer({
  url: "https://services6.arcgis.com/8b9xXX7flT3cx9El/arcgis/rest/services/mylinedatalayer/
FeatureServer"
});
// 编辑图层（面）
var myPolygonsFeatureLayer = new FeatureLayer({
  url: "https://services6.arcgis.com/8b9xXX7flT3cx9El/arcgis/rest/services/
mypolygondatalayer/FeatureServer"
});
// 地图
var map = new Map({
  basemap: "streets-navigation-vector",
  layers: [graphicsLayer,myPointsFeatureLayer,myLinesFeatureLayer,
myPolygonsFeatureLayer]
});
var view = new MapView({
  container: "viewDiv",
  map: map,
  center: [104.21,34.11],// 经纬度，将中心设置为中国
  zoom: 4 // 缩放等级
});
var basemapToggle = new BasemapToggle({
  view: view,
```

```
    nextBasemap: "osm"
   });
   var search = new Search({
    view: view
   });
 // 定位
   var locate = new Locate({
    view: view,
    useHeadingEnabled: false,
    goToOverride: function(view, options) {
    options.target.scale = 1500;  // Override the default map scale
     return view.goTo(options.target);
    }
   });
 //Home
    var homeBtn = new Home({
     view: view
    });
 // 指南针
   var compass = new Compass({
    view: view
    });
 // 路径测量
   var directions = new Directions({
    view: view,
      routeServiceUrl: "https://utility.arcgis.com/usrsvcs/appservices/3YOSfcO5ZAwMwUNO/
rest/services/World/Route/NAServer/Route_World"
   });
```

```
// 编辑器
  var editorWidget = new Editor({
   view: view
  });
// 坐标插件
   var coordinateConversionWidget = new CoordinateConversion({
    view: view
   });


   view.ui.add(search, "top-right");
   view.ui.add(basemapToggle, "bottom-left");
   view.ui.add(locate, "top-left");
   view.ui.add(compass, "top-left");
   view.ui.add(homeBtn, "top-left");
   view.ui.add(editorWidget, "top-right");
   view.ui.add(directions, "top-right");
   view.ui.add(coordinateConversionWidget, "bottom-left");
// 处理显示路径
   function createStopSymbol(color, size) {
     return new SimpleMarkerSymbol({
       style: "simple-marker",
       size: size,
       outline: {
 width: "2px",
         color: "white"
       },
       color: color
     });
```

```
    }
     // Stop symbols
    directions.stopSymbols.first = createStopSymbol("orange","16px");
    directions.stopSymbols.middle = createStopSymbol("black","10px");
    directions.stopSymbols.last = createStopSymbol("blue","16px");

    // Route symbol
    directions.routeSymbol.width = "2";
    directions.routeSymbol.color = [0, 0, 0, 0.75];
    directions.routeSymbol.style = "short-dot";
  });
    defaultOpen.style.backgroundColor = "";
    defaultOpentow.style.backgroundColor = "";
    multimapOpen.style.backgroundColor = "#ccc";
    CoronavirusOpen.style.backgroundColor = "";
    WeatherOpen.style.backgroundColor = "";
 }

    ////////////////////////////////////// 疫情模式点击事件 ///////////////////////////////
function Coronavirus(){
    require([
    "esri/Map",
    "esri/views/MapView",
    "esri/widgets/BasemapToggle",
    "esri/widgets/BasemapGallery",
    "esri/widgets/Search",// 地图位置搜索
    "esri/widgets/Locate",//find 位置
    "esri/Graphic",// 图形处理
```

```
    "esri/widgets/Compass",// 指南针
    "esri/layers/GraphicsLayer",// 绘图 API
    "esri/layers/FeatureLayer",//FeatureLayer 接口
    "esri/widgets/Editor",// 编辑器
    "esri/widgets/CoordinateConversion",// 坐标 API
    "esri/widgets/Home"
  ], function(Map, MapView, BasemapToggle, BasemapGallery,Search,Locate,Graphic,Compas
s,GraphicsLayer,FeatureLayer,Editor,CoordinateConversion,Home) {

    var graphicsLayer = new GraphicsLayer();// 实例化绘图接口
  // 编辑图层（点）
    var myPointsFeatureLayer = new FeatureLayer({
      url: "https://services6.arcgis.com/8b9xXX7flT3cx9El/arcgis/rest/services/mypointdatalayer/
FeatureServer"
    });
  // 编辑图层（线）
    var myLinesFeatureLayer = new FeatureLayer({
      url: "https://services6.arcgis.com/8b9xXX7flT3cx9El/arcgis/rest/services/mylinedatalayer/
FeatureServer"
    });
  // 编辑图层（面）
    var myPolygonsFeatureLayer = new FeatureLayer({
      url: "https://services6.arcgis.com/8b9xXX7flT3cx9El/arcgis/rest/services/
mypolygondatalayer/FeatureServer"
    });
   // 地图
    var map = new Map({
      basemap: "streets-navigation-vector",
```

```
layers: [graphicsLayer,myPointsFeatureLayer,myLinesFeatureLayer,
myPolygonsFeatureLayer]
});
var view = new MapView({
  container: "viewDiv",
  map: map,
  center: [104.21,34.11],// 经纬度，将中心设置为中国
  zoom: 4 // 缩放等级
});
var basemapToggle = new BasemapToggle({
  view: view,
  nextBasemap: "osm"
});
var search = new Search({
  view: view
});
// 定位
var locate = new Locate({
  view: view,
  useHeadingEnabled: false,
  goToOverride: function(view, options) {
  options.target.scale = 1500;  // Override the default map scale
   return view.goTo(options.target);
  }
});
//Home
var homeBtn = new Home({
  view: view
```

```
    });
 // 指南针
   var compass = new Compass({
    view: view
    });
 // 编辑器
   var editorWidget = new Editor({
    view: view
   });
 // 坐标插件
    var coordinateConversionWidget = new CoordinateConversion({
     view: view
    });
 // 配置疫情显示 Pop
   var popupCase = {
    "title": " 疫情情况 ",
    "content": "<b> 省 份 / 州 :</b> {Province_State}<br><b> 国 家 / 地 区 :</b> {Country_
Region}<br><b> 最后一次更新数据时间 ( 以霍普金斯大学当地时间为参考 ):</b>{Last_
Update}<br><b> 纬 度 :</b>{Lat}<br><b> 经 度 :</b>{Long_}<br><b> 确 诊 人 数 :</
b>{Confirmed}<br><b> 治愈人数 :</b>{Recovered}<br><b> 死亡人数 :</b>{Deaths}"
   }
   var COVCases = new FeatureLayer({
       url: "https://services1.arcgis.com/0MSEUqKaxRlEPj5g/arcgis/rest/services/
Coronavirus_2019_nCoV_Cases/FeatureServer/1",
     outFields: ["Province_State","Country_Region","Last_Update","Lat","Long_","Confirmed"
,"Recovered","Deaths"],
     popupTemplate: popupCase
   });
```

```
 map.add(COVCases);
   view.ui.add(search, "top-right");
   view.ui.add(basemapToggle, "bottom-left");
   view.ui.add(locate, "top-left");
   view.ui.add(compass, "top-left");
   view.ui.add(homeBtn, "top-left");
   view.ui.add(editorWidget, "top-right");
   view.ui.add(coordinateConversionWidget, "bottom-left");
 });
   defaultOpen.style.backgroundColor = "";
   defaultOpentow.style.backgroundColor = "";
   multimapOpen.style.backgroundColor = "";
   CoronavirusOpen.style.backgroundColor = "#ccc";
   WeatherOpen.style.backgroundColor = "";
 }
   ////////////////////////////////// 天气地图模式点击事件 ////////////////////////////
function WeatherMap(){
   require([
   "esri/Map",
   "esri/views/MapView",
   "esri/widgets/BasemapToggle",
   "esri/widgets/BasemapGallery",
   "esri/widgets/Search",// 地图位置搜索
   "esri/widgets/Locate",//find 位置
   "esri/Graphic",// 图形处理
   "esri/widgets/Compass",// 指南针
   "esri/layers/GraphicsLayer",// 绘图 API
   "esri/layers/FeatureLayer",//FeatureLayer 接口
```

```
    "esri/widgets/Editor",// 编辑器
    "esri/widgets/CoordinateConversion",// 坐标 API
    "esri/widgets/Home"
  ], function(Map, MapView, BasemapToggle, BasemapGallery,Search,Locate,Graphic,Compas
s,GraphicsLayer,FeatureLayer,Editor,CoordinateConversion,Home) {
   var graphicsLayer = new GraphicsLayer();// 实例化绘图接口
  // 编辑图层（点）
   var myPointsFeatureLayer = new FeatureLayer({
    url: "https://services6.arcgis.com/8b9xXX7flT3cx9El/arcgis/rest/services/mypointdatalayer/
FeatureServer"
   });
  // 编辑图层（线）
   var myLinesFeatureLayer = new FeatureLayer({
     url: "https://services6.arcgis.com/8b9xXX7flT3cx9El/arcgis/rest/services/mylinedatalayer/
FeatureServer"
    });
  // 编辑图层（面）
   var myPolygonsFeatureLayer = new FeatureLayer({
      url: "https://services6.arcgis.com/8b9xXX7flT3cx9El/arcgis/rest/services/
mypolygondatalayer/FeatureServer"
    });
   // 地图
   var map = new Map({
    basemap: "streets-navigation-vector",
      layers: [graphicsLayer,myPointsFeatureLayer,myLinesFeatureLayer,
myPolygonsFeatureLayer]
   });
   var view = new MapView({
```

```
  container: "viewDiv",
  map: map,
  center: [104.21,34.11],// 经纬度，将中心设置为中国
  zoom: 3 // 缩放等级
 });
 var basemapToggle = new BasemapToggle({
  view: view,
  nextBasemap: "osm"
 });
 var search = new Search({
  view: view
 });
// 定位
 var locate = new Locate({
  view: view,
  useHeadingEnabled: false,
  goToOverride: function(view, options) {
  options.target.scale = 1500;  // Override the default map scale
   return view.goTo(options.target);
  }
 });
//Home
   var homeBtn = new Home({
    view: view
   });
// 指南针
  var compass = new Compass({
   view: view
```

```
    });
  // 编辑器
    var editorWidget = new Editor({
      view: view
    });
  // 坐标插件
    var coordinateConversionWidget = new CoordinateConversion({
      view: view
    });
  // 配置天气显示 Pop
    var popupCase = {
      "title": " 天气情况（根据气象站数据）",
      "content": "<b>ICAO 编 号 :</b>{ICAO_Code}<br><b> 气 象 站 :</b> {Station_Name}<br><b> 纬 度 :</b>{Latitude}<br><b> 经 度 :</b>{Longitude}<br><b> 日 期 :</b>{Date}<br><b> 日平均温度(华氏):</b>{Daily_Mean_Temp}<br><b> 平均最高温度(华氏):</b>{Average_Hi_Temp}<br><b> 平均最低温度(华氏):</b> {Average_Low_Temp}<br><b> 平均降水（英尺）:</b> {Average_Precipitation}<br><b> 平均降雪（英尺）:</b> {Average_Snowfall}"
    }
    var Weather = new FeatureLayer({
      url: "https://services1.arcgis.com/qYqXGubbNLHN3cEI/arcgis/rest/services/Global_Daily_Almanac_Data_1/FeatureServer/0",
      outFields: ["ICAO_Code","Station_Name","Latitude","Longitude","Date","Daily_Mean_Temp","Average_Hi_Temp","Average_Low_Temp","Average_Precipitation","Average_Snowfall"],
      popupTemplate: popupCase
    });
   map.add(Weather);
```

```
    view.ui.add(search, "top-right");

    view.ui.add(basemapToggle, "bottom-left");

    view.ui.add(locate, "top-left");

    view.ui.add(compass, "top-left");

    view.ui.add(homeBtn, "top-left");

    view.ui.add(editorWidget, "top-right");

    view.ui.add(coordinateConversionWidget, "bottom-left");

  });

    defaultOpen.style.backgroundColor = "";

    defaultOpentow.style.backgroundColor = "";

    multimapOpen.style.backgroundColor = "";

    CoronavirusOpen.style.backgroundColor = "";

    WeatherOpen.style.backgroundColor = "#ccc";

  }

    ////////////////////////////////////More 点击事件 ////////////////////////////

    // 获取弹窗

    var modal = document.getElementById('myModal');


    // 打开弹窗的按钮对象

    var btn = document.getElementById("myBtn");


    // 获取 <span> 元素，用于关闭弹窗

    var span = document.querySelector('.close');

  function More(){

    modal.style.display = "block";

  }

    // 关闭弹窗

    span.onclick = function() {
```

```
    modal.style.display = "none";
    }

    // 点击其他地方时，关闭弹窗
    window.onclick = function(event) {
if (event.target == modal) {
    modal.style.display = "none";
}
    }
```

（河南大学 2017 级网络工程专业智慧城市方向　于立）

1.3　基于Web技术的建筑数字化展示系统开发

用户在商场购物时，手机地图导航软件只展示建筑内的整体布局情况，无法详细展示商场各楼层的布局，商场的指示牌也只能显示各楼层的商家，却无法显示其具体的位置，因此用户在商场内常常走弯路，无法快速到达目标位置。基于上述困扰，本项目利用 Web 技术开发一个建筑数字化展示系统，把建筑内各楼层的平面地图汇集到一个 Web 地图上，用以直观地、便捷地展示商场内各楼层的布局，用户可以随时随地查询建筑内各楼层的布局情况。

1.3.1　功能展示

主要功能包括：获取所有楼层、设置楼层、获取当前室内图的当前楼层。点击“获取所有楼层”，获取商场室内楼层，当前商场的楼层有 B3、B2、B1、M、F1、F2、F3、F4、F5、F6 和 F7。

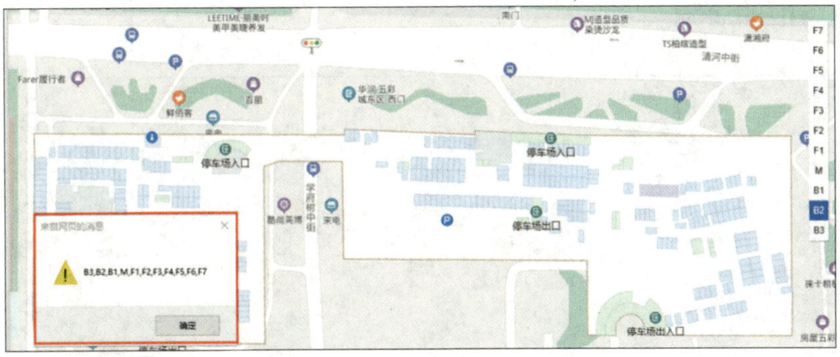

单击“设置楼层”，可以从低到高切换显示当前的楼层。

切换前的楼层：

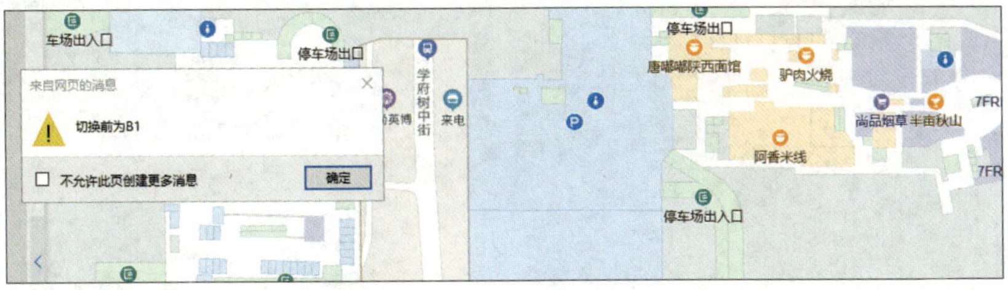

切换后的楼层：

同时地图中也会切换显示的楼层效果，这是 M 层的效果图。

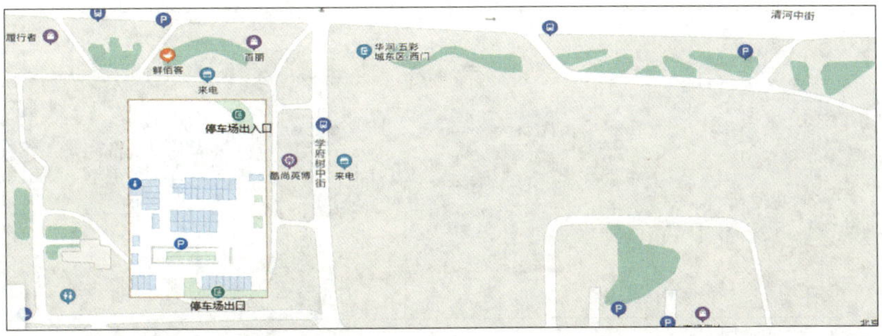

单击右侧楼层选择菜单，可以选择任意楼层，查看商场任意楼层的布局信息。选择了 F7，这层为电影院所在楼层。

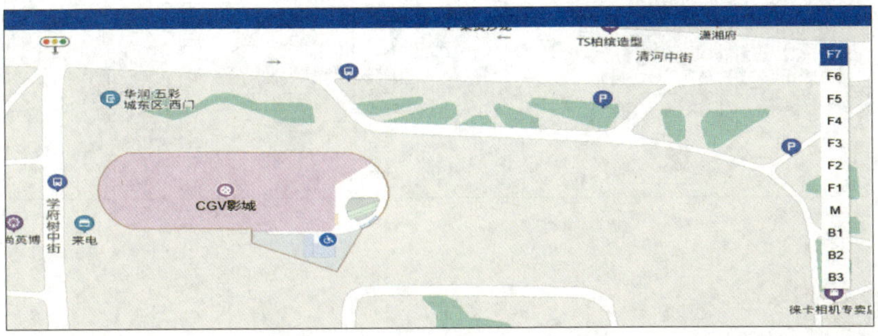

F1-F6 是商场中的店铺。

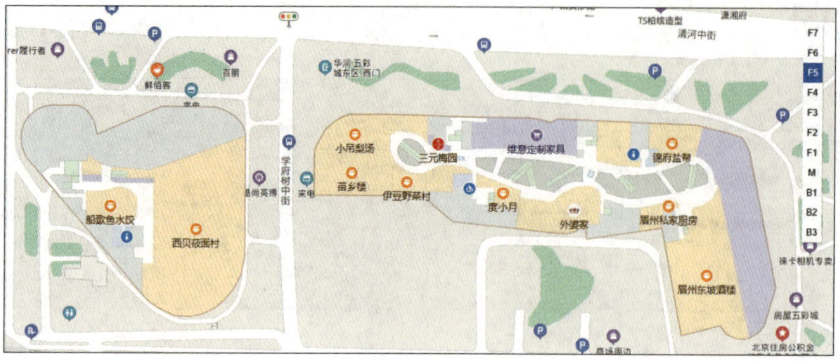

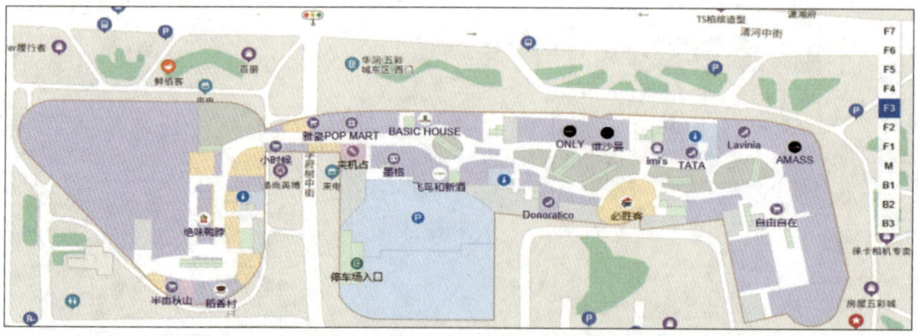

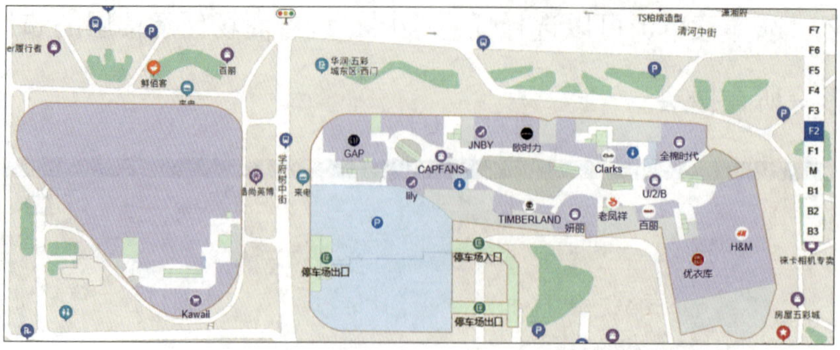

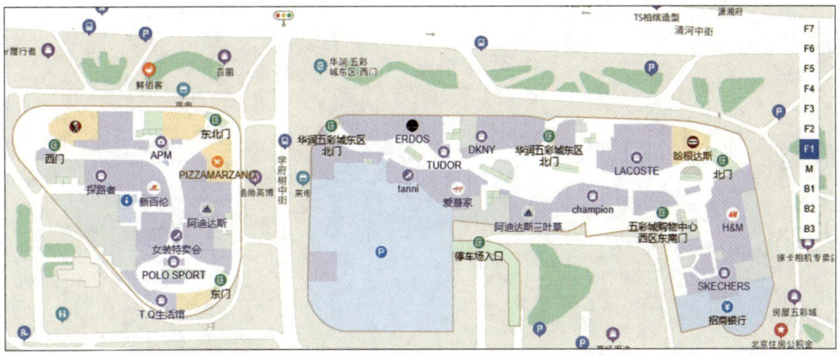

B1~B3 为地下停车场。单击获取当前室内图的楼层，可知当前楼层是 B3

1.3.2 实现代码

```
<!DOCTYPE html>
<html>
<head>
<meta http-equiv="Content-Type" content="text/html; charset=utf-8" />
<meta name="viewport" content="initial-scale=1.0, user-scalable=yes" />
<link href="//api.map.baidu.com/library/IndoorMap/1.0/src/indoor.min.css?v=1.0.1 "
rel="stylesheet" type="text/css">
<style type="text/css">
html, body {
    width: 100%;
    height: 100%;
    margin: 0;
    padding: 0;
   font-family:" 微软雅黑 ";
    overflow: hidden;
```

```
}
#map {
  width: 100%;
  height: 500px;
}
p {
  margin-left:5px;
  font-size:14px;
}
</style>
<script type="text/javascript" src="//api.map.baidu.com/api?v=3.0&ak= 您 的 密 钥 "></
script>
<script type="text/javascript" src="//api.map.baidu.com/library/IndoorMap/1.0/src/indoor.
min.js?v=1.0.1 "></script>
<title> 设置室内图楼层 </title>
</head>
<body>
<div id="map"></div>
<div id="r-result">
<input type="button" onclick="getAllFloors();" value=" 获取所有楼层 " />
<input type="button" onclick="setIndoorFloor();" value=" 设置楼层 " />
<input type="button" onclick="getCurrentFloor();" value=" 获取当前室内图的当前楼层 "
/>
</div>
</body>
</html>
<script type="text/javascript">
// 百度地图 API 功能
```

```
var map = new BMap.Map("map");

// 创建 Map 实例
 map.centerAndZoom(new BMap.Point(116.340739,40.03592), 19);  // 初始化地图，设置中
心点坐标和地图级别
map.enableScrollWheelZoom(true); // 开启鼠标滚轮缩放

var indoorManager = new BMapLib.IndoorManager(map, {
  beforeChangeFloor: function (e) {
    alert(' 切换前为 ' + e.currentFloor);
  },
  afterChangeFloor: function (e) {
    alert(' 切换后为 ' + e.currentFloor);
  }
});
var floors = [];
var i = 0;
// 启用室内图
function getAllFloors() {
  floors = indoorManager.getAllFloors();
  alert(floors);
}
// 禁用室内图
function setIndoorFloor() {
  if (floors.length<= 0) {
    floors = indoorManager.getAllFloors();
  }
  indoorManager.setFloor(floors[i]);
```

```
    if (i <floors.length) {
        i++;
    }
    else {
        i = 0;
    }
}
// 启用室内图
function getCurrentFloor() {
    alert(indoorManager.getFloor());
}
    </script>
```

（河南大学 2017 级网络工程专业智慧城市方向　张旭辉）

1.4　基于ArcGIS API for JavaScript的旅游出行规划系统开发

利用 ArcGIS API for JavaScript 开发一套旅游出行规划系统。首先，在 ArcMap 中矢量化北京的景点和商圈；其次，将矢量数据加载到 ArcGISOnline 制作 Web 地图，使用 ArcGIS API for JavaScript 制作 web 程序，最终实现查看并使用程序进行旅游路程规划和备注自己去过的地方等功能。

1.4.1　功能展示

（1）主页面

北京景点展示：

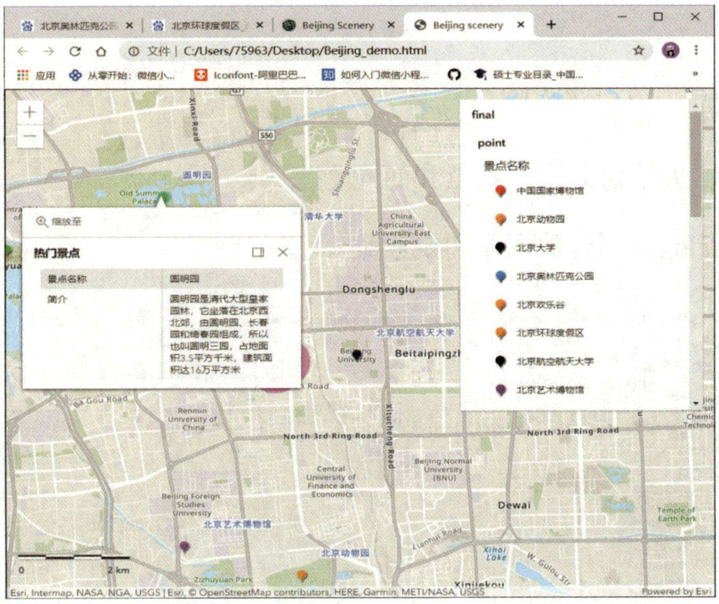

（2）地图导航

地图导航与注释功能：

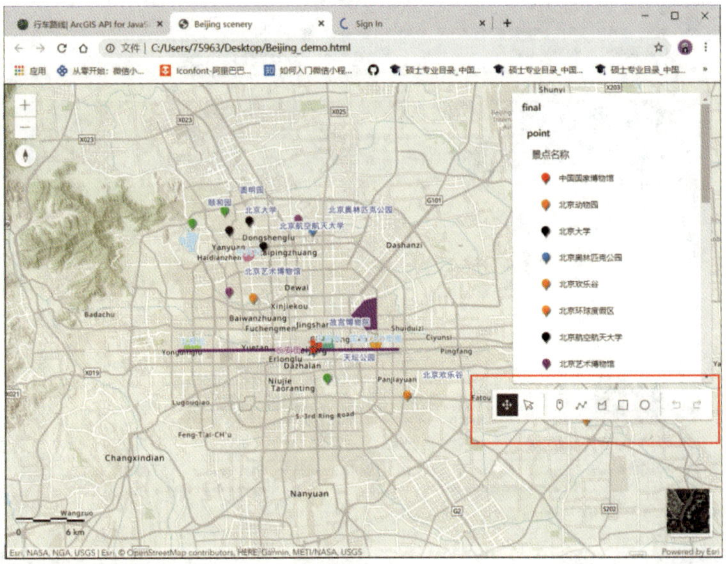

1.4.2 实现过程

（1）准备数据

在 ArcMap 中，矢量化北京市景点和商圈。

①打开 ArcCatalog，创建数据库和要素集。

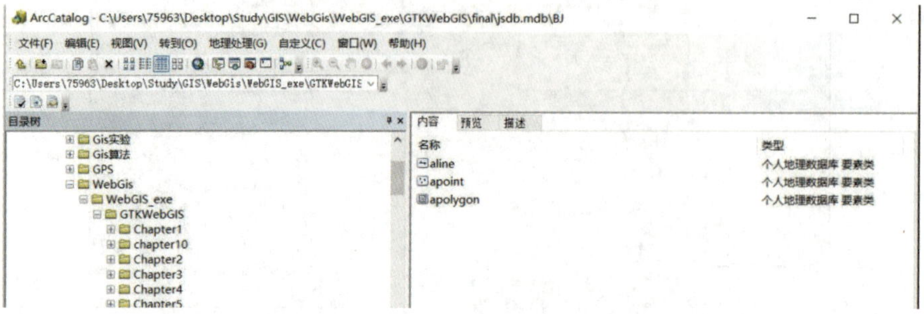

②打开 ArcMap，连接 ArcGIS Online，将世界影像地图加载进来，根据实际的地理实体，创建要素数据。

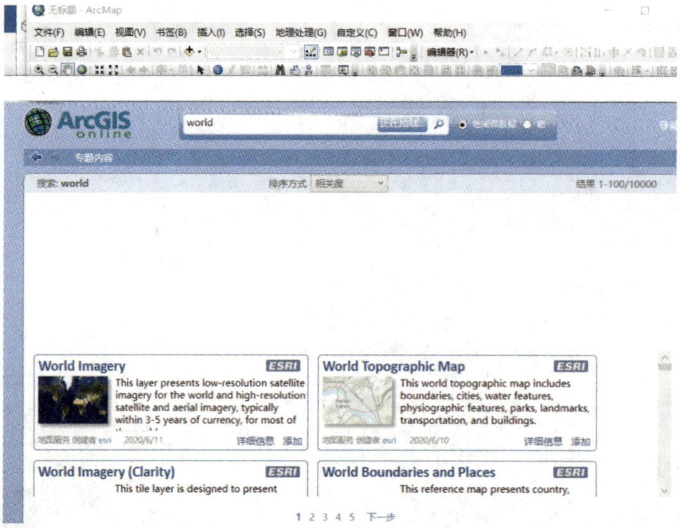

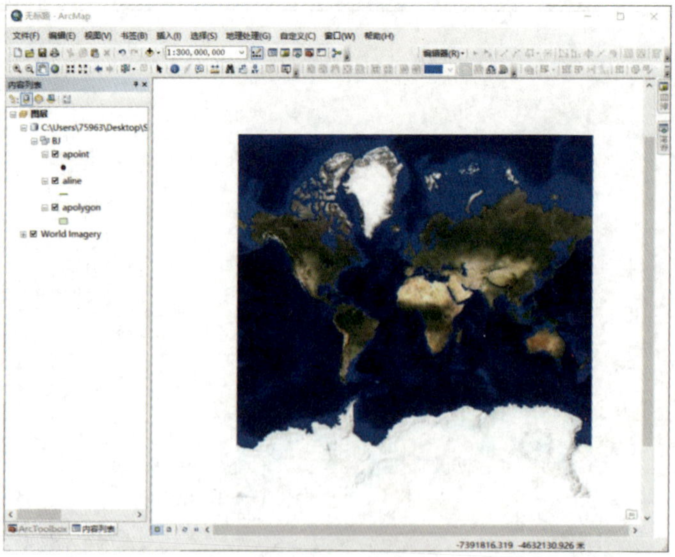

③开始编辑，采集点、线、面数据，并在属性表中添加名称和简介。

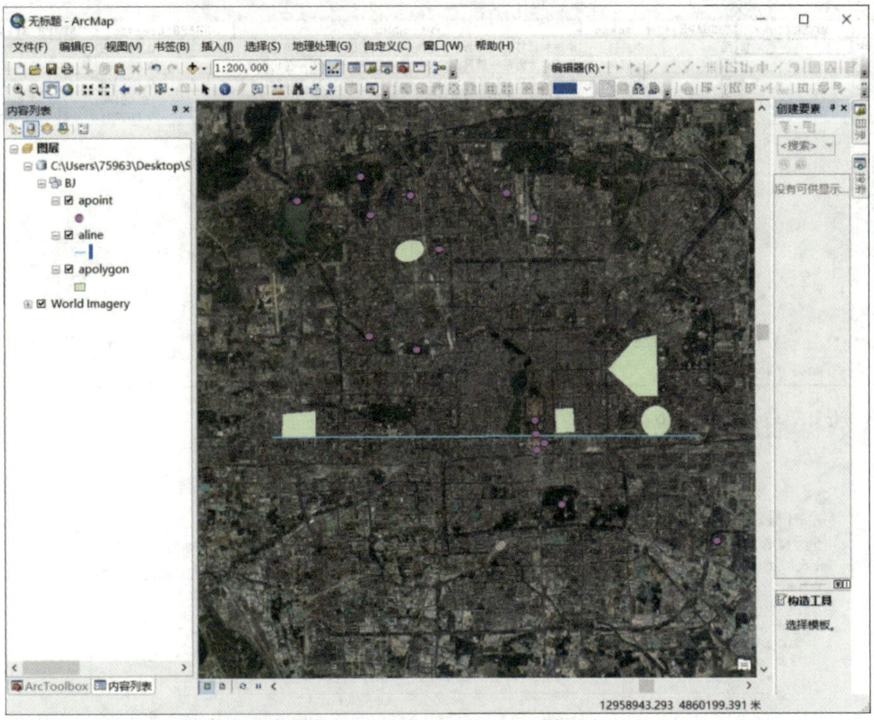

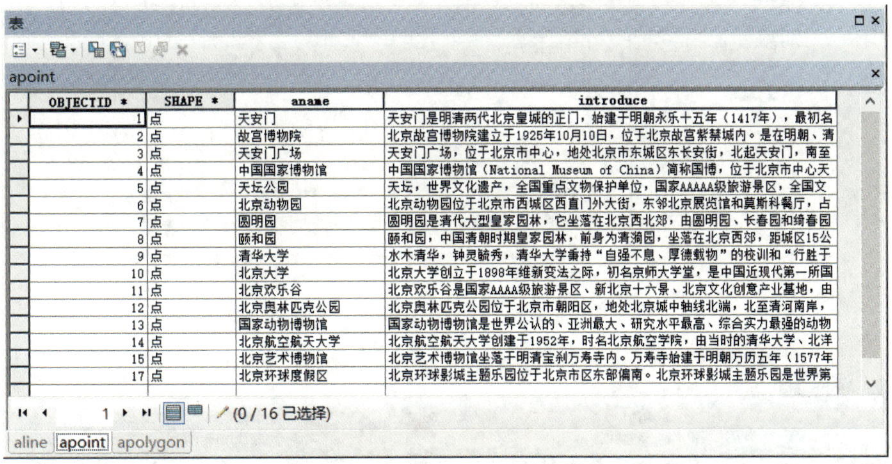
表

apoint

	OBJECTID *	SHAPE *	aname	introduce
▸	1	点	天安门	天安门是明清两代北京皇城的正门，始建于明朝永乐十五年（1417年），最初名
	2	点	故宫博物院	北京故宫博物院建立于1925年10月10日，位于北京故宫紫禁城内。是在明朝、清
	3	点	天安门广场	天安门广场，位于北京市中心，地处北京市东城区东长安街，北起天安门，南至
	4	点	中国国家博物馆	中国国家博物馆（National Museum of China）简称国博，位于北京市中心天
	5	点	天坛公园	天坛，世界文化遗产，全国重点文物保护单位，国家AAAAA级旅游景区，全国文
	6	点	北京动物园	北京动物园位于北京市西城区西直门外大街，东邻北京展览馆和莫斯科餐厅，占
	7	点	圆明园	圆明园是清代大型皇家园林，它坐落在北京西北郊，由圆明园、长春园和绮春园
	8	点	颐和园	颐和园，中国清朝时期皇家园林，前身为清漪园，坐落在北京西郊，距城区15公
	9	点	清华大学	水木清华，钟灵毓秀，清华大学秉持“自强不息、厚德载物”的校训和“行胜于
	10	点	北京大学	北京大学创立于1898年维新变法之际，初名京师大学堂，是中国近现代第一所国
	11	点	北京欢乐谷	北京欢乐谷是国家AAAA级旅游景区、新北京十六景、北京文化创意产业基地，由
	12	点	北京奥林匹克公园	北京奥林匹克公园位于北京市朝阳区，地处北京城中轴线北端，北至清河南岸，
	13	点	国家动物博物馆	国家动物博物馆是世界公认的、亚洲最大、研究水平最高、综合实力最强的动物
	14	点	北京航空航天大学	北京航空航天大学创建于1952年，时名北京航空学院，由当时的清华大学、北洋
	15	点	北京艺术博物馆	北京艺术博物馆坐落于明清宝刹万寿寺内。万寿寺始建于明朝万历五年（1577年
	17	点	北京环球度假区	北京环球影城主题乐园位于北京市区东部偏南。北京环球影城主题乐园是世界第

1 (0 / 16 已选择)

aline apoint apolygon

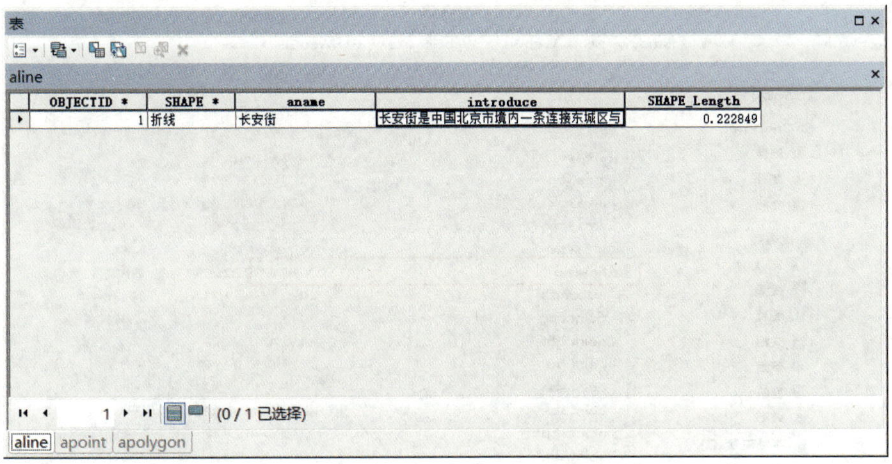
表

aline

	OBJECTID *	SHAPE *	aname	introduce	SHAPE_Length
▸	1	折线	长安街	长安街是中国北京市境内一条连接东城区与	0.222849

1 (0 / 1 已选择)

aline apoint apolygon

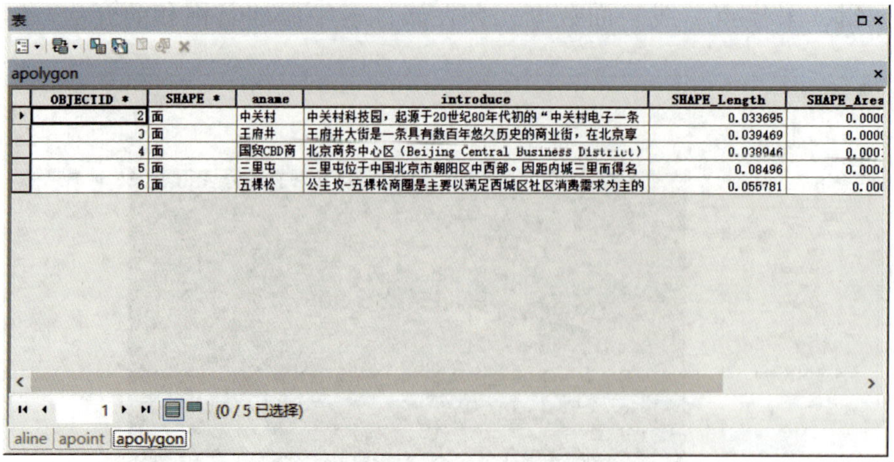

④将要素数据输出为栅格，并打包。

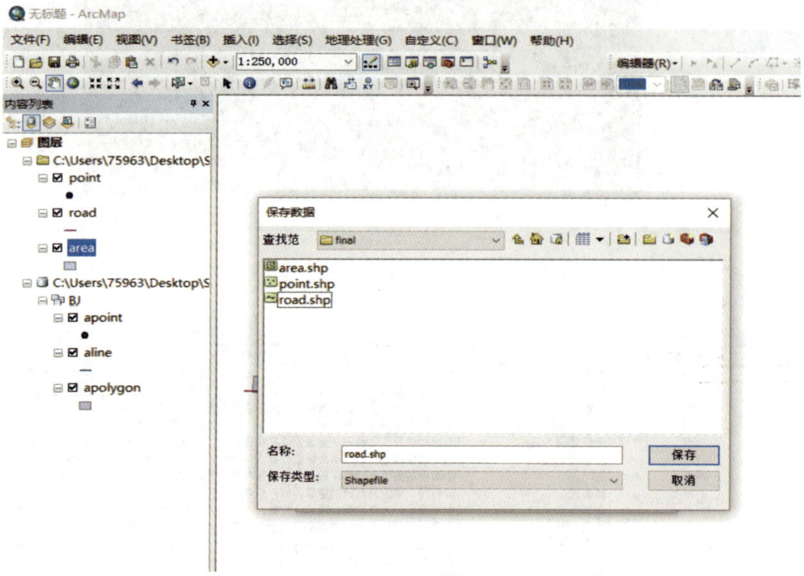

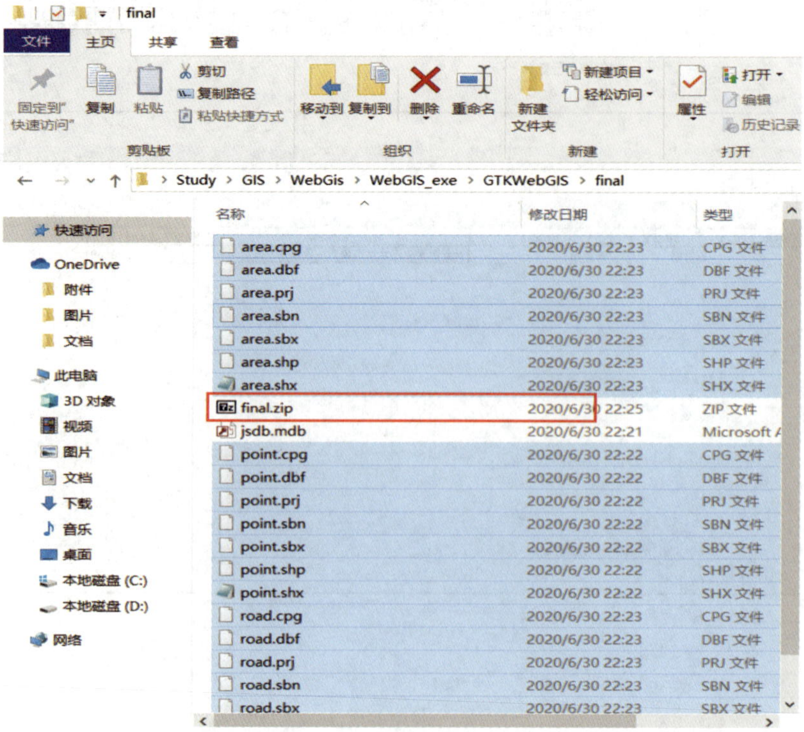

（2）制作 Web 地图

①在地图窗口添加矢量数据压缩包，保存并共享。

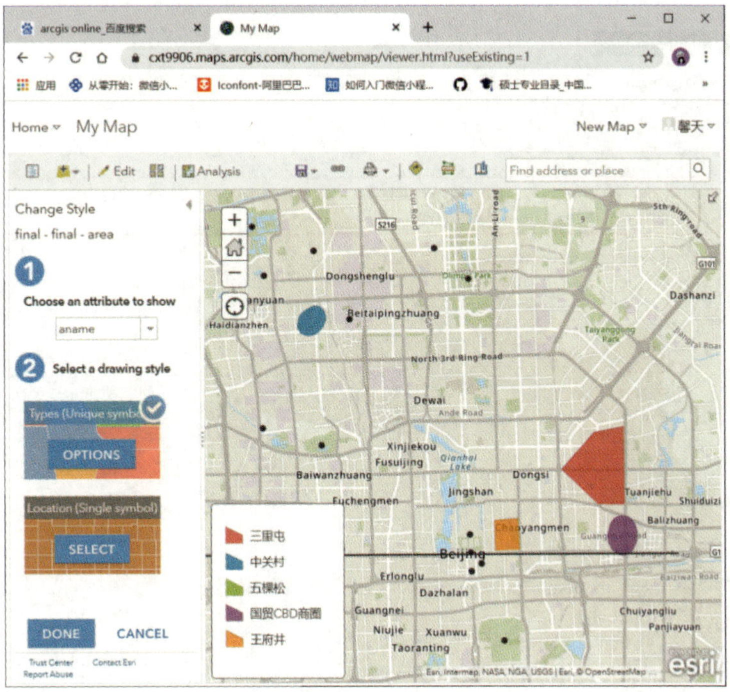

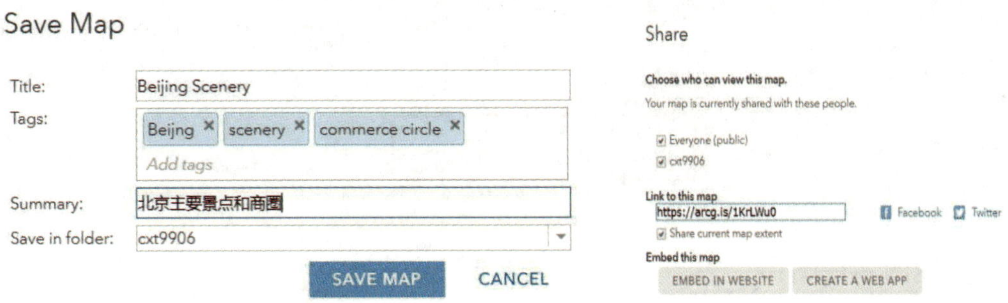

②更改要素图标样式并添加标注，保存。

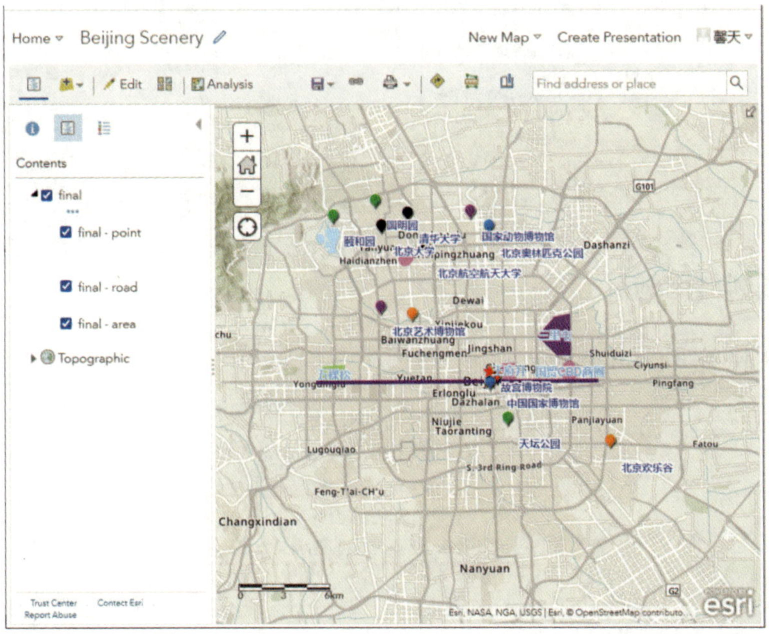

1.4.3 实现代码

（1）打开网页，加载地图，添加 HTML 内容和 CSS 和 API 的引用

```
Beijing_demo.html
<!DOCTYPE html>
<html>
  <head>
    <meta charset="utf-8" />
    <meta name="viewport" content="initial-scale=1, maximum-scale=1, user-scalable=no" />
    <link rel="stylesheet" href="https://js.arcgis.com/4.15/esri/themes/light/main.css" />
    <script src="https://js.arcgis.com/4.15/"></script>

  <title>Beijing scenery</title>

  <style>
      html,
      body,
      #viewDiv {
        padding: 0;
        margin: 0;
        height: 100%;
        width: 100%;
      }
      .esri-view .esri-directions {
      position: fixed;
      right: 15px;
    }
     .esri-view .esri-component.esri-attribution {
      position: fixed;
    }
    </style>
```

引入模块：

```
<script>
        require([
      "esri/WebMap",
      "esri/views/MapView",
      "esri/widgets/BasemapToggle",
      "esri/widgets/BasemapGallery",
```

创建 Web 地图和视图：

```
var webmap = new WebMap({
  portalItem: {
    id: "66c22d1ea5944f39969dd66e06daa7a8"//使用指定webmap
  },
  layers: [graphicsLayer]
});
var view = new MapView({
  container: "viewDiv",
  map: webmap,
  padding: {
    right: 320
  }
});
```

（2）添加图例与比例尺

添加 Legend 和 ScaleBar 模块：

```
"esri/views/MapView",
"esri/widgets/BasemapToggle",
"esri/widgets/BasemapGallery",
"esri/widgets/Legend",
"esri/widgets/ScaleBar",
```

创建图例和比例尺：

```
//*** 添加图例 ***//
var legend = new Legend({
  view: view
});

view.ui.add(legend, "top-right");

//*** 添加比例尺并更换样式 ***//
var scalebar = new ScaleBar({
  view: view
});
scalebar.style="ruler";
scalebar.unit="metric";
view.ui.add(scalebar, "bottom-left");
```

（3）更换图层样式

添加 BasemapToggle 和 BasemapGallery 模块：

```
require([
"esri/WebMap",
"esri/views/MapView",
"esri/widgets/BasemapToggle",
"esri/widgets/BasemapGallery",
```

创建一个 BasemapToggle 小部件：

```
//*** 切换图层样式 ***//
var basemapToggle = new BasemapToggle({
  view: view,
  nextBasemap: "satellite"
});
view.ui.add(basemapToggle, "bottom-right");
```

运行结果：

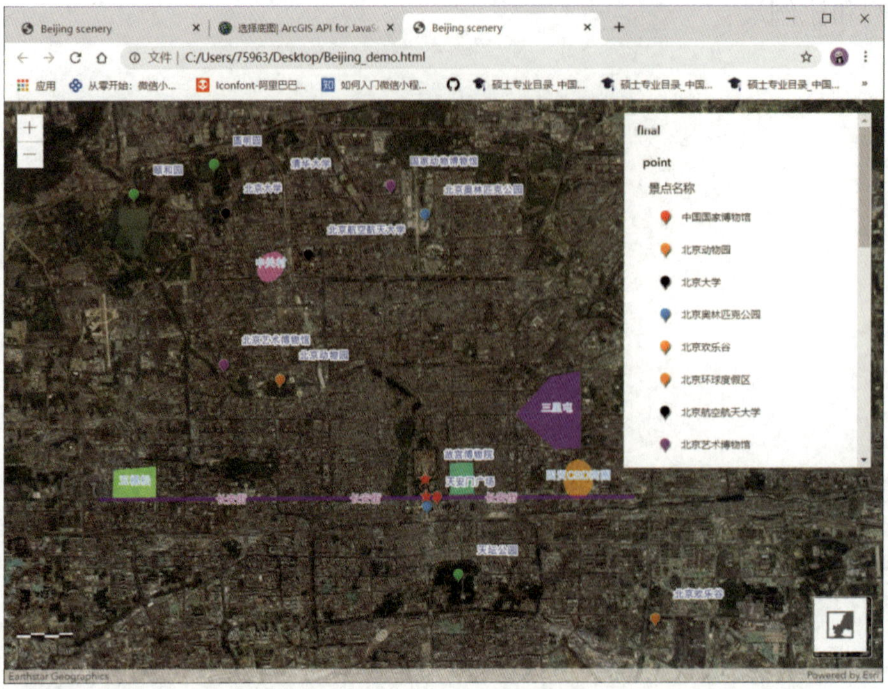

（4）添加指南针

添加 compass 模块：

```
        "esri/tasks/support/RouteParameters",
        "esri/tasks/support/FeatureSet",
        "esri/Graphic",
        "esri/widgets/Compass",
        "esri/layers/GraphicsLayer",
        "esri/widgets/Sketch",
```

创建一个 Scarebar 小部件：

```
//*** 添加比例尺并更换样式 ***//
var scalebar = new ScaleBar({
  view: view
});
scalebar.style="ruler";
scalebar.unit="metric";
view.ui.add(scalebar, "bottom-left");
```

运行显示：

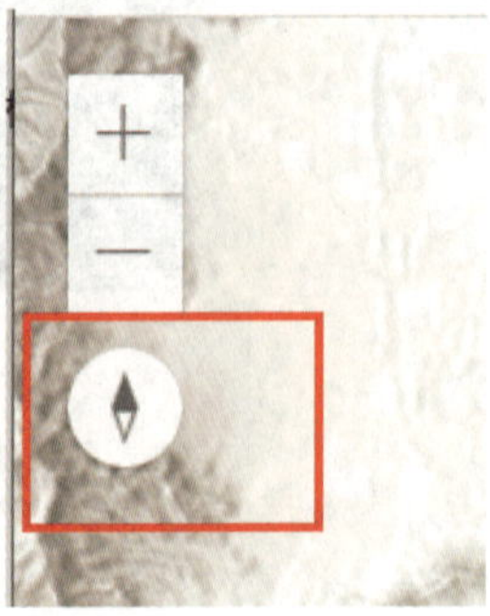

（5）点击两点位置绘制路线图，定义画图函数和获取路线函数并在点击事件中引用

创建 RouteTask 并引用 ArcGIS World Routing Service 服务：

```
var routeTask = new RouteTask({
  url: "https://utility.arcgis.com/usrsvcs/appservices/<your-id>/rest
});
```

创建画图函数：

```
function addGraphic(type, point) {
  var graphic = new Graphic({
    symbol: {
      type: "simple-marker",
      color: (type === "start") ? "white" : "black",
      size: "8px"
    },
    geometry: point
  });
  view.graphics.add(graphic);
```

创建 getRoute 函数，获取路线并向地图添加转弯路线和距离来显示路线的方向：

```
function getRoute() {
  // Setup the route parameters
  var routeParams = new RouteParameters({
    stops: new FeatureSet({
      features: view.graphics.toArray()
    }),
    returnDirections: true
  });
  // Get the route
  routeTask.solve(routeParams).then(function(data) {
    data.routeResults.forEach(function(result) {
      result.route.symbol = {
        type: "simple-line",
        color: [5, 150, 255],
        width: 3
      };
      view.graphics.add(result.route);
    });

    // Display the directions
    var directions = document.createElement("ol");
    directions.classList = "esri-widget esri-widget--panel esri-directions__scroller";
    directions.style.marginTop = 0;
    directions.style.paddingTop = "15px";
    // Show the directions
    var features = data.routeResults[0].directions.features;
    features.forEach(function(result,i){
    var direction = document.createElement("li");
    direction.innerHTML = result.attributes.text + " (" + result.attributes.length.toFixed(2) + "
```

```
    directions.appendChild(direction);
    });

    // Add directions to the view
    view.ui.empty("top-right");
    view.ui.add(directions, "top-right");
  });
}
```

点击事件：

```
//*** 点击两点位置并绘制路线 ***//
view.on("click", function(event){
  if (view.graphics.length === 0) {
    addGraphic("start", event.mapPoint);
  } else if (view.graphics.length === 1) {
    addGraphic("finish", event.mapPoint);
    //*** ADD ***//
    getRoute();
  } else {
    view.graphics.removeAll();
    addGraphic("start",event.mapPoint);
  }
});
```

运行发现报错是 URL 代理的问题，应该是发布：

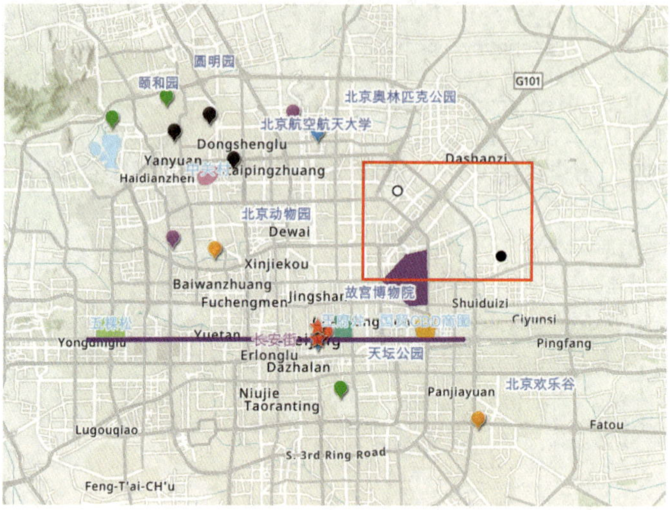


```
Uncaught (in promise)                                              Beijing_demo.html:1
 d {name: "request:server", message: "Proxy does not exist or is inaccessible.", details: {…}}
  details: {url: "https://utility.arcgis.com/usrsvcs/appservices/<yo…t/services/World/Route/NAServer/Ro…
  message: "Proxy does not exist or is inaccessible."
  name: "request:server"
  __proto__: b
Promise.then (async)
```

修改后出现下图所示：

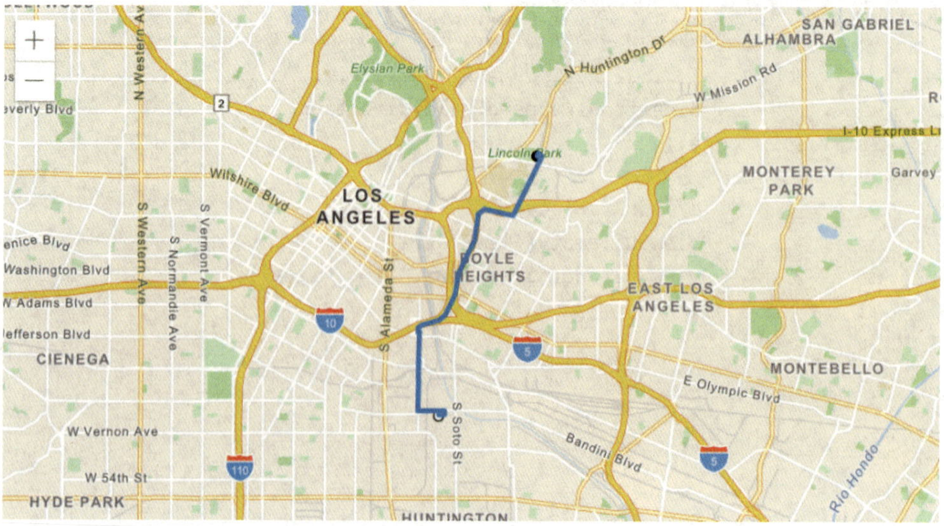

（6）在地图上绘制图形，添加弹出窗口，标明已去过的地方

引入 Graphic 和 GraphicsLayer 模块：

```
    "esri/tasks/support/FeatureSet",
    "esri/Graphic",
    "esri/widgets/Compass",
    "esri/layers/GraphicsLayer",
    "esri/widgets/Sketch",
    "esri/widgets/Directions"
  ], function(WebMap, MapView, BasemapTo
```

添加图形层：

```
var graphicsLayer = new GraphicsLayer();

var webmap = new WebMap({
  portalItem: {
    id: "66c22d1ea5944f39969dd66e06daa7a8"//使用指定webmap
  },
  layers: [graphicsLayer]
});
```

添加草图小部件：

```
//*** 添加草图 ***//
var sketch = new Sketch({
  view: view,
  layer: graphicsLayer
});

view.ui.add(sketch, "top-right");
```

更改符号样式：

```
//*** 更改符号样式 ***//
var stroke = {
  color: [255,0,0],
  width: 1
}

//*** White fill color with 50% transparency ***//
var fillColor = [255,255,255,.5];

//*** Override all of the default symbol colors and sizes ***//
var pointSymbol = sketch.viewModel.pointSymbol;
pointSymbol.color = fillColor;
pointSymbol.outline = stroke;
pointSymbol.size = 8;

var polylineSymbol = sketch.viewModel.polylineSymbol;
polylineSymbol.color = stroke.color;
polylineSymbol.width = stroke.width;

var polygonSymbol = sketch.viewModel.polygonSymbol;
polygonSymbol.color = fillColor;
polygonSymbol.outline = stroke;
```

添加属性窗口：

```
//***添加属性窗口***//
sketch.on("create", function(event) {
  if (event.state === "complete") {
    var attributes = {
      name: "My Graphic",
      type: event.graphic.geometry.type
    }
    event.graphic.attributes = attributes;

    var popupTemplate = {
      title: "{name}我已去过的地方。",
      content: "在6月22日到这里了。"
    }
    event.graphic.popupTemplate = popupTemplate;
  }
});
```

运行样式：

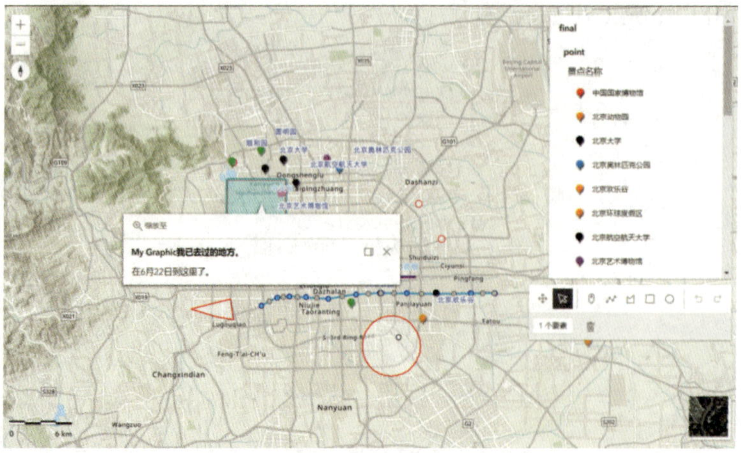

（7）创建路线并显示预计到达时间和路线方向

添加“方向”小部件模块：

```
    "esri/widgets/Sketch",
    "esri/widgets/Directions"
], function(WebMap, MapView, BasemapToggle, BasemapGallery,Legend, ScaleBar
, FeatureLayer, RouteTask, RouteParameters, FeatureSet, Graphic
, Compass,GraphicsLayer, Sketch, Directions) {

    var graphicsLayer = new GraphicsLayer();
```

添加 Directions 小部件（使用代理服务代理）：

```
    });
    //***显示方向路线小部件***//
    var directions = new Directions({
      view: view,
      routeServiceUrl: "https://utility.arcgis.com/usrsvcs/appservices/<your-id>/
    });
    view.ui.add(directions, "top-right");
```

在 style 标签中添加样式：

```
<style>
    html,
    body,
    #viewDiv {
      padding: 0;
      margin: 0;
      height: 100%;
      width: 100%;
    }
    .esri-view .esri-directions {
    position: fixed;
    right: 15px;
  }
  .esri-view .esri-component.esri-attribution {
    position: fixed;
  }
  </style>
```

主窗口中添加 padding，在视图中添加填充以偏移地图，以使路线不会隐藏在“方向”小部件的后面：

```
});
var view = new MapView({
  container: "viewDiv",
  map: webmap,
  padding: {
    right: 320
  }
});
```

引用 URL 无法加载服务：

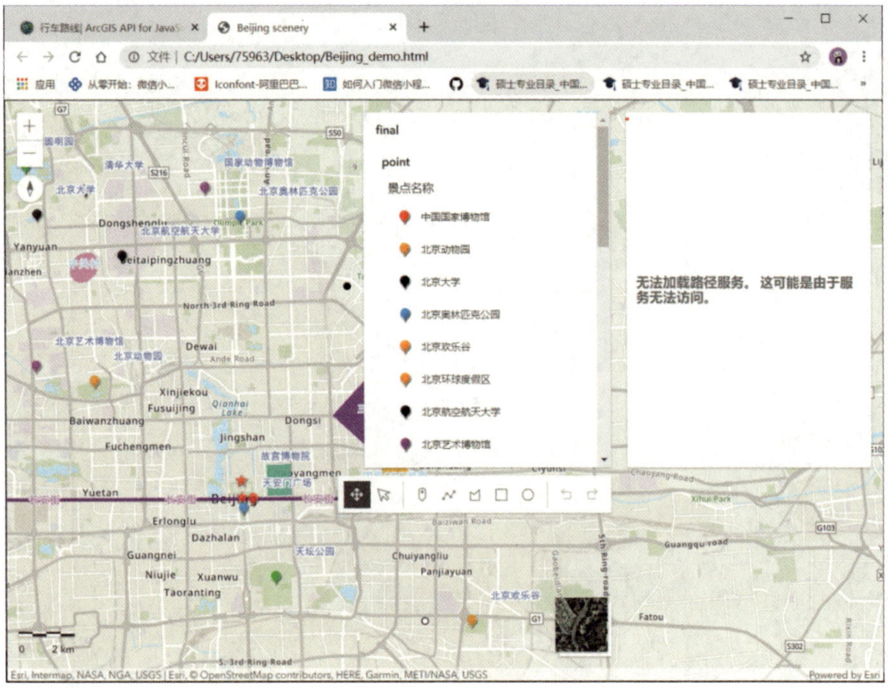

处理后的结果为：

（河南大学 2017 级网络工程专业智慧城市方向　崔馨天）

1.5 基于Qt+gdal+openCV的遥感影像处理软件开发

本项目开发了一套遥感影像处理软件 1.0 版，支持各种格式影像的打开，并且经过多线程处理（测试可以打开 1G 大小图片）。软件功能包括：缩放、分波段查看图像、图像格式转换、波段查询、波段合成、卷帘、裁剪和增强功能。

开发环境：Ubuntu 18.04、Qtcreator 5.9.9、Opencv 3.4.0、Gdal 2.0

1.5.1 功能展示

（1）软件主页面

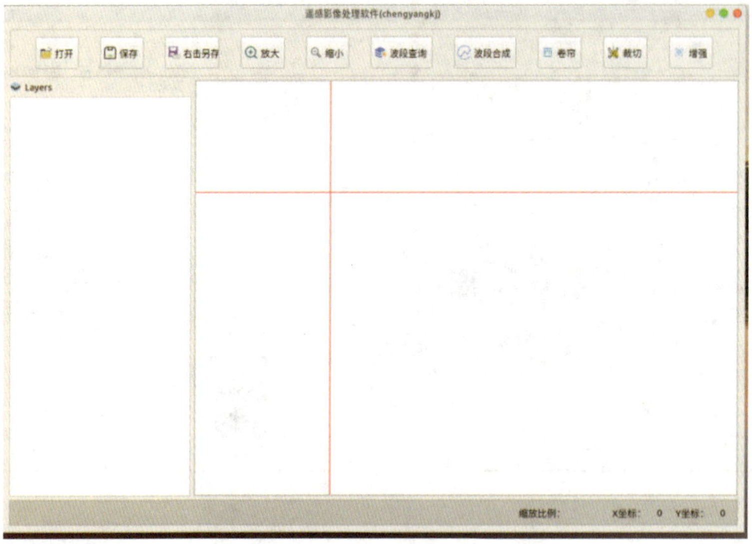

（2）项目运行过程展示

①打开遥感图像（多线程处理，测试可打开 1G 遥感图像）。

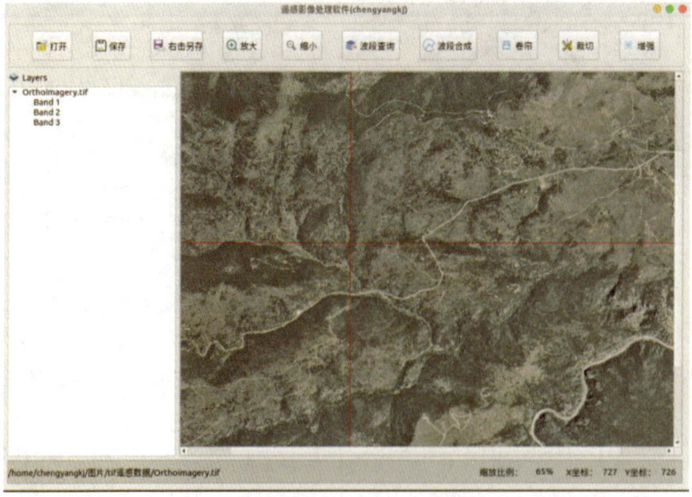

②放大缩小图像。

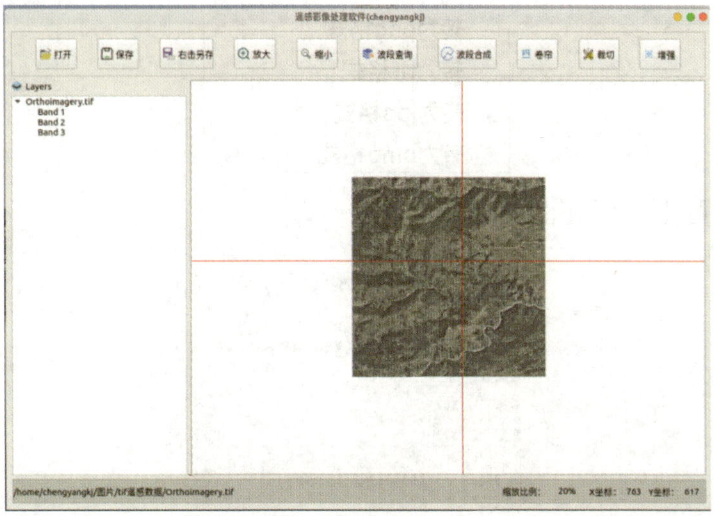

③分波段查看。

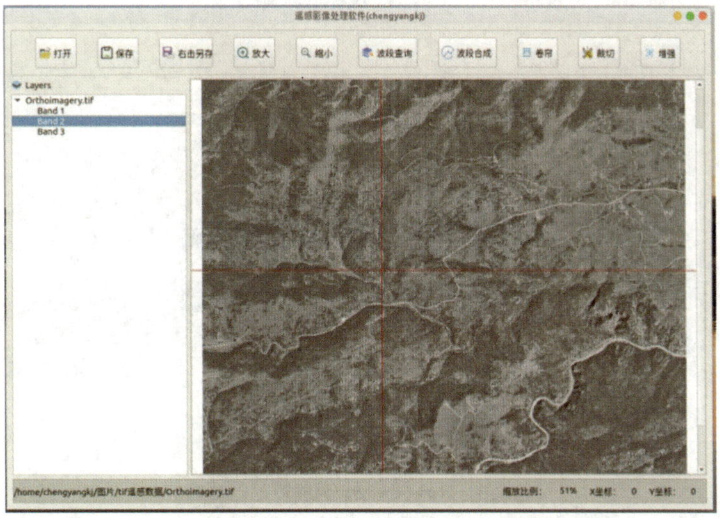

④同时打开多张图像。

⑤图像格式转换。

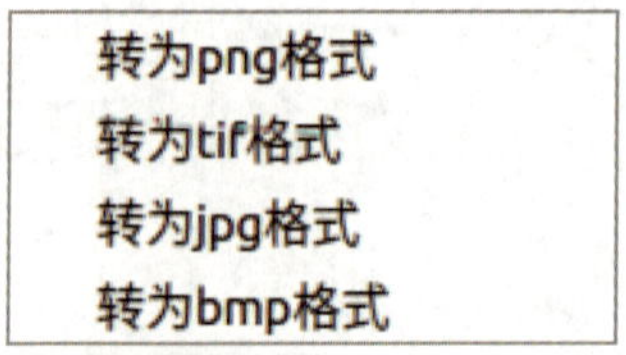

⑥像素查询（可十字标在图像上选点）。

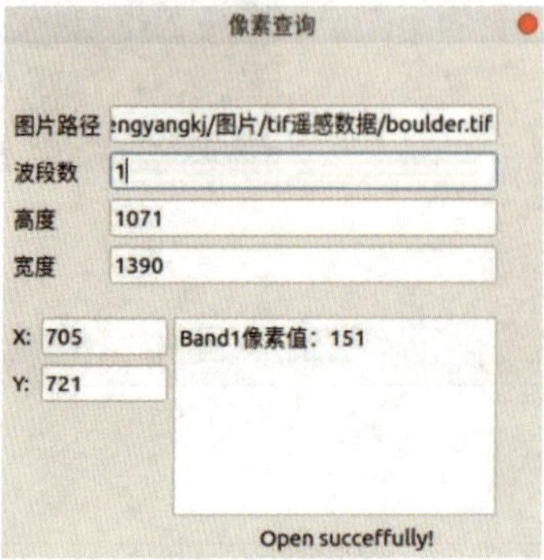

⑦波段合成。

合成结果：

⑧卷帘。

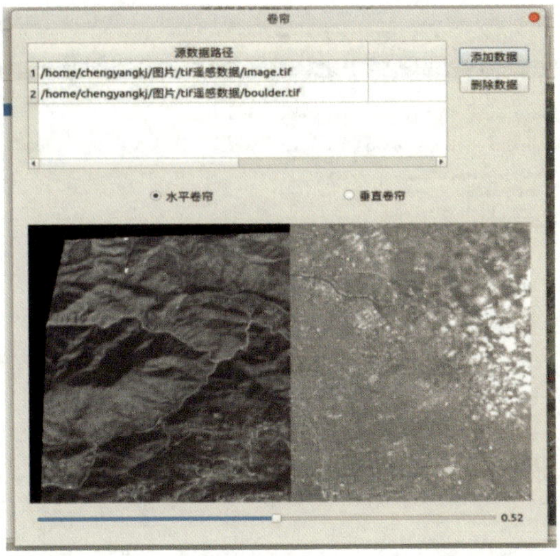

⑨矩形裁剪。

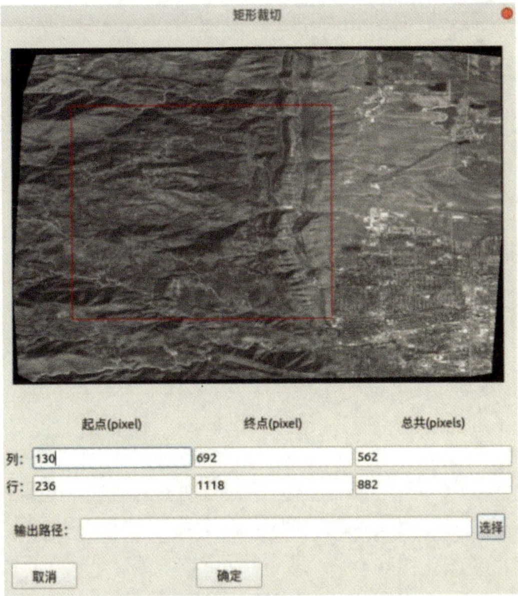

⑩图像增强。

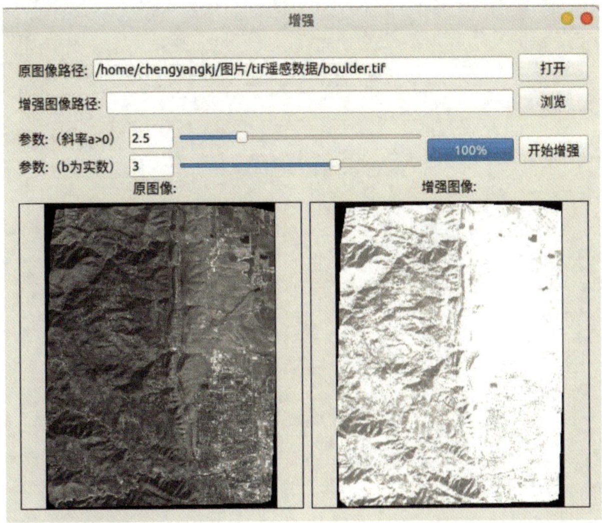

1.5.2 实现代码展示

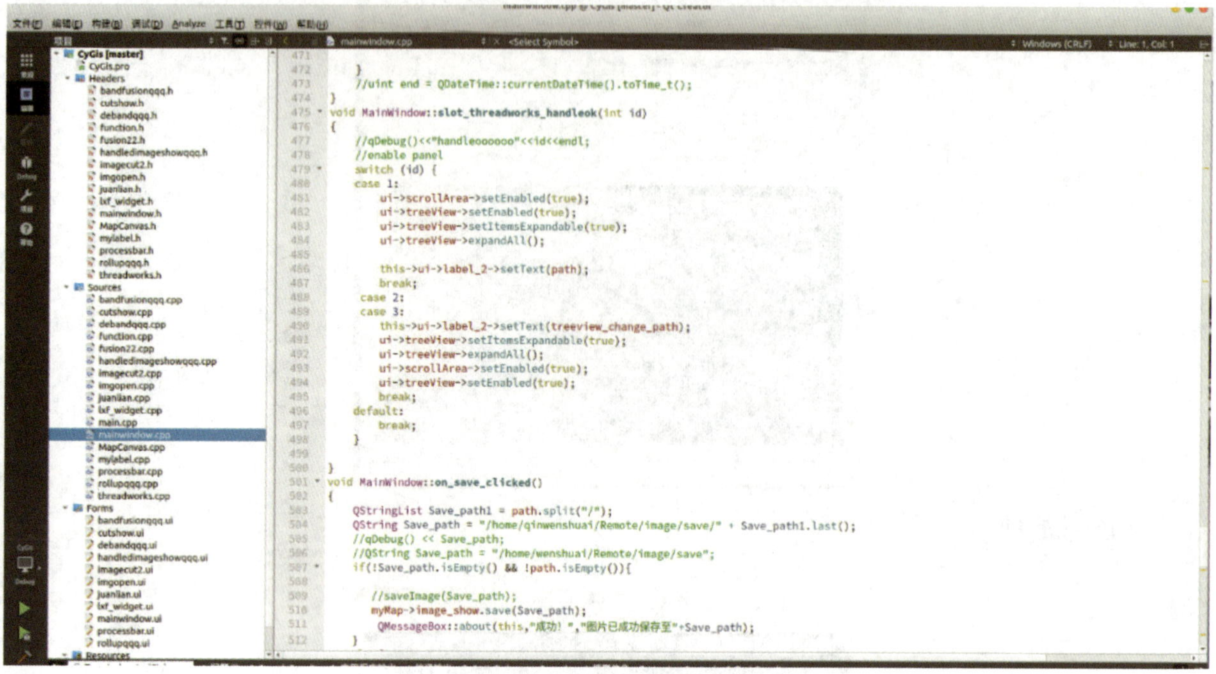

（河南大学2017级网络工程专业智慧城市方向　蒋程扬）

案例二
人生与经济故事地图

故事地图是使用地理位置来组织和呈现信息，结合了交互式地图、多媒体内容（文本、照片、视频、音频）和直观的用户体验，可以根据自身的需要讲述自己和其他人的故事。本章将以学生的求学之旅、深圳市经济发展时间史、第七次人口普查数据可视化分析三个部分展开。

2.1 求学之旅Web地图

2.1.1 项目介绍

项目名称：我的大学足迹—闫姝婉的求学之旅

项目想法来源：基于《Web GIS 原理与应用》课程第一章所学知识，借助 ArcGIS Online 平台，结合 GIS 技术，回顾自己从家乡辽宁锦州出来求学的经历，讲述在读大学的两年半时间里，我对开封、河南其他城市及其他省的轨迹。

项目目的：利用课上所学知识，记录自己在大学期间走过的地方及对每个地方的感悟。

使用工具：ArcGIS Online、ArcMap

2.1.2 项目展示

（1）Web 应用程序网址

https://arcg.is/18aqqb

（2）具体内容

①封面页。

②故乡——辽宁省锦州市。

利用面图层展示锦州的地理位置。

③河南省开封市。（基于面图层展示开封的地理位置）

利用点图层标出对开封有深刻记忆的位置

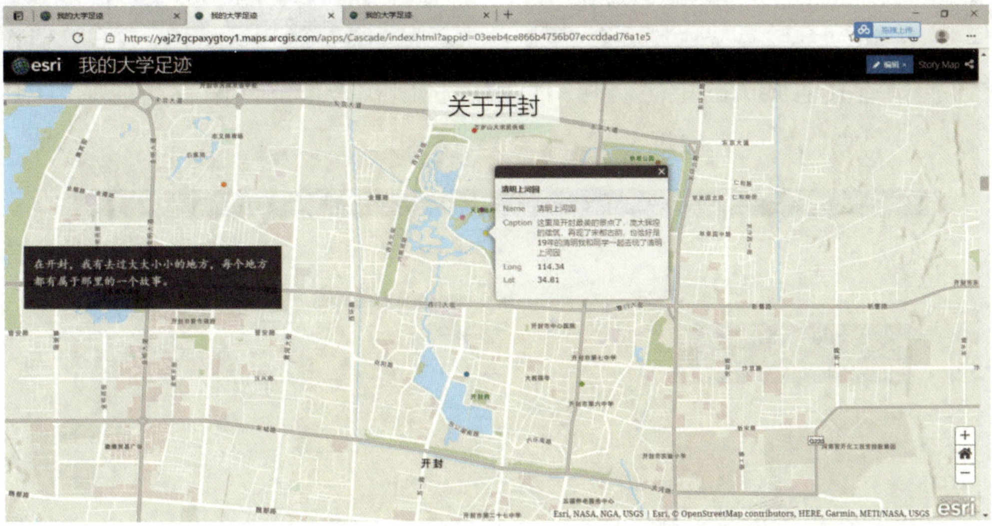

关于开封记忆的具体介绍

④关于河南省其他城市的记忆。利用点图层标出我去过的河南省其他城市的位置。

关于河南其他城市记忆的具体介绍

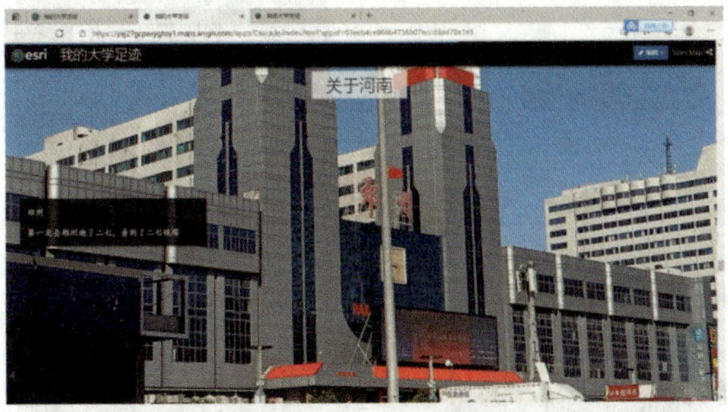

⑤大学期间对河南省以外的其他城市的记忆。利用面图层表示大学期间去过的河南省以外的其他城市。

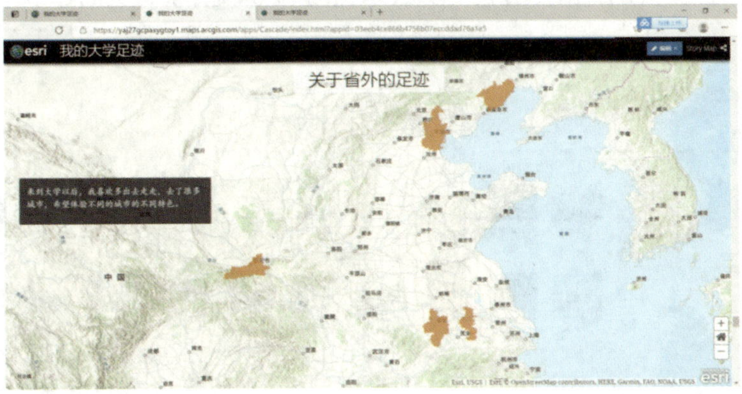

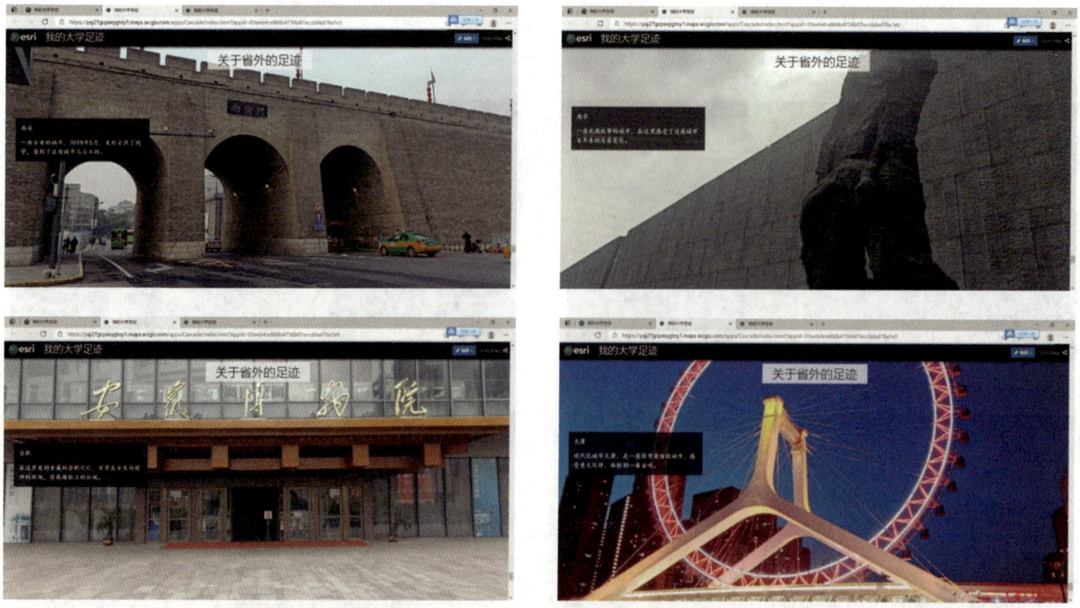

⑥结尾

2.1.3 实现步骤

（1）搜集数据

①图片数据。本项目所用的图片大多数来源于本人近两年生活中拍摄照片。

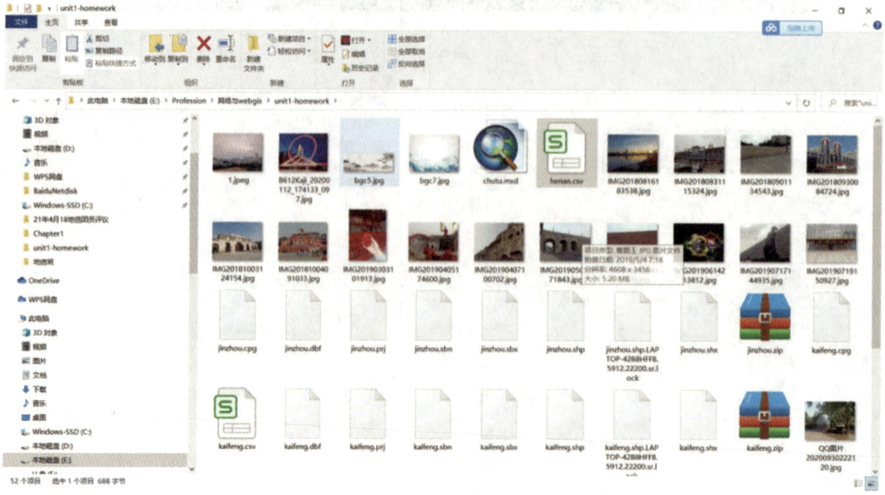

②点图层数据。首先建立一个 CSV 文件，输入各个城市的坐标及其它相关信息，坐标获取采用 ArcGIS Online 上的测量工具。

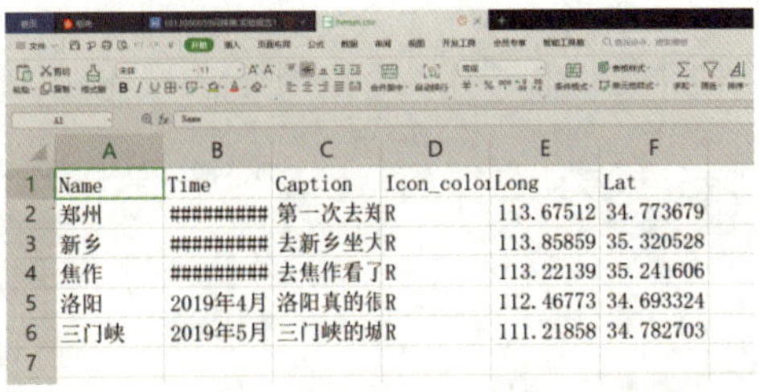

	A	B	C	D	E	F
1	Name	Time	Caption	Icon_colo	Long	Lat
2	郑州	#########	第一次去郑R		113.67512	34.773679
3	新乡	#########	去新乡坐大R		113.85859	35.320528
4	焦作	#########	去焦作看了R		113.22139	35.241606
5	洛阳	2019年4月	洛阳真的很R		112.46773	34.693324
6	三门峡	2019年5月	三门峡的城R		111.21858	34.782703
7						

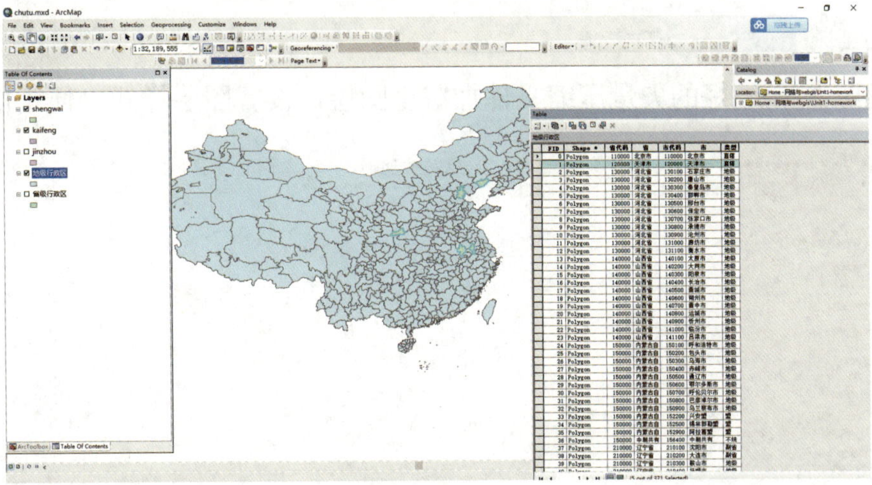

③面图层数据。面图层数据的操作在 ArcMap 软件中实现，按照属性表选择需要的数据，将选中数据创建为一个新的矢量数据图层，将后缀名为 .dbf .prj .shp .shx 的数据压缩成一个文件，便于后续使用。

（2）创建 Web 地图

①点地图。将 CSV 文件加载进图层，修改显示信息，使每个点表达的信息更加清楚。

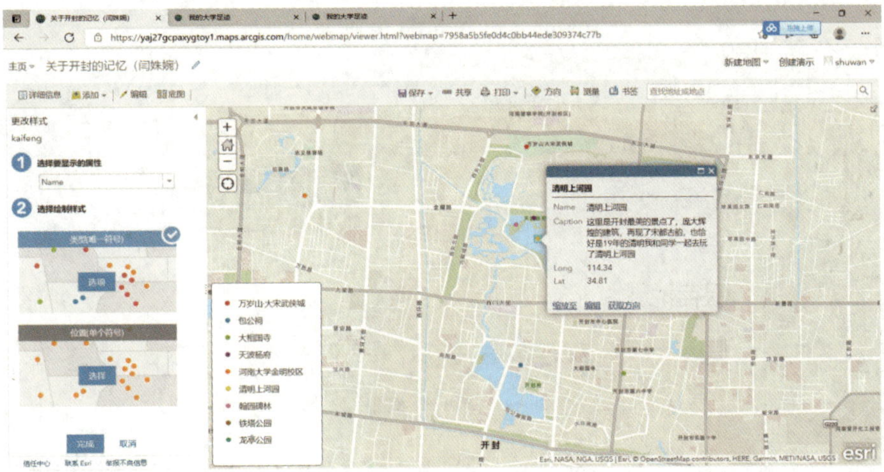

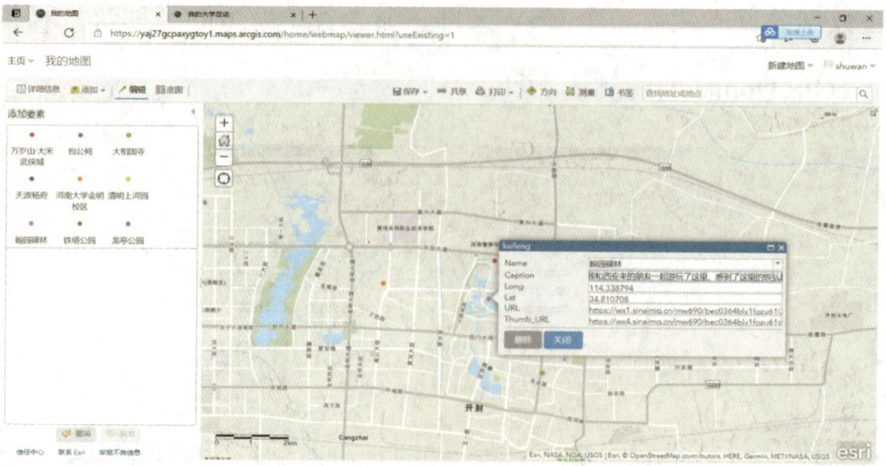

②面地图：将压缩好的矢量压缩文件加载至图层，设置图层样式，便于信息表达。

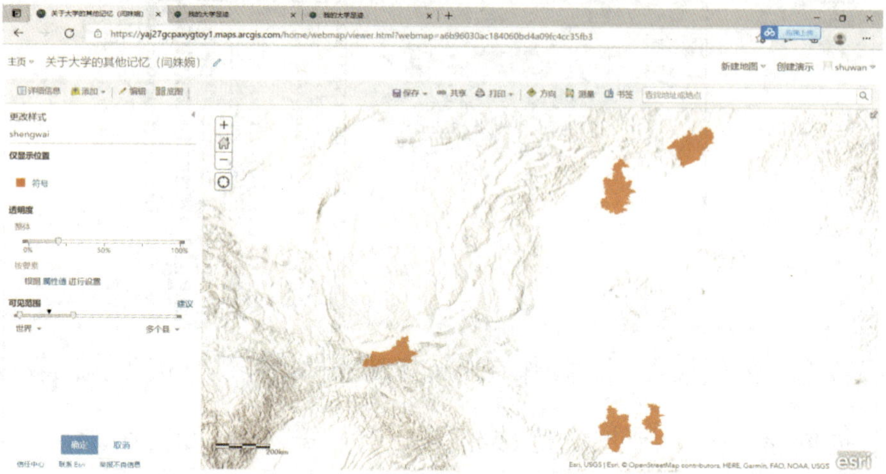

将所形成的点 Web 地图和面 Web 地图进行保存，保存时设置标签

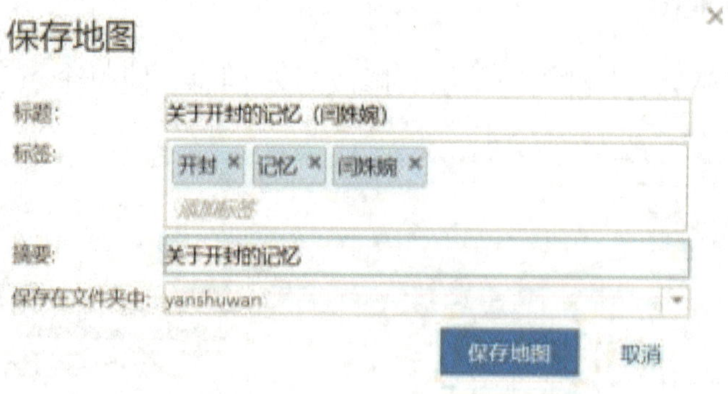

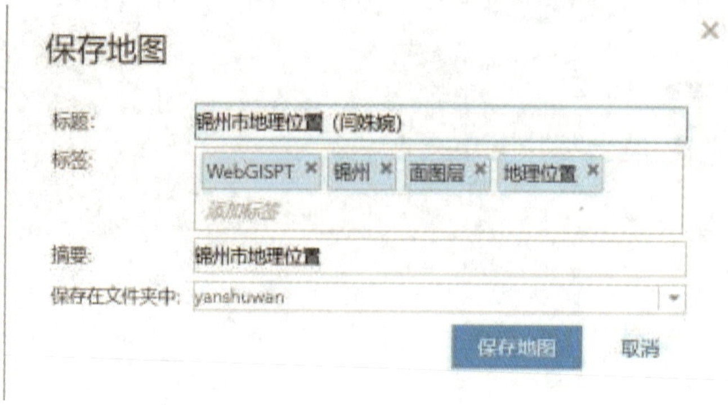

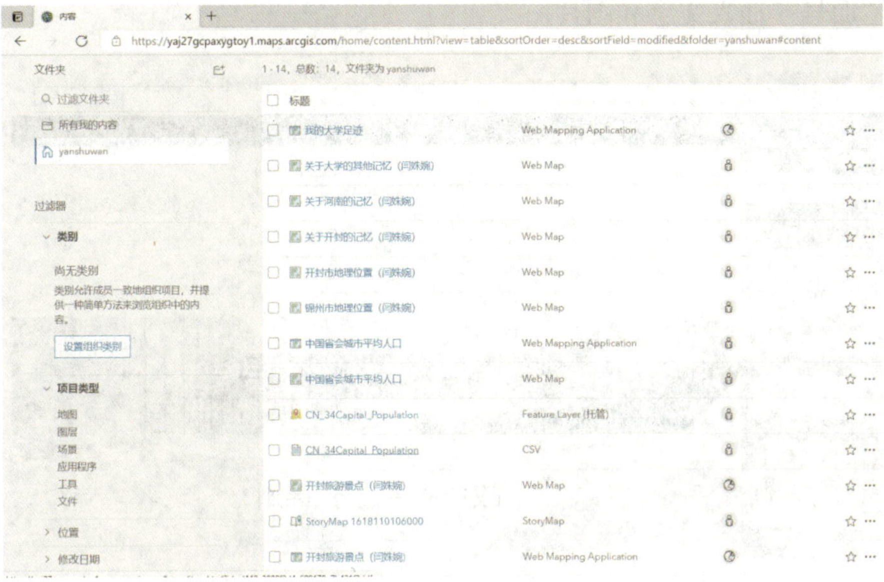

（3）创建 Web 应用程序

①利用应用程序模板创建 Web 应用，本文选择 Story Map Cascade 模板设置封面，在管理中添加背景，设置文字。

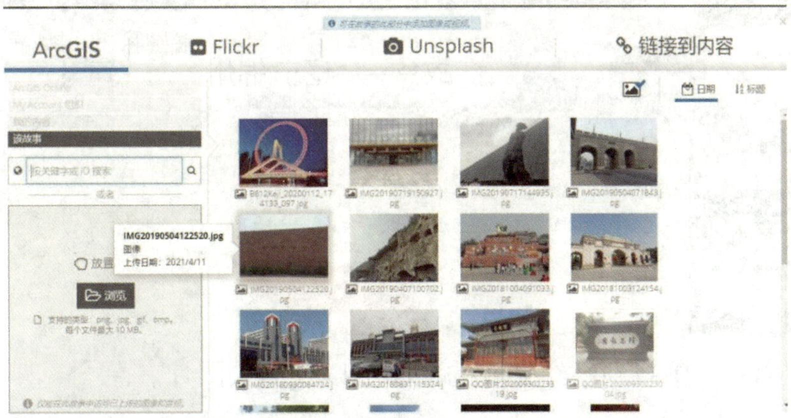

②点击“加号”插入文字和图片。

③插入 Web 地图。

④在“我的内容”中找到已经完成的地图，以及插入图片。

⑤插入 Web 地图。

⑥插入图片。

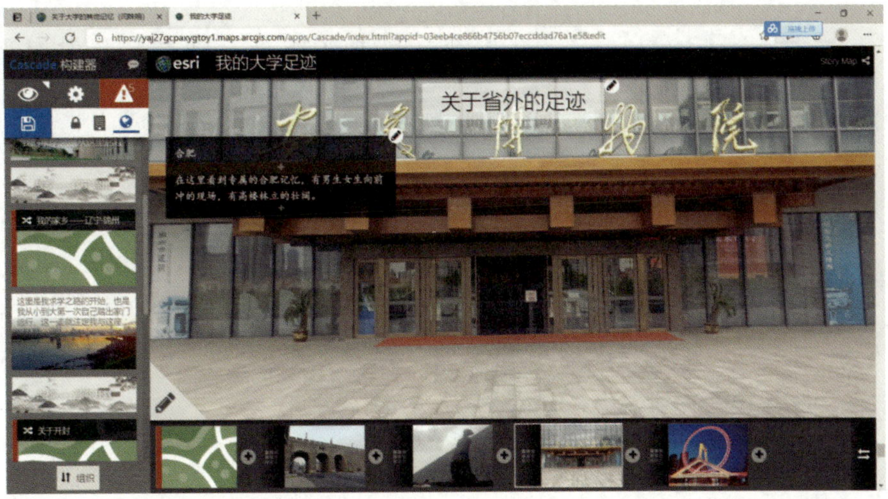

⑦设置结尾。

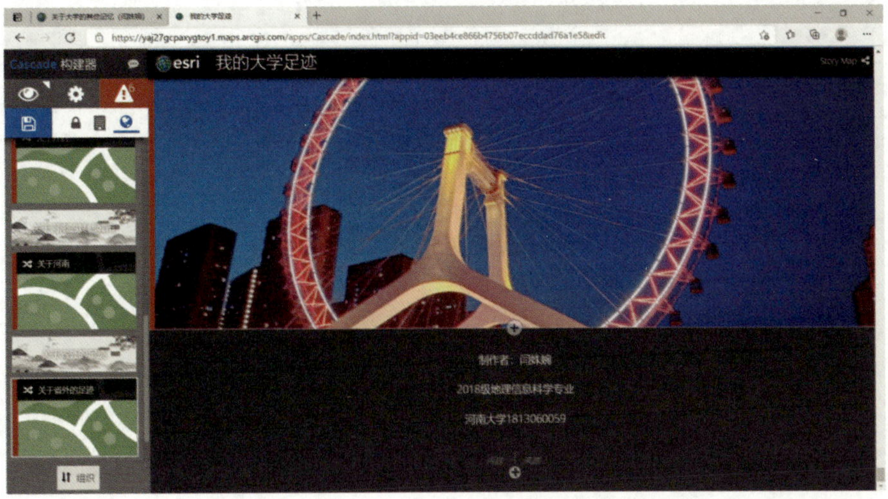

（4）完成 Web 应用制作

点击保存，设置权限，进行发布。

（河南大学 2018 级地理信息科学专业　闫姝婉）

2.2 深圳市经济发展时间史Web地图

2.2.1 项目介绍

项目名称：深圳市经济发展时间史

项目来源：深圳之名始见史籍于明朝永乐八年（1410 年），清朝初年建墟，1979 年成立深圳市，1980 年成为中国设立的第一个经济特区，中国改革开放的窗口和新兴移民城市，创造了举世瞩目的“深圳速度”，被誉为“中国硅谷”。深圳在中国高新技术产业、金融服务、外贸出口、海洋运输、创意文化等方面具有重要地位，也在中国的制度创新、扩大开放等方面肩负着试验和示范的重要使命。因此，本项目基于《Web GIS 原理与应用》课程所学的知识，借助编程和 ArcGIS Online 平台，将深圳市经济发展与地理标志相结合，展示一个城市的经济发展史。

项目目的：利用 Web GIS 课上所学知识，将一些事件与地理坐标联系起来，生动鲜明地讲述深圳这座城市近些年的经济发展之路。

使用工具：ArcGIS Online、百度地图 API

2.2.2 项目展示

（1）Web 应用程序网址

https://arcg.is/04qXj01

（2）Web 地图网址

https://arcg.is/1iDXTj

（3）比较分析 Web 应用程序网址

https://arcg.is/0ubL00

（4）部分内容展示

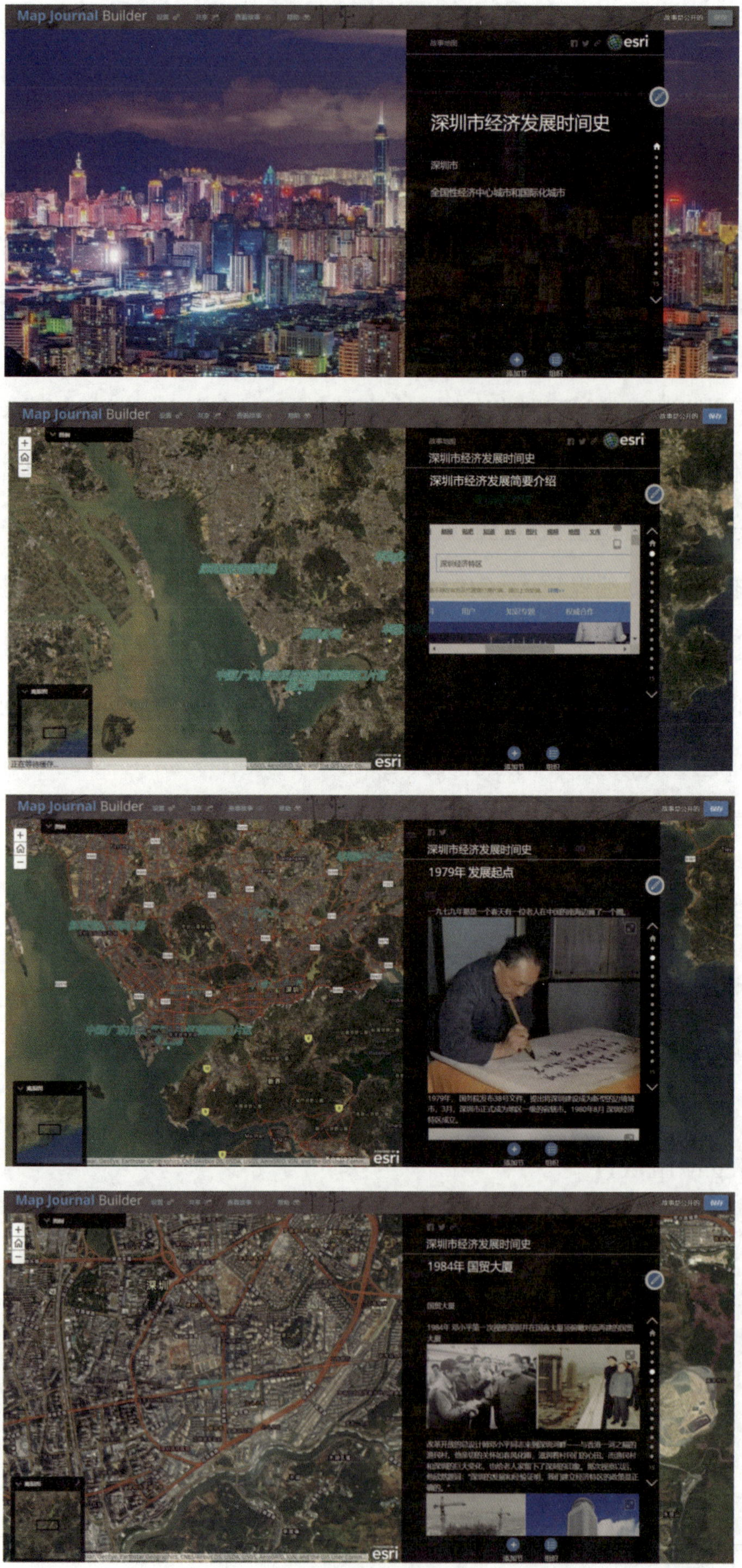
Map Journal Builder
esri
深圳市经济发展时间史
深圳市
全国性经济中心城市和国际化城市
Map Journal Builder
esri
深圳市经济发展时间史
深圳市经济发展简要介绍
Map Journal Builder
深圳市经济发展时间史
1979年 发展起点
Map Journal Builder
深圳市经济发展时间史
1984年 国贸大厦

Map Journal Builder
深圳市经济发展时间史
1992年 南方谈话

Map Journal Builder
深圳市经济发展时间史
2008年 华强北商业区
esri

Map Journal Builder
深圳市经济发展时间史
2013年 华为、中兴等企业崛起
esri

Map Journal Builder
深圳市经济发展时间史
2012年

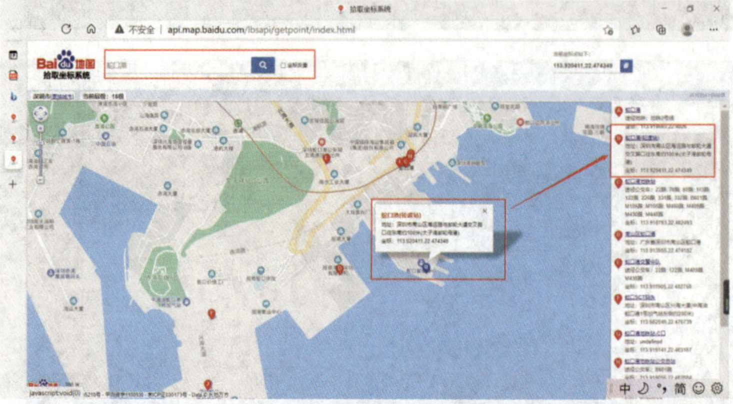

2.2.3 实现步骤

（1）准备数据

①搜集所到地点的经纬度，输入到 Excel 中，并另存为 CSV 格式。

利用百度地图 API 获取所有地点的经纬度，如下表：

	A	B	C	D	E
1	name	longtitude	latitude		
2	蛇口港	113.920411	22.474349		
3	深圳国贸大厦	114.126008	22.547206		
4	深圳证券交易所	114.060499	22.547255		
5	深圳宝安国际机场	113.821705	22.638172		
6	腾讯公司	113.952767	22.54681		
7	华强北商业区	114.093289	22.554129		
8	华为企业	114.066131	22.656137		
9	中国(广东)自由贸易试验区前海蛇口片区	113.921081	22.489383		
10	粤港澳大湾区	114.233137	22.735544		

②打开 ArcMap，在文件→添加数据→添加 XY 数据中找到我们保存的 CSV 文件，添加 WGS84 地理坐标系并标注。

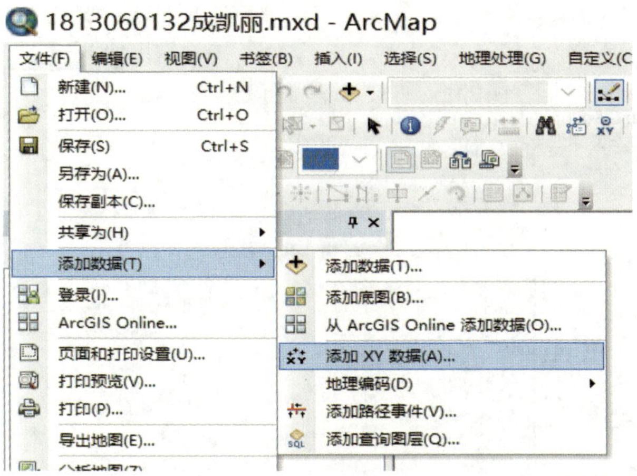

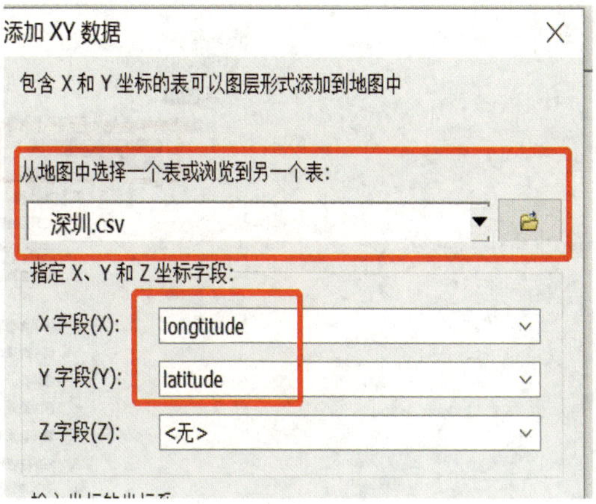

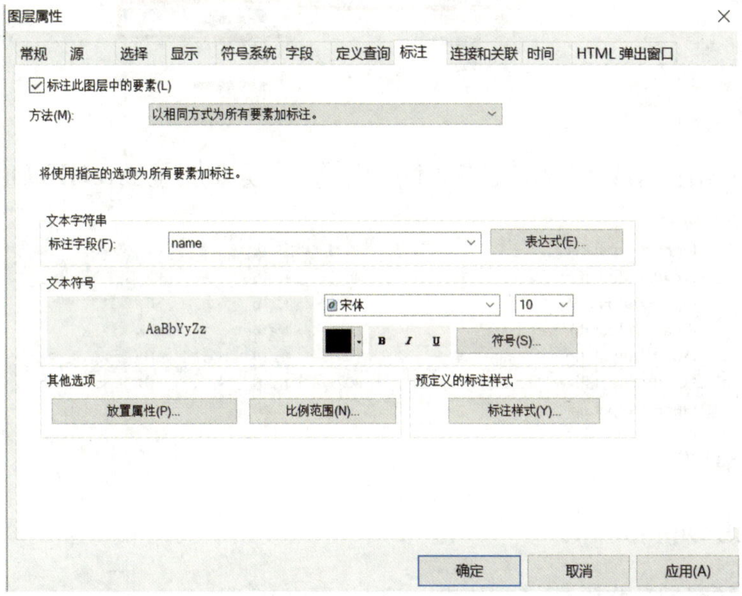

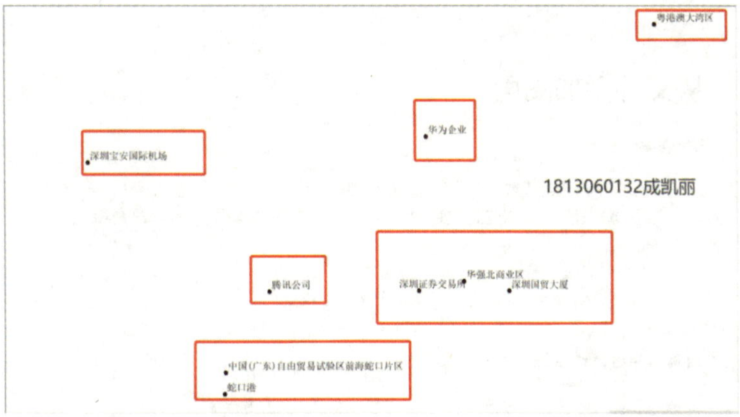

③将表导出为 shp 格式的文件，并在图层加载出来。

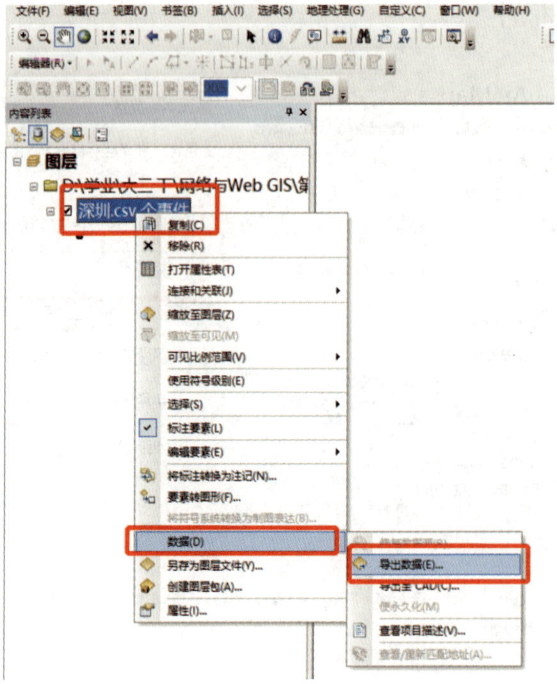

④将导出的数据压缩成 zip 格式的文件，用于后续添加至 ArcGIS Online。

Export_Output.dbf	2021/4/3 15:18	DBF 文件
Export_Output.prj	2021/4/3 15:18	PRJ 文件
Export_Output.sbn	2021/4/3 15:18	SBN 文件
Export_Output.sbx	2021/4/3 15:18	SBX 文件
Export_Output.shp	2021/4/3 15:18	SHP 文件
Export_Output.shx	2021/4/3 15:18	SHX 文件
Export_Output.zip	2021/4/3 15:20	WinRAR ZIP 压缩文件

（2）可视化地图

①登陆 ArcGIS Online。

②添加上述文件的压缩包（zip 格式）到地图模板中。

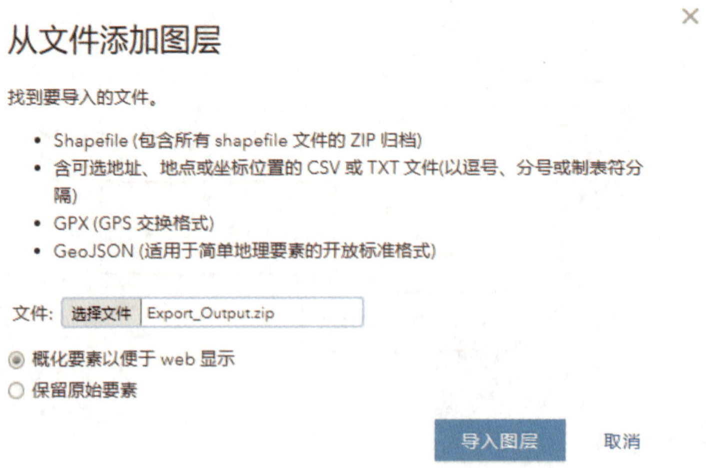

③对添加的数据层，以 name 为可视化的属性，选择绘制样式并且添加标注。

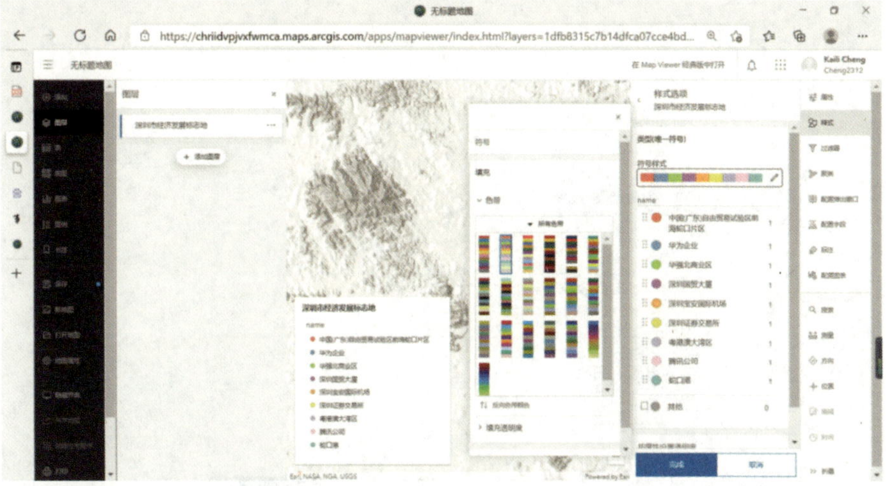

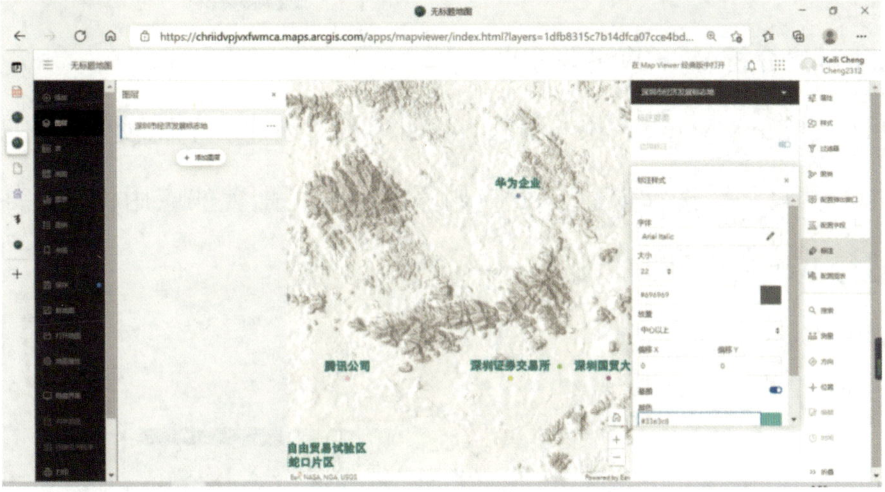

④将地图底图设置为“Imagery Hybrid”地图。

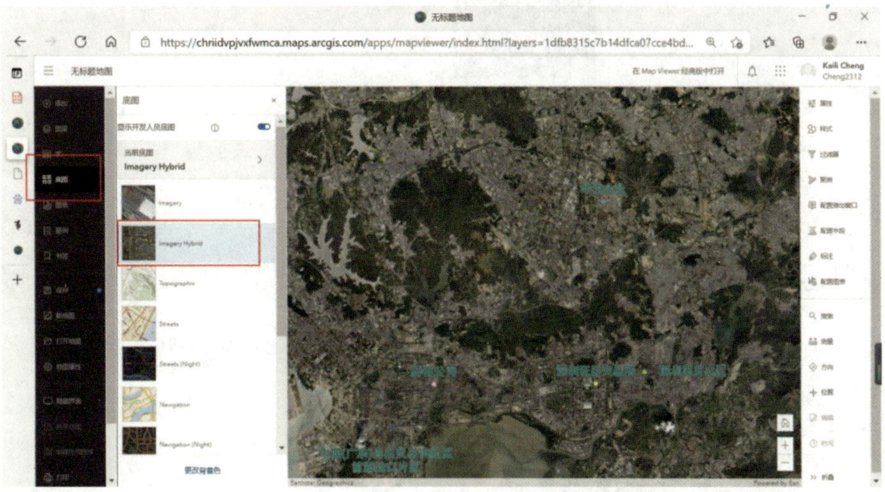

⑤保存地图，并设置共享。

（3）创建对比分析 Web 应用并分享

①本项目使用 Story Map Swipe and Spyglass 模板，创建一个比较分析的应用程序。地图页面，点击“共享”，选择创建 Web 应用程序——可配置的应用程序。如图所示选择相应的模板进行 Web 应用程序的设置。

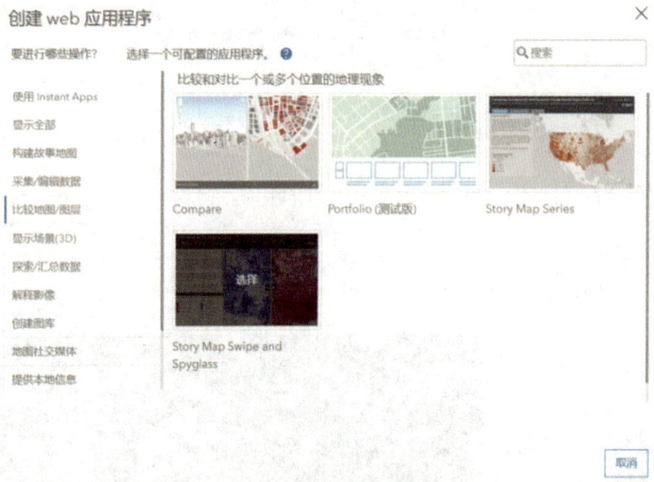

②卷帘构建器的设置，可以选择自己喜欢的样式、类型、应用程序布局及弹出窗口。

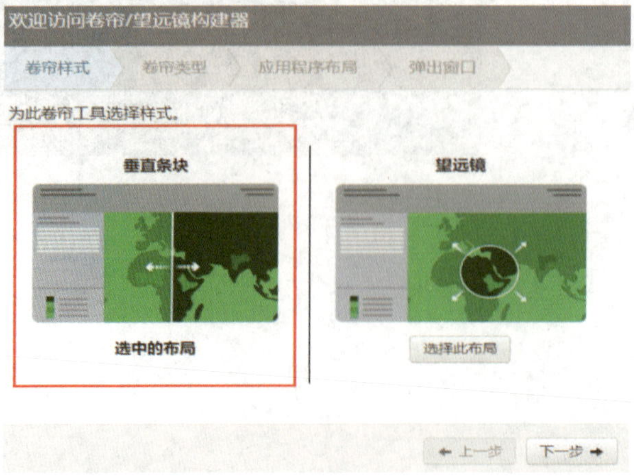

③依次设置对比的两个 Web 地图，一个为深圳市经济发展时间史，另一个采用的是 ArcGIS Online 中的上海经济地图。

④保存应用程序后共享，并把共享级别设置为“所有人（公共）”。

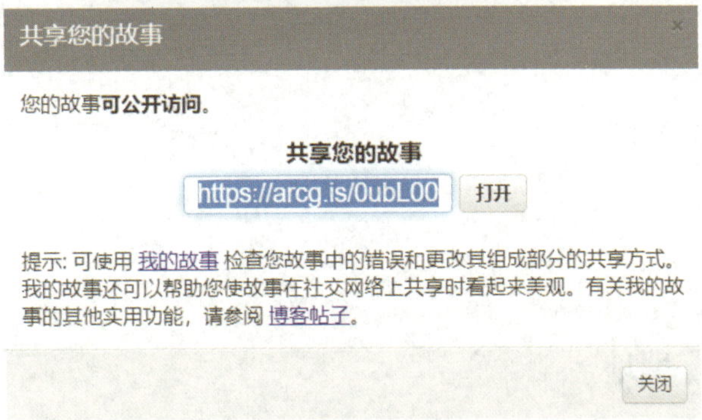

（河南大学 2018 级地理信息科学专业　闫姝婉）

2.3　第七次人口普查数据可视化分析Web地图

2.3.1　项目介绍

项目名称：第七次人口普查数据可视化分析

项目想法来源：在以习近平同志为核心的党中央坚强领导下，按照国务院第七次全国人口普查领导小组统一部署，全国各地区各有关部门精心组织、协同推进，全体普查人员艰苦努力、无私奉献，亿万普查对象共同参与、积极配合，第七次全国人口普查顺利完成了普查现场登记和主要数据汇总工作。因此想结合自己的专业，将第七次全国人口普查数据以地图可视化的形式向大家展示。

项目目的：开展人口普查，全面查清我国人口数量、结构、分布等方面的最新情况，既是制定和完善未来收入、消费、教育、就业、养老、医疗、社会保障等政策措施的基础，也为教育和医疗机构布局、儿童和老年人服务设施建设、工商业服务网点分布、城乡道路建设等提供决策依据。当前，中国特色社会主义进入新时代，本项目拟以更加直观、及时、可视化的形式向大家展示人口普查数据的成果，更加直观地获取国家的一些人口信息及地理分布。

使用工具：ArcGIS Online

2.3.2　项目展示

（1）Web 应用程序网址

https://teq6mkgblkscmxun.maps.arcgis.com/apps/Cascade/index.html?appid=52aae09f131d43c2a2858cba9a52b729

（2）Web 地图网址

①比较分析应用程序（2010 与 2020 年各省总人口比较）。https://teq6mkgblkscmxun.maps.arcgis.com/apps/StorytellingSwipe/index.html?appid=97b2a2afc061476e8139f9819d2b4bec

②三维场景 1（2020 年各省总人口）。https://teq6mkgblkscmxun.maps.arcgis.com/home/item.html?id=b0c4ecb42ea147379a3b9979e6a6c4b9#overview

③三维场景 2（2020 年各城市人口密度）。https://teq6mkgblkscmxun.maps.arcgis.com/home/item.html?id=f90e7af01a0c46dba6b8ac6eb2954db7

④ 2010~2020 年各省份人口增长率。https://teq6mkgblkscmxun.maps.arcgis.com/home/item.html?id=afc813a4148543beba8ad36282d73539

⑤各省份人口男女比例。https://teq6mkgblkscmxun.maps.arcgis.com/home/item.html?id=5cdcf18e31074ccf8e918c1a59d41f0f

⑥各省份 15~59 岁人口所占比例。https://teq6mkgblkscmxun.maps.arcgis.com/home/item.html?id=84b2ebb173d94b0f9441c974e10fdc05

⑦各省份 65 岁以上人口所占比例。https://teq6mkgblkscmxun.maps.arcgis.com/home/item.html?id=5782b6f8b8dd4dfc9de6a4d66a1294a1

⑧各省份 15 岁及以上人口的平均受教育年限。https://teq6mkgblkscmxun.maps.arcgis.com/home/item.html?id=e3114bd49d394dbd8943e0487d5b7905

（3）具体内容

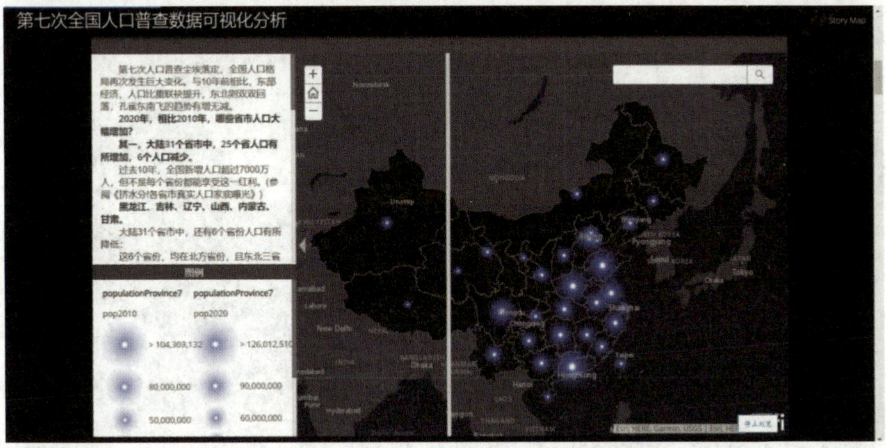

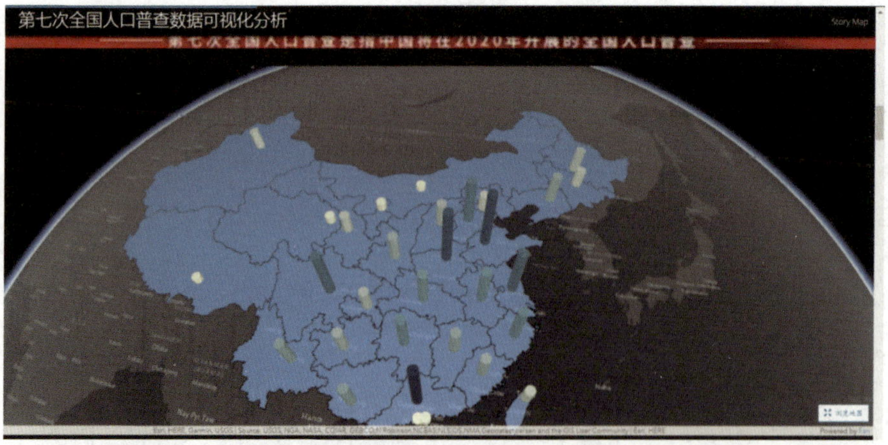
第七次全国人口普查数据可视化分析
Story Map
第七次全国人口普查是指中国将在2020年开展的全国人口普查

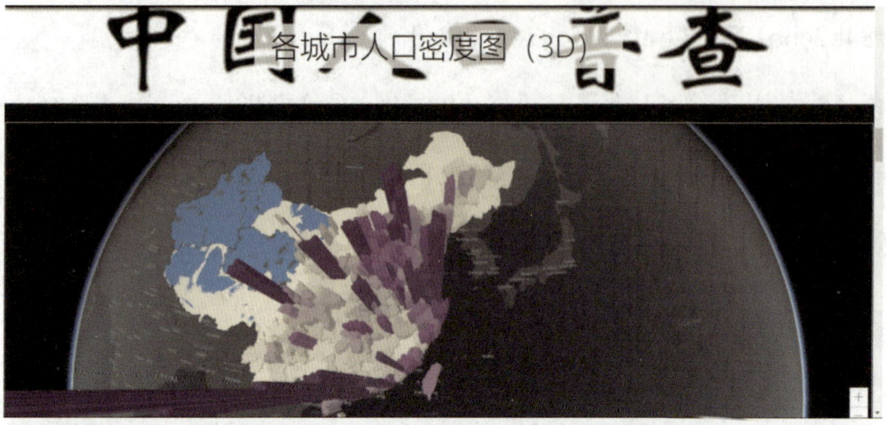
中国人口普查
各城市人口密度图（3D）

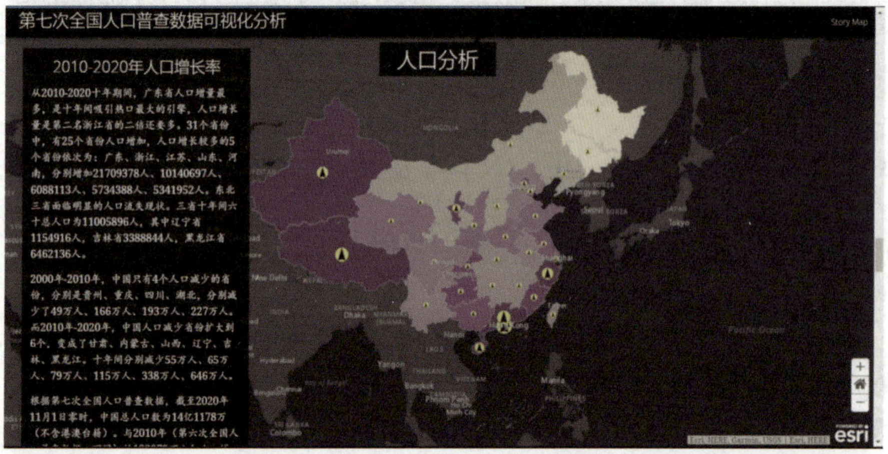
第七次全国人口普查数据可视化分析
Story Map
人口分析
2010-2020年人口增长率
从2010-2020十年期间，广东省人口增量最多，是十年间吸引热口最大的引擎，人口增长量是第二名浙江省的二倍还要多。31个省份中，有25个省份人口增加，人口增长较多的5个省份依次为：广东、浙江、江苏、山东、河南，分别增加21709378人、10140697人、6088113人、5734388人、5341952人。东北三省面临明显的人口流失现状。三省十年间六十总人口为11005896人，其中辽宁省1154916人，吉林省3388844人，黑龙江省6462136人。
2000年-2010年，中国只有4个人口减少的省份，分别是贵州、重庆、四川、湖北，分别减少了49万人、166万人、193万人、227万人。而2010年-2020年，中国人口减少省份扩大到6个，变成了甘肃、内蒙古、山西、辽宁、吉林、黑龙江。十年间分别减少55万人、65万人、79万人、115万人、338万人、646万人。
根据第七次全国人口普查数据，截至2020年11月1日零时，中国总人口数为14亿1178万（不含港澳台籍）。与2010年（第六次全国人

第七次全国人口普查数据可视化分析
Story Map
人口分析
各省男女比例
全国人口中，男性人口为723339956人，占51.24%；女性人口为688438768人，占48.76%。总人口性别比（以女性为100，男性对女性的比例）为105.07。观察各省人口性别结构发现：南方地区的人口性别失衡明显重于东部和中部地区，尤其是广东和海南。31个省份中，总人口性别比在100以下的省份有2个，在100至105之间的省份有17个，在105至110之间的省份有9个，在110以上的省份有3个。

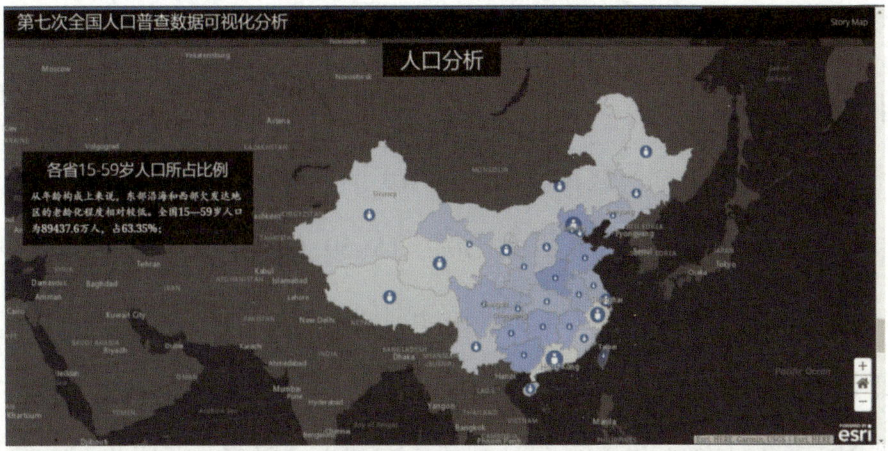
第七次全国人口普查数据可视化分析
Story Map
人口分析
各省15-59岁人口所占比例
从年龄构成上来说，东部沿海和西部欠发达地区的老龄化程度相对较低。全国15—59岁人口为89437.6万人，占63.35%；
esri

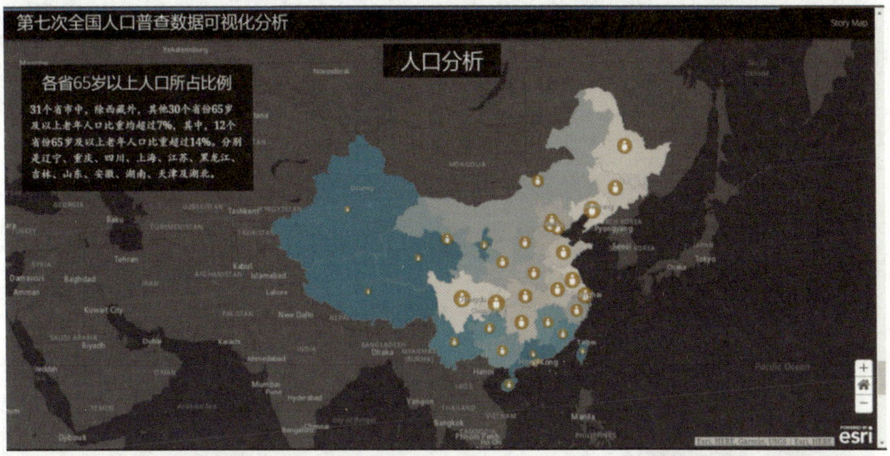
第七次全国人口普查数据可视化分析
Story Map
人口分析
各省65岁以上人口所占比例
31个省市中，除西藏外，其他30个省份65岁及以上老年人口比重均超过7%，其中，12个省份65岁及以上老年人口比重超过14%，分别是辽宁、重庆、四川、上海、江苏、黑龙江、吉林、山东、安徽、湖南、天津及湖北。
esri

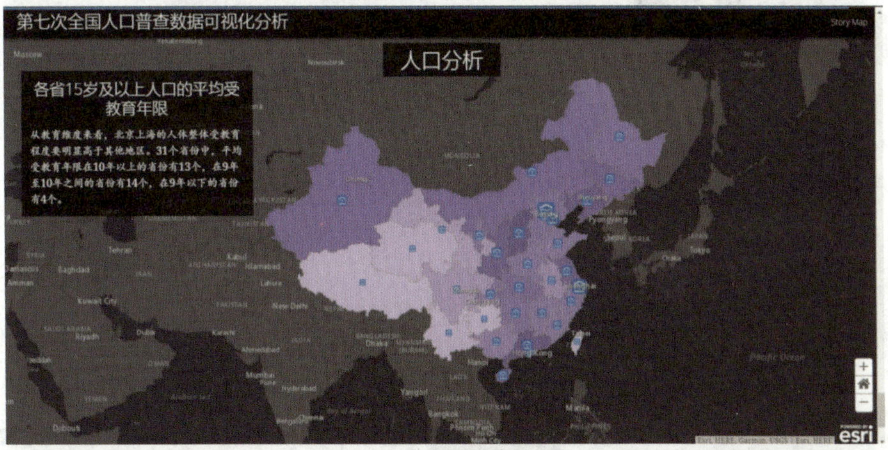
第七次全国人口普查数据可视化分析
Story Map
人口分析
各省15岁及以上人口的平均受教育年限
从教育维度来看，北京上海的人体整体受教育程度要明显高于其他地区。31个省份中，平均受教育年限在10年以上的省份有13个，在9年至10年之间的省份有14个，在9年以下的省份有4个。
esri

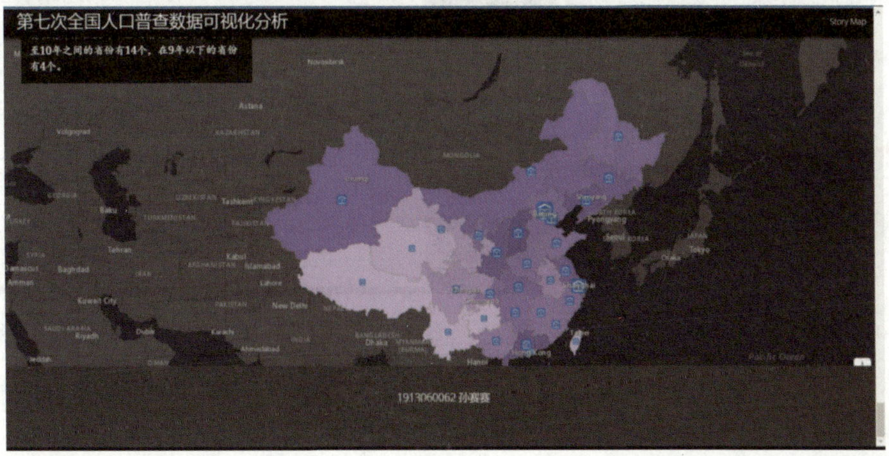
第七次全国人口普查数据可视化分析
Story Map
至10年之间的省份有14个，在9年以下的省份有4个。
1913060062

2.3.3 实现步骤

（1）创建 Web Map

根据我国第七次人口普查数据，统计 2010 年各省总人口、2020 年各省总人口、2010~2020 年各省人口增长率、各省男女比例、15~59 岁人口所占比例、65 岁以上人口所占比例及 15 岁以上人口的平均受教育年限，分别创建相应的 Web Map 后续使用。

①选择地图，添加图层。登录 ArcGIS Online，选择地图。点击底图，为其切换一个底图。从文件中添加第七次人口普查的 shapefile 面数据，注意：添加两遍（为了美观效果，一个做面状可视化，一个做点状可视化）。

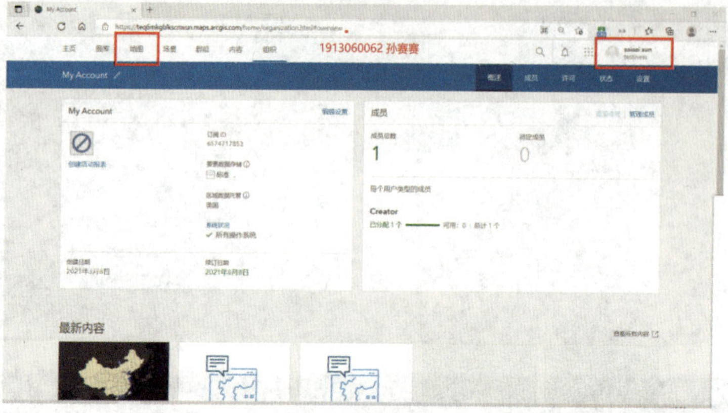

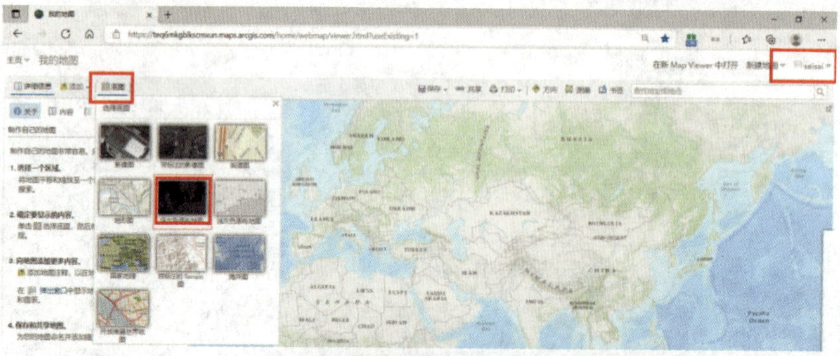

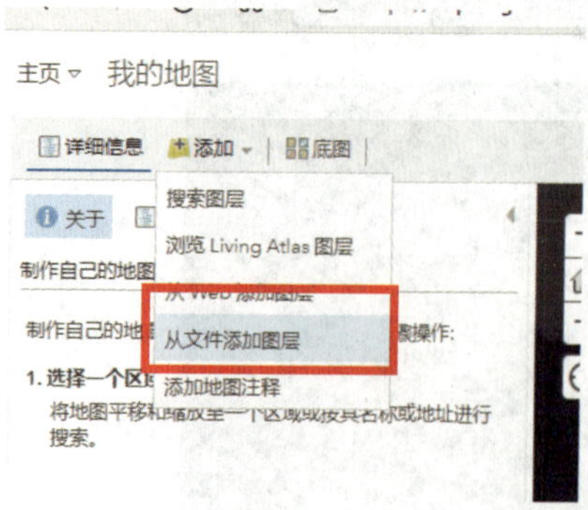

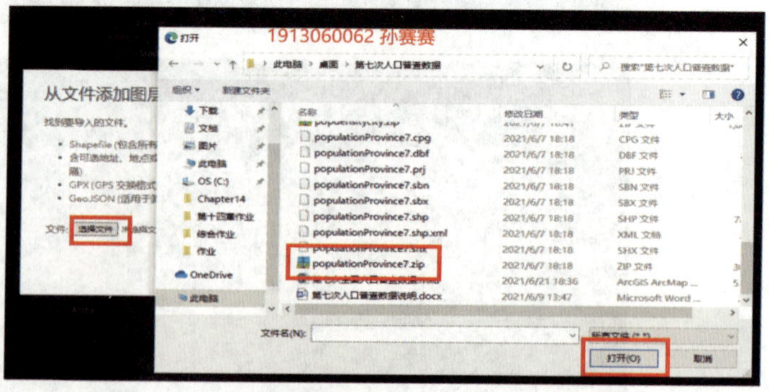

②数据可视化。对图层选择更改样式，选择要显示的属性，一个图层选择“计数和数量（颜色）”，另一个选择“计数和数量（大小）”。然后对其选择合适的颜色和符号。

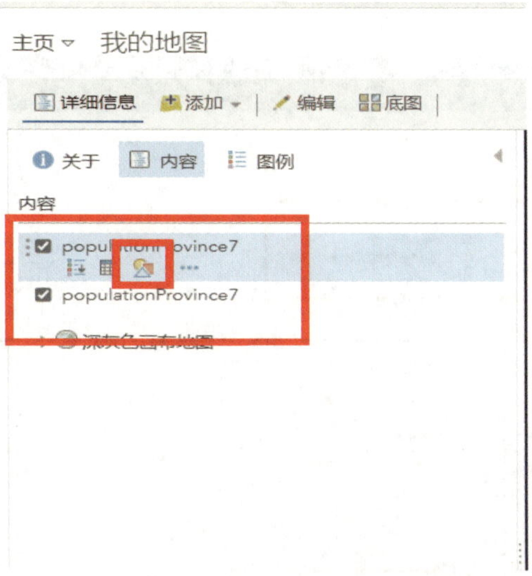

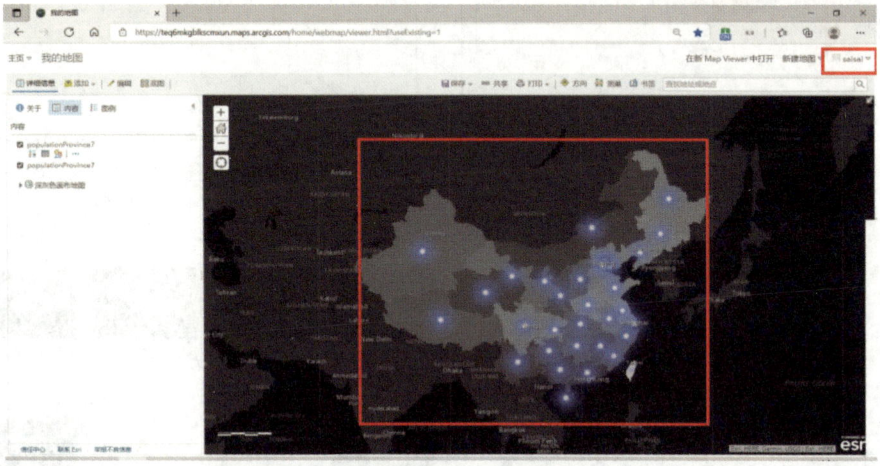

③保存 Web Map。点击保存，将其数据保存在相应的文件夹中，然后输入相应的标题、摘要等，最后选择对所有人共享该 Web Map。

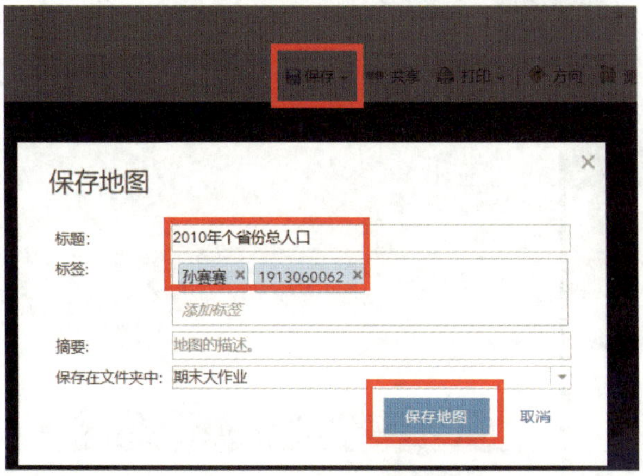

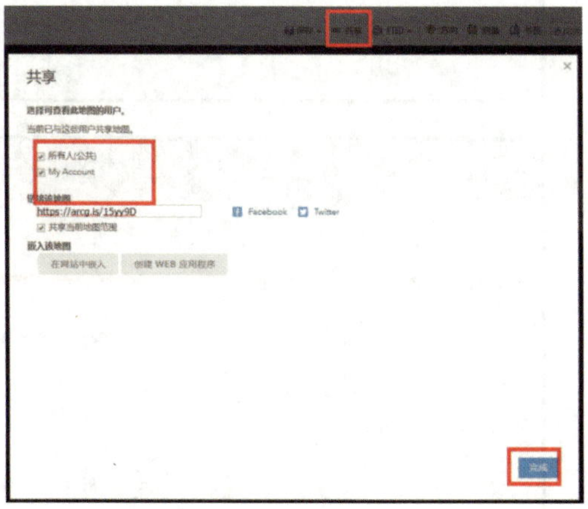

重复上述步骤，对各个属性创建 Web Map。

（2）使用对比分析应用模板创建 Web 应用

创建对比分析 Web 应用。

对 2010 与 2020 年各省总人口，创建对比分析 Web 应用。

主页
图库
地图
场景
群组
内容
组织
saisai sun
testiness
内容
我的内容
我的收藏夹
我的群组
我的组织
Living Atlas
添加项目
创建
搜索 testiness
表格
修改日期
过滤器
文件夹
过滤文件夹
所有我的内容
创建图层和其他内容
要素图层
创建应用程序
可配置的应用程序 →
修改日期
2021年4月25日

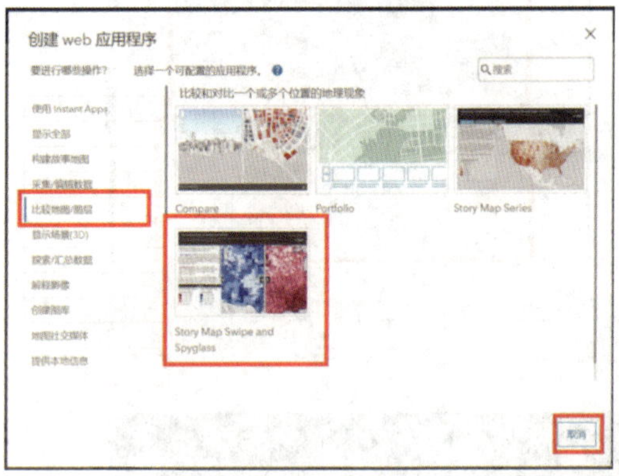
创建 web 应用程序
Compare
Portfolio
Story Map Series
Story Map Swipe and Spyglass
取消

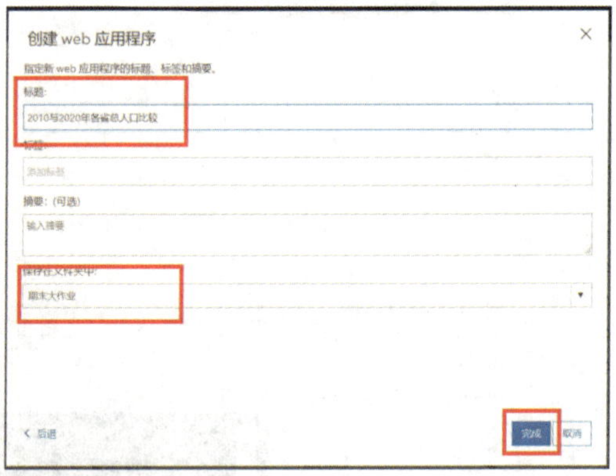
创建 web 应用程序
摘要：(可选)
完成
取消

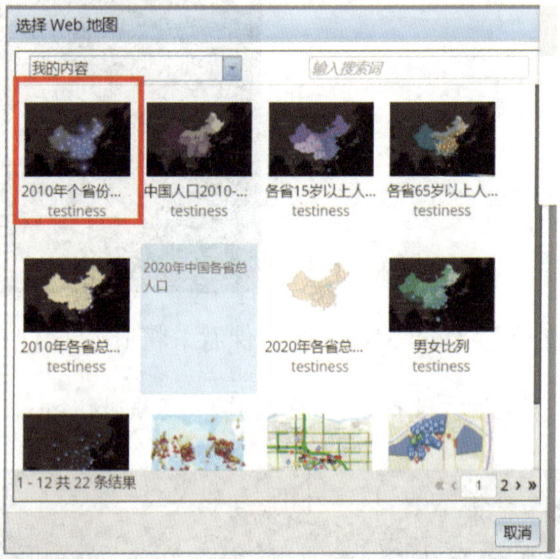
选择 Web 地图
我的内容
输入搜索词
2010年个省份...
testiness
中国人口2010-...
testiness
各省15岁以上人...
testiness
各省65岁以上人...
testiness
2020年中国各省总人口
2010年各省总...
testiness
2020年各省总...
testiness
男女比列
testiness
1 - 12 共 22 条结果
1
2
取消

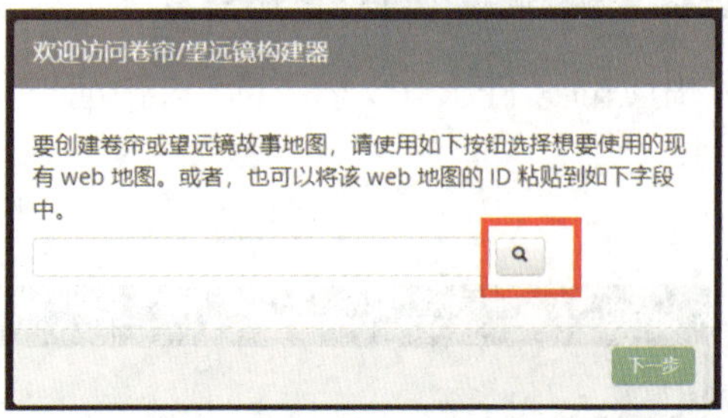
欢迎访问卷帘/望远镜构建器
要创建卷帘或望远镜故事地图，请使用如下按钮选择想要使用的现有 web 地图。或者，也可以将该 web 地图的 ID 粘贴到如下字段中。
下一步

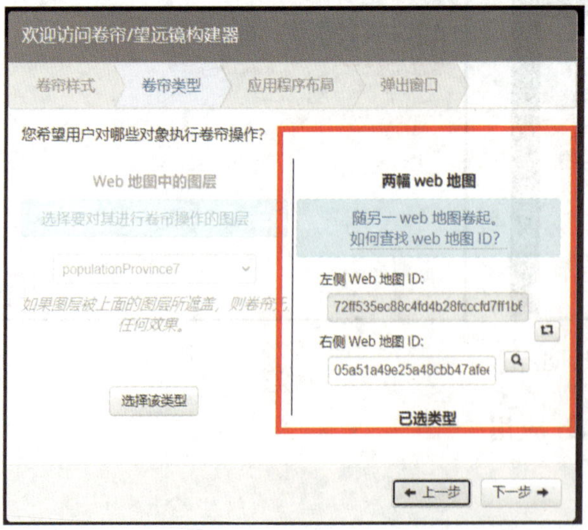
欢迎访问卷帘/望远镜构建器
卷帘样式
卷帘类型
应用程序布局
弹出窗口
您希望用户对哪些对象执行卷帘操作?
Web 地图中的图层
选择要对其进行卷帘操作的图层
populationProvince7
选择该类型
两幅 web 地图
随另一 web 地图卷起。
如何查找 web 地图 ID?
左侧 Web 地图 ID:
72ff535ec8c4fd4b28fcccfd7ff1b
右侧 Web 地图 ID:
05a51a49e25a48cbb47afe
已选类型
上一步
下一步

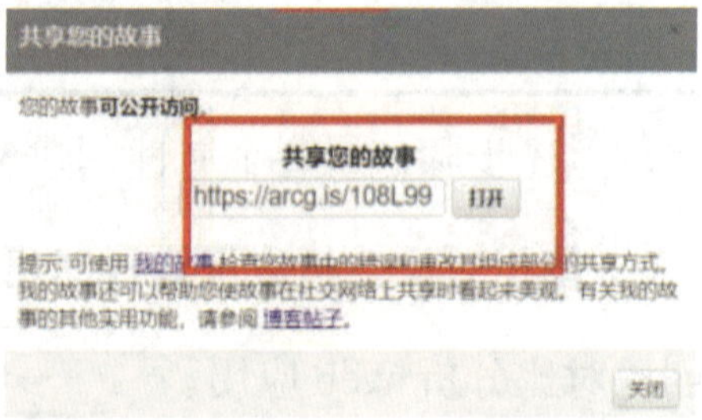
共享您的故事
您的故事可公开访问。
共享您的故事
https://arcg.is/108L99
打开
关闭

（3）创建 3D 场景

根据各省总人口数和各城市人口密度创建 3D 场景。

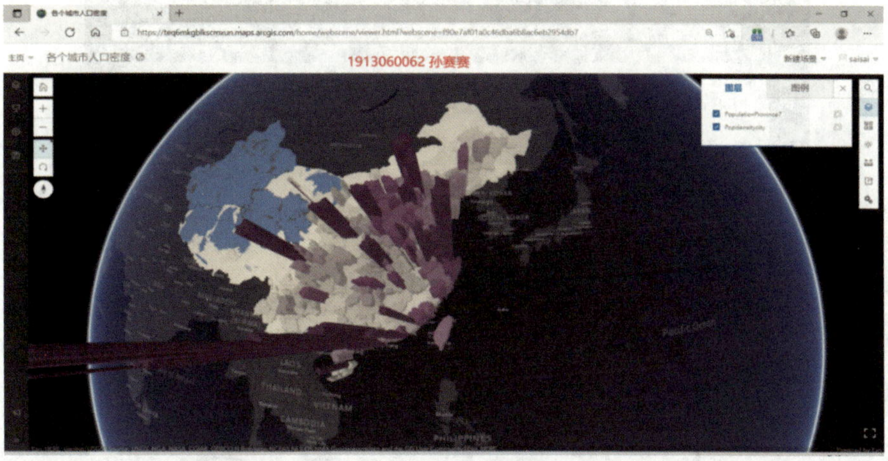

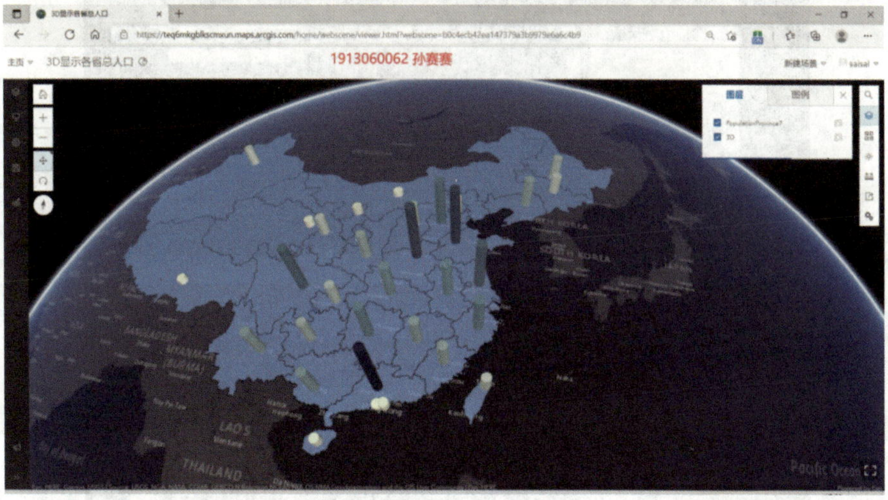

（4）使用 Story Map Cascade 模板创建 Web 应用

分别对其添加文本、上述创建的 Web map、比较分析应用程序和 3D 场景。

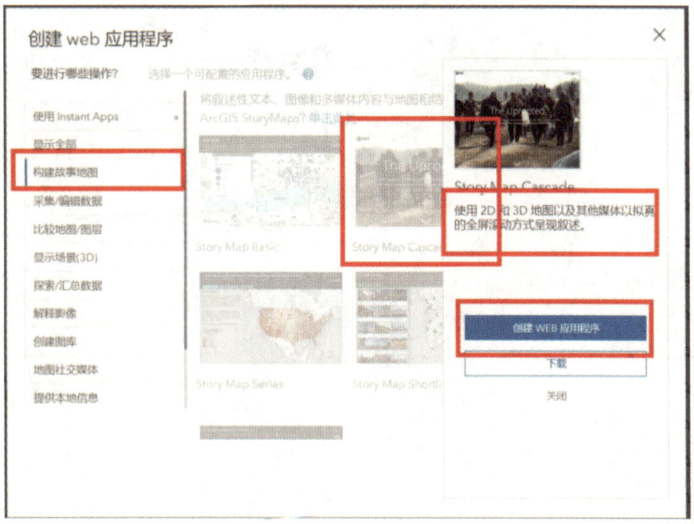

部分结果如下：

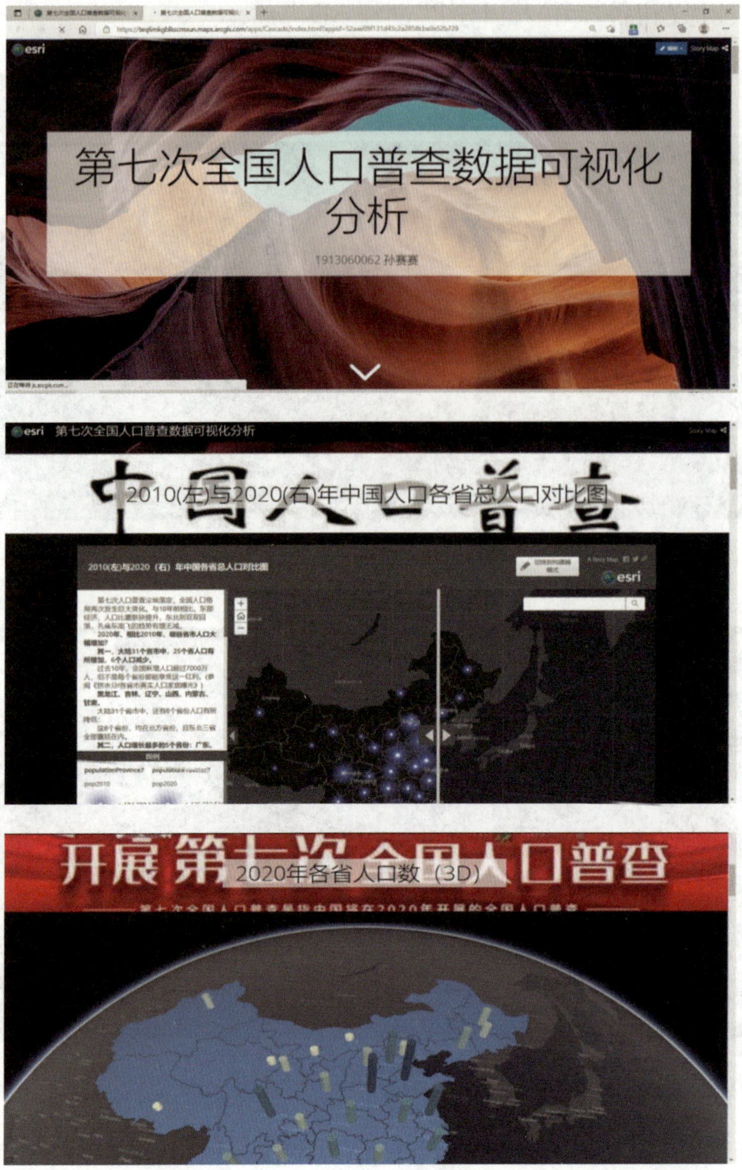

（河南大学2018级地理信息科学专业　孙赛赛）

案例三
红色历史、文化与自然旅游故事地图

人类拥有无比灿烂的文明，通过故事地图的方式，对其发展脉络进行梳理，既富有文化底蕴，又能做到过程明晰。本部分由人类群星闪耀时、中国十大博物馆、开封四月“醉清明”主题活动、重走长征路四部分展开。

3.1　人类发展群星闪耀时Web地图

3.1.1　项目介绍

项目名称：人类群星闪耀时——那些改变历史的瞬间

项目想法来源：灵感来源于一本名为《人类群星闪耀时》的书，该书记录了人类历史上几次影响深远的瞬间，我在本书内容的基础上做了适当增删，使其更具有世界性的历史意义。

项目目的：让更多人了解这些奇妙的历史瞬间，感叹人类社会千百年来的兴衰悲欢，同时也是一部对人类文明史的讴歌。

使用工具：ArcGIS Online

3.1.2　项目展示

（1）Web 应用程序网址

https://arcg.is/1P44Xi1

（2）Web 地图网址

https://arcg.is/GH9T1

（3）具体内容

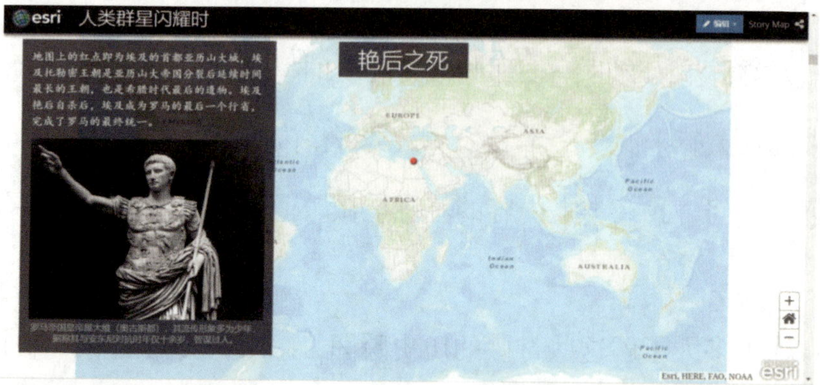

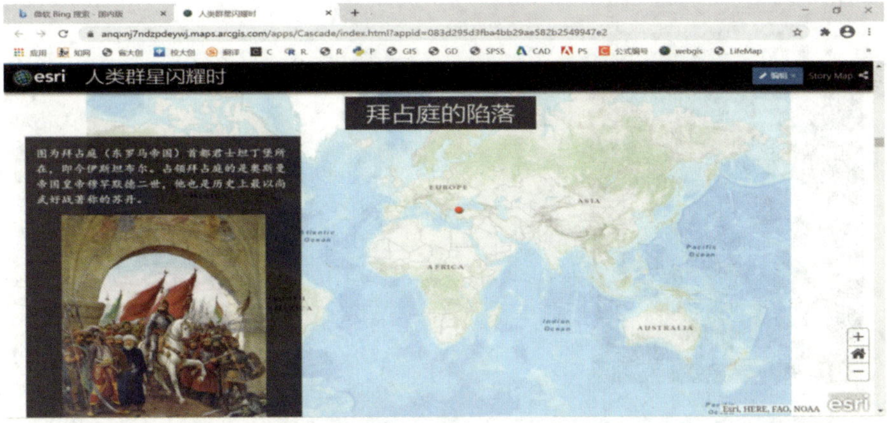
人类群星闪耀时
拜占庭的陷落
因为拜占庭（东罗马帝国）首都君士坦丁堡所在，即今伊斯坦布尔。占领拜占庭的是奥斯曼帝国皇帝穆罕默德二世，他也是历史上最以尚武好战著称的苏丹。
EUROPE
ASIA
AFRICA
AUSTRALIA
Esri, HERE, FAO, NOAA

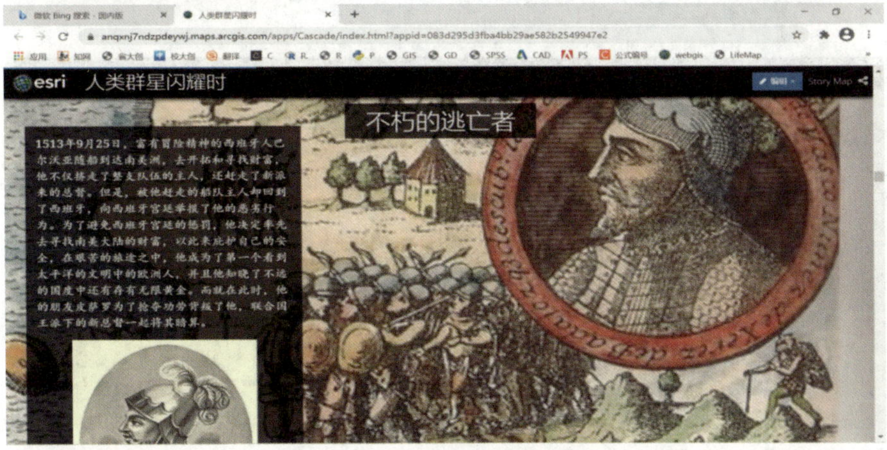
人类群星闪耀时
不朽的逃亡者
1513年9月25日，富有冒险精神的西班牙人巴尔沃亚随船到达南美洲，去开拓和寻找财富，他不仅搞走了整支队伍的主人，还赶走了新派来的总督。但是，被他赶走的船队主人却回到了西班牙，向西班牙宫廷举报了他的恶劣行为。为了避免西班牙宫廷的惩罚，他决定率先去寻找南美大陆的财富，以此来庇护自己的安全。在艰苦的旅途之中，他成为了第一个看到太平洋的文明中的欧洲人，并且他知晓了不远的国度中还有存有无限黄金。而就在此时，他的朋友皮萨罗为了抢夺功劳背叛了他，联合国王派下的新总督一起将其暗算。

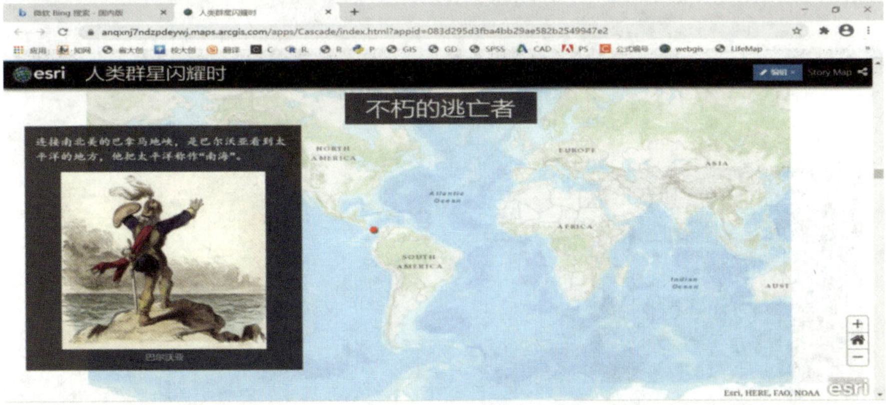
人类群星闪耀时
不朽的逃亡者
连接南北美的巴拿马地峡，是巴尔沃亚看到太平洋的地方，他把太平洋称作“南海”。
NORTH AMERICA
EUROPE
ASIA
AFRICA
SOUTH AMERICA
Esri, HERE, FAO, NOAA

人类群星闪耀时
滑铁卢的一秒钟
1815年6月18日，滑铁卢战役打响。法军将领格鲁希遵照拿破仑的命令于17日晚间出发，按预计方向去追击普鲁士军。然而敌人始终没有出现，一旁圣让山上的却传来隆隆炮火声，所有的人都意识到战役已经开始。副司令热拉尔急切地要求立即向开炮的方向前进，可是格鲁希却拿不定主意。热拉尔请求至少允许他率领自己的一师部队和若干骑兵到那战场上去。格鲁希考虑了一秒钟，拒绝了。然而这一秒钟却决定了他自己的命运、拿破仑的命运和世界的命运。失去格鲁希的支援，法军最终溃败，拿破仑帝国从此覆灭。

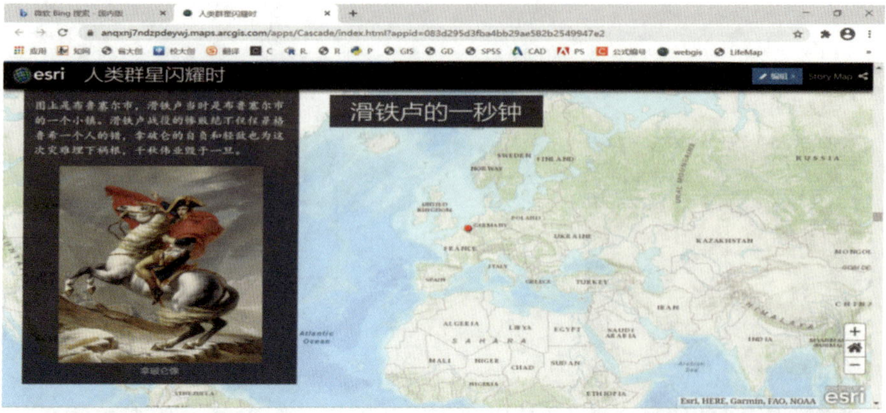
anqxnj7ndzpdeywj.maps.arcgis.com/apps/Cascade/index.html?appid=083d295d3fba4bb29ae582b2549947e2
esri 人类群星闪耀时
滑铁卢的一秒钟
图上是布鲁塞尔市，滑铁卢当时是布鲁塞尔市的一个小镇。滑铁卢战役的惨败绝不仅仅是格鲁希一个人的错，拿破仑的自负和轻敌也为这次灾难埋下祸根，千秋伟业毁于一旦。
Esri, HERE, Garmin, FAO, NOAA

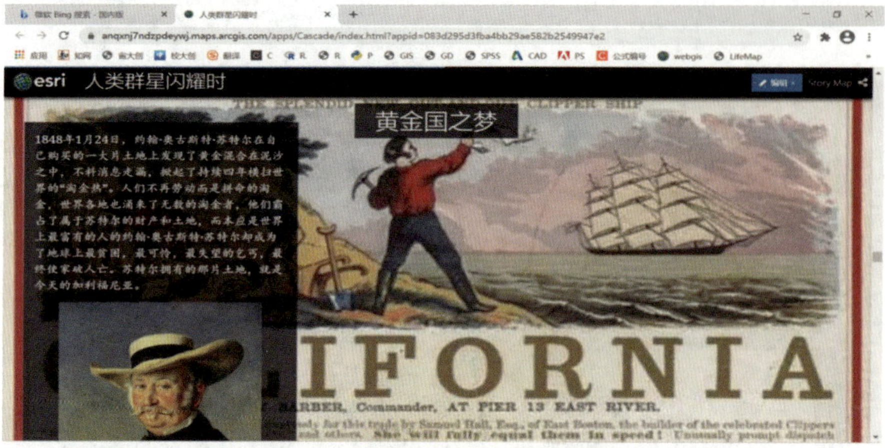
anqxnj7ndzpdeywj.maps.arcgis.com/apps/Cascade/index.html?appid=083d295d3fba4bb29ae582b2549947e2
esri 人类群星闪耀时
黄金国之梦
1848年1月24日，约翰·奥古斯特·苏特尔在自己购买的一大片土地上发现了黄金混合在泥沙之中，不料消息走漏，掀起了持续四年横扫世界的"淘金热"。人们不再劳动而是拼命的淘金，世界各地也涌来了无数的淘金者，他们霸占了属于苏特尔的财产和土地，而本应是世界上最富有的人的约翰·奥古斯特·苏特尔却成为了地球上最贫困，最可怜，最失望的乞丐，最终使家破人亡。苏特尔拥有的那片土地，就是今天的加利福尼亚。
IFORNIA

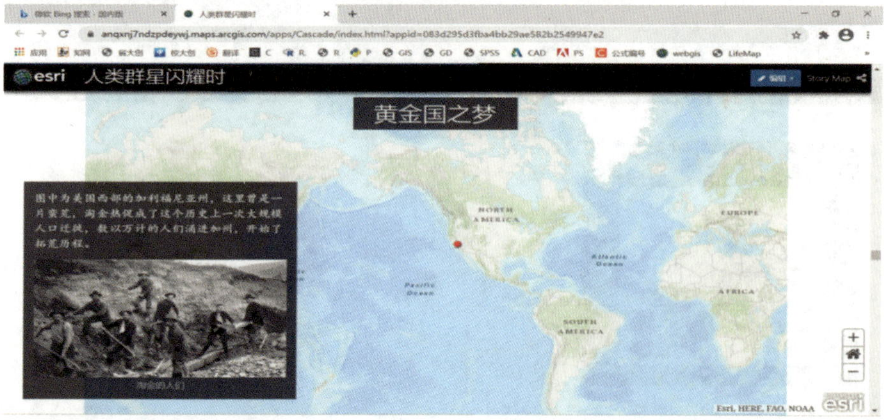
anqxnj7ndzpdeywj.maps.arcgis.com/apps/Cascade/index.html?appid=083d295d3fba4bb29ae582b2549947e2
esri 人类群星闪耀时
黄金国之梦
图中为美国西部的加利福尼亚州，这里曾是一片蛮荒，淘金热促成了这个历史上一次大规模人口迁徙，数以万计的人们涌进加州，开始了拓荒历程。
NORTH AMERICA
EUROPE
AFRICA
SOUTH AMERICA
Esri, HERE, FAO, NOAA

anqxnj7ndzpdeywj.maps.arcgis.com/apps/Cascade/index.html?appid=083d295d3fba4bb29ae582b2549947e2
esri 人类群星闪耀时
飞越大洋的第一次通话
1858年7月28日，美国实业家塞勒斯·韦斯特·菲尔德立志要铺设一条连接欧美大陆的海底电报电缆，然而首次铺设便遭遇失败，准备妥当的第二次尝试也仍然失败，就在人们都已对他失去信心时，坚定的菲尔德终于在第三次铺设时成功，一时人人都奉菲尔德为英雄。但好景不长，电缆的失灵又使愤怒的人们反过来拖着抨击他。六年之后，决心不减的菲尔德再次尝试，终于成功。最后成功的时刻，菲尔德钻进自己的船舱里号啕大哭，泪水里包括了6年前所受的所有的屈辱、指责，以及现在胜利的喜悦。大洋两岸从此终于能够通过电报联络。

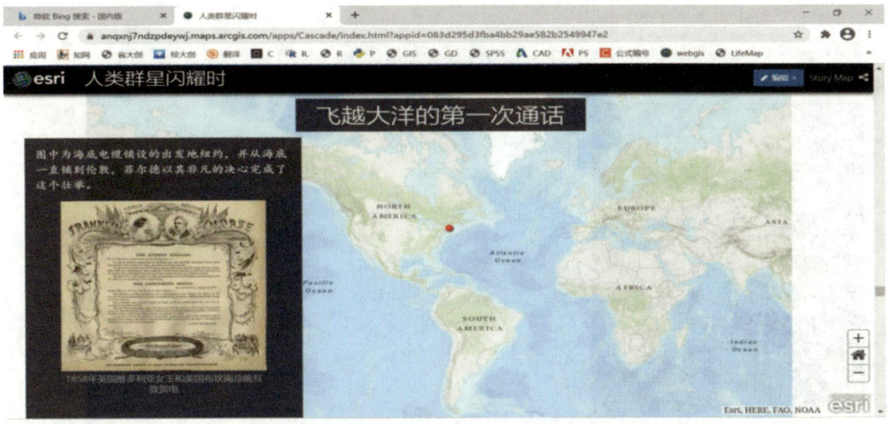
人类群星闪耀时
飞越大洋的第一次通话
图中为海底电缆铺设的出发地纽约，并从海底一直铺到伦敦，菲尔德以其非凡的决心完成了这个壮举。
NORTH AMERICA
Atlantic Ocean
EUROPE
ASIA
AFRICA
SOUTH AMERICA
Esri, HERE, FAO, NOAA

人类群星闪耀时
南极之争
1912年，挪威人阿蒙森和英国人斯科特各自率领一支探险队，为使自己成为世界上第一批到达南极的人而进行激烈的竞争。斯科特的五人探险队于1912年1月18日到达南极，但发现阿蒙森比他们早到了一个月。失望的斯科特同其他四人在返回的途中不幸全部遇难，在他留下的笔记本中记述了斯科特对国家的自豪和对家人的思念。他们死的地点距离最近的补给站仅20公里，尸体连同日记在六个月后才被发现，他们死时还带着十多公斤的岩石标本。

人类群星闪耀时
南极之争
图上为南极极点附近，后来修建了阿蒙森-斯科特南极站，以此纪念在1911年12月第一个抵达南极点的罗尔德·阿蒙森和1912年1月抵达的罗伯特·斯科特。
AUSTRALIA
ANTARCTICA
Esri, HERE, FAO, NOAA

人类群星闪耀时
封闭的列车
1917年，俄国爆发了二月革命，此时尚在中立国瑞士的列宁深知自己需要马上返回俄国，但由于邻国德国陷入了一战无法直接通行。经过艰难的协商，德国最终同意协助列宁乘坐由德国安排的“密封列车”回国。1917年4月9日，列宁登上了从瑞士过境德国回到俄国的列车，这列封闭的列车就像一枚炮弹，把革命的导师送回了祖国，这一炮，击中和毁灭了一个帝国、一个世界。

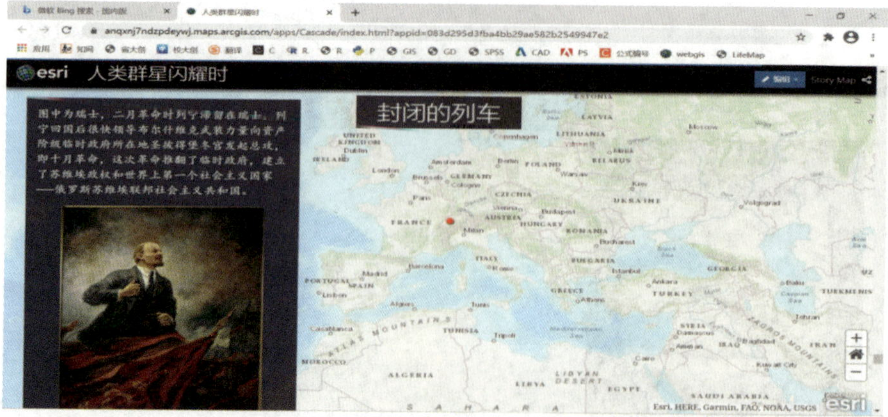

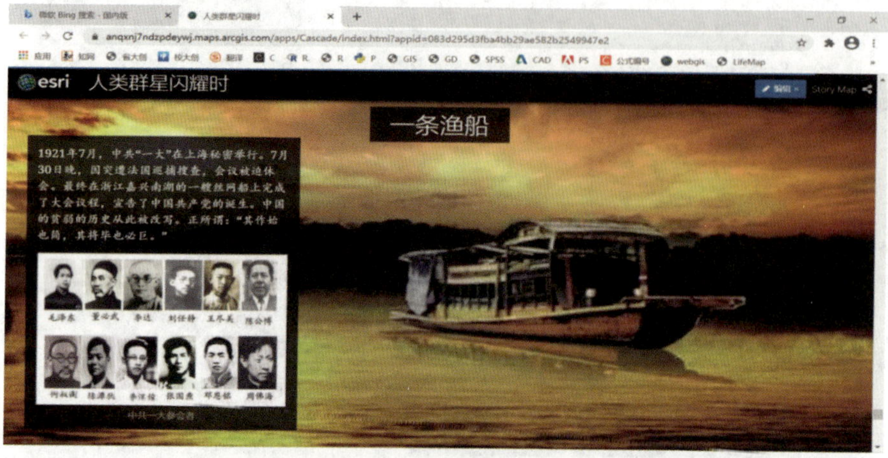

3.1.3 实现步骤

（1）准备数据

①确定内容后，在地图查看器中点击“测量”—“位置”，在地图上寻找事件点发生的位置，用鼠标获取该位置经纬度，并将经纬度添加到数据表格中。

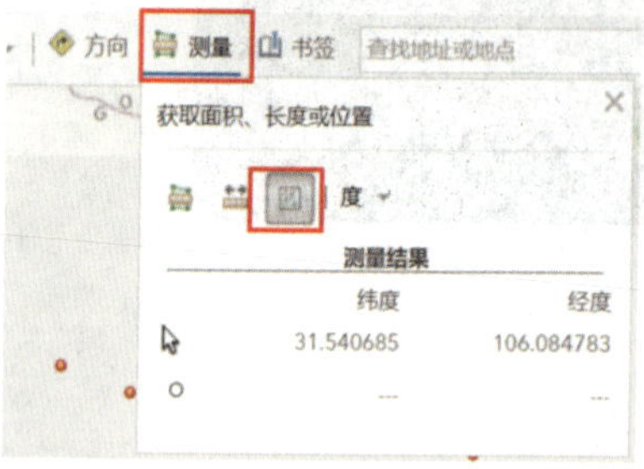

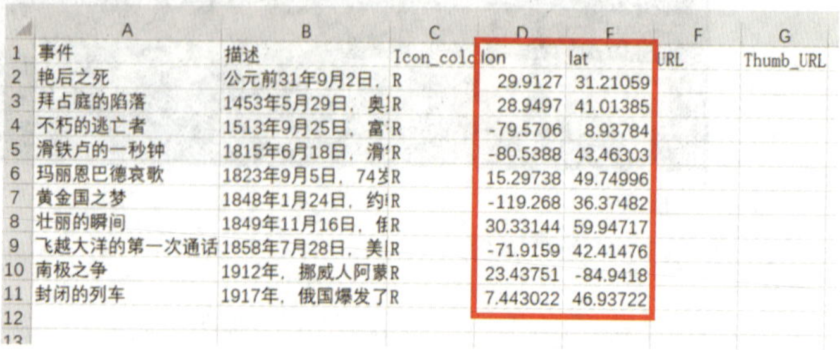

	A	B	C	D	E	F	G
1	事件	描述	Icon_colo	lon	lat	URL	Thumb_URL
2	艳后之死	公元前31年9月2日，	R	29.9127	31.21059		
3	拜占庭的陷落	1453年5月29日，奥	R	28.9497	41.01385		
4	不朽的逃亡者	1513年9月25日，富	R	-79.5706	8.93784		
5	滑铁卢的一秒钟	1815年6月18日，滑	R	-80.5388	43.46303		
6	玛丽恩巴德哀歌	1823年9月5日，74岁	R	15.29738	49.74996		
7	黄金国之梦	1848年1月24日，约	R	-119.268	36.37482		
8	壮丽的瞬间	1849年11月16日，任	R	30.33144	59.94717		
9	飞越大洋的第一次通话	1858年7月28日，美	R	-71.9159	42.41476		
10	南极之争	1912年，挪威人阿蒙	R	23.43751	-84.9418		
11	封闭的列车	1917年，俄国爆发了	R	7.443022	46.93722		
12							

②寻找与事件对应的图片，复制图片链接，将链接添加到表格中。

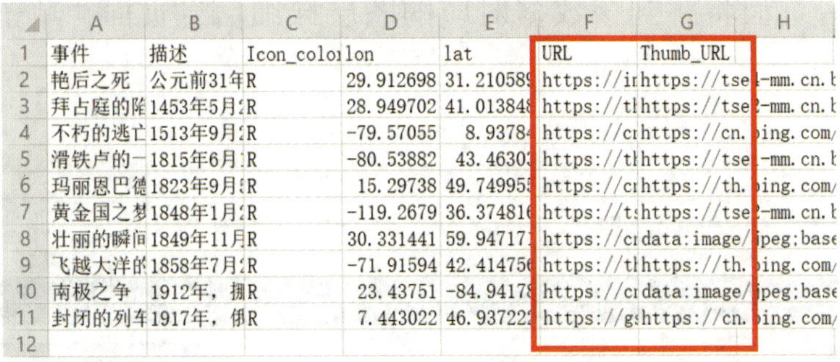

	A	B	C	D	E	F	G	H
1	事件	描述	Icon_colo	lon	lat	URL	Thumb_URL	
2	艳后之死	公元前31年	R	29.912698	31.210589	https://i	https://tse	-mm.cn.b
3	拜占庭的陷	1453年5月	R	28.949702	41.013848	https://t	https://tse	-mm.cn.b
4	不朽的逃亡	1513年9月	R	-79.57055	8.93784	https://c	https://cn.	bing.com/
5	滑铁卢的一	1815年6月	R	-80.53882	43.46303	https://t	https://tse	-mm.cn.b
6	玛丽恩巴德	1823年9月	R	15.29738	49.749955	https://c	https://th.	bing.com/
7	黄金国之梦	1848年1月	R	-119.2679	36.374816	https://t	https://tse	-mm.cn.b
8	壮丽的瞬间	1849年11月	R	30.331441	59.947171	https://c	data:image/	jpeg;base
9	飞越大洋的	1858年7月	R	-71.91594	42.414756	https://t	https://th.	bing.com/
10	南极之争	1912年，挪	R	23.43751	-84.94178	https://c	data:image/	jpeg;base
11	封闭的列车	1917年，俄	R	7.443022	46.937222	https://g	https://cn.	bing.com/
12								

③将表格保存为 CSV UTF-8 格式，避免上传至 Web GIS 平台后中文字符无法显示。

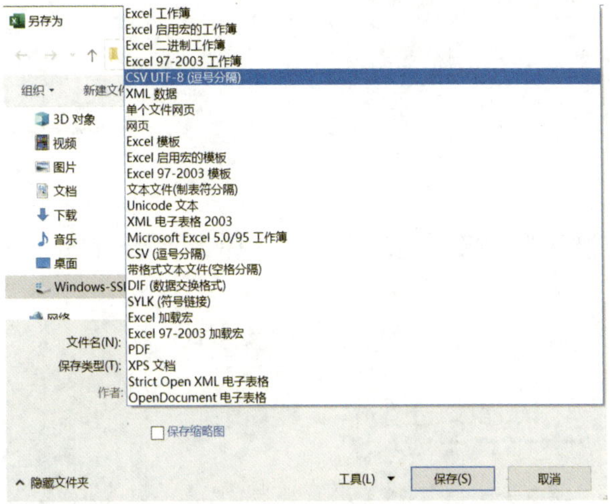

④登录 ArcGIS Online 官网，在“内容”栏目中找到“添加项目”，选择整理好的excel 表格，填写信息，注意确认文件中拾取的坐标为经度和纬度，完成后单击“添加项目”，至此数据准备完成。

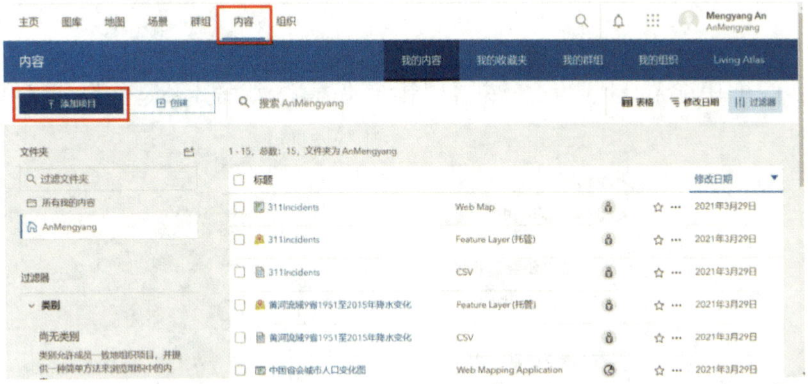

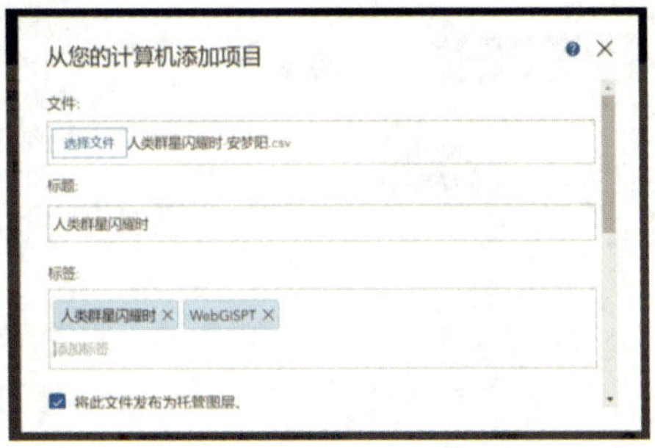

（2）创建 Web 地图

①上传数据后页面将跳到该数据对应的图层详细信息页面，单击右侧的“在 Map Viewer 中打开”。

②鼠标放在 “人类群星闪耀时”图层上，选择下方出现的“更改样式”。

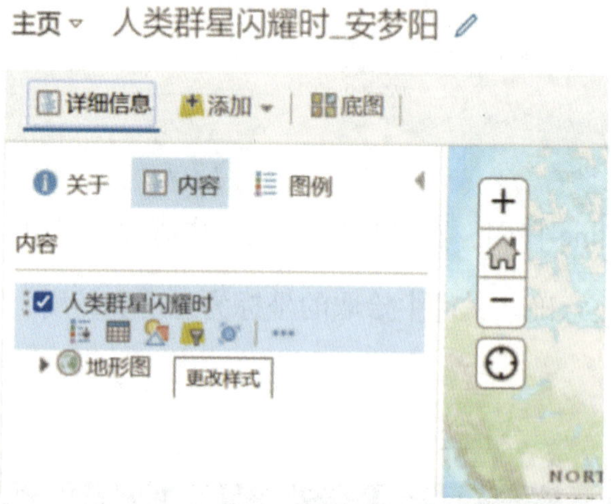

③选择“位置（单个符号）”，然后单击“位置”绘制样式上的“选项”。

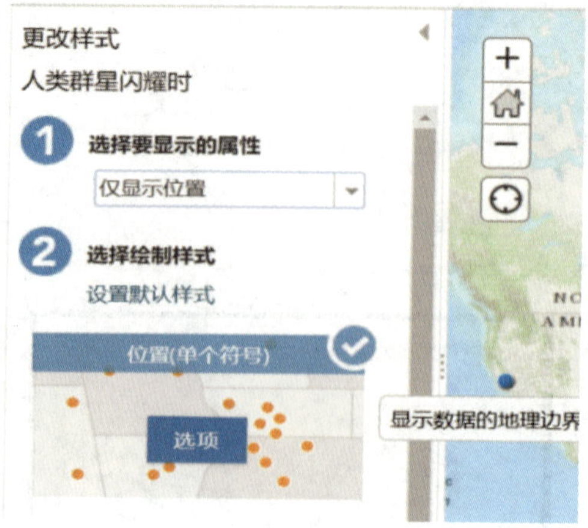

④单击符号图标，更改图例符号。完成后点“确定”“完成”。

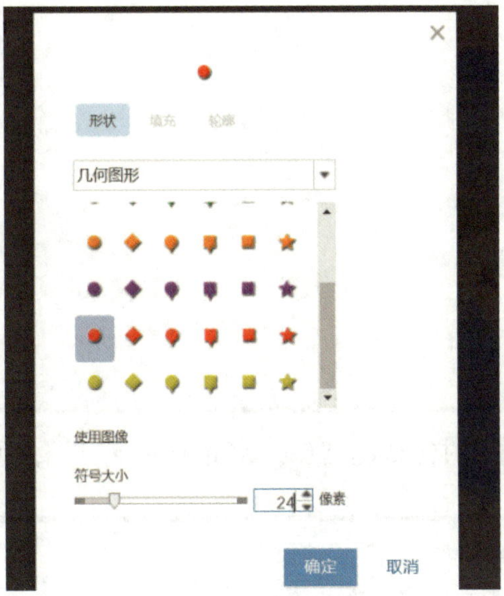

⑤点击地图上方的“保存”，保存地图。

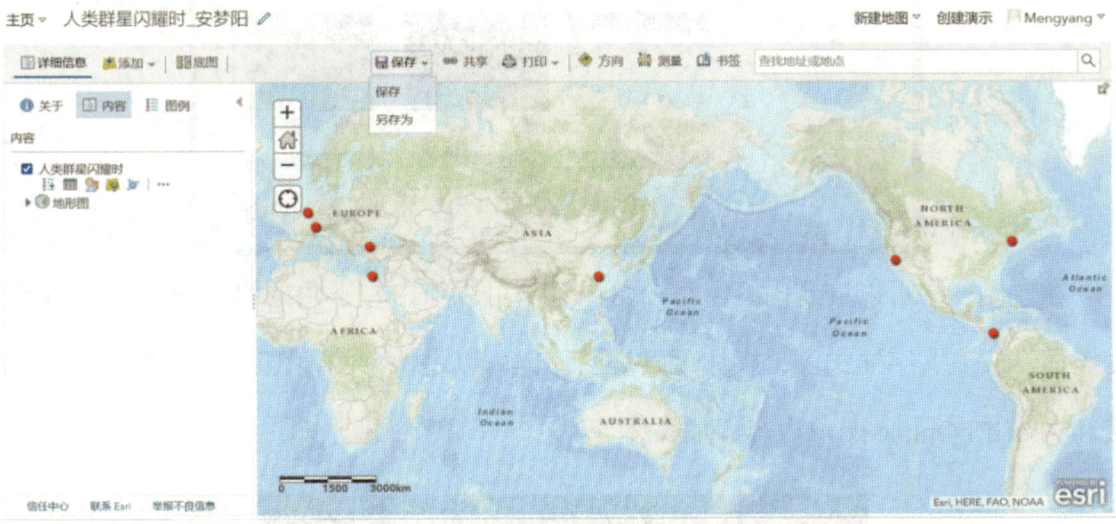

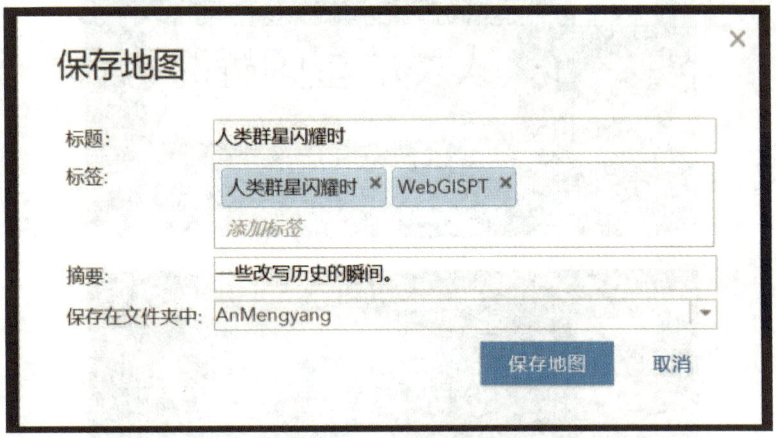

（3）创建和分享 Web 应用程序

①点击地图上方的“共享”，勾选共享对象为“所有人（公共）”，然后点击“创建

Web 应用程序”。

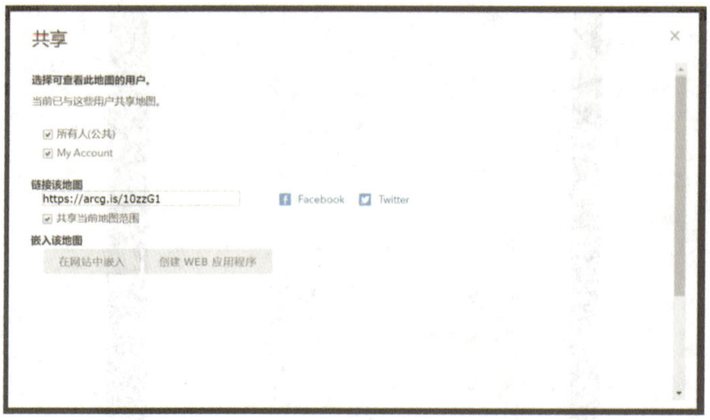

②选择“构建故事地图”中选取“Story Map Cascade”，创建 Web 应用程序。

③在左侧栏中可以增删内容，每一页内容都可以点击左下角的铅笔图标进行编辑，如改变媒体、改变文字样式等，媒体可以是图片也可以是保存的地图，支持通过本地、网络连接和 ArcGIS Online 账户内容添加媒体。

④单击每一页下方的加号，可以在此处插入新的章节，可以是文字、媒体、标题或拟真。

⑤同一个地图添加进去显示的样子是一样的，为了突出每个章节对应的地点，这里额外制作的 9 个地图，分别对应 9 个章节，每个地图上仅有 1 个事件点。

⑥添加所有内容后，单击左上角的“保存”，Web 应用程序制作完成。（链接：https://arcg.is/1P44Xi1）

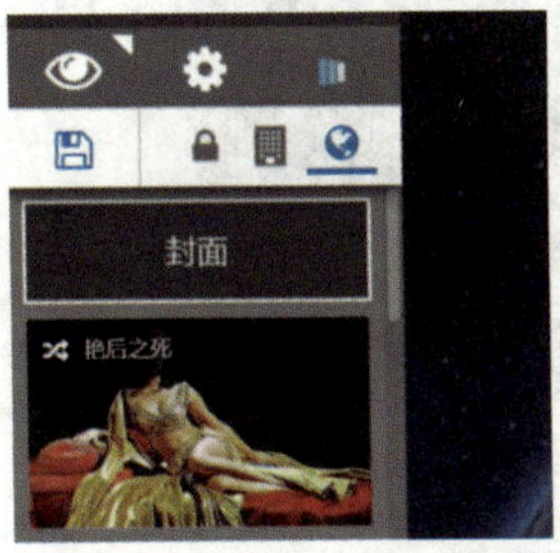

〔河南大学 2018 级地理科学专业（实验班）　安梦阳〕

3.2 中国十大博物馆Web地图

3.2.1 项目介绍

项目名称：中国十大博物馆

项目想法来源：中华民族有着五千年的悠久历史，留下了数不尽的文明，博物馆中保存了人类文化遗产的实物，供后人欣赏与学习。基于《Web GIS 原理与应用》课程所学的知识，借助 ArcGIS Online 平台，实现对中国十大博物馆的介绍，将其以图片和文字结合的形式呈现出来。

项目目的：让更多人可以更加便捷地了解中国的十个具有代表性的博物馆，吸引大家的旅游兴趣。

使用工具：ArcGIS Online

3.2.2 项目展示

（1）Web 应用程序网址

https://arcg.is/5O4m8

（2）Web 地图网址

https://arcg.is/05v4010

（3）部分内容展示

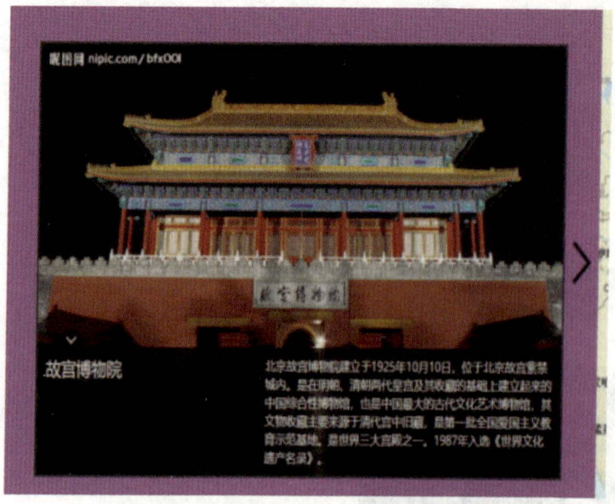

3.2.3 实现步骤

（1）准备数据

①通过百度，搜索中国十大博物馆的排名和简介。

②使用 ArcGIS Online 中地图板块查询博物馆的经纬度信息（以故宫博物院为例）：在搜索栏搜索并定位到故宫博物院，放大到最大，使用测量工具记录该位置的经纬度信息，复制粘贴到 Excel 表格中。

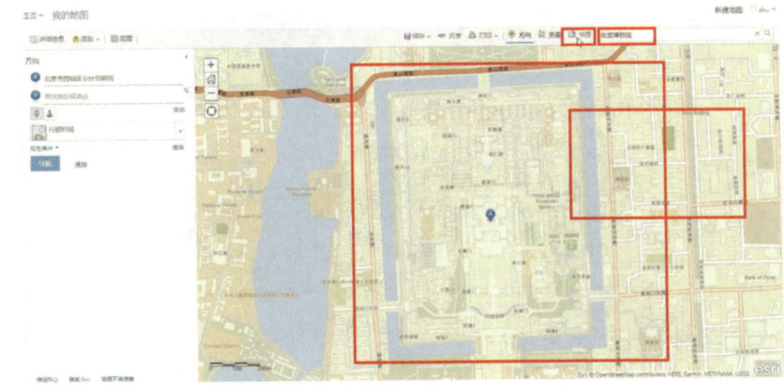

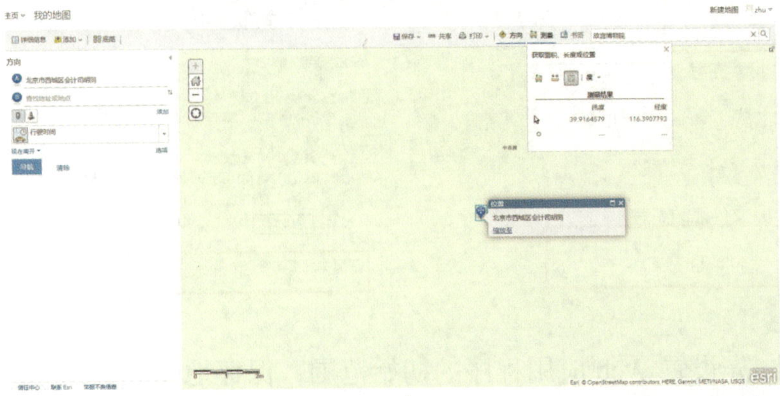

③搜索合适的图片，复制粘贴图片的 URL 和缩略图的 URL 到 Excel 中。

④另存为 .csv 文件。

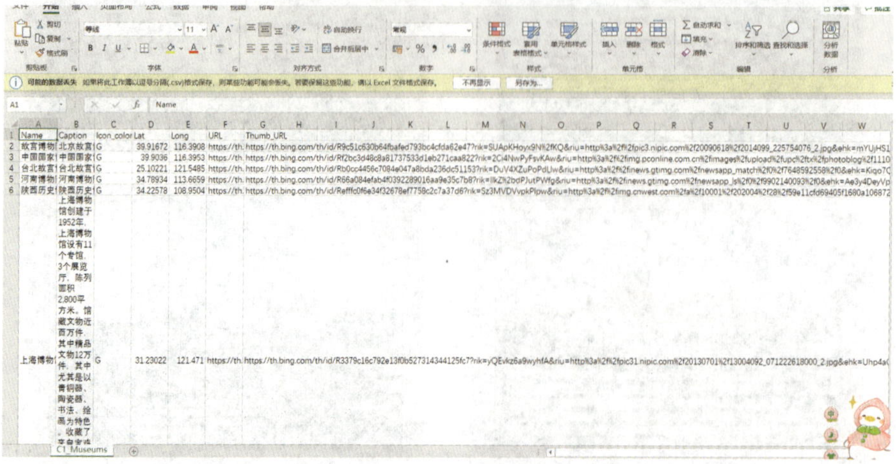

（2）创建 Web 地图

①选择合适的底图，这里选择街道图。

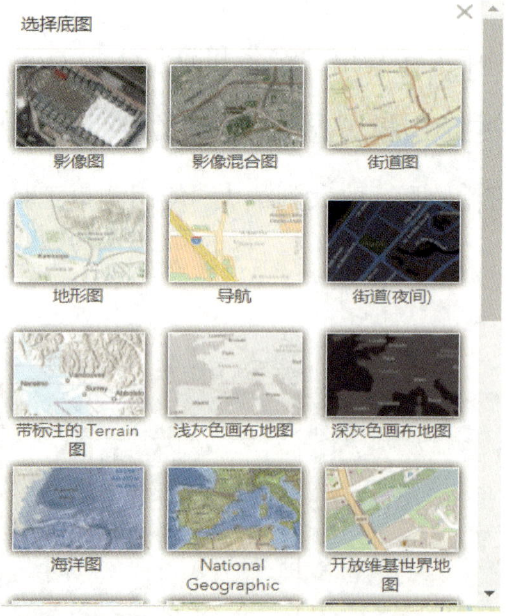

②将 CSV 文件添加到地图查看器。

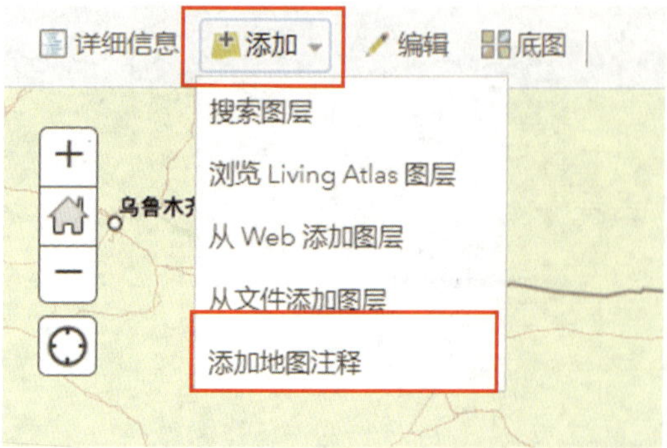

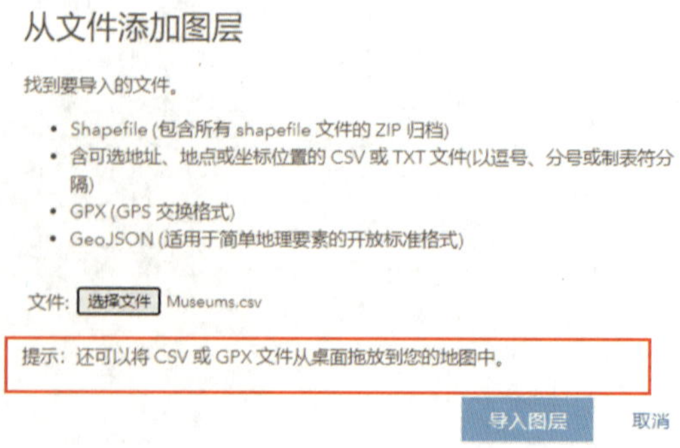

③保存地图，先设置 Web 应用程序的初始范围，保存地图的详细信息。

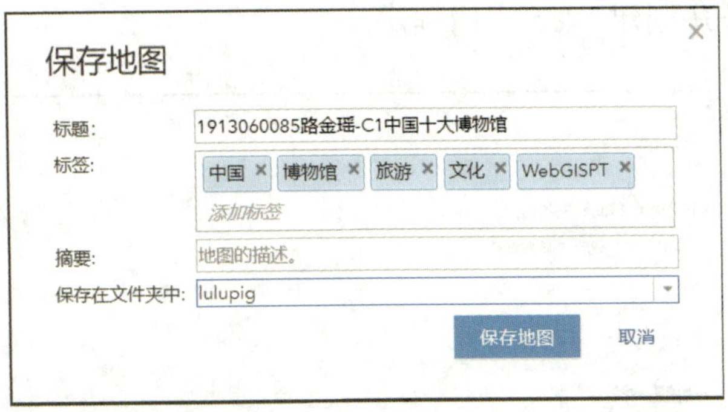

④更改图层符号和配置弹出窗口：从地图详细信息内容的选项找到 museums 图层，更改样式选择单个符号，设置喜欢的符号、大小和颜色，配置弹出窗口仅显示名字和简介。

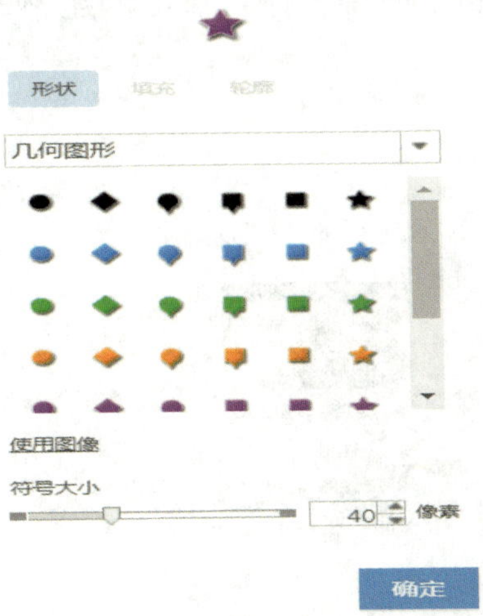

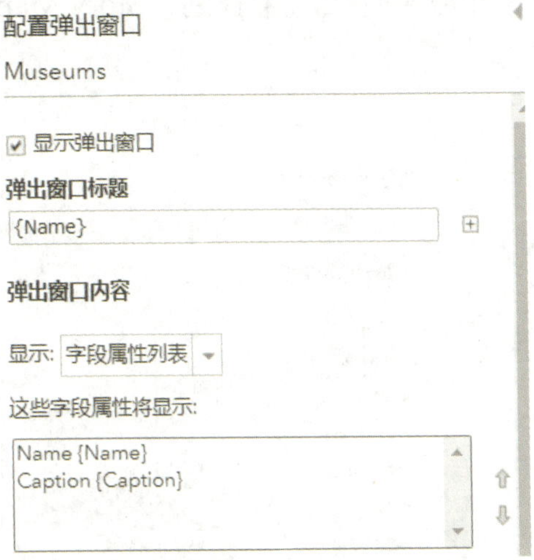

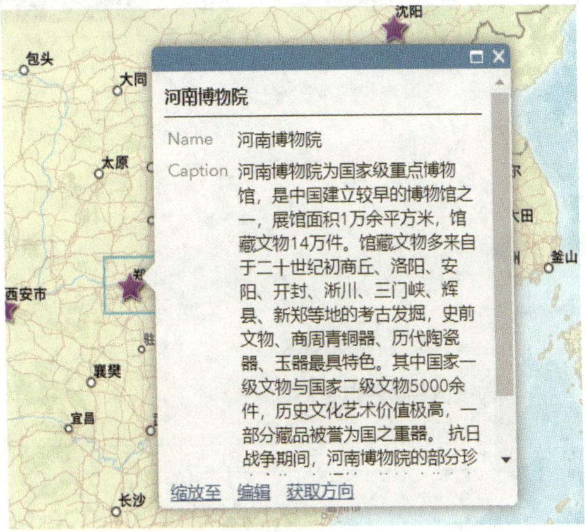

⑤保存。

（3）使用故事地图模板创建 Web 应用

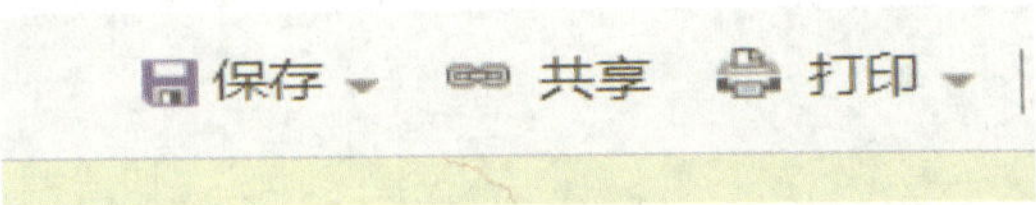

①在地图查看器中打开共享窗口。

②设置共享范围等并创建 Web 应用程序。

③从“构建故事地图”中找到“Story Map Tour”应用程序，点击创建 Web 应用程序，输入详细信息。

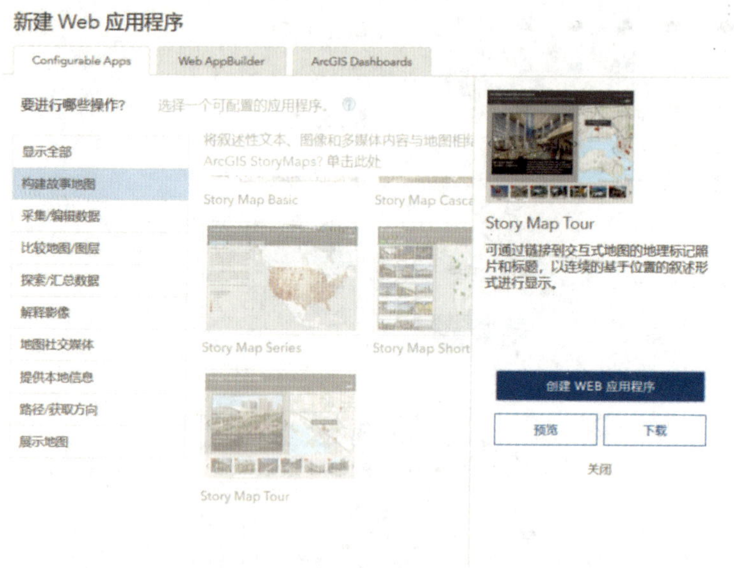

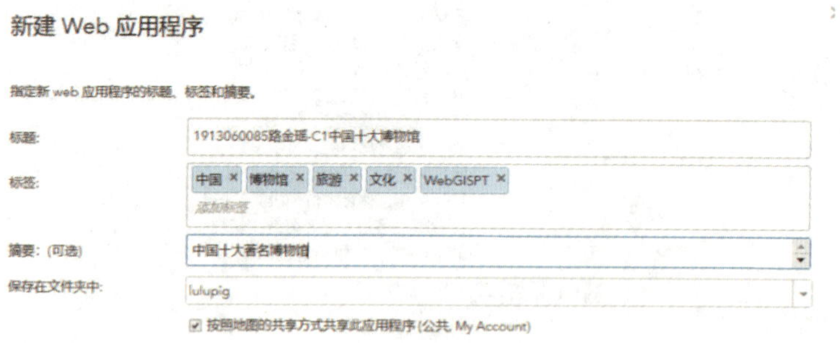

④配置 Web 应用程序。

通过设置更改布局、颜色、标题、缩放级别等，最后保存设置。

⑤共享应用程序（直达链接：https://arcg.is/5O4m8）。

（河南大学 2018 级地理信息科学专业　路金瑶）

3.3　“开封四月醉清明”主题活动巡回Web地图

3.3.1　项目介绍

项目名称：“开封四月醉清明”主题活动巡回地图

项目想法来源：开封市有许多旅游景点，清明节时会举办一系列活动，能否利用《Web GIS 原理与应用》课程所学知识，借助编程和 ArcGIS Online 平台，实现“开封四月醉清明”主题文化节的活动地点的地图表征，内容以图片和文字结合的形式呈现出来。

项目目的：利用 Web GIS 课上所学知识，将“开封四月醉清明”主题活动与地理坐标联系起来，通过网页将主题活动安排以清晰直观的地图形式展现，宣传开封清明主题活动，以带动旅游、促进招商、拉动消费，丰富清明文化内涵，不断扩大开封作为清明文化传承基地的影响力，助力开封建设世界历史文化名都。

使用工具：ArcGIS Online、百度地图坐标拾取系统

3.3.2　项目展示

（1）主题活动巡回地图 Web 网址

https://arcg.is/158er11

（2）具体布局、功能及内容介绍：

①布局：最上方绿色模块显示项目名称、简介及模块，5个标签将项目分为五部分。

②功能：5个标签分别表示“清明文化节地点篇”“清明民俗文化篇”“文化＋夜游篇”“文化＋科技篇”“赏花篇”，五个模块基本涵盖了开封清明文化节的主要活动，浏览者根据自己的需求进入不同的模块，寻找自己感兴趣的活动。

③内容：“清明文化节地点篇”包含开封清明文化节所有活动地点简介、项目汇总，“清明民俗文化篇”“文化＋夜游篇”“文化＋科技篇”“赏花篇”四篇内容分别包含其对应的活动介绍、照片、地点，点击自己感兴趣的活动了解详情。

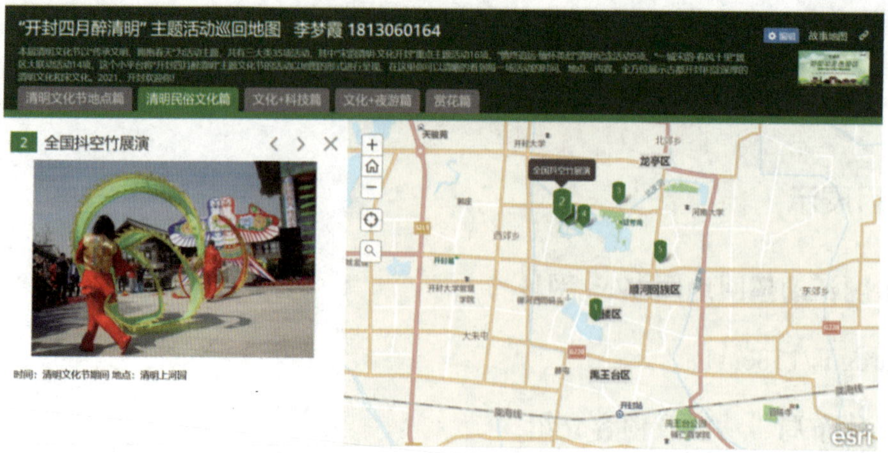

3.3.3 实现步骤

（1）准备数据

利用百度地图拾取所有地点的经纬度，输入 Excel 表格，生成 CSV 格式。

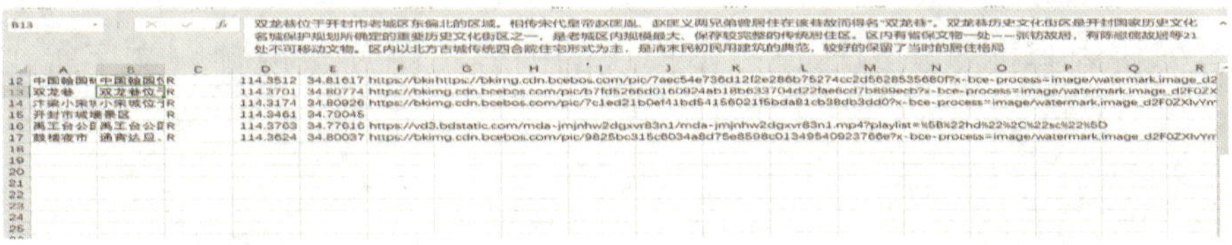

（2）可视化地图

①登陆 ArcGIS Online，选择一个底图模板，创建地图。

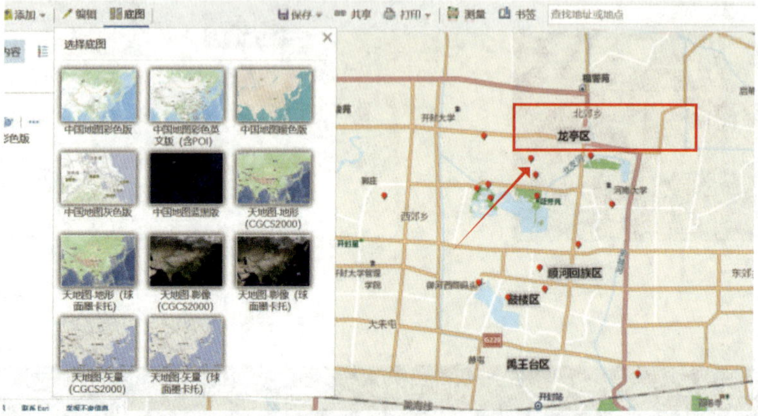

②点击“添加”，将制作的 CSV 文件添加到地图模板中。

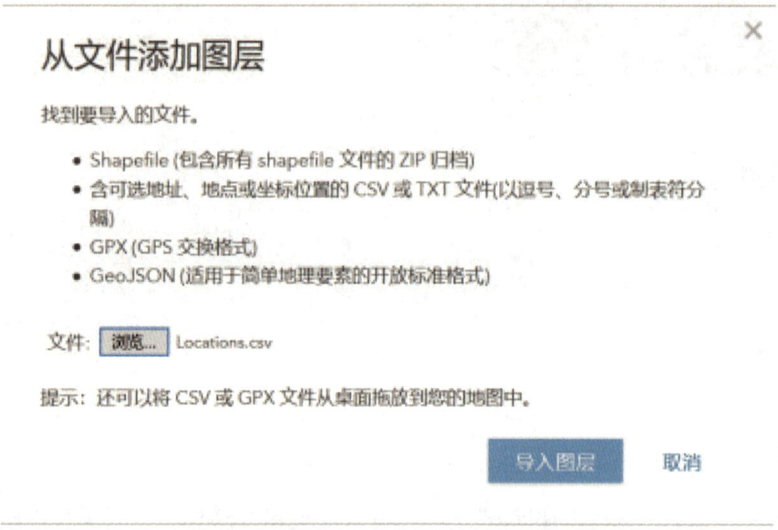

③对添加的地图，以 name 为可视化字段，选择绘制样式并添加标注。

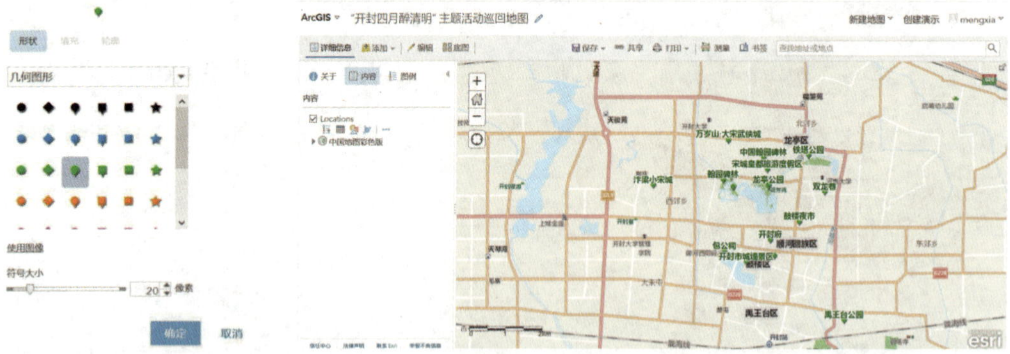

④保存地图后，点击“共享”，创建 WEB 应用程序，选择故事地图模板。

⑤设置各模块内容标签，编辑每一个模块的内容（图片、视频、文字等）。

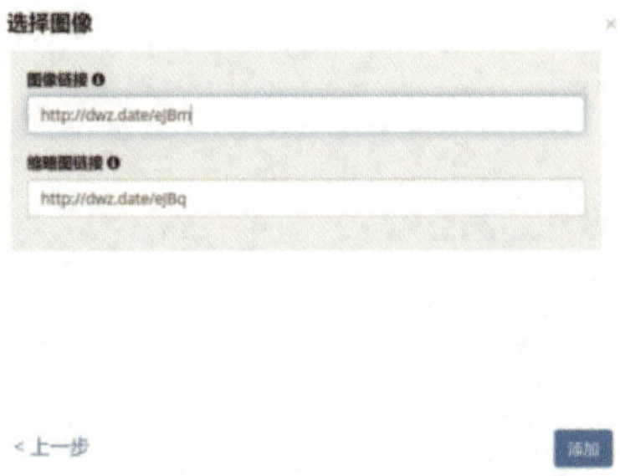

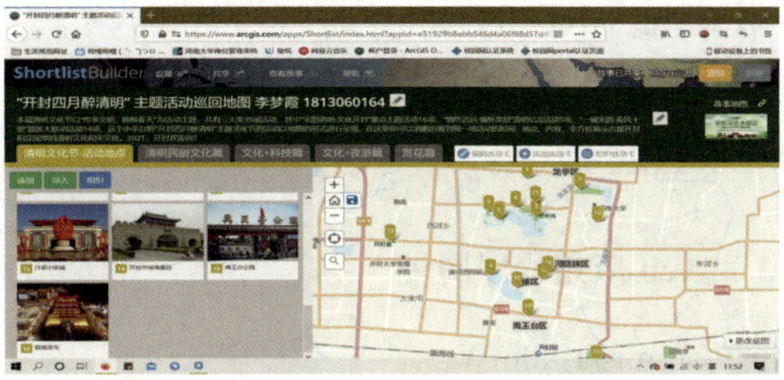

（3）保存和共享故事地图

①共享应用，复制生成的 HTML 代码。

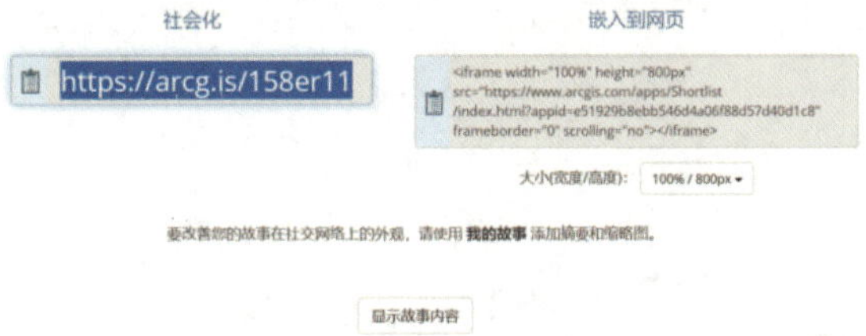

②新建 txt 文件，拷入 HTML 代码，存储文件后缀为 HTML，生成网页。

〔河南大学 2018 级地理科学专业（实验班）　李梦霞〕

3.4　重走长征路——中央红军行进路线Web地图

3.4.1　项目介绍

项目名称：重走长征路—中央红军行进路线

项目想法来源：2021 年是中国共产党建党 100 周年，这 100 年是矢志践行初心使命的 100 年，是筚路蓝缕奠基立业的 100 年，是创造辉煌开辟未来的 100 年。通过制作红军长征故事地图，感受长征精神，回顾百年党史，勇担历史责任。

项目目的：基于《Web GIS 原理与应用》所学知识，借助故事地图模块，将中央红军长征路线呈现出来。同时，选取 2005 和 2015 两个年份的 GDP 数据，对比两个年份的变化，感受在中国共产党的领导下，新时代中国经济的飞速发展，添加多媒体信息，让读者以多种视角了解更多长征故事。

使用工具：ArcGIS Online

3.4.2 项目展示

（1）Web 应用程序网址

https://arcg.is/1ui0mW

（2）Web 地图网址

https://b6rg5ypjuugdfsw7.maps.arcgis.com/apps/Compare/index.html?appid=30ea4ca80ab44b25b1e99caf5839d326

（3）部分内容展示

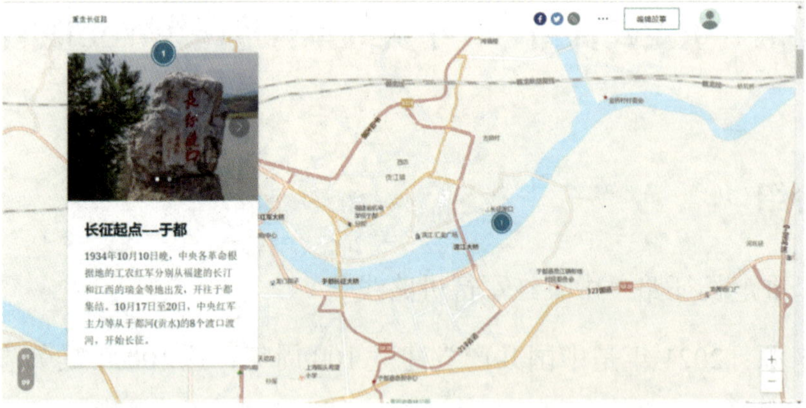

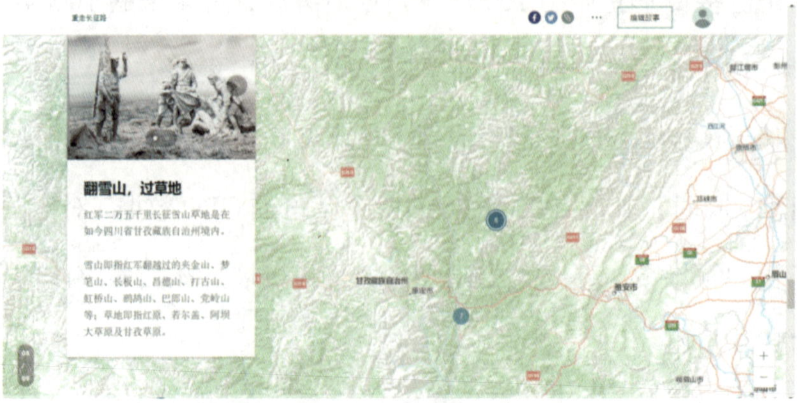

重走长征路丨路险、山陡、石多，当年的长征路是这样

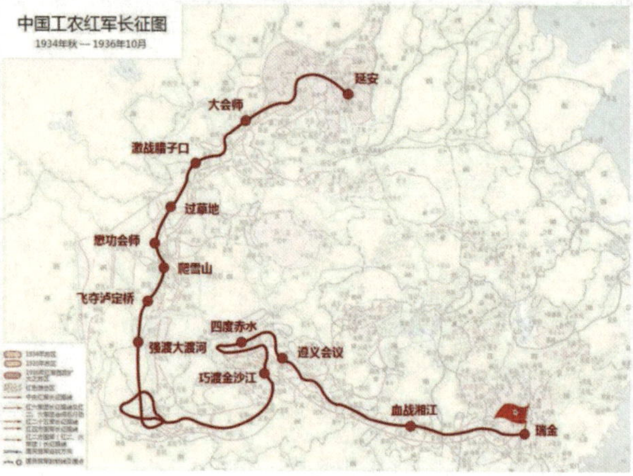

红军长征图

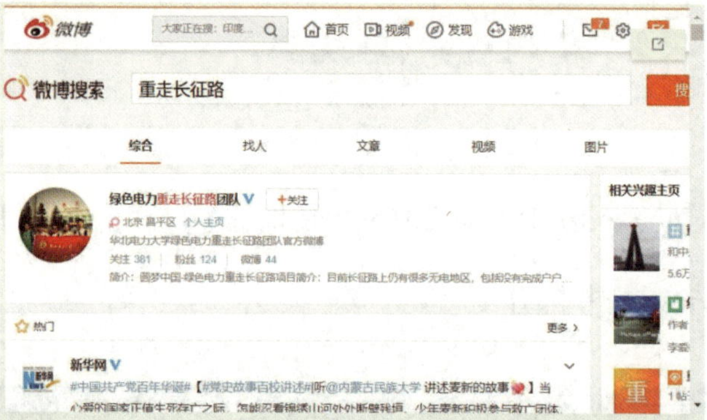

微博搜索

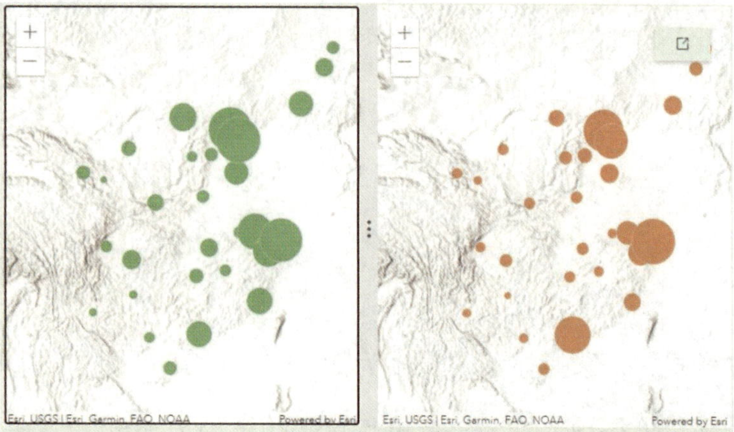

CN_31province_gdp_2015-2005比较

3.4.3 实现步骤

（1）准备数据

搜集中央红军长征路线上重大事件发生地的位置、图片和视频等资料。

（2）创建比较程序

①搜索中国 GDP 分布地图。

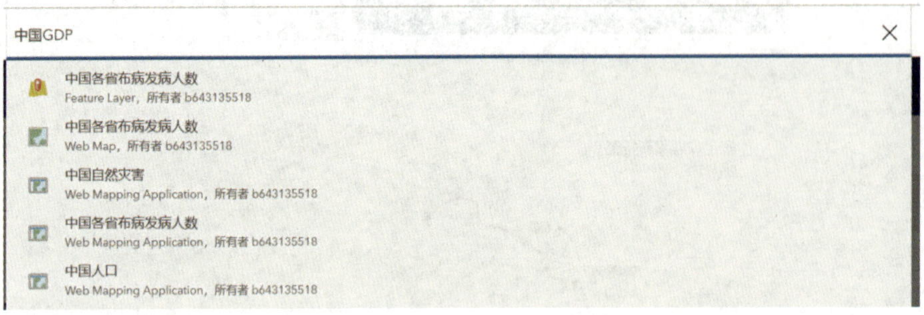

②选择 CN_31province_gdp_1995to2015，该地图包含了中国 1995~2015 年各省 GDP 数据，点击“在 Map Viewer 中打开”。

③点击“更改样式”，选择显示的属性为 2015 年的 GDP 数据，选择绘制样式为“计数和数量（大小）”，进行相关设置。这里将显示颜色选为绿色。

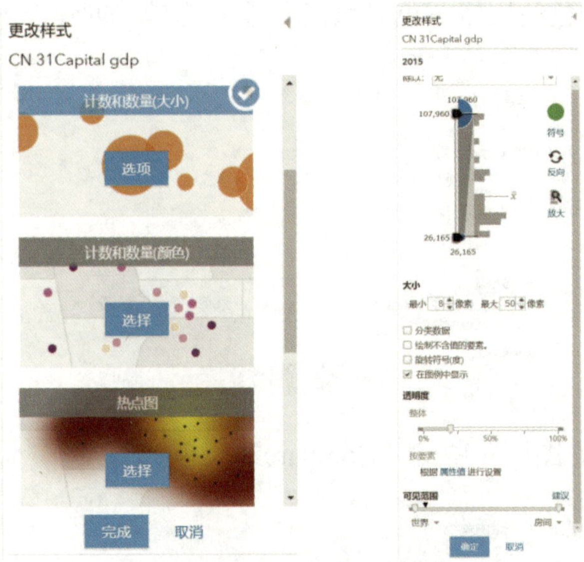

④点击另存为，修改名称 CN_31province_gdp_2015- 副本。

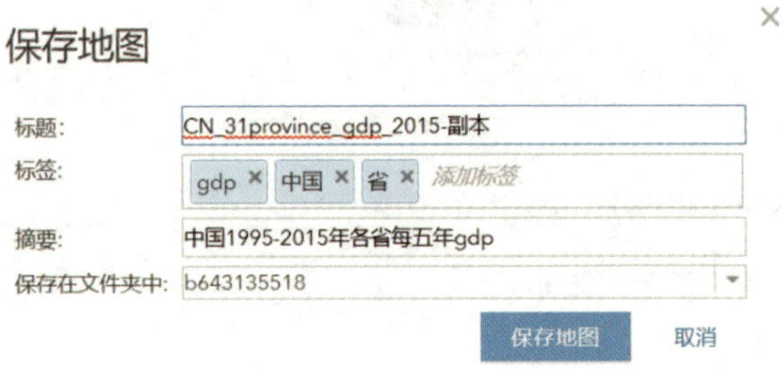

⑤将地图共享。

⑥同样的方法，创建一个中国 2005 年各省 GDP 的地图，命名为 CN_31province_

gdp_2005 副本，显示颜色使用橙黄色。点击共享，选择“创建 WEB 应用程序”。

⑦选择“比较地图 / 图层”中的“Compare”模板。

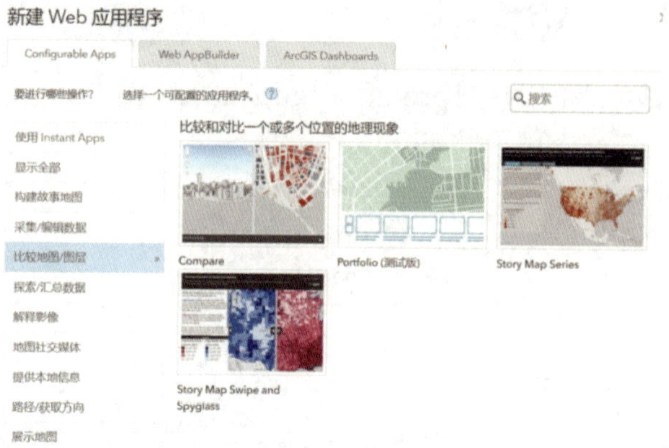

⑧在设置中，为 Map2 选择 2015 年的地图。

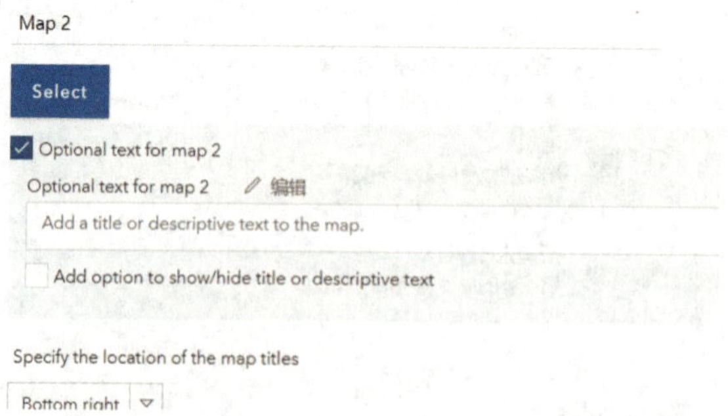

⑨点击保存，复制本程序链接。

（3）创建故事地图

（https://b6rg5ypjuugdfsw7.maps.arcgis.com/apps/Compare/index.html?appid=30ea4ca80ab44b25b1e99caf5839d326）

①登陆 https://storymaps.arcgis.com/，点击“新建故事”，再选择“向导式地图游览”。

②编辑故事封面的标题、副标题和作者，设置封面图像。

③点击“添加位置”，搜索地点并标记，这里可以自定义缩放等级，使地图呈现想要的尺度。

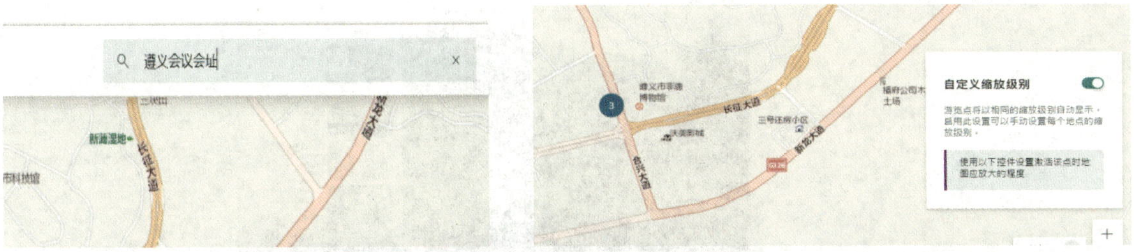

④为位置添加媒体、标题和描述。点击添加图片或视频，添加图片链接。每个位置可

以设置多个链接。

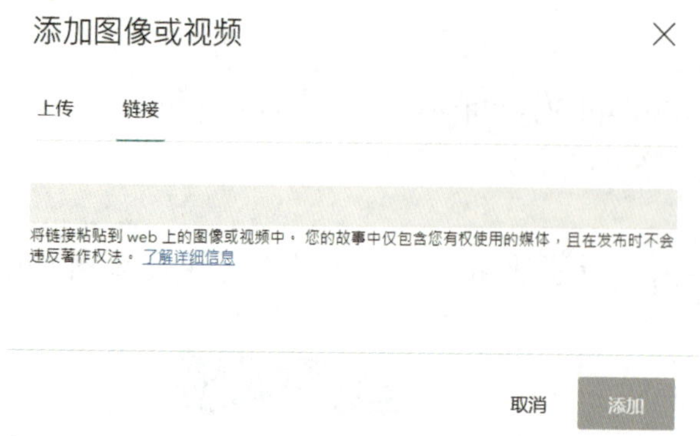

重复以上步骤将中央红军长征路线上的重大事件添加到故事中。

⑤在故事中点击“+”，选择添加影像，将图片链接上传。

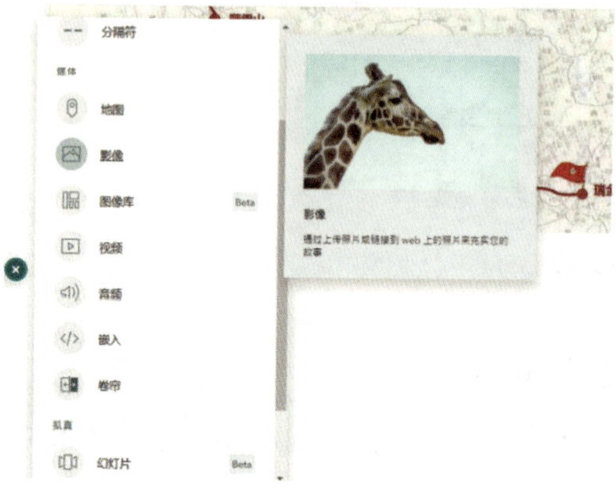

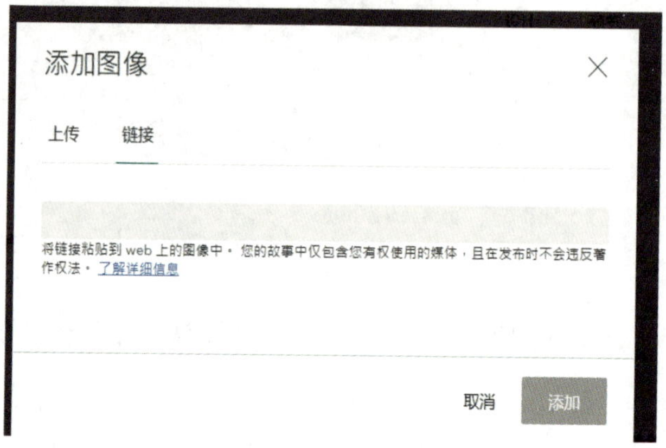

⑥相同的方式，添加视频，此处视频自己录屏并上传。

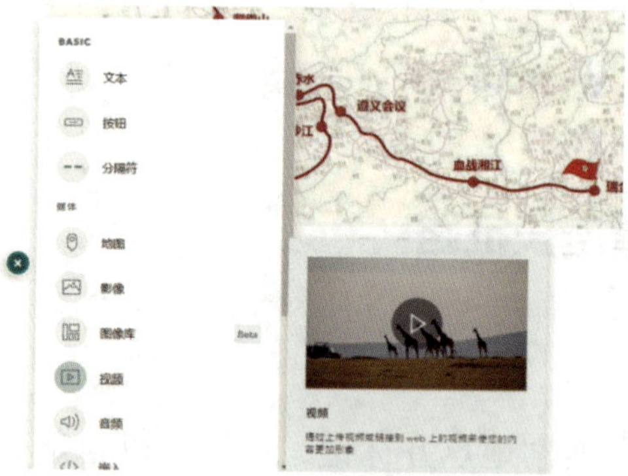

⑦用相同的方式添加网页。

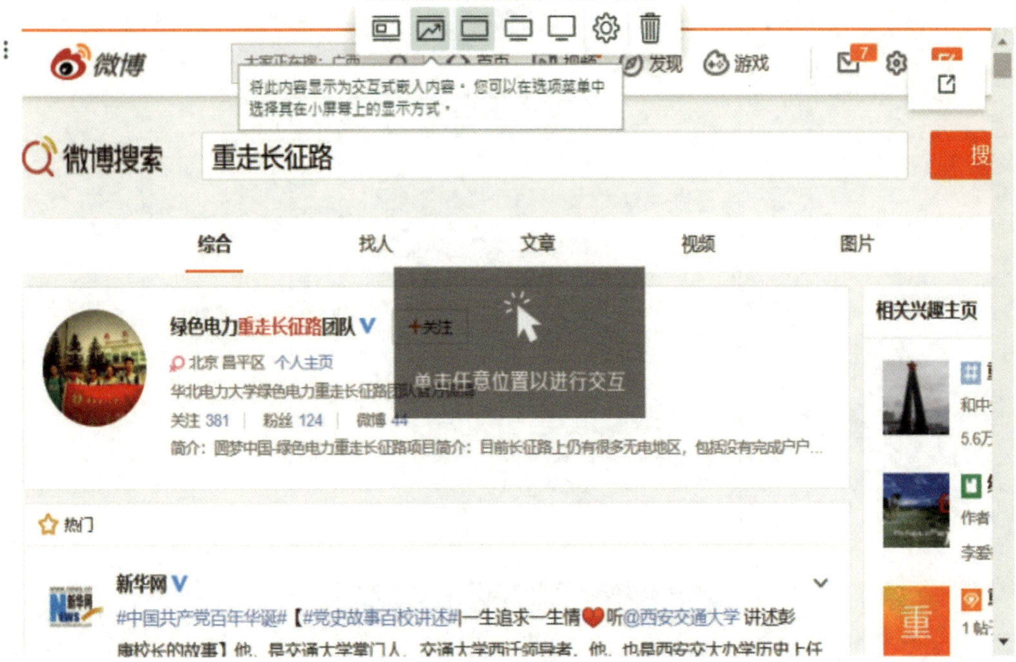

微博搜索

⑧添加应用程序，点击嵌入，将上一步做好的程序连接上传。选择“将此内容显示为交互式嵌入内容”。

（4）发布故事

点击“共享”，选择“所有人（公共）”，发布故事后复制故事链接 https://arcg.is/1ui0mW。

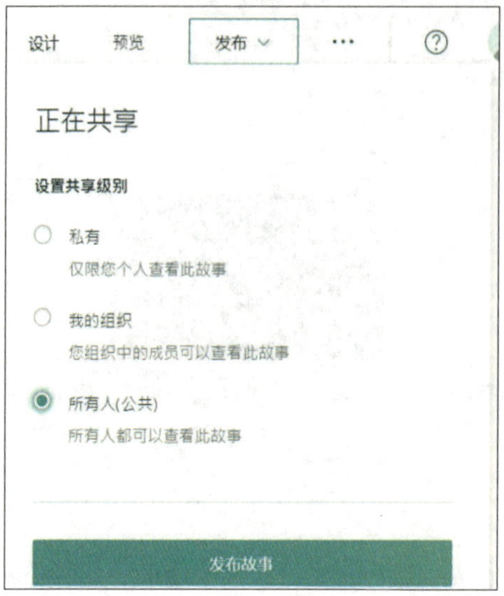

〔河南大学 2018 级地理科学专业（实验班） 卜腾霄〕

案例四
基于要素服务的数据可视化应用

本部分主要由“一带一路”沿线各国 GDP 变化图、中国年末人口流动图、中国各省人均水资源量图、中国省会城市 GDP 变化时空格局图四部分组成。

4.1 “一带一路”沿线各国GDP变化图

4.1.1 项目介绍

项目名称：“一带一路”沿线各国 GDP 增长情况

项目想法来源：“一带一路”（The Belt and Road，缩写 B&R）是“丝绸之路经济带”和“21 世纪海上丝绸之路”的简称。“一带一路”的倡议顺应了我国对外开放区域结构转型的需要，顺应了中国要素流动转型和国际产业转移的需要，顺应了中国与其他经济合作国家结构转变的需要，顺应了国际经贸合作与经贸机制转型的需要。对中国而言，“一带一路”意味着新机遇、新挑战。因此，本项目结合《Web GIS 原理与应用》课程所学知识，通过展示“一带一路”沿线各国 GDP 增长情况，呈现“一带一路”各国的经济发展现状。

项目目的：创建一个 Web 场景和 Web 应用展示“一带一路”沿线上各国的 GDP 增长情况，比较不同时期各国经济增长速度。

使用工具：ArcGIS Online，Chrome 浏览器，Office。

4.1.2 项目展示

（1）Web 地图网址

https://www.arcgis.com/home/webmap/viewer.html?url=https://services ⑤ arcgis.com/aj32Yi3fiDcJV6kQ/ArcGIS/rest/services/Data_on_GDP_growth_of_countries_along_the_Belt_and_Road/FeatureServer&source=sd

（2）具体内容

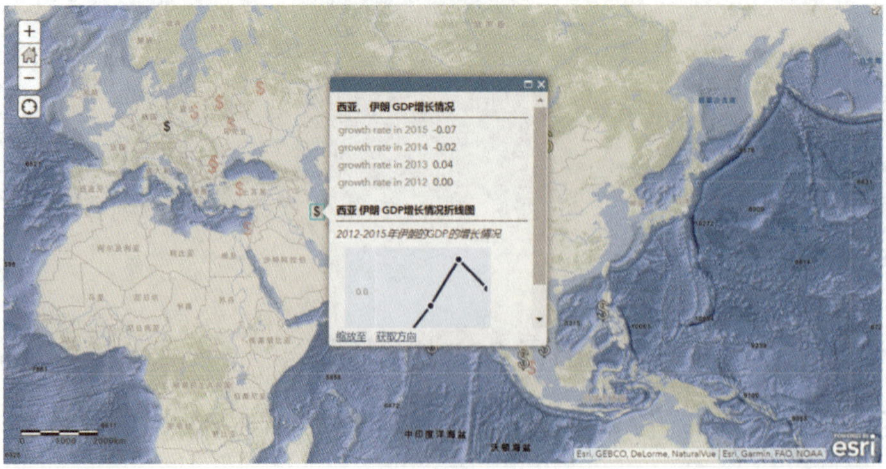

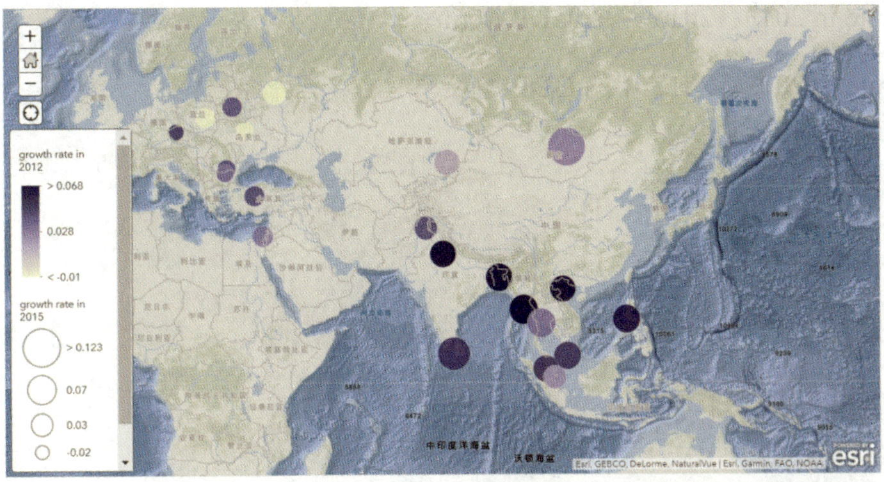

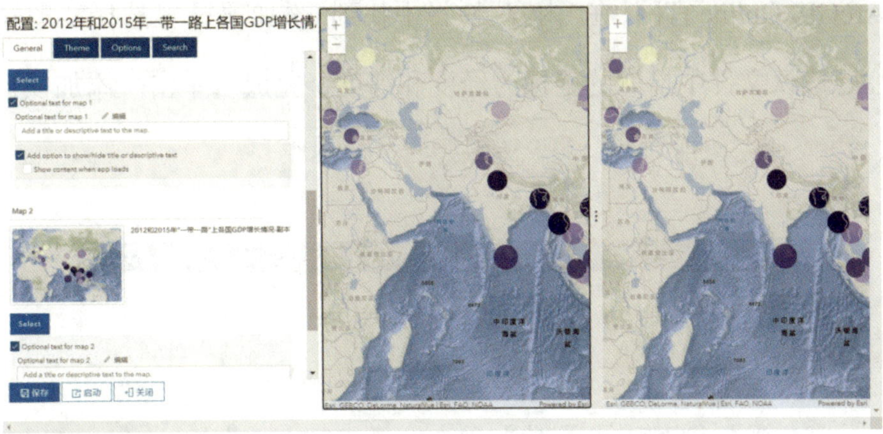

4.1.3 操作步骤

（1）准备数据

①确定要介绍的内容后，首先搜集数据。

在 Excel 中分别输入 2012 至 2015 年“一带一路”沿线各国的 GDP 增长数据以及各国的经纬度，并将其保存为 CSV 格式。

region：将“一带一路”沿线各国划分为东亚、西亚、中亚、独联体和中东欧五个地区。

nation：“一带一路”沿线各个国家的名称

lon：各国首都经度

lat：各国首都纬度

GDP：2015 年的各国 GDP 总量（亿）

GDP（%）：各国 GDP 占全球百分比

growth rate in 2015：2015 年的 GDP 增长率

growth rate in 2014：2014 年的 GDP 增长率

growth rate in 2013：2013 年的 GDP 增长率

growth rate in 2012：2012 年的 GDP 增长率

	A	B	C	D	E	F	G	H	I	J	K
1	region	nation	long	lat	GDP (hund	GDP(%)	growth ra	growth ra	growth ra	growth ra	CAGR
2	东亚	蒙古国	106.54	47.55	117.18	0.0002	0.1232	0.1165	0.0788	0.0236	0.08
3	东亚	新加坡	103.49	1.21	2927.34	0.004	0.0367	0.0467	0.0326	0.0201	0.03
4	东亚	马来西亚	101.41	3.08	2962.84	0.004	0.0547	0.0469	0.0601	0.0497	0.05
5	东亚	印度尼西亚	106.5	6.12	8589.53	0.0117	0.0603	0.0556	0.0502	0.0479	0.05
6	东亚	缅甸	96.09	16.48	628.77	0.0009	0.0733	0.0843	0.087	0.0703	0.08
7	东亚	泰国	100.31	13.45	3952.97	0.0054	0.0723	0.027	0.0082	0.0282	0.03
8	东亚	越南	105.51	21.02	1914.54	0.0026	0.0525	0.0542	0.0598	0.0668	0.06
9	东亚	菲律宾	120.59	14.36	2924.51	0.004	0.0668	0.0706	0.0622	0.0591	0.06
10	西亚	伊朗	51.26	35.4	3900.39	0.0053	-0.0661	-0.0191	0.0434	0.0038	-0.01
11	西亚	土耳其	32.51	39.55	7179.32	0.0098	0.0213	0.0419	0.0302	0.0398	0.03
12	西亚	以色列	34.46	32.04	2994.13	0.0041	0.0238	0.0438	0.0316	0.0251	0.03
13	南亚	印度	77.12	28.36	20730.02	0.0282	0.0562	0.0664	0.0724	0.0756	0.07
14	南亚	巴基斯坦	73.03	33.43	2710.5	0.0037	0.0384	0.0368	0.0405	0.0404	0.04
15	南亚	孟加拉	90.24	23.42	2065.31	0.0028	0.0626	0.0604	0.0631	0.0681	0.06
16	南亚	斯里兰卡	79.51	6.55	812.47	0.0011	0.0914	0.034	0.0488	0.0479	0.06
17	中亚	哈萨克斯坦	78.27	45.17	1843.61	0.0025	0.05	0.06	0.043	0.0116	0.04
18	独联体	俄罗斯	37.37	55.45	13260.16	0.0181	0.0352	0.0128	0.0071	-0.0373	0
19	独联体	乌克兰	30.31	50.27	905.24	0.0012	0.0024	-0.0003	-0.0655	-0.0987	-0.04
20	独联体	白俄罗斯	27.34	53.54	546.09	0.0007	0.0156	0.0126	0.0328	0.0365	0.02
21	中东欧	波兰	21	52.13	4747.75	0.0065	0.0173	0.0102	0.0172	-0.0389	0
22	中东欧	捷克	14.25	50.05	1851.56	0.0025	-0.008	-0.0048	0.0271	0.0454	0.01
23	中东欧	罗马尼亚	26.05	44.26	1779.56	0.0024	0.0064	0.0353	0.0296	0.0375	0.03

②登入 ArcGIS Online 官网，在“内容”栏目中找到“添加项目”，选择整理好的 csv 文件，填写信息，注意确认文件中拾取的坐标为经度和纬度，完成后单击“添加项目”，至此数据准备完成。

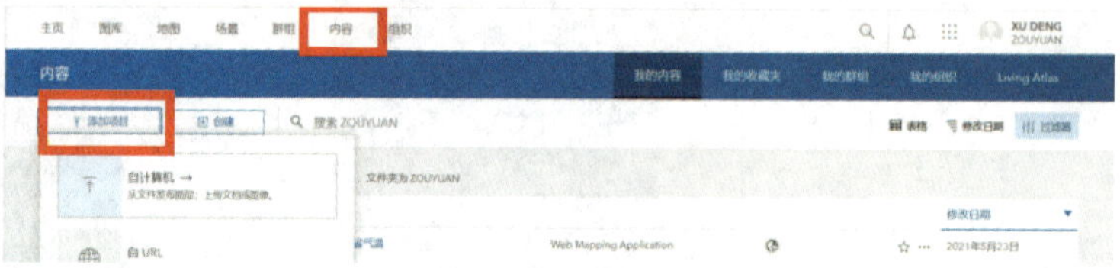

③浏览要素图层的详细信息页面，将原标题更改为“一带一路”上各国 GDP 增长情况，浏览标题、缩略图、描述、使用条款、评论次数、详细信息、所有者、文件夹、标签、制作者名单（属性）、URL 和最后修改日期等。

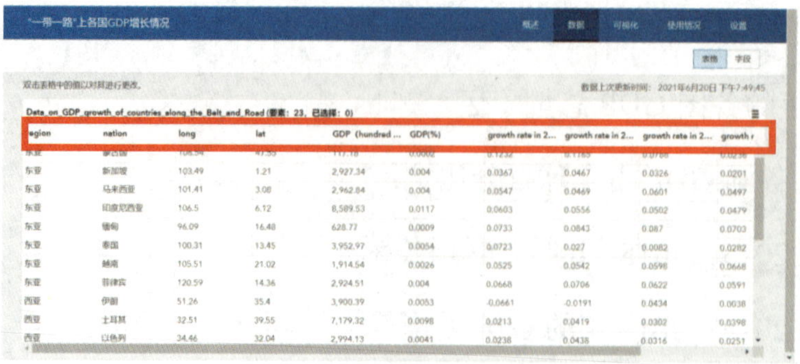

（2）创建 Web 地图

①打开图层详细信息页面，单击右侧的“在 Map Viewer 中打开”。

②鼠标放在地图左栏“‘一带一路’上各国 GDP 增长情况”图层上，选择下方出现的一排图标中的第三个“更改样式”。

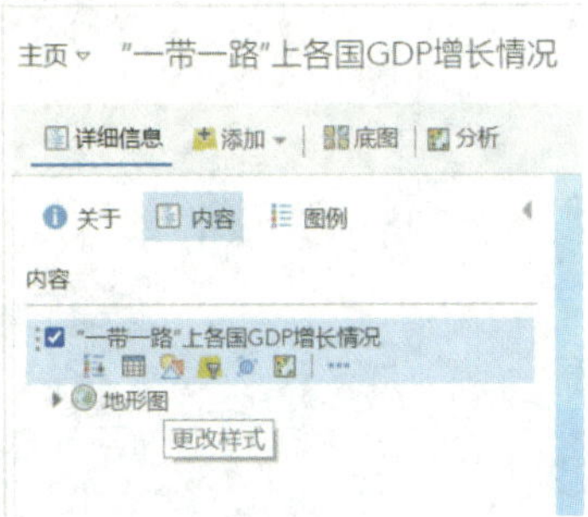

③在“更改样式”窗口，选取“热点图”，缩小图层以显示所有城市，然后单击热点图上的“选项”按钮。

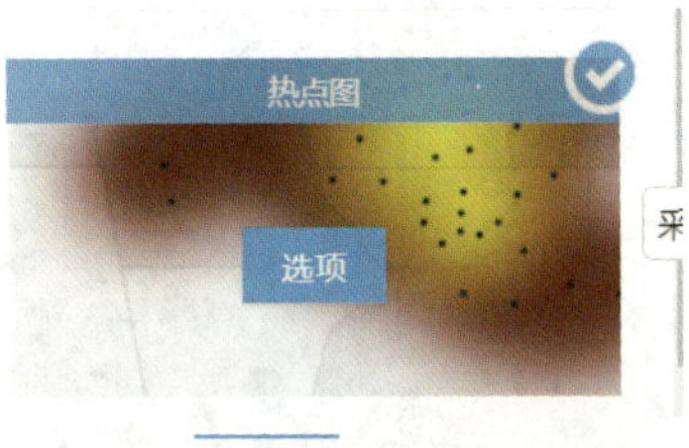

④调整色带左侧的两个手柄，观察热点图中点热度颜色的变化情况；调整“影响区域”的滑块，可以看到点集群变得更大更平滑或更小更清晰。

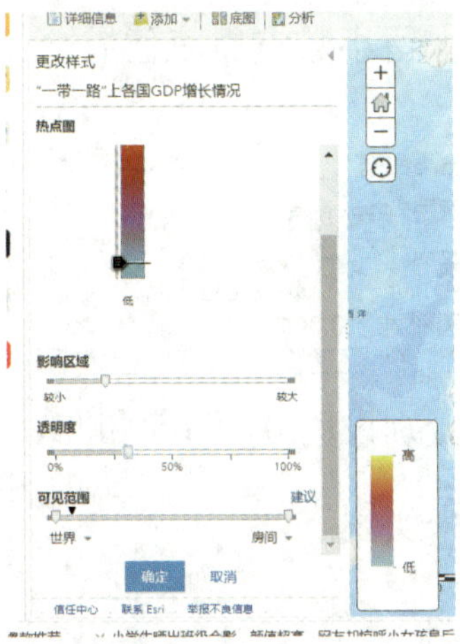

⑤单击“符号”可以选取不同的色带；最后单击“确定”退出“选项”模式。

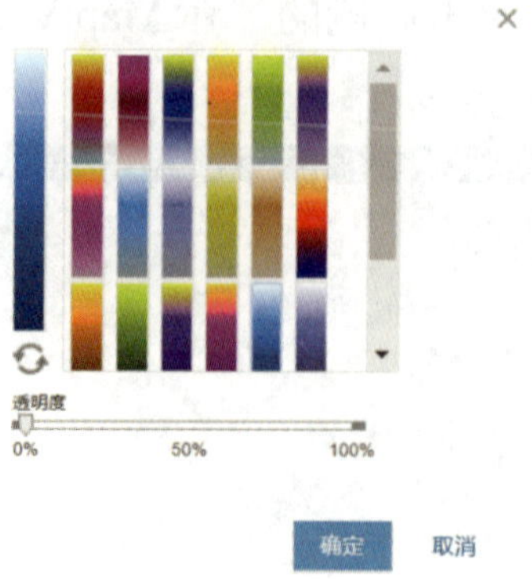

⑥结果如下图所示。

⑦在“更改样式”窗口的“选择要显示的属性”文本框中选取“growth rate in 2015”字段，然后单击“计数和数量(大小)”样式中的“选项”调节该属性的图例样式。

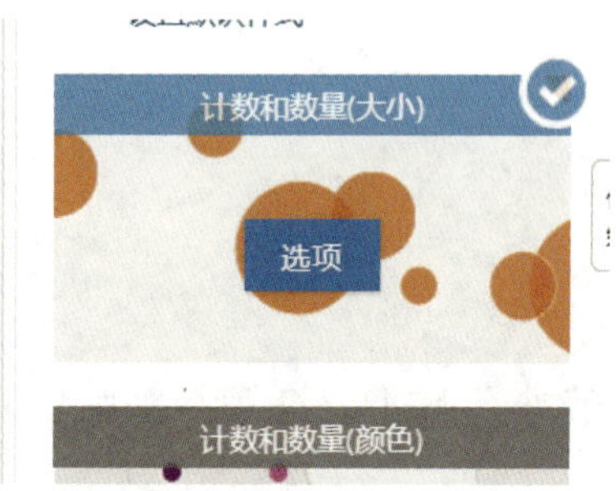

⑧在“更改样式”窗口中向下滑动，然后选中“分类数据”旁边的复选框，选取“手动间隔”并把它分成 4 类，每类保留小数点后三位。

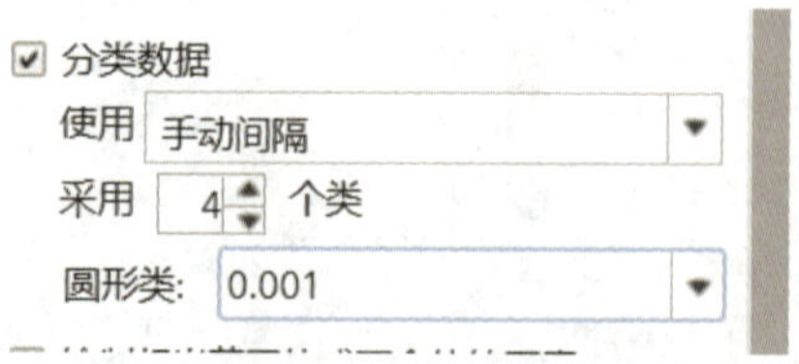

⑨从底部开始将类的中断值分别设为 0，0.05 和 0.1，也可以直接单击已有的中断值、键入新值或通过拖动色带的手柄来实现。

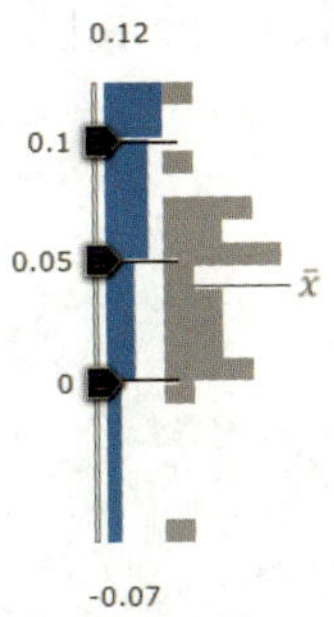

⑩单击“图例”，单击最大的圆，弹出窗口中显示可用的点符号，单击列表选择“商业”，单击黄色美元符号，将其大小设置为 38 个像素，然后单击“确定”。

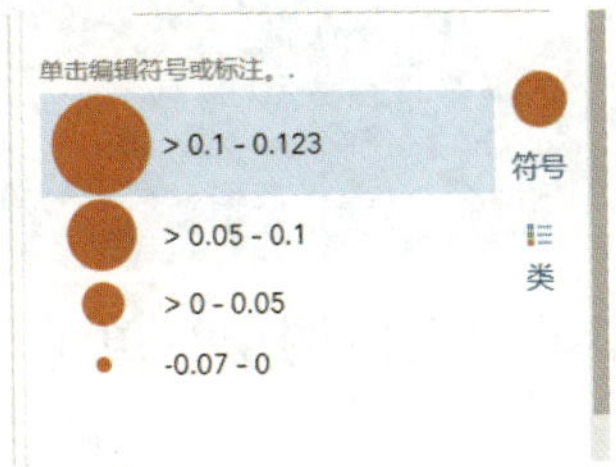

⑪同样，将 0 到 0.05 的符号更改为商业组中的白色美元符号，将其大小设置为 30，然后单击“确定”，将 0.05 到 0.1 的符号更改为商业组中的粉色美元符号，将其大小设置为 22，然后单击“确定”，将 0 到 0.05 的符号更改为商业组中的黑色美元符号，将其大小设置为 16，然后单击“确定”。

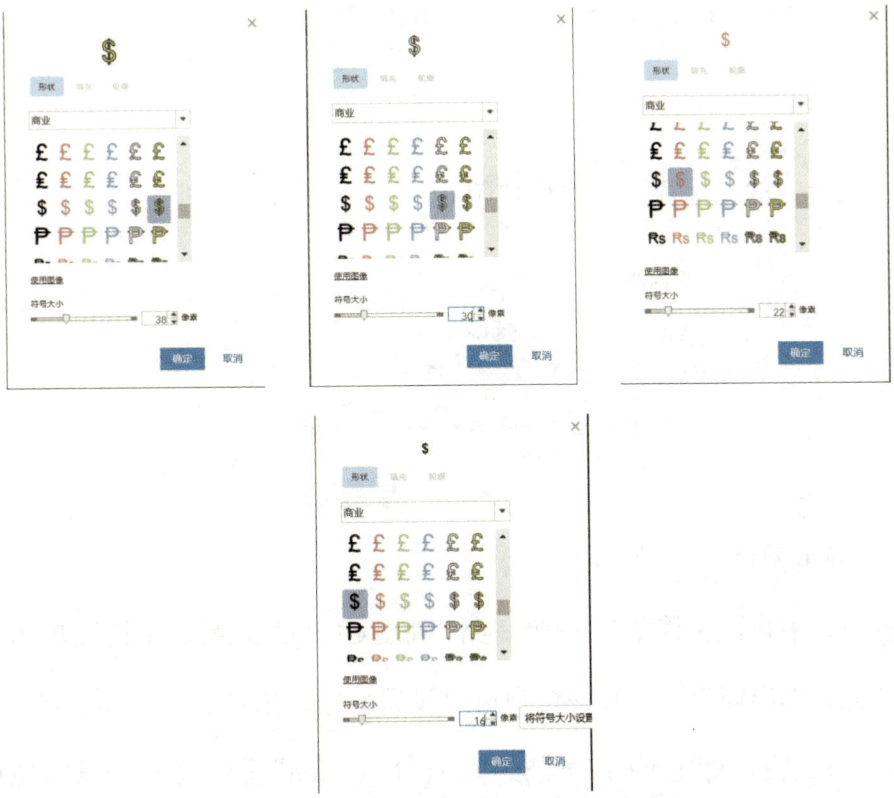

⑫单击“确定”，然后单击“完成”以退出“更改样式”窗口。单击地图查看器工具

栏中“底图”按钮，选取“海洋图”底图，该底图采用淡化的底图和标注，能更好地凸显可操作数据层。

⑬移动鼠标至中国省会城市年平均人口图层，单击“更多选项”，选择“保存图层”。

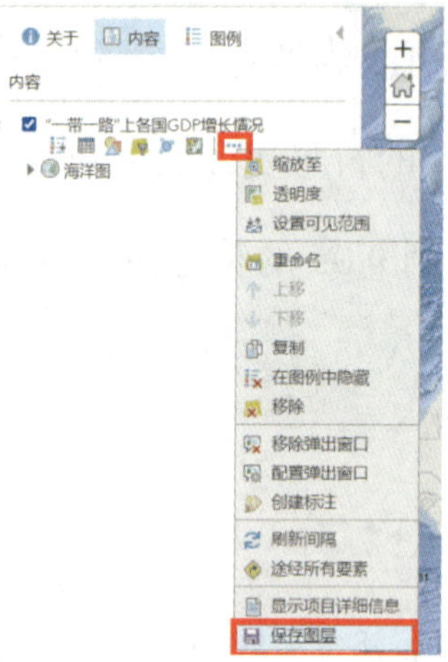

⑭点击地图上方的“保存”，保存地图。

（3）配置弹出窗口

①在内容窗口中将鼠标移至“‘一带一路’各国GDP增长情况”图层，单击“更多选项”按钮，选择“配置弹出窗口”，在该窗口可以设置标题、内容、多媒体和属性表达式。标题及内容：单击弹出窗口标题下的“+”按钮，选择“region”字段，输入逗号，然后单击“+”按钮，选择“nation”字段，再输入“GDP增长情况”。

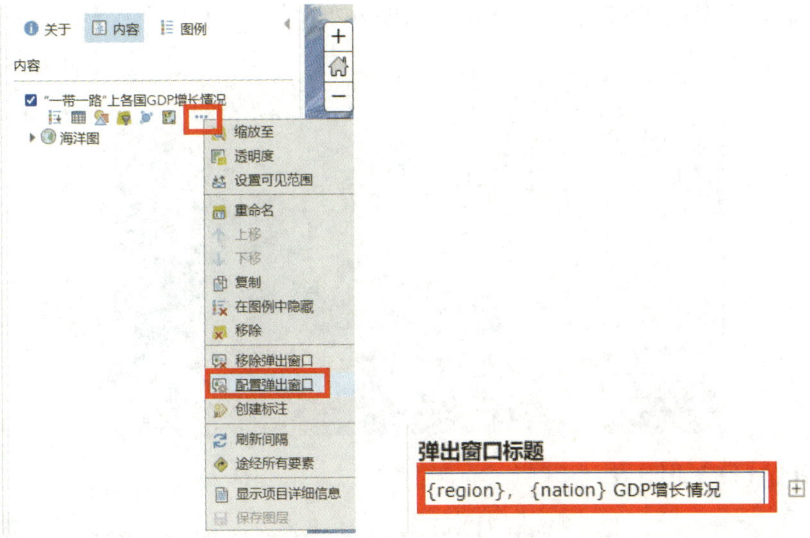

②在配置属性窗口，取消 {region} 和 {nation} 的复选框，因为他们已经出现在标题中，不需要重复了；保留 {growth_rate_in_2015}、{growth_rate_in_2014}、{growth_rate_in_2013} 和 {growth_rate_in_2012}，取消剩余字段的复选框。单击“确定”，关闭“配置属性”窗口。

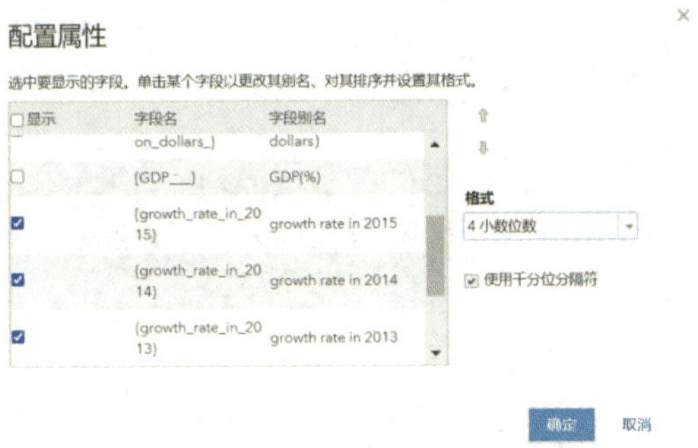

③在“配置弹出面板”中单击“保存弹出”以保存弹出窗口的配置。

④点击图层上某个国家名称，出现如下图所示情况。

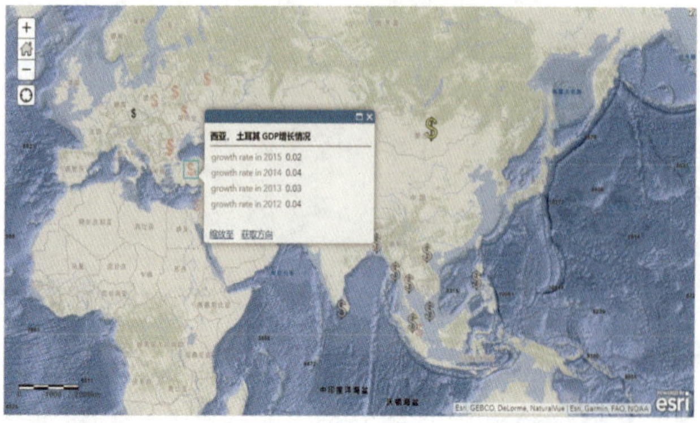

（4）为弹出窗口添加图表

①在“内容”窗口，指向“‘一带一路’各国 GDP 增长情况”图层，单击“更多选项”按钮，然后单击“配置弹出”按钮。在“弹出窗口媒体”下单击“添加”，然后单击“折线图”。在“配置折线图”窗口进行下列更改：

如图所示填写标题；图表字段选择 2012 年、2013 年、2014 年和 2015 年各国 GDP 增长速率字段；

单击“确定”关闭“配置折线图”窗口。

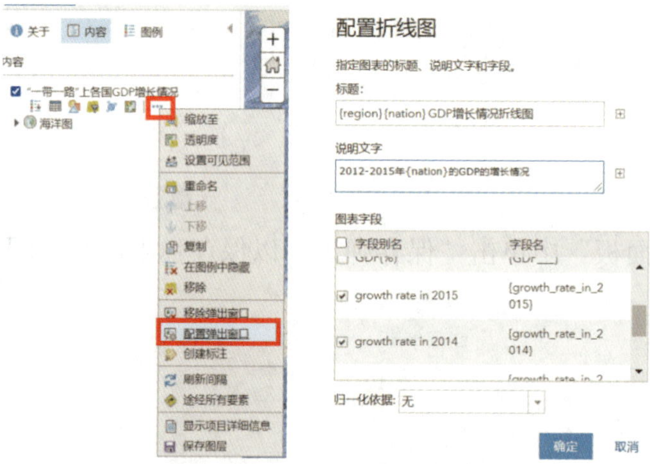

②单击美元图标，可看到弹出窗口中插入的折线图。

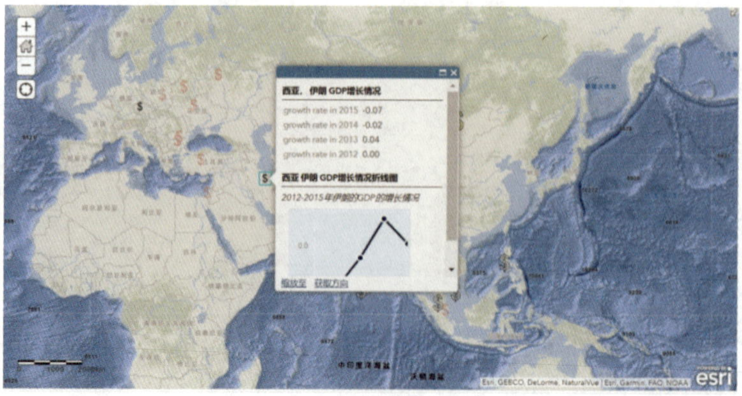

③保存 Web 地图，点击“更多选项”，选择“保存图层”。

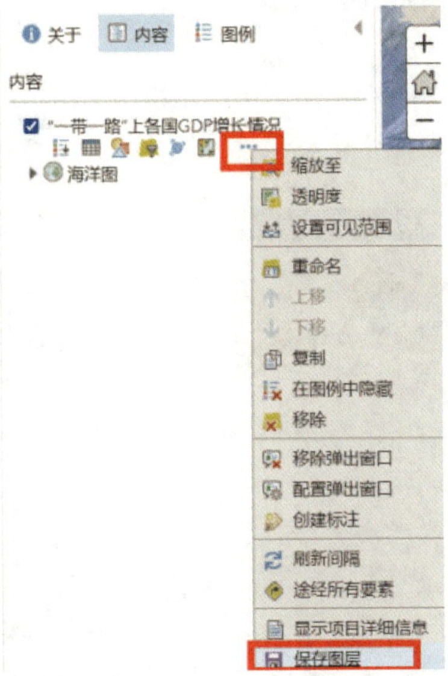

（5）创建和配置 Web 应用程序

在“地图查看器”菜单栏上单击“共享”按钮，在“共享”窗口中，选取设置共享级别为“任何人 (公共)”，共享该 Web 地图。

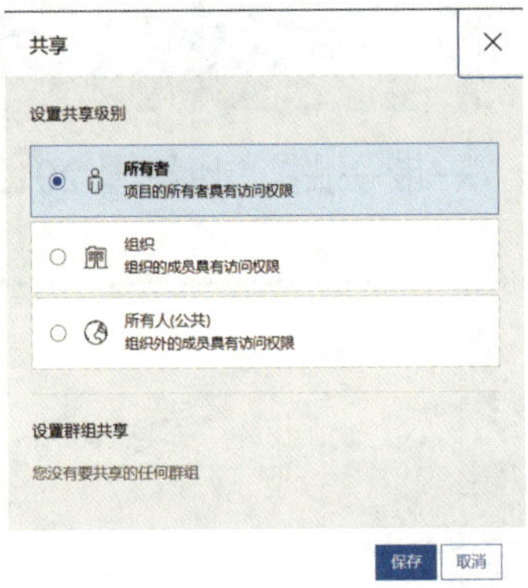

（6）使用智能制图功能符号化两个属性字段

①在“内容”栏中单击该图层下方的“更改样式”按钮，选择要显示的属性“growth rate in 2012”，它表示 2012 年“一带一路”各国 GDP 增长情况。单击“添加属性”并选择字段“growth rate in 2015”，即 2015 年“一带一路”各国 GDP 增长情况。

②单击“颜色与大小”面板中的“选项”按钮，设置以上两个字段的符号类型，适当更改字段的样式。

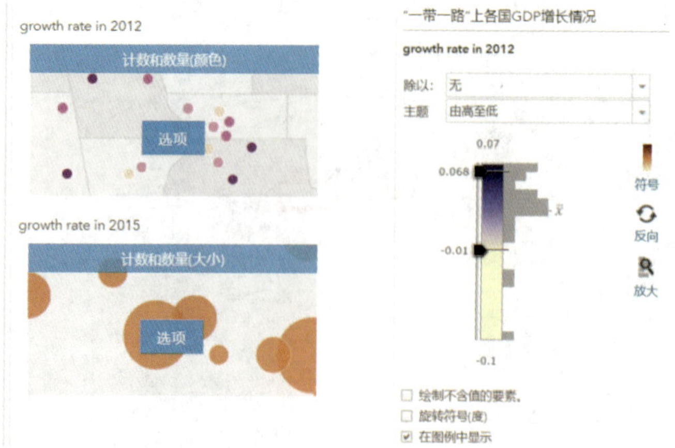

③结果如图：

④将“图层名称”设置为“‘一带一路’上各国 2012 和 2015 年的 GDP 增长情况”。

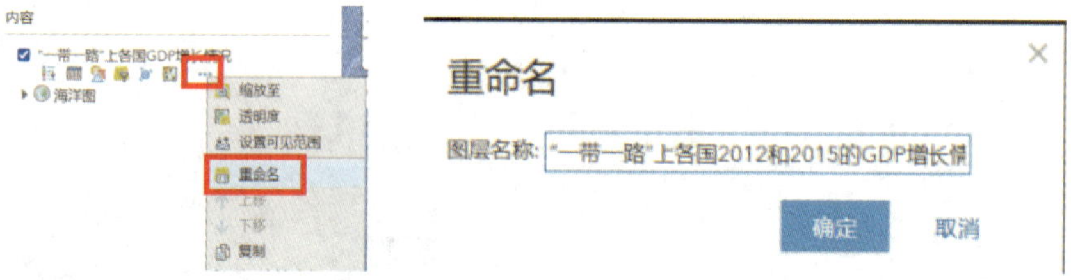

⑤保存地图。

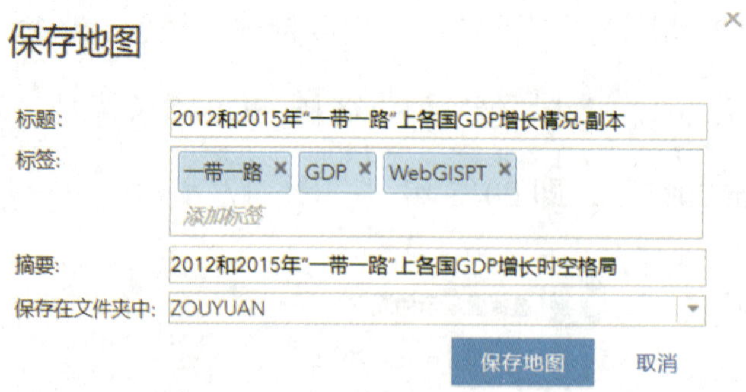

（7）使用对比分析应用模板创建 Web 应用

①单击“共享”按钮，设置共享级别为“所有人(公共)”，共享该地图并单击“创建 WEB 应用程序”。

②单击“创建”“可配置的应用程序”。单击“比较地图 / 图层”，右侧的类别列表中选择“Compare”模板，单击“创建 WEB 应用程序”。

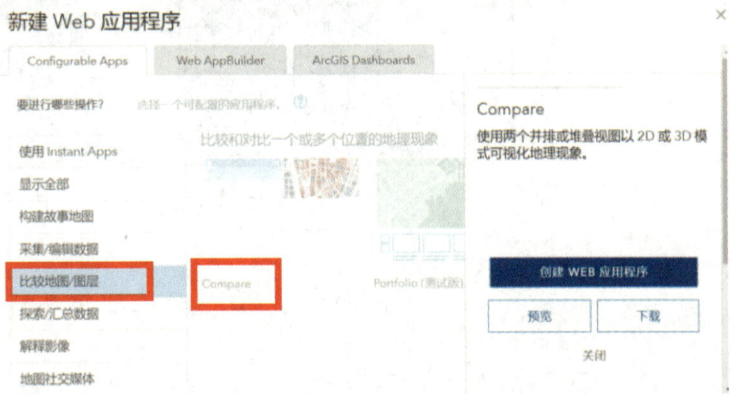

③填写相应的标题、标签和摘要信息然后单击“完成”。

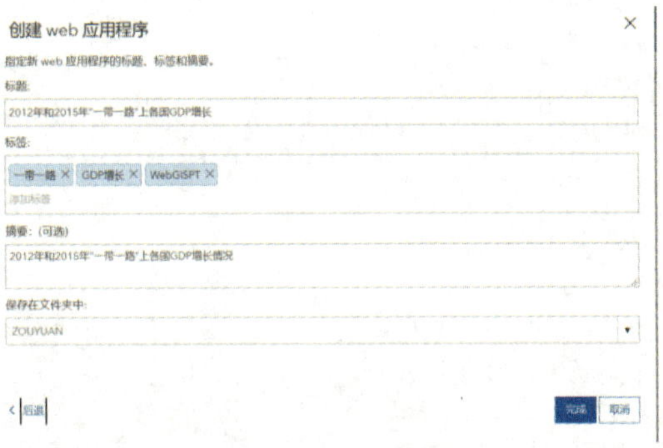

④在“配置”页面左侧的“General”面板中，点击“map2”下面的“Select”，在弹

出的“选择 Web 地图”窗口中，搜索“‘一带一路’各国 2012 和 2015 年 GDP 增长情况”，并依次选择 Web 地图。

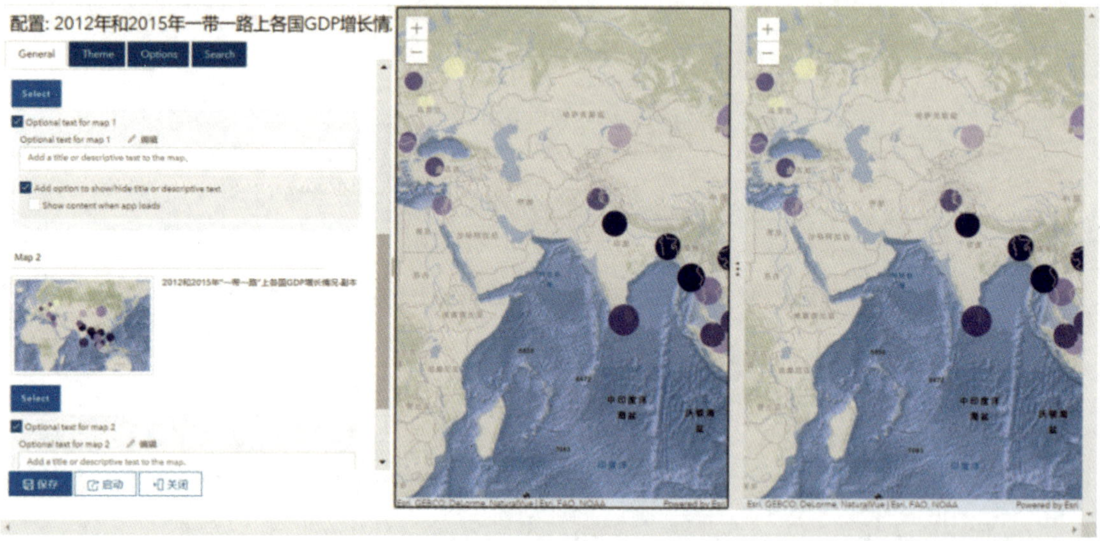

（河南大学 2019 级地理信息科学专业　李梦晴）

4.2 中国年末人口流动图

4.2.1 项目介绍

项目名称：中国年末人口流动图

项目想法来源：中国是一个世界人口大国，那么中国哪几个城市的年末人口较多？

项目目的：制作 2002 年、2013 年的年末人口数有利于人们了解中国的人口情况。

使用工具：ArcGIS Online、国家统计局资料。

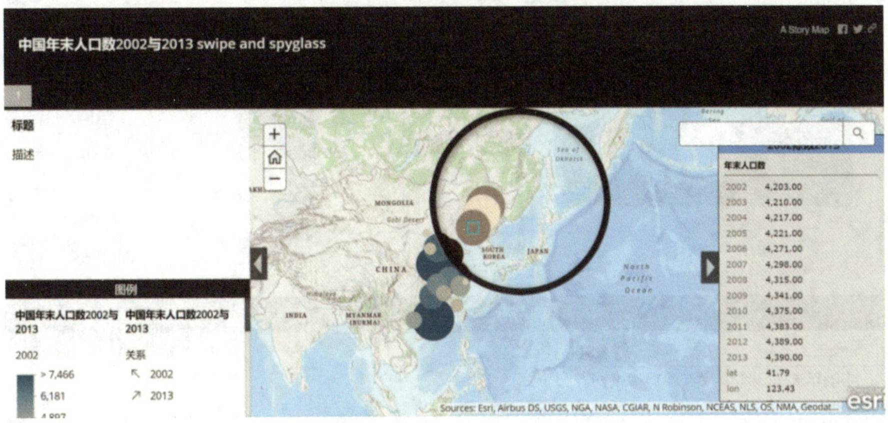

4.2.2 项目展示

（1）对比分析应用程序网址

https://gahqyjy1ef3jijhx.maps.arcgis.com/apps/Compare/index.html?appid=e040e52d747e4f16ab11e8b2e6916bb1

（2）望远镜网址

https://arcg.is/0abKOP

（3）Story Map

https://arcg.is/nqrnO

（4）具体内容

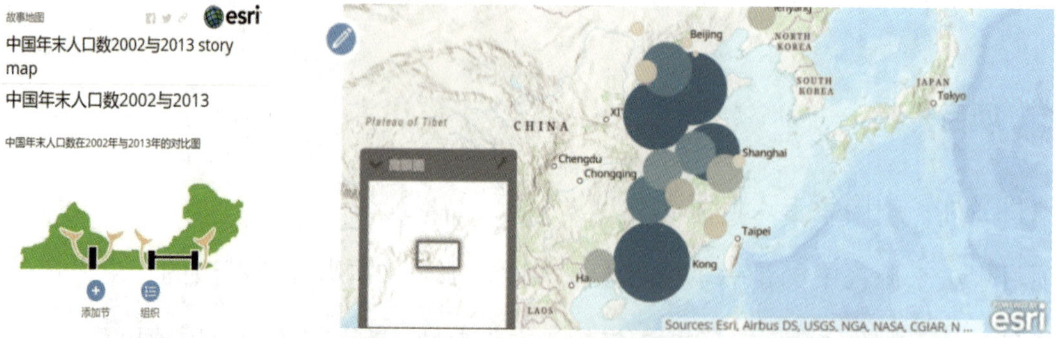
故事地图
esri
中国年末人口数2002与2013 story map
中国年末人口数2002与2013
中国年末人口数在2002年与2013年的对比图
添加节
组织
Beijing
NORTH KOREA
SOUTH KOREA
JAPAN
Tokyo
Plateau of Tibet
CHINA
Chengdu
Chongqing
Shanghai
Taipei
Kong
LAOS
Sources: Esri, Airbus DS, USGS, NGA, NASA, CGIAR, N ...

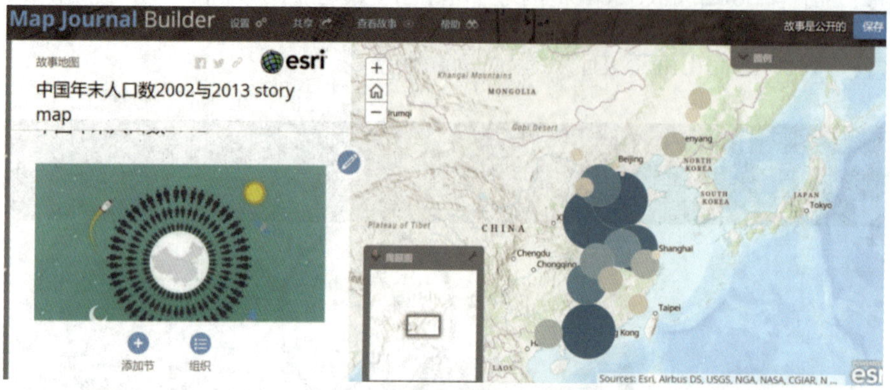
Map Journal Builder
故事是公开的
保存
故事地图
esri
中国年末人口数2002与2013 story map
添加节
组织
MONGOLIA
CHINA
Beijing
Shanghai
Taipei
Sources: Esri, Airbus DS, USGS, NGA, NASA, CGIAR, N ...

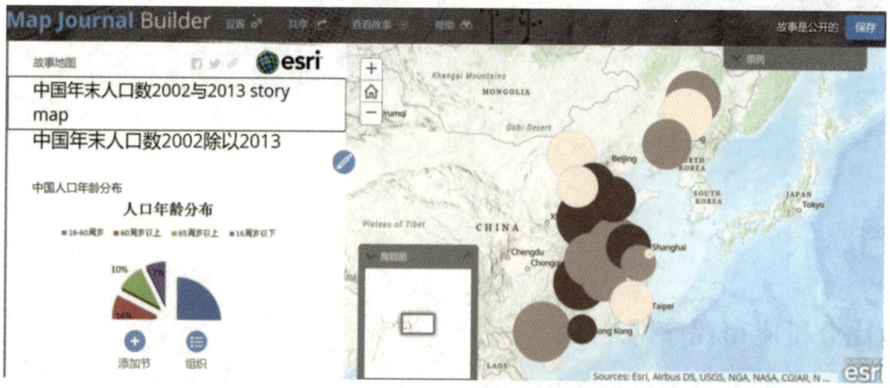
Map Journal Builder
故事是公开的
保存
故事地图
esri
中国年末人口数2002与2013 story map
中国年末人口数2002除以2013
中国人口年龄分布
人口年龄分布
添加节
组织
MONGOLIA
CHINA
Beijing
Shanghai
Taipei
Sources: Esri, Airbus DS, USGS, NGA, NASA, CGIAR, N ...

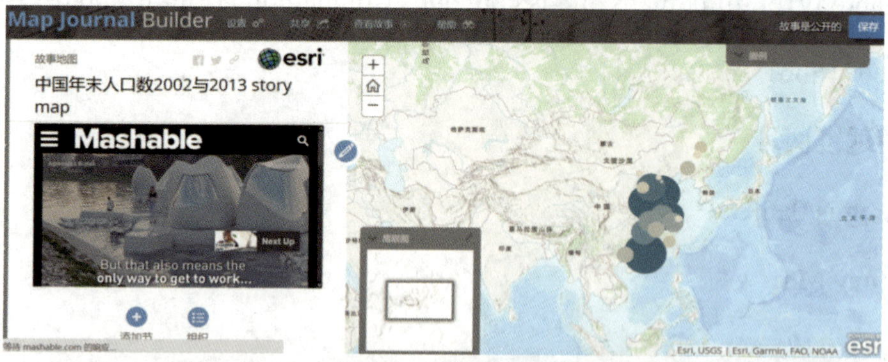
Map Journal Builder
故事是公开的
保存
故事地图
esri
中国年末人口数2002与2013 story map
Mashable
Next Up
But that also means the only way to get to work...
添加节
组织
Esri, USGS | Esri, Garmin, FAO, NOAA

Map Journal Builder
故事是公开的
保存
故事地图
esri
中国年末人口数2002与2013 story map
对比
添加节
组织
中国年末人口数2002与2013 swipe and spygla
标题
描述
图例
中国年末人口数2002与2013
中国年末人口数2002与2013
Sources: Esri, Airbus DS, USGS, NGA, NASA, CGIAR, N R...

4.2.3 具体步骤

（1）查找数据

打开国家统计局网站，查找中国年末人口数数据，导出Excel文件，并保存为CSV文件。

（2）在 ArcGIS Online 中添加 CSV 文件

登录 ArcGIS Online，在“内容”里添加项目，选择“自计算机”。

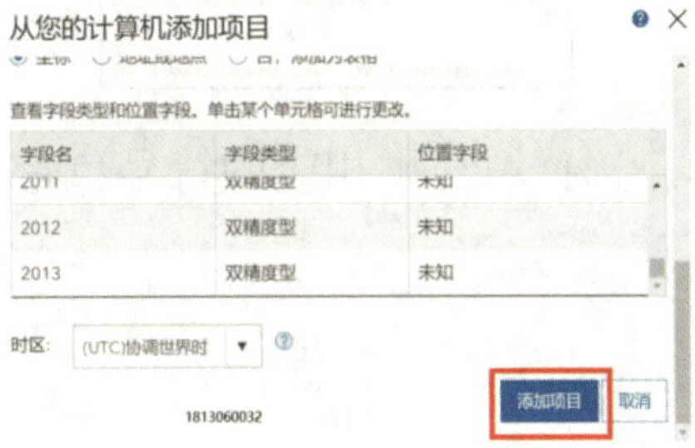

（3）符号化属性字段

①在添加 CSV 文件后，打开其详情页，点击“在地图查看器中打开”。

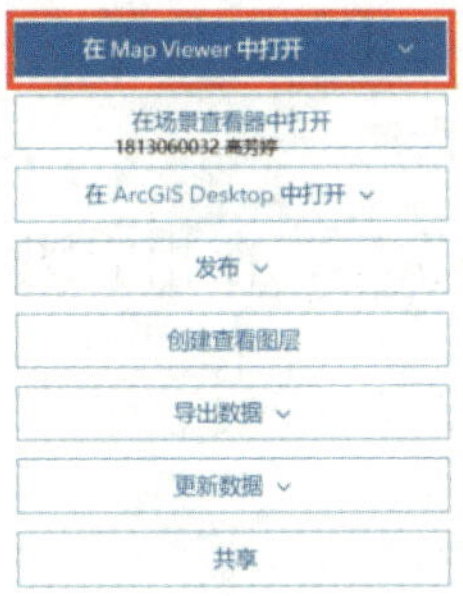

② 打开图层的“样式”。

③首先添加字段 2002、2013，选择相应样式。

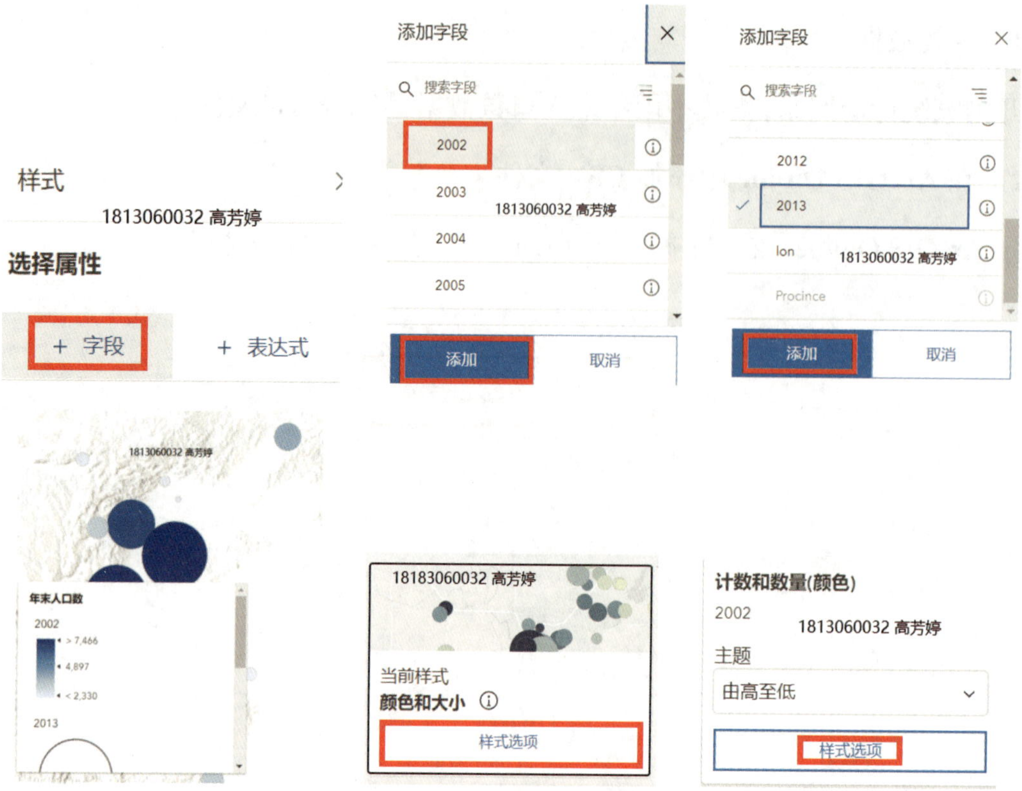

④首先选择“符号样式”，选择填充中相应的符号色带，最后点击“完成”。

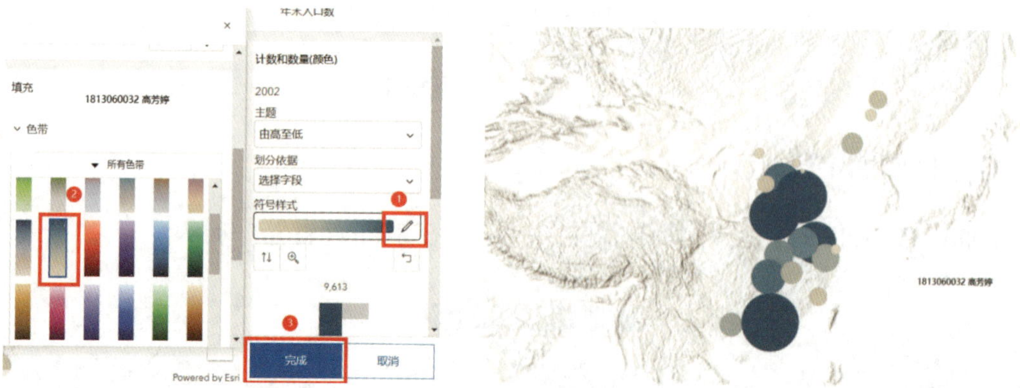

⑤修改图层名称，首先点击“图层”，在相应图层后的更多中选择“重命名”并输入相应名称。

⑥在完成重命名后点击“保存”，并输入相对应的信息，最后保存地图。

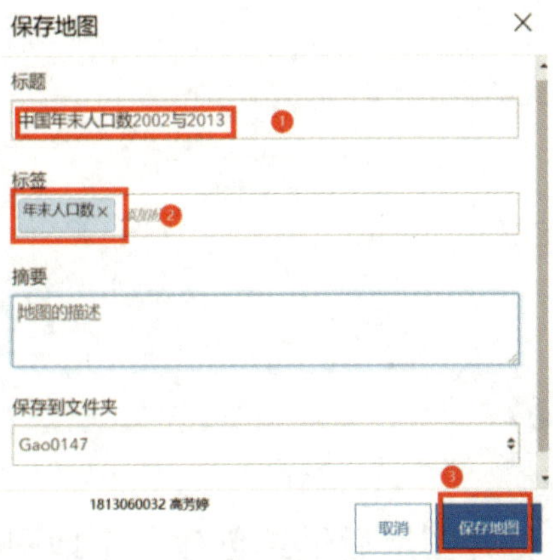

⑦共享图层：在完成保存地图后，返回内容，单击相应图层，打开详情页后选择“共享”，并选择“所有人”，点击“保存”。

（4）使用对比分析应用模板创建 WEB 应用

①创建 WEB 应用：点击图层详情页中的“创建 WEB 应用程序”→“可配置的应用程序”→“比较地图 / 图层”→“Compare”。

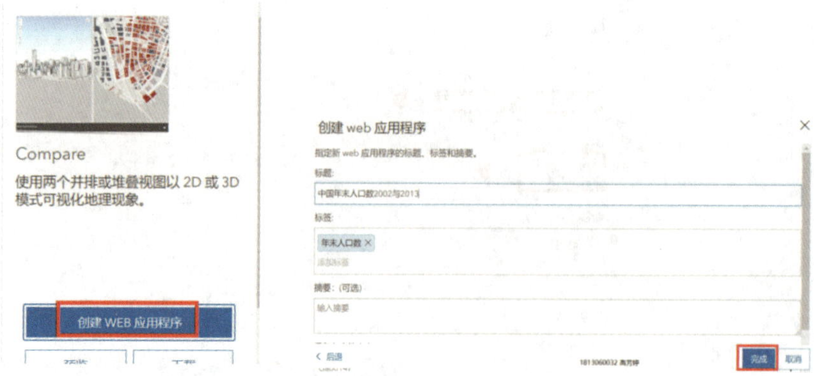

②回到内容，找到图层，打开图层后继续创建 3 个地图，修改其样式后均另存为。

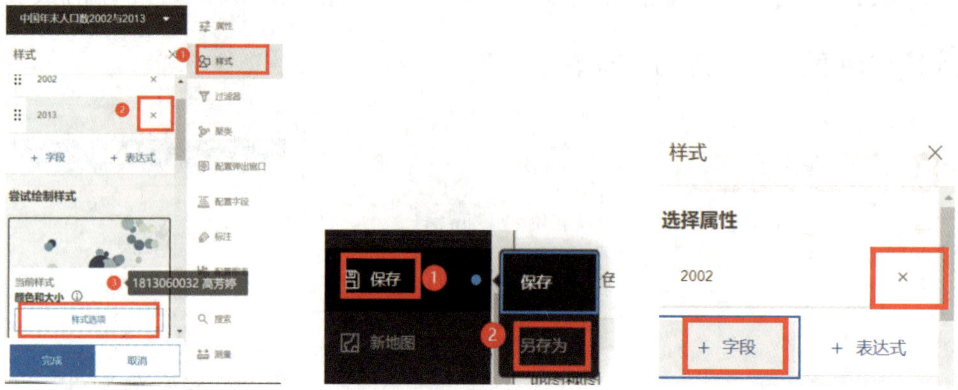

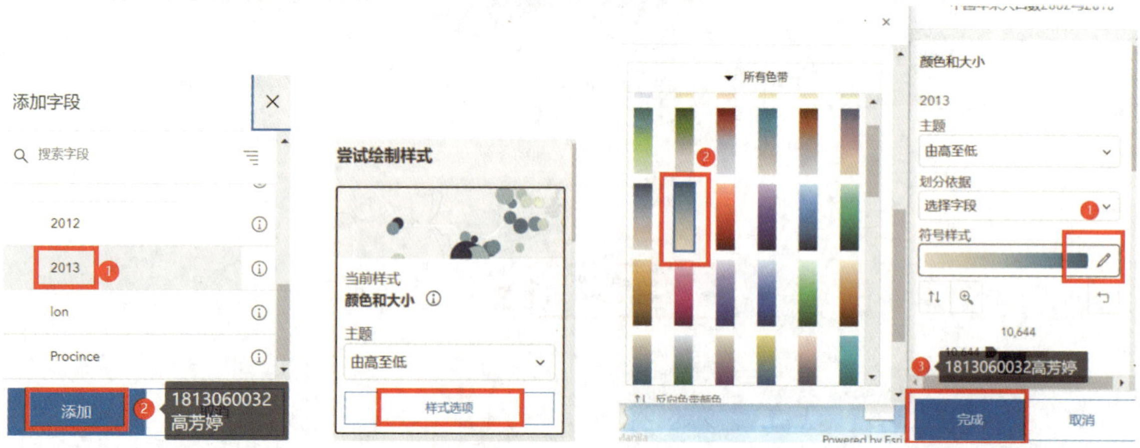

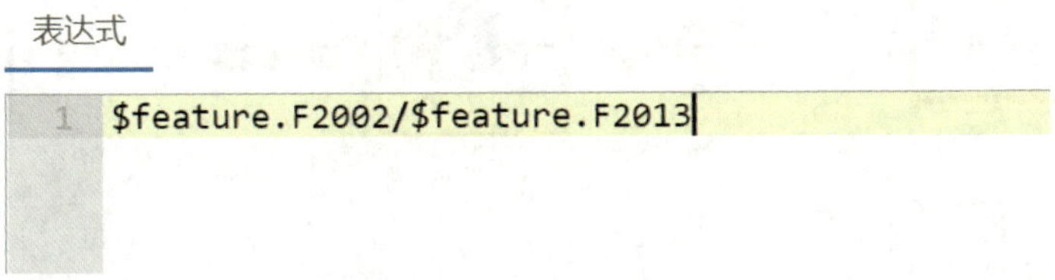

③回到内容，找到之前的 WEB 应用程序，在应用程序中添加新生成的地图。

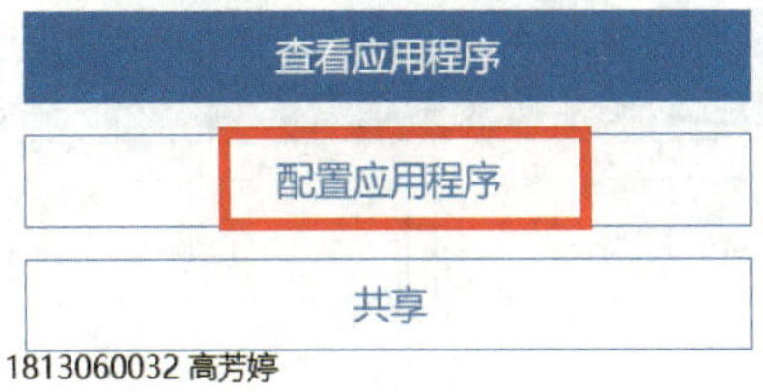

（5）创建望远镜应用程序

①首先新建一个“可配置的应用程序”→“比较地图 / 图层”→“Story Map Swipe and Spyglass”，然后填写相应的信息。

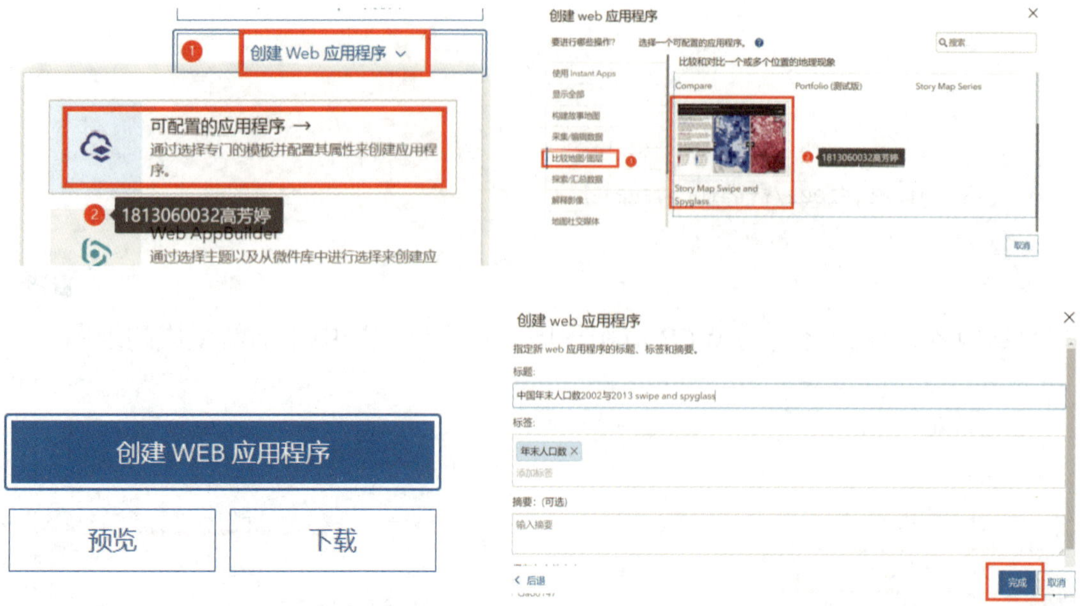

②配置望远镜应用程序，选择望远镜的布局，选择一个为 Web 主地图，一个为望远镜 Web 地图，选择布局，修改标题。

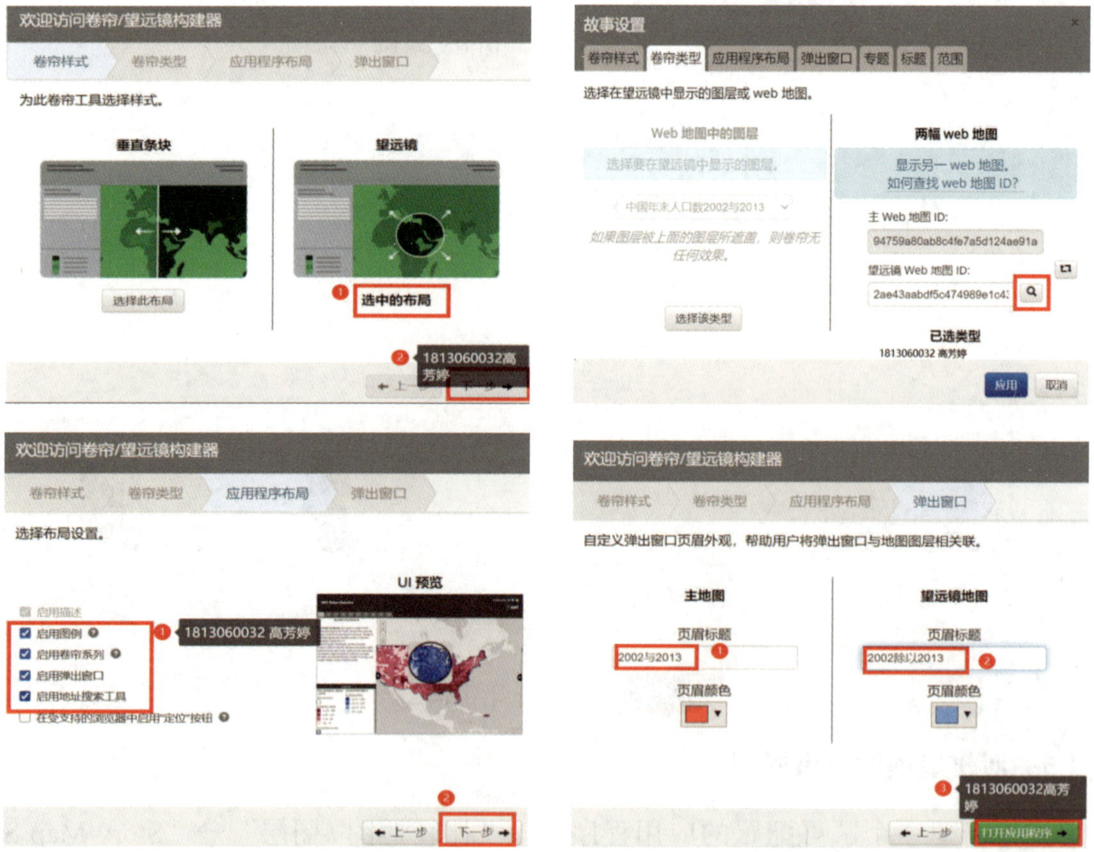

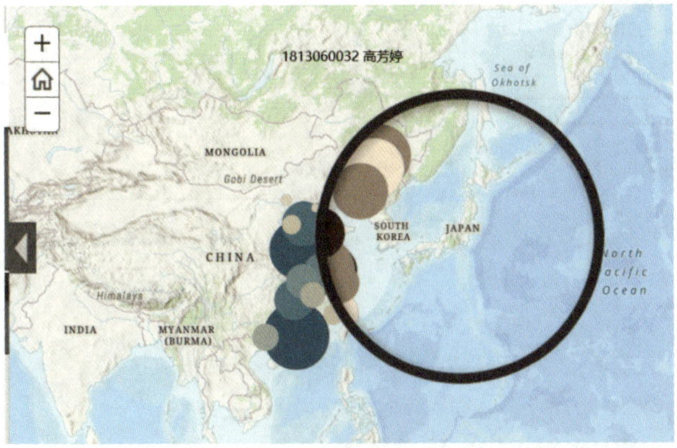

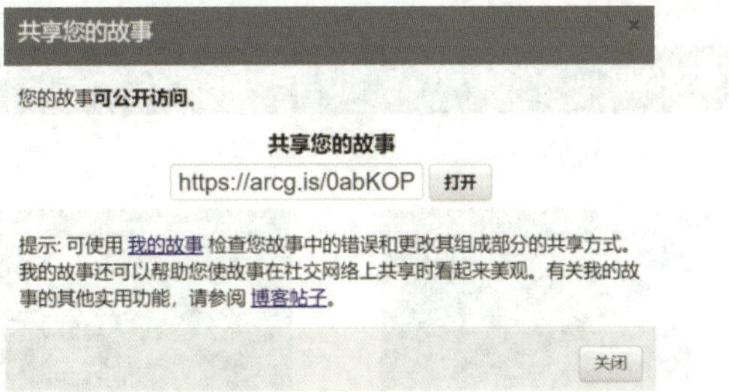

（6）创建 Story Map

创建“可配置应用程序”→“构建故事地图”→“Story Map Journal”，并填写相关信息，最后完成。

（7）选择 Story Map 样式

①选择侧面板作为样式。

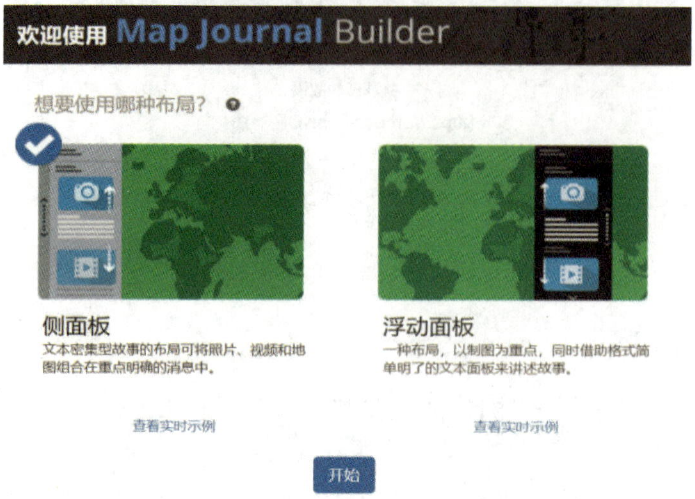

②填写标题，添加标题和图片，上传图像，添加图像，并将其应用。

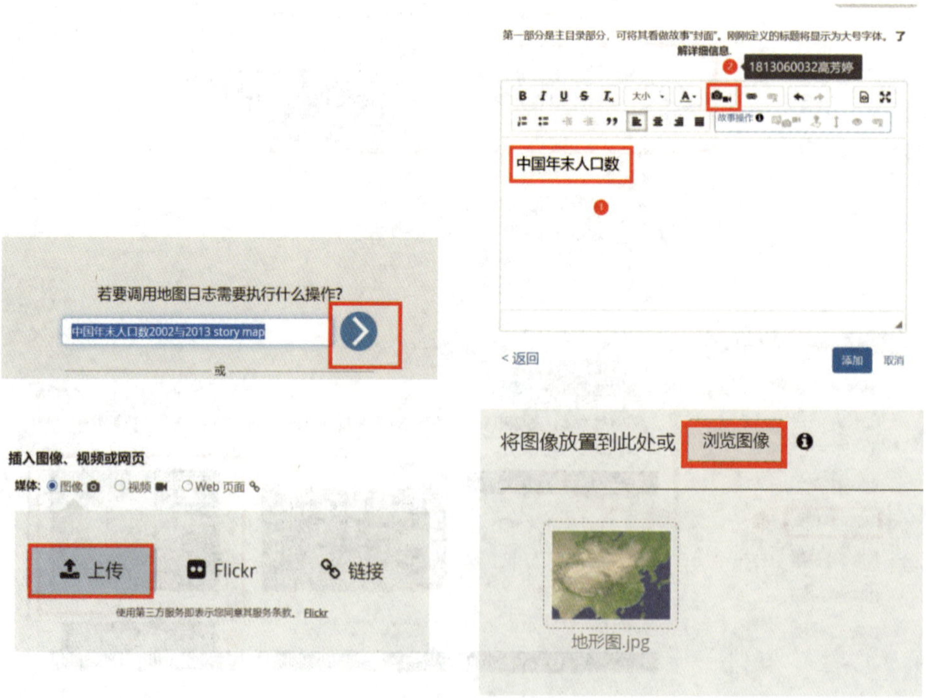

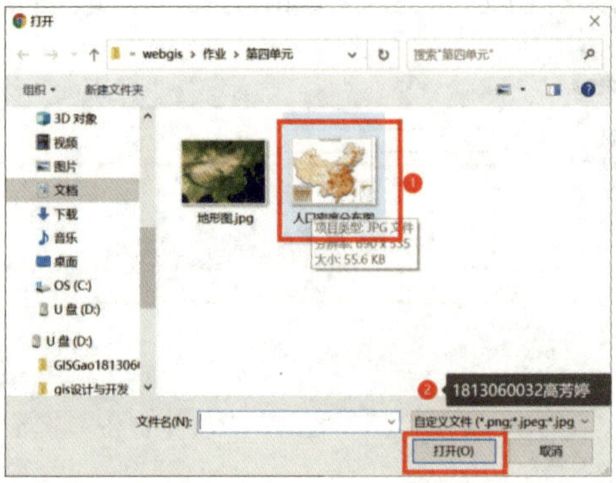

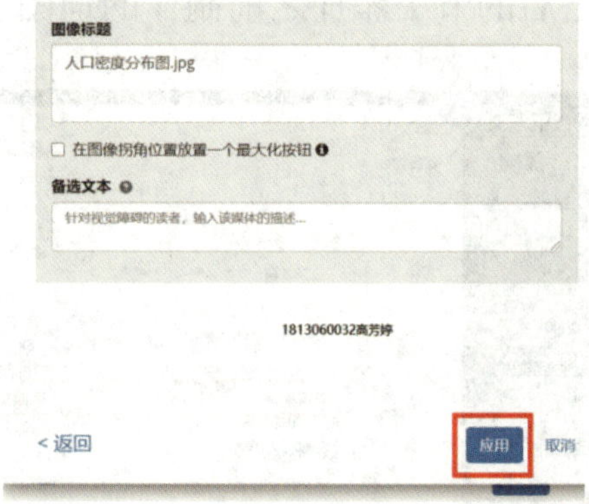

③输入侧面板标题，保存成果。

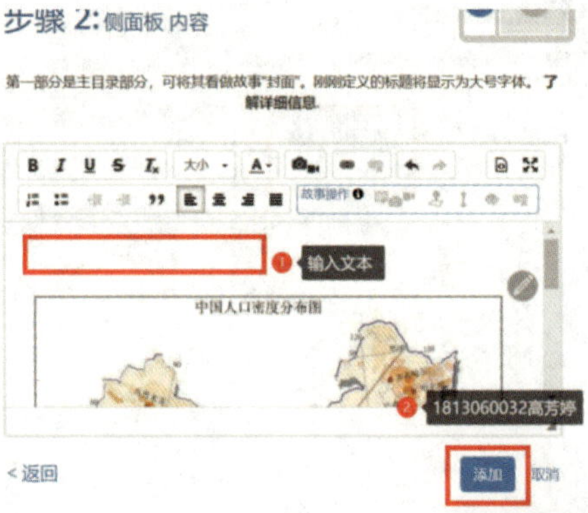

④添加节，主舞台采用之前的地图，修改标题，增加额外部分，添加图片与标题。

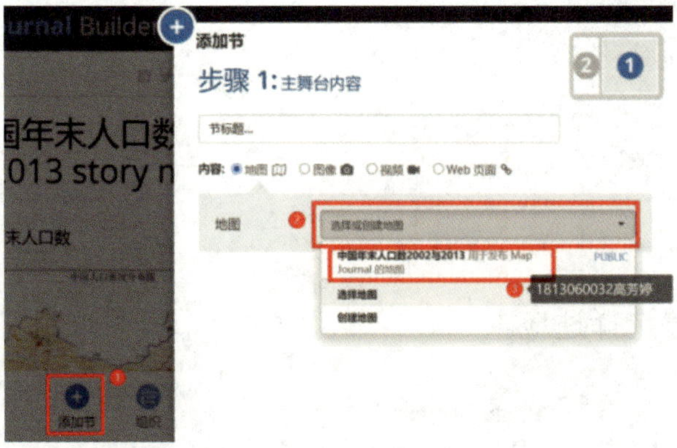

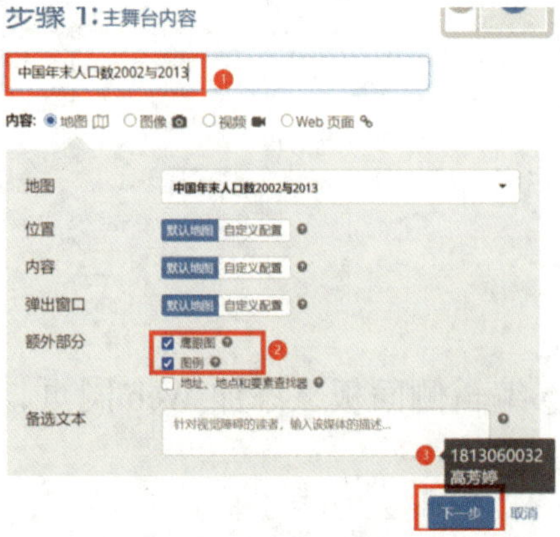

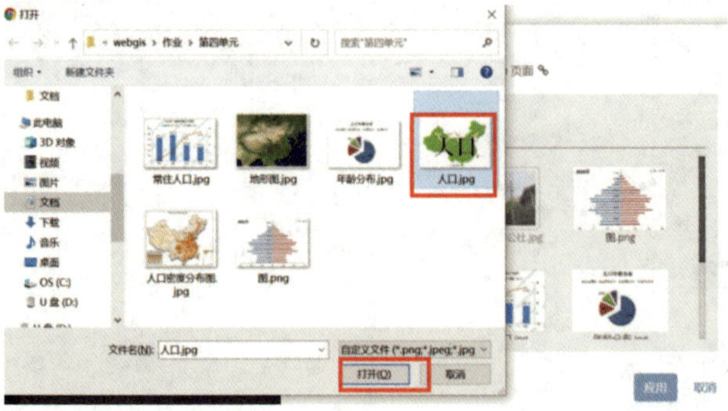

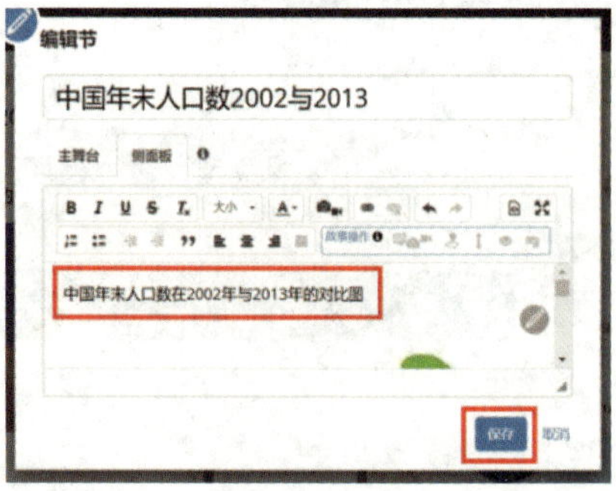

⑤在之后的节中添加之前制作的地图，依次修改标题、添加图像等。最后点击应用。

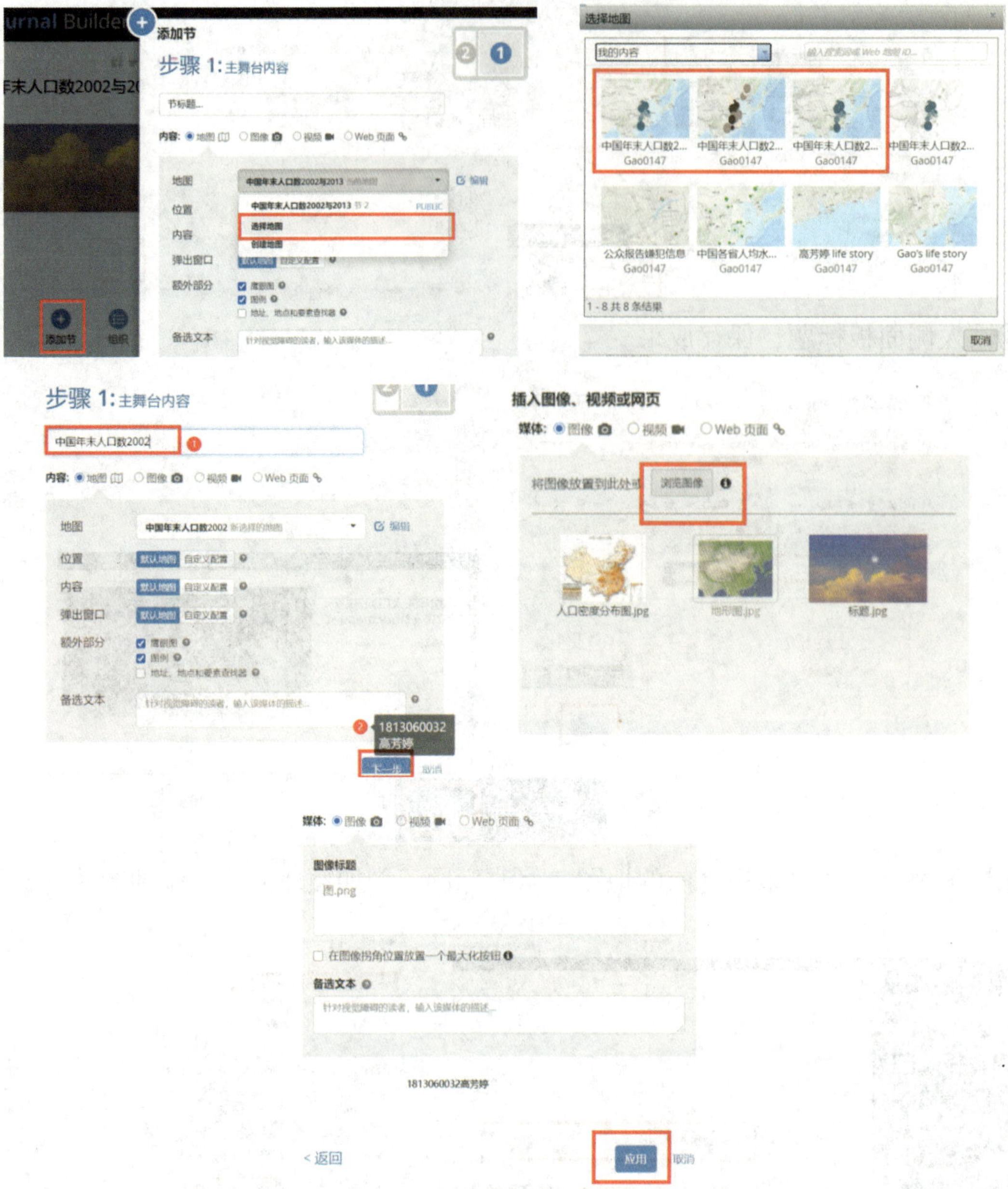

⑥编辑侧面板，添加 Web 网页，位置选择适应。

⑦在主舞台内容中添加望远镜应用程序的链接，填写标题，选择位置，将其完成。

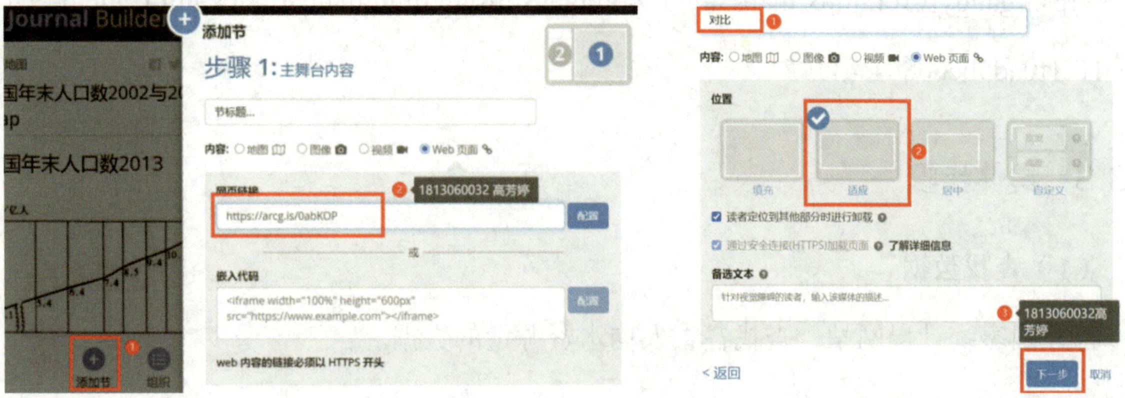

（河南大学2018级地理信息科学专业　高芳婷）

4.3　中国各省人均水资源量图

4.3.1　项目介绍

项目名称：中国各省人均水资源量

项目想法来源：地球上淡水资源有限，随着中国经济社会发展，人口不断增多，日常用水量也有所增加，因此通过制作地图查看 2005~2014 年中国各省人均水资源量的变化趋势。

项目目的：制作 2005~2014 年中国各省人均水资源量图，直观地了解到中国在这十年间的人均水资源量的变化情况，同时提醒我们珍惜水资源，减少水资源的浪费。

使用工具：ArcGIS Online、Chrome 浏览器、Office。

4.3.2 项目展示

（1）图层的服务

https://services ⑥ arcgis.com/pcHLhqlyM4AUSEMV/arcgis/rest/services/ 人均水资源量 / FeatureServer/0

（2）Web 地图

https://arcg.is/1ffXri

（3）WEB 应用程序

https://gahqyjy1ef3jijhx.maps.arcgis.com/apps/instant/minimalist/index.html?appid=97ca8b39ee1f41f0ad5bc60864a41107

4.3.3 具体步骤

（1）查找数据

打开国家统计局网站，查找各省人均水资源量的数据。

（2）下载数据

点击所需数据的年份，找到相应数据并下载 excel 表格。

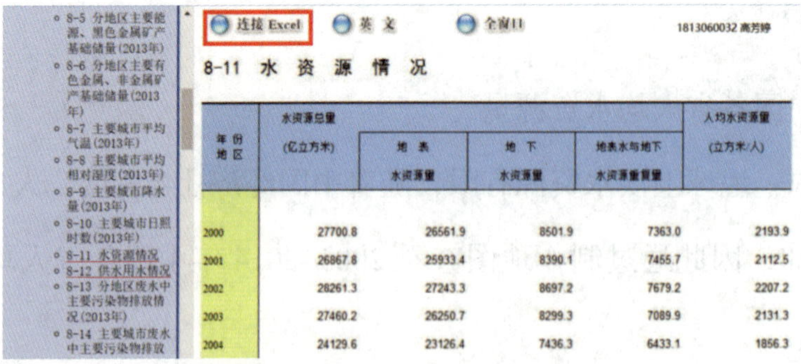

（3）编辑 CSV 文件

将所有年份对应的数据进行合并，并添加各个省份的经纬度信息（以省会城市的经纬度为准）和图片网址，以 2014 年的人均水资源量为排序标准。

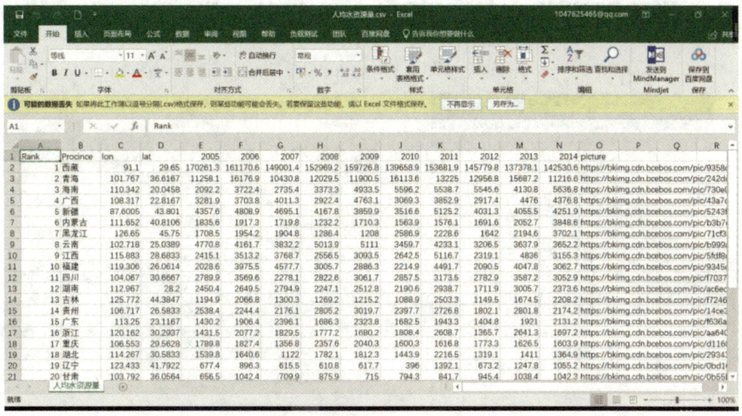

Rank	Procince	lon	lat	2005	2006	2007	2008	2009	2010	2011	2012	2013	2014	picture
1	西藏	91.1	29.65	170261.3	161170.6	149001.4	152969.2	159726.8	139658.9	153681.9	145779.8	137378.1	142530.6	https://bkimg.cdn.bcebos.com/pic/9358
2	青海	101.767	36.6167	11258.1	16176.9	10430.8	12029.5	11900.5	16113.6	13225	12956.8	15687.2	11216.6	https://bkimg.cdn.bcebos.com/pic/242d
3	海南	110.342	20.0458	2092.2	3722.4	2735.4	3373.3	4933.5	5596.2	5538.7	5545.6	4130.8	5636.8	https://bkimg.cdn.bcebos.com/pic/730e
4	广西	108.317	22.8167	3281.9	3703.8	4011.3	2922.4	4763.1	3069.3	3852.9	2917.4	4476	4376.8	https://bkimg.cdn.bcebos.com/pic/43a7
5	新疆	87.6005	43.801	4357.6	4808.9	4695.1	4167.8	3859.9	3516.6	5125.2	4031.3	4055.5	4251.9	https://bkimg.cdn.bcebos.com/pic/5243
6	内蒙古	111.652	40.8106	1835.6	1917.3	1719.8	1232.2	1710.3	1563.9	1576.1	1691.6	2052.7	3848.6	https://bkimg.cdn.bcebos.com/pic/b3b7
7	黑龙江	126.65	45.75	1708.5	1954.2	1904.8	1286.4	1208	2586.9	2228.6	1642	2194.6	3702.1	https://bkimg.cdn.bcebos.com/pic/71cf3
8	云南	102.718	25.0389	4770.8	4161.7	3832.2	5013.9	5111	3459.7	4233.1	3206.5	3637.9	3652.2	https://bkimg.cdn.bcebos.com/pic/b999
9	江西	115.883	28.6833	2415.1	3513.2	3768.7	2556.5	3093.5	2642.5	5116.7	2319.1	4836	3155.3	https://bkimg.cdn.bcebos.com/pic/5fdf8
10	福建	119.306	26.0614	2028.6	3975.5	4577.7	3005.7	2886.3	2214.9	4491.7	2090.5	4047.8	3062.7	https://bkimg.cdn.bcebos.com/pic/9345
11	四川	104.067	30.6667	2789.9	3569.6	2278.1	2822.6	3061.7	2857.5	3173.5	2782.9	3587.2	3052.9	https://bkimg.cdn.bcebos.com/pic/f7037
12	湖南	112.967	28.2	2450.4	2649.5	2794.9	2247.1	2512.8	2190.6	2938.7	1711.9	3005.7	2373.6	https://bkimg.cdn.bcebos.com/pic/ac6ec
13	吉林	125.772	44.3847	1194.9	2066.8	1300.3	1269.2	1215.2	1088.9	2503.3	1149.5	1674.5	2208.2	https://bkimg.cdn.bcebos.com/pic/f7246
14	贵州	106.717	26.5833	2538.4	2244.4	2176.1	2805.2	3019.7	2397.7	2726.8	1802.1	2801.8	2174.2	https://bkimg.cdn.bcebos.com/pic/14ce3
15	广东	113.25	23.1167	1430.2	1906.4	2396.1	1686.3	2323.8	1682.5	1943.3	1404.8	1921	2131.2	https://bkimg.cdn.bcebos.com/pic/f636a
16	浙江	120.162	30.2937	1431.5	2077.2	1829.5	1777.2	1680.2	1808.4	2608.7	1365.7	2641.3	1697.2	https://bkimg.cdn.bcebos.com/pic/aa64
17	重庆	106.553	29.5628	1789.8	1827.4	1356.8	2357.6	2040.3	1600.3	1616.8	1773.3	1626.5	1603.9	https://bkimg.cdn.bcebos.com/pic/d116
18	湖北	114.267	30.5833	1539.8	1640.6	1122	1782.1	1812.3	1443.9	2216.5	1319.1	1411	1364.9	https://bkimg.cdn.bcebos.com/pic/2934
19	辽宁	123.433	41.7922	677.4	896.3	615.5	610.8	617.7	396	1392.1	673.2	1247.8	1055.2	https://bkimg.cdn.bcebos.com/pic/0bd1
20	甘肃	103.792	36.0564	656.5	1042.4	709.9	875.9	715	794.3	841.7	945.4	1038.4	1042.3	https://bkimg.cdn.bcebos.com/pic/0b55

（4）在 ArcGIS Online 中添加 CSV 文件

登录 ArcGIS Online，在“内容”里添加项目，选择“自计算机”。

（5）发布为托管图层

添加文件，编辑标题和标签，并选择“将此文件发布为托管图层”。

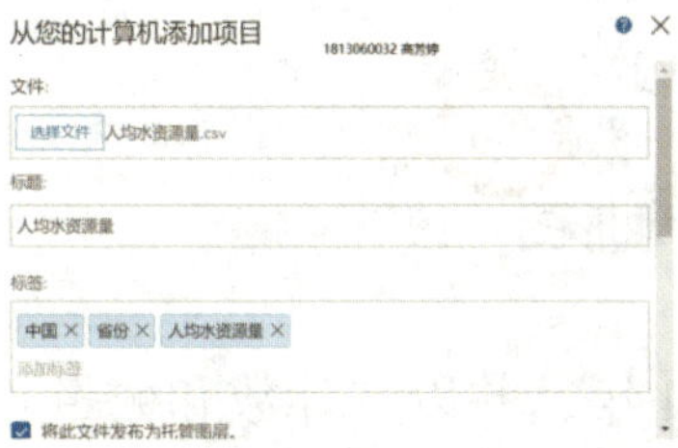

（6）修改定位要素

选择以“坐标”定位，确认所有选项后点击“添加项目”。

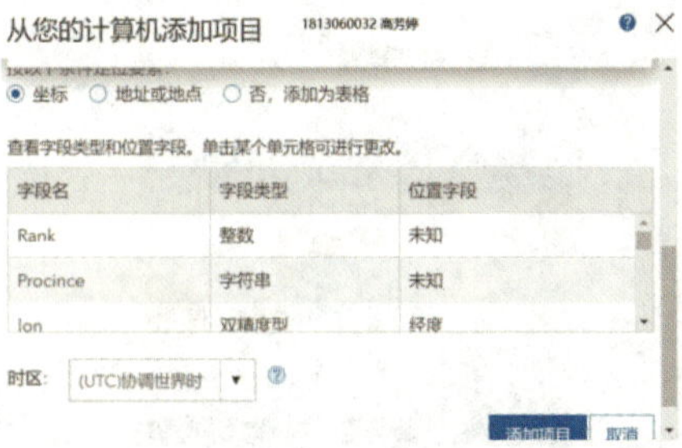

（7）共享数据，将该图层共享给“所有人（公共）”

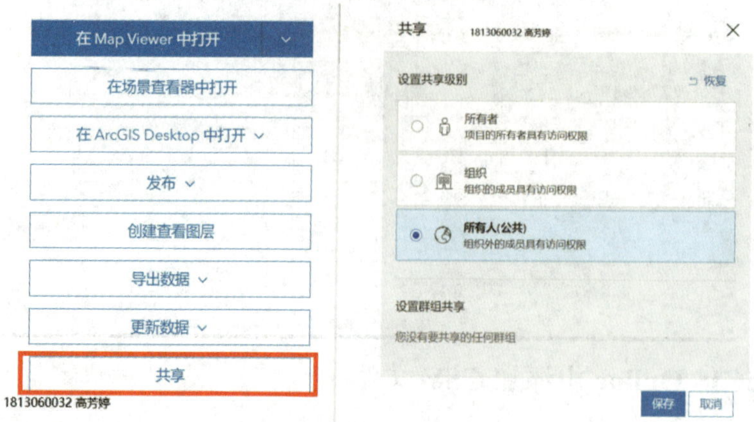

（8）打开图层，“在 Map Viewer 中打开”图层

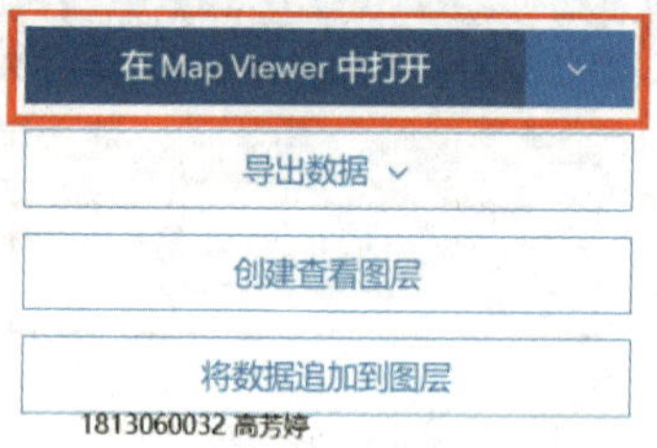

（9）更改样式

①点击“内容”下方“人均水资源量”中的“更改样式”。

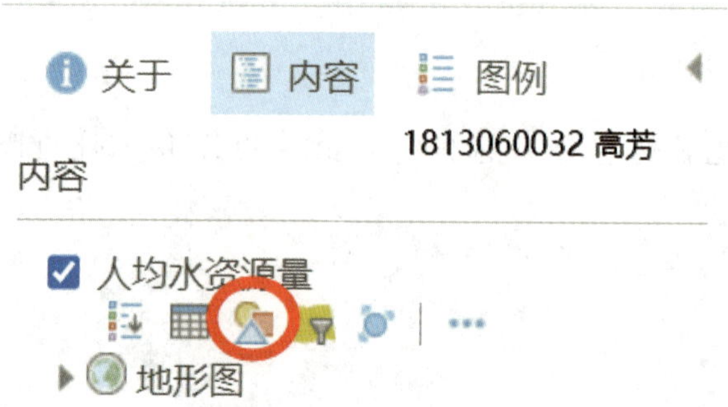

②选择要显示的属性为2014年，并以“计数和数量（大小）”作为绘制样式。

③用 2014 年的数据除以 2005 年的数据，可以看出这两个年份人均水资源量的增长比率。

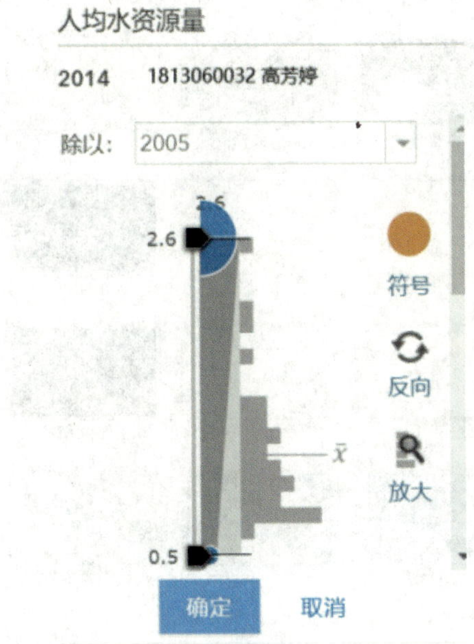

④更改为分类数据，并分为四类。

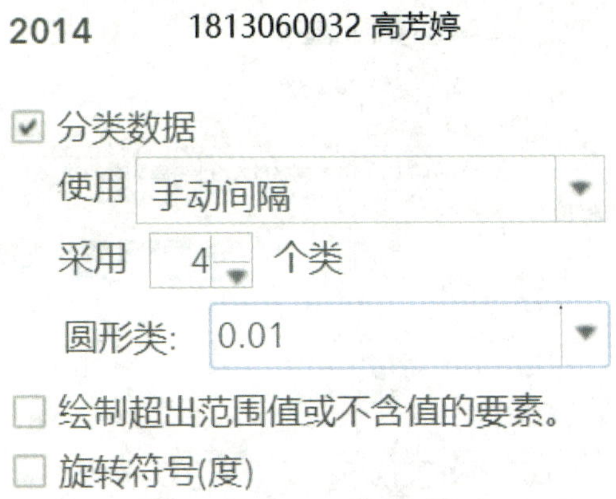

⑤更改符号。

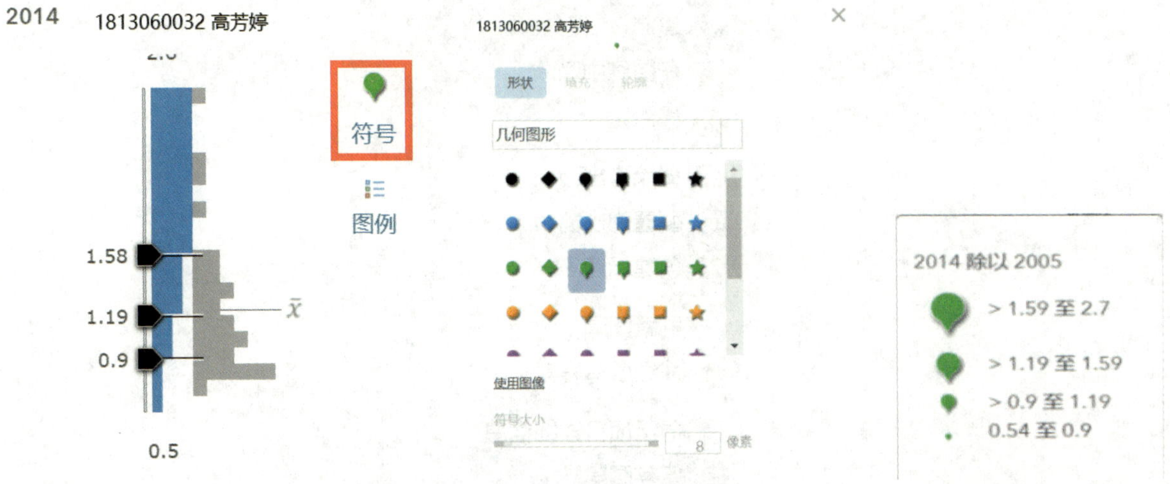

（10）更改底图为“地形图”

（11）保存地图

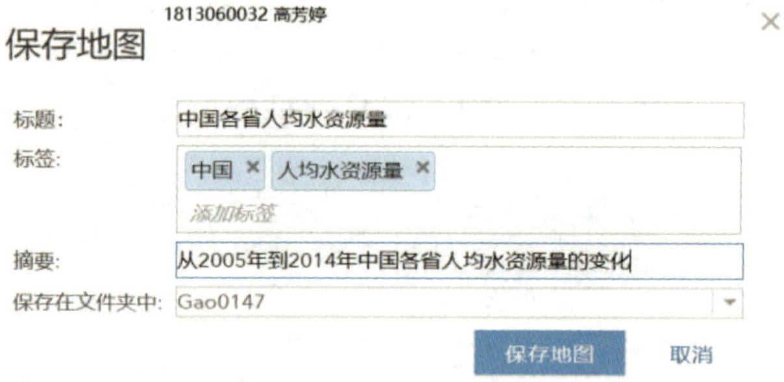

（12）保存图层

至此完成了配置图层样式。

（13）配置弹出窗口

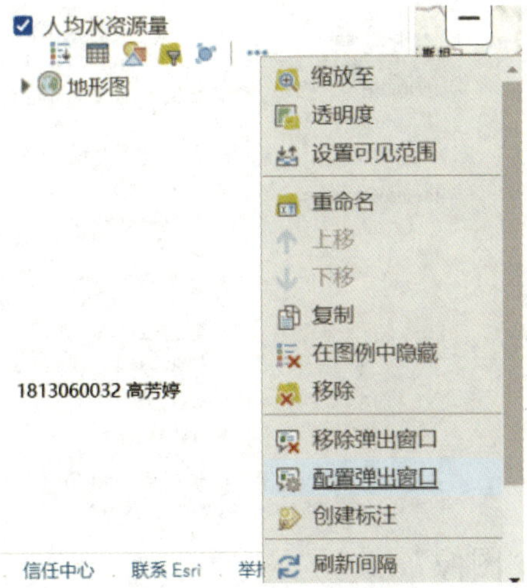

①更改弹出窗口标题。

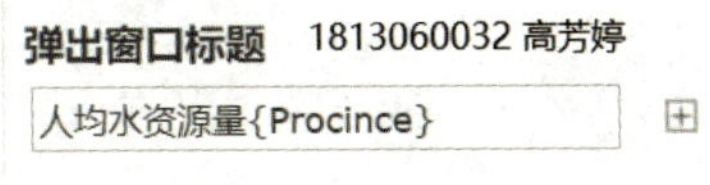

②隐藏部分信息。

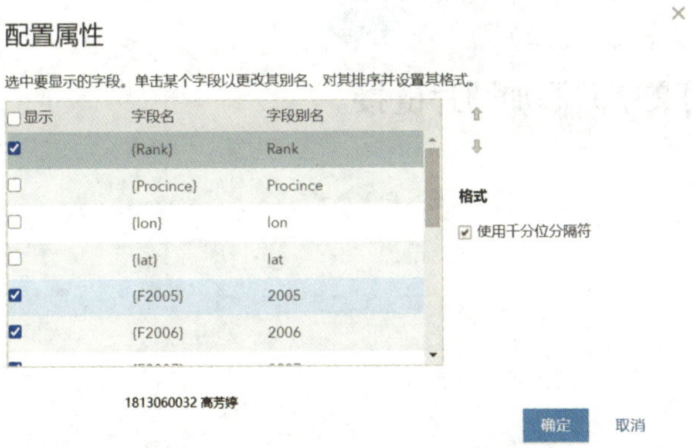

③保存弹出窗口设置，并查看成果。

（14）为弹出窗口添加图像

①点击“配置弹出窗口”。

②单击“添加”，选择“图像”。

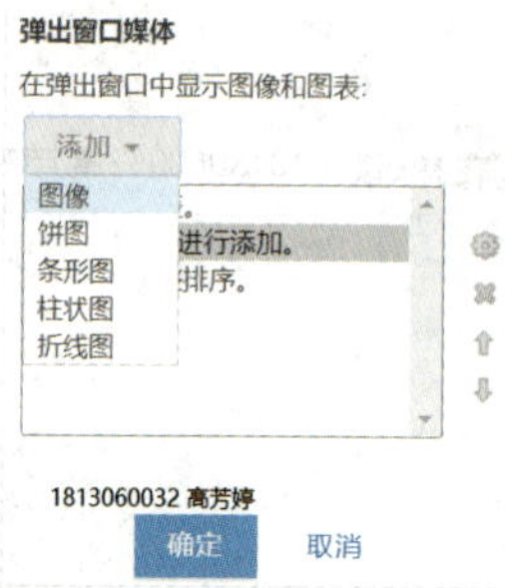

③填写标题、说明文字并添加图片链接。

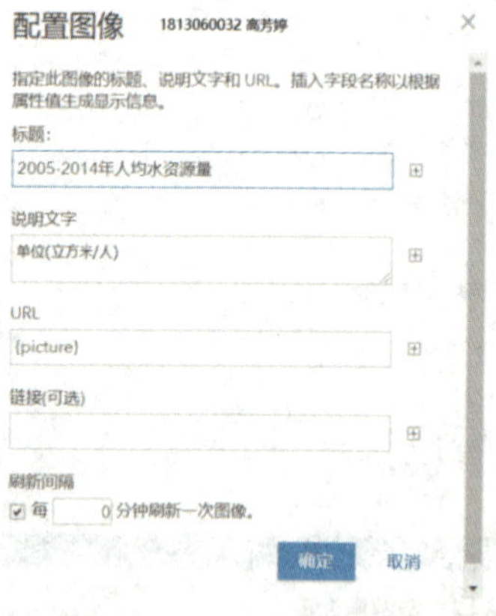

④配置图像的结果展示

（15）配置图表

①同样在“配置弹出窗口”中选择添加“折线图”。

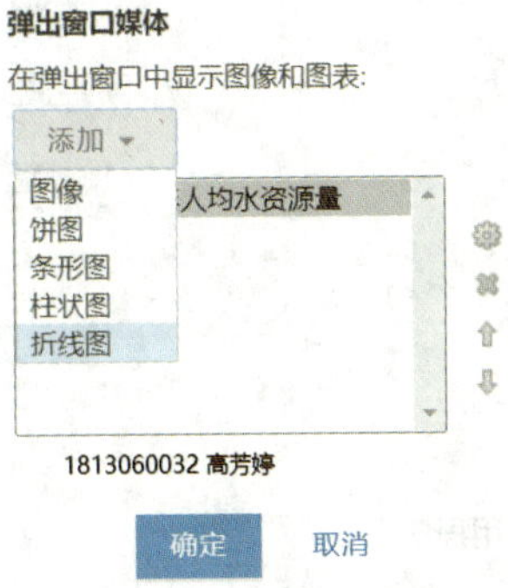

②填写标题、说明文字，并选择所要展示的字段，最后点击保存。

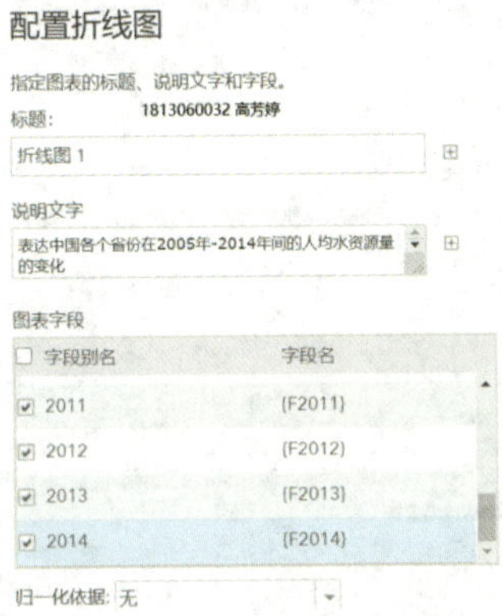

③保存图层后，结果展示。

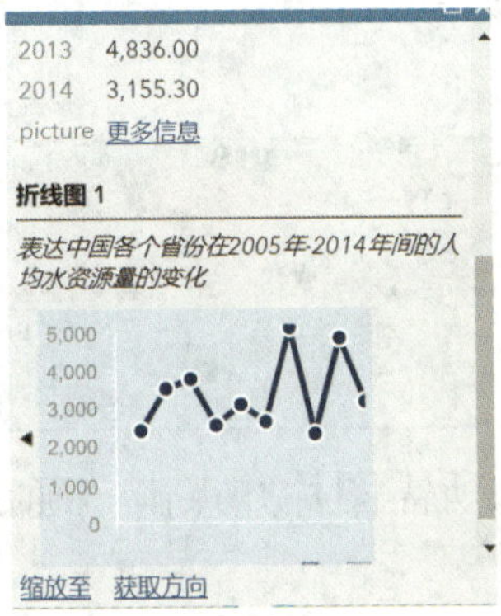

（16）配置 web 应用程序

①点击“地图查看器”中的共享，选择“所有人（公共）”，并“创建 WEB 应用程序”。

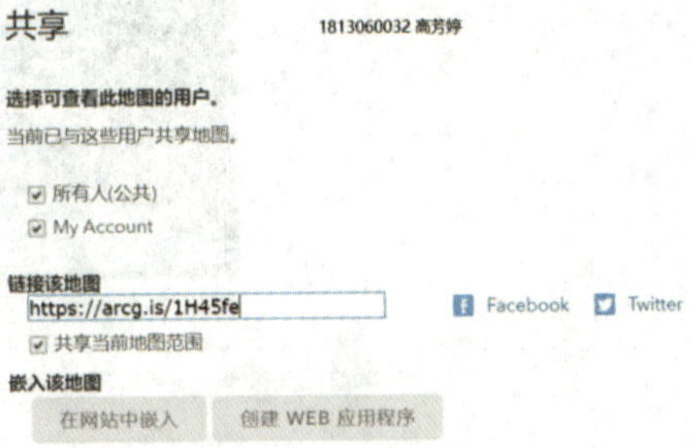

②选择合适的模板并点击“创建 WEB 应用程序”。

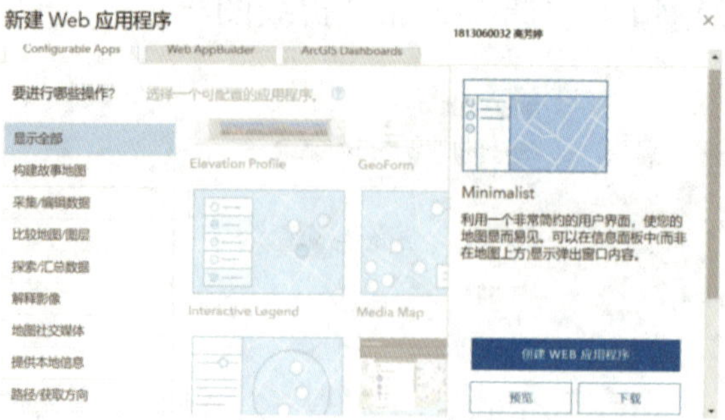

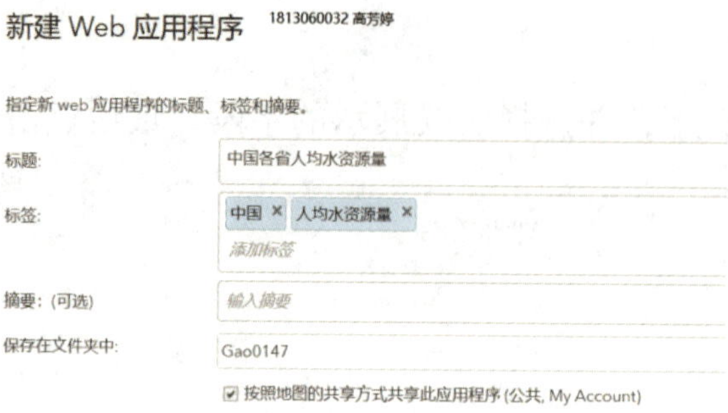

③成果展示。

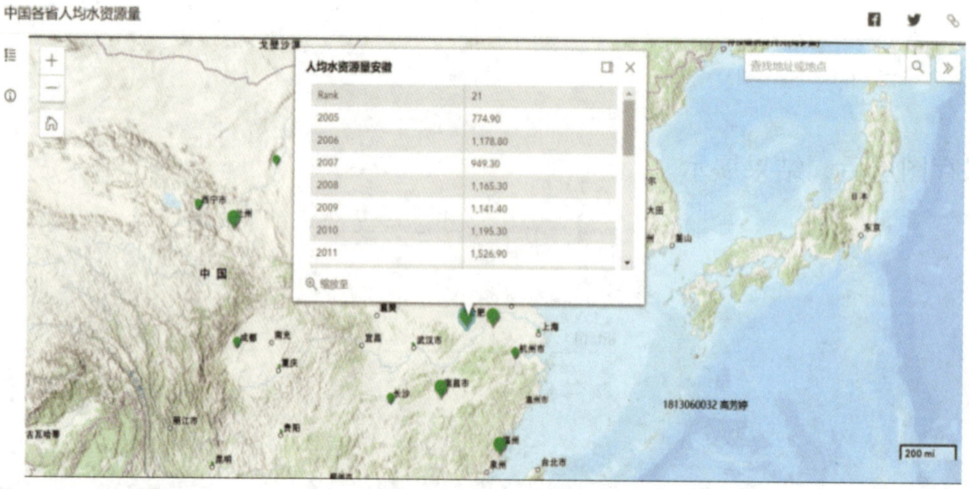

④点击“编辑略缩图”，拖入所需图片并点击“确定”。

⑤“添加略缩图”的成果展示。

（河南大学 2018 级地理信息科学　高芳婷）

4.4 中国省会城市GDP变化时空格局图

4.4.1 项目介绍

项目名称：2015~2019 年中国省会城市生产总值增长率变化时空格局

项目想法来源：基于《Web GIS 原理与应用》课程所学知识，借助 ArcGIS Online 平台，最终建立一个 Web GIS 应用程序，能够显示 2015~2019 年中国省会城市生产总值增长率变化时空格局。同时，采用比较容易理解的符号，直观地显示每个城市的详细信息以及近五年生产总值增长率的变化情况。

项目目的：基于 ArcGIS Online 发布、配置和使用托管要素图层，创建一个 Web GIS 应用程序，使得该程序可以直观的反映 2015~2019 年中国省会城市生产总值增长率变化的时空格局。

使用工具：ArcGIS Online，Chrome 浏览器、Office

4.4.2 项目展示

（1）Web 应用程序网址

https://yaj27gcpaxygtoy ① maps.arcgis.com/apps/View/index.html?appid=a3a3f42c5b574c39bbbff8e12379dd18

（2）具体内容

①项目概要页。

②项目功能实现。

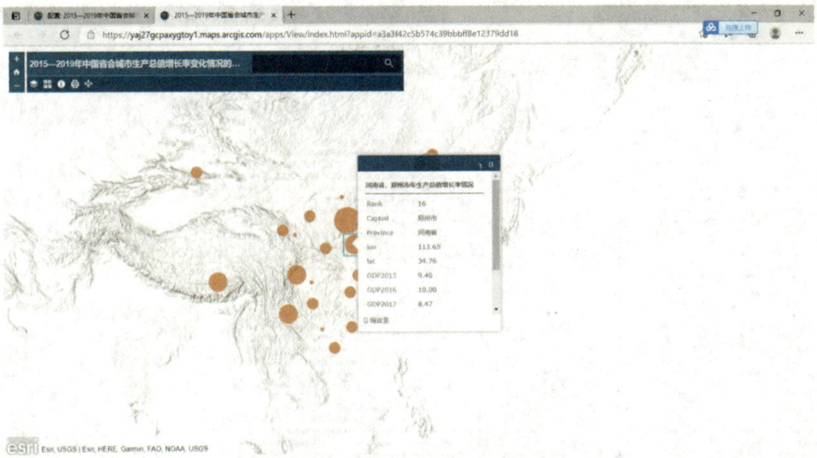

③查看应用程序界面。

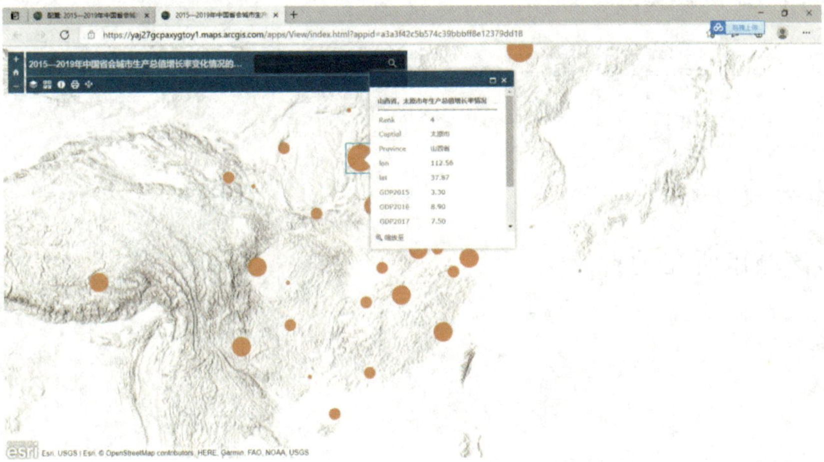

④配置应用程序界面。

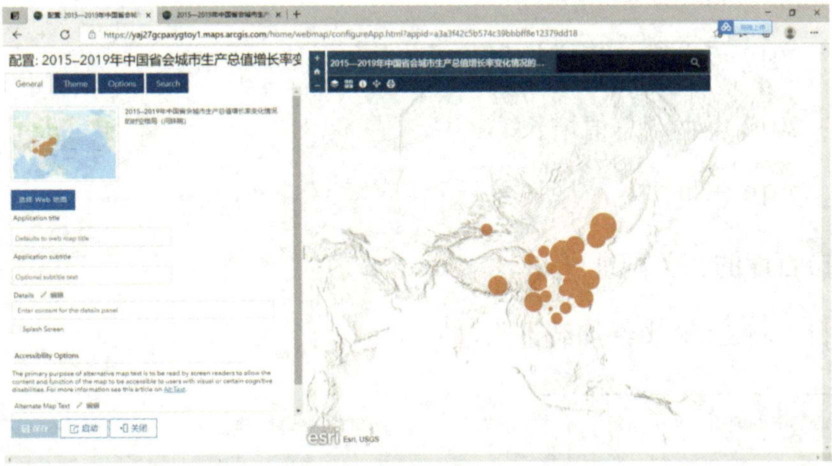

4.4.3 操作步骤

（1）将 CSV 数据发布为托管要素图层

①首先创建一个 CSV 文件，通过查阅《中国城市统计年鉴》，将本项目所用到的近

五年中国省会城市生产总值增长率数据添加到 csv 文件中。

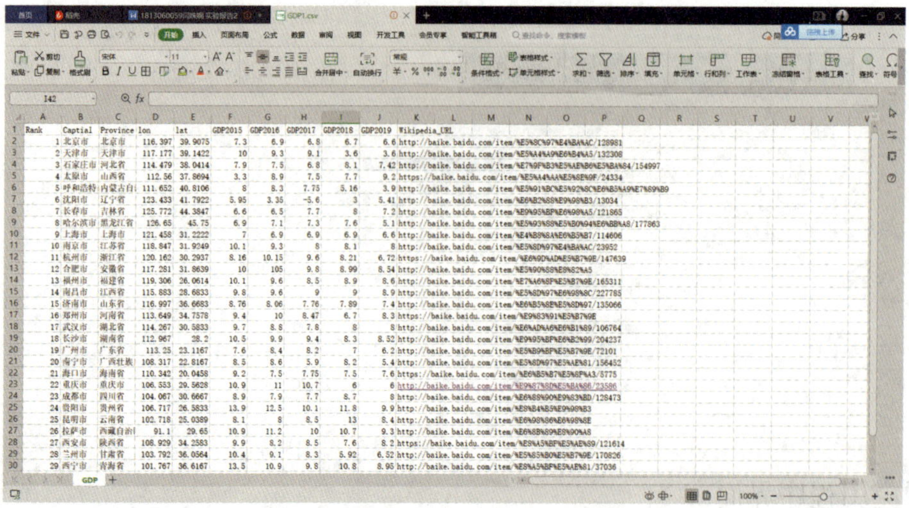

文件包括以下几个字段：

Rank：省会城市的排序

Capital：省会城市名字

Province：该城市所在的省份

Lon：经度

Lat：纬度

GDP2015：2015 年生产总值增长率

GDP2016：2016 年生产总值增长率

GDP2017：2017 年生产总值增长率

GDP2018：2018 年生产总值增长率

GDP2019：2019 年生产总值增长率

以及该城市百度的相关网址。

②创建项目，将 CSV 文件加载进来。

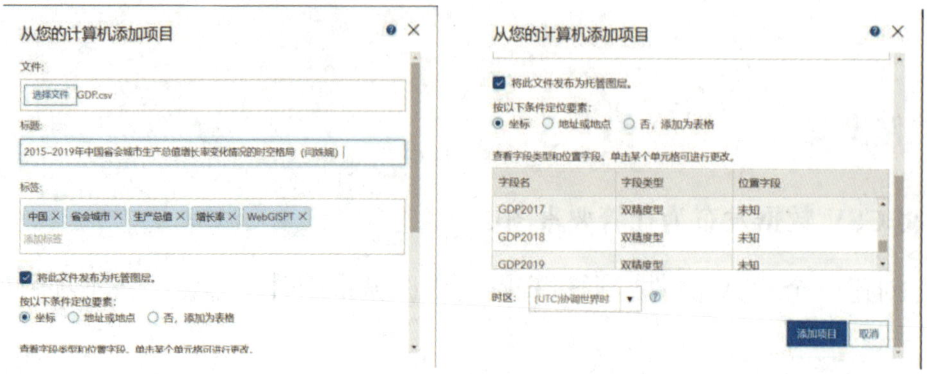

③将所创建的项目设置为共享，让所有人可见。

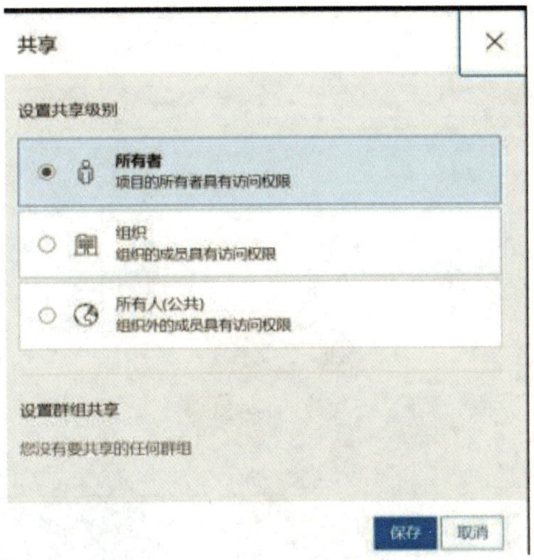

④要素服务的 REST 服务目录页面。

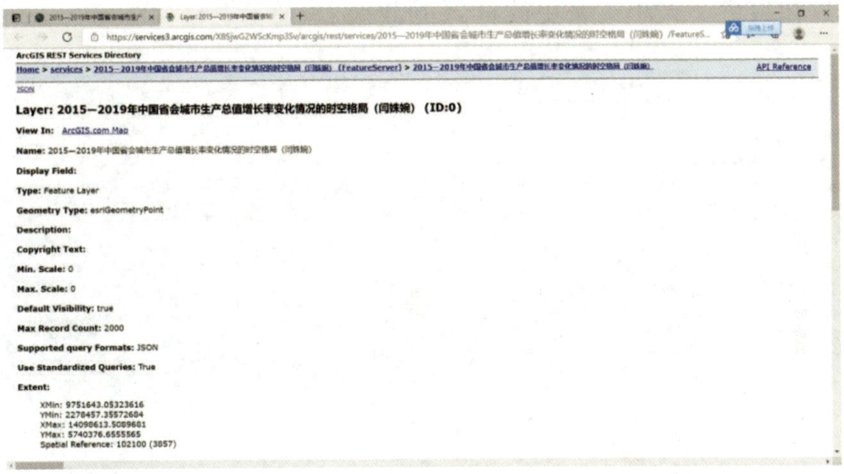

（2）配置图层样式。

①更改样式，尝试选择热点图。

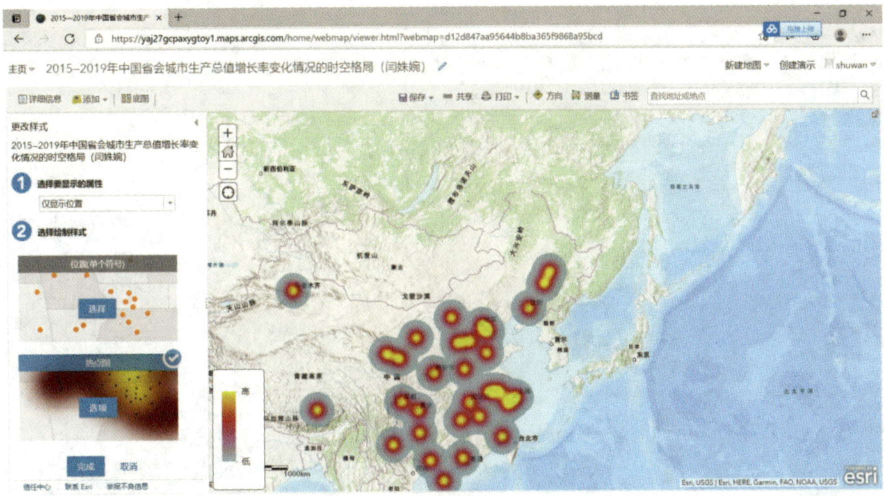

②点击选项，调整选择的情况，改变色带的变化范围，影响区域的大小，以及透明度和符号，以便于更好的显示。

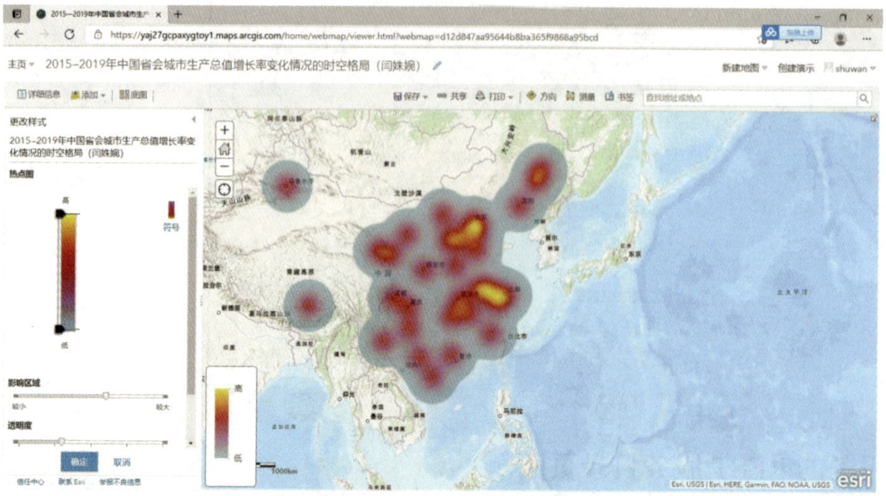

③选择计数和数量（大小）来更改样式的效果。

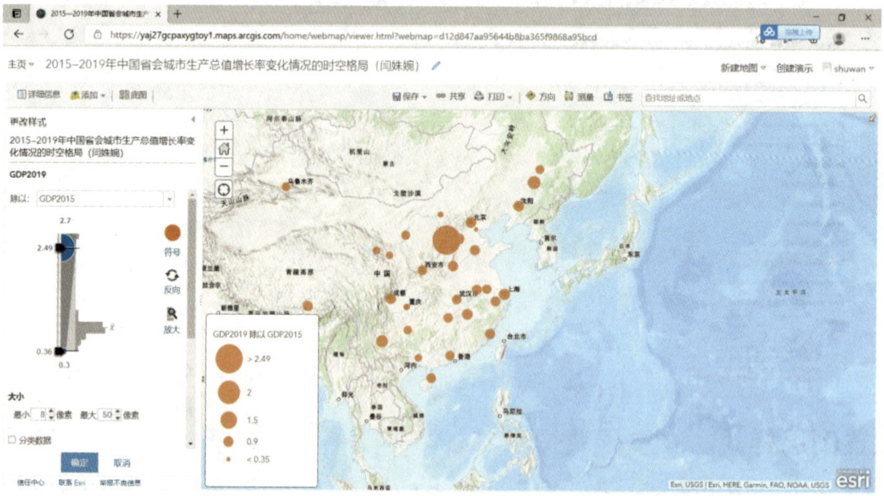

④分类。

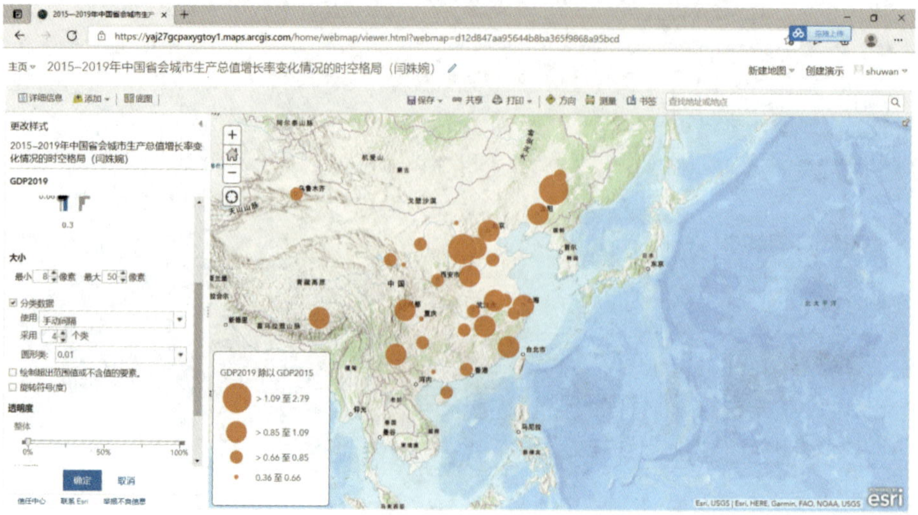

⑤保存 Web 地图。

（3）配置弹出窗口

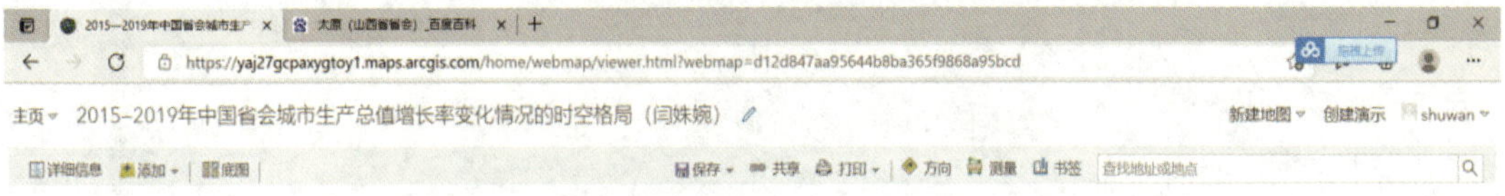

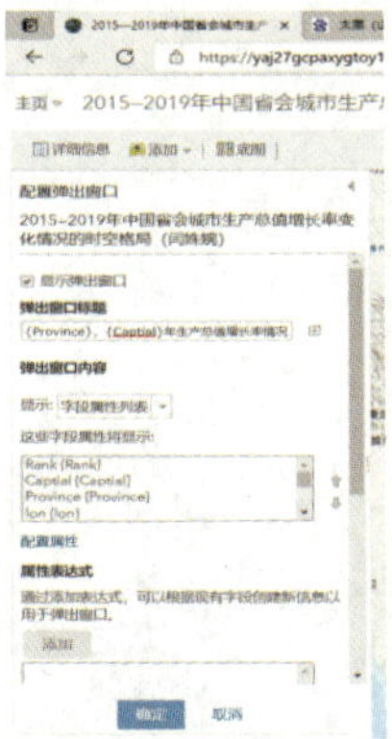

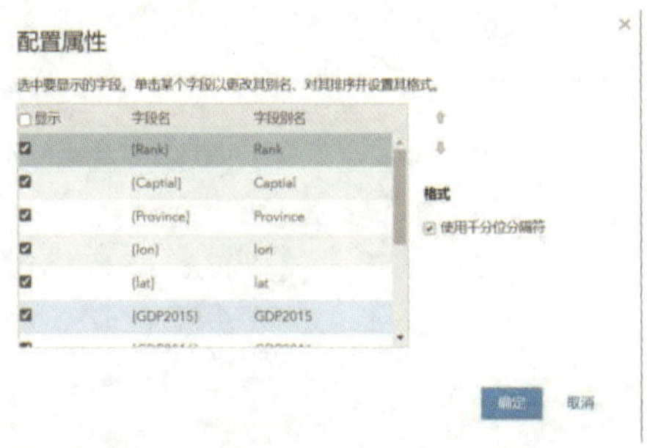

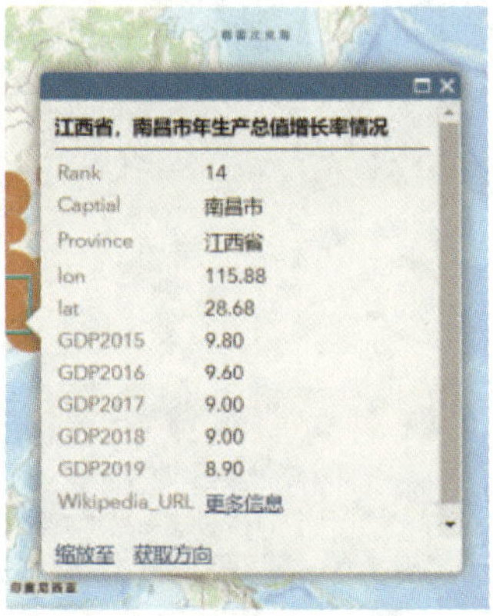

（4）创建和配置 WEB 应用程序

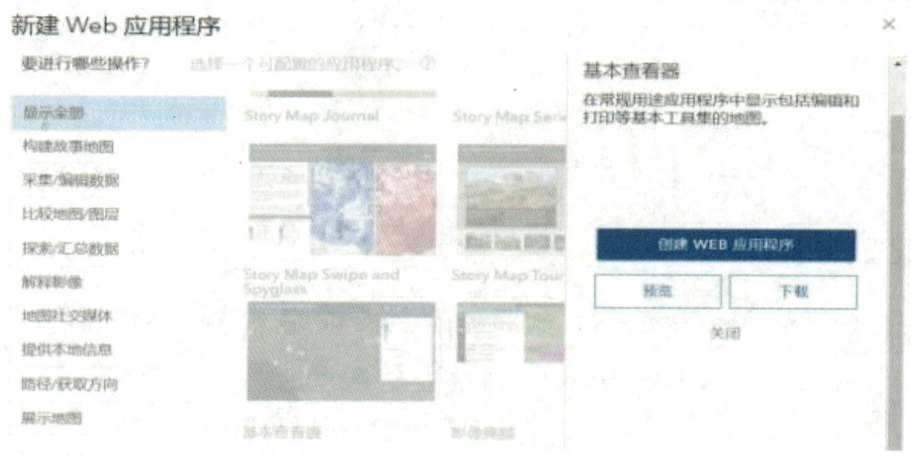

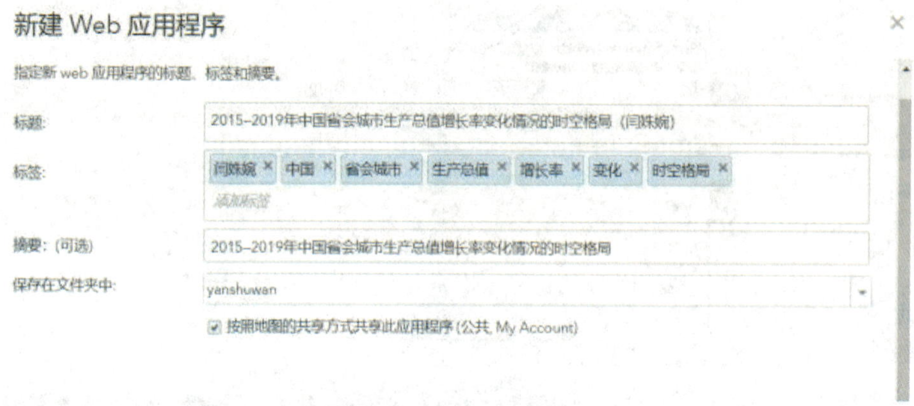

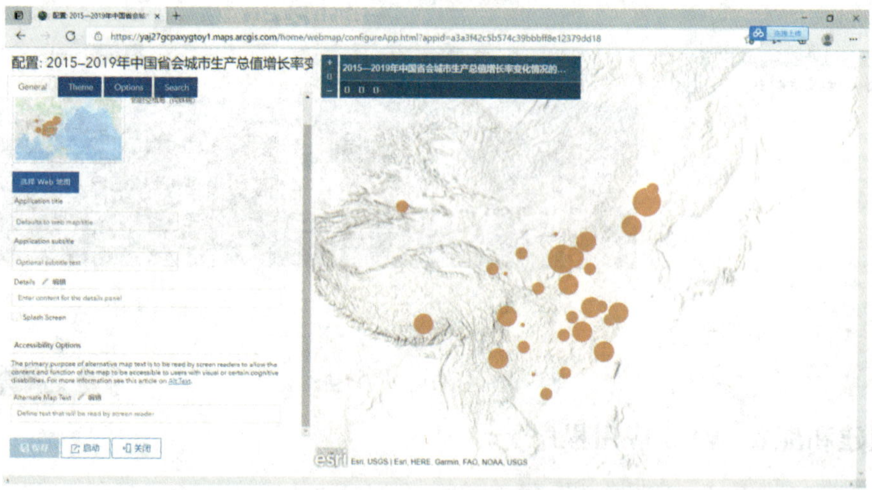

（河南大学 2018 级地理信息科学专业　闫姝婉）

案例五 自然灾害故事地图

Web GIS 在自然灾害动态监测、预报预警中的应用正在趋向成熟，许多学者将其应用于自然灾害的监测，包括泥石流，滑坡、台风，地震、海啸、飓风等，有的还建立了有效的 EWS（预警系统），快速确定受灾范围及受灾情况，为制定减灾预案、评估灾害损失等提供依据。

5.1 世界火山地震事件及空间分布

5.1.1 项目介绍

项目名称：世界火山地震事件及空间分布

项目想法来源：基于《Web GIS 原理与应用》课程所学的知识，借助 Arc GIS Online 平台和中国地震台出示的地震数据，实现近期地震区域的地图表征，内容以图表和文字结合的形式呈现，再与 Arc GIS Online 里面的世界火山地震带地图相结合，做出一个地震专题图。

项目目的：利用《Web GIS 原理与应用》课上所学知识，将火山地震事件与地理坐标联系起来，实现理论与实际的结合，为研究震级与震源深度、震级与地理位置的关系、地震区与火山地震带的关系提供直观的考究。

使用工具：Arc GIS Online、Chrome 浏览器、Office

5.1.2 项目展示

（1）地震专题 WEB 应用程序网址

https://arcg.is/15iTeW

（2）近期地震情况和世界火山地震带分布 WEB 应用程序网址

https://arcg.is/0qDreC

（3）近期地震情况 Web 地图网址

https://arcg.is/1KOm8z0

（4）近期地震情况 Web scene 网址

https://arcg.is/Crrai

（5）世界火山地震带分布 Web 地图网址

https://arcg.is/W5b4m

（6）紧急事件举报网址

https://arcg.is/1ynj5v

（7）具体内容

①首页（近期地震一览）。

② 中国地震烈度区划图。

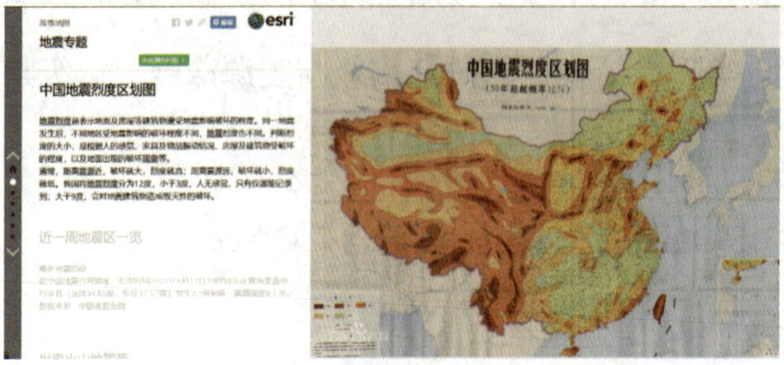

③世界火山地震带。

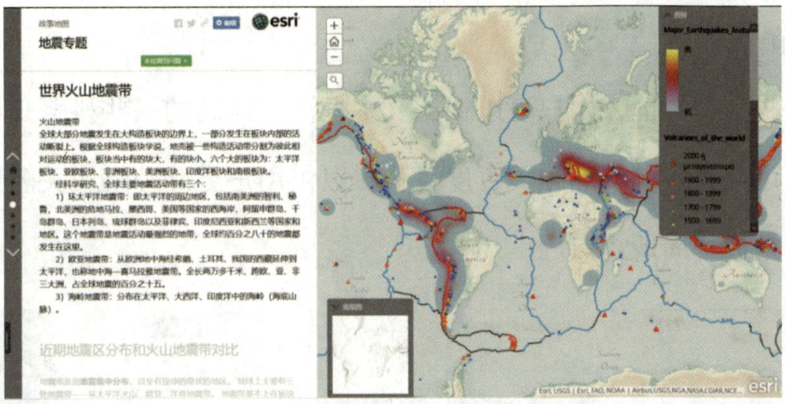

④近期地震点和火山地震带分布对比图。

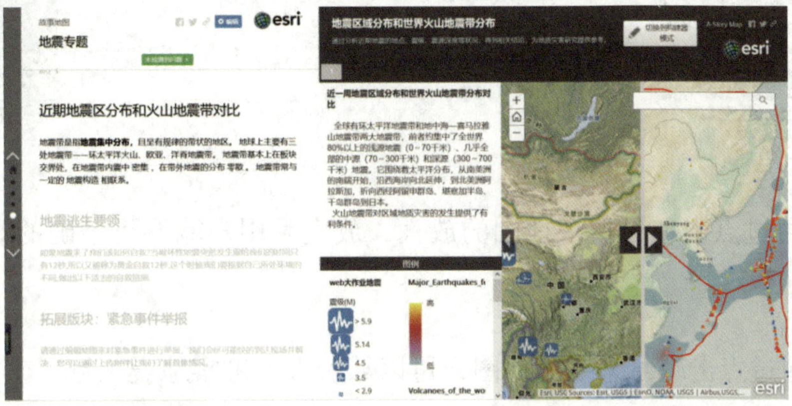

⑤地震逃生要领（网页视频）。

⑥拓展版块：紧急事件举报。

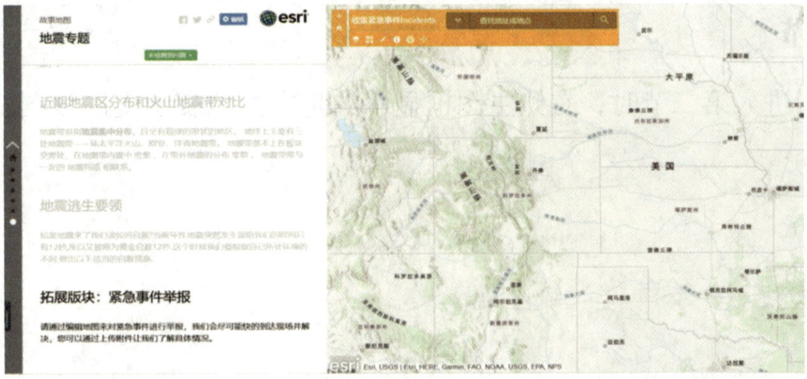

5.1.3 项目主要内容及功能介绍

（1）第一节

地图右侧是一个文本框，用户可以根据文本框浏览地震的一些科普知识。点击文本框中的加黑字体，可以直接跳转到相关百度百科，以供用户更好理解相关名词。此外，右侧主图框里显示的是近一周地震点。

地图工具介绍：

① 放大：通过点击加号实现地图的放大，放大后用户能够更精确的观察到地震发生的地点。

② 缩小：通过点击减号来缩小地图，可以从宏观上考察地震区域。

③ 默认范围：通过点击“＋”和“－”中间的房形图标实现，用户可以通过它回到最初打开地图时的默认范围。

④ 搜索：在搜索框中输入用户想要查找的位置，在页面上就会缩放至用户输入的地点。

⑤ 鹰眼图：在鹰眼图上可以像从空中俯视一样查看地图框中所显示的地图在整个图中的位置。

⑥ 图例：用户通过图例来判断当前地震点的震级情况。

其余节如果工具介绍重复，则不再加以赘述。

（2）第二节

当用户下滑进入第二节时，右侧主图框显示的是中国地震烈度区划图，侧框内是对区划图的介绍。

（3）第三节

当用户下滑进入第三节时，右侧主图框显示的是近期地震点的场景，侧框内是最新地震消息。

（4）第四节

当用户下滑至第四节时，右侧主图框显示的是世界火山地震带地图，侧框内是火山地震带的相关概念。

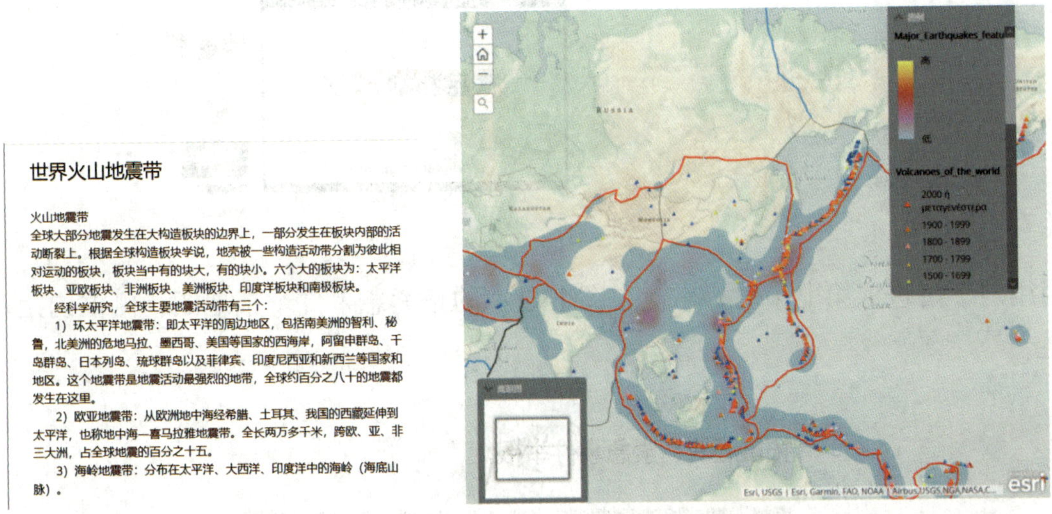

（5）第五节

当用户下滑进入第五节时，右侧主图框显示的是近期地震区分布和火山地震带对比地图，侧框内是相关概念。

近期地震区分布和火山地震带对比

地震带是指**地震集中分布**，且呈有规律的带状的地区。地球上主要有三处地震带——环太平洋火山、欧亚、洋脊地震带。地震带基本上在板块交界处，在地震带内震中 密集，在带外地震的分布 零散。地震带常与一定的 地震构造 相联系。

（6）第六节

当用户下滑进入第六节时，右侧主图框显示的是地震逃生科普视频，侧框内是视频介绍。

（7）第七节

当用户下滑进入第七节时，右侧主图框显示的是紧急事件举报地图，侧框内是对用户的提示。

拓展版块：紧急事件举报

请通过编辑地图来对紧急事件进行举报，我们会尽可能快的到达现场并解决，您可以通过上传附件让我们了解具体情况。

（河南大学 2019 级地理信息科学专业　明茹）

5.2 Hurricanes, Cyclones and Typhoons – Positions and Tracks

5.2.1 项目介绍

项目名称：Hurricanes, Cyclones and Typhoons - Positions and Tracks – 2020

项目想法来源：基于《Web GIS 原理与应用》课程所学的知识，借助 ArcGIS Online 平台及平台上的数据，使用 Web AppBuilder 创建一个 WEB 应用，展示 2020 年台风的位置、轨迹及其他数据处理和数据呈现功能。

项目目的：通过使用 Web AppBuilder 创建 WEB 应用，向公众展示 2020 年台风的位置和轨迹数据，配置应用程序后，实现多种功能，比如添加多源数据、查询数据等，从而实现地理信息的聚合和共享。

使用工具：ArcGIS Online

5.2.2 项目展示

（1）WEB 应用程序网址

https://naqoguq6pjiexp7n.maps.arcgis.com/apps/webappviewer/index.html?id=96115579e7284219b2f54e3c53f3aeb8

（2）Web 地图网址

Hurricanes, Cyclones and Typhoons - Positions and Tracks - 2020 (arcgis.com)

（3）具体内容

该应用程序的页眉，设置有动态的台风图标，应用程序的标题，以及页眉微件，包括图例、图层列表、卷帘、添加数据、绘图和打印。除此之外，左上角还有五个独立微件，分别是地图库、书签、分析、查询和编辑。该应用程序能够向公众展示 2020 年台风的位置以及路线，其主要功能有：

①设置地图的初始范围；

②提供书签，使用户能够快速地缩放到预定义的区域，比如中国；

③允许用户打印地图；

④允许用户添加多源数据；

⑤允许用户进行空间分析；

⑥允许用户对数据进行编辑；

⑦允许用户进行属性查询；

⑧允许用户以卷帘形式更加直观地查看事件具体的位置和轨迹；

⑨点击具体事件，弹出窗口可展示详细的信息；

⑩显示相应图标、标题、子标题和标题栏中的链接。

5.2.3 操作步骤

（1）准备数据

在创建过的托管要素图层中搜索“typhoon2020”，添加数据，如下图所示，然后保存为 Web 地图。

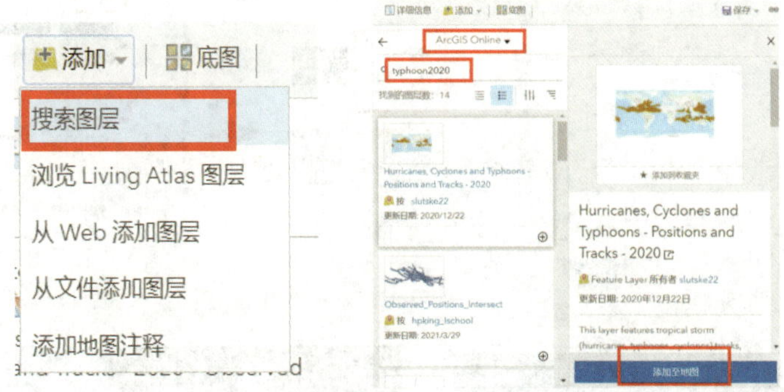

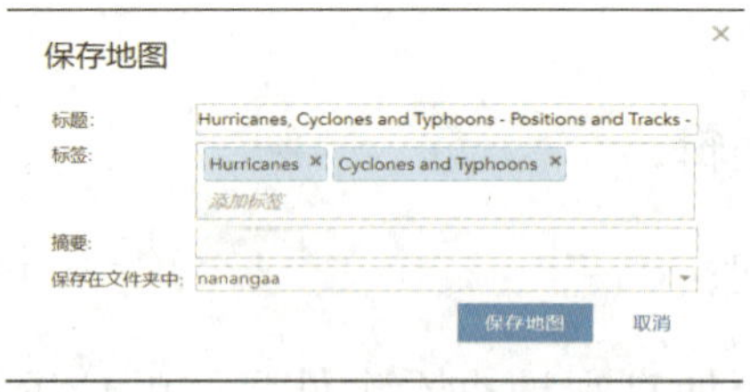

（2）创建 WEB 应用程序

基于上步操作，单击“创建应用程序”下的“Web AppBuilder”，指定应用程序的标题、标签和摘要后，点击“开始”，打开“Web AppBuilder”。打开“主题”选项卡，单击“折叠式主题”，选择合适的颜色样式和布局；打开“地图”选项卡，选择上步保存的 Web 地图；打开“属性”选项卡，设置应用程序的微标、标题和子标题。

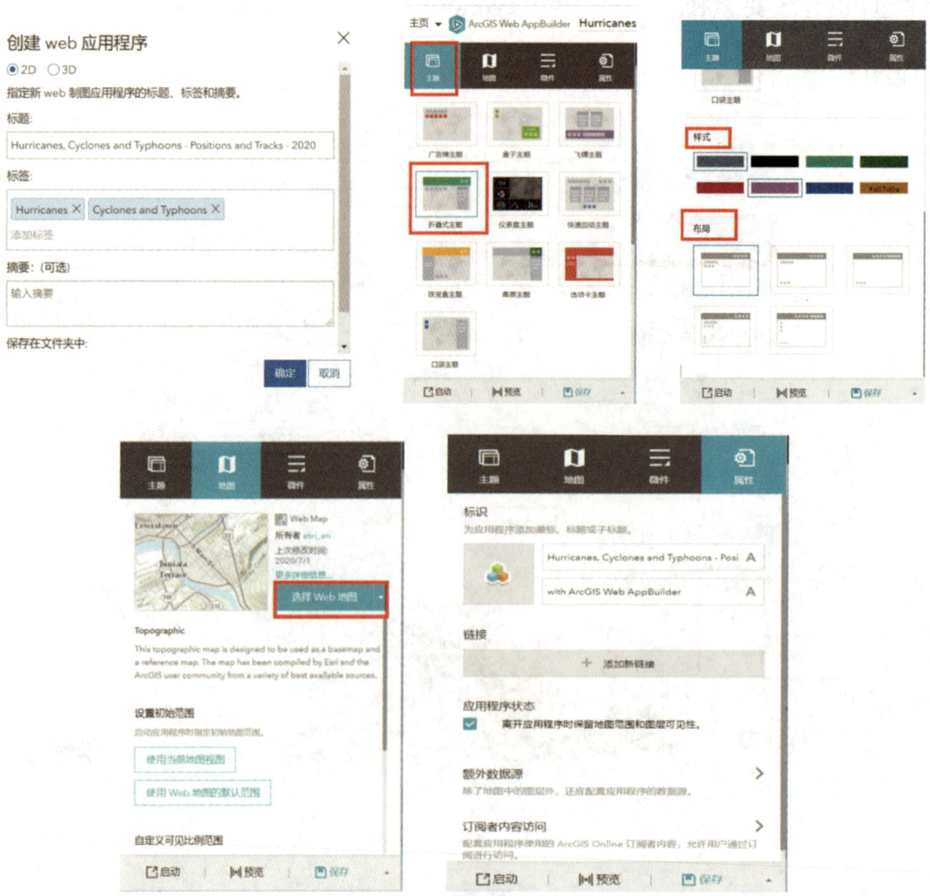

（3）配置数据独立微件

打开“微件”选项卡，在列表底部有五个微件占位符，单击第一个空微件按钮。

在“选择微件”窗口中，单击选择“地图库”，在“配置地图库”窗口允许选择“始终与组织的地图库设置同步”或“配置自定义地图”。

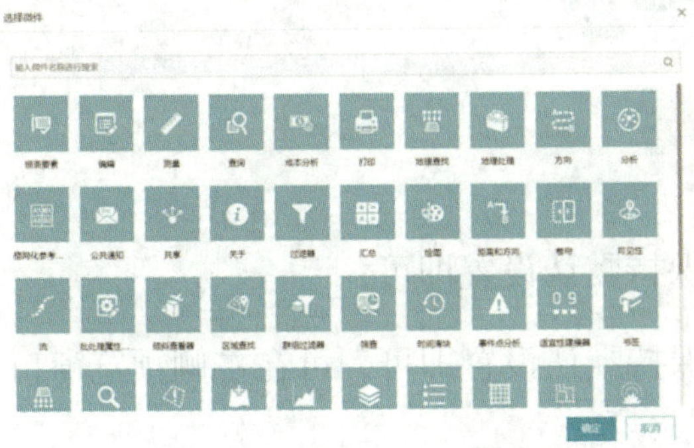

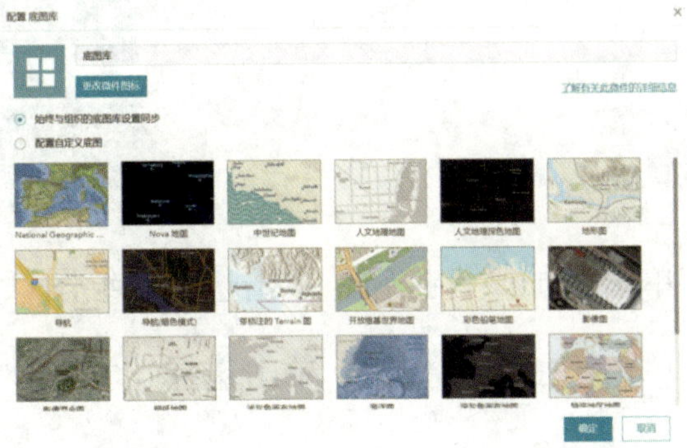

单击下一个微件按钮，单击选择“书签”，在“配置书签”窗口，单击“单击以新增”按钮，指定“中国”作为标题，平移并缩放至中国，并修改其图标，单击“确定”添加此书签。

单击下一个微件按钮，单击选择“编辑”，在“配置编辑”窗口，勾选“单击保存按钮才可以对属性应用编辑内容”以及“启用撤消 / 恢复”。

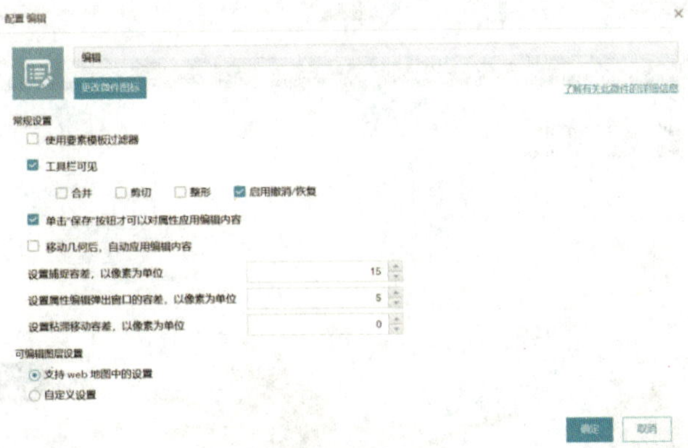

然后在页眉控制器添加微件。

单击添加微件按钮，单击选择“绘图”，保持默认设置即可；

单击添加微件按钮，单击选择“卷帘”，保持默认设置即可，可在右侧预览窗口查看效果。

单击添加微件按钮，单击选择“添加数据”，保持默认设置即可，可在右侧预览窗口中查看，点击该按钮，在“我的内容”中，选择“世界上最大的20次地震”数据，查看其呈现效果。

单击添加微件按钮，单击选择“打印”，保持默认设置即可。

（4）配置数据依赖微件

继续上步的操作，在微件选项卡下添加微件按钮。

在“选择微件”窗口，选择“分析”，在“配置分析”窗口中，选中“创建缓冲区”工具，单击其后的设置图标，选中所有选项，单击“确定”。

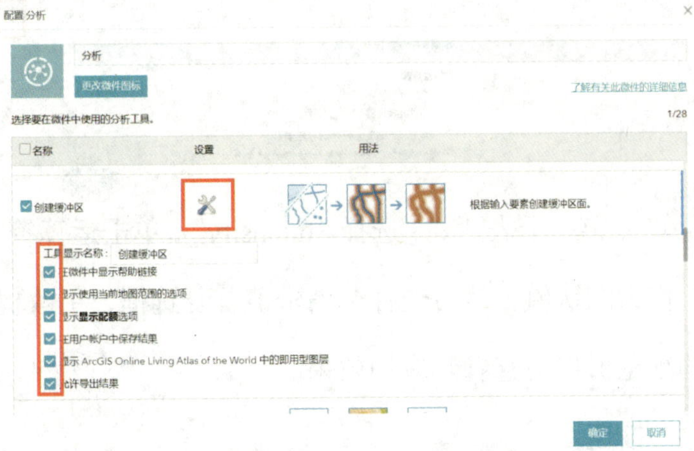

在“选择微件”窗口，选择“查询”，在“配置分析”窗口中，单击“新建查询”。

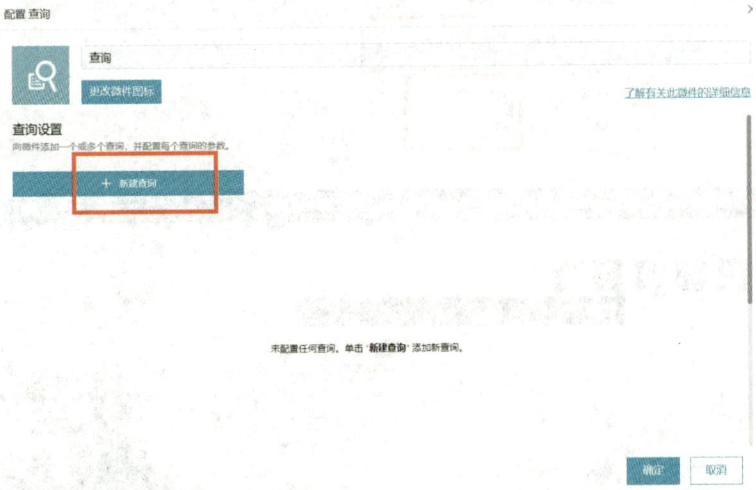

在“设置数据源”窗口中，选择地图，选择第一个位置图层 position 的查询，单击“确定”。

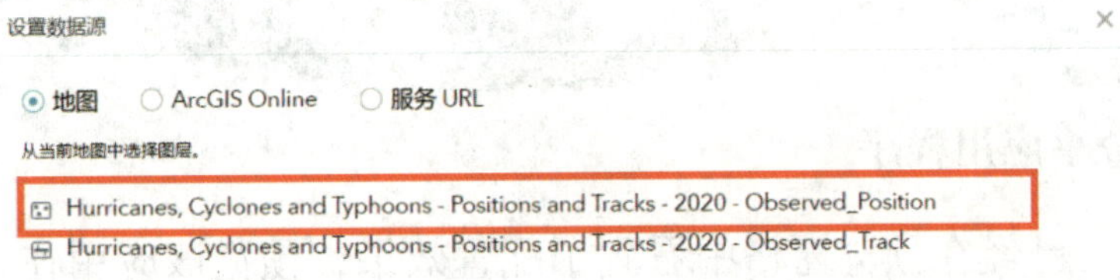

然后，点击“过滤器”选项卡，点击“查询条件”后的设置按钮。

选择“添加表达式”，第一个表达式，选择“Intensity”，单击运算符下拉菜单，选择“最小为”，输入“40”作为默认值，然后选择“请求值”复选框，更改提示为“强度最小为40”。最后在右侧的预览窗口中查看其应用效果。

最后点击“保存”按钮。

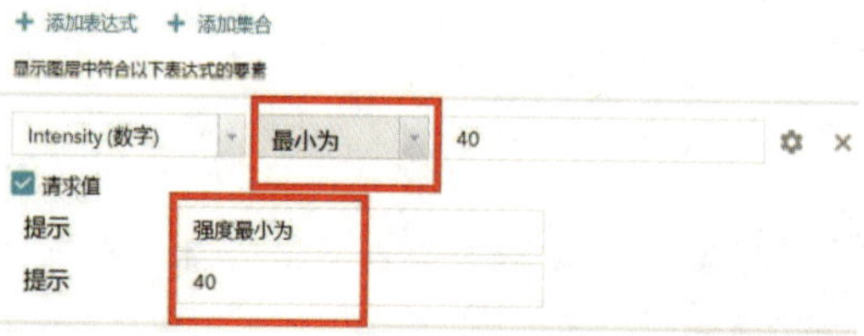

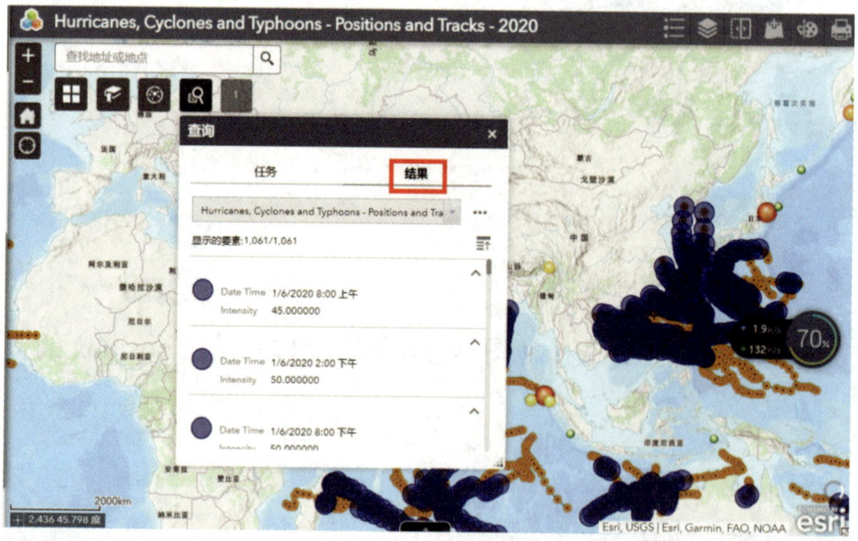

（5）预览和分享应用程序

在上述步骤中，已经在预览窗格中看到了配置效果，预览该应用在各种移动设备中的运行效果，在设计窗格底部，单击“预览”，选择预览设备的类型即可查看。

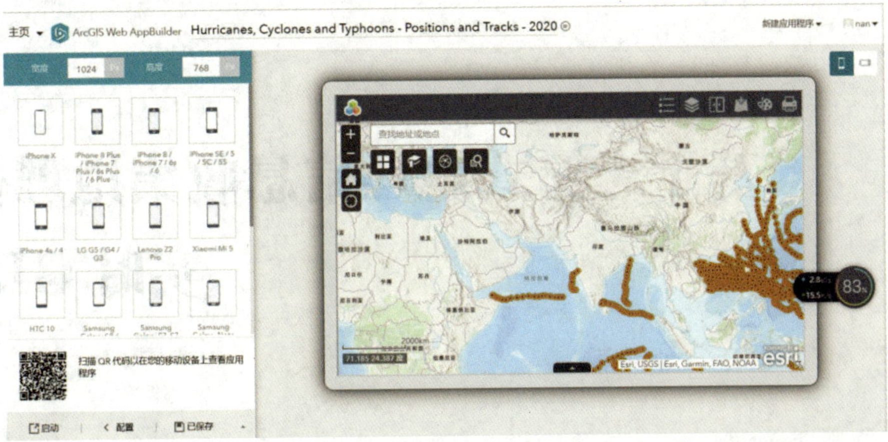

单击左上角的“主页”，在选项中选择“内容”，在内容列表中找到刚才创建的这个应用，单击“共享”按钮，设置共享级别为“所有人（公共）”。即 WEB 应用程序制作完成。

（河南大学 2019 级地理信息科学专业　杨楠）

案例六
基于志愿式地理信息收集地理信息和实时 GIS 应用

志愿式地理信息（VGI）特指由公众自愿创建，而不是由专业数据生产部门创建的地理空间数据，它的技术基础就是让客户端能够更新、添加、删除服务器端的地理数据，包括空间数据和属性数据。本部分包括允许公众报告嫌犯信息的 WEB 应用及基于 Web GIS 的中国新型冠状肺炎疫情数据可视化面板两部分。

6.1　允许公众报告嫌犯信息的Web应用

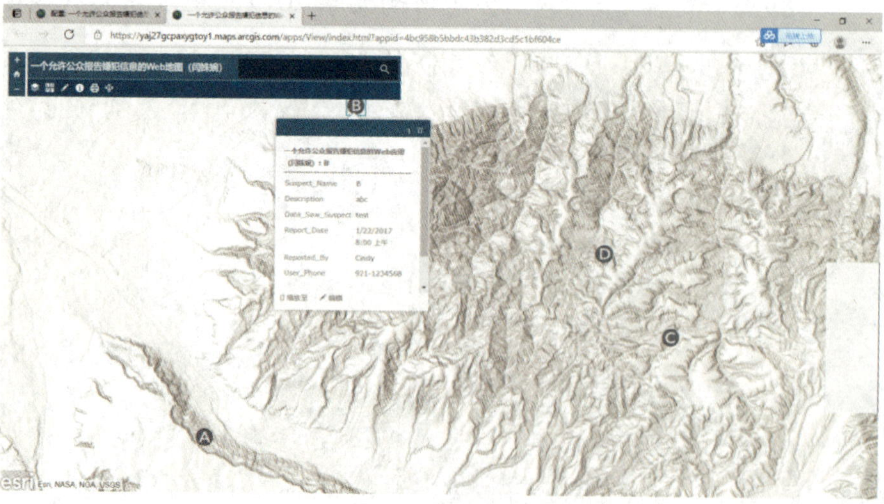

项目名称：允许公众报告嫌犯信息的 Web 应用

项目想法来源：基于《Web GIS 原理与应用》课程所学知识，借助 ArcGIS Online 平台，最终建立一个 Web GIS 应用程序，可以在智能手机上运行，允许公民上传照片和视频。实现公众实时上报嫌犯信息的目的，便于治安工作的开展，方便执法部门鼓励公众举报嫌犯，从而让公众参与到监督公共治安的工作中来。本项目可以扩大到举报途径，搭建一个GIS应用，市民可以通过该应用报告四名极为危险的嫌疑犯，并上传这些嫌疑犯的照片和视频。

项目目的：利用《Web GIS 原理与应用》课上所学知识，创建一个采集志愿式地理信息的 Web 应用，本项目致力于让公众参与到治安工作中来，利用 WEB 应用实现公众共同监督。

使用工具：ArcGIS Online

6.1.1 功能展示

（1）WEB 应用程序网址

https://yaj27gcpaxygtoy ① maps.arcgis.com/apps/View/index.html?appid=4bc958b5bbdc43b382d3cd5c1bf604ce

（2）具体内容

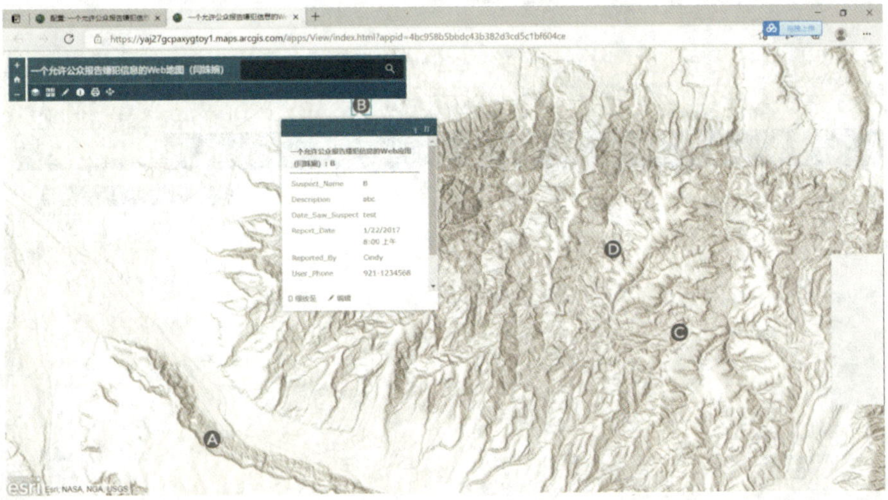

6.1.2 实现过程

（1）准备数据

首先建立一个CSV文件，在文件中加载需要的数据字段，数据字段包括以下八个方面：Suspect_Name、Description、Long、Lat、Date_Saw_Suspect、Report_Date、Reported_By、User_Phone。

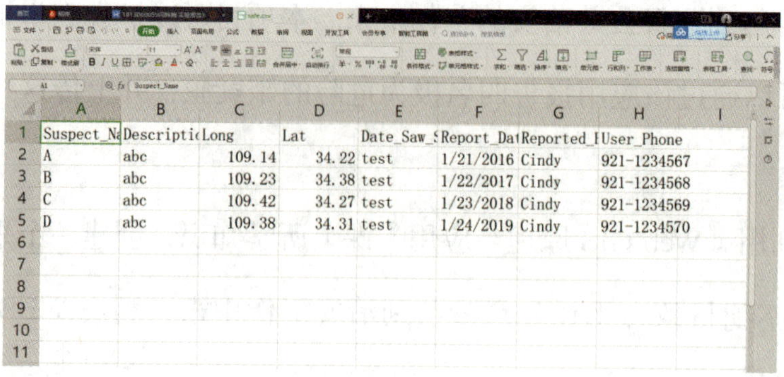

	A	B	C	D	E	F	G	H
1	Suspect_Na	Descripti	Long	Lat	Date_Saw_	Report_Da	Reported_	User_Phone
2	A	abc	109.14	34.22	test	1/21/2016	Cindy	921-1234567
3	B	abc	109.23	34.38	test	1/22/2017	Cindy	921-1234568
4	C	abc	109.42	34.27	test	1/23/2018	Cindy	921-1234569
5	D	abc	109.38	34.31	test	1/24/2019	Cindy	921-1234570

（2）发布托管要素图层

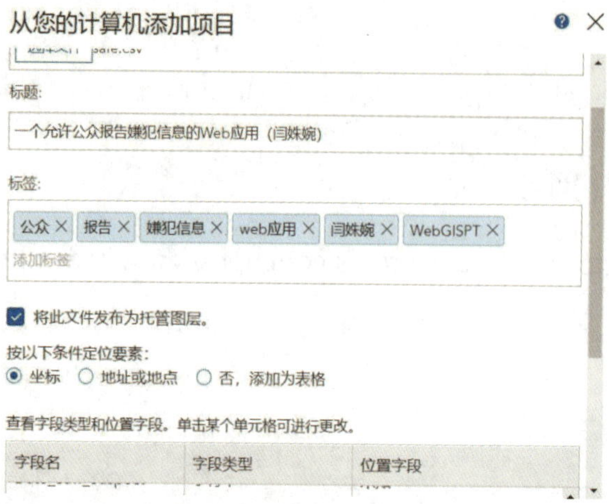

①设置范围。

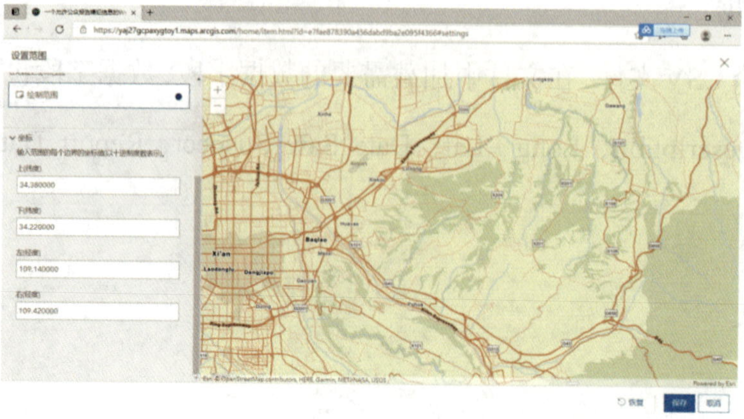

②共享图层。

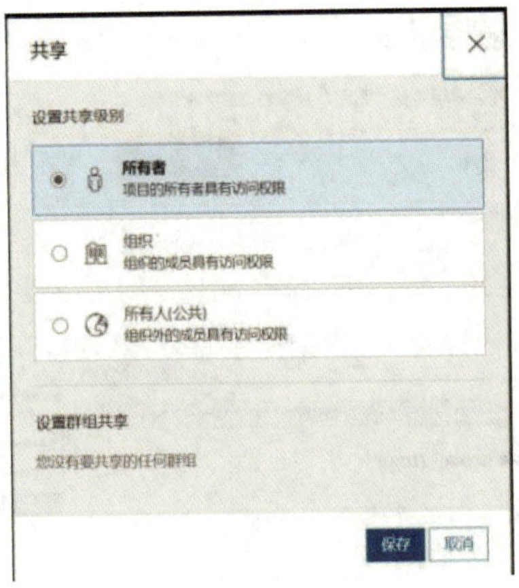

（3）定义要素模板

①更改要素样式。

②有新的嫌疑犯信息，还可进行添加。

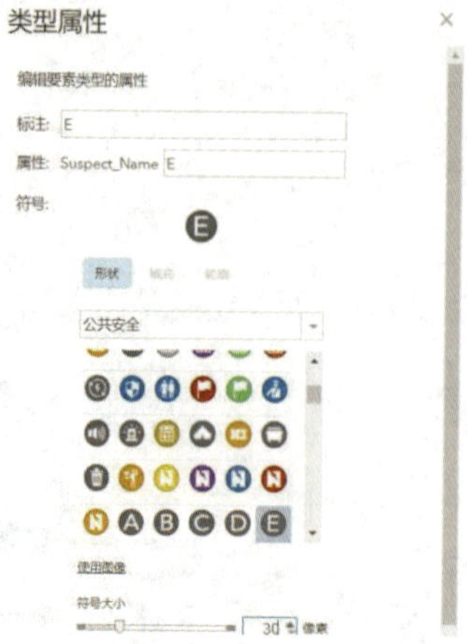

③删除经纬度信息。

④图层的 REST URL 页面。

（4）在 Web 地图中使用要素图层并定义可编辑字段

①配置属性。

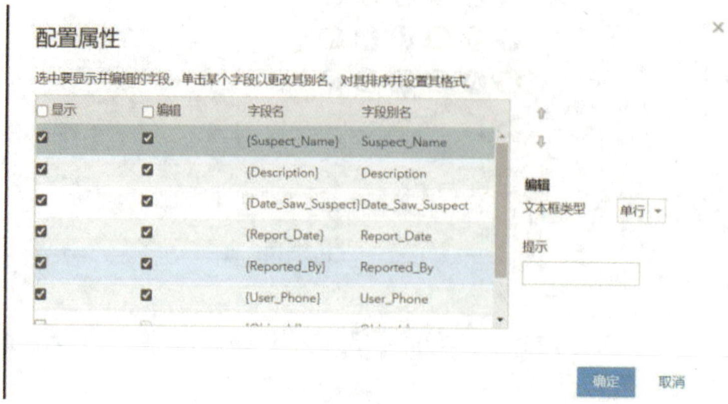

②保存 Web 地图。

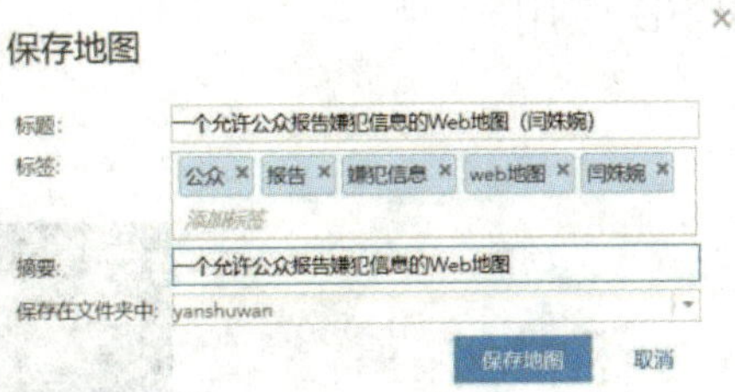

（5）创建托管要素图层视图

①创建查看图层，完成视图创建。

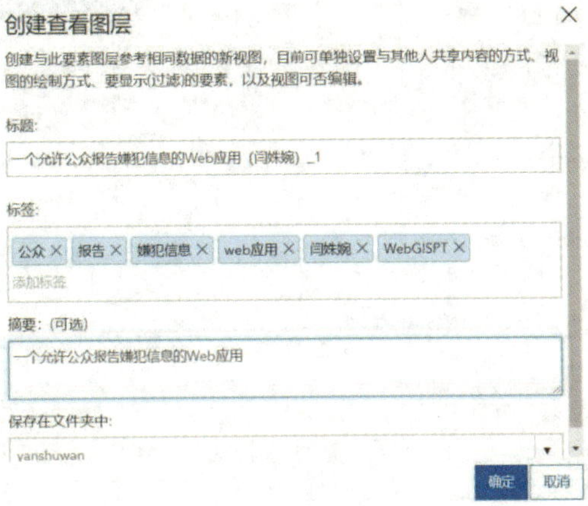

②设置视图字段显示信息。

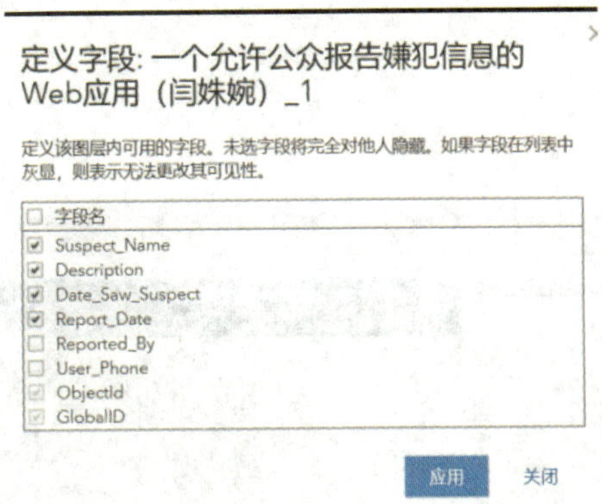

③共享视图。

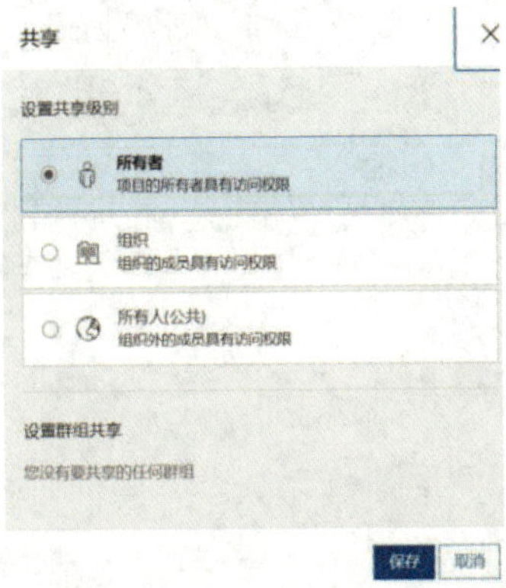

（6）创建可采集数据的 WEB 应用

①选择合适的模板创建 WEB 应用。

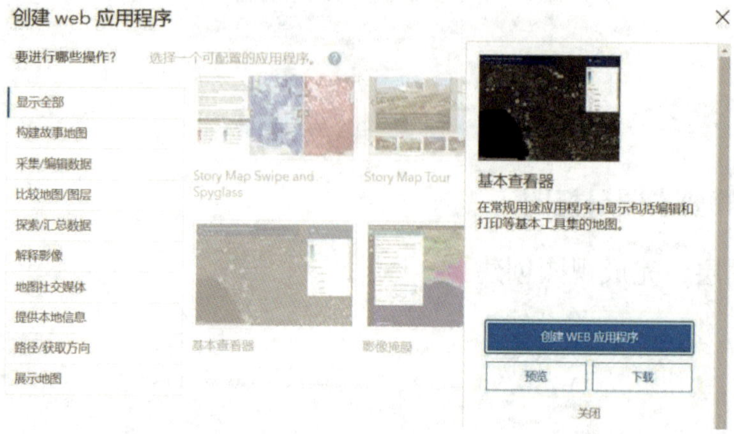

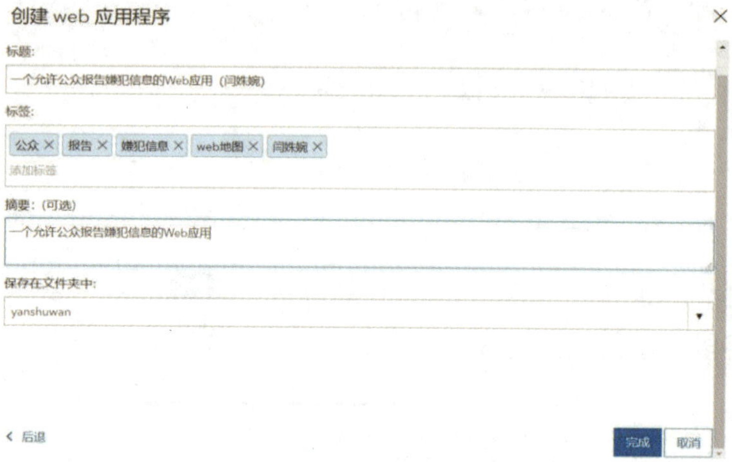

②编辑配置。

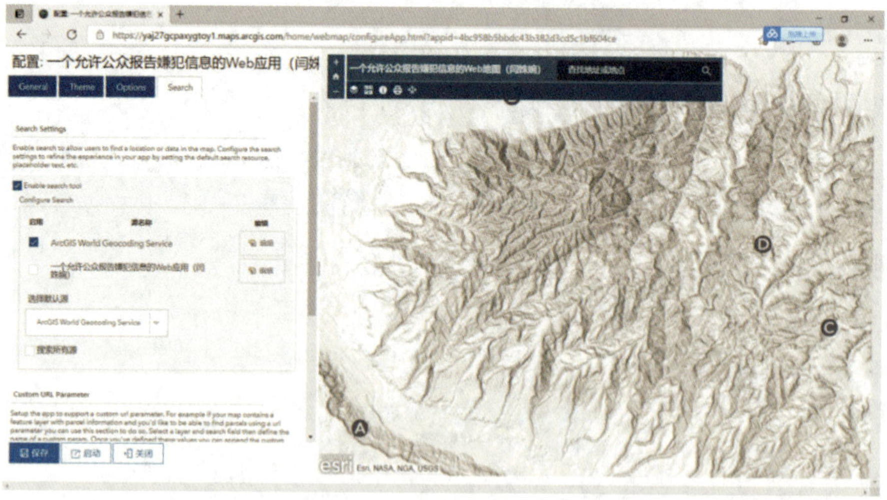

③保存，启动

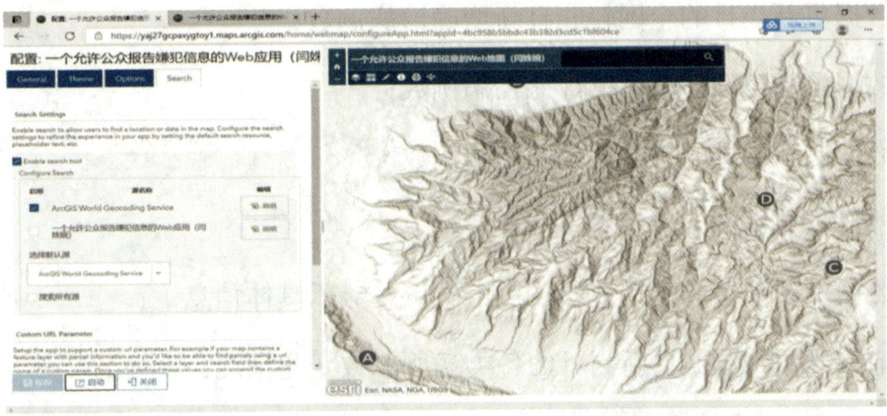

（河南大学 2018 级地理信息科学专业　闫姝婉）

6.2　基于Web GIS 的中国新型冠状病毒肺炎疫情数据可视化面板

6.2.1　功能展示

（1）桌面版软件（电脑查看）

https://huixiaqing-liu.maps.arcgis.com/apps/opsdashboard/index.html#/45adca943dbe43e1804068c8a8f8dc29

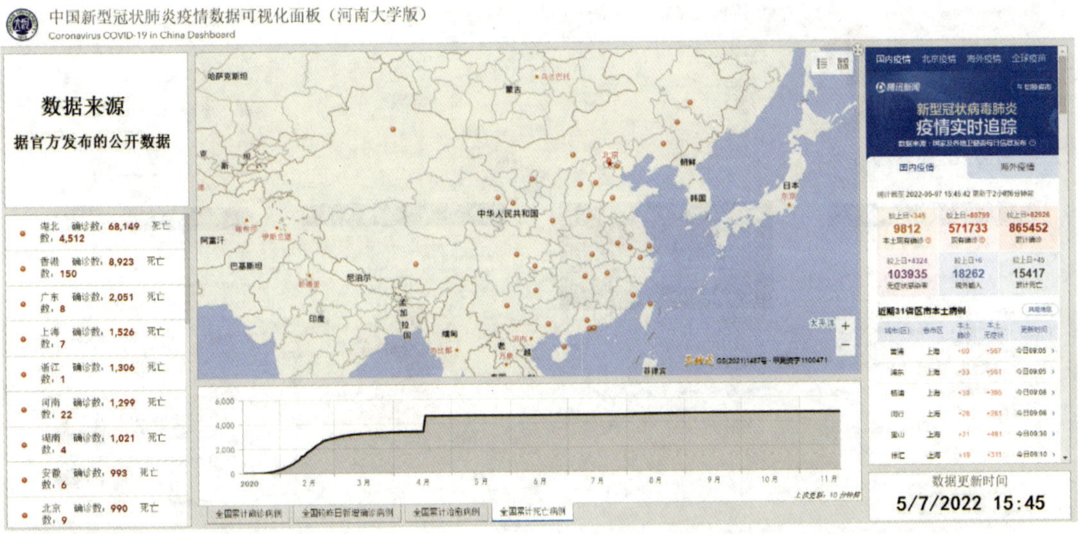

面板左栏显示数据：

- 截至数据更新当日的全国累计确诊病例数；
- 截至数据更新当日的全国较昨日新增确诊病例数；
- 截至数据更新当日的全国累计死亡病例数；
- 截至数据更新当日的各省累计确诊病例数。

面板中栏显示数据：

- 截至数据更新当日的疫情地图（点击省份可显示具体信息）；
- 从有记录开始到数据更新当日的各类病例总数变化情况；

面板右栏显示数据：

- 腾讯新闻实时疫情报告；
- 数据更新时间。

面板动态交互：

- 点击左侧省份数据，地图会进行对应缩放聚焦到所选省份，并显示详细数据弹窗；
- 点击地图区域的相应按钮，可以显示或隐藏图例、切换地理底图。

其他界面如下：

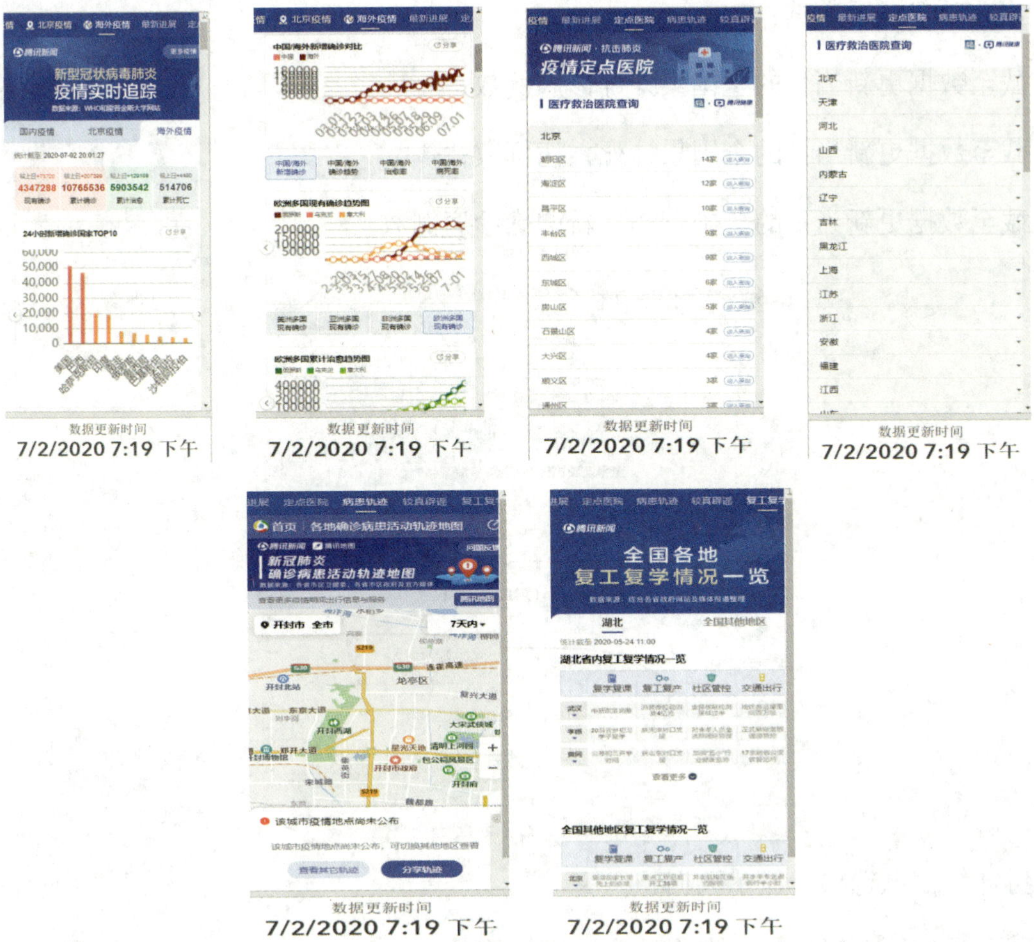

（2）移动端软件（手机、Pad 等查看）

https://huixiaqing-liu.maps.arcgis.com/apps/opsdashboard/index.html#/0d478afff55640319e5091f5b9fd9d69

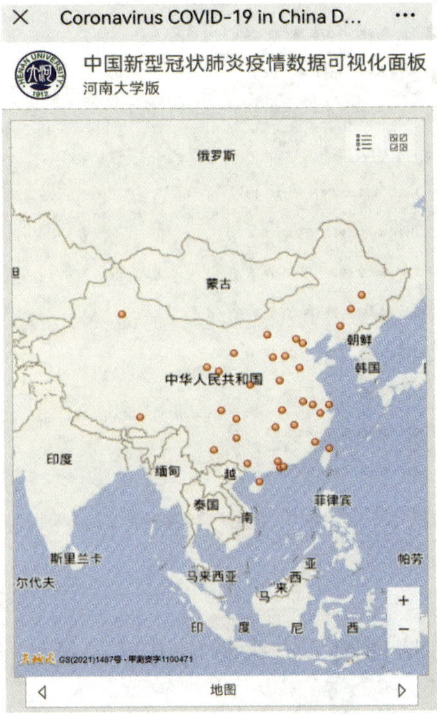

概览选项卡显示数据：

- 截至数据更新当日的全国累计确诊病例数；
- 截至数据更新当日的全国累计死亡病例数；
- 截至数据更新当日的全国较昨日新增确诊病例数。

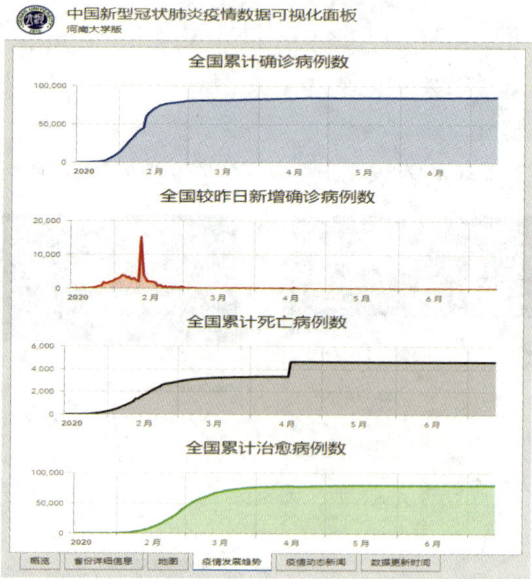

省份详细信息选项卡显示数据：

- 截至数据更新当日的各省累计确诊病例数。

地图选项卡显示数据：

- 截至数据更新当日的疫情地图（点击省份可显示具体信息）；

疫情发展趋势选项卡显示数据：

- 从有记录开始到数据更新当日的各类病例总数变化情况。

疫情动态新闻选项卡显示数据：

- 腾讯新闻实时疫情报告。

数据更新时间选项卡显示数据：

- 数据更新时间。

6.2.2 实现代码

①运行 1-daily.py 代码，通过腾讯新闻接口，抓取 JSON 格式的当日疫情数据，并按照不同类别存储到一个 csv 文件中。

```
# -*- coding: utf-8 -*-
import time, json, requests
from datetime import datetime

def catch_daily():
    url = 'https://view.inews.qq.com/g2/getOnsInfo?name=wuwei_ww_cn_day_counts&callback=&_=%d'%int(time.time()*1000)
    data = json.loads(requests.get(url=url).json()['data'])
    data.sort(key=lambda x:x['date'])

    date_list = list()        # 日期
    confirm_list = list()     # 确诊
    suspect_list = list()     # 疑似
    dead_list = list()        # 死亡
    heal_list = list()        # 治愈
    now_confirm_list = list() # 现有确诊
    for item in data:
        month, day = item['date'].split('/')
```

```
    # 获取数据
    date_list, confirm_list, suspect_list, dead_list, heal_list, now_confirm_list = catch_daily()
    print(date_list)                                # 日期
    print(confirm_list)                             # 确诊数据
    print(suspect_list)                             # 疑似数据
    print(dead_list)                                # 死亡数据
    print(heal_list)                                # 治愈数据
    print(now_confirm_list)                         # 现有确诊数据
```

②运行 2-china.py 代码，通过腾讯新闻接口，抓取 JSON 格式的自有记录以来到当日的每日全国疫情数据，并按照不同类别存储到一个 csv 文件中。

```
# -*- coding: utf-8 -*-

import time, json, requests
from time import strftime,gmtime

# 抓取腾讯疫情数据
url = 'https://view.inews.qq.com/g2/getOnsInfo?name=disease_h5&callback=&_=%d'
data = json.loads()['data'])

# 统计省份信息
num = data['areaTree'][0]['children']

for item in num:
```

```
    print(item['name'],end=" ")  # 不换行
else:
    print("\n")                  # 换行


# 解析确诊数据
total_data = {}
for item in num:
```

```
# 解析新增确诊数据
total_new_data = {}
for item in num:
    if item['name'] not in total_new_data:
        total_new_data.update({item['name']:0})
    for city_data in item['children']:
        total_new_data[item['name']] +=int(city_data['today']['confirm'])

print(total_new_data)

# 统计坐标信息
longi_data = {'北京':116.231280, '香港':114.165460, '上海':121.489410, '甘肃':103.718780, '四川':104.101940, '河北':114.539520, '陕西':108.934250, '广东':113.273240, '辽宁':123.469870, '福建':119.273450, '重庆':106.540410, '台湾':121.520076, '澳门':113.549130, '江苏':118.892100, '天津':117.309830, '浙江':120.212010, '安徽':117.307940, '贵州':106.622980, '吉林':125.288450, '湖北':114.029190, '内蒙古':111.622990, '海南':110.329410, '湖南':112.986260, '宁夏':106.242840, '新疆':88.311040, '山东':116.751990, '广西':108.273310, '云南':102.821470, '黑龙江':126.957170, '青海':101.766280, '西藏':91.137750, '山西':112.486990, '江西':115.944220, '河南':113.640100}     # 经度
```

```
lati_data = {'北京':40.220770, '香港':22.275340, '上海':31.405270, '甘肃':36.103960, '四川':30.659840, '河北':38.036470, '陕西':34.230530, '广东':23.157920, '辽宁':41.805150, '福建':26.047690, '重庆':29.402680, '台湾':25.030724, '澳门':22.198750, '江苏':31.327510, '天津':39.717550, '浙江':30.208400, '安徽':31.793220, '贵州':26.678650, '吉林':43.833270, '湖北':30.582030, '内蒙古':40.807720, '海南':20.029710, '湖南':28.255910, '宁夏':38.473140, '新疆':43.363780, '山东':36.553580, '广西':22.781210, '云南':24.885540, '黑龙江':45.547740, '青海':36.650200, '西藏':29.652620, '山西':37.940360, '江西':28.545380, '河南':34.724680}     # 纬度
```

③运行 3-upload.py 代码，使用 AGO Assistant 登录到 ArcGIS Online，将前面保存的